西方哲学史讲义

上

周国平 著

深圳出版社

序

对于我来说，哲学主要不是我的一个专业，而是我的一个爱好。我始终认为，哲学成为我的专业有相当的偶然性，是由于种种机缘巧合，比如说，机缘之一是，在对哲学完全无知的年龄，我懵懵懂懂地报考了北京大学哲学系。但是，即使没有走进哲学专业，我也一定不会放弃对哲学的爱好。

我是爱读书的，在我所读书之中，西方哲学史上的经典著作占据了很大的比重。我不是作为研究者，而是作为一个普通读者、一个爱好者，去读这些著作的。这样的读法给我带来极大的愉快，我真正是乐在其中、欲罢不能的。我被这些智慧的头脑所吸引，不由自主地进入他们所思考的问题之中，追随他们的思路，如同在一个奇妙的精神世界里探险，途中交替着面临歧路的踌躇和豁然开朗的喜悦。

怀特海说：先贤们的思想交流是启发心智的盛会，他们的聚会只可能有一个殿堂，这就是现在；任何一位先贤是什么时间来到这个殿堂的，这完全不重要。此言贴切地说出了我读经典作家时的感觉。我丝毫不觉得历史上的大哲学家是古人，读他们的著作，我觉得每一位都是活在现在的人，都是我亲近程度不同的朋友。当你与伟大的思想相逢时，时间不复存在。

许多年下来，我所读西方哲学经典已有相当数量，受惠甚多，于是产生了写这本《西方哲学史讲义》的想法，藉此把我的收获做一个比较系统的梳理。通过本书的写作，我一个个重新拜访西方历史上那些大哲学家，和每一位认真相处一些日子，倾听他们的谈论，在心中和他们讨论。不料这项工作竟花费了四年的时间，但我很享受这个过程。

　　之所以称作讲义，是因为在写作时，我想象自己是在向和我一样的哲学爱好者们讲西方哲学史。这是一本一个哲学爱好者写给众多哲学爱好者的书。按照这个定位，我要求自己把我读哲学经典时领略到的哲学的魅力尽量传递出来，让读者也领略到。按照这个定位，我还要求自己尽量写得通俗明白，让喜爱思考的一般读者都能够读懂。我希望读者从中真切地感受到，哲学家决不是人们所以为的那般枯燥的人物，他们性格各异，但都是一些活生生的、非常真实的人。他们诚然专注于思想，但他们所思考的问题，其实和我们每个人息息相关，是我们也感到惊奇和疑惑却没有深入去想的问题。

　　西方哲学的历史，从古希腊开始，迄今两千五百年。哲学家们讨论的大问题，可划分为三大类，构成哲学的三个基本领域，即本体论、人生论、认识论。在西方哲学中，人生论往往称作伦理学，但是，在我们的概念中，伦理学只是指对道德问题的探讨。我用人生论这个概念，它的涵义更广泛，指对人生意义的探讨，道德研究是其中的一个内容。

　　在不同的时代，三大类问题中的某一类会占据中心地位。粗线条地说，在古希腊，本体论是中心；在古罗马，人生论是中心；在近代，认识论是中心。这只是相对而言，事实上，无论哪个时代，在主导类别之外，其他类别的问题也会有所讨论。所以，每个时代，我的讲述会突出那个时代的中心，同时根据实际情况旁涉其他类别的内容。

这三大类问题构成西方哲学的主干，是我讲述的重点。除此之外，有的哲学家还讨论了美学、政治学、教育学等方面的问题，对于在这些方面开创性的或者富有特色的思想，我也会有选择地讲述。

在结构上，本讲义基本上以哲学家为单位，全书三十讲中，有二十五讲是每一讲只讲一个哲学家。这样做的好处是，读者对于每一位重要哲学家的生平和思想有完整的清晰的了解，比较容易进入到各人所关注的主要问题和问题之思路中去。不同哲学家之间若有思想上批判或传承的关系，我会在行文中予以探究和表述。

通常的西方哲学史以本体论和认识论为标准，对于在这两个领域无专门研究的著作家，便不承认其为哲学家，往往不予收录。我认为这是一种偏见。本讲义给了蒙田、帕斯卡、爱默生各人以专门的篇幅，在我看来，这三位对人生问题的思考皆独特而深刻，非一般哲学家所能及，揆之哲学即爱智慧的本义，他们恰是名副其实的哲学家。

本讲义止步于近代。我不讲现代哲学。对于我来说，古代和近代是笨拙的，单纯的，完整的，和我很亲近，现代则太机灵，太复杂，太细碎，和我甚疏远。在现代，哲学已失去家园，四处流浪，在别人的疆土上寻找寄身之处。我愿意听从维特根斯坦的劝告，对于不可说的保持沉默，并且不去理会闯入沉默之域的各种新奇谈论。

我的西方哲学之旅开启了，欢迎你和我同行，从古希腊到近代，从泰勒斯到尼采，我们一同去结识西方两千年里那些最具智慧的头脑和最有趣的灵魂。

周国平

2023 年 8 月 20 日

全书总目

绪论 哲学的定位

第 1 卷
本体的追问　　古希腊　公元前六世纪至前三世纪

目 录

第 1 卷
本体的追问　古希腊　公元前六世纪至前三世纪

第一讲　希腊早期自然哲学

第2卷
信仰的建设　　古罗马　公元前一世纪至公元二世纪

第十一讲　爱比克泰德

第十二讲　奥勒留

中世纪　公元二世纪至十四世纪

第十三讲　奥古斯丁

第十四讲　经院哲学

绪论　哲学的定位

一切确切的知识都属于科学；一切涉及超乎确切知识之外的教条都属于神学。但是，介乎神学与科学之间还有一片受到双方攻击的无人之域，这片无人之域就是哲学。

——罗素

讲哲学，开宗明义，好像首先应该讲一讲什么是哲学。可是，什么是哲学，这本身就是一个哲学问题。这包含两个意思。

第一个意思，凡哲学问题都有一个特点，就是众说纷纭，往往对立的观点同时存在，谁也说服不了谁，不可能有统一的答案。那么，什么是哲学，这个问题同样如此。如果问什么是物理学，什么是经济学，等等，相关学科的研究者会有基本的共识，答案是明确的，哲学不是这样。人们一般承认，哲学研究的是最根本、最普遍的问题，但是，什么问题最根本、最普遍，人们会有很不同的看法，而在这些不同的看法中，实际上就蕴含了不同的哲学观点。所以，对于什么是哲学这个问题，你也要独立思考，通过对不同观点的了解和比较，形成你自己的看法。

第二个意思，要真正知道什么是哲学，不能光靠下定义。自从哲学诞生以来，哲学家们一直在讨论各种哲学问题，你必须知道他们讨论了什么问题，各人的见解是什么，你自己也去思考这些问题，参加到讨论中去，只有这样，你对什么是哲学才会有具体的认识。所以，要知道什么是哲学，学习哲学史是不可省略的步骤，而且这种学习不是单纯地接受知识，用现在流行的一个词说，你还必须"做哲学"，亲自进入到哲学问题的思考之中。到了这一步，你会发现，给哲学下定义是一件多么不重要的事。这就好比当你沉浸在幸福之中的时候，你会在乎别人给幸福下一个什么定义吗？

所以，我现在讲的只是我对什么是哲学的理解，仅供你参考。

一　哲学不是学

我首先要澄清一个误解，哲学这个词，很自然会让人认为哲学是一门学科，其实哲学的本义不是这样的。关于哲学的性质，我要告诉你的第一句话是：哲学不是学。

1. 日本人西周把 philosophia 汉译为"哲学"

古希腊是哲学的故乡，讲哲学，理应从古希腊说起。可是，如果你到古希腊看一看，就会很惊奇地发现，那时候根本不存在一门叫哲学的学科。

在希腊文里，哲学这个词是 philosophia，原义是爱智慧。1874 年，日本人西周（Nishi Amane，1829—1897）在《百一新论》中，最早把这个词汉译为"哲学"。西周是日本明治维新时期的启蒙思想家，他是把西方哲学系统介绍到日本的第一人，被誉为"日本近代哲学之父"。除了"哲学"这个词，还有许多西方哲学和社会科学术语的汉译，也是他反复推敲后确定的，比如"主观"、"客观"、"理性"、"悟性"、"现象"、"实在"、"归纳"、"演绎"、"义务"、"权利"、"科学"等，可见这个人学问很大，不但懂哲学，而且对汉语很有造诣。

西学东渐，翻译是一个必经的关口。日常生活用语好办，地球人的日常生活大同小异，无非是衣食住行，不难找到对应的词。学术语汇就不同，东西方的差异非常大，很难找到对应的词，这就需要造新词。日本人比我们更早接触西方学术，造了许多新词，造得都不错。清末民初，严复把西方哲学引进中国，翻译了八部西学名著。在翻译时，他对日本人造的词不服气，自己造了许多新词，但是造得非常古奥，让人看不懂。王国维当时就批评说，严复的译文倒是很有古意，但读起来莫名其妙，不如去读外文原著来得痛快。事实正是这样，时间做了检验，我们现在用的许多西方学术名词仍是日本人翻译的，严复造的新词早已被遗忘。

总之，西周把 philosophia 汉译为"哲学"，"哲"的涵义是有智慧、明白事理，应该说翻译得很好，从此成为定译。

2. 爱智慧和智慧的区别

在做了这个肯定之后，接下来我要指出，这个翻译有两个问题你要注意。

第一个问题，希腊文 philosophia 是由 philo 和 sophia 两部分构成的动宾词组: philo 源自动词 philein，意思是爱和追求; sophia 是名词，意思是智慧，合起来的意思就是爱智慧。希腊人有一个共同的看法，认为只有神是智慧的，明察全部真理，人能够做到的只是爱智慧，努力寻求真理。这个区别很重要，而"哲学"一词不能传达出这个重要的区别。

请你记住这个区别，不要对哲学抱有不切实际的幻想，以为哲学能够让你通晓宇宙和人生的全部真理，甚至是终极真理。进入哲学之门后，你会发现，几乎每一个重大的哲学问题都是无解的。所谓爱智慧，其实就是勇于求解无解的问题，这条路没有尽头，你永远走在路上。

3. 哲学的本义不是一门学科

除了要注意爱智慧和智慧的区别之外，把 philosophia 翻译为"哲学"，导致的第二个问题是，人们容易望文生义，以为哲学带上一个"学"字就是一门学科，以为哲学家就是一种职业。按照本义，爱智慧，也就是哲学，是一种人生态度，一种生活方式，一种精神品质。爱智者，也就是哲学家，是一种人格，一种注重精神生活的人的类型。

事实上，在古希腊，至少在亚里士多德之前，不存在一门叫哲学的学科，也不存在一种叫哲学家的职业。苏格拉底之前的早期哲人，基本上都是家道殷实，无须谋生，摆脱一切职业，在孤独中沉思。苏格拉底本人出身贫寒，他的职业是雕刻匠，业余搞哲学，但他并没有严格意义上的学生，追随他的年轻人也都有自己的职业，只是在业余时间听他聊天。苏格拉底的学生柏拉图晚年办学园，主要课程也不是哲学，而是数学，他学园的大门上写着一句话："不懂几何学者不得入内。"亚里士多德是柏拉图的学生，他也办学园，我们现在看到的他的著作，就是他在学园里的讲稿。在一定的意义上，哲学成为一门成体系的学科，是从亚里士多德开始的。不过，他的哲学是包罗万象的，包括了物理学、化学、生物学、动物学、植物学等当时几乎所有的知识科目。

从中世纪后期到近代早期，欧洲大学兴起，学科基本划分为神学、法学、医学三大门类。哲学附属于神学，不是一个独立的学科，并且延续了亚里士多德的传统，也是包罗万象的，包括了自然科学。近代以来，自然科学快速发展，从哲学中独立了出来，这才有了比较专门的哲学学科。但是，直到康德所处的时代，哲学学科仍是附属于神学的。康德曾经为此大声疾呼，要求给予哲学学科独立的地位。哲学脱离神学成为独立的学科，应该说是相当晚近的事情。

4. 四大精神导师都没有建立什么学

有一个很有意思的情况。人类早期有四位伟大的精神导师，分别是诞生于公元前六至前五世纪的释迦牟尼、孔子、苏格拉底，以及比较晚诞生的耶稣。这四位导师，分别开创了人类迄今为止最重要的精神传统。他们活着时，传道的方式都是言传身教，和弟子或者信徒共同实践一种生活方式、一种信仰。他们都不设课堂，不留文字，更没有建立什么学。释迦牟尼在世时，哪有什么佛学？孔子在世时，哪有什么儒学？苏格拉底在世时，哪有什么作为一门学科的哲学？耶稣在世时，哪有什么神学？有这些学，是他们去世后很久的事，是后人对先师的思想不断诠释和发挥的产物，从而形成了某种知识体系。

所以，无论佛学、儒学、神学还是西方哲学，我们都应该回到源头上去，读记录先师言论的原典，这是首要的功夫。就哲学而言，我们不可以把它仅仅当作知识，而是要还它爱智慧的本义。我们第一要注重大哲学家们的原创性思想，那是他们爱智慧的结晶，第二要珍惜自己的亲身感悟，自己过一种爱智慧的生活。

二 从神话到哲学

在古希腊，哲学产生的年代，如果从第一个哲学家泰勒斯算起，是在于公元前六世纪。在那之前，人们认知世界的主要方式是神话。我们来比较一下哲学和神话，看一看两者的主要区别是什么，这有助于我们了解哲学的性质。

1. 认知方式的转变

人是理性的动物。理性，就是抽象思维的能力。理性的觉醒，有一个过程。在个体身上，这个过程很明显。幼儿认识世界的方式，主要是形象思维，其特点是现实和想象不分，一切都是故事。幼儿可以非常投入地玩一个简单的玩具，为什么？因为在他眼里，每一样玩具都是活的，都有故事。这实际上是神话的特征。从三岁开始，幼儿会有越来越多的提问，许多许多的为什么，这意味着理性在觉醒，抽象思维的能力在增强。终于有一天，他对简单的玩具没有兴趣了，要玩智力含量高的游戏了，一个幼儿长成了一个少儿。

人类也是这样。哲学的特点，是用理性去认识世界。哲学的产生标志着人类理性的觉醒。哲学产生之前，人类有过极其漫长的幼年期，理性能力十分微弱。在那个时候，人类对世界的认知方式不是哲学，而是神话。在各民族的早期，神话都是认知和解释世界的主要方式。从神话到哲学，意味着人类由幼年期进入少年期，认知方式发生了根本变化。

2. 神话和哲学的区别

在认知方式上，神话和哲学有三个重要区别。

第一个区别，神话是万物有灵，哲学是人类理性至上。

在原始时期，人完全受自然力支配，对于人来说，自然界是恐惧和敬拜的对象，不是思考的对象。那时候的人，相信万物都有灵魂，越有破坏力的自然物、自然现象，灵魂就越强大，越让人恐惧，越被当作神灵敬拜。比如水火无情，中国神话里就有水神河伯、火神祝融，希腊神话里也有水神俄刻阿诺斯、火神赫菲斯托斯。先民们还相信，神既然有灵知，就可以用某些手段去影响他们。主要手段有三个。第一个是供奉，就是行贿，用物质的好处讨好神灵。第二个是祭祀，就是宣誓效忠，用臣服的姿态安抚神灵。第三个是巫术，主要方式是咒语，即用语言的力量左右神灵的意志。因此，神话往往同时也是原始宗教。现在人们到庙里烧香磕头，用的基本上还是这三个手段。

和神话的万物有灵不同，哲学要给世界一个理性的解释。在哲学看来，神话给各种现象安上一个不同的神灵，这样解释世界太小儿科了。哲学对人的理性能力充满自信，相信宇宙万物中，人的头脑是最高级的，用不着去害怕和讨好比自己低级的事物，相反，可以把宇宙万物都当作自己思考的对象，去弄清它们的真相，去给它们整理出一个条理。

第二个区别，神话是形象思维，哲学是抽象思维。

神话解释世界，往往用故事、寓言等艺术化的表达方式。比如，解释世界的时候，神话很关心两个问题，一个是世界是怎样产生的，另一个是人类是怎样产生的，我们来看一看神话是怎样回答的。

第一个问题，世界是怎样产生的？几乎所有的神话都会给你讲一个从混沌中开天辟地的故事。希腊神话说，世界一开始是混沌，从混沌中生出了大地盖亚，盖亚生出了天空乌拉诺斯。天空是男的，大地是女的，天和地交合，生出了一大堆形形色色的神。希伯来神话说，世界一开始是混沌，在创世的前两天，耶和华造了光和空气，把天和地分开，在后来的四天里，造了植物、日月星辰、动物和人。中国神话说，世界一开始是混沌，形状像一只鸡蛋，盘古潜伏在其中。按照我的理解，盘古其实象征一种创世的能量，这个能量潜伏在混沌之中。潜伏了一万八千年之后，能量开始活动，天地分离，蛋清是天，蛋黄是地。盘古夹在中间，身体越变越高，实际上是说能量在发生作用，使得天地相距越来越远。这样又过了一万八千年，天地相距九万里，大功告成。

第二个问题，人类是怎样产生的？希腊神话说，普罗米修斯用泥土造人，智慧女神雅典娜为所造的人吹入了灵魂。希伯来神话说，耶和华用尘土造了第一个男人亚当，把生气吹入他的鼻孔，使他成了有灵的活人，然后又用亚当的肋骨造了第一个女人夏娃。中国神话说，女娲用黄土造人，但没有说人的灵魂是怎么来的，华夏民族很务实，关心的不是灵魂，而是传宗接代，所以女娲特意为她造的人安排了婚姻制度。各民族的神话有一个共同点，就是认定神用来造人的材料是泥土。

和神话的形象思维不同，哲学是抽象思维，用概念进行思考和表达。同样是解释世界，神话的解释是讲故事，哲学的解释是讲道理。比如关于世界的产生，哲学不是给你讲开天辟地的故事，在哲学看来，世界从来就存在，真正要追问的是，世界靠什么存在，宇宙万物杂多中的统一是什么，变中的不变是什么。又比如人类的产生，哲学不是给你讲神用泥土造人的故事，在哲学看来，人之所以为人，在于人有灵魂或者理性，真正要追问的是，灵魂或者理性究竟是什么，它们从何而来。你可以看到，哲学所追问的问题，本身就具有抽象的性质。

第三个区别，神话一般不是个人创作的，没有确定的作者。神话是民族集体无意识的创造，通常由巫师和游吟诗人宣说并传播，在民间代代口头相传。与此相反，哲学不是民族的集体创作，而是哲学家个人著书立说。一部哲学史，就是历史上重要哲学家的学说及其传承和变迁的历史。

归纳一下，神话的特点是万物有灵、形象思维和集体无意识创作，哲学的特点是理性至上、抽象思维和个人著书立说。

3. 从神话向哲学的转折，希腊最典型

人总是要长大的，不可能永远停留在幼年期。民族也是这样，不可能一直用神话的方式认知世界，随着理性的觉醒，神话的衰

亡是必然的。但是，神话衰亡了，哲学不一定就会兴起。世界各民族中，古代哲学有成熟形态的，除了希腊，也就是中国和印度。即使中国和印度，和希腊相比，神话向哲学转折的界限也是比较模糊的。好像只有在希腊人那里，哲学大张旗鼓地取代了神话而兴起，从神话向哲学的转折最为典型。

这里我把中国和希腊做一个简单的比较。首先，在神话的时代，希腊人是典型的神话民族。希腊神话主要通过赫西俄德的《神谱》和荷马的两部史诗《伊利亚特》《奥德赛》得以保存，这两个人都是活动于大约公元前九到前八世纪的游吟诗人，他们不是神话的作者，而是传唱者。希腊人对荷马史诗非常重视，公元前六世纪中叶，在雅典当时的执政者庇西特拉图领导下，学者们对荷马史诗进行编订，史诗有了文字的定本。希腊神话体系完备，保存完好，在希腊人的生活中发生着重要的作用。雅典的重大节庆，希腊人都会朗诵荷马史诗，演出根据史诗改编的戏剧，一代代希腊人是在神话的教育下成长的。相比之下，中国神话显得很不成系统，失散也严重，只能看到零星片段，分散在《山海经》《淮南子》《列子》等古代比较晚期的著作中。即便是流传广泛的盘古开天辟地故事，最早也是见于三国时期徐整的《三五历记》，难以判断个人创作的成分有多大，至少不可断定它来自先民的传说。

其次，到了哲学的时代，希腊人又成了典型的哲学民族。从公元前六世纪开始，哲学家成批地涌现，纷纷建立各自的学派和哲学体系，并且围绕若干基本问题互相进行论辩。值得注意的是，有些哲学家在建立哲学体系的同时，还有意识地对本民族的神话进行批判，这表明他们用哲学取代神话的意识是非常明确和自觉的。可是，在古代中国，即使最有哲学味儿的学派道家，也在他们的著作中，例如上面提到的《淮南子》《列子》，甚至包括《庄子》，混杂了大量神话的意象和思维。

由此可见，希腊人是由典型的神话民族脱胎成典型的哲学民族的。这就好像一个人，在童年期，想象力发挥到了极致，进入少年期，思考力又发挥到了极致，难怪许多思想家称赞说，希腊人是完美的儿童、卓越的少年。

4. 哲学家对神话的批判

希腊哲学家批判神话，突出的代表是塞诺芬尼（Xenophanes，约公元前 570—前 475 ）和柏拉图。

最早起来批判神话的是塞诺芬尼，他生活在哲学初创时期，稍晚于第一个哲学家泰勒斯。在他之后，古希腊最重要的哲学家柏拉图对神话进行了更加猛烈的批判，宣布要把荷马从他的理想国中驱逐出去。他们的批判，火力集中在神人同形同性（Authropomorphism）的观念。

神人同形，是指神和人

塞诺芬尼（Xenophanes，
约公元前 570—前 475 ）

有同样的形状。希腊神话里的神，有男女的性别，都长着人的模样，比如阿波罗是一个标准的希腊美男子。塞诺芬尼对神人同形的批判很巧妙，他说，人们都按照自己的模样来设想神，所以埃塞俄比亚人说他们的神是黑皮肤、扁鼻子的，色雷斯人说他们的神是蓝眼睛、红头发的。他还讽刺说，假如马和狮子有手，能够用手画画和雕塑，马就会画出或塑出马的形状的神像，狮子就会画出或塑出狮子形状的神像。总之，神话里的神，都是人按照自己的形象塑造出来的。

神人同性，是指神和人有同样的品性和行为。在希腊神话里，天神们和人一样，既好色，乱搞两性关系，又好斗，频频爆发战争。众神之王宙斯尤其是个大色鬼，凭借权力大搞权色交易，在天上的女神和地上的女人中有无数小蜜。塞诺芬尼说，这是把人间认为无耻的一切丑行都加在了诸神身上。柏拉图尤其痛恨对神的这种描写，在《理想国》一书里，他选取了两个场景加以谴责。一个场景是宙斯性欲亢奋，睡不着觉，迫不及待地和妻子赫拉露天交欢，完事后还色迷迷地说，这次交欢酣畅淋漓，胜过两人的第一次偷情。另一个场景是战神阿瑞斯和爱神阿佛洛狄忒火热偷情，被阿佛洛狄忒的丈夫火神赫菲斯托斯当场捉奸，他用铁链把这一对赤裸的男女捆绑在一起，让众神来围观。柏拉图责问道，这样描绘神，给年轻人树立了什么榜样？他建议制定一个法律，规定神是道德的楷模，按照这个标准重新审订荷马史诗，删除所有不道德的情节。说到这里，我要庆幸柏拉图的建议没有被采纳。荷马史诗的可爱正在于它充满了人情味，用神的形象为人间的生命欢乐辩护，删除掉这些内容，真不知会变得怎样的苍白。

哲学家们之所以要批判神话，是为了给神这个概念重新定义。

经过他们重新定义，神这个概念成了指称宇宙的最高存在、世界的终极本质的一个概念。它有两个特点。第一，它是抽象的，不可能有形体，只能靠理性来把握。第二，它是完美的，不可能有人的品性和行为，具有神圣的性质。塞诺芬尼主张一神论，柏拉图主张理念论，无论一神还是理念，都是指这种抽象而完美的世界本体。神人同形同性观念的要害在于，赋予神以感性形象，混淆了现象界和本体界的区别。所以，必须彻底批判，以此给哲学的理性思辨扫清道路。

三　哲学开始于惊疑

在人类历史上，哲学的诞生标志着人类理性的觉醒。无论个人，还是人类，理性的觉醒都会使人走向哲学。现在要问，理性的觉醒有什么征兆？柏拉图和亚里士多德的回答是——惊疑。因为惊疑，人的理性从沉睡中醒来，走上了爱智慧之路，开始了哲学思考。所以，这两位哲学家都说，哲学开始于惊疑。这句话很关键，对哲学的性质做了最重要的说明。

1. 惊疑由自知无知引起

我们先来看一下柏拉图和亚里士多德是怎么说的。

在柏拉图的《泰阿泰德》这篇对话中，有三个人围绕什么是知识进行讨论，主角是苏格拉底，代表柏拉图自己，还有一个数学家，以及这个数学家的一个聪明的学生，名叫泰阿泰德。讨论开始的时候，泰阿泰德以为自己明白什么是知识，可是，在苏格拉底的步步追问下，他发现自己其实不明白，就脱口说："我太惊疑了。"苏格拉底马上称赞说："这说明你有哲学家的气质，因为惊疑是哲学家的标志，除了惊疑，哲学别无开端。"

在这里，看上下文，惊疑是指一个人自以为知，却突然发现自己其实不知，这时候所产生的一种心情。"惊疑"这个词，中国研究希腊哲学的前辈大家严群译为疑讶，在希腊文里包含两重意思，一是惊奇、惊讶，二是疑惑、困惑。惊奇和疑惑其实是两种很不同的心情，惊奇是快乐的、振奋的，疑惑是痛苦的、压抑的。当一个人自以为知却发现自己其实不知的时候，他的心情是两者的混合，既快乐又痛苦，既想满足惊奇，又想摆脱疑惑，而这两种心情都会推动他去思考。

在同一篇对话里，苏格拉底还说，无知有两种，一种是单纯的无知，另一种是无知而自以为知，后一种无知的确切名称是愚蠢。说得好。单纯的无知不是愚蠢，因为它可以变成有知，可是，无知而自以为知是十足的愚蠢，因为这种人离爱智慧最远，永远不会发生求知所必需的惊疑的心情。在现实生活中，我们经常会遇见这种人，神采飞扬地发表老生常谈，激情满怀地叙说妇孺皆知，以创始人的口吻宣说陈词滥调，以发明家的身份公布道听途说。每逢这种场合，我就会想起苏格拉底的话，心里喊一声"愚蠢的家伙"。

千万不要低估愚蠢的危害。苏格拉底说，弱者的无知是可笑的，强者的无知却是可怕和可恨的，因为它会给周围的人带来灾难；愚蠢和权力的结合是滔天罪恶的源泉。事实正是如此。在历史上，愚蠢和权力的结合有两种方式。一种是独裁者的愚蠢，一方面手握绝对的权力，另一方面把自己的妄念宣布为绝对的真理强制推行，如此所造成的灾难往往是最大的。另一种是乌合之众的愚蠢，在不同的时代，许多优秀者死于多数人的暴政之下，苏格拉底本人的遭遇就是一个典型例子。

关于哲学开始于惊疑，亚里士多德在《形而上学》中是这么说的：不论现在，还是最初（指早期哲学家的时代），人都是由于惊疑而开始哲学思考的，起先是对身边所不懂的东西感到奇怪，然后逐步前进，对更重大的事情产生疑问，例如关于月亮、太阳、星辰的变化，万物的生成。一个人感到惊疑，是因为发现自己无知。所以，哲学思考的目的是摆脱无知，而不是为了实用。在这里，亚里士多德说的也是惊疑由自知无知引起，并且得出了哲学思考不为实用的结论。

2. 惊奇面对世界，疑惑面对人生

刚才我说，惊疑混合了惊奇和疑惑两种不同的心情，两者不可分，柏拉图和亚里士多德也并没有把它们分开。现在，我想做一个引申，为了说明哲学思考的对象是什么，把两者相对地分开。不妨这么说：惊奇，面对的是宇宙，因为惊奇而求认知，要追问世界的真相；疑惑，面对的是人生，因为疑惑而求觉悟，要追问生命的意义。因为惊疑的触发，人要用理性来探究世界的真相和生命的意义，这就是哲学。

我自己认为这个引申不算牵强。面对世界的未知事物，惊奇是主要的心情，人感觉到的是寻求知识的冲动和快乐。面对人生的疑难问题，困惑是主要的心情，人感觉到的是由意义的失落而致的迷惘和痛苦。换一个说法，如果说惊疑由自知无知引起，那么，发现自己对周围的世界无知，引起的主要是惊奇，发现自己对灵魂的事情无知，引起的主要是疑惑。

3. 疑惑比惊奇更加根本

在把惊奇和疑惑相对地分开之后，我还想指出，疑惑比惊奇更加根本。在一定意义上可以说，疑惑是灵魂中的一种激情。一个灵魂敏感又认真的人，最容易对人生发生疑惑。人活着到底有没有意义？怎样活才有意义？对于这样的问题，他非常在乎，一定要求得一个答案，否则就活不踏实。他之所以对人生发生疑惑，很大程度上又是因为看到了宇宙之无限与人生之短暂的鲜明对比，所以想要探明世界的真相，从中找到自己短暂人生的可靠根据。

对人类来说，思考世界的问题，归根到底也是为了解决人生的问题。宇宙是人类生存的总体环境，对这个总体环境无知，不知道人在宇宙中处于什么位置，就不可能给人类生存意义以一种总体的解释。我们从哪里来？我们到哪里去？我们是谁？追问世界是什么，归根到底是为了回答这些问题。如果没有这种寻求人生根据的激情，单纯只是对外部世界有好奇心，那也许是科学，但不是哲学。

4. 把惊疑当作居所

苏格拉底说，惊疑是哲学家的气质。换一个说法，我想说，哲学家是灵魂和头脑都认真的人。他灵魂认真，因此对人生发生根本的疑惑，头脑认真，因此对于灵魂中发生的问题，一定要用自己的头脑求得有根据的答案。灵魂中的问题，它的特点是：对于没有发生这种问题的人，抽象而无用；对于发生了这种问题的人，身不由己，欲罢不能，觉得是性命攸关的最大问题。

经常有人问我，想那些大问题，生与死啊，活着有没有意义啊，又找不到明确的答案，这不是自讨苦吃吗？我的回答是：不是因为思考，所以痛苦，而是因为痛苦，所以思考。问题已经在那里了，你已经在为这些问题痛苦了，所以你是不得不思考的。

普通人奇怪哲学家总是想那些大而无当的问题，而哲学家又奇怪普通人只关注小事而不想大事，到底谁有理？我认为关键在灵魂是否认真，即使普通人，你的灵魂是认真的，你就一定会想大问题，因为那不是抽象的理论问题，而是你最切身的问题。

总之，哲学就是让你想问题，想世界和人生的大问题。哲学中第一位的是问题。当一个人的灵魂对人生产生根本性的疑问时，他就会走向哲学。那些灵魂中没有问题的人，当然不需要哲学。这样的人即使去看哲学书，看到的也不是哲学，而是知识和教条。不过，我要问一句：谁的灵魂中没有问题呢？人所需要的是唤醒灵魂，而当你不是逃避而是去正视和思考让你疑惑的重大问题时，你的灵魂就醒来了，你就进入了哲学的状态。

所以，应该说，哲学不但开始于惊疑，而且要你保持这个惊疑，让你对根本问题的思考始终处在敏锐、活跃、认真的状态。海德格尔对此有一个生动的表述，他说，要把惊疑当作居所来接受。也就是说，惊疑是你的家，你要始终居住在惊疑之中，这才是哲学。

四 试着给哲学下一个定义

通过前面所讲，你已经知道：第一，哲学不是学，它的本义是爱智慧；第二，哲学不同于神话，是理性的认知方式；第三，哲学开始于惊疑，由惊疑而引发对世界和人生的思考。知道了这几点，你对什么是哲学大致有一个概念了。现在我试着给哲学下一个定义。

1. 怎么给哲学下定义

说起给哲学下定义，我想起一件往事。读中学的时候，有两门课是我最喜欢的，一门是语文，我的作文经常被当作范文，另一门是数学，初中和高中都是数学课代表，我真觉得解数学题其乐无穷。所以，考大学的时候，我就很犯难，报文科还是理科，面临这样一个抉择。最后是毛主席的一句话给我指引了方向，他在《实践论》里有一句话："哲学则是关于自然知识和社会知识的概括和总结。"我一想，学哲学不就文理两科都占了吗。我就这样报了哲学系，毛主席给哲学下的一个定义起了决定性作用。其实我那时候根本不知道哲学是什么，不过，进了这个门以后，歪打正着，很喜欢，觉得这条路走对了。

毛主席下的这个定义，实际上是把哲学看作一门最普遍的科学。类似的定义还有一些，比如，哲学是研究自然界、社会和人类思维的最一般规律的科学。

给哲学下定义是难的，从不同的立场出发，可以下不同的定义。因此，就像一千个读者心目中有一千个哈姆雷特一样，你也可以说，一千个哲学爱好者心目中有一千个哲学的定义。甚至从反对哲学的立场也可以给哲学下定义，比如有人下了这样一个定义：哲学就是用谁也听不懂的话讨论谁也不关心的问题的一种学问。

那么，我们怎么给哲学下定义呢？有一个方法，就是抓住哲学的本质特征，哲学开始于惊疑，我们可以立足于惊疑这个本质特征来给哲学下定义。

2. 两个主要思路

事实上，不去考虑表述的差别，我们会发现，哲学家们大多是立足于惊疑来理解哲学的性质的。立足于惊疑给哲学下定义，可以有两个主要思路。

第一个思路是，哲学开始于惊疑，下定义的重点放在为什么会惊疑。苏格拉底说，是因为自知无知。自以为有正确的认识，结果发现自己的认识很成问题，这种情况非常普遍。所以，必须对认识进行审查，对思想进行反思。因此，有一些哲学家认为，哲学的基本性质是反思，哲学就是对思想进行反思的活动。

第二个思路是，哲学开始于惊疑，下定义的重点放在对什么惊疑，就是宇宙和人生。这是根据哲学思考的对象来下定义。德国哲学家文德尔班把这样下的定义概括为"哲学是对宇宙观和人生观一般问题的科学论述"。在我们的哲学教科书中，也经常有类似的表述，说哲学是关于世界观和人生观的学问。

我本人认为，这两个定义侧重点不同，都是成立的。从哲学史看，哲学家们讨论得最多的是三大问题，构成了哲学中的三个主要领域。一是宇宙的本质、世界的真相，这是哲学中的本体论领域。二是人生的意义，包括对幸福、道德、信仰、生死等问题的探讨，这是哲学中的人生论领域。上面说的第二个思路，侧重的是这两个方面。三是对人类认识能力和界限的研究，这是哲学中的认识论领域。上面说的第一个思路，侧重的是这一个方面。

3. 从定义看哲学的特点

现在我想采用上面说的第二个思路，给哲学下这样一个定义：哲学是对整个世界和人生的根本问题的思考。下这个定义，比较便于说明哲学有些怎样的特点。

在这个定义里，请你注意三个词：整个、根本、思考。这三个词表明了哲学的三个重要特点。

第一个词，整个。哲学面对的是世界和人生的整体。我们平时都生活在一个局部里，过着具体的日子，做着具体的事情，有自己的家庭和日常生活，自己的职业和人际关系，自己的一个小环境。哲学是要你从这个局部里跳出来，看世界和人生的全局。局部是有强大的支配力量的，因为局部非常具体，离你很近，会让你特别在乎。所以，人很容易被困在一个局部里，成为被环境、习俗、职业、身份等支配的一种存在。从局部里跳出来，就是要暂时抛开这些东西，回到人这个原点。我不是任何一种身份，我是一个人，要去思考作为人理应思考的问题。

我自己体会，学哲学给我的最大好处是，好像给了我一种分身术，我能把自己分成两个我。一个是身体的自我，在世界上挣扎、奋斗，哭着笑着，有快乐也有痛苦；还有一个更高的自我，从上面俯看这个身体的自我，经常和它谈心，给它指导。这个更高的自我，就是立足于全局思考根本问题的理性的自我。其实每个人身上都有这样一个更高的自我，但它往往是沉睡着的，哲学的作用就是帮助它觉醒。更高的自我是否觉醒，结果大不一样。只有身体的自我在活动，人就会陷在具体的遭遇里，就会盲目、被动、纠结和痛苦。

第二个词，根本。哲学是让你思考根本问题的。许多人对哲学有一种误解，好像哲学是一种万能的方法，可以用来解决一切具体问题。经常有人对我说：你是学哲学的，我遇到了一个问题，请你用哲学的方法帮我分析一下。对此我一概无语。解决具体问题必须具备相关的知识和经验，哲学是解决不了的。我也不相信一种在任何事情上都可以插上一嘴的东西是哲学。哲学按其本性是让你想大问题的，不想大问题，仅仅琢磨用什么方法解决具体问题，你就完全没有进入哲学。

第三个词，思考。哲学让你思考根本问题，而根本问题是没有标准答案的，贵在独立思考。

哲学没有标准答案，首先因为它不是知识。知识是经验的总结，因此可以通过经验来检验，而哲学所思考的根本问题是超越经验的，不能用经验来证明或者证伪。德国哲学家海德格尔说，要区分两类事物，一类是思的事物，另一类是可教可学的事物。可教可学的事物是知识，而哲学是不可教不可学的，是属于思的事物，唯有你自己进入到了思里面去，才是哲学。也因为这个原因，知识可以积累，所以自然科学会不断地进步，而哲学就不存在知识积累的问题，也谈不上不断进步。事实上，古希腊哲学家所思考的问题，到今天仍然是哲学思考的中心内容。

其次，哲学也不是一套现成的意识形态。每一种意识形态都是一套价值判断体系，哲学思考也包含价值这个维度，但它是立足于宇宙和人生的整体来寻求某种价值立场，并且站在这个立场上，要对一切既有的意识形态进行批判的考察。

哲学没有标准答案，是对根本问题的独立思考，这是它最重要的特点。所以，任何一种理论，如果宣称能够给你关于世界和人生的标准答案，要你放弃独立思考，我们就可以断定它不是哲学。

五　哲学、宗教、科学之比较

在人类文明史上，包括在今天，人类认知和解释世界的方式，除了哲学，还有宗教和科学。我们来把这三种方式做一个比较，通过这个比较，可以对哲学的定位和性质有更加清晰的认识。

1. 介绍罗素的见解

据我所见，哲学、宗教、科学的比较，讲得最到位的是英国哲学家罗素，我先给你介绍一下。在《西方哲学史》序言里，他做了这个比较，主要意思是这样的——

哲学是介于宗教和科学之间的一个领域，它同时包含了宗教和科学这两种因素。宗教的因素是指，在处理的对象上，它和宗教一样，处理的是超越确切知识的东西，而科学不同，处理的是确切的知识。科学的因素是指，在处理的方法上，它和科学一样，是诉诸理性的思考，而宗教不同，是诉诸启示的权威。因此，简要地说，哲学是用科学的方法处理宗教性质的问题。

在原文的最后，罗素用悲壮的口吻说，这使哲学成了"一片受到双方攻击的无人之域"，科学攻击它找错了处理的对象，宗教攻击它用错了处理的方法，总之两头不讨好。

你可以看到，罗素是从两个方面做比较的，一个方面是对象，另一个方面是方法。在对象上，哲学和宗教相同，和科学不同。在方法上，哲学和科学相同，和宗教不同。下面我展开来讲一下。

2. 科学的对象和方法

先说科学。罗素说，科学的对象是确切的知识，方法是理性的思考。什么是确切的知识？就是经验可以证明的知识。人用感官感知现象，然后通过理性的思考对获得的感觉材料进行整理，形成经验。现在仪器越来越先进和精密，但无论多么先进和精密，都仍然是感官的延伸，所获得的结果仍然属于经验的范围。

科学把自己的对象限制在经验的范围内，这有三个问题。第一，人的经验总是有限的，无论科学多么发达，人类能够观察到的永远只是无限宇宙的一个局部。因此，科学对于整个宇宙的解释必定带有假说的性质，不是确切的知识。第二，宇宙有没有一种精神本质？上帝是否存在？人死后灵魂是否存在并且别有去处？这样的问题是超越经验的，因此不是科学能够回答的。第三，科学不关心价值，对生命的意义、人类的幸福不能指出一个方向。因为科学的这些局限性，哲学和宗教就有了存在的必要。

3. 宗教的对象和方法

再说宗教。罗素说，宗教的对象是超越于确切知识的东西，方法是诉诸启示的权威，也就是信仰。什么东西是超越于确切知识的？就是世界的本质、人生的意义这样的终极性追问，简单地说，就是世界观和人生观。任何一种世界观和人生观，都是立足于一定的价值立场对世界和人生的解释，绝不是确切的知识，不可能单凭经验来建立。在这个意义上，我不承认有所谓科学的世界观或科学的人生观。比如说，科学用大爆炸理论来解释宇宙的形成，用进化论来解释人类的产生，但是，大爆炸理论能够成为世界观吗，进化论能够成为人生观吗？显然不能。

一种解释体系要成为世界观和人生观，必须是能够指导人生的，建立这样的体系，是宗教和哲学的使命。区别在于，宗教用的方法是信仰，哲学用的方法是理性的思考。在这个意义上，可以把宗教定义为关于世界观和人生观的信仰，把哲学定义为关于世界观和人生观的理性思考。不同宗教对世界和人生有不同的解释，但世界观和人生观都构成了信仰的核心。比如说，基督教的核心是对上帝存在和灵魂不死的信仰（这是世界观），并且据此把人生意义归结为灵魂的净化和天国生活的准备（这是人生观）；佛教的核心是对无常和空性的证悟（这是世界观），并且据此把人生意义归结为解脱（这是人生观）。相同的是，一切宗教都认为人的理性有限，解决终极性问题必须靠别的途径，比如说，基督教主张依靠启示的权威或者与神合一的神秘体验，佛教主张依靠修炼（戒和定）进入某种排除了经验和逻辑的精神状态（慧）。

4. 哲学的对象和方法，哲学本性中的矛盾

现在我们可以做一个小结了。哲学和宗教的对象是相同的，要解决的都是超越经验的终极性问题，建立起能够指导人生的世界观和人生观体系，而方法是不同的，哲学依靠理性的思考，宗教依靠非理性的启示或证悟。哲学和科学的对象是不同的，哲学要解决超越经验的终极性问题，科学只解决经验范围内的问题，而方法是相同的，都依靠理性的思考。

通过比较，你可以看到，科学用理性的方法解决经验的问题，本性中没有矛盾；宗教用启示和证悟等非理性的方法解决超越经验的问题，本性中也没有矛盾。唯独哲学，要用理性的方法解决超越经验的问题，本性中就包含着矛盾。宗教是灵魂提问题，灵魂的总管上帝来回答。科学是头脑提问题，头脑来回答。唯独哲学，是灵魂提问题，头脑来回答。哲学家有一个宗教的灵魂，却长着一颗科学的脑袋。灵魂是一个疯子，它问的问题漫无边际，神秘莫测。头脑是一个呆子，偏要一丝不苟、有根有据地来解答。疯子提问，呆子回答，其结果就可想而知了。

5. 哲学的价值

这么看来，哲学的境况似乎很悲惨了。但是，换个角度看，这正是哲学的伟大之处。宗教和科学都让你不要想根本问题，宗教说靠理性想不明白，只能靠某种神秘体验，科学也说靠理性想不明白，理性应该用在想那些想得明白的问题上。唯有哲学偏要你去想这些想不明白的问题，在理性与终极关切之间保持了一种

紧张关系。这种紧张关系同时促进了二者，一方面使终极问题处在永远不确定和被追问的状态，防止信仰的盲目，另一方面使理性不局限于经验的范围，力求越界去解决更高的任务而不能，防止理性的狭隘和自负。

科学不关心信仰，宗教直接给你一种信仰。哲学不同，它关心信仰又不给你一种确定的信仰，永远走在通往信仰的路上。哲学寻求信仰而又具有探索的性质，这个特点也许使它能够成为处于困惑中的现代人的最合适的精神生活方式，使我们在没有确定宗教信仰的情况下仍然能够过一种有信仰的生活。

六　无用之用

哲学让人去思考宇宙和人生的大问题，而这种问题是没有标准答案的。哲学要用理性的方法解决超越经验的问题，本性中就包含着矛盾。这种情况使得许多人发生一个疑问：哲学究竟有什么用？哲学真的有用吗？自从哲学诞生以来，人们对这个问题一直有不同的看法，而认为哲学无用的看法往往占据上风。我想选两个时代讲，一个是哲学在古希腊诞生的时代，另一个是西方哲学传入中国的时代，因为在这两个情况下，哲学都是新事物，问题显得比较尖锐。

1. 哲学在古希腊就受冷落

我们说希腊人是哲学的民族，可是，如果回到古希腊，你会发现，那时候绝大多数希腊人对哲学并不感兴趣。在古希腊，最热门的学问不是哲学，而是修辞学。修辞学是一门教人说话说得漂亮和机智的学问，实际上教的是讲演术和辩论术。这门课有实用价值，许多人愿意花钱去听，因为古希腊实行民主政治，你口才好，就会有许多粉丝，能够从政。

至于普通老百姓，喜欢的也不是哲学，而是娱乐。其实，任何民族的老百姓都是爱娱乐甚于爱智慧，追捧的都是球星、歌星、影星之类，哲学家都难免坐冷板凳，希腊人民也不例外。按照希腊的风俗，他们经常举办全民节日，有两类盛大竞赛，一是戏剧竞赛，演艺明星受热捧，二是体育竞赛，体育明星受热捧。最出风头的是奥林匹克运动会的优胜者，不但可以获得奖品，而且名满天下。虽然奖品只是一顶橄榄花冠，但是，所属城邦会给予优厚的物资奖励和莫大的荣誉，为他们创作赞颂诗，树立雕像。甚至当时希腊历史的纪年，也是以最优胜运动员的名字命名，现在就是据此推算出公元前776年举办第一届奥运会，这是希腊历史最早有明确记载的日期。

面对这样的风尚，哲学家吃醋了。我提到过一个名叫塞诺芬尼的早期哲学家，他是一个游吟诗人，因为他的诗篇中表达的新思想，后世承认他也是一个哲学家。他最早起来抨击说，重视体力超过重视智慧，这是不公正的，因为对城邦有用的是智慧，而出几个体育冠军，城邦不会因此治理得更好。他还埋怨说，真正应该得奖的是他。这位游吟诗人四处流浪，一生贫困，不免发起了牢骚。在塞诺芬尼之后，欧里庇得斯、伊索克拉底也进行过类似的抨击。我本人认为，哲学家的粉丝是小众，体育明星是大众的偶像，这很公平。哲学家的声誉不在眼前，而在长远。奥运的圣火只在地域之间传递，爱智慧的圣火却在世纪之间传递。希腊哲人们的英名至今闪耀在人类精神的天空，可是，今天还有谁记得当年希腊奥运会上冠军的名字？

2. 柏拉图的著作中关于哲学是否有用的论述

事实上，从哲学诞生开始，认为哲学无用的看法就占据着上风。在柏拉图的著作中，常常提到人们对哲学无用的嘲笑。例如，在《高尔吉亚篇》中，一个叫卡利克勒的人说，迷恋哲学能把任何人给毁了，会使人对城邦的法律一无所知，也不知道在公共场合和私下里该用什么样的语言与他人交往，更不明白人生的享乐和风情，总之，会使人完全缺乏人生经验，在参加公共活动或私人活动时显得非常可笑。在《理想国》中，一个叫阿狄曼图的人说，长时间学哲学会使人变成怪人，使最优秀的人也变成对城邦无用的人。在《泰阿泰德篇》中，柏拉图说，世人全都嘲笑哲学家对日常生活无知且笨拙，不知道去市场、法庭、议事厅或其他公共场所的路，不知道城邦中人物的出身和品行，也压根儿梦想不到在政治斗争中谋利之类的事情。

对于所有这些嘲笑，柏拉图都是承认的，但是，他指出，哲学家的天性就是关注永恒的事物，他的身体虽然居住在城邦中，他的思想却已经把世上过眼云烟的事物都视为毫无价值的。一个真正关注永恒实在的人无暇去关心凡人琐事，也不会参与充满妒忌和仇恨的争斗。他诚然不知道他的邻居是什么样的人，在干什么，由于他从来不研究别人的弱点，也不会说别人的坏话，因此，一旦受到欺负，他就孤立无助，像一个傻瓜。但是，对于什么是人、什么品质和能力使人与其他动物相区别这样的问题，他会竭尽全力去弄清楚。所以，这是两类不同的人，一类是哲学家，他在琐事上的笨拙和无能可以得到原谅，另一类是庸人，做伺候人的事非常能干，但是在高级的事情上没有教养。

3. 亚里士多德论不实用正是哲学的优点

亚里士多德似乎不屑去理睬哲学无用的论调，他直截了当地断言，不实用正是哲学的优点。在各门科学中，只有哲学是以摆脱无知亦即知识本身为目的的，它比那些以知识的后果亦即实用为目的的科学更加是智慧。只有在生活必需品齐备之后，我们为了娱乐消遣，才开始进行哲学的思考。我们追求它显然不是为了其他效用，正如我们把一个为自己、并不为他人而存在的人称为自由人一样，在各种科学中唯有哲学是自由的，只有它只是为了自身而存在。

不止于此，哲学还是最神圣、最高贵的。神圣有两层涵义，一是为神所有，二是某种对神圣事物的知识。只有哲学同时符合这两个条件。如果神也从事活动的话，从事的只能是哲学这样的最纯粹的理性活动。所以，当我们从事哲学思考的时候，我们不是作为人，而是作为在我们身上的神从事这种活动的。一切科学都比哲学更为必要，但是没有一种科学比它更为高贵。

由上述可知，哲学没有实用价值，这是柏拉图和亚里士多德都承认的，他们为哲学做的辩护可以概括为一句话，就是无用之用，亦即哲学无实用，却有大用，而这个大用正是以不实用为前提的。哲学有什么大用？归结起来是两条。第一，哲学的价值在于关注永恒，关注永恒是灵魂的需求，借此为人生寻求真正的意义。这是柏拉图强调的。第二，理性是人身上的神性，而哲学是最纯粹的理性活动，是人身上最高贵部分的满足。这是亚里士多德强调的。后来的哲学家讲哲学的大用，基本不超出这两条的范围。

4. 王国维为哲学辩护

现在我们把目光从古希腊调转到中国。西方哲学传入中国，是在二十世纪初，当时围绕哲学有没有用的问题，也发生了一场辩论。在这场辩论中，只有一个小人物起来为哲学辩护，他就是青年王国维。这是一段几乎被遗忘了的历史。

清朝末年，清政府进行改革，在中国建立新式学堂，湖广总督张之洞受命拟定章程，课程设置基本参照日本大学的章程，唯独削除了哲学课，理由正是哲学无用。王国维当时年仅二十几岁，在自己办的一个小刊物上发表了一系列文章，为哲学辩护。他明确指出，不能用实用衡量哲学，哲学的价值正在于超出实用。原话是："以功用论哲学，则哲学之价值失。哲学之所以有价值者，正以其超出乎利用之范围故也。"哲学的大用，他指出了三点。

第一，理性是人与动物的根本区别，哲学满足的是人的精神需要。原话是："饮食男女，人与禽兽之所同，其所以异于禽兽者，则岂不以理性乎哉！宇宙之变化，人事之错综，日夜相迫于前，而要求吾人之解释，不得其解，则心不宁。哲学实对此要求，而与吾人以解释。"

第二，哲学探究的是普世真理，具有神圣的价值。原话是：

"天下有最神圣最尊贵而无与于当世之用者，哲学与美术（按：指艺术）是已。天下之人嚣然谓之曰无用，无损于哲学美术之价值也。夫哲学与美术之所志者，真理也。真理者，天下万世之真理，非一时之真理也。唯其为天下万世之真理，故不能尽与一时一国之利益合，且有时不能相容，此即是其神圣之所存也。"后面这句话的意思是：哲学守护普世价值，不可避免会发生与一个国家一个时代的利益相冲突的情形，而这尤其凸显了哲学的神圣价值。言外之意是，如果只是为一个国家一个时代的利益效劳，那还是哲学吗？

第三，哲学代表一个民族的精神高度。原话是："无论古今东西，其国民之文化苟达一定之程度者，无不有一种之哲学。而所谓哲学家者，亦无不受国民之尊敬，而国民亦以是为轻重。光英吉利之历史者，非威灵顿、纳尔逊，而培根、洛克也。大德意志之名誉者，非俾思麦、毛奇，而康德、叔本华也。"也就是说，给一个民族带来最大光荣的伟人，不是军事家和政治家，而是哲学家。

这些话是王国维在一百多年前说的，说得非常到位，非常透彻，直到今天中国没有人能够超过。你可能会奇怪，王国维不是国学大师吗？不错，但他年轻时的志向是要做哲学家，埋头钻研德国哲学，钻研得很深，是中国真正领悟了哲学之本义的第一人。可惜的是，在举国关注物质富强的时代氛围中，他的声音无人理睬，他绝望了，终于彻底放弃哲学，一头钻进了故纸堆。他真的是一个天才，研究史学，成为中国新史学的开山之人，如果坚持研究哲学，中国现代说不定会出一个大哲学家。

5. 关键是怎么看待"用"

所以，哲学到底有没有用，关键是怎么看待"用"。如果把"用"局限于实用，哲学就无用。哲学的大用，第一正在于超越实用。所谓实用，无非是满足身体的需要、物质的需要，如果人类停留在这个水平上，就和动物没有根本的区别。哲学让人关注灵魂，运用理性能力，满足的是人的高级属性的需要，使人类生存具有一种精神的品格，实现其作为万物之灵的价值。

哲学的大用，第二还在于能够指导实用。一般来说，具体的学科，包括自然科学和社会科学，都有实用的功能，能够为人类生活带来某种实际的益处。但是，正是哲学为具体学科提供了理论框架和价值导向。没有培根的新工具和实验方法，就不会有近代自然科学的大发展。没有英国自由主义哲学，就不会有成熟的市场经济和法治社会。英国经济学家哈耶克指出，哲学的影响是最大的，它通过对一般观念的思考而影响到根据一般观念思考具体问题的社会科学家，再影响到大众。哲学关注人类若干最基本的精神价值，例如真、善、美，再如自由、公平、正义，在一切时代守护它们，批判和纠正对它们的偏离。如果没有哲学的指引，科学技术的发展和运用还可能走到破坏人类基本价值甚至毁灭人类的方向上去。

参考书目

[英] 罗素:《西方哲学史》，何兆武、李约瑟译，商务印书馆，1982

[美] 梯利:《西方哲学史》,葛力译,增补修订版,商务印书馆,1995

[德] 文德尔班:《哲学史教程》,罗达仁译,商务印书馆,1987/1993

第 1 卷

本体的追问

古希腊

公元前六世纪至前三世纪

西方哲学讨论三大类别的问题，构成哲学的三个基本领域，即本体论、人生论、认识论。本卷讲古希腊哲学，我提示一下三大类别问题的大致情形。第一，古希腊哲学的中心无疑是本体论。在宽泛意义上，本体论也叫形而上学，是指对宇宙本体的探究。说本体论是中心，至少有两点理由。首先，在苏格拉底之前，希腊早期哲学家关心的主要对象是宇宙，致力于探究使宇宙万物能够统一的那个东西是什么。其次，在苏格拉底之后，两位最大的哲学家，即柏拉图和亚里士多德，都建构了完备的形而上学体系，把本体论发展到了顶峰。第二，人生论也是古希腊哲学的重要内容。即使早期哲学家也留下了或多或少的人生格言，而苏格拉底率先把哲学关注的对象从宇宙转移到了人生，在他之后，包括柏拉图和亚里士多德在内，哲学家们都很注重对人生的思考。希腊晚期有四大伦理学派，其中，我会专门讲述第欧根尼和伊壁鸠鲁两位哲学家。第三，与苏格拉底同时期的智者学派，以及希腊晚期的怀疑论学派，是探讨认识论问题的先行者，他们的见解很值得重视。

第一讲

希腊早期自然哲学

这个世界对一切存在物都是同一的，它既不是神也不是人所创造的，它过去、现在、将来永远是一团永恒的活火，按一定的尺度燃烧，按一定的尺度熄灭。

——赫拉克利特

一 哲学之父泰勒斯

泰勒斯（Thales，鼎盛年约公元前 585 年前后）是公认的西方哲学史上最早的一位哲学家。我讲古希腊哲学，就从他开始吧。从泰勒斯身上，你可以看到，哲学开始于仰望星空，还可以看到，一种以思考宇宙万物之根本原理为使命的新的智性人格诞生了。

1. 泰勒斯的生平

泰勒斯出生在伊奥尼亚地区的米利都，关于他的生平，最重要的是两点。

第一点，他是希腊七贤之一。所谓七贤，就是全希腊最受尊敬的七个人。入选七贤的还有他的好朋友梭伦，古希腊最伟大的政治家之一，雅典民主制的缔造者。

第二点，古希腊人推崇实践的智慧。泰勒斯入选七贤，凭的是实践的智慧，而不是哲学的玄思。现在我们把他尊为西方哲学之父，事实上，他活着的时候，可没有人称他为哲学家，那时候还没有 philosopher 这个词呢，当年他是作为一个天文学奇才名声大振的。他家乡的人为他立了一座雕像，上面镌刻的铭文是：

"这里屹立着最智慧的天文学家泰勒斯，他是伊奥尼亚和米利都的骄傲。"西方历史学之父希罗多德在《历史》一书中多次提到泰勒斯，其中一次是说他预言了某年会发生日全食，而后得到了应验。现在人们就是根据这次日全食的实际发生时间——公元前585年——来推断他的活动年代的。他在天文学上的成就还包括：发现小熊星座，使航海者能够根据它的位置导航；确定一年为365天，一个月大致为30

泰勒斯（Thales，
鼎盛年约公元前 585 年前后）

天；等等。根据这些成就，他作为天文学之父的地位无可置疑。除了天文学之外，他还是一个工程奇才，有许多技术发明。

泰勒斯没有留下著作，是否写过著作不可考。在他身后流传了一些关于他的故事，这些故事是否属实也不可考，在我看来，这实际上是在哲学刚诞生的时代，人们对于哲学家这种新人格类型的一种解读。我讲一讲其中两个最著名的故事。

2. 泰勒斯坠井的故事

第一个是泰勒斯坠井的故事，这个故事最早是柏拉图在《泰阿泰德》这篇对话中讲的。有一回，泰勒斯抬头观察天象，不小心掉进了路旁的一口干井里。当时有一个聪明伶俐的色雷斯女仆跟随着他，这个女仆就嘲笑他说："你这个人呀，光顾着了解天上的事情，以至于看不见脚边的东西了。"讲完这个故事，柏拉图议论说，其实这样的嘲笑可以加在所有哲学家身上，哲学家必定如此，也理应如此。因为哲学家习惯于也擅长于从总体上思考事物，不屑于关心世俗事务和人际关系，所以哲学家在后一方面就会显得笨拙，结果招来了俗人们的嘲笑。

这个故事一定流传很广，在流传中出现了不同的版本。按照第欧根尼·拉尔修在《名哲言行录》里的讲述，泰勒斯因为抬头看天而坠井之后，遭到了一个老太婆的斥责。老太婆气势汹汹地责问他：既然你连脚边的东西都看不见，怎么能指望你知道天上的事情呢？她的逻辑是，既然连小聪明也没有，怎么会有大智慧呢？这个老太婆真是俗到家了。相比之下，柏拉图版本中的那个女仆多么可爱。

对于哲学家在人间事务上的笨拙，我们看到了三种评价：柏拉图认为是优点；女仆认为是可笑但可原谅的缺点；老太婆认为是不可原谅的缺点。这三种评价至今仍为不同的人们所主张。

3. 泰勒斯经商的故事

第二个是泰勒斯经商的故事，这个故事是亚里士多德在《政治学》中讲的，大意是：人们因为泰勒斯贫穷而讥笑哲学无用，他听后小露一手，通过观察天象预见明年橄榄丰收，就低价租进当地全部榨油作坊，到橄榄收获的季节再高价租出，结果发了大财。讲完这个故事，亚里士多德接着说，泰勒斯是要以此证明，哲学家如果愿意，要富起来是很容易的，但这不是他们的志趣所在。

希腊人很看重实际的才干，包括经商，认为经商是光荣的行业。事实上，在古希腊，许多大人物都曾经经商。当时埃及的文明比希腊发达，去埃及游学是一种风气，而旅行需要经费，经费主要就靠经商来筹措。在这个经商游学的队伍里，有泰勒斯、毕达哥拉斯、德谟克利特、柏拉图等哲学家。对于他们来说，经商是一种勤工俭学的方式。所以，可以说希腊哲学家是最早的勤工俭学者。

泰勒斯经商发了财，是不是因此就一直经商下去了呢？不是的，在他看来，经商太容易了，不值得以此为业。说到这里，我不禁感到惭愧。在希腊，一个人干别的事情都觉得太容易，于是就干哲学。在今天，一个人干别的事情都觉得太难，于是就干哲学。

关于泰勒斯，我讲了两个故事，一是坠井，二是经商。这两则故事是否属实，已经没法考证，也不必考证。我想说的是，即使泰勒斯真的曾经坠井，他也不是一个呆子。即使泰勒斯真的做过油坊生意，他也不是一个商人。然而，后世有一些以哲学为职业的人，即使不曾坠井，也未必经商，却很可能是呆子和商人的双料货，唯独不是哲学家。

4. 凭什么说泰勒斯是第一个哲学家

泰勒斯是天文学奇才、工程奇才、经商奇才等等，很了不起，但是，凭这些成就还不能说他是一个哲学家。后世公认他是最早的哲学家，根据的是亚里士多德在《形而上学》中提到的他的一句话，即："水是万物的本原。"这句话很重要，因为它不是一个天文学命题，不是一个科学命题，而是最早的一个哲学命题。凭什么说它是一个哲学命题？世间万千现象，而科学研究的是不同种类的现象，例如天文学研究天体现象，生物学研究生命现象，哲学不同，研究的不是现象。哲学的核心是一个形而上学信念，这个信念可以用庄子的话"万物为一"来表述，即相信世间万千现象背后有一个统一的本质，哲学就是要寻找这个统一的本质。在西方，泰勒斯的命题最早表达了这个信念，他因此被尊为西方哲学之父。

哲学和天文学在历史上同时产生，有一个共同的始祖，应该不是巧合。哲学开始于抬头看天。无论人类还是个人，如果只埋头于人间事务，就只是生活在局部之中。抬头看天，意味着跳出了局部，把世界整体当作思考的对象了，而这正是哲学的特征。泰勒斯抬头看天，看出了宇宙的若干可以计算的小奥秘，成为天文学家，更看出了宇宙的某种不可言传的大奥秘，成为哲学家。

用今天的眼光看，泰勒斯用"水是万物的本原"这个命题表达他所看到的宇宙大奥秘，表达得相当笨拙。尼采为此惋惜地说："泰勒斯看到了存在物的统一，而当他想传达这一发现时却谈起了水！"然而，由于这个命题，人类用理性认识世界整体的努力拉开了序幕，这正是泰勒斯的功劳。

5. 泰勒斯的人生智慧

在《名哲言行录》里，拉尔修记录了泰勒斯的若干言论，它们表明，泰勒斯不但善于看天，也善于看人，有人生的智慧。

其一，有人问泰勒斯："什么是最困难之事？"他回答："认识自己。"再问他："什么是最容易之事？"他回答："给别人提建议。"我们今天仍然看到，人们都避难就易，所以世界上到处是好为人师的人，却很难遇见有自知之明的人。

其二，泰勒斯说："多言不表明有才智。"希腊哲人大多讨厌饶舌之徒。在泰勒斯之后，喀隆（Chilon）说："不要让你的舌头超出你的思想。"斯多葛派的芝诺说："我们之所以有两只耳朵而只有一张嘴，是为了让我们多听少说。"这些话可以送给今天在各种会议上夸夸其谈的专家学者。我本人相信，多听少说是思想者必备的道德。

其三，泰勒斯说："幸福的人是那种有健康的身体、智慧的头脑、温良的天性的人。"对幸福的理解多么朴实。事实上，身体的疾病，头脑的愚昧，性格的暴躁，正是痛苦的主要原因。

拉尔修还记录了泰勒斯的三则逸闻。

其一，他终身不娶。年轻时，他母亲催他结婚，他说太早了。岁数大一点，他母亲又催，他说太迟了。总之，在他看来，无论什么年龄结婚都不合适，所以根本不要结婚。

其二，他领养了一个男孩。有人问他为什么不自己生一个，他回答："因为爱孩子。"他的意思是说，自己生的孩子，这爱太沉重，难以承受，所以不如领养。

其三，他说生与死没有区别。有人责问他："那你为什么不去死？"他回答："因为没有区别。"

结婚、生育、死亡，是人生的三件大事，泰勒斯都用调侃的口吻谈论，仿佛告诉我们，结不结婚，生不生孩子，来不来这世界，都没什么重要。仔细想想，他说的其实蛮有道理的。不过，这三则逸闻很可能是附会到他头上的，人们给他编这些故事，反映了一般人眼中哲学家的古怪行状。

二　希腊本体论的两个方向

从泰勒斯开始，希腊进入了哲学的时代，他之后出现了许多哲学家和哲学学说。在哲学史上，一般把苏格拉底之前的哲学划为希腊早期哲学，称作前苏格拉底哲学。在讲这些哲学家和哲学学说之前，我先概述一下这个时期希腊哲学的基本特征，勾画一个轮廓。

1. 哲学家的祖国是宇宙

希腊第一位哲学家泰勒斯是天文学家，这在古希腊不是个例。他之后的哲学家，例如毕达哥拉斯、阿那克萨戈拉，在不同程度上都是天文学家。希腊早期哲学家的共同特点是关心宇宙，都是看天的爱好者。哲学家为什么要关心宇宙呢？我说一说阿那克萨戈拉是怎么回答这个问题的。

阿那克萨戈拉出身高贵而富有，但是他放弃了门第和财产，把祖产都让给了亲戚，自己隐居起来，不问政治，潜心研究自然。看他这样，有人感到不解，问他："你活着为了什么？"他回答说："为了研究太阳、月亮和天空。"那个人进一步问他："难道你不关心你的祖国吗？"他指着头顶的天空回答说："我非常关心我的祖国啊。"

哲学家为什么要关心宇宙？这就是阿那克萨戈拉的回答：因为宇宙是哲学家的祖国。"cosmopolite"这个词，通常翻译为世界公民，其实更准确的译法是宇宙公民。这个词也是哲学家发明的。发明者名叫第欧根尼，是希腊晚期犬儒派的哲学家，他可以说是最早的背包客，一根手杖，一个背包，四处为家，走遍世界。有人问他来自哪个国家，他回答："宇宙公民。"

所以，哲学是人类的乡愁，是对人类永恒故乡的怀念和追寻。哲学家知道，地图上的国家和城邦不断地产生又灭亡，不能持久存在，因此都不是真正的祖国。于是，作为人类的使者，他们走上了探寻真正的祖国的旅途。对于他们来说，胸怀宇宙不是一个比喻，而是一个事实。他们决心探明整个世界的全貌和本质，在那里找到人类生存的终极意义和可靠基础。

2. 形而上学：寻找变中的不变，杂多中的统一

人生活在大地上，感官所接触的现象世界，其特点一是杂多，二是变化无常。单说人类，一代代人出生又死去，一个个国家建立又灭亡，没有任何事物能够长存。这样一个世界是令人不安的。如果一切皆变，变中没有不变，杂多中没有统一，世界就成了一片混乱，人类的生存就没有了可靠的根基。

希腊人想必感觉到了这种不安，但是，抬头看天给了他们以启示。他们仰观天象，印象最深的是日月星辰运行的井然有序。"cosmos"这个词，希腊文的原义是秩序，他们就用这个词来指称宇宙。虽然大地上的一切都变动不居，但是，天体的秩序给了

希腊人一种信心，使他们相信，现象世界背后一定有一个东西，是杂多中的统一，变中的不变，这个东西是天体秩序的来源，也以隐蔽的方式支配着包括大地在内的整个宇宙。他们试图通过理性的思考去寻找这个东西，这种用理性去探究现象世界背后那个统一的、不变的东西的努力，后来的哲学家称之为形而上学。

"形而上学"这个词，希腊文是 Metaphysic，原义是"物理学之后"。亚里士多德的一个学生在编辑老师的一部主要著作时，给它加上了这个书名。Physic（物理学）探究的是有形世界，Metaphysic 探究的就是有形世界背后的无形世界，现象世界背后的本体世界。汉译根据的是《易传》里的一句话："形而上者谓之道，形而下者谓之器。"器是看得见的现象，道是看不见的本体，形而上学就是探究看不见的"道"的学问，翻译得非常好。

近代以来，哲学家们对形而上学进行了猛烈的批判，这是后话。现在我只想指出一点，哲学在古希腊诞生，从一开始就具有形而上学的性质，可以说这是哲学从娘胎里带来的基因，永远不会消除，消除了就不是哲学了。

3. 希腊本体论的两个方向

形而上学探究现象世界背后的本体，希腊早期哲学家分为两派，沿着两个不同的方向进行这个探究。一派是自然哲学家，在物质形态中寻找世界的本体，他们把这个本体称作本原（Arche）。这一派的主要代表，最早的是泰勒斯和他的学生阿那克西曼德、阿那克西美尼，这三人都是米利都人，史称米利都学派。他们之后有赫拉克利特、阿那克萨戈拉、二分之一的恩培多克勒（为什么是二分之一，我以后再讲）以及德谟克利特。另一派是唯心主义哲学家，在抽象形式中寻找世界的本体，这个抽象本体是用理性建构起来的。这一派的主要代表是毕达哥拉斯和巴门尼德及其学生芝诺，后二人都是爱利亚人，史称爱利亚学派。

4. 哲学的故乡在哪里

我顺便纠正一个误解。苏格拉底是雅典人，人们往往因此以为，雅典是哲学的故乡。事实上，希腊早期哲学家的两派，无论是自然哲学家，还是唯心主义哲学家，他们中没有一人是出生在雅典的。

在古代，希腊是由许多小城邦国家组成的一片区域，地处高山，土地贫瘠，因此很早就开始了向外殖民的运动。到公元前六世纪，希腊人的殖民地已经遍布整个爱琴海和部分地中海沿岸。柏拉图形象地说："我们像一群青蛙围着一个水塘，在这个海的沿岸定居下来。"其中有两个地区的殖民地最为繁荣。一个是伊奥尼亚地区，在今天的土耳其一带，由十二个城邦组成，其中最著名的是泰勒斯的出生地米利都和赫拉克利特的出生地爱菲索。另一个是意大利南部和西西里岛，毕达哥拉斯的主要活动地点克罗顿，巴门尼德的出生地爱利亚，都在这个区域。总之，希腊早期哲学家全都出生在这两个地区，所以应该说哲学的故乡是伊奥尼亚和意大利。当然，作为希腊移民的后裔，这些哲学家也还都是希腊人。

有意思的是，活动在伊奥尼亚地区的全都是自然哲学家，我们现在把他们称作唯物主义者，活动在南意大利地区的全都是神秘主义哲学家，我们现在把他们称作唯心主义者，地理位置和学说风格之间有着严格的对应关系。中国先秦哲学的情况与此相似，重实际的儒家出在北方的齐鲁，重思辨的道家出在南方的荆楚。

5. 亚里士多德的四因说：理解希腊形而上学的一个线索

形而上学所要探究的本体，也可以说是现象世界背后的终极原因。关于原因，亚里士多德提出了一个学说，叫四因说。在我看来，这个四因说为我们理解希腊形而上学提供了一个线索。

亚里士多德把原因分为四个类型。第一个是形式因（the permal cause），指的是概念、范畴，一个东西之所以是某个东西，是因为它符合某个东西的概念。比如说，我们把某一件人工制品称作桌子，是因为这件制品符合桌子的概念，桌子的概念就是这件制品的形式因。第二个是质料因（the material cause），指的是组成一个东西的物质材料。比如说，这张桌子是用木材做的，木材就是这张桌子的质料因。第三个是动力因（the efficient cause），指的是使一个东西开始运动的动力。比如说，我用手去推动这张桌子，手的推力就是这张桌子移动的动力因。第四个是目的因（the final cause），指的是一个东西之所以被产生出来的目的。比如说，这张桌子被制作成一张餐桌，方便用餐就是这张桌子的目的因。

现在我们按照这个四因说来看一看希腊哲学家的情况。自然哲学家这一派，主要是在物质元素中寻找万物的本原，因此基本上可以看作唯物主义者。不过，请注意，在解释万物运动的原因时，他们往往会寻求精神性的因素，从这一点说又不是唯物主义了。大体上说，希腊自然哲学的形而上学，是物质性的质料因加精神性的动力因，世界是某种精神力量推动下的物质运动。唯心主义哲学家那一派，从毕达哥拉斯到后来的柏拉图，希腊唯心主义的显著特点是理性主义和神秘主义的结合。理性主义这一面，强调形式、概念是世界的本质。神秘主义这一面，强调世界有一个预定的至善目的。大体上说，希腊唯心主义的形而上学，是抽象的形式因加精神性的目的因，世界是某种至善目的支配下的形式设计。当然，这只是大体而论，在个别哲学家身上，这两条路线会有交叉。

请你记住这一个线索，它对你理解后面具体讲述的两派哲学会有帮助。

三　寻找万物的本原

希腊形而上学的探究有两个不同方向，一个是自然哲学，另一个是唯心主义。现在我来讲希腊自然哲学这个方向，这个方向的探究，归结为一句话，就是寻找万物的本原。

1. 在质料中寻找本原

按照亚里士多德在《形而上学》中的解释，本原这个范畴，指的是这样一个东西，第一它的本性永远不变，第二万物由它生成，又向它回归。这就是说，本原是变中的不变，多中的一，是构成万物初始原因和终极本质的那个东西。

希腊自然哲学的基本思路是，在质料中也就是物质材料中寻找这个本原。在东西方早期哲学中，都有把万物的本原归结为某几种物质元素的说法。中国古代有五行说，把自然物归结为水、火、木、金、土五种元素。印度古代有四大说，把自然物归结为地、水、火、风四种元素。希腊自然哲学家多半也是在火、气、水、土四种元素中寻找万物的本原，比如泰勒斯认为本原是水，阿那克西美尼认为本原是气，赫拉克利特认为本原是火，恩培多克勒则认为四种元素都是本原，万物由它们混合而成。对自然的这种解释，明显带有朴素的性质，是把一种或几种看得见摸得着的物质形态当作万物的本原。

在希腊自然哲学家中，有三个人，因为其重要性或特殊性，我以后要用专门的篇幅讲述。一是赫拉克利特，他是希腊早期哲学家里的另类，对他的本原是火的学说也不可作简单的理解。二是恩培多克勒，他本质上是一个神秘主义者，那是他更重要的二分之一。三是德谟克利特，他实际上不属于早期，他的哲学超越了看得见摸得着的物质形态，对本原做了更高程度的抽象，提出了原子说，并且在人生论上也有精辟的见解。

除了这三位，自然哲学家中还有两位值得多讲一些，就是阿那克西曼德和阿那克萨戈拉，这两人各有超出一般自然哲学的精彩之处。

2. 阿那克西曼德

阿那克西曼德（Anaximander，约公元前 611—前 546）是泰勒斯的学生，他的老师没有留下任何文字，我们看到的最早的哲学作品是他写的。他的学说有两个亮点。

第一个亮点，他是用抽象概念定义本原的第一人。他说本原是 apeiron，这是一个抽象概念，原义是没有确定属性、没有规定性的东西。这个词很难翻译，汪子嵩教授主编的《希腊哲学史》把它译为"无定体"，虽然别扭，但比较准确。这个定义超越了物质形态，不说本原是什么元素，而是说本原没有任何确定的性质，不是任何元素。这是用否定的方式定义本原。尼采分析他这样做的理由是：本原之为本原，正在于超越变化，不会衰亡；而凡是有确定属性的东西必定会衰亡，因此不可能是本原；现象世界里的一切都有确定的属性，因此从现象世界里不可能给它找到一个称谓，只能用否定的方式称呼它。我猜测，阿那克西曼德很可能是用这个概念来指称宇宙未分化时的混沌状态，某种原始的统一。这个状态是不可言说的，在这一点上很像老子的道。

第二个亮点，阿那克西曼德是对自然过程给出伦理解释的第一人。在阿那克西曼德的著作残篇中，有一段文字非常有名，后世的哲学家纷纷给予点赞。这段文字是这样写的（我根据德文本翻译）："一切存在物由何处产生，则一定按照必然性毁灭而复归于何处，因为它们必定遵循时间的秩序支付罚金，为其非正义性而受审判。"尼采对这一段文字极为赞赏，誉为"风格宏伟、勒之金石的文体"，是哲学写作的楷模。我来解释一下这段文字的意思。"一切存在物由何处产生"，这个"何处"，是指作为本原的那个没有确定属性的东西。从没有确定属性的本原变为有确定属性的存在物，从原始的统一变为杂多，这本身是背离本原的非正义行为，因此必须通过衰亡复归于本原，这样来替自己赎罪。直白地说，从无变成有，这是原罪，从有回归无，这是赎罪。更直白地说，生是原罪，死是赎罪。有生必有死，这是大自然的法则，你没有什么可委屈的，用道德的语汇说，这就叫宇宙正义。在阿那克西曼德看来，万物生灭变化是受一种伦理原则即宇宙正义支配的。在西方哲学史上，他是对宇宙秩序给出伦理解释的第一人。

3. 阿那克萨戈拉

阿那克萨戈拉（Anaxagoras，约公元前500—前428）的家乡在伊奥尼亚地区的克拉佐门尼。我前面曾提到，他潜心研究天体，把宇宙当作自己的祖国。他的生平，最重要的是两点。第一，他是把哲学引进雅典的第一人。他二十岁到雅典，待了三十年，研究自然哲学，名气很大，他的书《论自然》在市场上很畅销，苏格拉底是在他的影响下走上哲学道路的。不过，苏格拉底并没有直接当他的学生。当时有两位大人物是直接当他的学生的，一位是希腊伟大的政治家伯里克利，另一位是名声显赫的悲剧作家欧里庇得斯。第二，他也是在雅典被判处死刑的第一个哲学家。罪名有两条。其一，因为他的家乡当时处在波斯帝国的统治下，他是从那里来雅典的，就被指控为私通波斯。其二，更主要的，因为他的《论自然》里有一句话，说太阳是燃烧的石头，他就被指控为不信神。实际上他是一场政治斗争的牺牲品，当时伯里克利的一个政敌煽动起了一场连锁审判，受审者三人，除了阿那克萨戈拉，还有伯里克利美丽聪慧的情妇阿丝帕希娅，伯里克利的好友、古希腊最伟大的雕塑家菲狄亚斯。结果，由于伯里克利在法庭上垂泪辩诉，阿丝帕希娅得到释放，菲狄亚斯冤死在牢里，而阿那克萨戈拉则在伯里克利的营救下逃出了雅典，被缺席判处死刑。他得知这个消息后说："自然早已给我的审判者和我判了死刑。"从阿那克萨戈拉和后来苏格拉底的遭遇，我们可以看到，雅典既不是哲学的故乡，也不是哲学家的乐园。逃离雅典以后，他回到伊奥尼亚，在兰萨库斯定居和教学生，享有很高的声望。他的遗嘱非常可爱，希望每年在他死的月份给孩子们放假，这个遗嘱得到了执行。

下面讲阿那克萨戈拉的哲学思想。在本原问题上，他提出种子说。在我看来，这个学说比较幼稚，就不讲了。我只讲他在动力因问题上的学说，就是努斯说，这是他的学说中最大的亮点，后世的哲学家对之评价极高。

流传下来的阿那克萨戈拉著作残篇，开篇是一句庄严的箴言式的文字："万物混合，有努斯出，赋予它们以秩序。"努斯（nous），涵义相当于汉语的"心灵"，英语的"mind"，泛指感觉、思想、意志等精神活动及其主体。按照阿那克萨戈拉的解释，努斯是和万物完全分开的独立存在，它具有认知万物的能力，是它发动了最初的漩涡运动，使得混合在一起的万物分离，形成了星辰、太阳、月亮以及整个有秩序的宇宙。在这个解释中，你会发现，阿那克萨戈拉说的努斯有点像一位全知全能的上帝，它凭借理性安排了完美的宇宙秩序。说到这里，你也许会想起阿那克萨戈拉对宇宙的热爱。事实上，正是因为对宇宙体系的和谐和宇宙秩序的完美感到惊奇，使得他相信必定有一个伟大的心灵对此做了安排。他寻找宇宙的动力因，找到的是目的因，提出了对自然界的第一个目的论的解释。

阿那克萨戈拉是一个二元论者。他仅仅把努斯说应用于解释宇宙秩序的原因，在解释地球上物质运动的原因时，用的仍是机械论。在他看来，精神性的努斯及其智慧造就了星空，物质性的种子及其机械运动形成了大地。难怪他要把星空而不是大地当作他的祖国了。

我曾经讲过，希腊自然哲学家在质料中寻找万物的本原，而在解释宇宙运动的原因时，往往诉诸某种精神性的力量。事实上，从泰勒斯开始就是这样，万物运动的动力因，泰勒斯说是灵魂（Psyche），阿那克西曼德说是宇宙正义，赫拉克利特说是逻各斯（Logos），恩培多克勒说是爱和争，如此等等，阿那克萨戈拉的努斯说则是这方面最完备的一个理论。在这些哲学家看来，本原虽然可以追溯到某种物质形态，但是，物质不具备自己运动的能力，必定由精神所推动，而精神不能从物质中产生，必定独立于物质而存在，乃是当然之理。在这个意义上可以说，古希腊没有纯粹的唯物主义哲学家，自然哲学家们基本上是二元论者。

四　永恒的活火

希腊哲学家里，赫拉克利特（Heraclitus，约公元前535—前475）是一个另类。我说他是另类，表现在三个方面。一是个性，他是古今哲学家里最愤世嫉俗的人。二是思想，别的哲学家都认为变化是假象，只有他认为变化是唯一的真实。三是文字，风格独特，被称为晦涩哲人。这一节我讲他的个性和思想，下一节我们赏析他的若干文字。

1. 愤世嫉俗的隐士

公元前六世纪左右，在希腊殖民的伊奥尼亚地区有两个最著名的城邦，一是米利都，一是爱菲索。这两个城邦都地处繁荣的港口，盛产商人。然而，它们之所以青史留名，却是因为出产了一个比商人稀有得多的品种——哲人。米利都向人类贡献了最早的哲学家泰勒斯、阿那克西曼德和阿那克西美尼，史称米利都学派。比较起来，哲学家在爱菲索就显得孤单，史无爱菲索学派，只有一位赫拉克利特，被称作爱菲索的赫拉克利特。

这倒适合赫拉克利特的脾气，他生性孤傲，不屑与任何人为伍。希腊哲学家讲究师承，唯独他前无导师，后无传承，仿佛天地间偶然蹦出了这一个人。他自己说，他不是任何人的学生，从自己身上就学到了一切。他也不像别的哲学家那样招收门徒，延续谱系。他一定是一个独身者，文献中找不到他曾经结婚的蛛丝马迹。世俗的一切，包括家庭、财产、名声、权力，都不在他的眼里。当时爱菲索处在波斯帝国的统治下，国王大流士一世慕名邀他进宫，他回信谢绝道："我惧怕显赫，安于卑微，只要这卑微适宜于我的心灵。"其实他的出身一点儿也不卑微，在爱菲索首屈一指，是城邦的王位继承人，但他把王位让给了他的弟弟。

不过，赫拉克利特看重友谊，富有正义感。在他的人际关系中，我们只知道他有过一个好友，在他看来是全城邦最优秀的人，名叫赫谟多洛。赫谟多洛是一位政治家，在城邦致力于恢复梭伦所立的法律，结果遭到了驱逐。这件事给了赫拉克利特极大的刺激，他愤恨地说："应该把爱菲索的成年人都吊死，把城邦交给少年人管理。"这件事发生后，他和全爱菲索的人决裂了，从此离群索居，成为一个隐士。

爱菲索城郊有一座神庙，供奉月亮女神阿耳忒弥斯。这座神庙后来被列为世界七大奇观之一，当时正在重建，赫拉克利特的隐居所就在神庙附近。那里当时是一片工地，所以孩子们经常来玩，赫拉克利特就和孩子们一起玩，玩用羊骨头做的骰子。在爱菲索人眼里，一个成年人不干正事，整天和孩子们一起玩动物骨头，简直是疯子的行为。于是，全城的人都涌来看热闹，起哄，嘲笑。这时候，疯子向喧嚣的人群抛出了一句无比轻蔑的话："无赖，有什么可大惊小怪的！这岂不比和你们一起搞政治更正当吗？"

后来，赫拉克利特越发愤世嫉俗，竟至于不愿再看见人类，干脆躲进了深山，与禽兽为伍，以草根树皮为食，患了水肿病，在六十岁时死了。

哲学家和世俗保持距离并不稀罕，古希腊哲人大多如此，有的超然而淡漠，比如阿那克萨戈拉，有的豁达而宽容，比如苏格拉底。他们生活在自己的世界里，懒得和俗人较真。苏格拉底虽然在最后时刻不向俗人屈服，从容就义，但平时的态度也十分随和，最多只是说几句聪明的挖苦话而已。哲学家愤世嫉俗，好像有失哲人风度。在古希腊，时常有城邦驱逐哲学家的事发生，但是，像赫拉克利特这样自我放逐的情况，可以说绝无仅有。纵观整个西方哲学史，也能找出少数几个以愤世嫉俗著称的哲学家，例如叔本华和尼采，但都远没有弄到荒山穴居做野人的地步。在古今哲学家中，赫拉克利特实在是愤世嫉俗之最。

2. 一切皆变

赫拉克利特的哲学思想，核心是一个"变"字。一切皆变，变是唯一的不变，唯一的真理，除了变，世界别无所有。他用各种方式来表达这个思想，例如："太阳每天都是新的"，"人怎能躲过那永不止息的东西呢"。一个常用的比喻是河流。他说："人不能两次踏进同一条河流。"因为你第二次踏进的时候，河流已经变化，不是你第一次踏进的那条河流了。不但如此，甚至一次也不能，事物瞬息万变，包括河流，包括我们自己，所以他又说："我们踏进又不踏进同一条河流，我们存在又不存在。"

在古希腊，绝大多数哲学家都试图在变背后寻找一个不变的东西，名之为本原、本体、实体、本质等等，并据此把变贬为现象。正是在这一点上，赫拉克利特显示了他的与众不同。他相信感官的证据，认为变不只是现象，而就是世界的本质。即使从整体上把握，世界仍是一个无始无终的变化过程。他也主张"一切是一"，但他说的"一"不是一个超越于变化的实体，而就是这个永恒变化的过程本身。

从古希腊开始，西方哲学的主流是形而上学，认为变化只是现象，致力于寻找现象背后不变的本体世界。在这一点上，赫拉克利特的确是一个另类，认为变是唯一的不变之事，在变的背后并不存在一个不变的本体，世界统一于变。在西方哲学的起点上，他就和形而上学对着干了。两千多年后，现代西方哲学掀起了反形而上学的浪潮，他是这个浪潮的遥远的先驱。

3. 永恒的活火

在本原问题上，赫拉克利特认为本原是火，这好像和别的哲学家认为本原是水和气之类区别不大，其实不然。我们仔细读一下他的原话——

"这个世界对一切存在物都是同一的，它既不是神也不是人所创造的，它过去、现在、将来永远是一团永恒的活火，按一定的尺度燃烧，按一定的尺度熄灭。"

请注意，赫拉克利特说的是，世界在过去、现在、将来的全部时间里是一团永恒的活火。那么，所谓"永恒的活火"，就不是实指物质形态的火，因为至少在现在，你看到的世界不是一团火。所以，火是一个象征，赫拉克利特试图描述世界永恒变化的过程，找到了这个象征。这是一个确切的象征，因为火不是实体，而是燃烧和熄灭，作用和过程。"永恒的活火"就是永恒的变，无始无终的创造和毁灭，上升和下降。"上升的路和下降的路是同一的。"创造和毁灭，属于世界永恒变化的同一过程。

4. 逻各斯

西方哲学中有一个重要概念，叫逻各斯（Logos），这个概念可能是赫拉克利特最早提出来的。历来对这个概念有许多解释，说它包含许多涵义，最被强调的是三个涵义：理性，尺度，言说。在赫拉克利特这里，参照他谈到逻各斯的言论，我认为主要是两个涵义，而这两个涵义都包含在他讲"永恒的活火"的那句话里了。

第一个涵义是宇宙理性和宇宙智慧。他说这个世界既不是神也不是人创造的，换句话说，这个世界是自我创造的，而这就说明，宇宙自身是有理性和智慧的。相关的表述还有："逻各斯是灵魂所固有的，它自行增长。"这里说的灵魂，应该是指宇宙，一个活的宇宙，逻各斯是它所固有的。"如果你不听从我而听从我的逻各斯，承认一切是一，那就是智慧的。""智慧只在于一件事，就是认识那善于驾驭一切的思想。"这两句话说的是，人的智慧就在于认识宇宙过程中所包含的理性和智慧，是它使得变化不居的世界成为一个统一的整体。

　　第二个涵义是宇宙变化的尺度和规则。赫拉克利特说，永恒的活火按一定的尺度燃烧和熄灭。宇宙是遵循一定的周期周而复始运转的，据他推测，宇宙的"大年"由一万零八百个太阳年组成。

　　这里要注意，逻各斯不是凌驾于宇宙过程之上或者独立于宇宙过程之外的一种东西，而就是这个过程本身。从永恒变化的角度描述这个过程，它是永恒的活火，从变化遵循规则的角度定义这个过程，它是逻各斯。永恒的活火是变，逻各斯是一，宇宙过程是变和一的统一。

　　赫拉克利特有时候把这个自身具有理性和智慧的宇宙过程称作神，他说："神是日又是夜，是冬又是夏，是战争又是和平，是饱满又是饥饿，它像火一样变化着。"正是在这个意义上，他也主张宇宙过程本身是正义的，如是说："在神眼里一切都是美、善、公正的，在人眼里才有公正和不公正的区分。"他据此最早提出了包含自然法思想的命题："人类的一切法律都凭借那唯一的神的法律而存在。"

5. 玩骰子的顽童

一切皆变，生命无常，这是人类生存所面临的一个基本困境。这个困境给人类生存的意义打上了问号，而人类之所以需要哲学，正是为了摆脱这个问号。可是，赫拉克利特告诉我们，变是唯一的真理，世界没有一个稳定的核心，一个我们可以寄予希望的彼岸，对于人类来说，这样一种世界观岂不太可怕了一些？一个人持有这样的世界观，就不可避免地会厌世，看破一切暂时之物的无价值。

赫拉克利特也许就是这样。在他的著作残篇中，有这样一句话："时间是一个玩骰子的顽童，顽童掌握着王权。"这句话包含两个意思。第一，时间掌握着最高权力，在时间的支配下，一切皆变，无物长存。第二，这个掌握着最高权力的时间是一个顽童，它像玩骰子那样玩弄着一切人、一切事物的命运。

我们不妨回想一下赫拉克利特在隐居地和孩子们一起玩骰子的情景，和这句话联系起来，你会发现，他哪里是在游戏，简直是在从事一种"行为哲学"。你仿佛看见他用鄙夷的目光望着围观的爱菲索人，又越过围观者望着人类，冷笑道：人类呵，你们吃着，喝着，繁殖着，倾轧着，还搞什么政治，自以为是世界的主人。殊不知你们的命运都掌握在一个任性的孩子手里，这孩子就是时间，它像玩骰子一样玩弄着你们的命运，使你们忽输忽赢，乍悲乍喜，玩厌了一代人，又去玩新的一代，世世代代的人都要被他玩弄，被他抛弃……

然而，对于这同一句话，有一个哲学家听出了另一种全然不同的意思。跨越两千多年的时空，尼采在赫拉克利特身上找到了他唯一的哲学知己。他相信，当赫拉克利特和孩子们玩骰子游戏的时候，心中所想的是宇宙大顽童宙斯的游戏。作为永恒变化过程的宇宙，它就是一个大顽童，甚至是一个大艺术家，它创造着也破坏着，创造和破坏都是它的审美的游戏，它在万古岁月中以这游戏自娱。尼采劝告说，我们应该去体会宇宙大艺术家的这种审美的快乐，这样就不会为生存的短暂而悲哀了，因为我们的生存在它的游戏中获得了一种审美的价值。

有道理吗？也许有一点儿。永恒的活火对于我们的生存既是判决，又是辩护。它判决我们的生存注定是暂时的，断绝了通往永恒的一切路径。同时，正因为它废除了彼岸，也就宣告无须等到天国或来世，就在此时此刻，我们的生存已经属于永恒，是宇宙永恒变化过程的一个片段。然而，即便如此，做永恒活火的一朵瞬间熄灭的火苗，这算什么安慰呢？事实上，我在赫拉克利特身上并没有发现所谓的审美快乐，毋宁说他是冷漠的。他超出人类无限远，面对人类仿佛只是面对着幻象，以至于尼采也把他比喻为"一颗没有大气层的星辰"。对于我来说，赫拉克利特的世界观是可信而不可爱的，因为我不可能成为玩骰子的宇宙大顽童本人，又不甘心只在它某一次掷骰子的手势中旋生旋灭。

6. 赫拉克利特和老子的比较

赫拉克利特和老子都是公元前六至前五世纪的人，生活的年代相近。在本体论上，两人的哲学有很相通的地方。赫拉克利特的逻各斯和永恒的活火，老子的道，都既是宇宙的本体，又是宇宙永恒变化的过程本身，是一和变的统一。这两位哲学家，都是辩证法大师，都立足于变，强调对立面的转化。

但是，相同中有不同。最大的不同，就是赫拉克利特阳刚，老子阴柔。举两人使用的比喻为例。赫拉克利特把宇宙本体比喻为火，老子把道比喻为水，赞颂"水善利万物而不争"，火和水形成鲜明对比。赫拉克利特宣布顽童掌握着王权，老子提倡"复归于婴儿"，顽童和婴儿也形成鲜明对比。赫拉克利特的辩证法是斗争哲学，他说："战争是万物之父。"老子的辩证法是和平哲学，他说："兵者不祥之器，非君子之器，不得已而用之。"两人辩证法的不同，也许体现了中西民族性格的差异。

老子写的五千言，和赫拉克利特的著作残篇相比较，在文风上也是相同中有不同。二者的突出特点都是极其简洁，如同宣说箴言，不解释，也不证明，但赫拉克利特的文字像神谕，冷峻而威严，而老子的文字是经文，玄妙而平静。

两人的经历，也是相同中有不同。两人都是隐士，但是，赫拉克利特是一个愤世嫉俗的隐士，他的隐居是决裂；老子是一个心平气和的隐士，他的隐居是逃避。根据司马迁的记载，老子看到周王朝衰落，因此出关，出关前应关令的要求，写了五千言，然后就"莫知其所终"了。

五　说隐喻的哲人

赫拉克利特写过一本书，他对城邦和人类已经失去信心，就把这部书稿藏在阿耳忒弥斯神庙里，秘不示人。死后不久，这部书稿流散开来，许多人觉得这是一本天书，完全读不懂，他因此得到了一个"晦涩哲人"的称号。苏格拉底读到过，承认只读懂了一部分，但认为是一个宝藏。亚里士多德也读到过，抱怨读不懂甚至无法断句。后来，就像希腊所有早期哲学家的遭遇一样，这部书稿流失了。后代学者把古代著作中引用的他的文字汇编起来，共130多条，称为残篇。和希腊其他早期哲学家相比，他流传下来的文字算是多的。前面讲他的思想的时候，我引用过几条。我把这些残篇做了一个梳理，我们来挖掘一下这个宝藏，虽然它已经不是苏格拉底所看到的样子，只剩下一点儿残余了。

1. 简洁有力的文风

我先讲一下文字风格。从保存下来的文字看，其实不可一概称之为晦涩。这些文字中，有的通俗明白，很容易读懂，有的言简意赅，耐人寻味，需要琢磨，有的确实晦涩难懂，不免要靠猜测了。有这个差别，我认为是因为话题的不同，本来简单的就不要故弄玄虚，本来深奥的就无法直白。不过，无论哪一种情况，共同的特点是简洁。一位古代作家评论说：他的表达的简洁有力是无与伦比的。一位现代学者评论说：他是世界文学中风格最有力的作家之一。我认为皆是公正的评价。好些文字是格言式的，我相信是他本来的写作形式，而不是什么残篇，他很可能是西方哲学中格言体的始祖，而奥勒留、帕斯卡、尼采等人都是他的继承者。

就哲学写作而言，简洁是一个基本要求。简洁所追求的正是不晦涩，即用最准确因而也就是最少而精的语言表达已经想清楚的道理。做不到简洁，往往是因为思想本来不清晰，或者缺乏捕捉准确语言的能力，于是不得不说许多废话。更坏的是故弄玄虚，用最复杂的语言说最贫乏的内容，云山雾罩之下其实空无一物，转弯抹角之后终于扑了一空。

可是，在不动脑子的读者眼里，简洁很容易被看作晦涩。这正是赫拉克利特的命运。简洁之所以必要，理由之一恰恰是要让这样的读者读不懂，防止他们把作者的深思熟虑翻译成他们的平庸见解。一个珍爱自己思想的哲学家应该这样来写作：一方面，努力让那些精致的耳朵听懂每一句话，另一方面，决不为了让那些粗糙的耳朵听懂而多说一句不必要的话，因为它们反正听不懂。

赫拉克利特有两条格言，可以帮助我们理解他的文字风格中晦涩的一面。其一："那个在德尔斐庙里发布神谕的大神既不挑明，也不遮掩，而只是用隐喻暗示。"他和阿波罗神有相同的爱好，他说的是神谕式的语言，既不解释，也不证明，只让心有灵犀的人听懂。其二："自然喜欢躲藏起来。"这句话本身是隐喻，同时也阐释了隐喻的理由。我从中听出了两层含义：第一，自然是顽皮的，喜欢和寻找它的人捉迷藏；第二，自然是羞怯的，不喜欢暴露在光天化日之下。所以，在接近自然的奥秘时，一个好的哲人应当怀有两种心情，既像孩子一样天真好奇，又像恋人一样体贴小心。他知道真理是不易被捉到，更不可被说透的。真理躲藏在人类语言之外的地方，于是他只好说隐喻。

下面，我从残篇中选取一些文字，按照内容分类，说一说我的理解。

2. 痛恨多数人的平庸

赫拉克利特是一个有严重精神洁癖的人。他虽然鄙弃了贵族的地位和生活，骨子里却是一个贵族主义者。不过，他心目中的贵族完全是精神意义上的。在他看来，区分人的高贵和卑贱的唯一界限是精神，是精神上的优秀或平庸。他宣称，一个最优秀的人抵得上一万人。他还宣称，多数人是坏的，只有极少数人是好的。他生前有一个绰号，叫做"辱骂群众的人"。他之所以痛恨多数人，归结到一点，是痛恨精神上的平庸。

精神上的平庸，第一个表现是不用自己的头脑思考。赫拉克利特认为，"思想是最大的优点"，而"思想是人人所共有的"。他一再强调"理性能力是灵魂所固有的"，"人人都有认识自己的能力和思考的能力"。令他愤恨的是，多数人不去运用和发展灵魂中这个最宝贵的能力，反而任其荒废。他说："多数人对自己所遇到的事情不作思考，即使受到教训后也不明白，虽然自以为明白。"人的感官是受灵魂支配的，不运用理性能力，单凭感官不能认识事物的任何真相。赫拉克利特用不同方式表达这个意思，他说："眼睛和耳朵对于人们是坏的见证，如果他们有粗鄙的灵魂的话。""人们既不懂得怎样听，也不懂得怎样说。""如果没有理解，即使他们听见了，也像聋子一样。关于他们有谚语为证：人虽在场却不在场。"在场的只是躯体，不在场的是灵魂，这样的人如同行尸走肉，怎么可能真正看和听呢？最后，这种不用自己头脑思考的人，就只能"相信街头卖唱的人，以庸众为师"。庸人往往只听信与自己同类的人，从庸人那里获取教导。到如今，时代变了，街头卖唱的方式也变了，变成了媒体和网络，但是，多数人听信街头卖唱的情况并没有多大改变。

3. 讥讽庸人的幸福观

精神上的平庸，第二个表现是幸福观的粗俗。我们来赏析他的几则格言。其一："如果幸福在于肉体的快感，那么牛找到草料吃的时候便是幸福的。"其二："驴子宁要草料不要黄金。"其三："猪在污泥中取乐，家禽在尘土和灰烬中取乐。"

通常把这些话的含义归结为价值的相对性，未免肤浅。当他说这些话的时候，他显然不只是在说牛、驴子、猪和家禽，而一定想到了那些除了物质享乐外不知幸福为何物的人，是在讥讽庸人的幸福观。我这样判断，有他的另一则格言为证，他这样说："最优秀的人宁愿要永恒的光荣，而不要变灭的事物，可是多数人却在那里像牲畜一样狼吞虎咽。"用这句话对照，上面三句话的真正涵义就很清楚了。

4. 辨别信仰的真伪

精神上的平庸，第三个表现是迷信。在西方哲学史上，赫拉克利特是最早起来辨别信仰的真伪的。他提出两个重要观点。

第一，大众的祭神仪式是迷信的，不是信仰。他说："他们向神像祷告，正如同向房子说话一样，因为他们并不知道什么是神和英雄。""他们向神像祷告，好像它们能听见似的，其实它们既不会回报，也不能提出任何要求的。""颂扬使神和人俯首帖耳。"这些话揭示了庸众迷信的实质，一是愚昧无知，敬拜的是无生命无知觉的偶像，二是存心不正，寻求的是世俗欲望的满足。

第二，真正的信仰属于个人的内心生活。他说："祭神分为两种。一种是内心完全净化的人所做的，偶尔在一个人或少数几人那里出现。另一种是物质的祭祀。"这句话指明，信仰的实质和目的，都在于内心的净化。

5. 性格即命运

"一个人的性格就是他的命运。"这是赫拉克利特的一句名言，被无数人引用过。对这句话可以有不同的理解，我说一说我的理解。

理解之一，性格决定命运。一个人的命运主要由环境和性格这两个因素决定，环境决定了你可能会遭遇什么，性格决定了你对所遭遇的事情会做出什么反应。同样的遭遇，因为反应不同，结果也就不同。比如说，同样是失恋，贾宝玉出家了，少年维特自杀了，而歌德却得到了灵感，写出了脍炙人口的诗篇。所以，归根到底还是性格决定命运。

理解之二，根据希腊文，"命运"也可以译为"守护神"，那么这句话就可以译为："一个人的性格就是他的守护神。"我本人认为这个意思更加深刻，它告诉你：一个人应该认清自己的天性，知道自己究竟是什么样的人，从而过最适合于你的天性的生活，而对你而言这就是最好的生活。明白了这个道理，你就不会在喧闹的人世间迷失方向了。

残篇中还有一个短句："我寻找过我自己。"可以结合上面理解之二来读这句话。我的体会是，人的一生其实都是在寻找自己，寻找那个最真实也最好的自己，一旦找到，人生的全部努力就有了方向，全部经历就有了解释。

6. 格言共赏

残篇中还有一些耐人寻味的格言，我摘出来共赏。

"博学不能使人智慧。"博学和智慧的不同，后世哲学家多有谈论，赫拉克利特大约是最早指出的。智慧是理性的光，没有它的照耀，多少知识也堆积不出智慧。

"掩盖自己的无知要比公开表露好些。"因为掩盖自己无知的人，他是知道自己的无知并且为此羞愧的，而公开表露的人却是无知而自以为知，苏格拉底把这种无知称作愚蠢。

"在变化中得到休息；服侍同一个主人是疲劳的。"比喻准确而生动。我的体会：变换工作是最积极的休息。

"不可以那样和人开玩笑，弄得自己反成了笑柄。"这个厌世哲人想必曾经是一个风趣的人，懂得开玩笑有格调的高下。

"最美丽的猴子与人相比也是丑陋的。"这句话只是讲美的相对性吗？我年轻时从中听出了另一层意思：那些没有灵魂的家伙，不管在社会上多么风光，仍然是一只丑陋的猴子。

"最美丽的世界也像是一个草草堆积起来的垃圾堆。"一个悲观主义者眼中的世界。

"醒着的人有一个共同的世界，而在睡梦中人人各有自己的世界。"醒着的人组成社会，互相同化，而在睡梦中人人回到各自的本我，本我深藏在无意识之中。

"凡是在地上爬行的东西，都是被神的鞭子赶到牧场上去的。"俯视大地，众生如畜生爬行，降生是被迫和不幸的事。

"人诞生了就期待活下去，却必定会死去，他们留下子女，而子女也是必定会死去的。""死亡是我们醒时所见的一切，睡眠是我们梦中所见的一切。"只要你足够清醒，你就会只看见你、你的子女以及一切人必将死去这件事，此外别无所见。古罗马哲学家把赫拉克利特称作"哭泣的哲人"，他的确是一个悲观主义者。

六　原子和虚空

德谟克利特（Democritus，约公元前460—前370）这个名字是大家所熟悉的，在我们的教科书里，他被称为古希腊最伟大的唯物主义哲学家，因为他和他的老师留基伯最早提出了原子说。他生活的年代实际上已不属于希腊哲学的早期，他和苏格拉底是同时代人，苏格拉底只比他小几岁。在这个时期，活跃在哲学舞台上的还有智者学派，这个学派关注认识论问题，德谟克利特在认识论上的观点和他们接近，持

德谟克利特（Democritus，约公元前460—前370）

一种不可知论和怀疑论的立场。他的例子表明，一个唯物主义哲学家同时可能是一个不可知论者，我们不能根据唯物和唯心的标签对一个哲学家的思想作简单化的理解。

1. 生平

德谟克利特出生在邻近伊奥尼亚地区的阿布德拉，性格平和开朗，活到了九十岁，在古代是相当长寿了。古罗马哲学家把他和"哭泣的哲人"赫拉克利特相对照，给了他一个"欢笑的哲人"称号。他的生平可以用两句话概括：行万里路，著万卷书。

先说行万里路。他非常好学。当时希腊是在波斯的统治下，他的父亲是波斯王薛西斯的朋友，而他却说：哪怕只找到一个因果性的解释，也胜过做波斯人的国王。兄弟三人分财产，最少的一份是现金，他要了这一份，为的是可以用作旅资。在同时代人里面，他游学范围最广，在埃及向祭司学几何学，在波斯结识星相家，在印度和苦修者交往，足迹遍布欧亚大陆。他到过雅典，但在那里默默无闻，见过当时已名声显赫的苏格拉底，而苏格拉底好像没有注意到他。可以想见，他不是一个爱出风头的人。

再说著万卷书。在同时代人里面，他不但游学最广，而且著述最多。从留存的书目看，他研究的领域包括哲学、伦理学、物理学、数学、天文学、医学、动植物、地理、历史、音乐等等，是一个百科全书式的作家。可是，他的全部作品都失散了，流传下来的只有260条真伪存疑的道德格言。这和希腊早期哲学家著作的失散不同，他不属于早期，只比柏拉图年长三十几岁，而柏拉图的大部分著作都流传下来了。据说柏拉图特别嫉恨他，曾经想把能够收集到的他的著作都烧掉，但做不到，因为当时已经广泛传播。柏拉图的著作里几乎提到了当时所有的哲学家，但没有一处提到他，在反对他的地方也不说名字，可见大哲学家也难免有阴暗心理。令人痛心的是，柏拉图做不到的，岁月做到了。现在我们对德谟克利特思想的了解，主要借助于亚里士多德等人的转述。

2. 原子和虚空

在本原问题上，德谟克利特的观点可以说人人皆知了，就是原子说。这个学说的基本内容可以这样来概括：原子是最小的物质微粒，它的特点为不可分割、内部没有空隙、性质相同，万物皆由原子构成，因为原子的形状、次序、位置不同，万物显现出不同的性质。为了让原子有可以运动的空间，他把虚空算作另一个本原。

两千多年前，在不可能做任何相关实验的情况下，对物质的结构有这样天才的猜想，真是令人敬佩。事实上，直到一百多年前，原子说在物理学中仍然占据着支配地位，科学家们所做的工作主要是对它进行验证、细化和充实。但是，到了二十世纪，尤其在量子场论诞生以后，情况发生了根本的改变。根据我的粗浅了解，主要的改变是：一、原子并非不可分割的基本粒子，原子中可以分割出电子和原子核，而原子核中又可以分割出质子和中子；二、作为构成物质最小单位的基本粒子有许多种类，现在已经发现的有 62 种；三、所谓基本粒子也不是一些稳定的物质微粒，它们实际上是微观世界内部因为能量场之间相互作用而发生的一些共振，因此呈现粒子性和波动性的双重属性，而就粒子本身来说，则不断经历着产生和消灭的过程；四、微观世界的空间中布满了能量的微小涌动，不存在彻底的虚空。

总之，深入到物质世界内部去看，我们会发现，不存在严格意义上的物质粒子和虚空，真正存在的是能量的连续的、永不停歇的涌动，是一系列的振荡，世界不是由物质和实体构成的，而是由关系和事件构成的。

现代物理学所描绘的这个世界图景，更接近于赫拉克利特说的永恒的活火，一种永不停歇的相互作用和变化，而不是德谟克利特说的由坚固的物质粒子组成的坚固的物体世界。不过，尽管如此，德谟克利特依然是伟大的，他的原子说最早开启了探究微观物质结构的思路，现代物理学则是这种探究的最新成果。

3. 不可知论

在认识论上，德谟克利特是一个观点明确的不可知论者。根据后来哲学家们的引述，他有以下论点。

第一，感觉不能反映事物的真相。他说，我们实际上丝毫不认识任何确实的东西，只认识那依照我们身体的结构而变化的东西。（塞克斯都引述）又说，对同样的对象，许多动物得到和我们根本不同的感觉印象；甚至同一个人，对同样的对象也不是总有同样的感觉印象；要决定其真伪是不可能的，它们或者都不是真的，或者真理对我们还隐藏着。（亚里士多德引述）这些话已触及认识论中的一个大问题：感觉是我们接触外部世界的唯一途径，而感觉是受身体的结构支配的，我们无法确定感觉所提供的东西与外部事物的真相是否一致。

第二，语词与事物的真相也没有关系。他说，对事物的命名是约定俗成的，不具有自然的性质。为了证明这个论点，他提出四个论证：不同事物可以用同一名称指称；不同名称可以用在同一事物上；名称可以改变；可以没有名称。（普罗克洛引述）这个论点触及了认识论中的另一个大问题，即语词与事物的关系问题，语言能否表达事物的真相。

第三，所以，事物的真相隐藏在深渊之中。他明确地说："要认识任何事物的实在本性是不可能的。"（塞克斯都引述）"实际上我们丝毫不知道什么，因为真理隐藏在深渊之中。"（拉尔修引述）

但是，根据另一些引述，我们又发现，德谟克利特似乎试图为感觉辩护，削弱其不可知论的立场。例如，他主张有三种真理标准："现象是了解可见事物的标准；概念是研究的标准；情感是应当选择者和应当逃避者的标准。"（塞克斯都引述）他还说："真理和显现于感觉中的东西没有区别，凡是对每一个人显现并对他显得存在的，就是真的。"（费罗培门引述）在这两条引述中，对感觉和所感知的现象的肯定，可以理解为对它们效用的肯定，即它们在处理可见事物时是有用的，在此意义上可以承认为真。后一条引述，还可以理解为一种相对主义观点，令人想起与他同时代的智者普罗泰戈拉的著名命题："人是万物的尺度，是存在的事物存在的尺度，也是不存在的事物不存在的尺度。"

还有一条引述，引用了他的话——"颜色是从俗约定的，甜是从俗约定的，苦是从俗约定的，实际上只有原子和虚空"，接着说，德谟克利特在用这些话贬低了现象的地位之后，又让感官用下面的话来反对理性："可怜的理性，在把你的论证给予我们之后，你又想打击我们！你的胜利就是你的失败。"（加仑引述）这条引述有三点值得注意：一、色和味是从俗约定的，不是事物本身的性质；二、本原是原子和虚空这个论断是理性做的论证，凭感官所感知的现象是做不出来的；三、但是理性做论断的根据只能是感官所感知的现象，这里存在着一个悖论，所以说理性的胜利就是它的失败。

历来讲德谟克利特的哲学，不太重视他的认识论，所以我有意多讲一些。我是想指出，这位号称古希腊最伟大的唯物主义哲学家，对于人类的认识能力以及所能够认识的范围，实际上是充满怀疑的。他在这方面所做的思考，其价值不亚于他的原子说。我推测，在相当程度上，他自己也只把原子看作是理性构建的一个假说。我们把赫拉克利特和德谟克利特都算作古希腊的唯物主义哲学家，其实在认识论上，这两人也是相反的。赫拉克利特相信逻各斯，是一个理性主义者，对理性的力量没有怀疑。后来的西方哲学史表明，英国经验主义者在不同程度上都持不可知论和怀疑论立场，而欧洲大陆的理性主义者则都相信凭借理性可以认识世界的本质，这个差别在古希腊就已经开始了。

参考书目

[古罗马] 第欧根尼·拉尔修：《名哲言行录》，马永翔等译，吉林人民出版社，2003

北京大学哲学系编译:《古希腊罗马哲学》，三联书店，1957

汪子嵩等:《希腊哲学史》第一卷，人民出版社，1988/1993

[德] 尼采:《希腊悲剧时代的哲学》，周国平译，商务印书馆，1994

第二讲

希腊早期唯心主义

只有存在存在，非存在不存在。

——巴门尼德

希腊早期哲学家沿两个不同方向探究世界的本体，上一讲讲了自然哲学那个方向，现在讲唯心主义这个方向。希腊唯心主义哲学家的特点是理性主义和神秘主义的结合。他们是理性主义者，把形式和概念看得高于一切。他们又是神秘主义者，相信世界有一个预定的目的。这两个东西结合起来，便是用形式和概念建构某种抽象的本体，并且赋予这个本体以一种神秘的能力，能够给世界设定一个完美的目的。

在希腊早期唯心主义哲学家中，我讲三个意大利人。第一个是毕达哥拉斯，他认为数是本体。第二个是巴门尼德，他认为"存在"这个概念是本体。这两个人对唯心主义后来的发展都发生了重大影响。第三个是恩培多克勒，他通常被划归自然哲学这个方向，但我认为他在更大的程度上是一个神秘主义者。

一　戴教主帽的数学家

在西方哲学史上，毕达哥拉斯学派是最早的唯心主义学派，而且存在的时间很长，从公元前六世纪末到公元三世纪，共八百年。这个学派在古希腊时期和中世纪有深远的影响。学

毕达哥拉斯（Pythagoras，
约公元前582—前500）

派的创始人毕达哥拉斯（Pythagoras，约公元前582—前500）出生在小亚细亚沿海的萨摩斯岛，但一生主要的活动地点是意大利的克罗顿，在那里建立了他的学派。他是一个多面而有趣的人物，我分两次来讲他，这一节讲他的生平和若干独特的见解，下一节讲他的学说。

1. 数学家和天文学家

在毕达哥拉斯身上，理性主义和神秘主义的结合非常典型。他有两个重要的身份，其一是数学家和天文学家，其二是一个秘密宗教团体的教主。

毕达哥拉斯是西方历史上第一位数学家，给纯粹数学奠定了基础。他曾经在埃及游学，向祭司学习测量，回到希腊后把实用数学提升成了一门理论学科。他在数学上的主要成就，一是发现和证明了勾股定理，即直角三角形斜边的平方等于其他两边的平方和，二是发现了黄金分割。

在天文学上，他提出了最早的"日心说"即中心火理论。按照这个理论，有若干星球围绕着中心火做圆周运动，地球是这些星球中的一个，因为圆周运动才产生黑夜和白昼。可惜的是，这个天才的假说被埋没了一千多年，亚里士多德主张的地球中心说始终统治着天文学，直到哥白尼提出太阳中心说。哥白尼承认，他是从中心火理论得到启发的。

毕达哥拉斯证明勾股定理之后，杀了一百头牛庆祝。这大约是人类历史上最早的知识庆宴。勾股定理能带来什么经济效益，值得这样大张旗鼓地庆祝？如果有人这样问毕达哥拉斯，他一定会莫名其妙。不，当时的希腊不会有人这样问他，今天的欧洲也很少有人会这样问他。这不是一个欧洲问题。这是一个中国问题。

人类智力的胜利本身就值得庆祝，知识本身就值得尊重，这是欧洲的传统，毕达哥拉斯的百牛大宴为这个传统揭开了序幕。

2. 秘密宗教团体的教主

毕达哥拉斯既是一个科学家，又是一个秘密宗教团体的教主，麾下有六百门徒，二千信众。今天我们很难想象，一个大科学家同时是一个教主，如果爱因斯坦戴上教皇的皇冠，你一定会觉得怪诞。

毕达哥拉斯创立这个宗教团体，主要是受了奥菲斯教的影响。奥菲斯教是当时民间盛行的一个秘密宗教流派，它可以说是西方哲学中神秘主义传统的源头，毕达哥拉斯最早把它引入哲学中，通过毕达哥拉斯，它又影响到柏拉图，最后还影响到基督教。奥菲斯教的基本教义是灵魂轮回和不死，人生的使命是让灵魂从肉体中解脱，得到净化。

毕达哥拉斯的宗教热情，另一个可能的来源是埃及。他在埃及时当过僧侣，参加过神庙中的祭典和秘密入教仪式。回意大利后，他把在埃及学到的一些教规立为其学派的规矩。其中有一些似乎是可笑而无理的，例如视豆子为圣物，不许吃也不许碰。

毕达哥拉斯的团体不但是一个教团，一个学派，同时还是一个政治组织，政教学合为一体。他的团体在克罗顿掌权达二十年之久，倡导财产公有的生活方式，据说把城邦治理得很好，影响遍及整个意大利。在柏拉图之前，他早已进行了哲学王的试验，而且好像比柏拉图成功得多，但是最后还是失败了，他和许多成员死于一场暴乱之中。据说被追捕时，他就是因为不肯穿过一片豆子地，而被追上和杀死的。

3. 在沉默中修炼

毕达哥拉斯的团体有严格的纪律，其中一些颇有深意。比如有一条规定是：门徒在五年之内必须保持沉默，只能听课，不准说话，而且在通过考试之前不准见老师的面。不见面怎么听课？想必是隔着帘子听的。有一条训示是：追随神，最要紧的是要约束你的舌头。还有一条规定是：禁止为自己祈祷，因为人们不知道什么对自己真正有益。

这些规矩都涉及沉默，共同的用意是要人们在沉默中修炼。在寻求知识和信仰的道路上，沉默是一种必修功夫。一知半解者最容易夸夸其谈，无真信仰者最喜欢滔滔发誓。一个人没有坚实的内涵，却约束不住自己的舌头，急于发言，那动力就只能是虚荣和名利，而绝不会是对知识和信念的热忱。泛滥于世的大话、谎话、空话，皆出于此辈之口。在佛教的戒律中，妄语也是大戒。面对世界和人生的重大问题，心知敬畏，慎言多思，有助于培养一种根本的诚实和严肃。

4. 素食的理由

严格实行素食，也是毕达哥拉斯团体的一条纪律。

素食的理由之一，是相信动物也有灵魂。毕达哥拉斯相信灵魂轮回，据说他能说出自己以前各世的情况。有一次，看见有人打一条小狗，他喝道："住手！他是朋友，也有人的灵魂。"

但是，也有人认为，毕达哥拉斯主张素食的真正目的是训练，为了让人们习惯于简单的生活，能够依靠易于获得的东西生活，而这是通向身体健康和头脑敏锐的道路。

我认为这两个理由可以并存。素食主义既是准宗教，又是养生之道。在实际的奉行中，有的人是从怜悯动物开始，收到了养生的效果，有的人是为了养生，然后便觉得自己是一个有信仰的善人了。

5. 给哲学家定位

奥林匹克运动会是古希腊最隆重的公共聚会，每逢赛期，运动员比赛，观众呐喊，商贩兜售货物，赛场上热闹非凡。有一回，毕达哥拉斯来到赛场，坐在观众席上，陷入了沉思。后来，他这样表达他的所思——

"到奥林匹克运动会来的有三种人，最低等的来做买卖，次等的来参加比赛，最高等的只是来观看。生活中同样有这样三种人，分别是爱利者、爱名者和爱智者（哲学家）。"

在哲学初创的时代，他这是用打比方的方式来给哲学家定位。他当然不会认为，那些拼命呐喊的观众是爱智者，他们其实也是他观看的对象。他的意思是说，哲学家应该置身于名利和人世间的热闹之外，清醒地观察全局，做一个旁观者和思考者。

据传是毕达哥拉斯创造了"philosophia"（爱智慧）这个希腊词，并且最早称自己是 philosopher（爱智者、哲学家）。他的理由是：只有神是智慧的，人能做到的至多是爱智慧。在他之后，苏格拉底也如是说。传说中的毕达哥拉斯神通广大，生前就已经被信徒尊为阿波罗神。但是，看来他还是有自知之明的，清楚地知道自己不是神。

6. 第一个女性主义者

毕达哥拉斯对女性评价极高，可以说是西方历史上第一个女性主义者。在流传下来的他的言论中，有这样一句话："男人的配偶有神圣的名字，先后叫处女、新娘、母亲。"这个秘密教团的教主，向女性奉献上如此清新朴实又富有诗意的句子，真是令人惊喜。

我这样诠释他的话：处女是神圣的，因为洁净，新娘是神圣的，因为爱，母亲是神圣的，因为孕育；洁净是爱的准备，爱是孕育的准备；在女人的洁净、爱、孕育面前，男人当知敬畏。

毕达哥拉斯有许多女粉丝，信徒们也纷纷把自己的妻子送到他那里学习，史称"毕女郎"。据拉尔修记载，毕达哥拉斯的妻子名叫塞亚诺，也是他的学生，这大约是史上第一对师生恋吧。塞亚诺是一个才女，有著作，已经失传。从流传下来的片言只语看，她说话的口吻很像一个女哲人。有人问她：女人做爱后多少天变得洁净？她回答：跟丈夫做爱立刻就会，跟别的男人做爱永远不会。她接着说：女人和丈夫做爱时应该把羞耻连同衣服一起脱下，完毕后再一起穿上。总之，面对别的男人要守住贞节，面对丈夫要尽情放荡。这样一个放荡的贞女，想必深得丈夫的欢心。难怪在毕达哥拉斯的团体里，虽然共产，但绝不共妻，不像在柏拉图描绘的理想国里，共产又共妻。

二　宇宙的谜底是数

现在接着讲毕达哥拉斯的学说。讲毕达哥拉斯的学说有一个困难，就是他不留文字，只讲课，而讲课的内容又是严格保密的。这是毕达哥拉斯团体的一条铁律，有一个门徒因为泄露了一个数学秘密，作为惩罚，被沉入大海淹死了。我们现在了解的毕达哥拉斯的学说，全部是从后人的叙述中得知的，而后人叙述的时候，往往把祖师爷的观点和整个学派的观点混在一起讲，难以区分开来。为了简便起见，我把整个学派的观点都归在他的名下。

1. 用哲学净化灵魂

前面讲到，毕达哥拉斯接受了奥菲斯教的基本教义，就是灵魂轮回和不死，人生的使命是净化灵魂。但他对这个教义做了改革，他做的改革，最重要的一点是把哲学作为净化灵魂的主要途径。在他那里，哲学和宗教是不可分的，从根本上说，哲学是方法，宗教是目的，研究哲学是为了净化灵魂，哲学成为一种神圣的生活方式。

毕达哥拉斯所说的哲学，其实主要是三门学科，就是天文学、音乐和数学。其中，数学是主导学科，天文学和音乐的原理都在数学之中。毕达哥拉斯对天文和音乐情有独钟，在他看来，人的眼睛是专为观察天文造的，人的耳朵是专为聆听音乐造的，而通过观察天文和聆听音乐，人的心灵领悟了数是终极的真理。因此，通过研究天文学、音乐和数学，人的眼睛、耳朵、心灵都得到了净化。

2. 数是本体

毕达哥拉斯的形而上学，归结为一句话，就是数是本体。他是通过研究天文和音乐得出这个结论的。

毕达哥拉斯可能是最早用 cosmos（秩序）给宇宙命名的人。通过观察天文，对宇宙秩序的和谐感到惊奇，相信其中贯穿着理性，是希腊哲学家的共同特点。毕达哥拉斯的独特之处在于，他坚持不懈地追问宇宙秩序的和谐究竟从何而来，其中贯穿着的理性究竟是什么东西，他的结论是数，是数的比例关系。因此，他认定数的形式是宇宙的本体，是永恒的存在，而现象世界只是对数的形式的模仿，是杂多和流变。

毕达哥拉斯用数来诠释宇宙的和谐，在数和宇宙之间有一个中介，就是音乐。他很可能是在音乐中领悟数的神奇作用的。他发现，在音乐中，数的比例关系造成了声音的和谐，推而广之，造成了一切和谐，直至宇宙的秩序。各星球的大小和彼此之间的距离也有数的比例关系，由此构成了有秩序的宇宙。

他进而断言，由于存在与音乐相似的数的比例关系的存在，天体运动也始终在奏响着一种音乐，只是因为我们一出生就听这音乐，习以为常了，所以听而不闻。不过，他告诉我们，他有一种内在的听觉，能够听见这音乐，经常沉浸在流动的天体音乐之中。我想，在某种意义上，一切宗教的静修，哲学的沉思，科学的探索，岂不都是为了倾听或解读宇宙的神秘音乐吗？

总之，毕达哥拉斯认为，数是本体，宇宙大谜的谜底隐藏在数之中。

3. 数字的神奇作用

认定数是本体，也就认定了数是具有创造力的本原。关于数字的神奇作用，毕达哥拉斯学派有许多说法，我举几个例子。

第一个例子：一。一是有创造力的本原，神，形式。由一产生二，二是原始的运动，质料。一作用于二，形式作用于质料，由一和二产生三，三是宇宙万物。这令人想起老子的话："道生一，一生二，二生三，三生万物。"两者是多么相似。

第二个例子：一和二。一是奇数，二是偶数，由奇数和偶数推演出万物。这令人想起《易传》讲的阴和阳，"一阴一阳之谓道"。

第三个例子：七。七是机会，是自然物出生和成熟的最好时机。比如人，怀胎七个月出生，出生七个月长牙齿，第二个七年末（十四岁）开始青春期，第三个七年末（二十一岁）发育成熟。中国古书里有类似的说法，而且好像更准确，根据生理特点把男女加以区别，女人的数字是七，男人的数字是八，比如，女人二七十四岁初潮，七七四十九岁绝经，男人二八十六岁生精，八八六十四岁绝精。不过，现在人的寿命延长，相关的数字要改一改了。

在一定意义上，中国的《易传》也认为数是本体，数字具有神秘的作用。《易传》保存完好，可惜的是毕达哥拉斯学派的资料失散严重，无法对二者做具体的比较研究。

事实上，相信数字是宇宙中一种神秘的力量，能够支配人的命运，这是人类自古以来的普遍心理。中国人用生辰八字算命，吉卜赛人用扑克牌算命，都是例子。今天的国人，因为谐音的联想，偏爱数字六（顺溜）和八（发财），躲避数字四（死亡），也是例子，但这只能说是可笑的迷信了。

4. 开创数学与神学相结合的传统

在西方哲学史上，毕达哥拉斯之所以重要，是因为他开创了数学与神学相结合的传统。他继承了奥菲斯教的神秘主义，又用数是本体的哲学来改造它，把一个抽象的数的世界与一个神秘的永恒之国合而为一了。相信存在一个只能显示于理性而不能显示于感官的抽象的概念世界，那个世界是永恒而神圣的，西方主流形而上学的这个基本观念是从毕达哥拉斯那里来的。就此而言，毕达哥拉斯哲学是西方主流形而上学的源头，柏拉图是在他的影响下建立自己完备的形而上学体系的。

据罗素分析，在形而上学的形成中，数学起了两方面的作用。一方面，数学处理具有必然性和普遍性的知识，因此是信仰永恒的严格的抽象真理的根源。另一方面，发现数学关系时直觉和灵感起了重要作用，数学关系的美令人陶醉，数学因此也是信仰一个超感觉的神秘世界的根源。罗素自己是一个数学家，对数学的魅力有真切的体会。不过，在他看来，这是误导，他是反对形而上学的。

三　存在的安魂曲

巴门尼德（Parmenides of Elea，公元前540—前470）是意大利南部爱利亚人。在希腊哲学史乃至整个西方哲学史上，他的重要性在于提出了存在学说。

一般认为，塞诺芬尼是巴门尼德的直接思想先驱。我曾讲述塞诺芬尼对神话的批判，在此批判的基础上，他创立了思辨的一神论观念。有一个唯一的神，它在形体上和心灵上都不像凡人；它作为一个整体在看、在听、在知；它根本不动，却以它的心灵的思想使万物活动。这个一神论观念，从多神到一神，从具象的神到抽象的神，其中隐含了对宇宙最高抽象实体的思考，启示了巴门尼德的存在观念。

爱利亚学派还有一个代表人物，名叫芝诺，也出生在爱利亚，是巴门尼德的学生。他提出著名的芝诺悖论，论证运动是不可能的，以维护老师的存在学说，我会在第七讲中讲述。

1. 巴门尼德的诗篇

巴门尼德用诗篇讲哲学，开篇是这样写的：我乘着华丽的马车，在少女们引导下，来到正义女神的居所。少女们十分调皮，用甜言蜜语哄劝女神，让她拿出钥匙，为我开启了那扇从来紧闭的大门。然后，少女们簇拥着我进入了密室。

真是写得富丽堂皇。可是，进入女神的密室以后，巴门尼德看见了什么？接下来的叙述，抽象至极，枯燥至极，和开篇的富丽堂皇形成巨大反差。据说他看见了一个真理，这个真理就是存在学说。从这个时刻起，巴门尼德就一直凝视着这个真理，时间停止了，不再有别的事情发生，少女们也都不知去向。

2. 存在学说

巴门尼德的存在学说，可以归结为两个论点。

第一个论点是：只有存在存在，非存在不存在。这听起来像是一句废话，是不是？但是，巴门尼德认为，这是哲学上第一重要的命题。哲学是追求真理的，要追求真理，首要的事情是把存在和非存在严格地区分开来，绝不可以把非存在说成是存在。他说，真正信心的力量在于牢牢地抓紧存在，决不容许非存在混淆进来。那么，什么是非存在呢？就是变化和杂多，也就是整个现象世界。在他看来，把"存在"这个词用在有生有灭、繁杂多样的东西上，这是根本的错误。现象世界里的任何事物都旋生旋灭，像幻影一样，怎么可以把它们称作存在呢？真正的存在是不生不灭的，是单一完整的。他说："存在不是过去存在，也不是将来存在，因为它一直是现在这样，作为单一的、连续的整体而存在；你能为它找到什么样的创始呢？"只有彻底排除掉变化，不生不灭，这才称得上是真正的存在，这个不生不灭、永远自我同一的存在才是世界的本体。

第二个论点是：思想与存在具有同一性。这个论点的意思是：从思想这方面说，思想的内容和目标就是存在，思想不可能以非存在为对象；从存在那方面说，只有存在可以被思想，非存在不可能被思想。用通俗的话说，就是不存在的东西，你怎么能够去思考它呢？只要你思考，就必定是在思考存在。我们可能会发生一个疑问：巴门尼德把现象世界看作非存在，可是我们的确在思考现象世界里的种种事情啊，比如怎么让我喜欢的一个姑娘也喜欢我，怎么对付那个欺负我的家伙，今天晚饭吃什么，诸如此类。巴门尼德会告诉你，这正是问题之所在，你的这些所谓思考与思想根本不沾边，你是受了你的感官的骗，把非存在当作存在了。他告诫说："不要为许多经验所产生的习惯左右，由你的茫然的眼睛、轰鸣的耳朵以及舌头带向这条路，而要用你的理性去辨别什么是存在和非存在。"

总之，思想和感觉势不两立。思想与存在同一，感觉与非存在同一。用感觉看，只能看见非存在；用思想看，才能看见真正的存在。把变化和杂多认作存在，只是感官的错觉，不是思想的结果。必须把思想与感官以及整个经验世界完全隔绝开来，仅仅运用纯粹思维，彻底排除掉感官印象，才能认识真正的存在。运用纯粹思维，那个不生不灭的真正的存在就会呈现在你的思维之中。哲学的使命，就是用纯粹思维去认识真正的存在。

3. 存在的安魂曲

许多哲学家指出，巴门尼德的存在学说，是用形式逻辑建构起来的。形式逻辑有两条基本定律。一条叫同一律，用公式表示是 A=A。另一条叫矛盾律，用公式表示是 A ≠ 非 A。这两条定律本来只是指在使用概念时要保持其确定的涵义，和本体论无关。可是，只要你用"存在"这个概念代入公式中的 A，就可以得出巴门尼德的基本命题：只有存在存在，非存在不存在。由此可见，他对存在的论证，是建立在同一律和矛盾律的基础上的。事实上，他所说的必须用纯粹思维才能把握的那个真正的存在，说穿了，就是"存在"这个抽象概念。

我们不妨把巴门尼德与和他年代相近的两个哲学家做一个比较，一个是赫拉克利特，另一个是毕达哥拉斯。

巴门尼德比赫拉克利特大五岁，两个人完全是同时代人。赫拉克利特相信感官的证据，认为世界只是变化，否认有一个所谓不变的存在。他也重视理性和思想的作用，但是，在他看来，第一，理性不排斥感官，是以感官为基础的，但可以指导感官；第二，思想的对象不是不变的存在，而是宇宙变化中所体现的智慧和规则。相反，巴门尼德诋毁感官，完全否定变化，凭借逻辑推断世界只是存在。这两人的学说恰好针锋相对，构成了西方哲学开端时期的分水岭。

巴门尼德比毕达哥拉斯小四十二岁，曾经加入毕达哥拉斯学派的团体，受到过毕达哥拉斯学说的影响。但是，他是一个一根筋的学生，把毕达哥拉斯的丰富性完全丢弃了。毕达哥拉斯是丰富的，有神秘主义的一面，关心灵魂的净化，还有重视感官的一面，眼观天文，耳听音乐，通过感官去体悟宇宙的真理。毕达哥拉斯认为数是本体，有这些精神性的活动作为依托，不是单凭逻辑推演出来的。到了巴门尼德这里，就只剩下了逻辑，只剩下了"存在"这个抽象概念。

对于巴门尼德的存在学说，尼采有一个尖刻的评论。他说，这是一个逻辑狂靠推理得出的抽象、贫乏、空洞的学说，在巴门尼德的"存在"概念上笼罩着死亡般的寂静，没有芳香、色彩、灵魂、形式，完全缺乏血肉、宗教精神、道德热情，这是一种完全非希腊的现象。

巴门尼德的本意是追求可靠性，最后发现只有"存在"这个概念是可靠的。离开这个概念，面对变化不居的现象世界，他觉得心慌，于是干脆宣布它们不存在。在"存在"这个概念上，他的灵魂得到了安宁，他唱的是存在的安魂曲。

4. 关于本体论

在西方哲学史上，把"存在"概念提升为重要的哲学范畴，巴门尼德是第一人。在他之后，柏拉图、亚里士多德都把探究什么是真正的存在作为他们哲学的出发点。这种着重探究存在问题的哲学思辨，就是狭义的本体论。这个头是巴门尼德开的，所以，尼采说：巴门尼德的哲学奏响了本体论的序曲。

本体论，英文是 ontology，意思是关于存在的学问。这个词的使用，有广义和狭义的区别。广义的本体论，和形而上学是同义词，我在前面一直是这样用的。现在我对狭义的本体论做一点解释。

"存在"这个词，英语中是 being，德语中是 sein，本来是一个系词，汉语中对应的词是"有"、"是"。在日常语言中，系词是用得最多的，我们经常会说，这里有一只茶杯，这是一只茶杯，等等。把这个系词转变成名词，用汉语表述就是"存在"。这个词既然用得最多，哲学家就非常顶真了，他要追问你：你说的"有"、"是"是什么意思？你凭什么说茶杯是存在的，世间万物是存在的？这样追问下去，就要对"存在"这个概念本身做界定了。

应该说，巴门尼德是第一个重视这个问题的人。他在使用希腊文中这个词的时候，在用法上非常讲究。第一，一律用单数，不用复数，以表示存在是唯一的、不可分的整体。第二，一律用第三人称，不用第一和第二人称，以表示存在是与主观的我、你无关的客观存在。第三，一律用现在式，不用过去式和将来式，以表示存在是永恒的、不生不灭的。他的这种用法，实际上是对"存在"概念做了界定，把一个常用的系词变成了一个哲学范畴。

狭义的本体论，核心问题是区分存在和非存在，包括要讨论这样一些问题：世界上什么是真正存在的，什么不是；用什么来衡量存在和不存在；存在有没有程度的差别，如果有，怎样根据存在的程度给宇宙中不同种类的实体排出一个等级次序。

从哲学史看，这种本体论的追问有两条路径。一条是理性主义的路径，就是用纯粹思维即逻辑去构建真正的存在。巴门尼德是这条路径的开创者。另一条是神秘主义的路径，就是凭借某种内在的体验去领悟真正的存在。在柏拉图身上，这两条路径同时存在。近现代哲学家一般对前一条路径持否定的立场，但有一些哲学家例如海德格尔仍然坚持后一条路径的追问。

不管从好的意义还是坏的意义说，巴门尼德都是狭义本体论的开创者。就此而言，他的确非常重要，但是他的哲学也的确非常枯燥、空洞、冷漠。

四　先知还是表演大师

在希腊早期哲学家中，恩培多克勒（Enpedocles，约公元前492—前432）因为主张四根说，即万物由火、气、水、土四种元素混合而成，而被归入自然哲学家的行列。如果你对他的了解仅限于此，就错过了欣赏一位有趣人物。

1. 先知抑或表演大师

公元前五世纪，在意大利西西里岛的南部，一座叫阿克拉伽的美丽城市屹立在海边黄色岩石的上方。城中有一位神奇的人物，每当他出现在公共场所，人们便马上聚集起来，恭敬地聆听他的教导。他身穿紫袍，腰束金带，脚穿青铜拖鞋，浓密的头发上戴着一顶德尔斐月桂花环，表情庄严，一群男童侍立在他的左右。此人就是古希腊著名的哲学家恩培多克勒。然而，在当时他的崇拜者眼中，他是一个神，而他自己也如此宣称。

面对围聚起来的信众，恩培多克勒往往这样开始他的布道：我漫步在你们中间，我是一个不朽之神，而非凡人。我在你们中间受到尊敬，人们给我戴上绶带和花环。我进入这个繁华的城市，无数的人追随着我，向我祈求幸福之道、神谕和医方。

在这里，恩培多克勒举出了他的三个身份：他是一个人生导师，为人们指引幸福之道；他是神的代言人，向人们宣说神谕；他是一个医生，给人们开医方。他懂医是事实，并且被后世视为南意大利医派的奠基人，但他把医术与巫术相混合，所以在他之后出生的西方医学之父希波克拉底抨击他是一个街头占卜人。

他的确是这样做的，行医的时候也装神弄鬼。有一回，为了证明自己拥有神力，他使一个心跳和呼吸停止多日的女子起死回生。在救活那个女子之后，为了向神感恩，他举办了一场祭祀。盛宴结束，宾客们纷纷入睡，他独自离席，走到附近的埃特纳火山，纵身跳入了烈焰熊熊的火山口。第二天，他的一个亲信向众人宣布，午夜时天空一道闪光，一声巨响把他召唤去了，他已经变成了神。可是，不久后，他的青铜拖鞋在熔岩中被发现，于是真相大白。

这么说来，恩培多克勒真是把装神的表演进行到底了，他的死是表演的最后一幕。不过，这个跳入火山口的故事很可能是编造出来的。根据有关他的生平的比较可靠的史料，他还是阿克拉伽城邦的民主派领袖，领导推翻了那里的僭主政权，深得公众爱戴，人们甚至要授予他王位，但他拒绝了，说自己宁愿过一种简单的生活。后来，趁他出国旅行的机会，他的政敌们设法阻止他回国，他就再也没有回到西西里，因此根本不可能跳入西西里岛上的埃特纳火山口。

恩培多克勒是一个非常奇怪而矛盾的人物。他是民主派的领袖，却又经常以神的面目出现在民众面前。他声称喜欢过简单的生活，却又刻意讲究排场。罗素说，哲学家、预言者、科学家和江湖术士的混合体，在恩培多克勒的身上得到了异常完备的表现。的确如此。他的生平成了诗人们发挥想象力的好题材，德国诗人荷尔德林、英国作家阿诺德都写过以他为主角的诗剧。

2. 灵魂是被神放逐的流浪者

据拉尔修说，恩培多克勒做过毕达哥拉斯的学生。这肯定不是事实，因为毕达哥拉斯的活动年代比他早了一个世纪。但是，毕达哥拉斯学派当时在意大利势头很旺，他受这个学派的影响是毫无疑问的。他非常崇敬毕达哥拉斯，在自己的诗篇里赞颂毕达哥拉斯拥有超人的知识和最伟大的智慧财富。他著有《净化篇》，其核心思想就来自奥菲斯教和毕达哥拉斯学派，便是灵魂轮回和净化的学说。

用灵魂轮回和净化的思想去看恩培多克勒的行为，他的装神弄鬼就好理解了，是半真半假，假中有真。让我们看一看《净化篇》的三段残篇。

——我现在也是一个被众神放逐的流浪者。

——从那光荣之乡，从那至高的福境，我堕落在这大地，徘徊在芸芸众生之中。

——他们作为先知、诗人、医生和王子，来到这世俗的人中间。

普鲁塔克的《论放逐》也转述了恩培多克勒的一段话：灵魂是寄居在身体里的，它有别的来源，是被神放逐的流浪者。

所以，如果要问恩培多克勒是否真认为自己是神，回答是：是，又不是。灵魂必定有一个神圣的来源，这是恩培多克勒的信念。从来源说，灵魂属于神界，所以他是不朽的神。从现实说，灵魂已被放逐，所以他成了有死的凡人。但是，和别的凡人不同的是，他牢记着自己的神圣来源，这样的人就作为先知、诗人、医生和王子来到凡人中间，负有拯救众生的使命。

灵魂应该有一个神圣的来源——所有在自己身上体验到灵魂之高贵的人都如此想。应该有，所以必定有：这是从恩培多克勒到柏拉图的希腊哲学家的逻辑。应该有，就必定有吗？倘若灵魂不是被神放逐，因而也没有神来召回，只是无端地在人世间流浪，人该怎么办？这是尼采以来的现代哲学家所面临的问题。

3. 爱和争

恩培多克勒的哲学分为自然哲学和灵魂哲学两个部分。在自然哲学部分，他认为火、气、水、土四种元素是万物的本原，而运动的动力因是爱和争，这两个对立的力量使得不同元素吸引和排斥，结合和分离，从而呈现为万物及其变化。在灵魂哲学部分，爱和争成为两种对立的伦理力量，两个对立的精神原则，爱使灵魂从善而升华，争使灵魂作恶而获罪。

灵魂来自神的世界。恩培多克勒认为，在神的世界，只有爱，没有争。在奥林匹斯神话中，宙斯是众神之王。在《净化篇》中，爱神阿佛洛狄忒取代宙斯成了众神之王。他说："在诸神里面，没有被崇拜的战神，没有争斗的呼号，没有宙斯作为他们的王，没有海神波塞冬，只有爱神阿佛洛狄忒是女王。"

可是，灵魂离开神界，堕落到了人世间，而在这人世间，居于支配地位的是争，造成了各种苦难。恩培多克勒如此描绘人世间："一个没有欢乐的地方，那里有残杀、愤怒和那些命运女神，使人枯萎的瘟疫、灾害和死亡，黑暗笼罩，游荡在命定的牧场。"

他用既怜悯又谴责的口吻喊道："可怜可悲的有死的人类啊，你们是从倾轧和呻吟的东西中生成的。"

恩培多克勒对人的看法是很悲观的。他说："人的感官是狭窄的，遭遇的灾难又很多，使得人们精神迟钝。他们只看见自己生活的一小部分，便离开生命，结束短促的一生，像青烟一样没入空中。可是人人都只相信自己在各方面的迷途中所碰到的东西，便自以为发现了全体。"总之，基本状态是糊里糊涂地活着和死去。

由此可以理解，他之所以以先知的面目出现，是因为他认为自己肩负着拯救苦难的人类的使命。

4. 第一位诗人哲学家

恩培多克勒是一位语言大师。他写过许多剧本，据说有四十部之多，可惜全部失传了。也许鉴于他在语言艺术上的杰出造诣，亚里士多德推崇他是修辞学的创立者。西西里著名的修辞家如科拉克斯、提西亚斯以及智者高尔吉亚，都是他的学生。

从留下的文字看，他不愧是一位诗艺精湛的诗人。虽然在他之前的希腊哲学家也有用诗篇表述哲学思想的，例如塞诺芬尼和巴门尼德，但那只是传统的韵文，而他的表达新颖、独特、凝练，富有真正的诗意。在我看来，他是西方哲学史上第一位诗人哲学家。我们来欣赏两段残篇。

——牢记在你沉默的心中。

这是一个残句，我们虽然不知道上下文，仍能感觉到它的深沉的力量。

——我从前生为男孩和女孩，灌木和鸟，一条跃出海面的哑鱼。

灵魂轮回是奥菲斯派和毕达哥拉斯派的学说，在他那里变成了多么美丽可爱的诗的意境。

恩培多克勒的四根说，即火、土、气、水是万物的本原，对于这四种元素，他的另一种表达是太阳、大地、天空、海洋，可见他的自然哲学也有着诗意的来源，得自生活在大自然中的灵感。

参考书目

[古罗马] 第欧根尼·拉尔修:《名哲言行录》，马永翔等译，吉林人民出版社，2003

北京大学哲学系编译:《古希腊罗马哲学》，三联书店，1957

汪子嵩等:《希腊哲学史》第一卷，人民出版社，1988/1993

[德] 尼采:《希腊悲剧时代的哲学》，周国平译，商务印书馆，1994

第三讲

苏格拉底

未经思考的人生没有价值。

——苏格拉底

苏格拉底（Socrates，公元前469—前399）被公认是古希腊最伟大的哲学家，西方哲学的精神传统的开创者。在他之前，希腊哲学家主要关注宇宙问题，他扭转了这个方向，把哲学的重点转向关注人的灵魂生活。

苏格拉底的哲学活动，基本上是在雅典街头与人谈话，揭露人们对灵魂中事情的无知，启迪人们思考人生的意义。由于这种活动，他被告上法庭，以不信神和败坏青年的罪名判处了死刑。作为雅典第一位土生土长的哲学家，他死于自己的同胞之手，这是哲学史上一个令人震惊也耐人寻味的重大事件。

苏格拉底不留文字，我们对他的思想的了解，主要来自他的学生柏拉图

苏格拉底（Socrates，公元前469—前399）

的著作。柏拉图的著作，大多是以苏格拉底为主角的对话，往往借苏格拉底之口表达自己的思想。专家们对此进行了甄别，我尽量采用能够代表苏格拉底思想的比较可信的资料。

一　把哲学从天上召唤到地上

1. 给苏格拉底画像

我用五个词来描绘苏格拉底这个人。

第一个词是丑陋。你参观卢浮宫，会看到许多希腊雕刻，古希腊盛产美男子，面孔和体型都美。卢浮宫也收藏了苏格拉底的雕像，你会发现他的长相很奇特：一张扁平脸，一个宽狮鼻，两片肥嘴唇，一个大肚子。他出生在雅典，却完全不像是一个希腊人，当年一个看相的说他是怪物，他的一个最亲密的朋友说他是丑八怪。

第二个词是健壮。他非常注意锻炼身体，每天早晨都去健身房，当时的人都说他强壮得像一头公牛。当时雅典流行过好几场瘟疫，他是唯一没有被感染的人。他不像希腊别的哲学家喜欢旅行，只走出过雅典三次，都是去打仗。他的后半生在长达二十七年的伯罗奔尼撒战争中度过，参加了三次战役。在战争环境里，他的强壮体魄显出了优势，有惊人的适应能力。食品匮乏时，他比谁都能忍受饥饿，供应充足时，他又比谁都吃得多。酷寒中，别人都用毛毯裹身，他光脚走在冰上。一次雅典人溃败，目击者说，只有他一人从容撤退，背着几十公斤重的装备，"昂首阔步，斜目四顾"，一看就不是好惹的，敌军也就没敢惹他。

第三个词是清贫。他出身贫贱，父亲是雕刻匠，母亲是接生婆。子承父业，他年轻时也以雕刻为业，据说雅典卫城上那些美惠女神是他雕刻的。不过，他对这个行业颇有微词，嘲笑雕刻匠尽力把石块雕刻得像人，在自己身上却不下功夫，结果使自己看上去像是石块而不是人了。为了维持生计，他仍不免要雕刻石块，但更多的时候干起了雕刻人的灵魂的行当。在相同的意义上，他还继承了母业，乐于做思想的接生婆。他自称"业余哲学研究者"，成天在街上与人谈话，任何人想听就听，从不收费。对于来自显贵的礼物，他一概拒绝。一个有钱有势的崇拜者要送他一大块地盖房，他问道："假如我需要一双鞋子，你为此送给我一整张兽皮，而我竟然接受，岂不可笑？"其实他连鞋子也不需要，无论冬夏都光着脚丫，穿一件破衣。他的穷在很大程度上是自觉的选择，是为了摆脱物质的束缚保持精神的自由。他有一句名言："一无所需最像神，所需越少越接近于神。"逛雅典市场，他的感想是：原来我不需要的东西有这么多啊！他还说，闲暇是最好的财产。

第四个词是随和。不像当时和后来许多哲学家抱定独身主义，他在婚姻问题上倒是随大流的。战争使得男人的人口锐减，雅典立法允许一个男人娶两个老婆，他就娶了两个。大老婆克珊西帕是有名的泼妇，一个众所周知的故事是，有一次苏格拉底在挨了一顿臭骂之后，克珊西帕又把一盆脏水扣在他头上，而他只是轻描淡写地自嘲道："我不是说过，克珊西帕的雷声会在雨中结束？"他还自嘲说：驯服了烈马，别的马就容易对付了。其实他

104

心里明白，和他这样一个不顾家计的人过日子，当老婆的很不容易，所以常常在挨骂后承认骂得有理。

第五个词是正直。作为一个哲学家，苏格拉底抱定宗旨，不参与政治。不过，一旦违心地被卷入，他必定站在一个正直公民的立场上坚持正义。这样的例子很多，我只举一个。六十三岁时，他曾经代表本族人进入元老院，而且在某一天值班当主席。这是他一生中唯一的一次做"官"。当时，雅典海军打了一个胜仗，撤退时，由于狂风突起，没有能够收回阵亡士兵的尸体，人民为此群情激愤，要求判处为首的十将军死刑。就在他当主席的那一天，这个提案交到法庭，他冒犯众怒否决了。可惜第二天别人当主席，十将军仍不免于死。

有一点特别值得注意：苏格拉底一辈子是一个不折不扣的平民。和咱们儒家一样，希腊哲学家也喜欢当帝王师，他之前的泰勒斯、阿那克萨戈拉，他之后的柏拉图、亚里士多德，都做过政治领袖的老师，而苏格拉底从来没有这种企图。和他同时代的智者学派里都是一些到处走穴的讲师，很会赚钱，而苏格拉底因此鄙视他们。柏拉图和亚里士多德都办学园，当教授，而苏格拉底始终是一个"业余哲学研究者"。可是，没有人比他更加把一生奉献给哲学，真正把哲学当作生活方式了。

2. 在哲学上实现的转折

现在我来讲苏格拉底在哲学上实现的转折。最早明确指出这一点的是古罗马哲学家西塞罗，西塞罗说，苏格拉底是把哲学从天上召唤到地上来的第一人，他使哲学立足于城邦，进入家庭，研究人生和道德问题。苏格拉底之前的哲学家，从泰勒斯到阿那克萨戈拉，关心的是宇宙，是一些自然哲学家和天文学家。苏格拉底曾经是阿那克萨戈拉的信徒，据他自述，他年轻时也喜欢研究自然界，后来发现自己天生不是这块料。所谓不是这块料，不是指能力，是指志趣。他责问那些眼睛盯着天上的人，他们是对人类的事情已经知道得足够多了呢，还是完全忽略了。他主张，研究自然界应该限于对人类事务有用的范围，超出这个范围，既没有价值，也不会有什么结果。

苏格拉底在哲学上实现的转折，与他本人在精神上的转折有密切关系。大约在四十岁的时候，他经历了一次中年危机，这次危机导致他的思想发生了根本转折。这次中年危机是这样的。有一回，他少年时代的一个朋友去德尔斐神庙求神谕，问是否有人比苏格拉底更智慧，神谕答复说没有。我们这样的俗人听到这个答复，一定大喜过望，苏格拉底相反，他的反应是大惊失色，心想自己这么笨，怎么可能呢。带着这个疑惑，他访问了雅典城里以智慧著称的人，包括著名的政客、诗人和手工艺人。结果他发现，这些人都凭借自己的一技之长而自以为无所不知，不知道自己在最重要的事情上其实很无知，而他是知道自己的无知的，所以神谕说他最智慧。

苏格拉底由此得出结论：自知无知是爱智慧的起点。对什么无知？对最重要的事情，就是灵魂中的事情。人们平时总在为伺候肉体而活，自以为拥有的那些知识，说到底也是为肉体的生存服务的。因此，必须向人们大喝一声，让他们知道自己对最重要的事情其实一无所知，内心产生不安，处于困境，从而开始关心自己的灵魂。"认识你自己。"——这是铭刻在德尔斐神庙上的一句箴言，苏格拉底用它来解说哲学的使命。"认识你自己"就是认识你的灵魂，因为这个"你自己"不是你的肉体，而是你的灵魂，那才是你身上的神圣的东西，是使你成为你自己的东西。

从此以后，苏格拉底出没于公共场所，到处寻访自以为知的人，盘问他们，出他们洋相，逼他们自知其无知，并以此当作神派给他的"神圣的使命"。他盘问人的方式是很气人的，态度谦和，好像只是一步一步向你请教，结果你的无知自己暴露了出来。这往往使被问的人十分狼狈，经常有人忍无可忍，把他揍一顿，而他从不还手。最气人的一点是，他总是在嘲笑、质问、反驳别人，否定每一个答案，但是，直到最后，他也没有拿出一个自己的答案来。有许多人为此责备他，他的辩解是：神迫使我做接生婆，但禁止我生育。这一句话可不是自谦之词，而是准确地表达了他对哲学的功能的看法。哲学不是给你一个现成的真理，而是让你从自以为知其实无知的不思考状态中惊醒过来，从而开始思考，去寻求属于自己的人生真理。

苏格拉底为西方哲学开创的重要传统有两个方面。一个方面是上面所说的，在哲学的使命上，他开创了一种精神传统，让哲学关注灵魂，思考人应该过一种什么样的生活。另一个方面是，在哲学的方法上，他开创了一种思辨传统。他和人谈话，出人的洋相，基本上是揭露对话者在概念上的混乱。比如说，讨论什么是美德，对话者会举出乐于助人、不贪图享受、在战场上冲锋陷阵等，苏格拉底就说，这些只是慷慨、节制、勇敢，是某一种美德，不是美德本身，于是对话者只好承认自己不知道什么是美德。给概念下定义，对内涵进行分析，寻找抽象的共性，这样一种方法是从苏格拉底开始的。

一个是关注灵魂的使命，一个是概念分析的方法，在柏拉图那里，这两个东西紧密结合，结出了理念论这个果实。西方哲学的主流传统是形而上学，所谓形而上学，就是用概念思辨的方法构建世界的精神本质，给人的灵魂生活确立一个根据。这样的一个传统，是由苏格拉底开创的，而柏拉图用完备的体系给它奠定了牢固的基础。在一定的意义上，苏格拉底之前的哲学家，包括毕达哥拉斯和巴门尼德在内，可以看作这个传统的准备阶段。

二　照料好你的灵魂

苏格拉底把哲学的使命确定为关注灵魂。他自己的哲学，核心的内容就是如何照料好灵魂，我把它归纳为下面几个要点。

1. 人生最重要的事是照料好灵魂

苏格拉底反复提醒人们，灵魂中的事情是最重要的，可是我们往往对它十分无知，而且不知道自己是无知的。哲学就是要我们从这种麻木不仁中惊醒过来，去关注灵魂中的事情。灵魂中有两个最重要的东西，一个是理性，一个是道德。因为有这两个东西，灵魂才成其为灵魂。把这两个东西开发和实现出来，人才是作为人在生活。

灵魂是人之为人的本质。世上的一切好东西，包括健康和财富，包括自己的身体，它们的使用者是灵魂。形象地说，每一个人无非是一个使用肉体的灵魂。使用者是好的，其他的一切东西才有价值。所以，人生最重要的事是照料好自己的灵魂，让它有一个好的品质，一种好的状态。人不仅仅是活着，还必须活得好，而活得好的关键是要有一个好的灵魂。你有一个好的灵魂，才会有一个好的人生。

2. 知识即美德

怎样能够有一个好的灵魂呢？就是要把灵魂中两个最重要的东西开发和实现出来。灵魂中的这两个东西，理性和道德，彼此是有密切的联系的。苏格拉底经常对人说：让一个人学习做鞋匠、木匠、铁匠，人们都知道该派他去哪里学，让一个人学习过正当的生活，人们却不知道该把他派往哪里了。这话他一定说过无数遍，以至于在三十僭主掌权时期，政府强令他不许和青年人谈话，理由便是"那些鞋匠、木匠、铁匠什么的早已经被你说烂了"。其实他是在讽刺人们不关心自己的灵魂，因为在他看来，该去哪里学习道德是清清楚楚的，就是去你的灵魂中。好好运用你的理性能力，你就能够认清你的道德本性。人们之所以过着不道德的生活，是因为没有运用这个能力，听任自己处在无知之中。

正是在这个意义上，苏格拉底提出了一个著名的命题：知识即美德。他说：善只有一种，就是知识，恶也只有一种，就是无知。正确的知识是正确的行为的前提。一个人要掌舵，必须掌握关于船的构造和功能的知识，要治国，必须有关于国家的性质和目的的知识。同样道理，一个人必须知道什么是道德，他才会成为一个有道德的人。

有了关于道德的知识就一定会有美德吗？苏格拉底认为是的，他说：没有人会知道是恶而故意作恶，也没有人会知道是善而无意为善。你一定会提出异议说，事实上，那些坏人之所以作恶多端，并不是因为不知道这是恶，而是因为作恶可以让自己获利。苏格拉底会这样回答你：其实他们并不真正知道这是恶，正因为他们对于善和恶没有正确的认识，不懂得道德在人生中的价值，不懂得恶行对人生价值的损害，所以才会作恶多端。

这当然也讲得通。我们可以这样来理解知识即美德这个命题，它包含三层意思：一、人的天性都是想要好的东西，不想要坏的东西的，换句话说，都是想要善不想要恶的；二、按人的这个天性来推断，一个人之所以选择恶，是因为他不知道那是坏的东西，还以为那是好的东西，所以实质上是无知；三、只有在总体上认识什么是好的人生，由这个认识出发，才能对善和恶做出正确的判断，从而选择善而不选择恶，这样的人就会是有道德的人。

所以，所谓知识即美德，这里的知识主要不是理论性质的知识，抽象的道理，而是对人生意义有了深刻思考之后形成的一种坚定的世界观，一种实践上的信念。中国哲学史上有知难行易和知易行难的争论，实际上，不能笼统地谈论知和行哪个容易哪个难的问题，知道一点抽象的理论和观点总是容易的，难的是真正想明白人生的道理，而如果真正想明白了，行动就会是容易的事情了。

知识即美德这个命题显示了希腊伦理学的一个特点，就是强调理性思考的重要性，人生的信念和道德的实践是建立在理性思考的基础上的。后来的基督教伦理学就完全不同，强调的是信仰和内心的神秘体验。

3. 美德即幸福

与知识即美德并列，苏格拉底还提出了另一个著名的命题：美德即幸福。美德本身就是幸福，不需要另外的报偿。这里当然涉及什么是幸福的问题。在现实生活中，我们会看到，好人未必有好报，有一些道德高尚的人备受艰辛，甚至因为坚持正义付出了生命的代价，坏人也未必有坏报，有一些品德恶劣的人享尽荣华富贵，活着时没有受到任何惩罚。苏格拉底是怎样看这种情况的呢？

在柏拉图的著作中，写了苏格拉底和一个叫波卢斯的人的一场辩论。波卢斯的观点是，一个作恶的人，如果受到了惩罚，他就是不幸福的，如果没有受到惩罚，他就是幸福的。他举例说，一个人阴谋夺权，想成为僭主，但败露了，被抓了起来，受各种酷刑，最后甚至被钉死在柱子上，他当然是不幸福的；可是，如果他成功了，掌握了城邦的大权，可以随心所欲，成为人们羡慕的对象，他当然是幸福的。苏格拉底回答说：在这两种情况下，作恶的人都是不幸福的，作恶而受到惩罚是不幸福，作恶成功而成为僭主也是不幸福，因为在两个可悲的家伙中不会有一个比另一个更幸福。他进而说，如果受到惩罚，为自己的行为付出了代价，那要好一些，没有接受惩罚是更不幸福的。波卢斯听了，大喊荒谬绝伦。

苏格拉底的意思是，如果作恶的人受到惩罚，至少是正义得到了伸张，这在一定程度上是一种赎罪。如果天下作恶的人都不受惩罚，正义彻底遭到压制，恶人的罪是更大的，在这个意义上是更不幸福的。不过，不管怎么说，作恶本身就已经是不幸福，因为作恶者使自己有一个坏的灵魂，把做人的光荣和人生的价值破坏殆尽。由此可见，苏格拉底心目中的幸福，其主要涵义就是有一个好的灵魂，因此而有一个无愧于人的称号的好的人生。正是在这个意义上，美德就是幸福。

知识即美德，美德即幸福，这两个命题有一种递进的关系，把它们联系起来看，苏格拉底的人生哲学便是：真正想明白人生的道理，一个人就会是一个有道德的人，因此也就是一个幸福的人。

4. 快乐和幸福是不同的东西

在西方哲学史上，关于幸福有两派对立的主张，分别为快乐主义（Hedonisom）和德性主义（Virtuism）。德性主义主张，幸福在于人性中最宝贵的东西即理性和道德的实现，苏格拉底实际上是这一派的创始人。快乐主义主张，幸福就是快乐，其创始人虽然是后来的伊壁鸠鲁，但是，在苏格拉底的时代，持此主张者不乏其人。在柏拉图的著作中，还写了苏格拉底和一个叫卡利克勒的人的一场辩论，内容就围绕着快乐和幸福的异同。

卡利克勒的论点是，欲望的满足就是快乐，就是幸福。苏格拉底问："你指的是饿了要吃、渴了要喝这样一类事情吗？"卡利克勒说："是的，还包括其他任何欲望的满足。"苏格拉底说："好极了，那么，请告诉我，如果一个人身上发痒，用手去搔痒，搔到自己十分满意为止，他岂不很快乐？如果他一辈子身上发痒，一辈子搔痒，岂不就是天下最幸福的人了？"卡利克勒听了很生气，谴责苏格拉底胡搅蛮缠，但是，在苏格拉底步步追问下，他不得不承认，快乐是有好坏之别的。苏格拉底总结说，所以，快乐应当以善为目的，而不是善以快乐为目的；我们讨论的是一个严肃的主题，就是人应当过什么样的生活。从这个表述中，我们可以看到，在苏格拉底看来，幸福这个概念所指称的是善的生活，亦即美好的生活。

5. 哲学是预习死亡

人生有三大问题。一是幸福问题，即人生的世俗意义。二是道德问题，即人生的精神意义。我们看到，苏格拉底把这两个问题视为一个问题，美德即幸福，美德之外别无幸福，人生的意义唯在精神的修炼。第三个问题是生死问题，追问人生的终极意义，对于这个问题，苏格拉底的看法可以归结为一个命题：哲学是预习死亡。

苏格拉底是在他的临终谈话中提出这个命题的。他说，哲学家一直在预习死，训练自己在活着时就进入死的状态，所以最不怕死。在他看来，死不但是人生最后的一场戏，而且是人生的正剧，全部人生都是在排练这场戏。

为什么这么说呢？因为在他看来，死无非是灵魂从肉体中脱离出来，而哲学所追求的正是让灵魂超脱肉体，不受肉体包括它的欲望和感觉的纠缠，在平静中生存，只用理性追求真理，灵魂的这种状态就叫智慧。不过，活着时灵魂完全超脱肉体是不可能的，所以得不到纯粹的智慧，唯有死后才能得到。

可是，这个观点要能够成立，前提是灵魂不随肉体一同死亡，那么，苏格拉底相信灵魂不死吗？似乎是相信的，在这次临终谈话中，他做了种种论证，包括：生死互相转化，灵魂如果死灭了就不能再转化为生;认识即回忆,证明灵魂在出生之前已经存在;灵魂占有了一个东西,这个东西才有生命,可知灵魂是生命的根源,与死不相容。很难相信这是苏格拉底本人的思想,很可能是柏拉图安在老师头上的。

苏格拉底谈及死亡,我认为有两段话是比较可信的。其一说:我不拥有关于死后情形的真正的知识,我也意识到我不拥有这种知识。其二说:怕死只是无知而自以为知的另一种形式,虽然无人知道死亡对人来说是否真的是最大的幸福,但是人们害怕死亡,就好像可以断定死亡是最大的不幸似的。总之,他承认自己对死后的情形是无知的。

这就是说,灵魂是否不死,这是一个悬案。但是,他指出,我们必须把立足点放在灵魂不死这一种可能性上面,怀着一种信念,就是灵魂在去另一个世界的时候什么都无法带去,能带去的只有它受到的教育和训练,唯有怀着这样的信念,我们在活着时才会好好照料灵魂。他明确地说,相信灵魂不死,这是一种值得冒险的信仰,因为这种冒险是高尚的,我们应当用对灵魂的这种解释来激励自己的信心。

苏格拉底的生死观,我本人是很欣赏的,其中包括三个要点:第一,坚持理性的态度,承认对死后情形的无知;第二,把灵魂不死当作指导人生的信念,注重灵魂的修炼;第三,练习让灵魂超脱肉体,这本身是在预习死亡,这样做的人是更能够坦然面对死亡的。

三　未经思考的人生没有价值

苏格拉底致力于唤醒人们的灵魂，把这当作神派给他的"神圣的使命"，最后为此付出的是生命的代价，成为人类历史上第一个哲学烈士。现在我来讲苏格拉底之死。

1. 审判

我们首先看一看苏格拉底受审判的情况。事情发生在公元前399年春夏之交的某一天，当政的民主派组成一个五百零一人的法庭，来审理这个案件。原告有三人，其中实际主使者是一个皮匠，当时担任民主政权二首领之一。他的儿子是苏格拉底的热心听众，常常因此荒废皮革作业，使这个父亲十分恼火。不过，他恼恨苏格拉底，其实代表了一般市民的情绪。雅典的市民是很保守的，只希望自己的孩子恪守本分，继承父业，过安稳日子。像苏格拉底这样整天招一帮青年谈论哲学，不务正业，在他们眼里就已经是败坏青年了，因此，一旦有人告状，他们就起劲地附和。

平心而论，在审判之初，无论三个原告，还是充当判官的民众，都不一定是想置苏格拉底于死地的。他们真正希望的结果是迫使苏格拉底屈服，向大家认错，保证今后不再聚众谈论哲学，让城邦从此清静。可是，苏格拉底仿佛看穿了他们的意图，偏不示弱，以他一向的风格从容议论，平淡中带着讥刺，雄辩而又诙谐。这种人格上和智力上的高贵真正激怒了听众，他申辩时，审判席上一阵阵骚动，矛盾越来越激化。

苏格拉底大约一开始就下定了赴死的决心。当起诉的消息传开时，有同情者提醒他应该考虑一下如何辩护，他回答说："难道你不认为我一生都在做这件事，都在思考什么是正义，什么是非正义，在实行正义和避免非正义，除此之外什么也没有做吗？"他的确用不着准备，只需在法庭上坚持他一贯的立场就行了。当然，他完全知道，这样做的后果是什么。他胸有成竹，一步步把审判推向高潮，这高潮就是死刑判决。

按照程序，审判分两段。第一段是原告提出讼词，被告提出辩护，陪审团投票表决是否有罪。在这一段，苏格拉底回顾了自己从事街头哲学活动的起因和经历，断言这是神交给他的使命。人们的愤恨本来集中在这件事上，他如果想过关，至少应该稍微显示灵活的态度，但他一点余地不留，宣告说："神派我一生从事哲学活动，我却因为怕死而擅离职守，这才荒谬。雅典人啊，我敬爱你们，可是我要服从神超过服从你们。只要我一息尚存，就决不放弃哲学。"

原则不肯放弃，还有一个方法能够影响判决。按雅典的惯例，被告的妻儿可以到庭恳求轻判，这种做法往往有效。苏格拉底有妻子，有三个儿子，其中两个还年幼，按理说可以帮助苏格拉底避免重判。但苏格拉底不让他们到庭。他不屑于为此，讽刺说："我常常看见有声望的人受审时做出这种怪状，演这种可怜的戏剧，他们是邦国之耻。"

投票的结果是以二百八十一票比二百二十票宣告他有罪。票数相当接近，说明在场不少人还是同情他的。审判进入第二段，由原告和被告提议各自认为适当的刑罚，陪审团进行表决，在两者中选择一个。原告提议判处死刑。被告苏格拉底说："我提议用什么刑罚来代替呢？像我这样对城邦有贡献的人，就判我在专门招待功臣和贵宾的国宾馆用餐吧。"他说这话是存心气人，接下来他有些无奈地说：我每天讨论道德问题，省察自己和别人，本来是对人最有益的事情。可是，一天之内就被判决死刑，时间太短，我已经无法让你们相信一个真理了，这个真理就是"未经思考的人生没有价值"。人们终于发现，最省事的办法不是听他的劝思考自己的人生，而是把这个不饶人的家伙处死。

判决之后，苏格拉底做最后的发言。他说："逃脱死不难，逃脱罪恶难，罪恶追人比死快。我又老又钝，所以被跑得慢的追上，你们敏捷，所以被跑得快的追上。我们各受各的惩罚，理应如此。"这篇著名辩词用一句无比平静的话结束："分手的时候到了，我去死，你们去活，谁的去路好，唯有神知道。"

2. 最后的日子

希腊有个节日叫德利阿节，每年这个节日，雅典政府要派出朝圣团乘船渡海，去希腊神话中太阳神阿波罗的诞生地祭祀，法律规定，朝圣团没有返回，全国不得行刑。对苏格拉底的审判是在船出发的第二天进行的，所以他要在监狱里等候一些日子。在这期间，许多富裕的朋友想出资帮他逃亡，都被他拒绝。一个崇拜者哭诉说："看到你被这样不公正地处死，我受不了。"他反问："怎么，难道你希望看到我被公正地处死吗？"

监禁第三十天，行刑通知下达，几个最亲近的朋友到狱中诀别。克珊西帕抱着小儿子，正坐在苏格拉底身边，看见来人，哭喊起来："苏格拉底啊，这是你和朋友们的最后一次谈话了！"苏格拉底马上让克里托找人把她送走。然后，他对朋友们说："我就要到另一个世界去了，谈谈那边的事，现在正是时候，也是现在可做的最合适的事。"于是，围绕着死亡主题，他侃侃而谈，我在上一节已经讲了这次临终谈话的大意。

最后的时刻来临了。他最亲密的朋友克里托问："我们怎么葬你呢？"他回答："如果你能抓住我，随你怎么葬。"然后对其余人说："他怎么不明白，喝下了毒药，我就不在这里了，还问怎么葬我。"说完就去洗澡，回来后，遵照狱吏的吩咐喝下毒药。众人一齐哭了起来，他责备道："你们这些人真没道理。我把女人都打发走，就为了不让她们做出这等荒谬的事来。"

在咽气前，他说了最后一句话："克里托，别忘了向医药神阿斯克勒庇俄斯献祭一只公鸡。"医药神是掌管肉体治疗的，他的意思是说，他死了，肉体的病就彻底治好了，所以要感谢这个神灵。这个喜欢嘲讽的灵魂，在脱离他蔑视的肉体之际，还忍不住开了一个玩笑。

据说苏格拉底死后，雅典人后悔了，处死了原告。也有人说，这纯属编造。不过，这已经不重要了。重要的是，让我们记住苏格拉底的遗训——"未经思考的人生没有价值"，要关心自己的灵魂，度一个有价值的人生。

3. 教训

我曾经指出，雅典既不是哲学的故乡，也不是哲学家的乐园。在苏格拉底之前，把哲学引进雅典的第一人阿那克萨戈拉被缺席判处死刑。苏格拉底是雅典第一位土生土长的哲学家，雅典之所以被视为哲学的圣地，是因为有苏格拉底。但是，苏格拉底的命运比阿那克萨戈拉更悲催，不但也被以不敬神的罪名判处死刑，并且执行了。出生在雅典本邦的哲学家只有两个，苏格拉底和他的学生柏拉图。苏格拉底被处死之后，年轻的柏拉图逃到了国外。除了他们两个，古希腊第三位大哲学家亚里士多德也在雅典受到起诉，罪名同样是不敬神，好在他及时逃跑了，他说他决不让雅典第二次处死哲学家。

令人深思的是，希腊哲学家们受到迫害，往往发生在民主派执政期间，通过投票做出判决，罪名都是不敬神。哲人之为哲人，就在于他们对宇宙和人生的问题有独立思考，而他们思考的结果，却要让从不思考这类问题的民众来表决，其命运可想而知。谈到自己的受审，苏格拉底曾经打过一个比方，说这就好像一个医生受一个厨师指控，而法官是一个无知的小孩，医生给小孩吃药，厨师给小孩吃糖，小孩当然喜欢吃糖，不喜欢吃药，判决的结果毫无悬念。民主的原则是少数服从多数，哲学家却总是少数，确切地说，总是天地间独此一人，所需要的恰恰是不服从多数也无须多数来服从他的独立思考的权利，这是一种超越于民主和专制的政治范畴的精神自由。对于哲学家来说，不存在最好的制度，只存在最好的机遇，就是所在国家的权力对他的哲学活动不加干预，至于这权力是王权还是民权好像并不重要。

人类早期四大精神导师，西方的两位，苏格拉底和耶稣，都被同胞处死，东方的两位，释迦牟尼和孔子，都终其天年。东方的柔，西方的刚，可见一斑。

参考书目

[古希腊] 柏拉图:《申辩篇》《克里托篇》《斐多篇》,《柏拉图全集》第一卷,王晓朝译,人民出版社,2002

汪子嵩等:《希腊哲学史》第二卷,人民出版社,1988/1993

[古罗马] 第欧根尼·拉尔修:《名哲言行录》,马永翔等译,吉林人民出版社,2003

第四讲

柏拉图

哲学家的天性是关注永恒，没有什么品质比思想狭隘与哲学家更加对立了。

——柏拉图

在西方哲学史上，如果要举出一个最重要的人物，非柏拉图莫属。甚至可以说，没有柏拉图，就没有西方哲学。为什么这么说？因为他是西方哲学主流传统的奠基者，用一句话概括这个传统，就是世界二分模式，这个传统支配了西方哲学两千年之久。

柏拉图是苏格拉底的学生，他们两人的关系，可以这么说：苏格拉底是西方哲学传统的开创者，柏拉图是奠基者。开创和奠基是不同的。苏格拉底不留文字，也没有建立体系，所以不能说他是奠基者。柏拉图是第一个留下完整著作的希腊哲学家，在他的著作中，希腊形而上学在唯心主义方向上发展到了极致，形成了一个体系。他的著作大多是对话体，对话的主角是苏格拉底，在多数情况下，他是在借苏格拉底之口讲自己的哲学。

在西方哲学的源头上，希腊出了一个苏格拉底，一个柏拉图。在中国哲学的源头上，先秦时期出了一个孔子，一个孟子。我来做一个类比，你看有没有道理。我的看法是，苏格拉底就好比孔子，柏拉图就好比孟子。从伟大的程度说，孔子和苏格拉底是圣人，孟子和柏拉图是亚圣。从思想史上的地位说，孔子和苏格拉底相似，但开创了中国儒家的精神传统，孟子和柏拉图相似，他是儒家第一个著作家，并且把儒家思想铸成了一个体系。

柏拉图著作丰富，而且在古希腊哲学家里，只有他的著作全部流传下来了。鉴于他的思想的重要性和丰富性，我用较多的篇幅来讲他，先讲他的形而上学体系，即理念学说，然后讲他在正义、道德、教育、婚姻、爱情各个方面的见解。

一　洞穴比喻

1. 柏拉图的生平

　　柏拉图（Plato，公元前 427—前 347）活到了八十岁，他的一生，以四十岁为界，可以分为前后两个半生。他的前半生，又可以分为三个阶段。第一个阶段，二十岁以前，他是一个文学青年，一心想靠文学成名，写过许多热烈的情诗和一些悲剧作品。第二个阶段，二十岁，听了苏格拉底的谈话，他改变志向，把自己的习作全部投进火堆，做了苏格拉底的学生。第三个阶段，二十八岁，苏格拉底被处死，他深受刺激，多次离开雅典，去麦加拉、意大

柏拉图（Plato，
公元前 427—前 347）

利、埃及等地游学，同时从事写作，他的大部分著作是在这个时期写的。他的后半生，四十岁，在雅典创立学园，自己担任园长，主要从事教学，一直到八十岁去世。他讲学没有稿子，这个时期只有少量著作。

柏拉图的后半生，发生过一个插曲。苏格拉底之死给了他一个教训，使他相信哲学必须与权力联盟，才能在现实政治生活中有所作为。他由此产生了哲学王的理想，最好是哲学家掌握权力，如果这做不到，就把有权力者培养成哲学家。当时在西西里的叙拉古城邦有他的一个铁杆粉丝，名叫狄翁，是僭主狄奥尼修一世的女婿。狄奥尼修一世去世后，儿子狄奥尼修二世继位，狄翁成为位高权重的人物。在狄翁召唤下，柏拉图两次去西西里，试图在两个僭主身上实现哲学王的理想，但结果很悲催。前一次去，狄奥尼修一世在位，把他在奴隶市场上拍卖了，幸好买主也是一个铁杆粉丝，买的目的就是释放他。后一次去，狄奥尼修二世在位，柏拉图每天认真地给这个年轻的僭主上哲学课，可是，没过多久，僭主不耐烦了，对他说：我知道什么是哲学了，就是无聊老人对无知青年的谈话。（按照培根的说法，这句话出自第欧根尼之口，是对柏拉图的嘲笑。）此时柏拉图四十岁，灰溜溜地回到雅典，从此放弃幻想，死心塌地地办学园当教授。

柏拉图学园位于雅典近郊一个叫阿卡德摩（Academus）的地方，柏拉图去世后，代代传承，直到公元 529 年东罗马皇帝查士丁尼下令关闭，存在了九百年。它是欧洲历史上第一所学术研究院。在西文中，"academy"（科学院、研究院）这个词，就来自柏拉图学园所在的地名。

2. 思想渊源

在讲柏拉图的哲学思想之前，我先提示一下他的思想渊源。他的思想和四个人有密切的关系，按照年代早晚的顺序，这四个人是——

第一个是毕达哥拉斯。毕达哥拉斯认为数是本体，柏拉图在很大程度上是受到这个观点的启发，建立起了他的理念学说。亚里士多德指出：柏拉图的理念就是毕达哥拉斯的数。柏拉图把理念作为本体，而认为数是理念的典范。他说：上帝工作时总要借助几何学。因此，要走进哲学之门，必须具备数学知识。他的学园大门上书写着一句醒目的话："不懂几何学者不得入内。"从毕达哥拉斯那里，他还接受了灵魂不死和轮回的神秘主义思想。

第二个是巴门尼德。巴门尼德认为真正的存在是本体，唯有用纯粹思维才能认识它。柏拉图也接受了这个观点，认为关于真正的存在的知识才是真正的知识，真正的存在是看不见摸不着的，必须用理性去认识，哲学的使命就是认识真正的存在。

第三个是赫拉克利特。柏拉图不是毫无保留地接受巴门尼德的观点。赫拉克利特认为变化是唯一的真实，巴门尼德认为变化是非存在，柏拉图调和这两种立场，承认变化的现象世界也是真实的，但在存在的等级上远低于本体世界。

第四个也是最重要的一个就是他的老师苏格拉底。在哲学思想上，苏格拉底对柏拉图的最重要影响是两点，一是对一般概念的探讨，另一是探讨的重点是道德知识，目的是灵魂的觉醒。这两点我下面会具体讲。

3. 洞穴比喻

柏拉图的形而上学，可以称作世界二分模式，即本体世界和现象世界的严格区分。为了帮助人们理解这个模式，他讲了一个著名的洞穴比喻。

他是这么讲的：请你想象有这么一个地洞，一条长长的通道通向地面，可以透进一点光线。你从小就住在洞里，面朝洞穴的后壁，脚和脖子都被捆绑着。洞外有人活动，但你只能看见投射在后壁上的影子。既然你从来没有到过洞外，就一定会断定这些影子是唯一真实的事物。有一天，你被松了绑，走到洞外，看见了阳光下的实物。这时候，因为不适应亮光，你会头晕眼花，认为现在看到的实物是虚假的，过去看到的影子才是真实的。慢慢适应以后，你明白了哪个是真实，哪个是虚假，再让你回到洞穴里生活，你就不愿意了。

说完这个比喻，柏拉图解释说，洞穴里的世界就好比感官所接触的现象世界，阳光下的世界就好比理性所认识的本体世界。本体世界是真正的存在，现象世界只是本体世界的模仿和影子。但是，由于你一直生活在现象世界里，现在让你见识一下本体世界的真相，你也会头晕眼花，需要一个适应的过程。

4. 理念世界

那么，什么是柏拉图眼中的本体世界呢？简单地说，就是理念世界。这就要讲到柏拉图的理念学说了。

理念（Idea），也翻译为"相"（共相）、"型"（原型），我采用通用的译法。在柏拉图这里，这个词不是英语里所指的观念、想法，而是一个具有本体论意义的概念。通过两个路径，他用理念构建了一个本体世界，叫做理念世界。一个路径是理性主义的，理念是形式因，理念世界是现象世界的原型。另一个路径是神秘主义的，理念是目的因，理念世界是灵魂的故乡和归宿。下一节我来讲述这两个路径。

二　理念世界

　　柏拉图通过两个路径构建了他心目中的本体世界即理念世界，一个是理性主义的路径，另一个是神秘主义的路径，下一节我来讲述这两个路径。

1.构建理念世界的理性主义路径

　　苏格拉底和人谈话，经常用下定义的方法，从个别中归纳出一般，这个一般就是某一类个别事物的共同属性或者说共相。对于苏格拉底来说，一般概念是从个别事物中抽象出来的，在个别事物之外没有独立的存在。柏拉图从苏格拉底的归纳方法出发，但得出了不同的结论。他认为，个别事物变化无常，不可能给它们下一个确定的定义，因此，通过归纳得到的那个一般概念，其实早就存在了，是先于个别事物而独立存在的一种东西，他把这个东西称为理念。要理解柏拉图的理念学说，这是关键的一点：先有理念，后有个别事物，理念是在个别事物之外的独立存在。

而且，柏拉图认为，个别事物之所以得以存在，只是因为"分有"了相关的理念。或者说，个别事物只是对相关的理念的模仿。

说到这里，你也许听糊涂了。好，我来给你举个例子。我家有一只小狗，我儿子给它起了个高贵的名字，叫男爵。按照柏拉图的理论，男爵之所以能够作为小狗存在，是因为它"分有"了狗的理念，男爵是对狗的理念的模仿。如果我去跟我儿子讲这一套道理，他一定会很生气。在他眼里，男爵是活生生的，狗的理念却是胡扯。柏拉图不同，在他看来，和男爵相比，狗的理念无比美妙。这里你要注意，柏拉图为什么如此看重理念，他有两个理由。第一，个别事物有生有灭，理念却是永恒的。即使世界上的狗灭绝了，狗的理念仍然存在。事实上，恐龙早已灭绝，但恐龙这个概念仍然存在。第二，个别事物总是有缺点的，理念却是完美的。狗的理念是一只理想的狗，它百分之百符合狗的定义，因为它就是狗的定义本身。在这个意义上，狗的理念是一切个别的狗的原型，而个别的狗只是它的摹本。

我曾经讲到，柏拉图非常重视数学，为什么这样，在这里可以得到解释了。在他看来，数的关系是理念的典范。比如说，你在纸上画一个三角形，这个具体的三角形多少会有误差，仔细测量起来，它的三个内角之和未必严格地等于180度。但是，你做几何证明的时候，脑子里有一个抽象的三角形，它的三个内角之和一定严格地等于180度。柏拉图会这样给你解释：这个抽象的三角形就是三角形的理念，它是三角形的原型，比任何具体的三角形更是真正的三角形。

理念是原型，个别事物是模仿，再举一个例子。这里有两只红色的苹果，你说这只苹果非常红，那只苹果不太红。你根据什么做这个比较呢？柏拉图会告诉你，你根据的是红色的理念，而因为对红色的理念模仿得非常像或者不太像，分有得非常多或者不太多，苹果就有了非常红和不太红的区别。

柏拉图认为，存在着许多理念。物质的事物和属性按其种类有相应的理念，例如狗的理念、猫的理念、红色的理念等。抽象的事物和属性按其种类也有相应的理念，例如三角形的理念等。心灵的事物和属性按其种类也有相应的理念，例如美的理念、善的理念等。所以，理念实际上就是用来指称事物和属性的种类的一般概念。他说所有这些理念都是独立存在的，那么，它们究竟存在在哪里呢？据他说，九天之上有一个世界，完全不同于我们生活的这个世界，叫做理念世界，大大小小的理念们就住在那里。这么看来，理念世界就像是一个巨大的库房，里面储存着我们所需要的全部一般概念。

以上是柏拉图用理念构建本体世界的第一个路径。这个路径是有问题的，他把一般概念从个别事物中割裂出来，把形式从质料中割裂出来，这样的割裂，是不符合他的老师苏格拉底的思想的，后来他的学生亚里士多德就致力于消除这种割裂，复原一般与个别之间紧密结合的关系。

2. 构建理念世界的神秘主义路径

柏拉图用一般概念构建了一个理念世界，把它看作在现象世界之上独立存在的本体世界。可是，这个本体世界好像并不美好。按照他的理论，每个事物的种类都有相应的理念，事物有多少种类，就有多少理念，因此有数不清的理念。于是，在理念世界这个巨大的库房里，甚至还住着头发的理念、鼻涕的理念、蟑螂的理念等等。事实上，在他的著作中，他自己写道，有人用嘲弄的口吻向他描绘这种可笑的情景，而他为此感到尴尬。

这就要讲到柏拉图构建本体世界的另一个路径了，就是神秘主义的路径。苏格拉底探讨一般概念，重点是道德知识，目的是灵魂的觉醒，柏拉图从老师那里继承了这个立场。不过，在他看来，道德知识必须有形而上学的支撑，他构建一个理念世界，根本目的是为灵魂的追求提供一个终极依据。回到这个根本目的上来，他就意识到，理念世界不应该只是概念的库房，在理念世界和灵魂之间应该有一种联系。要建立这种联系，就应该按照和灵魂的关系，在理念世界中的许许多多理念之间建立一个合理的秩序。他没有向我们解释这个秩序具体是怎样的，恐怕也解释不清楚，但他坚定地告诉我们，在一切理念之中，善的理念是最高的理念，它是绝对的目的，其他理念都作为手段从属于这个最高理念。关于善的理念的内容，柏拉图说得很抽象，我们只知道，它是一切正义和美好事物的原因，在可见世界里创造了光，在可知世界里是真理和理性的源泉。人生在世的全部知识和行为，其终极目的就是为了认识这个善的理念。柏拉图似乎觉得，善的理念只可意会，不可言传，他说，如果你能够合乎理性地做人和做事，你就一定看见过善的理念。

请你注意这句话：如果你能够合乎理性地做人和做事，你就一定看见过善的理念。那么，在哪里看见过？当然不是在你现在生活的这个现象世界里，而是在理念世界里。现在真相大白了，原来理念世界是灵魂的故乡，每一个人的灵魂曾经在那里居住过。柏拉图受奥菲斯教和毕达哥拉斯学派的影响，相信灵魂轮回和不死。不过，他把人的灵魂和动物的灵魂区别开来，人的灵魂是有理性的，只有人的灵魂原先是居住在理念世界里的，现在暂时被禁锢在肉体之中，以后还要回到理念世界去。因此，现世的德行就有了一个神圣的目的，就是让灵魂能够回归理念世界。只有好人的灵魂能够回乡，坏人的灵魂则会陷入糟糕的轮回，永远流浪。柏拉图的理念世界，作为灵魂的故乡，实际上就是基督教的天国。事实上，后来的基督教的神学，就从柏拉图的形而上学中吸取了这方面的内容。

三　回忆和迷狂

柏拉图通过两个路径建构了一个理念世界，为了证明理念世界的存在，他还提出了两个关于认识的理论，就是回忆说和迷狂说。这两个理论，分别对应于两个路径。回忆说告诉我们，抽象知识是你对在概念的库房里曾经看见过的一般概念的回忆。迷狂说告诉我们，你在迷狂状态中能够看见灵魂的故乡里最美好最本质的景象。

1. 回忆说

通常认为，一般概念是用归纳法从个别事物中抽象出来的。这也是苏格拉底的看法。可是，在柏拉图看来，你无论怎样运用思维能力，在个别事物中仍然找不出纯粹的一般概念。这就说明，一般概念早在一切个别事物存在之前就已经存在了，对理念的认识其实不是逻辑性质的归纳，而是直觉性质的回忆。和个别事物的接触只是提供了一种机会，一些暗示，灵魂借此回忆起了曾经在理念世界里看见过的纯粹的一般概念。在这方面，数学知识是最好的证据。现实世界里不存在纯粹的三角形，但我们能够有纯粹的三角形的概念，这就证明我们的灵魂曾经在另一个世界里生活过，在那里看见过纯粹的三角形。

所以，知识就是回忆，回忆证明了理念世界的存在。在这里，如果你仔细分析，会发现柏拉图是在进行循环论证。他的前提是，在现实世界里不存在纯粹的一般概念，所以它们必定存在于另一个世界里，他把那个世界称作理念世界。很显然，理念世界的存在已经包含在前提里了，他是从这个前提推出知识就是回忆的，然后又用知识就是回忆来证明理念世界的存在，这就叫循环论证。他认定一般概念不是存在在思维和语言中的一种抽象，而是一种实际存在的东西，这是问题的关键之所在。在西方中世纪，围绕一般概念只是名称还是实际存在的东西，展开了长期的争论，两派分别叫做唯名论和唯实论，柏拉图是唯实论的开山鼻祖。

不过，你不要认为知识就是回忆这个学说完全是谬论，它实际上表达了柏拉图的一个洞见，就是人的心灵与宇宙真理是相通的，对真理的认识不是凭借逻辑推理，而是凭借心灵的觉醒，凭借超越经验和概念思维的直觉。东西方许多大哲学家都用不同方式表达了这个洞见，柏拉图的回忆说是其中的一种。

2. 迷狂说

为了证明理念世界的存在，柏拉图还提出了一个迷狂说。和回忆说相比，迷狂说更能让你领悟柏拉图心目中那个理念世界的性质。按照回忆说，理念世界是一个抽象的概念世界，按照迷狂说，它就是一个神秘的精神王国了。

柏拉图重视理性的作用，但似乎认为有时候不让理性发生作用是更美妙的。他告诫我们，不要害怕迷狂，不要认为神志清醒一定比充满激情好，迷狂也许是认识真理的更高级的方式。在他看来，有四种迷狂是神圣的，分别源于四位神灵。

第一种是预言的迷狂，源于太阳神阿波罗。在希腊神话中，阿波罗同时是预言之神，借德尔斐神庙的祭司之口宣说预言。人在睡梦中，或者在神灵附体心智迷狂的时候，也会看到有预示作用的异象，或者说出自己也不明白的预言。

第二种是秘仪的迷狂，源于酒神狄俄尼索斯。希腊民间盛行酒神秘仪，信徒们通过秘密仪式进入迷狂状态，回归众生一体的神秘境界。这两种迷狂所对应的是古希腊两种主要的崇拜仪式，即日神崇拜和酒神崇拜。

第三种是诗歌的迷狂，源于艺术女神缪斯。柏拉图说，诗人的才华来自灵感，而不是来自某种技艺，只有在灵感的激励下才能写出好诗，神志清醒时写的作品则往往很蹩脚。所谓灵感，实际上就是神灵附体的时刻，由此可见，诗人只是神的代言人，真正的好诗不是人的作品，而是神的作品。柏拉图曾经是一个酷爱写诗的文学青年，他应该是有切身体会的。后来他虽然放弃了写诗，但是他在写对话体作品时仍然展现了他的文学才华。有人认为，他实际上创造了一种新的文学体裁，他的对话体作品是小说的雏形。

第四种是爱的迷狂，源于爱神厄洛斯或者阿佛洛狄忒。柏拉图最看重这一种迷狂，说它是最高级的迷狂，是神灵附体的各种形式中最好的形式，是上苍给人的最高恩赐。一个人为什么会被爱的迷狂控制？因为爱美，看见美的肉体，美的容貌，就心醉神迷，不能自已，渴望与之合为一体。可是，尘世的美变化无常，稍纵即逝，爱美的冲动在尘世的美上面是不能真正得到满足的，你就会像一只迷途的鸟儿一样在不同的美的形体之间扑腾。这种无法满足的爱美的冲动，实质上是灵魂隐约回忆起了在上界看见过的真正的美，所以，它应该驱使人向上追求，你要像一只聪明的鸟儿一样振翅高飞，直至对美的本体进行观照。到了这一步，你的灵魂已经上升到了理念世界里，回到了它的故乡。正是通过对爱的迷狂的分析，柏拉图把迷狂和理念世界紧密联系了起来。

从上面的阐述可以看出，迷狂说和回忆说其实有密切的联系。迷狂实质上也是一种回忆，区别在于，第一，它不是对某些一般概念的回忆，而是对上界具有神圣性质的事物和景象的回忆，不同形式的迷狂以不同的方式"看见"了真正的存在，"看见"了理念世界的某个本质的方面，"看见"了真善美本身；第二，它不是通过理性思维实现的，相反，必须撇开理性思维，让灵魂进入一种非理性的迷狂状态，这种直接触及本体的回忆才可能发生。在这里，我们可以看到，柏拉图的哲学包含着理性主义和神秘主义两个矛盾的因素，而说到底，神秘主义因素的分量更重，他其实是一个化装成逻辑学家的诗人。

柏拉图的形而上学，我就讲到这里。你要记住三点：一、柏拉图的形而上学可以概括为世界二分模式，理念世界是世界的本体，现象世界是对理念的模仿，是理念世界的影子；二、他主要通过两个路径构建理念世界，在理性主义路径上，理念世界是概念的库房，在神秘主义路径上，理念是灵魂的故乡；三、他用回忆说和迷狂说证明理念世界的存在。

四　假如人人都有隐身术

柏拉图的哲学，虽然重视形而上学体系的建构，但初衷不只是理论的兴趣，而是更有现实的关切。在他的理念世界里，善是最高的理念，他实际上是要以此表明，无论个人，还是社会，都应该把善当作主要的目标。善，就是好，在西文里是同一个词。在柏拉图的著作中，对于什么是好的人生，什么是好的社会，什么是好的灵魂，有大量的讨论。这方面的讨论，相当部分是围绕正义问题展开的。正义是一种基本的善，基本的好。在不同语境里，正义这个概念的涵义有所不同。其中一个主要涵义，就是不做损害他人利益和公共利益的事情，如果做了这样的事情，就要受到惩罚。我们先来看柏拉图在这方面的讨论，涉及以下三个问题。

1. 强权就是正义吗

在《高尔吉亚篇》中，柏拉图写了苏格拉底与一个叫卡利克勒的人之间的一场辩论。卡利克勒提出一个论点：强权就是正义。他说：谁强大，谁就应该得到更多的利益，大自然就是这样安排的，在动物界，在国家与国家之间的战争中，情况都是这样。所以，强者统治弱者，用暴力剥夺弱者的财产，这是天然的正义。

苏格拉底反驳说：强大和优秀难道是一回事吗？有的人优秀却弱小，有的人强大却低劣。卡利克勒振振有词地回答：我清楚地告诉你，强大和优秀是一回事，优秀就是有能力，能够让自己的欲望得到最大的扩张和满足，而这便是强大。所以，强者统治弱者，实际上就是优者统治劣者。苏格拉底反驳说：真正的优秀是能够控制自己的欲望，做到节制。卡利克勒嘲笑说：你多么天真！大多数人因为没有能力满足自己的欲望，所以歌颂节制，谴责不节制，以此掩饰自己的无能。一个人有能力而节制，他就是一个傻瓜。

辩论到这里，苏格拉底好像处于劣势，而他随后平静地说了一段耐人寻味的话。他说，在最有权力的人里你的确可以找到最邪恶的人，但也可以找到好人，一个有权力作恶的人仍然能够终生过正义的生活，要做到这一点是困难的，这样的人最值得尊敬。他还说，我们应当十分警惕自己不要作恶，这种警惕应该超过警惕不受他人之恶的损害，一个人首先要学习的是如何做一个好人，无论是在公共生活中还是私人生活中。

在这场辩论中，两个人所说的正义，明显是不同的概念。卡利克勒说的正义，是弱肉强食的森林法则，主张强者可以为所欲为，苏格拉底说的正义，是文明社会的道德法则，强调好人应该自律。有权力者更应该这样，权力是对一个人善恶的考验和检验，权力越大，考验就越大，也更能够检验出这个人的真实品性。在今天，苏格拉底的这个提醒尤其值得我们深思。

在《理想国》（又译《国家篇》）中，我们看到类似的讨论。一个叫塞拉西马柯的人宣称，不论在什么地方，正义都是强者的利益。然后，按照苏格拉底所理解的涵义谈论正义，他指出两点：第一，正义的人往往倒霉，不正义的人总是走运，不正义的事干得足够大，比如大窃国者，就能享尽荣华富贵；第二，不要做一个真正正义的人，要做一个看起来正义的人，不正义而貌似正义，就既能博得好名声，又能谋取最大利益，聪明的统治者就是这样做的。他说的是大实话，使得在场的人都感到困惑，纷纷请苏格拉底给予解答。可是，苏格拉底好像答非所问，讲了一大篇关于社会正义的起源的宏论。

2. 能否靠道德维护正义

在《理想国》第二卷里，柏拉图着重讨论一个问题：能否靠道德维护正义？在这里，正义仍然是指做一个好人，不做损害他人和社会的事。苏格拉底说，正义本身就是最好的东西，一个人凭借良好的品德就能够坚持做好人。柏拉图是借苏格拉底的口讲自己的观点，但是，我们看到，在他的笔下，苏格拉底的见解被所有在场的人嘲笑为迂腐，其中格老孔的反驳非常有力。

格老孔讲了一个故事。有一个牧羊人，捡到一枚宝石戒指，可以使他隐身，他就靠隐身术勾引了王后，杀掉了国王，霸占了王国。格老孔指出，即使一个所谓正义的人，捡到了这枚戒指，一定也会胡作非为，与不正义的人没有什么两样。他得出结论说，如果可以为所欲为而不受法律的惩罚，世界上就不会有正义的人。

格老孔的推论有一个前提：利己是人的本能，如果没有外在的约束，就必然膨胀，从而走向损人。他说，无论是谁，如果有这样一枚可以隐身的戒指，就都不可能克制住自己做坏事的冲动，会在市场里随便拿东西，会走进屋子里强奸妇女，会杀死自己的仇人。总之，只要能够隐身，正义的人和不正义的人做的事不会有什么两样。

我们不妨想象一下，如果人人都有隐身术，会是一种什么情形？毫无悬念，一定是天下大乱。坏人不必说，自然是无恶不作。处在中间状态的人，也一定挡不住诱惑，有了隐身术仍然做君子，不去勾引王后和美女，这样的男人恐怕不多。就算你是一个好人，要坚守正义，不去侵犯别人，可是，你的财产遭掠夺，你的妻女遭蹂躏，久而久之，你的正义还能坚守下去吗？

在这种人人自危的情况下，为了自身的安全，只有一个办法，就是订立契约，大家都放弃隐身术。格老孔——以及近代哲学家霍布斯——就是这样来论证立法的起源的：人人为了不受他人伤害而承诺自己不伤害他人。所以，格老孔说，在利己本能的支配下，最好是干坏事而不受惩罚，最坏是受了害而无能报复，而所谓正义就是最好与最坏之间的折中。

事实上，人人放弃隐身术只是理想状态，在人类早期从来没有存在过。历史上长期存在的情形是，极少数人有隐身术，掌握不受约束和监督的权力，可以为所欲为而不受惩罚，从而使得没有隐身术的大多数人毫无安全感，却又无能为力。这种情形就叫做人治。什么叫法治？就是不让任何人有隐身术，权力在法律的约束下公开透明地运作。只有这样，才能造就一个人人有安全感的社会环境。

仔细分析这场讨论，有两个关键点。第一，人性中有没有道德本性？除了利己本能之外，人有没有同情、善良、利他的一面？格老孔认为没有，苏格拉底认为有，在这一点上他们有明显的分歧。苏格拉底相信，一个人如果道德本性足够强大，就会在任何情况下坚持正义，不做坏事。正是这个信念遭到了格老孔的嘲笑，在他看来，根本不存在这样的人。第二，仅仅靠道德能否维护正义？在这一点上，格老孔的观点十分明确，就是不能。这个观点当然是对的，即使人性中有道德本性，如果没有良好的法律秩序加以保护，也会遭到摧残乃至泯灭。在讨论中，两个人讲的重点不同，苏格拉底讲的是，个人靠道德就能够坚持正义，格老孔讲的是，社会必须靠法治才能实现正义，我认为他们讲的道理都对。

3. 不正义会受到怎样的惩罚

在这些关于正义的辩论中，反方常常会提出一个有力的论据，就是好人往往倒霉，坏人却享尽荣华富贵。在现实生活中，这类现象的确比比皆是。那么，一个不可回避的问题是，如果正义使人遭受厄运，不正义反而使人得到好运，天地间正义究竟何在？

对于这个问题，柏拉图给出了两个回答。

第一，不正义所遭到的惩罚，未必是鞭笞和死亡之类的不幸，而是在现世就要过一种亵渎神圣的生活，成为一个亵渎神圣的人，丝毫没有领略什么是神圣的幸福，这才是最大的不幸。(《泰阿泰德》) 通俗地说，就是你成了一个坏人，有一个坏的人生，这本身就是惩罚，是现世的报应。

第二，必须相信神是存在的，灵魂是不死的，肉体死亡以后，灵魂会去往另一个世界，受到神的审判。因此，坏人作的恶，不但使他们在现世过一种坏的生活，而且会在死后遭到清算，受到神的惩罚。

在我看来，柏拉图讲的这两种惩罚，第一种是确定无疑的，第二种只是可能性。坏人恐怕不会在乎这两种惩罚中的任何一种，他们既不认为作恶得到了成功是坏的生活，也不相信神的存在和审判。对于好人来说，这两个理由其实可以合并为一个：不管神是否存在，你都要过一种配得上"人"这个称号的生活，一种即使在神面前你也问心无愧的生活。

五　国家的治理和灵魂的治理

在《理想国》中，柏拉图还讨论了另一个涵义的正义，指的是良好的秩序。他分两个方面讨论，一个是国家的良好秩序，另一个是个人灵魂中的良好秩序，而这两方面的秩序都以他的人性理论为依据。

1. 人性的三个部分

柏拉图的人性理论，基本意思是：人性，或者说人的灵魂，是由三个部分构成的。第一个是理性，它的作用是进行思考和推理，是人性中最高级的部分。第二个是激情，它的作用是争取优越、胜利和名誉，是人性中次高级的部分。第三个是欲望，包括食欲、性欲以及由它们派生的各种欲望，是人性中低级的部分。这三个部分，就好比三种不同的金属，理性好比金子，激情好比银子，欲望好比铜铁，老天就是用这三种金属造人的。

在这个人性理论的基础上，柏拉图提出了对国家的治理和灵魂的治理的看法。

2. 国家的治理

在国家的治理上，柏拉图说，根据每个人是用什么金属造的，应该把他放在相应的等级上，从事适合于他的工作。大体说来，用金子造的人适合做统治者，用银子造的人适合做保卫者即军人，用铜铁造的人适合做体力劳动者即农民和工人。

柏拉图把人分为三个等级，有民主思想的人理所当然地对此十分反感，比如罗素就谴责说，这是柏拉图编的一个谎话。不过，仔细读原文，我们会发现两点。第一，他说的三种金属不是指血统，而是指心灵的品质。他说：那些心灵深处有金银的人，更不需要世俗的金银了，因为世俗的金银是罪恶之源，心灵深处的金银是纯洁无瑕的至宝。第二，因此，所谓三个等级就不能靠血统来继承。他说，金银的父亲可能会生出铜铁的孩子，反过来也一样。所以，处于高等级的人必须十分注意后代的教育，并且留心观察他们的心灵品质，如果发现其品质是铜铁，就把他们安置在劳动者的位置上。同样，如果发现劳动者的后代有金银的品质，就把他们提升到高的等级。总之，不同等级之间要保持流动性，一个人属于哪个等级，是由心灵品质决定的，应当根据每个人优秀和不优秀的实际情况，把他安放在最适合的位置上。

每个人都处在最适合于他的秉性的位置上，执行一种最适合于他秉性的职务。三个等级的人各居其位，各司其职，人人做好自己分内的事，国家就会有良好的秩序，这是国家层面上的正义。相反，大家都不好好做自己分内的事，而是相互干涉，老想要取代别人的事务，国家就乱了套。

用今天的眼光看，柏拉图的这个理论，毛病有二。第一，把社会分工的不同领域看作有高低之分的等级秩序，这的确是违背民主精神的。第二，在心灵品质的优劣和社会分工的不同领域之间建立一种对应的关系，也是很武断的，因为不论在哪个领域，包括物质生产领域，都需要品质优秀的人，那个领域才会有良好的发展。合理因素也有二。第一，一个人的职务应该和他的才品相适合。第二，做好本职工作是每个人对社会应尽的责任。

3. 灵魂的治理

与国家的治理相似，灵魂的治理，同样是要让构成灵魂的三个部分各居其位，各司其职，在灵魂中建立一个良好的秩序。理性是最高级的部分，要让它占据统治地位。激情是次高级的部分，要让它做好理性的辅助者。激情处在理性和欲望两端之间，如果它受理性的支配，就会起好的作用，如果受欲望的支配，就会起坏的作用，所以它受谁支配是最关键的。欲望占据了每个人的灵魂的大部分，它的本性是贪婪，理性和激情必须紧密地联合起来，理性发出命令，激情投入战斗，才能有效地监督和约束欲望，保护好整个灵魂。

总之，灵魂中低级的部分受高级的部分支配，理性支配激情，理性和激情共同支配欲望，三个部分互相协调，做到自身内部秩序良好，你就能够做自己的主人，而这就是灵魂层面上的正义。

一个人灵魂中有良好的秩序，他就拥有了一个健康的灵魂，相反的是病弱的灵魂。柏拉图认为，道德的优劣就在于灵魂的品质，美德是灵魂的一种健康、美、有力量的状态，邪恶是灵魂的一种有病、丑、虚弱的状态。这个见解是很深刻的，后来尼采狠批柏拉图的道德思想，可是，他所主张的主人道德和奴隶道德的区分，其基本意思早已被柏拉图说出来了。

4. 哲学王的理想

灵魂的治理和国家的治理，这二者之间是有联系的。灵魂治理得好的人当然应该让他来治理国家，才能把国家治理好。柏拉图说，根据灵魂中占统治地位的是理性、激情还是欲望，人分为三个基本类型，分别是爱智者（哲学家）、爱胜者和爱利者。把这个分类和他说的国家中三个等级相对照，哲学家就应该是统治者，爱胜者就应该是保卫者，爱利者就应该是劳动者。

这就要讲到柏拉图的哲学王理想了，这个理想实际上是可以从他的人性理论推导出来的。灵魂的最高级部分是理性，那么，在国家的层面上，就应该让理性最纯粹、发展得最好的人当统治者，而这就是哲学家。

在柏拉图的时代，好像已经有许多他称之为坏哲学家、伪哲学家的冒牌哲学家了，柏拉图对他们进行了愤怒的谴责，我就不具体讲了。他认为，真正的哲学家，最重要的特点是关注永恒的事物，因此胸怀宽广，目光远大，不会沉溺在凡人琐事和利益争吵之中，也不会在繁杂的事务中迷失方向。那么，这样的人当然应该成为国家的领袖。可是，在现实世界里，哲学家的处境很不好，往往孤独地活着和死去，对于国家的治理发挥不了任何作用。原因何在？就因为哲学家手里没有权力。由此他提出了哲学王的理想，就是让哲学家当君王，如果这做不到，就把君王培养成哲学家。无论如何，只有君王自己过的是智慧的生活，才能够把国家治理好。如果这两种可能都不能实现，那么，柏拉图伤心地说，我的那些关于国家治理的理论就真的是空中楼阁了，我只好让人们嘲笑我是一个做白日梦的人。

谈到让哲学家掌握权力，柏拉图举出的理由之一是，哲学家实际上最不热心权力，而让最不热心权力的人来治理国家，一定会治理得最好。相反，让热心权力的人来治理国家，一定会治理得极糟，势必出现尔虞我诈、互相残杀的局面，而国家就会毁在他们手里。我们看到，前一种情况，历史上只有一个例子，就是古罗马哲学家兼皇帝马可·奥勒留，是哲学家治国的孤证和典范。后一种情况，古今中外，我们看到的例子和证明多得数不清。以上是对《理想国》一书中部分内容的讨论。

到了晚年，柏拉图的哲学王理想已经彻底破灭，他的政治理念的重心转移到了现实的法律制度上面，强调靠法律治国。他说，真正的政治家拥有政治理想，懂得统治艺术，不但能够让人民安居乐业，而且能够在人性许可的范围内改良人民的素质。与这些品质相比，成文的法律只具有次要的价值。理想的国家是不需要法律的，而需要用法律来统治的地方必定存在着不正义。但是，看来这种真正的政治家不可能出现了，所能看到的只是一些——用他的话说——党派领导人和虚假的政府领导人。在这种情况下，只好退而求其次，法律的统治虽然是次好的，却是现实世界里维护正义所必需的。由此看来，柏拉图的政治理想，第一等的是贤明君主统治，第二等的才是法律统治。以上是对《政治家篇》《法篇》中部分内容的讨论。

六　理想国里的教育

卢梭在《爱弥儿》中说，柏拉图的《理想国》是有史以来最好的一本讲公众教育的书，人们仅凭书名就想当然以为它是一本讲政治的书，这完全是误解。他的这个说法有一定道理。在《理想国》中，柏拉图讲灵魂的治理，这本身就是在讲教育，讲国家的治理，实际上也是在讲要给公众教育提供怎样的制度环境。与此同时，在《理想国》和晚期著作《法篇》中，柏拉图对教育问题又有专门的论述，我根据这两本著作讲一讲他的教育思想。

1. 教育是国家最重要的工作

柏拉图的教育思想，是建立在他的人性理论基础上的。他说，教育并不像某些人所宣称的那样，能够把灵魂里原来没有的东西灌输到灵魂里去，就好像能够把视力放进瞎子的眼睛里去似的。照这说法，教育就是把人性中本来有的能力开发出来。人性中最高级的能力是理性，因此，教育就是要让理性得到良好的生长，使它能够支配激情和欲望，在三者之间建立正确的秩序，而这就是灵魂的治理。

这是就个人而言的。如何使尽可能多的人治理好自己的灵魂，这是国家在教育上要承担的责任。关于理想国里的公民教育，柏拉图有一整套设计，覆盖各个年龄段，而重点是儿童期和青少年期，下面我会讲述。教育的目的是要培养理性卓越、坚持正义的好公民，柏拉图说，凡是以财富、体力之类与理性和正义无关的东西为目的的训练，都是低俗的，完全不配称作教育。

柏拉图认为，人的天赋是有优劣之分的，教育对于天赋优秀的人尤其重要。他说的天赋优劣，照我理解，实际上是指天赋强弱，天赋优秀就是天赋强大，具有生命力充沛、能量大、智商高之类的特征。他说，如果受到坏的教育，天赋优秀的人会变得比谁都坏，巨大的罪恶往往出自此辈。如果受到好的教育，他们就能够成就伟大的事业。相反，天赋差的人是做不成任何大事的，无论是大的好事还是大的坏事。所以，如果说正确的教育是上苍赐给人类的最高幸福，那么，越是优秀的人，受赐的幸福就越大。

总之，教育是国家最重要的工作，因此，柏拉图强调，在国家的高级职位中，负责公民教育事务的教育总监是最重要的职位，必须选择各方面都最优秀的人来担任。

2. 儿童教育

柏拉图极其重视儿童教育。他认为，在人的成长中，儿童期是关键。这一方面是因为，人在儿童期生长得最快，教育或不教育的效果最显著；另一方面是因为，儿童期对一生的影响最大，幼儿都是美好的，可是长大了就有好人和坏人的明显差别，原因就在于在儿童期是否得到了正确的教育。一个人从小所受的教育基本上决定了今后会朝哪个方向发展，如果发生了错误，就不得不花费毕生的精力来修正它。

从教育发生作用的机制来看，儿童期也十分关键。人的本性是趋乐避苦，教育就是要通过对快乐与痛苦状态的正确约束，来促使人向善拒恶。婴儿最早获得的意识正是关于快乐和痛苦的意识，因此，最初的教育就是要让儿童对快乐和痛苦形成正确的感觉，从一开始就厌恶应当厌恶的东西，爱好应当爱好的东西。这样，到了理性觉醒的年龄，业已形成的对苦乐的正确感觉就会与理性一致，而这种一致作为整体就是美德。

关于儿童教育，柏拉图提出了以下具体主张。

第一，胎教。柏拉图也许是最早提出胎教主张的人。他谈论着幼儿教育的重要性，话锋一转，说："如果不是怕被你们认为是在开玩笑，我会说得更彻底一些。我会下令派人专门监视那些怀孕的妇女，不允许她们有频繁而激烈的快乐或痛苦，必须保持仁慈、明智、安详的心态，同时注意适当的运动，以保证腹中的孩子心灵和身体都健康。"

第二，寓教育于游戏。他说，不要强迫孩子学习，而要用做游戏的方法引导孩子学习。游戏的好处，一是在游戏中可以更好地了解每个孩子的天性，发现和引导他们的兴趣爱好；二是培养专注地做自己喜欢的事情的习惯，使他们在成年以后能够热爱所要成就的事业，实现自己的理想。儿童玩什么游戏为好呢？柏拉图是很了解儿童的，他说，在他们这个年龄，自然本身会告诉他们有哪些游戏可以玩，只要待在一起，他们就会自己发明游戏。不过，对游戏的好坏仍要有判断的标准，好的游戏应该是贴近自然、延续古老习俗、适合孩子心灵的。柏拉图最痛恨那些发明新游戏的人，称他们为社会的害人虫，谴责他们用这些新花样败坏了孩子的心灵，会使他们长大后背离传统，丧失道德信念。我不知道在当时的雅典有什么新游戏流行，使得柏拉图如此愤怒，但是我想，倘若他生活在今天，看见孩子们都在玩手机游戏，真不知会怎样地痛心疾首。

第三，重视性格培养。柏拉图说，对孩子既不能娇宠，也不能霸道。娇宠会使孩子脾气变得暴躁，有一点儿小事就闹别扭，霸道则会使他们精神萎靡，自卑怯懦，畏惧与人交往。最好的性格是温和而自信，这会在今后道德品质的发展中起重要作用。他对男孩子好像很头痛，说男孩子最难对付，是最不服从管教的野兽，要用不止一条马勒子来约束他们。这种话我不能告诉我的儿子，他听了会永远不读柏拉图的书。

3. 青少年教育

在柏拉图的理想国中，对每个公民十岁以后的教育有一个时间表，基本的安排是：十岁至三十岁，进行体育和音乐教育，不合格者降为劳动者，合格者成为保卫者；从中选拔优秀者，三十岁开始学五年哲学，然后再选拔更优秀者，经历十五年社会历练，到五十岁时就可以成为统治者了。

青少年教育的科目是体育和音乐，这个设计实际上是以斯巴达为样板的。柏拉图显然认为，青少年不需要学习书本知识，最重要的是身心健康，体育训练身体，音乐陶冶心灵，因此成了两门必修课。不过，体育的作用不限于身体，它也是对灵魂的训练，可以使人具备吃苦耐劳、勇敢等美德。音乐教育至关重要，节奏和旋律直接作用于心灵，复杂的音乐使人放纵，简朴的音乐会在灵魂中产生节制，因此必须严格挑选。没有音乐，人会变得野蛮，没有体育，人会变得柔弱。通过音乐和体育，培养出的是灵魂既节制又勇敢的保卫者。

在讨论体育时，柏拉图对疾病和医术发了一通有趣的议论。他说，体育训练加上简单的食物，人就不易生病，基本不需要什么医术了。人生病往往是由于游手好闲和贪吃贪睡的生活方式，有钱人就是这样，没有非做不可、不做就会觉得活着没意思的工作，而手艺人就根本没有工夫生病。他讽刺说：如果一个城邦需要第一流的医生和法官，那么你还能找到比这更明确的证据来证明这个城邦所进行的教育是极其恶劣的吗？

上面这些论述都见之于《理想国》和《法篇》。在另一篇对话《蒂迈欧篇》中，关于疾病、医术和人的寿命，柏拉图还发表了一个有趣的见解，大意是：疾病如果不是十分危险，就不要用药物来刺激它，因为每一种疾病的机制与生物的机制相似，都有各自既定的时限。作为生物的一个种属，人类的寿命有其极限，同样，每个人的寿命也是既定的，你能够活到多少岁，从你生下来就确定了，意外的事故会缩短它，但再高明的医术也不能延长它。如果你不顾生命的时限，试图用药物把疾病硬压下去，其结果往往是使疾病变得更严重。所以，最好是让疾病走完它的时限，靠身体的抵抗力康复，而如果你的寿数已到，就坦然地接受疾病的结果。

柏拉图反对让青少年学习哲学，他认为，在这个年龄，理性的发展程度尚不足以理解哲学，过早学习反而会使他们误解和放弃哲学。那么，什么年龄适合学习哲学呢？分两种情况。一是少数优秀者，三十岁开始学习，为从政做准备。另一是普通人，退休后在闲适中研究哲学，思考人生，并为死亡做准备。

七 理想国里的婚姻

柏拉图对婚姻也十分重视。他的婚姻思想，前后期有很大的区别，我重点讲《理想国》中的前期思想，最后也讲一讲《法篇》中的后期思想。在理想国里，柏拉图对婚姻制度有一套严密的设计，要点是三个。

1. 男女平等

柏拉图坚定地认为，两性之间唯一的区别只在生理上，人性上的禀赋是相同的。因此，无论什么职业，男人能够做的，女人也能够做。包括国家的治理和保卫，都应该让女人参加，统治者和保卫者是国家的最高和次高等级，女人都有份。既然如此，在教育上，女人应该享有平等的权利。在培养保卫者的阶段，女人同样要学习音乐和体育。这个阶段结束后，女人中的优秀者也应该学习哲学，为成为统治者做准备。

男人在体育场上锻炼是裸体的，女人是不是也裸体？柏拉图的回答是肯定的。他说：女卫士必须裸体操练，因为她们以美德为衣饰。雅典的习俗是女人幽居家里，不去公共场所，现在柏拉图要她们裸体在体育场上和男人一同操练，当然是对习俗的巨大挑战，所以他说：你们会觉得我的这个建议是非常可笑的。为什么要裸体？他没有讲，可能觉得理由自明，没必要讲。我的理解是，第一，锻炼效果好，衣服妨碍运动，裸体还可以增强身体经受日晒雨淋的能力；第二，身体健美与否一目了然，是对积极参与体育运动的有力鞭策；第三，有助于形成对异性身体之美的健康心理，你天天都看见，就不太会陷于想入非非的性幻想了。柏拉图在晚年仍坚持这个主张，提出的理由是，在有了足够理智的年龄，让青年男女有机会相互观看裸体，可以避免在婚配选择上发生错误。此话可有二解。其一，如果你看重配偶的身体之美，你在婚前就有充分的机会挑选中意之人，不会误判。其二，你看多了异性的美丽裸体，习以为常了，选择配偶时会更看重精神的品质。

柏拉图认为，女人平时进行训练，战时参加打仗，这是当然之理。他用一个传说作为依据，据说当时在黑海周围居住着一个部落，被称为萨玛提亚人，那里的女人精通骑术，弓箭娴熟，善于使用各种武器，丝毫不亚于她们的丈夫。他说，如果这是事实，那么，我们希腊把女人排除在国家的一切事务之外，这种做法是极为愚蠢的。他进一步批评说，在我们现有的各种城邦制度中，由于另一个性别的缺席，几乎每个城邦都只是半个城邦，而由于只把女人当作泄欲的工具，剥夺了她们作为人的法律权利，就必然使整个社会的幸福生活只剩下了一半。

古希腊是一个极端重男轻女的社会，女人被剥夺一切公民权利，在这样一个时代，柏拉图为女人在国家事务上的平等权利大声疾呼，是非常了不起的。在西方历史上，他是最早明确主张男女平权的人。

2. 共妻共产

谈到婚姻，柏拉图的主张就不但完全违背当时的习俗，而且在今天的人看来也是十分离谱了。他的主张，归结为一句话，就是共妻共产。

共妻，就是一群女人归一群男人共有，不允许任何一对男女组成一夫一妻的小家庭。哪些男人和哪些女人在一起生活，由政府根据双方品质一致的程度来挑选和决定。生育的子女也是公有的，父母不知道谁是自己的孩子，孩子也不知道谁是自己的父母。孩子一生下来，就交给专门的人员抚养，由国家掌管全部教育。

共产，就是没有任何私人财产，男女两群人同吃同住，共同生活，共同参加体育锻炼，共同接受教育，由本能的驱使进行两性结合。任何人不能有自己的房屋、土地或其他财产，生活费用由国家负担，用税收支付。

这里要注意，柏拉图所设计的婚姻制度，主要是针对国家的保卫者即卫士的。按照他的设想，公民在三十岁以前所受的教育，目标就是培养卫士，因此，年轻男女在受教育期间，以及合格者在期满后担任卫士期间，都要遵守这个制度。他显然认为，一夫一妻的小家庭和私有财产是人间纷争的根源，而国家的保卫者必须齐心协力，因此要过共妻共产的生活。这个制度不适用于低等级的劳动者，他们是纳税人，承担供养卫士的义务，所以允许有小家庭和私有财产。

152

3. 优生

保卫者实行群婚制，但是你和哪一群异性一起生活，不是你可以自由选择的。按照柏拉图的设计，这事情由政府决定。政府要让品质比较一致的男女配对组群，品质好的男人和品质好的女人在一起，品质差的男人和品质差的女人在一起，目的是优生。这样做会有两个困难。第一，谁会愿意和品质差的异性配对，谁又会认为自己品质差呢？柏拉图说，所以配对工作要巧妙地进行，表面上是抓阄，实际上做了手脚，使每个人都以为组群是抓阄的结果。第二，品质差的男女生下了孩子怎么办？柏拉图的解决方法就非常无情了，他说要把这些孩子秘密地处理掉。品质好的男女生下先天有缺陷的孩子，也要秘密地处理掉。由于所有的孩子一生下来就被抱走了，所以没有人会知道自己孩子的下落。总之，只有品质好的男女生下的健康孩子才能得到抚养，以此确保人种的优秀。

在《蒂迈欧篇》中，柏拉图建议的优生措施稍微人道和公平了一些。品质差的男女生下的孩子不再被秘密处理掉，而是送给低等级的公民去抚养，这是稍微人道了一些。无论谁生的孩子，政府都要密切观察，随时把值得培养的放在高等级里，把不值得培养的放在低等级里，这是稍微公平了一些。

为了优生，柏拉图对生育的年龄做了规定，女人是从二十岁到四十岁，男人是从跑步最快的年龄到五十五岁。跑步最快的年龄是多少岁？这么规定显得有点奇怪。过了规定的生育年龄，男人和女人在性生活上就自由了，不必遵守原先配对的群，除了直系亲属之外，可以和自己喜欢的任何异性发生关系，但是严格禁止生育。

4. 柏拉图后期的婚姻思想

上面讲的是柏拉图在《理想国》中的婚姻思想。在后期的《法篇》中，他也用很大的篇幅谈婚姻，并且强调，如果一个社会的立法是健全正确的，那么它必定是从婚姻法开始的。不过，他的思想发生了很大的改变，最大的改变是放弃了群婚制乌托邦，立足于一夫一妻的小家庭来筹划婚姻和生育制度，有以下三个要点。

第一，结婚是法定的义务。女孩结婚的年龄是从十六岁到二十岁，男子的结婚年龄是从三十岁到三十五岁。男人到三十五岁仍不结婚，就必须交纳罚金，等级越高的人，罚金的数量越大。

第二，青年男女结婚后必须离开父母，建立自己的小家庭。柏拉图为此提出的理由富有人情味，他说，人生总有不如意事，亲密的伴侣会给你带来温暖，使你忘掉那些事。很显然，在他看来，和老人共居是不利于小两口的亲密关系的。结婚的目的是为城邦生育优秀的后代，为了保证生育的质量，柏拉图细心地指点说，同房的时候一定要用心，把心思完全放在对方身上。他特别告诫男人，在准备孕育期间不可饮酒，不可有损害健康的行为，要怀着敬畏之心来做这件神圣的事。他还规定，夫妻之间必须专一，出轨是不允许的。无论男女，如果出轨，都要交纳规定数量的罚金。男人如果出轨或嫖妓，要剥夺其公民的资格。曾经主张群婚的柏拉图，好像发生了一百八十度的大转弯，变成了婚姻道德的卫道士。其实他的出发点仍然是优生，在他看来，夫妻的忠诚专一是生育优秀后代的重要条件。

第三，生育也是法定的义务。每对夫妻至少要有一儿一女，鼓励多产多育。生育期结束时仍无子女的夫妻必须分居，以此作为惩罚。这好像又很离谱了。柏拉图的逻辑是，大自然安排两性之别，唯一的目的是种属的繁衍，既然事实已经证明你们生不了孩子，还在一起瞎混什么。他那时候缺乏有关生育机制的知识，如果他知道不孕症这回事，一定会剥夺患不孕症的人结婚的权利，或者强制其离婚，让健康的一方另婚。

用今天的眼光看，柏拉图的婚姻思想，无论是前期的群婚制乌托邦，还是后期把生育作为一夫一妻制婚姻的唯一目的，都是不可取的。我们会认为，在他的婚姻设计中，有一个重要角色是缺席的，就是爱情。事实正是这样，在他看来，婚姻和爱情是两回事，婚姻是社会制度，目的是种属的延续和优生，爱情是精神生活，目的是灵魂的升华，彼此没有什么关系。下一节，我就讲柏拉图对爱情的看法。

八　爱情是在美中孕育

在柏拉图的全部对话中，《会饮篇》被公认为文学水平最高的一篇，文字优美，人物的描写栩栩如生。这篇对话描述了一个小型酒会，与会者六七人，各人围绕爱情的主题发表自己的看法。我选择其中三人，介绍三种有代表性的观点。

1. 爱情有高尚和庸俗的分别

这是鲍萨尼亚发表的观点。

在希腊神话中，关于爱神阿佛洛狄忒，有两个不同的传说。按照赫西俄德《神谱》的说法，世界一开始是混沌，从混沌中产生了大地盖亚和天空乌拉诺斯，乌拉诺斯是男，盖亚是女，天和地交合，生出了一大堆形形色色的神。乌拉诺斯既然是男的，当然好色，盖亚很嫉妒，就让小儿子克洛诺斯把他杀了。然后，克洛诺斯把父亲的生殖器割下来扔进大海，从激起的浪花中诞生了一个美丽的少女，就是阿佛洛狄忒，在希腊文里，这个名字的意思是"浪花所生的女神"。按照荷马史诗的说法，天神宙斯和自己一个叫狄俄涅的女儿乱伦，生下了阿佛洛狄忒。

根据这两个不同的传说，鲍萨尼亚发挥说，有两个阿佛洛狄忒，一个来自天空，是天上的爱神，另一个通过性交诞生，是地上的爱神。

关于天上的爱神，他隐去了乌拉诺斯的生殖器这个情节，不过，这个阿佛洛狄忒的确不是通过性交孕育的。他的目的是说明，有两种爱情，一种是由天上的爱神引导的高尚的爱情，另一种是由地上的爱神引导的凡俗的爱情。前者诉诸心灵的美好，追求德行，用值得敬重的方式去爱。后者贪图肉体的享受，受欲望支配，往往不受道德的约束。

谈及什么样的爱情应当受鼓励，什么样的爱情应当被禁止，鲍萨尼亚提到雅典法律的两个规定，值得我们注意。第一个规定是，过于迅速地接受情人是可耻的，爱情应该经受一定长度时间的考验。这是一个智慧的规定。我曾经写过这样一段话："一个爱情的生存时间或长或短，但必须有一个最短限度，这是爱情之为爱情的质的保证。小于这个限度，两情无论怎样热烈，也只能算作一时的迷恋，不能称作爱情。"第二个规定是，出于金钱的或政治的考虑而委身于人是可耻的。这个规定的理由不言自明。

2. 爱情是找回自己的另一半

这是喜剧家阿里斯托芬发表的观点。他讲了一个寓言——

很早的时候，人的身体像一只圆球，由两个半球组成。其中，绝大多数人是双性人，这两个半球，一半是男，一半是女。少数人是单性人，这两个半球，有的都是男，有的都是女。因为人起来造反，宙斯加以惩罚，就把所有的人从中间劈开了。从此以后，每个人都竭力要找回自己的另一半，和他（她）合为一体，以重归于完整。我们每个人都只是半个人，所以都遏制不住地要寻找与自己相合的另一半，而这就是爱情。原来是双性人的，男人会追求女人，女人会追求男人。原来是单性人的，男人会追求男人，女人会追求女人。两千多年前，阿里斯托芬就对同性恋做出了合理的解释，认为同性恋是由身体的某种先天构造决定的，这个解释如今已有多项科学研究佐证。阿里斯托芬的结论是，全体人类，包括所有的男人和女人，幸福之路只有一条，就是实现爱情，通过找到自己的另一半来医治被分割了的本性。

我本人认为，在所有的发言中，阿里斯托芬的发言是最精彩的，我从他讲的寓言中读出了下面两点深刻的涵义。

第一，两性之间在生理上和心理上有明显的差异，但不存在高低优劣之分。常常有人喜欢争论两性中哪一性更优秀，大男子主义者蔑视女性，极端的女权主义者蔑视男性，这种争论十分无聊。正确的做法是把两性的差异本身当作价值，用它来增进共同的幸福。从人类整体来说，男人和女人永远是互相需要的，这是大自然的仁慈而又不可违背的规定。

第二，两性特质的差异只是相对的，从本原上说，它们并存于每个人身上。无论是男性特质还是女性特质，孤立起来都是缺点，都造成了片面的人性，结合起来就都是优点，都是构成健全人性的必需材料。譬如说，一般认为，男性刚强，女性温柔，但是，只刚不柔就成了脆，只柔不刚就成了软，刚柔相济才是韧。一个刚强的男人也可以具有内在的温柔，一个温柔的女人也可以具有内在的刚强。一个人越是蕴含异性特质，在人性上就越丰富和完整，也因此越善于在异性身上认出和欣赏自己的另一半。相反，那些为性别优劣争吵不休的人，容我直说，他们的误区不只在理论上，真正的问题很可能出在他们的人性已经过于片面化了。借用阿里斯托芬的寓言来说，他们是被劈开得太久了，以至于只能僵持于自己的这一半，认不出自己的另一半了。在一定意义上，最优秀的男女都是雌雄同体的，既赋有本性别的鲜明特征，又巧妙地糅进了另一性别的优点，大自然仿佛要通过他们来显示自己的最高目的——阴与阳的统一。

3. 爱情是在美中孕育

这是苏格拉底发表的观点，实际上是柏拉图自己的观点。

苏格拉底说，男女之爱是最强烈的欲望，它的真正目的是生育。作为终有一死的存在物，人的隐秘冲动是追求不朽，而只有通过生育，人的生命才得以延续，从而在一定意义上达于不朽。因此，爱情实质上是通过孕育来追求不朽。也因此，孕育和生殖是神圣的事，这么神圣的事就必须在美中进行。你不会随便找一个人生孩子，你觉得她（他）美，你才愿意和她（他）做爱。为什么这样？你不一定意识到，但是在潜意识里，是因为你把孕育看作神圣的事。不过，美本身不是目的，只是一个诱因，在美的诱惑下，你们忘情地做爱，导致怀孕和生育，爱情才达到了它的真正目的。

生育的行为不限于肉体，苏格拉底说，有的人在心灵方面生殖力旺盛，渴望在别的心灵中播下自己的种子，这就是哲学家、诗人以及一切具有创造性才华的人。在古希腊，"爱情"这个词也经常用在老师和弟子的关系上，而且在一定意义上也是在美中孕育，老师会挑选心灵乃至容貌美的少年做自己的弟子，苏格拉底自己就非常喜欢美少年。

就肉体的爱情而言，苏格拉底强调，对美的肉体的迷恋只是一个起点，你应该由此一步步上升，从爱美的肉体到爱美的行为和制度，再到爱美的知识，最后，上升到以美本身为对象的学问，对美的本体进行观照。到了这个境界，你实际上已经进入柏拉图所建构的理念世界了。

人们经常谈论柏拉图式的爱情，用来指一种完全排除肉体关系的纯粹精神恋爱，这在一定程度上是误解。从以上所述可以看到，他是正面评价肉体之爱的，只是在他看来，如果你真正爱美，就不能停留在爱美的肉体，应该上升到理念世界里去爱美的本体。所谓柏拉图式的爱情，也许可以用来指爱美的本体，不过，这个境界实在太抽象了，我宁愿停留在爱美的肉体，至多上升到爱美的心灵，丝毫不想去理念世界向美的本体报到，放弃掉人世间的肉体和心灵之爱。

总之，在柏拉图看来，销魂荡魄的肉体之爱，实现的只是生命的延续，心醉神迷的精神之爱，实现的才是灵魂的不朽。

参考书目

[古希腊] 柏拉图:《柏拉图全集》第一至四卷，王晓朝译，人民出版社，2003

汪子嵩等:《希腊哲学史》第二卷，人民出版社，1988/1993

第五讲

亚里士多德

　　要努力争取不朽，做合于我们身上最高贵部分的事情，这个部分体积虽小，但能量巨大，其尊荣远超过其余一切。

——亚里士多德

公元前五到前四世纪，是希腊哲学的鼎盛时期，出了三位大哲学家，就是苏格拉底、柏拉图和亚里士多德。我曾经做过一个类比，说苏格拉底好比孔子，柏拉图好比孟子，现在我要补充说，亚里士多德就好比荀子。荀子是先秦儒家思想的集大成者，并且对孟子思想进行了批判，而亚里士多德则是古希腊哲学的集大成者，并且对柏拉图思想进行了批判。

亚里士多德的哲学包罗万象，包括了当时的几乎一切知识科目。他的全集有中译本，共十卷，内容涉及逻辑学、物理学、心理学、生理学、动物学、形而上学、伦理学、政治学、文艺学，我只讲他的形而上学、伦理学和政治学的思想。

一 第一哲学

1. 生平和地位

亚里士多德（Aristotle，公元前 384—前 322）出生于色雷斯，地处希腊和马其顿之间。他的一生，先后有三个主要的身份。第一个身份，从十七岁到三十七岁，他是柏拉图的学生。在同学眼里，他有两个形象很扎眼。一个是富二代，他的父亲是马其顿王室的御医，很有钱，而他很喜欢炫富，手上戴满了戒指。另一个是学霸，老师的得意门生，柏拉图甚至说，雅典的学园由两个部分构成，其余学生是身体，亚里士多德是脑袋。他在学园一直待到

亚里士多德（Aristotle，
公元前 384—前 322）

柏拉图去世，柏拉图去世后，他竞选新的园长，落选了，愤而离去。另有一种说法，说他在柏拉图在世时就离开了学园，留下一句名言："吾爱吾师，吾更爱真理。"柏拉图因此抱怨他忘恩负义，说："亚里士多德踢开了我，就像小雄驹踢开了生养它的母亲。"不过这很可能是后人编造的。第二个身份，从四十一岁到四十四岁，他是亚历山大的蒙学老师。这当然和他父亲的御医身份有关，马其顿王菲利普对他很熟悉，就请他给自己十三岁的儿子当老师，共三年。不过，亚历山大后来征服欧亚大陆，称霸世界，应该说和少年时代师从亚里士多德没有多大关系。第三个身份，从四十九岁到六十二岁，他在雅典创立自己的学园，主持十三年，直到受控告逃离雅典，不久后去世。亚里士多德喜欢一边散步一边教学，所以，他的学派也被称为逍遥学派。

关于亚里士多德在哲学史上的地位，有两点比较重要。第一，

他是古希腊哲学的集大成者。他的著作讨论了他之前几乎所有希腊哲学家的思想，我们现在对希腊早期哲学家的了解，大多得自这些讨论。第二，他是第一个用学者的方式从事哲学研究的人，建立了一个庞大的分门别类的学科体系。他把哲学变成了学术，在这个意义上，他终结了希腊古典哲学的传统，开创了欧洲学院化哲学的新时代。如果说柏拉图的学园是一个自由讨论的研究院，那么，亚里士多德的学园就很像是一个刻苦求学的综合性大学了。

读亚里士多德的著作，你可能会觉得枯燥。它既没有激情，也没有文采。因为这个缘故，罗素很看不起他，说他是一个职业的教师，而不是一个受灵感鼓舞的先知，还说柏拉图犯的是青年人放飞理想的光荣的错误，亚里士多德犯的却是老年人墨守成规的平庸的错误。不过，我们现在看到的只是亚里士多德的学术讲稿，据说他还创作了一套对话体作品，水平不亚于柏拉图，但全部遗失了。相反，据说柏拉图也写过一套学术著作，但全部遗失了，流传下来的却是对话体作品。如果这两个据说都属实，历史就真是太会开玩笑了。有一则传闻，说是有人问亚里士多德，为什么大家都喜欢美女，他的回答是：这是瞎子才会提的问题。看这个回答，他不像是一个枯燥的人。

2. 第一哲学

亚里士多德的主要著作是《形而上学》。我曾经提到，这个书名是后人起的，这本书里并没有"形而上学"这个词，但有一个涵义相同的词，叫"第一哲学"。亚里士多德说的第一哲学，就是后人说的形而上学。

亚里士多德说，第一哲学研究的对象是存在，或者叫做实体。他说的实体，是指在最严格的意义上存在的东西。纵观他的论述，存在有两大类。第一类是变化中的存在，作为现象的存在，个别事物是实体。第二类是永恒的存在，作为原初动力和终极目的的存在，神是实体。与这两类存在相对应，第一哲学的内容也就分为两个部分，分别研究作为现象的存在和永恒的存在。

3. 现象世界何以存在

先讲第一部分，作为现象的存在。亚里士多德是一个尊重常识的哲学家，常识相信我们生活的这个世界是真实的世界，他也怀抱这个信念。因此，在他看来，形而上学不能只是探究本体世界，也应该说清楚现象世界何以存在。柏拉图在一定程度上也承认现象世界的存在，但是，他把现象世界看作是对理念世界的模仿，这就大大削弱了对现象世界的承认。为了说清楚现象世界何以存在，亚里士多德就把重点放在了批判他老师的理念学说。

我曾经讲到，柏拉图把一般概念从个别事物中分离出来，看作独立存在的理念，这是他构建理念世界的路径之一。亚里士多德认为，问题正是出在分离上。他指出，苏格拉底在探究伦理上的善时，用下定义的方法从个别中归纳出一般，但并没有把一般当作与个别分离存在的东西。可是，柏拉图却把一般当作分离存在的东西了，并且称之为理念，这是错误的根源。亚里士多德反复强调，一般不能在个别之外存在，形式不能在质料之外存在。离开一切白色的东西，白色就不存在。柏拉图给现象世界里有生有灭的个别事物都配备了另一套数目相等的永恒实体，说在一切个别的人之外还存在着人本身，在一切个别的马之外还存在着马本身，如此等等。亚里士多德指出，柏拉图根本说不清楚这些所谓的永恒实体到底是什么东西，把"本身"这个词加到感性事物上面不等于是说清楚了。

在西方哲学史上，对于一般与个别的关系有三种基本的看法。一种是柏拉图的看法，认为一般概念是在个别事物之外的独立存在，这种看法后来被称作唯实论，意思是把一般概念看作实际存在的东西。另一种是中世纪唯名论者的看法，认为一般概念只是空洞的名称。亚里士多德的看法和这两种都不同，他认为，一般概念指称某一类事物的共同属性，这种属性在个别事物之中是实际存在的，并且仅仅实际存在于个别事物之中。由于他承认一般是实际存在的，他的看法后来被称作亚里士多德式的唯实论，与柏拉图式的唯实论的区别就在于，一般是存在于个别之中还是之外。

亚里士多德进而认为，个别事物之所以存在，也只是因为某类事物的共同属性在它身上得到了实现。比如说，苏格拉底之所以存在，是因为人的共同属性在苏格拉底这一个个体身上得到了实现，否则，世界上根本不会有苏格拉底这个人。就此而言，一般不但是实际存在的东西，而且是比个别更为本质的东西，是个别得以存在的原因。世上不存在这样的个别事物，它不属于任何种类，不具备任何一般属性。

在亚里士多德的用语中，这个道理也可以用形式和质料的关系来解说。一方面，形式只能在质料中存在和发生作用。另一方面，如果没有形式发生作用，质料就只有成为某物的潜在可能性，不能现实地成为某物。比如说，没有物质材料，桌子的形式就无以存在，没有桌子的形式，木头就不能现实地成为桌子。比较起来，形式更是某物作为某物存在的原因。木头成为桌子而不是椅子，原因在形式。形式在质料中自我实现，某物才得以产生，所以形式是比质料更为本质的东西。总的来说，唯有形式因和质料因相结合，个别事物才得以存在。

现象世界是由个别事物构成的，个别事物是实体，说清楚了个别事物何以存在，也就说清楚了现象何以存在。

4. 永恒的实体

接下来讲第一哲学的第二部分，作为永恒实体的存在。亚里士多德说，除了作为现象的存在，必定还有某种独立存在的永恒实体，否则就无法解释世界为何会有秩序。他把这个实体称作神。根据他的论述，神有以下特点。

第一，神是纯形式，完全和质料分离，在一切个别事物之外独立存在。在讲现象世界时，亚里士多德反复强调，形式不能和质料分离，一般不能在个别事物之外独立存在，到了永恒实体，情况恰好反过来。不过，只有神是这样的，这是神和万物的区别之所在。

第二，神自身不运动而推动万物，它是第一推动者。第一推动者这个观念影响深远，亚里士多德是发明人，后来被伽利略和牛顿等大科学家接受了。

第三，神自身不运动，它怎么推动万物呢？亚里士多德说，神不是用物理的方式，通过自身的运动作用于世界，而是作为纯粹的目的因，通过世界万物对它的渴念发生这种推动作用的。

第四，这样一个作为纯形式、第一推动者和纯粹目的因的神，是纯粹的精神性存在，它就是思考着自身的绝对精神。

亚里士多德关于神的学说，可以简称为精神一神论。根据这个学说，他给我们描绘了一幅宇宙图景。宇宙是一个整体，万物按照对神渴念的程度形成了现象的等级系列。其中有两条路线，一条是从无生命的物质上升到人的理性，另一条是从地球上无秩序的变化上升到天体的完美运转。这两条路线有一个共同的目的和终点，就是神。因此，宇宙在本质上是神对自身的思考的物质体现。形象地说，宇宙是神导演的一台哲学剧。

上面我讲了亚里士多德第一哲学的两个部分。在上一讲，我讲过柏拉图构建理念世界的两个路径，分别把理念当作世界的形式因和目的因。亚里士多德是柏拉图的学生，他的哲学和他的老师的哲学之间，有一种既批判又继承的关系。对照两者，你会发现，第一哲学的第一部分，讨论现象何以存在，亚里士多德批判了柏拉图的第一个路径，否定了形式可以在质料之外独立存在；而第一哲学的第二部分，讨论永恒的实体，亚里士多德实际上采用了柏拉图的第二个路径，他说的神就相当于柏拉图说的善的理念，二者都是纯粹的目的因。

二 幸福是人性的圆满实现

我本人认为，亚里士多德的哲学，最精彩的部分是伦理学。他的伦理学的主题，是幸福和道德。柏拉图对这两个问题也有许多讨论，但散见于不同的著作中。亚里士多德写了专门的著作，最重要的是《尼各马可伦理学》，此外还有《大伦理学》和《优台谟伦理学》，对这两个问题做了系统的讨论，建立了完整的理论。

我先讲亚里士多德对幸福的看法，有下面五个要点。

1. 幸福是人生的终极目的

亚里士多德说，幸福是人的一切行为的终极目的，我们永远只是因为它本身而选择它，正是为了它，所有的人才做其他事情。

这段话表达了三个意思：一、幸福是人人都想要的，没有人不想要幸福；二、幸福本身是最好的东西，我们是因为它本身而要它的；三、只有幸福是终极目的，别的一切都是手段。所以，亚里士多德又说，人并不选择幸福，因为在要不要幸福的问题上不存在选择，人只选择达到幸福的手段。你想经商，是因为你认为经商会让你得到幸福。他想从政，是因为他认为从政会让他得到幸福。有的人既不想经商，也不想从政，宁愿远离名利场，是因为他认为名利不能让他得到幸福。

2. 幸福是合于德性的现实活动

那么，什么是幸福呢？

在希腊文中，幸福这个词是"eudaimonia"。这个词什么意思？柏拉图的解释是人生获得最好意义上的成功，亚里士多德的解释是人生的圆满，都是指人生一种非常好的状态。在英语中，通常把这个词译为happiness，即快乐，显然不准确；英国哲学家约翰·密尔译为well-being，即好的生活，最符合原义。

亚里士多德把幸福解释为人生的圆满，他还有一个说法，说幸福是作为人生活得好，意思差不多。他强调"幸福"这个词只能用在人身上，不能用在其他生物身上，你不能说这匹马很幸福，这条鱼很幸福。"幸福"这个词和人身上的高级属性有关，是指这种高级属性得到了完满的实现。在他的著作中，他反复重述他给幸福下的一个定义：幸福是合于德性的现实活动。我来解释一下。

德性，在希腊文中是 arete，指对每个生物来说最是它的本性的东西，这个东西得到实现就最使它满足。那么，在人身上，德性就是人之为人、使人区别于其他生物的东西，也就是人的高级属性。德性分为两大类，一类是理智的德性，即理性，另一类是伦理的德性，即道德。理性和道德，是人的两种主要的高级属性，把它们实现出来，人就是幸福的。所以，从人性的角度说，幸福就是人性的圆满实现。你身上的人的高级属性得到了圆满的实现，你的人生就是圆满的。

需要注意的是，亚里士多德强调，幸福是现实的活动，不是某个被占有的东西。占有不是幸福，你占有财富，占有权力，占有名声，占有漂亮女人，这都不是幸福。人人身上都有人之为人的高级属性，但这并不能保证你是幸福的。你必须合乎理性和道德地去做人做事，在现实的活动中把你身上的高级属性实现出来，才会有幸福，幸福就存在于你这样做人做事的过程之中，存在于现实的活动之中。

3. 幸福是内外条件的统一

幸福是合于德性的活动，可是，只有德性，人就幸福了吗？亚里士多德认为，只有德性是不够的。他说，善，也就是好东西，有三个。第一个是灵魂的善，就是德性。第二个是身体的善，比如健康、力气大、颜值高等。第三个是外在的善，比如高贵的出身、众多的子孙、财富、成功、名望、平安、闲暇等。幸福主要在于灵魂的善，但也需要身体的善和外在的善作为补充。一个人很善良，可是出身卑贱，长得丑陋，一贫如洗，你说他是幸福的人，你就太矫情了。不过，外在的善，比如财富，只是幸福的条件，本身还不是幸福。对于财富，他主张小康，如此说："有中等水平的财富，从事合于德性的活动，这样的生活最为理想。"在外在的善中，他最重视闲暇，因为一个人有了闲暇，才能从事高级的精神活动。他有一句名言："幸福存在于闲暇之中，我们是为了闲暇而忙碌，为了和平而战斗。"一个人忙碌一辈子，如果只是为了挣钱，就很可悲。你应该给自己树立一个目标，不但要挣钱，而且要挣闲暇，在衣食无忧之后，用更多的时间做自己喜欢做的事。

身体的善和外在的善，对一个人的幸福起什么作用，在很大程度上取决于灵魂的善。比如说，一个女人脸蛋漂亮，但灵魂空虚，漂亮就可能害了她，她会过以色事人或者依附男人的生活。一个富二代身价亿万，但素质很差，财富就可能害了他，他会过纨绔子弟的生活。只有在素质好的人那里，身体和外在的好条件才能起到促进幸福的作用。

另一方面，身体的善和外在的善，有相当一部分是自己不能支配的。比如健康，你会不会患上绝症，比如平安，你和你的亲人会不会遭遇天灾人祸，都不是你能够支配的。幸福不等于运气好，但是幸福和运气有关系。亚里士多德是一个特别通情达理的人，他不说大话，他不说只要你拥有灵魂的善，不管你运气多坏，你仍然是一个幸福的人。他的看法是，一个人有好的素质，能够平静地承受厄运，偶然的坏运气就不会使他失去幸福；可是，如果是遭遇重大而多发的坏运气，情况就不同了，你就不能说他是幸福的人了。

4. 快乐有品质的区别

在讨论幸福与快乐的关系时，苏格拉底和柏拉图都倾向于排斥快乐，尤其是肉体的快乐，强调幸福仅在于美德，而亚里士多德的观点就相当通情达理。他不反对肉体的快乐，认为在肉体的快乐上，错误在于对过度的追求，而不在于对快乐的追求。放纵的人最后得到的是痛苦，节制是为了避免过度所造成的痛苦，因此能够更好地享受肉体的快乐。他说，人人都应该享受佳肴、美酒和性爱，只要是以适度的方式，凭什么不享受！他甚至认为，肉体的快乐具有医疗性，有益于健康，禁欲和苦行不但使人生没有乐趣，而且会摧残身心健康。

在肯定肉体快乐的同时，亚里士多德强调，快乐是有品质的区别的，精神的快乐比肉体的快乐更好。他说，肉体欲望的满足，匮乏和过度都是痛苦，所以肉体的快乐是短暂的、不稳定的；相反，精神的快乐就不是这样，哲学的沉思，艺术的欣赏，道德的行善，都是灵魂在从事符合自己本性的活动，不存在匮乏和过度的问题，是灵魂处于圆满状态的快乐。

5. 德性与快乐的关系

幸福与快乐的关系，还涉及一个问题，就是德性与快乐的关系。对这个问题，希腊哲学家有两派观点。一派认为，快乐是目的，德性是手段，你做人做事合乎德性，才会有长久的快乐。这派观点后来在伊壁鸠鲁的哲学中形成一个体系，被称作快乐主义或伊壁鸠鲁主义。另一派认为，德性是排斥快乐的，真正有德性的人不动感情，完全遵循理性而生活。这派观点后来在斯多葛派的哲学中形成为一个体系，被称作斯多葛主义（Stoicism）。这两派观点虽然后来才形成为体系，但从苏格拉底时代开始就已经存在，苏格拉底比较倾向于后一种观点。亚里士多德对这两种观点做出了回应。他反对快乐主义的观点，强调德性是目的，快乐不是目的，同时也反对把德性规定为不动感情，强调德性并不排斥快乐，快乐是德性的必要的伴随物。

在《大伦理学》中，他提出一个看法，很值得注意。他说，和通常的看法不同，他认为德性的向导不是理智，而是激情，是一种追求美好事物的冲动。你不是无动于衷地从事合于德性的活动的。你怀着对真的激情，才会从事哲学的思考。你怀着对善的激情，才会从事道德的实践。你怀着对美的激情，才会从事艺术的创造。既然是激情，就不是一种中间状态，激情的奔放会让你感到快乐。因此，快乐不但伴随着合于德性的活动，而且是一种良性的刺激，会让你精神更加饱满地从事这种活动，使得活动圆满，从而也使得你的生活圆满。反过来说，如果你在从事合于德性的活动时不感到快乐，这就有问题了，人们有理由问，你真的喜欢这种活动吗，你是不是被迫的，是不是做给别人看的？所以，虽然快乐不是目的，但是，有没有快乐伴随，人们可以由此判断你是不是真正把德性当作目的。

亚里士多德是一个学者型的哲学家，他注重理性，讨论问题时往往四平八稳。但是，他内心是有激情的，有一句话从他口中说出，令我对他刮目相看。他是这样说的："一个极乐的短暂时刻胜过许多平淡的日子，一个伟大高尚的行为胜过许多琐碎平庸的活动。"人一生中有过高峰体验，就已然幸福，而平庸是最大的不幸。

三　活着为了思考

古希腊哲学家大多推崇人的理性能力，认为运用理性去探究宇宙，去追求真理，不但是哲学的使命，而且是人生最值得做的事情，是生活的意义之所在。这样一种人生观，从古希腊发源，在欧洲已经成为一个悠久的传统，尤其为知识精英们所信奉。我用一句话概括这种人生观，就是：活着为了思考。对于这种人生观，说得最清楚的是亚里士多德，他的幸福理论，一个重要内容是阐述理性思辨是人生最高的幸福，我把这个内容挑出来单独讲一讲。

1. 理性思辨是最自足最纯粹的活动

上一节我讲到，亚里士多德认为，幸福是合乎德性的活动，德性分两类，一类是理智的德性，就是理性，另一类是伦理的德性，就是道德。伦理的德性，与人的社会性相关，人在社会中生活，所以必须讲道德。理性和社会性，是人和其他动物最重要的区别。根据这两个区别，他给人下了两个定义。第一个定义：人是理性的动物。第二个定义：人是政治的动物。在这两个定义中，第一个更加根本。换句话说，在两类德性中，理智的德性优于伦理的德性。为什么呢？亚里士多德说，因为理性是人身上最高贵的部分，思辨活动是人的最高级的活动。高级在哪里？就高级在它有两大优点。

第一个优点是最自足。政治的活动，伦理的活动，都是实践活动，必须和人打交道，受外部条件的限制。你从事的事业越是伟大和高尚，所需要的外部条件就越多。相反，思辨的活动，你自己一个人就可以进行，除了闲暇之外，不需要别的外部条件。

第二个优点是最纯粹。从事实践的活动，或多或少有功利的诉求，总想要得到一个实际的结果。相反，理性思辨没有功利的诉求，你思考宇宙和人生，只是因为你热爱思考，从思考中就得到了满足，思考本身就是在享受人身上最高级的属性，就是快乐，活动本身就是目的，就是价值，而且其价值高于一切以外在功用为目的的活动。

2. 哲学思辨是最高的幸福

亚里士多德设想，如果神也从事活动的话，从事的只能是这种最自足最纯粹的理性活动，想象神会从事政治的、伦理的活动，受外部条件的限制，有功利的目的，那是荒唐的。因此可以说，当我们从事理性思辨的时候，我们不是作为人，而是作为在我们身上的神从事这种活动的。这是我们身上最高贵部分的满足，这个部分是每个人的真正自我，它的体积虽小，但能量巨大，其尊荣超过其余一切。

在亚里士多德看来，理性是人性中最高贵的部分，是人身上的神性。凭借理性，人可以超越物质的环境，超越身体的生死，去思考永恒的真理。他劝我们不要相信某些人说的话，什么作为人就应该只想人的事情，作为必有一死的存在就应该只想有限范围内的事情，而是应该努力争取不朽，过一种神性的生活，这是人所能够得到的至高幸福。

亚里士多德所说的理性思辨，实际上就是哲学思辨，因为哲学是最自足最纯粹的理性活动。他说：我们把一个为自己而非为他人而存在的人称为自由人，同样，在各学科中唯有哲学是自由的，它最为自足，完全因自身而被热爱，在自身之外别无目的，因而构成最高的幸福。一个显然的结论是，哲学家最幸福。

按照通常的划分，人的精神属性有三个，就是智、情、意。智，是理性，思考的能力。情，是情感，感受的能力。意，是意志，实践的能力。你从事一种活动，把老天给人的这三个能力实现出来，你就是幸福的。亚里士多德认为，在三个能力中，理性是最高级的能力，所以专门从事思考活动的哲学家是天底下最幸福的人。这个话从一个哲学家口中说出来，多少是偏见。我的看法是，人的天赋是不同的，有的人思考能力强，适合当哲学家或学者；有的人感受能力强，适合当艺术家或诗人；有的人实践能力强，适合当政治家或商人。你什么家也不当，但你把老天给你的精神能力发展得很好，你同样是一个幸福的人。

3. 活着为了思考

亚里士多德所主张的，实际上是一种典型的理性主义人生观。

西方历史上，大多数哲学家、思想家、科学家，不管是否赞同亚里士多德的具体哲学观点，在实践中信奉的都是这样一种人生观。我把这种人生观概括为一句话：活着为了思考。活着为了思考，强调的就是亚里士多德所说的，要坚持思考活动的自足性和纯粹性。它包含两个意思。

第一个意思，思考本身就是快乐，就是目的，就是价值，用理性探究真理，这本身就是生活的意义之所在。思考没有功利的诉求，你不可以问这样的问题：思考有什么用处，探究真理有什么好处？理性思考是人的高级属性的满足，功利诉求是低级属性的满足，不可以用低级属性的满足作为标准，来衡量高级属性的满足有没有价值。

但是，我们中国人喜欢问这样的问题。有一回，诺贝尔物理学奖获得者丁肇中在国内做讲座，一个学生问他："丁教授，你现在做的研究有什么经济价值？"丁教授一时语塞，说："我不知道。"然后他说了一段话，大意是：诺贝尔物理学奖第一届和第二届分别奖给了电子和 X 光的发现者，这两项发明在当时都没有什么经济价值。同样，后来的量子力学和原子物理学，在诞生时都被认为是花钱最多而最没有经济效益的。最后他说，科学最重要的是兴趣，是为了满足好奇心，而不是为了名利，这个利也包括所谓经济价值。

丁肇中教授所表达的，实际上是欧洲知识界公认的价值观，爱因斯坦有一句话总结了这个价值观，他说：为了知识自身的价值而尊重知识，这是欧洲的伟大传统。正是由于把知识本身看作目的性价值，因此，在西方，具有纯粹的思想兴趣、学术兴趣、科学研究兴趣的人比较多，他们在从事研究时只以真知为目的而不问效用，偏偏在这样的精神氛围中，最容易出大思想家、大学者、大科学家。

活着为了思考，这句话的第二个意思是：要坚持独立思考。在知识的问题上，你必须认真，一种道理是不是真理，一种认识是不是真知，一定要追问它的根据。美国当代哲学家桑塔亚那说过一句俏皮话，他说：怀疑态度是理智的贞操，过早地把它交付给你遇到的第一个人（指第一种理论），是羞耻的。你盲目地接受一种理论，放弃怀疑态度，这就好像一个女人盲目地接受另一个男人，放弃贞操，是羞耻的。对于什么是真理，人在多大程度上能够认识真理，哲学家们有很不同的看法。但是，有一点是一致的，就是对真理的认真态度。

4. 欧洲的科学精神

亚里士多德所表达的不只是一种个人立场，而是希腊知识精英所开创的一个传统。我曾经谈到，阿那克萨戈拉把研究太阳、月亮和天空作为他活着的目的，毕达哥拉斯发现勾股定理之后举行百牛大宴，都是在为这个传统揭开序幕。也正是由于这个传统，后来欧洲科学的发展结出了丰硕的成果。

活着为了思考，第一是以思考真理本身为目的，没有功利的诉求，第二是在真理问题上的认真态度，追问知识的根据。这样一种精神，在科学家身上有鲜明的体现。西方科学有两大特点：第一，以解开宇宙之谜为终极目标，而不是为了实用的目的；第二，知识务求准确和精确，注重实验的证据和数学的表达。这两个特点，正是西方哲学培育出来的科学精神。西方自古到今，有三位最伟大的科学家，就是阿基米德、牛顿、爱因斯坦，我用这三个人做例子，来解说欧洲的科学精神。

第一位是阿基米德（Archimedes，公元前287—前212），古希腊最伟大的科学家，出生于西西里的叙拉古。他发明了许多新奇的机械，在工程和战争中发挥了巨大作用，但是，关于这些发明，他不屑留下任何文字。他留下的著作，讨论的都是纯粹数学和力学的问题。他说，每一种可供实用和获利的技术都是肮脏的，科学应该是解开宇宙之谜的钥匙，而不是增加财富的工具。他发现了杠杆的原理，但他感到自豪的不是这个原理的实用价值，你一定知道他的一句气壮山河的名言："给我一个支点，我可以撬动整个地球！"他还有一句名言，是他临死前的最后一句话，说明了他把知识看得比生命更宝贵。罗马军队长时间包围叙拉古城，终于攻破。一个罗马军人发现一个老人正蹲在沙地上潜心研究一个图形，他就是赫赫有名的阿基米德。军人要带他去见罗马统帅，他请求稍候片刻，等他解出答案，军人不耐烦，把他杀了。剑劈来时，他只来得及说出一句话："不要踩坏我的圆！"

第二位是艾萨克·牛顿（Isaac Newton，1643—1727），经典物理学的缔造者。他说，宇宙是全能的上帝设下的密码，上帝给了他一个使命，就是要破解这个密码。他执行这个使命非常认真，一定要让他的破解能够用严格的数学公式表达，以可验证的实验为基础。他的名言是："我不杜撰假说。"因为这种认真态度，在猜到基本答案之后二十年，他才交出答卷，写出《自然哲学的数学原理》这本破解宇宙密码的大书。你也一定知道他的一句脍炙人口的名言："我只是一个在海滩上玩耍的孩子，因为捡到比通常更光滑的卵石和更美丽的贝壳而欣喜，而在我面前的是尚未发现的真理的浩瀚大海。"这一句话，表达了三重心情。第一是谦虚，这么一个大科学家，说自己只是一个捡贝壳的孩子。第二是敬畏，宇宙真理是无边无际的大海。第三是快乐，他搞科学只是在玩耍，没有功利的目的。

第三位是阿尔伯特·爱因斯坦（Albert Einstein，1879—1955），现代物理学的缔造者。在少年时代，爱因斯坦就立下了毕生的志向，他说："世界是一个伟大而永恒的谜，从思想上掌握这个世界，是我人生最高的目标。"在晚年，他又这样说："我的使命是关注永恒而至高无上的财富，在把它们传给子孙的时候，让它们更加纯洁和丰富。"

在这个世界上，伟大的科学家和哲学家当然只是极少数，但是，即使一个普通人，即使未必信奉活着为了思考的人生观，你仍然可以受这些榜样的鼓舞，学会享受思考的乐趣和坚持独立思考。

四　道德不走极端

关于亚里士多德的伦理学，我把前面讲的归纳一下，主要是三点。其一，幸福是合于德性的活动。其二，德性有两类，一是理智的德性，即理性，另一是伦理的德性，即道德，理智的德性优于伦理的德性。其三，哲学思辨是最合于理性的活动，因此是最高的幸福。伦理的德性虽然比不上理智的德性，但它对于幸福也是不可缺少的。事实上，亚里士多德用很大篇幅来讨论道德问题，现在我来讲他这方面的思想，主要讲三个最有亚里士多德之特点的观点。

1. 道德的实践性质

第一个观点是道德的实践性质。亚里士多德说，要学习伦理学，学习高尚和公正，从自己习性和品格的良好训练开始；最初原理是一种在其充分显现后就不再问它为什么的东西，而一个有良好道德习性的人，是已经拥有或者很容易获得这个最初原理的。他还说：道德不是有了才用，而是用了才有的。良好的道德品质不是靠学习理论获得的，而是在实践中形成的。你学了许多关于道德的知识，并不因此就能够成为一个有道德的人；相反，你在实践中培养了良好的道德品质，你就会真正懂得什么是道德。因此，关键是要去实践，也因此，每个人必须对自己的道德品质负责。

柏拉图认为，快乐和痛苦是人的最原初也最基本的情感，道德是对这种情感的正确的约束。也就是说，对什么事情感到快乐，对什么事情感到痛苦，你的反应是正当的，合乎做人的光荣的，你就是一个有道德的人。亚里士多德赞同这个观点。不过，他强调，对各种事情在情感上有正当的反应，这不是容易的事。人们的这类反应往往是在长期生活中形成的，从而成为一种牢不可破的习惯，单靠理论和劝说是改变不了的。因此，一个社会要有良好的道德风尚，只能靠两个东西，一个是柏拉图所说的从儿童时期开始的正确的教育，另一个是适用于一切人的正确的法律，用法律的强制力量促使人们向善去恶。

我曾经讲过苏格拉底提出的一个命题——知识即美德，亚里士多德对这个观点很不赞同，多次反驳。他说，和别的知识领域不同，在道德领域，你有了某种知识，比如关于公正的知识，你不会因此就具有公正的品质。他还说，的确有这样的人，明明知道某个行为是恶的，却在欲望的驱使下仍然选择了这个行为。他反驳的这些理由，我在讲苏格拉底的时候也提出过，不过我努力为苏格拉底辩护，说他讲的知识应该不是指抽象的理论知识，而是指对人生意义有了深刻思考之后形成的一种坚定的世界观，一种实践上的信念。现在我要补充说，我的辩护很可能是一种善意的误解，亚里士多德的观点是更有说服力的，即美德主要是实践而不是知识。从知和行的关系说，知必须在行之中体悟，并且贯穿于行，这样的知才是真知。

2. 美德是中庸

第二个观点是中庸。我们儒家也主张中庸，孔子说："中庸之为德也，其至矣乎！"意思是：中庸是道德的最高境界。在古希腊，中庸是一种古老的智慧，德尔斐神庙最著名的神谕有两条，一条是"认识你自己"，另一条就是"勿过度"，亚里士多德把这种古老的智慧演绎成一个相当完整的理论。

快乐和痛苦是人的最基本的情感，由这最基本的情感又派生出各种激情，而道德就是对这些情感的正确的约束。这是柏拉图和亚里士多德对道德的本质的解说。所谓正确的约束，实际上已经包含了对过度与不及两个极端的反对，激情的过度就是没有约束，激情的不及就是约束过了头。亚里士多德说：中庸就是存在于各种激情的过度和不及之间的中间状态；过度和不及都是恶，中庸才是美德。这样说好像比较抽象，我们来看一看他对若干具体美德的分析，就很好理解了。

第一，节制。在肉体的快乐上，放纵是过度，麻木是不及，节制是放纵和麻木之间的中庸。放纵者沉湎于肉体的快乐，例如贪吃和好色。麻木者拒绝一切肉体的快乐，例如禁欲和苦行。节制者则以应该的方式适度地享受合乎人性的肉体快乐。

第二，勇敢。在对待痛苦和危险的态度上，鲁莽是过度，怯懦是不及，勇敢是鲁莽和怯懦之间的中庸。鲁莽者因为无知而无畏，盲目地冲向各种危险。怯懦者惧怕任何痛苦和危险。勇敢者并非没有惧怕，但能够为了高尚的目的克服恐惧，面对危险，忍受痛苦。

第三，慷慨。在对待财物的态度上，挥霍是过度，吝啬是不及，慷慨是挥霍和吝啬之间的中庸。挥霍者在不应当的事情上胡乱耗费钱财，吝啬者在应当的事情上舍不得花费钱财。吝啬的特点是把钱财看得高于一切，以给予为痛苦，斤斤计较。除了这个共同的特点之外，吝啬中还有两个特殊的种类，一是守财奴，虽然不肯给予，但不贪图别人的钱财，自己在生活中则极其俭省，二是贪婪，不但不肯给予，而且贪图别人的钱财，谋取不义之财。亚里士多德强调，财富本身是中性的，区别在于使用的好坏，挥霍和吝啬都是坏的使用，而慷慨是最好的使用。慷慨是在应当的事情上以应当的方式给予，并且以此为乐。在一切美德中，慷慨是最受人欢迎的，因为可以普惠于人们。慷慨不在于给予的数量，而在于给予者的品质。一个人财物很少，虽然只给予很少的东西，他仍是慷慨的。

第四，自尊。在对自身价值的认知上，狂妄是过度，谦卑是不及，自尊是狂妄和谦卑之间的中庸。狂妄者夸大自己的价值，谦卑者贬低自己的价值，而自尊者则恰如其分地认识自己的价值。与此相关联，在语言的表达上，吹嘘是编造自己不具备的长处，虚伪是假装自己比实际具备的少，而两者之间的中庸是真诚。

第五，温和。在情绪的控制上，暴躁是过度，冷漠是不及，温和是暴躁和冷漠之间的中庸。暴躁者不能控制情绪，动辄发怒，格外在乎别人对他的态度，往往在小事上也怒火万丈。冷漠者心如死水，在该愤怒的场合也不发怒。温和者能够适度地承受非难与轻视，灵魂中有宁静和沉稳，但在应该的场合会以适当的方式表达愤怒。

第六，义愤。在对他人遭遇的态度上，义愤是嫉妒和幸灾乐祸之间的中庸。嫉妒是对他人的好运一概感到痛苦，幸灾乐祸是对他人的厄运一概兴高采烈，义愤则是看到坏人交了好运或者好人遭到厄运时感到痛苦。

第七，谦谨。在行为与言语上，无耻是过度，羞怯是不及，谦谨是无耻和羞怯之间的中庸。无耻者在任何场合说话和做事都肆无忌惮，羞怯者在任何场合都畏缩退让，谦谨者则能够根据所处的场合适当地说话和做事。

第八，庄重。在与人交往上，傲慢是过度，顺从是不及，庄重是傲慢和顺从之间的中庸。傲慢者看不起任何人，顺从者接受任何人，庄重者只和值得交往的人交往。

第九，机智。在开玩笑上，粗俗是过度，呆板是不及，机智是粗俗和呆板之间的中庸。粗俗者在什么事情上都开玩笑，而且开得过分，使被取笑者为之痛苦。呆板者自己从来不开玩笑，一旦别人开他的玩笑，他就生气。机智者则善于发现事物的可笑方面，玩笑开得有水平也有分寸。

上面这些例子已经足以说明，亚里士多德所说的中庸是什么意思。

关于中庸，亚里士多德还指出了两点。其一，中庸不是两个极端的汇集，它与过度和不及都是对立的。相反，两个极端则往往相通，同一个人可能同时存在过度和不及，比如说，既鲁莽又怯懦，对自己挥霍，对别人吝啬，在弱者面前狂妄，在强者面前谦卑。其二，中庸是难的，在每个场合都把握住中庸是很不容易的。原因之一是，过度和不足都试图把中间推向另一端，比如说，你是一个勇敢者，怯懦者会说你鲁莽，鲁莽者又会说你怯懦。

谈论中庸时，亚里士多德说：有些行为没有中间性，例如没有应该的妇女在应该的时间以应该的方式通奸。这显然是一句俏皮话，因为在两性关系上，如果要讲中庸，好像应该这样讲：滥交是过度，禁欲是不及，基于爱情的结合是中庸。

3. 整体性的美德

上面举的例子，都是一些在不同场合的具体的美德。亚里士多德认为，有若干整体性的美德，不是针对某种场合的，而是在一切场合都起作用的，一个人具备这类美德，就能够在各种场合把握住中庸。这样的美德主要有三种。

第一，自制。自制是相关于自己的整体性美德，它是一种用理性正确约束自己的欲望和激情的能力，一个人有这种能力，就自然能够在各种场合把握住中庸了。

第二，公正。公正是相关于他人的整体性美德，它是一种基于比例的平等。所谓基于比例的平等，是指依据每个人善恶的程度予以相应的对待。一个公正的人，会亲近善者，疾恶如仇，一个公正的社会，会保护好人，惩罚恶人。

第三，大器。亚里士多德用的希腊词汇，直译是伟大的灵魂，有译为自重或大度的，我认为译为大器更贴切。大器是灵魂的整体性美德，这样的灵魂既宽厚又深刻，既单纯又丰富。亚里士多德说，做大器之人是难的，因为必须高贵和善良兼备。高贵，是精神无比地高出于众生之上，善良，又是对众生怀有深切的同情之心，所以兼备是难的。大器之人的特点，一是自足，因为他所欲的都是美好而无用的东西，不需要世人眼中那些有用的东西；二是从容不迫，因为他只关心重大的事情，蔑视世人为之忙碌的各种小事；三是坦诚，永远不隐瞒自己的观点，直接说出真理，只有在群众场合，他才用讽喻的方式说话；四是超脱，对于一切身外遭遇，包括幸运和不幸，荣誉和诽谤，都能泰然处之。不过，除了荣誉，没有更大的礼物可以给他了，因此他只能接受，但并不看重。亚里士多德所描述的大器之人，差不多就是圣人，是真正的高人大德。

五　论友谊

有一句嘲讽之语归于亚里士多德名下，经常被人引用："我的朋友啊，朋友是不存在的。"如果这句话确实出自他之口，那也是因为他对友谊太看重，要求太严，因此认为真正的朋友是难得到的。在他的伦理学著作中，关于友谊论述甚多，我做一个比较完整的介绍。

1. 幸福的人不可没有朋友

有人说幸福的人既然具备了一切的善，就不再需要朋友了，亚里士多德认为这种说法是荒唐的，因为"在外在的善之中，朋友正是最大的善"。所以，幸福的人不可没有朋友。

人是政治动物，天生要过共同的生活。对于人来说，孤独是很可怕的。我们的生命岁月是在与家庭、父母、妻子、子女、亲戚、同伴的联系之中度过的，这实属必要。然而，这类联系取决于血缘和法律，我们自己不能选择，唯有与朋友相处是个人特有的权利，仅仅取决于我们自己。

"直接的相似物彼此愉悦，人对人最快乐。"和志趣相投的朋友相处，是人生莫大的快乐。我要补充一句：人对人也最痛苦，身处心性相悖的人之中，却是人生极大的灾难。

人在不幸中需要有人对他做好事，在幸运中则需要有人接受他的好处。亚里士多德说，对朋友做好事比对陌生人做更为高尚。也许有人会提出异议，认为对陌生人做慈善是出于道德，对朋友做好事似乎只是出于友情。但我认为，真诚关心朋友，乐于让朋友分享自己的幸运，恰恰最能表明一个人心地善良光明。一个对朋友的苦难袖手旁观的人，我不相信他会真正同情陌生人的痛苦，即使他在做慈善，我也要怀疑他的动机。当然，力所能及之时，不但帮助朋友，而且在更大的范围里行善，这是更好的。

2. 三类友谊

友谊分三类，分别基于有用、快乐和德性。其中，基于有用的友谊是大多数人所奉行的，基于快乐的友谊是年轻人所奉行的，只有基于德性的友谊才是最好的人所奉行的。第三类十分稀少，但这才是真正的友谊。在前两类中，友谊本身不是目的，而是被当作达到目的的手段。这也无可非议，因为在不幸中，人需要有用的朋友，但在幸运中，人更需要高尚的朋友。按照友谊的本义，一个人不能有许多朋友，但在快乐和有用方面，一个人倒是可以和许多人交往，并得到其益处。

基于有用和快乐的友谊难于长久维持，这样的朋友很容易散伙。在这两类友谊中，会经常出现抱怨、责备和争吵，而且很难说哪一方是公正的。比如说，在情爱中，甲方追求乙方是为了快乐，乙方追求甲方是为了有用，情爱停止了，双方就会争执谁负了谁，计算用什么偿付什么。基于有用的交往是最容易发生争吵的，因为交往的结果往往与开始时的期望不相符合，人们所期望的是高尚，所选取的却是利益，容易记住自己做的好事，却忘记自己得到的好处。受惠者会尽量贬低赠予的价值，说所接受的东西并无多大价值，而且从别人那里也可以得到，给予者则会尽量夸大赠予的价值，说所给出的是他最好的东西，从任何其他人那里都是得不到的，并且恰恰是在最关键的时刻给予的。

在以有用为目的的友谊中，利益当然是衡量的尺度，所以，对所接受的好处理应予以相应的回报。那么，接受者就必须考虑从什么人接受，以什么条件接受，合乎条件就接受，不合乎条件就拒绝。如果没有能力予以回报，又误解了友谊的性质，以为对方不求回报，就是从不应该接受其好处的人那里接受了好处，一开始就错了。

亚里士多德认为，基于有用的友谊，其最好的方式是法律型的，即双方制定和遵守规则，以求得利益上的公平。在这种方式下，纠纷容易化解，不会相互指责。如果把基于有用的友谊与基于德性的友谊搅在一起，明明是为了有用而结合，双方都计较利益，却装得彼此信任，不制定和遵守规则，就会经常出现相互指责的情形。真正道德性质的友谊基于一种自愿的选择，即使对方得到了较大益处，但无能偿还，只偿还了力所能及的部分，仍感到满意。亚里士多德的这个忠告值得我们记取。在我们这里，朋友合伙做生意，一开始因为哥们义气或因为面子而利益不分，规则不明，最后打得不可开交，终成仇人，这样的事例不知有多少。

3. 真正的友谊

严格地说，在三类友谊中，只有基于德性的友谊才是真正的友谊。这种友谊是最高贵的，只存在于优秀的人之间，每人都各美其美，美美与共，惺惺相惜，彼此欣赏。喜欢是一种情感，友谊则是一种品质。

亚里士多德强调，友谊与善意不同，它是现实活动。一个人可以对许多人有善意，但未必会产生友谊。善意是友谊的起点，如果没有善意，友谊就不能生成。这就像视觉上的快乐是恋爱的起点一样，没有情人眼里出西施，就不会有恋爱。但有了也不见得会恋爱，唯有到了这个地步，不见面就朝思暮想，见了面就如胶似漆，才是恋爱。同样，友谊也以乐于共处并且互相愉悦为标志。所以，朋友要常聚，分离的时间太长，友谊会慢慢淡忘，正如诗人所说："久别故人疏。"

爱是主动的，是爱者的活动，被爱则是被动的，不是被爱者的活动。爱只存在于有生物之中，被爱还存在于非生物之中，无生命的物件也可以被爱。在爱者与被爱者的关系中，例如在父子关系中，父亲总是更主动地活动，儿子是他的某种创造物，人对自己的创造物有更强烈的亲爱感，所以父亲爱儿子甚于儿子爱父亲。友谊也是如此，唯有在爱的活动中才能够生长。

中国人喜欢说，有福同享，有难同当。亚里士多德的看法是，人性是趋乐避苦的，所以，为朋友着想，人在幸福中应该热情地让朋友分享，在不幸中则尽可能不要去麻烦朋友，避免让朋友分担自己的痛苦，最好只请朋友在费力最小而效益最大的事情上给自己帮忙。另一方面，朋友遭遇不幸，你要不请自到，主动帮助。不过，这也要仔细辨析，如果你的在场不会给他带来益处，反使他不安，你就不要出现。朋友在幸运中，如果需要合作者，你应该积极合作，倘若关系到分享好处，你就不必急切行事，但也不要矫揉造作。

4. 一个人不能有许多朋友

人在世上不能没有朋友，但也不要有太多朋友。按照友谊一词的完整意义，一个人是不可能有许多朋友的。"有许多朋友的人没有朋友。"和许多人交朋友，碰见什么人都亲热，那就对谁也不是朋友，只是熟人而已。朋友的数量有一个界限，因为友谊需要深交和共处，而一个人不可能与许多人深交和共处。事实上，每个人真正的好朋友为数甚少，而知己之交有一个也已属幸运。

越是幸福的人就越是自足，因此在友谊上必定挑剔，对那些为了有用或快乐而想成为他朋友的人十分冷淡。他择友的唯一标准是德性，而正因为他无所求，就能够更好地做出判断，选择最值得交往的朋友。

友谊要靠时间来检验，未经过时间检验的人还不是真正的朋友，而只是想成为朋友。在这一点上，人们往往发生误解，因为彼此都渴望有朋友，都给予了友爱式的帮助，就以为已经是实际上的朋友了。考验不是一朝一夕的事，需要时间，所以老朋友是珍贵的，不可轻易抛弃。即便由于交恶而分手了，也应该铭记曾经有过的美好时光，对之比对陌生人更加关心。

5. 自爱者才能爱人

人最爱的是自己，一个人是他自己最好的朋友。对朋友的爱，是把对自己的爱从自身推广到他人。一个人如何对待自己，他是从中得出如何对待朋友的标准的，自爱的方式决定了友爱的方式。

有些人把"自爱"这个词用于贬义，把那些多占钱财、荣誉和肉体快乐的人称为自爱者。但是，这不是真正的自爱。真正的自爱是爱自己身上最高贵的部分，使自己高尚而美好，把最大的善分给自己。这种自爱只存在于善良而优秀的人之中。

善良人愿意与自己做伴，并且以此为乐。过去的回忆使他欣慰，未来的希望使他愉悦，思辨问题充溢着他的思想。他无时不在体验快乐和痛苦，而不是一会儿快乐，一会儿痛苦，所以他从不后悔。他是自己真正的朋友，并且对朋友如对自己，因此能够真正爱朋友。

恶人不是真正爱自己，他总是在和自己作斗争，不是自己的朋友，相反是自己的敌人。他总想与人结党成群，以逃避自己，因为自己独处时，他会回忆起许多坏事，并且想到同样的未来，和别人在一起则会忘记这些。由于并无可爱之处，所以他也就感受不到真正的自爱，对自己不会真正友好。这样的人对友好之情毫无体会，当然不可能对他人友好。

六　城邦是自由人的团体

在西方政治学说史上，亚里士多德的《政治学》是第一本系统研究政治社会的著作，对后世影响巨大。从哲学角度研究政治社会，着重的是政治社会的起源，即人类何以会结成政治社会；政治社会的原则，包括自由、正义、法治、道德等；政治社会的统治形式，即政体和权力结构。亚里士多德对这三方面的问题都做了阐述。近代欧洲发生政治变革，政治学是英法哲学家关注的一个重点，以后我会选讲其中四位即霍布斯、洛克、卢梭、密尔的政治思想。亚里士多德是政治学的奠基者，了解他的政治思想，我们方可把握西方政治思想的渊源和发展脉络。

1. 人是政治动物

在古希腊，有希腊人，但没有一个叫希腊的国家，希腊是五百多个城邦国家的总称。每个城邦的规模不大，其人数以能够聚集起来举行全体公民大会为限。按照发生的顺序，最早产生的是家庭，家庭是人类为满足日常生活需要而建立的社会的基本形式。由家庭聚合为村落，最自然的村落由一个家庭繁衍而形成。

再由村落组合为城邦，城邦已是政治社会的完备形式。亚里士多德说，虽然在发生的顺序上，城邦后于个人和家庭，但在本性上它先于个人和家庭，因为人在本性上是政治动物，必然会朝着结成政治社会演化。

人是政治动物，这是亚里士多德给人下的一个定义，他是从人的本性中寻找政治社会的起源的。为了生存，人类诚然有合群而结成并维持政治团体的必要，但是，他强调，即使在生活上不必互相依赖，人类也有乐于社会共同生活的自然性情。希腊人没有独立个人的观念，对于他们来说，个人归属于城邦乃是天经地义的事。那种不归属于任何城邦的人，荷马曾经将之诅咒为"出族、法外、失去坛火"的自然的弃物。亚里士多德则说，一个隔绝于城邦的人，不管是因为怪诞而被世俗社会所鄙弃，还是因为高傲而鄙弃世俗社会，这样的人非兽即神，总之不复是人。这里不妨提一下尼采的反驳：还有第三种可能——亦兽亦神，即哲学家。在希腊哲学家中，赫拉克利特就是一个隔绝于世俗社会的典型。

城邦的成员是公民，亚里士多德给公民下的定义是：有权参加司法事务和政权机构的人。公民是城邦的主人，不受任何人包括统治者的奴役。亚里士多德说："城邦是自由人所组成的团体。"在希腊的语境中，他所说的自由人是一种身份。希腊的实际情况是，奴隶没有人身自由，谈不上政治权利，而女人也是被排除在政治生活之外的。所以，并非居住在城邦中的人都是公民。

亚里士多德为此辩护。在他之前，智者学派就有人反对奴隶制，认为主奴关系源于强权，是违反自然的，主人和奴隶生来没有差异，两者的分别是由律令或俗例制定的，是不合正义的。他引述了这种观点，反驳说，自然所赋予的体格有天然的差异，奴隶的体格强壮，适于劳役，自由人的体格俊美，宜于政治生活，因此，主奴关系是合乎自然的。这个反驳显然十分牵强，因为主奴的区分并不是根据体格，体格的差异却是在这个区分下不同的生活状态造成的，亚里士多德是在倒果为因。

事实上，当时希腊奴隶的主要来源是战争，是战争中俘获的异族人口，并且法律规定奴隶的身份代代相传。亚里士多德实际上主张，人种有优劣之分，优种奴役劣种是合乎自然的。按照自然的等级，人类高于野兽，优种高于劣种，所以，人类通过狩猎掠取野兽以维持生存，优种通过战争掠取劣种以作为奴隶，都是合乎自然而正当的。他明确说，奴隶不过是一宗有生命的财产。

亚里士多德也蔑视女性，认为男女有高低之别，理应是统治和被统治的关系。柏拉图认为男女在品德上并无区别，他反对，说每一种品德对男女都有不同的要求，例如勇毅，在男人是敢于领导，在女人是乐于顺从。

据拉尔修记载，泰勒斯常说，他有三件事要感谢命运女神，即生而为人，而非畜生；生而为男人，而非女人；生而为希腊人，而非蛮族。这则传闻有时也安在亚里士多德头上。从他的思想看，他是会说出这样的话的。他的最大局限是等级观念，其实这是希腊人的普遍观念，智者学派反对奴隶制，毕达哥拉斯和柏拉图主张男女平等，仅是难能可贵的特例。在解读亚里士多德的政治思想时，我要排除这个局限，设定他的自由人概念是普适的。

2. 正义和法治

人是政治动物，天然地趋向于结成社会团体，在人的这个本性中已隐含了一个特性，就是能够辨别善恶和是否合乎正义。没有这个特性，就不可能结成社会团体。政治学上的善就是正义，正义以公共利益为依归。"正义是建立社会秩序的基础。"因为有正义观念，人类优于其他动物而成为最优良的动物。丢掉了正义观念，人类就会堕落为最恶劣的动物。人类用智能和语言机能武装起来，这些装备可以用来为善，也可以用来作恶，在后一种情况下，失德的人会比任何野兽更龌龊更残暴。

维护正义靠法治，法治有两重涵义。其一，所制定的法律是良法，能够树立城邦的正义，导致和平与繁荣。法律的制定要依据普遍的法则，尊重惯例，因为惯例体现了不断积累的社会智慧。习惯法优于成文法，在实际生活中比成文法更有权威，所涉及的事情也更重要。其二，已成立的法律获得普遍的服从，凡不能维持法律威信的城邦都不能说已经建立了任何政体。法律应在任何方面受到尊重而保持无上的权威，执政人员和公民团体都不得侵犯法律，只可以在法律通则所不及的个别事例上有所抉择。法治是对权力的约束，要使任何人都不能在政治上获得脱离寻常比例的超越地位，都不能凭借财富或朋党取得特殊的权力，都不能假借公职营求私利。

柏拉图认为，法律的作用是有限的，缺乏灵活性，不能精确地规定社会不同成员在不同情况下的行为准则。他的政治理想是由最优秀的人统治，前期称之为哲学王，后期称之为真正的政治家，这样的人不是凭借法律而是凭借智慧和政治技艺治理国家。但是，因为这样的人没有出现，法律的统治便是次好的选择。（《政治家篇》）亚里士多德其实是赞同他的老师的看法的，他说，如果一个人才德远超出众人，赋予他绝对权力就是合乎正义的，这样卓异的人物就好像人群中的神祇，不是律例所能约束的，因为他本身就自成为律例。由此可见，他也认为，卓绝的人治优于法治，法治优于通常的人治。

3. 政体的分类

亚里士多德是一个有严谨科学态度的人，他曾对希腊一百五十八个城邦的政制史进行调查并撰写报告，仅存《雅典政制》。在这些调查的基础上，他对政体做了分类，分析了各类政体的利弊。事实上，柏拉图在《政治家篇》中已经提出六种政体的分类，但命名不完整，阐释比较笼统，而亚里士多德给了清晰的命名并做了具体的阐释，因此成为后世政体分类理论的母本。

分类的标准有两个。一是最高治权的执行者的人数，可以分别是一人、少数人和多数人。二是公正的原则，凡照顾城邦公共利益的是正当的政体，只照顾统治者利益的政体是变态的政体。遵循公正原则的正当政体，以一人为统治者的称作君主政体，以少数人为统治者的称作贵族政体，以民众为统治者的称作共和政体。违背公正原则的变态政体，以一人为统治者的称作僭主政体，以少数人为统治者的称作寡头政体，以民众为统治者的称作平民政体。

这两个系列是互相对应的。僭主政体是君主政体的变态，一人掌权并且以权谋取自己个人的利益。寡头政体是贵族政体的变态，贵族政体以才德为受任公职的依据，而在寡头政体中掌权靠的是财富，并且服务于富人的利益。平民政体是共和政体的变态，民众掌权并且只照顾占人口多数的穷人的利益。三者的共同点是不照顾城邦全体公民的利益，实质上都是专制的，即都以主人管理其奴仆的方式施行统治。因此，在这三种变态的政体中，所谓公民就徒有其名，不成其为真正的公民了。

亚里士多德主张，在三种正当的政体中，一个城邦选择哪一种，要从实际出发，各从其宜。对于任何现存的政体，不要轻易改变，而是给予补救或改进。我们不仅应该研究最优良的政体，也必须研究可能实现的政体，适合于一般城邦而又易于实行的政体。他认为，如能完成适当的安排，使受任公职者不能获得私利，这样的政体应该是平民政体和贵族政体的一种混合。合乎平民政体原则的是，全体公民都可以担任公职；合乎贵族政体原则的是，实际上出任公职的全都是以才德著称的富贵人物。公职既然不能牟利，穷人便宁愿安心谋生而无意担任公职，富贵人物则可以坦然接受职位而为城邦恪尽义务。不过，在我看来，这个设想似乎还是太理想化，因为困难正在于如何防止以公职谋私利。

4. 警惕僭主政体

在三种变态的政体中，僭主政体是君主政体的反面形式，其特征是一人掌权且以权谋取私利，对于人民的公益毫不顾惜，并且没有任何人或机构可以限制他的权力。在君主政体下，如果君主是暴君，不依据法律而是完全凭借个人意志进行统治，君主制就蜕变为僭主制。但是，其他两种变态的政体，即寡头制和平民制，也都可能转变为僭主制。在古希腊文献中，"僭主"一词主要是指未经合法的程序取得最高权力的人。所以，那种通过僭越的途径成为独裁者的人，便是名副其实的僭主。

亚里士多德指出，在希腊各邦，特别流行的是平民政体和寡头政体，因为"门望和才德在各邦都属少数，但群众和财富却遍地都有"。这两类政体是最容易转变为僭主政体的。平民政体中的群众领袖，寡头政体中的世家巨子，以及历任民政官或监督官要职、久掌国政的官员，都不难有机会成为僭主。历史表明，大多数僭主是以群众领袖的身份起家的。他们出身于平民，装扮成平民的保护人，施以小恩小惠，同时压制贵族的利益，攻击和流放贵族中的著名人物，以此获取民众的信任，窃取独裁的权力。

由此可见，平民政体有极大的弊端。亚里士多德说，在平民政体中，群众领袖往往把一切事情招揽到公民大会上，用表决的方式发布命令，以代替法律的权威。凡事以命令为依据，不以法律为权威，民众就成为集体的专制者。群众领袖操纵群众的意志，站上了左右国政的地位。

亚里士多德列举僭主为维持统治常用的手段：第一，在臣民间散播并培养不睦和疑忌；第二，使臣民无能为力；第三，摧毁臣民的精神。关于这最后一点，十八世纪法国政治学家贡斯当的剖析入木三分。僭主一步登天，他的理智不可能承受这个巨变，会像一夜暴富的穷汉一样产生狂乱的欲望、幻觉和非非之想。所有高傲的心灵都离他而去，留下的是俯首帖耳的奴才。他的最大难题是要证明自己登上宝座是合法的，为此必须压制人民的真实意见，强迫人民违心地表达合乎需要的意见。"僭主政治发明的那些虚假的支持，那些单调乏味的庆典，那些俗不可耐的颂词，同样还是那些人，会在所有的时代都使用几乎同样的语言，拿这种颂词去吹捧截然相反的措施。恐惧被打扮出一副勇敢的外表以祝贺自己的无耻，对自己的不幸连声道谢。""专制君主政治靠沉默的手段统治，并且它留给了人们沉默的权利；僭主政治则强迫人们讲话，它一直追查到人们思想最隐秘的栖身之处，迫使其对自己的良心撒谎，从而剥夺了被压迫者最后这一点安慰。""僭主政治在压迫一个民族的同时还要使它堕落，使它习惯于践踏自己过去尊敬的东西，奉承自己过去瞧不起的东西，使它作践自己"，以此摧毁这个民族的精神。（《古代人的自由与现代人的自由》，商务印书馆，1999）贡斯当所针对的是拿破仑，他断言，鉴于文明业已达到的程度，实行僭主政治是严重的时代错误，拿破仑的下场就是明证。

5. 中产阶层是良好政体的中坚

如同在道德上主张中庸，在财产问题上，亚里士多德主张中产。既然主张中产，首先要肯定财产私有制的合理性。对于柏拉图在《理想国》中提倡的共产共妻，他予以严厉的批评。他说，人人都爱自己，自爱出于天赋，对自己的所有物和子女的喜爱是自爱的延伸。所以，共产共妻不但不能导致人们之间的融洽，而且会引起损害。属于公共的事物是最少受人照顾的，人们至多只留心到其中与自己相关的部分。人世间的种种罪恶并非源于私有制，而是源于人的本性，即使实行共产也无法补救。这里有必要说明，柏拉图在《理想国》中提倡的共产共妻仅限于卫士阶级，在农工阶级中仍是实行私有制和小家庭制的。

在肯定私有制的同时，亚里士多德坚决反对财富的两极分化。他认为，两极分化的根源是货币的产生。获得财富有两种方式。一种方式是凭借天赋的能力以获取生活的必需品，这种方式是自然的，所要获取的财富是有限的。另一种方式凭借经验和技巧以获取非必需品的财富即钱币，这种方式是不合乎自然的，所要获取的财富是无止境的。财富观念从物品转向钱币，钱币成为财富的代表，导致人们以聚敛钱币为能事，少数人得以暴富。

亚里士多德一贯倡导中等财富，他为之立的界说是：以足够维持朴素而宽裕的生活为度。朴素和宽裕不可或缺，宽裕而不朴素会流于奢侈，朴素而不宽裕会陷于寒酸。在伦理学中，他把中产视为幸福的一个条件。在政治学中，他把中产阶层视为良好政体的中坚。他说，太富和太穷的人都是缺乏理性不好管理的。太富的人往往逞强放肆，目中无人，不肯受人统治。太穷的人往往懒散无赖，自暴自弃，心怀妒恨。一个城邦倘若贫富两极分化，政治团体所应有的友善和团结就会荡然无存。一个城邦要作为政治团体而存在，应该尽可能由境遇相近的人们组成，而中产阶层是最适合于这种组成的。中产阶层的优点是生活平安，情绪稳定，既不像穷人那样觊觎他人的财物，也不像富人那样招人妒恨。他们没有野心，不玩阴谋，也不会自相残害。作为一个例证，最好的立法家都出身于中产家庭，梭伦是其中之一。结论是：就一个城邦各种成分的自然配合而言，唯有以中产阶层为基础才能组成最好的政体。

6. 政治社会的终极目的是良好生活

在伦理学中，亚里士多德告诉我们，幸福是人生的终极目的。在政治学中，他又告诉我们，对个人和对集体而言，人生的终极目的是相同的，最优良个人的目的也就是最优良政体的目的。人们结成政治社会，其终极目的理应是让每个成员获得幸福，亦即过上良好生活，社会生活中的所有活动都只是达到这个目的的一些手段而已。

从社会的角度看，和平、闲暇和高尚事业是构成良好生活的实质因素。亚里士多德说，战争只是追求和平的手段，勤劳只是获得闲暇的手段，实用事业只是可以从事高尚事业的手段。在这三个方面，公民诚然要从事前项，但应当更加擅长后项。

关于闲暇，他的评说有趣而深刻。勤劳和闲暇皆属必需，但闲暇比勤劳高尚，而人生所以不惜繁忙，其目的正是获致闲暇，我们全部生活的目的应是操持闲暇。那么，问题来了，我们在闲暇时将何所作为？通常的做法是用游玩来消遣，而游玩在人生中的作用是与勤劳相关联的，是勤劳之后的放松，以求消除疲劳，可以再投入勤劳。这实际上仍是把勤劳当作目的，使闲暇失去了自身的价值。亚里士多德说，闲暇自有其内在的愉悦与快乐，这应当是指精神性质的快乐，比如他在伦理学中最推崇的哲学的沉思，我们还可以加上艺术的创作，科学的研究，高品质的友谊和交往，等等。总之，闲暇应该是每个人按照兴趣和专长享受其精神能力的时段，这才是人生的幸福境界。

当然，要实现闲暇的真正价值，必须具备较高的精神素质。因此，亚里士多德指出，优良的政体必须重视公民教育，使公民都具有文化和善德，他感到遗憾的是，这正是被希腊各邦所普遍忽视的。

参考书目

[古希腊] 亚里士多德:《形而上学》,《亚里士多德全集》第七卷，苗力田译，中国人民大学出版社，1993

[古希腊] 亚里士多德:《尼各马可伦理学》,《亚里士多德全集》第八卷，苗力田译，中国人民大学出版社，1992

[古希腊] 亚里士多德:《大伦理学》《优台谟伦理学》,《亚里士多德全集》第八卷，徐开来译，中国人民大学出版社，1992

[古希腊] 亚里士多德:《政治学》,吴寿彭译，商务印书馆，1965

第六讲

希腊伦理学派

幸福就是身体的无痛苦和灵魂的无烦恼。

——伊壁鸠鲁

在亚里士多德之后，希腊哲学发生了一个重大变化。由于亚历山大大帝征服欧亚大陆，一方面，希腊被置于马其顿的统治之下，雅典的地位边缘化，另一方面，在亚历山大的推动下，希腊文化向欧亚大陆传播，这个时期被称作希腊化时期。柏拉图和亚里士多德的哲学，本体论和伦理学并重，亚里士多德的哲学更是涉及了包括政治学和自然科学在内的广泛领域。到了希腊化时期，这种生气勃勃的探究兴趣消失了，伦理学成了哲学最主要的乃至唯一的研究领域。这个时期雅典出现了两个重要学派，即伊壁鸠鲁学派和斯多葛学派，都是纯粹的伦理学派。这两个学派，尤其斯多葛学派，后来在古罗马时期兴旺一时，几乎一统哲学的天下。不过，在希腊化时期之前，这两个学派已有其先驱，分别是昔勒尼学派和犬儒学派。在这一讲中，我先概述希腊的这四大伦理学派，然后选讲三位比较重要或比较有趣的哲学家，即德谟克利特、第欧根尼和伊壁鸠鲁。

一　四大伦理学派

1. 犬儒学派

犬儒学派的创始人名叫安提斯泰尼（Antisthenes，公元前446—前366），昔勒尼学派的创始人名叫阿里斯提普（Aristippus，约公元前435—前360），这两人都是苏格拉底的弟子。

安提斯泰尼是昔尼克地方人，因此他的学派又称作昔尼克学派。他经常在一个名为白猎犬的运动场与人交谈，据说犬儒学派得名于此。他对苏格拉底非常崇敬，住在雅典附近的一个港口，每天长途步行到雅典去听老师讲学，学得了性格刚毅。苏格拉底服刑临终之日，他在现场。

安提斯泰尼的学说，概括为一句话，就是德行是唯一的善，德行本身就是幸福。如同中国的道家，在西方，犬儒派是最早的文明批判者，认为文明把人类引入了歧途，制造出了一种复杂的因而是错误的生活方式，导致道德上的堕落；人类应该抛弃文明，回归自然，遵循自然的启示，过简单的也就是正确的生活。这个学派重视的是实践，安提斯泰尼自己身体力行，过着修道士式的生活。犬儒派哲学家是最早的背包客，从安提斯泰尼开始，装束有定式，都是一件斗篷，一根手杖，一个背袋。许多犬儒派哲学家是素食主义者，并且滴酒不沾，只喝冷水。安提斯泰尼的斗篷还很破烂，以至于苏格拉底挖苦他说："我透过你斗篷上的破洞看穿了你的虚荣心。"

安提斯泰尼挖苦人的本领不比老师差。犬儒派哲学家大多擅长挖苦人，以至于在西语中，"犬儒主义者"（Cynic）一词成了普通名词，也用来指愤世嫉俗者、玩世不恭者、好挖苦人的人。安提斯泰尼挖苦人绝非只图嘴上痛快，自有其深刻之处。比如他说："与乌鸦为伍比与谄媚者为伍好，前者在你死后才吃你，后者在你活着时就吃你。"听说有许多人赞扬他，他喊了起来："老天啊，我到底做了什么错事？"一个奥菲斯教派祭司劝他入教，说教徒死后可以得到许多好处，他反问："你为什么不赶快死呢？"

对于哲学的性质，安提斯泰尼的解说十分精当。有人问什么学问最必需，他回答："能够除掉已知东西而达于无知状态的学问。"哲学就是要放空知识而让智慧显现。有人问哲学给他带来了什么好处，他回答："与自己谈话的能力。"哲学就是要让人学会过丰富而深刻的内心生活。

安提斯泰尼有一个学生叫第欧根尼，这个学生比老师名气大得多，是一个非常有趣的人物，我会专门讲他。

2. 昔勒尼学派

昔勒尼学派以创始人阿里斯提普的出生地命名，昔勒尼地处北非，今属利比亚。他的学说也可以概括为一句话，就是快乐是最大的善，快乐就是幸福。因此，这个学派又称作快乐学派。

安提斯泰尼和阿里斯提普都是苏格拉底的学生，通常认为，这两人都是立足于苏格拉底学说的某一个方面，把它推至极端，这样来建立自己的学说的。苏格拉底把伦理学提升到哲学的首位，在这一点上，这两人都继承了苏格拉底，他们都只关心伦理学问题。但是，安提斯泰尼认为德行是善，这个观点的确可以在苏格

206

拉底的美德即幸福的理论中找到根据，阿里斯提普认为快乐是善，这个观点在他的老师那里能够找到什么根据呢？我们能够找出苏格拉底肯定快乐的一些言论，但他仅限于承认，快乐有好坏之分，与理性结合的快乐是好的，与错误的意见和无知结合的快乐是坏的。他明确否认快乐本身是善，强调快乐应当以善为目的，而不是善以快乐为目的。阿里斯提普认为快乐本身是最大的善，这个观点无论如何是不符合苏格拉底思想的。不过，他主张的快乐，在很大程度上是与理性结合的快乐，就此而言，可以说他不算完全违背老师的教诲。

我们比较一下对待物质享受的态度，可以看到苏格拉底两个学生的区别在哪里。苏格拉底反对人被物质支配，这是两人都赞同的。但是，阿里斯提普的态度是：我役物，而不役于物。一个人尽可以享受物质生活，同时做到不被物质支配。相反，安提斯泰尼的态度是：我不役物，以免役于物。一个人在物质生活上必须简朴，这样才能做到不被物质支配。相比之下，阿里斯提普似乎洒脱得多。

在现实生活中，阿里斯提普就是这样做的。在苏格拉底的学生中，他是第一个索取学费的人。他和叙拉古的僭主狄奥尼修交往密切，因此遭到当时许多人诟骂。在这同一个僭主面前，他受宠，柏拉图受冷落，柏拉图对他也颇有非议。第欧根尼有一回在洗菜，看见他走过，对他喊道："要是你学会自己做饭菜，你就用不着向国王献殷勤了。"他回嘴说："要是你学会和国王结交，你就用不着自己洗菜了。"不过，虽然受到厚待，他在狄奥尼修面前仍是自尊甚至骄傲的。狄奥尼修问他来自己这里的目的是什么，他答："为了授己所有而取己所无。"另一回这么答："我需要智慧时就去苏格拉底那里，需要钱时就来你这里。"狄奥尼修问他："为什么哲学家会去富人家里，富人却从不拜访哲学家？"他答："因为一种人知道自己需要什么，另一种人却否。"有人责备他出入富人家庭，他答："医生也在病人家里出现。"

关于哲学，阿里斯提普也有很有趣的说法。有人问他从哲学学到了什么，他答："在任何社会中都过得舒适的能力。"比较一下，安提斯泰尼说学到了与自己谈话的能力，着眼于内心生活，他着眼于在外部世界里随遇而安，保持快乐，立场显然不同。有人问哲学家有什么优点，他答："即使废除了一切法律，我们仍会像现在一样生活。"哲学家遵循自己坚定的信念生活，不受外界的状况左右。对于那些想学知识却不想学哲学的人，他有一妙比，说他们就好像一个人看上了女主人，为了图省事却只向女仆求爱。

3. 伊壁鸠鲁学派

在希腊化时期，希腊受马其顿统治，对于希腊人来说，这个世界变成了一个坏的世界，因此哲学家们的思考就集中在一个问题上，便是在一个坏的世界里如何能够有好的生活。其中，伊壁鸠鲁学派思考的是，在一个苦难的世界里，人如何能够幸福；斯多葛学派思考的是，在一个罪恶的世界里，人如何能够有德行。

伊壁鸠鲁学派以其创立者命名，这个学派在古罗马时期仍相当活跃，并且信守先师的学说。伊壁鸠鲁学说主张快乐是最大的善，快乐即幸福，因此他的学派又称作快乐主义学派。在源流上，这个学派是昔勒尼学派的继承和完成。不过，伊壁鸠鲁本人信奉德谟克利特哲学，而在流传下来的德谟克利特的道德格言中也确

208

实包含快乐主义的思想，因此，可以把德谟克利特哲学看作伊壁鸠鲁学说的另一个重要来源。

关于伊壁鸠鲁学说与德谟克利特哲学的关系，有一种解释可供参考。根据德谟克利特的原子说，宇宙是无数物质原子构成的，人的生命也只是许多物质原子的短暂聚合，很快就又离散而消失在无生命的原子世界里了。所谓神、来世、永恒，统统不存在。因此，人生如果有意义，也只是在活着时享受这短暂的生命，让自己快乐，不让自己痛苦。

在本讲中，我会对德谟克利特和伊壁鸠鲁的伦理思想分别做专门的论述。

4. 斯多葛学派

斯多葛学派的创始人是芝诺，他和伊壁鸠鲁年龄相近，并且几乎同时在雅典创立各自的学派。斯多葛的涵义是廊下，芝诺经常在公共建筑物的廊下和学生讨论哲学，斯多葛学派由此得名。在源流上，这个学派是犬儒学派的继承和完成。芝诺的出生地是塞浦路斯，早期斯多葛派成员大多是叙利亚人，因此罗素说，斯多葛学派比起此前希腊的任何哲学派别都更缺少希腊性。

芝诺和早期斯多葛派的著作只流传下来极少数的片段。后期即罗马斯多葛派的著作则得到了相当完整的保存，我会在本书古罗马部分讲述。这里仅简述早期斯多葛派的基本思想，有五个要点。

第一，伦理学是哲学的核心部分。芝诺比喻说，哲学像一个果园，逻辑学是墙，物理学是树，而伦理学是果实；或者哲学像一个蛋，逻辑学是蛋壳，物理学是蛋白，而伦理学是蛋黄。全部哲学研究都是为了弄清什么是至善，什么是人生的目标。

第二，德性是唯一的善，德性自身就足以保证幸福。德性是不可剥夺的，你能否成为一个有道德的人，取决于你自己，对此你拥有完全的自由。坏的行为产生于错误的判断以及由此所导致的激情。这样的激情有四种：一是快乐，源于对当前的善做出错误的判断；二是欲念，源于对未来的善做出错误的判断；三是痛苦，源于对当前的恶做出错误的判断；四是恐惧，源于对未来的恶做出错误的判断。应该摆脱所有这些激情，做到不动心。

第三，那么，什么是德性？德性就是与自然相一致的意志，就是遵从自然而生活。我们要问，斯多葛派要求摆脱的激情，包括快乐、欲念、痛苦、恐惧，不是一些自然的情感吗？斯多葛派认为，这些激情恰恰是违背自然的，自然是理性，遵从自然而生活，就是遵从理性而生活。为了支持这个观点，他们主张一种目的论宇宙观。宇宙是一个和谐的统一体，受理性支配，有一个目的在其中主导。人是这个统一体的一部分，应该自觉地受理性支配，与宇宙的目的相协调而行动，尽到作为宇宙的一个成员的本分。

第四，从宇宙理性的观念出发，斯多葛派最早提出了自然法思想。宇宙是一个由理性统治的统一的国家，一切有理性的人都是这个国家的公民，四海之内皆兄弟，人人平等，服从同一法律即理性，拥有相同的天赋权利。个别国家的法律必须以宇宙理性为依据，天赋权利是成文法的基础。

第五，宇宙理性为宇宙规定了一个至善和完美的目的，这个宇宙理性就相当于基督教的上帝，而人的理性对宇宙理性的关系，就相当于灵魂对上帝的关系。因此，斯多葛学派实际上为基督教的诞生开辟了道路。

上面是对早期斯多葛学派思想的概述。关于芝诺本人，在流传下来的言论中，有两则值得一提。其一，我在第一讲已引述过他的一句话："我们之所以有两只耳朵而只有一张嘴，是为了让我们多听少说。"有一个青年在他面前滔滔不绝，他讽刺说："你的耳朵掉下来变成舌头了。"其二，有人问："谁是你最好的朋友？"他答："另一个自我。"这另一个自我，就是每个人身上的更高的自我，理性的自我。

二　德谟克利特的道德格言

德谟克利特是苏格拉底的同时代人，他研究领域广阔，著述丰富，可惜全部失散。如果他的著作保存下来，第一个百科全书式著作家的荣誉就应该归于他，而不是亚里士多德了。我在第一讲中讲他的原子说和认识论，根据的是别的著作家转述的第二手资料。作为他的原著残篇留存下来的，只有二百六十条道德格言，其中大部分是在公元6世纪和17世纪先后刊行于世的。由于距他生活的年代久远，这些格言的真伪一直是有争议的。但是，这些道德格言包含了后来快乐主义学派的一些基本观点，其本身的内容也值得重视，因此，我就假设它们为真，根据它们讲述可能属于德谟克利特的伦理思想。

1. 论快乐和幸福

快乐主义把快乐看作主要的善、人生的目的，道德格言表述了类似的观点："快乐和不快构成了应该做或不应该做的事的标准。"道德格言还赞颂了物质和感官的快乐在人生中的价值："省吃俭用当然是好事，但在适当时机挥金如土也是好事"，"一生没有宴饮，就像一条长路没有旅店一样"。

不过，道德格言强调，快乐有品质的高低，应该追求高尚的快乐、心灵的快乐，幸福主要在于灵魂的好的状态。"心灵应该习惯于从自身中汲取快乐。""幸福和不幸居于灵魂之中。""幸福不在于占有畜群，也不在于占有黄金，它的居处是在我们的灵魂之中。"灵魂安宁，不被恐惧、迷信或其他负面情感所困扰，这种状态便是幸福。

对于物质和感官的快乐，道德格言强调节制。"唯有通过享乐上的有节制和生活的宁静淡泊，才能真正得到快乐。""节制使快乐增加并使享受加强。"穷和富是相对的，穷是匮乏，富是充足，你觉得自己缺少某种东西，你就不富，你不觉得自己缺少什么，你就不穷。所以，只要节制欲望，即使贫穷也和富足一样有力量。相反，如果对财富的欲望没有止境，就会比极端的贫穷更加痛苦。道德格言指出，在对自身需求的认知上，人不如动物，应该向动物学习。"动物只要求为它所必需的东西，反之，人却要求超过这个。"必需和非必需有一个标准，凡是身体真正需要的东西，都是容易获得的，而凡是要靠艰难辛苦才能获得的东西，是非必需的，往往是错误的判断所想要的。

道德格言主张中等的财富。"恰当的比例对一切事物都是好

212

的，而不论豪富或赤贫都不好。"赤贫的不好无须说，豪富之所以不好，是因为它让人提心吊胆，"经常和赤贫变换位置，引起灵魂中的大骚扰"。相比之下，中等的财富更可靠。人生变灭无常而又短促，何必要积聚用不上的巨量财富呢，安排一个中等的财富足矣。若说积聚财富是为了儿孙，道德格言指出，这只是"用以自欺欺人地掩饰自己贪欲的一种借口"。如果中等的财富也得不到，甚至陷于贫穷，又如何呢？你就有尊严地忍受贫穷吧，这是智者应有的品质。用正确的态度对待财富，目的还是为了快乐。越是看轻身外容易破灭的财富，人生就越能够少受痛苦，尽可能保持快乐的状态。

在快乐的享受上，人们往往重难轻易，舍近求远，忽视已有之物的享受。道德格言指出：明智之人不愁他没有的东西，而享受他已有的东西；相反，蠢人总是向往不在眼前的东西，贬低在眼前的东西，即使这些东西对他有更大的好处。

为了享受人生，道德格言还有一个忠告：如果你想安宁地生活，就不要担负很多的事，不论是私事还是公事，更不要担负超出你的能力和违背你的本性的事。即使当命运向你微笑，似乎要把你引向高处之时，你仍要小心，不去碰超出你的能力的事。总之，要量力而行，不要超负荷揽事做事。事实上，承担自己能力不能掌控的事，力不从心，结果必定是焦虑和痛苦。

2. 论道德

道德格言中，关于狭义的道德，有以下值得注意的论点。

第一，道德是做人的自觉义务。你做好人，不做坏事，应该是由于义务，而不是由于惧怕。"惧怕产生的是谄媚而绝不是善意。"道德贵在自律，即使当你独处时，也不可以做坏事，要学会在你自己面前比在别人面前更知耻。逆境考验人，"在逆境中仍履行做人的义务，是比较伟大的"。行为本身是对行为者的报应，"行不义的人比遭受这不义行为的人更不幸"。"对可耻行为的追悔是对生命的拯救"，做了坏事毫不悔恨，良知泯灭，那才是不可救药。

第二，道德重在行为和动机。不要空谈道德，要按照道德做事。"言辞是行动的影子。"没有行动，言辞就是虚假的影子。一边做着最可耻的事，一边毫不在乎地说着最漂亮的话，这样的人是最无耻的。"一篇美好的言辞不能抹杀一个坏的行为，而一个好的行为也不会被别人的诽谤所玷污。"动机的重要性不亚于行为。"识别好人和坏人，不但要看行为，而且要看意愿。""不做不义的事还不是善良的标志，应该连不义的意向也没有。"

第三，战胜自我。"和自己的心进行斗争是困难的，但这种胜利是心灵深刻的证明。"战胜敌人是勇敢，战胜自己的欲望是更可贵的勇敢。有的人能够治理城邦，却是女人的奴隶。

第四，灵魂的尊严。"坦白是精神独立不倚的特征。""平静地忍受一件由于疏忽而犯的过错，是灵魂伟大的标志。"精神高贵的人看重来自同类之人的尊重的表示和恰当的荣誉，但毫不在乎小人的责骂。他还坚守一个原则："不要去讨好自己的邻人。"

3. 论教育

道德格言十分重视教育，它指出："教育和本性有相似之处，

214

因为教育可以改变一个人，而这也就是创造了第二本性。"人的智愚取决于天赋和教育，而不是年龄和阅历，所以，青年中也有聪慧之人，老年中也有愚蠢之人。

关于儿童教育，道德格言指出："儿童教育是一件充满不确定性的事。如果教育成功了，这只有经过极大的努力和操心才能达到，而如果不成功，则此中所遭受的烦恼是无与伦比的。"想必今天的家长对此有深切的体会。道德格言强调，对孩子不能放任自流，唯有在实际的操作中，他们才能学会文学、音乐、体育和道德礼仪。同时，家长自身的素质十分重要，"父亲的智慧是对儿童最有效的训导"。

4. 论智慧和人生

关于智慧和人生，道德格言有以下论点。

第一，博学和智慧的区别。一个有力的警句："不要企图无所不知，否则你将一无所知。""应该尽力于思考得多而不是知道得多。"很多博学的人并不聪明，而很多没有学过多少道理的人却生活得很合理。

第二，智慧之人的特点。"整个大地对智慧之人都是敞开着的，因为一个高尚的灵魂的祖国就是这个宇宙。"这延续了希腊早期哲学家的主张。虽然年龄不能保证智慧，但是，人到老年，智慧是重要的。"身体的力量和美是青年的财富，而智慧的力量和美是老年应该拥有的财富。""一个老人倘若懂得在言辞中把有趣和严肃结合起来，会是很可爱的。"

第三，关于命运。"命运是慷慨却又无常的，而自然则是自足的，因此总是能够以它虽然比较差却很可靠的手段，来赢得伟大的希望。"所以，智者遵循自然之道，而不是依赖命运。蠢人按照命运提供的好处来安排生活，智者按照哲学提供的好处来安排生活，正因为如此，智者能够加强命运提供的好处，同时减轻命运的打击。"人们常常以碰巧为借口掩盖自己的轻率，事实上碰巧造成的悖理之事是很少的，一个心智敏锐的人能够把生活中的大部分事物安排妥当。"

第四，人生智慧。关于工作习惯："自愿的辛苦使我们能够比较容易地忍受不自愿的辛苦。""持续不断的工作通过习惯而变得比较容易。"关于对他人的信任和戒备："不要对一切人都以不信任的眼光看待，但要谨慎而坚定。"关于教养："精神的教养，在幸运的人是用作装饰，而在不幸的人是用作庇护所。"

第五，友谊。"思想感情的一致产生友谊。""单单一个有智慧的人的友谊，要比所有愚蠢的人的友谊更有价值。""连一个高尚朋友都没有的人，是不值得活着的。""不能长久保持已证明可靠的朋友的人，他的性格是不可爱的。""很多显得像朋友的人其实不是朋友，而很多是朋友的人倒并不显得像朋友。"

5. 人性及其他

第一，人性现象。"能使愚蠢的人有所长进的，并不是言辞，而是厄运。""想把那自以为机灵的人引回到理性的路上来，是白费力气的。""卑劣的人在有所需求时所作的誓言，一旦他们得以脱离窘境，就不加信守了。""嫉妒的人总是自寻烦恼，他是他自己的敌人。""不爱任何人的人，是不能为任何人所爱的。"

第二，人间世态。"亲人之间的嫌怨比与外人的嫌怨要难堪得多。""当人碰到运气好，有个好女婿时，就是得了一个儿子，但如果碰到运气不好，那就外加把女儿也失掉了。"

第三，美。"身体的美，如果不与聪明才智相结合，是某种动物性的东西。""那些偶像穿戴和装饰得看起来很华丽，可惜它们是没有心的。""少说话对于女人是一种装饰，而装饰简朴，在她也是一种美。"

第四，政治。"在一种民主制度中受贫穷，也比在专制统治下享受所谓幸福好，正如自由比受奴役好一样。""正如不应该称赞那把受人之托的财物还给别人的人，而应该谴责并处罚那不还的人一样，对于官吏也应该这样，因为把他选出来本来不是叫他来做坏事，而是叫他来做好事的。"

我在上面只是分类摘录了道德格言中的一些句子，不做解说和评论。仅此即已显示，不管是否出自德谟克利特笔下，道德格言真是一座富矿，那么，请你自己去开采适合你的宝藏吧。

三　伊壁鸠鲁的快乐主义

趋乐避苦是人的本能。柏拉图曾经指出，在实际生活中，大多数人都把快乐视为人生的目的。我们说伊壁鸠鲁是快乐主义的创始人，是因为他把快乐变成了一种主义，以快乐为核心范畴，建立了一个哲学体系，创立了一个哲学学派。但是，我们不要望文生义，一听快乐主义，就以为伊壁鸠鲁提倡纵欲，其实他是最反对纵欲的。据我所知，没有一个哲学家是提倡纵欲的，否则叫什么哲学家呢。对于伊壁鸠鲁的学说，我们要着重注意他是如何以快乐为基本价值，推演出一种淡泊宁静的人生观的。

1. 伊壁鸠鲁的生平

伊壁鸠鲁的一生，主要做两件事，就是办学和写作。

伊壁鸠鲁在一座花园里讲学，所以他的学派也称作花园学派。他是真正做到了有教无类，男女学生都收，学生中有奴隶，有妓女，他的朋友们也都带着自己的孩子来听课，非常热闹。他和学生一起过着简朴的团体生活，饮食主要是面包和水，费用靠自愿捐助。这是一个充满友爱的团体，伊壁鸠鲁最爱朋友，最重视友谊，他经常说："重要的是和谁一起吃，而不是吃什么。"他没有结婚，但喜欢孩子，会和团体里的孩子通信。他的一个学生死得早，留下几个孩子，一直是他抚养的。临死前他写了两封信，主要内容都是安排这几个孩子的抚养事宜，可见他这个人非常善良。

伊壁鸠鲁写作超级勤奋，著作有三百部之多，超过以往任何一个哲学家，可惜全部遗失了，流传下来的只有一些片段和几封书信。现在我讲他的思想，就是根据这些片段和书信。他主张用日常语言写作，他的文风平易近人，清楚明白。

2. 身体的无痛苦和灵魂的无烦恼

伊壁鸠鲁哲学的核心概念是快乐。他认为，幸福就是快乐，快乐是人生的目的，人活着图的就是快乐。所有的快乐在本性上都是好的，没有任何一种快乐就它本身来说是坏的。他的这个立场很明确，全盘肯定快乐，所以他的哲学被称作快乐主义。

所有的快乐都是好的，但是，你要注意一个情况：有的快乐会带来比这个快乐大许多的痛苦，有的痛苦会带来比这个痛苦大许多的快乐。比如说，你暴饮暴食，毁掉了身体，小快乐就带来了大痛苦，你节制饮食，身体健康，小痛苦就带来了大快乐。所以，虽然快乐本身是好的，但不是所有的快乐都值得选择，虽然痛苦本身是坏的，但不是所有的痛苦都应当规避。你要算总账，进行比较和权衡，理智地追求快乐。

德性也是快乐不可缺少的条件，你做了缺德的事，会受良心的谴责，还可能遭到报应。不道德之所以不好，归根到底也是因为不道德会带来痛苦。总之，追求快乐本身无可非议，但要遵循两个原则，这两个原则是我总结的。第一个是理智原则，你在追求快乐的时候，不要给自己埋伏下痛苦，不要损害自己；第二个是道德原则，你在追求快乐的时候，不可以给他人造成痛苦，不可以损害他人。

那么，什么样的快乐是不会带来痛苦的呢？伊壁鸠鲁说，就是身体的无痛苦和灵魂的无烦恼。你身体健康，灵魂宁静，你就快乐了，你就是幸福的。这是伊壁鸠鲁给幸福下的定义：幸福就是身体的无痛苦和灵魂的无烦恼。所以，为了幸福，你不要做损害健康的事，也不要做扰乱灵魂的事。不过，健康不是自己完全能支配的，你再小心，仍然可能得大病。怎么办呢？身体的无痛苦做不到了，你就要把幸福的重点放在灵魂的无烦恼上，力争不让身体的痛苦扰乱灵魂的宁静。事实上，伊壁鸠鲁自己就饱受疾病之苦，而他学会了以极大的勇气去承受身体的痛苦，始终保持着平静和愉快的心情。

3. 精神的快乐胜过肉体的快乐

快乐都是好的，但是，精神的快乐比肉体的快乐更好。判断一种快乐是不是更好，伊壁鸠鲁的标准是看它会不会带来痛苦。他不是说，精神的快乐是高尚的，所以更好；而是说，肉体的快乐会带来痛苦，精神的快乐不会，所以精神的快乐更好。

肉体的快乐有两个缺点，第一个缺点是有限，第二个缺点是会破坏平静。肉体的快乐是有限的，因为它是受欲望支配的，由匮乏而产生的痛苦一旦消除，肉体的快乐就不再增加了，只有形式的变化。你富裕了，天天吃山珍海味，并不比你贫穷时吃上一顿红烧肉更快乐。肉体的快乐还会破坏平静，尤其表现在性爱上，人在性爱中都会失去理智。伊壁鸠鲁说，性爱没有任何好处，如果它不伤害你，就已经是侥幸了。所以，智慧的人不恋爱，不结婚。对于他的这个说法，罗素嘲笑说，伊壁鸠鲁这么喜欢别人的孩子，要满足这种趣味，就得靠别人不听他的劝告了。

和肉体的欲望不同，精神的愿望不是由匮乏而产生的，所以这种愿望不会使人痛苦，它的满足也不会使快乐停止增长。比如说学习哲学，快乐不是在学习之后才来到的，在学习的过程中，快乐一直伴随着知识的增长而增长，你会不断地体验到新的快乐。伊壁鸠鲁希望，无论年轻人，还是老年人，都能够从学习哲学中得到快乐，因为在灵魂的健康上，既不会时机尚未成熟，也不会时机已过。

和肉体的快乐相比，精神的快乐还有一个好处，就是它很平静，不折腾人。比如友谊，就和性爱恰成对照，给予人的是平静的快乐。伊壁鸠鲁很看重友谊，他说：保证幸福的最重要手段是友谊；在智慧给整个人生幸福带来的各种帮助中，友谊是最大的。友谊给予人的帮助，未必是实际的帮忙，而是需要时朋友会伸出援手的确信，这使人心里踏实。友谊的保持，依靠对愉快交往的享受。人世充满灾难，聪明人会尽量结交朋友，对于不能结交的人，不要与之结仇，如果这也办不到，就远离他们。

4. 节制欲望，过简单的生活

伊壁鸠鲁把欲望分为三类。第一类是自然而且必要的，比如饥渴。第二类是自然但是不必要的，比如开派对大吃大喝。判断欲望是否必要，标准是看它不满足是否会导致痛苦。一种欲望极强烈，但不满足并不会导致多大痛苦，就说明它是不必要的，是由虚幻的观念造成的。第三类是既不自然也不必要的，比如对权力和名声的欲望，企求戴上王冠、竖立雕像。应该按照这个次序来对待欲望，满足第一类，限制第二类，杜绝第三类。他强调，自然的需要是有限度的、容易满足的，人的幻想却永无止境，而欲望超出了自然的需要，就是痛苦的根源。贪婪的人无论拥有多么巨大的财产，赢得多么显赫的名声，他的灵魂总是处在紊乱之中，不可能真正快乐。

所以，伊壁鸠鲁主张，应该节制欲望，过简单的生活。他劝告说：你想一想，你现在拥有的东西，以前你并不拥有，只能盼望，那么，现在你就不要由于盼望你不拥有的东西，而毁了你已经拥有的东西吧。他的意思其实就是知足常乐，你好好享受你拥有的东西，不要为你不拥有的东西烦恼。他说了一句很智慧的话："只有最不需要奢侈生活的人，才能最奢侈地享受生活。"简单生活的好处，是给你带来自由和宁静，你用不着忙忙碌碌，也用不着违心做自己不喜欢的事情，或者力不能及的事情了。自足是最大的善，自足的最大价值就是自由。一个满足于过简单生活的人，自己安静，也不去扰乱别人，在人类当中就像神一样地活着。不过，伊壁鸠鲁不走极端，他补充说，简单生活也有一个度，如果你刻意简单，你犯的错误不比刻意奢侈的人犯的错误小。

5. 克服对死的恐惧

要做到灵魂无烦恼，还有一件非常重要的事，就是克服对死的恐惧。伊壁鸠鲁说："防范其他东西的侵害还是可能的，但是说到死亡，我们所有的人都生活在没有护墙的城市里。"这句话把死的不可避免性说得非常形象和到位。所以，要克服对死的恐惧，关键是消除不死的欲望。伊壁鸠鲁也许会把不死的欲望归入他划分的三类欲望中的第三类，即既不自然也不必要。不自然，因为不合乎自然法则，不必要，因为即使终有一死，人仍能好好地享受生命。"只要正确地认识到死与我们无关，我们就甚至能享受生命的有死性一面——这不是依靠给自己添加无穷的时间，而是依靠消除对不死的渴望。"凭什么说死与我们无关呢？他的理由是：当身体分解为构成它的元素时，它就没有感觉了，而对其没有感觉的东西是与我们无关的。换一个说法："我们活着时，死尚未来临；死来临时，我们已经不在。因而死与生者和死者都无关。"总之，我们死后不复存在，不能感觉到痛苦，所以死和我们无关。明白了这个道理，你就不会恐惧死亡了，你就会在有生之年好好活，而当你到达生命的终点时，就能够保持宁静，心怀愉悦。

6. 人生智慧及其他

在伊壁鸠鲁的著作残篇中，还有一些智慧语句，摘录如下——

关于运气。"智者不依赖于运气，一生只受理性的指导。""智者的不幸胜于愚者的幸运。""运气不佳的智者胜过幸运的蠢人，因为在行为中拥有正确判断的人，即使没有成功，也比靠偶然机遇成功的愚昧之人生活得好。"

关于负面情绪。"三种动机导致有害行为：仇恨，嫉妒，傲慢。""不必嫉妒任何人。好人不应该被嫉妒；至于坏人，他们越得志就越是在害自己。"

关于做人。"你在整个人生中都不要做那种一旦被人知道就会害怕不已的事情。""背约者不可能相信其行为不被发觉，即使已逃脱千百次，直到死仍不敢保证不被发觉。"

关于庸人的生活状态。"大多数人一到闲暇的时候就昏昏欲睡，一旦做事的时候又胡乱瞎忙。"

关于信仰。"不虔敬的人不是否认大众关于神的看法的人，而是信奉大众关于神的看法的人。"

关于正义。"自然正义是人们就行为后果所作的一种相互承诺——不伤害别人，也不受别人的伤害。""公正是人们相互交往中用以防止相互伤害的约定。""如果一事为法律所规定，却不能证明它有利于相互交往，它就不是公正。"

四 第欧根尼的木桶

希腊伦理学派的两条线索，一条是从犬儒学派到斯多葛学派，另一条是从昔勒尼学派到伊壁鸠鲁学派。犬儒学派的创立者是安提斯泰尼，他有一个学生叫第欧根尼，这个学生名气比老师大多了，成了这个学派最出名的人物。提起第欧根尼，西方世界无人不知，就像中国人都知道老子一样。犬儒派主张摒弃文明，回归原始的自然状态，在这一点上，和我们的老子也很相近，不过更加极端。第欧根尼没有留下任何著作，他之所以出名，是因为他留下了许多好玩的故事。我主要讲他的好玩的故事，从这些故事中，你们可以看到犬儒主义哲学的活灵活现的体现。

1. 第欧根尼和亚历山大大帝

公元前 323 年的某一天，亚历山大大帝在巴比伦英年早逝，年仅三十三岁。同一天，第欧根尼（Diogenes，公元前 412—前 323）在科林斯寿终正寝，享年八十九。这两个人完全不同：一个是武功赫赫的世界征服者，行宫遍布欧亚大陆，被万众称为神；另一个是靠乞讨为生的穷哲学家，寄身在一只木桶里，被市民叫做狗。相同的是，他们都名声远扬，是当年希腊化世界最有名的两个人。

两千多年后的今天，提起第欧根尼，人们仍然会想到亚历山大，这是因为一个脍炙人口的故事。有一回，亚历山大视察各地，来到雅典，看见一个乞丐躺在地上晒太阳。这位世界之王就走到他面前自我介绍，说：我是大帝亚历山大。这个乞丐躺着不动，也自报家门，说：我是狗崽子第欧根尼。大帝肃然起敬，问：我有什么可以为先生效劳的吗？得到的回答是：有的，就是——不要挡住我的阳光。据说亚历山大事后感叹说：如果我不是亚历山大，我就愿意做第欧根尼。

这是一个很可爱的故事，大帝的威严和虚心，哲学家的淡泊和骄傲，都栩栩如生。亚历山大二十岁登基，征服欧亚成为大帝更晚，推算起来，两人相遇的时候，第欧根尼已经是垂暮老人了。

第欧根尼
（Diogenes，公元前 412—前 323）

2. 生平

我用这个故事开头，你一定很好奇，这个不把世界之王放在眼里的穷哲学家，究竟是一个怎样的人物？下面我给你讲他的生平。

第欧根尼的早年经历可是一点也不光彩。他是辛诺普城邦一个银行家的儿子，有一段时间，他代父亲管银行，在这个期间铸造假币，这是大罪，父亲因此被抓了起来，死在监狱里，他自己也被城邦驱逐了。他成为哲学家后，别人经常提起这件往事羞辱他，他说：好吧，我承认，那时候的我真的很无耻，就和现在的你们一样；可是，现在的我得到的光荣，是你们永远得不到的。

前半句明显是强词夺理，后半句倒是真话。

离开辛诺普后，第欧根尼到了雅典，当时安提斯泰尼名气很大，他就去拜师。安提斯泰尼也是一个怪人，他提倡苦行，来报名的学生，如果他觉得是吃不了苦的，就用手杖打跑。第欧根尼来拜师时，他也举起了手杖，没想到这个犟脾气的青年把脑袋迎了上去，喊道：打吧，打吧，不会有什么木头坚硬到能让我离开你，只要我相信你有东西可以教我。拜师当然是成功了。

我们不知道第欧根尼在雅典活动了多久，只知道他的生活后来发生了一个转折。在一次航行中，他被海盗俘虏，海盗把他送到克里特的奴隶市场上拍卖。拍卖师问他能做什么，他回答说：治理人。看见一个身穿精美长袍的科林斯人，他指着说：把我卖给这个人吧，他需要一个主人。这个名叫塞尼亚得的人当真把他买下了，带回了科林斯。第欧根尼担任家庭教师和管家，把家务管得井井有条，教出的孩子都很有出息，因此受到了全家人的尊敬。他安于这个角色，一些朋友想为他赎身，他拒绝了，骂他们是蠢货。他的理由是，对于像他这样的人，身份无所谓，即使身为奴隶，心灵是自由的。

3. 拒绝文明，回归自然

犬儒派哲学家的基本主张，就是拒绝文明，回归自然。他们认为，文明把人类引向了歧途，制造出了一种复杂的生活方式，因此越来越不幸福。人应该训练自己达到一种境界，对于物质的快乐不动心，并且从鄙视物质的快乐中得到最大的快乐。物质的生活越简单，对物质的需求越少，精神上的自由就越多。第欧根尼喜欢说的一句话是："一无所需是神的特权，所需甚少是类神之人的特权。"他们其实没有多少理论，主要是通过身体力行来宣传他们的主张。

假如今天你在街上遇见第欧根尼，一定会把他当作一个乞丐。他一身乞丐打扮，事实上也经常行乞，一开始是因为贫穷，后来是因为他的哲学主张。他乞讨的口气也像一个哲学家，基本的台词是：如果你给过别人施舍，那也给我吧；如果还没有，那就从我开始吧。看来他的乞讨不是经常成功的，至少比不上残疾人，所以他讽刺说，残疾人容易讨到饭，哲学家不容易讨到，原因就在于，大家都想到自己有一天可能变成跛子或瞎子，但绝不会想到自己会变成哲学家。

第欧根尼曾经有居室和仆人，仆人逃跑了，他不去追赶，说："如果仆人离开第欧根尼可以活，而第欧根尼离开仆人却不能活，未免太荒谬了。"从此就不用仆人。有一回，小偷进房间，发现只有他一人，没有仆人，就问他：你死了谁把你抬出去埋葬呢？他回答：想要房子的人。后来他连居室也不要了，到处流浪，夜晚就睡在一只洗澡用的木桶里。他在锻炼吃苦上很下功夫，夏天钻进木桶在滚烫的沙地上滚动，冬天光脚在雪地上走，或者长时间抱住积雪的雕像，行为很像一个苦修士，其实是一个无神论者。

在第欧根尼的心目中，动物是简单生活的榜样。他真的模仿动物，从地上捡东西吃，有一阵还吃生肉，因为不消化才没有坚持下去。他的模仿过了头，竟至于在光天化日之下交配，在众目睽睽之下自慰，还无所谓地说：这和用揉胃来解除饥饿是一回事。他振振有词地为自己的伤风败俗行为辩护，说凡是大自然规定的事情都不荒谬，凡是不荒谬的事情在公共场所做也不荒谬。既然食欲可以公开满足，性欲为什么不可以？自然的权威大于习俗，他要用自然的本性对抗习俗。他反对的习俗也包括婚姻，在他看来，性是最自然的，婚姻完全是人为的，是最不自然的。他主张通过自由恋爱和嫖妓来解决性的需要，并且身体力行。有人指责他出入肮脏的场所，他回答说，太阳也光顾臭水沟，但从未被玷污。

4. 愤世嫉俗，好挖苦人

犬儒派哲学家不但放浪形骸，而且口无遮拦，喜欢挖苦人。在第欧根尼身上，这个特点尤其突出，我举几个例子。

其一，他经常大白天点着灯笼，在街上边走边吆喝：我在找人！他的意思是，他没有看见一个配得上"人"这个称号的人。

其二，一个狗仗人势的管家带他参观主人的豪宅，警告他不得吐痰，他立刻把一口痰吐在那个管家脸上，说：我实在找不到更合适的痰盂了。

其三，第欧根尼的刀子嘴不但伸向普通人，连柏拉图也不能幸免。柏拉图是他的老师的同学，比他年长十五岁，但他挖苦起这位师辈来毫不留情。他到柏拉图家里做客，踩着地毯说：我踩在了柏拉图的虚荣心上。他经常用一种看上去粗俗的方式和柏拉图辩论。柏拉图把人定义为双足无毛的动物，他就把一只鸡的羽毛拔光，拎到课堂上说，这就是柏拉图所说的人。柏拉图对这个刺头一定很无奈，有人请他给第欧根尼下一个评语，他回答：一个发疯的苏格拉底。

其四，几乎所有希腊哲学家都看不上大众宗教，犬儒派哲学家尤其如此。第欧根尼到庙里去，看见某一次海难的幸存者上供了许多祭品，他评论说：如果是遇难者来上供的话，祭品就更多了。看见一个女人跪在神像前祈祷，他对这个女人说：善良的女人，神是无处不在的，难道你不怕有一个神就站在你背后，看见你的不雅姿势吗？

5. 不要挡住我的阳光

第欧根尼的故事，我就讲这么多。让我们回到开头，就是第欧根尼和亚历山大相遇的那个时刻，他对大帝说出了那句著名的话：不要挡住我的阳光。现在我们可以对这句话做一点也许不算牵强的诠释了。人在世上真正需要的是什么？无非是阳光——阳光是一个象征，代表自然给予人的基本赠礼，自然规定的人的基本需要，合乎自然的简朴生活。谁挡住了阳光？亚历山大——亚历山大也是一个象征，代表权力、名声、财富等一切世人所看重而其实不是必需的东西。不要挡住我的阳光——就是不要让功利挡住生命，不要让习俗挡住本性，不要让非必需的东西挡住必需的东西。我认为，这就是犬儒派哲学留给人类的主要启示。

参考书目

北京大学哲学系编译：《古希腊罗马哲学》，三联书店，1957

[古罗马] 第欧根尼·拉尔修：《名哲言行录》，马永翔等译，吉林人民出版社，2003

[古希腊] 伊壁鸠鲁、[古罗马] 卢克莱修：《自然与快乐》，包利民，中国社会科学出版社，2004

第七讲

希腊认识论精华

人是万物的尺度，是存在的事物存在的尺度，也是不存在的事物不存在的尺度。

——普罗泰戈拉

希腊哲学的中心是本体论，试图对世界的本质做出论断。大多数哲学家相信，人具备认识世界真相的能力，但也有一些哲学家对此提出了怀疑。这有两种情况。其一，认识从感觉开始，感觉是主观的，我们无法知道它与事物的客观面貌是否一致，德谟克利特已经提出这个怀疑。智者学派和早期怀疑论更进了一大步，对是否存在事物的客观面貌也提出了怀疑，甚至做出了否定的回答。其二，理性能力主要是逻辑推理能力，而在逻辑推理中会出现悖论。最早揭露这种悖论的，是爱利亚学派的芝诺和其他若干哲学家。我本人认为，这些思考是希腊认识论的精华，是对人的认识能力进行批判考察的最早的努力。在西方近代，这种批判的考察成了哲学的主流，而本讲所讲述的这些希腊哲学家是这种考察的先驱者。

一 早期怀疑论：悬搁判断

1. 智者学派

公元前五世纪后半叶，在雅典和希腊其他城邦中出现了一批自称智者的职业教师，他们靠传授演讲术和辩论术为生。在古希腊，口才非常重要，口才好的人能够在公民生活中成为红人，担任要职，所以智者的生意非常好，能够赚大把的钱，柏拉图因此很看不起他们，说他们是出售灵魂商品的商人。在这些智者中，我只讲两个人，一个是普罗泰戈拉，他比苏格拉底大二十岁左右，另一个是高尔吉亚，他生卒年代不详，年龄可能和苏格拉底差不多，总之两人都是苏格拉底的同时代人。他们的著作都没有流传下来，我们只能从别人的著作中看到只言片语，但是，凭这只言片语，就可以看出他们很了不起。

先讲普罗泰戈拉。流传下来的他的最著名的一句话是："人是万物的尺度，是存在的事物存在的尺度，也是不存在的事物不存在的尺度。"他说的人是单数，指个人。这句话的意思是说，对于不同的个人，事物呈现的样子是不同的，不存在一个所谓本来的样子。用哲学的语言说，就是真理是相对的，因人而异的，不存在所谓客观的、绝对的真理。这样一种观点叫做相对主义（Relativism）。普罗泰戈拉是西方哲学史上明确提出相对主义原理的第一人。

根据相对主义原理，普罗泰戈拉还提出一个观点：任何一个命题都有一个和它相反的命题，二者无所谓对和错。把这个道理用在辩论术上，他指出，辩论的胜负不是取决于命题的对和错，因为无所谓对和错，而是取决于论证的强和弱。比如说，这里有两个命题，一个是，人是最聪明的动物；另一个是，人是最愚蠢的动物。你作为辩手抽签，无论抽到哪一个，都可以找出理由来论证，论证的强和弱就看你的本事了。

接着讲高尔吉亚。他是一个演讲天才，之所以在哲学上出名，是因为他建立了三个相互关联的命题：第一，无物存在；第二，即使存在某物，人也无法认识；第三，即使认识了，人也无法向别人表述。这三个命题都很厉害，一般认为，对象是客观存在的，正确的认识是符合对象的，语言是能够传达认识的，高尔吉亚把这三者都给否定了，也就把认识的可能性给否定了，是彻底的怀疑论。近代哲学家例如贝克莱和休谟对认识提出的各种主要的质疑，都已经包含在这三个命题里了。

2. 皮罗主义

皮罗（Pyrrhon，约公元前360—前270）是把怀疑论加以系统化的第一人，创立了古代怀疑论学派，这个学派被命名为皮罗主义。他没有写过任何书，但是，公元二世纪的怀疑论者塞克斯都写了一本《皮罗学说概要》，这本书完整地保存下来了。我们从这本书中看到，皮罗对独断论进行了全面的批驳。皮罗说的独断论，是指一切断言真理是客观的之观点，而他力求证明，在认识的领域、逻辑的领域、道德的领域都不存在客观的真理，一切都是意见。他由此提出了怀疑论的一个基本原则，就是：每一个命题都有一个同等有效的命题与它对立。这个原则其实只是重复了普罗泰戈拉早已提出的观点，不过，从这个原则出发，他得出了和普罗泰戈拉不同的结论。普罗泰戈拉立足于辩论术，强调的是相反的命题都可以得到论证，而皮罗则强调，既然相反的命题都可以得到论证，你就不要去论证了，对于相反的意见，你不要做任何判断，这叫做悬搁判断，而一旦你这样做，就可以得到心灵的宁静。

悬搁判断，以求得到心灵的宁静，这是皮罗主义的特点之所在。在皮罗看来，人生的目的是幸福，幸福在于心灵的宁静，而意见之争是破坏心灵宁静的元凶。相反的命题，本来无所谓是非，你偏要执着于其中之一，做是非的判断，这是自寻烦恼。这个思路有点像庄子，庄子说，"彼亦一是非，此亦一是非"，是非是相对的，所以你不要较真。从相对主义的认识论出发，达到一种不动心的超脱境界，这是皮罗主义和庄子哲学的共同之处。

3. 柏拉图著作中的怀疑论

有一个现象值得注意：皮罗死后不久，怀疑论也进入了雅典的柏拉图学园，而且占据统治地位达两百年之久。这个现象提醒人们注意到了柏拉图学说中的怀疑论成分。柏拉图笔下的苏格拉底，在和人对话的时候，往往也是提出两个相反的命题，二者都有可以成立的理由，而最后则不了了之，没有得出任何确定的结论。他的这种谈话方式，一般被看作一种手段，目的是让对话者自知其无知。现在我们不妨换一个角度看，这种方式不仅仅是手段，很可能是真实地表达了柏拉图的怀疑论立场。

在柏拉图的著作中，有一篇对话叫《美诺篇》，非常明确地表达了一种怀疑论观点。其中的一段对话是这样的——

美诺："苏格拉底，听说你经常在一些明显的真理上犯糊涂，而且还使别人产生困惑。"

苏格拉底："其实是我自己感到困惑，把这种感觉也传染给了别人。今天我们关于美德的讨论就是这样。我并不知道什么是美德。你在和我谈话前好像知道，而现在也不知道了。"

美诺："但是你怎么能探究你不知道的东西呢？你连它是什么都不知道，就算你碰巧遇到了它，又怎么知道它就是你要探究的那个东西呢？"

苏格拉底承认美诺讲得有道理，他说美诺提出的是一个两难命题：一个人既不能探究他知道的东西，因为他既然知道，就没有必要去探究，又不能探究他不知道的东西，因为在这种情况下，他甚至不知道自己该探究什么。苏格拉底的表态到这里为止，按照他的一贯风格，仍然没有得出什么结论。

我要分析一下，说一个人不能探究他不知道的东西，这句话是什么意思。比如说，我们要探究什么是美德，在这个问题上有各种说法，究竟哪种说法是对的，哪种说法是错的，要做一个判断。可是，如果我们还不知道什么是美德，就无法做出判断。这里存在着一个悖论：不知道真理的标准是什么，就无法认识真理，而尚未认识真理，就无法知道真理的标准是什么。所以，苏格拉底说他是自己感到困惑，我相信他说的是真心话，他对认识真理的可能性感到了困惑。

柏拉图学说的主体部分是理念论，断然肯定理性具有认识世界本质的能力。现在我们看到，柏拉图的思想是丰富而复杂的，甚至可以把他看作怀疑论的开山鼻祖之一。

二 思想实验：悖论和诡辩

上一节，我讲了希腊哲学中的怀疑论。怀疑论提出，每一个命题都有一个同等有效的命题与它对立。这本身是一个有趣的现象，一方面固然说明，不存在绝对真理，另一方面也说明，哲学思考是一件好玩的事情，让你换着角度想问题。在一定的意义上，哲学是思想实验，这种实验不需要仪器和试剂，只需要你有一个聪明的头脑，把一个命题放到各种场景中去，检验它能否成立。有一种思想实验叫做悖论，是拿逻辑做实验。这一节，我就讲一下从古希腊开始哲学家们做的这种实验。

1. 芝诺悖论

古希腊最有名的悖论是芝诺提出来的，被称为芝诺悖论。古希腊有两个叫芝诺的哲学家，一个是逻辑学家，出生在爱利亚，就叫爱利亚的芝诺（Zeno of Elea），活动年代在公元前五世纪中叶；另一个比他晚一百多年，是我提到过的斯多葛派的创始人季蒂昂的芝诺（Zeno of Citium）。现在讲的是前一个芝诺。他是巴门尼德的学生，我讲过巴门尼德的哲学，他认为真正的存在是不变化也不运动的。芝诺为了维护老师的学说，提出了四个悖论，都是论证运动是不可能的。这四个悖论是：二分法，阿喀琉斯，飞箭不动，运动场。运动场悖论有点绕，我只讲前三个。

二分法悖论是说，你去某地，要走完全程，必须先走完一半路程，要走完一半路程，又必须先走完一半路程的一半路程，这样的二分是无限的，因此你永远到达不了某地。《庄子·天下篇》

中有一句话:"一尺之捶,日取其半,万世不竭。"翻译成白话就是:一根一尺长的木棍,你每天截取一半,然后是剩下那一半的一半,依此类推,永远截取不完。这句话说的也是无限可分,不过没有由此推出运动不可能的结论。

阿喀琉斯悖论,意思和二分法悖论差不多。阿喀琉斯是希腊神话里的英雄,跑步飞快。芝诺说,阿喀琉斯和乌龟赛跑,起步时让乌龟稍微领先,阿喀琉斯就不可能追上乌龟。为什么呢?因为他到达乌龟出发的那一点时,乌龟已经向前爬了一段路程,依此类推,这样的追赶是无限的,所以永远不可能追上。

我们来分析一下。这两个悖论的论证都是建立在一条直线无限可分的基础上的。一条直线无限可分,这个道理是对的,但是从这个道理推出的结论显然是错的,因为事实是你能够走完全程,阿喀琉斯能够追上乌龟。问题出在哪里?我的分析是,芝诺故意混淆了两个不同的道理,一个道理是一条直线无限可分,另一个道理是一条无限可分的直线的长度是有限的。以阿喀琉斯追乌龟为例,假设阿喀琉斯的起点是 A,乌龟的起点是 B,只要知道二者的速度,就可以计算出阿喀琉斯追上乌龟的那个点,我把它标为 C。从 A 到 C 这一条直线的长度是有限的,所以阿喀琉斯一定能够追上乌龟,这和从 A 到 C 这一条直线是不是无限可分其实毫无关系。所以,芝诺是从一个和结论无关的前提推出了结论。

再看飞箭不动悖论。这个悖论是说,飞箭在它飞行的每一个瞬间都占据着和自己体积相等的空间,而这意味着它在每一个瞬间都是静止的,那么,所有这些静止的总和也仍然是静止,所以,飞箭不动。

芝诺所有悖论的目的都是为了证明运动不存在。关于运动不存在，他有一个总的论证，和飞箭不动的论证相似，是这样说的：物体或者是在它所在的位置运动，或者是在它所不在的位置运动；但是物体如果在它所在的位置，这就是静止，不是运动，如果在它所不在的位置，这是荒谬的，不可能的；所以，运动不存在。

亚里士多德指出，芝诺论证的错误在于割裂了连续性。黑格尔指出，运动的涵义是物体同一瞬间在这个位置又不在这个位置，时间和空间的连续性是使运动可能的条件。芝诺把时间割裂为一个个孤立的瞬间，把空间割裂为一个个孤立的位置，这是问题之所在。

但是，不管芝诺悖论能不能自圆其说，芝诺对逻辑学的贡献是巨大的，亚里士多德把他尊为逻辑学的创立者。他的为人也有值得一说的地方。由我们想象，这个逻辑学尖子会是一副文弱书生的模样，其实不然。他体格魁伟，性格刚烈，而且是一个政治斗士。他参与一个密谋推翻僭主的行动，因此被捕了，审讯的时候，僭主问他同谋有谁，他告发了僭主所有的亲信。僭主问还有谁，他凑近僭主的耳朵，说："有，就是你，城邦的祸害！"然后一口咬掉了僭主的耳朵，结果死于乱刀之下。

2. 其他著名悖论

（1）说谎者悖论和理发师悖论

说到悖论，哲学史上有一个特别有名的悖论叫做说谎者悖论，是古希腊哲学家欧布里德（Eubulides）提出来的。欧布里德是米利都人，属于苏格拉底的学生欧几里得创立的一个学派。他提出了许多两难论辩，其中最有名的是说谎者悖论。

这个悖论是这样的：有一个人说"我在说谎"，如何判断这句话的真假呢？假设这个人说这句话是说了真话，可是他说了真话却说"我在说谎"，所以这句话是假话，与假设它是真话相矛盾。假设这个人说这句话是说了假话，其实他不在说谎，可是他不在说谎却说"我在说谎"，而这就是说谎，所以这句话是真话，与假设它是假话相矛盾。总之，不论怎么判断，都会陷入自相矛盾。

据说自古至今许多哲学家为了解开这个悖论绞尽了脑汁，甚至有人为此而过劳死。罗素说自己也在这上面花了许多精力，但是毫不成功。不过他成功地设计了一个相似的悖论，叫做理发师悖论。

罗素的这个悖论是这么说的：有一个理发师声称要给并且只给镇上所有不给自己理发的人理发，那么，他要给自己理发吗？如果他不给自己理发，那么，他就属于"不给自己理发的人"，他就要给自己理发；如果他给自己理发，他就属于"给自己理发的人"，他就不可以给自己理发。

这两个悖论有一个共同特点，就是一个集合中的一份子对整个集合下论断，而如果把这个论断用在该一份子自己身上，就会产生悖论。在说谎者悖论中，"我在说谎"是对我在说的每一句话的论断，而如果把这个论断用在"我在说谎"这句话本身上面，就产生了悖论。在理发师悖论中，要给某某理发是对镇上所有不给自己理发的人的论断，而如果把这个论断用在理发师自己身上，就产生了悖论。

（2）打官司悖论和桑乔悖论

古希腊智者派哲学家普罗泰戈拉招了一个学生，教他怎样当律师，两人签订协议，规定学生在打赢第一场官司后再付学费。不料这个学生毕业后没有当律师，而是当了音乐家，因此根本不打官司。普罗泰戈拉要他付学费，遭到拒绝，于是把他告上法庭。普罗泰戈拉这么想：在官司中，如果我赢了，当然可以讨回这笔钱；如果我输了，按照协议，他赢了第一场官司，仍然要向我付学费。但是，学生有自己的推理，他这么想：如果我赢了，当然就不必付钱；如果我输了，按照协议，没有打赢第一场官司，我仍然可以不付学费。这两个人的想法不可能都对，那么谁错了呢？据说法庭对这个官司也左右为难，决定休庭一百年。

世界文学名著《唐吉诃德》中有这样一个故事：唐吉诃德的仆人桑乔到一个小岛上做国王，他颁布了一条法律，即凡是来岛上的人必须回答一个问题："你来这里要做什么？"如果答对了，就可以在岛上玩，如果答错了，就要被绞死。有一个人这样回答："我来这里是要被绞死。"那么，桑乔是让这个人在岛上玩呢，还是把他绞死？这是一个悖论：如果让他在岛上玩，他说的"要被绞死"就是答错了，那么就应该把他绞死；如果把他绞死，他说的"要被绞死"就是答对了，那么就应该让他在岛上玩。最后，桑乔决定废除这条法律。

这两个悖论也有一个共同特点，就是两组选项之间有一种反向关联。以桑乔悖论为例，第一组选项是回答对和回答错，第二组选项是在岛上玩和被绞死。在答案是被绞死的情况下，回答对与在岛上玩相关联，在岛上玩与回答错相关联，回答错与被绞死相关联，如此循环，陷入了悖论。

3. 悖论和诡辩

上面讲了一些著名的悖论。其实，芝诺悖论不是严格的悖论，而是诡辩。悖论和诡辩的区别在哪里呢？区别在于，悖论在逻辑上是没有毛病的，是逻辑本身导致了自相矛盾，而诡辩则包含了不易觉察的逻辑错误，用似是而非的推论得出荒谬的结论。所以，悖论是逻辑本身在拿人开玩笑，而诡辩是诡辩者在拿逻辑和人开玩笑。

事实上，我们会经常遇到悖论，只是没有引起注意而已。我女儿四岁的时候，听见我说到苏格拉底的名言"我知道我一无所知"，就问我"一无所知"是什么意思，我解释说就是什么都不知道，她马上问："那么他怎么知道他一无所知呢？"这个四岁的小女孩发现了一个悖论。

无论悖论，还是诡辩，我们从中都能感受到思考的乐趣。成功地设计一个悖论，或一个诡辩，都需要高智商，都是不容易的，不信你试试看。

参考书目

北京大学哲学系编译:《古希腊罗马哲学》，三联书店，1957

[古罗马] 塞克斯都·恩披里克:《悬搁判断与心灵宁静: 希腊怀疑论原典》，包利民等译，中国社会科学出版社，2004

第 2 卷

信仰的建设

古罗马

公元前一世纪至公元二世纪

几乎所有哲学史家都认为，古罗马哲学缺乏独创性。这基本上是事实。罗素干脆说："没有什么是可以归功于罗马哲学的，因为根本就没有什么罗马哲学。"这么说好像有点儿过分了。在古罗马，我们的确找不出一个在本体论和认识论上有贡献的或者哪怕只是有深入思考的哲学家，但是，同时我们看到，几乎没有一个时代像古罗马那样，哲学家们围绕人生问题写了这么多书，做了这么多讨论。古罗马哲学的中心是人生论，是对幸福、道德、政治的思考，这些思考对于我们今天仍然有启发。

在古罗马，活跃在哲学舞台上的是伊壁鸠鲁派和斯多葛派，这两派所关心的都是伦理学问题。我们可以发现，两派对人生目标和幸福的看法，重点都放在心灵的宁静上。斯多葛派推崇理性，强调理性的作用在于对苦难不动心，目的是获得心灵的宁静；伊壁鸠鲁派讲究快乐，强调快乐的实质在于避免痛苦，目的也是获得心灵的宁静。这两派都是苦难时代的哲学，都力图从哲学中获取力量和安慰。斯多葛派尤其注重内心生活的建设，事实上为基督教的诞生做了准备。

著名的哲学家中，西塞罗对两派持调和立场，卢克莱修是伊壁鸠鲁主义者，这两人都生活在公元前二至前一世纪，即罗马由共和国向帝国转折的时期。他们之后，斯多葛派完全占据了主流地位，代表人物有三人，一个政治家，叫塞涅卡，一个奴隶，叫爱比克泰德，一个皇帝，叫奥勒留，这三人都生活在公元一至二世纪，即罗马帝国由盛向衰转折的时期。这一部分主要介绍这五位哲学家。

第八讲

西塞罗

如果正义、公平、诚实不是因为其本性，而只是因为其有用才有价值，那就不可能有好人。

——西塞罗

马尔库斯·图利乌斯·西塞罗（Marcus Tullius Cicero，公元前 106—前 43）是古罗马的一位堪称伟大的政治家，他捍卫共和制度，深受民众爱戴，曾被尊为国父。共和制度失败后，他被新掌权的三寡头处死。

西塞罗才华横溢，建树甚多。希腊哲学因他的翻译和阐释得以在罗马传播，他的政治思想对罗马法以及后来西方政治、法律传统产生了重大影响，他还作为古罗马最著名的演说家名垂史册。但是，在所有头衔之中，他最乐意把自己定位为哲学家。

马尔库斯·图利乌斯·西塞罗（Marcus Tullius Cicero，公元前 106—前 43）

西塞罗一生撰写了大量著作，包括演说词、书信、修辞学著作和哲学著作，绝大部分都被保存至今。他文风之流畅无人可及，并且再创造了拉丁语，增加其词汇，精确其词义，使拉丁语成为此后一千七百多年里欧洲正宗的学术和文学语言。

一 哲学是灵魂的医生

1. 辉煌而坎坷的一生

西塞罗年轻时当律师，有清晰的法律理念，练出一流的口才，名满天下，成为律师界的领袖。在法庭演讲和辩论时，他勇于揭发贪官，主持正义，在罗马市民中享有极高的威望。公元前63年，一个名叫卡蒂利内的流氓竞选执政官，此人曾经为了讨情妇的欢心，杀死亲生儿子，其恶劣可见一斑。然而，他很受下层民众拥戴，罗马市民感到情势危急，纷纷敦促西塞罗出来竞选，结果是西塞罗大获全胜，当选为执政官。卡蒂利内狗急跳墙，秘密组织一支叛军，企图发动暴乱和谋杀西塞罗。西塞罗挫败了这个阴谋，他的政治生涯到达顶峰，罗马市民大会通过决议，授予他"国父"的称号。

在后来的岁月里，罗马上层政治斗争激烈，民众像墙头草一样两面倒，西塞罗时而被流放，时而回到政坛，先后担任过祭司、西西里财务官、西里西亚总督等职。当时罗马官场贪腐之风盛行，官员往往趁放外任之机大肆敛财，而西塞罗始终廉洁奉公，并且拒收一切礼物。

公元前46年，西塞罗完全退出公职，从政治活动转向哲学著述。这有两个原因：一是对时局的失望，此时恺撒已经成为实际上的独裁者，共和派转入地下。二是个人生活遭遇的不幸。先是结婚三十年的老夫老妻，因为脾气不和，终日争吵，离婚了。不久，他娶了一个年轻的富家女，这个女子和他疼爱的女儿图莉娅关系不睦，很快也离婚了。接着，图莉娅因难产死去，西塞罗伤心欲绝，几乎发疯。

家忧和国难交加，西塞罗决心用哲学拯救自己，也拯救国家。在他一生中，最后的三年是集中研究哲学的时期。他周围聚集了一批年轻人，大多家世高贵或者身居高位，西塞罗用哲学开启他们的心智，希望借此影响国家的前途。

公元前44年，以布鲁图为首的共和派人士刺杀了独裁者恺撒。西塞罗是布鲁图最亲密的朋友，但他并未参加这个阴谋活动。恺撒被刺后，其部将安东尼成为实力最强的将领，自命为恺撒的继承人。西塞罗把挽救共和制度的希望寄托在年轻的政客屋大维身上，全力帮助他竞选，使他当上了执政官。哪里想到，屋大维也是一个野心家，得势以后，就与安东尼以及另一个将领雷必达结盟，组成三寡头政权。三寡头公布一份"公敌名单"，要处决共和派人士二百余名，列在第一的就是西塞罗。公元前43年，西塞罗在隐居地被捕杀，终年六十三岁。

2. 自述：为什么在老年开始研究哲学

西塞罗在老年开始研究哲学，这是他清醒而自觉的选择，在其著作中多有陈述。他说，他突然对哲学产生这么大的热情，在短时间内写了大量哲学著作，人们感到好奇，有许多议论。其实，原因很简单，因为国家已经不可避免地进入了一种独裁专制的状态，他无法再从事以前那样的政治活动了。在这样的形势下，对他的同胞讲哲学，是他为这个国家所能提供的最好的服务。他还说，他最想影响的是年轻人，在国家整体腐败的情况下，许多年轻人也堕落了。他期望至少有一些年轻人在哲学的指导下走上正道，他们人数虽然很少，但他们将会对国家的前途产生深远的影响。

希腊政治家梭伦有一句名言："活到老，学到老。"西塞罗说，他也是这样，他是到了老年才开始学习希腊语的，如饥似渴地学习，后来已经能够轻松自如地阅读希腊哲学原典了。他说，面对这个邪恶的时代，他决心把希腊哲学引入罗马，让它在拉丁语中重新诞生。同时作为一个罗马人，他要在哲学领域里做出独立的贡献，再现哲学的光荣。这两点他都做到了，既翻译了许多希腊哲学典籍，也写了大量他自己的哲学著作。一个年过六十的老人，在短短三年里做出这样的成绩，实在是惊人的。

激励西塞罗的是对国家命运的忧虑和对哲学价值的领悟。国家的权力已经落入独裁者和野心家手中，靠直接的行动改变这个局面已无可能，剩下的最好选择就是用哲学的智慧启迪人们的心灵，培育拯救国家的健康力量。

3. 哲学是灵魂的医生

关于哲学的价值，西塞罗用一句话做了概括，便是："哲学是灵魂的医生。"他说："一切邪恶的根源在于灵魂患病了，除非治愈灵魂，否则邪恶不会终结，而没有哲学，灵魂的治疗是不可能的。不过，用哲学医治灵魂的疾病，不是像请医生医治身体的疾病那样，我们不能向外寻求，而必须自己掌握这门医治灵魂的技艺，自己成为自己的医生。"

哲学医治灵魂，不是消极地治疗个别的症状，而是从根本上启迪人生的智慧，使得灵魂在整体上健康。哲学是爱智慧，是让你思考什么是人生的目的，什么是幸福，是为了让你获得真正的幸福。幸福是一个描述整个人生的词，你不能说人生的某一个部分是幸福的，另一个部分是不幸的，你一旦获得幸福，幸福就是恒久的。用哲学的智慧指导自己，明白了人生的根本道理，你就能够获得这样的幸福。

不过，西塞罗认为，哲学不可能对所有人都产生这样的影响，公众对哲学往往抱着冷漠和怀疑的态度，掌握哲学需要有相宜的品性，而哲学对这样的人会有巨大的作用，并且通过他们对社会产生良好的影响。

二　合乎人性的善

在西塞罗的时代，伊壁鸠鲁派和斯多葛派都很活跃，而且一定吵得很厉害，使得西塞罗觉得有必要对两派的观点进行评议。两派的争论集中在什么是幸福、什么是善的问题上，伊壁鸠鲁派主张快乐是幸福，是终极的善，斯多葛派主张德行是幸福，是唯一的善，西塞罗很有说服力地分析了两派各自的片面性。他主张一种合乎人性的善，其立场与亚里士多德很接近。他在自己的著作中，对两派的观点都是先做陈述，然后进行批评。因为当时两派创始人伊壁鸠鲁和芝诺的原著还在，他的陈述是一份宝贵的资料，所以，我把他的陈述和批评都讲一讲。

1. 对伊壁鸠鲁派的陈述和批评

西塞罗对伊壁鸠鲁派观点的陈述和批评，有以下几点。

第一，关于快乐是终极的善。

伊壁鸠鲁派的观点：快乐是终极的善，它是其他一切事物的目的，其他一切事物是它的手段，而它不是其他一切事物的手段。自然本身规定快乐和痛苦是人的基本感觉，因此这两种感觉是一切行为取舍的根据。西塞罗的批评：这是与人的尊严根本不相配的一个理论，自然造出我们，给予我们天生的能力，是为了更高的目的。"在精神上拥抱整个天空、大地和海洋——说这样的人的目的是快乐，就如同说他的全部非凡努力只是为了小小的一滴蜜。"

第二，关于如何看待痛苦。

伊壁鸠鲁派的观点：我们所追求的快乐未必是身体的快感，直接的感官快乐，而是在完全摆脱痛苦之后所体验到的那种快乐，身体和灵魂完全没有痛苦才是最大的快乐。西塞罗的批评：感到快乐和没有痛苦并非只是措辞上的不同，这完全是两回事，是两种完全不同的感觉，不可混为一谈。

伊壁鸠鲁派的观点：大的痛苦时间短，长的痛苦程度轻，因此都是可以忍受的。西塞罗的批评：我实在不明白这个说法是什么意思，因为我看到许多痛苦既是程度深又是时间长的，忍受痛苦靠的不是程度轻或时间短之类的自欺，坚忍、勇敢、自尊等品德才是消减痛苦的安慰剂，可是你们这些不因为道德价值本身而爱它的人是无法使用这个办法的。

第三，关于德行和智慧的价值。

伊壁鸠鲁派的观点：如果德行不能带来快乐，谁会去追求它？智慧同样如此，它是生活的技艺，如果它对生活没有用处，就不会有人想要它。智慧可以帮助我们节制欲望，克服恐惧，消除偏见，不患心理疾病，它是我们获取快乐的工具。西塞罗的批评：道德价值之所以值得赞美，是由于它自身，而不是因为它能够带来快乐和好处。即使在动物界，我们也可以看到，有些动物甚至冲破重重困难表现出仁义，比如生产并养育自己的幼崽，这个行为本身绝不是以快乐为目的的。所以，只要赞颂美德，就必定要与快乐保持一定距离。请你们想象一幅图画，在这幅图画上，快乐装饰得像王后，衣着华丽，坐在王位上，美德是她的侍女，站在旁边伺候，把这当作自己唯一的目的和使命。看到这个画面，你们不感到脸红吗？

事实上，伊壁鸠鲁本人以及他的学派的许多成员都是品德高尚的人，光明磊落，恪尽职守，忠实于朋友，他们这么做难道只是为了快乐吗？西塞罗说，大多数人是说得比做得好，而你们却是做得比说得好，你们正直的品质证明了你们的理论是错的。

总之，把快乐树为终极的善，人的一切行为的终极目的，这个命题不能成立。伊壁鸠鲁事实上把德行看得比身体和物质的快乐更重要，但是，当他试图把这个认识纳入快乐主义的框架中的时候，在逻辑上就十分牵强。他的问题是混淆了快乐和幸福这两个概念，幸福是一个宽泛得多的概念，可以包容不同的善，无须对快乐和德行做非此即彼的选择。

2. 斯多葛派

西塞罗对斯多葛派观点的陈述和批评，主要是以下两点。

第一，关于道德价值是唯一的善。

斯多葛派的观点：道德价值是唯一的善。芝诺说："美德不需要向外寻找幸福。"有人问为什么，他回答："因为除了道德上的善，就没有任何别的东西是善的。"逍遥学派认为幸福包括物质财富的好处，斯多葛派坚决反对，提出一个富有诗意的论证："灯光在强烈的阳光下黯然失色，蜜汁在广阔浩渺的爱琴海里荡然无存，多六便士对富豪克洛伊苏斯的巨大财富毫无意义，多一步于去印度的遥远旅程可有可无。"同样道理，对于一个拥有美德之无比幸福的人来说，物质财富的好处根本不值得一提。有美德就有了一切，没有美德就失去了一切，你有多少财富都是白搭。对于不以德行为唯一的善的人，斯多葛派如此形容："正如一个即将淹死的人，无论他是离水面不远，任何时刻都有可能浮上来，还是实际上已经沉到了水底，都同样不能呼吸。"意思是说，只要你不把德行当作唯一的善，你这个人无论如何都没救了，你的不幸不会有程度上的区别。

西塞罗的批评：斯多葛派提出的善的标准完全是抽象的道德原理，不可能为职责和行为找到源泉和起点。所谓美德是唯一的善，这种话只有在一种情形下才可能是正确的，那就是假设存在一种造物是由纯粹的理智构成的，这种理智不拥有任何与自然本性一致的东西，比如身体的健康之类。但是，这样的一种造物究竟是什么样子的，是想象也想象不出来的。在考察人的幸福和至善时，不可以违背人的自然本性，不可以忽视人的理智和身体的

256

任何一个部分。你们把美德树为唯一的善，虚构出完美的人的典范，实际上是试图用美德的光芒来冲昏我们的头脑。

第二，关于如何看待痛苦。

斯多葛派的观点：痛苦不是恶，拥有美德的人即使处在极大的痛苦之中，也仍然是幸福的。西塞罗的批评：美德诚然能够把一切苦难踩在脚下，但这并不是说它使苦难变轻了——如果这样，它的功劳如何体现呢——而是引导我们认识到，苦难不是决定我们幸福与不幸福的主要因素。即使一个有德之人，如果暴君把他送上刑台，他的表情看上去不可能像是失去了自己的油瓶似的；他也会感到如临大敌，知道将面临严酷的折磨，遭遇极大的痛苦，所以必须收起关于美德的全部原理，以面对眼前深重的苦难。

总之，斯多葛派的问题是把人性抽象为单一的道德性，否定人的自然属性，包括趋乐避苦的本能。在什么是善和幸福的问题上，他们的观点十分极端，比伊壁鸠鲁派更加严重地缩小了善和幸福的内涵。

3. 合乎人性的善

西塞罗谈到，当时在斯多葛派和信奉亚里士多德学说的逍遥学派之间发生了激烈的论战，前者宣称道德价值是唯一的善，后者承认道德价值是最大的善，但认为还存在身体的善和外在的善，它们也是幸福的组成部分。人由心灵和身体构成，智慧的作用是同时守护这两个方面，使人的心灵和身体都有好的状态。西塞罗赞同逍遥学派的观点，他的结论是：终极的善就是遵循自然生活，按照人的本性获得全面发展。

总之，幸福是合乎人性的善。伊壁鸠鲁派把德行归结为以快乐为目的，是贬低了人性，斯多葛派否认德行之外的一切价值，是抽空了人性。两派的主张都不合乎人性。

三 道德和法律探本

西塞罗的一生，大部分岁月在从事法律、政治和社会公共活动。他是一个实践家，更是一个思想家，这些实践活动促使他深入思考道德和法律的问题。对于他这方面的见解，现略作介绍。

1. 道德的起源

西塞罗认为，道德在人的本性中是有基础的，后天的教育因此有了可能，但也仅仅是基础，后天的教育因此又有了必要。这和孟子的四端说相近，孟子说道德在人性中有萌芽，但仅仅是萌芽。道德在人性中的基础，一个是爱，另一个是理性。关于爱和理性的来源，西塞罗的观点主要来自斯多葛派。斯多葛派把德行当作唯一的善，他对此做了尖锐的批评，但是，他接受并且发展了斯多葛派关于道德和法律的一些重要思想。

人性中的爱，一开始是父母对子女的爱，这是自然赋予人的本能，人们因此组成家庭，通过婚姻和亲情联结在一起。然后，这种爱的影响力逐渐扩散到家庭之外，先是有血缘关系或婚姻关系的亲属，接着是同乡、朋友和同胞，最后是整个人类，把人类联结成了社会。所以，人的社会性是建立在人的自然本能的基础上的。西塞罗说，最早阐明这个道理的是斯多葛派哲学家，他们从这个原理出发追溯一切美德的源头，包括心灵的高贵，对子女的爱使得人类能够承受苦难和不幸，勇于自我牺牲。

然而，爱的本能之所以会提升为社会的道德，理性起了关键的作用。如果只有亲子之爱，人类会停留在动物的水平上——即使在低级动物中，我们也可以看到亲子之爱的生动表现。但是，因为没有理性，动物世界里不可能有仁慈和正义的美德。人类能够以亲子之爱为起点，发展出一个由道德和法律维系的社会，是因为自然还赋予了人类动物所不具备的理性能力。靠着理性以及作为理性的工具的语言，人们可以互相交流和讨论，寻求共同遵守的准则。秉承斯多葛派的思想，西塞罗认为，人类的理性来自宇宙的理性，两者是相通的，人因此能够凭借理性领悟宇宙的法则，以此指导自己的行为，而这就是正义。正义是道德和法律的核心，而正义的根据是宇宙的法则，即自然法。

2. 道德的内在价值

在道德理论上，西塞罗还继承了斯多葛派的另一个重要思想，就是强调道德的内在价值。美德之所以值得赞美，是因为它自身，而不是因为它会带来实际的用处、利益或报偿。恶德之所以要受到谴责，也是因为它自身，而不是因为它会遭到惩罚。

西塞罗说："如果正义、公平、诚实不是因为其本性，而只是因为其有用才有价值，那就不可能有好人。"有一句格言这样形容诚实的人："一个你可以在黑暗里与他玩输赢的人。"西塞罗认为这句格言可以在一般意义上理解，就是我们的一切行为都受行为之性质的影响，而不是受某个证人之在场或不在场的影响。如果人们不在乎行为本身性质的好坏，只顾忌行为给自己带来的后果，那么，只要能够避免受到惩罚，人们就会失去控制，为所欲为。西塞罗感叹说，可悲的是，确信干了坏事绝对不会被人发现，没有受到惩罚的危险，而仍旧能够克制自己不做坏事，这样的人实在是太少了！对道德的内在价值普遍无感，就必然会导致社会的整体腐败。

一个人唯有真切地感受到道德的内在价值，才能真正做到自律。设想这样一种情境，你看到了一个事实，对某人是有利或者有害的，如果不告诉他，你就能够获得利益，你是否告诉他呢？西塞罗说，尽管沉默不直接构成隐瞒，但沉默就是隐瞒。他引用卡尔耐德举的一个例子：设想你知道有一条毒蛇潜伏在某处，而某人不知道，正准备在那个地方坐下，他如果死了你能获益，因此你就不告诉他。在这种情况下，你的恶不会受到惩罚，因为谁能证明你知道呢？可是，正因为如此，你的恶更严重。

一个不能体悟道德内在价值的人，会偷偷做坏事，还会高调地做好事，以炫示自己的崇高。他的慷慨不是出自内心的仁慈，而是假慷慨，是一种伪善。西塞罗说："人世间最大的祸害莫过于戴着智慧面具的狡诈。"我们可以补充一句：以及戴着道德面具的伪善。

由于社会的不义，或者由于自己隐蔽得好，恶人在现实生活中未必受到惩罚。但是，他逃脱不了良心的惩罚。"有罪之人受折磨并非像悲剧中那样被举着火把的复仇女神追踪，而是罪人在意识到自己的罪孽之后心中产生的悔恨和精神上受到的折磨。"如果他始终不能良心发现呢？西塞罗说："罪的本性就是对犯罪本身最严厉的惩罚。"他一辈子做坏人，他的恶无可救赎，这本身就是最严厉的惩罚。

3. 仁慈的尺度

正义和仁慈，是道德的两个主要方面。西塞罗认为，没有比仁慈更能体现人性的美好了，但是，在具体的场合，要把握好仁慈的尺度，仁慈应该服从正义，以公正为标准来衡量。他谈到三个尺度。第一，仁慈既不能对仁慈的对象也不能对其他人造成伤害。按我的理解，意思是仁慈既不能使仁慈的对象感到屈辱，也不能使其他人感到不公平。第二，实施仁慈不能超出自己的财力。按我的理解，意思是超出了能力的仁慈，是对自己不公平，而且有伪善的嫌疑。第三，施惠的程度应当与受惠者的情况相配。西塞罗对这一条讲得比较具体，所谓相配，有以下几个方面。

其一，应当考虑受惠者的道德品质，让好人更多地受惠。但是，人们好像更倾向于帮助能够比较快地给自己以回报的人，更愿意帮助富裕而有权势的人，而不是贫穷而有品德的人。西塞罗说，事实上，富裕而有权势的人往往目空一切，你给了他帮助，甚至是重大的帮助，他也不认为是接受了恩惠，反而认为是他施了恩惠，接受你的帮助是看得起你呢。

其二，所提供的帮助要与受惠者的需要相称，应该帮助最需要的人。但是，人们的行为也是相反，往往热心地帮助想要得到最大恩惠的人，即使他并非真正需要。

其三，应当考虑受惠者对我们的态度，和我们之间关系的亲密程度。西塞罗坦率地宣布：谁最爱我们，我们就应该为他们做最多的事，这是我们要履行的首要义务。不过，衡量爱的程度，不要像少男少女那样看一时的热恋，而要看情感的牢固和持久。

其四，应该优先帮助曾经帮助过我们的人，因为对于这样的人，我们的帮助不是施恩，而是报答，没有什么义务比证明自己的感恩更为紧迫。当然，这也要量力而行，在一定意义上，有感恩之情就意味着恩情得到了回报。

西塞罗说在选择施惠对象的时候，要按照上述尺度综合考虑，把恩惠给予具备较多条件的人。我本人觉得，西塞罗提出的这几个尺度都是合情合理的，他不唱道德高调，诚恳而平实。

4. 法律的起源

自然法学说是斯多葛派首先提出来的，西塞罗在《论共和国》中做了介绍，这篇著作是现存关于斯多葛派自然法学说的唯一文本。由于西塞罗的阐释，这个学说才产生了广泛而长远的影响，使得一个基本的理念，即人类的法律必须以自然法为依据，成为西方政治哲学从中世纪到现代的共识。这是西塞罗立下的莫大功劳。

西塞罗说法律是理性对于可以做什么事、不可以做什么事的规定，在正义和不正义之间划出一条界线。法律不是人的思想的产物，也不是民众的任何决议，而是统治宇宙的某种永恒规则的体现。这种永恒的规则就是自然法，也可以称作神的意志、神的法律。"真正的法律是正确的理性与自然的一致，它具有普遍适用性，是永恒不变的。""在罗马和在雅典不会有不同的法律，现在和将来也不会有不同的法律，只存在一个对所有民族、所有时代都统一的法律，神是这个法律的创立者、颁布者和有强制力的法官。"这种最高的法律早于任何国家的建立，早于任何成文法，国家及其法律必须服从它，成文法必须以它为准则。

关于自然法的内涵，后来的政治学家们有各种解释，共同的是两条，一是尊重和保护人的天赋权利，例如生命、财产、自由的权利，国家和他人都不得侵犯，二是在法律面前人人平等。不管如何解释，自然法学说的伟大意义在于确认人类有某些必须遵守的共同准则，任何国家不可以借口特殊情况违背这些准则。

5. 统治者的品格

西塞罗是一个品格高尚的政治家，对于统治者应该具备怎样的品格，统治者的品格对整个国家会产生怎样的影响，他皆有切身的体会和深刻的思考。

关于统治者应有的品格，他援引柏拉图的观点，指出担任政府公职的人必须牢记两条戒律。第一，一切行动都要符合人民的利益，不计较个人的得失，利用权力谋取个人的私利是有罪的、可耻的。第二，要谋求整个政治共同体的利益，不可以为了某个派别的利益而伤害其他人的利益。他说：政府的管理就像一个信托机构，必须为委托方的利益着想，而不是为受托方的利益着想。委托方是社会各个阶层，受托方是政府，统治集团利用权力谋取自身的利益，就是毁弃信托协议的行为。

关于统治者品格对国家的影响，他的见解尤其值得重视。他说："每个国家都会有它的统治者那样的性格，并且会表现出来。"回顾罗马早期的历史，优秀统治者的品格对整个国家的面貌产生了良好的影响。一个政治家拥有智慧和美德，就能够让他个人的德行在国家事务中发挥重要作用，这是任何其他职业不能比的。如果命运允许他能够把凭借自己的功劳所获得的权威和尊重持续到生命的终结，这样的政治家是无比幸福的。

相反，统治者如果品德恶劣，对于国家就特别危险，会使得整个民族的品德变得恶劣。他们不但放纵自己干下许多邪恶的勾当，而且用他们的邪恶影响整个国家，他们的腐败必然会腐蚀更多的人，他们的坏榜样比他们的罪行带来的危害更大。

因此，统治者品格的好坏，所关系的绝非个人的道德问题，而是国家的命运问题。

四　人生三题

西塞罗的人生思考，我选讲三个题目，即友谊、老年、死亡。

1. 论友谊

关于友谊，西塞罗有以下论点。

第一，人是社会性的存在，友谊和交往是根植于人性中的需要。给你提供最奢侈的物质享受，让你独自一人在沙漠里过一生，你愿意吗？没有人会愿意。即使在人世间，让你享尽荣华富贵，但是，你不爱任何人，也没有任何人爱你，你对任何人都怀着戒心，在世界上没有一个朋友，只要你是一个正常人，也不会愿意过这样的生活。在绝对的孤独中，无论多么富有，人都会失去对一切乐趣的热情。西塞罗引用某位先贤的话：如果你升到天上，看到宇宙中星辰的壮丽景象，你会感到惊奇，但不会感到快乐，只有当你能够向别人讲述你的所见，你才有最大的快乐。我曾经写过类似的话："一个人无论看到怎样的美景奇观，如果没有机会向人讲述，他就绝不会感到快乐。人终究是离不开同类的。一个无人分享的快乐绝非真正的快乐，而一个无人分担的痛苦则是最可怕的痛苦。所谓分享和分担，未必要有人在场，但至少要有人知道。永远没有人知道，绝对的孤独，痛苦便会成为绝望，而快乐——同样也会变成绝望！"

第二，友谊在人生中的价值。西塞罗说："除了智慧，友谊是神赐予人类的最好的东西。"他嘲笑那种拼命敛财却不去结交朋友的富豪，说他们是最愚蠢的，因为财产终将属于别人，而友谊是稳固地属于爱朋友的人的。他还指出，权势往往会成为获得真诚友谊的障碍，因为命运不仅本身是盲目的，而且通常也使受其恩宠的人盲目，使他们变得狂妄自大，目中无人，看不见友谊的价值。

第三，友谊以自爱为基础。在友谊中，不应该要求你的朋友爱你胜过爱他自己，他也不应该要求你爱他胜过爱你自己，这会导致生活及其所有义务的混乱。自爱是最基本的情感，友谊是这种情感的推己及人。你爱自己并不是因为可以从自己身上获利，你把自爱的这种性质推移到朋友身上，就知道什么是真正的友谊了，因为真正的朋友就是另一个自我。那种爱物质利益胜过爱一切的人，其实对自爱的情感并没有真正的体验，因此也就不能领会友谊的实质。

第四，真正的友谊有若干重要特征。一是互相尊重，这是友谊中最明亮的珠宝。二是诚实，朋友中有一方喜欢讲假话，或者不愿意听真话，真正的友谊就不可能存在。三是轻松自在，好朋友相处应该随和一些，彼此无拘无束。四是持久，长久的友谊就像久藏的酒一样愈益甜美。五是经得住境遇变化的考验，友谊最忌势利，势利的人必定会在得意时轻视朋友，在朋友不幸时离弃朋友，暴露出友谊的虚假。

第五，面临友谊破裂怎么办？西塞罗说最好是让友谊自然消亡，不要断然决裂。对昔日的友谊要表现出敬重之情，不要说过头的话，也不要向他人诉说自己的不满。一定要防止昔日的友谊转变为极大的仇恨，没有什么比昔日的亲密朋友互相攻击、谩骂、羞辱更耻辱的事情了。

2. 论老年

西塞罗是在老年的时候开始研究哲学的，所以，如何对待老年就成了他思考的一个题目。他的认识主要有三点。

第一，应该把自然看作最好的向导，顺从自然，服从自然的安排。自然恰当地安排了人生戏剧的每一幕，包括最后的一幕，那就把它演好。智慧的人欣然接受人生的每一个季节，包括果实成熟后枯萎、坠落的季节。相反，对于愚蠢的人来说，人生的每一个阶段都是沉重的。人人都希望能活到老年，却又抱怨老年的到来，这是多么自相矛盾，多么不合情理。你抱怨老年来得太快了，可是，如果人的寿命不是八十岁，而是八百岁，到了老年你仍然会抱怨的，因为不管活多久，那已经逝去的岁月都不能慰藉庸碌之人的晚年。

第二，老年人也可以活得生气勃勃。西塞罗说："正如我赞赏有某种老年特点的年轻人一样，我也赞赏有某种青年特点的老年人。能够把青年和老年的优点结合在一起的人，在身体上会变老，但在精神上绝不会变老。"他以自己为例，说像他这样始终在努力学习和工作的人，察觉不到老年的到来，是在不知不觉中逐渐步入老年的，不会有遭到突袭的惊恐和痛苦。历史上有许多这样的例子，比如柏拉图，是八十岁在写作的时候死去的。西塞罗引用柏拉图的话："老年时仍有好运获得智慧和真理，这样的人是幸福的。"

第三，老年人要自重。西塞罗说："人生中最不幸的事，莫过于年老时感到自己让人讨厌。"人们批评说，老年人性格怪僻，脾气古怪，不好相处，有些老年人还很吝啬甚至贪婪，西塞罗指出，这些都是性格的缺点，不是年纪的缺点。他说他最不理解老年人的吝啬和贪婪，究竟图的是什么，这就好比一名旅行者，越接近旅程的终点，越想筹措更多的旅费，还有比这更荒唐的事吗？

第四，老年人不应该怕死。年轻人的死是外力作用的结果，就像是熊熊烈火被大水浇灭，未成熟的果实被棍棒打落，相反，还有什么比老年人的死更加合乎自然呢？这就像烈火燃尽了会熄灭，果实熟透了会坠落一样。西塞罗讽刺说："一个人活了那么长时间，仍然不知道死亡是应该被蔑视的，这是多么可怜的老人啊！"

3. 论死亡和灵魂不朽

西塞罗说，应该从年轻时就开始思考死亡的问题，虽然自然的死亡是在老年时，但是，死亡没有固定的时间，在任何年龄都可能发生。要做到无论死亡在什么时候来到，都能够平静地面对。什么叫活得长久？凡是有终点的东西就不可能长久，终点到来时，过去的一切都化为零了。自然给我们的是一个暂居的客寓，不是永居的处所，所以，我离开人生就像是离开旅店而不是离开家。重要的是生命的品质而不是长度，一生的时间虽然很短，但是对于善良诚实地过好一生已经足够长了。

死亡是自然的、必然的事，应该坦然地接受，这个道理是容易懂的。死亡提出的真正的问题是，如果死亡是彻底的灭寂，人生有何究竟的意义？从古代的宗教到后来的基督教，都是用灵魂不朽来解决这个问题的，苏格拉底和柏拉图也试图论证灵魂不朽，西塞罗延续了这个思路。他这样描述自己的信念："我的灵魂不甘寂寞，它的眼睛总是盯着后世，好像确信它只有离开身体之后才能开始过一种真正的生活。如果灵魂并非不朽，一切最优秀的灵魂如何还能够全力追求不朽的荣耀呢？"

西塞罗试图论证这个信念。他说，天体运行在一个适宜的时机把人类的种子播到了大地上，构成人的成分一部分来自可朽的物质，另一部分来自天上的神，神把不朽的灵魂植入到了人的身上。所以，天体是人的故乡，而人和天上的神有亲缘关系。人的形体证明了这一点，其他动物都匍匐在地或肢体着地行走，唯有人的身体是直立行走的，可以仰望天空，仰望灵魂的故乡。还有一个理由：灵魂如此敏捷，能够记忆过去和洞察未来，如此有智慧和创造力，具有这些特质的一种东西是不可能死亡的。所以，我们要这么来看人生，人生不过是灵魂在大地上旅居。一方面，我们要努力过一种与天上相仿的生活，另一方面，要随时做好灵魂脱离肉体的准备，当死亡来临的时候，不感到任何犹豫。

在进行这些思考的时候，西塞罗承认，他是在说服自己。是的，灵魂不朽无法证实，但是，必须有这个信念，才能相信人生具有某种终极意义，才能把死亡不只是当作一件不可避免的坏事来接受，而且当作一件进入更高境界的好事来欢迎。

4. 几则格言

西塞罗的哲学思想，我就讲到这里。最后，我从他的著作中摘选几则言简意赅的格言，来结束这一讲。

"世上没有任何东西比幸运的傻瓜更令人难以忍受了。"

"被勇士和高尚者所杀是灾难，被一个做生意的小商贩所杀更加是灾难；被平等者或优越者征服是可耻的，被低劣者征服更加可耻。"

"那些博学者的教导通常最令我吃惊的是：海上风平浪静时，他们说自己没有能力掌舵，因为他们从来没有学过这门技艺，也不想掌握它；而同时他们又向我们保证，等到海上波涛翻滚时，他们会来掌舵。"

"我相信一个戒条——要提高警惕，但无法接受另一个戒条——不相信他人。"

"如果必须实施惩罚或矫正，也不要进行侮辱。"

"我们是法律的仆人，以便我们可以获得自由。"

"无论我们到达哪里，都是踩在历史的土地上。"

参考书目

［古罗马］西塞罗:《老年·友谊·义务——西塞罗文集》,高地、张峰译,上海三联书店,1989

［古罗马］西塞罗:《论至善和至恶》,石敏敏译,中国社会科学出版社,2005

［古罗马］西塞罗:《理性、美德和灵魂的声音》,王晓朝选译,长江文艺出版社,2015

第九讲

卢克莱修

关于这样晦涩的主题，我却唱出了如此明澈的歌声，给一切都染上诗神的魅力。

——卢克莱修

提图斯·卢克莱修·卡鲁斯（Titus Lucretius Carus，约公元前98—前53）是古罗马诗人、哲学家，我们确认他的这两个身份，是根据流传下来的他的唯一作品《物性论》，因为这部作品是用诗歌来讲哲学的。关于他的生平，几乎没有什么历史记载，我们只知道他是当时罗马一个贵族诗人梅米乌斯的朋友，《物性论》就是献给此人的。他是西塞罗的同时代人，西塞罗在写给弟弟昆图斯的书信中简短地提到过他，说他很有才华。据说他是由于春药的作用，而在精神失常的状态下自杀的，不过这个说法未必有根据。

提图斯·卢克莱修·卡鲁斯
（Titus Lucretius Carus，
约公元前98—前53）

《物性论》是一部长诗，有很高的艺术水平，被认为对后来维吉尔等拉丁诗人有重要影响。卢克莱修在序言中赞颂伊壁鸠鲁是真理的发现者，而整部诗作是阐释伊壁鸠鲁哲学的。虽然如此，从留存甚少的伊壁鸠鲁本人的著作中，我们看到的是一个内心平静、性格温和可亲的哲学导师，而在《物性论》中，我们看到的是一个内心沸腾、性格热情狂放的哲学先知。《物性论》得以流传下来，靠的是中世纪的一个手抄本，这个手抄本在随后的漫长年代里出现又消失，直到文艺复兴时代重见天日，在近代欧洲引起了轰动，受到诗人们的追捧。这部诗作思想大胆，想象力丰富，语言风格雄健而富有挑战性，具有很强的冲击力、感染力。卢克莱修自豪地说："关于这样晦涩的主题，我却唱出了如此明澈的歌声，给一切都染上诗神的魅力。"他的自我评价恰如其分。

一　万物的本性

顾名思义，《物性论》要论述的是万物的本性。卢克莱修的自然哲学，来自伊壁鸠鲁，归根到底来自德谟克利特的原子说，这不必多讲。值得讲的是他对宇宙的认识和描述，即使在今天看来也是让人脑洞大开。歌德赞美说卢克莱修是拥有生动描述自然现象的奇异能力的大师，他的书让我们看到，一个生活在公元前一世纪的人是如何思考和感受宇宙的秘密的。我在这里只能做简要的阐述，要领略卢克莱修的魅力，你们必须去读诗作的全文。

1. 支配万物的法则

关于支配万物的法则，卢克莱修的论述可以归纳为下面四点。第一，只有一个宇宙，万物都在宇宙之内，宇宙之外无物存在，确切地说，根本不存在所谓宇宙之外。因此，既不可能有什么东西离开宇宙到宇宙之外去，也不可能有什么东西从宇宙之外进到宇宙里来。

第二，万物都由原子组成。一个东西的产生，是原子的聚合。一个东西的灭亡，是分解为原子，而这些原子又为新的产生提供了原料。没有什么东西能够从无中产生，也没有什么东西会归于无。

第三，凡产生的东西都必然灭亡，无物能够永存。但是，由于只有一个宇宙，原子别无去处，因此总量保持不变，组成万物的原料用之不竭，保证了万物生生不息，宇宙的生命永存。

第四，世界不是神创造的，自然独立自主地做它的一切事情，没有受到神的任何干预。

今天看这些道理似乎很平常，但在当时有这样的认识殊为不易。更会让当时的人觉得危言耸听的是，卢克莱修接下来告诉他们，你们受宗教的支配，以为陆地和海洋、天空和太阳、群星和月亮具有神圣的形体，必定会永远地存在下去，可是你们错了。这些似乎亘古存在的巨大物体，同样逃不脱有生必有灭的法则，统统抵抗不了时间的暴力，总有一天会全部毁灭。

为了证明这个论断，卢克莱修追问道：如果说这个天地从来是永远存在的，为什么我们现在只听说荷马史诗歌唱的忒拜之战和特洛伊的末日，在那之前难道就没有其他的诗人也歌唱过其他重大的事件吗？他推想，原因是我们这个世界还年轻，只是新近的产物，在它之前的世界已经消灭了。大地上曾经发生过酷热、地震、洪水等灾难，从前的许多城市和居民因此遭到了毁灭，既然如此，那么，更大的灾难完全可能把整个天地毁灭掉。

在卢克莱修的概念中，整个天地是指由大地、天空、太阳、星辰组成的一个世界。他对太阳系的认识还停留在直观的印象上，认为大地是平的，笼罩在天空之下，太阳和星辰在天空运行，组成了一个世界。他的这个认识当然不正确。但是，认为我们现在的这个世界是某个时候产生的，以后必定会毁灭，任何天体都有生必有灭，他的这个基本思想是正确的。

卢克莱修没有从天体必然毁灭引出世界没有意义的悲观结论，他说：请仰望星光灿烂的天空，如果你是第一次看见，还会有什么景象会比这更让你感到惊奇呢？可是，无论多么伟大和奇异的东西，人们看久了都会习以为常，以至于没有人愿意抬头看一眼星空了。是的，天体必然毁灭无损于它的美，真正可悲的是你没有一双善于欣赏天体之美的眼睛。

2. 宇宙在空间上是无限的

只有一个宇宙，从这个前提，卢克莱修合乎逻辑地推导出一个结论：宇宙在空间上是无限的。他论证说：宇宙在各个方向上都是没有边界的，因为如果它有边界，就意味着有别的东西限制它；可是，如果有别的东西限制它，那个东西仍属于宇宙，以此类推，无论在多远的地方有东西限制它，那些东西都仍在宇宙之内；所以，宇宙永远可以向更远的地方伸展，不可能有边界。

宇宙在空间上是无限的，无论你站在宇宙的哪一个位置上，你的周围总是会有无限的宇宙向各个方向伸展。因此，宇宙不存在一个中心，我们的这个世界绝不是宇宙的中心，而只是整个宇宙中一个极其微小的部分，比一个人在整个大地上所占据的部分小得多。也因此，我们绝不能认为，只有我们这个世界被创造了出来，那数量巨大的原初物质不会在宇宙的其他空间里完成类似的作业。在整个宇宙中，像我们这样的世界在数量上是极多的，在宇宙的其他空间里必定还存在着许多其他的世界，乃至许多其他的人类，不过他们的情形是我们完全无法想象的。

在地心说占据绝对统治地位的时代，卢克莱修明确地否定我们的这个世界是宇宙的中心，而且提出无限宇宙中有无数个世界的猜想，比布鲁诺提出这个理论早一千六百多年，非常了不起。现代天文学告诉我们，地球是围绕太阳旋转的行星之一，在银河系里有上千亿颗像太阳这样的恒星，而宇宙中目前可以观察到的像银河系这样的星系达 2000 亿个。卢克莱修的猜想已经被证实，人类居住的地球只是茫茫宇宙中的一颗微粒。

3. 反驳怀疑论

在认识论上，卢克莱修继承德谟克利特和伊壁鸠鲁，主张感觉论。值得重视的是他对怀疑论的反驳，揭示了其中存在的悖论。他质问怀疑论者说："你们说什么都不能被认识，那么，你们是怎么得到'什么都不能被认识'这个认识的？你们又是怎么知道什么叫被认识、什么叫不被认识的？既然你们没有看见过任何真理、任何确实的东西，你们是根据什么来区分真理和非真理、确实的东西和可疑的东西的？

卢克莱修认为，我们之所以要相信感觉，是因为：我们找不出比感觉更可以相信的东西，因此只能相信感觉；推理是以感觉为基础的，基于感觉的东西不能驳倒感觉；我们为了生存也必须相信感觉，依靠感觉避开危险，寻求安全。

4. 反驳灵魂不死

根据原子说，卢克莱修认为，人的身体和灵魂都是由原子组成的，而死亡则是两者的原子皆分解，灵魂和身体一起归于消灭。我本人认为，对灵魂的这种解释未免简单，不足为凭。不过，他反驳灵魂不死，有一个说法很合乎情理，我也有相同的看法。

我们可以假定灵魂是不死的，这一个灵魂在进入这一个身体之前，已经存在了无数的岁月，而在离开了这一个身体之后，仍会继续存在无数的岁月。且不管灵魂在无数的岁月里是以什么方式存在的，是在不同的身体里轮回，还是安居在天国，要使它的存在对于我有意义，就必须具有某种持续性，我必须能够意识到它在过去和未来的存在，而这正是问题之所在。

卢克莱修说，如果灵魂是不死的，在我出生时进入了我的身体，那么，为什么我完全不能回忆起前世的岁月，对从前的事情不能保留丝毫的印象？如果说这是因为灵魂在进入我的身体后发生了巨大改变，以至于失去了从前的一切记忆，那么，这和那个从前的灵魂已经死去又有什么差别呢？

说死后灵魂继续存在，道理和这一样，只要它与我这一世的生命没有连续性，它是否继续存在就和我毫无关系。人是在灵魂和身体的结合中活着的，这一个灵魂和这一个身体相结合，才造就这一个人，两者一旦分离，就不再有机会造就这同一个人了。卢克莱修根据原子理论推导说，原子的数量虽然巨大却是有限的，在无限的时间中，构成现在的我的这些原子，以前一定曾经许多次被安排在同样的次序中，但是，因为发生过生命的中断，我就不可能再回忆起来了。只要我的自我连续的记忆被割断，这个重复产生同一个体的过程，不论是发生在我出生前，还是我死后，都与我没有丝毫关系。

卢克莱修还认为，说一个不死的灵魂和一个会死的身体结合在一起，这种看法非常愚蠢。按照这种看法，灵魂应该是在动物交配的时候来投胎的。他设想，在这种时刻，许多不死的灵魂都等候在某个交配现场，争先恐后地要进入到一个会死的身体里去，这种情景实在可笑之极。

灵魂不死是一个信念，无法证明也不能证伪。卢克莱修的反驳给我们提出的难题是，如果生命和自我意识都不能保持连续性，灵魂不死如何还能够是一个安慰？

二 静心观看万物

卢克莱修的人生哲学，也来自伊壁鸠鲁，主张快乐主义。不过，他拥有诗人的丰富想象力，把人生的道理讲得更生动。他相信无限宇宙中有数不清的世界，这种辽阔的自然眼光也对他的人生观发生作用，使他能够从高处俯视大地上的人类生活。他的人生哲学可以用一句话概括，就是"静心观看万物"，在他看来，这才是人生最大的快乐。

1. 从高处俯视人类生活

一个人陷在人生的漩涡中，是看不清人生的真相的。要看清真相，必须拉开距离，从远处看，从高处看。卢克莱修栩栩如生地描述了这种感受。他写道：当狂风在大海里卷起恶浪，自己从陆地上看别人在远处挣扎，你会感到快乐，这并非因为幸灾乐祸，而是因为庆幸自己免受灾难；站在高原看平原上两军激战，自己远离危险，你也会感到同样的快乐。所以，你要守住宁静的高原，这个高原就是哲学，站在上面俯看人类，你会发现，人们全都迷途了，他们争权夺利，沽名钓誉，或者辛苦劳作，无事空忙，盲目地度过了短促的一生。

卢克莱修接着分析说，在这个世界上，人人心上都压着重担，却不知道原因是什么。每个人都不知道自己所要的到底是什么，都在寻求改换地方，好把心上的重担卸掉。那个厌倦待在家里的人，离开他的豪宅去外面了，立刻又转回来，因为觉得外面也不好。他骑着骏马（在今天是豪车）疯狂地奔往郊外的别墅，好像要去抢救一座着火的房子。可是，双脚刚踏上门槛，他就打起了呵欠，于是又急忙赶回城里。就这样，人人都想逃离自己，而这个自己，他是怎样也逃不开的。和自己在一起，他总是不舒服，因此憎恨自己，却不知道病痛的原因是什么。

有许多人，已经拥有生活所需要的一切，甚至拥有财富、地位和名声，可是，他们待在自己家里的时候，仍然有一颗焦虑的心。卢克莱修说，问题就出在这颗心上面，容器本身有毛病了，无论放进什么东西，哪怕是好东西，都会被坏容器熏得变质。所以，错误的根源在心灵。唯一的出路是改变心灵，用健全的理性作为生活的指导，纠正人生的方向。

2. 过一种配称神灵的生活

用理性指导生活，很重要的一点，是节制物质的欲望，做到知足常乐。

给人们带来最大烦恼的不是物质的匮乏，而是占有欲。物质的价值是相对的、不断变化的。卢克莱修举例说，铜曾经是最贵重的金属，因为可以用来制作武器和容器，黄金则因为太软而被视为无用，可是现在铜贱了，黄金成了最贵重的金属。流动的岁月改变着每个东西得意的时节，后出现的似乎更好的东西贬低了以前东西的价值，改变了我们对于事物的趣味。

但是，这真有道理吗？后出现的东西真的比以前的东西更有用吗？他又举例说："从前人们打仗是为了争夺兽皮，现在我们是为了争夺紫袍和黄金，而应该受责备的是我们。因为没有兽皮，寒冷会折磨赤身的土著，而我们完全不必穿紫袍，普通的衣服就可以保暖。正是物质上不断翻新的占有欲望，把人类引向劳碌和战争。"

所以，必须节制欲望。生活的必需品是容易获得的，一个人若能知足地过淡泊的生活，就等于拥有了大量的财富。把贪欲和焦虑从心灵中驱逐出去，心灵就能够获得和平与宁静。在卢克莱修看来，这是一种配称神灵的生活，因为所谓神灵，无非就是生活在和平与宁静之中的一个族类。只要你让理性充分发生作用，就没有什么东西能够阻止你过配称神灵的生活。

在谈及什么是虔诚时，卢克莱修说：虔诚不在于把头蒙住转向一块石头，不在于匍匐在地上叩头，向神龛伸出双手，用牛羊的血浇湿神坛，无休止地许愿和祈福；虔诚在于能够静心观看万物。静心观看万物，这是他给虔诚下的定义，也可以看作是给幸福下的定义，因为遵照神灵的榜样生活，这既是虔诚，也是幸福。

3. 拒绝爱情，但享受性的快乐

《物性论》中有较大的篇幅谈论爱情和性，基本的意思是要拒绝爱情，但享受性的快乐。这和伊壁鸠鲁的观点不同，伊壁鸠鲁是要把爱情和性都拒绝的。

卢克莱修警告说："你一开始就要避免陷入爱情的罗网，这还比较容易，一旦被爱情的罗网擒住，要挣脱就无比困难了。你还要警惕水滴石穿，习惯会产生爱情。总之，无论一见钟情，还是日久生情，你都要小心防备。"爱情有这么可怕吗？他认为是的，因为爱情是建立在错觉的基础上的，它会蒙蔽你的眼睛和心灵，使你看不见你的热恋对象的缺点，同时又把她不具备的优点归于她。

不但如此，爱情还是建立在幻觉的基础上的。你饿了渴了，你能够把食物和饮料吸收进你的身体里，从而解除饥渴。可是，如果你受美色的诱惑堕入了爱情，无论你用眼睛使劲看这个艳丽的脸庞，还是用手拼命摸这个柔滑的肉体，你都不能把美色吸收进你的身体里，从而解除对美色的饥渴。美色只是幻影，试图从美色得到满足，就好像口渴的人在睡梦中试图用水的幻影解渴一样，纯属徒劳。情人们贪婪地紧紧拥抱和接吻，仿佛要让两个肉体互相渗透，融为一体，结果仍是两个分离的肉体，只好以失败告终。

那么，怎么办呢？卢克莱修说，你最好还是躲开爱情，不受幻影的诱惑，把精子射给不同的肉体，而不是唯一的情人，这样就不至于自寻烦恼了。在他看来，爱情会扰乱心灵的平静，所以要拒绝，而性不会，所以可以接受。而且，据他说，越是躲开爱情，就越能够享受性的纯粹的快乐。这种话听上去不像是一个提倡过一种配称神灵的生活的哲学家说的，更像是一个风月场上的老手说的。如果卢克莱修因春药的作用而自杀的传说属实，那么，他是他自己的理论的实践者，但所收获的可不是什么纯粹的快乐。

4. 死不值得害怕

要获得心灵的宁静，必须排除对死的恐惧。卢克莱修认为，死不值得害怕，他提出以下论点。

第一，死与我们无关。身体和灵魂的结合使我们成为一个人，当这个结合解散了的时候，我们已不再存在。对于已不存在的我们，就再没有什么事情能够发生，哪怕天崩地裂，我们也不会再感觉到。这就像我们未出生前，世上曾经发生过许多可怕的战争和灾难，而我们没有感觉到任何痛苦一样。总之，对于不再存在的人，痛苦也全不存在，所以死不值得害怕。

我们也许可以反驳说，死后诚然没有了痛苦，但也没有了生命的一切快乐，这正是死让人不愿接受的原因。卢克莱修想到了这一层，他如此描绘死后的情形："现在再没有爱妻来迎接你，再没有可爱的孩子奔过来争夺你的抱吻，再没有无声的幸福来触动你的心，你不再在你的事业中一帆风顺，也不再能够是你的家庭的保护和赡养者。人们会对你说：'可怜的人，一个不吉的时日已经从你抢走了生命的全部赏赐。'"卢克莱修说："他们应该加上一句'可是在你身上再也没有任何对这些事情的欲望了'。因为没有了对快乐的欲望，所以没有快乐也就不值得害怕。"没有了对快乐的欲望，因此没有快乐也就不值得害怕。

我本人并不赞同卢克莱修的这个论证。在我看来，死的可怕恰恰在于死后我们不复存在，不再有知觉。与不存在相比，痛苦何尝不是一种幸福？

第二，死后的情形与出生前相同。卢克莱修说，回头看你出生前的永恒岁月，你的不存在是如何不算一回事，这是自然举起的一面镜子，用它来照你死后的永恒岁月，你的不存在同样不算一回事。你再想一想，你完全可能没有生到这个世界上来，如果这样，对于你难道是一种灾难吗？一个从未出生的人不会为自己没有得到生命而痛苦，那么，你就把死后的不存在当作你从未出生好了，这样你就不会为死亡而痛苦了。

这个理由很巧妙，在逻辑上很有力，虽然我们也可以反驳说：已出生是一个事实，已出生者是无法按照尚未出生或者从未出生的逻辑来感受生与死的。

第三，寿命没有意义。即使延长寿命，也不能从死亡所占据的无限时间中减少分毫，不能缩短处于死亡状态的时间。无论你活了多么长久，永恒的死仍在等候着你。那个随着今天的落日而结束生命的人，比起那个在许多月或许多年前已经死去的人，他死后不再存在的时间不会短一分一秒。

第四，重要的是活着时生活的品质。生命给予每个人的不是永久的所有权，只是暂时的使用权，你的责任是用好这个使用权。如果你已经好好地享受了生命，就应该像一个有礼貌的客人那样，怀着满足的心情离开生命的宴席。相反，如果你一直在浪费你的生命，那么，给你的生命多加一些日子，你仍然会把它们浪费掉，你何不痛快地让这无用的生命结束？

说得很有道理。一切对死亡的思考，最后都要落脚到有意义地度过人生。

参考书目

[古罗马] 卢克莱修:《物性论》，方书春译，商务印书馆，1981

[古希腊] 伊壁鸠鲁、[古罗马] 卢克莱修:《自然与快乐》，包利民等译，中国社会科学出版社，2004

第十讲

塞涅卡

苦难是美德的机会。

——塞涅卡

古罗马中期之后，斯多葛派完全占据哲学的主流。在这个时期，罗马帝国由盛向衰转折，政局动荡，政坛上充满恶斗，皇帝和高官的性命也是朝不保夕。你想象一下，在这样一个乱世，人人自危，命运变幻莫测，哲学家会怎样勉励自己和教导人们？这正是斯多葛派哲学兴盛的背景。

　　斯多葛派信奉理性的人生观，但是基调发生了很大的变化。在亚里士多德那里，理性人生观充满积极乐观的精神，用理性探究真理是至高的幸福。到了罗马斯多葛派这里，理性人生观成了一种消极应对人世苦难的哲学，哲学成了一种安慰，它的主要作用不是向外探究真理，而是向内寻求心灵的宁静。既然人世间充满苦难和凶险，在那里找不到幸福，就只好到内心中去寻找了。对于如何排除各种负面因素对心灵的干扰，斯多葛派有深入细致的分析。人总有倒霉的时候，所以就总有用得上斯多葛派哲学的时候。

　　罗素讥讽说，斯多葛主义里有一种酸葡萄的成分，因为幸福得不到，就让自己装作不在乎不幸的遭遇，只关心自身的品德，这种学说在一个恶劣的世界里是有用的，但是并不真诚。在我听来，这种话很像是一个幸运儿对苦难者说的风凉话。

　　罗马斯多葛派的基本思想可以归纳为三个要点。第一，理性是宇宙的本质，也是人的真正本性。宇宙受理性支配，人是宇宙的一部分，应该服从宇宙的理性。人的理性源自宇宙的理性，所以人有能力遵从理性而生活。第二，遵从理性而生活，这本身就是德行，就是幸福。一个遵从理性而生活的人，能够做到对一切外在的事物和遭遇不动心。哲学的使命，就是帮助我们达到这种心灵的宁静。第三，要能够遵从理性而生活，关键在于做正确的判断，一切痛苦的根源都是做了错误的判断。所谓判断的正确和错误，不是认识论意义上的，而是价值论意义上的，指对于一个东西有没有价值的判断。要让理性来决定事物的价值，而在理性看来，只有理性能够支配的东西才有价值，那就是怎么做人。凡是理性不能支配的东西，例如财富、权力、名声等身外之物，以及外在的命运和遭际，都是没有价值的。

罗马斯多葛派的代表有三人，即塞涅卡、爱比克泰德和奥勒留，都生活在公元一至二世纪。三人之中，塞涅卡年代最早，著述最丰，是最主要的代表。他写有九部悲剧和大量哲学小品，一部书信集《道德书简》，一部哲学专著《自然问题》。他的《道德书简》开创了一种如同亲切谈话的哲学体裁和文风，在他之后，普鲁塔克、蒙田、培根、伏尔泰都是这方面的大师。

一　幸福在于心灵的高贵

1. 坎坷的一生

塞涅卡（Lucius Annaeus Seneca，约公元前 4—公元 65）

塞涅卡（Lucius Annaeus Seneca，
约公元前 4—公元 65）

出生在西班牙的科尔多瓦，当时西班牙是罗马的一个行省。他在罗马受教育，当过律师，三十四岁开始从政。塞涅卡的一生既官运亨通，又灾难不断。他长期在朝廷里当官，先后经历了四个皇帝，这四个皇帝，后三个都是暴君。在三个暴君手上，他三次被判处死刑，前两次侥幸逃脱，在最后一个暴君手上，他就没有那么幸运了，死刑判决得到了执行。

第一个暴君是卡利古拉，此人继位时，塞涅卡已是元老院的主要发言人，新皇帝妒忌他的演讲才能和声望，以傲慢的罪名判他死刑，他靠装病危和朋友求情幸免。

第二个暴君是克劳狄乌斯，这一次的罪名是说他和皇帝的侄女私通，后来从死刑改判为流放。他在当年很荒凉的科西嘉岛上度过了八年光阴，写作了他的大部分哲学著作。

最后一个暴君是尼禄。公元 49 年，皇帝克劳狄乌斯处死旧皇后，立新皇后，尼禄是新皇后的儿子，当时十二岁。新皇后把塞涅卡从流放地召回，请他担任儿子的家庭教师。尼禄十七岁即皇帝位，他成为帝王师和事实上的宰相。

尼禄这个人的习性，用一句话概括，就是才子加流氓。他是一个才子，酷爱艺术，包括诗歌、音乐、雕刻、绘画、戏剧，经常聚集一帮艺人在宫廷里举办诗歌朗诵会、音乐会和戏剧表演。在罗马的客栈、酒吧和街头，人们到处传唱他创作的歌曲。尼禄又是一个流氓，经常夜晚化了妆，聚集一帮混混在街头游荡，酗酒、斗殴、抢劫和强奸，无恶不作。二十二岁时，他更是干了一件伤天害理的事，因为他母亲反对他休妻另娶，他下令杀死了他母亲。

你们可以想象一下，在这样一个几乎是疯子的暴君身边，塞涅卡的处境何止是伴君如伴虎，他天天向暴君灌输要节制欲望、关注心灵的这一套斯多葛派哲学，引起的何止是反感。他自己也看清了形势，慢慢隐退，从公元 62 年起完全隐居。在三年的隐居生活中，他完成了《自然问题》和《道德书简》的写作。

可是，尽管远离政坛，暴君并没有忘记他。公元 65 年，他被控参与一个企图谋害尼禄的阴谋，尼禄命令他自杀。消息传来，同伴们一片哭声，他从容问道："你们的哲学到哪里去了？"临死前他十分平静，自己切开血管，同时让秘书记录他的遗言，据说仍然是才思泉涌，出口成章。因为血流不畅，后被人抬到蒸汽炉内闷死。他的妻子宝琳娜要求与他同死，他同意了，她也切开自己的血管，但尼禄命令医生抢救她——她最终比丈夫多活了几年。塞涅卡和宝琳娜共同生活了三十年，他们婚姻的美满在罗马有口皆碑。

2. 幸福在于心灵的高贵

塞涅卡认为，人的生活品质完全取决于心灵的品质，拥有一颗自由、高贵、无所畏惧和前后一贯的心灵，是持久的幸福的唯一保证。一个拥有这样心灵的人，自身就拥有了最丰富的宝藏，最充沛的快乐源泉，所以能够做到对一切外在的事物和遭遇不动心。你内心有最好的东西，这个东西是世上任何好东西比不了的，也是任何外力夺不走的，所以你很安心。

心灵的好是根本的好，和这相比，其他的一切都没有多大价值。有了心灵的好，你就什么也不缺，别的东西多了不能增多你的幸福，少了不会减少你的幸福。没有心灵的好，你有什么都是空的，财富、权力、名声、好运都不能使你真正幸福。这个心灵的好，只有你自己才能够赋予自己，而只要你愿意，你也一定能够赋予自己。用一个词来概括，这个心灵的好就是德行。

3. 德行是唯一的善

在德行和快乐的关系问题上，塞涅卡秉持斯多葛派的立场，强调德行是唯一的善。针对伊壁鸠鲁派认为德行和快乐不能分开的论点，他反驳说我看不出如此相反的东西怎么能被捏到一个模子里面。事实上，美德常常缺少快乐，甚至要经受苦难才能实现。快乐既不是德行的原因，也不是它的回报，最多是它的副产品。

你问为什么要追求美德？塞涅卡告诉你，这个问题本身就提得不对。难道你想在最高的境界之外再寻找什么东西作为它的目的吗？美德的目的只是它本身，因为它不可能找到比它更好的东西了，它是它自己的回报。一个人拥有高贵、自由、美好的心灵，这难道还不够吗，还需要在这最大的幸福上面再添加什么东西吗？

把美德和快乐捆绑在一起，就是给自由戴上枷锁，可是，自

290

由唯有在它坚信没有任何东西比自己更有价值的时候，才是不可征服的。如果你一定要让快乐陪伴美德走向幸福生活，那么，也请你让美德在前面引路吧，而让快乐跟随着它。美德是尊贵的夫人，让她给快乐当婢女，那只表明你的灵魂太渺小了。让快乐在前面引路，结果必然是丧失美德。

塞涅卡指出，从实质上看，伊壁鸠鲁给快乐定的规则，与斯多葛派给德行定的规则并无区别，都是遵从自然和理性而生活。因此，所谓快乐主义的标签是名不副实的。

总之，除了高贵之外没别的善，除了卑鄙之外没有别的恶。高贵本身是高贵的行为的报偿，卑鄙本身是卑鄙的行为的报应。恶人做了坏事，不可能有永远不被发现和逃脱惩罚的信心，恶人的心永远不得安宁。你即使遭遇了恶人的伤害，仍然要相信世上有善良，仍然要坚持做一个好人，这是心灵真正高贵的标志。

4. 道德是理想的目标

塞涅卡是一个有道德瑕疵的人，因此当时就有人骂他是伪君子，说的是一套，做的是另一套。他承认自己不是圣人，如此辩解说：我是在讲美德，不是在讲我自己的品德，是在讲人应该怎么生活，不是在讲我现在是怎么生活的；我的立论反对所有的恶，尤其反对我自己的恶；我给自己树立一个目标，慢慢地向它靠近。

从道理上讲，我们天生就向往美德，但不是生来就具有美德。人性中有获得美德的基础，但需要后天的培养才能真正获得。一个人给自己树立这样的理想，要让自己具备各种美德，超脱生死，看淡命运，鄙视财富，并且下定决心去做，他就是走上了通向神明的道路，这样的人即使最后没有达到神圣，也是在高级的王国中失败的。在设定自己努力的目标的时候，不是以自己现有的状态为标准，而是以自己天性中最好的部分为标准，这本身就展示了心灵的高贵。

总之，道德是一个理想的目标，有没有这个目标，心灵的品质是不一样的，因此生活的品质也是不一样的。从塞涅卡一生行为的主流看，我们可以同意他为自己做的辩护。

二　自由人以茅屋为居室

幸福在于心灵的高贵，在于德行。一个心灵高贵、道德高尚的人如何对待财富？这是塞涅卡讨论很多的一个问题。他的主要看法是：财产以够用为界限，超出需要的财富是负担，但贤哲不妨拥有财富，关键是要做财富的主人而非奴隶。

1. 财产以够用为界限

一个人财产的恰当界限是什么？塞涅卡说，第一是必要，第二是足够。有许多东西，只有当我们没有它们也能对付得过去时，我们才会认识到原来它们是多么不必要。我们一直在使用着它们，这并不是因为我们需要它们，而是因为我们拥有它们。我们之所以买了这些东西，也只是因为看见别人买了，别人已经拥有。我们身处困境的根源之一，就在于我们总是以别人为榜样来安排自己的生活，受习俗和时尚的支配。

所以，怎么算必要，要听从自然的指导。自然规定的欲望总是有限的，由错误观念激发起来的欲望却是永无止境的。塞涅卡形象地说："心灵的纯洁可以安闲地休假，而欲望总是要忙忙碌碌。"受欲望支配，劳碌就永无终日。不论你拥有多少财富，总还是有人比你更加富有，于是你便毫无根据地想象，凡是你缺少的东西都是你需要的，别人越是比你富有，你就越是觉得自己贫困。"贫穷者所缺甚多，而贪婪者缺少一切。"被贪欲支配的人，心灵成了身体的奴隶，永远在为身体服劳役。获得生活的必需品是不难的，追求奢侈才需要花费巨大的力气。一个人如果能够把关心身体看作是一件极为简单的事，这样的人即使不是哲学家，也距离哲学家不远了。

塞涅卡说了一句漂亮的警句，可以用作结论："自由人以茅屋为居室，只有奴隶才在大理石和黄金下栖身。"

2. 超出需要的财富是负担

塞涅卡进而指出，一个人拥有超出实际需要的财富，对于他来说，这些不得不占有的财富会成为沉重的负担。你拥有巨大的庄园、上千的家奴和无数的房产，账本上有巨额的金钱，你就不得不仔细地检查你拥有的这些财富，看它们投资和花费到了什么地方，你总是在操心操劳，实际上非常可怜。"正是穷人才清点自己羊群的数目。"一个人总是在追求更多的财富，时刻计算他尚未到手的东西，那么，他已拥有的一切会给他带来什么快乐呢？这样的人才是不可救药的穷人。

从心理上分析，财产会成为一种牵挂。得不到钱财比失去钱财要容易忍受一些，从未受到命运女神垂青的人要比被命运女神抛弃的人更快乐。没有钱诚然是痛苦，但是比丢失钱的痛苦要小得多，钱少的人受丢失钱折磨的机会也就少得多。如果你以为富人会欣然地忍受损失，那你就错了，塞涅卡打比方说，块头大的人受了伤，痛起来一点也不比块头小的人轻。

第欧根尼是一个榜样，他没有任何财产，从他身上什么也夺不走。塞涅卡说："你可以把这种状态叫贫穷，或者给它随便安一个什么可耻的名称，可是，你要是能给我找出第二个毫无东西可丢的人来，我就不把他算作幸福之人。置身于人世间许多守财奴、骗子、强盗和掠夺者当中，他成为唯一不可能被伤害的人，这是一种王者气象。这样的人生活在智慧的王国里，在一切属于全人类这个意义上，他拥有一切。"

财富是身外之物，不会给人带来荣耀。塞涅卡说：我们会赞美一棵果实累累的葡萄树，但不会赞美一棵挂满金葡萄和金叶子的葡萄树；同样道理，一个人为拥有豪宅、地产、金钱而骄傲，就像这棵挂满金葡萄和金叶子的葡萄树一样可笑。最卑鄙的人也可能拥有巨大财富，最高尚的人也可能一文不名，这是神明贬低财富的最好办法，借此让人们清楚地看到，财富与人的价值是多么不相干。所以，让我们赞美人身上那种既不能给予也不能剥夺的东西吧，那就是心灵的高贵，就是理性和美德。

3. 关键是要做财富的主人而非奴隶

塞涅卡关于财富的话说得很漂亮，可是，这个罗马宫廷里的重臣,生前以敛财和奢华著称,是一个亿万富翁。他还曾经在不列颠放高利贷,一夜暴富,以至于这个地方的人因为吃了大亏而发动了起义。在自己的著作里,他转述了同时代人对他的非议。人们责问他说,为什么你这个人推崇哲学却过着奢侈的生活,宣称应当鄙视财富却自己拥有钱财,说生命不值得一提却还活着,如此等等。对于自己在财富上的言行不一,塞涅卡为自己提出以下四点辩护。

第一,贤哲不认为自己配不上命运的任何馈赠,没有人命令智慧一定要受穷。哲学家不爱财,但愿意拥有它们;他不会让它们进入他的心灵,但会让它们进入他的屋子。哲学教导人过质朴的生活,并不是要人当苦修者。哲学家的生活应该介于理想和普通美德之间,他的生活方式应该既受到民众的赞扬,又能够被民众所理解。把财富当作难以忍受的负担,这是心理不正常的表现。能够以健康的心态看财富,贫穷时视陶器为银器,富裕时视银器为陶器,都是伟大的表现。

第二,贤哲拥有财富,可以为自己发挥美德提供充分的物质保障。在贫穷中只可能有一种美德,就是不被贫穷压弯了腰,而在富裕中可以为节制、慷慨、勤勉、有条理和胸怀开阔等美德找到广阔的空间。

第三,贤哲不会为拥有财富而焦虑不安。是他拥有财富,而不是财富拥有他。他是财富的主人而非奴隶。他不打发它们走,但是如果它们离开他,他会毫不在意地把它们送到门口。命运把财富存放在贤哲这里是最放心的,因为当命运要求他归还时,他会毫无怨言地立即归还。

第四,贤哲在富裕中仍然能够过简朴的生活。据说塞涅卡虽然有豪华的居室，却睡硬床，吃简单的食物。他主张有意识地练习简朴，规定在一些日子里放弃一切物质享受，保持与贫困的亲密关系，以免当贫困降临时毫无准备。他说，如果体会到做一个穷人绝非痛苦，那么做富人的时候就会感到轻松些。

总之，财富是身外之物，是身外之物也不妨拥有，拥有了仍然要明白它们是身外之物，随时可以割舍。这个辩护也算得漂亮，而塞涅卡是说到做到的，他离开朝廷隐居期间，他的巨额财富被没收，乃至最后他的生命被剥夺，他都泰然处之。财富、权力、名声乃至生命，都是身外之物，对它们都要抱这种态度，拥有的时候好好享用，时辰到了就痛快地交出来。

4. 蔑视权位

除了财富，权位也是对心灵品质的考验。可是，拥有财富，你仍可以在财富面前保持自由，一旦据有权位，你就很难自由了。塞涅卡自己久居高位，深知权位的凶险和无价值。我摘录他的几段话，这些话凝聚了他毕生的惨痛教训——

"我们不要去羡慕那些站在高处的人：看似很高的地方，实则都是悬崖。"

"当你看到一个人经常穿着官袍，看到一个人在论坛上大名鼎鼎时，不要心生羡慕之情：这些东西都是靠牺牲生命换来的。"

"有些人忍辱负重，千辛万苦好不容易爬到了高位，可是一想到自己呕心沥血一辈子，所赢得的不过是墓碑上的一段碑铭，不禁怅然若失。"

"许多人觉得必须牢牢抓住自己的高位不放，除非从上面摔下来，否则是决下不来的。他们也许会宣称这是自己最大的负担，也就是说，他们已经身不由己，因为他们不是被举上去的，而是被钉上去的。"

无须多作解释，历史上和现实中许多身居高位者的经历和心情都是旁证。即使权位达于顶峰，登上皇帝宝座，乃至称霸全世界，塞涅卡如是说："如果一个人不觉得自己幸福，他即便统治整个世界，也仍是不幸的。"

三 人生必须坚强

命运变幻莫测，人生充满苦难，因此必须坚强。在这方面，贤哲是榜样。普通人也要学会坚强，做到服从命运，承受不幸，节制悲伤。塞涅卡在这方面有许多论述，我介绍如下。

1. 贤哲的坚强

贤哲是塞涅卡心目中的理想人格。贤哲的特点是宁静而坚强。

塞涅卡说："任何东西只要缺乏宁静，就不可能是伟大的。"在天空，所处的位置越高，就越是澄明、安静、有序，不会有乌云、风暴、混乱，只是在低空才会闪电大作。同样，高贵的心灵总是宁静的，因为它居于精神的高空，不会受到世间凡人俗事的搅扰。

在某种程度上，有高贵心灵的人好像天上的神暂时下凡，他能够用神的眼光和心态来看待自己在人世间的一切遭遇。塞涅卡说贤哲和神的区别只是前者生命有限，他拥有神的灵魂，在尘世经历凡人的兴衰变迁。因此，贤哲能够平静地面对一切，做到最大限度的坚强。

贤哲拥有两样最宝贵的东西，就是理性和美德。无论身处怎样的境遇，这两样东西都不会离开他。即使被流放到荒岛上，他仍然可以用理性探究宇宙万物，仍然可以做一个有德之人。这两样东西是任何外力都夺不走的，因此他内心很充实。贤哲什么也不缺，既不需要别人送他什么，也没有人能伤害他。

命运对贤哲也无可奈何，因为命运只能夺走它给予的东西，理性和美德不是它给予的，所以它拿不走。在贤哲看来，命运能够夺走的东西本来就不属于他，而只是命运之神带来的身外之物。甚至他的生命也是如此，他知道他只是暂时借用了这生命，他会像一个虔诚的人守护所托管的物品那样，对这生命认真尽职，但是，只要命运之神命令他交回，他会怀着感激之心愉快地归还。

无论是命运之神的威力，还是权势人物的残酷，所能加于人的最大苦难是死亡。因此，一个人只要不怕死，就没有什么东西可以威胁他了。贤哲就是这样，他早就为死做好了准备，所以能够忍受一切苦难，包括命运导致的失败、耻辱、流离失所、丧失亲人等等，也包括权势人物的伤害，在他看来，这些权势人物也只是命运的工具罢了。

2. 服从命运

贤哲有强大的内心力量，在命运面前可以做到不动心，普通人应该怎样对待命运呢？塞涅卡的名言是："愿意的人，命运领着走，不愿意的人，命运拖着走。"所谓命运，是指人不能支配的外部遭遇，既然不能支配，你就要服从命运，不要和它较劲了。具体地说，如何看待命运，有以下四个要点。

第一，既然命运不可支配，你就不要把幸福寄托在好运上，而要寄托在你能够支配的东西上。什么东西是你能够支配的？就是你的心灵的品质。你虽然不是贤哲，但你可以向贤哲学习。洪水夺走了我们一样东西，火灾又夺走了我们另一样东西，这是我们无法改变的生存条件，我们能够做的是培养崇高的心灵，从而能够勇敢地承受命运带来的一切。塞涅卡简洁地说："你的好运就是你不再需要好运。"

第二，要立足于人生的全景看命运。从人生的全景看，虽然人们的命运好像很不同，但结果是一样的。我们经手的事物，连同我们自己，都是会毁灭的，我们生来就注定要这样的，我们生活在注定要毁灭的事物之中。这就是我们生活的条件，无论贵贱贫富，对每个人都一样，所以没有什么好抱怨的。塞涅卡说："何必为部分生活而哭泣？君不见全部人生都催人泪下。"我们看到，在斯多葛派这里，整体上的悲观主义有了一种积极的作用，可以让人超脱个别的苦难。结论是要和命运和解。"在波涛汹涌的人生大海中，唯一安全的港湾是对命运带来的一切处之泰然。""通向自由的唯一道路是对命运无动于衷。"

第三，不要轻信命运，对命运的任何打击都要有心理准备。生活中有各种暗箭对准着我们，谁都可能被射中。天有不测风云，人有旦夕祸福，一切灾难都是命运的题中应有之义。那么多送葬队伍从你门前经过，你却从不想一想自己也会死；那么多孩子夭亡，你却企图规划你的孩子的辉煌未来；那么多富人一夜之间变得一贫如洗，你却相信你的财富是牢靠的——你岂不是太糊涂了？无论什么样的命运，能发生在一个人身上，就同样能发生在我们每个人身上。天底下最愚蠢的事情，莫过于在最受命运宠幸的时候相信命运。塞涅卡说：我从来没有信任过命运女神，即便在她似乎向我示好的时候也是如此。我把她赐给我的一切，包括金钱、官位、权势，都放在一个她不惊动我就可以收回的地方。我同它们保持了很宽的距离，因此她只是把它们取走，而不是从我身上强行剥离。一个人在命运女神微笑时不上当，那么在她皱眉头的时候也不会吃大亏。相反，走好运时飘飘然的人，一旦命运发生逆转，就一定崩溃。

第四，在总体上服从命运的同时，要学会适应自身的处境，利用命运给你带来的那个比较好的部分，开心地过日子。尽量少抱怨，没有一种处境会糟糕到这般地步，不能让一颗平静的心灵从中找到一些慰藉。

3. 承受不幸

莫测的命运，最让人惊惧的是突然降临的不幸。因此，如何承受不幸，是人生的一个大课题。塞涅卡说："真正重要的不是你承受了什么，而是你怎么承受。"怎么承受呢？有下面三个要点。

第一，不幸往往是突然发生的。一般的规律是，事物的成长过程非常缓慢，而毁灭却异常迅速。因此，你要居安思危，对任何可能的突发事变做好思想准备。你不可以只考虑通常的情况，因为只要命运愿意，有什么不能被它那无上的权势击倒呢？人会生病、坐牢、遭遇天灾人祸，无一不是意料之中的事情。你要把这一切都看作是立刻会发生的事情，这样就能够保证发生在你身上的事情一件也不出乎意料。只要有所准备，无论什么降临于你的头上，都可以减少它对你的打击。相反，对于那些只期待好运的人来说，任何不幸都会造成严重的打击。出乎意料的灾难对人的摧残更大，而突如其来更加重了它的分量。

第二，当不幸降临的时候，你要平静地面对。不要夸大不幸。一个人不幸的程度，是和他自己的想象一致的。能够成功地忍受痛苦，这里面也是有某种快乐的，虽然忍受的时候毫无快乐可言。更不要把已经过去了的痛苦又翻出来向人诉说，仅仅因为曾经有过不幸就说现在仍然不幸，这有什么好处呢？而且，不是每个人在诉说苦难的故事时都要添油加醋，在这个问题上也要欺骗自己吗？苦难并非那样难以忍受的，你看那些囚犯，一开始都会觉得戴着镣铐的生活无法忍受，可是在牢狱里待久了，慢慢就习惯了，也就不觉得无法忍受了。造化设计出了习惯，帮助我们减轻各种不幸的痛苦，再大的痛苦也是能够习惯的。

第三，塞涅卡重点谈论不幸和苦难在人生中的价值。一个人从未经受过不幸，他就丧失了对于自然的另一半的认识。那种被过度的好运弄得麻木迟钝的人，才是真正不幸的。苦难是美德的机会。你没有遭遇过不幸，就没有人知道你能够做什么，连你自己也不知道。人必须经受考验，才能认识自己。如果你终日在财富中打滚，我怎么知道你能否坦然地面对贫穷？如果你始终生活在掌声和欢呼之中，我怎么知道你能否坚强地面对侮辱、名声扫地以及公众的仇视？如果你子孙满堂，我怎么知道你能否冷静地对待丧子之痛？神明遵循的是教师对待学生的同样规则，对于最寄予厚望的人，会提出最大努力的要求。那些被召唤来承受考验的人可以自豪地说：神明认为我配得上做它的工具，用来检测人性究竟能够承受多大的苦难。

4. 节制悲伤

一位名叫玛西娅的女子沉浸在丧子的悲伤之中，塞涅卡给她写信，进行劝慰。在这封长信中，他围绕节制悲伤这个主题讲了一些既平实又深刻的话，今天仍然值得我们听取。

塞涅卡说，因为发生了不幸，就用过度的悲伤来惩罚自己，这样做既荒唐又有害。亲人去世，悲伤是人之常情，但要适度。在人类中，观念加在悲痛上面的东西超出了自然的规定。动物失去幼崽也会悲痛，而且非常强烈，但时间很短暂。母牛的悲哞不过一两天，母马狂奔乱跑的时间也不会长，野兽循着幼崽被偷走的踪迹焦躁地来回寻找若干次，然后就平静下来了。只有人类才会培育自己的悲伤，长时间地沉浸在悲痛之中。

许多人感受悲伤，不是按照自然的要求，而是按照习俗和舆论的要求，感受到的不是真正达到的程度，而是认为应当达到的程度。他们的眼泪是流给别人看的，只要没有人看，他们也就不哭了。他们觉得，这种时候大家都哭，自己不哭，那是不光彩的。不是哀痛本身，而是要让人看到自己很哀痛的心理在支配着人们。没有人会只是哀痛给自己看的。根据他人眼光行事的恶习竟然根深蒂固到了这般地步，连悲伤这种最个人的情感也掺进了表演的成分。可是，事实上，你的悲伤一开始也许能够博得别人的同情，让大家说一些安慰话，而一旦持续下去，很快就会不受欢迎了。

302

人们会躲避你，暗暗嘲笑你，而这也是应该的，因为过度的悲伤不是愚蠢，就是虚伪。于是，整个情况就变得十分可笑了，为了迎合他人眼光表现的悲伤，却招来了他人眼光的蔑视。舆论是最没有操守的，根据他人的眼光行事，结果一定悲惨。

所以，应该顺乎情感之自然，让悲伤之情得到释放，同时又用理性来节制它，把它控制在适宜的程度上。这样也才对得起死去的亲人。塞涅卡对玛西娅说："如果你对亲人的记忆变成了你的痛苦之源，你是不可能珍藏这段记忆的。"

如何对待悲伤，另一个重要方面是不可一味逃避。许多人遭遇了不幸之后，为了忘记悲痛，就去国外旅游，或者拼命干某项事业，塞涅卡说，这样做在短时间内也许有一点效果，暂时转移了悲痛，但不能根治悲痛。悲痛在经过一段时间的麻痹之后，会积蓄新的力量发起更猛烈的进攻。积极的做法是用理性的力量战胜悲伤，让悲伤彻底投降。那么，到哪里去找这种力量呢？塞涅卡的回答是哲学。哲学可以让你看明白人生的真相，从而能够服从命运，承受不幸。我在前面已经讲了塞涅卡阐述的这方面的道理，针对玛西娅的丧子之痛，他还说了一些很有力量的话，其中一段的大意是：人的共同命运是终有一死，你是会死的，你所生的人也是会死的，难道你还指望你这个有朽之躯能够结出不朽的果实？你的儿子已经去的那个地方，所有在你看来比你儿子幸运的人都在匆匆奔往那里。总之，在人皆有死这个大背景下，一个人不该为自己的死感到委屈，也不该为自己亲人的死长久悲伤。

四 论仁慈、恩惠和愤怒

仁慈和恩惠是道德领域的话题，愤怒是一种强烈的情绪，之所以把它们放到一起来讲，是因为我发现，在讨论这些话题时，塞涅卡都是一位高明的心理学家。他讨论仁慈与怜悯的不同，施惠和受惠要注意的问题，是在讲一种道德心理学。他讨论愤怒，是在讲一种情绪心理学。仁慈和恩惠是要善待他人，克制愤怒是要善待自己，而这二者皆有赖于健康心理的建设。

1. 仁慈与怜悯的不同

塞涅卡认为，仁慈和怜悯貌似相同，实则相反，仁慈是美德，而怜悯却是人性的缺点。他告诫尼禄皇帝说："要避免两种情况，一种是以严厉作为伪装的残忍，另一种是以仁慈作为伪装的怜悯。"

仁慈与怜悯的不同，一是在于怜悯是人格软弱的表现，而仁慈是强者的品格。看到他人不幸而引起伤感，心灵被他人受难的景象所折磨和压迫，这是怜悯。贤哲是不会伤感的，他的心灵永远宁静，任何事物都不会使它蒙上阴影。高贵与伤感不能并存，伤感会让人变得愚钝和萎靡。要求贤哲怜悯他人，就好像叫他在陌生人的葬礼上恸哭一样不合情理。贤哲会愉快地帮助不幸者，同时并不给自己增添伤感。

二是正因为怜悯是一种软弱的心理状态，把人世间的不幸看得过重，怜悯者就会因为自己没有陷入不幸而产生一种优越感，居高临下地对待被施舍的对象。相反，贤哲具足内在的圆满，不需要用他人的不幸来反衬自己的优越，他会以平等的态度帮助他人。

2. 施惠与受惠

仁慈在物质上的表现是施惠。塞涅卡说利用自己财产的最好方式是把它们作为礼物送给别人，这样你就是把它们真正地变成了你自己的东西，真正地享用了它们，你对它们的所有权因此得到了确定。一切财富作为物质的东西总是不可靠的，它们会损耗和转移，厄运和不公都能够夺走它们，它们最终都必定会消失。但是，变成了恩惠之后，即使物质的东西消失了，恩惠仍然存在，因为行善是一种道德行为，没有力量能够使它消失。

恩惠是给别人快乐并以此给自己也带来快乐的行为，在恩惠中，重要的不是施惠者做了什么和给了什么，而是行动的精神实质，唯有施惠者的好意才形成恩惠。物质的东西本身是中性的，谈不上好或不好，主导的精神原则才赋予物质以价值。心意既可以提升小礼物的价值，也可以使贵重的礼物贬值。

施惠的时候一定要真心诚意，毫不犹豫，没有人会对出于被迫而非自愿的恩惠心存感激。在施舍时犹豫、拖延、一脸忍痛割爱的样子，或者傲慢、趾高气扬、四处宣传，这样的施舍毫无恩惠可言。恩惠应该当场施予，可是人们往往承诺容易兑现难，再也没有比不得不讨要别人已经答应给的东西更让人难堪的了。许多人的所谓慷慨，其实只是由于缺乏拒绝的勇气。所有这些缺乏善意的施舍，就像是掺着沙砾的面包，饥饿的人不得不接受，却难以下咽。塞涅卡告诉我们，对一个被迫帮助我们的人，我们无须承担任何义务。

一个诚心施惠的人，要注意施予的对象、分寸和方式。他不会把钱袋藏起来，但也不会让上面有漏洞，可以慷慨解囊，但不应该任意挥洒，错误的赠送等于可耻的浪费。赠送的礼物要适合受赠者的品性和需要，不让他因为礼物太轻而鄙夷，或因为太重而惶恐。施惠时不可伤害受惠者的自尊心，那种不能增添光荣而是解除贫穷、痛苦和耻辱的恩惠，应该悄悄地给予，只让受惠者一人知道。

恩惠涉及施惠者和受惠者双方，有一个对双方都有约束力的规则，就是一方应该立即忘记施过惠，另一方应该永远不忘记受过惠。如果给予者在给出时就忘记给过，这样的礼物该是多么的喜人。从施惠者来说，索取回报是错的，但接受回报是对的。如果你在给出时就忘记给过，就会把别人的回报当成恩惠高兴地接受，这是最好的境界。

从受惠者来说，最重要的是感恩。充满感激的接受本身，已经是对恩惠的一种回报。感激必须是真诚的，一个人如果只在没有旁人的情况下才肯道谢，他就已经是一个忘恩负义的人了。感恩对精神的要求并不比施惠低，因为它需要你耐心地守护它。你要沉静地承担回报的义务，等候时机的到来，既不可在不恰当的时机急于回报，也不可在恰当的时机疏于回报。急于在第一时刻摆脱回报的义务，也是忘恩负义的标志，因为这表明此人是把礼物当作负担而不是恩惠，他的回报不是真心的。

应该怎样对待忘恩负义者？塞涅卡说："应该平静、大度、有教养地对待，决不要让任何人的失礼、健忘和不知感恩惹怒你到这种程度，以至于你对过去的善行感到不悦。"你的善行的价值是别人的忘恩负义抹杀不了的，但是会被你自己的悔恨抹杀。

塞涅卡特别提醒我们："最大的恩惠是我们的父母给予我们的，但是我们要么一无所知，要么不愿意接受。"父母给了我们生命，抚育我们成长，我们要永怀感恩之心。

3. 论愤怒

在人的各种负面情绪中，愤怒是最强烈的一种。塞涅卡对愤怒的情绪有非常精准细致的分析，包括以下几点。

第一，愤怒的性质和特征。愤怒完全是非理性的，它是一切情绪中最可怕、最猛烈的情绪，是"一时的发疯"。其他的情绪来势比较缓慢，而愤怒在它开始的一刹那就能量巨大，往往一下子就把人控制住了。其他的情绪引诱心灵，而愤怒则绑架心灵。

在愤怒的控制下，人不顾一切，只要能够伤害对方，即使同归于尽也在所不惜。愤怒会让所有其他的激情都俯首称臣，痴情者会杀死自己热恋的爱人，贪财者会砸毁自己多年积攒的财宝，如此等等。人因为觉得自己受了伤害而发怒，这伤害的程度本来是有限的，但愤怒会把人卷到多远，就没有人知道了。

弱者常常容易发怒，例如孩子、老人、病人。愤怒的情绪很愚蠢，塞涅卡问道：如果你用踢报复一头骡子，用咬报复一只狗，你是否认为获得了心理平衡呢？愤怒有一副混乱的外表，使最美丽的面容也变得丑陋。塞涅卡引用某位哲人的建议：如果你正在发怒，最好立刻照一下镜子，也许就会冷静下来了。

愤怒还有一个特点，它是唯一能够控制整个国家和民族的一种激情。别的情绪和欲望都只能控制单个的人，没有一个民族会为了一个女人整个地燃起爱情的火焰，没有一个国家会全体投入对金钱和财富的狂热追求，野心抓住的也只是个体，只有愤怒会把整个民族拖入苦难，人们会一起冲入愤怒之中。

第二，愤怒的心理机制。人往往被小事激怒，由于把微不足道的小事看得很重要，通过夸大其词来制造自己的委屈，由此产生了愤怒。正因为是小事，并且意识到为小事发怒是理亏的，于是因为理亏就继续发怒，仿佛要用坚持发怒来证明它是有道理的，而这恰恰是发怒中最没有道理的地方。塞涅卡的这个分析非常到位。一开始是没有控制住自己，为小事发怒了，这是很丢面子的，然后为了挽回面子，就更加理直气壮地发怒，这种情况岂非比比皆是。

第三，对付愤怒的方法。有两个规则，一是不陷入愤怒，二是在愤怒时不采取任何行动。首先要争取一开始就不让自己陷入愤怒，一有苗头就抵制它。敌人必须被阻止在边境线上，一旦越过边境进入城内，就不会尊重由他的俘虏设定的任何限制了。由受到伤害的印象所激起的最初的心灵骚动还不是愤怒本身，愤怒是认同这个印象并且支持这个骚动，其间实际上是有一个短暂的间隔的。所以，当你觉得自己受了伤害的时候，不要立即反应。其次，如果愤怒已经被激起，这个时候切记不要采取任何行动，因为被推迟的惩罚仍然可以实施，而已经实施了的就不能再收回了。在愤怒中采取的行动往往是激烈的，甚至是疯狂的，因而必定是错的，会造成不可挽救的严重后果。总之，对付愤怒的主要方法是延缓，第一延缓对伤害做出反应，第二延缓对对手采取行动。愤怒是非理性的情绪，延缓则是给理性的判断留出时间。

第四，要真正战胜愤怒，唯有靠灵魂的伟大。愤怒的情绪往往由小事激起，可是有什么办法可以让我们认识到，我们觉得伤害了自己的那些事情是多么微不足道呢？塞涅卡回答说："除了建议你去获得一个真正伟大的灵魂，我就提不出更好的建议了。"只有伟大的灵魂才能够不计较伤害，就像高贵的猛兽不理睬小狗的吠叫那样，他不屑于去和伤害他的人纠缠。最令人耻辱的一种复仇就是认为对手不值得报复。

一个人如果洞察人性，也就不太会陷入愤怒。"为了不对个人发怒，你必须普遍地谅解人类，你必须不严格要求人类。"在具体的场合，你不妨这样想："冒犯你的人要么比你强大，要么比你弱小；如果比你弱小，你就饶了他；如果比你强大，你就放过你自己。"对于来自强大者的伤害，你不但要忍受，而且最好佯装不知，因为强大者的特点是对自己伤害过的人还要怀恨在心，因此会给你第二次伤害。

在这些论述中，塞涅卡把哲学的智慧和处世的智巧混在一起讲了。他谈论的主要是私人关系领域中的愤怒，他的见解可供参考。还有一种愤怒，涉及公共关系领域，即正义的愤怒，他的见解在总体上是不适用的，因为没有正义的愤怒，道德的高尚和法律的公正都不可能存在。在这个领域，他的见解最多只有某种策略的意义，提醒我们在捍卫正义的同时要注意保护自己。

五　人们为何活得不安静

塞涅卡认为，人活在世上，有自己的明确目标，并且持之以恒地坚持，这是至关重要的，这是好的生活方式的标志。相反，没有自己一贯的目标，追随流行的观念，生活方式就会不断变换，但不是变好，而是变成不同的坏形式。在他的笔下，他那个时代的许多人，也是活得忙乱而不安静，辛苦而不快乐，和今天好像大同小异，我们不妨听一听他对这类现象的描述和分析。

1. 无事瞎忙的人们

塞涅卡对无事瞎忙的人有非常生动的描绘。他说：许多人早晨匆匆出门，仿佛有要紧的事要处理，但是如果你问他们何以这么匆忙，他们真说不上来，只是觉得应该去见个什么人，办个什么事。他们到处奔走，给自己找事做，到头来所做的都不是自己想做的事，而是碰巧撞上的事。其中有些人急急忙忙，像要去救火的样子，其实只不过是去拜访一个不会回访自己的人，去参加一个陌生人的葬礼，去旁听对一个经常惹官司的人的审判，去出席一个结过无数次婚的女人的订婚仪式。他们总是把自己跟一些乌七八糟的东西拴在一起，甚至把它们背在身上。等到他们精疲力竭地回到家里，发现自己一无所获，就感到十分沮丧。可是，到了第二天，他们又会天一亮就出门，重复前一天的忙乱又无聊的生活。

这种人的生活状态，就像灌木丛里漫无目标爬来爬去的蚂蚁，一会儿爬到某根细枝的梢头，一会儿又爬到树枝的底部，完全是无事瞎忙。他们没有自己的目标，不知道自己要什么，因此受外来的五花八门的印象支配，被一些微不足道的理由牵着鼻子乱走。他们自己无事可做，就去打扰别人，特别喜欢打探和插手别人的事情，传播八卦新闻，到处招人讨厌。在一个个人家的门口吃了闭门羹之后，他们发现，最难在家里找到的正是他们自己。塞涅

310

卡说：一个不愿意理睬自己的人，又怎么好意思抱怨别人对他不屑一顾呢？

2. 逃离自我的人们

无事瞎忙的人实际上是在逃离自我。逃离自我还有一种方式，就是不断变换环境，无休止地旅游。塞涅卡描绘说：为了逃离自我，人们就周游世界，一会儿走水路，一会儿走陆路，从一个景点奔往另一个景点，赶完一段旅程又马上开始另一段旅程，可是没有一个地方能够让他们浮躁的心安静下来。都市的奢侈很快就变得平淡乏味，乡村的淳朴又让人觉得单调，峡谷的粗犷则缺少可以把他们娇惯的眼睛从无尽的荒凉中解救出来的东西，最后，还是回城里去吧，因为他们的耳朵已经太久没有听到尘世的喧嚣，现在他们甚至渴望看到人类的鲜血了。

有一则故事说，有人向苏格拉底抱怨，说出国旅行并没有得到什么好处，苏格拉底回答说："既然你旅行时总是带着你的这个自我，你还能指望会有别的结果吗？"讲了这则故事，塞涅卡接着说，你到达什么地方并不重要，重要的是你到达时自己是怎样的一种人。如果你自己就是自己的负担，自己的烦恼，自己焦虑不安的根源，那么，漂洋过海，周游世界，这对你有什么用处呢？需要的不是改变环境，而是改变你这个人。

3. 厌倦人生也不是真正的宁静

所以，关键是要有一个充实的自我，一颗宁静的心灵。这样的人会是自己的朋友，可以愉快地独处，也会是所有人的朋友，可以有高质量的交往。心灵的品质决定生活的品质，心灵的品质不好，即使避世隐居，生活的品质也不会好。居住的地点不会对内心的平静有所贡献，唯有心灵才会使一切都合自己的心意。有的人嫉妒别人的成功，哀怨自己的失败，因此逃避社会，躲开熟人，隐居起来了。但是，"一个人不为任何人活，这并不表明他是为自己活"。问题不在于是入世还是避世，是活动还是隐居，而在于整体的精神状态。有两种坏的状态，一种是无事瞎忙，终年奔波，另一种是万事无心，整日疲沓，二者都是心灵有病的表现。正像以匆忙为乐事不是真正的勤勉一样，厌倦人生也不是真正的宁静。一个拥有健全心灵的人，他在喧闹中仍能安静，在寂寞中仍能奋发，在任何环境中都能够做自己的主人。

4. 应该怎样珍惜生命

每个人只有一次生命，每个人一生的时间是有限的，因此，我们理应惜时如金，精打细算，把时间花在有价值的事情上。塞涅卡说，伟人就是这样，自己生命中的时间，一分一秒也不肯虚掷，一分一秒也不让别人支配和夺走，他把时间看得极紧，因为没有任何东西值得用他自己的宝贵时间来换取。

大多数人恰恰相反，毫不珍惜时间，胡乱花掉，这是天底下最可耻的事情。人们对自己的钱财都看得很紧，绝不肯让别人瓜分，可是，在珍惜生命这件唯一可以给吝啬带来荣耀的事情上，却出手大方，可以毫不在乎地把时间送给众多的别人。塞涅卡说他经常惊讶地看到，某些人总想占用他人的时间，而对方居然欣然应允，双方都只把注意力放在请求占用时间的缘由上，不放在时间本身上，让人感觉好像人家什么也没向你要，你什么也没给人家。因为时间是无形的东西，人们就觉得它一文不值，殊不知它才是最宝贵的东西。

浪费生命还有一种更悲惨的方式，就是按照他人的看法来生活。人们忙碌一辈子，做的都不是自己真正想做的事，连睡觉也要迎合别人的睡法，走路也要追随别人的步伐，在爱和恨这两种最切己的情感上也要听命于别人。这样的人如果想知道自己的生命有多么短促，就想一想生命中真正属于自己的部分是怎样少得可怜吧。在很多情况下，一个年事很高的老人，除了他的年龄以外，没有任何证据可以证明他活了很久。

真正的珍惜生命，是要活得好，活得有意义。惜时如金，并不是要没头没脑地忙碌，而是要有明确而一贯的目标，坚定不移地按照这个目标来生活，使得生命中的每一个时刻都被意义照亮。许多人的忙忙碌碌，却好像是在为想象中未来的生活做准备，而他们就在这个做准备的过程中耗尽了生命。

5. 节制事务和交往

对于希望保持心灵宁静的人，塞涅卡有一个忠告，就是要节制事务和交往。

塞涅卡援引德谟克利特的一个观点：如果你想平静地生活，就不要从事很多私人活动和公共活动，尤其要避免从事那种你的力量不能控制的活动。他接着说，事务繁多，人不可能不烦恼，就像从闹市挤过去不可能不与人相撞一样。制定计划的时候，要把工作控制在自己力所能及的范围内。应该积极地去做你有望可以做出一个结果的工作，不要去碰那种会派生出越来越多新任务的工作，也不要去碰那种让你不能够自由脱身的工作。

在执行你已经制定的计划的时候，也要灵活一点，学会变通，不要固执。应该顺其自然，机会把你带到了什么状态，就安于什么状态。不忘初衷是好的，懂得变通也是好的，不能持之以恒和不能变通都是宁静的大敌。

为了保持心灵的宁静，还要节制交往。智者是自足的，他需要朋友，但不会把幸福寄托在朋友身上。一旦要从自身之外去寻找幸福的源泉，人也就踏上受运气支配的道路。交朋友的时候，要提防那种性格郁闷、心情烦乱、喜欢抱怨的人，这种人即使对你忠心耿耿，仍会是你的宁静的大敌。

尤其要回避众人，绝不能和许多人交往。塞涅卡谈自己的体会，承认自己在这方面是很脆弱的，一旦见了许多人，回家时的道德品质就和出门时不完全一样了，内心中早已平静的东西又会飘忽不定起来，早已被驱除的观念又会重新活跃起来。不要让无知者的意见干扰你的宁静，塞涅卡引他的一位朋友的话说：无知者的言论就像肚子里发出的咕咕声，这噪声是来自他的上部还是下部，对你来说有什么区别呢？

多与自己交谈，与别人交谈要慎重。传言是最破坏宁静的。交谈有一种魅力，像爱情和烈酒一样，会把秘密从我们的心底诱骗出来。没有人能对自己听到的东西守口如瓶，也没有人在转述时毫不添油加醋。每个人都有自己可以无话不谈的人，都会把别人出于信任向自己倾诉的内容向这个人泄露，而这个人又有自己可以无话不谈的人，就这样很快造就了一大串听众，而你的秘密在转眼之间就成了众所周知的谣言。

6. 论阅读和思考

关于阅读和思考，塞涅卡有一些很好的见解。心灵的宁静离不开阅读和思考，所以我把他这方面的见解也放在这里讲。

自然容许我们与每个时代结缘，我们何必把自己限制在转瞬即逝的现时，而不去享受以往一切时代创造的精神财富呢？应该有这样的信念："凡真理都是我的财产"，"一切美好的思想都是人类共同的财富"。研究哲学的人把人类经历的全部岁月纳入了自己的有生之年，他的生命悠长而富有。

要去找那些大师，例如毕达哥拉斯、德谟克利特、芝诺、亚里士多德，这些主人都不会借口太忙而把客人拒之门外，也不会让客人空手而归。在浏览了不同作家的作品之后，要选取其中几位的作品，集中精力进行钻研。贪学也是放纵的一种形式。每个地方都去，等于哪里也不去。对任何一个大作家的作品都没有深刻的了解，而是从一个作家跳到另一个作家，走马观花式地阅读所有作家的著作，这种人就好比一生都在国外旅游的人，会在许多地方受到招待，但得不到真正的友谊。

阅读重在理解，而非记忆。记忆只是储存别人的知识，理解则把知识变成你自己的东西。不要总是背诵老师是怎么说的，让人们也听你说一点不同于书本的东西吧。长久做小学生，在应该进行独立思考的时候，仍然只能从笔记本中找几句名言来支撑，这是不体面的。

阅读的目的是充实心灵。塞涅卡对那种学术的癖好十分反感，当时在罗马有一些人热衷于荷马史诗的考证，研究尤利西斯有多少桨手，是《伊利亚特》还是《奥德赛》成书在前，此二书是否出自同一作者之手，以及诸如此类的问题，塞涅卡说这些人都是一些精力充沛的不务正业者，这类问题即使弄清楚了也无以愉悦心灵。永远只做解释者，不做创造者，这证明了自己是一个没有精神的人。

人贵在有精神上的热情，而要让它不冷却下来，得以保持，就必须使它有坚实的基础，变成固定的精神习惯。阅读和思考就是把精神上的热情变成固定的精神习惯的最好方法。

六　死也是人生的职责

在西方自古至今的所有哲学派别中，斯多葛派对死亡问题是谈论得最多的。究其原因，一是身处乱世，人的性命朝不保夕，必须面对这个事实；二是这派哲学以心灵的宁静为人生的目的，而对死亡的恐惧是扰乱心灵宁静的重要因素，必须解除这个恐惧。在罗马斯多葛派的哲学家中，塞涅卡对死亡问题的讨论又是最为充分的，我把他的论点归纳如下。

1. 既享受生命，又接受死亡

有生必有死，这个道理似乎人人都懂，可是，一旦面临死亡，谁都变得傻了起来，难过得痛哭，害怕得发抖，还想方设法寻找活路。在多数情形下，人是因为患某种病死的，然而，塞涅卡告诉你,死亡的真正原因不是你得了病,而是你活着。你的病治好了,死亡的结局仍然在等待着你,你逃脱的只是某种病,而不是死亡。所以,勇敢地面对死亡——人生的这个大课题是谁也逃脱不掉的。如果缺少死的勇气,生活本身就会是一种奴役。

人们抗拒死,是因为不愿意放弃生,于是他们就像是被赶出了生活。塞涅卡说:智者是决不会被赶出生活的,因为他接受必然性所规定的一切,当死亡来临时,他会心甘情愿地上路。把不愿意变成愿意,死就没有什么可怕了。

那么,怎样才能把不愿意变成愿意呢?塞涅卡提出的办法是,我们必须降低给生命定的价,把它看成不值钱的东西。他说:"人的生命是一件微不足道的东西,但把生命看得很轻却绝不是一种微不足道的修炼。"生命具有极大的欺骗性,如果它不是在我们浑然无知的状态下给了我们,谁也不会把它当作礼物收下。现在我们既然已经收下,就要时时警惕它的不可靠,不可太依恋它。

我们从这种话里可以听出一点佛家的音调。不过,塞涅卡还说了另一种音调的话:"生命啊,多亏了死亡,才使得你在我的眼里是如此珍贵。"生命因为短暂而珍贵,使得恋生又有了理由。结合这两个方面,正确的态度是活着时好好享受生命,而一旦造化要把生命收回,就毫不迟疑地痛快地交还。

为了做到这一点,应该把每一天都当作生命的末日来过。有一个古人每天为自己举行葬礼,喝着葡萄酒,奏着丧宴音乐,让人把自己从宴桌上抬到尸架上,在场的人齐声歌唱,歌词是:"他曾经活过,他曾经活过。"我们每天上床的时候也要这样对自己说:我曾经活过,如果老天让我多活一天,我会很高兴,如果让我明天就死,我也会很知足。一个人期待着明天而又不为明天是否到来发愁，他就会生活得幸福。既然无法知道死亡在何处等着我，那么就让我随时随地等着它吧。

事实上，命运女神也一直在帮助我们接受死亡。死亡潜藏在生命的名义之下，童年变成少年，少年变成壮年，而壮年又被老年取代，我们在得到的同时也在失去，就这样一天天走向死亡。但是我们并未意识到这一点，命运女神让死亡悄然降临，不让它损害我们的生的乐趣。你如果活到了老年，你应该感到快乐，最后的一杯酒让酒徒进入酩酊境界，达到最大的快乐，老年就是人生的最后一杯酒。

2. 死也是人生的职责

你也许会说，你在忙于各项有价值的活动，认真地履行着人生的职责，你不愿意把它们丢下不管。塞涅卡这样回答说："算了吧，你应该知道死也是人生的一种职责。"人生别的职责是可多可少的，而这个职责是你必须履行的。一出戏剧不在于演了多久，而在于演得多好，人生也是如此。"人生的旅程如果是光荣的，就绝不会不完整，不管你在哪一点上离去，只要方式正确，你的一生就是完整无缺的。"

活着并没有什么特别伟大之处，所有的奴隶和动物都是活着的。伟大之举是以一种崇高、尊严、勇敢的方式死去。这样的死能够神圣化一个人的终极时刻，赢得一切人的尊敬，甚至连敌人也不得不为之发出赞叹。

死是给生命做总结的时刻。塞涅卡思考着这个时刻，如此对自己说："迄今我所做和所说的一切，都是毫无价值的；我的一切表现，都是被文饰过的，不可信赖的。我取得了什么进步，这要留待死亡去解决。对我的一生进行审判的日子已经到来，在那一天里，一切伪装都将被撕去，我讲的人生道理究竟是装腔作势，还是真情实意，都将得到裁决。我参加的所有学术活动，我的博学的谈话，我从哲学家们的著作中搜集来的格言警句，都绝不能显示真正的精神力量，因为即便是最胆小的人也能说出一些豪言壮语。唯有在人生的最后时刻，我一生走过的道路才会变得明朗起来。"这个自白够诚恳的，而塞涅卡在最后时刻交出的试卷也确实够漂亮。

3. 思考死使人自由和超脱

思考死对于人生有巨大的正面价值。塞涅卡说："没有任何事情能够像思考我们的可朽性那样给我们以巨大帮助了。"

一个人确立了对死亡的正确态度，不再畏惧死亡，世界上就没有什么东西会使他害怕了。死亡为一切苦难、不幸、痛苦规定了一个限度，大不了就是一死。"我们一旦能够支配死亡，也就没有人能够支配我们了。"预习死亡就是预习自由，不怕死的人是自由的。"他能够超越于一切权力，对他来说，牢房、狱吏、法院算得了什么？他的门是敞开的。束缚我们手脚的镣铐只有一副，那就是我们对生的贪恋。没有必要把这种贪恋完全抛弃，但确实有必要对它稍加限制，以便在必要时毫无障碍地去做必须做的事情。"

思考死还可以让我们活得超脱一些。在这个世界上，人们被捆绑在一起，不断地互相折磨，计较利益的得失和争斗的输赢。

可是，你想一想，死亡很快就会把输者和赢者都带走。那么，就让我们把剩下的这不多的时间留给平静和安宁吧。

4. 接受死亡的理由

为了让人们接受死亡，塞涅卡还提出了两条理由。

第一，人人都会死，在死亡面前人人平等。你因为自己会死感到委屈吗？塞涅卡告诉你，你将要走的是一条万物必经之路。这已是一切先你而活的人的共同命运，也将是一切后你而活的人们的共同命运。你想一想吧，有多少人都将随你死去，继续与你为伴。所以，你有什么可委屈的呢？你再想一想，你是生活在一个多么不牢靠的世界里，大地终有一天也会毁灭。不妨设想大地是在你死的那个时刻毁灭的，因为对于你来说，这和大地在漫长岁月之后毁灭是一回事。用宇宙生灭的大尺度来看你的死，你是否觉得好接受一些呢？

第二，死后与出生前没有区别。你因为自己在死后不复存在而感到恐惧吗？塞涅卡告诉你，你死后不过是回到了你出生前的状态罢了。在出生之前，你不是也不存在吗？那时候你尚未开始存在，死是你停止存在，两者都是不存在，丧我之后正与生我之前完全一样。一个人如果因为自己在一千年之前没有活着而痛哭，你一定会认为他是一个大傻瓜。那么，为自己一千年后没有活着而流泪的人，同样也是一个大傻瓜。

这两条理由在逻辑上都很有力量，但逻辑是一回事，情感是另一回事，它们让人无法反驳，却不能让人放弃对生命的留恋。

320

5. 寿命不重要

即使明白了有生必有死的道理，人们仍会希望自己活得长一些，死得晚一点。针对这种普遍的心理，塞涅卡教导我们不要太看重寿命，活长活短没有那么重要。

首先，在永恒的时间长河里，人类的一切都注定是短暂易逝的，个人的生命无论怎么延长，依然几乎等于零。你可以列出一批青史留名的长寿者，他们活到了比如说一百一十岁，可是如果把一个人所活的年头与没有活的年头做一个比较，你就会发现，最短的寿命与最长的寿命之间的差别微乎其微，最长寿者也只是匆匆过客，其寿命何其短暂。

其次，你仔细想一想所谓寿命究竟是什么？时间无时无刻不在流逝，一个人无论是什么年龄，他都既不拥有过去也不拥有未来，而只是被悬在似箭光阴的某一个点上。你说你现在是六十岁，那么我问你，你活过了的那六十年时间在哪里？它们已经消失，不再是你的了。塞涅卡指出，从我们把已经逝去的时间看作自己的年岁这一点就可以证明，我们未能参透生命的真谛，不明白时间从来就不属于我们这个道理。一个人无论寿命长短，都只是活在当下，死的时候失去的也都只是这个当下。

最后，和柏拉图一样，塞涅卡也认为，每个人的寿命是在呱呱坠地的第一天就确定了的。一个人命中注定能活多长，就只能活多长，想多活断无可能，祈祷也好，努力也罢，皆是枉然。生命的界桩早已定好，无论费多大的心机，也休想把它挪移。在古代，无论中外，寿数命定是普遍的信念，现在也许可以用基因理论来解释。不管这个说法是否正确，我认为塞涅卡从中引出的结论是对的，就是在总体上接受死，至于什么时候死？你瞎操那个心干吗！怎么个死法？你瞎操那个心干吗！自己不能决定的事就不要去管，只把自己能决定的事管好，就是活好每一天，坦然面对死。

6. 灵魂是人身上的神性

塞涅卡和耶稣是同时代人，他生活的年代，基督教正在形成之中。他的伦理学对基督教思想的形成有极大的推动作用，他的言论被《圣经》作者大量吸收，因此他有基督教的叔父之称。古代有他与圣保罗的伪造书信流传，而他的从政的哥哥加利奥（《使徒行传》中汉译为迦流）确实保护过圣保罗。在这一节的最后，我概述一下他关于灵魂的思想。

在讨论死亡问题时，塞涅卡并未强调灵魂不朽的观点。他说："死无非是灵魂的搬迁或生命的结束。我不害怕生命的结束，这和它尚未开始是一样的。我也不害怕灵魂的搬迁，因为在任何别的地方，监禁我的场所绝不会比这里的更加窄小。"在这段话里，他只是把灵魂不死看作两种可能性之一。

他对灵魂还提出了一系列哲学性质的追问。关于灵魂的来源：它从何而来？它是从什么时候开始存在的以及存在多久了？关于灵魂的本质：它的本质是什么？它是不是一种物质实体？关于灵魂的存在方式：它是在各种生灵体内轮回并且每次都有不同的外形，还是只依附于人的身体一次，然后就在宇宙中漫游？它离开人体后是否会忘记自己的过去，将去做什么，会怎样使用自己的自由？这些追问都很有趣，问得合情合理，他显然充满好奇心，把自己放在一个无知者的位置上。

然而，在更多的场合，我们看到他满怀激情地阐发灵魂不朽的信念。他反复地申述，灵魂被监禁在狭窄的身体里是一种痛苦，它渴望离开，回到它曾经所属的那个世界里。对于灵魂来说，哲学是一种救助，好像是让它从监狱里出来放一下风，到一个开阔的地方，放眼宇宙万物，得到暂时的松弛。如果没有哲学的救助，灵魂总是被囚禁在身体里，真是要憋闷死了。塞涅卡是在说自己的极真切的感觉，这种感觉使他相信，灵魂应该另有来源，它的故乡是天国。

塞涅卡从自己身上体悟到一种道德的力量，这种体悟也使他相信，灵魂和身体是两回事。身体是脆弱的，会受到命运的种种打击，但是，身体受到的任何打击都不能使灵魂屈服，让我去做不道德的事情。这就证明灵魂是自由的，它只是暂时被和身体捆绑在一起，最终会解除这种捆绑。

如果你看到这样一个人，他临危不惧，无欲则刚，从容面对人世间的一切事物，你就不能不相信，必有一种神性的力量降落到了这个人的身躯之中，他是在以神的眼光看待人类。唯有得到神的支持，人的灵魂才能够如此伟大。太阳光照耀大地，但光的源头仍然在它的出发点上，与此同理，伟大的灵魂来到人间，但它绝不会失去与它的发源地的联系。它是被神派到人间来的，是以神的方式参与人间的事务的。

通过这样的思考，塞涅卡得出结论：神就在我们的心中，灵魂就是我们身上的神性。身体和灵魂有不同的来源，我们的身体来自宇宙中的物质，我们的灵魂来自上帝。

参考书目

[古罗马] 塞涅卡:《幸福而短促的人生——塞涅卡道德书简》,赵又春、张建军译,上海三联书店,1989

[古罗马] 塞涅卡:《强者的温柔——塞涅卡伦理文选》,包利民等译,中国社会科学出版社,2005

[古罗马] 塞涅卡:《论幸福生活》,覃学岚译,译林出版社,2015

第十一讲

爱比克泰德

好好地运用在我们能力范围以内的东西，别的就顺其自然吧。

——爱比克泰德

爱比克泰德（Epictetus，约公元55—135），古罗马时期斯多葛派三大哲学家之一。他出生在小亚细亚地区的希拉波利斯城，是一个女奴的儿子，因此身份也是奴隶，被辗转买卖，受虐待而成跛足，最后落在一个好心的主人手中，获得释放。他收养了一个弃婴，为了有人协助照料而结了婚。他定居于希腊西北部的尼科波利斯城，在那里招生授课，声名远播整个罗马帝国，哈德良皇帝也以朋友之礼待之。他仿效苏格拉底，以谈话为从事哲学活动的方式，没有著作。他的学生阿里安记录了他的许多谈话，编辑成《哲学谈话录》和《爱比克泰德手册》两本书，流传至今。他的谈话风格亲切、坦率、幽默，如同朋友之间的谈心，具有直抵人心的力量。

爱比克泰德（Epictetus，
约公元55—135）

一　不要辜负你身上的神性

1. 人是神的亲族

爱比克泰德生活的年代，基督教已经在罗马传播。他的谈话中有一些具有浓烈《圣经》风格的言辞，例如："神差遣我到这个世界上来，做他的战士和见证人"，"主啊，从今而后，请照您的意旨使用我；我要一心侍奉您，我是属于您的。我不求免除您看来好的一切。不论您在哪里，请给我指引；不论您穿的什么，请给我穿"。据此推测，他应该接触过并且接受了基督教的教义。不过，作为一个斯多葛派哲学家，他仍强调理性是人身上的神性，是人属于神的证据。

爱比克泰德说人和神之间有亲缘关系，人是神的亲族。人是由两个东西组成的，一个是卑微的肉体，另一个是高贵的灵魂，它们的来源和性质完全不同。灵魂的实质是理性，肉体是我们与动物相同的，它是有死的，理性是我们与神相同的，它是神圣的。人通过理性克服肉体的限制，使自己不断接近神。"神就在你心中"，你不可以玷污它。你不可以把自己看成只是一些肚子、肠子和生殖器。你要把自己的信心建立在理性上面，而不是身体上面，你之所以不可征服，与一头驴的不可征服，道理是不一样的。你应该从自己身上获得灵魂的伟大和高贵，为此无须去获得农场、金钱或者某个职位。

神创造了世界，一切都是神的作品。但是，植物和动物不是最重要的作品，它们不是神的一部分，而你是神的一部分，在你

327

身上有神性，你要珍视你的高贵的出身，不要辜负你身上的神性。神把理性给了人，这就使得人不但成为神自己和神的作品的一个观赏者，而且还成为一个解释者。观赏者和解释者，爱比克泰德指出的人的这两个身份，是人在宇宙中存在的意义之所在。有了人，宇宙的美才得到了欣赏，宇宙的奥秘才得到了诠释。如果没有人，宇宙只是全然荒凉而无意义的存在。

而这靠的是理性。爱比克泰德说理性是一种既可以理解自身，又可以理解所有其他能力的能力。你要为视觉能力和听觉能力，为生命本身，为有助于生命的一切事物，为干果、美酒、橄榄油，而向神感恩，同时你要记住，神还给了你一个比这一切更好的东西，就是理性能力。所有这些能力和事物都不能靠自己显示其价值，唯有通过理性使用它们，对它们进行判断和评价，它们的价值才得以显示，它们才真正有了价值。

2. 关心真正的自己

你要关心真正的自己。神把你的灵魂托付给了你自己照管，除了你，没有任何别的人能够代替你承担起这个责任。别人关心你最多就像关心他的驴一样，为它清洗蹄子，梳理皮毛，不会把你作为一个灵魂来关心。你要保护好神赋予灵魂的那些特质，保护好灵魂的忠诚、高贵、自尊和宁静。这些特质都属于你自己，无人能够夺走。但是，如果你贪求人世间那些不属于你的东西，你就会把这些原本属于你的特质都丢掉。就像是否健跑把马的优劣区别开来了一样，应该有一个东西把人的优劣区别开来，那就是灵魂的品质。你应当证明你在这方面优越，证明你是作为一个人优越。

一个人能够照管好自己的灵魂，他在这个世界上就会有一个适合于他的位置，因此他就不会去羡慕他的位置之外的任何东西。他知道自己要什么，那些他不要的东西，不论多么风光，他都不会动心。

你始终要记住，在你的生命中，你的那个真正的自己占据最重要的地位。当你去见某个显赫人物的时候，你要记住你的真正的自己正从上面注视着所发生的一切，你必须取悦的是这个自己，而不是那个显赫人物。一个灵魂卓越的人，在任何场合都会不卑不亢。

3. 人必须做出选择

爱比克泰德强调，人在世上生活必须做出选择。你要么是关心你的真正的自己，致力于提高你内部的这个人，要么是关心肉体，致力于获取身外之物。换句话说，你要么是成为一个哲学家，要么是成为一个俗人。你不能什么都要，两边都不肯舍弃，那样的话，结果会两者都得不到。

不要在乎俗人的嘲笑。牲畜只对饲料感兴趣，俗人也是这样，只操心财产、土地、职位等等，而所有这些东西都不过是饲料罢了。这种人会嘲笑一切关心灵魂生活的人，如果牲畜多一点知觉，它们也会嘲笑一切关心饲料之外事物的人。

在这个世界上，人们有不同的追求，因此得到的东西也不一样。种瓜得瓜，种豆得豆，这很合理。有的人想当官，结果当了官，有的人想发财，结果发了财。看到别人当官和发财，你要想一想，你自己拥有什么。如果你一无所有，那你确实是不幸的。你说你追求心灵生活，可是你仍然为你没有得到官位和财富感到不平，那么，你理应受到人们的怜悯。因为那些追求官位和财富的人相信自己得到了好东西，而你却不相信自己得到了好东西，这说明你对心灵生活的追求是不真诚的，至少是三心二意的。

一个专注于心灵生活的人，他知道自己拥有比权力和财富更有价值的东西，因此会淡然面对别人的当官和发财。如果有人对他说，要是我也专注于这种事情，我就会像你一样，既当不上官，也不能拥有财产了，他会这样回答：你拥有的东西，是我不需要的，而我拥有的东西，是你需要的，可是你不知道你需要，所以你比我贫困。一个人拥有自足的心灵，无须害怕任何人，也不必奉承任何人，这才是真正富有。任何选择都是有代价的，付出一点代价获得心灵的宁静，过无忧无虑的生活，是多么值得。

4. 对自己最大的伤害是什么

人们往往把金钱当作衡量得失的标准，爱比克泰德问道：按照这种观点，一个人没有了鼻子，算不算受到损害呢？你会说算的，因为肉体受到了损伤。他接着问：那么，丧失了全部嗅觉，算不算损失呢？当然也算的。进一步问：有没有一种叫做心灵能力的东西，拥有它就意味着获益，失去它就意味着损害呢？

所以，衡量人生的得失，应该有更高的标准。金钱、家产、房子是身外之物，本来就不属于自己，今天在你这里，明天又到了别人那里，谈不上真正的得失。真正可以属于你的是你的灵魂的品质，如果你失去了自尊和廉耻，失去了在你之中的那个忠诚、温和、高贵的人，对于你来说，不可能有比这更大的伤害了。如果你不再是一个人，而是变成了一只为身体的欲望而活着的动物，甚至变成了一只残害别人、祸害社会的野兽，你难道没有遭到任何损失？

在道德的层面上，一个人只能受到自己的行为的伤害。你做了坏事，你就伤害了你身上的那个真正的自己。别人对你做了坏事，他伤害的也是他自己，伤害不到你的真正的自己。你也许会想：难道我不应该对伤害我的人报之以伤害吗？爱比克泰德这样来澄清你这种想法的真正涵义：既然某人以对我行不义的方式损害了他自己，我是不是也要以对他行不义的方式来损害我自己呢？坚持正义，成为一个善良、高贵、幸福的人，这本身就是回报，难道你还能找出比这更高的回报吗？

二 自由意志不可剥夺

爱比克泰德有一个重要观点：自由意志不可剥夺。他说的自由意志，是指人在自己可支配的领域里进行选择、做决定和采取行动的能力。所以，必须分清什么是可支配的，什么是不可支配的。可支配的是道德和心灵生活，在这个领域里，人有自由意志，要负起自己的责任。不可支配的是外部事物、外在遭遇以及一切其他人，在这个领域里，人没有自由意志，应该抱顺其自然的态度。明确了这个区分，在内在方面努力，在外在方面超脱，就能够保持心灵的宁静。

1. 分清可支配的和不可支配的

人可以支配自己的道德和心灵生活。你怎样做人，是行善还是作恶，做好人还是坏人，你有怎样的心灵品质，是优秀还是平庸，这是你自己可以做主的，任何外部的力量都不能剥夺你的主权。也只有在这个范围内，才存在善和恶、好和坏的区别与选择。超出这个范围的事物，既然是你不能支配的，对你来说也就无所谓善和恶、好和坏，你不要去做善恶好坏的判断，顺其自然就是了。

在你可支配的范围内，好好地运用你的自由意志，读书、写作、学习，提高自己，让自己成为心灵丰富、品德高尚的人。这个范围之外的事情，你都把它们看作与己无关，不去关心和追求。如果这样，你的心怎么会不宁静呢？专注于自由意志范围之内的事情，这是获得宁静的唯一途径。相反，"请记住，如果你看重自由意志范围之外的东西，你就会毁了你的自由意志"。

爱比克泰德反复地讲这个道理。凡是看重自己不能支配的东西的人，就会失去自由，成为这些东西——以及能够控制这些东西的人——的奴隶，受它们奴役，被它们抛来抛去。你想要得到那些你以为的好东西，你就会渴望、嫉妒、奉承、心神不安。你想要躲避那些你以为的坏事情，你就会恐惧、焦虑、屈服、悲伤。神规定了可支配和不可支配的界限，你却不服从，这些精神的痛苦都是对你不服从神意的惩罚。

一个人处在焦虑不安之中，就一定是出了问题。如果他没有想要得到不在他可支配范围内的东西，他是不会焦虑不安的。琴师独自演奏的时候，总是不慌不忙，可是到了舞台上，尽管琴艺高超，他仍然会慌张，因为这时他想要的不只是演奏得好，还想博得掌声，而这就不是他能够支配的了。

人活在世上，感官会从外界接受许多表象，你不可以受它们控制，而应该要用理性加以分析。对那些按照自己的每一个感官表象行事的人应该怎么称呼呢？爱比克泰德回答说："一群疯子。外部世界很强大，但是一个能够正确运用自由意志的人比外部世界更强大。"知道自己可以支配什么东西，热爱这些东西，并且知道你的这些东西是任何别人无权支配的，你就会无所畏惧，获得宁静和自由。

2. 错误的判断导致痛苦

你要把自己可以支配的领域里的事情做好，同时正确对待自己不可支配的领域里的事情。这个正确对待，按照爱比克泰德的说法，就是不要做好坏的判断。因为那些事情不是你可以支配的，你不必对它们负责，对于你就不存在好坏的区别，而只要你做了好坏的判断，就一定是错误判断。

正是由于对不可支配的事情做好坏的判断，造成了一切痛苦。"哭泣与叹息是什么？一个判断。不幸是什么？一个判断。冲突、争执、吹毛求疵、非难、不敬、愚蠢，这些是什么？它们都是判断，是对在自由意志领域之外的事物所下的判断，认为它们是好的或坏的。"破坏我们灵魂安宁的东西，不是事情本身，而是我们对它们做的判断。

然而，这种做好坏判断的习惯是根深蒂固的，在我们幼年时代就开始形成了。一个小孩撞上了一块石头，正打算号啕大哭，这个时候，看护者不是批评小孩，反而是去打那块石头。爱比克泰德问道："怎么，石头做了什么？难道因为你幼稚无知，石头就必须离开它所在的位置吗？"成年人遇到不顺心的事情，因此而怪罪事情本身，遵循的是同样的逻辑。

什么东西属于不可支配的领域？大致有三类，一是身外之物，二是外在遭遇，三是他人的品性和行为。在这三个方面，你都不要做好坏的判断，都要淡然处之。

3. 不受制于身外之物

凡是拥有或不拥有都不在你的支配之下的事物，和你只能在某种程度上或某种条件下拥有的事物，都不是真正属于你的，都是身外之物。你要控制自己的欲望，不要对它们产生羡慕和迷恋，否则你就会受它们奴役，被它们控制。对任何身外之物的拥有都受命运的支配，今天得到，明天就可能失去。更为根本的是，一切身外之物都有生有灭，会被时间夺走。所以，你要按照事物当初被给予你时附带的条件来持有它们，只保留它们到所给予你的那么长时间。神既给予，也拿回，你为什么要反抗呢？

那么，哪些东西属于身外之物呢？一切在我们的心灵之外和我们发生联系的事物，包括财产、地位、名声，包括亲人和各种社会关系，也包括你的身体和生命，因为所有这些都不是你的自由意志能够支配的。

财产显然是身外之物。但是，受制于财产是人世间最普遍的现象。爱比克泰德说："我以神的名义命令你，终止对物的崇拜，因为这种崇拜会使你成为物的奴隶，并且成为那些既能让你得到财产也能拿走你的财产的人的奴隶。"

父母、兄弟、孩子也是身外之物。各人都有自己的人生之路，也都可能犯错误，那是你不能支配的，神并没有要你为之负责。你爱的人也都终有一死，并非与你不可分离，你要接受这个事实。

你的身体及其各个部分也是身外之物，你不能完全控制自己的健康，保证自己不生病。当然，你也终有一死，所以生命也是你不可支配的身外之物。

对于一切身外之物，你都不要说：我失去了它。你应该说：我把它归还了。你有丧子之痛吗？孩子被收回去了。你有丧妻之哀吗？妻子被收回去了。你的钱财被抢走了？这也不过是被收回去了。神的法律是，凡是给你的东西，你要当作托付给你的东西好好照料，而一旦被拿走了，你要欣然地归还，而且为你拥有使用权的那段时间心存感激。

4. 对外在遭遇不动心

人活在世上，会遭遇各种各样的事情。有人患了绝症，有人死了亲人，有人遭到了抢劫，有人处在暴君的统治之下。你问你为什么非得受苦，可是难道别的人就应该受苦吗？在这样一个万物纷杂的宇宙里，在这么多同类的生物中，在这样一种脆弱的身体上，不可能不发生这些事情，这个人遭遇这件事，另一个人遭遇另一件事。这就是我们周遭情势的特征，其中潜伏着形形色色的灾难，这种情势毁灭这个人，流放那个人，今天把某人送上高位，明天又把同一个人送上刑场。为每一件这样的事情烦恼和悲伤，你就太可怜了，因为你的心情是在受你无法预知的千百件事情支配。无论发生了什么事情，你都要把它看作必然发生的，这样你就会感到心安理得了。

面对不幸，有三种不同的态度。"由于自己的不幸而谴责别人，是一个没有教养的人的行为；如果谴责自己，那是一个正在进入教养的人的行为；而既不谴责别人也不谴责自己，则是一个受过完满教养的人的行为。"换句话说，最差是怨天尤人，其次是自怨自艾，最好是听天由命。

无论怎样的外在遭遇，都不能损害你的自由意志。爱比克泰德写道："'可是暴君将用锁链锁住——'什么？你的腿。'砍断——'什么？你的脖子。他既不能锁住也不能砍断的是什么？你的自由意志。"他还写道："讲坛和监狱都是场地，只是一个高一个低罢了，你在两个场地所能保持的道德目的是相同的。"

一个人若能坚持内在目标，看轻外在遭遇，他在任何情况下都会处变不惊，泰然自若。有一个智者，别人告诉他，法院正在审理他的案子，他回答说：但愿有好运，不过现在已经五点了，我该去锻炼了。锻炼结束，又有人来告诉他，说案子已判，他问判流放还是死刑，回答是流放，他说：那好，现在我该去吃午饭了。爱比克泰德举了这个例子，评论说：这就是一个人应该做的功课，让自己摆脱对外在遭遇的好恶，不受偶然性的影响。我肯定会死，如果是马上死，那我就去死；如果是过一会儿，我就先吃午饭，因为吃午饭的时间已经到了。有这样心态的人，活得多么通透，是多么自由。

爱比克泰德赞赏面对死的这种从容态度，但并不赞成用死来摆脱人间的苦难。有人向爱比克泰德诉说，他因为这个卑微的肉体，暴君可以任意囚禁它、折磨它，就自以为对它的主人也拥有权利，现在他要用放弃肉体来证明暴君没有这个权利。爱比克泰德回答说："既然你已经如此轻视肉体，还用得着怕暴君吗？暂时待在神为你安排的这个位置上吧，等神发出指令，你再离开，自行离开是荒唐的。"

不过，如果决定继续活在世上，就不要作悲苦状。爱比克泰德说孩子在厌烦一种游戏的时候，就说"我不想玩了"，你也要这么做，如果你确实厌烦了人生，就说"我不想玩了"，然后起身离去；可是假如你决定留下来，就请你不要再哀哭抱怨。

5. 不受他人品性和行为的干扰

在这个世界上，什么样的人都有。他人的品性和行为是你无法支配的，既然如此，你就不要让自己的心情受其干扰。有人说你的坏话，你不必辩驳，只需这样说：这个人不知道我还有其他的过失，要不他怎么只提到这些呢？如果你像一块石头那样聆听咒骂，骂你的人就什么好处也得不到。但是，如果你情绪激愤，暴露出自己的弱点，骂人者就会有所得。人可以从任何事情中获益，包括受到辱骂和打击。摔跤陪练是在帮助运动员准备参加比赛，那些和你过不去的人就像摔跤陪练一样，是在训练你的耐心，锻炼你的冷静，培养你温和高尚的品性，帮助你准备参加人生的比赛。

至于那些有权有势而又趾高气扬的人，你要蔑视他们，远离他们，把他们看作与你无关的一类人。他们有权力支配的事情，是你不关心的，而你关心的事情，是他们没有任何权力支配的，如果你保持这样的心态，谁还能够统治你呢？

三　生活的智慧

　　前面讲了爱比克泰德的主要思想。一是，人有灵魂，灵魂的实质是理性，理性是人身上的神性，是每个人的真正的自己。我们要关心这个真正的自己，对自己最大的伤害就是失去了这个真正的自己。二是，人可支配的是自己的灵魂生活和理性能力，在这个领域里，自由意志不可剥夺。这个领域之外的一切，包括外部事物、外在遭遇以及其他的人们，是人不可支配的，应该抱顺其自然的态度。这两点其实讲的是同一个道理，归结起来是一句话，就是管好自己的灵魂，别的都不必在乎。

　　不过，这样归结未免简单了一些。爱比克泰德是一个聪明人，关于哲学和人生，他还有诸多智慧的见解，下面作一个简要的概述。

1. 关于哲学和哲学家

　　哲学的任务是审查人们之间各种互相冲突的意见，检验感官接受的各种纷杂的表象，建立一个判断的标准。建立标准的依据是自然，人的意志和行为要与自然保持一致，据此为人生确立一个正确的主导原则。

　　正确的主导原则确立之后，如何巧妙地运用，让它对人们发生良好的影响，就是哲学家的任务了。在这方面，爱比克泰德谈了三点有趣的看法。

　　第一，哲学家不要在无知的人中间谈论自己的原则，而要用行动来体现自己的原则。如果无知的人在谈论他们的原则，你要

338

保持沉默，不插嘴，不和他们争论。你不要宣称你是一个哲学家，不要高谈理论，你要用行动来履行一个有智慧和有道德的人的责任。

第二，哲学家做哲学讲座，应该让听者受到深深的震撼，意识到再也不能像以前那样生活了。哲学家的讲堂是一所医院，听者从那里走出来的时候，不应该是乐滋滋的，而应该是苦恼的，因为发现了自己的不健康。有一位哲学家这样对听者说："如果你除了夸奖我，没有别的更好的事可做了，那么我的讲座就是完全失败了。"

第三，哲学家安于简朴的生活，以求宁静和自由，但他的神情应该是愉快的，容貌应该是整洁的，即使他是贫困的也应该是干净的和富于吸引力的。一个哲学家不应该由于自己的外表而把人吓跑，使大众逃避哲学。有些以哲学家自命的人，脸容悲苦，身上脏兮兮的，如果哲学让人变成这种样子，爱比克泰德说，即使哲学能够让我成为一个聪明人，我也决不愿意学。

2. 生活是你的材料，你要把它用好

就像木头是木匠的材料，青铜是雕刻家的材料一样，每个人的生活是他的技艺的材料。材料本身并不重要，重要的是把它用好，在它上面展现你的技艺。你接受了材料之后，就在它上面工作。"尽管生活是一件无关紧要的事，它的运用却不是一件无关紧要的事。"

人生是短暂的，你不要太在乎它，但是你要认真地做人生中的事情。这就像玩球，球员知道自己所玩的只不过是一个球而已，

但是仍然要认真地比赛。这也像演戏，演员知道自己扮演的只不过是一个角色而已，但是仍然要认真地表演。

你的目标是在可支配的内在领域，不是在不可支配的外在领域。你的目标是当官吗？不是的。但是，如果当了官，你就要在官位上坚持你的主导原则。你的目标是结婚吗？不是的。但是，如果结了婚，你就要在婚姻中遵从自然的法则。当官和结婚都是材料，你要在上面展示你的技艺。

一个人无论多么看重心灵生活，不可能完全违背人的本性，丢掉人的情感。伊壁鸠鲁主张不要生养孩子，爱比克泰德对此并不赞同。对自己孩子的爱是一种自然的情感，即使明知道孩子一生下来，要想不爱为时已晚，会有各种牵挂和担忧，生养孩子仍是值得的。"谁会不被可爱的孩子吸引而加入他们的游戏，与他们一同在地上爬，用孩子的方式与他们说话呢？但是，谁会渴望与一头驴子玩，或者与它一起嘶叫呢？"苏格拉底也爱自己的子女，只不过是以一个自由灵魂的方式去爱罢了。

人在世上有一些理应承担的义务，包括结婚、生孩子、照顾父母等等。愉快地服从这些义务，是合乎自然的，因此也是一个自由人的行为。一方面要关心你身上的真正的自己，另一方面要和他人保持天然的或者习得的关系，两者兼顾才是好的人生。家庭和社会关系不属于自由意志的领域，你不可以试图去支配，但也不必刻意回避和拒绝，顺其自然就可以了。

3. 训练你走向既定的目标

在人生中，你要确定自己的目标，即你想要成为什么样的人，

340

然后着手去做你该做的事情。在确定目标的时候，第一要考虑事物的本性是怎样的，你的目标要合乎人在世界上的处境和使命，第二要考虑你自己的天赋能力是怎样的，因为人们的天赋是不同的，你的目标应该适合于你的天赋，是你能够达到的。

确定了目标之后，你不要张扬。"先练习不让别人知道你是什么样的人。保密你自己的哲学一段时间。这是果实生长的方式：种子埋在地下一季，慢慢地生长，这样才能长成最好的状态。"这样做是为了积聚你的能量，也是为了避免外界的干扰。

但是，你一定要坚持不懈地朝你的目标前进。通常发生的情况是，就像一个去往自己家乡途中的旅人，他到了一个中意的旅馆，就在那儿住了下来，忘记了自己的目的地，忘记了他只是路过这里。

所以，如果你想做某件事情，就要形成做这件事情的习惯；如果你不想做某件事情，就不要让自己去做它，而是让自己习惯于去做其他的事情。习惯的力量是巨大的，行为的重复会形成和强化相应的习惯，这种情况一旦发生，要改变习惯就很难了。人的情绪也是如此，如果你经常发怒，发怒就成了习惯，你就成了一个易怒的人。

总之，你要给自己确定合适的目标，然后让相应的行动成为你的习惯，训练自己向这个目标前进。

4. 人际关系中的智慧

关于人际关系，爱比克泰德有三点看法值得一说。

第一，独处和交往各有好处，要善用其好处。当你独处或者与三五好友相伴的时候，要善于进行心灵的交流，锻炼自己的感知，培养自己把握的概念。当你身处人群中的时候，要把这看作盛会或节日，不妨与人群一起享受。

第二，与你相处的人是各种各样的，你无法改变这个事实，你要以适当的态度善待每一个人。对待与你品性类似的人，你会诚实坦率，对待品性不如你的人，你也要温和、亲切、宽容、忍让。总之，对待任何人都不可粗暴。

第三，管好你的舌头，即使别人向你透露他的秘密，你也不要向他透露你的秘密。爱比克泰德对那种喜欢透露自己秘密的人说："我有一个好罐子，你的罐子有破洞，你来我这里，把你的酒存在我的罐子里，但我不愿意把我的酒存在你的罐子里，这有什么不公平的呢？"当别人对自己似乎坦诚倾诉秘密的时候，人很容易觉得自己应该礼尚往来，否则会给别人留下不坦诚的印象。"轻率的人就是以这种方式陷入了罗马士兵的圈套。一个士兵穿着平民的服装，坐在你的身旁，开始说恺撒的坏话。你因为他先开始骂的，感到有某种保障，于是说出自己的所有想法。接下来，你马上被投进了监狱。"

5. 论死亡

关于死亡，爱比克泰德不像别的斯多葛派哲学家那样有许多谈论，他用简洁的语言讲了以下几点。

第一，"人们并不是被事物所扰乱，而是被自己对事物所采取的观点所扰乱。同样，可怕的不是死亡，而是对死亡的恐惧。要训练自己克服这种恐惧，才能在死亡面前获得自由。"

第二，"当死亡降临的时候，应该仅仅关照自身的自由意志，努力使它宁静、自由、无拘无束。如果我好好地活过了，那就带着知足的心情离开人世吧。我在海上航行，暴风雨来了，我的生命之船在下沉，我就做我所能做的唯一的一件事，便是不带一丝恐惧地随船下沉。"

第三，"凡是出生的事物都会死亡。我不是永恒的，而是整体的一部分，就像一个时辰是一天的一部分一样。我必须来如一个时辰，去也如一个时辰。神发出了召回的命令，打开了那扇门，对我说：去吧。去哪儿？只是去我来时的那个地方而已。"

第四，"对我来说，如何死去——是死于发烧、溺水，还是死于暴君之手，都没有什么不同，因为我必定会以某种方式死去。其实，暴君送你所上的那条路要相对短些，因为没有一个暴君曾用六个月的时间去割断一个人的喉咙，而一场热病却往往要花费一年以上的时间。"

第五，"就人而言，永远不死也是一个诅咒，就像谷穗永远不成熟，永远不被收割一样。"

参考书目

[古罗马]爱比克泰德：《哲学谈话录》，吴欲波等译，中国社会科学出版社，2004

第十二讲

奥勒留

人生在世，只有一件事情是真正有价值的，那就是怀着真诚和正直度过一生。

——奥勒留

马可·奥勒留（Caesar Marcus Aurelius Antoninus Augustus，公元121—180），古罗马皇帝，古罗马时期斯多葛学派三大哲学家之一。他在位二十年，征战不断，罗马国运达于顶峰。在征战途中，他不懈地思考人生和道德问题，勉励自己既忠于职守，又超脱世俗，写成《沉思录》一书，成为传世名著。他人品高洁，深受民众爱戴，被欢呼为战士、哲人和圣人。英国历史学家吉本认为，在人类历史上，奥勒留在位的时期是人民最幸福的时代之一。《后汉书·西域传》记载：汉桓帝延熹九年（公元166年），大秦（罗马帝国）国王安敦（即奥勒留）遣使向中国贡献象牙、犀角、玳瑁。这大约是罗马与中国交往和通商的最早记录，由此也可见奥勒留朝代的兴旺。

马可·奥勒留（Caesar Marcus Aurelius Antoninus Augustus，公元121—180）

一 做一个既正直又仁爱的人

1. 哲学家皇帝

奥勒留自童年起就酷爱哲学。他幼年丧父，由当时担任执政官的祖父抚养，祖父给他安排了严格却又奢侈的教育，聘请十七位教师，其中四人教文法，四人教修辞学，一人教法律，八人教哲学。他讨厌修辞学，讥为华而不实，独爱哲学。柏拉图的"哲学王"梦想，似乎只在他身上得到了实现，他是西方历史上唯一的哲学家君王。不过，他无意建立柏拉图所设计的公有制的理想国，而是倾心于斯多葛派的哲学。他清醒地看到，理想国是乌托邦，人类只可加以改良，绝不可无视人性实施激进的变革，那样做只会制造出被迫服从的奴隶和假装服从的伪君子。

奥勒留虽然自己信奉斯多葛派哲学，但对各派哲学都持开明的态度。他到希腊各地巡视，不带卫兵，穿一件哲学家披风，听各派名师演讲，用希腊话参加讨论。当时在雅典活跃着柏拉图、亚里士多德、斯多葛、伊壁鸠鲁四大学派，他都给予赞助。

对于自己皇帝和哲学家的双重身份，奥勒留是这么看的：宫廷好比后母，哲学好比亲娘，应该尽心侍奉后母，但更要经常探望亲娘，唯有在哲学的怀抱里才能得到安宁。靠了哲学，他觉得自己能够容忍宫廷的生活了，宫廷也能够容忍一个自律的君王了。相比之下，他真正喜欢的是做哲学家，如此说："与第欧根尼、赫拉克利特、苏格拉底相比，亚历山大、恺撒和庞培算得了什么呢？哲学家能够看清事物的本质，决定如何支配自己，而帝王必须操心多少事务，成为这些事务的奴隶啊！"他渴望有一天能够卸下政务的沉重负担，归隐乡村，过宁静的沉思生活，但这个愿望始终没有实现的机会。

2. 做一个既正直又仁爱的人

在很大程度上，《沉思录》是奥勒留为自己写的，书中充满了勉励自己的话。他叮嘱自己："时刻要意志坚定，像一个大丈夫那样，一丝不苟、保持尊严地去完成要做的事情，始终怀着友爱、自由和正义的情感去行动"，"不去管邻人说什么、做什么、想什么，时时处处只注意自己的行为正当、高贵和善良"，"态度从容不迫，行动果断迅速，外表轻松愉快，内心镇定自若，凡事都遵循理性"。他说："我只担心一件事情，就是唯恐自己做出那种生而为人不应当做的事。"他让自己记住："人生在世，只有一件事情是真正有价值的，那就是怀着真诚和正直度过一生，甚至对不诚实、不公正的人也保持仁爱的态度。"

我认为奥勒留最看重两种品德，并且要求自己具备这两种品德，就是正直和仁爱。做一个既正直又仁爱的人，这是他的人格理想。正直，就是心灵高贵，意志坚强，以尊严的态度坚持正义，恪尽职守。仁爱，就是心地善良，性情宽厚，以友善的态度亲近民众，宽容犯错误的人。正直是刚，仁爱是柔，刚柔相济才是卓越的人格。

奥勒留告诫自己说："对于那些试图阻碍你在理性的正道上前进的人，要注意两个方面。一方面，你不可以因为害怕他们而偏离自己的道路。另一方面，你也不可以因为厌恶他们而减弱对他们的仁爱。无论向他们投降，还是对他们仇恨，都是放弃了自己的职责。"他相信，仁爱的力量是无敌的，你发自内心地待人和善，即使最粗野无礼的人也会受到感化。可是，总会有人顽固不化，以怨报德，你又该如何？奥勒留用这句话勉励自己："行善而受谤，乃是帝王的本分。"

3. 宽容是正义的一部分

奥勒留说，每天起床的时候他就告诉自己：今天我将会遇见某个好管闲事的人、忘恩负义的人、狂妄粗野的人、奸诈阴险的人、善嫉的人。总之，会遇见品德不好且冒犯自己的人。怎么办呢？他叮嘱自己要宽容，因为"宽容是正义的一部分"。这是一个比较特别的见解，我们会认为宽容是出于仁爱，为何说宽容是正义所要求的呢？他的理由是，立足于正义看犯错误的人和作恶的人，可以看到以下几点。

第一，"他们本性与我相似，拥有同样的理性，有理性的动物在这世界上要互相依存。"这个看法是基于斯多葛派的基本信念，即万物由宇宙秩序连接为一体，有智性的生物中存在共同的理性。

第二，"他们之所以犯错误和作恶，并非出自本意，而是因为无知，不能明辨善恶。"这是采用了苏格拉底的观点，即没有人故意为恶，为恶是因为无知。人人都拥有理性，而为恶的人没有用好自己的理性。

第三，"虽然他们对我作恶，但不能伤害到我，因为我所拥有的理性并没有因此有所减损。"

第四，"他们和我一样朝生暮死，很快会死去。"

在这个思路中，宇宙秩序是最高正义，决定了万物一体、人性相通，从而决定了不但对好人要仁爱，而且对坏人要宽容。

4. 自爱自尊和善待他人

关于做人处世，《沉思录》中还有一些精当的见解。

人应该自爱自尊。不自爱的人，也不可能爱别人。"如果有人一小时内骂自己三次，你还会希望得到他的称赞吗？如果有人对他自己也不满意，你还会希望他对你满意吗？如果有人对自己做的每件事都感到懊恼，你还会希望他欣赏你做的事吗？"

真正自爱的人对自己有恰当的认识，不受他人评判的干扰。可是，相反的情况比比皆是。"我常常觉得奇怪，每个人都爱自己胜过爱他人，却更重视别人对自己的看法，反而不看重自己对自己的看法。"

真正自尊的人不卑不亢。"接受时没有一丝傲慢，放弃时也绝不留恋。"相反，"因为最不值一提的事情而目空一切，这最可悲也最可笑"。

自尊尤其体现在坚持正义，不让自己变成坏人。"害人即是害己，对人不义即是对己不义，因为它让自己变坏了。""最高尚的报复方式是不要变成你的敌人那样的人。"

健康的人际关系是建立在每个人的自爱自尊的基础之上的，而由于缺乏自爱自尊，导致了人际关系的扭曲。"人们相互蔑视，同时又相互阿谀奉承；他们总是希望爬得比别人高，同时又匍匐在别人脚下。"

最后，请记住这一句智慧的嘱咐："你有能力让自己的生活焕然一新；用单纯的眼光来打量你熟悉的事物吧，你的新生活就在其中。"

二 保持心灵的宁静

1. 遵从本性生活

奥勒留秉承斯多葛派的哲学理念，认为人的本性与宇宙的本性是一致的，应该遵从这统一的本性生活，遵从自然生活。宇宙是我的祖国，我是宇宙万物中的一分子。万物互相关联，本是一体，有一种神圣的秩序把它们联结起来，组成同一个宇宙。宇宙秩序是最强大的力量，它支配和利用万物，包括我的生命，我要用心体会这个力量在我身上的作用，自觉地服从它的支配。

根据这个理念，我要安心地接受发生在我身上的一切。我的一切遭遇，都是宇宙秩序从一开始就编织在我的命运之线里的，是为了它的生生不息、它的和谐和完满所必要的。宇宙秩序统率一切，没有任何一件不符合宇宙秩序的事情会落到我头上来。对于能够赐予一切也能够收回一切的自然，明白事理的人应该说："你愿意赐给我什么就赐给我什么，愿意收回什么就收回什么吧。"你不可以祈求神明让什么事情发生，让什么事情不要发生，而应该祈求神明让你不奢求任何事情，也不畏惧任何事情。对于你命中注定要生活在其中的环境，命中注定要生活在一起的人，你要适应，而不是抱怨。总之，你要心甘情愿地接受任何身外遭遇。

奥勒留打比方说："健全的眼睛应当愿意看一切可见之物，不能说只想看绿色的东西，那岂不成了一双病眼；健全的胃应当能够消化一切可食之物，不能说只想吃软的食物，那岂不成了一只病胃；同样道理，健全的心灵应当乐于接受一切发生的事情，如果谁的心灵喊叫说只想要好运，就和病眼、病胃一样，是一个有病的心灵。"

你也许会说，奥勒留主张的不就是宿命论吗？是的，不过这是针对身外遭遇而言。对于自己心灵的品质，人是有完全的主权的。事实上，体悟到宇宙秩序和你的心灵品质之间有一种关联，宇宙的力量就会给你的心灵赋能，使你的心灵正直而坚强。只要你从内心深处感受到你的本性和宇宙的本性是一致的，世上就没有任何力量能够阻止你按照你的本性生活。

2. 保持心灵的宁静

遵循自己的本性生活，就能够保持心灵的宁静，在内心建立起一个秩序。具体如何保持心灵的宁静，奥勒留指出以下几点。

第一，摆脱激情，让理性强大并支配心灵。这样的心灵是一座坚固的堡垒，是最安全的栖身之所。

第二，对外在事物不动心。要认识到，外在事物存在于心灵之外，本与心灵无关。还要认识到，一切外在事物都瞬息万变，终将湮灭。所以，不应该对心灵造成纷扰。

第三，只关心必要的事。有的人对什么都关心，都要弄明白个究竟，甚至还要琢磨邻人心里的想法，这种人最可怜。还应该只做必要的事。人们做的大部分事情是不必要的，却占用了许多时间，带来了许多烦恼。把注意力放在少数必要的事情上，心无旁骛地去做，你的心就会宁静。

第四，接受不可克服的阻碍。如果你因为没有完成某件应该做的事而痛苦，那你就坚持去做，何必在这里痛苦？可是如果你说是因为你遇到了不可克服的阻碍，那你也就没有必要痛苦了，因为没有完成这件事不是你的责任。你接着说如果不能完成这件事，你活着就没有价值了，那你就痛痛快快地放弃生命吧。人不能总是和自己较劲，左右都不是，这不是存心和自己过不去吗？

第五，排除肉体痛苦的干扰。向伊壁鸠鲁学习，当身体受到疾病折磨的时候，用哲学帮助自己，把心灵与肉体分离开来，努力不让肉体的痛苦干扰心灵的宁静。

哲学是心灵的守护神，可以让心灵强大而自足。有了哲学，一个人就可以大隐隐于心。奥勒留说：人们总是想退隐到乡间、海滨、山林，这是一种庸俗的想法，因为你完全可以随时随地退隐到自己的内心去；只要你内心拥有简明而坚定的原则，运用它们就足以澄净一切纷扰，使你的心灵成为比世界任何地方都更为宁静的居所。

3. 一切取决于看法

要能够遵从本性而生活，关键在于做正确的判断，一切痛苦的根源都是做了错误的判断。要让理性来决定事物的价值，而在理性看来，只有理性能够支配的东西才有价值，那就是哲学的思考，做人的品德，心灵的宁静。凡是理性不能支配的东西，例如财富、权力、名声等身外之物，以及外在的命运和遭际，都是没有价值的。

在生活中，扰乱我们心灵的似乎主要是所遭遇的事情。但是，奥勒留指出，一切都取决于我们的看法，心灵被扰乱的原因不是事情本身，而是我们对事情的判断。你之所以受到落在你头上的事情的伤害，是因为你认为它是坏的，只要你不认为它是坏的，它就伤害不了你。我们也许会问：难道事情本身就没有好坏之分吗？奥勒留告诉我们说，一件似乎坏的事情发生了，这时候你会有一个最初的印象，你停留在这个最初的印象上就可以了，不要再给它添加什么，这样你就不会感到自己很不幸了。已经发生了的事情，你把它作为一个事实接受下来，在这个前提下考虑下一步该怎么办，它就不会太扰乱你的心灵了。那些你追求或者躲避的事情之所以总是困扰你，实际上不是它们来找你，而是你自己去招惹它们，只有你对它们的判断变得冷静了，它们才会安分下来。

对于不在你的意志支配范围内的事情，就不要做好坏的判断。天灾人祸，各种意外的不幸，会没有差别地落在好人和坏人头上，那就无所谓好坏。你能够支配的，是对不幸的态度。你不可以这样说：我多么不幸啊，这种事竟然落到了我头上。你要这样说：我多么幸运啊，虽然发生了这种事，我仍旧泰然自若，没有被压垮，也不感到恐惧。外在的不幸事件并不能阻止你做一个正直高尚的人，能够承受不幸，恰恰考验和证明了你的内在品德。

对于他人的行为，扰乱我们心灵的同样不是这个行为本身，而是我们的看法。坏的行为诚然会给我们带来痛苦，但是，由行为引起的愤怒和烦恼带来的痛苦比这严重得多。这里并不是要你不对行为的好坏做判断，而是要你不做"我受到了伤害"这样的判断。如果有无耻的人惹恼了你，你就问自己，世上可能不存在无耻的人吗？无耻的人可能不做缺德的事吗？都不可能。那么，就不要奢望那不可能的事情了。世上必定会有一些无耻的人，你遇到的不过是其中之一，而你当然不能期望坏人只害别人却善待你，这未免太荒唐了吧。

奥勒留很看不起动不动就发火的人，他说，男子汉应该有力量有胆识，沉着勇敢，遇到不顺心的人和事，忍气吞声和怒气冲天都是软弱的表现。你看不惯某个人和他做的某件事，如果你有能力，就去改变这个人；如果这做不到，就去改正这件事；如果这也做不到，那你发火有什么用呢？你要像那岸边的礁石，任凭海浪不断地向它击打，也岿然不动，直到暴怒的海浪变得驯服。

三　关于死亡的思考

要保持心灵的宁静，有一个不可回避的问题，就是如何看待死亡。奥勒留对死亡有许多思考，归结起来是两个观点，一是用自然的眼光看死亡，二是用有死者的眼光看人生。

1. 用自然的眼光看死亡

死亡是合乎自然的，而合乎自然的事情就不是恶。从宇宙的角度看，对死亡可以有两种解释。其一是伊壁鸠鲁的解释，宇宙是无数原子的聚合离散，是一片混沌，死亡是组成人体的原子的离散，回归混沌之中。其二是斯多葛派的解释，宇宙是一个由神圣的秩序支配的统一体，死亡是这个秩序所规定的。无论哪一种解释正确，我们都不应该感到困扰。

你要想一想，你的生命经历不同的阶段，从童年、青年到盛年、老年，实际上其中每一次变化都是一次死亡，都失去了一段生命，而你并不觉得可怕。那么，这最后的一次死亡，也没有什么可怕的。

人人都会死。医生给病人治病，最后自己也病死了。占星术士预言别人的死期，最后自己却突然暴毙。哲学家雄辩地讨论死亡和不朽，最后自己黯然死去。英雄在战场杀敌无数，暴君凭权力滥杀无辜，最后自己都化作尘埃。你所认识的人，同样是一个接着一个死去，今天为别人送葬的人，明天自己倒下死了，而埋葬他的人不久也被埋到了土里。

在你之前有过多少时代，那时人们的经历和今天没有什么不同，无非是吃喝劳作，谈情说爱，结婚生子，积聚钱财，阿谀奉承，猜疑算计，争权夺利，今天他们都去哪里了？历史上有过多少城市、朝代和国家，曾经辉煌一时，今天都无影无踪了。

想到这一切，你会明白，在浩瀚的宇宙中，在漫长的历史中，一个人的寿命实在不重要。你出生前的时间和你死后的时间都看不到尽头，在这无限的时间中，活长活短有什么区别呢？无论能够活多少年，你要记住，人拥有的只是当下的生命，会失去的也只是当下的生命，长寿者和早夭者失去的是同样的东西。你还要记住，万事万物在循环往复，人类的生活大同小异，无论你活多久，能够看到的只是同样的景象。

所以，坦然地面对死亡吧。你登船远航，现在船已靠岸，那就上岸吧。人生的戏已经演完，那就愉快地退场吧。你不要说你只演了三幕，而你是想演五幕的。戏算不算完整，要由当初安排这场戏的那个力量来决定，既然它安排的是三幕，三幕也就算是一部整戏了。是自然把你的灵魂和躯体结合在一起的，现在它把这个系好的结打开了，你就让灵魂毫无苦楚地离开躯体吧。你不可以让人觉得你是被死神拖走的，而要像平时和亲友告别一样，没有任何抵抗和不快。你也不可以有任何哗众取宠的举动，把自己装扮成一个英雄。既不惊慌，也不做作，安详从容地离开人世，这才是充满尊严的。

2. 用有死者的眼光看人生

死亡并不是一件我们只能消极地接受的事情，它对于人生有正面的意义。经常用终有一死者的眼光看人生，可以让我们活得既超脱又积极。

我们每个人生存的时间，只是那无限时间中微不足道的一部分，转瞬就会被永恒吞没。我们所拥有的身体和灵魂，又只是宇宙实体和精神中微不足道的一部分，转瞬就会归于虚无。用宇宙的眼光看一己的生命，你就不会在乎你生命中的任何遭遇。

你试着从高处俯瞰无数的世人，他们在举行各种各样的仪式，

356

追逐形形色色的名利，然后永远地死了，沉入时间的深渊之中不再浮现，于是你就会发现，世人所看重的一切，包括祸福、荣辱、恩怨、利害等等，都只是过眼云烟。

如果你遭遇了不幸并为之痛苦，你想一想，那些曾经和你有过同样遭遇的人，他们当时也是多么烦恼、惶惑、忿恨，现在他们到哪里去了？当你难以抑制怒火的时候，你想一想，你很快会死的，这个惹怒你的人也很快会死的，你还有必要发火吗？如果你看重名声，你想一想，知道你的名字的人都会死的，即使你身后留名，后世的人也是会死的，而且你死了以后，后人是否记得你的名字，会怎样谈论你，和你又有什么关系呢？总之，想到死，你会看明白世人重视的许多东西是毫无价值的，从而活得比较超脱。

与此同时，对死亡的思考又可以让你活得更加积极。用有死者的眼光看人生，你就能够正确判断各种事物对于你有无价值。比如说，你关心各种新闻，对别人在说什么做什么很好奇，那么，你想一想，你剩下的生命如此短暂而宝贵，怎么可以把它浪费在如此无聊的事情上呢？我们在一天天接近死亡，我们的理解力和观察力会在死亡之前逐渐衰退，因此，必须珍惜生命，在有生之年实现自己生命的价值。

奥勒留叮嘱自己说："古人写的这些好书，我自己摘录的这些笔记，我很快就不能再读了，那么，抓紧时间吧，趁还来得及，朝我的目标奔去。我们都应该这样叮嘱自己，因为我们真正喜爱的事情，都会有不能再做的一天。"不过，这并不是说，我们要拼命地做许多事情，就具体的工作而言，奥勒留如此说："因为死亡也是人生中的一件事情，所以在离开人世之前，把手头的工作做好就足够了。"

真正重要的事情是按照你的本性生活，可悲的不是生命早晚会结束，而是直到临死还没有开始过合乎本性的生活。所以，奥勒留主张，应该把每一天都当做生命的最后一天那样来过，让你的每一个行为、每一句话、每一种想法都像是出自即将辞世的人的最后所为，使你的品德臻于完善。

参考书目

[古罗马] 马可·奥勒留:《沉思录》，李娟、杨志译，上海三联书店，2008

中世纪

公元二世纪至十四世纪

如果以耶稣的活动为标志，基督教是公元初年在罗马帝国内部诞生的，在被镇压的过程中它不断传播和壮大，到公元四世纪取得了合法地位，此后逐渐成为西方世界的主流宗教。从基督教取得合法地位到文艺复兴之前，这一千余年的时间绵亘在古代与近代之间，被称作中世纪。在这个漫长的时期里，神学取代哲学成为意识形态的主要形式，其使命是构建基督教的信仰体系。但是，在神学内部，哲学仍以神学的形式继续存在。神学所讨论的问题有两类，一类是纯粹神学性质的，涉及经义的诠释和信仰的细节，另一类则具有哲学性质，以信仰为中心，讨论世界和人生的根本问题。

　　在基督教统治的中世纪，哲学是神学的奴仆，必须听命于神学。不过，主人都喜欢聪明伶俐、善解人意的奴仆，基督教思想家也会力图让哲学善解神意，用哲学给神学做出有说服力的论证。神学是信仰体系，而哲学是理性思维，基督教思想家都主张，信仰是理解的前提，为了理解必须先信仰。不过，他们中有哲学头脑的人会努力整合两者，使信仰能够为理性所接受，最好还能够仅仅运用理性就得出信仰的结论。

　　基督教神学原本是一个信仰体系，以《圣经》为核心，由教义和教会的传统构成。神学家们在构建基督教哲学的时候，主要的思想资源是古希腊哲学，柏拉图和亚里士多德的哲学对他们先后发生了重大的影响。不管他们见解怎样不同，有一点是共同的，就是把上帝理解为纯粹精神性的存在，宇宙具有神圣的精神本质。我本人认为，这正是古希腊哲学对基督教神学发生的最重要影响。在人生哲学方面，基督教神学部分吸收了古罗马斯多葛派的伦理学思想，注重内在的灵魂生活，超脱外在的世俗生活。在一定的意义上，古希腊的本体论和古罗马的人生论融合在了基督教的信仰之中。

基督教神学经历了从教父哲学到经院哲学的变化。教父哲学最重要的代表是奥古斯丁，这个人真诚、丰富、矛盾，我会用一整讲的篇幅来介绍他。在经院哲学中，最重要的代表是安瑟伦和阿奎那，在相关的一讲中我会重点讲。还有一位阿伯拉尔，在神学史上的地位虽然不及这两人，却是一个思想特别开放的人，并且有轰轰烈烈的恋爱故事，我也会专门讲他。

第十三讲

奥古斯丁

我的主，你看出我并不说谎：我的心怎样想，我便怎么说。

——奥古斯丁

我重点讲奥古斯丁，第一是因为他的重要性。他是一个划时代的人物，既是古典时代早期神学思想的集大成者，也是中世纪神学的开路先锋，他的影响覆盖了整个中世纪，被公认为是最伟大的神学家。第二是因为我特别喜欢他，我相信，凡是读过他的《忏悔录》的人，都会被他的真实的人格和丰富的个性所吸引。在一般人的印象里，神学是枯燥的，板着面孔的，殊不知神学的开创者却是一个闪放着人性光华的超可爱的人，令人感叹历史是多么富有戏剧性。

一 忏悔和皈依

1. 生平

奥古斯丁（Augustine of Hippo，公元 354—430）出生于北非的塔加斯特，现在是阿尔及利亚的苏格阿赫拉斯市。当地的居民，血统混杂，各种信仰并存，多数人是异教徒。奥古斯丁的父亲是很平庸的人，他的母亲承担起了教育儿子的全部责任。她

奥古斯丁（Augustine of Hippo，公元 354—430）

是一个虔诚的基督徒，一心盼望儿子早日受洗和成婚，做一个好基督徒。可是，这个不听话的儿子似乎注定要走过一段曲折的路程，在信仰上是一个异端，在男女关系上放荡不羁，而最后的结果则远远超出母亲的期望，成为基督教历史上的第一伟人，以及一个禁欲的僧侣。

奥古斯丁的一生，可以分为两个阶段。三十岁以前，用他自己的话说，他是一个罪人。据记载，他身材瘦小，体弱多病，性格敏感而容易激动，好幻想，但智商绝高。他曾经长期信奉摩尼教，在当时的北非，这是占据优势的信仰。与此同时，因为读了西塞罗的著作，他喜欢上了哲学，以一种怀疑主义的态度思考各种问题。上学期间，他在拉丁文以及修辞学、逻辑学、数学等方面也打下了结实的基础。

在奥古斯丁三十岁左右时，他旅行到米兰，听米兰主教安波罗修讲道，深受感动，三十三岁正式受洗，皈依了基督教。在这期间，他通过拉丁文译本深入研究了柏拉图的哲学和普罗提诺的新柏拉图主义学说。此后，他回到北非，把全部财产施舍给穷人，与若干朋友成立一个修道会，过着贫困、独身、读书、祷告的生活。三十七岁时，北非海港城市希波的主教请他协助管理教区，他的讲道大受欢迎，四年后接任主教之职，直到去世为止，共三十五年。

奥古斯丁自己并不情愿担任教会职务，他的志趣是写作。他的著作在生前已在基督教世界被广泛传阅。他用拉丁文写作，有很高的悟性和哲学素养，并且善于把自己悟到的重要思想整理得十分清晰，准确地表达出来。他的主要著作有《忏悔录》《论自由意志》《论三位一体》《上帝之城》等。

2. 奇书《忏悔录》

奥古斯丁最出名的著作是《忏悔录》，他是四十六岁时写的这本书，当时他已担任希波的主教。这是一本奇书，是人类历史上第一本个人心灵自传。在这本书里，奥古斯丁用忏悔的口吻叙述了自己从童年到中年的心路历程。他的叙述有两个特点。第一，极其诚实，毫不避讳一般人看作隐私的经历，例如性爱经历。他的青年时代充满迷惘，他在寻求信仰的道路上有许多困惑，他都诚实地写了出来。不但如此，即使在担任主教的此时，他在信仰问题上仍有困惑，他也诚实地写了出来。

第二，非常善于反省和剖析自己最隐秘的、最微妙的心理活动，乃至潜意识中的欲念。他的内心世界丰富而细腻，而他又善于用理性的眼光去剖析内心世界，有人因此认为他是人类历史上第一位心理学家。因此，毫不奇怪，在成为神学家之后，他仍然非常重视内心世界的体验，认为内在体验是通向上帝的必由之路。

这两个特点表明，他是一个人性丰满而且能够坦然面对人性弱点的人。读这本书的时候，你会觉得作者离自己很近，难以相信它是公元四世纪的一个人写的，而且这个人还是一个主教！

关于奥古斯丁写这本书的动机，论者大多解释说，因为人们知道他曾经长期信奉摩尼教，并且曾经是一个怀疑论者，有许多异端思想，而现在他不但受洗了，而且当上了主教，这个巨大的转变既招致敌人的攻击，也会让信众感到疑惑，因此有必要对自己的这个转变做出交代。但是，在我看来，他的这本书更为自己写的，比起向别人交代，他更需要向自己交代。他一定感到，他必须对自己这个转变的内心历程进行仔细的审视和分析，检验其真实的程度。这实际上也是在向上帝交代，因为一个人唯有对自己诚实，把一个诚实的自己呈现在上帝面前，才是真正忠实于上帝。所以，毫不奇怪，全书的语气既是在对上帝言说，也是在对自己言说，二者紧密交织在一起。

3. 关于儿时所受的教育，是忏悔，还是控诉

在《忏悔录》中，奥古斯丁的忏悔从幼时开始。按照原罪的观念，人在胚胎中就有了罪，是戴罪出生的。奥古斯丁说，对于自己幼时的情形，他是毫无记忆了，但他从任何一个小孩身上，都可以看到记忆所不及的那个幼时的自己。他看见过孩子的妒忌，还不会说话，就面若死灰，眼光狠狠盯着一同吃奶的孩子，由此知道婴儿的纯洁只是肢体的稚弱，而不是本心的无辜。不过，他向主表示，既然自己对幼时毫无记忆，就让他把忏悔的目光移向记事之后的岁月吧。

现在他要忏悔童年的罪了，可是我们看到，他的忏悔更像是控诉，是一个活泼好奇的孩子在控诉强加于自己的应试教育的痛

苦。他说："我童年不喜欢读书，并且恨别人强迫我读书，但我仍受到强迫。那些强迫我的人说是为我好，其实他们除了想要我贪求名利之外别无目的。"他还说："一个公正的人是否能赞成别人责打我，由于我孩童时因打球、游戏而不能很快读熟文章，而这些文章在我成年后将成为更恶劣的玩具？"

说到读书，奥古斯丁童年时喜欢读文学作品，例如维吉尔的史诗《埃涅阿斯纪》，讨厌背诵乘法口诀之类的课堂知识。现在他忏悔说："当时我认为这种荒诞不经的文字比有用的知识更正经、更有价值，真是罪过。"但我们很容易听出，他的忏悔含着反讽的意味。童年的奥古斯丁讨厌一切死记硬背的功课，同样是史诗作品，他喜欢用拉丁文写作的维吉尔，痛恨希腊文的荷马史诗。他的母语是拉丁文，对于他来说，希腊文是外语。他解释说，母语是从小就听和说的语言，识字出于自然的好奇心，因此非常容易。而学外语是被迫的，因此非常辛苦。他被迫读荷马，感觉是甜蜜的希腊神话故事上面洒了一层苦汁。他真是被希腊文伤着了，以至于一辈子也不愿学，成为唯一的一个不懂希腊文的大哲学家。

4. 关于肉欲的忏悔和困惑

奥古斯丁对青年时期的忏悔，重点是肉欲。在当年罗马帝国的版图内，青年男人的性生活是很随意的，他也不例外。他在自传中回顾说："我如此盲目地奔向堕落，以致在同辈中我自愧不如他们的无耻，听到他们夸耀自己的丑史，越秽亵越自豪，我也乐于仿效，不仅出于私欲，甚至为了博取别人的赞许。为了不受嘲笑，我越加为非作歹，并且由于我缺乏足以和那些败类媲美的行径，便捏造我没有做过的事情，害怕我越天真越不堪，越纯洁越显得鄙陋。"

这种淫乱的状况应该是发生在他的青春期，十七岁时，他与之告别，有了一个专一的情妇。一年后，她给他生了一个孩子，他给孩子起名"Adeodatus"，意为上帝的礼物。奥古斯丁很爱这个女人，两人的关系持续了十五年之久。三十二岁时，母亲逼婚，给他找了一个富家女，富家女年龄还小，要等两年才能成婚。因为这桩婚事，他断绝了与那个女人的联系，女人回非洲当了修女。奥古斯丁在自传中沉痛地说："我的心本来为她所占有，因此如受刀割，这创伤的血痕很久还存在着。"但是，他接着承认，他不能忍受两年的等待，受肉欲的驱使，又另找了一个情妇，直到正式结婚。

奥古斯丁非常疼爱儿子，一直带在身边。他在自传中提到，他专门写了一本书，题为《师说》，记述儿子十六岁时和他的谈话，其天赋之优异，见解之独特，令他惊讶，叹息只有上帝才能制造这样的奇迹。儿子不久就去世了，他说他对此感到安心，不必为儿子的一生担忧了。

奥古斯丁的结婚和皈依基本是在同时。据他自述，有一天，在米兰的一个花园里，他耳中不断响着一个声音，叮嘱他"拿起读，拿起读"，他就翻开《圣经》，看到"不可好色淫荡"和"总要披戴主耶稣基督"的词句，幡然醒悟，决心终结追逐色欲的生活，笃信基督。然而，皈依之后，他仍性欲旺盛，耽于床笫之乐，于是这样向上帝祷告："主啊，请你赐给我纯洁和节制，但不要立即赐给。"接着解释说，他是怕主立即答应，消除了他的好色之心，使他不能享受女色了，所以他明知这是病态，却不愿加以治疗。这个心理活动非常真实，而他细致地捕捉到了，并诚实地写了出来。

对于肉欲的力量之大，奥古斯丁如此坦白："能阻挡我更进一步沉入淫欲的深渊的，是对死亡与死后审判的惧怕，这种惧怕在种种思想的矛盾中，一直没有离开过我的心里。"他进一步设问："如果人能够不死，永远享受肉体的快乐，丝毫没有丧失的恐惧，人生夫复何求？"当然，他向主坦陈这些隐秘的思绪，是要忏悔自己迷途之深。

在他的自传中，他一再谈到，他早已厌倦了世俗生活，戒除了名利欲望，唯独对女人仍是辗转反侧，不能忘情。即使现在当了主教，选择了独身生活，从前的色情场景仍会隐约呈现在记忆中，而一进入梦境，就会被色情的幻象所颠倒，并且感到欢悦。他问上帝："我的主，是否这时的我是另一个我？为何在入梦到醒觉的须臾之间，我判若两人？"

我们不得不认为，在肉欲的问题上，奥古斯丁始终是困惑的。事实上，性欲是人的极强的本能，一个人即使遁入空门，也难以真正戒除。奥古斯丁在自己身上体验到了这一点，我们据此可以理解，他后来为什么会强调，性欲是原罪，而救赎不能靠人自己的努力，只能靠上帝的恩典。

二 困惑和发问

读《忏悔录》的时候，我们会发现，奥古斯丁总是在向上帝发问。他想得很多，喜欢追根究底，但很少自己得出结论。这是因为奥古斯丁担任主教不久，他仍在探索之中，并且承认自己的无知。下面梳理一下他的困惑和发问。

1. 对人性和人生的困惑

人性是很矛盾的。人的天性是趋乐避苦，可是，人往往要吃了苦才会感到更大的乐。这样的事例比比皆是：喜爱的东西失而复得，要比尚未失去更快乐；战争中危险愈大，凯旋时就愈快乐；航海者遭遇惊涛骇浪，忽然风浪平息，快乐胜过未遇风浪时；亲人患重病，为他担忧，一旦病势减轻，虽仍然虚弱，但感到的愉快胜过他未患病时；如此等等。人生愉快的心情，既来自意外的遭遇，也来自自寻的烦恼。爱情、婚姻、友谊，倘若没有经历分离的痛苦和风波的激荡，就会让人觉得平淡乏味。总之，所受的忧患愈重，则所得的快乐也愈大。奥古斯丁问道："主，我的天主，这究竟是怎么回事？"

他在米兰街头看见一个自得其乐的乞丐，不禁感叹自己不如这个乞丐快乐。他问自己：你愿意快乐，还是愿意忧患？回答当然是愿意快乐。进一步问：你愿意和那个乞丐一样，还是像你现在这样？他却宁愿做这个忧患的自己了。

人人都希望幸福，可是，究竟什么是幸福呢？如果不知道，我们如何能够寻求幸福？如果知道，我们是从哪里知道的，曾经在哪里见过？人生的追求充满着疑难，奥古斯丁问道："难道我们真的不能抓住任何可靠的东西，来指导我们的生活吗？"

2. 如何理解《圣经》的文本

作为基督徒，当然应该从《圣经》里寻求人生真理的答案。可是，奥古斯丁向主说："我相信你的《圣经》，但《圣经》里的话太深奥了。""你的话不露真相，仅在云雾隐现之中，通过苍天的镜子显示于我们。"这些话表明，他也曾经对《圣经》的文本感到困惑。

不过，在担任主教以后，为了向信众布道，他写了《论基督教教义》一书，此时已经找到和创立了一种解释《圣经》文本的方法，叫做寓意释经法。保罗在《哥林多后书》中有言："那字句是叫人死，精意是叫人活。"这给了他启发。他确立了一个原则，凡是无法从字面意思去解释的文本，就应当从比喻和象征的意义上去解释，阐明其中有助于提高信仰的寓意。

奥古斯丁的解释技巧非常高明，一个显著的例子是对三位一体的解释。圣父、圣子、圣灵三位一体是基督教的基本教义，在当时围绕这个教义发生了激烈的争论。据说奥古斯丁曾经表示，这个教义既神秘兮兮又危险重重，因为如果否认它，你就会失去救恩，可是如果想要理解它，你就会失去脑袋。可见这个教义曾经也让他大伤脑筋。但是，他终于找到了一个方法，就是把神的三个位格与人格的三个方面进行类比，使得这个教义显得比较可以理解了。我们每个人有三个方面，即存在、认识和意志，同时是一个生命，一个思想，一个本体，这三个方面把每个人统一为一个人格。那么，不妨据此来体会神的三个位格的统一。不过，他强调这只是类比，我们不可以因此自以为真正认识了神。这个例子表明，奥古斯丁很善于把他对人性的体悟运用到神学问题的解释中。

3. 如何寻找到上帝

基督徒的最高理想是寻找到上帝，得窥上帝的真实面目。可是，在《忏悔录》中，奥古斯丁指出了实现这个理想的困难，其中似乎存在着一个悖论。他如此问上帝："我将在哪里寻获你？如果在记忆之外寻获你，那么我已经忘记了你。如果我忘记了你，那么我又怎能寻获你呢？"

他用日常生活中的现象做比方。一个妇人丢了一文钱，便点了灯四处找寻，如果她记不起这文钱的样子，就一定找不到。即使找到，如果记不起，怎能知道是她的钱呢？我们寻找丢失的东西，情况都是这样。我们的记忆中对丢失的东西会有一个印象，一个东西与这个印象不符合，我们就知道它不是自己要寻找的，直到与印象符合的东西重现在眼前为止。这就说明我们是凭记忆去寻找的，假如记不起，就不认识，假如不认识，即使失物拿在手里，也认不出，便不能说已经找到。一件丢失的东西，如果完全忘记了，甚至是不会去寻找的。

又比如我们看见或想到一个熟悉的人而记不起他的姓名，也是这种情况。这时可能想到了其他一些姓名，但我们都会加以排斥，直到那个与记忆相符的姓名出现为止。这个姓名当然来自记忆，即使经别人的提醒而想起，也一样得自记忆，因为并不是别人告诉了我们一个新的东西，我们听信接受，而是我们回忆起来了，知道别人说得对。我们记得自己忘记了这人的姓名，正说明没有完全忘记。如果已经完全忘记，那么即使有人提醒，我们也是想不起来的。

奥古斯丁用这些浅显的事例说明信仰上的困境：如果我们对上帝没有记忆，就不可能寻找到上帝，而我们对上帝似乎的确没有记忆。因此他叹息说："主啊，看见你的本来面目，这是我们尚未享受到的权利。"

然而，对于自己完全没有记忆的东西，人是不会去寻找的，而现在我们既然在寻找上帝，就说明并非完全没有记忆，只是暂时遗忘了上帝的模样。在这个意义上，信仰之旅是对上帝的记忆失而复得的过程。

4. 时间之问

在《忏悔录》中，最有哲学意味的发问是时间之问。在西方哲学史上，奥古斯丁是第一个从哲学上追问和思考时间问题的人，他试图做出解释，到头来仍觉得困惑。在他的解释中，有两点值得注意，一是确认时间的主观性，二是严格区分时间和永恒。

奥古斯丁一再表示他对时间感到深深的困惑，他说："时间究竟是什么？谁对此有明确的概念，能够用言语表达出来？""时间究竟是什么？没有人问我，我倒清楚，有人问我，我想说明，便茫然不解了。"因此，"我的心渴望能揭穿这个纠缠不清的谜！"

人们习惯上把时间分作过去、现在和将来三个类别，奥古斯丁指出，过去已经离去，将来尚未来到，二者在现在皆不存在。至于现在，如果始终是现在，便不是时间，而是永恒。现在之所以成为时间，是由于它永不止息地走向过去，因此也不能说它存在。所以，说时间分作过去、现在和将来三类是不确当的。

仔细分析，我们对时间的感觉是维系于事物的：没有过去的事物，就没有过去的时间；没有来到的事物，就没有将来的时间；如果什么也不存在，就没有现在的时间。所谓过去，是我们对过去事物的记忆；所谓将来，是我们对将来事物的期望；所谓现在，是我们对现在事物的注意。记忆、期望与注意都只存在于我们心中，因此所谓时间只是一种主观的东西。

在做了这样一番分析之后，奥古斯丁仍然承认，他不知道时间是什么。"'你使我的时日消逝'，时日是怎样消逝的呢？我不知道。"时间也许是一种伸展，"是什么东西的伸展呢？我不知道。"他向上帝说了一段非常有意思的话："主啊，我向你承认，我依旧不知道时间是什么，但知道我花了很长时间讨论时间，而这'很长时间'，如果不是经过了一段时间，不能名为'很长'。既然我不知道时间是什么，怎能知道时间有长短呢？是否我不知道怎样表达我所知道的东西？我真愚蠢，甚至不知道我究竟不知道什么东西。我的主，你看出我并不说谎：我的心怎样想，我便怎么说。"的确如此，他诚实而又准确地表达了对时间的莫大困惑。

可是，有一点是十分清楚的：人受时间支配，上帝则超越于时间，是永恒的。"主，你是永恒的，而我却消磨在莫名其究竟的时间之中。"对于上帝来说，无所谓过去、现在和将来。"你的年岁永是现在，我们和我们祖先的多少岁月已在你的今天之中过去了，过去的岁月从你的今天得到了久暂的尺度，将来的岁月也将随这尺度而去。'你却永不变易'，明天和将来的一切，昨天和过去的一切，为你是今天将做，今天已做。""你是在永永现在的永恒高峰上超越一切过去，也超越一切将来。你的岁月无往无来，我们的岁月却来者皆往。你的岁月全部屹立着绝不过去，而我们的岁月过去便了。你的日子，没有每天，只有今天，你的今天即是永恒。"

在这些颂词中，奥古斯丁把属人的时间和属神的永恒作了明确的区分。永恒与时间截然不同，受时间支配的人类是很难理解永恒的。但是，奥古斯丁克制不住好奇心，要一窥永恒是什么样子的。时间无论多么长久，也只是流光的相续，将来不断地经过现在成为过去。永恒却整个只是现在，一切过去和将来在现在之中同时伸展和持存。我理解奥古斯丁的意思是，时间像是一条无限长的直线，永恒则像是一个包含了万有的实体。所以，永恒是不可用时间度量的，即使我们想象无限长的时间有一个总和，这个总和与永恒仍然是两回事。奥古斯丁无奈地叹息道："谁能驻足凝视那个无古往今来的永恒，看它是怎样屹立着调遣将来和过去的时间的呢？"

上帝立足永恒，能知一切过去和未来。这个充满好奇心的奥古斯丁不禁要想象，上帝是用什么方式来知过去和未来的，永恒的造物主是怎样体验时间的。对于一支熟悉的歌曲，我们唱了前面的，会知道后面的是什么。可是，上帝绝不会用这种前后相续的方式来认识将来和过去。看来奥古斯丁没有想象出上帝可能用的方式，于是只好用一段颂词来结束他的思考："一如你在元始洞悉天地，但你的知识一无增减。同样你在元始创造天地，而你的行动一无变更。谁能领会，请他歌颂你，谁不能领会，也请他歌颂你。"

如何解释时间的本质，这始终是哲学上的一个难题。奥古斯丁把这个难题的难点所在讲得很清楚，在他之后的哲学家没有谁讲得比他更清楚。而他的两个重要思路，即时间的主观性，以及时间与永恒的根本不同，在很大程度上也为后世的哲学家所不及。

三　信仰问题的哲学思考

奥古斯丁对基督教有坚定的信仰，但他在信仰问题上没有放弃哲学思考。对于信仰，他坚持两个标准，第一必须是内心真实体验到的东西，第二必须是理性可以理解的东西。正因为此，他的著作既能感动人心，又能引发思考。

从哲学角度讨论基督教信仰，有三个重要问题，即理性与信仰的关系，上帝是什么，灵魂的性质、来源和归宿。本节讲奥古斯丁在这三个问题上的见解，主要依据《论自由意志》《论灵魂及其起源》二书。

1. 理性与信仰的关系

（1）为了理解必先相信

在《忏悔录》中，奥古斯丁曾经表示这样一个困惑："主啊，请让我知道是应该先向你呼吁而后赞颂你，还是先认识你而后向你呼吁。但是谁能不认识你而向你呼吁？因为不认识你而呼吁，可能并不是向你呼吁。或许向你呼吁是为了认识你？"呼吁就是相信，是先认识还是先相信，让人难以决定。未认识就相信，可能会相信错了，而未相信则不会有认识的愿望，这似乎是一个悖论。

在《论自由意志》中，奥古斯丁把重点放到了相信上面，确定信仰是理解的前提。我们必须从信仰开始，才会有理解的愿望，我们想要理解的正是我们所相信的东西。而且，我们必须带着信奉上帝的心来运用自己的理性，才能真正理解。不过，他强调，信仰开始之后，理性必须跟上。《圣经》中说："寻找，就寻见。"寻找是相信，寻见则是理解。"谁若只是相信他所不知道的事，他就不能说是寻见；一个人必先相信后来他所知道的事，才配寻见上帝。"

奥古斯丁确定信仰对于理性的优先地位，从他开始，为了理解必先相信，这成了整个中世纪神学的基调。

（2）人性中最高贵的部分是理性

奥古斯丁始终是崇尚理性的。他认为，理性是使人超出动物和一切存在物的东西。存在、活着、理解是三件不同的事。动物有存在有生命，比只有存在而无生命的存在物优胜，人兼有存在、生命和理解三者，又比动物优胜。在人的本性中，理性是人所独有并且使人胜于万物的东西，因此是人性中最高贵的东西。

把人和动物做比较，动物只是活着，人不但活着而且知道自己活着，其间有重大的区别。人的生命因为有心智的光照亮，是更明亮更完全的生命。动物也有一种内在意识，它通过感官感知外物，但若不是意识到了自己的感官及其感知，就不会采取行动，去寻找或躲避什么。不过，动物的这种内在意识低于理性。人凭借理性不但知道自己的感官及其感知，而且知道内在意识本身，从而拥有知识。

（3）内在经验打通了理性和信仰

奥古斯丁如此崇尚理性的价值，却又主张信仰先于理解，是否矛盾？这里的关键是要弄明白，他说的理性是什么。

在精神气质上，奥古斯丁有一个显著的特点，就是极其重视自己的内在经验，珍惜并且倾向于只相信内心真实体验到的东西。他从自己身上体会到，内在经验具有直接的确实性，是最可靠的东西，这成了他的哲学思考的出发点。正因为此，他又富有怀疑精神，对于自己没有真正体验到的东西，或者与自己的真实体验相左的东西，即使出自圣典，他也不会佯装懂得，而一定是坦然承认自己的困惑，发出追问。

奥古斯丁年轻时曾经沉醉于怀疑论，我的判断是，他的怀疑论不仅仅来自相关学说的影响，在很大程度上是他骨子里的东西。在早期著作《独语录》中，他曾经这样写道："你这个求知的人，你知道你存在吗？——我知道。你知道你是从哪里来的吗？——

我不知道。你知道自己是单一的实体，还是复合的实体？——我不知道。你知道你在思想吗？——我知道。"他还说："当我怀疑时，我知道我存在，正是怀疑本身包含着有意识的生物实存的真理；即使我在其他一切事情上出错，在这一点上我不可能出错，因为为了出错，我必须存在。"

很显然，在这些表述中，他比笛卡尔早一千多年就已经说出了"我思故我在"的命题。对于他来说，"我思"就是我的内在经验，它构成了理性的核心。理性主要不是概念思维和逻辑推理的能力，这些只是理性的工具。一个人如果在灵魂中没有任何真切的感悟和体验，他使用逻辑工具得出的就只能是抽象的理论，不可能是具体的真理。

信仰的核心同样也是内在经验。你的灵魂真正体验到的东西，是你走向信仰的动机，并且是始终伴随着信仰深化和丰满化的过程。相反，如果灵魂毫无体验，信仰就必定是肤浅和空洞的。

所以，无论对于信仰，还是对于认识，内在经验都是第一位的。内在经验是打通理性与信仰的东西，把两者统一了起来。内在经验发生在灵魂之中，而在灵魂中，信仰和理性实际上是不可分的。凭借内在经验，灵魂与最高存在有了沟通。相信这个最高存在，叫做信仰，试图去理解这个最高存在，叫做理性。信仰所指向的上帝，与理性所指向的宇宙真理，其实是同一个东西。

2. 上帝是什么

（1）作为造物主的上帝

上帝是创造世界和万物的造物主，这是基督教的基本信念。

论及作为造物主的上帝，奥古斯丁如此说："除非上帝在那些使万物得以作成的范式里看见了这事，他在自己的思想中不会看见这是应当作成了的事。凡不存在于范式里的，人就不能在思想中真看见，正如它不能真存在一般。"(《论自由意志》)这是具有代表性的一段话。

在形而上学理论上，奥古斯丁接受的是新柏拉图主义，归根到底是柏拉图哲学。他的上帝概念，源自柏拉图的理念学说。他认为，上帝是决定万物的真正的存在，万物因为来自上帝，所以存在，而不是凭借自己存在。在上帝创造世界的范式里有的东西，在现象世界里以及我们的思想中才会有。很显然，他说的上帝创造世界的范式，就相当于柏拉图说的理念，理念世界是万物以及我们头脑中一般概念得以存在的根源。

（2）上帝不可言说

然而，上帝究竟是什么，却是不可言说的。奥古斯丁用类似于老子谈论道的口吻来讲述这个道理："我是否找到了适当的方式来谈论神或者表达对他的称颂？没有，我觉得我只是想要说，但一旦说了什么，却发现那不是我想要说的。我是怎么知道这一点的呢？惟有一个原因，那就是神是不可言说的。但它若是不可言说，那我所说的话就不可能说出来。也就是说，对神甚至连'不可言说'这样的话也不能说，因为这样说本身就是一种对他的言说。因而就出现了一种奇怪的语言矛盾，如果不可言说者就是不可能对它有任何论说，那么它若还能被称为是不可言说的，就不是真的不可言说。要避免这种语言上的悖谬，与其通过解释，不如保持沉默。"(《论灵魂及其起源》)

这表明了人类理性以及作为理性之工具的语言的局限性。理性可以推动我们去寻找现象世界背后的那个神秘的本体，但无能让我们确切地知道和表述这个本体究竟是什么。我们用来称颂上帝的一切话语，都丝毫没有传递关于上帝的本性的任何真知识，而只是表达了我们对这不可知的本性的敬仰之情。

（3）认识上帝只能靠神秘体验

在奥古斯丁之后，安瑟伦、阿奎那等神学家用不同方式论证了上帝的存在。奥古斯丁没有花工夫来做这样的论证，在他看来，真正认识上帝的存在，不能靠理性的论证，必须靠某种神秘的体验，而这种体验也是无法言传的。他自己说，他是在惊心动魄的一瞥中得见"存在本体"，也就是上帝。但是，对上帝的直观只是一瞬间，不可能长久凝视，此后就退回到了平时的境界。不过，有过这个一瞬间就不一样了，从此会保持对上帝爱恋的心情，而这就是信仰。

在讲柏拉图的时候，我曾经谈到，柏拉图用回忆说和迷狂说证明理念世界的存在。不妨说，奥古斯丁对上帝的见证，是综合了回忆和迷狂的一种内在体验，他说的神秘直观类似于灵魂对上帝的回忆，而由此引起的灵魂对上帝的爱恋心情则相当于爱的迷狂。所以，在见证上帝的方式上，也可以看到柏拉图学说对他的影响。当然，奥古斯丁本人对内在经验的极其重视，在这里仍然起了决定性的作用。

3. 灵魂的性质、来源和归宿

（1）灵魂的性质

对于肉体和灵魂的关系，奥古斯丁持二元论的观点，认为肉体是物质的实体，灵魂是非物质的实体，人是这两种不同实体的结合。"万有都是出乎神"，肉体和灵魂都是上帝创造的。上帝照着自己的形象创造人，指的是人的灵魂，人因为有灵魂，所以高于一切动物。

灵魂是人区别于动物的精神属性。对于灵魂，奥古斯丁又做了区分，他说："你岂不明白有两样东西，魂（Soul）和灵（Spirit），如经上所说的'你要将我的魂与灵分开'？两者都与人性有关，但两者有时合在一起通称为灵魂（Soul）。"

我没有看到奥古斯丁是怎样解说魂和灵的区别的，只能根据他的基本思想，说一说我的理解。魂应该是指人的心理属性，包括知觉、理性、自我意识等。由于魂与肉体的结合，使得肉体是活的，魂离开了肉体，肉体就死了。灵应该是指人的具有形而上性质的精神能力，因为有灵，人的魂就得以与上帝、与宇宙本体沟通。灵实际上就是构成理性之核心的东西，也是奥古斯丁极其重视的那个内在经验的发源地和发生场所。

（2）灵魂的来源

人是肉体和灵魂的结合。肉体通过繁殖而产生，这很清楚。灵魂是怎么产生，怎么进到肉体里来的呢？奥古斯丁承认，他对此是无知的，解决不了这个问题。困难在于，其一，经验没有给我们提供这方面的知识，正如母亲不知道孩子是怎样在自己腹中孕育的一样，我们每个人也不知道灵魂是怎样进到自己身体里的。其二，理性也理解不了这件神秘的事。其三，在这个问题上，《圣经》也不置一词，完全保持沉默。所以，最好的办法是对这个问题谨慎又谨慎，不轻易做论断。

不过，奥古斯丁还是做了一个论断：灵魂在未同肉体结合以前，不能预先存在。这个论断实际上排除了古代世界比较流行的两个看法，一是灵魂预先存在于天国，人出生时进入肉体，二是灵魂在不同的生命体之间轮回，人出生时进入这个肉体。因此，灵魂产生的方式，就只剩下了两种可能。一种可能是像肉体的产生一样，灵魂也是由生殖而来，来自双亲灵魂的遗传，双亲在繁殖肉体的同时也繁殖了灵魂，这是灵魂繁殖说。另一种可能是像上帝造第一个人亚当一样，每个人出生之后，上帝也通过吹气的方式为之注入一个灵魂，每一个新的灵魂都是上帝从虚无中创造出来的，这是灵魂注入说。这两种可能，当时都有人主张，奥古斯丁同意两者必居其一，但他无法确定是哪一种。他强调，不管是哪一种，都没有否认灵魂是上帝赐予的，因为即使认为灵魂是从繁殖中来的，繁殖也是上帝赐予的一种方式，就像上帝借繁殖赐予我们肉体一样。

奥古斯丁当时是在和一个叫维克多的人争论灵魂来源的问题。维克多认为，灵魂是上帝从自己的本性中造的，因此人的灵魂分有了神的本性，实质上是神的一部分。这种看法默认了灵魂的预先存在，存在于上帝的本性之中。奥古斯丁坚决反对这个观点，他强调，上帝是从无中创造万物的，没有一样东西是上帝从自己的本性中造的，包括灵魂。他愤怒地谴责说，妄称灵魂源于神，是神性的一部分，简直是亵渎神圣的下流行为。人的灵魂是一个会犯罪的东西，把这样的东西归于神的本性，这是多么错误、多么危险的观点。

奥古斯丁这种极端的态度，与他对人性的看法有关。他相信原罪说，实际上认为人性是恶的。因此，他要断然划清人性与神性之间的界限，不允许有丝毫模糊和混淆。可是，他又认为人性中有"灵"，人能够凭借内在经验与神沟通，这就产生了一个问题：如果"灵"与上帝的本性没有任何关联，人如何能够与神沟通？这种断然割裂人性与神性之联系的观点，显然与他重视内在经验的立场是自相矛盾的。事实上，无论在柏拉图和新柏拉图主义那里，还是在后来基督教信仰的主流传统中，人的灵魂与上帝的本性之关联是一个基本信念。除去了这个信念，灵魂的追求就会失去根据和方向。

（3）灵魂的归宿

我们既然无法确定灵魂的来源，那么，如何能够认清灵魂的归宿和方向呢？这似乎是必然会产生的一个问题。但是，奥古斯丁认为，这完全不成为障碍。他说："展望未来比回顾过去重要。"事实上，我们对今生已成过去的事情多不太关心，而专注于对将来的盼望。我既然知道自己现在生存着并且盼望将来继续生存，我不知道自己是何时开始生存的，这又有什么关系呢？

所以，重要的不是知道灵魂的来源，而是记住灵魂的目标。他打比方说：有人航海到罗马去，如果忘记了开船的地方，这无关紧要，只要记住往哪里行驶就可以了。相反，如果把目的地弄错了，即使记得出发地，又有什么用处呢？同样道理，只要我们记住灵魂努力的目的是上帝，忘记了灵魂的来源，也是毫无害处的。

这在道理上似乎说得通，但回避了一个问题：灵魂如何确定自己的目标？如果它不知道自己从何处来，如何确定自己向何处去？至少在信念上，我们必须相信自己的灵魂是来自上帝的本性，才会努力向至善的目标回归。如果否认灵魂与上帝的本性之间的关联，灵魂走向上帝就成了凭空设定的目标了。

奥古斯丁虽然否认灵魂从上帝的本性而来，却相信灵魂不死。如果死亡终结了一切，灵魂也随肉体一起死亡，人生的追求还有什么意义？恶人必须遭受惩罚，善人理应领受永生，所以我们必须相信灵魂不死。很显然，在他看来，灵魂不死无法证明，只是一个必要的信念。既然他隔断了灵魂与上帝的本性的联系，情况也只能如此。严格地说，在他这里，灵魂不死的信念是与他关于灵魂的来源的观点相矛盾的。如果灵魂是在人出生时产生的，不管是通过繁殖还是通过吹气产生，有生必有死，一个有生的灵魂怎么能够不死呢？

下一节我会讲奥古斯丁的道德学说。他思想中的自相矛盾，在很大程度上缘于他的道德学说。

四　人的罪恶和神的恩典

奥古斯丁的道德学说，围绕着一个令他痛苦的问题，就是人为何会难以克制地趋于罪恶，如何才能够得救？他的结论几乎是悲观的，认为人虽然有自由意志，但本性已经败坏，因此不可避免地会滥用自由意志，趋于罪恶。也因此得救不能靠自由意志，只能靠神的恩典。他对人的道德能力的否定，与他对理性的推崇和对内在经验的重视，两者之间存在着明显的矛盾。他对人性的悲观，在很大程度上集中在性欲这个焦点上。基督教的原罪说把性欲看作原罪，而他从自己身上体验到，这个罪恶是多么难以根除。如果没有受到神的启示，他将会陷于其中永远不能自拔。

本节的内容主要依据《论自由意志》《论本性与恩典》二书。

1. 自由意志和罪恶

在伦理学中，自由意志是一个重要概念，指人有决定自己为善或为恶的能力。奥古斯丁确认人是有自由意志的，他界定这个概念的涵义是：意志完全在我们的能力之内。生老病死都是出于必然，而不是出于我们自己的意志，其他以此类推。可是，如果说意志的决定不是出于我们自己的意志，那就太荒唐了。如果意志不在我们的能力之内，它就不是意志了，而它既然在我们的能力之内，它就是自由的。

然而，存在这样的情形：意志下了命令，却不见行动。这是怎么回事呢？奥古斯丁解释说这是因为意志发出的不是完全的命令，命令的尺度完全依照愿意的尺度，不执行的尺度也依照不愿意的尺度。意志强烈到什么程度，由意志发动的行动也就达到什么程度。如果意志本身三心两意，行动就必然迟疑不定。

那么，自由意志与道德的关系是怎样的呢？奥古斯丁的基本观点是：自由意志是上帝赐予人的，而自由意志用得好坏，责任在人自己；人之所以犯罪作恶，原因在于滥用了自由意志。在神学的背景下，这里面有许多值得讨论的问题，奥古斯丁在《论自由意志》中用对话的方式讨论了这些问题，实际上也是在回应可能发生的或者已经发生的诘难。

第一，自由意志是上帝赐予的吗？诘难：我们会因为错用自由意志而犯罪，那么，上帝为什么要把自由意志给予我们呢？如果上帝没有赐予，我们就不至于犯罪，这样推论下去，上帝岂不成了我们犯罪的原因？所以，上帝不应该把自由意志赐予我们。然而，不能设想上帝会做不应该的事，那么，自由意志是否是上帝赐予的，就值得怀疑了。回应：上帝赐予我们自由意志，是要我们用来行善的，不是用来犯罪的，因此上帝对人犯罪没有责任。

第二，人真的有自由意志吗？诘难：上帝能预知一切未来之事，包括人的犯罪，凡上帝所预知的事情是必然会发生的。所以，人犯罪是必然的，怎么能说意志是自由的呢？回应：我们预知某人会犯罪，这并不意味着我们强迫他犯罪，或我们是他犯罪的原因。同样道理，上帝预知某些人会犯罪，也并不是强迫他们犯罪，上帝不是他所预知的一切行为的原因。人有为善的能力，这个能力并不因为上帝的预知而被夺去。

第三，上帝为什么不把人造得不会犯罪？诘难：上帝是全能的，完全可以把人造得不会犯罪，他又是至善的，不会不愿意这样做，那么他为什么不这样做呢？回应：万物从最高的到最低的都安排得极其完美，其中每样事物，包括某些人的犯罪，都是完美的全体之一部分，是为上帝所造的全体所必需的。

第四，同为上帝所造，为什么人有善恶之别？诘难：上帝同样赐予每个人自由意志，为什么有的人用来行善，有的人用来犯罪，有的人两者并存，那在意志背后的原因是什么？回应：原因在人自己。人生来都对真理无知，对行善无能，这不是罪。但是，一个人如果不努力获得认识真理和行善的能力，甘愿停留在无知和无能，这就是罪。而且无知和无能本身已经是对他的惩罚。

上述讨论的中心问题是自由意志和罪恶的关系。人如果没有自由意志，就没有理由让人对自己的行为负道德责任，所以奥古斯丁要认定上帝赐予了人自由意志。可是，人有了自由意志可能会犯罪作恶，所以他又要撇清上帝对罪恶的责任。他的全部论辩都是在试图协调这两个方面。

2. 性欲和原罪

《圣经》里说，人类的第一对祖先亚当和夏娃因为偷吃禁果，知道了性的羞耻，便用树叶遮住了下体，这就是所谓原罪。奥古斯丁很重视这个情节，认为人类的堕落是从性欲开始的，并且通过性欲传递给了人类的所有世代。在人的一切本能中，性欲是最强烈、最疯狂、最无理性的。性欲的可怕在于它不受意志的控制，是对自由意志的最大威胁。在奥古斯丁看来，上帝赐予人类的自由意志，在亚当那里就被滥用了，导致人的本性被败坏，使得人类的大多数从此就不能用好自由意志。

人类要繁衍，不能没有性欲，因此有必要在道德上厘清性欲可允许的界限。奥古斯丁认为，性欲必须严格地只为繁衍，超出了这个目的，就是色情冲动，在道德上都是罪恶。

色情冲动由不被容许的对象燃起，当然是罪恶，比如通奸，包括通奸的意念。一个人没有机会与别人的妻子通奸，但他存有这种欲望，如果得着机会必这样做，那么他的罪恶就不亚于被当场捉奸。在通奸这件事上，"己所不欲，勿施于人"的黄金律并不适用。一个人想与某人的妻子通奸，因此就乐意让某人与自己的妻子发生同样的关系，在这种情况下，他没有做他不愿意别人向他做的事，但他仍然作了大恶。

色情冲动由合法的妻子燃起，同样是罪恶。婚姻生活中的性交应该只以生殖为目的，不可以带有色情。某个时代曾经实行多妻制，而一个人如果能够节制地使用多位妻子，目的只是繁衍后代，就像智慧的人吃饭喝水只是为了保持身体健康一样，那他就是道德的。相反，虽然只有一个妻子，却充满淫欲地使用她，这样做就是淫乱和放荡。

界限在于有无色情冲动。没有色情冲动，意味着性器官是在意志的控制之下，人没有丧失自由意志。奥古斯丁相信，这样的人在必要时就很容易戒除性欲，过圣洁的修道生活。但是，我们很难想象一种没有色情冲动的性生活，哪怕是在婚姻中，即使能够做到，似乎并不值得赞许，因为那不过是一种冷漠的机械行为，使得婚姻本身也失去了生机和乐趣。

奥古斯丁本来是一个性欲太旺盛的人，因为坚决皈依，就把性的快乐当作信仰最顽固的敌人加以痛击。他的学说造成了严重的后果，在漫长的中世纪，对性的压抑和惩罚成为套在无数男女身心上的最严酷的枷锁，奥古斯丁对此负有很大的责任。

3. 救赎和恩典

人是因为错用自由意志而犯罪，那么，人能否改变自己，通过正确使用自由意志来得到救赎呢？奥古斯丁的回答是不能。他坚定地认为，人的意志对此已经无能为力，救赎只能靠神的恩典。人的意志已经败坏了，除了犯罪之外，不再有别的用处。这就好比一个人已经病入膏肓，需要一位医生，已经死了，需要一位起死回生的主。人的本性的彻底败坏，对神的恩典的绝对依赖，成了奥古斯丁后期思想的主旋律。

亚当和基督，分别代表了罪恶和救赎。人类因亚当而有罪，靠基督得救赎。亚当的原罪是性欲的觉醒，全人类通过性的生育都继承了亚当的原罪。耶稣是由一个童贞女生的，是无性的生育，因此他的本性全然无罪。"由于一个女人（夏娃），我们趋于毁灭；由于一个女人（圣母玛利亚），我们得到拯救。"耶稣为了人类的得救被钉在十字架上，如果人单凭自由意志就能够得救，耶稣岂不白死了？

当时，奥古斯丁宣说的这一套关于罪恶和救赎的道理，遭到了一个强有力的对手的批驳。此人名叫伯拉纠，是一个英国修道士，两人展开了激烈的辩论，辩论的主要问题是两个。

第一，人是否天生有罪。伯拉纠反对原罪说，认为人的本性中具有不犯罪的能力，靠这能力可以做到不犯罪。他尖锐地指出，最大的荒唐莫过于认为，为了要使人无罪，人必须先是有罪的。奥古斯丁的回应，仍是强调人的本性已经败坏，不再有不犯罪的能力，就像一个腿已经断的人，不再有行走的能力一样。他指责伯拉纠把不犯罪的能力归于人自己，否认神的恩典，这本身是犯了骄傲的罪。

第二，得救是否只能靠神的恩典。伯拉纠认为，人是上帝造的，人性中有避免犯罪的能力，上帝赐予这个能力，这本身就可以称为恩典了。人应该使用和发展这个能力，而不是在这之外另去寻求神的恩典。他在罗马看到，一些基督徒道德败坏，借口就是自己没有得到神的恩典，这使他感到十分震惊，认为奥古斯丁的神恩理论要对此负责。奥古斯丁的回应，也仍是强调人的本性已经败坏，必须有基督来做医生，重造人的本性，而不应该为已经败坏的本性作虚伪的辩护。

俩人围绕罪恶和救赎展开的辩论，可以归结为对自由意志的不同理解。在伯拉纠看来，自由意志就是做不同选择的能力，凭借这个能力，人可以不犯罪，可以自救。奥古斯丁则认为，由于人的本性已经败坏，人的意志几乎必然地倾向于犯罪，因此也不能靠自己的意志得救，只能靠神的恩典。他的这种说法，实际上否定了人有自由意志。但是，他辩解说，人犯罪是出于自己意志的决定，所以这仍然是自由意志。

人得救只能靠上帝的恩典，那么，怎样才能获得这个恩典呢？奥古斯丁说，上帝只把恩典施与极少数人，他们是上帝的选民。至于上帝为什么把恩典只施与他们，不施与其他的人，这毫无理由可说，乃是"神的秘密判决"。也就是说，如果你不是上帝秘密选中的人，那么，不管你怎样努力，都是没有用的，你只能停留在罪恶之中。奥古斯丁对于自由意志实质上的否定，在这里可说是登峰造极了，否定得不留一点余地。

一个有卓越的自由思想和丰富的内心体验的人，到头来却彻底否定人的主观能动性和人的道德能力，陷在一种极端的神意决定论之中，这不能不说是一个悲剧。

参考书目

[古罗马] 奥古斯丁:《忏悔录》，周士良译，商务印书馆，1963

[古罗马] 奥古斯丁:《论灵魂及其起源》，石敏敏译，中国社会科学出版社，2004

[古罗马] 奥古斯丁:《恩典与自由——奥古斯丁人论经典二篇》，奥古斯丁著作翻译小组译，江西人民出版社，2008

第十四讲

经院哲学

　　人的理性分有了上帝的永恒理性，天恩不会取消人性而只会使人性完善。

——阿奎那

一　从教父哲学到经院哲学

　　基督教哲学的发展，有两个主要的阶段。第一个阶段是教父哲学，盛行于公元 2 至 5 世纪，这是基督教神学奠基的时期，参与奠基的人物被尊称为教会的父老，教父哲学由此得名。教父哲学最重要的代表是德尔图良和奥古斯丁，德尔图良是开创者，奥古斯丁是完成者。第二个阶段是经院哲学，盛行于公元 12 至 13 世纪，神学家们纷纷在大修道院和教会学院里讲授自己的理论，因此名为经院哲学。经院哲学最重要的代表是安瑟伦和阿奎那，安瑟伦是开创者，阿奎那是完成者。

　　教父哲学和经院哲学都用哲学来探讨神学问题，为基督教教义做论证和辩护，但其间有显著的区别。大体而论，教父哲学的哲学灵感来自柏拉图以及新柏拉图主义，把信仰建立在神的启示和心灵的神秘体验之基础上，神秘主义是主要倾向；经院哲学的哲学偶像是亚里士多德，试图把信仰建立在理性的基础上，在神学的框架内拓展了理性主义的空间。不过，这只是相对而言。事实上，在基督教神学的整个发展过程中，始终存在着神秘主义和理性主义这两种倾向，而在几乎所有伟大的神学家身上，这两种倾向也往往是并存的，只是某一种倾向会占上风罢了。

1. 基督教神秘主义的来源

基督教神学中的神秘主义倾向，它的源头可以追溯到柏拉图主义。在柏拉图的哲学中，兼有理性主义和神秘主义两种因素。神秘主义那一面，突出体现在迷狂说，灵魂在迷狂状态中可以直观理念世界。从柏拉图哲学到基督教的神秘主义，其间有两个人物起了重要作用。

第一个是斐洛（Philo Judaeus，约公元前15—前10至公元45—50），他和耶稣是同时代人，也是犹太人，最早尝试用希腊哲学尤其是柏拉图学说来解释对上帝的信仰，因此被视为基督教神学的先驱。斐洛认为，人的理性只能认识有限之物，而上帝是超乎一切界限的，因此人不可能理解上帝，甚至无法用任何名字称呼上帝。认识上帝的唯一途径是否定自我，把自我融化在神的原始存在之中，与神的生命合一。在柏拉图哲学与新柏拉图主义之间，斐洛的思想是一个过渡。

第二个是普罗提诺（Plotinus，约公元205—270），新柏拉图主义的创始人。在他的学说中，本体分三个等级，最高是太一，其次是精神（nous），最后是灵魂。太一相当于神、上帝，是人的认识完

斐洛（Philo Judaeus，
约公元前15—前10至公元45—50）

全无法达到的，因此是不可定义的。精神相当于神在人的灵魂中的存在，一个被精神所充满和鼓舞的人，会意识到自己身上有某种更伟大的东西，虽然说不清那个东西是什么。但是，在某个幸运的时刻，一个人的灵魂会突然之间被照亮，此时他清楚地知道，这光亮来自神，这光亮就是神。这个时刻只是一瞬间，当时不可能进行任何推理，根据所见进行推理是以后的事。据说这样的瞬间曾经多次降临到普罗提诺，使他相信认识神必须靠亲见，而灵魂没有被照亮过的人，则永远不可能认识神。

普罗提诺（Plotinus，约公元205—270）

用三级本体的理论来解释，所谓对神的亲见，实际上是灵魂经由精神与神沟通了，此时精神大放光芒，显现出它就是神在人身上的存在，它就是神。灵魂有双重性，它向上通过精神与神关联，向下通过感官与物质世界关联。最高境界是灵魂完全摆脱后一种关联，只沉浸在前一种关联中，与神合为一体。

新柏拉图主义对教父哲学有很大的影响，也是基督教神秘主义的直接来源。与新柏拉图主义一脉相承，基督教神秘主义有两个最基本的主张。其一，人认识上帝的唯一途径是神的启示，这种启示唯有通过某种与神直接接触的神秘经验才能够获得。其二，信仰的最高境界是与神合一，个人消逝在永恒的本质中，"有如酒桶中的一滴水"（伯纳德·麦金语）。我们还被告知，只有极少数人能有此神秘体验，达到此最高境界，并且这极少数人也只在极少数时刻才得以如此。不过，只要有过这种时刻，信仰就必定是牢不可破的了。

2. 德尔图良

德尔图良（Tertullian，约公元160—约225）是教父哲学的开山鼻祖，曾经是一位著名律师，熟读希腊罗马典籍，四十岁左右信奉基督教。任迦太基主教期间，他撰写了大量神学著作，是第一位用拉丁文写作的神学作家。他对整个基督教最大的贡献和影响是在教义上，基督教的若干基本教义，包括三位一体、基督的神人二性、全人类从亚当继承原罪，都是他首先阐释的。为了阐释教义，他创造了许多新词，包括三位一体（Trinitas）、位格（Persona）、本质（Substantia）等，后来成为教会的标准用词。事实上，正是他首创的这些教义，是基督教神学中最不可理解的部分，让后来的神学家们大伤脑筋，只好

德尔图良（Tertullian，
约公元160—约225）

承认它们不是理性思考的对象。

在理性与信仰的关系问题上，德尔图良持最极端的立场，认为人的理性极其有限，正是在理性所不能达到的极限之处，才有信仰的存在。信仰只能依赖天启，天启不但高于理性，而且是与理性对立的。因此，在信仰的问题上，理性完全没有发言的资格。他的名言是："它之所以可信，是因为它荒谬；它之所以确凿，是因为它不可能；我之所以相信它，是因为它不可理解。"另一个版本说得比较具体："神的儿子死了，这是可信的，因为这实在荒谬；他死后又复活，这是确凿的，因为这实在不可能。"他自己读了许多哲学书，但他警告基督徒要远离哲学，并且宣布基督教与哲学是势不两立的，不存在所谓基督教哲学。他的另一句名言是："雅典与耶路撒冷何干？学院与教会何干？异教徒与基督徒何干？"

德尔图良对奥古斯丁有很大的影响，奥古斯丁对教义的阐释，有一些是对他的继承和发展，有一些则是对他的修正。但是，和他相比，奥古斯丁的人性和精神世界丰富得多，立场也温和得多。

3. 经院哲学的特征

经院哲学的兴起有一个重要背景，就是亚里士多德的哲学著作在阿拉伯世界被重新发现，然后重返欧洲，成为神学家们追捧的热门。和柏拉图相比，亚里士多德的哲学是更加理性化和学院化的，随着神学家们的兴奋点从柏拉图转移到亚里士多德，基督教神学的主旋律也从神秘主义转变成了理性主义。经院哲学虽然仍是以信仰为核心，但强调信仰应该寻求理解，把重点放在了理解上。多数经院哲学家认为，人凭借理性能够认识真理，所认识的真理与信仰是一致的。从这个立场出发，经院哲学有三个显著特征。

第一，力求把信仰理论化，注重思辨和学术，建立宏大的神学体系。这个时期的欧洲，大学日趋繁荣，逐渐取代修道院成为教育的中心。在大学里，神学是课程的中心，居于支配地位，有责任对各学科进行指导，这种需要也刺激了神学家们研究理论和建立体系的雄心。

第二，对哲学怀有巨大的兴趣，试图寻找古典哲学与基督教神学之间的结合点，把两者加以整合。对于哲学与神学的关系，大致有两种意见。比较谨慎的意见是，神学中有一些纯粹的神学问题，例如三位一体和道成肉身，要根据神学观点来探讨，还有一些问题是与哲学共同的，例如宇宙的本质，上帝的存在，灵魂的性质，应该用哲学方法来探讨。比较激进的意见是，真正的神学应该是真正的哲学，一切神学问题都可以用哲学方法来探讨，启示不能与理性互相矛盾，如果出现矛盾，应该听从理性。

第三，对逻辑情有独钟，相信逻辑是神赐予人的心智的礼物，使人的心智得以与神建立关联。一切命题都必须接受逻辑的检验，不合逻辑的命题皆不可容忍。因此，经院哲学家们的教学和写作有一种固定的风格，往往是先提出一个问题，然后讨论这个问题的各个层面，以及对这个问题正反两面的不同意见，最后才得出自己的结论。这类讨论有时十分烦琐，因此后人把经院哲学贬称作烦琐哲学。

4. 神秘主义和理性主义的主要分歧

神学中一切哲学性质的分歧，实际上都根源于对理性与信仰的关系持不同看法。理性为信仰服务，这是神学的大前提，分歧在于在这个服务中，理性有多大的自主性。由于这个分歧，在如何认识上帝这个基本的问题上也发生了分歧。按照承认理性的自主性的程度，可以把神学家们的看法分为四个层级，理性的自主性依次递增，立场也依次从神秘主义向理性主义演进。

第一个层级是彻底否认理性的自主性，理性与信仰是完全对立的。因此，不可试图用理性去认识上帝，信仰的唯一凭借是神的启示和教会的权威。这个层级应该称作蒙昧主义，代表人物是德尔图良。

第二个层级是承认理性有一定的自主性，其作用是帮助我们尽可能地理解信仰。信仰先于理性，高于理性，但两者并非对立的，理性应该跟上信仰，用理解来巩固凭借信仰已经接受的东西。信仰本身不是靠理性获得的，只能靠神秘经验，有此神秘经验即已认识上帝，至于所认识的上帝是什么，却无法用语言来表述。这是奥古斯丁的立场，可以视为强神秘主义与弱理性主义的结合。

第三个层级是承认理性有更大的自主性，我把安瑟伦当作代表人物。和奥古斯丁一样，安瑟伦认为信仰是理解的前提，为了理解必先信仰，信仰了才能理解，不同的是他加重了理解的分量，试图寻求理性与信仰的对话，认为在信仰的问题上不运用理性是一种失责。因此，他做了一件奥古斯丁不会做的事情，就是从理论上论证上帝的存在。

第四个层级是进一步提高理性的自主性，认为理性可以独立地认识与信仰一致的真理。这是阿奎那的立场，他给自己制定的任务是用理性论证信仰的合理性，为神学创造一个完全理性的基础。

上面的四个层级，我分别以基督教神学的四个大人物作为代表，依次是教父哲学的创立者德尔图良和完成者奥古斯丁，经院哲学的创立者安瑟伦和完成者阿奎那。我们可以看到，神学的主旋律逐渐由神秘主义转向理性主义，神秘主义逐渐消退，成为神学的底色和背景。但是，在神学的框架内，理性主义终究是有限的，仍然是服从于信仰的。理性主义一旦突破神学的框架，神学的时代就结束了，欧洲将重返哲学的时代，而这正是文艺复兴开始后发生的事情。

二 安瑟伦：上帝存在的本体论论证

安瑟伦（Anselm，1033—1109）出生在意大利的一个小镇，少年时在法国求学，二十六岁进入法国贝克的一个修道院，先后任副院长、院长，在这里教授神学，把这个修道院办成了当时欧洲的神学研究中心之一。1093年，他出任坎特伯雷大主教，在英国最高神职岗位上工作了十六年，直至去世。他著述颇丰，代表作有《独

安瑟伦（Anselm，1033—1109）

白》《宣讲》《论选择的自由》《上帝何以化身为人》等。

1. 经院哲学的开创者

安瑟伦是教父哲学向经院哲学转变的关键人物，被称为最后一位教父和第一位经院哲学家。他的思想，一方面仍带有教父哲学的特征，主要以柏拉图哲学为依据，另一方面在理论上寻求突破，开启了用理性思考论证信仰的新方向，因此被后世认作经院哲学的开创者。

作为一个转折的人物，在理性与信仰的关系问题上，安瑟伦也有明显的两面性。一方面，他继承了奥古斯丁的立场，认为信仰高于理性，先于理性，理性应当服从信仰。"为了理解必先信仰"的观点虽然可以回溯到奥古斯丁，但是，这个经典的表述却是出自他的笔下。他在《宣讲》一书中写道："主啊，我不是努力要了解你的伟大，我不会愚笨得自以为能够这样，但我期待能够多少理解我所衷心信仰和热爱的你的真理。因为我不是理解了才愿意相信，而是相信了才能够理解，除非我相信，我就不可能理解。"在这里，他明确地把信仰视为理解的前提。

但是，另一方面，我们要注意他在这段话里所表达的对理解的渴望。他还提出过"信仰寻求理解"的口号。信仰必须是第一步，但不能停留在这第一步上，还必须迈出第二步，努力寻求理解。他自己非常认真地迈出了第二步，在《独白》《宣讲》二书中单凭理性思维来论证上帝的存在。以往神学中论及上帝，都是引用《圣经》和教义，他不屑于这样做，实际上是把信仰放到了一边，要用哲学的方式来处理本来属于信仰范畴的题目，这在神学史上是破天荒的。我在下面会讲到，安瑟伦是用形式逻辑来论证上帝的存在的。他对逻辑的评价极高，认为逻辑是神与我们的心智之间的一种联系，是我们的心智走向神的一条道路。为了使他的努力合法化，他宣称这条道路本身就是由神的恩典铺设的。我们可以推想，在他看来，如果在逻辑上不能证明上帝的存在，只能凭借天启来相信，上帝的存在就始终是成问题的。他口上宣誓信仰高于理性，内心也许还隐藏着一个信念，便是理性高于天启。无论如何，信仰能够用理性来论证和理解，才是可靠的信仰。

2. 上帝存在的本体论论证

安瑟伦在哲学史上出名，是因为他提出了上帝存在的本体论论证（ontological argument）。在他之前，对于上帝的存在，包括奥古斯丁在内的神学家们都是诉诸神的启示，他是第一个尝试从哲学上进行论证的人，把基督教的这个核心信仰变成了一个用理性来考察的哲学命题。

安瑟伦的两本主要著作《独白》和《宣讲》，主题都是论证上帝的存在，但路径有所不同。在《独白》中，他是这样论证的：在现实世界中，人们对事物的好（善）与坏（恶）、真与假会有比较和判断；可是，如果不存在绝对的善和真，比较和判断就没有标准，无法进行。因此，必定有一个最高的存在，它本身是绝对的善和真，是事物中相对的善和真得以存在的原因，给我们的判断提供了终极标准，而它就是上帝——这个论证路径遵循的显然是柏拉图的理念学说，即理念是个别事物的原型，个别事物因分有理念而得以存在，其好坏和真假取决于分有理念的程度。

在《宣讲》中，安瑟伦采用了另一个论证路径，通常所说的本体论论证指的是这个版本。这个论证包含三个步骤：第一，在我们的观念中，上帝是最完善的，具有全知、全能、公正等属性；第二，一个东西如果不具有"存在"这个属性，即使具有全知、全能、公正等属性，也不能称作最完善；第三，所以，作为最完善的东西，上帝必定存在。

安瑟伦还这样推论说：我们用上帝这个概念指称一个最完善的对象，不可能设想有别的对象比上帝更完善。可是，如果上帝只存在于我们的观念中，并不真实存在，我们就必须设想还有一个比上帝更完善的对象，而这是自相矛盾的。所以，上帝不但存在于我们的观念中，而且是真实存在的。

我们可以把这个论证简化为一个三段论。大前提：不存在者不完善，完善必须包含存在。小前提：上帝是完善的。结论：所以上帝存在。

这个论证在逻辑上似乎十分巧妙。是啊，你说上帝是最完善的，如果它不存在，怎么能说它是最完善的呢？但是，仔细分析，就会发现这个论证是成问题的。事实情况是，我们是在观念中把上帝设想为一个最完善的对象，上帝仅是一个指称最完善对象的概念，我们把我们认为最好的属性都放在了它的内涵里。可是，问题在于，我们即使把"存在"这个属性也放进它的内涵里，它仍然是一个概念，并不能证明上帝是实际存在的。道理很简单，你设想一个最完善的东西，并且认为它既然这么完善，就应该真正存在，这只是在你的头脑中发生的思维过程，完全不能证明这个最完善的东西的确存在于你的思维之外。

事实上，安瑟伦的本体论论证一问世，就遭到了同时代人的批评。法国教士高尼罗匿名发表《为愚人辩》一文，便是用"愚人"的简单道理进行了反驳：你可以想象一座海上仙岛，不论你想象得多么美好，不等于实际存在着这座海上仙岛。

安瑟伦的本体论论证所遵循的仍是柏拉图的理念学说。柏拉图认为，概念（理念）是真实存在的，越是完善的概念，其存在的程度就越高。那么，安瑟伦据此就可以宣称，作为最完善的概念，上帝具有最高程度的存在。如果再往前追溯，则可以追溯到巴门尼德的存在学说。巴门尼德认为，只有不生不灭的东西才称得上是真正的存在。那么，安瑟伦据此就可以宣称，唯有上帝是不生不灭的，因此是真正的存在。

所谓的本体论论证，其实是在上帝这个概念上玩逻辑。不过，安瑟伦撇开天启和教义，只用逻辑来处理基督教信仰的核心问题，这个举动本身具有重要性，把神学朝哲学的方向扭转了一个很大的角度。

3. 对原罪和救赎的新解释

在《上帝何以化身为人》中，安瑟伦对原罪和救赎提出了一种新的解释，被称作补赎说，也比较有名，我简单讲一下。

人类因亚当而有原罪，靠基督得到救赎，这是基督教的教义之一。安瑟伦认为，亚当的罪在于违反了上帝定下的不准吃禁果的规矩，背叛了上帝。亚当是代表全人类经受考验的，因此，他没有经受住考验，就意味着全人类都犯了背叛上帝的罪。有罪必罚，是上帝的公义。可是，这个罪莫大焉，人类单凭自己的能力是不可能赎罪的。怎么办呢？仁慈的上帝想了一个办法，把自己的独生子基督赐给了人类，来补偿人类能力的不足，替人类担负赎罪的责任。基督以无罪之身代人受死，用这个方式满足了上帝的公义。

比较安瑟伦和奥古斯丁的观点，对原罪和救赎的解释都不同。关于原罪，奥古斯丁认为，原罪在于性欲，安瑟伦则认为，原罪在于背叛上帝。关于基督之所以能够替人类赎罪，奥古斯丁认为，原因在于基督是童贞女所生，安瑟伦则认为，原因在于基督是上帝的独生子。奥古斯丁强调的是性，安瑟伦强调的是上帝。我不赞成奥古斯丁把性看作罪，但我喜欢他的解释，这解释比安瑟伦的更有人情味。

三 阿奎那：上帝存在的宇宙论论证

在基督教神学思想史上，如果要举出两个最重要的人物，非奥古斯丁和阿奎那莫属。奥古斯丁是教父哲学的完成者，阿奎那是经院哲学的完成者，两人如同屹立在欧洲中世纪的两座最高峰。

阿奎那在中世纪神学上的地位，相当于朱熹在中国儒学上的地位。这两人生活的年代很接近，都在公元十二三世纪，朱熹死后二十五年，阿奎那出生了。朱熹是儒学的集大成者，阿奎那是经院哲学的集大成者。朱熹死后在孔庙中受祭祀，其学说成为元明清三朝的官方哲学，阿奎那死后被教会封圣，其学说成为天主教学院和大学的必修课。如果我们把阿奎那称作西方世界的朱熹，应该是靠谱的。

1. 阿奎那的生平

托马斯·阿奎那（Thomas Aquinas,1225—1274）出生在意大利那不勒斯地区的一个贵族家庭，他的生平中有三个经历值得注意。

第一个经历是加入多明我会。他十六岁进那不勒斯大学，上学期间加入了多明我会。多明我会是西班牙人多明我于1215年创立的一个修道会派别，有两个特点。一是重视高等教育，倡导学术研究和讨论，在欧洲大学里十分活跃，许多成员在大学里任教，其中包括后来成为阿奎那的恩师的著名学者大阿尔伯特。二是以行乞的方式传教，是中世纪欧洲托钵僧的第二大团体。当时一般民众对这个团体怀有戒心，因此，阿奎那的父亲得知了此事便大为惊慌，派另几个儿子去把他绑架回家，监禁在家庭城堡中达两年之久，据说还安排娼妓诱惑他，但他不为所动，家人终

托马斯·阿奎那（Thomas Aquinas, 1225—1274）

于妥协，把他释放。

第二个经历是师从大阿尔伯特。他二十岁进科隆大学继续学业，老师正是大阿尔伯特。12 世纪中叶，亚里士多德的著作经由阿拉伯世界被重新发现，传播回欧洲，大阿尔伯特花费大量精力研究和讲解亚里士多德哲学，这对阿奎那思想的形成发生了决定性影响。大阿尔伯特非常赏识自己的这个学生。阿奎那是大块头，身体肥胖，皮肤黝黑，性格却害羞，同学们给他起绰号叫"笨牛"。大阿尔伯特向全体学生如此宣告：有一天整个世界将会听到这头"笨牛"吼叫的声音。在这之后，阿奎那跟随大阿尔伯特多年，老师到哪里讲学，他就同去哪里学习和做研究。

第三个经历是当巴黎大学教授。在大阿尔伯特的推荐下，他二十七岁进巴黎大学神学院学习，四年后留校任教。在此后的生涯中，他名满天下，受教皇和国王尊敬，宗教和社会活动相当忙碌，但主要工作始终是教学和写作。和奥古斯丁、安瑟伦担任主教不同，他是一个学者，更加重视赋予神学以一种学术的品格。

阿奎那著作浩繁，代表作是《反异教大全》《神学大全》。除了自己著述，他还把亚里士多德的《政治学》《伦理学》翻译成拉丁文，并且给这两本书及亚氏的其他一些著作写评注。大阿尔伯特是一个亚里士多德专家，仅限于研究和讲解亚氏的学说，阿奎那和老师不同，把亚氏学说融入神学之中，用它改造神学。经过他的改造，神学的哲学基础改变了，从柏拉图的轨道上扭转到了亚里士多德的轨道上。

2. 为神学创造一个理性的基础

阿奎那在哲学上的努力，目标是把亚里士多德的哲学与神学相融合。他是一个亚里士多德主义者，更是一个神学家，他的立场很明确，就是用哲学为神学服务。"哲学是神学的奴仆"，这句话在今天大受批判，其实是出自他之口。他认为神学就是亚里士多德所说的"第一哲学"，神学所研究的上帝就是"第一哲学"所研究的最高实体。神学高于哲学，理由有二，一是因为神学的真理来自上帝的光，思辨哲学的真理来自人的理性的光，人的理性的光当然比上帝的光弱多了，人的理性是有限的，会犯错误的；二是因为神学的目的是永恒幸福，这为人生哲学、道德哲学指引了终极方向。

但是，理性和信仰在根本上是互相协调的，人的理性分有了上帝的永恒理性，天恩不会取消人性而只会使人性完善。阿奎那强调，神学应该是一门科学。在漫长的历史中，神给了人类许多启示，它们以文字记载的经籍和教会传统的形式保存了下来，积累成为神学的基本学术资料。需要对这些资料进行研究，在做这种研究时，理性是重要的工具。

大阿尔伯特有一个观点：哲学的问题只能以哲学的方式处理，而纯粹的神学问题，例如三位一体、道成肉身、创世复活等，是自然理性无法理解的，只能用神学的方式处理。阿奎那从老师的这个观点出发，进一步探讨了哲学与神学的关系。他认为，上帝的启示可以分为两类，即一般的启示和特殊的启示，二者互相补充。一般的启示是上帝透过它所创造的自然秩序给予我们的，因此可以通过研究自然而获得，研究自然就是研究上帝。特殊的启示就是三位一体之类的神秘教义，这是人的理性所不及的，只能依靠信仰。

因此，认识上帝有两条路径。一条是自下而上，从受造物去认识造物主，从自然秩序去认识其根源，从结果去推溯原因，这是哲学要做的事，依靠的是理性。另一条是自上而下，根据上帝的神秘启示去认识上帝，这是神学要做的事，依靠的是信仰。不过，两者所要认识的是同一个上帝，因此哲学和神学应当相互支持，协调一致。

事实上，在自己的著作中，阿奎那就非常严格地把这两条路径区分开来。当他从自然万物推论上帝的存在和本质时，就只用理性来论证，一概不援引启示。他这样做可说是用心良苦，实际上是在神学中为理性开辟出了一个独立的领域。在这个领域里，神秘启示没有立足之地，对上帝的认识完全不以信仰为先决条件。严格区分理性知识和神秘启示，这一点意义重大。我的感觉是，他虽然宣称哲学是神学的奴仆，但是暗地里悄悄把这个奴仆解放了。在神学的王国里，哲学获得了广阔的自由空间，神秘启示却被挤到了边缘地位。因此，可以说，在总体上，他是把神学建立在了理性的基础上。

3. 上帝存在的宇宙论论证

在神学中，上帝存在的证明始终是一个难题，对于没有得到神秘启示的人来说，上帝似乎只能是一个想象的对象。阿奎那想要解决这个难题，他认为，对于人的理性来说，上帝的存在虽然不是不证自明的，但也不是无法证明的。安瑟伦从纯粹概念中推论上帝的存在，他认为这个所谓本体论的论证太抽象，太不接地气，必须另辟蹊径。人的认识是从感觉开始的，应该从日常所见的这个世界的现象出发，来让人们明白，唯有上帝存在，这个世界的现象才可以得到解释。正是在这个方向上，亚里士多德的哲学是最好的向导。

在《神学大全》中，阿奎那就是把亚里士多德的形而上学作为指导思想，来论证上帝的存在的。亚里士多德认为，神是永恒实体，宇宙是神对自身的思考的物质体现，万物按照对神渴念的程度形成了现象的等级系列。遵循这个思路，阿奎那通过对宇宙过程的分析来论证上帝的存在，他的论证因此被称作宇宙论论证（cosmological argument），这个论证包含五个论点。

第一个论点，上帝是万物运动的第一推动者。这个论点的论证，是从自然界的运动现象开始的。万物都在运动，一物运动必须受另一运动之物推动，另一物又必须受第三物推动，这样一直推论下去，不可能永无止境。因此，必须有个第一个推动者，它不受任何东西推动，自己不动却是万物运动的总根源，这个第一个推动者就是上帝。

第二个论点，上帝是万物产生的第一原因。这个论点的论证方法，和第一个论点相同。阿奎那是这样论证的：任何一个事物的产生都有另一个事物作为原因，这另一个事物的产生又有另一个事物作为原因，依此往前追溯。但是，这个追溯不可能是无穷的。为什么呢？因为无穷追溯意味着事物的产生没有一个开端，而如果没有一个开端，后面的一切事物怎么能够相继产生呢？所以，必定有个第一原因，没有别的事物作为它的原因，这个第一原因就是上帝。

这两个论证用的是同一个方法，叫做无穷追溯的不可能性，而所依据的是形式逻辑的因果律。因果律告诉我们，有果必有因，不存在没有原因的结果。可是，如果真正坚持因果律，追溯就应该是无穷的，我们在逻辑上仍然可以问：上帝的原因是什么？阿奎那一定会回答：因果律不适用于上帝。所以，这两个论证实际上已经预设了上帝是万物产生和运动的第一原因。

第三个论点，上帝是自身具有必然性的存在。对这个论点的论证相当绕，大意是说，万物都处于生灭变化之中，并不具有存在的必然性，它们完全可能不存在。如果这种可能性成为现实，世界就会空空如也，没有任何东西存在。可是，我们看到的世界不是这样的，的确有许多事物存在着。因此，必定有一个存在，它自身的存在具有必然性，是万物得以存在的根源，保证了万物不存在的可能性不会成为现实，这个具有必然性的存在就是上帝。

照我理解，这个论点是对第二个论点的补充。按照第二个论点，上帝是万物产生的第一原因，从无中创造了这个世界，可是，受造物既然是从无中创造的，就完全可能重归于无。因此，需要这第三个论点来保证万物的继续存在。

第四个论点，上帝是最完善的存在。这个论点的论证，基本上就是安瑟伦在《独白》中提出的关于上帝存在的第一个论证。世上万物在完善的程度上有所不同，我们判断其完善程度的标准从何而来？必定有一个最完善的存在，它的完善是存在物不同程度的完善的来源，这个最完善的存在就是上帝。

第五个论点，上帝是宇宙的目的。这个论点的论证有两个版本。一个版本是这样表述的：自然界万物都有各自的目的，必定有一个智慧者（intelligent being）使它们趋向一个终极目的，这个智慧者就是上帝。这个版本被称作目的论论证。另一个版本是这样表述的：宇宙的设计是如此完美，很难设想是随机产生的，所以一定有一位智慧的设计者，它就是上帝。这个版本被称作设计论证。

上述五个论点，前四个论点讲上帝是宇宙的起源，第五个论点讲上帝是宇宙的目的，所有这五个论点，都可以在亚里士多德的著作中找到原型。阿奎那把亚里士多德哲学运用于神学，基本上是成功的，但也会遇到难点。最显著的例子是，神学宣称上帝是从无中创造世界的，亚里士多德则认为，宇宙是神对自身的思考的物质体现，神是永恒的，宇宙也是永恒的，不存在从无到有的创造。面对这样的冲突，阿奎那的选择是服从神学。

阿奎那对上帝的论证，有两个论点后来被一些大科学家接受了。一个是第一推动者的观念，牛顿建立万有引力的理论，认为万有引力需要一个第一推动者，所以上帝是物理学的必要假设。但是，在牛顿之后，法国大科学家拉普拉斯对拿破仑皇帝说："我不需要那样的假设。"另一个是设计论证，爱因斯坦把这个论证概括为一句话，叫做：上帝不掷骰子。意思是说，宇宙是上帝的精心设计，其中没有偶然性的作用。但是，在爱因斯坦之前很久，英国哲学家休谟如此说：这个宇宙是上帝不成熟的作品，有许多缺陷，上帝后来为此感到羞愧，抛弃了它。

阿奎那孜孜不倦地写了大量著作，用理性为上帝的存在论证。可是，去世前四个月的一天，他突然宣布："我不能再写了，因为和我看见的相比，我已经写的一切都只是稻草！"在这之后，他的确没有再写一个字，《神学大全》也成了一部未完成之作。人们猜测，他一定看见了某种神秘的启示，省悟到自己做的理性论证毫无价值。那么，他最后是向奥古斯丁看齐了，在神秘直观中发现了通向上帝的唯一路径。

4. 阿奎那的政治思想

阿奎那在其著作中对政治学问题有许多论述，最值得注意的是关于君权民授的思想。他指出：社会和国家是为个人而存在的，而非相反；主权来自上帝，而赋予人民；人民数量多且分散，知识不足，无法直接而完善地行使此主权，因此可以把它委托给许多人、少数人或一个人，相应的便是民主政治、贵族政治或君主政治。这个对政体的分类来自亚里士多德，阿奎那强调的是，无论哪种政体，权力的合法性都源于人民的委托。

仅仅事实上的统治者绝不等于是合法的统治者。合法的权力必须符合三个条件。第一，统治者应该由人民以适当方式推出，在权力的获得上不存在瑕疵。第二，人民结成政治社会是为了获得幸福，因此，一个社会是在为公众谋幸福的统治者的治理之下，这种政治才是正义的。第三，合法的权力是以法律为根据的权力，良好的法律代表人民的意志，统治者是法律的仆人而非主人，唯有依据法律正当行使权力，其权力才是合法的。

三种政体之中，君主制是最好的政体，因为它最能够带来统一、和平和持续。但是，如果君主不是按正义的原则进行治理，为求私利而罔顾公共幸福，用暴力压迫人民，这种由一个暴君独掌政权的政体就是最坏的统治形式。一个政权其权力越是集中和统一，行使权力就越是有效。如果这个政权是正义的，它做好事就越是有效，对人民就越是有益。因此，君主政治优于贵族政治，而贵族政治又优于民主政治。如果这个政权是不义的,它做坏事就越是有效,对人民就越是有害。因此,寡头政治比暴民政治有害,而暴君政治又比寡头政治有害。

暴君政治不但损害人民的物质福利,而且败坏人民的精神品质。暴君们害怕臣民的进步会威胁他们的万恶统治,因此总是在其进步的道路上设置障碍。他们在臣民之间散播不睦的种子,在发生倾轧的地方煽风点火,同时阻挠臣民彼此建立友谊,享受和平的利益,力图使臣民经常处于内斗的状态,永远不能联合起来反对暴政。他们嫉恨德行,纵容恶行,残害忠良,奖掖奸佞,因此,在暴政之下,有德之士寥寥无几,在恐惧的氛围中教养出来的人普遍精神萎靡不振。

君主政治是最好的,暴君政治是最坏的,那么,如何防止最好蜕变成最坏就成了关键。阿奎那提出三条措施。首先,在人选上,在可能的候选人之中,无论谁被宣布接任王位,都必须具有那种不致成为暴君的德性。其次,在制度上,必须限制王权,使君主不能很容易地转向到暴政方面去。最后,在根本的道义上,倘若君主违背民意,成为暴君,人民随时可以把他废除。阿奎那说,一个暴君施行暴政,这本身就是严重的叛乱罪行,推翻这种政治严格说来并不是叛乱。唯一需要审慎考虑的是,倘若推翻暴政的行动会产生严重的纷扰,以致社会从继起的骚乱所受的损害比延续旧有的统治大得多,那就不可贸然行动。

在阿奎那的政治思想中,我们可以听出一种卢梭式的激进调子。事实上,在卢梭之前五百年,他在相当程度上已经有了社会契约、人民主权、暴力革命这些最具卢梭特色的观念。

四 情圣和自由思想家阿伯拉尔

皮埃尔·阿伯拉尔（Peter Abelard，
1079—1142）

皮埃尔·阿伯拉尔（Peter Abelard，1079—1142）出生在法国南部布里塔尼的一个小村庄。他生活的年代，比安瑟伦稍晚，安瑟伦四十六岁时，他出生，安瑟伦去世时，他三十岁。阿奎那生活的年代，比他晚一百多年。在安瑟伦和阿奎那之间，他是最有影响的思想家。

阿伯拉尔一生坎坷。他有两个特点，一是感情奔放，二是思想开放。因为前者，他陷入一场惊天动地的恋爱，结果十分悲惨。因为后者，他陷入与教会权威的激烈冲突，备受打击、迫害。所以，不像安瑟伦和阿奎那那样，生前死后倍享荣耀，他生前仅是一个普通的教士，死后也进不了基督教神学的正史。然而，把这三人从教堂里移到蓝天之下，我们会看到，正是阿伯拉尔闪放出最耀眼的人性和自由思想的光芒。

1. 青年偶像

阿伯拉尔晚年写了一本自传《我的灾难史》，中译本书名为

《劫余录》，记述他的平生经历。他的一生，以三十七岁时一个悲剧性恋爱事件为转折，可分为两个阶段。前一阶段，他少年成名，春风得意，是无数青年学子的偶像。后一阶段，他隐居修道院，备受折磨，但在教学和写作上仍取得卓著的成就。

　　阿伯拉尔年轻时，法国学界有两个著名人物，一个叫威廉（William of Champeaux），是正在兴起的逻辑研究领域的大师，另一个叫安塞尔姆（Anselm of Laon），是神学领域的最大权威，阿伯拉尔慕名先后拜师两人，但结果都闹翻了。二十一岁时，他离开家乡来到巴黎，进了威廉开设在圣母院的学校，不久师生就发生了冲突，原因是他经常和老师辩论，并且往往在辩论中占上风。学生中他年龄最小，入门最晚，却最有才华，因此也招来了那些被看作同门领袖的学生的妒恨。于是，他干脆退学，自立门户，在巴黎附近的默伦建立了自己的学校，威廉的许多学生也纷纷涌向他的课堂。此后，他回家乡待了一段时间，处理完家事，他赴拉昂听安塞尔姆讲学。情形和上次一样，他很快感到失望，嘲笑此人名不副实，像一棵只长叶不结果的树，只冒烟不燃烧的炉子。于是，他公开分庭抗礼，也在拉昂开讲神学。遭到安塞尔姆禁止之后，他返回巴黎，再次自办学校，正式收费授课。也和上次一样，许多学生追随他从拉昂到了巴黎。

　　阿伯拉尔先后和两个老师闹翻，诚然有性格上的原因，他年少气盛，天性自由，绝不盲从权威。况且他实在是才华出众，功底扎实，有这个底气。不过，思想上的分歧应该也是重要原因。他的这两个老师，威廉是安塞尔姆的学生，而安塞尔姆早年曾师从安瑟伦，两人所主张的都是安瑟伦的极端唯实论（Realism）。此时的阿伯拉尔，在共相问题上正逐渐形成自己独特的思想——

415

日后被评价为他对经院哲学的主要贡献。他求学的年代，安瑟伦尚健在，在英国任坎特伯雷大主教，他无缘向其问学。倘若有拜师的机会，我基本可以断定，他和安瑟伦也会闹翻的。

阿伯拉尔在逻辑学和神学领域胜两位名师一筹，名声大振，欧洲各地的学子慕名纷纷涌向巴黎。他的学校设在圣母院的回廊上，上百名学生挤在回廊上听课，盛极一时。据描述，他容貌俊美，风度翩翩，言谈幽默，活力四射，很有明星范儿，成为远近闻名的青年偶像。年方三十五六岁，他达到了名声的巅峰。然而，仅仅一年，他就从巅峰坠落下来，落入了灾难的深渊。

2. 恋爱悲剧

现在要讲阿伯拉尔的罗曼史了。在《劫余录》中，他详细记述了他与爱洛依丝的恋爱的始末，是整部自传的重彩篇章。

正当他名声如日中天的时候，一个少女出现在了他的视野里。我们可以想象，爱洛依丝一定听闻了阿伯拉尔的名声，有时会去蹭课。她容貌俊俏，学识渊博，写得一手漂亮文章，阿伯拉尔为之惊艳，决定勾引她。他胸有成竹，自述说："这在我很容易，因为我年轻、帅气、有名，无论哪个女人被我看上，都是一种荣耀，我不用担心会遭到拒绝。"爱洛依丝父母双亡，由叔父菲尔贝抚养，阿伯拉尔就说服这个叔父，做了他的房客，还做了他的侄女的家庭教师。

不用说，他成功了，让我们继续听他自述："我们结合了，先是朝夕共处，继而心意相通。在讲课的伪装下，我们完全投身爱河。上课时，书卷虽然打开，我们之间倾诉的更多是情话而不是经书的诠释，交换的更多是热吻而不是教导。我的双手不常翻动书页，却总在她的胸口流连。我们的眼睛不常阅读书本，却总是凝视着对方。在爱欲的驱使下，我们试过各种缠绵缱绻，如果能发现新的性爱方式，我们也大胆尝试。我们享受每种快乐都热烈而不知餍足。"

可以想象，这样沉湎于床笫之欢，他不再有精力教学，讲课只是对付。他也不再研究哲学，写下的都是给爱洛依丝的情诗。这些情诗一定写得极好，当时广为流传，现在已经散失殆尽。他们的恋爱成了公开的秘密，但他不在乎。在一次云雨之欢时，他们被撞了个正着。菲尔贝终于也知道了这个人所共知的事实。不久，爱洛依丝发现自己有了身孕，阿伯拉尔把她送到家乡布列塔尼，和他的妹妹做伴，她在那里生下了一个男孩。

阿伯拉尔提议结婚，出乎意料的是，爱洛依丝坚决反对。她提出两个理由。第一，这会影响他在教会里的晋升，因为当时教会规定，已婚教士不能升任神父。现在无法确定阿伯拉尔此时是否已是教士，但不管怎样，有一点是肯定的，即当时受过教育的人唯有进入教会才能施展抱负。更重要的是，第二，这意味着对哲学理想的背叛。哲学家不应该结婚，苏格拉底结婚开了一个恶劣的先例，他有责任洗掉这个污点。造化是为了全人类而养育了哲学家，如果他用婚姻把自己束缚在一个女人身边，这会是一件可悲的丑闻。她对阿伯拉尔说，比起妻子来，情人的称呼对她更珍贵，对他更高尚，他们之间唯一的约束应该是自由的爱情，而不是婚姻的锁链。请记住，这是在中世纪，一个十六七岁的少女有如此超越世俗的爱情观，真是令人肃然起敬。

然而，根据阿伯拉尔的记述，在他的"愚蠢的固执"面前，她的反对完全无效，最后她含泪说道："我们两人都会被毁掉，留给我们的只是和我们的爱情一样深重的苦难。"阿伯拉尔回顾说：在这一点上，她表现出是一个真正的先知。

阿伯拉尔向菲尔贝讲述了结婚的决定，并要求他对婚事保密，以免影响自己的声誉。菲尔贝同意了。于是，在巴黎的一座教堂里，在菲尔贝和若干朋友的见证下，俩人举行婚礼，婚后仍假装分居。但是，菲尔贝违背诺言，四处散播两人结婚的消息。在这种情况下，阿伯拉尔采取了一个违背爱洛依丝意愿的行动，把这个花样年华的少女送进了巴黎附近的一所女修道院。菲尔贝大为恼怒，认为自己的侄女受了欺负，阿伯拉尔此举是为了摆脱她。在一个深夜，他带人到阿伯拉尔的居所，把他阉割了。阿伯拉尔负着这个奇耻大辱回到家乡，也进了修道院，从此作为一个修道士，辗转在各地的修道院里。他在自传中承认，他之所以进修道院，并非出于皈依天主的虔诚心，而是出于哀恸和痛苦中的羞耻感和不知所措。不过，不管最初的动机如何，后来他的确是全心全意地皈依了基督教。

平心而论，在这个事件中，阿伯拉尔的处置有两大失误。其一，不该结婚。巴黎当时的风气已很开放，教士有情妇的情况多的是，不会太受指责。其二，事发之后，不该把爱洛依丝送进女修道院。他的动机令人费解，如果是为了平息风波，这不是一个有担当的男子汉之所为，如果是为了用这个方式结束婚姻，保住在教会中的前程，这就更不是一个有超脱胸怀的哲学家之所为。这是一个谜，他始终没有向爱洛依丝解释清楚。爱洛依丝有正确的直觉，开始反对结婚，后来不愿进女修道院，但他都没有听从。

3. 阿伯拉尔和爱洛依丝的通信

阿伯拉尔和爱洛依丝亲密共处的时间只有一年半，悲剧发生后，两人分别进了修道院，此后在长达十多年的时间里未通音信。大约五十三岁时，阿伯拉尔完成自传，此时爱洛依丝三十二岁，她在女修道院人缘很好，担任院长。读到自传的抄本，她给阿伯拉尔写信，倾诉心中的爱和怨，由此开始了两人的通信。两人去世后一个多世纪，这批信件流传开来，在流传中被不断再创作，成为一则最著名的经久不衰的浪漫爱情佳话。《劫余录》的英译者选取较为可靠的早期版本，共七函，其中爱洛依丝致阿伯拉尔三函，阿伯拉尔致爱洛依丝四函。这些信函表明，爱洛依丝心中仍充溢着爱情的热烈和悲苦，阿伯拉尔则似乎已经彻底心灰意冷。

在第一封信中，爱洛依丝如此热情地告白："你是我的心灵和肉体的唯一主人。我所追求的，既不是婚姻的保证，也不是丰盛的嫁妆。假如妻子这个名分显得更神圣和合法，那么对我来说，情人这个名称会更甜美，或者如果你允许的话，就把我称作小妾或妓女吧。即使皇帝愿意娶我为后，把整个世界赠与我，对我来说，也不及做你的姘妇更为尊荣。在王者和智者之中，谁能比得上你？每一个年轻女人见到你都会热血沸腾，见不到你都会朝思暮想，王后和贵妇人都会羡慕我的快乐和我的房事。你创作的情歌如此优美，令所有女人对你倾心，而因为它们是写给我的，又使许多女人对我嫉妒。"

接下来，对于阿伯拉尔的漫长的沉默，她提出责问："你若能，请告诉我，为什么在我们转而过宗教生活——这是你的单方面决定——之后，你这般忽视甚至忘记我的存在，没有给我一封表示安慰的信？你若能，请告诉我，或者让我告诉你，我和别人所怀疑的，你对我的情是欲而非爱，所以当你的欲停止时，您的情也停止了。"她要求阿伯拉尔给她写信，理由充分："我在少女时遭受了遁入修道院的苦楚，不是出于对宗教的虔诚，而只是因为你的命令，所以我并不期待从神得到赏赐。我的心已不属于我自己，如果它不属于你，它将无所归属。为服从你的意志，我放弃了所有的快乐，除了向你证明我现在甚至比以往任何时候更加属于你之外，我一无所有。那么请想一想你对我有多么不公平！因此，以你信奉的上帝的名义，我请求你以你目前能够做到的方式，给我寄一些宽慰之词，让我感受你的存在，至少获得一点儿服务于上帝的力量和意志。"

阿伯拉尔在回信中辩解说，他之所以没有写信，是因为他相信她的良知，凭借上帝赋予她的能力，她一定能够胜任圣职。这个辩解十分无力，而且答非所问。

爱洛依丝写第二封信，请阿伯拉尔不要对她过于信任，不要劝她追求美德，总之不要高大上，而要保持对她的担心，给她以她迫切需要的帮助。回顾往事，她对上帝降灾的方式表示愤怒："所有的公平法则都被颠倒了。在我们享受爱情快乐并放纵自己淫乱——请允许我用这个丑陋但能表达含义的字眼——之时，上帝并未惩罚我们。而当我们试图以合法的婚姻弥补不合法的行为之时，它却开始惩罚我们。"她毫不忌讳地倾诉，她现在仍受性欲的折磨，渴望性爱的快乐："我们的恋情给了我极大的快乐和甜蜜的感觉，不论走到哪里，这种感觉总是洋溢在我的周遭，激起苏醒的渴望和幻觉，令我无法入睡。即使做弥撒时，那种淫荡的快感也会牢牢抓住我的不幸的灵魂，让我的心思恣意放飞而无法集中于祈祷。我本该为我犯下的罪过忏悔，却只能为我失去的一切叹息。我们所做的每一件事，去过的每一个地方，共度的每一刻时光，连同你的影子，都深深铭刻在我的心里，每每重温则仿佛昨日重现。"她惊人深刻地总结说："人们认为我是贞洁的，但上帝可以看透我们的心灵和下身。在一个宗教几乎完全沦为虚伪的代名词的时代，我被判定是信仰宗教的。"最后她沉痛地坦陈："我一直害怕冒犯你甚于害怕冒犯上帝，渴望取悦你甚于渴望取悦上帝。你和人们一样，也被我的伪装所欺骗，竟没有看出我是一个伪善者。我将度过多么痛苦的一生，徒然地忍受这一切，毫无得救的希望。"

阿伯拉尔的回复仍充满宗教气息："真正爱你的是基督而不是我。我的爱曾让我们双双成为罪人，这只能叫做欲望，不是真爱。我在你身上寻求的是可憎的享乐，这便是我全部的爱。为基督遭受的不公和迫害哭泣吧，不要为我应得的惩罚悲伤，为你的救世主流泪吧，不要为我这个卑污的人流泪。"

爱洛依丝死心了，在第三封信中确认他的尘世爱情已经灭绝。阿伯拉尔回信诀别，对她的称谓是："那曾经在尘世上为我所钟爱，而现在在基督里为我所挚爱的。"

他仍然是深爱她的。但爱洛依丝的爱是更直接、更热烈、更人性的，她可不是在基督里爱这个男人，她甚至宁可不要基督而要这个男人，身在修道院而心系薄情郎。阿伯拉尔并非真的薄情，我们必须考虑被阉割这个情节，他在生理上已经不能回报这样的热情，心理上必然也因之发生彻底的改变。也许只有宗教的力量能够让他忍受这个残缺和屈辱，在基督里爱曾经的爱侣成了唯一的选择。

在这些通信之后，两人曾经见面，缘由是爱洛依丝任院长的修道院被人强占，阿伯拉尔出面相助，把修女们安置在他和学生们自建的一所名曰抚安堂的院子里。他在自传里说，此后他便经常造访她们，看有什么可以帮忙的地方，而这招来了许多流言蜚语。

去世前一年，阿伯拉尔被教会判为异端，监禁在一个修道院里，他在那里写了一百多首赞美诗，成为中世纪文学的名作。赞美诗是宗教题材的诗歌，我们以一首题为《悲悼》的诗为例，看一看他赞美的是谁。这首诗表面上是大卫哀悼约拿单的挽歌，他是这样写的："倘能与君共墓眠，赴死也甘愿，世人所爱珍宝物，那比这恩典。倘君已逝而我活，亦形同死亡；半个灵魂半口气，做鬼也欠全。我置竖琴不复弹，为止苦泪与长叹。"（《世界文明史·信仰的时代》）

1142 年，阿伯拉尔去世，终年六十三岁，在爱洛依丝要求下，葬在阿伯拉尔的学生们盖的圣灵教堂里。1164 年，爱洛依丝去世，终年也在 63 岁上下，葬在他旁边。他们的墓在法国革命时被毁，后来移至拉雪兹神父墓园。这一对苦恋的情人，终于在另一个世界里永不分离。

4. 伟大的教师

12 世纪初，在教会掌握的修道院学校之外，开始出现以教堂为依托的私人办学，孕育了中世纪大学的萌芽。阿伯拉尔是先驱者之一，从他的教学活动可知，早期的教师可以自行挑选地址建校和招生，学校的成败则完全依赖于教师的声望和能力。他是最早在巴黎自由办学的人，巴黎大学创建的历史应该追溯到他。在他之后的三个世纪里，巴黎大学始终是欧洲的思想中心，包括大阿尔伯特、阿奎那、罗杰·培根、邓斯·司各脱、奥卡姆在内的大学者先后在那里任教，这几个人几乎构成了欧洲中世纪后期的整个哲学史。

灾难发生前，阿伯拉尔先后两次办学，声誉远播，已如前述。灾难发生后，他匆忙避入修道院，但他的性格和隐居生活完全不相宜，因此，当年轻教士们要求他重开讲座时，他欣然从事。他本是一个生命力旺盛的人，在遭受被阉割的大祸之后，这生命力不能在爱情上奔涌了，在精神创造上仍展现了强劲的势头。他辗转各地，但多数时间是在巴黎讲学，学校建在枫丹白露宫附近的一块荒地上。开始时，他自己用茅草和芦苇盖了一所简陋的讲经堂，消息传播开，学生们从四面八方蜂拥而至，一齐动手，搭建茅棚为居室，用泥土和草做桌子，吃的是野菜和粗面包，睡的是芦苇和稻草。他不收费，生活和办学所需由学生们供给。学生们用木材和石头扩建了讲经堂，还盖了一座修道院，阿伯拉尔把教堂命名为圣灵教堂，把整片建筑命名为抚安堂。

阿伯拉尔是一位伟大的教师。当时有记载如此介绍他："僧侣兼修道院院长，修道士中最伟大的教师，几乎整个拉丁文世界的学者都蜂拥奔向他的学校。"他具有卓绝的教学天才。修道院里传统的教学方式是解读，由教师先逐句朗读一段经文，然后讲解语法并引述教父们著作中的有关评注。阿伯拉尔采用的新方法是论辩，先提出问题，通过问答进行讨论，从而探明难点并寻找解决途径。我们由此可以想见他在课堂上的风采。他自己讲课大胆，思想新颖，同时鼓励学生独立思考，自由讨论。在他的课堂上，完全没有修道院学校那种沉闷的气氛，经常是欢腾喧闹，师生打成一片。今天法国大学里的自由教育风气，实在是阿伯拉尔开其先河的。因此，有评论说，他是那个时代点燃欧洲的心灵的人。

5. 自由思想家

阿伯拉尔有一部著作，题为《是与否》，实际上是他的讲稿，当时只在学生中秘密流传，没有出版，手稿在1836年被发现。从这部手稿，我们可以一窥他是怎样讲课的。全书列出一百五十八个问题，皆涉及基本的信条，每个问题下摘录两组对立的引文，引自《圣经》、早期教父著作和异教徒经典，包括像奥维德《爱的艺术》这样的文学作品。我列举其中几个问题，可知其分量：信仰与理性，神与自由意志，在一个由至善全能的神所创造的世界中罪与恶的存在，神非全能之可能性。书中对每个问题都不做结论，阿伯拉尔在前言中说，他的目的是使年轻读者的思维更加敏锐，激励他们探索真理。可以想象，让学生们围绕这样的问题展开论辩，会有何等的深度，对教会传统会构成怎样的挑战。

在信仰和理性的关系问题上，阿伯拉尔反对安瑟伦的信仰然后理解之说，主张信仰必须建立在理性的基础上。他巧妙地论证说：信仰和理性都是上帝给我们的，《圣经》的真理与理性的结论不可能对立，否则上帝就是在以其中之一欺骗我们了。他站在他的学生的立场上说：学生要求的是能够理解的理由，除非先理解，他们就不能相信。他还指出，向别人鼓吹一个自己或所教导的人不能理解的东西，是很荒谬的；信仰中不应该存在不可解释的奥秘，那些宣称信仰无须理解的人，实际上是在掩饰自己没有能力智慧地启导信仰。（《神学导论》）

阿伯拉尔的伦理思想也突破了神学的范畴，有独到之处。他认为，善与恶不在于表面的行为，而在于行为的内在原因。由于生理和心理的构造，人会形成某些欲望、情感和意向，它们本身无所谓善恶，善恶在于意志对它们的取舍，因此而付诸行动。没有意志的决定，行为就不会产生。那么，根据什么准则来判断意志的决定是善还是恶呢？他的回答是根据良心，本乎良心的行为是善的，违背良心的行为是恶的。他解释说，良心就是天然的道德律，这是人人心中都有的，使得人能够分辨善恶。这个天然的道德律是上帝放在人心中的，因此，服从良心就是服从上帝，违背良心就是违背上帝。"上帝所关心的不是你做了什么，而是你以什么精神做的。"在这整个推论中，我们已经可以看到后来康德伦理学的基本思路。（《认识你自己》）

阿伯拉尔把辩证法用于神学，要对神学问题做出合乎逻辑的解释，以此精神写了一篇论文，题为《论上帝的一体性和三位一体》。他指出，教会对三位一体的宣说在逻辑上是不通的，圣父和圣子不可能是同一的，因为根本不存在自己生育自己的事物，上帝也不例外。尽管他引用奥古斯丁的话为自己的观点辩护，仍然大大触怒了教会，在一次教会会议上被逼亲手将这篇论文投入了火中。

阿伯拉尔为他的自由思想付出了沉重的代价，屡次被教会判为异端。而最后一次，他被判决终身监禁于一家修道院，禁止发表言论。一年后，他就去世了。

五　唯实论和唯名论

在经院哲学内部，围绕一般概念（共相）的性质是什么的问题，展开过长期的争论，分成唯实论（Realism）和唯名论（Nominalism）两大派，唯实论又有极端和温和之分。从历史发展看，基本趋势是极端的唯实论被温和的唯实论取代，最后是唯名论占据上风。不过，在任何时期，这三种观点都始终有人主张。

这个争论也许是神学内部最具哲学性质的一个争论，随着争论的进展，神学的基石越来越被动摇。极端唯实论以柏拉图为师，温和唯实论以亚里士多德为师，唯名论则越过亚里士多德继续向前，在前方看得见摆脱了神学桎梏的近代哲学大师的身影了。

1. 极端的唯实论

关于一般概念，柏拉图的理念学说强调三点，一是先于个别事物而存在，二是在个别事物之外独立存在，三是高于个别事物，是个别事物的原型和本质。总之，一般概念是唯一称得上真实存在的东西。这样一种观点，后来被称作柏拉图式的唯实论。凡是认为一般概念具有真实存在的观点，都属于唯实论，极端派和温和派的主要区别在于，极端派认为存在于个别事物之外，温和派认为存在于个别事物之中。柏拉图式的唯实论是极端的唯实论。

在经院哲学家中，安瑟伦是极端唯实论的主要代表。他遵循柏拉图的理念学说，认为一般概念真实存在于个别事物之先和之外，并且高于个别事物。在一般概念中，越是具有普遍性的概念就越完善，存在的程度就越高。他的本体论论证正是建立在这样的逻辑上的，由此推论出了作为最完善的概念，上帝具有最高程度的存在。

2. 温和的唯实论

温和的唯实论源自亚里士多德的哲学。亚里士多德批判柏拉图的理念学说，重点是批判柏拉图把一般概念从个别事物中割裂出来。关于一般概念，他强调两点，一是不能在个别事物之外独立存在，二是与个别事物相比是更本质的存在。具体地说，一般概念指称的是某一类事物的共同属性，一方面，这种属性在个别事物之中是真实存在的，并且仅仅存在于个别事物之中；另一方面，个别事物如果不具有某类事物的共同属性，就不可能现实地存在，因此一般概念构成了个别事物的本质。由于他也承认一般概念的真实存在，他的观点后来被称作亚里士多德式的唯实论。在他的哲学重返欧洲之后，温和唯实论在经院哲学中逐渐占了上风。在中世纪，温和唯实论的主要代表是阿伯拉尔和阿奎那。

一般认为，阿伯拉尔对经院哲学的主要贡献是用辩证方法探讨了共相问题。特别要指出的是，他是通过逻辑学研究独立形成他的观点的，欧洲对亚里士多德的重新发现是在他死后十年间才发生的事。关于唯名论和唯实论的争论，他指出，只要知道共相不是一个东西，相关争论就可以找到答案。如果没有思维的抽象作用，共相就不存在。我们从事物中概括出某个共同属性，用一个概念指称这个属性，这就是共相。不过，这个属性是真实存在于事物之中的，因此共相不是主观的虚构。事实上，如果没有从个别中抽象出一般的思维过程，我们就根本无法认识任何事物。所以，不能说共相只是言词和声音。他的观点，既反对极端的唯实论，又反对唯名论，是一种温和的唯实论。

阿奎那的观点由研究亚里士多德得出，可以概括为一句话：共相既在先又在后。从人类整体的认识过程来说，共相在后。认识开始于感觉，以个别事物为对象的感性认识在先，以一般概念为对象的理性认识在后。从个人的具体认识过程来说，共相在先。每个人必须先获得一般概念，才能认识相应的个别事物，比如说必须先有"人"这个概念，才能认识苏格拉底是一个人。这是从人的认识过程来说的在后和在先。从神和人的关系来说，上帝创造万物，并且让某一类事物具有相似的属性，人才能从个别事物中抽象出一般概念，因此，归根到底是共相在先。

阿拉伯哲学家阿维森纳曾经提出一个关于共相的公式：共相的存在，从神来说，先于事物；从自然来说，寓于事物；从人类认识来说，后于事物。亚里士多德哲学是经由阿拉伯的哲学家们重返欧洲的，在温和唯实论的观点中，我们可以看到阿维森纳这个公式的明显影响。

3. 唯名论和奥卡姆的剃刀

唯名论的基本观点是，一般概念（共相）只是名词、名称、符号，是用同一个词称呼某一类不同的个别事物。其极端者甚至宣称，共相只是声音，是舌头产生的空气流动。无论如何，共相不是实体，不是真实存在的东西，只有个别事物是真实存在的。

早在十一世纪，就有人主张唯名论，阿伯拉尔的启蒙老师洛色林（Roscelin，约1050—1125）就是一个唯名论者。但是，唯名论的兴旺是在十四世纪，奥卡姆是这个运动的领袖和最重要的代表。

威廉·奥卡姆（William of Ockham，约1285—1349）出生在英国的萨里郡，曾经加入方济各会，先后在牛津大学和巴黎大学求学。有一种说法是，他在牛津任过教。另一种说法是，他申请牛津教职并未成功。三十九岁时，他被押解到阿维尼翁的天主教廷接受审查，其学说被判为异端，禁止在大学讲授，并遭到监禁，尔后越狱逃跑。晚年他住在德国的慕尼黑，欧洲爆发黑死病，他在那里病死。他的学说虽然被禁，在生前仍广为传播，形成为一个哲学派别，被称为"新道路"，与全欧大学里占支配地位的阿奎那哲学相抗衡。

奥卡姆认为，唯一真实存在的是个别事物，一般概念只是人类理性对于个别事物之间相似性的一种概括，是思维中的一种虚设，并无真实的存在。我们用一个词项来指代个别事物，比如说"人"这个词，我们用它来指代每一个个别的人，但在每一个个别的人之外，世界上并不存在一个叫做"人"的东西。他强调，个别事物之间的相似性只是一个经验的事实，并无形而上学的原因。阿奎那宣称上帝是这种相似性的根源，乃是一种杜撰。他还把阿奎那对上帝存在的论证从哲学中剔除出去，指出这不是人类理性所应该处理的题目。

奥卡姆思想的显著特点是重视经验知识，拒斥形而上学。他彻底否定一般概念能够以任何方式独立存在，主张对个别事物的直接经验是人类知识的唯一基础，这在当时是具有革命性的创见，将会导致两个重大后果。一方面，经院哲学本质上是一种形而上学，对上帝存在的论证是建立在一般概念不同程度的独立存在之基础上的，彻底否定了一般概念的独立存在，这个基础就被摧毁了。因此，唯名论的兴起必将导致经院哲学的解体。另一方面，对直接经验的重视为人类知识开启了一个新的方向，在一定意义上，从哥白尼到牛顿的近代科学，从培根到休谟的英国经验论哲学，其起点都可以追溯到奥卡姆。

奥卡姆在哲学界享有盛名，是因为他的一句格言，这句格言后来被冠以"奥卡姆的剃刀"称号。这句格言有两个版本，一说："如无必要，勿增实体。"另一说："能用较少原理解释现象时，用较多原理解释就是浪费。"意思基本相同，是一个关于解释的节约原则，形象地说，就是要把多余的解释用剃刀剃掉。在科学研究领域里，这个原则提供了一种方法论，在解释一个现象或证明一个命题时，要力求简洁，步骤最少、最为简洁的解释和证明是最有效的。在哲学领域里，这个原则成为反对神学乃至反对形而上学的有力武器。神学用上帝解释宇宙现象，形而上学用本体和实体解释宇宙现象，而到了近代，哲学家们纷纷致力于证明，上帝、本体、实体皆是多余的假设，就用"奥卡姆的剃刀"把它们剃掉了。

参考书目

[德] 汉斯·昆:《基督教大思想家》，包利民译，社会科学文献出版社，2001

[美] 奥尔森:《基督教神学思想史》，吴瑞诚、徐成德译，北京大学出版社，2003

[意] 阿奎那:《阿奎那政治著作选》，马清槐译，商务印书馆1963

[法] 阿伯拉尔:《劫余录》，孙亮译，商务印书馆，2013

图书在版编目（CIP）数据

西方哲学史讲义. 上 / 周国平著. -- 深圳 ：深圳
出版社，2023.11（2025.2重印）
ISBN 978-7-5507-3392-3

Ⅰ. ①西… Ⅱ. ①周… Ⅲ. ①西方哲学－哲学史
Ⅳ. ①B5

中国国家版本馆CIP数据核字(2023)第190645号

西方哲学史讲义. 上
XIFANG ZHEXUESHI JIANGYI. SHANG

出 版 人　聂雄前
责任编辑　敖泽晨　韩海彬
责任校对　万妮霞
责任技编　郑　欢
装帧设计　董歆昱

———————————————————————

出版发行　深圳出版社
地　　址　深圳市彩田南路海天综合大厦（518033）
网　　址　www.htph.com.cn
订购电话　0755-83460239（邮购、团购）
设计制作　果麦文化传媒股份有限公司
印　　刷　河北鹏润印刷有限公司
开　　本　890mm×1280mm　1/32
印　　张　14
字　　数　306千
版　　次　2023年11月第1版
印　　次　2025年2月第3次
定　　价　249.00元（全三册）

西方哲学史讲义

中

周国平 著

深圳出版社

果麦文化　出品

目 录

第 3 卷
灵性的觉醒　　　近代前期　公元十六世纪至十七世纪

第十五讲　蒙田

第十六讲　培根

第4卷
认识的反思　　近代中期　公元十七世纪至十八世纪

第二十一讲　洛克

第二十二讲　莱布尼茨

第 3 卷

灵性的觉醒

近代前期

公元十六世纪至十七世纪

现在我们告别中世纪，来到自由思想日渐活跃起来的欧洲近代。在哲学领域里最突出的现象是，随着经院哲学的解体，哲学家们不但抛弃了神学教条，而且对作为神学的哲学依据的古希腊形而上学进行了批判，西方哲学发生了从本体论向认识论的重大转变。

值得注意的是，经院哲学家大多是教会权威或神学教授，而近代哲学家多半是世俗人物，他们有自己的职业，似乎只是哲学的业余爱好者，虽然这爱好远远超过对其职业的爱好。与此相应的是，他们的写作风格也一扫经院哲学的沉闷和烦琐，有的如同日常谈话，有的富有文学色彩。

通常把近代哲学家划分为经验主义和理性主义两大派，划分的依据是对知识来源的看法。经验主义认为，知识的唯一来源是经验，理性主义则认为，理性拥有超越经验的天赋知识。不过，如果把理性理解为独立思考，两派都是崇尚理性的，都确认真理的标准是理性而不是启示或权威。

从十六世纪到十九世纪，三四百年间，哲学大家辈出，我按照年代大致划分为前期、中期、后期、晚期四个时期来讲述。

近代的前期，是哲学从神学中脱离出来的启蒙时期，也是西方哲学从本体论向认识论转折的开端时期。这个时期的哲学家，精神从神学的束缚下解放了出来，宛若性灵的觉醒，个个有一种朴素的原创性。本卷讲六位哲学家，其中的四位，分别是经验主义和理性主义两个阵营的领军人物。培根、霍布斯是英国经验论的开创者，为认识论的转折作了准备。笛卡尔是大陆理性主义的开创者，他把哲学探究的方向从外部世界转向主体意识，为哲学开辟了新的方向，被公认为"近代哲学之父"。斯宾诺莎是笛卡尔之后大陆理性主义的代表，他的重要性在于伦理学，他创建了泛神论的世界观和爱永恒的幸福观。另外两位，蒙田和帕斯卡，由于基本不涉及本体论和认识论，为哲学的正史所不收。然而，这两位对人生问题有极其深刻而独到的哲学性思考，我认为理应在近代哲学史上占据光辉的一页，决不肯把他们舍弃掉。

第十五讲

蒙田

　　我研究自己比研究其他题目多。这是我的形而上学，我的物理学。

——蒙田

我把蒙田放在近代哲学的开篇，这是完全不合常规的，通常的西方哲学史是根本不讲他的，他的位置似乎应该在文学史里。他的《随笔集》是公认的世界文学经典，一般不被看作哲学著作。我想扭转这个认知偏差，他的文学成就理应继续受到人们的推崇，而在这同时，我们也应该重视他的哲学贡献。

　　从中世纪到近代，文艺复兴是一个过渡，米歇尔·德·蒙田（Michel de Montaigne，1533—1592）生活在文艺复兴的末期和近代的开端，比培根早出生二十八年。站在近代门槛上的两位文化巨人——培根和莎士比亚，都受到他的影响。在他的时代，经院哲学在学术界仍然占据支配地位，但这与他全然无关。他不属于学术界，不属于任何界，仿佛天地间突然生出了这样一个朴素又聪慧的人，撇开一切理论，用最本真、最直接的方式探究人性和人

米歇尔·德·蒙田（Michel de Montaigne，1533—1592）

生的问题。他把哲学带回到原初的状态，使之重获永恒的品格。他没有创立任何可以供后来的哲学家继承或批判的学说，却用人文主义精神熏染了近代哲学。他亲切而自由的写作风格，也给近代哲学注入了一股清流。

蒙田是法国波尔多人，曾两度担任波尔多市市长。他三十八岁时就开始过归隐的读书和写作生活，不过这好像没有妨碍他处理政务，因为第二次担任市长是在归隐之后。他最用心的事情是写《随笔集》，生前三卷都已先后出版，临终前仍在病榻上做增补。他最喜欢的作家是古罗马的塞涅卡和普鲁塔克，在著作中经常引证，文风也受他们影响，但显得更加散漫，更像是家常闲谈。读他的《随笔集》，我真正感觉到是在听一位智者谈话，他的心态平和而豁达，他的见解平实而深刻。

现在，我们一同来欣赏蒙田对人性和人生问题的见解。

一　以平凡的人性为楷模

蒙田把人性作为研究主题，他从自己身上研究，态度诚实而坦然，看到了人性的弱点，也认识到了人性的平凡。他的结论是，我们应该宽待人性的弱点，顺应人性的平凡，过好平凡的人生即是伟大。

1. 我研究我自己

哲学家们研究宇宙、上帝、自然，而蒙田告诉我们，他研究的是他自己。在《随笔集》开头，他开宗明义地宣布："读者啊，我自己是这部书的素材。"他还说："我研究自己比研究其他题目多。这是我的形而上学，我的物理学。"整个三大卷《随笔集》，就是他研究自己的一个记录。

在蒙田之前，要往上追溯一千二百年，我们才能找到一个人，是曾经把自己当作研究对象的，就是奥古斯丁。不过，两人有根本的不同。奥古斯丁是为了忏悔，从自己身上认识人性的卑微，从而舍弃小我，皈依上帝。蒙田是以人为本，通过研究自己来研究人性，以一种非常健康的心态对自己和人性都予以肯定。《随笔集》的写法也和《忏悔录》不同，它不是自传，没有叙述自己的任何具体经历，而只是仔细观察自己的内心世界，把观察的收获写了出来。

蒙田说，人们总是把视线朝向别人，朝向外面，而他则对准自己，看自己的里面。如同一个充满好奇的游客，他在自己的内心转悠，看那里的各种风景。他把观察自己看作人生的第一要务，是基于两点认识。第一，在自己身上可以领悟人生的基本道理。一个人凭借自己的经验，而无须凭借书本，只要善于学习，就足以让自己变得聪明。你若肯反省自己过去暴跳如雷的样子，就比阅读亚里士多德更能够看清这种情绪的丑恶，从而把它克服。你若常回顾经受过的苦难和屈辱，就比阅读西塞罗更能够懂得命运的变幻莫测，从而有所准备。第二，在自己身上可以察知人性的真实样子。一个人只要具有光明磊落的判断力，就可以把自己作为人性的例子，给自己就像给第三者一样坦然作证。通过长期仔细地观察自己，就训练得对别人做出适当的判断。

对于蒙田的这两点认识，我有非常相近的体会。我一直认为，一个人对自己应该持两种态度。一是把自己的经历当作财富。人生会遭遇种种事情，无论好坏苦乐，只要善于从中学习，一切外在遭遇都可以转变成内在财富。二是把自己当作人性的标本。我来到世上，成为这样一个我，是种种因素作用于人性的一个结果。我不必陷在这个小我之中，完全可以跳出来看他，通过他来研究人性。有了这个视角，我就胸襟坦白了，一切隐私都成了研究人性的材料，因此也就不是隐私了。

蒙田正是这样，把自己看作一个普通人，承认自己有普通人会有的各种毛病，他对这些毛病看得很清楚，认为加以掩饰是可笑的。在他看来，无论优点缺点，都是真实的人性，优点不值得夸耀，缺点也用不着掩饰。他说："谁若说我谦逊有礼，不近女色，我是不会领情的；同样说我是叛徒、小偷或酒鬼，我也不感到冒犯。"一个洞悉人性而又有自知之明的人，是不会在乎别人怎么看他和说他的。他对自己是这样一个真实的普通人甚感满意，表示如果能够重生，他会照样活一遍。

在《随笔集》中，蒙田把他在自己心中观察到的一切如实地表达出来，力求保持其本来面貌，不做雕琢，大胆直率，宁可显得粗糙和不完美。他说："我把自己整个儿展示在人前。"他为他是第一个这样做的人而感到自豪，自许这本书在体裁上独树一帜，表现上也不免惊世骇俗。他指出，描述自己比描述别的事物更困难，但也更有意义。"如果世人抱怨我过多谈论自己，我则抱怨世人竟然不去思考自己。"的确如此，如果人们把耗费在交际和事务上的时间分一点给自己，多一些自我思考和认识，他们的生活质量会变得好一些，这个世界也会变得好一些。

2. 宽待人性的弱点

蒙田经常表示，他有一个最引以自豪的优点，就是从不讳言自己的缺点。他说："除去了这些缺点，我就不是我了。"他对缺点抱这样坦然的态度，在别人面前就十分坦荡，因为他自己什么都说了，别人就没有什么可说的了。这种态度出自他对真实人性的体察，在总体上宽容人性的弱点。他认为他的观点是平凡、中庸和大众化的，人人都可以采用。

当时有人指责他说：你装得这么坦率真诚，是讨巧和卖乖，没有让你受损失，反而增加了光荣。他回答说：你们把我说得过于狡黠了，你们自己试一试，靠某种哲学学说，或者靠努力与机智，能不能做到像我这样，在复杂的人世间把这种人生态度坚持得这么自然，保持始终如一的洒脱。他自己认为，他是性情使然，这种人生态度完全是顺着他的天性而形成的。我相信他说的是事实，因为我在自己身上也体会到，逐步形成的牢固的人生观是有天性做底子的。

在总体上对人性的评价不妨低一些，这样，我们一方面会宽待人性的弱点，另一方面也不会因为自己有某种优点就沾沾自喜了。蒙田说，根据人类的所作所为，怎么轻视也不为过。"我不认为我们心中的苦恼会多过虚荣，机灵会多过愚蠢；我们没那么不幸，但是实在空虚，我们没那么悲惨，但是实在卑贱。"人们去教堂里忏悔自己的罪过，可是要记住，我们的美德也有缺陷，也需要忏悔。还要记住，人不管多么智慧总归是人，没有什么比人更容易衰老、更可怜、更虚妄的，因此永远没有理由得意忘形。最愚蠢的是那种自视过高的人，把自己当作神，凌驾于人性之上，蒙田说，这种人就像拔错牙的庸医一样让他受不了。

人性中最普遍、最突出的弱点是变化无常，而这同时也是最可原谅的弱点。蒙田引一位古代诗人的诗句为证："只有坏主意才一成不变。"人最难做到的是始终如一，而最容易做到的就是变化无常。这是因为每个人都是由许多零件组成的，各个零件都在起作用，而作用的大小在不断发生变化，使得我们和自己不同，不亚于和别人不同。换一种说法，人心中有许多不同的冲动，有时这种冲动占据优势，有时另一种冲动占据优势，因此所有的人都像孩子一样天真地为同一件事时哭时笑。蒙田的这个看法包含了后来弗洛伊德的基本观点，就是人的行为是受无意识支配的，而不是由理性支配的。蒙田并不认为自己可以例外，承认自己的表现也经常自相矛盾，无法自圆其说。不过，他认为这符合人性之常理，如此打趣道："谁看到我在妻子面前一会儿冷若冰霜，一会儿春风满面，认为这都是装的，他就是个傻瓜。"

3. 以平凡的人性为楷模

蒙田从自己身上看到，人性是平凡的，如果要舍弃平凡，也就不能不舍弃自己。他认为人人都是这样，如果大家都肯审视自己，就会发现这一点。由此他提出一种人生理想，这种理想不是超凡脱俗，而是要把平凡的人生过好。他说："依我看，最美丽的人生是以平凡的人性为楷模，有条有理，不求奇迹，不想入非非。"

试图超越人性、拔高人性是可笑的。蒙田就此说出一串常人会认为不雅的大实话："即使登上世上最高的宝座，仍然是坐在自己的屁股上。""痛风一旦发作，即使做皇上、称陛下也没用。""国王和哲学家要拉屎，夫人们也如此。"他还讲了两个有自知之明的君王的故事。马屁精们恭维亚历山大大帝是天神朱庇特的儿子，有一天他受了伤，指着自己伤口说："你们看，我流的不也是人血吗？"某诗人写诗歌颂安提柯一世是太阳之子，这位君王答复说："给我倒便桶的那人知道这不是事实。"

蒙田告诉我们，把平凡生活过好就是伟大。他说："丰富多彩的人生中含有哲学伦理，平凡家居的人生中也含有哲学伦理；每个人都是人类处境的完整形态。""心灵的伟大不是实现在伟大中，而是实现在平凡中。"能够从最平常而熟知的事情中找出其精华，这就是人间奇迹。懂得光明正大地享受自己的存在，这就是完美。最伟大光辉的业绩是生活得和谐，而不是攻城略地、治国理政、攒积财富，那些最多只能算是附属品。恺撒和亚历山大在日理万机之际，也充分享受生活的乐趣，倘若他们是把战争和政治当作日常工作，而把平凡生活看作伟大事业，这才是聪明人。对于历史上的大人物，蒙田注意的是他们作为普通人的一面，生活中的某些小细节，例如和群众一起唱歌跳舞，和孩子即兴赛跑，在海滩上捡贝壳，认为这才是他们最值得尊敬的地方。

4. 向动物学习

人们常说，人一半是神，一半是动物。蒙田告诉你，所谓神性是虚幻的，可贵的是动物性，但人已经丧失掉了太多，应该好好向动物学习。他说：人凭借妄自尊大的想象力自比为神，自以为具有神性，是万物之灵，同时又鄙视动物，毫无根据地认为动物是愚蠢的。真正要做比较，人给自己赋予的长处，比如理智、知识和荣誉，皆是虚无缥缈的，动物具备的长处，比如和平、悠闲、无辜和健康，却是实实在在的。所以，我们应该到动物身上去寻找大自然本来的证据，来改正我们不自然的生存状态。

在动物身上，我们可以学到生活中最必要也最重要的实用课，例如应该怎样生和死。动物把它们的感觉完全交托给肉体，不会用观念去干扰隶属于肉体的权限。我们却总是用心灵的锋刃把痛苦和快乐弄得尖锐化。大自然本来也赐给我们的肉体对于苦乐比较合理的感受性，如果我们不去干扰，就可以活得更自在。健康是人生的主要价值，而要增强健康，就最好少去看医生，多去看动物，学一学它们是怎样生活的。性交采取动物的姿势，是最有利于实现大自然所规定的传宗接代目的的，风骚女人自创的种种挑逗动作实在有害。至于死亡，当然更要学动物了，动物是不会预先为死亡担忧和恐惧的。不过，看来这很不容易学，我后面会讲到，蒙田自己花了许多时间来讨论如何克服对死的恐惧。

蒙田最看不惯人类任意贬低动物，举了许多例子证明动物比人类所认为的聪明得多。他为动物辩护，提出一系列责问：动物和人不能交流，凭什么说这只是动物的缺点而不也是人类的缺点？动物的各种生物工程明明是有推理和方法的，凭什么把它们归结为天然性和盲目性？导盲犬带主人躲避车马，自己走坏路给主人留出好路，怎么就不是理性和道德能力？麋鹿会跪在追逐的猎人面前用眼泪哀求，怎么就不是情感能力？大象在净身后高举起长鼻向太阳行注目礼，陷入沉思，怎么就不是宗教意识？

蒙田教导我们说，动物是人类的朋友和伴侣，我们不要自以为高它们一等，给它们派定一种低级本质。在他看来，人的两个身份中，所谓万物之灵是妄想，做好自然之子才是应尽的本分。他的确是一个好的自然之子，既能以平和的心态看人性，又能以平等的眼光看动物。

二　我知道什么

蒙田对认识论没有专门的论述，他的认识论是和他的人生态度融为一体的。如同对人性一样，他对人的认识能力的评价也不高，确切地说，不做夸大的评价。他不相信人凭借理性能够洞察万物的真理，他自己处世做人也绝不自以为正确，而他安于如此。"我知道什么？"——这是他的名言，他说，他把这句话作为格言，铭刻在一个天平上。他是一个温和的怀疑论者，这种怀疑论在他的全部言行中散发着温暖的气息。

1. 我的根本宗旨是无知

"我知道什么？"这句话是蒙田用来问自己的，要时时提醒自己的无知。他还说："我的根本宗旨是无知"，"我的心灵永远处在学徒和实习的阶段"。智慧在于知道自己无知，这是苏格拉底的教导，而在蒙田身上几乎成了本能。

知道自己无知是难的，你必须走进知识的殿堂，去推那一扇扇门，才知道门对你是关闭的。还要勇于承认无知，蒙田说，世上一切弊端都产生于人们害怕暴露自己的无知。我的理解是，害怕暴露无知，就会不懂装懂，把事情搞砸，或者强词夺理，把和平破坏。坦然承认无知的习惯要从小就培养，蒙田表示，他若教育孩子，就会这样做，让孩子习惯于用询问和疑惑的方式来回答问题，宁可他们六十岁时还保持学徒的模样，也不要像现在这样十岁时就装出博士的派头。

关键在于，人的无知是必然的。人的认识能力有限，大自然的奥秘永远认识不完，人对自己的精神和肉体也所知甚少。每样事物都有几百副面孔和几百条肢体，我们只能认识其中的一些，没有人能看到全貌。事物的意义是模糊而不确定的，使得我们的理解只好游移不定。命运还把它的混乱多变带进我们对事物的判断里，使得我们的判断像我们的遭遇一样充满偶然性。

事实上，人类的意见充满分歧。一个人提出一种想法，就必然会有另一个人来反驳他，人们在争论中学到的只是互相反驳，而不是真理。哲学学派也是如此，有人断定人的智力无所不能，就会有人为了反驳他而断定人的智力一无所能，这类兴高采烈的争论只是一场闹剧罢了。所以，当一种新学说出现的时候，我们有理由对它表示怀疑，因为在它之前相反的学说也曾经风行一时，可知以后同样会有第三种学说来取代它。

那么，所有这些争论该由谁来断案呢？似乎必须有一名法官，不属于任何派别。打比方说，老年人和青年争论，他必须既不是老年人也不是青年，健康人和病人争论，他必须既不是健康人也不是病人。他必须不处于任何一种状态中，才能做到公正无私，可是这样的法官是不存在的。

2. 不可独断

无知是人的认识的根本特征，所以不可独断。雅典法官接到一桩难以判决的案件，就命令原被告双方一百年以后再来。我们对于无法解决的争论也应该这样，把它悬搁起来。罗马法官即使判决一桩证据确凿的案件，判决书也用"我认为"开头。我们对于自己认为有把握的论断也应该这样，不可把它当作不容置疑的客观真理。

断然把自己觉得不可能的事情判定为虚假，这也是一种愚蠢的傲慢。蒙田说，他曾经犯这个毛病，只要听人谈论回魂、预兆、巫术之类的事，便怜悯这些人是被妖言所惑。后来他就怜悯自己太狂妄，因为这样武断地判定一件事为虚假和不可能，就等于认为有权给上帝的意志和大自然的力量设定界限，把它们纳入自己有限能力和知识的范围内。

根据自己认为的可信与不可信，去判断可能与不可能；根据自己不会做或不愿做的事，就认为别人也不会做或不该做——把自己作为准绳去衡量一切人，这是多数人的通病。蒙田说，他确立了一个原则，生活有千百种不同的方式，决不要求别人按照和自己一样的方式生活。因此，任何意见都不会让他吃惊，任何信仰都不会让他生气，不管与他多么格格不入，因为它们都有其产生的原因和根据。

苏格拉底和人谈话，对一切进行争论，对什么都不做结论，被当时人骂为滑头，其实正是因为知道人是无知的，所以不可独断。柏拉图之所以用对话的形式写作，也正是因为知道对同一问题从不同角度可以有不同看法，用对话的形式就能够通过各人的嘴说出这些不同看法了。哲学的目的是寻找真理，哲学家无非有三类，一类相信自己已经找到，一类断定不可能找到，还有一类说自己仍在寻找。这第三类的代表是古希腊晚期的皮罗学派，认为第一类人自以为已经找到真理是独断，第二类人断定不可能找到真理也是独断，因为测定人的认识能力这本身是一个难题，人能否解决这个难题也是值得怀疑的。所以，这一派的宗旨是悬搁判断。这种极端的怀疑，对怀疑本身提出怀疑，结果动摇了怀疑本身。蒙田表示，他本人倾向于皮罗主义。

事实上，人必须在无知状况下生活。无论哪个学派的人，在实际生活中都必须接受许多自己并不认识的东西，否则就活不下去。不可独断，也意味着万事不要追根究底，不妨随大流，从好处接受它们，保持平和的心态。

3. 批判理性的狂妄

从个人来说，自以为无所不知是一种愚蠢的狂妄。从人类来说，有一种总体性的狂妄，就是认为人类凭借理性可以成为宇宙的中心。蒙田是最早明确批判人类中心主义的哲学家，他在这方面的言论可谓振聋发聩。

蒙田如此说："人们引经据典要我明白，人类自命远胜于其他一切造物是多么有根据。可是谁能说服我相信，一望无际的美丽天空，终年流转不息的日月星辰，无垠海洋的惊涛骇浪，从开天辟地以来是为了人类的便利和福祉而存在的？这个可怜而脆弱的造物，连自己的命运都不能掌握，受万物的侵犯朝不保夕，竟把自己说成是既没有能力认识、更没有能力统率其一小部分的宇宙的主宰，还有比这更可笑的狂妄吗？人类还自称，在茫茫宇宙中唯有他领会宇宙万物的美，可以向造物主感恩，计算大地的得失，这又是谁给了他这个特权？请向我出示这份光荣显赫的诏书吧。"

蒙田引了西塞罗的一段话，大意是我们通过学问可以对天地万物无所不知，可以让心灵摆脱黑暗，可以获得幸福的保障，然后讽刺道：他谈的岂不是永生万能的上帝吗，哪里是我们这个可怜的多灾多难的物种？

蒙田还这样教训人类："人啊，除了你，天下万物都是首先审视自己，然后根据自身的需要界定它的欲望和工作。没有一物像你这样空虚和奢求，要去拥抱整个宇宙；你是一个盲目的侦探，没有司法权的法官，演闹剧的小丑。"

当然，问题不是出在人拥有理性，而是出在人错用了理性。上天赐给人理性是要人用来增进自己的幸福，我们却用它来和上天作斗争，反抗万物都必须遵循的自然法则，结果使自己陷入不幸。我们还给理性掺进了许多虚假的观念和推理，使它失去原来稳定的面貌，变得复杂混乱。所以，重要的是正确使用理性。如何正确使用，我体会蒙田的意思：一是要限制理性的范围，约束好奇心，不要企图无所不知，二是要把理性作为人生的工具，用在增进幸福的方向上。

4. 学问使人既自负又无能

错误地使用理性，主要发生在有学问的人身上，学问往往使人既自负又无能。比较一个学者和一个庄稼汉，我们会发现，前者常常受想象力困扰，后者则在天然需要满足后就万事不操心。

在生命最基本的事情上，后者总是胜于前者。比如对于疾病，后者有病的时候才感觉痛，前者却在腰里还没有长上石头时，心灵已经压上了石头。学问让人注意身体的各种征兆，充满疑虑，肆无忌惮地打击健康。又比如性交，赶骡的人要比诗人做得好，因为肉体的力量没有受到心灵的扰乱。蒙田引贺拉斯的句子："因为他不识字，鸡鸡就会不够硬了吗？"你精通天文和语言，难道你享受肉欲和健康时就能更加有滋有味？哲学家皮罗在海上遇到大风暴，态度平静，可是在旅伴眼里，这平静充其量只与船上那头仍低头吃食的猪一样。哲学的信条说到底是要我们模仿粗人村夫，他们平时对痛苦、艰辛、死亡从不大惊小怪，而没有这样天性的人即使有了学问也是白搭。事实上，许多村妇在村子里度过的一生，要比哲学家的一生更加宁静、甜蜜和安稳。

那么，蒙田是要我们唾弃学问吗？我想不是。他自己是一个有学问的人，关于如何用正确的方式做学问，他有许多说法。不过，我相信，他对粗人村夫那种天真淳朴的生活状态的确是有几分羡慕的。

5. 哲学是充满诡辩的诗

"哲学只是一首充满诡辩的诗。"这是蒙田对哲学的定性。他指的是形而上学，说他不相信古希腊哲学家用数、理念、原子等等来解释世界就是真理，他们只是在一些不确定的东西上建立起自己的信条，试图给这个混沌不可知的世界带来一丝光明。所以，哲学实际上和诗一样，是在编造一些令人愉快的假象，区别只在于用的是学术的方式，把编造的过程当作思维练习。在哲学中真正起作用的是情感而非理性。蒙田对此描述说："奥林匹克诸神在通往爱神维纳斯小室的路上，比在通往智慧女神雅典娜小室的路上，洒下更多的汗水。"

蒙田不相信人凭借理性能够把握宇宙的真相，当然就对形而上学不感兴趣，他的主张是哲学应该让人贴近生活。泰勒斯因为抬头看天而坠井，遭到女仆的嘲笑。提到这个著名的故事，蒙田赞扬女仆揭露了哲学家的通病。在他看来，善待日常生活不是小聪明，而正是大智慧的体现。他还主张哲学要平易近人，说给哲学戴上一副愁苦严肃的面具，使孩子们不敢接近，这真是大错特错。好的哲学劝人欢度时光，好好享乐，愁眉苦脸的人搞哲学，只能说是去错了地方。

6. 审查人的认识能力

认识论的主题是审查人的认识能力，蒙田在这方面虽然论述甚少，但相当深刻，实际上构成了他的怀疑论的根据，我稍作补充。主要有两点。

一是人类的感觉可能是有缺陷的。动物中有的没有视觉，有的没有听觉，依然好像不缺什么地过完了一生。那么，谁知道人类天生具备的感觉是不是也缺了些什么呢？这是我们无论靠既有的感觉还是靠推理都发现不了的。这就好比一个天生的盲人，无论你怎么对他解释什么是光、颜色和景物，他都想象不出它们的样子来，因此也就不知道自己所缺的视觉究竟是什么。所以，人类即使因为缺少某些感觉而发生了认识上的错误，我们自己也是无法发现的。

二是感觉和理性都不能触及事物本身。感觉给予我们的只是主观的体验，这种体验和外部事物是两回事。如果说我们可以用理性来做判断，看感觉与外部事物是否相符，可是理性本身和外部事物也没有任何直接联系，它怎么来做这个判断呢？理性是通过感觉的媒介来形成思想的，因此它判断的仍是感觉所提供的东西，而不是事物本身。说到底，理性若没有另一个理性的验证就不能成为理性，但这另一个理性是不存在的，所以我们永远在原地兜圈子。

蒙田讲的这第二点尤其深刻，已经揭示了认识论的根本难点之所在。

三　不要出租你自己

蒙田主张过好平凡的人生，平凡的人生当然不是马马虎虎的人生，要真正过好是不容易的。怎样过好平凡的人生，可以说是他的人生思考的中心，本讲以下各节的内容大致是围绕这个中心的。

要过好平凡的人生，首先要好好做人。关于做人的原则，蒙田没有讲什么大道理，我按照他的风格，用最朴素的语言概括他的意思，主要是两条，一是要做你自己，二是要做一个好人。前者涉及他的幸福观，后者涉及他的道德观。有了这两条，人生的基本品质就是好的。先讲前者。

1. 做你自己

"做你自己的事，懂你自己的心"，蒙田对这句据说出自柏拉图的箴言很看重，说它指明了人生的主要责任。一个人首先要认识自己是什么样的人，由此知道什么是自己可以和应该做的事，那就好好做自己的事，不要去多管外界的杂事和别人的闲事。对于每个人来说，把最符合自己天性的事做好，就是幸福。

蒙田自己是一个真性情的人，听从自己的天性做人做事，不勉强自己接受不喜欢的东西，觉得这样最快活。世人认为再好的事，不符合他的天性，他就不做，不会为此后悔。他与世无争，因此不太有人嫉妒他，和他敌对，他说他不敢说被人爱，但是不被人恨是没有人有更多的机会的。

蒙田说，最美好的事情是堂堂正正做人，最深刻的学问是懂得自然地过好这一生，最险恶的疾病是漠视自己的存在。你应该关心的不是社会怎样说你，而是你自己怎样对自己说。你懂得思考和掌握自己的人生，你就已经完成了一切事情中最伟大的一件事情。只要你的真实的自己完好无损，你就绝不会失掉什么。真实的自己是人生一切价值的承载者，丢失了这个承载者，一切价值都不复存在。一个人渴望把自己变成天使，他就是一个傻瓜，因为他自己已经不存在了，谁来对这个变化感到高兴和激动呢？

我们的某些部分得益于社会，我们的最好部分得益于自己。因此，要善于独处，这是一种伟大的能力。真正的退隐是把心灵引回到自己，这在城市和王宫里也可以做到，但是独处时更容易做到。修道院本应是独处的场所，可是纪律规定修士们必须整天待在一起，不论做什么事都要当着众人的面做，这个情景让蒙田感到无比难受，他说他宁愿永远独处，也比这样永远不能独处要好受得多。

我们应该有妻子、孩子、财产，但是不要粘得那么紧，把幸福完全依赖于其上。我们必须给自己保留一个隐秘的后厅，只属于自己，在那里和自己进行日常的对话，不为外人所知。在那里，和自己谈笑—若妻儿和财产都不存在，这样万一失去的时候，就不会觉得好像天塌了一样。

蒙田有一句话耐人寻味："这样的事于我亦常有：我找我的时候找不着；我找着我由于偶然的邂逅比由于有意识的搜寻多。"我的理解是，做自己是一个总体觉悟，不是刻意为之的事情。没有这个总体觉悟，刻意为之也没用。有了这个总体觉悟，就不愁没有与真实的自己邂逅的机会。倘若你在众声喧哗之时备感寂寞，在春风得意之时突然忧伤，也许都是遇见了你的真我。

2. 不要出租你自己

人们表面上好像都很看重自己，可是实际上总是在出租自己。他们的天赋不是给自己用的，而是给奴役他们的人用的。他们住在家里，但不是作为自己，而是作为房客。人应该珍惜心灵的自由，只有在正当的时机才可以把自由暂时抵押，而这样的时机是很少的。可是他们到处抵押心灵的自由，不管大事还是小事，相干的事还是不相干的事，他们都不加区别地掺和，只要不手忙脚乱，就觉得好像不是在活着。

蒙田用不同的方式表达这个思想。他还说，每个人实际上都比自己想象的更富有，却拼命地向别人借贷和乞讨。人人都不愿把钱分给别人，却会把时间和生命分给别人，任意挥霍这两样本来最应该吝啬的东西。人们在社会上必须扮演一定的角色，不妨尽心尽责把角色演好，但要明白这只是一个角色而已，不要把面具和外形当作精神实质，把角色当作自己。

不要出租你自己，不要挥霍你自己，不要把角色当作你自己，这些说法表达的是同一个意思，就是要珍惜你的真实的自己。

3. 给欲望设立禁区

人要做真实的自己，就不可以受欲望的支配，欲望膨胀会把人弄得面目全非。应该给欲望设立禁区，限制在自然需求的范围内。宁可压制你的欲望去顺应容易到手的东西，什么事非此不可就是罪恶。

欲望这个东西是捉摸不定的，让你放飞想象，你也不见得能想明白自己最想要什么。欲望往往喜新厌旧，舍近求远，轻视到手的东西，渴望得不到的东西。古罗马伟大的政治家加图，妻子属于自己时对她厌烦得很，一旦改嫁别人就对她朝思暮想。蒙田说，其实我们都是这副德性。欲望太容易满足会物极必反，后宫三百佳丽任你为所欲为，像土耳其国王一样，什么欲望会不生厌呢？

在财富上，西塞罗说得对："不贪求就是财富，不滥花就是收入。"富裕和贫困是相对的，取决于每人自己的想法和感觉，使人快乐的是享受而不是占有。财富够用就行，多余的不妨让它自生自灭，这是最好的心态。什么样的人最幸福？就是有足够的财富应付生活的开销，又不必为过多的财富操心操劳，因此可以毫无牵挂地安心做自己喜欢的事情。

4.幸福取决于心灵

柏拉图说，无论什么好东西，包括健康、美貌、力量、财富，对于好人是好事，对于坏人是坏事。一切事物的价值，不是来自事物本身，而是来自拥有者的心灵，根据心灵品质的优劣，同一事物的价值可以是正也可以是负。

命运所提供的只是原料，要看心灵怎么使用和加工，才造成了我们境况的幸或不幸。每个人的心灵在自己的领土上都是王者，所以不要在事情的外在品质上找借口，责任在我们自己。烧香磕头不要朝命运做，要朝自己做，命运对我们的品行是毫无作用的，相反我们的品行会影响和塑造命运。

蒙田引一个诗句："让少女飞去欢迎他的微笑，让玫瑰花在他的脚下怒放。"然后说，这又有什么呢，如果这个"他"有一个粗鄙愚蠢的灵魂？是的，我们不必羡慕任何一个灵魂空虚的幸运儿，因为这样的灵魂是感受不到真正的幸福的。

四　良心是戴不上假面具的

人在社会中生活，与他人的关系有两个方面。一个方面是要做你自己，不把真实的自己丧失在了他人和物质之中，这是幸福的根本。另一个方面是要做一个好人，对他人善良，做人有良心，这是道德的根本。现在讲后一个方面。

1. 美德来自天性善良

蒙田说，他喜欢的品德不是由法律和宗教制造的，而是由人性的完善产生的，任何天性正常的人身上都有这个种子，无需外界的强制就会生长。在这些品德中，最主要的是同情心。斯多葛派主张，应该帮助不幸的人，但不可同情他们，因为同情是一种软弱的感情，是一种恶德。蒙田对此不以为然，他说自己生性宽容怜恤，狠不下心来，同情比尊敬更适合他的天性。

美德来自天性善良，这种善良是从天性中流淌出来的，带有一种让人愉快的人情味。美德是一种让人愉悦快活的品质，不会给自己和别人压力。蒙田最讨厌唱道德高调，有人声称为了国家和公众利益可以置友谊、亲情、个人义务、诺言于不顾，蒙田说这种正义大而无当，高不可攀，我们不要去理睬，而应该效法最有人性的行为。天性善良的人往往也信任别人的善良，不管信任得对不对，这本身是天性善良的明证。

2. 良心是戴不上假面具的

关于道德，蒙田强调的另一个重点是做人要有良心。所谓良心，是人心中的一种道德意识，要遵守做人的基本准则，不可违背，违背了就丧失了做人的尊严。蒙田没有给良心下一个定义，他强调的是，一个人有没有良心，必然会表现出来，良心是戴不上假面具的。他给自己设立一个标准，建议大家也仿效，即凡是敢做的事都要敢说出来。"谁有义务把一切都说出来，也就有义务不做必须隐瞒的任何事。"这个标准实际上把良心具体化了，问心无愧就是不做任何不可告人的事。他举例说，如果你处在敌对的双方之间，双方都器重你，你采取行动就要凭借良心，而不是单凭谨慎小心。你为一方做了必须对另一方隐瞒的事，双方都会把你当作小人，以后就都利用你的不忠为自己谋利，而他们并没有冤枉你。

做人有良心，心中坦荡，会感到一种难言的愉悦，而这就是报偿。我们要相信，"不论在什么世纪，淳朴和真诚总有机会被人接受的"。一个人做好事只是为了自我满足，那么无论别人怎样诋毁他所做的好事，他都不会受到困扰。在这个世界上，除了好运和厄运之外，好人有别的东西可以期望，坏人有别的东西需要害怕。坏人永远享受不到内心安宁自得的快乐，蒙田引一位古罗马作家的话说："没有一个罪人在自我判决中得到赦免，这才是主要的惩罚。"

3. 宗教不能取代道德

在基督教世界，社会主要是依靠宗教来约束人们的行为。蒙田认为，宗教不能取代道德的作用，单靠信上帝不能使人们向善，因为虔诚和良心有很大的差距。良心是内在的道德意识，没有这个意识，虔诚就只是表面的姿态。

人们信仰某一种宗教，往往取决于所生活的环境，具有相当的偶然性。你是偶然出生在一个基督教国家的，由于祖辈的传统和权威，不信教所遭遇的威胁，信教所给予的许诺，在这些因素的作用下，你成了一个基督徒。如果你出生在另一个地方，相似的因素会使你接受另一种对立的宗教。

事实上，单凭所接受的宗教信仰，并不能使一个人成为有道德的人，相反，道德品质却会决定一个人对所接受的宗教信仰抱什么态度。守财奴为了保住财富祈祷上帝，野心家为了实现野心祈祷上帝，说谎者以上帝的名义作证，盗匪为杀人越货的成功向上帝谢恩。人们向上帝祈祷的模样都很虔诚，但每个人在祈祷时许的什么愿才是关键，而这是由道德决定的。蒙田说很少有人敢公开向上帝许的愿，他建议在教堂里不准默默许愿，必须大声说出来，人人都能听见，这样就不会向上帝提出非分不法的要求了。我觉得他还是想得太天真了，更可能的情况是，许多人会有两套祈祷，一套大声说出来，另一套在心里说，并且叮嘱上帝不要相信那大声说出来的一套。

　　信上帝与做坏事并行不悖，蒙田对此十分厌恶，他描述说："令我不悦的是看到他们饭前祝福、饭后谢恩都画三个十字礼，尤其叫我乐不起来的是这个手势我在打哈欠时也用，而一天中的其他时间看到他们心怀仇恨、吝啬财物、多行不义。上帝的时间给上帝，其他的时间干坏事，而且在两者的衔接交替上不感到丝毫脱节和不安，这真叫人叹为观止。"他还说，看到人们做了坏事就向人道歉和谢罪，他觉得这种行为比做坏事本身更丑恶，宁可这种人再羞辱对手一次，也比这样来羞辱自己好。

　　我们也许可以说，蒙田抨击的是虚假的信仰，虚假的信仰与道德的确是两张皮，而真实的信仰与道德应该是一致的。但是，问题在于，当信仰是具有强制性的统一信仰时，信仰之真假的界限是模糊的，信仰和道德的分离则是必然的。

4. 蒙田最痛恨什么品质

蒙田是一个宽容的人，但他说到某些品质时的口气绝不宽容。从他的论述中，我挑出几种，可以看作他最痛恨的品质，排名不分先后。

说谎。"说谎是一种奇耻大辱，因为谎言是面对上帝而逃避世人的，这证明了说谎者对上帝很大胆，对世人很怯懦。"

伪善。"我更痛恨的是隐藏在一脸善相下的狡诈。"

腐败。"抢劫和腐败堂而皇之成为规则，这是我觉得最不可容忍的。在公共场所抢你，比在树林里抢你更具侮辱性。"

披上法律外衣的罪恶。"当恶意披上法律的外衣，趁法官无作为时举起道德的榔头，那时才露出事物最丑恶的面目。""我曾见过多少判决比罪恶还要罪恶。"

愚蠢。愚蠢是道德的恶吗？我认为是的，人是可以由蠢而坏，干下最坏的坏事的。蒙田抨击愚蠢比抨击什么都多。"令我愤怒的莫过于没有任何理由就不胜自喜的蠢人。"明白事理的人总是战战兢兢，而蠢人总是充满信心，这造成了多少不幸。"顽固和看法过激是愚蠢最可靠的证明，有什么比得上驴子那么坚定、傲慢、若有所思、凝重、严肃呢？"他还厌恶人们没完没了地说蠢话，而且说得那么起劲，那么自鸣得意，使得世上充满愚蠢的废话。

五　生活的艺术

蒙田不给人生设立高大上的目标，他说那是可笑的，他的目标只是享受生活，把心都用在生活上，所以他享受生活是别人的两倍。他说："生活就是我的工作，我的艺术。"生活就是工作，这是说生活的重要性，生活是人生的正事，是应该做好的主要工作，不是工作之余的次要事情。生活就是艺术，这是说享受生活要有技巧，懂得怎样把生活安排得安闲又快乐。享受生活，蒙田最重视的是享受安闲和快乐，在享受快乐方面，他好像又特别重视享受性爱。

1. 享受安闲

在蒙田看来，享受生活，首先要会享受安闲。他说："我这一生的主要任务是懒懒散散过日子，不必过于劳碌。""自由和悠闲，这是我的主要品质。"忙人是最可怜的，总是有一大堆事务要处理。有了安闲，还要会享受。"不能享受和平的人，避开了战争也是无用。不能享受安闲的人，避开了劳苦也是枉然。"古罗马皇帝戴克里先是一个很会享受安闲的人，退隐后被劝重执朝政，他回答说："如果你们看到我在自家庭园里种的树多整齐，种的瓜多香甜，就不会这样劝我了。"

要享受安闲，必须善于安排自己的工作。生活就是工作，不是说只生活不工作，而是要让工作与生活协调，成为生活的令人愉快的组成部分。在工作上要量力而行，最不勉强人的工作是最好的工作。还要轻松灵活，善于搭配不同的工作，不要执着于一件事。暂时解决不了的难事，不如把它放下，等待时机到来。大的计划应该是可以分解的，"每天有一个终点即可，我的人生旅程也是这样进行的"。蒙田想得很周全，他说他看重承诺，即使他自己计划要做的事，如果告诉了别人，就会觉得非做不可，成了一种强制，所以他很少泄露自己的计划。总之，要做工作的主人，不要让自己成为工作的奴隶。

享受安闲不是无所事事，无所事事是折磨不是享受。蒙田说，他退隐后放下了一切工作，在家里无所事事，结果发现自己整天胡思乱想，其烦恼超过专心做事时一百倍。于是他给自己安排了一件工作，就是观察和记录自己的这些胡思乱想，《随笔集》就是这样诞生的。安闲是一个机会，会把人引向写作，而写作又成了享受安闲的最好方式。

2. 享受快乐

享受人生，还要会享受一切合乎自然的快乐。蒙田说："我这个人爱生活，上帝赐给我怎样的生活我就怎样过。""我快乐地接受大自然给我的一切，拒绝这位伟大施予者的礼物，这是大错特错。"他认为，人生的目的是快乐，这是当然之理，没有一派哲学家主张人生是要以痛苦为目的的，各派的分歧只是字面之争。我们要把心思用在人世间那些容易获得的快乐上，而不是用在妄想长生不老和追求虚名浮利上，这才是好的哲学应该提出的忠告。

古希腊和古罗马人把饮食看作人生中的一项主要活动，会花上好几个小时吃喝，从容不迫地享受，中间穿插有趣的谈话，处理各种事务，蒙田说他们比我们更懂得人生。享受饮食男女是人生的当然之理，肉欲中含有精神，精神中含有肉欲，不必泾渭分明。厌恶肉体的欢乐是愚蠢的，倘若还为此神气活现就更加愚蠢，蒙田问这些鄙视肉体的人："你们为什么不把呼吸也放弃了呢？"

希腊人在宴席上喜欢说这句话："要么喝酒，要么离席。"我们可以换一个说法：要么好好活，要么去死。那些对自己的好运麻木不仁的人，那些在生活中稍不如意就痛不欲生的人，真是辜负了生命。有人为了摆脱人世间的忙碌和烦恼，就出家去过贫穷和苦行的生活，蒙田说，他才不做这种傻事呢，他痛恨贫穷和苦行，宁愿用一种不那么需要勇气的方式摆脱忙碌和烦恼。

斯多葛派崇尚心灵的宁静，蒙田表示同意，但不赞同这派主张的靠蔑视快乐来达到，而主张靠调养性情来达到。他把斯多葛派那个高不可攀的宇宙理性拉回到地上，要理性贴近生活，为增进快乐服务。他说人有两端，分别是哲人与俗人，都想过太平安逸日子，他把自己归到俗人一端，属于笨拙无知的类型。他宁愿向朴实的农民看齐，不是凭借坚强的品德，而是凭借健康的天性，来对付生活中的不幸。处在两端之间的人最可悲，高不成低不就，中间地带会酝酿痛苦的风暴。

3. 享受性爱

《随笔集》里有许多地方谈论性爱，而且谈得肆无忌惮。蒙田自己承认，他性欲旺盛，生活中不乏艳遇，还颇有心得。我注意的是他对性、爱情、婚姻问题的一般看法，即使拿到今天的时代也是比较惊世骇俗的，然而符合他的总体人生观。

首先，性很重要，占据着人类活动的中心。蒙田举出了一系列古代哲学名著，大部分已失传，看书名就知道是以男女性事为主题的。在古代各种宗教中，都有专门为性爱服务的神，性往往是宗教仪式的核心和高潮。对于人类来说，生殖行为多么自然、必要、正当，现在却成了不可坦然谈论的羞耻事，这是对古代智慧的背叛。

在性爱中，肉体的满足是主要的，心灵不要越俎代庖，只须照着肉体的意思帮着做就可以了。当然，必须两厢情愿，心灵同意，肉体才有热情。别的乐趣可以用不同性质的报酬予以接受，这种乐趣只能用同一种货币来支付。蒙田强调，床笫之乐所需要的，首先是肉体美，其次是体贴。他说他很重视精神，但如果一定要精神美和肉体美二者择一，他就选择肉体美，把精神美留给更重要的事情使用。女人喜欢表白对纯粹精神结合的向往，蒙田问道：那么为什么我没有看见你们为了精神的美献身于一个老态龙钟的身体，苏格拉底为什么没有一个女弟子愿意用大腿去建立哲学关系，生出一个智慧的后代？他认为，女人自然的性欲也十分强烈，绝不亚于男人，只是受到了传统道德和法律的压制，使得女人自己的观念也发生了扭曲。

蒙田不相信纯粹的精神恋爱，他给爱情下的定义是：与钟情的对象共同欢乐的渴望。所谓共同欢乐，就是共享肉体的快乐。一般来说，作为一种激情，爱情是难以持久的。好的爱情应该以友谊为归宿，理想的两性关系是一种肉体得以分享的精神友谊。婚姻不能以爱情为基础，建立在美貌和情欲上的婚姻是最脆弱、最容易破裂的。好的婚姻也是以友谊为条件，这是一种温和的终生交往，讲究稳定，充满信任，平时有数不清的可靠的相互帮助和义务。

可是，好的婚姻不易得。有人说，妻子是瞎子，丈夫是聋子，婚姻才会美满，蒙田深以为然。这句调侃指的是，男人爱出轨，女人爱唠叨，所以妻子对丈夫的出轨视而不见，丈夫对妻子的唠叨听而不闻，婚姻才会美满。婚姻是一个交易市场，它是为其他目的设立的，其中有无数纠纷需要解决，足以损害感情。但是，这个市场只有进入是自由的，想要退出就不是我们的意愿所能支配的了。这就像一个鸟笼，外面的鸟拼命要往里钻，里面的鸟又拼命要往外飞。这个鸟笼的比喻，与围城的比喻相似，但早得多。蒙田自己是结了婚的，不过他说不是出于自己的意愿，而是仿效习俗，还说他的大部分行为都是如此。

六　处世的智慧

享受生活，从正面来说，要会享受安闲和快乐，从反面来说，还要善于排除一些因素的干扰。人在社会中生活，人际关系如果处理不好，会让你不得安闲，还会让你痛苦。人的命运难以预测，也会让你担忧和揪心。蒙田对这个方面谈论甚多，我归纳为五条，在我看来是他保护安闲快乐生活免受打扰的五件法宝。

1. 无求于人

第一是无求于人。蒙田说："我努力做到谁都不需要"，"我的信念是一切取决于自己"。他说在他的熟人中，从没见过有谁比他更少有求于人，他自己分析，原因在他的性格。一方面，天生有点傲气，受不了被人拒绝，欲望和计划也有限，不需要去求人。另一方面，特别喜欢懒散，珍惜自己的休息权利和自主权利，憎恨一切控制，不论是控制别人还是被人控制。

有求于人，无非是两种结果。一是遭到拒绝。蒙田是一个羞怯又自尊的人，"我遭到拒绝时和拒绝别人时都目光温柔，我麻烦人家时的难受不亚于麻烦自己"。二是所求被接受，而这就是被迫受惠于人。"我深深了解自己。不论谁的慷慨如何无私，谁的效劳如何坦诚和不图回报，只要是让我出于无奈而接受的，就很难不把它们想象成卑视、专横和带责备意味的。赠予的本质包含野心和特权，而受赠的本质则包含顺从。"两种结果都难以忍受，所以干脆就无求于人。

2. 少管闲事

第二是少管闲事。首先是不要卷入别人的事务。蒙田说："不是自己同意的事不要任意介入"，"不卷入别人的事务，摆脱它们的约束，这对我是一大快事"，"再也没有人比我更不爱打听和干预人家的事了"。尤其在朋友之间，要防止不必要地介入对方的事务，或把对方拖入自己的事务，而这也是最难做到的。蒙田特别讨厌朋友让他给第三者帮忙，他说，在这种情况下，第三者利用朋友欠了他的情但不受束缚，而他却为了朋友的缘故不得不让一个不用欠他情的人来束缚自己。他还请朋友们不要让他去做费口舌和操心的事，因为他已宣称要对一切劳役展开殊死战斗，而他又是一个心软的人，这就把他置于左右为难的境地了。他说他那么想要解除束缚，那种从人情或义务来说他似乎负有责任的人，一旦对他做了寡情或不义的事，他就赶紧趁机结束掉这笔债务。

其次，要尽量少知道别人的秘密。蒙田这种人当然不喜欢打听别人的私事，可是你不打听，别人有时候还是会把自己的秘密告诉你。蒙田说，交代他保密的事，他都深藏心底，但希望尽量少沾边。他告诫朋友们，不让他说出去的事就少对他说，因为他不善于作假，没有勇气矢口否认自己知道的事。他可以不说出来，但是予以否认，就会很为难，很不开心。

最后，与他人的关系，只需顾及与你有关的那一点，不问其余。蒙田说，对于他的医生和律师，他只看服务得怎样，信什么宗教无关紧要。对于仆人和厨师皆如此，不过问他们近不近女色之类，勤劳和菜做得好就行。

3. 顺应世俗

第三是顺应世俗。蒙田这样一个十足平常心的人，是不会自命清高，也不会愤世嫉俗的。在他看来，一个人有自己做人的原则和生活的信念即可，处世不妨随和一些。"应该和你身边的人处于同一水平，有时还可以装傻。暂且收起你的力量与机智，日常交往中保持有条有理足矣。""走进人群里，你必须夹紧胳膊，迂回向前，有退有进，必要时还得离开正道。"对于那种高风亮节超越时代的人，他的规劝是应该缓和你的为人准则，或者就只好彻底闭门隐居。他自己的做法，看来是处于两者之间，但前者的比重更大一点。

4. 控制情绪

第四是控制情绪。在各种负面情绪中，最难控制而又最破坏心情的是愤怒，因此要重点控制。蒙田说，因为别人的荒唐而怒火中烧，乃是更大的荒唐，这是在跟自己过不去。我们遇见身体有缺陷的人不激动，为什么遇见精神有缺陷的人就忍不住要发火呢？关于如何对付愤怒情绪，他的看法与塞涅卡差不多。一是初起时就要制止，"起跑止不住，奔跑就停不下。不能拒之门外，就难驱赶出户。控制不了晃动，就难挡住坠落"。二是延缓反应，心里有气时，把事情搁一搁再说，心平气和了，看事情会是另一个样。

古希腊演说家福西昂有一个本领，演讲时遭人辱骂，他就等人把怒气全部发泄完，然后对此只字不提，接着被打断的地方往下讲。这种平静的轻蔑态度，是对骂人者最厉害的回答。蒙田觉得自己段位没有这么高，用的是另一种办法，他与彼此容易起争执的人商量，不论谁先激动，也不论对错，另一方就让这一方先发泄出来。一个人怒气是发不大的，只有双方同时发，还比赛着发，才会形成暴风雨。不过他承认，这个药方很灵，但配药很难。

蒙田特别注意到了家庭内部的争吵，他说："管理一个家庭并不比治理一个国家更少受折磨。人的心思不论用到哪里，总是全力以赴。家事虽没有那么重要，但麻烦一样也不少。"他还说："最薄最细的刀刃割肉最快，鸡毛蒜皮带来的气最容易留在心里。大伤害不管怎么大，也不及日积月累的小伤害那么令人记恨。这些家庭荆棘越生长就越密集坚硬，会冷不防地刺痛我们，扎进肉里。"人对亲近者最容易挑剔，亲人之间的争吵最破坏心情和生活的乐趣，蒙田的提醒值得听取。

5. 服从命运

第五是服从命运。你要享受生活，可是不测的命运不知什么时候会给你一个重大打击，使你享受不下去了，怎么办？蒙田的办法是，既然命运不可预测，担忧和紧张都没有用，那么就索性抱定一个原则，就是"让一切都听凭命运的安排"。"人世间大事的安排不妨粗枝大叶，让其中一部分由老天去决定结果，没有必要把事情想得那么透彻细致"，这是一个总体的态度，也叫做"以最单纯的方式信任大自然"。无知是一个舒服的枕头，把脑袋放在上面好好休息吧。

听凭命运的安排不是无所用心，根据蒙田的论述，有四个关键点。

第一，对命运的不测做好充分的精神准备，凡事都往坏处去想，决心当坏事真的来到时坦然地承受。有了这个精神准备之后，就把它放下，不去多想，好好过当下的生活。

第二，一定不要提前过分地操心，为了将来可能发生但未必真的发生的坏事而败坏现在的生活。"提前迎接和思考你的厄运，因为害怕未来而失去现在，因为以后可能会苦而现在就先苦起来，这对你有什么好处呢？"有的哲学家预先设计命运的不幸，为了将来能够承受任何苦难，现在就放弃一切舒适，扔掉财产，自找苦吃，蒙田指的是犬儒派哲学家。他说这种做法是在追求一种过分的美德，而他不用走那么远，手头有更好的事要做。

第三，一旦真的遭遇了厄运，那就承受吧。蒙田说："我不能左右事情，我就左右自己；事情不来适合我，我就去适合事情。"他有过两次丧子之痛，那是比任何变故都更命中要害的，也都度过了。坐在舒适的客厅里,外面是风雨交加的黑夜,你会为外出未归的人感到惊恐,可是如果是你自己外出未归,就不会多想什么了。想象中多么悲惨的处境,一旦身处其中,都会逐渐习惯的。

第四,对于已经发生的坏事不憾恨。导致事情发生的一些因素是藏得很深难以看清的,不要怨恨自己没有多加小心预做准备,因为谨慎只在有限的范围内发挥作用。对于发生了的事,不论结果多坏,就想它们是应该这样发生的,现在已经进入斯多葛派说的宇宙大循环里了,无论你怎么悔恨和祈求,都不能改变一丝一毫,不如坦然接受,然后把它们忘却,目光朝前看,心思也朝前想。

七 优游岁月的阅读

蒙田是一个爱读书、会读书的人,也是写文章的高手,关于学习和做学问、阅读和写作,他有许多中肯的见解。他不把自己当作一个学问家,而是当作一个热爱生活的普通人,来做这些事,来讲这些事,反倒做得有滋有味,讲得入情入理,我特别有共鸣,所以专门讲一讲。

1. 阅读是为了优游岁月和培养心灵

蒙田说,人生有三种美好的交往。一是知己的朋友,二是恩爱的女子,这两种都不是想要就能够有的。第三种是与书籍交往,它缺少前两种的优点,但有前两种不具备的长处,就是自己完全能够做主,只要愿意,就可以伴随一生,在孤独时给人莫大的安慰。

人为什么要读书？蒙田说："我在书籍中寻找的也是优游岁月的乐趣。""我当然愿意对事物有全面的了解，但付不起这样昂贵的代价。我只想安闲地度过人生，没有一样东西是我愿意为它呕心沥血的，包括做学问，不管这是一桩多么光荣的事。"一般人读书是为了让头脑活动，他说他读书是为了让头脑休息，他的主要工作是研究自己，而读书是从工作中分心的一种方法。总之，读书本身应该是享受，做这件事要做得愉快才对。

当然，读书的作用不只是放松自己，同时也是在培养自己。对于蒙田来说，读书、思考、做学问、写作、生活是融合在一起的，他统称为学习，而学习的目的是认识自己，过好平凡的人生。不过，随着年龄增长，学习越来越成为一件自娱的事了。他如此说："年轻时我学习是为了炫耀，后来有点儿为了明白事理，现在是为了自娱，倒也从来不是为了谋利。"

为了愉快而读书，当然就不会端起做学问的架势专门读某一类书。蒙田说他每天读书消遣，不分学科，博览群书。对于食品，我们有时注重营养，有时只图好吃，精神食品也是如此，有时不一定有营养，有乐趣就行。大多数书籍，他只是随手翻翻，他承认除了普鲁塔克和塞涅卡的著作，他从来不曾扎扎实实读完一本大部头的书。他喜欢读古人的书，用今天的话说，就是经典名著，觉得古人于他更为亲切，他从阅读中得到两种快乐。其一，欣赏这些古人出类拔萃的地方，发现自己虽然不及，但也有这样的种子。其二，觉得这些古人好像要求他为他们做点什么，古人已不能回报，他做好事就更加纯粹。我曾写过一段话："有的书会唤醒我的血缘本能，使我辨认出我的家族渊源。书籍世界里是存在家族谱系的，同谱系中的佼佼者既让我引以为自豪，也刺激起了我的竞争欲望，使我也想为家族争光。"我相信蒙田说的话也有这个意思。

关于怎么读书，我总结我的方法是不求甚解、为我所用，我发现蒙田也是如此。他说阅读时遇到困难，他不为之绞尽脑汁，经过一两次思考，得不到解答也就不了了之。他注重的不是内容，而是作者对待主题的方式。内容往往记不住，也不去记，内容本身不重要，起到推动自己思考的作用就可以了。有什么领会就写在纸上，也不记在心里，都只是此时此刻的想法，但实际上其中贯穿着一种看事物的方式。

在谈论教育问题时，蒙田把他主张的读书方法讲得更清楚。他说，教师要把伟大的著作家和不同的学说介绍给学生，让学生自己来选择或者就存疑。学生必须吸收他们的思想精华，不是死背他们的警句，不要仅仅因为是权威之言就记在脑子里。如果通过自己的理解真正接受了某种见解，这种见解就是他自己的了，他可以大胆忘记是从哪里学来的。真理属于每一个看到它的人，不在于谁先说谁后说，也不在于是柏拉图说的还是我说的。蜜蜂飞来飞去采花粉，最后酿成的蜜属于蜜蜂自己，不管花粉是采自莲花还是牛至。总之，教育、学习、研究、写作，都是培养自己的方式，其结果都要落实到心灵的生长上面。

2. 知识型的无知

可是，现实中的教育只是灌输知识，不是培养心灵。蒙田谈到从学校里出来的学生时说："他应该带了一颗丰盈的灵魂回来，却只带回一颗膨胀的灵魂；他并非把它充实，而只是把它吹胀。"

做学问的人也是如此，蒙田说有两种无知，一种是愚昧型的无知，另一种是知识型的无知，学者多半是后一种情况。

知识这个东西本身无所谓好坏，可能有益也可能有害，看你天赋如何，还看你怎么用它。享用学问的风险要比享用鱼肉大得多。你买了鱼肉可以装在篮子里拿回家，检验其质量，决定什么时候吃和吃多少。学问没有别的篮子装，一得到就装在了脑子里，离开市场时就已经腐败或者成为营养。

人不需要太多知识就能够活得自在，太多的知识会成为负担并造成混乱。植物吸水太多会烂死，灯灌油太多会灭掉，同样道理，书读得太多也会抑制思维活动。有一个词形容这样的人，叫做文殇，就是被文字之斧劈成了残疾。做学问是需要天赋的，因为领会知识的智慧和运用知识的方法都是在自己身上。天赋差的人就会付出高昂的代价，这说明为什么在有学问的人中间，我们看到的蠢人比别的地方更多。这些人可以做优秀的管家、精明的商人、能干的工匠，他们的天资也仅限于做这类的事，学问是庞然大物，他们会被它压垮。

看一看学术的状况，我们就可以知道知识型的无知是多么泛滥。书里的注疏密密麻麻，创作者则寥寥无几，所谓学问不再是关于事物的知识，而成了关于做学问的人的知识。可是，当第一百位注疏者把书交给下一位时，那部书比第一人读的时候有更多的疑点，更加难懂。人们在平庸的课题上罗列陈词滥调，炮制所谓论文，还有人对自己从未研究的东西写书，搞所谓策划，把课题拆分给若干人去研究，然后把这捆货色编纂成册。读到蒙田的这些描述，我不禁哑然失笑，他不是在说我们今天学术界的一种样态吗？只是我没有想到，四百多年前的法国就已经有这类学术包工头和打工仔了。

学术评论的状况也令人发笑，往往发表一些泛泛的赞美性评语，这些到处可用的评语完全言之无物，蒙田讽刺说，这就像面对一个人却向整个民族致敬。评论太具体是有风险的，蒙田说他经常看到那些根基浅薄的人附庸风雅，要发掘某部作品的精华，却对糟粕唱起了赞歌，暴露了自己的无知。

最后蒙田下了一个悲观的断语："在我的时代，若不是最烂的作品受群众最大的吹捧，那就算是我错怪了。"难道也是在说我们今天的时代？

3. 记忆力差的好处

在才智方面，我最佩服两种人，一种是有非凡记忆力的人，还有一种是有出色口才的人。也许这两种才能本来是一种，能言善辩是以博闻强记为前提的。我自己在这两方面相当自卑，读过的书只留下模糊的印象，谈论起自己的见解来也就只好寥寥数语，无法引经据典。后来读蒙田的随笔，没想到他也是记忆力很差的人，对我真是莫大的安慰，而他谈到记忆力差的好处，我也都有同感。

蒙田说，他不相信世界上有记忆力比他更差的人。有好几次，拿起一本书，以为没有读过，结果发现早已仔细读过，上面写满了注疏和心得。自己写的东西，也不见得记得住，看别人抄袭他的，还觉得挺新鲜。要发表长篇讲话，就必须把讲稿写好，一字一句背下来，否则会讲得毫无条理，心里发慌。既然这么辛苦，他就决定不再在正式场合演讲。

那么，记忆力差有什么好处呢？他讲了四条。

第一，这毛病帮他纠正了一个人们很容易犯的更坏的毛病，就是野心，因为一个企图包揽世事的人必须记住许多事，记忆力差的人绝不能胜任。

第二，脑子里没有保存多少别人的意见，就不会跟随别人的足迹走，更能发挥自己的判断力和独创性。蒙田读书不求甚解，不关注书中的词句和内容，只关注自己的理解和感受，其实和记忆力差有关。记忆力差是原因，既然记不住，就不把力气花在这上面了。记忆力差也是结果，力气花在自己心灵的生长上，外在的东西就记不住了。蒙田说他把书里的东西忘得精光，可是留在他心里的东西却不是在书中见得到的。

第三，言语简洁，不夸夸其谈，因为实在谈不出更多的东西。脑子里堆满了东西，就会情不自禁往外抖落，遇到什么事都要旁征博引，喋喋不休地震破别人的耳鼓。蒙田说他的有些朋友就是这样，使他不知该诅咒他们有这么强的记忆，还是怜悯他们只有那么差的判断力。

第四，对事物和书籍永远保持新鲜感。蒙田说，无论是故地重游，还是旧书重读，这地方和书籍都像第一次那样带着一种新鲜的色彩向他微笑。

4. 朴实无华的真理闪放光彩

蒙田对写作有许多中肯的见解，他是近代首屈一指的随笔大师。随笔最难把握的是语言风格，语言风格对于其他一切体裁的写作也都是重要的，我就只讲他在这方面的见解。

最主要的就是朴实。他说："我喜爱的语言是一种朴实无华的语言，口头的与书面的都是如此；满含激情，简短有力，不要四平八稳，也不要亢奋急促。""朴实无华的真理闪放光彩，使任何华丽的描绘相比之下都黯然失色。"

朴实，就是像平常说话那样，首先要明白易懂，"我对晦涩难懂深恶痛绝"。还要平易近人，少讲大道理。塞涅卡是蒙田喜欢的作家，但他说他不喜欢塞涅卡反复讲一些大道理。在语词的使用上，不要标新立异，用怪句子和生僻字，常用词是最生动有力的，蒙田说他只想用巴黎菜市场里说的词。

当然，语言风格不仅仅是语言的问题，朴实是要有底气的，天生丽质才不屑于用奇装异服引人注目。服饰可以借来借去，力量和灵气是借不来的。有大气象的人不动声色，小家子气的人才故作姿态。高明的舞者只是轻步慢移，自有一种典雅的贵族气派，舞艺差的教师却用危险的跳跃和别扭的怪动作展示本领。出色的演员素面出场，保持平时姿态，仍给人以艺术享受，蹩脚的新手浓墨重彩，摇头晃脑，也只是成了笑料。写作同样如此，越是没有才情的人，就越需要添枝加叶。

除了朴实，蒙田还看重文风上的自由，笔意纵横，没有固定的套路。例如柏拉图的一篇对话，前半篇在谈爱情，后半篇却谈起了修辞。普鲁塔克更是如此，许多文章东扯西拉，似乎忘记了主题，蒙田赞叹道："上帝啊，这些充满朝气、写无定法的即兴之作有多美啊，越是随意越有许多神来之笔！"实际上这也正是他自己文章的显著特色，随心所欲，仿佛经常跑题，整体看下来却有一种天马行空的气势。这样的写法，形散神不散，不是大手笔是用不好的。

讲到这里，我仿佛听见蒙田责备我说：可是你怎么把我的文章弄得这样有条理，完全不是我了？我的回答是：蒙田先生，我是在讲《随感集》，不是在写《随感集》呀。

八　随时准备上路

蒙田对死想得很多，也谈得很多。这可以理解，他是这么一个恋生的人，当然就怕死，怕失去他所热爱的生活。我认为蒙田是害怕死的，他在这个问题上的一切努力，都是为了说服自己不害怕，尤其希望自己在死亡临头时不害怕。他用来说服自己的理由，基本上是斯多葛派说过的，他没有说得更好，但也许说得更恳切。他真正是要解决自己面临的最大问题，所以不能骗自己，也所以会有自相矛盾之处，反映了内心的真实困惑。

1. 羡慕老百姓对生死的态度

哲学家们对死亡问题的谈论，蒙田是很熟悉的，并且经常引用。可是，在此同时，他又抱怨说，哲学敦促我们预先看到和想到死亡，这岂不和医生的做法一样，先把我们弄病了，然后在我们身上表演医术和使用药物，这太不地道。死亡是生命的终结，但不是目的，生命有它自身的目标和意图。我们首先应该知道如何生，而不是知道如何死，如果能够平静地生，也就能够平静地死。他这个说法有点像孔子说的"未知生焉知死"。提及西塞罗大谈蔑视死亡，他说他觉得西塞罗言不由衷，是想让我们相信自己还没有相信的道理。

蒙田羡慕老百姓对生死的态度。他说，他从未见过他家邻近的农民苦思苦想死亡的事情，大自然教导他们到了临终时再想也不迟，在这件事上他们比哲学家洒脱。如果说这是愚钝，他就愿意学这种愚钝，因为它所产生的效果，正是我们想靠哲学达到却又不易达到的。

我认为这里面有性格的原因，不全是有没有文化造成的，知识分子里不思考死亡问题的人也多的是。蒙田是一个内心敏感的人，又喜欢刨根问底地想问题，这样的人就不可能不被死亡问题所困扰。他自己说，他从小对什么都没有像对死想得那么多，即使在放荡的年龄也是这样。美女围绕之中，结伴游玩之时，他也会突然走神，思绪飞到自己要死的那个时刻。既然那种不费心思的愚钝求之不得，他就只好费尽心思来想这件大事了。

2. 随时准备上路

死亡无疑是人生中最扎眼的事。生命的终点是死亡，如果它使我们害怕，我们每走一步就离它近一步，心里怎么能不发慌呢？不过，人们往往有一种自欺的心理，即使看见不断有人死去，总觉得自己离死还远，越是临近死亡，就越容易受希望的欺骗和玩弄。再老的人，只要看到有比自己更老的人，就相信自己还可以撑上许多年。然而，事实上，人在任何年龄都可能死，年轻人和老年人同样都会抛下生命，所以还是早作准备为好。

死亡让人害怕，一是因为陌生，它的面孔很怪异，二是因为意外，好像总是突然降临。那么，对付的办法，一是去熟悉它，让它那怪异的面孔经常出现在我们的想象中，二是去习惯它，不把它看成一件意外事，而是看成一件意外事，随时会发生的事。埃及人举办宴会，在热闹达到高潮的时候，就让人抬进一具干尸，作为对宾客的警告。欧洲人把墓园建在教堂附近和城市最热闹的区域，也是为了让人们对死亡见多不怪，习以为常。

对死亡不但要去熟悉它、习惯它，而且最好还有一种主动等候它的心态。"死亡说不定在什么地方等候我们，那就让我们到处都等候它吧。"这就好像你经常去那个港口等候启航，有一天早晨船真的启动了，你不会觉得是被逼上路的。

人不能接受死亡，很重要的原因是舍不得离开所爱的人、放下所做的事。因此，为死做准备，一个重要部分是有意识地逐步斩断与尘世的联系。蒙田很早就着手这项工作了，他五十九岁去世，而他三十九岁时就说，虽然他对人生尚有依恋，但已了无牵挂，不断给自己松绑，和每个亲友都告别了一半，对于离开这个世界，没有人比他准备得更充分更坚决了。一个人为他人度过了大部分岁月，应该把最后一段岁月留给自己，用来处理搬家这件大事。从今以后，要摆脱对人和事的强烈依恋，解除各种束缚性的义务。仍然可以爱这人或那人，但情意不要太密切，以免分离时撕扯下身上的一块肉。仍然可以做这事或那事，但计划不要太长久，蒙田说他的计划最长不超过一年。这是和社会分手的时候了，每天抛弃一点自己拥有的东西，减轻行装。总之，收拾好行李，随时准备上路。

3. 接受死亡的理由

蒙田劝说自己接受死亡，是从两个方面找理由的。一个方面是在哲学上讲道理，让自己明白死亡是一件合理的事情。另一个方面是在心理上做推测，让自己相信真到死亡临头时，情形并不像想象的那么可怕。

在哲学上讲道理，他的确没有超出斯多葛派所说，无非是两条。第一，死亡是公正和自然的，人人都得死。"想到死亡时给我最大安慰的是它的公正和自然，在这件事上要求命运格外恩赐是不合情理的。""你为什么担心最后一天？它并不比其他的每一天更促成你的死亡。天天都走向死亡，最后一天走到了。"第二，死后与出生前没有区别，都是不存在。他学塞涅卡说："为一百年后我们不存在而哀哭，正与为一百年前我们不存在而哀哭一样傻。"所以，大自然的教导是："你怎么来也就怎么去；你由死入生的路走得不激动也不害怕，那么就再这样由生入死走一趟吧。"

在心理上做推测，死亡的可怕很可能是被我们的想象夸大了。真到死亡临头时，如果是猝死，我们就来不及害怕。如果是被疾病慢慢夺走生命，我们就会自然而然对这逐渐衰弱的生命产生一种蔑视。人在生病时比在健康时更容易接受死，当活着不是享受而是受苦时，对生命的留恋就会减弱，死也就不那么显得可怕了。人在心理上容易把远处的东西放大，对死亡更是如此，随着它的临近，应该会恢复本来的大小。尤其是能够活到老年的人，他的生命是点点滴滴消逝的，因此最后的死亡并不完整，只取走了剩余的那一部分生命。总之，大自然既然给我们安排了死亡，就也会在这件事上帮助我们，让我们比较容易实现生和死的交替。蒙田还试图想象人在弥留中的感觉，灵魂好像在飘浮，还掺杂了渐渐入睡时的舒适感。他相信我们仅从濒死者的外表就断定他们很痛苦，这是没有道理的。

我不知道蒙田是否真正说服了自己，反正没有说服我。对于死亡，人最害怕最不愿接受的是什么？是自我的永不存在，化为虚无。斯多葛派竭力论证这永不存在是合理的，正是把不愿接受的原因当成了应该接受的理由。蒙田说人临近死亡时恐惧会减弱，对此我相信，但是，本质性的恐惧是对自我永不存在的恐惧，当生命感觉微弱时，这种恐惧只是麻木了，或者说没有这个心力了，不管这是好还是不好，都丝毫没有解决我们在死亡问题上的根本困惑。

4. 以怎样的方式死

一个人平时可以讲一些如何正确对待死亡的大道理，说些哲学中的漂亮言辞，可是，一旦和死亡面对面，就不是装腔作势所能对付的了，必须抖露出箱子里装的真货色了。这是最后的审判日，我们毕生的行为都要经受这块最后的试金石的检验。蒙田说："我把我的研究心得交给死亡检验，那时候才清楚我的话是出自嘴皮子还是心底。"

勇敢对待死亡的最高也最自然的境界，是不但不慌乱，而且不操心，继续自由过日子，直到进入那个时刻。奥维德的诗曰："我死时但愿正在工作。"蒙田说，他希望死神来找他的时候，他正在园子里种菜，而他不在乎死神的到来，更不在乎菜还没有种完。他认识一个历史学家，临死前痛苦万分地诉说，自己写书正写到第十五或第十六位国王，手上的历史之线就被命运无情地割断了。这实在可笑。愉快地工作，死神来了，就痛快地把工作放下，这样才洒脱。

蒙田还认为，死是一件只与自己有关的事，要尽量不去打扰他人。"死亡不是社会活动，而是个人行为。让我们生活和欢笑在朋友中间，而去陌生地方死亡和承受痛苦。"虽说死在哪里都是一样的，但是如果让他选择，他说他宁愿死在旅途上而不是家里，远离亲友，因为向亲友告别伤心多于安慰。在亲友围绕中死去似乎成了人际关系中的一个义务，他觉得这种境况惨不忍睹，人们或真或假地对你表示关心，使你不得安宁。"在宁静孤寂的沉思中离开人世，这符合我的隐居意愿，我会感到满足。"如果要有人在场，他希望是一位聪明而交情深厚的男性朋友给他送终。

古罗马贵族加尼乌斯·朱利乌斯被暴君卡利古拉定为死罪，临刑前一个朋友问他：在这个时刻你会做什么和想什么？他回答说：我正全神贯注，想要在死亡的瞬间知道，灵魂是怎样离开身体的，离开以后还会不会看到什么。蒙田对此激赏不已，说在如此重大关头还有闲情进行哲学探讨，把死亡作为课题，这是多么自信和勇敢。哲学家一辈子思考死亡，死亡之时正是揭开谜底的时刻，这时如果灵魂足够强大和清醒，是应该会有收获的，可惜的是不能把收获告诉活着的人了。

和斯多葛派哲学家一样，蒙田认为寿命不重要。"在死亡面前，活得短和活得长没有区别。对于不复存在的东西，长和短也不存在。"关于长寿，他指出，所谓寿终正寝，其实是一种罕见的、特殊的死亡，是给予极少数人的特权，因此不能称之为自然的。应该把常见的、普遍的东西称为自然的，人到年老时死于各种疾病，这就是自然的死亡。从生命的价值看，寿命也不重要，活得好胜过活得长久，而且是真正的活得长久。耶稣和亚历山大是西方历史上两个最伟大的人，他们都只活到三十三岁，但可以说他们比任何人都活得长久。

5. 对医学和医生的看法

附带讲一讲蒙田对医学和医生的看法。他说："没有别的技艺像医学和哲学那样许诺多而兑现少的。"哲学许诺救灵魂，医学许诺救身体，其实都救不了。关于医生，他讽刺说，医生总是把病人身体的一切好转归功于自己，把恶化归罪于病人。要是你的医生说你睡觉、喝酒或吃某种肉不好，不要着急，我马上给你找一个意见相反的医生。有一个医生吹嘘说，他的医术谁见了都会肃然起敬，一位智者回答说："杀了那么多人仍逍遥法外，怎能不叫人肃然起敬呢？"蒙田愤怒地责问："医学之神阿斯克勒庇俄斯使海伦起死回生，遭到了雷殛，而他的追随者把活人送进地狱，却得到了赦免，这是什么道理？"

在任何时代都有许多庸医，在蒙田的时代肯定更多。不过，他对医学和医生的排斥不仅仅是因为庸医，他有一个基本的立场，认为人体的自然机能是抵抗疾病的主要力量。他说他生病了不是去看医生，而是让自然发挥作用，让自然长出利爪和尖齿抵挡病魔的袭击。疾病自身有一个发展的历程，人为的干预反而会延长这个历程，乃至加重病情。给疾病留出通道，它们留在体内的时间会更短。有的事应该让自然来完成，它对自己的事比我们更明白。我们应该顺应人体规律，有时候需要与疾病共存，有的疾病甚至能够帮助人远离死亡，许多患慢性病的人远比什么病也不生的人活得长久。最痛苦和最常见的病往往是幻想造成的，不要用医学知识来折磨自己。有人问一个斯巴达人，什么使他长寿健康？他回答说："对医学一窍不通。"

在蒙田的时代，现代意义的医学还没有诞生，传染病和需要动手术的内脏疾病基本上是没法治的，而一般疾病和慢性病，即使用今天的眼光看，医学能够起的作用也是有限的，蒙田的规劝值得听取。

参考书目

[法] 蒙田:《蒙田随笔全集》第1—3卷，马振骋译，上海书店出版社，2009

第十六讲

培根

技术和科学应当像采矿一样，在那里，新的工作和新的进步的喧嚷声到处都可以听见。

——培根

文艺复兴之后，人类迎来一个充满自信的新时代，培根是站立在这个新时代门口的巨人。作为一个哲学家，他的重要在于最早起来反对思辨哲学，重视经验和实验，开启了英国经验主义的新传统。

培根最出名的著作有三本。一本是《随笔集》(*Essays*)，又译《论说文集》，初版于1597年，这本书在中国也是读者最多的。另两本是《伟大的复兴》和《新工具》，都初版于1620年，在中国读的人不多，但其实更重要。我讲他的思想，都是根据这两本书，最后也会谈谈他的随笔。

一　伟大的复兴：知识就是力量

培根自称是新时代的吹鼓手，他的确是的。他的主要著作之一《伟大的复兴》，书名就透着乐观主义的气息。新时代的口号是"知识就是力量"，这句名言就出自他的这本著作。他相信人类凭借知识一定能够支配自然，在地球上建立起驾驭万物的帝国，这便是他向往的"伟大的复兴"。他敏锐地察觉到了时代的变化，引领了新时代乐观主义的科学精神。

1. 一个矛盾的人物

弗朗西斯·培根（Francis Bacon，1561—1626）出生在伦敦的一个新贵族家庭。他相当早熟，十二岁进剑桥大学求学，二十三岁当选为国会议员。此后的经历表明，他是一个非常矛盾的人物，一方面人品很坏，在道德上有重大瑕疵，另一方面才智过人，在学术上有巨大贡献。他一生孜孜不倦地做两件事，一件事是不择手段地往上爬，另一件事是不辞辛劳地做学问。他的学问使他扬名百世，他的道德瑕疵好像并没有使他遗臭万年，四百多年过去了，培根已经定格为一个光辉的名字。

培根热衷于政治，在他的政治生涯中，有两段不光彩的经历。第一段是，伊丽莎白女王在位时，他极力巴结女王的宠臣埃赛克斯勋爵，成了勋爵的心腹，勋爵还送了他一栋漂亮的别墅。后来，勋爵在宫廷内斗中受挫，被告上法庭，罪名在处置政敌不当和密谋篡位之间有很大的不确定性。在这种情况下，培根自愿到庭作证，作为被告的密友，他的证词很关键，而他居然指控勋爵密谋篡位，把恩人送上了断头台，得到的报酬是一千二百英镑的奖赏。

第二段不光彩的经历是，国王詹姆士一世在位

弗朗西斯·培根（Francis Bacon，1561—1626）

时，培根不断写信给这个昏庸的国王，肉麻地把他比作"万能的上帝，宇宙的原动力"，并且利用国会议员的身份为国王的弊政辩护。培根自己说："只要能高升，让我爬着走路都可以。"他的确是这样做的，终于爬上高位——先后被任命为国王顾问、检察长、枢密院顾问、掌玺大臣，最后是英格兰大法官，并且多次封爵，等级从爵士升到男爵再升到子爵。担任大法官仅三年，他被控受贿，遭到弹劾。大量证人到庭，铁证如山，他被定罪入狱。他在狱中辩白说：受贿并不影响我做判决，我是英国近五十年来最公正的法官。接着调侃说：对我的判决也是英国近二百年来最公正的判决。入狱不久，他得到赦免，但永远禁止担任公职，从此隐居。

在培根身上，人品和才华、德和才的背离达到了触目惊心的地步。有大才的人，也可能为恶，但往往是一种有大气魄、大格局的恶，本身是一道历史的风景，比如拿破仑的征服世界。培根是有大才的，可是他的恶是一种卑鄙无耻的小人的恶——出卖恩人和受贿，都很见不得人。他为自己辩解说，他之所以追求权力，是因为权力可以给他提供物质保障，让他有闲暇从事写作和研究。他的使命是把他的哲学才华奉献给人类，有这个使命的人是不必在乎采取什么手段的。这个辩解当然不能成立。在他之后不久，荷兰出了一个斯宾诺莎，同样是大哲学家，为了保持哲学思考的自由，以磨镜片为谋生手段，一生贫困，拒绝来自官方的一切聘请和资助，和培根形成了鲜明的对照。

其实培根心里明白，他追求权力的行为层次很低。在他的著作中，他把野心分为三个等级：最低等的是要在本国之内扩张自己个人的权力，其次是要在地球上扩张自己国家的权力，最高等的是要在宇宙中扩张人类的权力。他说第一种野心是堕落的，第三种野心是高贵的。很显然，这两种野心他都有，而他的伟大就在于，他是新时代人类高贵的野心的代言人。

培根是第一个大力倡导实验方法的人。他不但倡导，而且身体力行。一个冬天，为了观察冷冻对于防腐的作用，他在雪地里杀了一只鸡，在鸡的肚子里塞满雪，这时突然一阵颤抖，从此病倒，不久后去世。他为科学实验献出了生命，这个结局也许不能洗清他的道德污点，但应该可以加重他的学术品格的分量吧。

2. 炮轰学术的落后

培根在剑桥待了两年，离开的时候，这个少年才子的心情是深深的蔑视，蔑视剑桥的教育制度和课程，蔑视在学院里占据支配地位的亚里士多德学派的经院哲学。审视人类迄今为止知识的状况，他感到的不只是失望，简直是愤怒。后来在《伟大的复兴》中，他对学术的落后发起了猛烈的炮轰。他说，如果你走进图书馆里，看见书籍门类之浩繁，你会感到惊异；可是，只要你把这些书籍的实质仔细检查一下，你的惊异就会调转方向，要为它们内容的重复和题目的贫乏感到惊异了。

整个学术处于停止的状态，只在不断地重复同样的东西，虽然处理方法上有所不同，实质上却没有增加任何对人类有价值的新东西。曾经说过的话仍然在重复地说，曾经是问题的也仍然是问题，不仅没有通过讨论得到解决，反而更加成为问题了。一切学派的传承都是师傅和学徒之间的继承，而不是发明家和进一步改善发明的人之间的继承。哲学和理论科学都如同神像一样受到崇拜和赞礼，但却不会移动和前进。

学术的落后还表现在流于空谈，毫无实际效用。我们主要从希腊人得来的那种智慧只不过像知识的童年，具有儿童的特性，它能够谈说，但不能够生产，它富于争辩，但无法应用。评判一种学说体系有无价值，要看它结出了什么果实，而我们的学说体系不但没有结出葡萄和橄榄等果实，反而长满了争执和辩论的荆棘，可见毫无价值。

少数学霸无知却自以为是，多数人则懒惰而人云亦云，平庸受到称赞，优秀遭到嫉恨。在这种情况下，即使有人决心为科学作贡献，也还是没有勇气与主流观点相抗衡，而只是满足于在现有学术总量上增加一点自己的东西。做了这一点增加，他们便觉得自己既争取到了学术的自由，又在同行面前保持了谦虚的美名。这种屈服于现有知识水平的中庸之道，成了学术进步的极大障碍，因为"知识就像水一样，不会升到高过它所从落下的水平"。

3. 批评古希腊哲学

纵观历史，在时间上也和在地域上一样，存在着许多荒地和沙漠。培根说，在人类记忆所能及的二十五个世纪中，勉强可以举出六个世纪是有利于学术进步的，先后是三个时代，即希腊、罗马和当代西欧。他把希腊也算作了一个好时代，但实际上对之评价不高，他真正寄予希望的是他的时代。

关于希腊哲学，他对早期自然哲学家评价较高，因为他们关心自然界的事物，他们的学说多少还涉及经验。在他看来，苏格拉底之后，哲学转向思辨的形而上学，转向道德哲学、政治哲学和神学，轻视对自然的研究，导致了科学始终处于幼稚的状态。他认为，诡辩家这个名称不但适用于智者学派，而且适用于全体希腊哲学家，包括柏拉图、亚里士多德、芝诺、伊壁鸠鲁等人。希腊人的智慧是论道式的，热衷于争辩，他宣称这是与探究真理最相违背的一种智慧。希腊哲学家大多有埃及游学的经历，这在他眼中也成了讽刺的题材，他嘲笑说，这实在不过是一种郊外散步，却被他们当作一种壮举来谈说了。

培根是一个轻思辨重经验的人，他对纯粹的哲学沉思不感兴趣，这也是一种片面性。但是，矫枉必须过正，在一个自然科学萌动的时代，需要这样的片面性。

培根对亚里士多德哲学的批判是有实质性内容的。亚氏哲学的一个重要部分是自然哲学，可是，培根认为，没有这个部分还好得多，因为亚氏是用他的逻辑败坏了自然哲学，用各种范畴来构筑世界，把自然哲学变成了他的逻辑的一个奴仆。在他的《物理学》《论动物》等著作中，虽然也讲到经验，但其实预先已经用逻辑设定了结论，然后让经验来服从这个结论，这就好像是把经验当作一个俘虏那样，牵着到处游行示众。这样做比他的近代追随者经院哲学家们罪过更大，因为后者完全抛弃经验，没有让经验受这个屈辱。

如果说在自然哲学中，亚里士多德是在玩弄逻辑，那么，在《形而上学》中，他是在一个更庄严的名称之下把逻辑又玩弄了一番。亚氏由自然中的普遍秩序推导出神是目的因，培根着重批判了这个理论。他指出，自然中的普遍秩序，本应该按照被发现的样子认定它们就是绝对的，不可以再给它们推求一个原因。可是，人类的理解力不肯罢休，要寻找先于自然秩序的更远的东西，结果落到了一个离我们很近的东西上面，这个东西就是目的因。目的因只和人的本性有关，和宇宙的本性毫无关系，正是这个目的因把哲学搅得一团糟。最后，他尖刻地说，试图给最普遍的东西寻找原因的人，与不能给特殊的东西寻找原因的人，都是浅薄的哲学家。他一定认为，传统的哲学家们，包括亚里士多德在内，既充满形而上学的冲动，又缺乏经验研究的能力，这两者都占了。

4. 知识就是力量

培根对知识的力量充满信心，他指出，知识就是力量（power，也可译为权力），通向人类权力和通向人类知识的是同一条路，科学唯一合法的目标是给人类生活提供新的发现和力量。他之所以蔑视既往的学术，正是因为在他看来，这些学术并不是真正的知识。

知识就是力量，意味着知识的界限决定了力量的程度。人要支配自然，首先必须服从和了解自然。他对自然所能做的，取决于他对自然所知道的。他懂得了事物的原因，在行动中就构成了规则。

在培根的时代，印刷、火药和指南针三大发明已传到欧洲，人们还不知道其起源于古代中国，培根亦称其起源尚不清楚。但是，他说，这三大发明最清楚地证明了知识就是力量，在世界范围内把事物的面貌完全改变了。其中，印刷改变了学术，火药改变了战争，指南针改变了航海，这些改变又引起了一连串重大变化，相比之下，任何帝国、任何教派、任何星辰对人类事务的力量和影响都算不得什么了。

人类每一项重大的发明，都不是出自理性的推论，而是出自偶然的机遇和意外的发现。培根解释说，这是因为它们与任何已知的事物在种类上是完全不同的，因此不能从任何既有的概念中推导出来。然而，这恰恰是希望之所在，说明在自然之中还藏有许多极其有用的秘密，有待于我们去发现。所以，科学探究的空间无比广阔，科学发展的前程不可限量。

培根高度赞扬科学发明的价值，他把发明家与建立了功业的政治家进行比较，指出前者才配享有神圣的尊荣，提出四条理由。其一，发明之利可以惠及整个人类，政事之功仅惠及个别地方。其二，前者永垂千秋，后者持续不过几代。其三，国政改革往往须经由暴力和混乱而实现，而发明本身即带有福祉，不会对任何人造成伤害。其四，发明可以算是重新创造，是在模仿上帝的工作。

培根并非没有考虑到科学技术被滥用的可能，比如被用于邪恶或奢侈的目的，但他认为这不是反对科学技术的理由。他说，知识就是权力，这个权力是上帝给的，我们应该使用，至于如何使用，则由健全的理性和真正的宗教来加以管理。

5. 呼唤知识创新

培根立足于新时代，大力鼓吹厚今薄古。针对人们崇拜古代，他对时代的古老和年轻提出新的解释。他说，人们所说的古代实际上是人类比较年轻的时期，而到了今天的时代，人类要比那个时代年龄大了许多，经验也丰富了许多。因此，我们要认识到自己的时代蕴藏了更多的力量，并且把这个力量发挥出来，这样得到的收获一定会远远超过从古代所能得到的。

新时代是一个呼唤知识创新的时代。培根满怀激情地说：在今天时代，物质世界的各个领域，包括陆地、海洋和星体，已经在我们面前大大地打开，如果理智世界仍然关闭在旧时发现的狭隘范围之内，那就是很可耻的事情了。科学技术领域应当像采矿一样，到处可以听见新的工作和新的进步的喧闹声。

可是，在现实中，知识创新受到种种阻碍。人们缺乏志气，满足于从事琐屑的工作，更坏的是这种缺乏志气还和一种傲慢自大的态度结合在一起。还有一种悲观论者，总是认为自然是隐晦的，生命是短促的，感官是骗人的，判断是软弱无力的，实验是困难的，等等，因此不相信知识能够进步。如果有人试图创新，就被这种人讥为狂妄和不成熟。培根指出，尝试当然可能不成功，但是，不尝试是根本抛弃了取得巨大利益的机会，而不成功只是白消耗了一点力气，两者的损失是完全不成比例的。

培根自己立志于知识的创新，他一方面谦虚而不失清醒地说，现在还没有到可以提出一套普遍学说的时候，他所做的只是一种过渡性的工作，另一方面自负而不失分寸地说，他期望后人会把这样一个论断加到他身上："我不曾做出什么伟大的事，只不过把大家认为伟大的事看得比较小一点罢了。"

二 人心的迷误：四种假相

知识就是力量。知识是对事物的正确认识，为了取得知识的进步，有必要对人类认识发生错误的原因进行分析。培根分析，原因在于人的心灵容易受到四种假相（Four idols of the mind）的扰乱，他用四个形象来命名，分别称之为种族假相、洞穴假相、市场假相和剧场假相。

1. 种族假相

第一种是种族假相。种族，指人类这个物种，因为人性的普遍弱点的作用，认识发生错误。培根说，人的理智像是一面不平的镜子，它不规则地接受光线，把事物的性质和自己的性质搅混在一起，因此歪曲了事物的性质。他举了四种情形。

一是人心容易受先入之见支配，因此看不见相反的例证。人的理智一旦接受了一种意见，不管是因为流行还是出于偏爱，就会只看见有利于这种意见的例证，相反的例证即使更多更有力量，也都视而不见，或者一概排斥。

二是人心容易受愿望和情感支配，也因此看不见相反的例证。情感往往以觉察不到的方式浸染人的理智，而人们盼望是真的事情，往往就最容易相信。为了说明这个道理，培根讲了一个故事，这个故事实际上来自第欧根尼。某甲指给某乙看庙里挂的一幅画，上面画了一个在海难中得救的人在向神祷告，某乙问道："可是那些祷告之后仍然淹死的人又画在哪里呢？"培根说，一切迷信，包括占星术、圆梦、占卜、神谶等，都是如此，相信者只注意所谓应验的例子，不应验的例子即使多得多，都予以忽略。

三是人的感官迟钝、无力、有欺骗性。因为感官的局限，人往往只看见直接刺激感官的事物，观察不到不直接刺激感官但可能更重要的事物，所以，当视觉停止的时候，思考也就停止了下来。

四是人的理性造成的错觉。人的理性喜欢做不适当的抽象，赋予不断变化的事物以一种不变本体和实在。人的理性还喜欢把自己当作衡量事物的尺度，给外在世界设置一种秩序或一个目的。

2. 洞穴假相

第二种是洞穴假相。洞穴，比喻个人的局限性，因为性格、环境、教育、交往、阅读等等的限制，每个人都是从自己的洞穴里往外看世界的，认识因此发生错误。

在哲学和科学的领域里，个人性格和习性的不同也有显著的表现，导致不同的倾向。一个表现是，心思敏锐的人重视和容易注意到事物之间的差异，心思沉稳的人则重视和容易注意到事物之间的相似。这两种倾向倘若走向极端，都会歪曲事物的真实面貌。另一个表现是，性情保守的人容易崇拜古代，蔑视今人的创新，性情活泼的人则容易好新骛奇，对传统吹毛求疵。好古和好奇都是常人的癖性，而不是理性的判断，都会对科学和哲学造成危害。

培根说，从事自然研究的人都要牢记一条规则：凡是你以特别满意的心情抓住不放的东西，都应当加以怀疑，在处理这样的问题时，要特别小心地保持理解力的平衡和清醒。

3. 市场假相

第三种是市场假相。市场，比喻人与人之间的交往，因为交往的影响而发生认识的错误。交往的主要工具是语言，培根认为，语词是认识发生错误最常见又最不容易觉察的原因，因此市场假相是最难对付的一种假相。

首先，语言是约定俗成的，语词的形成和应用是以普通人的能力为依据的，其涵义也是根据普通人的理解来确定的，因此并不反映事物的真相。

其次，语词一旦形成，就会强制和统治人的理智。人们相信自己的理性能够支配语词，而实际上语词也反作用于理性，导致哲学和科学充满诡辩，学者们貌似崇高而艰深的讨论往往只是语词上的争论。

语词造成的假相有两种。一种是不存在的事物的名称，由于虚幻的假设而产生，并没有真实存在的事物与之相对应，例如第一推动者、本体、实在、命运等。另一种是从存在的事物中任意引申出来的名称，由于错误和拙劣的抽象而产生，因为其涵义混乱，情形复杂，比前一种更难以清除。

培根对语词假相的揭露是很深刻的，其中包含了对传统形而上学的分析和批判。

4. 剧场假相

第四种是剧场假相。剧场，比喻各种哲学体系，在培根看来，它们只是一个个哲学剧场，在虚构的布景中上演着编造出来的关于世界的故事。他讽刺说，在这些哲学剧场里上演的故事，甚至比历史上真实的故事更加紧凑、精致和令人满意。他还幸灾乐祸地说，幸亏在漫长的中世纪，教会和专制政府都讨厌哲学，打压哲学，否则会产生更多这样的哲学体系，会把人们的思想搞得更乱。

培根把错误的哲学分为三类，分别是诡辩的、经验的和迷信的。诡辩的哲学，他把亚里士多德当作典型，指责亚氏用范畴构建世界。迷信的哲学，他把毕达哥拉斯和柏拉图举做例子，指责他们把哲学和迷信结合在一起，前者用的是比较粗糙的方式，后者用的是比较隐蔽因而更危险的方式。他自己是重视经验的，他列为错误之一类的经验的哲学，指的是在他之前的经验哲学，我下一节会讲他是怎么批判的。

在培根之后，洛克、休谟等英国哲学家对人类的认识能力做了批判的考察，这种考察是认识论的核心部分。培根完全没有想到要做这项工作，他对人类的认识能力充满信心，在他看来，问题只是出在用错了认识能力，他说的四种假相大多属于这种情况。所以，对于严格意义的认识论，他基本上没有什么贡献。只是在把哲学的注意力从思辨转移到经验这个意义上，我们才把他看作英国经验论传统的开创者。

三　新工具：正当的归纳法

培根的主要著作之一是《新工具》，被誉为科学的《独立宣言》。在这本书中，他探究了获取正确认识的方法问题，建立了一个方法叫正当的归纳法。近代哲学的一个重要特点是重视方法，这个头是培根开的。

1. 方法的重要

人的认识因各种假相的扰乱而发生错误，怎样才能排除这些扰乱，获得真正的知识呢？培根认为，首先必须建立正确的方法。

在创世的第一天，上帝首先创造的是光，并且只创造了光，把一整天的工夫都用在了这件事上，凡是创造物质的工作都放在以后几天做。我们应该仿效这个神圣的程序，而正确的方法就是光，在光的照耀下，我们才能看清自然的真相。光有许多用处，有了光，我们能够行路、读书、相互辨认等等，但是，比这一切用处更为卓越和美好的是光本身。正确的方法比它能够带来的结果更有价值，就像光比一切物质的创造更有价值一样。

光是培根最喜欢用的一个比喻。另一个比喻是，在大洋能够航行和新世界能够被发现之前，用来导航的指南针必须先发明出来。

建立方法是最基础的工作。我们必须从这个基础重新开始，否则，只是把一点新东西加在旧的基础上面，人类的知识不可能有真正的进步。

2. 错误的方法

以往错误的方法，可以分为两大类，一类是完全不要经验，另一类是粗率地对待经验。

完全不要经验，最典型的做法是首先建立最一般的原理，然后用它们来检验和证明中间的原理，培根说这种方法是一切错误的根源和全部科学的祸患。他指的是演绎法。还有一个普遍的做法是，当一个人要研究某种事物的时候，他先把别人关于这种事物所说过的话都找出来，摆在自己面前，然后开始默想，试图把自己的灵感也召唤出来。这种方法完全是建立在意见上面，并且为意见所左右的。

粗率地对待经验，按照培根的描述，就是只和经验稍微接触，就把它轻易撇过，然后把无限的时间浪费在智慧的沉思上了。这种错误的经验方法有两个特征。第一，经验本身是零乱的、未经消化的，甚至是错误的、随意拼凑的。第二，从少许未经审查的个别经验一下子飞升到最一般的原理，然后用这些原理来解释一切。

值得注意的是，这种经验虽然是个别的，但往往是从一些最常见事例中得到的，因此很容易填满人的想象，给人以深刻的印象，也因此很容易获得人们的赞同。当然，人们的赞同与真理无关，培根讽刺说，如果人们都疯了而且都疯得一样，他们彼此之间也会很好地取得一致。比如说，日出日落是最常见的现象，以前人们就根据这个经验得出了太阳环绕地球旋转的结论，对此取得了一致意见。人们通常的习惯是，一方面，对常见现象从来不问其原因，视为当然，因此对它始终是无知的。另一方面，如果遇见了不常见现象，就把它的原因归结于常见现象，因此又失去了由不常见现象发现新知识的机会。这两个方面都阻碍了知识的进步。

总之，培根认为，在他之前，人们不是把经验完全弃置不顾，便是迷失在经验之中，人类知识走入了一条死胡同。要走出这条死胡同，唯有靠建立正确的方法，为此他提出了正当的归纳法。

3. 正当的归纳法

培根相信，正当的归纳法能够确保知识建立在可靠的基础上。归纳法，就是从经验中推导出一般原理。这里有两个主要环节，一是作为起点的经验，二是推导的过程。正当的归纳法，就是要对这两个环节都严格把关，使得最后得出的一般原理是可靠的。

首先，第一个环节，作为起点的经验必须是经过消化和适当整理的，而不是粗劣和混乱的。经验如果放任其自流，就必定是混乱的，不能给人以指导。培根说，真理从错误中会比从混乱中出现得更快。混乱就是正确和错误混在一起，对经验进行整理，就是找出其中的错误，加以排除。

以往的归纳法使用的是简单列举的方法，列举出若干正面的例证，从中得出一般的结论。一旦遇见了相反的例证，就牵强地把它解释得合乎一般结论，而不是对一般结论本身加以修改。相反，正当的归纳法特别注意相反的例证，在把足够数量的消极例证加以排除之后，才在积极例证的基础上进行推论。我理解培根的意思是，当你试图由若干例证得出一般结论的时候，你必须特别注意去发现相反的例证。如果相反例证是否定你试图得出的一般结论的，你就要修改乃至放弃这个一般结论。在充分做了这个工作之后，你的相关经验是经过了适当整理的，从经验推导一般原理的工作才有了一个坚实的基础。

在这之后，第二个环节，从经验推导出原理的过程，必须按照一个严格的程序循序渐进。先是从经验引出较低的原理，然后逐步上升到中级原理，最后才上升到最高、最普遍的原理。这是一个正当的上升阶梯，一步也不可省略。培根强调，中级原理是真正坚实和富有活力的，人类的事务和前程正是依靠它们，也只有经由它们逐步上升，最后得出的一般原理才是有内容的，而不是空洞抽象的。他说，人的心灵总是渴望一下子跳到最高的普遍性，以便在那里停歇，所以，绝不可以给理智插上翅膀，毋宁给它挂上重物，不让它跳跃和飞翔。

总之，从经过整理的坚实的经验出发，遵循严格的上升阶梯，这样一步一步推导出一般原理，我们就可以获得对于自然的正确的知识。

但是，历来研究科学的人不是这样做的。培根把他们分为两类，一类是经验主义者，另一类是理性主义者。他打比方说，经验主义者像蚂蚁，只是向外面采集；理性主义者像蜘蛛，只是在自己的头脑里编造。和他们不同，正当的归纳法像蜜蜂，采取中间的道路，既从自然中采集材料，又用理性的能力加以改变和消化。经验的能力和理性的能力密切结合，这将给科学带来无限的希望。

4. 光明的实验

在正当的归纳法中还有一个重要的环节，包含在从经验推导出原理的过程中，它就是实验。培根是最早大力倡导实验方法的人，被誉为实验科学的始祖。关于实验，他有三个主要观点。

第一，实验是发现自然的奥秘的最好方法。在日常生活中，一个人的性情以及内心和情感的隐秘活动，往往在他遭遇麻烦的时候，比在平时更容易被发现。同样，自然的奥秘，在技术的干扰之下，比在平静状态下更容易表露出来。实验就是用技术干扰自然，通过成功的实验所获得的知识，往往是最真实的。

第二，从经验推导原理绝不是一个单纯的逻辑推理过程，实验在其中起着关键的作用。在从经验推导出初步原理之后，要从已知原理推导出新的实验，又从新的实验推导出更高的原理，这样循环往复，不断上升。所以，实际上是实验使得原理上升的每一步坚实而可靠。

第三，实验的目的不是实用，而是发现原理。培根说，只有当自然史中积累起多种多样本身无用但有助于发现原因和原理的实验的时候，我们才有根据期望知识的进一步发展。他把这类实验称作光明的实验，其作用是照亮人类知识进步的道路。相反，那种仅仅以实用为目的的实验，他称之为果实的实验，乃是短视之举，阻碍了知识的进步。

四　人生随笔

现在我们来赏析培根的《随笔集》。随笔这种文体古已有之，古罗马时期的作家、历史学家普鲁塔克给后人树立了一个典范。他留下两部名著——《希腊罗马名人传》和《道德论丛》，在近现代西方有许多顶级粉丝。随笔在近代的复兴，有两位开山人物，一位是蒙田，另一位是培根，两人都热爱普鲁塔克。培根的

《随笔集》是英国随笔文学的开山之作，影响了一代又一代英国作家。

在培根生前，《随笔集》出了三版，三十六岁时初版，最后一版出在他死前一年，篇目从十篇增加到五十八篇。近三十年时间里，他时时把这部书稿带在身边，不断增添内容和精雕细刻，可见非常珍爱。我认为，他最大的特点是兼具哲学的智慧和世俗的精明。他是一个哲学家，能够超越人间浮象看世界和人生的真相。他又是一个聪明的俗人，通晓人情世故，讲究生存策略。他总的倾向是务实的，比较适合世俗兴趣正在上升的时代的口味。

我选择了几个题目，是我认为培根的见解比较有特点的，因此是值得讨论一下的。

1. 习惯是人生的主宰

培根特别强调习惯的力量，他说：人们思考大多依从愿望，言谈大多依从学问和社会的习见，但是行为却是依从平时养成的习惯。马基雅弗利讲过一个道理：如果没有习惯的增援，天性和言辞都是不可靠的。比如说，你若要雇一个杀手，就不能信任那种天性凶猛或言辞坚决的人，而要雇用手上染过鲜血的人。培根引了马基雅弗利的话，说他所讲的事虽然很丑恶，但道理是对的。

如果说个人单独的习惯有很大的力量，那么，许多人共有的习惯，其联合的力量就大得多了。在这种场合，人们会互相仿效、激励、竞争，习惯的力量可以让人们做出完全违背天性的事。例如在宗教的支配下，人们会以自虐、自残乃至自焚为乐事。我们可以补充指出，群体性的习惯势力控制住整个民族，导致大规模的灭绝人性的残暴行为，这样的灾难在历史上并不罕见。

所谓习惯，就是后天通过经验养成的习性。作为一个经验论者，培根总的倾向是认为习惯比天性强大。他承认，人的天性也很有力量，如果压制它，只会使它在压力减退之时更强烈地反弹。但是，他相信，长期养成的习惯能够改变天性，成为更强大的第二天性。不过，他又警告说，一个人不可以太相信战胜了天性，因为天性会长期潜伏，一旦遇到诱惑就会复活，所以务必让自己远离诱惑。他用《伊索寓言》中的一个故事来说明：一只猫变成一位淑女端坐在餐桌边，一只小鼠从她面前跑过，她立即恢复原貌，跳起来去捕捉小鼠了。

无论个人，还是民族，好的习惯带来幸运，坏的习惯导致不幸。既然习惯是人生的主宰，我们就应当努力培养好的习惯，教育因此就十分重要。培根给教育下了一个定义：教育是一种从早年便开始的习惯。孩子越小，可塑性越大，而所养成的习惯也越牢固，所以儿童期的教育最为关键。一个国家，孩子们都从小养成好的习惯，这个国家肯定会治理得很好。

习惯与天性究竟是怎样的关系？当培根谈论用习惯战胜天性时，他指的是用好的习惯战胜坏的天性。习惯和天性都有好与坏之分，这好与坏显然是根据道德价值来划分的。人性中已经包含了好和坏两种品质的萌芽或倾向，而习惯的培养就是要克服坏的倾向，发展好的倾向，让好的倾向成为稳定的品质。

天性还有另一个涵义，指一个人在性情和禀赋上的天然倾向。在智力教育和职业选择上，是否应该重视这方面的天性？培根承认，职业与天性相适合的人是有福的，否则是不幸的。但是，他又认为，除非一个孩子确实具有某种超群天分，那就应该尽力鼓励，在一般情况下，对于孩子未来的职业和发展方向，父母应该及早规划和培养。天才终究是极少数，绝大多数孩子是普通资质，在天赋上并无优势，所以不如替他早确定一条路，经过长期的训练，养成习惯，这样他将来走起来会比较轻松愉快。

2. 恋爱是坏事，结婚是好事

对于爱情，培根没有说过一句好话。他下断语："在人生中，恋爱只会招致祸患，它有时如一个惑人的魔女，有时似一个复仇的女神。"爱情的坏处，是使人失去理智。人心最脆弱的时候，一是春风得意，另一是穷困潦倒。正是在这两种情形下，爱情最容易乘虚而入，恋爱之火会燃得最旺，可见爱情是愚蠢之子。爱情还有一个坏处，就是计较。世上没有爱不求回报的事，得不到回报，就会埋下一种深藏于心底的轻蔑，这是一条铁的法则。

论到婚姻，培根说的就基本上是好话了。他也讲到了独身的好处，有两种人似乎不应该结婚。一种是有大使命的人，因为老婆孩子就好像是你交给命运之神的抵押品，会阻挠你成大事。另一种是酷爱自由的人，婚姻会成为不可忍受的束缚。就一般人而言，婚姻十分必要，是对责任心的训练，独身的人则容易在钱财上挥霍，心肠也比较硬。

3. 好运是怎样练成的

培根不是一个清高的人，他重视人的世俗遭遇。他认为，虽然一个人的运气受外界许多偶然因素的影响，但主要还是掌握在自己手里。你的才德未必会给你带来好运，能够带来好运的是一些隐而不显的能力和习性，是一种说不清的综合素质。有这种素质的人，他的天性中没有什么东西会障碍幸运之轮的转动，他的才德会顺当地与机会同行。可是，既然这种素质或能力是说不清的，培根好像也就没有太说清楚。我从《随笔集》中找出若干谈论，是我认为可以放在这个题目下的。

其一，有一点儿傻气，但是没有呆气，这样的人最容易走运。傻而不呆，憨厚却有灵性，随和却有主见，这是讨人喜欢的，自己又没耽误什么，所以容易成功。

其二，人的举止应当像身上的衣服，不可以太紧或太讲究，不妨宽舒一些。举止宽舒，不绷着，这样自己舒服，别人也舒服。

其三，在生活中，大的美德表现的机会是像节日一样少的，小的美德则随时有表现的机会，能够让人经常对你产生好感，不可不具备。比如待人礼貌，用伊莎贝拉女王的话说，就像是一封永不失效的推荐书。

其四，有大的才德和成就的人，要把这才德和成就归功于上帝或幸运，这样可以避免招妒，比较安全地享有它们。相反，凡是把自己的好运归功于自己的本事的人，结局多半不幸。

上述谈论都涉及待人处世之道，但并非主张玩弄权术。培根是在给才德之士进言，要他们注意品行在人们心中所产生的感受，不忽略细节，有好的人缘，才会有好的运气。

4. 韬晦之术

培根把韬晦之术分为上中下三策。

上策是缄默，守口如瓶，不动声色，不让人看出你的心事。你能够保守秘密，别人就乐意向你敞开心扉。一个喋喋多言的人，是没有人肯向他倾诉心里话的。裸露是不体面的，无论是裸露肉体还是精神，举止言语不张扬可以增添人的尊严。饶舌之徒往往既虚荣又浅薄，不但议论所知之事，而且妄言所不知之事。所以，缄默既是处世的策略，也是品德的修养。

中策是掩饰，故意暴露真相中的某个不重要部分，以此掩盖不愿让人知道的那个重要部分，转移视线，诱导误解。掩饰常常是必要的，因为如果你只是缄默，别人是不会答应的，一定会用问题包围你，引诱你说出真相。所以，掩饰可以说是给缄默穿了一件衣服。品德高尚的人，一贯的作风是坦荡诚实，但是，在必要的时候，应该会缄默会掩饰，而由于他们有一贯坦荡诚实的名声，他们的掩饰往往不会让人生疑。不过，掩饰只在必要时才可使用。世间有些人永远在掩饰，他们的人生好像是在舞台上度过似的，这种人是虚荣心的奴隶。

下策是造假，故意制造假象来掩盖真相，煞费苦心地把自己伪装成另一种人。培根认为，除非在某种重大和稀有的事件之中，造假是罪过多于智谋的。造假成性是一种恶德，一种人格的缺陷。

应该区分两件事：做人和处世。培根把这两件事混在一起讲了。做人要光明磊落，这是一个前提。不喋喋多言，不泄漏别人向你倾诉的隐私，不扩散你知情并且必须保守的秘密，不造假，这些其实也都属于做人。只有中策，即掩饰是纯粹的处世之术，在必须缄默的情形下不妨参考。

5. 权力的考验和高位的苦楚

权力是人品的试金石。恶人愚人掌握大权，其恶其愚会祸害天下，为世人所周知。善人贤人掌握大权，其善其贤会造福天下，也为世人所周知。培根深明此理，有所论述，我只引他的一句话："一个人有了权力而人格增进，这是人格高尚的确证。"可惜的是，他自己向人们提供了相反的证据。

作为一个混迹权力场的人，培根深知身居高位的苦楚，我着重讲这个方面，这是一个过来人的自白。他陈述的苦楚可以归纳为三点。

第一，不自由。身居高位的人是三重的仆役：国家的仆役，名声的仆役，职务的仆役。所以，他是不自由的，既没有个人的自由，也没有时间的自由，更没有行动的自由。因寻求权力而丢掉自由，因寻求凌驾他人的权力而丢掉支配自己的权力，这真是一种怪异的欲望。

第二，不安全。升到高位如同攀登一条迂曲的楼梯，充满挤轧和艰难，要吃许多苦，有时还要采用卑污的手段。可是，爬上去以后，却发现得到的是更大的痛苦。在高位上居留是很不安全的，随时可能摔下来，弄得身败名裂。

第三，不幸福。身居高位的人对自我是陌生人，在事务匆忙之中没有时间照管自己身体或精神上的健康，到死也没有真正为自己活过。他必须借助别人的眼光才会觉得自己是幸福的，因别人对他的高位的羡慕和谈论而感到一种满足。可是，如果根据自己的感受来判断，他绝不会认为自己幸福。他身不由己，在愿意退的时候不能退，到了必须退的时候又不肯退了，因为他离开了官场就不知道该怎样生活了，就像城里整日坐在街口打发时光的老头一样让人看不起。

这些见解真是入木三分。好在培根还有另一半更重要的生活，就是学术，因此他仍是幸福的。

6. 迷信比无神论更可恨

培根不赞成无神论，他说："一丁点儿哲学使人倾向于无神论，但是深究哲学会使人心转回到宗教上去。"无神论之可恨，在于它夺走了人性赖以超越人类弱点的力量，无论在个人还是在民族，皆是如此。人类在肉体方面与动物相近，如果在精神方面不与神相近，那就成了十足的动物了。凭借对神的信仰，人得以勉励自己，努力提高人性。因此，否认有神，就会摧毁人类的尊严和英雄气概。

但是，比无神论更可恨的是迷信。无神论虽然不相信神，但相信理性、哲学、法律、名誉、亲子之情等等，靠着这些东西，社会还能够保持稳定。迷信却不同，它会把这些东西都破坏掉，完全控制住人心，使国家陷入混乱之中。迷信的主人公是民众，在一切迷信之中，愚人主宰智者，荒唐的理论为疯狂的行为助威。所以，对于神，宁可没有信仰，也比这种扭曲的信仰好，因为前者只是不信，后者却是对神的亵渎。培根用伊壁鸠鲁的话来下断语："渎神之举不在于否认世俗所称的神灵，而在于把世俗之见加于神灵。"

我赞同这个次序：最好是有纯正的宗教信仰，其次是无神论，最坏是迷信。

参考书目

[英]培根:《新工具》,许宝骙译,商务印书馆,1984

北京大学哲学系外国哲学史教研室编译:《十六—十八世纪西欧各国哲学》,商务印书馆,1975

[英]培根:《培根论说文集》,水天同译,商务印书馆,1983

第十七讲

霍布斯

欲望是生命的运动，幸福就是欲望从一个目标到另一个目标不断地前进。

——霍布斯

托马斯·霍布斯（Thomas Hobbes，1588—1679）出生在英国威尔特郡的一个牧师家庭。他比培根小二十七岁，两人有过交往。十五岁进牛津大学，二十岁毕业，毕业后在不同的贵族家里当家庭教师，待在卡文迪许男爵家里的时间最长久，先后教育了男爵的一个儿子和一个孙子，而他的年纪则从二十出头的青年到了四十多岁的中年。此后由于英国政局动荡，他在巴黎住了若干年，他的主要著作《利维坦》就是在那里写的。在巴黎时，他和笛卡尔有交往，对后者的《形而上学的沉思》一书发表了颇有见地的批评意见，我讲笛卡尔时再谈。英国王政复辟后，他的思想被视为异端，幸好国王查理二世曾是他的弟子，保护他免受迫害。此时他早已名满欧洲，各国的学者和名人纷纷前来拜访，向这位长寿的哲学界泰斗表达敬意。

霍布斯兴趣广泛。他对数学情有独钟，写有一些论文，遭到当时的数学界驳斥，引发

托马斯·霍布斯（Thomas Hobbes，1588—1679）

了多次论战。他还从事翻译，先后把修昔底德的《伯罗奔尼撒战争史》、荷马的《奥德赛》《伊利亚特》从希腊文译为英文。

在西方思想史上，霍布斯的重要性有二。一是建立了近代第一个唯物主义哲学体系，彻底划清了哲学与神学的界限，并对形而上学进行了初步的但十分明确的批判。二是建立了近代第一个政治哲学体系，所提出的社会契约论对欧洲政治思想后来的发展有重大影响。

一　哲学排除神学

1. 哲学研究物体

霍布斯用幽默的口吻劝人研究哲学，他这样说："纵然不是为了别的目的，可是由于人的心灵忍受不了空的时间，正如自然界忍受不了空的空间一样，为了你自己可以找到事情消磨时间，不至于因为无事可做而去打扰有职务的人，或因为与无聊的人交友而受害，我劝你研究哲学。"他话中有话，是在讽刺那些不知如何打发闲暇的无聊之辈，而在他看来，闲暇是幸福，正可用来研究哲学。"闲暇是哲学之母"——在古希腊，雅典打败波斯之后，城邦富裕起来，一些人摆脱劳作，有了闲暇，哲学就兴起了。人们聚在一起讲授或辩论哲学，把这种聚会的场所称作schola（学校），在希腊语中的意思就是闲暇，可见哲学与闲暇有不解之缘。

哲学是这么好玩的一件事情，却不是无用的。作为培根的晚辈，霍布斯同样相信知识就是力量，哲学的目标是要用知识来为人类谋福利。霍布斯给哲学下了这样一个定义："哲学是根据物体的产生推论它的性质，或者根据物体的性质推论它的产生。"一个物体有某种性质，就会产生某种结果，所以，由产生推论性质即是由结果推论原因，由性质推论产生即是由原因推论结果。哲学就是通过因果关系的研究，来寻找事物中的规律，而运用这些规律，就可以求得对人类有用的效果。霍布斯认为，凡是不包含这种对物体的因果关系的研究的，就不是哲学，所以"哲学排除神学"。被排除的还有原始的未经整理的经验，以及仅仅从书本上接受的知识，因为都不包含这种研究。

哲学研究物体，霍布斯说，有两类主要物体，因此哲学分为两个主要部分。一类是自然的物体，研究它的是自然哲学。另一类是国家，研究它的可以称作公民哲学。公民哲学又分为两个部分。为了认识国家的产生和性质，必须研究人们的气质和行为，这个部分叫伦理学。另一部分研究人们的公民责任，叫政治学。公民哲学即由伦理学和政治学组成。他的《利维坦》一书，实际上就包括自然哲学、伦理学和政治学这三方面的内容。

霍布斯把国家以及人们的气质和行为都当作物体来研究，可以说是唯物主义到家了。他好像是要拨乱反正，为了扫除神学和以往哲学的思辨习气，就格外强调哲学所研究对象的客观性质。

2. 推理就是计算

霍布斯把知识分为两种。一种是关于事实的知识，就是从感觉获得的观念。他承认一切由感官所产生的观念，包括形状、颜色等，皆不是对象本身所具有的，而是对象在我们心灵中的显现，但对象本身的作用终归是最初的来源，因此是绝对的知识。另一种是关于推理的知识，以关于事实的知识为基础，因此是有条件的知识。

哲学所处理的是关于推理的知识。前面讲过，推理有两种，一种是从产生推论性质，从结果推论原因，实际上也就是从感性事物出发找出一般原理，霍布斯称之为分析的方法。另一种是从性质推论产生，从原因推论结果，实际上也就是从一般原理出发证明某个所要寻求的结论，霍布斯称之为综合的方法。他说的分析的方法相当于归纳法，综合的方法相当于演绎法。

霍布斯特别的地方，是提出推理就是计算。他说，当一个人进行推理时，所做的不过是在心中将各部分相加求得一个总和，或是在心中将一个数目减去另一个数目求得一个余数，一切推理都包含在加与减这两种活动里面了。因为推理过程是用语词进行的，所以实际上就是在心中把各部分的名词序列连成一个整体的名词，或是从整体及一个部分的名词求得另一个部分的名词。揣测他的意思，他大概是认为，分析的方法是加法，把个别事物的观念加在一起得出一个一般观念，综合的方法是减法，把一般原理中不需要的成分减去，得出特殊结论。不过，具体怎样加与减，他并没有说清楚。

哲学的对象是物体，哲学成了物理学。哲学的方法是计算，哲学成了数学。霍布斯的理想是把哲学建立为一门科学。在他看来，几何学是方法的榜样。几何学家从图形的结构中找出其中的性质，然后又根据这些性质推导出构成图形的新方法，乃是推理的极致。所以，他强调，一个人要研究哲学，就必须在几何学方面有很深的素养。推理要像几何学那样客观冷静，他嘲笑说，哲学家们所做的却相反，往往是把在自己身上占据支配地位的某一种激情拿来当成推理，暴露了他们缺乏正确的理性。

3. 语词导致形而上学的虚构

培根首先揭露语词导致形而上学的虚构，霍布斯对此做了更具体深入的分析，这是他的学说中极有价值的内容。

霍布斯指出，语词的用处是作为记号帮助我们记忆，作为符号帮助我们传达。如果没有语词，人类的一切发明都会消失。我们必须谨慎使用语词，"人类的心灵之光是清晰的语词"，模糊的语词会导致错误的推理。

有一些语词涉及影响我们感情的事物，那些事物使我们感到愉快或不快。由于同一事物不可能使所有的人发生相同的感情，也不可能在所有的时候使同一个人发生同一种感情，所以这些语词的涵义是不确定的，例如善与恶、好与坏、美与丑这一类词。因此，在推理的时候，必须注意分辨这种语词复杂的涵义，除了关于事物本身所构想的意义以外，还会含有说话的人的本性、倾向和兴趣所赋予的涵义。

但是，最要警惕的是荒谬的语词，这种语词并非只是错误的，而是根本没有意义的，因为它们所说的东西并非只是不存在，而是完全无法想象的。例如，经院哲学家们津津乐道的三位一体、神性、基督的本质之类，以及所有关于在事物之外独立存在的本质或性质这一类说法。他说，人们不妨做一个试验，看能不能把经院哲学著作中的任何一章翻译成英文、法文等任何一种现代语言，并且让人读懂，因为一种东西若是不能用现代语言说出来让人懂得的话，用拉丁文说出来也是不能让人懂得的。

人类因为有语言而比动物优越，可是，霍布斯讽刺说，人类也因此有了动物所没有的两个毛病。一个就是荒谬语词，说一些毫无意义的话，制造各种玄妙难懂的哲学体系。另一个是用语词混淆是非，颠倒善恶，扰乱人心。在人类中，普通人也很少会讲无意义的话，只有哲学家才热衷于这样做，他们虽然自以为能理解，其实只是在愚笨地学舌或机械地记诵而已。所以西塞罗的这句话说得再对不过了："天下事没有一件是荒谬到在哲学家的书里找不出来的。"

当时亚里士多德流派的经院哲学在大学里占据统治地位，霍布斯对之极其厌恶，说这种研究根本不是哲学，只是亚里士多德学。他还一股脑儿否定了亚里士多德的三大著作，说自然哲学中最荒谬的东西莫过于《形而上学》，《政治学》中讲的那一套正是和政治最不能相容的东西，而《伦理学》的大部分内容是愚蠢的胡说。我们看到，从中世纪后期到近代，亚里士多德的角色经历了一个戏剧性的变化。在阿奎那的时代，他像是一个号召思想解放的革命导师，到了培根和霍布斯的时代，他就成了一个禁锢思想和必须打倒的反动权威了。

霍布斯在批判形而上学方面的贡献，还有一点不可不提及。现代哲学家们在批判形而上学的时候，纷纷谈论系词所发生的误导作用，其实霍布斯早就指出了这一点，并且很可能是指出这一点的第一人。他说，系词"是"（拉丁文 est，英文 be）用来表示一个名词和另一个名词之间的推理关系，完全可以设想，不用这个系词，把两个名词按顺序放在一起，只要习惯如此，就同样可以表示其间的推理关系，因为使语词具有效力的是习惯。系词不是任何事物的名称，只是表示两个名词之间的推理关系的一个符号，然而，正是由这个完全可以省略的符号，哲学家们引出了"存在"（Being）、"实体"（Substance）、"本质"（Essence）、"不可缺少性"等一系列最高级的名词。在西文中，"存在"一词是系词"是"的名词化，而实体、本质等词都与"存在"同义或由之引申，这些大词汇是构建形而上学体系的基石。霍布斯的分析十分清楚明白，非常了不起。

二　欲望与人性

这一节讲霍布斯哲学中的伦理学部分。按照他的定义，伦理学的研究对象是人的气质和行为，实际上也就是人性。哲学研究物体，人性也是一个物体，他试图把人性当作一个客观的东西来进行研究，寻找其中的规律。他的结论是，欲望是人性中最基本的因素，用欲望可以解释人的全部情感、情绪和行为。他对人生问题包括幸福和道德的看法，以及他的政治学，也都是建立在对人性的这个理解上面的。

1. 欲望是人性中的基本因素

霍布斯把欲望视为人性中的基本因素，试图用它解释人的全部情感和情绪。在他看来，人的行为是由情感和情绪支配的，而人的一切情感和情绪都只是欲望的不同形态。欲望究竟是什么，他并没有下一个定义。从他的用法看，他没有把欲望等同于人的生物性本能，它的涵义要宽泛得多，是指人想要任何一种东西的冲动。由于所欲求的东西不同，或者由于欲求得到实现或受到阻碍，便产生相应的不同情感和情绪。他的论述不是条理分明的，我按照自己的理解加以整理，把他所论及的情感和情绪分为以下五组。

第一组是快乐与痛苦。欲望是生命的运动，欲望得到满足，生命的运动得到加强，这时的情绪叫做快乐。欲望满足不了，生命的运动受到阻碍，这时的情绪叫做痛苦。

第二组是爱与恨。人所欲求的东西也就是所爱的东西，因此爱与欲望是一回事，区别在于欲望是指对象不在场时的情形，而爱是指对象在场时的情形。爱的反面是恨，恨的对象不在场时的情绪叫做嫌恶，在场时的情绪就叫做恨。专一地爱一个人并且要这个人也专一地爱自己，叫做爱恋。因爱恋得不到回应而产生的恨，叫做怨恨。对他人的普遍的爱，叫做仁慈。

第三组是希望与失望。相信欲望能够实现，这时的欲望叫做希望。认为欲望不可能实现，这时的欲望叫做失望。希望常存叫做自信，失望常存叫做自卑。

第四组是畏惧与勇气。感到对象会造成伤害而不敢抵抗，这样的情绪叫做畏惧。相信通过抵抗能够免除伤害，这样的情绪叫做勇气。突然涌上来的勇气叫做愤怒，看到他人遭受不义行为而产生的愤怒叫做义愤。对小利的欲望和对小害的畏惧叫做怯懦，对利和害的蔑视叫做豪迈。面对死亡或巨大苦难表现的豪迈叫做坚强，在财富的使用上表现的豪迈叫做慷慨。因为不明原因造成的畏惧叫做恐慌，这种情绪很容易传染，往往存在于一群乌合之众中。

第五组是权势欲。权势指一个人在社会上获取具体利益的手段，分两类。一类是自然的、原始的权势，即身心官能上的优越性，例如仪容、体力、智力、出身等。另一类是获得的权势，是凭借自然的权势、后天的运气和自己的努力所获得的优势手段，主要有四项，即权位、财富、名誉、知识。对权位的欲望叫做野心，对财富的欲望叫做贪婪。这两个名词都是贬义，霍布斯认为，公正的评价应该看获取的手段和使用的方式是否正当。对名誉的欲望，如果名实相符，叫做自尊，如果名不副实，叫做虚荣。虚荣是年轻人最容易产生的一种心理，而且受到英雄人物故事的助长，往往会由于年龄和工作而得到纠正。对知识的欲望叫做好奇心，霍布斯对这一种权势欲评价最高，说它是人有别于其他动物的独特的激情，但同时指出，知识只是一种微小的权势，因为学问的本质决定了懂得它的益处的人实在太少。

还有一些情绪是与权势有关的。因为知道自己拥有权势而产生的快乐，叫做自豪。因为觉得自己缺乏权势而产生的痛苦，叫做沮丧。如果知道这是自己能力上的某种缺陷造成的，沮丧中就有羞愧。看到别人在权位、财富、名誉、知识上的成功，想要努力超过别人，这叫做好胜。在这样做的时候，如果力图排挤和妨碍对方，这叫做妒恨。

霍布斯以欲望为基本因素，对人心中的各种情绪进行分析，描绘了一幅人性图谱。在近代西方，他是做这种分析的第一人，在一定意义上可以说是创立了一门情绪心理学。

2. 欲望是人生的动力

霍布斯认为，欲望不但是人性中的基本因素，而且是人生的动力。欲望是生命的运动，没有欲望就是死亡。欲望终止的人，就如同感觉和知觉停止的人一样，是无法生活下去的。欲望产生激情，以各种激情的形态存在，激情淡薄就是愚钝，生活会十分无趣。

什么是幸福？幸福就是欲望从一个目标到另一个目标不断地前进，达到前一个目标不过是为后一个目标铺平道路。人类欲望的目的不是在当下享受一次就完了，而是要永远确保达到未来欲望的道路。人生不存在一个终极目的，似乎达到了那个目的便是幸福。一个人对于所欲求的事物能够不断地取得成功，经常处于蓬勃向上的状态，这就是今生的幸福。幸福不在于心满意足、不求上进，所谓心灵的永恒宁静在今世是根本不存在的，因为生命本身就是一种运动，不可能没有欲望，也不可能没有各种激情。这实际上是在批判斯多葛派的伦理学。至于基督教所宣扬的所谓来世的幸福，或者一个人只要虔诚信神就立刻能享受到的所谓直观至福，霍布斯说，那是像经院哲学家的各种荒谬语词一样无法理解的。

霍布斯竭力为欲望正名，提倡一种积极入世、奋发有为的人生态度。但是，他并不认为对欲望可以不加限制，即使为了幸福，也必须加以限制。我们应该认识到，在今世生活中，我们的每一种行为都是一长列后果之链的开端。在这个链中，苦与乐是连接在一起的，放纵欲望必将遭受与之相连的痛苦。比如说，放荡会招致疾病，轻率会招致灾祸，不义会招致复仇，骄傲会招致失败，懦弱会招致压迫，等等。这些痛苦都是对相应的行为的自然惩罚，因此我们要尽量看得远一些，理智地追求快乐，避免让那个带来巨大痛苦的后果之链获得一个开端。很显然，这基本上是伊壁鸠鲁的观点，因此可以把霍布斯的伦理学归入快乐主义这条路线。

从道德的角度说，人的欲望和激情如果不受某种力量的限制，人们就会永远互相攻战，不得安宁。因为气质、习惯和观念的不同，人们的欲望也不同，如果每个人都把自己的欲望当作判断善恶的尺度，人与人之间的这种战争状况将是不可避免的。因此，为了人类的和平与幸福，就必须有共同的道德法则来约束人们的行为。公平、正义、仁慈之所以是善，是美德，就因为它们是达成人类和平与幸福的手段。霍布斯强调道德是手段，不认为道德具有自在的价值，实际上开启了英国功利主义的立场。

道德法则本身不具有使人们服从的力量，必须依靠一种强制性的力量，就是国家。国家之产生和必须存在，归根到底是为了把人们欲望之满足纳入一条和平的轨道。这是下一节要讲的内容，即霍布斯的政治学说。

三　巨怪利维坦

在一定意义上，讲近代西方哲学史可以不讲霍布斯，他在近代哲学之核心的认识论方面没有什么建树。但是，讲近代西方政治学说史就必须讲他，他是近代建立政治学体系的第一人。他的主要著作《利维坦》的主体部分就是政治学，伦理学部分是给政治学铺路的。书名也体现了这一点，利维坦是《圣经》中提到的一种巨型怪兽，霍布斯用它来比喻国家。他自己说，他是从《约伯记》中取来这个比喻的。《约伯记》中描述，利维坦口喷火焰，鼻冒烟雾，牙齿锋利，身裹铠甲，冷酷嗜杀，令一切生物惧怕，上帝称它为骄傲之王。《利维坦》初版的封面图画，画了一个怪兽形象的巨人，头戴王冠，一手持剑，一手持杖，身体由无数的人民构成。在霍布斯看来，国家就是这样一个巨怪，而《利维坦》的主旨便是要解说这个巨怪是怎么产生的，它的本质是什么。

1. 自然权利与战争状态

霍布斯认为，治国者要治理国家，不能根据对个别的人的了解，而必须根据对整个人类的了解，政治学应该建立在对普遍人性的理解上。在伦理学中，他把欲望作为人性的基本因素，分析了人的各种情感和情绪，并且正面地肯定了欲望是生命的运动。现在，在政治学中，他进而确认，在一切欲望中，最根本的欲望是生存，要保全自己的生命。满足这个欲望是人的自然权利，每个人都拥有按照自己的方式运用自己的力量保全自己的生命的自由。保全自己的生命是人的自然权利，这是霍布斯政治学的第一个原理。

为了保全自己的生命，每个人都可以用自己认为合适的手段去做任何事情。但是，怎样判断一种手段是否合适呢？掠夺别人的财产，奴役别人的身体，都可以说成是为了保全自己的生命所需要的。在这种情况下，每一个人对每一样东西甚至包括彼此的身体都有权利，结果是没有一个人能够真正保全自己的生命。这是一种永久战争的状态，人对人是狼，每一个人对每一个人进行战争。在这种人人相互为战的战争状态中，是不存在是与非、公正与不公正的观念的，一切皆许可，任何人都可以为所欲为，暴力与欺诈在战争中是两种主要的美德，因此没有人会有安全感。

霍布斯承认，这种人人相互为战的状态在任何时代都没有真正存在过，因此，这实际上是一种逻辑上的假设。就是说，从人性来推导，如果人的欲望不受任何约束，自然权利没有一种力量来制衡，就会出现这种战争状态。

2. 寻求和平与自然法

永久战争的状态实际上是违背保全自己生命的初衷的，因此，人们很自然地会产生寻求和平的愿望。由此导出了霍布斯政治学的第二个原理，就是自然法。如果说自然权利是出于本能，自然法就是基于理性，用自然法制约自然权利，就是用理性制约本能。

自然法的基本精神，就是寻求和平，信守和平。为了得到和平，每个人就必须约束自己的自然权利。这种约束是相互的，你约束了，对方也必须约束，否则等于你在做牺牲，同样违背了保全自己生命的初衷。约束的尺度是什么呢？就是你不愿意别人对你做的事，你也不可以对别人做，任何人不可以为自己保留他不赞成别人想要为他们自己保留的权利。每个人所拥有的自由，应该就如同他允许给别人的自由那样多。因此，自然法可以简明地概括为一条人所共知的黄金准则，就是：己所不欲，勿施于人。

霍布斯认为，自然法和人类公认的道德法则，以及公平、正义、仁慈等美德实际上是一回事，因为这些法则和美德都体现了黄金准则，起到了保护和平的作用，而相反的品德和行为则违背了黄金准则，会导致战争。他强调，自然法是永恒不变的，是写在每一个人心中的自然理性的诫条，无须用文字公布即对所有人具有约束力，每个人根据自己的理性都会承认它是法律。他的这个说法带有天赋观念的色彩，与他的经验论立场相矛盾。立足于经验论，或许可以这样来解释：人类通过经验懂得了唯有遵守某些共同法则才能得到和平，写在理性中的自然法便是人类这个经验的总结和传承。

3. 契约与国家

根据自然法，人们形成一种共识，为了寻求和平，大家都把自己的权利约束在不损害他人权利的范围内，权利的这种互相转让就是契约。契约订立之后，守约就是正义，失约就是不义。但是，如果没有一种力量强制人们守约，如果守约者吃亏，失约者占便宜，那么，必然的结果是大家都失约，契约就如同虚设。霍布斯分析说，在人的本性之中，只有两种激情能够促使人守约。一种是因为守约所感到的自豪，但具有这个品质的人在人类中只占极少数，所以不能作为依据。另一种是对失约产生的后果所感到的畏惧，这是唯一可以指靠的激情。畏惧的对象有二。其一是不可见的神鬼，这是宗教的力量。其二是看得见的惩罚，这是人间权力的力量。虽然宗教也有力量，但是来自权力的惩罚是更为直接有效的力量。

因此，为了使契约有效，必须建立一个足以强制人们守约的公共权力。建立这个权力的唯一方法，是人们都把自己的权利托付给一个人或者一个机构，让这个人或者这个机构代表自己来维持正义和谋求和平。所以，契约的成立实际上包含两步，第一步是人们互相转让权利，第二步是大家都把权利转让给一个人或者一个机构。这个人或者这个机构就是国家，于是伟大的利维坦诞生了。契约是国家产生之原因，也是国家的本质之所在，这是霍布斯政治学的第三个原理。

霍布斯下定义说，国家是一个人格，这个人格是全体人民通过相互订立契约而形成的，全体人民都统一在这个唯一的人格之中。换一种说法，国家是统一在一个人格之中的全体人民。这两种说法都是说，国家是全体人民的代表。这种按照契约建立的国家，叫做政治的国家。霍布斯不否认，国家也可以通过暴力和战争建立，那种国家就不是政治的国家，不属于他所论述的范畴。

4. 国家主权与君主专制

霍布斯政治学的第四个原理，是国家拥有绝对的主权，人民必须绝对服从国家。从契约论中得出这样一个专制主义的结论，是让人感到惊讶的。霍布斯是这样推论的：既然国家的权力是人民通过契约自愿授予的，这就意味着国家的一切行为都是根据这个授权发生的，因此人民必须服从，不可反对。这里的逻辑似乎很简单：你授权一个人去做事情，却反对他所做的事情，这等于是在反对你自己，因此是荒谬的。但是，在这个逻辑中，隐去了一个最重要的环节，就是人民授权国家做什么事情。按照契约论，人民授予国家的权力是用来维护正义、保护人民利益的，倘若国家用这个权力行使不义，损害人民的利益，人民也必须服从吗？这是霍布斯政治学中最遭人诟病的部分，后来洛克和卢梭拨正了这个被颠倒的逻辑，把绝对的主权归于人民而非国家。

霍布斯把国家主权的范围定得很宽，包括立法、裁判争执、决定和战、任命和赏罚官员等等，甚至也包括出版、学说、言论的审查，他说唯有这样才可防止纠纷和内战。一个思想家竟然主张禁止思想和言论自由，这又是让人感到惊讶的。不过，在这方面，他的说法是矛盾的。在同一本书里，他批评了对人们的信仰进行审查，说这是把仅仅是行为法则的法律扩展到了人们的思想和良知意识上去，使得人们不是由于表达了真实思想而受到惩罚，便是由于害怕惩罚而被迫表达不真实的思想，还说强迫人们指控自己的见解是违反自然法的。

霍布斯承认，绝对的权力会有不良的后果，但是，他争辩说，天下没有十全十美的事，比较起来，人民不服从国家的危害更大，那会导致内战和灾难。他主张君主握有绝对的权力，反对权力分立。在当时的英国，有上议院和下议院，原本是作为国王的咨询机构设立的，但权力逐渐扩大，形成了与国王之间权力分割的局面。他痛心疾首地说，倘若没有这种分割，英国不至于发生内战。那么，如果君主是暴君，该怎么办呢？人民不可以推翻他吗？霍布斯告诉你，暴君这种说法是错的，这么说的人是受了亚里士多德和西塞罗之流毒害，正是他们在书中声称，民主国家的人民是自由的，君主国家的人民是奴隶，人民有权杀死暴君，等等。西方人从小开始读这些书，养成了坏习惯，在自由的名义下赞成暴乱，结果弄得血流成河。所以，在君主国家，应该禁止人们读这些书，或者至少删除掉其中的有害内容。

5. 法律与权利

霍布斯由契约论得出君主专制的结论，显然是不合逻辑的。契约是自愿订立的协议，订约双方都必须遵守，如果有一方不遵守，契约即告解除。人民和主权者订立契约，把权力集中在国家手中，是为了让国家用这个权力贯彻自然法，保护人民的安全。霍布斯并没有忽视这一点，强调任何主权者都必须服从自然法，这是主权者的义务，不管这个主权者是一个人还是一个机构。但是，倘若主权者违背自然法，用权力侵犯人民的安全，人民是否应该收回权力，对于这个问题，他似乎不愿意正视。据我判断，这很可能是一种害怕动乱的心理在起作用。

无论如何，国家是建立在自然法基础之上的，霍布斯的这个观点是十分明确的。自然法的实质是公平正义，在自然状态中，这只是人们寻求和平的倾向和相关的道德品质，国家建立以后，就要用文字的形式加以载明和颁布，具有强制性，于是成了实际的法律，叫做民约法或成文法。民约法和自然法不是不同种类的法律，民约法是根据自然法制定的，必须体现公平正义。

霍布斯强调，必须严格区分法律和权利，不能把两者混淆，法律是义务，权利是自由，法律的实质恰恰是要限制权利和自由。自然法是对自然权利的限制，民约法是把这种限制确定了下来，不允许人们为了自我保存而互相伤害，剥夺了任何人可以不择手段满足自己欲望的自由。当然，换一个角度说，这实际上保证了人们的一种自由，就是免受他人伤害的自由，而这个意义上的自由就是权利。霍布斯的这个思想，已经包含了后来哈耶克等人所阐明的消极自由的概念，自由即他人的强制不存在。法律不是把权利授予人们，而是保护人们的一些基本权利不受侵犯。关于这些权利，霍布斯提到的有生命权、婚姻权、财产权等，这些权利的真实含义是，法律保护人们的生命、婚姻、财产不受侵犯。侵犯可能来自两个方面，一是自己之外的其他人，二是国家。如何防止国家本身对人民权利的侵犯，这是西方后来的政治理论关注的一个重点，但是，主张君主专制的霍布斯对此就只能保持沉默了。

关于法律，霍布斯还有一些很好的见解。他说，良法就是为人民的利益所需而又明确的法律。明确主要不在于词句，而在于把立法者的意图向人民说清楚，人民知道意图之后，词句少比词句多更易于了解，因为一切词句都可能发生歧义，增加词句就是增加歧义。因此，条文要尽量文字简洁，用词准确，涵义清晰。

法律的解释至为重要。成文法需要根据自然法进行解释，自然法需要运用自然理性进行解释。这个责任落在法官身上。一个好的法官是一个好的法律解释者，他的首要条件是对自然法的公平正义之实质有正确的理解，这不能靠读别人的书籍，而必须靠自己良好的天赋理性和纯正品格。法官的判决实际上是把对自然法的解释应用在当前的案件上，裁决诉讼人的要求是否合乎公平正义。无论是成文法的词句，还是以前法官的判例，都不足以成为一个合理判决的充分根据。因此，一个好的法官永远不会省略掉根据自然法原理来研判案件的工作。用这个标准来看，做一个好的法官谈何容易，而事实上好的法官何其少。

可以把霍布斯的政治学说归结为两个主要论点。第一，法律的本质是正义，即把每个人的自由限制在不损害他人的范围内。第二，国家的本质是契约，人民通过契约把权力转让给国家，国家的职责是用这个权力实施正义。这两个论点是霍布斯对政治学的重大贡献。但是，人民授出权力之后，如何确保国家用这个权力实施正义，如果国家用它实施不义，人民如何收回权力，霍布斯对此没有回答，或者做了错误的回答，这个问题要留待他以后的哲学家来解决了。

四　一个聪明的无神论者眼中的基督教

在《利维坦》一书中，霍布斯用了超过全书三分之一的篇幅讨论基督教问题。他的讨论有两个重点，一是用无神论反对基督教神秘主义，二是用国家主权论反对教权政治。他所处的时代，基督教在社会上和人们精神上仍然占据支配地位，像他这样直言不讳的无神论者是很少见的。从他的讨论中，我们可以看到，一个聪明的无神论者是怎样挑基督教的毛病的。对于基督教信仰中的一些重要观念，包括上帝、天启、天国、永生等，他提出了很有意思的见解。

1. 上帝只是一个表达尊敬的名称

基督教神学家们对上帝做了各种论证，下了各种定义，比如由万物的存在及其秩序推导出上帝是第一因，比如宣称上帝是无限、永恒、至善、神圣、造物主等等。可是，所有这些都不能告诉我们上帝究竟是什么，我们心中对于上帝仍然没有一个观念或映象。霍布斯说，由此可见，这些语词只是表达了一个愿望，就是要用所能想出的最好最高级的名词来形容我们的尊敬。因此，它们并无说明上帝之性质的哲理意义，只有表明我们的心情的心理意义。

霍布斯还指出，欧洲人之所以普遍信仰基督教，完全是教育的结果。他引用《圣经》上圣保罗的话来支持自己的论点："信道是从听道而来的。"在教会的统治下，人们从小就听道，从教士和父母那里受到相关的教育，因此在不同程度上信上帝，或者至少在口头上这样表示。在世界的其他地方，人们受到不同的教育，信上帝的人便少见。他没有说出的言外之意是，基督教信仰只是地方习俗，不是普遍真理。

2. 天启和奇迹不可信

神秘主义认为，信仰不能凭借理性，必须依靠天启。霍布斯告诉我们，天启不可信。一个简单的逻辑是，如果你自己没有得到超自然的天启，你怎么能够判断宣布者自称所得到的天启是真的呢？他认为凡天启都是假的，分两种情况。

一种情况是，宣布者相信自己真的得到了天启，而其实是幻觉。天启最常见的方式是托梦，梦见上帝对自己显了形或说了话。

霍布斯说，梦是自然现象，日有所思，夜有所梦，你总想着上帝，做这种梦就很自然，和天启完全不相干。有的人狂妄无知，毫无理由地对自己的圣洁品德抱有强烈的看法，认为自己因此够得上特殊天启的恩典，这也是一种做梦状态。如果他说自己看见了异象或听见了异声，那不过是说他做了一个白日梦，在恍惚之中把梦当成了异象和异声。天启还有一种方式是神灵附体，上帝突然借某人的口说话，这是一种癫狂状态。霍布斯说，如果有一个人和你娓娓而谈，告别时你想知道他是什么人，以便下次回访，他告诉你说，他是上帝本人，你无需其他证据就可以断定他是一个疯子了。

霍布斯把产生异常和反常行为的一切激情统称为癫狂，对之做了十分有趣的分析。从前人们认为癫狂的原因是鬼魂附体，其实真正的原因是被某种激情控制住了。为了说明这个道理，他讲了一个故事。在古希腊某个城市，曾经发生大批少女得疯病上吊自杀的事件，大家都认为是由于鬼魂附体，但有一位智者怀疑是由于被某种激情控制住，于是向当政者献策，把自杀者的尸体剥光衣服示众。在这之后，再没有少女自杀了，羞耻心这种更强烈的激情把疯病治好了。霍布斯指出，最可怕的是群体性的癫狂，一大群人自以为受了神的启示并且为此着迷，这时候可以发生最愚蠢且最野蛮的暴行，在群情激奋之中杀害任何被视为异端的人，即使这个人是自己的亲人或恩人。这正是发生大规模宗教迫害时候的情景。

自称得到天启的另一种情况是造假，宣布者是在说谎。这种人是骗子和野心家，试图把自己打扮成先知，以上帝的名义控制人们。他们最常用的手法是制造奇迹。所谓奇迹，就是不可能通过自然方式完成的事情，因此只可能是上帝亲手完成的。人们相信上帝是无所不能的，所以事情真正令人惊异的地方不在于它竟然能完成，而在于它是上帝应某个人的祈求或咒语而完成的，这就证明这个人是通神的。霍布斯说，其实这些人不过是在用普通的方法行骗和欺诈。比如说，一群人串通好，让一个人装成跛子，另一个人用符咒来医治他，其余的人作见证，就可以骗住许多人。有一种腹语人，练习了用吸气方式说话的技巧，就可以谎称自己说的话是从天上传来的声音。当然还有魔术，比如《圣经》上说的用法术把杖变成蛇，把河水变成血，霍布斯认为法术其实是用咒语包装起来的魔术，而咒语所要影响的不是那根杖和那河水，而是在旁边看的人，使他们相信眼前发生的是奇迹。由此可见，行骗的人只要了解人类普遍的无知、愚昧和迷信，是很容易取得成功的。霍布斯规劝说，对于所谓奇迹，你一定要根据它对自称能行奇迹的人会产生什么好处，来做出清醒的判断。

3. 不存在天国和永生

人们通常以为，基督教是主张天国和灵魂不死的，人死后灵魂会进入天国，得到永生。霍布斯指出，这种说法不但是理性所不能理解的，而且在《圣经》中也找不到根据。他试图通过对《圣经》文本的解读，来澄清这个误解。

首先，在《圣经》中找不到任何一处说，天上有一个让灵魂永生的地方，不管这个地方是在星辰所在的地方，还是在星辰之上被称为天国的更高处。如果说上帝的宝座是在天上，而大地是他的立足处，那么，《圣经》中也没有任何一处说，上帝的臣民所在的位置可以高于他的立足处，甚至高到与他的宝座相齐平以享受至福。

其次，如果把天国理解为上帝的国，那么，许多经文倒是证明，上帝的国在地上，是一个世俗国家，通过代理人加以统治。《新约》中说的基督的国，也是耶稣复活后建在地上的。

最后，关于永生，需要仔细辨析。霍布斯指出，说由于灵魂是不朽的，所以人类依据其本性就具有永生，这完全不是基督教的观念，而是来自"希腊人的魔鬼学"（指柏拉图哲学），认为人的灵魂是和躯体不同的实体。《旧约》讲得很明白，因为亚当犯的原罪，人类被剥夺了永生的权利。所罗门在《传道书》中说："因为人遭遇的，兽也遭遇。所遭遇的都是一样。这个怎样死，那个也怎样死。气息都是一样。人不能强于兽，都是虚空。"明确否定了人的灵魂不死。

《新约》中的说法比较复杂一些。基督的受难替所有信他的人赎了罪，为他们恢复了永生的权利。这个永生是一个什么情况呢？耶稣复活之后，将进行最后的审判，不但审判那时候活着的人，而且所有的死者都将复活以接受审判。坏人被判处永远的死。好人会获得一个性灵的躯体，这个躯体不吃不喝不性交不生育，而最重要的是不死。这样一个躯体似乎很符合灵魂的定义，不过，按照《新约》的说法，它不是居住在天上，而是居住在地上基督的国里。

灵魂不死的确不是基督教本身原有的信念，但是，它后来又的确成了基督教的核心信念之一。在这个改变发生的过程中，起关键作用的是柏拉图主义对教父哲学的影响。在历史的发展中，基督教已经不是创立时期的那个样子了，我们也许不宜把天国和

105

灵魂不死的观念从基督教中排除出去，但是，霍布斯的澄清是有道理的，《圣经》不是这个观念的来源和依据。

4. 服从国家和坚持信仰的关系

中世纪以来，教会权力与世俗权力之间发生了长期的斗争，而以教会权力的衰退为结局。霍布斯的立场十分明确，就是维护国家主权，不容教会干预世俗事务。不过，他同时也主张，国家不应该干预人们的信仰。倘若发生了这种干预，国家在信仰方面对人们施以强制，被强制的个人应该怎么办？对于这个问题，霍布斯发表了非常合情合理的看法。

他首先强调，国家只能管人们外在的行为，信仰是人们内心的事情，国家不应该管，实际上也管不了。可是，假如国家硬要管，比如禁止人们信基督教，那怎么办呢？当然，国家没法管到你的内心，让你内心也不信，但它可以强迫你发表不信的声明，如果你不服从，就把你抓起来，那又怎么办呢？换一个在当时更实际的例子，在基督教体系的国家里，假如国家命令内心信伊斯兰教的人到基督教的教会里去做礼拜，否则处以死刑，那么这个人是否要服从命令呢？我相信那种狂热分子一定会说，应该为信仰而死，决不可向强权低头。霍布斯可不是这种死脑筋，他告诉我们，应该服从命令，这只是一种表面的姿态，你做出这个姿态只是为了免于苦难和死亡，不是出于你的内心。像这种因为主权者的强迫做出的行为，在本质上就是主权者的行为，而不是你的行为，因此无损于你内心的信仰。

我赞同霍布斯的看法。在专制政权下，一个人表面服从强加的信仰，内心坚持自己的信仰，他仍是一个有真信仰的人。

参考书目

[英] 霍布斯:《利维坦》，黎思复、黎廷弼译，商务印书馆，1985

第十八讲

笛卡尔

我思故我在。

——笛卡尔

全世界的中学生都知道笛卡尔是一个数学家，他发明了坐标系，把几何和代数相结合，是解析几何学之父。作为哲学家的笛卡尔，虽然生前已经很有名，但当时没有人想到，有一天他还会被尊为近代哲学之父。今天这基本上是哲学界的共识，他的伟大是逐渐被认识到的。他之前的培根、霍布斯，都不是近代哲学的开创者，只能算是为近代哲学扫清道路的人。是笛卡尔实现了哲学的转折，为哲学开辟了新的方向。为什么给他这么高的评价，我在本讲相关部分再讨论。

一　为教育自己而学习

在讲笛卡尔的哲学思想之前，先讲一下他的生平，以及他在求知、写作和人格上的特点，这些特点是我非常欣赏的。

1. 生平

勒内·笛卡尔（René Descartes，1596—1650）是法国人。他从小体弱多病，性格内向、安静、细腻，像一个女孩。因为家

勒内·笛卡尔（René Descartes,
1596—1650）

境还算富裕，他不必谋职，可以算是一个自由职业者。法国哲学家大抵如此，不像英国哲学家那样当官员或家庭教师，也不像德国哲学家那样在大学任教。他大学上的是普瓦提埃大学，在法国是继巴黎大学之后建立的第二所大学，属于欧洲最古老的名校之一。大学毕业后，笛卡尔先后参军、周游欧洲和在巴黎居住，三十二岁那一年，他到荷兰定居。

笛卡尔在荷兰隐居了二十年。他是真正隐居，为了不受干扰，甚至不让朋友们知道他的地址。他当兵时的驻地就在荷兰，对那里有所了解。后来他回忆说，他之所以选择荷兰，是看中了两点。一是社会秩序良好，驻军的作用仅仅在于保障人们享受和平。二是居民人口众多，积极肯干，大家都好好过自己的日子，不去管别人的闲事。这就使他可以大隐隐于市——既能享受都市的便利，又能享受独处的安静。其实还有第三点，罗素指出：十七世纪时荷兰是唯一有思想自由的国度，霍布斯的书只能在荷兰刊印，洛克在英国最险恶的五年反动时期到荷兰避难，斯宾诺莎假若在任何旁的国家，恐怕早就被禁止出书了。笛卡尔的几乎全部主要著作，都是在荷兰隐居期间完成的。

在荷兰隐居的后半段，他还有一件作品，那是一个私生女儿。

他终身未婚，专注于思考和写作，但幸好不是不谙人间温情。他喜欢这个女儿胜过世上的一切，不幸的是，孩子五岁就夭折了，他说这是他一生最大的悲伤。

五十三岁那一年，在法国驻斯德哥尔摩大使沙尼雨的介绍下，一向不喜社交的笛卡尔与瑞典女王克里斯蒂娜开始了书信往来。女王多才多艺，不但通晓拉丁语和希腊语，而且能流利地说法语、意大利语、西班牙语、德语，兴趣广泛，尤其喜欢哲学。看来笛卡尔对这个交往还是比较投入的，寄赠女王一篇论爱情的论文，女王佩服之极，邀请他去宫廷给她讲哲学。他一再推辞，但盛情难却，王命不可抗，女王派了一艘军舰隆重地把他接进王宫。他何尝预料到，这一去就送了命。按照女王的要求，他必须每天清晨五点开始给女王讲课。对于习惯晚起的哲学家来说，这真是苦不堪言，加上身子骨单薄，经受不住北欧冬天的寒冷，不到三个月，他就得肺炎死了。

笛卡尔有一个女粉丝是女王，这很光荣，但最后证明这是他最大的不幸。一个女王对哲学的爱好，害死了那个时代最伟大的哲学家。据说笛卡尔死后，女王改信天主教，而瑞典法律规定统治者必须是新教教徒，女王因此放弃了王位。笛卡尔是天主教徒，不知女王此举是否出于一种负疚的心情？

笛卡尔的著作分两类。一类是数学和自然科学著作，有《屈光学》《气象学》《几何学》等。他最早致力写的是一部巨著《论世界》，以哥白尼学说为基础，广泛论述哲学、数学、自然科学的问题，慑于伽利略受迫害的前车之鉴，未完成就搁置了起来。另一类是哲学著作，主要有《谈谈方法》《形而上学的沉思》《哲学原理》《论灵魂的激情》。

2. 为教育自己而学习

《谈谈方法》是笛卡尔的哲学处女作，四十一岁时出版，在那之前他没有发表什么著作，三本数学、物理学著作也是这一年出版的。他真正是厚积薄发，有一个漫长的学习时期，而他的学习方式，用他自己的话说，是"满足于为教育自己而学习"。这句话说出了一切卓越者的共同特点，大师都是自我教育者，不管上没上大学，进没进名校，他们实质上都是自学成才的。在笛卡尔身上，这个特点格外鲜明。

在《谈谈方法》中，笛卡尔讲述了他的学习历程。他说：我自幼爱读书，进的又是欧洲最有名的一所大学，如果世界上任何地方有博学之士的话，我想那里就应该有。我怀着强烈的求知欲学习典籍，可是当我修完所有这些课程，照例被认为成了学者的时候，我却发现自己被这么多的怀疑和错误所困扰，没有学到任何确切的知识。因为这个缘故，一到年龄容许我摆脱师长约束的时候，我就完全抛开书本，决心自己指导自己，只研究可以在自己的心灵里或者在世界这本大书里找到的学问。

笛卡尔相信，自己凭借良知独立地探究，是最能够达到真理的。他观察到，由不同匠人制作的许多片段所构成的作品，其完满性往往远不如由一个匠人独自完成的作品。由一个建筑师一手设计和建成的房屋，总是比用从一些旧屋拆下的部件拼接而成的房屋漂亮整齐得多。同样道理，书本上的学问是由许多不同人的意见逐渐积累而成的，其接近真理的程度，就根本比不上一个有良知的人对所见事物自然做出的简单推理。要想透彻理解一样东西，跟别人学还不如自己发明。

笛卡尔并非反对读书，他说，遍读好书有如走访前代高贤，同他们促膝谈心，而且是一种精湛的交谈。不过，据罗素说，笛卡尔不是一个勤奋的人，读书不多，去荷兰的时候，随身没带几本书。他工作的时间也很短，他的著作好像是在短时期内集中精神写出来的。他的大部分时光，想必是在闲适的沉思中度过的。他强调，读书一定要有所选择，只读那些真正能给我们教益的人写的书。那么，应该读谁的书呢？我们发现，这个自学成才的人此时已经十分自负，他告诉我们，你若想学习哲学，不要从古代哲学读起，而应该读他写的书，受他的意见熏陶，这样才能明白什么是真正的哲学。他的这个说法只能姑妄听之，因为在我看来，他如果不读古代哲学，是创立不了他自己的哲学的，而我们如果不读古代哲学，也是欣赏不了他的哲学的。

3. 为明白事理的普通人写作

笛卡尔的文风值得一谈。罗素评论说："他的著作散发着一股在柏拉图之后和他之前的任何哲学家作品中都找不到的清新气息。从柏拉图到笛卡尔之间，所有的哲学家都是教师，沾着这个职业惯有的优越感。笛卡尔不是以教师的身份，而是以发现者和探究者的姿态写哲学，渴望把自己的心得传达给读者。他的文风平易近人，不是给哲学系学生读的，而是给日常生活中明白事理的人读的。并且这还是一种异常出色的文笔，近代哲学的开创者有这样可佩的文学感，对近代哲学来说是值得庆幸的。直到康德以前，在欧洲大陆和英国，他的后继者们都保持了他的非职业资格，其中若干人还保持了几分他的优良文风。"

这个评价公正贴切，我觉得也说出了我读笛卡尔著作时的感觉。他不是在课堂上讲学，也不是在书斋里做学问，而是如同与三五好友相聚，既诚恳又轻松地叙说自己的所感所思。他以一个哲学业余爱好者的姿态写作，写出了流传千古的哲学经典。

笛卡尔是自觉地这样做的，他的目标读者不是专业人士，而是明白事理的普通人。《谈谈方法》最能体现他的文风，这本书是用他的母语法文写的，而不是用当时通行的学术语言拉丁文写的，他说之所以如此，是"因为我觉得那些单凭自己干干净净的天然理性来判断的人，一定善于评判我的看法，胜过只信古书的人"。他还说，他在普通人的推理中所看到的真理，要比在读书人的推理中所看到的多得多。因为普通人是在对切身的事情进行推理，如果推论错了，其后果立刻会来惩罚他；而读书人是关在书房里进行思辨，所作的推理在他身上只会产生一种后果，就是离常识越远，从中获得的虚荣就越大，因为要把这些推理弄得像是真理，必须花费许多心思，运用许多技巧。

在笛卡尔看来，写得明白是要有本事的，晦涩含糊的文风倒是很适合于才智平庸的人。这种人靠了晦涩含糊就可以无所不谈，就好像一个盲人为了跟明眼人打架不吃亏，便把对手拉到漆黑的地窖里去。的确如此，一个人敢用明白的文风写作，得有底气才行。

笛卡尔写作的时候确实想着普通读者，他不但要求自己尽量写得明白，而且还教读者怎样读他的书。他的建议是，先通读全文，像看小说那样不必很用心，了解大意就行；如果发生兴趣，就读第二遍，理解书中思想的内在联系，遇到读不懂的地方不要停下来，用笔画出就行；到了第三遍，他说他相信读者会发现，以前用笔画出的大部分困难都能够解决了。我估计这是他自己的读书方法，那么可爱地向读者传授。

可是，这个在普通人面前平易近人的大师，在知识圈里却相当傲气。在他嘴里，"聪明人"是一个贬义词。他说：我曾经向一些非常聪明的人反复说明我的某些思想，他们听我讲的时候仿佛了解得很清楚，可是一复述就窜改得面目全非，令我再也不能承认这是我的思想。又说：别人花二十年工夫想出来的东西，只要告诉这种聪明人两三个字，他们就立刻以为自己在一天之内全都知道了，这种人越聪明，离真理就越远。最后他干脆说：最愚昧无知的人在一刻钟之内解决的问题，比最有学问的人一辈子解决的还要多。

因此，一般来说，他不愿意浪费时间和专业人士讨论。不过，在《谈谈方法》出版后不久，他用拉丁文写了《形而上学的沉思》，这本书的目标读者显然是专业人士，他把稿子送请六位哲学家或神学家提反驳意见，然后他做答辩，把这些反驳和答辩都放在书里出版了。由此可见，他并不走极端，在写书的时候，对普通读者和专业人士分别对待，但又是兼顾的。

4. 请让我安静地工作

笛卡尔这个人是相当清高的。他说，他与官位无缘，也毫无兴趣；对名声则讨厌多于喜欢，因为名声会妨碍安静，尽管如此，还是不能不得到某种名声，所以只好抱一种淡漠的态度。他最喜欢的是安静，对那些让他自由自在地过闲散日子的人表示衷心的感谢。

因为出名，自然就有许多人想结交他，他不胜其烦。他说，有一些人出于好奇，或者想学点东西，自愿给他出力帮忙，可是实际上帮不上什么忙，其实目的是以此为由，要他给自己讲解几个无聊的难题，或者把自己的破文章夸奖几句，应酬一番，而干这类事情，他的闲暇时间就被这些人支配了。他也讨厌因为书的出版，引起种种争辩，招来莫名其妙的毁誉，这些都会浪费他想要用于自学的宝贵时间。

他设问，假如世界上有那么一个人，人们确知他能够做出伟大的发现，给公众带来莫大的利益，因此大家都特别想帮他完成计划，那么，能够怎么帮呢？他回答说，帮得上的只限于两点，一是提供经费，资助必要的实验，二是谁也不要打扰他，浪费他的时间。他假设的这个人当然是他自己，但他紧接着用谦逊的方式表达了他的骄傲："何况我这个人还没有那么大的魄力，不敢保证自己的贡献一定超乎寻常，也没有那么大的派头，不敢想象大家都应当关心我的计划，而我的人格也不是十分卑鄙，那些可以被视为非分的照顾，我是一样都不肯接受的。"

笛卡尔对自己的使命有充分的自信，相信自己的思想成果将造福千秋万代。因此，他对同时代人的要求可以归结为一句话：不要打扰我，请让我安静地工作。

二 怀疑一切

笛卡尔的哲学思想有三个要点，就是：怀疑一切，我思故我在，二元论。这三个要点环环相扣，好像有一种逻辑关系，我用通俗的语言来叙述一下，笛卡尔是怎样推理的。首先，怀疑一切是出发点，我对什么都怀疑，既怀疑一切知识的真理性，也怀疑外部世界的真实性。其次，当我怀疑一切的时候，我发现，我无法怀疑我在怀疑，亦即无法怀疑我在思考，所以，思想是我的本质，我思故我在。最后，思想是我的本质，而身体不是，所以身体和思想、物质和精神是完全不同的东西，二元论成立。逻辑非常清晰，道理非常明白，是不是？不过，你也要用怀疑一切的眼光来看这个推理过程，其中是有需要追问的疑点的。

先讲怀疑一切，这是笛卡尔哲学思想的出发点。

1. 怀疑一切知识和观念

前面讲过，笛卡尔进了名校，读完课程，发现自己没有学到任何确切的知识，只是被怀疑和错误所困扰。以往的一切知识中，最令他疑惑的是哲学。他说，他当学生的时候就知道，凡是能够想象出的任何一种意见，不管多么离奇古怪，多么难以置信，都有某个哲学家发表过。对于同一个问题的任何一种不同的看法，都有博学的人支持。经过了千百年来最聪明的人钻研，哲学中仍然没有一样东西不在争论中，因而没有一样东西不是可疑的。他不敢希望自己的遭遇会比别人好，所以只好把哲学暂且搁置起来。

放下了书本，就去游历世界吧。他说，大学毕业后整整九年，他只是在世界上转来转去，遇到热闹就看一看，只当观众，不当演员。游历所见使他更加怀疑自己从小接受的一切观念了。他看到，生活在别处的人们，有与自己完全不同的习俗和观念，而理性能力并不比自己差。于是他想，同一个人，有着同样的心灵，自幼生长在法兰西人或日耳曼人当中，就变得大不相同。连衣服的样式也是这样，一种款式十年前时兴过，也许十年后还会时兴，但现在看起来就觉得古怪可笑。由此可见，我们所听信的大多是成规惯例，并不是什么确切的知识，有多数人赞成并不能证明就是真理。

无论读书，还是游历，都使笛卡尔感到，以往所积累的一切知识，现在人们所相信的各种观念，都是大成问题的。于是，他给自己确立了一个方法，就是在研究的时候，对于任何东西，只要发现其中有一点可疑的地方，就把它当作虚假的东西完全排除掉，决不把它当作真理接受。这个方法就叫怀疑一切。用这个方法排除了一切可疑的东西之后，再看看是否还剩下一点东西，是十分清楚明白地呈现在心智之前的，因而是无可怀疑的。先把心灵清空，腾出空间，然后安放上另外一些更好的意见，或者把原有的意见用理性的尺度校正之后再放回去，笛卡尔说，他深信用这种方法来指导自己，所得的成果将会大大超过只在旧的基础上进行建筑。

很显然，这个意义上的怀疑一切，和怀疑论是两回事。对于笛卡尔来说，怀疑是方法，不是主义。他自己说，他不是像怀疑论者那样，为怀疑而怀疑，决心怀疑到底，而是为了通过怀疑得到确信，把沙子和浮土挖掉，为的是找出可以用作地基的岩石和硬土。结果他真的得到了确信，创立了一种新的有明确信念的哲学。有人形容说，他是用怀疑论的材料修建了一座信仰的殿堂。

2. 更根本的怀疑：世界是不是一个梦

笛卡尔的怀疑，不但针对现有的一切知识和观念，而且针对感官所感知的外部世界。在一般人看来，梦和醒是两个不同的世界，梦中看见的东西是虚幻的，醒时看见的东西是真实的，他对此发生了怀疑。他如此想：梦中的感觉常常也是生动鲜明的，不亚于醒时的感觉，我怎么能知道前者是假的，后者不是假的呢？显然没有什么可靠的标志，可以让我清楚地分辨醒和梦。他说：想到这里，我不禁大吃一惊，以至于怀疑我现在是不是也在做梦。他进一步推论说：既然我梦中感觉到的东西不是从在我之外的对象得来的，那么，我凭什么相信我醒时感觉到的东西是在我之外真实存在的，会不会也像在梦中一样是幻觉呢？

笛卡尔还说，很久以来他心中有一个想法：有一个上帝，他把我像现在这个样子造了出来，可是，谁能向我保证，本来并没有地，没有天，没有物体、形状、大小、地点等等，而这个上帝偏让我产生错觉，以为自己感觉到了这一切东西？有时候他换一个说法，说：我担心有一个恶魔把我造成这样，使得我所看见的这个世界只是我的想象，在我的心灵以外并不存在。

当时哲学界有人反驳笛卡尔说，假想一个骗人的上帝，或者假想自己醒时仍在梦中，是多此一举。笛卡尔回击说：你说这种话真是一点哲学家的味道都没有。的确，哲学家之为哲学家，就在于超越常识，质疑常识。笛卡尔关于梦和醒的怀疑，一定会让我们想到庄周梦蝶的故事。事实上，最早提出这个怀疑的是咱们的庄子，而且至少在这个问题上，他比笛卡尔更有哲学家的味道，没有下一个独断的结论。笛卡尔的特点是从怀疑开始，以独断论结束，在这个问题上也是这样。他说他终于说服了自己，相信醒和梦有显著的区别。

按照他的说法，醒和梦的主要区别在于：醒时的经历有连续性，记忆可以把我的生活经历的各个部分互相连接起来；相反，梦中的经历没有连续性，记忆不能把我做的各个梦互相连接起来，也不能把这些梦与我的生活经历连接起来。他解释说：假如我醒时突然有人出现在我面前又突然不见了，就像梦中常见的那样，那么我就会认为这是我大脑里形成的一个幻影，不会把这看成是一个真人。现在，既然我在醒时知觉到的人和物不是这种情况，我能够清楚地认识到其出现的地点和时间，并且把我的相关感觉与我生活的其余部分连接起来，那么我就完全可以确定，我是在醒时而不是在梦中知觉到它们的。

对于这个解释，我可以提出两点异议。第一，有时候，梦中的经历也有连续性，就像连续剧一样，而且会重复出现以前梦中的场景和情节，因此，有没有连续性至少不是区别醒和梦的可靠标志。第二，如果说上帝或者恶魔把我造成这个样子，让我拥有对一个并不存在的世界的幻觉，那么，它完全可以把这个幻觉造得有连续性，因此，醒时的经历有连续性不能证明这个经历不是梦。

笛卡尔承认，不能根据感觉是否生动鲜明来区别醒和梦，因为梦中的感觉甚至更生动鲜明。但是，他认为，理性具有做这个区别的能力，一个证据是我们有时在梦中会觉察到自己是在做梦，而正是理性让我们能够有这样的觉察，意识到正在做的梦与现实是两回事。这个说法有一定道理。不过，觉察到自己在做梦，这本身可能仍然是梦境的一部分，梦套梦的情形是常有的。而且，我们所追问的正是理性凭什么来区别醒和梦，因为对这个区别发生困惑的正是理性。

也许笛卡尔自己也觉得他的解释没有力量，他最后诉诸上帝。他说：对于怎么知道梦中所见是假的、醒时所见不是假的这个问题，高明的人爱怎么研究就怎么研究吧，而我相信，如果不设定上帝的存在作为前提，是没有办法说出充分理由来消除这个疑团的。上帝创造了世界，而上帝不是骗子，绝不可能把毫无真实性的观念放进我的心灵里，所以我醒时看见的世界是真实的。他曾经怀疑上帝骗了他，现在则确信上帝不会骗人，但并没有说出由怀疑变为确信的理由。

3. 把怀疑和行动分开

笛卡尔的怀疑，是一种十分清醒的怀疑。其一，怀疑只是方法，目的很明确，是要寻求确信。其二，他很注意把怀疑和行动分开，不让怀疑妨碍日常生活。他自己说，他总是把追求真理和日常生活严格地区分开来。在追求真理时，必须有怀疑精神，不可以把任何没有得到证明的可疑的东西当作真理接受下来。在日常生活中，就不可能把一切事情都认识得非常清楚再行动了，相反，往往需要遵从一些明知不可靠的意见，把它们看成无可怀疑的。一个简单的道理是，我们可以怀疑感官，但在生活中必须依靠感官，否则寸步难行。

笛卡尔打比方说，在重建住宅之前，只是把旧房拆掉，备好材料，绘出设计图，那是不够的，还必须另外准备一所临时的房子，好在施工期间舒服地住着。同样，在为寻求真理而怀疑一切之时，必须在行动上排除怀疑，以求能够幸运地活着。为了这个目的，他给自己定下了一套临时的行为规范，共有三条：

第一条是服从国家的法律和习俗，笃守从小接受的宗教，在各种事情上遵从最合乎中道、最不走极端的意见，虽然从怀疑的角度已经把这些意见都看作一文不值。这一条讲的是处世，一个明智的人如何处理哲学的独立思考和社会的世俗生活的关系。

第二条是在行动上尽可能坚定果断。在无法分辨哪种看法最正确的时候，就遵从或然性最大的看法，即便看不出哪种看法或然性大一些，也要选定一种。一旦选定，在实践中就不再怀疑，把它当作可靠的看法毫不动摇地遵循。这就好像森林里的迷路者，既不能朝不同方向乱走，也不能停在一个地方不动，而是必须朝着一个方向尽可能笔直前行，尽管这个方向只是偶然选定的，但至少最后可以走出森林。这一条讲的是做事，行动的时候要完全排除怀疑。

第三条是永远只求克服自己，不求克服命运，只求改变自己的愿望，不求改变世间的秩序。除了自己的思想之外，没有什么事情是可以完全由自己做主的，所以如果在尽力之后仍然没有办到，就当它是绝对办不到的，不再放在心上。这一条讲的实际上是一种类似于斯多葛主义的人生态度。

三　我思故我在

笛卡尔的哲学，如果要用一句话来概括，就是"我思故我在"。这句话几乎成了笛卡尔的标签，即使哲学的门外汉，只要提起笛卡尔，也会立刻想到这句话。笛卡尔把这个命题称作哲学的第一原理，是他的全部哲学的基石。现在我们来看一看，他是怎么得出这个原理的，从这个原理又引出了什么结论。

1. 寻找第一原理

笛卡尔怀疑一切的时候，从来没有怀疑过哲学的价值，也没有怀疑过哲学中有一个第一原理，只是以往的哲学家都把它找错了，他决心要把它找到。

关于哲学的价值，笛卡尔说，一个人活着不研究哲学，就如同闭上眼睛不肯看世界，闭上灵魂的眼睛不肯看真理，那只是一种动物的生活。不过，没有一个人的灵魂如此卑下，宁愿牢牢地固守在感官对象上面，不会有那么一回想要转过来获得另一种更加伟大美好的东西，尽管不知道这个东西在哪里。一个民族的文明也是依赖哲学的研究，其最大的幸运是拥有真正的哲学家。

哲学是研究根本道理的，一切学问的根本道理都是从哲学中取得的。从事哲学研究的人应当首先研究根本道理中最重要的一个道理，也就是第一原理。第一原理必须满足两个条件：一是清楚明白，人心一注意到它就不能怀疑它的真理性；二是能够从它推导出其他一切道理。可是，迄今为止，符合这两个条件的第一原理尚未找到，以往哲学家们所建立的第一原理都是错误的，按照那些原理进行推导只会离真理越来越远。所以，他认为自己的使命就是努力在哲学上把可靠的第一原理建立起来。

2. 笛卡尔的第一原理

（1）我思故我在

据说笛卡尔是这样得出"我思故我在"这个命题的。某日，他穿着睡衣，坐在壁炉旁烤火，懒洋洋地想：哲学家们书里讲的道理是可疑的，不是真理；世界各地人们信奉的风俗和观念是可疑的，不是真理；我现在坐在壁炉旁烤火，但我怎么知道我不是在做梦呢，我以为自己看见的这个壁炉和火是否真的存在，甚至这个坐在壁炉旁烤火的我是否真的存在，都是可疑的……

想到这里，他跳了起来，对自己说：也许我是在做梦，也许我以为自己看见的这个壁炉和火是假的，但是，我不可能不存在，否则，是什么东西在怀疑自己在做梦，在以为自己看见了壁炉和火呢？我可以想一切都是假的，可是当我这样想的时候，这个在这样想的我必须是一个东西。我怀疑这，怀疑那，可是这个在怀疑的我的存在是无可怀疑的。我怀疑，我思考，单凭这一点就证明了我是存在的。我思故我在，笛卡尔哲学的第一原理诞生了。

（2）思是我的本质

在用我思考证明了我存在之后，笛卡尔继续追问，这个已经被证明存在的我究竟是什么。一方面，我可以设想我没有身体，可以设想没有我所在的世界，也没有我所在的地点，但是这都不影响我的存在，因为是我在做这些设想，我正是从我在思考确知我是存在的。另一方面，如果我一旦停止思想，则即使所有其余的东西都存在，有一个被认为是我的身体的东西，有世界万物，我都没有任何理由相信我是存在的。

笛卡尔由此得出结论：我是一个实体，这个实体的全部本质

124

只是思想。我是一个在思想的东西，除了思想，我看不出有什么别的东西必然属于我的本质。这个实体也就是人们称之为灵魂的那个东西。灵魂与身体完全不同，它不依赖任何物质性的东西，即使身体不存在，灵魂仍然不失其为灵魂。

（3）清楚明白是真理的标准

笛卡尔认为，"我思故我在"这个命题是无懈可击的，因为它立足于一个他清楚明白地看到的道理，这个道理就是：必须存在，才能思想。一个清楚明白的道理，就是一个自明的道理，不需要证明，你一看到就会立即相信，不可能有任何怀疑。必须存在，才能思想，这个道理难道还需要证明吗？

他强调，"我思故我在"这个命题不是用逻辑推导出来的。如果用逻辑推导，按照三段论式，要先建立一个大前提：凡是在思想的东西都存在。然后做推论：我是一个在思想的东西。最后得出结论：所以我存在。可是，他解释说，实际情况是，凭借精神的单纯本性就可以直接看出，如果我不存在，我就不能思想，所以无须运用三段论式，就可以得出命题"我思故我在"。这个解释好像不能成立，因为所谓不存在者不能思想，其实是凡思想者皆存在的不同表述罢了，笛卡尔顶多只能说，这个大前提是凭借精神的直觉建立的，而不是从别的命题推导出来的。

笛卡尔由此把清楚明白确立为判断真理的标准。他反复说，凡是清楚明白地思考到的东西，或者换一个说法，凡是清楚明白地认识到的道理，都是真实的，这可以建立为一条一般的规则。不过，他有时也承认，要确切地看出哪些东西是我们清楚明白地思考到的，却是有点困难的。

3. 关于笛卡尔第一原理的讨论

找到第一原理之后，笛卡尔高兴极了，把他的发现写成文章，寄给同时代几个最有学问的人，请他们反驳。这几个人都提出了自己的反驳或质疑，笛卡尔又一一答辩，最后他把文章、反驳、答辩结集成一本书出版，就是《形而上学的沉思》（中译本《第一哲学沉思集》）。在参加讨论的人中，有一位是英国哲学家霍布斯，当时他正旅居巴黎，发表了许多有意思的看法，我将主要引用他对笛卡尔的反驳。

（1）关于我思故我在

霍布斯比笛卡尔年长八岁，人又聪明，讨论时有点教训后生的口气。也许在他眼里，笛卡尔只是一个初出茅庐的新手，他哪里想到，有一天这个新手在哲学史上的地位会比他遥遥领先。不过，看到当年这些智者之间的讨论认真又坦率，我真是觉得可爱。

我先补充讲一下霍布斯在醒和梦问题上的说法，很能表明他的风格。笛卡尔说没有可靠标志可以区别醒和梦，霍布斯表示赞同，说单凭感觉的确不能区别，因为醒时所感觉到的也不是外界事物的真实样子，要证明外界事物的存在，就必须借助于其他推理。然后，他嘲笑说，柏拉图以及许多古代哲学家早已指出了感觉的不可靠，所以他宁愿这位想要提出新思想的优秀作者不必发表这么老的东西。对此笛卡尔答辩说，他讲自己怀疑的理由不是为了沽名钓誉，而是如同一个医师应该把所要治疗的病症描述出来。

关于我思故我在，霍布斯首先指出，奥古斯丁早就说过为了出错必须存在这一类的话，出处是《自由意志》一书第二卷第三章，所以笛卡尔先生作为他的全部哲学的第一原理所建立的东西也不是什么新的发现。霍布斯所言不假，我在讲奥古斯丁的时候谈到过这个内容。他接着提出的反驳就更好玩了，他说，从我思推不出我在，因为可以用同样的推理说，我散步故我在。思想和在思想的人，散步和在散步的人，虽然实际上是分不开的，然而是两回事，从前者不能推出后者。这个用半开玩笑的方式提出的反驳实际上是很深刻的，揭露了"思"和"我"是两回事，从"思"的存在不能推出"我"的存在，后来罗素和尼采都把这一点看作要害。笛卡尔在答辩时没有回应这一点，而是按照他自己的思路回答说：我在散步这个行为并不具有形而上的可靠性，因为我可能是梦见我在散步，但是，如果我是在思考我在散步这个行为，我就可以推论出我的存在。

（2）关于思是我的本质

关于思是我的本质这个论点，霍布斯的反驳包含两个要点。

第一，说我在思想，因而我在本质上是思想，这等于是说，思想在思想。这是经院哲学的混乱说法，和笛卡尔先生所主张的清楚明白是极不相称的。

第二，从我在思想也许可以推导出思想是属于我的本质的，但不能推导出任何别的东西都不属于我的本质。笛卡尔把我思这个观念当作唯一的前提来做推论，所以，毫不奇怪，这个观念里没有包含的东西就都被排斥掉了。一个在思想的东西完全可以同时也是一个物质的东西，因此如果认为身体也属于我的本质，这本来是讲得通的。把我的本质归结为思想，这是柏拉图学派的意见，而笛卡尔是声称反对这个学派的。

在参加讨论的人里面，也有人提出类似的反驳，指出从我在思想不能推导出我的本质仅仅是思想，而把其他可能属于我的本质的东西都排除掉。他们责问道：你知道你是一个在思想的东西，可是你并不知道这个在思想的东西是什么，你怎么证明一个物体不能思想，思想不是一种物体性的运动呢？

笛卡尔的答辩基本上是重述他的二元论学说，强调精神与物体的不同。

（3）关于清楚明白是真理的标准

关于清楚明白是真理的标准，霍布斯反驳说，清楚明白这种说法很不明确，因此根本不能用作标准。那种一根筋的人都自以为具有这样的清楚明白性，而且他们的意志比知识丰富的人更为坚定，绝不怀疑自己所认的死理，但这并不能证明他们认的死理是对的。

讨论中还有人也指出，持不同见解的人都自以为清楚明白地理会了自己所辩护的见解，而这当然不能证明所辩护的见解是真理。

乍看起来，清楚明白这个标准的确是模糊的，本身是不清楚明白的。不过，笛卡尔提出这个标准是有他特别的考虑的，但没有引起讨论者的注意。关于这一点，我在下面再讨论。

4. 为什么说笛卡尔是近代哲学之父

笛卡尔建立的哲学第一原理，在建立当时已经招来同行的质疑和反驳，而到了晚近代和现代，也有大哲学家对"我思故我在"这个命题提出了反驳，认为它不能成立。例如尼采指出，笛卡尔从"思"的现象出发，但给"思"安上了一个主体"我"，这就已经包含了两个假设：第一，"思"有一个思考着的东西作为原因；第二，这个思考着的东西是"我"。这两个假设都是未经证明的，因此所谓"我思"在逻辑上不是自明的。罗素也指出，笛卡尔把"我思"当作原始前提，可是这里的"我"字于理不通，已知事项是"思"的存在，"我"不是已知事项。笛卡尔也没有在任何地方证明过思需要有一个思考者，而且除了按语法上的意义来讲，并没有理由相信这一点。

这两位思想截然不同的哲学家有一个相同的看法，就是给"思"安上一个叫做"我"的主体是未经证明的，并且是错误的。作为普通人，我们会想，思想怎么可能没有一个在思想的人作为主体呢，而这个在思想的人不就是"我"吗？这个问题比较复杂，我在这里无法展开讨论。我们只需知道这一点就可以了："我思故我在"这个命题在逻辑上是成问题的，并不是自明的。

但是，这个命题虽然在逻辑上不能成立，却有重大意义。罗素指出：不把外界对象而把思维看成是"原始的经验确实项"（prime empirical certainties），这一个决断非常重要，对后来的一切哲学有深刻影响。从古希腊到中世纪，哲学家们都在宇宙中、在外部世界中寻找存在的根据，笛卡尔把方向转了过来，在主体（我）和意识（思）中寻找存在的根据，造成了哲学的根本转折。

笛卡尔对他造成的这个转折有相当的自觉性。他明确地说，在运用他的方法时，精神不是像惯常那样面向外界的物体，而是以某种方式转向它自身，探究在它自身里的观念。在这种方式下，每个观念都是精神的作品，具有从思维所获得的那种形式的实在性，而并不要求别的形式的实在性。如果把观念仅仅看作我的思维的某些方式或方法，观念本身不能够是假的，错误只发生在判断中，即断定观念与外界对象的相同或相似。这些论述非常深刻，了解现代哲学的人知道，笛卡尔实际上开启了现象学的方法。

这里就涉及"清楚明白"这个标准了。精神反顾自身，去看自身中的观念，就会看到它们是清楚明白的。但是，要做到这一点，必须摆脱感觉的习惯。笛卡尔说，在形而上学的问题上，主要的困难就在于清楚明白地领会精神中的观念，因为观念的自明性会由于感官的干扰而被弄得模糊起来。因此，在这方面需要训练自己，唯有非常用心并且致力于尽可能把精神从与感官的交往中摆脱出来，才能够认识形而上学的真理。有些人精神陷入感官里如此之深，以致除了用形象之外就什么也体会不了，这样的人便与形而上学无缘。

如果要问精神中的观念是什么，我们发现，笛卡尔仍是沿用了柏拉图的观点。他举例说：当我想到数、三角形等观念的时候，我会觉得这些观念早已在我心中，只是过去我没有把思想转到这些观念上去，而现在像是回忆起了我过去已经知道的东西，不管它们有无在我以外存在，它们都确实存在于我心中。他说的显然就是柏拉图的理念。

笛卡尔的"怀疑一切"以一种醒目的方式提出了认识论的核心问题，即人的认识中有什么东西是可靠的，而他的"我思故我在"则试图在人的主观意识中寻找这种可靠性。在他之后，哲学家们越来越重视对人的认识的研究，认识论取代本体论成了哲学的中心。在认识论问题上，近代哲学家分两个流派。一派是英国经验论，认为经验是认识的唯一来源，洛克、休谟是最重要的代表。另一派是大陆唯理论，认为理性中有天赋的观念，笛卡尔是这一派的带头人。这两个流派从笛卡尔开始分叉，最后在康德哲

130

学里汇合。笛卡尔本人对认识论没有做多少研究，但是他把哲学的注意力从外部世界扭转到了内在意识领域，开启了这个方向的研究，因此被公认为近代哲学之父。

四　灵肉二元与上帝

笛卡尔哲学分三部曲，怀疑一切是认识论，"我思故我在"是认识论向本体论的过渡，二元论与上帝存在的证明是本体论。罗素评论说，笛卡尔哲学的建设性部分远不如破坏性部分有意思，所谓建设性部分就是指笛卡尔的本体论。近代哲学往后发展，否定本体论越来越成为主流，笛卡尔的本体论显得像是中世纪的残余，因此罗素说它意思不大。大致来说，英国经验论哲学家对本体论都是不感兴趣的，大陆唯理论哲学家或多或少都对世界的本质有所论断。我本人认为，形而上学作为解释世界的理论模式，始终有其必要性和价值。我们不妨看看笛卡尔是怎么解释世界的。

1. 灵魂和肉体是不同的实体

笛卡尔从"我思故我在"推论出思是"我"的本质，这个以思为本质的"我"通常被称作灵魂，是我之所以为我的那个东西。他说，我对我自己有一个清楚明白的（adequate）观念，即我是这样一个有思想而没有广延的东西。广延，意思是形状、体积、大小这一类物理性质。灵魂是一个实体，其特点是有思想而无广延，这是一个方面。

另一方面，我对肉体也有一个清楚明白的观念，即它是一个有广延而不能思想的东西。所以，肉体是另一个实体，它和灵魂完全不同，其特点是有广延而无思想。这里有一个疑点，笛卡尔的前提是"我思"，而从"我思"是推论不出我有一个肉体的，更不必说对肉体有一个清楚明白的观念了。对这个疑点我暂且按下不谈。

总之，有两个截然不同的实体，即灵魂和肉体，或者说精神和物体。所谓实体，是指一种本原性的存在，不是别的东西把它产生出来的。灵魂和肉体是两个平行的实体，互相不能产生。

一切物体因为有广延，所以是可分的，灵魂因为没有广延，所以是不可分的。灵魂是一种单纯而完整的东西，你绝不能想象有半个灵魂、四分之一个灵魂。虽然灵魂好像是和肉体联结在一起的，可是当一只脚、一条胳臂或别的部分从我的肉体截去的时候，我的灵魂并没有被截去什么东西。也许有人会问，灵魂不是包含意志、感觉、理性等组成部分吗？笛卡尔告诉你，不可以这样理解，因为灵魂是作为整体在愿望、感觉和理解的。

既然灵魂是和肉体完全不同的实体，那么，由此可以做出推论：它应该没有肉体也能够存在。这就给了我们一个希望，在肉体死亡以后，灵魂仍然活着。从本性来说，灵魂应该是不死的。

由于灵魂和肉体总是结合在一起，人们就养成了一种习惯，把它们看成是一个东西。可是，两个东西结合在一起，并不等于它们就是一个东西。笛卡尔强调说，因为这种把精神的东西和物体的东西混淆的习惯根深蒂固，所以他要不惮其烦地通过准确的检查把它们区别开来。

2. 关于两种不同实体的讨论

对于两种实体的理论，笛卡尔邀请的讨论者们提出了一些反驳，他做了答辩。大致有以下三点。

第一，讨论者提出，思想的功能明显会受到肉体状况的影响，在小孩身上微弱，在疯子身上近乎丧失，如此等等，说明思想是肉体的一种功能。答辩：这只能说明思想的功能会被肉体器官的某些状况所阻碍，但从这一事实绝对得不出它是由肉体器官产生的这个结论。当灵魂和身体结合在一起时，它是把身体当作一个工具来使用的，工具的好坏会影响灵魂的思维能力，但思维能力属于灵魂而不是属于工具。一个工匠使用好的工具时工作得好，否则工作得不好，你不能由此得出结论说，好工具是工匠技艺的来源。

第二，讨论者提出，灵魂不是人特有的，动物也有灵魂。笛卡尔指出，这是语言造成的混淆。在人身上，为维持生命活动而具有的那种意识是与动物相同的，人所特有的是为进行思维活动所具有的那种意识，而在语言形成的时候，二者都被叫做灵魂。我们可以把后者称作精神，实际上也就是人们称之为理性的那种东西，它是人的灵魂的主要部分。

谈及这个话题，笛卡尔提出了机器人的有趣设想。他说，如果制造出一些机器，形状和人一样，并且能够尽可能不走样地模仿我们表现感情的自然动作，我们仍然有两条非常可靠的标准，可以用来判明它们并不因此就是真正的人。第一条是，它们绝不能像我们这样使用语言或者其他信号，来向别人表达属于它们自己的思想。第二条是，它们虽然可以把许多事情做得和我们一样好，甚至更好，但决不能做没有给它们设定过的事情。由此可见，它们的活动所依靠的并不是认识，而只是它们的部件结构。理性是万能的工具，可以用于一切场合，那些部件则不然，一种特殊结构只能做一种特殊动作。在这里，笛卡尔实际上是超前地在探讨人工智能问题，而在他看来，人工智能永远不可能超过人类的自然智能，因为机器没有理性，没有灵魂。

第三，讨论者提出，从灵魂与肉体的区别不能得出灵魂不死的结论，因为上帝完全有可能这样来造人，让人的灵魂的延续时间与肉体生命的长度相等。对于这个反驳，笛卡尔表示，他没有什么可答辩的，因为他没有那么大的胆量，企图用人类的推理能力来确定一件只取决于上帝意志的事情，这个问题只能由上帝自己来回答。很显然，对于他来说，灵魂不死只是一个假设。或者，更确切地说，是一个愿望，一个信念，因为他接着说，没有任何证据使我们相信，只是因为形状的改变这样一个微小的原因，像精神这样伟大的实体就应该毁灭。

3. 上帝是最高的实体

有两种实体，从人来说是身体和灵魂，从世界来说是物质实体和精神实体，两种实体性质完全不同，彼此之间没有丝毫关系。这是彻底的二元论。可是，这就发生了一个问题：如果身体和灵魂毫无关系，它们如何能够协调一致？如果物质实体和精神实体毫无关系，世界如何能够有秩序？为了把两个不同的实体联系起来，笛卡尔引进了第三个实体，而且是一个最高的实体，就是上帝。是上帝创造了身体和灵魂、物体和精神，让它们之间有了联系。上帝是绝对的实体，物质实体和精神实体是两个相对的实体，它们彼此独立，但都依赖上帝才得以存在。

笛卡尔对上帝的存在也做了一番论证，基本意思是，我有一个无限的、完满的实体的观念，我自己是一个有限的、不完满的东西，不可能从自己产生这个观念，因此一定是有一个真正无限的、完满的实体把这个观念放在我心里的，它就是上帝。很显然，这个论证毫无新意，只是抄袭了安瑟伦的本体论论证。

对于笛卡尔的上帝论证，讨论者们提出了一些反驳，归结为一点，是说人心中并没有上帝观念，因此以上帝观念为前提的论证就完全不能成立了。其一，如果说上帝观念是一个无限实体的观念，那么，人心只能领会有限，不能领会无限，无限这个观念只是通过对有限的否定来领会的。笛卡尔对此答辩说，人心中首先有的是无限观念，只是因为和这个观念做了比较，我才会看出我的本性的有限，因此产生种种怀疑。其二，如果说上帝观念是一个完满实体的观念，那么，完满这个观念或者是我们因为自己的不完满而想象出来的，或者是我们把自己身上的一些品德加以扩大而造成的，而实际上人心对这个最高的完满仍然形成不了一个真实的观念。笛卡尔对此答辩说，把人的完满扩大到这种无限超出人自身的程度，这种能力是我们不可能具有的，只能来自上帝，因此恰恰证明上帝是存在的。

笛卡尔的物质实体和精神实体二元论，最后实际上是归结为了上帝一元论。实体是本原性的存在，物体和精神都是上帝创造的，因此都不成其为真正的实体，只有上帝才是唯一真正的实体。

4. 对笛卡尔本体论的分析

笛卡尔从"我思"出发，一步步推论到上帝的存在，表面看来步骤清晰，有条有理，其实有许多疑点。第一，作为前提的"我思"，已经给"思"预设了一个"我"作为"思"的承载者，摘下面具，它就是灵魂实体。第二，说"我思故我在"是一个可以清楚明白地看到的真理，这个清楚明白是有疑问的，由此把清楚明白确立为真理的标准更是有疑问的。第三，由"我思"推论不出一个身体实体。第四，由"我思"推论不出人心中有一个上帝观念，更推论不出上帝的存在。

在完成这个有诸多疑点的推论之后，我们发现，笛卡尔最后是用上帝存在来解决所有的疑点的。上帝的存在担保了灵魂和身体两个实体的存在，担保了清楚明白的理性能力和真理标准，凡是由"我思"推论不出的东西，因为有上帝做担保，就都得以成立了。他实际上是倒过来论证的，作为结论的上帝之存在，为此前的推论提供了决定性的论证。在他的哲学中，上帝存在的论断是最大的独断论，他用这个独断论一劳永逸地消除了一切怀疑。

举例来说，在推论过程中，他一直在使用清楚明白这个标准，而最后他是用上帝来论证这个标准何以成立的。他说，上帝作为完满的实体，是一切真理的来源，并且把我们的理性创造得具有这样的性质，在清楚明白地看到真理时绝不会出错，因此清楚明白地认识的观念就必然是真的。他还说，如果不承认上帝存在，我们就永远不能摆脱怀疑。即使像二乘四等于八这样的算式，你问我为什么二乘四一定等于八，我承认我说不出什么道理，只能说是上帝安排了这个真理，并且让我们清楚明白地看到了这个真理。所以，一切知识的真实性和可靠性都取决于上帝的存在，取决于我们对上帝之存在这个唯一的认识。这里面的确存在一种倒过来的论证，因为在他还没有对上帝的存在做任何论证的时候，他就已经在使用清楚明白这个标准了。这里面还存在一种循环论证：因为我清楚明白地看到我心中有上帝的观念，所以上帝是存在的；因为上帝的存在，所以我清楚明白地看到的观念都是真的。

不过，我们也许不必细究逻辑上的毛病，而应该领会笛卡尔的用心。他喜欢讲一句话：上帝不是骗子。这就是说，我们必须相信，上帝既不会让我们对外部世界的知觉仅仅是幻觉，也不会让我们清楚明白认识到的观念是错误的。我们需要一个上帝，是为了排除所有根本性的怀疑和困惑，对世界的真实存在、人类的认识能力、人生的可靠意义都怀有信心。

参考书目

[法] 笛卡尔：《谈谈方法》，王太庆译，商务印书馆，2000

[法] 笛卡尔：《第一哲学沉思集》，庞景仁译，商务印书馆，1986

第十九讲

帕斯卡

这无限空间的永恒沉默使我恐惧。

——帕斯卡

布莱士·帕斯卡（Blaise Pascal，1623—1662）出生于法国外省一个小地方，没有受过正规的学校教育，父亲是一位著名的数学家，指导他学习。他主要是作为数学家和物理学家留名青史的，单是用他的姓氏命名的数学、物理学的定理和定律就有三个，而为了纪念他的贡献，国际单位制中压强的单位 Pa 也是用他的姓氏缩写标记的。

他是一个数学神童，十来岁时就独立发现了欧几里得几何的许多条定理以及勾股定理。十六岁时，他发现了圆锥曲线内接六边形三对边的交点共线，这个定理后来被命名为帕斯卡定理。当时他跟随父亲在巴黎，父亲交往的学界精英中有笛卡尔等人，笛卡尔对他由此表现出的数学天赋感到难以置信。十八岁时，他设计并制作了一台能够自动进位的加减法计算装置，是世界上第一台数字计

布莱士·帕斯卡（Blaise Pascal，1623—1662）

算器，为后来的计算机设计提供了基本原理。他在数学上的成就还包括：代数中命名为"帕斯卡三角形"的二项式展开式系数规律；以积分学原理解决摆线问题，启发了微积分学的建立；与数学家费马共同创立概率论，等等。在物理学领域，他提出了流体能传递压力的定律，这个定律后来被命名为帕斯卡定律。此外他还有水银气压计、水压机、注射器等一系列发明。

这位数理天才三十三岁时躲进了修道院，开始过隐居生活，沉思哲学和神学问题，写下《思想录》一书。他英年早逝，只活到三十九岁。我们把他当作哲学家，就是因为《思想录》这本书。此书的写作在一定程度上受到蒙田的影响，书中多有与蒙田呼应或争议的地方，但两人的个性截然不同，蒙田是散淡之人，而他则既充满激情，又富有理性思辨。体裁也不同于《随笔集》，是随感、格言、片段思绪的一个结集。他无意建立体系，对本体论和认识论问题未做系统的探究。他的精彩在于，立足于人在宇宙中的根本处境，对人生意义和信仰的问题进行了紧张而独到的思考。

一　人是一支能思想的芦苇

1. 人在宇宙中的处境

对于人在宇宙中的可怕而悲惨的处境，帕斯卡有最真切最强烈的感受，在其他哲学家的著作中难以看到可与之相比的描述。为了不失去其震撼人心的力量，我要尽量按照原文引述一些主要的段落和语句。

人在宇宙中的处境有五个特点。

一是渺小，面对宇宙的无限空间和永恒时间，我的存在几乎等于零。"当人想到自己是维系在无限与虚无这两个无底洞之间的一小块质量之内时，他对这怪异的景象不能不感到战栗。""当我思索我一生短促的光阴浸没在以前的和以后的永恒之中，我所填塞的狭小的空间，乃至我所能看得见的狭小的空间，浸没在我所不知道并且也不知道我的无限广阔的空间之中，我就感到极其恐惧和惊异。"

二是偶然，我出现在空间和时间的哪个点上，存在多久，都是偶然的，毫无理由的。"我看到整个宇宙的可怖空间包围了我，我发现自己被附着在那个广漠无垠的领域的一角，而我不知道我何以被安置在空间的这个点上而不是另一个点上，也不知道我得以生存的这一小点时间何以被固定在先我而往的和继我而来的全部永恒中的这个点上而不是另一个点上。我看见的只是各个方向的无穷，它把我包围得像一个原子，又像一个稍纵即逝的影子。"

三是无知，在极其短暂的生存的片刻，我被无边的黑暗包围，对一切包括对自己都是无知的。"我不知道是谁把我安置到世界上来的，也不知道世界是什么，我自己又是什么。我对一切事物都处于一种可怕的愚昧无知之中。我不知道我的身体是什么，我的灵魂是什么，甚至不知道我自己的那个部分是什么，它在思考着我所说的话，它对一切包括它自身进行思考，而它对自身之不了解丝毫不亚于对其他事物。"

四是死亡，我偶然地出生，却必然地归于消灭，莫名其妙地昙花一现，不留丝毫痕迹。"我所知道的全部，就是我很快会死去，然而我最为无知的又正是这个我无法逃避的死亡本身。正像我不知道我从何而来，我同样也不知道我往何处去；我只知道在离开这个世界时，我会永远地归于乌有，或是落到一位愤怒的上帝手里。"“让我们想象有一大群人披枷戴锁，都被判了死刑，他们之中天天有一些人在其余人的眼前被处决。那些活下来的人从同伴的境况里看到了自身的境况，他们充满悲痛而又毫无希望地面面相觑，都在等待着轮到自己。这就是人类境况的缩影。"

五是荒诞，我被莫名其妙地抛入人生，不知道来这里要做什么。"看到人类的盲目和可悲，仰望全宇宙的沉默，人被遗弃给孤独的自己而没有任何光明，仿佛迷失在宇宙的一角，不知道是谁把自己安置在这里的，来这里要做什么，死后又会变成什么，这时候我就陷于恐怖。这就像一个人在沉睡之中被带到一座荒凉可怕的小岛上，醒来后不知道自己是在什么地方，也没有办法可以离开一样。"

这是一幅触目惊心的恐怖图景，我相信这幅图景时刻呈现在帕斯卡眼前，使他不得安宁，必须寻找解救之道，探究人类生存的意义究竟何在这个头等重大的问题。

2. 人们的麻木令人震惊

让帕斯卡感到震惊的是，绝大多数人对人在宇宙中如此悲惨的处境竟然麻木不仁，视若不见。对于人来说，没有什么比人的生存状态更为重要的了，也没有什么比沦于永恒的虚无更令人惊心动魄的了。对如此重大的事情漠不关心，这是根本不自然的。可是，偏偏这最重大的事情，竟又是最为人所忽略的。人们甚至担心着最细微的小事，为此日日夜夜都在愤怒和绝望之中度过。正是这同一个人，唯恐丧失一个职位或者害怕有人讲他坏话，而与此同时，明知自己死了会丧失一切，却丝毫没有感到不安。帕斯卡说，看到同一颗心在同一时间里，既对最微小的事情这样敏感，又对最重大的事情那样麻木得出奇，这真让人感到荒唐。"人们对小事的感觉敏锐和对大事的麻木不仁，这标志着一种奇怪的颠倒。"他觉得居然会有任何人处于这种状态，都是无法置信的，然而经验显示这种人的数量实在太多，他就只好认为其中大部分人是在模仿别人，而并非真心如此，否则就无法解释了。

帕斯卡看到，他周围有一些人对人的悲惨处境是有所感觉的，但他们认为想这个问题是白费力气，毫无解决的希望，不如在自己身边寻找一些开心的目标，沉醉于其中。他说他无法这样做，因为他不能忍受自己浑浑噩噩地度过一生，糊里糊涂地走向死亡，也因为他怀有希望，也许能够在黑暗中找到光明。

3. 人是一个被废黜的国王

人在宇宙中的处境是可悲的，万物在宇宙中的处境都是可悲的，但是，"一棵树并不认识自己可悲"，动物也不认识自己可悲。唯有人认识自己可悲，把对于万物是自然的情形看作可悲，这正是人的伟大之处，这正证明了人的伟大。帕斯卡从这个思路中找到了希望。笛卡尔从怀疑出发找到对存在的确信，他从可悲出发找到对伟大的确信，二者的思路是相似的。

帕斯卡由此推断，人认为自己的处境可悲，说明人在宇宙中的处境曾经不是如此，人是从一度所拥有的美好的处境坠落下来的。所以，这是一个失掉了王位的国王的可悲。人是一个被废黜的国王，因为倘若不是这样，有谁会由于自己不是国王就觉得自己不幸呢？

人始终在焦灼不安地寻找那失掉了的王位，可是始终没有找到，人类已经走入歧途。我们追求幸福，得到的却是不幸和死亡。我们寻求真理，得到的却是无知和谎言。如果人从来是腐败的，就不可能对幸福和真理有任何观念。如果人没有腐败，就应该已经得到幸福和真理。由此也可见，我们曾经处于一种完美的境界，不幸从那里坠落下来了。

人是一个矛盾体，既伟大又渺小，既高贵又卑贱。人是万物的法官，又是地上的蠢材，是真理的贮藏所，又是错误的渊薮，是宇宙的光荣，又是宇宙的垃圾。我们要尊重自己的价值，爱自己身上的伟大，决不可爱自己身上的卑贱。

4. 人的全部尊严在于思想

"人是一支能思想的芦苇"，这是帕斯卡最著名的一句名言，概括地说明了人的渺小和伟大、卑贱和高贵。

人是一支芦苇，形容的是人的渺小。人是自然界最脆弱的东西，用不着整个宇宙都拿起武器来才能毁灭他，一口气、一滴水就足以致他于死命。即使是人造就出来为自己服务的东西，也可以成为致命的，墙壁可以压死我们，楼梯可以摔死我们。但是，人不是一支普通的芦苇，而是一支能思想的芦苇。"纵使宇宙毁灭了人类，人仍然要比致他于死命的东西高贵得多，因为他知道自己要死亡，以及宇宙对他所具有的优势，而宇宙对此却是一无所知。"帕斯卡由此得出结论："人的全部尊严就在于思想。"

现在帕斯卡找到了人比宇宙伟大的地方了,无限宇宙的永恒沉默似乎就不那么可怕了。宇宙有的是什么?空间。人有的是什么?思想。由于空间,宇宙囊括了我并且吞没了我;由于思想,我却囊括了整个宇宙。宇宙把我当作一个微不足道的质点放在它的空间之中,我则把整个宇宙作为我的认识对象放在我的思想之中。空间哪有思想伟大?"一切的物体、太空、星辰、大地和地上的王国都比不上最渺小的精神;因为精神认识这一切以及它自己,而物体却一无所知。所有的物体合在一起,都不可能从中产生出一丝一毫的思想来。"

因此,人追求自己的尊严应该诉诸思想,而不是诉诸空间以及空间中的一切,你占有多少土地都不会有用。人是为了思想而生的,可是人们是怎样不思想而活着啊,只惦着买房、置地产、娱乐、打仗、当国王等等,从不思考如何为人的处境寻找一条出路,人怎样生活才有意义。我们也许可以说,使帕斯卡感到悲哀的是,太多的人因为不思想而成了普通的芦苇。

二 信仰是一场赌博

人的尊严在于思想,因为能思想,人能够认识自己在宇宙中的可悲处境。但是,如果思想的作用仅止于此,人仍然是可悲的,思想还应该帮助人在这可悲处境中寻找一个出路。在帕斯卡看来,这个出路只能是信仰。他是一个奥古斯丁式的基督徒,情感和理性皆强,因此在走向信仰的道路上,内心充满了渴望和困惑。不同的是，他是一个科学家，而不是一个主教，可见人与人之间的灵魂有超越时空的亲缘关系，而且这与外在身份全然无关。

1. 信仰是人生的头等大事

人在宇宙中处境的可悲，主要在于人的生存的偶然和短暂，个人如此，人类说到底也如此。基督教相信上帝存在，因此灵魂不朽，如果这个信仰成立，就从根本上解除了人的可悲。所以，灵魂不朽是关键之所在，帕斯卡反复强调这一点。他说，灵魂究竟是否不朽，这件事关系整个生命，也必定会使得道德的面貌全然不同。我们面临的最确凿也最可怕的事实是死亡，这一生的时光只不过是一瞬间，而死亡状态却是永恒的。除了希望灵魂不朽，死后还有另一个永恒的生命，我们就别无希望。我们全部的行为和思想都要根据能否怀有这个希望采取不同的途径，呈现不同的面貌。他的意思是说，如果死后万事空，会是一种活法，如果死后有永生，会是另一种活法。灵魂不朽是这么一件性命攸关的大事，因此若是对它竟然漠不关心，那就必定是冥顽不灵了。

然而，许多人正是这样，完全不思考人生的终极去向，糊里糊涂地度过了自己的一生。帕斯卡说，这种粗率的态度使他恼怒更甚于使他怜悯，因为哪怕不是出于信仰上的热忱，而只是出于尘世的利益和自爱的情感，也不应该抱这种态度。他打比方说，这就好像一个在牢狱里的人，只有一小时的时间可以用来了解对他的判决和提出上诉，可是他不去了解，把这一小时只用来玩牌，这是完全不合情理的。至于他自己，只能全心全意地思考信仰的问题，为了寻求永恒的生命，付出任何代价都不算是过高的。

2. 信仰上的各种表现

在信仰问题上，我们可以看到各种不同的表现，大致有五种人。

第一种是没有信仰，而且对有没有信仰完全无所谓，帕斯卡称他们为从来不寻找上帝而生活着的人。这种人实际上占大多数。

第二种是盲目信仰，在按照习俗信仰某种宗教的人里面，这种人实际上也占大多数。帕斯卡说，就信仰而言，真正的基督徒是罕见的，许多人是出于习俗或迷信而相信上帝的。"人们往往把自己的想象当作是自己的心，于是只要一想到皈依，他们就自以为已经皈依了。"他们有能力不去想自己不愿意想的问题，漫不经心地在信仰之中生活，并没有把信仰所需要的那种精神禀赋运用起来。但是，因为有这大多数的信众，宗教才得以传播下来。

第三种是假信仰，内心并不相信，而且知道自己不相信，为了利益做出相信的样子。偏是这种人最喜欢炫耀，帕斯卡说，必须痛斥这种炫耀宗教的人。

第四种是真信仰，帕斯卡称之为找到了上帝并且全心全意侍奉上帝的人。这种人只占少数。

第五种是走在努力寻求信仰的途中，帕斯卡称之为全心全意寻找上帝而尚未找到的人。他说，在没有信仰的人之中，要严格区别对信仰无所谓的人和努力在寻求的人，这两种人都让人可怜，但我们对前者是因为鄙视而可怜，对后者是因为悲悯而可怜。他对这种人寄予最深切的同情，他自己在很大程度上其实也是这样的人。他描绘说，他们一边哭泣一边追求，在怀疑中真诚地叹息着，不惜一切代价要摆脱怀疑，把寻求信仰当作毕生最主要也最严肃的事业。他们无法阻止自己运用思考能力，对信仰的问题一定要追根究底，可是这存在着一个危险，就是假如他们没有找到坚固的论据的话，那就不但取消了假宗教，而且也取消了真宗教。一个值得期望的结果是，由于徒劳的寻求而感到疲惫，他们只好向救主伸出手去。我不能不认为，这些描绘是他自己的内心状态的真实写照。

3. 自动机和畜生化

走向信仰有三种途径，分别是理性、习俗和神秘经验。神秘经验即启示，由此进入信仰的人是幸运的。凭借理性寻求信仰的人，往往寻求而不能得到，他们是不幸的。遵从习俗而信仰的人是大多数，他们是盲目的，但在帕斯卡看来，他们同时也是幸运的，他有时候甚至表示嫉妒这种人，因为他自己做不到。

习俗的力量是巨大的，"正是它才造就了那么多的基督徒，正是它才造成了土耳其人、异教徒、工匠、兵士等等"。理性总是要求证明，而可以被证实的事物是何等少见。习俗不要求证明，习俗本身就是最强有力的证明。我们一定不要误解了自己，我们是精神，但也是自动机。当精神因为缺乏证据不能被说服的时候，习俗约束了我们这架不进行思考的自动机，并且让精神就范。

自动机，换一个说法叫做畜生化，帕斯卡用这两个概念来说明习俗导致信仰的巨大效果。他告诉我们，实际上更是在劝说自己："你应该努力不要用增加对上帝的证明的办法，而要用减少你自己的感情的办法，来使自己信服。"你愿意走向信仰，而你不认得路径。你愿意医治自己的不信仰，你在请求救治。那么，你就应该学习在许多人那里已经成功的方式，那就是一切都要做得好像是在信仰着的那样，也要领圣餐和做礼拜，遵守一切仪轨，"正是这样才会自然而然使你信仰并使你畜生化"。什么，你说这正是你所害怕的？帕斯卡问：你为什么害怕呢？你有什么可丧失的呢？你所需要的正是减少你的感情，因为感情是你走向信仰的最大障碍。

做一架自动机，让自己畜生化，理性迟钝一些，感情粗糙一些，这样你就容易有一种信仰了。多数人都是这样做的，你有什么做不到的呢？可是，一个像帕斯卡这样的人，生来就理性敏锐，感情细致，他就是做不到。

4. 信仰是赌博

帕斯卡明白，上帝存在还是不存在，灵魂是否不死，理性是做不了判断的。理性如果硬要做判断，就是在赌博，至于输赢就只能死后知道了，如果死后真能知道什么的话。理性既不能证明上帝存在，也不能证明上帝不存在，所以你只能赌，就看你把赌注押在哪一边。

帕斯卡是概率论的创立人之一，据说创立的缘由，是要解决一个关于赌博的问题。一个赌徒送来一个问题，想知道自己掷三个骰子出现某种组合时为什么老是输钱，帕斯卡和数学家费马就在通信中讨论这个问题，因此发现了概率论的原理。为解决赌博问题而创立了概率论，现在他就用概率论来解决形而上学问题，指出信仰是一场赌博。

你也许会说，赌哪一边都是没有道理的，我不赌不行吗？帕斯卡告诉你，不赌是不行的，因为只要你来到人世，就已经在这个赌局里了。上帝是否存在，这是决定你人生的价值和方向的问题，你回避不了。既然必须赌，你最好把赌注押在上帝存在这一边。为什么呢？因为赌上帝存在，结果无非两种情况。一种情况是你赢了，上帝存在，你就赢得了一切；另一种情况是你输了，上帝不存在，你也没有失去什么，结果只是和你赌上帝不存在一样。所以，你就不要犹豫了，去赌上帝存在吧。

赌哪一边都可能赌错，但错的后果大不同。帕斯卡说："我害怕基督教是真理而我没有赌对，远过于我相信基督教是真理而我赌错了。"事实上，这个赌博的实质是你要怎样来安排你的人生。你相信上帝存在，按照上帝存在来安排人生，你就会注重灵魂的修炼，你的人生会是一种样子。你认为上帝不存在，按照上帝不存在来安排人生，你就可能沉湎世俗，得过且过，你的人生会是另一种样子。和后者比，前者的格调高得多，你赌输了也是赢家。

人世间许多东西是不确定的，如果除了确定的东西外不应该做任何事情，我们就只好什么事情都不做了。你会不会看到明天，这并不是确定的，因为很有可能你不会看到明天，但你仍然要按照会看到明天的信念来生活。上帝的存在并不比你会看到明天更不确定，所以，你按照上帝存在的信念来生活，这同样是合乎道理的。我们在日常生活中常常是赌徒，必须把赌注押在某一种不确定的可能性上才能够行动，那么，在信仰这件事上，让我们也这样做吧。

5. 感受到上帝的是人心

试图单凭理性来判断上帝是否存在，这个思路是有问题的。基督教神学家们都强调，相信和理解是两回事，这不无道理。帕斯卡当然也注意到了这一面，他说："感受到上帝的是人心，而不是理性，而这就是信仰。"不需要外在的证明，内心能够直接感受到上帝，这是最理想的，但只有极少数人获此幸运。看来帕斯卡不属此列，他从未谈及他有过什么神秘经验。他祈愿上帝让人不需要理性，只凭本能和感情就可以认识它，这也说明这种幸运是他求而不得的。"信仰和证明不同，后者是属于人的，前者是上帝的恩赐。"他没有得到上帝的这个恩赐。

不过，他仍然试图理解人心是怎样感受到上帝的。上帝存在的证据存在于万物之中，但这个证据不是一目了然的。万物既显示又隐蔽上帝，上帝既向试探它的人隐蔽自己，又向追求它的人显示自己，这两者都是真的。上帝要屏蔽一些人和照亮一些人，我们必须把这当作一个原则。那么，上帝向什么样的人显示自己呢？有两种人，一种是有谦卑之心的人，不管他们在精神程度上是高还是低，另一种是精神程度极高的人，因此能够看到真理。帕斯卡兼是二者，因此他有理由相信自己终会被上帝照亮。

帕斯卡认为，存在着三种品类和等级不同的秩序，依次是肉体、精神和仁爱，每个等级之间隔着无限遥远的距离。在肉体的秩序中，占有权力和财富的人处于显赫的地位。在精神的秩序中，伟大的天才们有他们的领域，他们的伟大是国王、富人、首长以及物体秩序中的一切大人物看不见的，要看见他们的光辉，不能用肉体的眼睛，必须用精神。仁爱是比肉体和精神都无限崇高的秩序，这是一种超自然的秩序，属于这种秩序的是圣者。圣者的伟大是肉体的人和精神的人都看不见的，这种伟大来自上帝，唯有被上帝照亮的人才能看见。按照这个划分，信仰就是属于仁爱秩序的事情，帕斯卡的自我定位应该是在精神秩序这个等级，因此他对信仰想必怀有一种高山仰止的心情。

6. 在耶稣身上人的可悲和伟大获得了统一

帕斯卡对神学问题有许多思考，我只讲其中的一点，即他对耶稣的认识。他对人的可悲和伟大做了许多讨论，而在耶稣身上，他看到了人性的这个矛盾的解决，人的可悲和伟大获得了统一。

帕斯卡说，人有两种危险。一种是认识上帝而不认识自己的可悲，这就导致哲学家的骄傲。另一种是认识自己的可悲而不认识上帝，这就导致无神论者的绝望。那么，在耶稣身上，我们就既能认识自己的可悲，又能认识上帝。基督教的核心在于救主的神秘，耶稣一身结合了人性和神性这两种性质。作为人，耶稣的生涯似乎是悲惨的，在三十三年的岁月中，有三十年默默无闻，而在最后三年里，他被人当作骗子，牧师和权贵们都排斥他，他的朋友和最亲近的人都鄙视他，他的死是因为被一个门徒出卖，被另一个门徒否认，被所有的门徒背弃。但是，作为救主，他传播了上帝的福音。通过认识耶稣，我们同时认识了人的可悲和得救。

三　人生也许是一个梦

在认识论上，帕斯卡是一个怀疑主义者，但同时力求与怀疑主义保持距离，试图在知与无知之间寻找一个中点。在质疑人的认识的可靠性时，和笛卡尔一样，他也提出了醒和梦究竟有无区别的问题。不同的是，笛卡尔举出了种种理由，终于说服自己相信二者是有区别的，而他坚持认为二者没有实质的区别，甚至整个人生也可能是一个还没有醒来的梦，因此人的全部认识都可能如同梦中幻觉一样不可靠。

1. 人生也许是一个梦

我从帕斯卡的一个设想讲起。他这么设想：如果我们每天夜里做同一个连续的梦，它对我们的作用就和每个白天经历的事情一样没有什么区别。举例来说："如果一个工匠每夜有十二小时梦见自己是国王，那么我相信，他的幸福正等同于一个每夜有十二小时梦见自己是工匠的国王。"

有趣的是，在中国战国后期的著作《列子》中，有一则情节几乎完全一样的寓言。一个老役夫在矿山做苦工，天天起早摸黑，累得筋疲力尽，但每天夜里做同一个梦，梦见自己是国王，统治人民，为所欲为，因此十分快乐。相反，矿山老板因为白天过于操心，每天夜里就梦见自己是一个役夫，受尽劳累和折磨，因此无比痛苦。

在这里，《列子》和帕斯卡讲的是同一个道理：醒和梦各占人生的一半，因此我们不必固执地把醒看作真实，把梦看作虚假；

我们完全可以换一个视角，把醒时的生活看作梦，把梦中的生活看作真实经历，得到的效果是一样的。

那么，认真探究起来，醒和梦有区别吗？我们根据什么来判断自己是醒着还是在梦中呢？只能根据信念和感觉。如果是根据信念，我们在梦中也常常相信自己是醒着的。如果是根据感觉，我们感觉到的主要区别是，梦缺乏连续性，不同的梦各不相同，同一个梦也是纷乱无序，而醒着的生活是连续的。但是，帕斯卡说，这只是程度上的差别，梦也有连续的时候，而醒时的生活也并非总是连续的，只是变化不那么突然罢了。当生活场景发生快速变化时，例如在旅行时，我们就会说自己好像是在做梦似的。

当然，还有一个更大的区别，就是梦会醒，醒了就不会再醒。针对这个说法，帕斯卡问道，我们既然常常梦见自己在做梦，梦上加梦，那么难道不可能我们一生中自以为是醒着的那一半，其本身也只不过是一场梦，所有其他的梦都是嫁接在这场梦上面的，而这场梦我们要到死了才会醒来？所以，"人生只是一场稍稍不那么无常的梦而已"。

这里我们不能不想起中国的另一位古人庄子，他在两千多年前就发表了同样的见解。《齐物论》里有这么一段话："方其梦也，不知其梦也。梦之中又占其梦焉，觉而后知其梦也。且有大觉而后知此其大梦也，而愚者自以为觉，窃窃然知之。"意思是：人做梦的时候，往往不知道自己是在做梦。有时候在梦里会卜问所做之梦的吉凶，醒了知道是做梦。所以，只有从人生这个大梦中醒了以后，你才会知道人生是一个大梦。

帕斯卡谈论醒和梦无甚区别，重点是要说明认识的不可靠。如果说梦中所感受的一切都是幻象，那么，我们凭什么来断定自以为醒着时所感受的一切就不是幻象呢？"在这场人生的大梦中，我们所拥有的真和善的原则并不比在自然的梦里多一点，这些激荡着我们的思想也许都只是幻念，正如流逝的时间和梦中的幻景那样。"

2. 人的根本上的无知

从根本上说，人的无知是由人在宇宙中的处境决定的。人从虚无中来，面对的是在时间和空间上皆无限的宇宙，是"无和全之间的一个中项"。人距离这两个极端都无穷远，对于人来说，他由之而出的虚无，以及他所被吞没于其中的无限，皆不可逾越地隐藏在无从参透的神秘之中，这是一种永恒的绝望。作为一种中间事物，人所能够做的事情不过是观察同样处于两端之间的某些中间事物的外表而已。

帕斯卡的意思是说，世界的本质隐藏在虚无和无限之中，是人不可能认识的，人能够认识的只是处于两端之间的某些现象。"我们得以存在的事实就剥夺了我们对第一原理的知识，因为第一原理是从虚无之中产生的。"所谓第一原理就是揭示了世界的本质的原理，就是形而上学。帕斯卡认为，人本身属于现象界，这就决定了人不可能有第一原理的知识。他实际上是在否定他父亲的朋友笛卡尔关于第一原理的推导。在他看来，已存在者不能认识虚无，有限者不能认识无限，暂存者不能认识永恒，这种根本上的无知是无法克服的。

理性是很自负的，总认为自己能够找到一块坚固的基石，一个终极的据点，在其上建立起一座可以升达无穷的高塔。但是，结果往往是，它自以为找到了的基础都破裂了，下面是永远的无底深渊。

3. 怀疑主义的限度

在一定意义上，我们可以把法国近代早期三个哲学家都看作怀疑主义者，但其间有显著的区别。蒙田安于怀疑，把它变成了一种人生智慧。笛卡尔从怀疑走向独断，仅仅把怀疑当作寻求确信的方法。帕斯卡的怀疑深入骨髓，为此深感不安，力求与之拉开距离，为知识寻求一个有限的空间。

人作为中间事物，对两端都是绝对无知的，但是对两端之间的中间事物可以有所知。这个知的范围很小，相当于我们的身体在自然界里所占有的位置。我们的能力在各方面都具有两端之间中间状态的特征，这就使得我们既不可能确切有知，也不可能完全无知。在中间事物的领域，我们可以认识局部，也可以因为事物之间的某种内在联系而在一定程度上认识全体。

帕斯卡说，我们凭借理性不能证明真理，这是一切独断主义所无法克服的；我们对真理又有一种信念，这是一切怀疑主义所无法克服的。独断主义令人反感，"最能加强怀疑主义的，莫过于有些人根本就不是怀疑主义者"。除了信仰与启示之外，我们只能根据自己天然感受到的东西来辨识真理，但这种感受并不是对真理的令人信服的证明，这正是怀疑主义的主要力量之所在。对付怀疑主义的办法，就是不要事事强求证明，我们必须懂得在必要的地方怀疑，在必要的地方肯定，在必要的地方顺从。在现实生活中，从来就不曾有过完全彻底的怀疑主义者，以至于真正怀疑自己是否存在，天性在支持着软弱无力的理性，禁止它夸大到那一步。

4. 感情和直觉比理性更有力量

如果把理性定义为逻辑推理的能力，那么，帕斯卡指出，有两个东西比理性更有力量，就是感情和直觉。

在生活中，我们对事情做判断，感情起了主要的作用。首先是感情受到了刺激，理性在事后去进行推理，要发现刺激的原因是什么。理性行动得非常迟缓，它要根据那么多的原则，只要这些原则还没有全部呈现，它就随时会昏然沉睡或者走入歧途。感情却是立即就行动的，因此在判断中总是占上风。也因为这个原因，我们必须把我们的信仰置于感情之中，如果凭借理性，它就永远会摇摆不定。事实上，"我们一切的推理都可以归结为向感情让步"。理性的顺序是原理和证明，内心的顺序是另一种，"摆出爱的各种原因，并不能证明我们就应该被爱，这种做法会是荒唐可笑的"。

在真理的发现上，起主要作用的是直觉。直觉是人心中一种直接领悟真理的能力，它像是一种本能，在性质上与逻辑完全不同。"原理是感觉到的，命题是推论出来的。"唯有凭借直觉才能发现最初原理，逻辑推理对此完全无能为力，它的全部论证也必须以直觉知识为基础。作为一个天才的几何学家，帕斯卡深谙此中奥妙，他说，几何学的原理几乎是看不见的，我们毋宁说是感觉到它们的，是在一瞥之下就察觉出了整个的情形。但是，对于那些不曾有过这种感觉的人，你就无法向他们说清楚这种感觉是什么。事实的确如此，数学尖子和一般学生的差距是在直觉上，而不是在习题做得多或少。其实，不但几何学如此，几乎一切学科都如此，有大作为者必是直觉好的人。

5. 遵从中道，遵从大多数

最后我要讲帕斯卡的一个观点，即遵从中道，遵从大多数。这个观点与他的认识论有一定关系，同时也是他的一种处世方法。

人在根本问题上是无知的，在局部领域可以有所知，但这种知也因为人们看事物的角度不同而充满了纷争。画素描时，距离实物太近或者太远都画不好，透视学规定了一个正确的点。船航行时，坐在船里的人觉得是岸上的人在移动，岸上的人看见是船在移动，大家都认为岸上的人的判断是对的。在真理上，在道德上，我们也需要这样的一个点，这样的一个岸，可以让我们对事情做正确的判断，可是由谁来规定这样一个点，我们该把哪里当作岸呢？

帕斯卡的回答是：大多数人。极端的状态是不好的，应该遵从中道，而大多数人确定了中道的位置。他说：“我在这方面并不固执己见，我很同意人们把我放置在中间，而且我拒绝居于下端，并非因为它是下端，而是因为它是一端，我也同样拒绝把我放置在上端，因为脱离了中道就是脱离了人道。”这里诚然有明哲保身的考虑，因为如同他所说，极端的精神，就像极端缺乏精神一样，都会被指责为癫狂，遭到大多数人的围攻。但是，从怀疑主义立场出发，他更认为，在难以得到确定的真理的情况下，能有一种共同的错误把人们的精神固定下来，则是最好不过的。

为什么要遵从大多数人？是因为他们更有道理吗？帕斯卡说，不是的，而是因为他们更有力量。大多数人所接受的东西，形成了习俗和传统，因此成了权威，可以消除人们的纷争。比如说，大家都是根据外表的品质而不是内在的品质来鉴别人的，这做得多么好啊！我们两个人应该谁占先呢？应该是聪明的那一个吗？在这上面一定会争执不休的。可是，他有四名仆从，而我只有一名，这一点是看得见的，只消数一下就行，所以让步的应该是我。我们就是用这种办法得到和平的，而和平就是最大的福祉。

　　帕斯卡的这一番解说听起来像是讽刺，其实不是的，他的确认为，人世间的道理都是相对的，没有必要较真，遵从习俗和传统是最稳妥的。人们往往受两个完全相反的东西支配，即习惯和新奇，比较起来，受新奇支配的危害更大。两者可能都是错误，但习惯是人们的一种共同的旧错误，而新奇却是各式各样的新错误，会引起许多无谓的争论。

　　那么，帕斯卡是主张放弃独立思考吗？他这么耽于沉思的一个人，当然不会的。我觉得他是把寻求真理看作仅仅属于个人精神世界的事情，不屑于去和社会大众论理，他的一句话证明了我的这个感觉："我们必须保持一种背后的想法，并以这种想法判断一切，而同时却要说得像别人一样。"

四　人性面面观

　　《思想录》中有许多对人性的论述，我讲一讲其中比较有意思的若干见解。

1. 人性的奇妙和平凡

对于人来说，人自己就是自然界中最奇妙的对象，其奇妙之处在于："肉体是不可思议的，精神更是不可思议的，而最不可思议的是一个肉体居然能够和一个精神结合在一起。"这是人性的最大奥秘，帕斯卡并不试图解开这个奥秘，因为他认为这个奥秘是解不开的，其答案隐藏在虚无与无限的不可知领域之中。

然而，由于人有肉体和精神两个部分，哲学家们围绕人性发生了无数的争论。一派说，精神是人的本质，所以人是天使。另一派说，人是受肉体支配的，所以人是禽兽。帕斯卡认为，前者骄傲，后者怠惰，而这两者是人间一切邪恶的根源。"人既不是天使，也不是禽兽；但不幸就在于想充当天使的人总是表现为禽兽。"正是由于人是肉体和精神的结合，人就成为与天使和禽兽都不同的一种存在，简言之，人就是人。

人性的奇妙在于肉体和精神的结合，而这个结合导致的结果却是人性的平凡。多么伟大的人物，总还有某些方面是与最卑贱的人联在一起的，他们的头也许抬得更高，但他们的脚站得和我们一样低。多么独立的精神，也不是独立得可以不受身体感觉的干扰的。一个君王或者一个哲学家正在思考，这时候传来了微小的噪声，不必是大炮的轰响，只需要有一个风向标或一个滑轮的声响，就足以使他思考不下去了。假如他此刻不能好好地推理，你不必惊讶，因为恰好有一只苍蝇在他耳边嗡嗡响。小小的苍蝇有巨大的威力，能够妨碍我们灵魂的活动，谁没有遭遇过一只苍蝇带来的这种烦恼呢？

2. 论虚荣

虚荣是人性中极其普遍的弱点。帕斯卡说："虚荣是如此扎根于人心，以至于士兵、马弁、厨子、守门人都在炫耀自己，都想有自己的崇拜者；就连哲学家也在向往它。"但是，虚荣并不因为普遍就减少其可笑的性质。人们的虚荣，大到想要扬名四海，流芳百世，让自己不复存在时的后人也记住自己的名字；小到只要得到自己周围几个人的点赞，就足以使我们欢天喜地了。一般来说，人们并不寻求与自己完全不相干的人的尊敬。"我们路过一个城镇，不会想要受到它的尊敬。但是，在这里多停留一些时间，我们就会关心这件事了。需要多长时间呢？只和我们微不足道的一生成比例。"所以，虚荣终究是可笑的。

然而，虚荣的力量巨大。人类各种充满激情的追求，虚荣往往是重要的动机。"好奇心只不过是虚荣。最常见的是，人们之想要认识某个东西，只不过是为了要谈论它。如果只是单纯的观赏之乐，不能向人讲述，我们就决不会去做一次海上旅行。"更显著的例子是爱情，女人的美色会激起强烈的占有欲，实质也是虚荣。爱情的原因微细得难以识别，效果却是可怕的，可以撼动君主、军队、国家乃至整个世界。埃及女王克利奥巴特拉是绝色美女，罗马统治者恺撒、安东尼先后为之神魂颠倒，荒废战事。"如果克利奥巴特拉的鼻子生得短一些，那么整个大地的面貌都会改观。"

虚荣难免，但人还是朴实一些好。想必人们经常这样介绍帕斯卡："这是一位优秀的数学家。"这让他很不爽，他心里嘀咕道："不要说什么数学，人们会把我当成一个命题的吧。"如果人们这样介绍他，说"这是一个诚恳的人"，他说他会高兴的，一种普遍性的品质比身份、名声之类的东西好得多。"当我们看见一个人的时候，如果想到的是他的著作，这就是恶劣的标志。"

现在我们说起柏拉图和亚里士多德的时候，想到的肯定是他们的著作。仿佛是为了纠正我们的错误，帕斯卡发了一通有趣的议论，大意是说：柏拉图和亚里士多德是诚恳的人，像别人一样要和自己的朋友们在一起欢笑。他们一生中最不哲学的部分是写书，最哲学的部分只是单纯地生活。柏拉图的《法律篇》，亚里士多德的《政治学》，都是政治学名著，你以为他们是一本正经写出来的？不是的，他们是在玩儿，那心情就好像是在给疯人院订章程。他们之所以装作是在谈论大事的模样，是因为他们知道，那些听他们讲话的疯人都自以为是国王和大人物，他们必须把这些人的疯狂减缓到尽可能无害的地步。在帕斯卡的这番幽默的谈论中，柏拉图和亚里士多德只是道具，他是在告诉我们，真正伟大的人都不是虚荣的人，而且看不起一切虚荣之物，其中也包括政治。这些都是浮在表面的东西，单纯的生活和诚恳的品质才是本质的东西。

3. 论无聊和消遣

无聊是人生中常有的情绪，而人们通常对付无聊的办法是消遣。帕斯卡对这两者做了生动的描述和精辟的分析。

当我们独自一人的时候，如果无所事事，也无所用心，就会感到无聊。无聊是一种深深植根于人性和人生基本境遇之中的情绪，只是在这个时候显露出来了。仔细分析，在无聊情绪中，有一种独自面对自己的恐慌，会发现自己的空虚和无力，还会想到等待着自己的结局是死亡。所以，人们往往不愿独处，要逃避无聊情绪的袭击。

人最不堪忍受的莫过于完全的安宁。我们向某些阻碍作斗争而追求安宁，可是一旦战胜了阻碍，获得了安宁，我们便会发现安宁不是什么好东西。我们会有种种担忧，而即使我们的生活有充分的保障，无聊仍会以其秘密的威力从内心深处涌现上来，毒害我们的精神。帕斯卡说，祝一个人生活得安宁，这实在是太不了解天性了。我们需要忙乱和热闹，以转移自己的视线。人类既然不能治疗空虚和死亡，那么，为了让自己幸福，最好是根本没有时间去想这些。我们的前方是悬崖，我们必须在自己眼前放置一些东西，让自己看不见悬崖，这样就可以无忧无虑地在悬崖上面奔跑了。这放置的东西，也许是事业、野心、信仰、爱情等等，而最常见最方便的则是消遣。

消遣的效果极佳。一个人无论多么不幸，只要能够让他钻进某种消遣里去，他此刻就会是幸福的。那个因为丧子而悲痛欲绝的人，此刻居然看不出有痛苦的样子了，这是什么缘故呢？你不必惊讶，他正在一心一意观察六小时前猎狗追逐的那头野猪跑到哪里去了。那个今天早上还因为官司的纠缠而烦恼不堪的人，此刻居然摆脱了一切不安的念头，这又是什么缘故呢？你也不必惊讶，是别人给他打过来一个球，他必须接住打回给对方，好赢得这一局。

在所有的消遣中，赌博最有效。每天都赌一点彩头，这样的人度过自己的一生是不会无聊的。赌博的特点，是赌和钱两者不可或缺。一个赌徒，你每天早晨给他一笔当天他可能赢到的钱，条件是不许赌，那你可就要使他不幸了。但是，如果只让他玩赌博游戏，没有钱的输赢，他又会感到兴味索然。赌博之所以成为人们热衷的消遣，因为它不但是娱乐，而且是一种热烈的娱乐，让人兴奋，彻底心无旁骛。

打猎也是如此。你所追猎的那只兔子本身不会给你带来幸福，如果有人送上门来，你都未必要。人们所追求的是打猎而不是猎获品，是打猎过程中的那种兴奋和忙乱转移了他们的思想并使他们开心。哲学家们嘲笑世人，说花一整天工夫去追逐一只自己根本不想购买的兔子未免荒唐，他们哪里知道，这只兔子虽然不能挡住人们看死亡的视线，但打猎能够，它在那段时间里有效地转移了人们的视线。

国王拥有一切，但是假如没有消遣，就会很悲惨，种种烦心事会袭上心头。所以，搜寻各种消遣让国王开心，防止他想到他自己，就成为事关国王幸福的最重大课题了，一个国王就是被专门让国王开心的人包围着的。掌握权力的大人物们都如此，从一清早就有一大群人围着他们，为的是不让他们在一天之内有一刻钟想到他们自己。因此，当他们倒台之后，再没有人来阻止他们想到自己了，他们就只能抑郁而死了。

帕斯卡洞察人性，理解人们何以要用消遣来逃避无聊，但他当然不认为这样做是对的。他说："最让人难受的无聊，在某种方式上是他最大的福祉所在，因为它比一切都更能使他寻求真正的拯救；而最让人开心的消遣，其实是他最大的灾难，因为它比一切都更使他远离对拯救的寻求。"无聊之所以让人难受，正是因为它让人瞥见了人生的可悲，如果我们在其中多坚持一会儿，就会有所觉悟，寻求根本的解救之道。相反，用消遣逃避人生的可悲，而消遣恰恰是可悲之中最大的可悲，使得人们总是处在不思考的

164

状态，糊里糊涂地走到死亡。

从信仰的角度阐述，帕斯卡说，灵魂投入身体是要做一次短期旅行，这只是永恒旅程之中的一段路，一生中只有很短时间可以为永恒旅程做准备。自然的种种必需消磨掉了大部分时间，只剩下很少时间可以供灵魂支配。可是，这剩下的一点儿如此短促又如此宝贵的时间，却是那么强烈地使它不安，以至于它一心想要消灭这一点儿时间，让它们毫无痕迹地消逝。这就是人类一切激荡的活动以及人们称之为消遣或娱乐的一切东西的起源。灵魂不得不与自己待在一起并想着自己，这对它是一种不堪忍受的痛苦，因此，它全部的关怀就是要遗忘自己，它的幸福就在于这种遗忘状态。

我说一说我的理解。人生中大部分时间，我们忙于事务和交往，不和自己的灵魂在一起。有少许时间，我们得以从事务和交往中抽身，这是与自己灵魂相处的机会。可是，与灵魂面对面的感觉是比较怪异的，我们并不知道这个灵魂是什么，它从何处来，会到何处去。这类根本性的困惑，平时是被压制着的，这时会冒出来，却又得不到回答。因此，我们不能长时间与灵魂面对面，那会使我们不安，虽然我们未必清楚不安的原因，这种朦胧的不安情绪就叫无聊。但是，无聊是一个契机，如果我们正视内心的不安，去探寻它的根源，就会走向智慧和信仰。

4. 论独处和交往

关于独处和交往，帕斯卡有两句非常经典的话。

第一句话是："我们由于交往而形成了精神和感情，但我们也由于交往而败坏着精神和感情。"前半句是说，人是社会性存在，人的观念、语言、思想、感情都是在交往中形成的。重点在后半句，成也萧何，败也萧何，我们要警惕交往对精神和感情的败坏。败坏的主要表现是，我们的精神和感情丧失了真诚的品质，对己对人都以伪装出现。我们不肯满足于做真实的自己，总是希望有一个想象的自己活在别人的观念里，并且努力按照这个想象的自己营造和保持一种虚假的生存。我们追求财富、地位、名声等等，都是为了把这个想象的自己装扮得符合社会上流行的观念。如果我们必须作为隐居者来安排生活，我们还会做建筑华丽住宅之类的事情吗？

　　人不能离开社会而生活，但也不应该与社会有太紧密的联系，以至于完全受社会支配，陷入复杂的人际关系和争斗之中。帕斯卡说，他观察了人类的各种冲动，以及由此产生的那么多争执、纠纷、苦难、冒险等等，便发现了一个真理："人的一切不幸都来源于唯一的一件事，那就是不懂得安安静静地待在屋里。"这是我认为的第二句经典的话，值得每个人牢记。

参考书目

[法] 帕斯卡:《思想录》，何兆武译，商务印书馆，1985

第二十讲

斯宾诺莎

幸福不是德性的报酬，而是德性本身。

——斯宾诺莎

在近代哲学家中，理性主义路线的主要代表有三人，第一位是法国人笛卡尔，第二位是荷兰人斯宾诺莎，第三位是德国人莱布尼茨。斯宾诺莎的代表作是《伦理学》，这本书体现了他的哲学的基本架构，分三个部分。第一部分是形而上学，从笛卡尔哲学出发，做了重要的改造。第二部分是心理学或者说人性理论，延续了霍布斯对人类情感和情绪的讨论。在这两个部分的基础上，建立了他的伦理学，即第三部分，讨论幸福和道德问题，是他的哲学中最具特色、最有价值的部分。我主要根据这本书，参考《神、人及其幸福简论》等其他著作，来讲他的哲学。

　　在哲学家里，斯宾诺莎以品行高洁著称，是公认的楷模。罗素这么爱讽刺人，也毫无保留地赞美说："斯宾诺莎是伟大哲学家中人格最高尚、性情最温厚可亲的。按才智讲，有些人超过了他，但是在道德方面，他是至高无上的。"

一　哲学家中品行高洁的楷模

　　巴鲁赫·德·斯宾诺莎（Benedict de Spinoza，1632—1677）出生在荷兰一个犹太家庭，父亲是一个富商，经营进出口贸易，家境颇为宽裕。可是，他本人的生活却是与这个家庭背道而驰的，一生清贫，也安于清贫。他的生平，有以下几点值得注意。

第一，因为思想自由被开除出犹太教会，当时他二十四岁。在拉比法庭上，一些证人就他的异端邪说进行作证，他并不否认，但试图为自己的观点辩护。法庭宣判把他革出教门，从以色

巴鲁赫·德·斯宾诺莎（Benedict de Spinoza，1632—1677）

列人之中剪除，判决书罗列了一系列可怕的诅咒，最后命令道："任何人不得以口头或书面方式与他交往，不得对他表示任何好感，不得与他同住一屋，不得与他同在两米的距离之内，不得读他著写的任何东西。"犹太教会不拥有世俗权力，这已经是所能做出的最严厉判决了。革出教门之后，父亲与他断绝了关系。有一件事很能说明他的品格。父亲去世时，他的妹妹企图剥夺他的继承权，他据理力争，打赢了官司，然后把继承的财产全部给了妹妹。他要的不是钱，是公正。

第二，他常年靠磨透镜为生，卖给眼镜、显微镜、望远镜的制作商。选择这个谋生手段有两个原因。一是要把学术和谋生分开，这是符合古希伯来的传统的，导师们主张把手工艺作为学者生涯的必要条件，用双手去谋生，用头脑去创造思想。二是当时研究透镜是科学界的时尚，通过这项手艺可以与科学界保持联系。

事实上，他作为一名透镜专家的声誉的确引起了科学界人士的注意。其中，最突出的是惠更斯，他是土星环的发现者、摆钟的创制者和光的波动学说的建立者，两人对制作和改进透镜都怀有强烈的兴趣，一度交往甚密。但是，工作时吸入的粉尘损害了斯宾诺莎的健康，他最终便是死于肺病。

第三，为了不受打扰，安静写作，他一生中几度易地居住，但始终没有超出荷兰的范围。在出版了《笛卡尔哲学原理》和《神学政治论》之后，他已经非常出名。他是一个好脾气的人，对于崇拜者的来信，他都认真地回复。每搬到一个新地方，不用多久，就有相识和不相识的朋友纷纷来访，他不好拒绝，但不胜其烦，这是他多次搬家的原因。不过，他最后定居海牙，租住在一个油漆匠家里，则是为了节省开支，因为油漆匠答应他自理膳食。他在那里住了七年，直到去世。居住海牙期间，有若干重要人物造访他的简陋寓所，除了荷兰科学家惠更斯之外，还有英国皇家学会秘书奥尔登堡，德国发明家切尔瑙斯，德国哲学家莱布尼茨。

第四，为了保持思想自由，他安于贫困，不止一次拒绝来自有权者的赞助。法国国王路易十四许诺给他一笔年金，条件是他把自己的一本著作题献给这位国王，他毫不犹豫地拒绝了。德国一位选帝侯向他发出邀请，为他在海德堡大学提供一个哲学教授的职位。这个邀请相当诱人，他考虑了大约一个月，最后也谢绝了。他回复说，在经历了长期平静的隐居生活之后，他已不想去当一名公开讲课的教师。更重要的是，邀请中说，他可以享受充分的讲授哲学的自由，但相信他不会滥用这个自由去搅乱公众所信仰的宗教。对此他表示："我不知道为了避免搅乱公众所信仰的宗教的一切嫌疑，我的哲学讲授的自由将被限制在什么范围之内。"

第五，他生前出版的著作只有《笛卡尔哲学原理》和《神学政治论》两种，后者还是匿名出版的，虽然人们都知道作者是他，出版一年后遭到了禁止。他写书当然想出版，但他更珍惜平静的生活，不愿意因为触犯国家法律而遭遇麻烦，因此宁可保持沉默。他死后出版的著作有《神、人及其幸福简论》《伦理学》《政治论》《知性改进论》《书信集》等。

斯宾诺莎是一个可爱的人，大家都喜欢他。海涅有一句诙谐的名言，概括了他对后世的影响："所有我们现代的哲学家，虽然也许常常是无意识的，都是透过斯宾诺莎磨制的眼镜观看世界的。"从哲学思想的发展史看，这话似乎稍许夸张。不过，我相信，后世一切热爱精神事物而安于俭朴生活的人，的确是透过他磨制的眼镜看到了一条崇高的人生之路。

二 神是自然的别名

现在转入正题，讲斯宾诺莎的哲学思想。本节讲他的形而上学。

1. 神是自然的别名

斯宾诺莎的形而上学，简单地说，就是把笛卡尔的三个实体归并成了一个实体。笛卡尔提出，有两个平行的实体，即灵魂和肉体，或者说精神和物体，它们都从属于一个最高的实体，即上帝，是上帝所创造的，并且依赖上帝才得以存在。斯宾诺莎指出，所谓实体就是没有开端的，不是从别的东西产生的，因此灵魂和肉体、精神和物体就绝不是实体。只有一个实体，就是上帝，上帝有无限多的属性，而笛卡尔分别归之于灵魂和肉体的两种属性，即思想和广延，只是上帝的无限多属性中的两种罢了。上帝创造万物，其中一物是人，人有身体和心灵，而身体和心灵其实是同一个东西，从广延的属性看它是身体，从思想的属性看它是心灵。

既然上帝是唯一的实体，那么，"宇宙间除了这个实体及其特殊状态之外，就不能有别的东西"，"一切存在的东西，都存在于上帝之内"，都以某种特定的方式表现了上帝的永恒无限本质。在这里，原因和结果没有区别，上帝并没有创造与之分离的任何东西，它是内在于一切存在物的泉源和本质。这样一个上帝，已经完全不是基督教神学所说的那个凌驾于自然万物之上的造物主，那个在宇宙之外某个叫做天国的地方发号施令的权能者。它就是宇宙，就是自然，上帝在世界之中，世界也在上帝之中，上帝和世界是一而二，二而一的。这是一个泛神论（Pantheistic）的神，在正统的基督教看来，这个神根本不是上帝。为了和基督教的上帝相区别，我们最好把这个词翻译为神。

斯宾诺莎的形而上学，最特别最有吸引力的就是泛神论。他的这个与宇宙、自然完全融合无间的神，用中国哲学的概念来表述，就是道。老子的道，同样不在宇宙之外和宇宙之上，实质上就是宇宙永恒运动变化的过程本身。在西方，斯宾诺莎是明确主张泛神论的唯一的哲学家。他把自然神化了，自然万物都因为蕴含了神的本质而臻于神圣和圆满。他用几何学方法阐述他的哲学，似乎毫无诗意，他的哲学的内涵却洋溢着诗意。他眼中的世界，从壮丽的星空、海洋、群山，到卑微的草木、野花、昆虫，都闪耀着神的光辉，吟唱着永恒的谣曲。虽然他声称他的哲学是按照严格的逻辑推导出来的，但是，事实上，他在很大程度上是把他对自然的亲切感受转化成了抽象的理论。

2. 决定论和非目的论

斯宾诺莎关于神或者宇宙、自然的体系，有两个重要的规定性，就是决定论（Determinism）和非目的论（Non-Teleology）。这和他对几何学的崇尚有关系。一方面，在几何学中，从公理到定理有严格的推理过程，每一个结论都建立在逻辑前提之上。与此相应，宇宙也是一个严格的因果体系，其中每一个环节都与前一个环节有必然联系。这是决定论。另一方面，在几何学中，公理和定理都是本来如此，绝没有目的可言。与此相应，自然中也不存在目的。这是非目的论。

不过，我们不能因此就认为他是把几何学照搬到了哲学里。他的哲学包含一个奇特的反差：方法是几何学，关注的焦点却是人的幸福。他的决定论和非目的论，用意同样是要寻求人的真正的、可靠的幸福。

从决定论来说，他想说明，宇宙中发生的一切，都是由神预先决定的，但不是由神的任性所决定的，而是由神的本性所决定的。因此，没有一样东西是偶然的，我们觉得偶然，只是因为我们的知识有缺陷。我们是在时间中看事物的，看到了事物的生灭变化，而由于看不到大量的因果环节，就会认为事物的存在没有必然性。但是，从永恒的观点来看，一切皆必然，一切皆永恒。什么叫从永恒的观点来看？形象地说，就好比是用神的眼光来看世界。对于神来说，不存在时间，不存在过去、现在和未来，人类眼中在时间中先后相续的一切，在神眼中是同时全部展现的。你把时间转换成空间，就可以领略这是什么意思了。这样你就能够看到，每一个在时间中有生有灭的事物，都是永恒的超时间世界的一部分，因此都是必然的、永恒的。这样看世界，你就会按照世界本来的样子接受这个世界，接受世界中发生的一切。在斯宾诺莎看来，一个人怀有这样的心态，才会幸福。

从柏拉图到基督教神学，都主张神或上帝是至善，并且给世界安排了一个善的目的。斯宾诺莎否定了这个目的论，他指出，所谓目的因不是别的，乃是人的意欲，是人把自己的意欲转嫁到了神身上。实体不具有像人那样的理性和意志，不按照有意识的目的和意图行动，这种目的论与实体的本性是格格不入的。目的论实际上是在神之外设定了一个东西，名之为善，神进行作业时要以它为模型，为必须达到的目标，这样看神是荒谬的。毋宁说神是无所用心的，既不为目的而存在，也不为目的而动作。自然没有预定的目的，一切目的因都只是人心的虚构。

目的论一个最常见的说法是，神造万物是为了人，而神造人又是为了要人崇奉神。斯宾诺莎反驳说，神对人是漠不关心的，既不爱人，也不恨人。人只是万物之中的一物，人的目的只是实现自身有限的本质，而自然是无限的，人的目的不可能成为自然的终极目的。自然是把人作为它的工具来使用的，在这一点上，人和其他事物没有区别。斯宾诺莎的这个说法，令人想起老子的名言："天地不仁，以万物为刍狗。"

斯宾诺莎坚决反对目的论，是为了破除人的一种习惯，就是把自己的观念和愿望作为标准，去衡量和强求自然事物。他说，在这种习惯支配下，一旦自然事物不完全符合人的观念和愿望，人们就认为自然本身有缺陷或过失，使得某个事物不圆满或者未完成。正确的做法是，事物的圆满程度只应当根据事物的本性来评定，而不是根据是否适合人的本性、使人快乐来评定。由此可见，他主张非目的论，就和主张决定论一样，是要我们摒弃自己的好恶，按照世界的本来面貌接受这个世界，这样才会幸福。

3. 真理就是清楚明白的知识

最后简单讲一讲斯宾诺莎的认识论，这和他的形而上学有一定的关系。

斯宾诺莎认为，真理就是清楚明白的（adequate）知识，清楚明白即是真理的标准。正如光明之显示其自身并显示黑暗一样，真理既是真理自身的标准，也是错误的标准。在清楚明白的知识之对照下，混乱模糊的意见就显示出是错误了。在这一点上，他是秉承了笛卡尔的认识论。

那么，什么样的知识是清楚明白的知识呢？有两类。一类是通过正确的推理获得的知识，这属于低一等的级别。高级别的是通过直观直接看见的真理，或者说，是用心灵的眼睛看见的真理。心灵的眼睛之所以能够看见，是因为心灵中本来就有这种清楚明白的知识，因此这个看见实际上是心灵与神、与自然的沟通。斯宾诺莎认为，心灵的本质与神的本质、自然的本质是一致的。心灵的本质是理性，理性中有某些永恒的观念，而当这些观念被唤醒的时候，人就认识了神，认识了自然。这是一种心灵与神直接结合的状态，它既是认识的最高境界，也是人生的最高境界。

不难看出，斯宾诺莎的认识论中有柏拉图理念论的影子。这种认识论相信心灵凭借理性能够认识宇宙的真理，因此是理性主义的。理性为什么能够认识宇宙的真理？因为人的理性与宇宙真理之间有一致的关系。但是，理性本身并不能证明这种一致关系，这只是一种无法证明的直觉或信念，因此这种认识论又是神秘主义的。事实上，从古希腊到近代，理性主义和神秘主义之间始终有一种难分难解的联系，而这是不可避免的。唯有经验主义可以不和神秘主义有任何干系，因为它把认识严格地限制在感觉经验的范围之内，并不声称人类能够认识宇宙的真理。

三 人的情绪和理性

斯宾诺莎对人性和人的心理的分析，在很大程度上是延续了霍布斯的路径，没有太多新意。不过，两人的立足点很不同，霍布斯强调欲望在人生中的积极作用，而斯宾诺莎更强调要用理性来控制欲望和指导情感。

1. 人类情绪的界说

如同霍布斯一样，斯宾诺莎也把欲望看作人性的基本因素，甚至说："欲望就是人的本质自身。"他给欲望下的定义是："人的一切本能、冲动、意愿、努力等情绪，这些情绪随人的身体状态的变化而变化，甚至常常是互相反对的，而人却被它们拖曳着时而这里，时而那里，不知道应该朝什么方向前进。"这个定义已经含有对欲望的否定意味，强调欲望的盲目性。由于欲望的满足或不满足，产生快乐或痛苦的情绪。欲望、快乐、痛苦，这是三种原始情绪，其他一切情绪皆由之派生，都只是用来表示这三种原始情绪之间的关系和外在表现的不同名称。根据他的论述，我把其他这些情绪分为三组。

第一组涉及与他人的关系。人的情绪大多是由人际关系触发的，因此这一组内容最多。最基本的情绪是爱和恨。"爱是由一个外在原因的观念所伴随着的快乐。恨是由一个外在原因的观念所伴随着的痛苦。"直白地说，想到一个人你就快乐，这是爱；想到一个人你就痛苦，这是恨。对一个做了好事的人表示爱，这叫嘉奖；对一个做了坏事的人表示恨，这叫义愤。因为爱而对一个人评价过高，叫过奖；因为恨而把一个人看得太低，叫轻视。对他人的幸福感到快乐，对他人的不幸感到痛苦，这种爱叫同情；对他人的幸福感到痛苦，对他人的不幸感到快乐，这种恨叫嫉妒。感恩是用恩德报答爱自己的人，仁慈是施恩惠于自己所同情的人。仇恨是伤害自己所恨的人的欲望，残忍是伤害自己所爱的人的欲望。好胜是想做成别人已经做成的事的欲望，猜忌是想保住已得到的东西并且不让别人分享的欲望。

上面这些皆涉及自己对他人的态度。反过来，因为他人对自己的态度而产生的情绪，斯宾诺莎主要举出两种，即荣誉和耻辱。自己的行为受到他人的尊敬和赞美，而这种尊敬和赞美是公正的，不带有任何利益考虑，这时所感到的快乐叫做荣誉。自己的行为受到他人的轻蔑，而这种轻蔑也是公正的，不带有任何利益考虑，这时所感到的痛苦叫做耻辱。要把荣誉和虚荣加以区分，从大众的意见中去寻求虚假的荣誉，由此获得的满足叫做虚荣。大众的意见是变化无常的，一旦消散，这种满足就随之消散，因此是虚幻的。斯宾诺莎提醒说，由于名声有助于其他一切欲望的满足，所以好名之心是很难克制的，要警惕那种拼命诅咒荣誉的人，他们往往是追求荣誉最急迫的人。

第二组是涉及自己的情绪。因为自己的能力而感到快乐，这叫自信；因为自己的无能而感到痛苦，这叫自卑。按照自己的真实情况认识到自己的圆满性，这叫自尊；按照自己的真实情况认识到自己的不圆满性，这叫谦虚。由于爱自己而高看自己，把自己不具有的圆满性归于自己，这叫骄傲；由于不满意自己而低看自己，把自己不具有的不圆满性归于自己，这叫谦卑。斯宾诺莎特意说明，真谦卑是很少见的，因为人性本身反对这种情绪，而由于谦卑具有虔敬和宗教的假象，使得假谦卑盛行。有些人内心非常骄傲，但为了欺骗别人装成谦卑的样子，这是十足的伪君子。天下以谦卑退让出名的人，往往是异常嫉妒、暗藏野心的人。

第三组情绪涉及已经发生或者将来可能发生的事情。对于过去已经发生的事情，如果那是一件意外发生的好事，为此感到的快乐叫做庆幸；如果那是一件意外发生的坏事，为此感到的痛苦叫做惋惜。如果自己有意识做了一件坏事，为此感到的痛苦叫做懊悔。对于将来可能发生的事情，如果我们设想它是好事，由此感到的快乐叫做希望；如果我们设想它是坏事，由此感到的痛苦叫做恐惧。希望和恐惧都是不稳定的情绪，二者必定互相包含。希望的情绪中包含着恐惧，恐惧那件好事不会实现，因此快乐中包含痛苦。恐惧的情绪中包含着希望，希望那件坏事不会实现，因此痛苦中包含快乐。如果确信所希望的那件好事必然出现，则所感到的快乐就不带有痛苦，称之为信心；如果确信所恐惧的那件坏事必然出现，则所感到的就是纯粹的痛苦，称之为绝望。

2. 自我保存的本性

欲望是基本的人性，人的一切情绪都由欲望派生，是欲望的各种变形。那么，在斯宾诺莎看来，欲望归根到底是什么，或者说，什么是本原性的欲望？他的回答是自我保存。

在自然界中，万物都竭力要保存其自身，人并不例外。人类中的每一个个体，不论疯愚还是正常，有理性还是没有理性，讲道德还是不讲道德，都是欲求自我保存的，他没有法子不这样做，因为这是人的自然本性，也是最高的自然律和自然权利。在自然状态下，个人的这个自然权利不受社会规则和个人理性所制约，而完全为欲望和力量所决定。

斯宾诺莎的这个观点，直接来自霍布斯的政治学说。他还接受了霍布斯的契约论，认为为了达成和平，必须订立契约，限制个人的自然权利，把权力转让给国家。不过，他认为，即使在社会状态下，自我保存仍然是人的本性，这一点不会改变。因此，每个人仍然要依照自己本性的法则，努力保持自己的存在，这是德性的基础，也是幸福的所在。

人有种种情绪，如何判断它们的善和恶？这里所谓的善和恶，是指好和坏，没有道德含义。从自我保存的本性来看，凡是有助于自我保存的，就是善，凡是有碍于自我保存的，就是恶。一般来说，快乐直接地是善，痛苦直接地是恶。同样，爱是善，恨是恶。不过，快乐和爱如果过度，也可以是恶。种种由恨引起或者与恨有关的情绪，例如轻视、嫉妒、仇恨、愤怒等，都是恶。种种包含或者导致痛苦的情绪，例如懊悔、希望、恐惧等，也都是恶。不过，这是单纯地根据自保本性来判断，判断情绪的善和恶还有一个更高的标准，就是理性。

3. 理性的圆满性

人的各种情绪往往是心灵受外部因素刺激而产生的，因此具有被动性。斯宾诺莎认为，人只要受这种被动性的情绪支配，就不能说是与本性相符合的。这种在控制情绪上的软弱无力，叫做奴役。人还可以有一种主动性的情绪或情感，它是在理性的指导下形成的。唯有这种情感才真正是善的、好的，因为它使人摆脱外在因素的支配，去做真正满足自己本性的要求之事。"自我满足可以起于理性，并且唯有起于理性的自我满足，才是最高的满足。"

在这里，我要指出斯宾诺莎理论中的一个内在矛盾。他把自我保存看作人的本性，这个观点来自霍布斯，后来也为英国别的经验论者所主张。但是，他是一个理性主义者，实际上把理性看作人的本性，至少是高级本性。这两个观点是不能相容的。经验主义也承认理性的作用，但只把理性看作生存的工具。理性主义把理性看作人的本质，人生的价值和目的之所在，从自我保存的本性是怎么也推演不出这个论点的。

仿佛为了回避这个矛盾，斯宾诺莎提出了一个概念叫圆满性。他说，理性为我们建立了一种人性模型，一个圆满的人的观念，要求我们寻求达到较大圆满性的方法。用理性的标准来衡量，凡是帮助我们达到这一圆满性的东西就是善，凡是阻碍我们达到这一圆满性的东西就是恶。所谓圆满性，就是人的理性趋于完善，从而能够享受一种为理性所决定的心灵生活。所以，换句话说，凡是能够促进理性趋于完善的东西就是善，凡是会阻碍理性趋于完善的东西就是恶。斯宾诺莎试图把理性和自我保存的本性统一起来，他说："绝对遵循德性而行，就是在寻求自己利益的基础上，以理性为指导，而行动、生活、保持自我的存在，此三者意义相同。"意思是用理性来指导自我保存，这样就统一起来了。但是，这种说法实际上是扩大了自我保存的涵义，把圆满性也包括进去了。

不过，我们可以不去理会这个矛盾，着重理解斯宾诺莎学说的合理内核。他真正想强调的是，有两类情绪或情感。一类是被动的，受制于外部事物，我们要用理性去控制。另一类是主动的，是理性本身生成的，这才是最有价值的。一个理性强大的人，是不会受那些被动性情绪支配的，因为这类情绪的力量大小，是由外因的力量和你自己的力量的比例决定的，你的力量足够强大，外因就不能在你身上触发这类情绪了。而且，理性所生成的主动性情感是直接地为善，避恶只是其间接的效果。这就好比一个健康人，从食物中既吸取营养又感觉乐趣，身心都受益，自然就少生病，相反，理性衰弱的人就好比一个病人，只能靠吃药来对付疾病，避免死亡。

四　遵循理性的指导而生活

斯宾诺莎的人性理论，突出的还是理性，由此得出的人生观，概括为一句话，就是遵循理性的指导而生活。他说，天地间再没有比这个原则对人更为有益的了，唯有遵循这个原则，一个人的本性才会前后始终一致，人们的本性才会彼此始终相符合。理性的指导主要体现在两个方面，一是控制被动性情绪或情感，不受其奴役，二是生成主动性情绪或情感，成就幸福的人生。

1. 理性的力量及其限度

理性是人的理解能力，理性的一切努力都指向理解。身体受外物触发而产生情绪，这些情绪之所以会扰乱心灵，是因为我们对它们缺乏理解。在一定意义上，理解即是控制。"我们对情绪的理解愈多，则我们愈能够控制情绪，而心灵感受情绪的痛苦也愈少。"任何一个被动的情绪，我们都是可以对它形成清楚明晰的观念的，而只要形成了这样的观念，它便立即停止其为一个被动的情绪了。斯宾诺莎的这个见解，已经包含了弗洛伊德心理学的一个基本思想，即把心理疾病的真实动机从无意识层面转移到意识层面，而这乃是治疗的关键。

凭借理性的力量，对情绪有了正确的认识，就可以控制情绪。不过，在纷杂的生活中，要具备这样的自省能力是不容易的。斯宾诺莎的建议是，最好是给自己订立一些明确的生活信条，谨记勿忘，随时用它们来处理日常生活中发生的个别事件。譬如说，你明白了发怒的害处，就牢记"不要发怒"的信条，一旦遇到受了侮辱因此怒火中烧的具体情境，会比没有这个信条的人更容易克制住怒火。

但是，理性的力量有其限度，在控制欲望和情绪方面，它也有无能为力的时候。在现实生活中，人们往往即使懂得道理，仍常常被各种情欲降服。情感本身的规律是，一个情感只会被另一个比它更强的相反情感克制或取代。法律和社会秩序就是建立在这个规律的基础上的，迫使人们因为害怕惩罚而克制损害他人的欲望。从个人来说，理性所获得的正确知识要真正发生作用，就必须把它们转化成情感。按照斯宾诺莎的体系，理性所生成的主动性情感体现了理性的根本力量，一个主动性情感充沛的人是很容易控制被动性情绪的。通俗地说，你有强大的正能量，各种负能量就伤害不到你了。

对于遵循理性的指导而生活的人来说，一切被动性情绪都是应该努力排除掉的。但是，鉴于多数人做不到遵循理性的指导而生活，对于他们，不妨保留某些被动性情绪，用来抑制比这些情绪更恶的另一些情绪。例如，斯宾诺莎认为，怜悯是恶，一个遵循理性的指导而生活的人应该仁爱，但不可怜悯，因为这种情感使人软弱，容易受眼泪的欺骗，做出让自己后悔的事来。可是，那种不依从理性指导的人，如果没有怜悯之情，就会十分残忍。又例如，希望、恐惧、谦卑、悔恨都是恶的情绪，但是，我们宁愿那些不依从理性指导的人有这类情绪，否则他们会毫无顾忌，不知羞耻，肆意做坏事。

2. 理解的三个层面

我们把注意力放在理性通过理解来控制情绪这个题目上。理性对于情绪的理解，大致分三个层面。这三个层面，是我根据斯宾诺莎散见于各处的论述归纳出来的，他本人并没有做这个区分，下面分别论述。

第一个是理智的层面，即对某个当下的欲望或情绪进行理性的分析，以减轻它的作用力。方法之一是分析原因。原因不明的痛苦是最折磨人的，一旦认识其原因，痛苦的程度就会大为减轻，甚至停止其为痛苦。方法之二是拉开距离。无论在时间上还是在空间上，一个事物触动我们情绪的力量都是与距离成反比的，距离越远，力量就越弱，远到一定的程度，就几乎没有什么力量了。所以，我们不妨拉开距离来看当下发生的事情，想一想在遥远的时间或空间中所发生的类似事情，它们已经完全不能触动我们的情绪了，而当下发生的这个事情同样也会远去的。方法之三是权衡利弊。人的本性是趋利避害的，要真正做到趋利避害，就不能受当下的欲望支配，而要用理性来判断，看得远一点，宁可为了将来的较大之善而舍弃现在的较小之善，宁可择取现在的较小之恶以避免将来的较大之恶。

第二个是社会的层面。人是社会性的存在，个人要自我保存，最有价值之事莫过于力求人与人之间的和谐一致。凡受理性指导的人，其行为就不再由个人的欲望和力量所规定，而是要追求人人共同之善，做到公正、忠诚而高尚。斯宾诺莎特别强调，一个遵循理性的指导而生活的人，不但努力不让自己为恨的情绪所激动，而且也努力不让他人遭受恨的痛苦。他会尽可能用爱来报答别人的恨，而这就是用爱制服恨，因为心灵不是武力所能征服，却可以被爱和美德所征服。

第三个是自然或神的层面。斯宾诺莎主张决定论，认为自然中一切发生的事情都是必然的。他说，理解这个必然性，把这个认识推广到所遭遇的每一件具体的事情上，就可以帮助心灵获得控制情绪的力量。这是已经为经验所证明的，一个人如果认识到所失去的东西在任何方式下都是无法保住的，他因为失去而造成的痛苦就一定会减轻。比必然性更高的是圆满性。一个人一旦认识了自然和神本是一体，自然中一切事物都为神的圆满所必需，他就不会恨或厌恶任何事物，他的心灵就不会陷于任何痛苦之中。

上面三个层面，第一个层面只是用理性来控制被动性情绪，后两个层面则在不同程度上是在理性的指导下生成了主动性情感，并且消除了产生被动性情绪的根源。这主动性的情感，在第二个层面是社会性情感，即爱人类；在第三个层面是本体性情感，即爱神、爱永恒。

3. 不存在自由意志

斯宾诺莎坚决否认自由意志的存在。对于自然界，他主张决定论，他把这个决定论也推广到人类心灵的领域，认为心灵之所以愿意这样或那样，乃是为一个原因所决定，而这个原因又为另一个原因所决定，如此一直至于无穷。人们之所以相信自己是自由的，是因为意识到自己的欲望和行为，而对引起欲望和行为的那些原因却一无所知。

当人们受欲望支配的时候，心灵的命令不是别的，就是欲望本身。而欲望又是由身体的状况和外部的刺激所决定的。在这种情况下，心灵的命令和身体的决定是同时发生的，在性质上是同一个东西，根本不是什么自由意志。否则的话，那扑进母亲怀里吃奶的婴儿，那发脾气砸坏玩具的幼童，那胡言乱语的醉鬼，那逃离战场的懦夫，都可以声称是出于自由意志做这一切了，而事实只是他们没有力量控制自己的欲望罢了。

斯宾诺莎认为，"意志"是一个没有意义的词，究竟什么是意志，意志如何支配行为，没有一个人说得清楚。既然意志只是一个虚构，所以就没有必要去追问意志究竟自由还是不自由这样的问题了。如果把意志理解为我们意愿这个或那个的能力，那么，它就是理性，而不是欲望。是理性在做肯定或否定的判断，用观念指导行为，从而形成意愿。欲望本身还不成其为意愿，对欲望是肯定还是否定，给予满足还是加以控制，这才是意愿，而意愿就是观念，是由理性提供的。

在斯宾诺莎看来，人的心灵中只有两个基本因素，就是理性和欲望，而正确的心灵秩序是理性控制欲望。"意志"这个词，如果指的是欲望，是不自由的，因此也就不成其为意志；如果指的是理性，似乎是误用了这个词。从柏拉图以来，对人的心灵都是三分法，即分为理性、意志、情感，斯宾诺莎实际上是把意志和情感合并成了欲望。

在哲学史上，关于自由意志和决定论的讨论是为了解决一个道德问题，即人是否应该对自己的行为负责，如果有自由意志，就应该负责，如果是决定论，就没有理由让人负责。斯宾诺莎是主张决定论的，但又认为人要对自己的行为负责，因为人有理性，有责任把理性运用好。可是，我们要问，为什么有的人能运用好，有的人不能呢？似乎又只好用决定论来解释了，即决定于遗传和环境等因素，那么，好像又没有理由让人对自己的行为负责了。因此，事实上，斯宾诺莎在一定程度上是承认哲学传统中所说的那个自由意志的，只是把它称作理性罢了。在他看来，理性是伟大的能力，足以使人超越遗传和环境，成为一个自由人。人的身体受制于因果律，人的灵魂是自由的，斯宾诺莎实际上是在用自己的语言阐述这个古老而常新的观念。

五 幸福在于爱永恒

斯宾诺莎的哲学，本体论和人性理论是地基，伦理学才是正式建筑。或者说，本体论和人性理论是前厅，伦理学才是正厅。这三个部分，如果要各选一个主题词，本体论是神，人性理论是理性，伦理学是幸福。斯宾诺莎的全部哲学努力，终极目的是要寻求一种不受外在、变化、偶然因素干扰的恒久可靠的幸福，他找到的这个幸福，简言之，就是理性对神的爱，就是爱永恒。

1. 不可贪爱无常之物

在《知性改进论》的开头部分，斯宾诺莎讲述了促使他从事哲学研究的动机，大意是：我从亲身的经验中领悟到，日常生活中习见的东西都是虚幻无意义的，因此下决心要探究，世界上是否有一种东西，一经发现和获得之后，我就可以享受恒久至上的幸福。下这个决心，意味着必须放弃对荣誉、资财等确定利益的追求，而新的探究的结果则是不确定的，好像很不明智。但是，随着探究的深入，我越明确地看到真正的幸福在哪里，我的心就越平静了。这段话清楚地表明，他不是像笛卡尔和多数近代哲学家那样，因为对人类的知识状况感到不满，而是因为对人们的生活状态感到不满，因此走上哲学道路的。他为了寻找幸福走向哲学，在哲学中找到了自己的幸福，而在他看来，这个幸福是人人都可以也应该享受到的。

斯宾诺莎发现，人们之所以生活得不幸福，原因在于贪爱无常之物。人们把自己和变灭无常的事物捆绑在一起，这些事物本身就是脆弱的，这就像一个残废不能负担另一个残废，结果必然是可悲的。人们追逐财物、名声、感官享受等等，把一切快乐或痛苦都系于这些自己无法支配的东西上面，得到时的快乐越大，失去时的苦恼和悔恨就越强烈。因为追逐财富而备尝艰辛，得到巨大财富后却遭受祸害乃至于丧生，因为追逐浮名而取悦世人，时势一变即被世人抛弃，因为放纵肉欲而自速死亡，这样的例子比比皆是。

人很容易沉迷于自己贪爱的某一样东西，被自己的贪爱牢牢地缠住，不再能想到别的东西，这种状态类似于疯狂。贪财的人一心只想发财，虚荣的人一心只想沽名钓誉，好色的人一心只想满足淫欲，皆不思其他，事实上都是疯狂之一种。心灵的许多病态，往往起于爱恋一个绝非能够确实享有的东西。一切负面的情绪，也都是起于爱恋本性上变灭无常的东西，因为不能确实享有而烦恼不安，因为怕被人夺走而产生疑忌，因为被夺走了而产生仇恨，因为怕失去而产生恐惧，因为失去了而产生痛苦，如此等等。

人们不但贪爱变灭无常的东西，而且常常是根据更加变灭无常的传闻去爱某个东西的。如果听说某个东西是好的，人们就会对这个东西产生一种欲求，说的人越多，欲求就越强烈。人们甚至还会单单根据传闻产生恨，在反对犹太人和基督徒的土耳其人身上，在反对土耳其人和基督徒的犹太人身上，在反对犹太人和土耳其人的基督徒身上，我们看到的就是这种情况，而实际上所有这些人对于别人的宗教是完全无知的。

佛教认为，人生痛苦的根源是不明白无常的道理，贪爱无常的事物，斯宾诺莎的观点与此十分相近。不过，与佛教不同，他没有由此走向空，而是走向神——泛神论意义上的神，不是寻求看破红尘的解脱，而是寻求融入大化的至福。他的问题是佛教式的，他的答案是道家式的。他认为，一个人爱恋某物，把它看作最好的东西，可是一旦他知道世上还有更好的东西，他的爱就会转移到这更好的东西上面。所以，摆脱小爱的最好方法不是灭绝爱的欲望，而是把爱的欲望转移到正确的对象上，建立起大爱。这个大爱，就是爱永恒。

2. 幸福在于爱永恒

既然人的痛苦和不幸是缘于爱恋变灭无常的事物，那么，要得到恒久可靠的幸福，就理应去"爱那唯一值得爱的对象，即神"。这个神，就是永恒的大自然。爱神、爱自然、爱永恒，其实是同一个意思。人是自然的一个部分，认识到人的心灵与整个自然是相一致的，把心灵与自然融为一体，就能获得至上的幸福。一个人品尝到了这样的幸福，就会有一种常驻的欢欣愉快的心情。

一个爱永恒的人，他的心灵不会受到无常之物的激动，也不会陷于任何负面情绪之中。他立足于全善之上，而在这全善中蕴涵了一切快乐和满足。和这全善相比，人世间一切利害得失都显得微不足道了。他不是因为克制情欲，所以享有幸福，而是因为享有幸福，所以能够克制情欲。"幸福不是德性的报酬，而是德性本身。"心灵正是因为享受这种神圣的幸福，所以具有克制情欲的力量。理性能够生成主动性的情感，而此种情感的最高形态就是爱永恒，在心灵的这一片光明之中，一切被动性情绪的阴影不复存在。

心灵因为爱永恒而臻于圆满，这样的心灵是自由的，它不依附于变易之物，但也不厌恶，不拒绝。凡是合乎自然的快乐，例如美味、醇酒、服饰等等，尽可享用，音乐、戏剧、园艺等等，尽可赏玩。甚至资财、荣誉、肉体享乐等等，只要不是当作目的来追求，而是当作利于身心健康的手段，懂得节制，也都无可非议。当然，前提是心灵品质良好，有足够的定力。

斯宾诺莎说，他的这套学说有三大效用。第一是教导人们，人的最高幸福在于认识神、爱神，使心灵与神合一，随处恬静，一切行为以仁爱和真诚为准。相反，那种希望上帝在这之外另外给予报酬的人，距信仰和道德的真正价值未免太远。第二是教导人们，一切事物皆依必然的法则出于神之永恒的命令，因此，对于命运中的幸和不幸要持同样的心情，平静地享受或忍受。第三是教导人们，每个人既要满足于自身的圆满，又要善待他人，去除掉怨憎、轻蔑、嘲笑、忿怒、嫉妒等负面情绪，使社会生活达于和谐。

斯宾诺莎还表示，他所指出的这条通往幸福的道路是很艰难的，因此在他之前很少被人发现，但的确是可以寻求到的。他叮嘱他的朋友们，鉴于这个时代人们普遍放纵情欲，难以接受他的学说，因此，传播这个学说时务必十分谨慎，一定要以增进人们的幸福为宗旨，采取合适的方式。

事实上，在斯宾诺莎之前，斯多葛派哲学家早已主张，人要以理性为指导，蔑视身外变化无常的事物，顺从宇宙的秩序。斯宾诺莎受斯多葛派哲学的影响是明显的，不过，基本色调发生了变化，斯多葛派是悲观、沉郁、不动心，他是乐观、愉悦、有爱心。

3. 心灵的永恒存在

斯宾诺莎所说的对神的爱，不是一种感官的爱，而是一种理性的爱。在他看来，在人的理性与自然的神性之间有一种内在的联系，理性就是神性在人的心灵中的存在，而这即是对神的爱的根源。他说："就神体现于在永恒的形式下看的人的心灵的本质之中而言，心灵对神的理性的爱乃是神借以爱它自身的无限的爱的一部分。"在这句相当拗口的话里，所谓"在永恒的形式下看的人的心灵的本质"就是指人的理性，理性是人的心灵中具有永恒性亦即神性的部分，所以，理性对神的爱，也就是神在借这个爱而爱自己。换句话说，当人因为与自然融合而感到幸福的时候，自然本身也和谐美好了。

理性是心灵中具有永恒性的部分，这是斯宾诺莎的坚定信念。如果要问这个信念的根据是什么，恐怕与柏拉图的理念论脱不了干系。他说："我们的心灵，就它能理解来说，是思想的永恒样式，而所有这些样式的全体构成了神的永恒理性。"思想的永恒样式，指的是概念，全部概念构成了神的永恒理性，也就是柏拉图说的全部理念构成了永恒的理念世界。不过，有一个重大的不同，柏拉图的理念世界是在宇宙之外和之上的某个地方，斯宾诺莎的神就是宇宙和自然本身，所以，柏拉图要我们爱一个超自然的世界，斯宾诺莎要我们爱自然本身。

心灵的本质是理性，理性是永恒的，所以心灵也是永恒的。可是，为什么我们无法回忆起心灵在我们出生之前的存在呢？斯宾诺莎解释说，这是因为我们的身体是时间性的存在，而永恒与时间是没有任何关系的。回忆有赖于身体的存在，只能触及时间中的事物，不能触及永恒。心灵的永恒存在超越于时间，与事物在时间中的绵延完全是两回事。因为同样的理由，人的记忆在死后也绝不可能保存和延续，这个意义上的灵魂不死是不存在的。但是，斯宾诺莎仍然坚信，心灵的本质部分是不死的，与长存的这个部分相比，那个随身体一同死去的部分就显得无足重轻了。这个不死的部分就是理性。"只要我们的心灵具有清楚明晰的知识愈多，因而也愈能爱神，那么死对于我们的损害也就愈少。"凭借理性进入一种与神合一、与自然合一的最高境界，这本身就已经是心灵的永恒存在了。用一句流行的话说，便是当下即永恒。如果你还要追问，某个具体的人死后，他的理性是否继续存在，斯宾诺莎一定会批评你仍然陷在旧的思路里。理性之作为永恒的存在，是超越时间的，因此绝不依附于个体。总之，不死的不是个人的灵魂，而是无名无姓的理性。你真正领悟了永恒，你就摆脱了作为个体的人的限制，也就超越了作为个体的人的生死。在这个意义上，斯宾诺莎说："自由的人绝少想到死，他的智慧不是死的默念，而是生的沉思。"

4. 做一个有精神力量的人，一个自由的人

斯宾诺莎常常提及两个概念，一是有精神力量的人，二是自由的人。这两个概念，勾勒了一个遵循理性的指导而生活的人的人格特征。

一个遵循理性的指导而生活的人，感受到自己身上的圆满性，也认识到世间一切事物的必然性，因此具有不同寻常的精神力量。他生活在世人之中，世人大多并不遵循理性的指导而生活，往往

充满怨恨、忿怒、嫉妒、轻浮、傲慢等负面情绪，他皆耐心地对待，自己绝不受这些情绪的传染。他的自尊强大却又无形，待人宽宏大量，无怨无悔地承受别人所施的损害，只是专心致志于增进人类的和谐和友谊。

完全听从理性指导的人，也是真正自由的人。斯宾诺莎给自由下的定义是：理性通过与神的直接结合而获得的一种稳定的存在。那种受情欲和意见支配的人是奴隶，而自由人则受理性的指导，只去做他所认识到的人生中最重要的事，并且内心充满愉悦。一个生活在无知人群中的自由人，既不愤世嫉俗，也不自命清高，只是平静地按照自己的信念生活罢了。

参考书目

[荷兰] 斯宾诺莎：《伦理学》，贺麟译，商务印书馆，1983

[荷兰] 斯宾诺莎：《神、人及其幸福简论》，洪汉鼎、孙祖培译，商务印书馆，1987

第 4 卷

认识的反思

近代中期

公元十七世纪至十八世纪

西方哲学在近代发生了从本体论向认识论的转变，近代前期是这个转变的准备阶段，到了中期，这个转变才成为显著的事实。在这方面，英国三位经验论哲学家洛克、贝克莱、休谟起了最重要的作用。与此同时，他们也对形而上学做了相当有力的批判。

在西方哲学中，形而上学的发展可以分为三个时期。第一个时期，是在古希腊，形而上学占据哲学的中心地位，柏拉图和亚里士多德是这方面的两位最重要的哲学家，两人都建立了完备的形而上学体系，为西方形而上学的主流传统奠定了基础。第二个时期，是在中世纪，形而上学的探究围绕上帝的概念展开，柏拉图和亚里士多德的形而上学被融合进基督教哲学之中。基督教的上帝概念，作为宇宙的绝对精神本体，是西方形而上学在唯心主义方向上发展的顶峰和终结。第三个时期，是在近代，哲学家们纷纷批判和否定形而上学，形而上学靠边站了，认识论走到了台前，占据了西方哲学的中心地位，成为哲学舞台上的主角。认识论的兴起和形而上学的衰落，乃是同一个过程的两面。这个趋势一直延续到了现代，反形而上学成为西方哲学的主导趋向，如果你还热衷于讨论"世界的本质是什么"这样的问题，基本上可以认定你是一个哲学门外汉，哲学教授们会对你嗤之以鼻。

这个情况的发生，在一定意义上说明哲学进入了一个比较自觉的状态。以前的哲学家们对世界做各种论断，说世界的本质是水、火、原子等等，或者说世界的本质是理念和上帝，现在哲学家们要追问，你这么说有什么根据？你说这是用理性探究世界得出的结论，理性真的具备这个能力吗？哲学家越来越对此发生了怀疑，正因为这种怀疑，认识论成为了关注的中心。认识论的主要工作，是对人类的理性能力进行批判的考察。形而上学是对世界的思考，现在哲学家们发现，对世界的思考本身也必须被思考。思考能力反转身来，把自己作为对象进行思考，这种对思本身的思叫做反思，认识论就是这样一种反思。

除了三位英国经验论哲学家，我还会讲述德国哲学家莱布尼茨的思想。他是近代理性主义哲学三大代表人物中的最后一位，在本体论上创立了一种颇为独特的名为单子论的哲学体系。和笛卡尔、斯宾诺莎不同，他对认识论问题也十分关注，站在理性主义立场上与经验论展开了很有深度的辩论。

近代哲学以认识论为中心，但认识论并非一统天下。事实上，除了认识论之外，洛克在政治学和教育学领域也做出了开创性的贡献，休谟对道德和宗教问题有深刻的见解，我都会讲述。

第二十一讲

洛克

心灵是一张白纸，上面没有任何天赋的观念。

——洛克

英国近代的经验论哲学，发端于培根和霍布斯，到了洛克，才可以说达到成熟。洛克是立足于经验论对认识论问题进行深入系统研究的第一位哲学家。笛卡尔因为把西方哲学的探究方向转向了主体意识，被公认为近代哲学之父，但是，他并未深入探究认识论问题，作为一个理性主义者，他在找到主体意识这块基石之后，就把注意力放在本体论的构建上面了。除了认识论之外，洛克在政治学和教育学领域也做出了开创性的贡献。

一　三大领域里的开创者

1. 生平

约翰·洛克（John Locke, 1632—1704）出生在英国萨默塞特郡的一个平民家庭，在农村长大。他的一生，主要可以分为三个阶段。

第一个阶段是求学和自学。他二十岁进入牛津大学基督教堂学院，如同所有天资优异的学生一样，他对功课不感兴趣，耽于

约翰·洛克（John Locke, 1632—1704）

课外书的阅读，例如笛卡尔的哲学著作。在牛津期间及毕业后，他还下了很大功夫研究医学和实验科学。

第二个阶段是在阿什利勋爵家里工作。阿什利勋爵又称沙夫茨伯里伯爵，是英国政坛的重要人物，议会中民主派辉格党的领袖，担任过英国大法官。洛克三十四岁时与伯爵结识，因为替伯爵治疗肝病有效，伯爵请他到自己在伦敦的家里居住和工作。他的角色是多重的，是伯爵的助手，全家的家庭医生，还是伯爵夫人的顾问，孩子们的家庭教师。伯爵的大儿子到了婚龄，洛克为之物色了一个妻子。这个儿媳妇临产了，洛克成功地替她接生。此后不久，他还给伯爵本人做了一次切除肿瘤的手术。他的医学知识全靠自学，但他的医术绝非业余水平，当时英国的头号名医西德纳姆很佩服他，说他医治热病的方法比自己高明。

洛克在伯爵家里住了许多年，成为这个家庭的亲密一员。他终身未婚，也没有子女，可以想象，他是在伯爵家里领略了家庭生活的乐趣的。他是一个绝顶聪明的人，性格又温和，伯爵一家从他多方面的才华中受惠甚多。另一方面，作为助手，他随伯爵参与政治活动，受其思想影响，从伯爵那里也受惠甚多。他的名著《政府论》，就是在伯爵的鼓励下写成的。

第三个阶段，主要从事写作。五十一岁时，因为无端被怀疑参与刺杀国王的阴谋，他逃亡至荷兰，在那里住了五年。这段时间里，他得以集中精力写作，修订以前所积累的草稿，完成了《论宽容》《政府论》《人类理解论》《教育片论》等主要著作。1688年，他在荷兰的最后一年，英国发生光荣革命，议会中辉格党和托利党两派联合起来，推翻了君主专制政权，建立了君主立宪制政体。洛克回到英国，他五十八岁前没有出版过任何著作，而在这之后的几年里，陆续出版了上述著作。他本人虽然没有参与光荣革命，但他的《政府论》实际上为这场革命做了辩护。从五十九岁开始，他定居于好友玛莎姆女士在埃塞克斯郡的乡下住宅，直至七十二岁去世。

2. 三大领域里的开创者

洛克是一个医术高明的医生，不过，我们要庆幸他没有做一个职业医生，而是摆脱杂务，在思想的国度里漫游。他的收获是巨大的，至少在三个领域里，他都做出了开创性的贡献。

第一，认识论。洛克的主要哲学著作是《人类理解论》，在这本书里，他建立了西方哲学史上第一个博大的认识论。因为这本书，他的后继者都把注意力放在了认识论上面，西方哲学真正实现了从本体论向认识论的转折。这是洛克在哲学上的最大贡献，也就是我要讲的主要内容。

第二，政治学。霍布斯的《利维坦》是近代政治哲学的开山之作，但是，这本书是为专制主义辩护的。近现代西方政治的核心是自由和法治，而洛克的《政府论》为这个核心奠定了理论基础，他是英国自由主义政治哲学的奠基人，被称作自由主义之父。他的政治理论影响了伏尔泰、卢梭、苏格兰启蒙思想家以及美国的多位开国元勋，是西方政治生活中一股源远流长的清泉。

第三，教育学。洛克的一对好友夫妇生了孩子，希望他提供一些抚养孩子方面的建议，这个单身汉就写了一本谈儿童教育的书。他虽然终身未婚，但他在沙夫茨伯里伯爵家里伴随孩子长大并担任家庭教师，是有切身经验的，当然更有一个哲学家的独特眼光。他的这本《教育片论》，和后来卢梭写的《爱弥儿》，是近代教育学史上的双璧，教育哲学的两本最著名的经典。

3. 不思考为何成为常态

《人类理解论》是洛克的主要哲学著作，开头有一篇《赠读者》，洛克在其中谈了思考的快乐，并且希望读者也能够享受这个快乐。我觉得他是在告诫读者，凡是不能品尝思考的快乐的人，都不应该打开他的著作。以思考为乐，这的确是阅读任何一本内容深刻的哲学书的前提，阅读的过程应该是和作者一起思考并且享受其快乐的过程。然而，不思考是常态，洛克在正文的某些章节对这个现象及其原因进行了分析。在讲他的哲学理论之前，我先说一说这方面的内容。

洛克用打猎来比喻思考，他说，思考之追寻真理，正如打猎一样，在追寻中便能产生大部分的快乐。由于思考是心灵中最崇高的一种能力，因此运用它时所得到的快乐，要比运用别的能力时所得到的更大也更持久。他接着说，在写这本书时，他边思考边把自己的思想记述出来，所得到的正是这种快乐。他请读者不必嫉妒，因为你如果在阅读时也运用自己的思考能力，就能够得到同样的快乐。

但是，思考的习惯是平时养成的，如果你平时总是处于不思考的状态，那么，当你翻开一本书的时候，你就很难进入思考的状态。这正是问题之所在。在现实生活中，人们或多或少都有自己的一些信条，用来判断事情，指导行动。可是，很少有人对这些信条进行思考，追问它们是否有道理。人们相信这些信条是正确的，只是因为他们未曾对之做过考察，只是因为他们不曾有过别的想法。偏偏这样的人，在坚持自己的意见时却是最顽固最专横的。因为不思考，所谓自己的意见，只能是从别人那里接受来的。把盲目接受来的意见当作自己的意见并果断地坚持，这么悖理的情形居然成了常态。

人们之所以不思考，原因是多方面的，其中最具普遍性的原因是受到教育、习俗、环境等因素的制约。儿童期所接受的信条，往往被早年的教育和长期的习惯牢牢钉在心中，很难再拔出来。即使长大以后反省它们，因为和记忆一样久远，就无法看清它们是如何熏染心灵，成为毋庸置疑的信条的。习俗的巨大力量则把人们的精神纳入一条固定的轨道，使得人们在日本成了异教徒，在土耳其成了回教徒，在西班牙成了天主教徒，在英国成了新教徒。

看看人类全体的情况，大部分人负载着生存的重担，不得不为谋生耗费掉一生，没有机会通过阅读和思考建立起自觉的信仰。这就像一匹驮货的马，天天被赶赴集市，往返只经过狭窄的巷子和污秽的路途，对四周的地理永远一无所知。其余不必为谋生操劳的人，也并没有把自己的幸运用在追求知识上，大多数仍是忙碌于日常的事务，或是热衷于享乐的追求。人们不肯审视自己一向奉行的信条，是因为否定自己的过去是痛苦的，是需要勇气的。同时，随大流是最省心也最安全的。反对本国传统所维护的观念，就会触犯众怒。反对统治者所主张的主义，就会遭致迫害。至于那些以权威自居的人，他们的最高原则是"原则是不可追问的"，他们的地位就维系于此。所以，不思考成为常态，终极的原因是社会的各阶层都只关心自己的利益，不在乎真理。

洛克告诉我们，虽然人们激烈地捍卫错误的信条，但是，你不要因此以为有许多人发生了认知上的错误。不是的，事实是他们对自己所捍卫的信条是没有任何思考和看法的。只是由于被洗了脑，由于属于某个党派，由于利益，他们才奋勇地为自己从来不曾考察过甚至完全不明白的主义战斗的。他们自称有一种主张，其实他们脑中根本就没有这种主张的影子。因此，虽然世界上有不少错误的信条，但是，我们可以断言，实际上相信它们是真理的人，远没有想象的那样多。

人们用钱财来武装自己的身体，却不肯用知识来充实自己的灵魂，一心让身体穿得体面，却安心让灵魂披着别人穿过的二手衣、三手衣、n手衣，亦即从别人那里得来的意见，真是太看轻自己的灵魂了。关心灵魂是人生的大事，人们抱怨没有时间学习和思考，其实倘若你在这件大事上用心，就会很容易摆脱许多小事的支配，从而节省出大量时间，用来促进自己知识的增长。

凡是对哲学感兴趣的人，都应该好好想一想洛克讲的这些道理。爱思考是研习哲学的前提，唯有对于爱思考的人，研习哲学才既是享受，又是提高思考能力的有效途径。

4. 给哲学穿上平常衣服

在《人类理解论》的《赠读者》一篇中和正文某些地方，洛克还谈到了他在写作上的一个追求，就是明白晓畅。他说，一个人在印书时，如果自己承认人们在读了以后，不会得到什么利益，可是同时又想让人来读，那他就对于公众太不恭敬了。他是决心让人受益的，所以力求做到使任何读者读起来，都觉得明白晓畅。

通常的情形是，哲学书都写得晦涩难懂，充斥着暧昧含糊的说法、牵强附会的言辞，因为沿习已久，就仿佛有了一种特权，被认作博学深思的表现。洛克说，他要打破这虚假的神龛，单刀直入，直接写出自己的思考，这本身对于人类的理解就会是一种功劳。他还劝我们，如果见到那种哲学书，所用的文字没有适当的清晰明白程度，就可以把它们丢开，并且对自己说："他们既然不想让人读懂自己，那么他们是理应被忽略的。"

洛克的书的确写得明白晓畅，多么深刻的思想，都尽量用大白话写出来。读他的书，觉得他好像在和你进行日常的谈话，而所谈的内容却是如此不同寻常，精彩纷呈，真是如沐春风。对于写哲学书的人，他的一句话可以用作座右铭："哲学出现在公众面前时，应该平易近人，穿本国的平常衣服，即日常语言。"

二　一切观念来源于经验

在《人类理解论》中，洛克建立了西方哲学史上第一个博大的认识论。从他开始，西方哲学的注意力才真正转向了认识论，这是他在哲学上的最大贡献。因此，讲他的哲学，我重点讲他的认识论。

1. 哲学的第一步是考察人类的认识能力

洛克重视认识论的问题，是非常自觉的。从古希腊开始，哲学家们都在对世界的本质做各种论断，即使到了近代，笛卡尔、斯宾诺莎也仍然在谈论世界的实体是什么。洛克敏锐地看出，这类形而上学的讨论永远不会有一个结果，因为所讨论的对象超出了人类认识可及的范围。因此，他认为，哲学的第一步，应该是考察人类的认识能力，弄清楚它是适合于什么事物的。如果不先走这一步，哲学从一开始就可能走错了方向。他说，人们既然把研究扩展到自己能力可及的范围之外，任思想驰骋于无边的万物之海洋中，那么，我们就不必惊讶，他们何以会妄发不能解决的问题，横兴无法平息的争辩了。

认识论研究的问题，是人类知识的来源、性质和范围，以求确定什么是可靠的知识。换一种说法，认识论是对人的认识能力的审查，以求确定可知和不可知的界限在哪里。这便是洛克给自己提出的目标。他指出，弄清这个界限非常重要。一方面，我们就可以把精力放在探究可知的事物上，获取可靠的知识，为人类谋幸福。另一方面，对于不可知的事物，我们就应该安于不知，不要在那上面瞎折腾了。迄今为止的哲学，正因为没有弄清这个界限，在不可知的，甚至子虚乌有的事情上争论不休，结果把哲学弄成了一个空谈的场所。

洛克的认识论，实际上主要讨论两个问题，一是知识的来源，二是知识的界限。这两个问题有密切联系，首先弄清知识的来源，然后便可以判断，凡是从这个来源不能得到的东西，就在知识的界限之外，属于不可知的领域。先讲知识的来源。

2. 心灵是一张白纸

洛克说："心灵是一张白纸，上面没有任何记号，没有任何观念。"又说："心灵中没有天赋的原则。"心灵是一张白纸，这是洛克的著名比喻，他用这个比喻明确否认了任何天赋观念（innate idea）。

这个观点是反对柏拉图以来的理性主义的。柏拉图所说的理念，其实就是天赋观念。柏拉图认为，灵魂来自理念世界，拥有对理念的记忆，通过接触外部事物可以把记忆唤醒。用白纸的比喻来说，柏拉图的看法是，白纸上已经有用隐形药水写的文字了，而知识就是隐形文字的显形。

西方近代哲学分为唯理论（Rationalism）和经验论（Empiricism）两派，分界线就在承认还是不承认天赋观念。在洛克之前，笛卡尔和斯宾诺莎都主张清楚明白是判断真理的标准，实际上就是说心灵中有清楚明白的天赋观念。和洛克同时代，针对洛克的白纸比喻，德国哲学家莱布尼茨也有一个比喻，说心灵是一块有纹路的大理石，就更加明确地主张天赋观念了。

有一种论证天赋原则之存在的相当普遍的方式是这样的：人是有理性的，一切具有正当理性的人所共同承认的原则，就必定是理性中固有的，也就是天赋的。洛克反驳说，这类所谓共同承认的原则，实际上是从儿童期开始的社会灌输的产物，因为早年就写在了心灵的白纸上，不能记忆起其来源，就误以为是天赋的了。

不过，这只是说，每个人来到这个世界上的时候，心灵是一张白纸，一切观念都是出生之后从社会亦即他人那里接受来的。但是，我们如果问，所有那些他人的观念又是从哪里来的，一切观念的最初的来源是什么，就必须从整体上对人类认识的来源做一番考察了。

3. 一切观念来源于经验

心灵是一张白纸，上面没有任何观念，那么，心灵是怎样得到观念的呢？洛克说："我用一句话来回答这个问题：是从经验得来的。我们的全部知识是建立在经验上面的；知识归根到底都是来源于经验的。"经验分为两类，分别是感觉和反省，我们所有的观念都来源于这两者之一。

第一类经验是感觉，就是我们的感官从外界事物所接受的印象，由此形成关于事物性质的观念，例如体积、形状、数目、颜色、声音、滋味等。感觉是我们所具有的大部分观念的来源。

第二类经验是反省，就是我们的心灵对自身内部活动的觉察，由此形成关于心灵活动的观念，例如知觉、思维、怀疑、信仰、推理、认识、意愿等。这些观念不是感官从外界事物得到的，不过心灵这种向内的觉察作用很像是一种内在的感官，为了与感觉相区别，就称之为反省。心灵在产生观念时，有时会引起一些情感，例如快乐或不快，对这些情感的觉察也属于反省的范围。

洛克说，我们心灵中有许多观念，其中一些是原初的观念，它们都是由这两个途径之一得到的，他称之为简单观念（simple idea）。其他数量和花样繁多的观念，是理智把简单观念加以组合和变化而形成的，他称之为复杂观念（complex idea）。复杂观念来自简单观念，因此归根到底也是来自感觉和反省。

在洛克的认识论中，观念（idea）是最基本最常用的一个词，我先提醒一下，我们要注意他笔下这个词的涵义。在英文中，理念用的是这同一个词，但涵义完全不同。柏拉图说的理念，是可以用语词表述的一般概念；洛克说的观念，还没有经由思维作用抽象为概念，还没有和语言发生联系。洛克说，这种东西究竟是什么，你要凭自己的经验去领悟，如果你领悟不了，他没法跟你说得更清楚。照我理解，他说的观念，是感觉和反省在心灵上留下的印记，是个人直接觉知到的一种东西，是个人心灵中的原生态现象。简单地说，就是个人的直接经验。在洛克看来，这个东西非常重要，是一个人的知识的终极基础。关于观念和语词的不同，洛克有详细的论述，后面我还会讲的。

4. 感觉：第一性的质和第二性的质

感觉是观念的最主要来源，它是感官对外部事物的性质的觉知。洛克把感官所觉知的性质分为两类，分别名之为第一性的质（primary qualities）和第二性的质（secondary qualities）。

第一性的质，是物体本身所具有的，不论在什么情形之下，都完全不能和物体分开。属于这一类的有坚硬、体积、广袤、形状、数目、运动或静止等，这些性质在我们心灵中会产生相应的观念。

第二性的质，不是物体本身所具有的，而只是物体的第一性的质在我们心灵中产生某些感觉的能力。属于这一类的有颜色、声音、滋味、气味等，我们心灵中虽然有这些观念，但是物体本身中并没有与这些观念相似的东西。物体中只有不同体积和形状的分子及其运动，是它们使我们产生了这一类感觉和形成了这一类观念。如果没有人去感觉，一切颜色、声音、滋味、气味都将消失无存，还原成产生它们的第一性的质，即分子的大小、形状和运动。我们如果没有适当的感官来接受火在视觉和触觉上所引起的印象，并且没有一个心灵与这些感官连接，由这些印象形成光和热的观念，则世界上就不会有光和热。

洛克是牛顿的同时代人，比牛顿大十一岁，他晚年时两人经常在一起讨论问题。很显然，牛顿的物理学使他坚信，坚硬、广袤、体积、运动等是物体固有的性质。在洛克之后，休谟指出，这些性质同样是依赖于感觉的，与所谓第二性的质没有根本的区别。的确如此，说某些性质是物体本身所固有的，这实际上是说，这些性质是在我们的感觉之外独立存在的，可是，洛克既然强调感觉是所有涉及事物的观念的唯一来源，那么，他怎么能够对感觉之外的事情下论断呢？事实上，如果彻底贯彻经验论，就应该只谈感觉是怎么回事，而根本不谈物体本身是怎么回事，否则就会陷入自相矛盾。

5. 反省：知觉和意愿

反省是心灵调转方向，把注意力从外部事物转向心灵自身，观察自身内部的活动，由此形成了另一类观念。洛克认为，心灵

212

的活动主要有两种，即理解力的活动（perception）和意志力的活动（volition），由此形成的观念主要也有两个类别，即知觉的观念和意愿的观念。

知觉是最初的、简单的反省观念。感官受到外界事物的刺激，在心灵上留下了印记，这是感觉。心灵察知和理解了这个印记，感觉就转变成了知觉。心灵进一步对知觉到的观念进行概括、判断、推理，这就是思维。动物和低等生物的区别在于动物有知觉，低等生物没有。人与动物的区别在于人有思维，动物没有。凡是与理解力有关的心理活动，心灵反省它们所形成的观念，都属于知觉的类别，除了知觉、思维，还有记忆、绵延、自我等。

心灵反省与意志力有关的心理活动，所形成的观念构成意愿这个类别。属于这个类别的有欲望、意志、自由、能力等，以及各种情绪和情感的观念。

6. 简单观念和复杂观念

不论是来自感觉还是反省，凡是由这两个途径直接形成的观念叫做简单观念。洛克强调，多么聪明的脑瓜，不经由这两个途径，都不能在自己心灵中制造出一个简单观念，而一个简单观念一旦存在，也不能再把它毁灭掉。人在自己的理智这个小宇宙里的统治，正如在外部大宇宙里一样，只能把现成的材料加以组合和分离，却不能制造出一个新的原子，或者毁灭掉一个既有的原子。你不妨试一试，看能否想象出一种未曾刺激过自己味觉的滋味，或一种自己未曾闻到过的气味。

每个人心灵中的简单观念，是这个人直接经验到的东西，它们清晰的程度以直接经验到的为限。如果想超过这个限度，用语言把它们在心灵中弄得更清晰一点，是不会成功的。这就像想用语言把光和颜色的观念放进盲人的心灵中，也是不会成功的一样。简单观念既然是直接经验到的东西，它们本身就无所谓真假对错。只有当心灵把它们和其他观念或事物进行比较，对它们做判断时，所做的判断才有真假对错可言。你咬一口梨子，尝到一种滋味，这个滋味在心灵中留下了一个印记，不能说这个印记是错的。如果你断定这个印记与烤鸭滋味留下的印记是相同的，人家就可以说你的判断是错的。

心灵不能制造和毁灭任何一个简单观念，但是可以把它们加以重复、比较和结合，甚至达到几乎无限的变化，由此制造出许多复杂观念来。心灵制造复杂观念的主要方式有三种：一是把若干简单观念合成一个复合的观念；二是把两个观念并列起来比较，形成关系的观念；三是把一个观念中的次要成分加以排除，只留下主要成分，这叫抽象作用，形成概括的观念。

洛克把复杂观念归结为三个类别，即实体（substance）、关系（relation）和样态（mode）。实体的观念，在外延上是复合的，把许多简单观念合成一个种类，例如"人类"；在内涵上是概括的，把与这个种类的共性无关的成分排除掉，例如"人"。关系的观念缘于比较，意思比实体的观念明白得多，因为离每个人的直接经验近得多，例如"父亲"之相比于"人类"；在数量上也多得多，许多词乍看没有关系的意思，其实是缘于比较而形成的。样态的观念，可以由复合和比较的方式形成，在感觉方面有数目、运动等，在反省方面，许多情绪和情感观念是复杂的样态观念。

洛克对情绪和情感观念做了一些分析。大致说来，快乐和痛苦是两个简单观念，由反省直接觉知，是不能定义的。这两个观念与由感觉获得的一些观念相联系，就形成了各种复杂观念。比如说，善是能够引起快乐的对象，恶是能够引起痛苦的对象；爱是对善的对象的感情，恨是对恶的对象的感情；欲望是善的对象不在时感到的不安；欢乐是得到善的对象时感到的快乐，悲伤是失去善的对象时感到的痛苦；希望是想象得到善的对象所感到的快乐，恐惧是想象遭遇恶的对象所感到的痛苦；如此等等。与霍布斯、斯宾诺莎相比，洛克在这方面的分析没有多少新意。

三 自我、绵延和无限

自我和时间是哲学上的两个大难题。洛克对来自反省的观念有许多论述，我从中挑出三个观念讲一讲，即自我（self）、绵延（duration）和无限（infinity），其中绵延、无限皆与时间有关。所以，他对三个观念的分析，实际上是在解答两大哲学难题。他把自我和时间归入反省的观念，这本身就是一个新的角度。从他的分析中可以看到，他既极具哲学家的思考能力，又极具心理学家的反省能力，因此能够在哲学和心理学交汇的问题上独辟蹊径，提出创见。

1. 自我: 人格的同一性只在于意识

人人都有一个"我"，人人都是一个"我"，这个"我"究竟是什么？作为一个经验论者，洛克不是给出某种宏大论断，诸如"我"是灵魂之类，而是从反省入手，细心体会人是怎么会认定那个在岁月中不断变化的自己是同一个"我"的。他的结论是，自我是人格的同一性，而人格的同一性则只在于意识。

人格原是一个法律名词，指行为的主体。洛克认为，自我和人格的涵义相同，指同一的行为主体，这个主体能够知觉和思维，在异时异地能够认自己是同一个自己。人格的同一性完全靠意识来维系。因为人在知觉和思维时，必须借助于意识，意识到自己在知觉和思维，意识永远与知觉和思维相伴随。也因为只有凭借意识，每个人对于他自己才是所谓自我，才能把自己同别人相区别；也只有凭借意识，一个人才能超越当下，在回忆时把过去的经历认作自己的经历。

一个人入睡以后，如果灵魂有独立的知觉和思想，而他对此完全意识不到，我们就可以说，睡时的这个人和醒时的这个人是两个不同的人格。醒时的他不会关心自己所不知道的他睡时的那个灵魂的快乐和痛苦，正如他不会关心自己所不知道的一个印度人的快乐和痛苦一样。只要意识不在场，自我也就不在场。

换个角度讲，不论相距多远的时间，一个人只要能够凭借意识把过去知觉到的某个行为或事情回忆起来，那个知觉的主体和他就是同一的人格。洛克说："假如我以同一的意识，在从前看到诺亚方舟和洪水，在去冬看到泰晤士河泛滥，现在又在这里写作，那么，我就会确信这三者是同一的自我。意识能够扩展到多远，人格的同一性也就达到多远。"

一个肢体被割除以后，我意识不到它的任何感觉了，它就不再是我的一部分。相反，倘若我们假设，一个小手指被割去以后，意识转移到它里面了，那么，从前的那个自我也就随之转移到了它里面，这个小手指从此就会认为自己是从前的那个自我。被割去了小手指的身体，即使立刻有了自己的意识，因为没有了从前的意识，也就不是从前的那个自我了。洛克以此说明，人格的同一性只成立于意识的同一性，而非实体的同一性。

洛克承认，把意识作为自我成立的唯一根据，会有一些困难，因为事实上，我们的意识经常被忘却割断，能够记忆起来的东西是非常有限的。有人也许要问，假如我完全忘却了我生活中的一些部分，并且没有再记忆起它们的可能性，那么，那些被彻底忘却了的部分中的我，与现在的这个我，难道就不是同一个自我了吗？洛克的回答是，要区分人和人格这两个不同的概念，同一个人可以有不同的人格。不论我是否记得过去的经历，我始终是同一个人。可是，倘若遗忘达于极端，同一个人在不同的时候有不可传递的完全不同的意识，那么，他在这不同的时候就有不同的人格。一个阿尔茨海默病患者如果彻底忘却了患病前的事情，就属于这种情况。法律不因为一个人清醒时的行为惩罚发疯时的他，也不因为他发疯时的行为惩罚清醒时的他，便是把同一个人清醒时和发疯时看作两个人格。

2. 自我与实体是两回事

洛克强调，说人格的同一性依赖于意识，这只涉及自我缘何成立的问题，不涉及自我寄寓在什么实体——灵魂还是身体，抑或二者的统一体——之中的问题。自我的本性是什么，它与灵魂和身体有怎样的关系，是我们所不知道的。我们可以确定的是，自我与实体是两回事。

一种情况是，同一的人格，实体可以不同。假如能够把同一的意识保存在不同的实体之中，人格的同一性就得以保存。今天有些企求永生的人，想在临终前冷冻自己的大脑，将来科学能够移植大脑了，就可以在另一个人的身体里复活他的意识，延续他的自我。如果这个幻想得以实现，就属于洛克说的这种情况。

另一种情况是，同一的实体，人格可以不同。各种宗教都主张灵魂不死或者灵魂轮回，而按照通常的理解，一个人出生前，他的灵魂无论是脱离身体在某处游荡，还是在别的身体里轮回，那始终是同一个灵魂。洛克指出，即使这个说法成立，也不能因此说那是同一个人格。如果我对灵魂从前的经历完全没有意识，不能凭借记忆把它们同我现在的意识连接起来，那么，那个灵魂与我的自我是毫无关系的，我不能认为那个灵魂就是我。洛克遇见一个据他说很有天才和学识的人，此人坚信自己是苏格拉底转世，与苏格拉底是同一个人。洛克指出，既然此人意识不到苏格拉底的任何知觉和行为，我们就不能承认他与苏格拉底是同一个人格。总之，人格的同一性不能超出意识所及的范围，因此，即使灵魂在出生前已经存在，只要对出生前的事情没有记忆，此生的我就是一个新的人格。由于这个理由，轮回说的一个主张，认为一个人因为自己所不知道的前生的行为，应该在此生受惩罚，是完全没有道理的。

人格的同一性依赖于意识，至于意识与灵魂和身体之间的关系是怎样的，我们是不清楚的。与此不同，洛克认为，人的同一性是由身体和灵魂共同合成的。没有人的身体，即使有人的灵魂，也不成其为人。轮回说认为，人的灵魂可以因为恶行堕入畜类的身体中，洛克指出，在这种情况下，一头猪的身体里即使住着一个人的灵魂，它仍然只是猪，不是人。一个人的灵魂进入了另一个人的身体，即使保持着同一的人格，也不再是同一个人。一个王子的灵魂进入了一个鞋匠的身体，并且仍能记忆起当王子时的生活，仍有王子的思想和动作，我们可以说他和从前的王子是同一个人格，但不能说是同一个人。要认定是同一个人，同一个身体是必要条件。

3. 绵延：观念的连续

绵延，就是时间的延续。从物理学上讲，时间是不间断地在延续的。可是，我们凭感官并不能直接感知时间的延续，只能感知物象的变化，比如看见太阳升起和落下，植物生长和枯萎。由物象的这些变化，我们得知时间的延续，是经过了推理的。

洛克说，绵延观念的产生，只是因为我们知觉到了心中前后连续的一系列观念。没有观念的连续，就不会有绵延的知觉，观念的连续停止，绵延的知觉也随之停止。如果你酣睡一段时间，不论长短，在这一段时间里，你对绵延是毫无知觉的，而且你会觉得，入睡前与醒来时，中间的那段时间似乎不见了。不过，如果你在睡时做梦，梦中也知觉到了观念的接续，则梦中也有绵延的意识。

当然，常识告诉我们，不管睡着还是醒着，时间总是在延续。因此，没有人醒来后会宣布，他睡着时时间停止了，但这是出于信念，而他睡着时不能知觉到时间的绵延，则仍是不争的事实。

人醒着时，如果处在发呆的状态，或者只把心思停留在一个观念上，没有其他观念的变化和连续，也不会有绵延的知觉。当一个人专心致志地思考一件事情、一个问题时，他会觉得时间过得飞快，就是因为这个原因。

洛克把绵延作为心理学意义上的时间观念进行分析，这是一个新的角度。三百多年后，法国哲学家柏格森从这个角度对时间问题做了十分详尽的阐释。

4. 无限：人心不可能有积极的无限观念

无限观念首先与数目有关，然后会应用在时间和空间上。

从数目上说，我们由反省看到，数目是可以无限地增加的，具有无限的可加性，无限这个观念就是由此得出的。可是，仔细考察一下，你就会发现，由此得出的并不是一个实在的无限数目的观念。心灵中数目无限可加的观念无论清晰到什么程度，心灵仍然无法清晰地看到一个积极的无限观念，因为那意味着数目的增加到达了终点。洛克承认，无论什么时候，只要他试图存想无限观念，就总是茫然。我的分析是，原因在于无限观念与数目的无限可加性是矛盾的、不相容的。我们在心中默想无限观念，只能是飞快地跳跃式地计数，然后一下子跳到无限这个词。是的，无限只是一个语词，我们心灵中并无与之相应的观念。

把无限观念应用在时间上，便有了永恒这个观念。既然心灵中没有积极的无限观念，我们对永恒也就不能形成一个积极的观念。无论把时间的计算单位怎样相加，我们也不可能到达终点。同样道理，在空间方面，我们也不可能形成一个积极的无限空间的观念。

观念是知识的基础。既然心灵中没有实在的无限观念，那么，一切关于无限和永恒的谈论，诸如宇宙的无限、永恒的上帝、灵魂的永生之类，都不是知识，只是意见和信念。

四　不可用语词取代观念

上一节我提到，洛克用观念这个词，指的是感觉和反省在心灵上留下的印记，和语言还没有任何关系。观念和语词是完全不同的东西，这一点非常重要，因为实际发生的情况是，人们往往混淆两者，用语词取代观念。洛克自己说，他开始写《人类理解论》的时候，丝毫没有想到要对语词进行考察，写到后来才意识到这个问题的重要性。这一节我专门讲他这方面的思想，在我看来，在他的认识论中，这是一个大亮点。

1. 语词与观念的关系

要理解洛克说的观念是什么，你最好设想自己还不知道人类的任何语言，在这种情况下，你用感官去接触某个东西。比如说，你咬一口梨子，尝到一种滋味，这个滋味在你的心灵上留下了一个印记，这个印记就是一个观念。由于你脑子里没有任何语词，你不可能用任何词——例如"甜"这个词——去称呼这个观念，所以这个观念是没有名称的。

但是，没有名称会有两个后果。其一，心灵上的这个印记会越来越淡漠，最后会消失。而且，你还会接触许多别的东西，心灵上会留下许多别的印记，它们会互相混淆，模糊成一片。于是，必然的结果是，你无法记住任何一个观念。其二，因为没有名称，你也无法向别人传达你的观念。因此，出于记忆和传达的需要，有必要给观念一个名称。语词是一个标记，其功能就是把观念记录下来，帮助你记忆和传达。

事实上，每个人一来到这个世界，就已经生活在语言的环境里了。对于个体来说，语词是现成的，所以用语词来标记观念不会有什么困难。但是，我们一定要记住，每个人心灵中的观念来自这个人的经验，而语言是社会上约定俗成的记号，两者之间并没有自然的联系。同一个东西，中国人叫它香蕉，英国人叫它banana，这不同的叫法都没有什么道理可说，只不过是不同民族在各自语言形成的过程中，大家都这么叫了而已。洛克说，如果语词和观念之间有自然的联系，全人类就应该只有一种语言了。

语词和观念之间虽然没有自然的联系，但是，一种语言一经形成，语词和观念之间就逐渐有了一种固定的联系，大家必须遵守约定俗成的用法，不可以轻易改变语词的意义。你和别人交谈时，用语词传达你心灵中的观念，这些语词应该也能够标记别人心灵中的观念，否则交谈无法有效进行。不过，要使语词和观念匹配，这有相当的困难。因为观念来自经验，而不同的人对同一事物的经验未必相同，因此观念也未必相同，可是人们又无法进到彼此的心灵里去，查看对方的观念究竟是怎样的，所以，许多热烈的交谈可能只是一场误会。语词所标记的观念越复杂，这种情况就会越严重。

洛克说，要避免这种情况，最好的办法是撇开语词，直接面对观念本身。然而，这个办法是不可能实行的，因为如果不使用语词，我们不但无法谈论和交流各人心灵中的观念，甚至无法思考自己心灵中的观念。由于语词和观念之间这种难解难分的关系，对两者关系的考察就成了认识论中的一个必需部分。

2. 简单观念与语词

简单观念是感觉和反省在心灵上直接留下的印记，是每个人直接经验到的东西。对于某个东西，如果你没有任何直接经验，心灵上没有任何相关印记，那么，人们即使用尽全世界的语言来向你解释，你也不能真正形成关于那个东西的观念。如果你没有吃过凤梨，就没有任何语言可以让你对凤梨的滋味得到一个正确的观念。

洛克说，简单观念的名称是不能定义的。一般下定义的方法，是指出某个东西的类和种差，可是这样做丝毫没有把那个东西的名称的意义说得更清楚一些。比如说，我们把某种滋味称作甜，我们怎么来给甜下定义呢？你可以说甜是一种滋味，但是你必须说出甜是一种怎样的滋味，而困难正是在这里。无论你说甜是一种不同于咸、苦、酸、辣等等的滋味，还是说甜是一种令人愉快或令人腻烦的滋味，都没有说出甜到底是一种怎样的滋味。要明白甜这个词所标记的观念是什么，每个人只能诉诸自己的经验，下定义是徒劳的。

由感官所获得的简单观念，实际上是数不清的，其中绝大多数都没有名称。单就气味来说，就是千差万别的，我们用香和臭来标记气味的观念，其实只是含混地表示好闻或不好闻而已。玫瑰花和紫罗兰的气味很不相同，但我们只好用香这个词来标记不同的气味观念。食物的滋味也是千差万别的，而我们只有甜、苦、酸、辣、咸等语词来称呼它们。说到颜色和声音，情形也是一样。总之，与人们经验到的无数观念相比，人类的语言实在太贫乏，我们不得不在多种意义下来使用同一个语词。这个情况不可避免，我们所能做的只是尽可能留心语词与观念之间的差异。

就每个人自己来说，所经验到的观念都是真实存在的，在用语词标记这些观念时，只要保持前后一致，就无所谓错误，也不会发生混乱。比如说，我用白这个词标记墨的颜色，用黑这个词标记雪的颜色，只要保持前后一致，我心灵中的颜色观念依然是正确的。但是，在与人交流时，我就必须遵循约定俗成的规则了，否则人家会说我黑白颠倒，无论我怎么申辩我有自己的标记方式，都不会得到谅解。

3. 复杂观念与语词

用语词标记复杂观念，给它们一个名称，是更加必要的。否则的话，我们就无法思考和传达。比如说，如果没有"人类"这个词，我们想要表达它所标记的那个复杂观念时，麻烦就大了，即使把在场的一个个人都指给人看，仍然表达不了这个意思。洛克说，一个人如果只有复杂观念，没有与之相应的名称，那情形就像一个书商，在货栈中堆了许多未装订的散页，为了展示他有什么书，就只好把这些散乱的纸张指给顾客看。

但是，复杂观念与语词的关系要复杂得多。复杂观念是通过对简单观念的组合和变化而形成的，由于直接经验不同，人们心灵中相关的简单观念不尽相同，而在组合和变化时又加进了自己的判断，因此，在同一个名称下，人们对所标记的复杂观念会有很不同的理解。在社会伦理领域，这种情形尤其显著。诸如自由、正义、幸福、善、恶这些名称，在人们心灵中唤起的观念不知会怎样地不同，在许多人心灵中甚至唤不起任何观念。

因为特殊的风尚、习俗和传统，一个民族往往会形成一些相应的复杂观念，并且给它们以各种名称，而在别的民族中，就没有这些复杂观念，因此也找不到对应的语词。由于这个原因，在每一种语言中，都会有一些特殊的语词，是无法用别的语言中一个单独的语词翻译出来的。洛克举出的例子是希腊人的"贝壳放逐"（ostracism）和罗马人的"公敌宣告"（proscription）。其实这样的例子很多，即如希腊文中 eudemonia 这个词，英语中译为 happiness，汉语中译为幸福，都不能把原义完全传达出来。洛克指出，伦理学中的大部分名词，从一种语言翻译成另一种语言，很少能够在全部意义上精确地互相契合的。

4. 不可用语词取代观念

因为记忆和传达的需要，我们必须用语词来标记观念，而这就会发生一个危险，便是用语词取代观念。尤其是因为，我们每个人从小就开始学习语言，对于许多事物，在还没有形成观念的时候就已经知道了名称。我们因此养成了一个习惯，以为知道了名称就是知道了事物。看见一个自己以前不知道的新东西，我们就问那是什么东西，而一旦知道了名称，就以为自己知道那是什么东西了，其实大不然。

从小到大，我们的记忆中储存了许多语词，需要时随时可以说出它们来，可是很少去细心考察它们的意义。因此，不但儿童，而且许多成年人，说起话来也像鹦鹉一样，只是发出那些语词的声音，并不明白它们的意义。纵然不是一切人，至少大多数人在自己推论和思考时，往往是只用语词而不用观念的，尤其在思考对象含有复杂观念时更是这样。只是在用语词思考，心灵中并没有这些语词所标记的相应的观念，我们对这种状况已经习以为常。许多时候，我们自以为在思考，其实是在让一些声音符号盘旋在头脑中，自以为在发表见解，其实是在人云亦云，说一些自己不知道其意义的空话和套话。

不可用语词取代观念，洛克的这个警告振聋发聩。我们要记住，语词只是约定俗成的标记，离开所标记的观念，它们本身就没有任何意义。观念来源于经验，无论个人，还是人类，直接经验是全部知识的终极基础，脱离了这个基础，知识就不再是知识，而只成了空洞的言辞。

5. 语词的滥用

洛克认为，语词失去标记观念的功能，其意义空洞或混乱，这种情况在学者中最严重，充斥在学术著作之中，他称之为语词的滥用。据他分析，主要有以下三种表现。

第一，语词全无所标记的观念，或者所标记的观念十分模糊。这类语词大多由各派哲学或宗教所发明，只要稍加考察，就可发现它们完全没有意义，只是用做某派的标签罢了。在经院哲学和形而上学的著作中，充斥着这类语词。在道德领域，人们也经常使用一些似乎有重要意义的语词，而在使用者心中并无与之相应的观念。

第二，使用语词时所标记的观念前后不一贯。在学术论著中，常常可以发现这种情况，同一个语词，而且往往是有关论题的关键语词，有时表示这一些简单观念的集合体，有时又表示另一些简单观念的集合体。在算账时，如果有人用同一个数字，有时表示3，有时又表示8，谁还敢同他来往。可是，学者在推理或辩论中用这样的手法，却往往被认为是机智和博学的表现。然而，真理的价值是金钱不能比的，在真理上欺骗要比在金钱上欺骗恶劣得多。

第三，故意误用语词，使其意义含混，或者制造出意义含混的新词。某些哲学家喜用这种手法，以显示自己思想的玄妙和深刻。在宗教和法律著作中，那些对语词的反来复去的奇特的分析和解释，也都只是使语词的意义更加含混，让人读了一头雾水。在修辞学和演说术中，干脆发明出了种种误用语词的技巧，以之暗示错误的观念，打动人的感情，迷惑人的判断，纯粹是一套欺骗。可是，人们是既爱骗人而又爱受骗的，因此，所谓修辞学这个欺骗的工具，竟然有专门研究和传授它的教授，而且常能得到很大的名誉。

上述语词的滥用，共同点是语词与观念脱离，没有所标记的观念，或者所标记的观念是模糊的、混乱的。这些滥用在学者中范围最广，结果也最坏，学者们借此装扮出很有学问的样子，而在知识方面没有丝毫进步。如果能够纠正滥用语词的错误，现有的许多书籍可以省掉，许多辩论可以结束，许多哲学家和学者的作品可以容纳在一个小小的坚果壳里了。但是，要学者们纠正这个错误是难的，因为他们之所以漫游在空洞和含混的语词之域，真正的原因是没有源于自己经验的观念，没有自己确定的意见，这就像一个无家可归的流浪汉，你是无法剥夺他的家宅的。

迄今为止哲学中的争论，大多是语词之争，而不是真正的观念之争、思想之争。因此，洛克提出一个要求：抛开语词，专门思考事物本身。他说，一切研究和讨论，都必须有确定的观念。所谓确定的观念，包括两层意思。第一，它是确实在心灵中的，所表示的是确实为心灵所知觉的、所看见的直接的物象，这种物象与标记它的那个声音是截然不同的。但是，第二，这个观念必须与标记它的语词有一种确定的结合。观念与事物之间，观念与语词之间，都有确定的关系，使用这样的观念，就可以避免大部分无谓的争论。

五 直觉的知识是最高级的

人类知识的形成，有两个步骤。第一个步骤，是心灵凭借经验形成观念，这是前两节讲的内容。第二个步骤，是理性以观念为材料形成知识，这是本节要讲的内容。在前一个步骤中，直接经验是最重要的，它是一切观念的终极基础。在后一步骤中，直觉知识是最重要的，它是一切知识的终极基础。洛克强调，直觉是最高级的能力，直觉知识是最高级的知识。极端重视直接经验和直觉知识，是他的认识论的鲜明特色。

1. 理性与知识

人的心灵经由感觉和反省获得观念，这些观念是经验的印记，本身还不是知识，然而是知识的唯一材料。要把这些材料整理成为知识，必须有理性的参与。心灵中有许多观念，是许多不同经验的印记，如同材料堆积在仓库里，必须把它们整理出一个秩序来，理性就是做这个整理的能力。观念与观念之间，有的存在着自然的联系，有的是互相矛盾的，还有的是彼此不相干的，理性的作用就是正确地把握观念与观念之间的关系。经过理性的整理，心灵中的观念就不再是一堆材料，而是形成为知识了。其中，至为重要的是发现观念与观念之间本来就具有的自然的联系。把这样的联系发现出来，把具有这样联系的观念加以联合，是理性的主要作用，也是知识的主要成分。洛克把发现观念之间这种自然联系的能力称作直觉，认为它是理性的最高级能力，后面我会具体讲他的这个观点。

把观念联合成知识要靠理性，因此，理性有缺陷的人，就会在这方面发生困难。洛克谈到两个极端。一种是白痴，完全没有在观念之间进行推理的能力，不能把观念联合成知识。另一种是疯子，把错误的观念进行联合，但并没有失去推理的能力。他们把幻想认作实在，然后会由此合理地推论下去。一个疯子如果想象自己是一个国王，就会要求人们的伺候、恭敬和服从；如果以为自己是玻璃做的，则又会小心谨慎，生怕自己碎裂。

说到正常人，应该是有理性能力的，可是，人们往往并不运用这个能力来审视观念之间的关系，而是受环境、教育、党派利益等因素的支配，把一些本无关系的观念牢固地联合在一起，以至于不能再分开。这种把观念错误联合的习惯是一种智力上的缺陷，虽然不常为人们所注意，却是最常见、最有力量的。在忠君、爱国、敬神之类观念的激励下，人的理性受到禁锢，诚实的人会背弃常识，胡言乱语得以自圆其说，谵语和谬论成了不容置疑的真理。洛克指出，把不相干的观念错误地牢固地加以联合，这是世界上几乎一切最大错误的基础，它只要得势，就会导致最危险的后果。许多人所表现出的厌恶、愤怒、仇恨等强烈的情感，大多根源于这种错误的观念联合，往往因为早年未经注意的某些印象或狂热的幻想而形成，成为牢不可破的习惯。

所以，观念的正确联合绝非小事。洛克叮嘱说，负有教育责任的人，必须特别留心这件事，阻止青年心中不适当的观念联合，因为这种联合一旦形成，以后要改是极其困难的。

2. 直觉和证明

理性的作用是正确把握观念之间的关系，以形成知识。在观察观念之间的关系时，理性有两种方式，一是直觉，由此形成直觉的知识，另一是推理，由此形成证明的知识。

所谓直觉的知识，是心灵直接觉察到两个观念之间的关系，看到它们彼此符合或不符合。比如说，白不是黑，圆形不是三角形，3 大于 2，心灵直接觉察到了不符合的关系；1 加 1 等于 2，心灵直接觉察到了符合的关系。这种知识是最明白、最确定的。

所谓证明的知识，是心灵在不能直接觉察到两个观念之间关系的情况下，便在它们之间插入一个或几个中间观念，借此看出两端观念符合还是不符合。这个使用中间观念的方法叫做推理，插入的中间观念叫做论证，最后得出两端观念符合或不符合的结果叫做证明。

洛克强调，在证明的知识中，直觉仍然起着决定性的作用。不论插入几个中间观念，推理每前进一步，心灵都必须能够凭借直觉直接看出相邻的两个观念之间符合或不符合的关系，否则就必须再插入一个中间观念，直至所有相邻观念之间的关系都能够直接看出。唯有这样，论证才得以成立，两端观念之间的关系才得到了证明。因此，证明的知识实际上是由若干个直觉的知识组成的。在推理的进程中，心灵必须精确地记住每一步直觉的知识，没有任何遗漏，证明才会是可靠的。如果推理的进程太长，这是不容易做到的，难免会出错，所以证明的知识远不如直觉的知识完善。

和直觉的知识相比，证明的知识还有一种不利。前者几乎不需要记忆，只要出现在心灵中，凭直觉就能够认识它。后者则有赖于记忆，比如说一个数学命题放在你面前，你必须曾经对它做过论证，现在你未必能回忆起论证的细节，但清楚地记得你做过论证，才会确信这个命题是真理。洛克说，人一生中大部分时间是不思想的，即使思想，每个时刻也只能清楚明白地想一件事，如果人只能对自己正在思想的东西有知识，那么人人都会是非常无知的。事实上，对于一个人来说，证明的知识只是他曾经有一次论证过的知识，后来就习惯地确信为真了，所以可以称作习惯的知识。洛克打趣他的朋友牛顿说，牛顿先生在读自己的书时，肯定也想不起他发明那些命题时的论证过程，这样的记忆不是人力所能及的，他只是记得自己曾经论证过罢了。然而，记忆是不可靠的，这也是证明的知识远不如直觉的知识完善的一个理由。

还有一层，证明的知识随着传播的人数越多，时间越久，其证明的力量就越弱。第一个人也许做了论证，后来却越来越是道听途说了。洛克提醒我们必须注意这种情况，因为流行的看法与此相反，人们往往认为，一种意见越是年深日久，似乎就越是真理。可是，事实上，许多代代相传的说教，从一开始就是虚妄的，却凭借这种颠倒的可靠性规则，成了必须尊敬、不容反驳的信条。同样的情况也发生在著述中，作家们引证前人的文字，常常还是引证的引证，经过了许多人手的引证，可是，一种说法并不因为经常被引证就成了真理，而离原著越远，其效力就越减。洛克讲这些道理，是要我们警惕，对于证明的知识，即不能直接察知其真理性的知识，一定要用自己的理性去审视，检查它能否得到证明。

总之，有两种知识，即直觉的知识和证明的知识。直觉的知识优于证明的知识，但直觉不能达到很远，绝大部分知识必须依靠中间观念和推理，都是证明的知识。除了这两种知识，其余的都不是知识，而是信仰或意见。

3. 公理和三段论无助于知识

传统的知识论认为，各门科学中都有一些概括的公理，它们是知识的基石，而推理则必须依靠三段论。洛克驳斥了这种看法，指出真实的认知过程并不依靠公理和三段论，真正起作用的是经验和直觉。

一般所称的公理，相当于洛克所说的直觉的知识。比如说，全体大于部分，这可以看作一条公理。洛克说，你如果把孩子手上的苹果割去一块，他从这个特殊例证中所懂得的，比起通过全体大于部分这条公理所懂得的，要明白得多。所有的发明家也都是从特殊的例证中发现真理的，没有求助于任何公理。经验和直觉总是在前，概括的公理总是在后，我们的知识总是从特殊的经验开始，然后才扩展为概括的命题。心灵要接受概括的命题，也必须借助于特殊的命题，而非相反。我们不能用公理来发现未知的真理，推动知识的进步。公理的作用不是获得知识，而是传达知识，不是建立和促进科学，而是在已经达到的科学之范围内，用方便的方法把知识教给人。

同样，我们也不是学了三段论才会推理的，心灵有一种自然的能力，可以看出一组观念之间的契合关系。一个村妇患虐疾初愈，你告诉她，外面在刮西南风，乌云密布，可能下雨，她就很容易理解不能穿了薄衣去外面。西南风，乌云，雨，潮湿，受凉，虐疾复发，死的危险，她分明看到了这些观念之间的联系。如果你用三段论给她做这个推理，她的脑子就乱了，她凭直觉看到的东西就丢失了。

三段论是亚里士多德首先明确建立的一种推理方法，从大前提、小前提推导出结论。比如，大前提为人是两足动物，小前提为苏格拉底有两足，由此推导出苏格拉底是人的结论。洛克指出，我们必须首先凭直觉看出观念之间的联系，然后才能够把所看到的东西应用在三段论中。心灵首先看到了苏格拉底、两足、人之间的联系，然后才能够用三段论表示所看到的这个联系。三段论方法本身不能指示出观念之间的联系，如果心灵看不出这个联系，懂三段论也无济于事。

三段论涉及的是洛克所说的证明的知识，亦即需要插入中间观念以证明两端观念是否符合。洛克强调的是，三段论并不能指导我们看出各观念之间的联系，心灵是凭借直觉看到这个联系的，因此，整个论证过程不是三段论指导的，最后的证明也不是三段论提供的。我们似乎是用三段论进行证明，实际上三段论发现不出新的证明来，它只是整理排列已有证明的一种艺术。一个人必须先有知识，三段论是在知识之后来到的，所以它无助于知识的进步。

4. 直觉的知识是最高级的

有两类知识，直觉的知识当然完全是凭借直觉获得的，而要获得证明的知识，直觉也起着决定性的作用。我们全部知识的可靠性和确定性都是依靠直觉的，离开直觉，我们就不能获得任何可靠和确定的知识。所以，洛克说，直觉的知识是最高级的。这种知识宛如心灵直接看到的真理，不需要证明，也就不能有所证明，它已经达到了知识的可靠性和确定性的顶点。如果你还想在这种确定性之上寻求一种更大的确定性，洛克讽刺说，你就是自己也不知道要寻求什么，只是表明你想当一个怀疑学者而又当不了。

人的理性能力包括两种能力，一是直觉洞察力，二是逻辑推理能力。两者之中，直觉是更高级的能力。洛克打比方说，直觉能力好比天生的眼睛，逻辑好比眼镜，视力好的人，不需要戴眼镜就能看清楚事物。至于有些人因为眼镜戴久了，不戴就看不清楚事物，我们当然不反对他们戴眼镜，但是他们不可以因此说，凡是不用他们那种工具的人，都是在黑暗之中。

事实上，各个领域里的高手，都是直觉好的人。比如下围棋，初学者走一步看一步，高手看十几步；做数学题，一般人想半天，高手一下子看出全部运算步骤。在军事、政治、经济各种战场上，胜者往往是直觉好的人。

人人都有直觉能力，关键是要用它。你本来视力正常，可总是戴着眼镜看事物，好视力也会变坏。一个人在生活中总是在做逻辑推理，他就一定会变傻。所以，你一定要重视自己的直觉。我提出过一个原则，叫做直觉优先。看见一个人，你是不是喜欢，遇见一件事，你是不是赞成，一开始你是会有一个直觉的，你要相信这个直觉。直觉是一个人的天性和全部经验在瞬间发出的声音，它往往是正确的。遗憾的是，人们往往容易受社会成见和他人意见的支配，放弃自己的直觉，做出错误的决定。

六　观念与实在

洛克的认识论强调，心灵通过经验获得观念，观念是知识的全部材料，心灵除了观念别无所知。这会发生两个必须回答的问题。第一，观念符合实在亦即事物的真相才是真确的知识，可是心灵除了观念别无所知，它怎么能知道观念和事物本身是否符合呢？第二，如果心灵除了观念别无所知，它又怎么能知道观念是由外部事物引起的，心灵之外的世界是客观存在的呢？这两个问题是经验论的两个大难题，洛克的回答是含糊的、摇摆的、前后不一致的。不过，他明确而坚决地批判实体观念，把近代哲学批判形而上学的运动向前推进了一步。

1. 观念与外部事物的真相是否符合

洛克自己说：心灵并不直接认识事物，它必须以观念为中介，而我们的知识之所以为真，只是因为在观念和事物的真相之间有一种契合。可是，心灵既然除了自己的观念之外别无所知，它怎么能够知道自己与事物本身是否符合呢？洛克承认这里是有困难的，而他对这个问题的回答明显是摇摆的，前后不一致的。他有时说，源自感觉的简单观念都是与事物相符合的，理由是简单观念都不是想象的虚构，而是外界事物的性质在我们身上起了实在作用以后自然地、有规则地产生的。可是，观念由事物的实在作用所产生，和观念与事物的真相彼此符合，这显然是两回事。因此，有时他又承认，心灵并不能看到观念与事物的性质之间的任何联系，因此无法判断两者是否相似。有时他更是断言，两者是不相似的，下了这样一个结论："心灵中大部分源自感觉的观念，并不与某种存在于我们之外的东西相似，正如标记这些观念的名称并不与观念相似一样。"

2. 外部事物是否存在

心灵只知道观念，它能否断定观念是由外部事物引起的，心灵之外存在着某种东西呢？对于这个问题，洛克的回答似乎是相当肯定了。他说，如果你对此有怀疑，那么，你自己比较一下，你白天看太阳的时候和夜间想到太阳的时候，你实际上尝苦艾草或闻玫瑰花的时候和只是想到那种滋味或香气的时候，岂非不可抗拒地意识到两者是不同的知觉吗？你看见火的时候，如果怀疑它只是一个幻觉，你不妨把手伸进去试试看，单纯的火的观念会让你感觉被烫的痛苦吗？除非你认为这痛苦也只是一个幻觉。感觉是充分的证据，足以让我们相信，一定有一种外界的原因，它的作用是我们不能抗拒的，是它使我们在心灵中产生了相关的观念。对于外界事物的存在，我们不应该超出感官的证据，再去要求论证更一般的确定性。

洛克如此表示："说到我本人，我想上帝已经使我充分确信外界事物是存在的，因为它们如果以各种方式接触我的身体，我身上就会产生出我在现世所极关心的痛苦和快乐。我相信我们的官能在这方面不会欺骗我们，而且这种信赖是我们在物质事物存在方面所能达到的最大的确信。"

后来休谟所主张的那种怀疑论，想必在当时已经抬头，洛克就针对这种怀疑论者说："如果你仍然不信任自己的感官，断言人生中所感觉、所经历的一切都是梦，没有真实的存在，那么，你、我以及我们现在的讨论也都只是你的梦中幻境，我能否说服你就完全无所谓了。"不过，尽管如此，他仍建议这种怀疑论者不妨梦见他的一个回答：感官所能够向我们保证的事物之存在的确实性，是我们这种身体机构所能够达到的最大的确实性，而且是和我们的需要相适合的，只足以供我们保存生命之用，而这也就够了。在这个回答中，我听出的是从肯定的立场退了一步，实际意思是说，外界事物的存在不是一种真确的知识，而是一个必要的信念。

事实上，从心灵中只有观念这个前提，既不能推知观念与事物的关系，也不能推知事物在心灵之外的存在，这是明明白白的。洛克既想坚持唯观念论，又想避免怀疑论，就不免捉襟见肘，后来休谟把唯观念论贯彻到底，就直言不讳地主张怀疑论了。

3. 批判实体观念

观念是否与事物的真相符合，心灵之外有无事物存在，对于这两个问题，洛克的立场在不同程度上是模糊的、摇摆的。但是，观念是否反映了事物的实在本质，对于这个问题，他的立场明确而坚定，就是坚决否定。人们一般用实体这个名称来命名想象中的事物之实在本质，洛克指出，这个名称所试图标记的那个观念完全是虚妄的，所谓的实体观念是不存在的。实体这个词，原义是支撑物，人们想象，我们所感知的事物的那些性质必须有一个支撑物，否则无法存在，实体就是这个支撑物。至于实体究竟是什么，则是我们所不知道的。洛克嘲笑说，可怜的印度哲学家想象地球需要一个支撑物，就用一只象来支撑地球，然后又用一只龟来支撑这只象，如果他们有实体这个词，就不必这么麻烦了。他的意思是，欧洲哲学家用实体来支撑事物的性质，是基于同样幼稚的想象。

有三种实体观念，即物体、灵魂、上帝。人们凭借感觉相信物体的存在，凭借反省相信精神的存在，凭借论证相信上帝的存在，本应止步于此，倘若由此进一步断言，物体、灵魂、上帝是有其不变本质的实体，便走向谬误了。下面我们来看洛克对这三个实体观念的分析。

（1）物质实体：物体

感官接触物体，受其若干性质的刺激，心灵中会产生若干相应的简单观念。由于这些简单观念经常在一起出现，我们就把它们的集合体结合成为一个实体观念，并且假设这些性质是由这个实体的某种不可知的本质中流出的。可是，事实上，除了这些集合的简单观念，我们对这个所谓实体并没有任何别的明白的观念。比如黄金，我们因为它的某些性质形成了某些观念，诸如金色、重量大、硬度小、熔点高、在水银中可溶等，然后便假设，一定有一种本质使这种物质成为黄金，我们所发现的这些性质都是由这个本质流出的。至于这个本质是什么，其实没有一个人知道。

洛克指出，对于任何一种物质，包括黄金，我们所感知的只是它的极少数性质，而这些性质也并不是孤立地存在于那种物质之中的。它们实际上是这种物质与别的物质接触后所发生的一种相互作用，我们的感官所接触到的也只是这种作用。因此，仅仅凭借所感知的这极少数作用，是绝不可能知道任何一种物质的所谓本质的。

有的人用实体这个词表示自然物的某种内在构造，我们不能感知这个构造，但从这个构造中产生了我们能够感知的一些性质。洛克认为，这种看法还算比较合理。他自己是相信物体具有某种实在的原始性质的，即所谓第一性质，物体的可感知的性质，即物体与别的物体之间会发生怎样的相互作用，取决于这原始的性质。不过，他认为，我们既然无法知道物质的内在构造，用实体观念来称呼它也就没有什么用。不论用这个观念来假设一种不可知的本质，还是来指称一种内在的构造，我们的任何一部分知识都用它不上，单凭这个理由，就足以使我们放弃这个假设了。

我认为，在这里应该区分两类不同的命题。认为物质有一种内在的构造，这是物理学的命题。断言物质有一种不变的本质，这是哲学的命题。现代物理学对于物质的内在构造已经有了相当深入的了解，发现在物质的微观结构中也不存在所谓不变的本质，存在的只是能量的永不停歇的涌动。所以，不但感官所感知的物理现象，而且感官不可感知的物质构造，都是关系和作用，不存在一个支撑这些关系和作用的所谓实体。

（2）精神实体：灵魂

如同设想所感觉到的物体性质有一个物质实体支撑，人们也设想所反省到的心理活动有一个精神实体支撑，称之为精神或灵魂。知觉、思维、怀疑、意愿、快乐、痛苦等心理活动，似乎都是不能独立存在的，无法想象没有一个实体来承载它们。但是，灵魂究竟是什么，却是没有人知道的，洛克认为这是超出了我们认识的界限的。笛卡尔说身体和灵魂是两种完全不同的实体，身体有广延而无思想，灵魂有思想而无广延，洛克批评这种二元论失之武断。他指出，无论是把灵魂看作无广延的精神实体，还是看作有思想的物质实体，都会发生理解上的困难。总之，把一个不可知的灵魂假设为我们心理活动的基础，无助于解释这些心理活动。我们身上确实有一种能思维的东西存在，这是不容怀疑的，我们不知道它是什么，我们必须安于这种不知。

（3）神圣实体：上帝

如果说我们对假设为实体观念的物体和灵魂全然无知，那么，我们对神的观念就更是漆黑一团了。神的观念，至高之神上帝的观念，是由我们反省自己的内心活动得来的。我们从反省中得到了存在、知识、能力、幸福等观念，然后把这些简单观念各加以无限放大，结合在一起，于是得出了一个永恒、全智、全能、至福的上帝这个复杂观念。对于我们来说，上帝的存在永远不是知识，而是信仰。

总的来说，对于实体观念，包括物体、灵魂、上帝，洛克强调两点：第一，实体观念是由简单观念复合成的，除去这些简单观念，它就毫无内容；第二，对于实体观念所试图表示的那个不可知的本质，我们不能形成任何观念，因此它是一个虚妄的观念。

七　事事要求论证是愚蠢的

洛克认为，一种认识具有确定性和可靠性，才可称作知识。在人类的全部认识中，只有很小部分符合这个标准，因而是知识，绝大部分不是知识，只是信仰或意见。划清知识和非知识的界限是重要的，可以使我们把理性能力用在知识上，不在非知识领域妄求知识。在现实生活中，我们应该安于知识的有限性和大部分认识的不确定性，因为事事要求论证是愚蠢的。

1. 人类知识极其有限

（1）感觉的有限

人对外部世界的认识完全靠感觉，而人类的感官是有局限性的。人类有五种感官，因此能够感知对象的五种性质。假若人类只有四种感官，那么，作为第五种感官的对象的性质，我们就不能感知，因此也就不能想象。这就好像一个先天的盲人，他是无法感知和想象颜色这种性质的。现在我们有五种感官，就认为是完整的，可是，完全可以设想，在广大的宇宙之内，可能存在着比人类更高级的生物，有五种以上的感官，那第六、第七、第八种感官是我们所不具备的，在这种生物眼中，人类就都是残疾。

我们不能超出人类的经验来猜想，这种高级生物会有怎样的感觉方式和能力，就像抽屉里的一条虫不能知道人类的感觉方式和能力一样。

宇宙之伟大，人类之渺小，我们万不可妄自尊大，以为自己是宇宙中最高级的存在。神话中描写，神灵们可以显现形相、体积、构造不同的各种身体，由此可以推测，神灵之所以高于人类，正是因为能够根据需要和计划变化自己的身体和感官。在洛克看来，宇宙中完全可能存在类似神灵的这种高级灵物。今天充斥于我们的动漫和科幻小说中的外星人之类，其实也都是在身体和感官的变化上做文章。不过，正如洛克所指出的，我们的想象力永远受着人类感官的限制，今天科幻作品中所赋予外星人的神奇能力，无非是人类五种感觉能力的无限夸大和变形罢了。

人类的感官虽然有局限性，但是，洛克告诉我们，人类具有这样的感官，恰好使我们能够适应我们所居住的地球上的生活，而这正是我们的关心之所在。如果我们的感官发生变化，变得非常敏锐，我们就可能无法生存。比如说，假如我们的听觉比现在敏锐一千倍，即使在独处时，我们也会生活在永不止息的巨大声响之中，非疯了不可。

总之，作为观念的最主要来源，感觉有两个方面。一方面，由于感官的局限性，感觉所提供的观念也是有限的。另一方面，对于人类的生存来说，这有限的观念已经够用了。

（2）理性的有限

在广大的宇宙中，人类生活在一个极小的区域里，而由于感官的局限性，对这极小区域里事物的性质，我们感知的也十分有限。说到理性的情况，并不比这好多少。洛克说，我们用眼或用思想所见的，比起所未见的，是完全不成比例的，几乎等于零，在这一点上，理性的世界和感性的世界是相似的。

按照洛克的理论，理性的作用是对观念之间的关系进行判断和推理，而判断和推理的终极根据是直觉对关系的直接觉知。可是，事实上，能够直觉到的具有确定性的关系是很少的，大多数关系是不确定的。另一重困难是，心灵不能获得实体观念，洛克说，这类观念的缺如，不但是无知的一部分，而且也正是无知的原因。我们由感觉得到关于事物性质的观念，但不知道承载这些性质的物质实体是什么。我们由反省得到关于心理活动的观念，但不知道承载这些心理活动的灵魂是什么。所以，如果说与事物相比，我们的观念少得可怜，那么，与观念相比，我们由观念所形成的知识也少得可怜。无论在观念方面，还是在知识方面，所发生的困难不是人类智力所能克服的。

（3）人类知识的范围和界限

这么看来，人类知识的范围是极其狭窄的。洛克说，这个范围仅限于由感觉和反省得来的那些简单观念，理性也只是在这个范围内进行工作。感觉和反省所不及的领域，理性对之也无可作为。观念的范围远远小于实在事物的范围，知识的范围又远远小于观念的范围。我们完全处在黑暗之中，绝不可能了解宇宙及其所包含的一切事物的真相。人很可能是一切含灵之物中最低等的一种，以造物主的伟大，一定还创造了高级得多的生灵，那种生灵也许能够洞察万物的奥秘，但那不是我们人类所能知道的了。

洛克得出这样悲观的结论，并不是要我们因此无所作为。他说，他的目的是让我们把知识的追求限制在可以达到的界限之内，比如说，通过实验来获得关于物体的知识，而不要企图建立关于整个世界包括物质世界和精神世界的完备科学了。事实上，这正是以往哲学的目标，洛克说，这样做只是白费心力罢了。在本无知识可求的领域求知识，用的又是本不能达到知识的方法，结果只是产生了许多无谓的争执，却耽误了对有用知识的探究。

2. 或然性

（1）什么是或然性（Probability）

按照洛克规定的严格的标准，人类认识中只有很小一部分是知识，绝大部分只是信念或意见。信念或意见不具有可靠性，但其中相当一些具有或然性。洛克说，或然性的意思是，这个命题虽然无法确证是真的，但看起来是真的，我们就把它当作真的来接受。或然性与可靠性之间，信念与知识之间，区别在于能否凭借直觉看到观念之间符合或不符合的关系。在知识中，论证的每一步都有直觉伴随，都可以看到各个观念之间确定的、可靠的联系。在信念中，各个观念之间的联系也许是经常见到的，但不是确定的、可靠的。

或然性不是知识，但有助于知识。在自然科学领域，或然性是实验的最好指南，人们可以根据经常出现的联系进行类比推理，提出适当的假设，设计合理的实验，而这往往会导致真理的发现和知识的进步。

（2）一个极端的例子

为了理解可靠知识与或然性的区别，我们来看洛克讲的一个极端的例子。

洛克说，对于我之外其他人的存在，我的知识以感官所提供的直接证据为限，不能超出这个范围。比如说，一分钟前，我看见一个号称为人的一些简单观念的集合体在我的眼前，而现在只有我独自在这里，我就不能确知那个人还存在着，因为他在一分钟前的存在和他现在的存在之间并没有必然的联系。一分钟前看见的人尚且如此，那么，那些我很久没有再见的人，乃至所有我从未见过的人，我就更不能确知他们的存在了。所以，此刻当我独处一室，在写这本书时，世上千千万万的人多半是存在的，这有极大的或然性，大到使我无法怀疑，但仍然只是或然性，说不上是严格意义的知识。

洛克的这个说法，已经有一点贝克莱哲学的味道了。按照他的认识论的基本思想，这是逻辑的必然结论。既然对于外部事物的存在，我们的知识仅限于感觉所提供的观念，那么，如果此刻感觉没有给我提供他人存在之观念，我就不能确知他们是存在的。

3. 或然性的等级

或然性有不同的等级，从接近于可靠知识的程度开始，由此递减，可以一直降到很不可靠甚至于不可能的程度。与此相应，人们对于或然性命题的同意，也就可以从充分的确信开始，一直递降到猜测、怀疑和不信。

对于某个特殊事实的真实性，在所能知道的范围内，如果一切时代的所有人普遍予以同意，并且与一个人在类似情形下的经验相符合，这就有了第一等的、最高等级的或然性。这种或然性已经最大限度地接近于确定性，由此所建立的信念则达到了确信的程度。不过，即使如此，它仍然不是确定性，因而不是真正的知识。

如果有许多值得信任的人作证，而其证言不违背我自己的经验，使我相信某件事情基本上是这样的，这就有了次一级的或然性。我们对于历史事实的相信，就属于这种情况。古代曾经有过一个罗马国，一个叫恺撒的人打败了一个叫庞贝的人，既然有许多历史学家这么说，并且没有人反驳过，我就不能不相信这是事实。我们从历史获取了大部分知识，可是，对于那些亲知的人是知识的东西，对于我们只是或然性，而任何或然性都不能高过它最初的原本。在流传的过程中，由于激情、利害关系、疏忽、误解、幻想等各种原因，对历史事实的叙述和解说会越来越走样。因此，人云亦云的人越多，离原初的真实就越远，证明的力量就越小。

　　再往下就很难细分等级了，洛克说，我们只能把握大致的规则。判断或然性程度的高低，主要看两个因素，一是在相似情形下的公共观察，二是在特殊例证下的特殊证据。我们要仔细地考察报告们的各种可能相反的观察和论证，然后决定自己相信的程度。尤其要注意的是，不能把一种意见流行的程度当作根据，因为造成流行的原因是与真理无关的。

4. 信仰与或然性

　　在基于或然性的各种同意之中，信仰是特殊的一种。洛克说："信仰也只是建立于最高理性的一种同意。"一个命题具有确定性还是或然性，或然性的程度有多高，都是由理性做判断的。一种信仰如果和理性发生冲突，就不能说它是与理性不相干的事情。你的信仰多么狂热，这种狂热度也不能证明你的信仰是真理，否则任何狂热分子都可以宣称自己是先知了。信仰是超越于经验的，因此不会是具有确定性的知识，只能是基于或然性的同意。那么，理性的人对于一种信仰的同意，应该只以这种信仰所依据的或然性的程度为限，不超过这个限度。

作为一个经验论者，洛克不会依据教义来信仰上帝。不过，他承认上帝的存在具有或然性。他的理由是，我们看到，从人类往下，生物有从高到低的各个等级，那么，根据类比规则，我们可以设想，在宇宙之中，从人类往上，也可能有完美程度逐渐增高的各个等级的灵物，直至无限完美的造物主。很显然，他的推测仍是立足于经验的，基督教是不会喜欢这种经验论的信仰方式的。

5. 事事要求论证是愚蠢的

在我们的认识中，可靠的知识只占很小的部分，大部分是基于或然性的信念或意见。不过，洛克认为，这个情况对于我们的生活并无妨害。我们的任务不是要遍知一切事物，只是要知道那些和我们的行动有关的事物。人类被赋予认识的能力，主要不是用来思辨玄想，而是为了指导生活。如果除了具有确定性的知识之外，我们不再有指导自己的东西，就真的是寸步难行了。然而，事实并非如此。

在现实生活中，我们的日常行为，我们对事务的处理，都不容许我们迟延不决。多数情况下，我们做决定都没有可靠的知识可以依凭，而只能采用或然性较高的一种意见。如果我们只能得到或然性，而或然性又已经足以指导我们做出决定，我们就不应该再任性地追求确定性了。如果我们因为不能遍知一切事物，就不相信一切事物，我们的做法就正像一个人因为不能展翅飞翔，便不肯用脚来走，只好坐以待毙，那真是聪明过头了。

由此洛克告诫我们，事事要求论证是愚蠢的，如果在原本不能论证的事情上要求论证，否则就不肯相信，这样的人是什么事也做不了，甚至是一天也活不了的。

总之，在理论上，一个人尽可以对知识持严格的态度，对不具有确定性的一切认识加以怀疑，而在生活中，哲学的怀疑论必须向健全的常识让步，这才是一个聪明人应有的做法。

洛克的认识论，从第二节到第七节，就讲到这里。我提示一下，有三个关键词，可以概括他的整个认识论。第一个词：观念。观念是经验在心灵上的印记，有两类经验，即感觉和反省，一切观念来源于这两类经验。观念是知识的材料，本身还不是知识。第二个词：知识。理性凭借直觉和推理去认知观念之间的联系，那些具有确定性的联系就是知识。第三个词：或然性。观念之间有许多联系不具有确定性，但在不同程度上经常出现，这样的联系就是或然性。在我们的认识中，知识只占很小部分，大部分是或然性。或然性不是知识，却为生活所必需，是指导我们行动的主要依据。

八 公民社会与个人自由

这一节讲洛克的政治学说，主要依据他的《政府论》下册，这本篇幅不大的小书被公认为是自由主义政治学的奠基之作。近

248

代政治学的开创者是霍布斯，洛克比他小四十几岁，目睹他的《利维坦》问世，对他的思想是很熟悉的。霍布斯提出了近代政治学的两个重要观念，即自然权利和社会契约，却不合逻辑地由之引出了专制主义的结论。洛克的政治学也是从这两个观念出发，但把逻辑关系拨正了，由之引出了自由和民主的结论。在探讨他的政治学说时，我们要注意把他与霍布斯进行比较，把握两人分歧的关键点。

1. 自然状态和自然法

洛克说，为了弄清政治权力的性质和起源，必须考察人类原来所处的自然状态，他认为这是一种自然法起支配作用的状态。自然法有两个原则。第一，人人拥有自然赋予的基本权利，主要是三项，即生命、自由和财产。其中，自由又是最基本的，实际上包含了另两项。每个人天生是自由的，都可以用自己认为合适的方式保护自己的生命和财产，不受制于其他任何人的意志或权威。在这个天赋权利上面，人与人之间生而平等，没有人拥有多于别人的权力。第二，任何人不得侵害他人的生命、自由和财产。如果发生这种情况，每个人都有权充当自然法的执行人，对侵害他的天赋权利的人加以惩罚。

霍布斯也设想，人类曾经处于一种自然状态，不过，这绝不是自然法起支配作用的状态，相反是战争状态。在自然状态下，每个人都可以用自己认为合适的手段保全自己的生命，而这必然导致每个人对每个人的战争。自然法正是要约束人们的自然权利，以克服战争状态。洛克批评说，霍布斯把自然状态和战争状态混为一谈了。他认为，在自然状态中，如果有人企图把别人置于自己的绝对权力之下，因而剥夺了别人的自然权利，这样做才是使自己同别人处在了战争状态。所以，战争状态恰恰是对自然状态的破坏，两者截然不同，正如战争与和平截然不同一样。

洛克设想人类曾经有过一个自然法起支配作用的和平时代，这有明显的乌托邦色彩。在这个问题上，霍布斯的看法似乎更合乎逻辑。关键在于，如果没有一种强制力量让人们遵从自然法，人人都自觉遵从自然法是不可能的。洛克实际上也承认，总是会有人破坏自然法，从而制造出战争状态的。因此，必须有一种强制力量来保证自然法的实施，公共权力因此有了存在的必要。在这一点上，他的看法与霍布斯并无不同。

2. 契约和公民社会

洛克承认，人类之所以脱离自然状态，组织成社会，一个重要原因是要避免战争状态。在自然状态中，每个人都充当自然法的执行人，自己保护自己的生命、自由和财产，对侵害者加以惩罚。组织成社会之后，每个成员都放弃自然法的执行权，通过订立契约，把这项权力交给社会。社会拥有这项权力，仅仅起源于契约，即构成社会的人们的相互协议和同意。人们通过契约结合成的这样一个共同体，叫做公民社会或政治社会。

社会获得了自然法的执行权，必须设置一个执行的机构，这个机构就是国家和政府。由于联合成为一个共同体的人们的授权，世界上才有合法的政府。政府的权力仅限于人们交给社会的在自然状态中本来所拥有的权力，就是保护每个人自由、生命、财产的权利，惩罚侵害这些权利的行为。国家和政府的存在只是为了维护所有个人的权利，此外不能再有别的目的或尺度，个人的天赋权利构成了社会权力的界限。

洛克异常强调对国家权力的限制，与霍布斯的观点形成鲜明对比。同样立足于契约论，两人得出了相反的结论。霍布斯的逻辑是，既然人民通过契约放弃了权力，把权力给了国家，国家的权力就是至高无上的，人民必须服从，不可反对。在这个逻辑中，隐去了一个最重要的环节，就是人民是为了什么目的授权国家，授给国家的是什么权力。洛克牢牢抓住这个最重要的环节，强调国家权力必须受到限制，只能用于保护人民的利益，超出这个范围就是对契约的背叛。

在个人权利的保护上，洛克把保护财产放在首位。他说："政治社会的首要目的是保护财产。"财产权之所以重要，是因为这是一种最具体最可触摸的权利，同时也最容易受到侵害，而倘若得不到保护，人们努力的成果可以被任意剥夺，则所谓保护个人自由就成了一句空话。

3. 法律与自由

国家为了保护人民的权利，有必要制定法律。"法律的目的不是废除或限制自由，而是保护和扩大自由。这是因为自由意味着不受他人的束缚和强暴，而哪里没有法律，那里就不能有这种自由。"

按照契约论，人民授予国家的权力仅限于执行自然法的权力，因此，国家制定法律必须以自然法为根据。形象地说，自然法是上帝意志的一种宣告，因此是一切人包括立法者的永恒规范，人间的法律只有以自然法为根据才是公正的。

法律必须由社会所建立的立法机关制定，立法权是每一个国家中的最高权力，这个权力是根据大多数人的同意推举出来的。从理论上讲，任何共同体只能根据每个成员的同意而行动，但是，要取得这样一种同意几乎是不可能的，而共同体作为一个整体又必须行动一致。因此，唯一的办法是承认大多数人的同意即是全体的行为，对每一个人都起约束的作用。在光荣革命前的英国，国王与议会之间有激烈的斗争，国王曾经布置御用议会给自己效劳。洛克指出，布置御用议会，用公然附和自己意志的人取代人民的真正代表，作为社会的立法者，这无疑是可能发生的最大的背信行为，是对立法权的最明目张胆的危害。

立法权是最高的权力，但绝非不受限制的权力，其权力以人民根据契约所授予的为限。因此，任何法律的制定，唯一的目的是保护一切个人的权利，为公众谋福利，决不允许对人民的生命、自由、财产之权利造成侵害。除此之外，洛克还强调，法律必须遵循平等原则，对社会一切成员不论贫富强弱一视同仁。法律必须正式公布，长期有效，使人们有明确的规则可以依凭。立法权与行政权分立，作为一个经常存在的权力，行政机构负责执行立法机构所制定和继续有效的法律。

在自然状态中，人的自由除了自然法以外，不受任何约束。在公民社会中，人的自由除了经人们同意所建立的立法权及其所制定的法律以外，也不受任何约束。在任何情况下，自由都不是人人想怎样就可怎样，因为倘若这样，人人随时会遭到别人的侵害，谁都不能自由。关于公民社会中的自由，洛克做了清楚的界定：这是"在规则未加规定的一切事情上能按照我自己的意志去行动的自由"；是"在所受约束的法律许可范围内，不受他人意志的支配，可以随己所欲地处置或安排自己的人身、行动和全部财产的自由"。简言之，就是规则下的自由，一方面，要遵守规则，另一方面，凡是规则未规定的，皆可自由。

由上可见，洛克已经提出了法治的两个最重要的原则。第一，对于政府的权力要严格限制，以保护公民权利为限，法无授权不可为。第二，对于公民的自由要确实保证，以遵守法律为限，法无禁止皆可为。

4. 专制、暴政和革命

公民社会中的政治权力是受到限制的，因此，那种不受限制的绝对权力就完全不属于这个范畴。对于霍布斯所主张的专制权力，洛克做了深刻的分析和尖锐的批判。

在专制权力下，统治者可以任意剥夺臣民的生命。这样的权力不可能是自然给予的，因为在自然状态中，人与人是平等的，没有人可以支配别人的生命。这样的权力也不可能是契约授予的，因为人对自己的生命没有任意剥夺的权力，也就不能把自己不拥有的权力授予别人。如果被统治者甘愿任统治者宰割，那么，这样的被统治者就只是一群处在某个主人统辖下的低级动物，不再是有理性的人类了。

君主专制政体与公民社会是不相容的，不可能是公民政府的一种形式。公民社会的目的原是为了补救自然状态的不足，避免因为人人是自然法的执行者而导致战争状态，于是设置一个明确的权威，人们在受到损害或发生争执时可以向它申诉。在专制政体下，不存在这样一个人们可以向它申诉的权威，因此专制君主与在其统治下的人们仍然处在自然状态之中。

洛克进而指出，统治者无论有没有正当的资格，如果不以法律而以自己的意志为准则，运用所掌握的权力满足自己的野心和贪欲，获取私利，发泄私愤，那就是暴政。如果说篡权是行使本来属于别人的权力，那么暴政就是行使任何人都无权行使的权力。暴政不是君主制所特有的，在任何政体下，只要权力被用来剥夺人民的生命和财产，迫使人民屈服于有权者的专横命令之下，处于奴役状态，那么，不论运用权力的人是一个人还是许多人，就立即成为暴政。

暴政意味着统治者与人民已经处于战争状态，因此人民无须再服从，只有寻求反抗。洛克反复申说，在暴政之下，革命具有必然性和合理性。立法者一旦侵犯了社会的基本准则，因野心、恐惧、愚蠢或腐败，力图使自己握有或给予任何其他人一种绝对的权力，来支配人民的生命、财产和自由权利时，他们就由于这种背弃委托的行为而丧失了人民为了极不相同的目的曾给予他们的权力。这一权力便归属人民，人民拥有恢复他们原来的自由的权利，并通过建立他们认为合适的新立法机关以谋求他们的安全和保障，而这正是他们加入社会的目的。

一方面是统治者握有绝对的权力，另一方面是人民被剥夺了一切权力，在绝对权力者与绝对无权者之间不可能有裁判者。"在人世间无可告诉的场合，人民基于一种先于人类一切明文法而存在并驾乎其上的法律，为自己保留属于人类一切成员的最后决定权，决定是否要诉诸上天。""这个决定权是人民决不能放弃的，因为屈身服从另一个人使其有毁灭自己的权利，是超出人类的权力以外的。"按照上帝和自然的法则，没有人可以自暴自弃，以至于授予另一个人剥夺自己生命的权力。

有人也许会说，这种理论会埋下激发叛乱的祸根，洛克对此做了三点答复。第一，如果人民陷于悲惨的境地，觉得自己受到专断权力的祸害，纵然你把统治者赞美为太阳神的儿子，称他们神圣不可侵犯，降自上天，受命于天，或无论把他们捧到怎样的高度，同样的事情还是会发生的。人民之所以反抗不是因为某种理论，而是因为普遍地遭到不可忍受的压迫。第二，这种革命不是在稍有失政的情况下就会发生的。人民是很能忍耐的，对于统治者的失政以及由人类弱点造成的一切过失，人民往往加以容忍。人民也并不像有些人所想象的那样愿意摆脱旧的组织形式，他们甚至很难被说服来改正业已习惯了的机构中的公认的缺点。弊害如果不是大到了大多数人都已经感觉到和无法忍受，认为必须加以纠正之时，人民是不会行使诉诸上天的决定权的。第三，关于人民有权用革命推翻暴政的学说，实际上是防范叛乱的最好保障。用强力废除社会所设置的立法机关和由立法机关制定的法律，这才是真正的叛乱，而握有权力的人最容易这样做。因此，防止这种弊害的最适当方法，就是向最容易受诱惑犯这种罪行的人指出其危险的后果。

洛克侨居荷兰写作《政治学》期间，英国发生光荣革命，议会用非暴力手段废黜国王詹姆士二世，议会与国王之间长达近半个世纪的斗争以议会的胜利宣告结束。此后国家权力由国王逐渐转移到议会，君主立宪制政体在英国得以确立。洛克虽然没有亲自参加光荣革命，但他的政治学说实际上为革命做了有力的辩护。

自由主义的政治思想有两个核心观念，一是公民的自由权利，二是立宪政治，都是洛克首先阐明的，后来为美国《独立宣言》、法国和美国的《人权法案》所体现。他的政治思想也为伏尔泰、孟德斯鸠、卢梭所继承，成为法国启蒙思想的基础。不过，英国和法国的环境完全不同。在英国，即使在君主体制下，也存在尊重个人自由权利的不成文法传统，因此洛克的学说有适宜的土壤，政治制度的变革得以和平进行。事实上，只有在英国，自由主义取得了民族哲学和国家政策的地位。在法国，长期存在的是完全的君主专制，使得政治制度的变革必然以流血的大革命方式进行。无论保守的英国人、务实的美国人、激进的法国人，都以自己的方式接受了洛克的政治思想。有人评论说，在近代，没有一个哲学家比洛克的思想更加深刻地影响了人类的精神和制度。

九　教育与心智的培养

洛克的《教育片论》是西方近代第一部教育哲学名著。该书的写作缘于好友克拉克夫妇的请求，这对夫妇希望他提供一些抚养孩子方面的建议。洛克自己未婚也无子，但是，他在沙夫茨伯里伯爵家里长期担任家庭教师，深受孩子们喜爱，在教育上颇有心得。作为一个哲学家，他对人性又有精准的观察和理解。因此，我们看到，这个单身汉谈论起教育来，既高屋建瓴，又体贴入微，是天下父母们和教育专家们难以企及的。他的教育思想十分丰富，围绕着一个核心，就是培养健全的心智。

1. 教育为一生打基础

洛克极其重视儿童期的教育，他如此形容孩子们："他们是刚刚来到一个陌生国家的旅客，对于这个国家，他们一无所知，因此我们要有良知，决不可误导了他们。"按照洛克的认识论，孩子刚刚来到这个世界，心灵是一张白纸，至多只有胎儿期印上的极少许观念。在人生的早期，他们获得怎样的经验，心灵印上怎样的观念，对一生影响至深，而这在很大程度上取决于受怎样的教育，因此父母、教师和整个社会责任重大。

洛克承认，有极少数天赋卓绝的人，他们不受教育的影响，自己能够朝着优秀的方向发展。但是，绝大多数人之所以成为好人或坏人，有用之才或无能之辈，是由教育的不同造成的。教育奠定了一个人一生发展的基础，导致了人与人之间的千差万别。儿童期的教育尤其重要，因为幼小心灵里形成的细微的、甚至觉察不到的印象，都将对其一生产生非常重要的、持久的影响。这就像一条河流，在源头上发生一个小小的转向，就会获得不同的趋势，流向非常不同的远方。教育上的错误是无法挽回的，好比配药第一次配错了，再也不能由第二次、第三次得到弥补，将在人生今后的每个阶段打上根深蒂固的烙印。

所以，一定要重视儿童期的教育，给孩子的一生打下好的基础。许多家长只顾给孩子积聚财产，让孩子得到各种奢侈的享受，针对这种家长，洛克说，你们这样做，只是在表现你们自己的虚荣心，不是真正为孩子好。只有用心培养孩子的心智，让他成长为一个聪明又善良的人，才是真正爱孩子，因为"一个聪明又善良的人很少不是既在别人的看法中，又在事实上伟大而又幸福的；但是，一个愚蠢又邪恶的人，无论你留给他多少财产，他终究既不会伟大也不会幸福"。

2. 先纪律后自由

对于孩子的教育，如何把握好纪律与自由之间的度，是一个困扰家长们的问题。太强制会压抑孩子的天性，太放任又会把孩子惯坏，似乎左右为难。洛克的观点很明确，认为儿童期应该以纪律为主，随着孩子长大，应该逐渐转变成以自由为主。

（1）儿童期以纪律为主

洛克认为，一切德行和优秀品质的基础在于服从理性，具有克制欲望的能力。这个要求与幼童不受约束的天性正好是相反的，因此必须及早培养，养成习惯。儿童期养成的习惯是最不易改变的，因此儿童教育中最应该当心的事情是让孩子养成怎样的习惯。

通常的情况是，孩子越幼小，父母就越是娇惯。洛克建议采用相反的做法，自孩子出生起，就训练他克制自己的欲望，不可让他怀有不切实际的妄想。他第一件应该明白的事情是，他之所以能得到某样东西，不是因为这样东西他喜欢，而是因为他适合得到它。每当他想得到不适合他的东西，或想做不适合他的事情之时，就要阻止他，不要因为他小就纵容他。不管他如何纠缠不休，正因为他纠缠不休，就更要拒绝他。一个必须遵从的原则是，一旦你拒绝了幼童的某个要求，就再不可因为他纠缠和哭闹而让他满足。否则的话，你只会让他变得专横任性，令人讨厌。给孩子立规矩要尽量少，但一旦立了，就必须监督他执行。

洛克反对把孩子交给仆人带，因为仆人喜欢博取孩子的欢心，这样就削弱了父母立的规矩的威力，减低了父母在孩子心中的威信。我们今天是把孩子交给保姆或老人带，往往有同样的弊端。

以纪律为主，并不是不给孩子自由。当孩子在父母或老师的视线范围内之时，应该让他拥有与其年龄相应的自主和自由，不可施以不必要的约束。不能妨碍他做孩子的权利，不能妨碍他像孩子那样游戏和行为的权利，除了做坏事，其余的自由都应该给他。倘若让他在父母或老师身边感觉像坐牢似的，他讨厌与父母或老师在一起又有什么奇怪呢？

万事都有一个度。如果管教过于严厉，孩子心灵受到压抑，就会失去活力和斗志，结果可能比不加管教更糟糕。洛克说，一个放纵自己、富有朝气的人，一旦能够走上正道，就还可以成为大有作为的人物；可是一个胆小顺从、萎靡不振的人，却是很少能够再获栽培、有所作为的。然而，要避免两方面的危险，实在是一门高深的技艺。

（2）随着孩子长大，应以自由为主

随着孩子长大，以纪律为主应该逐渐转变成以自由为主。孩子已经能够运用自己的理性，你就应该给他这样的礼遇，逐渐放松管束，更多地采用平等商量的方式。他自己的事情，你要信任他，听凭他自己去处置。事实上你也不可能有那么多精力时时监视他，最好的、最保险的办法就是把良好的原则植入他的心灵，让他养成习惯。父母要经常和孩子谈心、聊家常，这是最有助于建立和巩固亲子之间的友谊的。孩子幼小时，你用畏惧和服从在他心目中树立起了你最初的权威，当他长大时，你就应该用爱和友谊维系你的权威。这样的话，先前父母的约束反倒能够增加子女对父母的爱戴，因为他终究会发现，先前的严厉只是为了他好。

洛克指出，世人的做法正好相反，子女幼小时，过度地放纵和溺爱他们，而当他们长大了，却又对他们严厉起来，关系变得疏远。缺乏理性能力时加以放纵，具备理性能力时待以专横，这种做法是颠倒的，显然违背了人性的规律。

（3）正确的亲子关系

基于上述见解，洛克认为，正确的亲子关系是这样的：孩子幼小时，应该视父母为君主，自己为臣仆，对父母怀有畏惧之情，父母享有绝对的权威；孩子长大了，应该愿意视父母为最好、最可靠的朋友，对父母怀有敬爱之情，亲子之间是平等的关系。

对于洛克的这个说法，我非常赞赏后一半，不太赞同前一半。他强调对幼童讲纪律，培养自制力，不可放纵，这是对的。但是，我觉得他低估了孩子的理性能力，尤其是理性能力中他本来最看重的直觉能力。幼童的直觉能力未受污染，印在心灵上的错误观念少，这正是比大人优越的地方。许多父母是从错误观念出发教育孩子的，用君臣关系作譬，这样的父母就是昏君，不该要求孩子绝对服从他们。

关于亲子关系，洛克还强调爱和尊重，很合吾意。他说，他经常诧异地看到，一些父亲明明很喜爱自己的孩子，却总是摆出一副严厉的面孔，一种威严和疏远的姿态，不向孩子表达一点爱意，直到离开这个世界，彻底失去对孩子表达爱意的机会为止。他还提醒父母们必须给予子女足够的尊重，这样也才能够得到子女的尊重。

3. 发展个性和培养公民素质

每个人既是一个独特的个体，又是公民社会的一个成员。因此，洛克主张，在教育中要兼顾这两个方面，使受教育者的个性得到良好的发展，同时具备良好的公民素质。

每一个儿童都具有独特的天性、偏好、性格以及心灵的倾向，都应该受到独特的对待。人的天性是很难改变的，就像人的体形一样，如果硬加改变，必定会造成损害。因此，教育者应该认真地研究孩子的自然禀赋和偏好，通过试验去观察他们适宜做什么事情，容易走哪一条路，可以成为怎样的人。他应该斟酌，孩子的缺点能否通过勤奋的练习纠正，是否值得为改造而努力。洛克指出，在大多数情况下，我们所能做的，或者应该作为目标的，仅是充分地发挥天性所给予的禀赋，促成它所可能具有的一切长处，阻止它最容易产生的弊端。试图完全改变一个人的自然禀赋，乃是徒劳的妄想。

"心智的培养需要长期持续的关注，并对每一个幼童因材施教。"在一个有许多学生的班级里，要这样做是不可能的，因此大班教学是非常不合适的。最好的方式是家庭教师式的，教师可以充分了解孩子的独特天赋和心智特点，有针对性地施以恰当的教育技巧。

在关注个体独特性的同时，洛克又强调，每一个体作为一种道德存在是隶属于人类共同体和公民社会的，因此，一些社会性品质的培养是教育的重要目标，以期受教育者能够成为合格的公民。还要帮助孩子们了解社会，社会上有种种坏人坏事，而"对社会的唯一的防卫，就是彻底地了解它"。应该向孩子展示真实的社会，不可回避和粉饰，这是避免受到危害的最好办法之一。孩子长大后，应该让他在其承受能力的范围内逐步地进入社会，而且越早越好，并且有可靠的人加以引导。

4. 心智的培养：做自己心智的主人

教育的核心是心智的培养。良好的心智品质既是做人的一个条件，也是学习的一个条件。我们在教育上做的每一件事情，首先都必须考虑它将对儿童的心智产生怎样的影响，会让儿童养成怎样的习惯。

在心智的品质中，人的理性是最高贵和最重要的能力，应该获得最大的关心和注意，使它成长起来。理性的正当进展和运用，是一个人在一生中所能达到的至高境界。培养儿童的理性能力，关键是要教会他们做自己心智的主人。要让他们做到一经抉择，就有从自己热衷的事情中撤离的决心，并且从容愉快地投入决定要做的事情，做到在任何时候都能够从懒散中振奋起来，进入积极学习和工作的状态。通过这些办法，儿童的心智可以获得对自身的一种习惯性的支配力，这种能力比起我们通常要求儿童学习的各种知识有用得多。这是一种面对一切事情包括学习的正确的心态，儿童一旦获得，即便具体的学习科目都受到忽视，这种正确的心态将会在适当的时机把它们都催生出来。心智的强健和稳定也是一个人在人生中对付苦难和不测命运的最好武器，它是可以经由练习和习惯培养的。这方面的实践应该及早实施，任何一个及早获得这种训练的人都是幸福的。

那么，应该怎样培养孩子这种支配自己心智的能力呢？洛克真是一个细心的人，我举他关于儿童玩具的见解为例。幼童一次只有玩一种玩具的权利，交还了一种才允许玩另一种，这样可以让他养成爱惜和小心保管自己的东西的习惯。最好不给他买玩具，幼童是玩什么都行的，一块光滑的卵石，一张纸，母亲的一串钥匙，给他带来的快乐绝不亚于从商店里买来的昂贵的玩具，后者只要容易得到，是立刻就会被他弄乱、弄坏的。等到他年龄渐长，如果不是父母愚蠢地花钱给他买玩具，他就会自己来制作。洛克说，他所谈论的看似只是小事，但是，任何可以形成幼童心智习惯的事情都不该遭到忽视。通过管理玩具和自己制作玩具，孩子能够培养起欲望适度、节俭、专注、勤奋、井然有序、持之以恒、思索、创新等品质，这些品质在他长大之后会大有益处的。

5. 心智的培养：尊严和教养

心智的培养，体现在社会性品质的培养上，洛克特别重视尊严和教养。

作为理性的存在，人是有尊严的。儿童也是如此，随着理性觉醒，尊严感和羞耻心也会觉醒。在这方面加以强化，对心灵产生的刺激会比任何其他方式更有力。事实上，幼童对别人的表扬和称赞是非常敏感的，时间要比人们想象的早得多。因此，父母和教师要注意，在他做得好的时候予以善待和称赞，在他做得差的时候施以冷淡和批评。如果坚持这样做，其效果将远胜过恐吓和体罚。孩子乐于享受被人尊重的快乐，对自己的过失感到羞耻，就容易走上爱德行的正道。荣誉虽然不是德行的真正原则和标准，却是离之最近的，它是别人的理性共同给予良好行为的证言。当幼童还不能运用自己的理性判断是非之时，它是引导和鼓励幼童的最合适的方法。

洛克并不排斥惩罚的方法，但是，他指出，这个方法不可频繁使用。而当孩子犯了相当大的过失，为此施予必要的惩罚之时，就必须待孩子真正有了改过的表现，才可以与之和解。惩罚的方法无论频繁使用，还是用了又轻易放弃，都会令其失效。洛克还细心地叮嘱父母们，对孩子的称赞和责备都要把握好分寸，称赞可以当着他人的面，而责备应该私下里进行。总之，要激发孩子的荣誉感和羞耻心，但不可伤害孩子的自尊心。自尊心一旦受到打击，荣誉感和羞耻心就会随之萎缩。

英国是绅士之乡，历来重视教养，洛克也是如此。他说："良好的品质是心灵的实质性财富，但唯有良好的教养才能令它们焕发出异彩。在大多数情况下，做事的举止方式往往比所做的事情本身更重要，别人满意还是厌恶，全赖对之能否接受。"一个人有德行和才能，虽然也能获得称赞，但若缺乏教养，就不会受到普遍的欢迎。这就好像一颗钻石，是否经过抛光，人们的观感大不一样。在教养不好的人身上，勇气成了粗野，学问成了迂腐，才智成了滑稽，朴素成了粗俗，温良成了谦卑，任何一种好品质都会被扭曲成缺点。人在教养上的缺点，像是一种精神上的残疾，别人往往一眼就看出，却最少向本人指出。

洛克认为，有两种常见的不良教养，一是举止拘谨忸怩，另一是举止粗暴无礼。要避免这二者，就必须既不小看自己，也不小看别人。好的教养可以用一个词来形容，便是优雅。优雅是内在的精神和气质的自然流露，待人不卑不亢，处事从容自如，在两方面都毫不造作，它是一个人心智完善的真正标识。优雅是装不出来的，越是努力装优雅，离优雅就越远，越是露出造作的姿态，洛克形容说，这就像在自己的缺陷上面点燃了一支蜡烛。

6. 儿童的心智特点和学习方式

洛克对儿童的心智特点有十分细致的观察，如何根据这些特点引导儿童学习，他提出了许多中肯的见解。儿童是天然受兴趣支配的，因此，引导的重点围绕着如何让儿童的兴趣保持在良好的状态。

第一，切忌让学习变成孩子的负担。无论让孩子学习什么，都不可使这种学习成为他的一个负担，强加在他身上的一个任务。如果你规定幼童在每天的某个时间玩一种游戏，比如抽陀螺，即使他本来是喜欢这种游戏的，可是一旦成为必须完成的任务，他就立刻会对它产生一种憎恶。在孩子的学习上，最坏的做法是强迫他学习，倘若没有完成，就对他进行羞辱和斥责，使得他战战兢兢，担惊受怕。最好的做法是使他能够把学习当作一种荣耀、名誉、游戏和消遣，快乐地从事。孩子出自本性珍爱自由，一心要表现出他做事是出于自愿，而非受人之迫，我们必须牢记这一点。

第二，把握好孩子在兴趣上的有利时机。我们应该根据孩子的天性培养他的兴趣爱好，但要注意，即使是他已经喜欢上的事情，如果他没有心情和情绪做，就不要逼迫他做。不管谁喜欢阅读、写字、音乐等诸如此类的事情，但在某些时候仍会对之没有什么兴趣，倘若在这种时候逼迫自己做，便是自寻烦扰。孩子的情绪更是多变，我们一定要仔细地观察他的情绪变化，把握好时机。孩子兴致好的时候，会乐在其中，事半功倍，相反则会敷衍了事，事倍功半。

第三，适时变换学习的项目。心思散漫是孩子的天性，他容易被新奇吸引，又往往很快会厌倦，变换花样是他的至爱。要求孩子尤其幼童长久地把心思固定在同一件事情上面，是违背他的天性的。因此，不可让孩子长久地做同一件事情。任何于他有益的事情，都应该让他快乐地做，在他产生厌倦之前，就及时地让他转移到另一件有益的事情上去。他感到意犹未尽，才会再一次回到这件事情来，就像重温一种游戏的欢愉一样。只要安排得当，学习可以是一种游戏，或者是游戏之后的一种消遣，正如游戏可以是学习之后的消遣一样。幼童生性喜欢忙个不停，学习和游戏的变换会令他感到高兴，两件事情都不会令他厌烦。

洛克指出，幼童比大人勤奋得多，如果他这种好动的性情未能用在有益的事情上，责任在大人。当他全身心地投入自己的某个爱好时，他会忽略他不感兴趣的一切事情，因此显得懒散而漫不经心，实际上他的全部心思都在那个爱好上面，只因为怕被你看到而不敢做而已。如何把孩子的兴趣引上理性的轨道，是教育中最应该关注的问题。

7. 智育: 目标和内容

关于智力教育的目标和内容，洛克说："教师的任务不是把一切可以知道的东西都塞给学生，而是培养他对知识的爱好和尊重，教给他正确的求知方法，使他在有心向学的时候能够提升自己。"一是对知识的爱好和尊重，二是正确的求知方法，有了这二者，一个人就可以自己学习所想学的知识。

对于幼童，要保护和培育他们的自然的好奇心。孩子喜欢提出问题，大人不可制止，更不可嘲笑，而应该给予表扬和鼓励。大人可以用自己的话向他进行解释，但切不可给他一些欺骗性的回答。从幼童提出的出乎我们意料的问题中，我们往往能比从成人的谈话中学到更多的东西，因为成人总是因袭已经习得的观念和所受教育中的偏见发表看法。

无论幼童，还是学龄儿童，洛克都反对让他们死记硬背书本，指出这种方式无论对于训练记忆力，还是对于心智的成长，都毫无好处。他也反对逼迫孩子阅读，宁可让他们晚一些学会阅读，也不可使他们因为受逼迫而对阅读产生厌恶之情。他说："我毫不怀疑，在他们这个对一切这类约束都心怀敌意的年龄，用强迫手段把他们束缚在书本上，这正是很多人在整个余生中始终厌恶读书和学习的原因。"

洛克对整个欧洲的学校教育十分鄙视，他指出，这种教育只是让学生适应大学的生活，而不是社会的生活。所流行的学问，只是往学生的脑袋里填满垃圾，其中大部分是他们在有生之年永远不会再去思考一下的，而头脑中遗存的那一点也只会给他们带来坏处。他建议花钱让孩子去学习这些垃圾的父母们想一想，当孩子身怀这些学问的印记去闯荡社会的时候，那可笑的样子难道不会贬低他在同伴中的地位吗？

作为一个年轻的绅士，最重要的是具有良好的德行、教养和行为举止，同时具有实业家的知识，成为对国家有用的人才。至于形而上学、自然哲学、历史学、数学之类的学问，不妨都教他一些，但目的仅是开启一扇门窗，让他探头浏览一番，有所了解即可，而不是长居于此。倘若他当真发生了兴趣，有心深入探究，那只能在以后靠他自己的天赋和努力，因为没有人是在某个老师的规训和约束下，在哪门学科中取得卓越的成就的。

洛克还主张，年轻人要学习一些今后在日常生活中常用的技能，最好学一门或几门手艺，例如农艺和木工。这两种技艺不但有用，而且最有益于身心，可以让人体会工作的快乐，而这个收获今后在更重要的工作中会发挥作用。

参考书目

[英] 洛克：《人类理解论》，关文运译，商务印书馆，1983

[英] 洛克：《政府论》，叶启芳、瞿菊农译，商务印书馆，1964

[英] 洛克：《教育片论》，熊春文译，上海人民出版社，2005

第二十二讲

莱布尼茨

凡是在理智中的，没有不是先已在感觉中的，但理智本身除外。

——莱布尼茨

一　一个精力旺盛的全才

1. 生平

戈特弗里德·威廉·莱布尼茨（Gottfried Wilhelm Leibniz，1646—1716）出生于莱比锡，十四岁入学莱比锡大学，主修法律，二十岁毕业。毕业以后，他拒绝了另一所大学提供的教授职位，开始了持续一生的奔走于欧洲宫廷的繁忙生活。起先任职于美茵茨选帝侯菲利普大主教的宫廷，担任政治顾问。三十岁时，任职于汉诺威选帝侯约翰·弗里德里希公爵的宫廷，老公爵去世后，

戈特弗里德·威廉·莱布尼茨（Gottfried Wilhelm Leibniz，1646—1716）

受继任的公爵恩斯特·奥古斯特续聘，直到去世。

在汉诺威的宫廷里，他的工作实际上是无所不包的。他担任图书馆长，亲自从事行政管理、购置书籍、图书编目等繁琐的工作。他肩负政治使命，经常出游巴黎、维也纳、柏林和慕尼黑。受奥古斯特公爵委托，他着手编纂布伦瑞克家族的族谱，为搜集资料游历于意大利，其间结识耶稣会派遣到中国的传教士，对中国事物发生了强烈的兴趣。他这个馆长想必表现出色，后来还应邀担任了梵蒂冈图书馆、巴黎图书馆、维也纳图书馆的馆长。

奥古斯特公爵的女儿苏菲·夏洛特是一位爱文化的女性，莱布尼茨经常和她交谈，结下了深厚的友谊。夏洛特后来与勃兰登堡选帝侯弗里德里希三世结婚，后者于1701年加冕为罗马帝国内的普鲁士国王，夏洛特则成了普鲁士王后。莱布尼茨留在了汉诺威，他于1710年写作和出版《神正论》一书，很大程度上是为了纪念于1705年去世的夏洛特的。

弗里德里希三世登上王位后，在莱布尼茨的游说下，于1700年在柏林成立科学院，莱布尼茨担任第一任院长。因此可以说，他是科学院的首创者。他在院刊上发表了大量数学和自然科学论文，以至于弗里德里希三世说，他自己一个人就是一所完整的科学院。

有评论说，莱布尼茨爱慕虚荣，这使他花费了太多时间奔走于欧洲各宫廷之间，参加了太多远超出他的地位的社交活动。他喜欢结交贵族女子，书信往来频繁，其中有一位王后、一位女王，以及众多的公爵夫人、侯爵夫人和贵族千金。不过，在他的信件中找不到任何向女人献殷勤的谀词，谈得多的是他在自然科学和哲学上的发现，他似乎认为他的学术成就是比诗歌更能够获得女性的青睐的。按照罗素的说法，他在金钱上颇为吝啬，因为每当汉诺威宫廷有某个千金结婚，他照例会送上一些人生格言，并且冠以结婚礼物的美名。

他实在是一个精力超级旺盛的人，从事如此大量的社会活动，却在学术上仍取得如此多的成就，不能不令人惊叹。他的许多思想和发现，或许是在往返于各地的颠簸的马车上酝酿的。在德国乃至欧洲，他被公认是一个全才，被誉为十七世纪的亚里士多德。他甚至还渴望在文学上取得成功，一生中创作了许多诗歌，并且引以自豪。

莱布尼茨七十岁时在汉诺威孤独地离世，身边只有他的秘书，宫廷无人参加丧礼。世俗的热闹和荣耀，终究是一场空，唯有他在数学、自然科学、哲学上的成就将永垂史册。

2. 数学上的成就

莱布尼茨在数学上最重要的成就，是对无穷小计算亦即微分学和积分学的发明。这种算法意义重大，一般认为它标志着现代数学的开端。但是，在谁先发明微积分这个问题上，他与牛顿及其追随者之间发生了令人不快的争执，成了数学界迄今为止最大的公案。在时间上，牛顿比莱布尼茨大约早九年发明，但晚三年发表这项成果。这里的关键在于，莱布尼茨是在完全不知道牛顿相关发明的情况下独立发明的。对于这一点，牛顿曾经予以承认，在《自然哲学的数学原理》第一版和第二版中谈到两人的通信，说他告诉莱布尼茨，他发现了确定极大值和极小值的方法，但未透露方法本身，而莱布尼茨回信说有同样的发现，并且讲述了这个方法，牛顿认为与他自己的方法只在措辞和符号上有差异。可是，在该书第三版及以后再版时，这段话被删掉了。后来，英国皇家学会成立一个委员会专门调查此案，发布公告宣布牛顿是微积分的第一发明人。莱布尼茨为此十分郁闷，去世前不久起草《微积分的历史和起源》一文，陈述自己创立微积分学的思路和该项成就的独立性，此文直到他去世后一百多年才公布于世。尽管如此，他对牛顿仍有极高的评价，在一次宫廷宴会上如此回答弗里德里希三世的询问："在从世界开始到牛顿生活的时代的全部数学中，牛顿的工作超过了一半。"

现在数学界业已公认，两人是各自独立发明微积分学的，而且比较起来，莱布尼茨的方法更胜一筹。牛顿用的是几何学方法，术语陈旧，符号笨拙，而莱布尼茨用的是代数学方法，创造了专门术语诸如微分、积分、坐标、函数等，符号清楚明白，直到现在仍然在被普遍使用。莱布尼茨的优势得益于他对符号逻辑的探究，他相信好的数学符号能够节省思维劳动，许多推理可以化简为符号的运算。事实上，他设计了一种普遍符号，用来给所有可能的思想一个数码，因此而成为数理逻辑和符号语义学的先驱。

莱布尼茨的另一个重大发明是二进制，即仅仅用 0 和 1 表达数字。他断言：二进制是最完美的逻辑语言。德国图林根的郭塔王宫图书馆内存有他的一份手稿，标题为"1 与 0，一切数字的神奇渊源"。他花费了大量时间和金钱发明计算器，试图让所有的推理都由机器来自动运算。不过，他生前未能完全实现这个愿望。人们或许感到奇怪，他既发明了计算器，又发明了二进位制算法，却为何不把这二者结合起来，因为现代的电子计算机正是建立在这二者结合的基础上的。可是，问题恰恰在于当时没有电子技术，而倘若只靠机械技术，一个二进位制的机器就会复杂和庞大到不可想象的地步，根本没有制造的可能性。时代条件使得莱布尼茨未能发明完全自动的计算器，但是，没有他发明的二进制，就不会有今天的电子计算机。

3. 中国研究

在欧洲近代，莱布尼茨是最早关注中国并且给予中国文化高度评价的哲学家。他和好几位生活在中国的耶稣会教士保持通信往来，其中关系最为密切的是闵明我和白晋。1697 年，他以《中国近事》为题出版了相关的通信集，并且写了一篇精彩的序言，阐述他在中国问题上的观点。

莱布尼茨是一个哲学家，他对中国的关注并非出自偶然，而是有他的哲学思想作为根据的。第一是他的单子论（Monadology），他认为每一个心灵（他名之为单子）都从不同的角度反映了宇宙，都为表达宇宙真理做出了贡献。根据这个原理，他主张在不同文化之间，尤其是在地理位置相距如此遥远的欧洲与中国之间，要加强互相交流、学习和理解，他称之为互相照亮。第二是他的诠释学，其中一个重要原则叫宽容原则，即如果对一个文本缺乏足够的知识，则应该采取对之最有利的诠释。对于欧洲人来说，中国文化就是这样的文本，宁可因为误解而赞成它，也比反对它更好，因为误解会在进一步的交流中被纠正，而倘若拒绝交流，就会犯下永远得不到纠正的错误。

比较中西文化，莱布尼茨认为，彼此有许多可以互相学习的东西。在理论思考上，包括逻辑学、几何学、天文学、形而上学等方面，欧洲胜于中国。中国的优势，欧洲人应该好好学习的，他着重指出两点。一是实践哲学，即适合于现实生活的伦理和政治准则。二是自然宗教，应该请中国传教士来传教，以补充欧洲人的启示神学。

对于中国文化的某些内容，莱布尼茨表示了特殊的兴趣。一是《易经》，他认为八卦就是一种古老的二进制算术，与他发明的二进制不谋而合。二是汉字，他认为对他试图革新字符系统会有帮助。他理想中的字符，应该与所表述的事物之间有一种自然的联系，因此是表意的，直接表述观念，而不是用声音间接表述观念，汉字正是这样。三是中医，他认为比西医强得多，叮嘱传教士在中国好好学习中医。由这三点可见，他的眼光十分敏锐，能够在一种他从未亲历的文化中辨别出独具价值的宝藏。

4. 哲学及相关著作

我们关注的是作为哲学家的莱布尼茨，在这个领域，他是近代理性主义哲学三大代表人物中的最后一位。他四岁时笛卡尔去世，他对笛卡尔著作进行了细致的批判性的研究，包括笛卡尔未发表的著作，其中有一些是通过他的手抄本才得以保存下来的。三十岁时，他去海牙拜访斯宾诺莎，此时距斯宾诺莎去世仅四个月。两人相处了一个月，经常交谈。斯宾诺莎把生前没有发表的《伦理学》的部分原稿送给了他，其待人之诚恳和不设防，由此可见一斑。按照罗素的说法，莱布尼茨用心研究手稿，吸收了某些观点，但隐瞒了来源。晚年时，他甚至附和对斯宾诺莎的攻击，还谎称两人只见过一面，见面时斯宾诺莎不过讲了一些有趣的政治逸闻而已。罗素因此评论说，他是一个千古绝伦的大智者，但是其人品不值得敬佩。

莱布尼茨一直计划写作一部阐述他的哲学体系的巨著，这个计划没有完成，仅写了一些短篇概要，其中最重要的是《形而上学谈话》（1686）、《新系统》（1695）、《单子论》（1714），并且只有《新系统》是生前正式发表的。1704年，他完成《人类理智新论》一书，该书针对洛克的《人类理解论》，用对话体裁逐章逐节进行评论，有赞同，但总体上是反驳。在此之前，他曾发表两篇评论《人类理解论》的文章，并且寄给了洛克，洛克没有理睬。《人类理智新论》完成，洛克在同年去世，他不愿显得对死者不厚道，生前没有出版。该书篇幅相当于洛克的原著，比较详尽地阐述了他的认识论观点。1710年，他出版《神正论》一书，探讨上帝的正义、必然性和人的自由的问题，比较详尽地阐述了他的前定和谐观点。他生前出版的大部头著作只有这一本，加上《人类理智新论》，一生所写的完整的哲学著作仅此两部。

莱布尼茨留下了大量手稿、笔记和信件。他写信极多，有几年是同时与数百人通信，信中无所不谈，几乎涉及所有的学科，有一万五千多封信保留了下来。他自己说，只凭他公开发表的著作来了解他的人，其实根本不了解他。按照罗素的说法，他有两个哲学体系，一个浅薄，用来讨好王公贵妃们，另一个深刻，藏在他未发表的手稿里。他去世后，他的手稿、笔记、信件得到完好的保存，拟编订成大约一百二十卷的全集，仍在陆续出版。有部分手稿译成了中文，见之于商务印书馆出版的多卷本《莱布尼茨文集》。

二 心灵是有纹路的大理石

在理性主义三个代表人物中，笛卡尔和斯宾诺莎对认识论都不甚关注，莱布尼茨不然，他对认识论问题有深入的思考。一个重要原因是，他从事哲学研究之时，洛克的学说正风靡欧洲，他有必要做出回应。洛克的《人类理解论》给他提供了一个思考的框架，在《人类理智新论》中，他用对话的方式对洛克的论点逐个进行讨论，有赞同也有批驳，总体上是站在理性主义立场上批驳经验论，但也吸收了洛克的一些他认为合理的论点，因此他的理性主义并不趋于极端。

1. 潜在的天赋观念

洛克把心灵比喻为一张白纸，认为心灵中的一切观念都来自经验。与此针锋相对，莱布尼茨把心灵比喻为一块有纹路的大理石。这包含两个意思：一是确认天赋观念的存在，心灵不是一块纯色的大理石，或者如洛克所说是一张白纸，上面一片空白；二是强调天赋观念并非直接呈现出来，而只是作为一种倾向、禀赋或潜在的能力存在于心灵中，就好比大理石中的纹路。

莱布尼茨说，在古希腊两位大哲学家中，他的观点接近于柏拉图，洛克的观点接近于亚里士多德。柏拉图认为，灵魂曾经居住在理念世界中，原本就拥有一般概念，来到这个世界以后，外界的对象只是靠机缘把这些概念唤醒了，因此认识实质上是回忆。莱布尼茨好像不是完全赞同回忆说，但表示回忆说下面掩藏的天赋观念说是和他的主张一致的。亚里士多德不承认一般概念可以脱离具体事物而存在，实际上是否认心灵中有天赋观念的。

莱布尼茨站在洛克的立场上设问：既然心灵中有天赋观念，那么，在那些最少受习俗和外来意见干扰的人的心灵中，例如儿童、白痴和野蛮人的心灵中，天赋观念应该显得更鲜明，可是为什么我们在那里找不到它们的任何痕迹呢？他然后对此回答说：天赋观念必须给予注意才会显现出来，而这类人恰恰不具备这方面的注意力。这个道理也适用于一般人，天赋观念并不是一下子就可以被清楚明白地认识到的，认识它需要很大的注意力和正确的方法。莱布尼茨强调，决不可以认为，未被认识的东西就不是天赋的了。

洛克不承认天赋观念，认为一切观念来自经验，经验包括感觉和反省两个类别。莱布尼茨质问道：来自反省的观念当然不是感觉给予我们的，而所谓反省，不就是对我们心灵中原本有的东西的一种注意吗？因而不就是对天赋的东西的一种注意吗？

2. 理性的真理和事实的真理

那么，何以证明心灵中有天赋观念呢？莱布尼茨的主要根据是存在着两类不同的真理，即理性的真理和事实的真理。

事实的真理是由感觉提供的。感觉永远只能给我们提供一些例子，也就是特殊的或个别的真理，例子的数目再多，也不足以建立起这个真理的普遍必然性。道理很清楚，你不能说过去发生过的事情，将来一定永远会同样发生。所以，事实的真理是偶然的，它们的反面是可能的。

相反，理性的真理是必然的，它们的反面是不可能的。既然感觉不能提供真理的必然性，那么，这种具有必然性的真理的来源只能是心灵本身，是心灵从自己内部把它们抽引出来的。心灵的这个能力叫做理性。必然的真理的原始证明也只来自理性，因为如果不是靠理性认识了其必然性，靠特殊经验的归纳是永远不会得到对它的确实保证的。对于这类必然的真理，感觉的作用是给心灵提供机会和注意力，使心灵注意到它们。这类具有必然性的理性的真理，莱布尼茨举出的有纯粹数学中的公理和公设，逻辑和形而上学，作为伦理学和法学之依据的自然法，认为它们的证明只能来自所谓天赋的内在原则。

人和动物的区别就在于，人能够认识必然的真理，因此被恰当地称作理性动物。禽兽完全凭借经验，只是依靠例子来指导自己，至多拥有关于事实及其结果的记忆，绝不可能提出具有必然性的命题。

3. 天赋观念是上帝置于灵魂中的

心灵中有天赋观念，它们来自何处？莱布尼茨的回答是来自上帝。

存在两类真理，理性的真理具有必然性，事实的真理只具有偶然性。莱布尼茨借用经院哲学的概念表示，上帝的理智是前者的源泉，上帝的意志是后者的源泉。上帝的理智赋予人的心灵以理性能力以及相应的天赋原则，上帝的意志则创造了一个充满偶然性的世界，人在其中依靠经验认识事实的真理，以求生存。换一种表达，莱布尼茨说，灵魂是一个小宇宙，其中那些清楚的观念是上帝的一种表象，而那些混乱的观念是宇宙的一种表象。

天赋观念来自上帝，是永恒地存在于上帝之中的，上帝把它们也置于我们的灵魂之中了，因此，即使我们尚未现实地想到它们，它们就已经在我们的灵魂中了。

莱布尼茨是相信灵魂轮回的。他认为，灵魂中的真理，有一些应该是在灵魂的每一世都被认识到的，但也可能有一些是在灵魂的这一世永远不被认识到的。据他猜测，比我们在这一生过程中所能认识的更崇高的真理，可能当我们的灵魂在另一世的状态中时会发展出来。他的这种说法，不能不让人想起柏拉图关于善的理念的理论。

4. 不一样的理性主义

莱布尼茨有一句名言："凡是在理性中的，没有不是先已在感觉中的，但理性本身除外。"这句话值得仔细品味。前半句，他承认感觉是我们认识理性中的东西的必要条件，这就和笛卡尔、斯宾诺莎的独断论的理性主义区别了开来。后半句，他确认理性中有潜在的天赋观念，其存在不需要感觉来证明，感觉也无法证明，这当然是反对经验论的。

我们尤其要注意他和笛卡尔、斯宾诺莎不同的地方。后二人认为，天赋观念本身就清楚明白，无需经验来显现，他显然反对这种观点。我们可以看出他的一种努力，就是试图将理性主义和经验主义做一个综合，在理性主义的框架中适当接纳经验论的因素。后来康德成功地做了这个综合，而他实际上距康德只有一步之遥，他的潜在的天赋观念已经很接近康德的先天知性纯形式了。

三 单子是反映宇宙的活镜子

在近代哲学家中，英国经验论者皆否认实体的存在，唾弃本体论，大陆理性主义者则皆相信实体的存在，喜欢构建形而上学的体系。莱布尼茨对笛卡尔的二元论和斯宾诺莎的自然神论都不满意，构建了一种和这两位前辈完全不同的形而上学体系。他的这个体系，有两个核心的要件，一个叫单子论，一个叫前定的和谐（Pre-established Harmony）。我先讲单子论。

1. 单子及其特征

笛卡尔认为有两个实体，即精神和物体，二者统一于最高实体上帝。斯宾诺莎认为只有一个实体，即神或者叫做自然。在莱布尼茨看来，这两种理论都不能解释世界的多样性及其统一，他认为实体是无限多的，他称之为单子，而世界的统一性则依靠前定的和谐。

单子是一个希腊词，意思是单一的东西。世界是由无限多的单子构成的。单子是真正单纯的实体，其特征一是不可分割，没有形状和广延，因为倘若有形状和广延，就会是可以分割的了；二是封闭而自足，按照莱布尼茨的形象的说法，单子没有窗户，不能从里面取出或者从外面放进任何东西；三是个体性，每一个单子都是独特的，不存在两个完全相同的单子；四是不生不灭，像宇宙一样永恒。

具有这样一些特征的单子究竟是什么东西呢？首先确定一点，它不是物质性的东西，尤其不是原子。在莱布尼茨的时代，科学界普遍信奉伊壁鸠鲁学说，认为世界由原子和虚空构成，原子是绝对坚硬、不可分割的基本粒子，而虚空之所以必要，是因为如果没有虚空，宇宙间挤满了坚硬的原子，运动就会是不可能的。莱布尼茨对这个理论做了异常精彩的批判。他说，我们毋宁应该设想，宇宙间充满了原本是流动的物质，可以接受一切分割，实际上也被一分再分，直至无穷。物质是无限可分的，根本不存在不可分割的基本粒子。这就使得物质到处都有某种程度的坚硬性，同时也有某种程度的流动性，没有一种物质是绝对坚硬或绝对流动的。而且，因为物质无限可分，流动性是更为根本的。所以，要论证运动之可能性，根本不需要假设虚空的存在。莱布尼茨是牛顿的同时代人，牛顿刚创立经典物理学，而他这个对于物质的坚硬性和流动性的描述，已经非常接近现代物理学的波粒二象理论了。

在和牛顿派的克拉克的通信论战中，莱布尼茨十分有力地批驳了牛顿的时空观。牛顿认为，时间和空间都是绝对的，不依赖于物体而独立存在，而物体则存在于时空之中。在没有物体的地方，空间和时间依然存在。莱布尼茨指出，空间只是物体并存的秩序，时间只是事物接连的秩序，离开了物质就无所谓空间，离开了物质的运动就无所谓时间。空间和时间与物质及其运动不可分，因此只具有相对的存在。

莱布尼茨强调，自然从来不飞跃，这是他信奉的一条最大的准则。在运动与静止之间，在坚硬与流动之间，乃至在上帝与虚无之间，存在无限多的等级，由此形成了一种连续性。因此，认为只有一个单一的能动的存在，亦即普遍精神，以及一个单一的被动的存在，亦即物质，是毫无道理的，是因为缺乏关于实体本

282

性的正确观念而陷入了错误立场。他提出的单子论，就是要破除精神和物质的这种两极划分。

我们可以看到，数学上的微积分和二进制，物理学上的物质无限可分，哲学上的单子论，还有后面要讲的心理学上的微知觉（Petite Perception），莱布尼茨的这些理论皆贯穿了一种深入微观的洞察力。他不是借助任何仪器或实验，靠的只是异乎寻常的思辨能力加上想象力，着实令人吃惊。

2. 单子和知觉

单子不是物质性的微粒，不具有任何物质的属性，例如形状、广延、体积、质量等等，那么，它究竟是什么？莱布尼茨说，因为单子不具有任何外部性质，所以，使每个单子区别于别的单子的，仅是其内在的性质和活动。这内在的性质和活动，就是它的各种知觉，即它对外在事物的各种表象，以及它的各种欲望，即它从一个知觉过渡到另一个知觉的各种倾向。

这个表述相当费解，我说一说我的理解。我们不妨把每个单子看作一个具有知觉能力的单元，宇宙中有无数这样的单元，每个单元都从自己特定的视角出发产生对世界的表象，亦即产生各种知觉。在这里，关键是知觉能力，而因为被特定的视角所限定，每个单子的知觉是不同的，因此而不同于其他一切单子。事实上，莱布尼茨是把人类心灵的特性赋予了单子，他明确说，我们从自己身上发现心灵是非物质的单纯实体，而凡是心灵所具有的特性，一切单子在较低的程度上也有。这个说法有点像万物有灵，不过单子不是物，毋宁说是纯粹的灵，亦即知觉，而不同单子灵的程度是不同的，世界在本质上是由无数具有不同知觉的灵组成的。

莱布尼茨说，单子内部只有知觉及其变化，别无其他。对于知觉及其变化，我们无法用机械的原因予以说明。倘若设想一台具有知觉的机器，我们所能看到的也只是一些零件在互相推动，从中永远找不出任何东西能够解释一个知觉，可见知觉不是物质现象。

单子论所表达的实际上是一种现象主义。每个单子都是一个能动的知觉者，从自己的视角出发对世界有一种透视，产生相应的表象。我们无法把知觉的对象与知觉者分离，只要知觉一个对象，就必定是从特定视角的透视。世界并不是脱离一切知觉者客观存在的物质世界，而是由所有知觉者的表象组成的现象世界。所谓客观存在的物质世界，只是心智的构造物。这样一种观点实质上是非常激进的，以知觉者为实体其实就是消解了一切实体。在莱布尼茨的形而上学体系的核心之中，藏着炸毁形而上学的炸弹。

这里有一个问题：单子和物质究竟是什么关系？单子不可分，是实体，物质无限可分，不存在可以作为实体的原子或者任何基本粒子，这一点是清楚的。但是，倘若物质是与单子不同的另一种存在，就仍有二元论之嫌。莱布尼茨对物质有一个界定，说物质即环绕着我们的混合成一片的无限作用。我对这句话的理解是，物质这个词只是对环绕着我们的现象世界的一个权宜的称呼。如果这样理解，物质就可以归结为单子的表象了。

总起来说，单子是具有一定的质的精神性实体，内在地包含着一种原始的能动性。莱布尼茨说，可以把单子称作形而上学的点。数学的点是精确的，但实际上并不存在。物理学的点仅仅表面看来不可分，实际上无限可分。唯有形而上学的点既是精确的，又是不可分的，因此是真正实在的东西。

3. 单子的三个等级

单子有不同的等级，区别在于知觉的状态。一般的单子只有混乱的知觉。有的单子有比较清楚的知觉，并且伴随有记忆，记忆使知觉具有连续性，这样的单子叫做灵魂。在拥有灵魂这一点上，人和动物并无区别。和动物不同，人还有一种能力，能够意识到自己的内在状态亦即知觉，并且对之进行反思，由此获得的认识叫做统觉。凭借统觉，人能够进行思考和推理，因此人的灵魂就成为理性的灵魂，亦即精神。在人身上，单子的三种状态同时都存在，兼有混乱的知觉、清楚的知觉和理性思维，因此从自己身上可以体察单子三个不同等级的状况。

莱布尼茨认为，笛卡尔的二元论把世界归结为精神和物质两个实体，是非常简单化的。一方面，因为动物没有理性就否认动物有灵魂，另一方面，完全忽视混乱知觉的普遍存在，问题就出在缺少对三个等级的区别。

4. 单子和宇宙

莱布尼茨有一句名言：每个单子是一面以各自的方式反映整个宇宙的活的镜子。

宇宙中有无数单子，每个单子都从自己的视角出发表象宇宙，于是就仿佛有无限多个不同的宇宙，不过，这些不同的宇宙只是唯一宇宙相应于每个单子的不同视角而产生的种种景观。这就好比同一座城市从不同的角度去看，便显现出了不同的景观。

可是，凭什么说每个单子都表象整个宇宙，而不只是表象与它有关系的某一些事物呢？莱布尼茨提出的理由是，宇宙中一切事物是普遍联系的，对于每个单子来说，不存在与它没有关系的事物。宇宙全体是充实的，其中全部存在物都是连续的，每个存在物都按距离的远近对其余一切存在物发生影响，这种影响可以一直传递到任何遥远的距离。与此同理，每个存在物也都可以感受到传递到它这里的其余一切存在物的影响。因此，每个单子在自身中都以某种方式蕴含着宇宙中所发生的每件事情，如果我们有洞察一切的眼睛，就能够在每个事物上看到宇宙无限时空中过去和未来所发生的一切事情。当然，只有上帝有这样的眼睛。我们的灵魂作为单子，虽然在自身中也蕴含了无限的东西，但只能看到其中那些被清楚表象了的东西。

总之，一方面，一切事物对每一事物的联系或适应，另一方面，每一事物对一切事物的联系或适应，使得每个单子能够表象所有事物的关系，因此成为反映整个宇宙的一面永恒的活的镜子。换句话说，因为事物的普遍联系，每个单子的知觉状态是从一个特定视角出发所表象的整个现象世界。

单子有三个等级，它们反映宇宙的水平是不同的。一般的单子和灵魂表象的只是作为受造物的宇宙。不过，灵魂比一般的单子高级，莱布尼茨形容说，如果我们能够打开灵魂中所有折叠之处，就可以看见蕴含在每个灵魂之中的整个宇宙的美。最高级的是精神，所表象的是造物主，它是上帝的一个形象，能够认识宇宙的体系，每一个精神在它自己的范围内就像一个小小的神。当然，超乎这一切的是上帝本身，作为最高理性，唯有它对整个宇宙有清楚的知识，因为它是整个宇宙的源泉。

黑格尔曾经讽刺说，莱布尼茨的单子论是一部形而上学的小说。它的确像是一部哲学幻想小说，描绘了这样一幅宇宙图景：宇宙间充满了无数非物质的镜子，每一面镜子都从自己的角度映照出了宇宙的全息景象。我们不要低估这部哲学幻想小说所表达的真知灼见。罗素说，单子论中最精彩的东西是两类空间，一类是各个单子的知觉中的主观空间，另一类是由种种单子的立足点集合而成的客观空间，这两类空间有助于我们确定知觉和物理学的关系。也就是说，单子论揭示了主观知觉世界与客观物理世界的关系。世界并无定相，所谓客观真理乃是从一切可能的立足点对世界的认识的总和。

四　微知觉

在单子论中，莱布尼茨认定混乱知觉的普遍存在。他的这个看法，是根据人的心灵的知觉状态推演出来的。他一定是通过内省发现，人的心灵中有大量未被意识到的混乱知觉，由此而推测一切单子都有混乱的知觉。他把这种未被意识到的混乱知觉称作微知觉。这个微知觉理论值得专门讲一讲，因为这个理论是他的天才的创见，比弗洛伊德早两个世纪，他已经系统地论述了意识和无意识的区别。

1. 微知觉的存在

灵魂虽然是单纯和单一的实体，但它之中的知觉从来不是单纯和单一的。莱布尼茨让我们注意知觉和统觉的区别，统觉是被意识到的知觉，在全部知觉中只占极小的比例。他说：许多迹象表明，任何时候在我们心中都有无数的微小知觉，我们对之并无统觉和反省；换句话说，心灵中有种种细微变化是我们觉察不到的，因为这些印象或者是太小而数目太多，或者是彼此联结得太紧密，无法区别开来；但是，这些微小知觉仍有其效果。这就好比我们在海岸上听到的波涛的声音，它是由无数个别波浪的声音汇合成的，虽然我们无法从整个混乱的声音中分辨出每一个波浪的声音。

从心理学的角度说，要意识到心灵中的所有知觉也是不可能的。唯有予以注意，我们才能意识到一个知觉，而我们的注意力总是忙于应付比较显著的对象，那些没有警觉或者没有得到提示来注意的当下的知觉，我们就毫不反省地让它们过去，甚至根本意识不到它们。事情不可能照别的方式进行，因为我们不可能在同一时刻注意到一切印象，以及造成了这些印象的无数事物。

人总是在无意识地想着什么，灵魂的无思想状态就和物体的绝对静止状态一样，是同等地违反自然的。对于心灵中闪过的种种思想，我们只能注意到其中极少一些，并且在注意到的思想上往往只能停留很少时间。注意一个思想意味着要对它进行反省，对这个反省又要进行反省，以至于无穷，这样就永远不能转到一个新的思想上面去了。所以，最后我们总得让某个思想过去而不去想它，我们的心灵就这样不断地从一个思想转到另一个思想。

即使心灵在有清楚的知觉时，这清楚的知觉也总是和许多混乱的知觉混杂在一起，并且往往是这些混乱的知觉合并作用的结果。灵魂做的许多事情是自己不知道怎么做成的，它在无意识之中做了无数准确的小动作，只是到最后有了明显结果时才意识到，但是仍然不能察知其来源。

2. 微知觉的作用

微知觉虽然不被意识到，但作用巨大。

微知觉是造成我们的情绪的原因，因为它们的刺激，我们感到不安、痛苦或快乐。它们拍打着灵魂，其间有一种隐秘的算术关系，灵魂仿佛数着振动中的发音体的节拍，当这种节拍有规则地和音程相合时，它就感觉愉快，否则就感觉不快。正是微知觉构成了难以名状的心境，形成了一个人的趣味和好恶。

习惯对于人的一生有重大影响，而习惯往往也是在微知觉的作用下养成的。在微知觉的作用下，我们按照自己觉得适意的方式行为，日积月累，在不自知之中，某种行为方式就成为了习惯。

尤其关键的是，微知觉标志着和构成了同一的个人，从这个人的过去状态中保存下一些痕迹或表现，将其与这个人的现在状态联系起来，造成了这个人的特征。每一个灵魂都保持着以往的一切印象，在每一个灵魂中未来都和过去完全联系着。洛克认为，人格的同一性只在于意识，莱布尼茨认为恰好相反，无意识之中的大量微知觉才是构成人格的同一性的东西。记忆不是必需的，也并非总是可能的，但无数未被意识到的和未被记忆的印象始终在对同一个人的当下发生效果。正是因为微知觉不同，世上不会有两个完全一样的个体。

莱布尼茨总结说：总之，这种感觉不到的微知觉在精神学上的作用，和那种感觉不到的分子在物理学上的作用是一样大的。

3. 微知觉与单子论

莱布尼茨提出单子论，一个重要的根据是混乱知觉的普遍存在。单子的本质是知觉，倘若只有被意识到的清楚的知觉才是知觉，就不能说除了人和动物之外的存在物也有知觉，因此也就没有理由说单子是构成世界万物的实体。

单子之能够成为反映整个宇宙的活镜子，靠的也是微知觉。宇宙中一切事物是普遍联系的，如果我们追问这种联系是怎么形成的，会发现答案就是因为混乱知觉的普遍存在。每个单子从所限定的视角出发，在对宇宙的混乱知觉中内蕴着一种聚焦，无数单子的这些聚焦互映重叠，使得宇宙万物之间有了连续性。如果世上只有清楚的知觉，事物之间就必然会发生断裂。宇宙实质上是一个互相表象的知觉体系。其实，同一个现象，用物理学的语言描述，叫做事物的普遍联系，用单子论的语言描述，就叫做每个单子反映整个宇宙。所以，莱布尼茨说，由于这些微知觉作用的结果，现在孕育着未来，并且满载着过去，一切都在协同并发。他因此断定，微知觉就是原动力之所在。

五 前定的和谐

莱布尼茨的形而上学体系有两个核心要件，一个是单子论，另一个便是前定的和谐。在构建自己的体系时，在很大程度上，他是以笛卡尔为批判对象的。在他看来，笛卡尔的体系有两个重大缺点。第一，物体和精神、身体和灵魂的二元实体彼此截然分离，其间没有连续性。他认为单子论克服了这个缺点。第二，二元实体统一于上帝，但没有说清上帝是如何使之统一的。他认为前定和谐把这个问题说清楚了。为此他很自豪，在文章中经常以"前定和谐体系的作者"自称。

1. 上帝安排了单子之间的和谐

莱布尼茨用单子论来说明宇宙万物的连续性，其实单子论本身也存在一个严重问题。按照他的说法，单子没有窗户，是封闭的，那么，单子之间是怎样发生联系并且协调一致的？单子的本质是知觉，互相之间不能发生物理的作用，那么，是什么使得不同单子的知觉互相表象，从而使得每个单子都能够表象整个宇宙的？莱布尼茨的回答是，只有上帝能够办成这件事。在创世之时，上帝就做了最好的安排，让每个单子都和其他一切单子有一种合适的关系，从而彼此保持和谐直至永远。这就叫做前定的和谐。

在我看来，这个回答似乎有点强词夺理。不过，莱布尼茨告诉我们，既然宇宙的和谐是一个事实，而我们又不能用物理的原因来解释这个事实，那么，原因必定存在于构成宇宙的单纯实体的本性之中，这么美妙的本性只能是全智全能的上帝创造的。在上帝所赋予的美妙本性的支配之下，单子们虽然各行其是，从各自的视角表象宇宙，彼此之间不能发生实在的影响，但它们的表象仍然能够构成一幅和谐的宇宙图景。这就好比一群患自闭症的孩子，虽然互相不能沟通，各人只是按照自己的想法跳舞，可是在一种神秘力量的安排之下，仍然组合成了一台和谐的舞蹈。

2. 充足理由和上帝存在的证明

用上帝的前定来解释和谐，前提是上帝存在，因此首先必须证明上帝的存在。有人认为，前定和谐本身就是莱布尼茨提出的对上帝存在的绝妙证明。但是，在我看来，这有循环论证之嫌，似乎是这么一个逻辑：因为上帝存在，所以有前定和谐；因为有前定和谐，所以证明了上帝存在。然而，真正的逻辑是这样的：和谐存在，任何东西的存在必须有充足理由；在宇宙过程中找不到和谐的理由；所以理由存在于宇宙过程之外，它只能是上帝。

莱布尼茨对上帝存在提出过各种证明，其中最有特色并且具有统率性的是充足理由证明。他说，有一项伟大的原则规定，倘若没有充足的理由，任何事情都不会发生。如果我们采信了这项原则，首先要追问的问题是：为什么有某些东西存在而不是没有任何东西存在？无比有更容易，为什么是有而不是无？从逻辑上讲，天地间一切个别事物，乃至整个宇宙，本来完全可能不存在，然而事实上却存在了，这必须有一个充足理由，它只能是在宇宙以外，这个充足理由就是上帝。

在这里，莱布尼茨引用了他创立的二进制。按照二进制，一切数字及其计算都可以用 1 和 0 表示，他说，这不但是一切数字的神奇渊源，而且上帝创世的秘密也隐藏在其中。0是无，1是上帝，有这两者，就万事俱备，上帝就可以从无中创造出一切。

如果分析事物存在的具体理由，我们会发现，我们只是从一些偶然事物向前追溯另一些偶然事物，无论追溯到多么远，始终在偶然事物中打转，不会有丝毫进展。因此，一种无需任何别的理由的充足理由，便必定存在于这个偶然事物的系列之外，它自身即具有其存在的理由，这个万物得以存在的终极理由即被称作上帝。只有上帝才是原始的单纯实体，一切单子都是它的产品，并且从它获得了互相之间的前定和谐。

罗素赞美说："莱布尼茨是利用逻辑解决形而上学问题的典范，他的逻辑技能无比高超，把上帝存在的论证叙述得比历来的哲学家更胜一筹。"

莱布尼茨还有一个理论，就是可能的世界有许多个之说。上帝从无之中创造了世界，为什么创造出的偏偏是这样一个世界，而不是别样的世界？从逻辑上讲，一个世界只要不与逻辑规律矛盾，就是可能的世界，而这样的世界有无限个。在这无限多个可能的世界中，上帝选择了这一个而不是另一个，必定是有充足理由的。既然上帝是最善良最智慧的，它就从一切可能的世界中选择了最好的一个。所以，我们生活的这个世界虽然有种种缺点，仍然是一切可能的世界中缺点最少而优点最多的，我们应该感到满意。

3. 动力因和目的因的和谐

在解释自然现象时，历来存在目的论和机械论的对立，前者认为宇宙秩序是来自上帝有目的的安排，后者则认为自然界是完全由机械的因果关系支配的。在解释人类行为时，历来存在自由意志论和决定论的对立，前者认为人的行为是有目的的，自己可以支配，后者则认为人的行为是由复杂的因果关系决定的，自己无法支配。这些争论皆涉及动力因和目的因的关系问题。

事实上，分析任何现象的原因，都可以有动力因和目的因这样两个不同的角度，困难在于如何把它们统一起来。莱布尼茨认为，他的前定和谐体系可以解决这个困难。任何一个现象，当被看作是物理世界中的事件时，它是被动的，有动力因，当被看作是单子知觉的变化时，它是能动的，有目的因。因为物质无限可分，物理的动力因可以追溯至无穷，因为微知觉，单子的目的因也可以追溯至无穷，两者在源头上融合为一，那个源头就是上帝。因此，在动力因与目的因之间存在着前定的和谐。

这里的关键，仍是上帝在创世时预定了动力因和目的因之间的和谐。莱布尼茨说，这即是自然的物理领域与神恩的道德领域之间的和谐，更直接地说，即是作为建造宇宙机器的建筑师的上帝与作为精神圣城的君主的上帝之间的和谐。两者之中，目的因是根本的，上帝只是把动力因用作实现神圣目的的手段。力学导源于形而上学，宇宙的物理学法则把我们引导到上帝那里。

4. 身体和灵魂的和谐

自然界中动力因和目的因的关系，在动物尤其人身上有最显著的体现，这就是身体和灵魂的关系。人的身体依据动力因的规律活动，灵魂依据目的因的规律活动，而两者之间有一种协调的关系。当然，这种协调也归功于前定的和谐。

我们要记住，在莱布尼茨看来，只有两种实体，一是最高实体上帝，另一是构成一切被造物的实体即单子。所以，灵魂和身体的实体都是单子，两者之间没有物理的影响。既不能说灵魂存在于身体之中，受身体支配，也不能说身体依附于灵魂，受灵魂支配。毋宁说灵魂中的一切活动就好像身体不存在一样，其根源只是构成灵魂的单子，身体中的一切活动就好像灵魂不存在一样，其根源只是构成身体的单子。两者之间是一种互相表象的关系，因为它们归根到底表象的是同一个宇宙，所以它们互相之间的表象能够会合一致。

为了解释灵魂与身体之间的前定和谐，莱布尼茨把它们比喻为两个构造不同而报时永远精确一致的时钟。他说，原因就在于一开始就把它们制造得极好，使它们由于本身的结构就能够精确一致。上帝采用的就是这个方式，而这也是最符合上帝的尊严的方式。

他还用过另一个比喻，把身体比作一个自动机，只需要一种结构，使它由于机械法则而能够遵循它的程序，实行它的功能，像仆人那样严格地执行对于灵魂的职责。在相似的意义上，灵魂是一个非物质的自动机，它的内部构造使得身体能够在其中以表象的方式产生恰当的结果。莱布尼茨的确富有想象力，谈到自动机，他发挥说，许多发明假如孤立地看是难以令人置信的，但实际上都是可能的，比如无人驾驶而能自行到达港口的船，能做人的事情而没有心智的机器，以及诸如此类的东西。今天我们制造出了无人机和智能机器人，他的想象都已经变成事实。他接着说，所以，像上帝这样伟大的一位艺术家，能够造出自动机，是丝毫不令人惊奇的。而且，上帝制造的自然的自动机，亦即每个生物的有机身体，无限地优越于一切人造的自动机，是人类永远不可能制造出来的，这是神的技艺与人类的技艺之间的区别。这位聪明绝顶的哲学家不但预言了人工智能，而且明言了人工智能的局限性。

5. 灵魂和身体永远相伴，都不会死

灵魂不死是一种古老而恒久的信念，为各种宗教和许多哲学家所主张。莱布尼茨也主张灵魂不死，他的特别之处是认为，灵魂和身体永远相伴，身体也不会死。我们看到的事实是，人死之后，身体就毁坏了，分解成了无机物，莱布尼茨对此解释说，只是身体的粗大部分毁坏了，实际上它是收缩成了一个点，小到了我们的感官不能感知，正如它在未出生之前一样。

通常被归属于基督教的看法是，身体死亡以后，灵魂就离开身体去了天国，返回到了普遍精神的海洋。这样的灵魂不再有任何属于自己的官能和活动，丧失了个体性，因此也就不成其为一个独特的实体，在莱布尼茨看来，这和归于虚无没有什么区别。他也反对灵魂轮回说，认为灵魂不会从自己的身体进到另一个身体里。总之，灵魂永远不会完全离开自己的身体，它在死后也始终以某种方式保持着自己的身体。无论灵魂还是身体，都不会有产生和毁灭，只会有变形。一个灵魂即使汇入了无数灵魂组成的海洋之中，依然是那个曾经独立存在的特殊灵魂。

这听起来像是奇谈怪论。不过，用单子论来解释，就显得不奇怪了。灵魂和身体的实体都是单子，而单子是不生不灭的。构成身体的单子只有混乱知觉，灵魂的单子有清楚知觉也有混乱知

296

觉。死亡意味着丧失清楚知觉，只剩下混乱知觉，这很像是一种沉睡状态。有朝一日，上帝会让清楚知觉恢复，沉睡就会结束。把这些说法转换成科学的语言，似乎是这样：灵魂和身体的单子都是信息的储存中心，死亡之后，单子仍然存在，保存着所有的信息，以备有朝一日复活时继续使用。不过，复活会以何种方式实现，莱布尼茨没有告诉我们。

莱布尼茨还认为，死亡之后，动物的灵魂只是保存了其个体性，人的理性灵魂还能保存其人格，亦即对其自我的意识，因此而能够成为上帝之城的公民，按照其行为得到奖赏或惩罚。

对于莱布尼茨关于灵魂不死的这套理论，我不能判断他的结论的对错，但赞同他的出发点，就是灵魂只有保持其个体性以及相应的意识和记忆，灵魂不死才是有意义的。

总的印象是，莱布尼茨的哲学，在奇谈怪论中闪耀着真知灼见。

参考书目

[德]莱布尼茨:《人类理智新论》上、下册，陈修斋译，商务印书馆，1982

[德]莱布尼茨:《新系统及其说明》，陈修斋译，商务印书馆，1999

[德]莱布尼茨:《莱布尼茨后期形而上学文集》，段德智、陈修斋译，商务印书馆，2019

第二十三讲

贝克莱

天上的星辰，地上的山川景物，宇宙中所包含的一切物体，在人的心灵以外都无独立的存在，它们的存在就在于其为人心灵所感知，所认识。

——贝克莱

乔治·贝克莱（George Berkeley, 1685—1753）出生于爱尔兰，他一直把自己看作爱尔兰人，而把英格兰称为邻国。他十五岁进都柏林三一学院，在哲学课上，他接触到了最新的哲学学说，包括当时还在世的洛克的学说。1704 年，他十九岁，毕业留在学院做研究，洛克是在这一年去世的。三年后，他受聘为研究员。1724 年，他被任命为德里的教长，但并未去就职。1734 年，他被任命为爱尔兰南部克罗因的主教，随即到教区居住，直到去世。

贝克莱的哲学著作不多，都是在青年时代发表的。二十四岁，出版《视觉新论》。二十五岁，出版《人类知识原理》，这本薄薄的小册子当时受到知识界嘲笑，后来成为传世之作，奠定了他在哲学上独树一帜的地位。二十八岁，出版《海拉斯与斐洛诺斯对话三篇》，

乔治·贝克莱（George Berkeley, 1685—1753）

是对《人类知识原理》中思想的通俗阐释。从二十岁开始，他在一个笔记本里写下许多有关哲学问题的思考，从中可以看到他的新观点的酝酿过程，他自知这种新观点惊世骇俗，还制定了把它公之于世的策略。直到他死后一百多年，这个笔记本才被发现并出版。

我主要根据《人类知识原理》来讲贝克莱的学说。他的学说是对洛克学说的继承和批判，继承了一切观念来源于经验的观点，并且把这个观点贯彻到底，否定了洛克关于事物在心灵之外存在的论断。

一　不存在抽象观念

1. 哲学为什么会陷入怀疑主义

《人类知识原理》一开篇，贝克莱把哲学家和普通百姓做了一个对比。他说，哲学既然只是研究智慧和真理的，那么，我们便可以期望，在哲学上花费了这么多时间和辛苦的人，理应比别人心灵更安宁，知识更确凿，更少受怀疑和困惑的干扰。可是，事实不然，正是从事哲学的探究，使人对以前似乎明白的事情发生千百种疑问，陷在离奇的悖论、两难和矛盾之中，甚至陷在绝望的怀疑主义之中。与之相反，大部分文盲虽然走着平凡的常识大道，受着自然规律的支配，却活得安然而自在，他们相信自己的感官，完全没有变成怀疑主义者的危险。

我们也许可以说，贝克莱的这个对比未必公平，不思考自然就不会有怀疑和困惑，但这和活得明白是两回事。作为一个哲学家，他大约不会提倡不思考，他真正想说的是，哲学之所以会陷入怀疑主义，是因为错用了思考能力，而错用了思考能力，其结果是比不思考更糟糕的。

哲学家们常常为自己辩护说，人的心灵能力是有限的，而事物的本性是无限的，以有限的心灵处理具有无限本性的事物，当然会陷于荒谬和矛盾，对此正不必惊异。贝克莱反驳说，我们也太偏爱自己了，才把过错推诿于自己的心灵能力，而不说是因为我们错用了它们。我们是自己先扬起尘土，然后抱怨看不见。那么，人们是怎样错用了心灵能力呢？贝克莱认为，最大的错用就是误以为心灵具有形成抽象观念的能力。

贝克莱是一个感觉论者，坚信心灵的能力仅限于感觉，而凭感觉是不可能形成抽象观念的。可是，历来的哲学都预先设定抽象观念的存在，并且把它作为研究的对象，以此自诩是最抽象最崇高的学问。这种情况在经院哲学中达于极点，围绕抽象观念展开了无休止的争论和乌烟瘴气的空谈。由抽象观念而推断事物有一个独立于心灵的本质，这个本质因为心灵不能触及而不可知，是导致怀疑主义的主要原因。抽象观念的学说也败坏了伦理学，离开一切特殊的快乐，一个人不可能幸福，离开一切具体的善行，一个人不可能成为善人，而伦理学却离开一切特殊的人和行为探讨抽象的一般概念，因此变得无用。不止于此，这个学说还在几乎一切知识部门中造成了无数谬误和混乱，使得我们一考察科学界的状况就会陷入失望，完全鄙视一切学问。贝克莱对抽象观念简直是深恶痛疾，把它看作败坏全部哲学和科学的罪魁祸首。普通百姓相信感官，决不自夸具有抽象观念，正是在这一点上，贝克莱认为他们比哲学家高明。

2. 不存在抽象观念

贝克莱认为抽象观念是导致哲学上一切混乱和谬误的根源，决心把它彻底清除掉，而他选择的批判对象是洛克。他没有指名道姓，而是称之为"一位值得崇拜的已故哲学家"，他出版《人类知识原理》时，洛克去世刚六年。在未发表的笔记本里，他表示对洛克既敬佩，又遗憾，敬佩的是洛克"能够透过长期笼罩着的浓重迷雾看事物"，遗憾的是"未能看得更远一些"。现在他要扫除全部迷雾，让人们看清事物最重要的真相。

从《人类理解论》中，他摘抄了两段文字，以证明洛克赞成抽象观念学说。一段是洛克把人和兽类进行比较，说人有抽象的能力，能够构成普遍的观念，而兽类是完全没有抽象的能力的，即使能够做一些推理，也只限于感官所接受的那些特殊的观念。贝克莱反驳说，兽类的能力确实不能达到抽象的作用，但是，如果用这个标准衡量，恐怕人类的大多数都要归入兽类里去了。洛克举出的理由是，人能够运用语词进行概括，而兽类不能。贝克莱认为，洛克的要害就在这里，摘抄了洛克的另一段文字作为证据，其大意是说，既然一切存在的事物都是特殊的，它们如何能得到概括性的语词呢？原因就在于，语词是普遍观念的标记。

贝克莱相信他找到了洛克犯错误的症结，就是把语词和普遍观念等同了，把运用语词的能力和抽象能力等同了，于是集中火力对此进行批驳。他提出的观点是，语词之所以具有概括性，并不是因为它们是抽象的普遍观念的标记，而是因为被用作了许多同类特殊观念的标记，这些特殊观念中的任何一个都是可以向心灵提示这个标记的。换言之，语词本身所指示的仍然是特殊观念，而非普遍观念，我们只是以一种特别的方式来运用它们，它们并不因此就获得了一种特别的性质。

举例来说，三角形这个词，所指示的是一切特殊的三角形，包括直角和非直角、等边和非等边、等腰和非等腰等等的三角形，而并不是一个普遍的三角形，因为所谓普遍的三角形，就是一个既是直角又非直角、既是等边又非等边、既是等腰又非等腰等等的三角形，可是，任何人都可以试一试，看自己能不能形成一个符合这种条件的三角形观念。

3. 语词并不指示抽象观念

不存在抽象观念，人们认为存在抽象观念，实在是受了语词的误导。贝克莱分析说，误导的发生，关键原因是误解了下定义这件事。每一个名称都有而且也应该有一个唯一的确定的意义，人们因此就认为，一定有一些抽象的确定的观念，来构成每一个名称的这个唯一的确定的意义。可是，要一个名称一贯地符合于同一个定义，这是一回事，要它在任何场合都代表同一个观念，那是另一回事，前者是必需的，后者是无用的、不可能的。人们还认为，必须以这些精确的抽象观念为媒介，一个普通名称才能指示任何特殊的事物，而实际并非如此，普通名称只不过是笼统地指示许多特殊观念罢了。

在贝克莱看来，不但语词与抽象观念毫无关系，而且一般来说语言与观念的关系也不像人们所想象的那样紧密。语言的目的不只是以语词指示观念，传达思想，它还可以引起人的情感，激起或者阻止人的行动，以及使人心发生某种特殊的倾向。而且，第一种目的往往是从属于后面这些目的的，这些目的如果不经观念的传达就可以达到，则观念的传达根本不需要。在日常语言中，这种情形很常见。在所谓的学术讨论中，也不乏这种情形。

贝克莱用讽刺的口吻举例说，当一个经院学者为了证明自己的意见，引用了亚里士多德的语录，那些崇拜者即使对这位哲学家的人格和著作没有任何观念，也会立即表示赞同。在亚里士多德这个名字和某些人心中的恭敬和赞同之间，无需观念的中介，习惯就可以建立起一种直接的联系。

鉴于语词的滥用导致了知识的严重混乱，贝克莱表示，他决心在研究中尽量撇开语词，努力观察赤裸裸的观念本身，而一旦把语词的屏障除去，就能够看到美丽的知识之树，并且发现它的甘美果实是伸手可摘的。

事实上，我们回顾一下，关于语词和观念是两回事，关于语词的滥用及其危害，洛克是讲得很多的，而且比贝克莱讲得更加透彻。他在贝克莱之前就设想，最好的办法是撇开语词，直接面对观念本身。但是，他理智地承认，这个办法是不可能实行的，因为如果不使用语词，我们不但无法谈论和交流各人心灵中的观念，甚至无法思考自己心灵中的观念。贝克莱实际上也没有做到这一点。我们所能做的，一是正确地使用语词，使之与所标记的观念有一种确定的结合，二是尽可能把注意力放在心灵中确实有的观念上，不让它被语词歪曲。

贝克莱认定洛克赞同抽象观念学说，这多少冤枉了洛克。洛克说的观念，是感觉和反省在心灵上留下的印记，是个人直接觉知到的一种东西，这是原初的观念，他称之为简单观念。心灵可以把简单观念加以组合和变化，从而形成复杂观念。从发生的角度说，无论简单观念还是复杂观念，都还没有和语词发生联系。

他所说的抽象作用，是在用语词指示观念的时候出现的，如此形成的具有概括性的观念，其实已经不是他所称的观念，应该称作概念。观念是具体的，是感觉和反省在心灵上留下的印记，概念是抽象的，是语词的一般涵义，我认为洛克是有这个区分的。

贝克莱并不完全否认抽象作用，以三角形为例，他说，我们如果忽略三角形各个角的特殊性质，各条边之间的特殊关系，在这个范围内，是可以从事抽象的，从而得到一个不具有这些特殊性质和关系的三角形形象。事实上，在谈论抽象作用时，洛克说的也是忽略同类事物中个别事物的特殊性质，由此得到一般概念。不过，贝克莱强调，通过抽象作用所得到的那个三角形形象，与一个抽象的普遍的三角形观念是两回事。这听起来有些强词夺理，接下来我们会看到，他真正担心的是抽象观念学说会导致各种实体的虚构。

4. 抽象观念学说会导致实体的虚构

贝克莱说，世上那些我们最熟悉、最明白的东西，如果抽象地看，是特别困难、特别不可解的，如果看作特殊的、具体的，则是人人所知道的。他举了若干例子，来证明这个情况。

首先是时间、空间和运动。你吩咐你的仆人，让他在某时某地见你，他一听就明白了，能够毫不困难地设想那个特殊的时间、地点以及他去往那里的运动。可是，如果你跟他谈论抽象的时间、空间和运动观念，他马上就糊涂了。

当然，对一个观念的常识的理解与哲学的阐释是两回事，贝克莱也试图给出哲学的阐释。一般把时间定义为抽象的连续存在，他认为这个定义甚至对于一个哲学家来说也是难以理解的。他给出的阐释是，时间之成立是由于在我心中有连续不断的观念以同一速度流动，离了心中观念的前后相承，我就不能形成一个简单的时间观念，时间就不复存在。这个阐释其实是洛克最早提出来的，和贝克莱一样，洛克也否认有客观的时间存在。

空间也是如此。贝克莱说，空间观念是依赖于我们的感官知觉以及所感知的物体之间的关系的，在人心以外，并无所谓绝对空间或者纯粹空间。至于牛顿所说的绝对运动，则完全是对语词的滥用，不可能赋予这个观念以任何意义。

再来看数的观念。贝克莱说，数显然是相对的，是依靠于心灵的，在人心外不可能有一种绝对的存在。自古以来，有一些哲学家相信抽象的数有一种纯粹的、智慧的本性，甚至含有极大的神秘，因此敬重有加，企图用数来解释自然的事物，贝克莱认为这是荒谬的。他断言，数学理论如果脱离一切可计算的特殊事物，脱离一切效用和实践，便不能再假设为有自己的对象；数的科学是完全受实践支配的，如果只被看作一种空洞的思辨，就成了无意义的玩意。

贝克莱一直被视为极端的主观唯心主义者，这些似乎充满唯物主义气息的话从他口中说出，真是令人吃惊。我们要辨清，他所否认的是时间、空间、运动、数在人心之外的存在，而归根结底，他所否认的是一切对象在人心之外的存在。这就要考察他的存在就是被感知的学说了。在考察之前，我先说明一点，就是在他看来，正是抽象观念学说阻碍了人们理解他的新观点，因此他要对之大加批判。心灵所得到的只是知觉印象，可是，由于实体、本质、物质这些抽象观念的误导，心灵便企图在自己之外去寻找所谓客观存在的对象，造成了哲学上最严重的错误。

二 存在就是被感知

1. 假想的对话

"存在就是被感知"——这是贝克莱提出的最有名的命题。为了弄清这个命题的意思，现在且假定这位哲学家还活着，让他来和我们进行一场对话。

贝克莱：此刻你面前有一个苹果，你看得见它，摸得着它。这个苹果存在吗？

答：存在。

贝克莱：你凭什么说它存在呢？

答：因为我明明看见了它，摸到了它。

贝克莱：这就是说，它被你感知到了。好，现在你闭上眼睛，把手插进衣服口袋里，看不见也摸不到这个苹果了。我再问你，它现在存在吗？

答：存在。

贝克莱：现在你并没有看见它，摸到它，凭什么还说它存在呢？

答：因为我刚才看见过它，摸到过它，我相信只要我睁开眼睛，伸出手，现在我仍然能看见它，摸到它。

贝克莱：这就是说，你之所以相信它仍然存在，是因为它刚才曾经被你感知到，这使你相信，只要你愿意，现在它仍然可以被你感知到。现在假定在离你很远的一个地方有一个苹果，你永远不会看见它，摸到它，它存在吗？

答：存在，因为那个地方的人能看见它，摸到它。

贝克莱：如果那是一片没有人烟的原始森林，那个苹果是一个野生苹果，在它腐烂之前不会有任何人见到它呢？

答：但是，我们可以想象如果那里有人，就一定能见到它。

贝克莱：好了，现在我们可以总结一下了。我们说某个东西存在，无非是说它被我们感知到。即使当我们设想存在着某个我们从未感知到的东西时，我们事实上也是在设想它以某种方式被我们感知到。我们无法把存在与被感知分离开来，离开被感知去设想存在。由此可见，存在和被感知是一回事，存在就是被感知。

2. 存在就是被感知

上面假想的对话，我是根据贝克莱在《人类知识原理》中的论述编写的，现在我来引述他的原文。

当我们谈论一个东西的时候，究竟是什么意思呢？他说："借着视觉，我就有了各种光和色以及它们的各种程度、各种变化的观念。借着触觉，我就感知到硬、软、热、冷、运动、阻力，以及这些情况的各种程度或数量。嗅觉给我以气味；味觉给我以滋味；听觉把调子不同、组织参差的各种声音传到我的心灵中。心灵有时看到这些观念有几个是互相联合着的，因此就以某一个名称来标记它们，认它们为某一个东西。例如，它看见某种颜色、滋味、气味、形象和硬度经常集合在一起，便会把这个集合当作一个独立的事物，而用苹果的名称来表示它。别的一些观念的集合又可以构成一块石头、一棵树、一本书或其他类似的可感知的东西。"要之，所谓一个东西，只是若干可感知的性质的一个集合。

因此，说一个东西存在，意思只是说它被感知了或者它可以被感知。他说："我写字用的这张桌子所以存在，只是因为我看见它，摸着它，我在走出书房后，如果还说它存在，我的意思是说，我如果还在书房里，我原可以看见它，或者是说，如果有别的人在书房里，这个人就能看见它。"

如果你说，公园里的树，壁橱里的书，即使没有人感知它们，你也可以设想它们是存在的，贝克莱对此答复说："当你这样设想的时候，你不过是在心中构成所谓树和书的观念，而同时没有构成任何能感知它们的人的观念罢了。这只是表明你能在自己心中构成各种观念，并不能表明对象可以在心外存在。要想证明这一点，你必须设想它们不被设想而能存在，而这显然是自相矛盾的。无论你怎样尽力设想外界事物的存在，你得到的仍然只是你自己的观念。"总之，一个东西，只要你想到它，说到它，你心中就会出现一个观念，一些被你感知的性质，这便是你心灵中的全部所有。所以，所谓存在和被感知是一回事。

归纳一下，贝克莱的思路是这样的：对于我来说，一个东西的存在无非是指我看到了它的颜色，闻到了它的气味，摸到了它的形状、软硬等等，去掉这些性质，就不复有这个东西的存在，而颜色、气味、形状、软硬等等又无非都是我的感觉，离开我的感觉就不复有这些性质。所以，这个东西的存在与它被我感知是一回事，它仅仅是存在于我的心灵中的一些感觉。当然，我可以设想某个我未曾看到的东西的存在，但我也只能把它设想为我的一些感觉的集合。除去这些感觉，我对这个东西是不能形成任何观念的，离开被感知，所谓存在就只是一个不可理解的空洞词汇。

3. 心灵之外无物存在

由存在就是被感知，可以直接推导出心灵之外无物存在。既然把存在定义为被感知，而被感知只是发生在心灵之中的事情，那么，心灵之外当然就无物存在了。

贝克莱断言："天上的星辰，地上的山川景物，宇宙中所包含的一切物体，在人的心灵以外都无独立的存在，它们的存在就在于其为人心灵所感知，所认识。"他说这是一个最明显的真理，可是，流行的看法却与之相反，竟然相信世间万物可以与心灵分离，在心灵之外有一种自然的、实在的存在。这个错误是由何而起的呢？他认为，归根到底是源于抽象观念学说。存在和被感知原本是同一回事，对象和感觉原本是同一个东西，硬要把它们分离开，就只能靠抽象作用了。他说："在我看来，一般的存在观念是最抽象、最不可理解的。"

心灵之外无物存在，这个贝克莱所宣称的最明显的真理，一般人会看作荒谬的怪论，他对此已有预料，设想了人们可能提出的诘难。譬如说，如果没有外物刺激我们的感官，心灵怎么会有所感知，从而产生某种观念呢？他回答说，这种情况其实经常在睡梦或者疯狂中发生，由此可见，观念的产生并不需要假设外物的存在。那么，在梦见或想象自己被火烧，与真正被火烧之间，难道没有任何区别吗？他回答说，实在的火既然和火的观念不同，它所引起的疼痛也就和疼痛的观念不同，疼痛的观念固然只在人心中，可是无人敢说，实在的疼痛能在心外无知觉的事物中存在。我理解他的意思是说，你即使真的被火烫伤了，这火仍然是你所感知的颜色、温度、形状的复合，这被烫伤的痛仍然是你的感觉。

310

所以，无论实在的火还是想象的火，实在的痛还是想象的痛，在被感知这一点上，都同样是心灵中的观念，它们的区别只是心中不同观念的区别，不是外部存在与心中观念的区别。

贝克莱还设问，倘若把一切事物归于心灵中的观念，而把一切自然的原因除去，那么，我们就不可以再说火在发热，水在冷却，只可以说观念在发热，观念在冷却了，一个人这样说话，岂不活该被人笑话？他自己回答说：是的，这样说话是会被人笑话的，不过在这类事情上，我们应该像学者那样思考，像普通人那样说话，既忠于哲学，又保留常识。在哥白尼的学说被证明是真理之后，人们还是照样说太阳升起，太阳落下，他们如果在普通谈话中生造一种相反的说法，那当然是可笑的。

4. 他人的心灵

现在我来提出一个诘难。按照贝克莱的说法，宇宙万物都只是存在于我的心灵中的感觉和观念，宇宙万物当然包括人类，我所看到的所有人。因此，譬如说，我的父亲和母亲也只是我的心灵中的感觉和观念，在我的心灵之外并无实在的存在。这岂不太荒谬了，难道我是我的感觉和观念生出来的吗？是的，连贝克莱自己也觉得，要否认事物在我的心灵之外的存在是太荒谬了。为了避免如此荒谬的结论，他不得不假定，除了"我"的心灵之外，还存在着别的心灵。

他如此辩解：我说的心灵不是指某一个特殊的心灵，而是指所有的心灵。因此，虽然某个对象不被我感知，但只要它被别的心灵感知，它仍然是存在的，它存在于别的心灵之中。

这个辩解能否成立呢？我认为不能成立。按照贝克莱的理论，一切他人的存在也只在于被我感知，也只是我的心灵中的一些感觉和观念。因此，如果他们没有被我感知，我就没有理由说他们是存在的。即使他们被我感知，我也不能超越我的感觉和观念而断定他们的实际存在。至于他人的心灵，就更是我无法感知到的，我有什么理由断定，在我的心灵之外，世上还存在着他人的心灵呢？

贝克莱实际上是借助一种类比推理来断定他人心灵的存在的：我体会到自己有一个心灵，于是就推定他人也各有一个心灵。这显然是违背他的原理的，因为他的原理只承认被感知者存在，而类比与感知是风马牛不相及的。他的哲学实质上是唯我论，可是他又想逃避唯我论，于是在逻辑上陷入了自相矛盾。

5. 什么是心灵

在贝克莱的哲学中，心灵是一个重要的概念。感官所感知的一切，都在心灵上留下印记，这个印记就叫做观念。那么，什么是心灵呢？贝克莱说，心灵是能够感知的能动的主体，它的存在并不在于被感知，而在于能够感知观念，能够思想、意欲和行动。我们对心灵不能形成任何观念，只能借它所产生的结果知道它。所以，心灵和观念是完全不同的两种东西，观念的存在在于被感知，而由于感知到观念，并且由此产生意欲和行动，我便知道我有一个心灵。

心灵，又称作精神、灵魂、自我，由于它本身不能被感知，我们无法借观念来认识它，所以我们不知道它的本性。因是之故，贝克莱认为，一切关于灵魂的本性的谈论都是不着边际的，都是胡说八道。

6. 上帝的心灵

为了逃避唯我论，贝克莱不但假设了他人的心灵的存在，而且断言了上帝的心灵的存在。是的，对于上帝的存在，他绝不是假设，而是用斩钉截铁的口气断言的，因为他是一位主教。事实上，如果只存在他人的心灵，仍不能保证宇宙万物的存在，因为宇宙间绝大多数事物是人类的心灵感知不到的。把心灵的概念扩展到上帝身上，而上帝是无所不在的，上帝的心灵照亮一切，感知一切，存在就是被感知的命题便坚不可摧了。

贝克莱不能不承认，我们心灵中的观念，有一些确实是感官所获得的，有一些只是想象或幻觉，两者有明显的区别。前者有比较大的实在性，也就是说，比较强烈、清晰、有秩序，后者则缺少实在性，也就是说，比较微弱、模糊、不确定。他解释说，前一种观念显然不是我们的心灵所虚构的，那么，它们一定是由一种比人类心灵更有力量、更睿智的心灵的意志所刺激起来的。当然，那就是上帝的心灵。在这个区别的意义上，我们可以说，我们在白天看见的太阳是实在的太阳，在晚上想象的太阳是前者的观念。不过，在白天看见的太阳仍然只是观念，只存在于我们的心灵中，但因为是上帝让我们感知到的，所以就比较强烈、清晰、有秩序罢了。

贝克莱进一步解释说，上帝在我们心中刺激起观念的时候，会依据一定的规则，这些规则被称作自然规律。所谓自然规律，其实就是上帝的意志，那些比较具有实在性的观念，则是上帝按照自然规律印在我们的感官上的。我们可以把这样的观念叫做实在的事物，而把在想象中所刺激起来的观念叫做事物的影像。

贝克莱用上帝来保证宇宙万物的存在，我们可以责问他，我们凭感官并不能感知上帝，上帝岂不也只是我们心灵中的想象的观念，而用想象的观念来保证具有实在性的观念的存在，岂不是一种颠倒？贝克莱用政治正确来堵我们的嘴，他说："一般人既然专心于俗务或享受，而不经常张开自己心灵的眼睛，那么他们对于上帝的存在不能有明知灼见，又何足为奇呢？"他说得不是完全没有道理，一个人必须超脱世俗，才能明心见性，体会宇宙神秘的真谛。不过，这毕竟只是一种诗意的表述，而非道理的论证。无论如何，从存在就是被感知的原理，是推不出上帝的存在的。而且，他的原理的本意是要推翻一切形而上学的虚构，包括物质、实体、存在等等所有这些他所痛恨的抽象观念，可是，我们看不出上帝这个观念与之有何不同，用他的原理来衡量，更是一个顶级的抽象观念。

三 贝克莱的是与非

1. 贝克莱提出的问题

贝克莱的全部理论有一个原初的出发点，即感觉是认识的唯一来源，没有感觉，心灵就根本不可能有认识。他声称他相信感觉，并且只相信感觉，而他看不到感官的证据如何能够证明任何不被感官所感知的外部事物的存在。他一再强调，不相信感官的证据，试图超越感官的证据去认定外部事物的存在，正是怀疑主义的根源。

我们也许会认为，情形应该是相反，不相信外部事物的存在才是怀疑主义。不过，贝克莱自有他的道理。他说，如果相信有实在的事物存在于心灵之外，那么，我们的知识必须与实在的事物相符合，才是真实的。可是，我们如何能够知道所感知的观念是与不被感知的事物相符合的呢？对于我们来说，事物的存在只有一种方式，就是被心灵感知，成为心灵中的观念。事物和观念原是同一个东西，硬要设想在观念之外还有不被感知的事物，既然不被感知，就无法把观念与它做比较，于是当然就不能确知自己拥有任何实在的知识了。事实上，怀疑主义者的确抱怨说，我们是可怜地受了感官的限制，只能以事物的外表自慰，无法看到事物的内在性质和实在本质。那本来不存在的东西，他们当然无法看到。用不存在的东西来否定感官确实感知到的东西，这就是怀疑主义。如果确认不存在外部事物，观念与事物是否相符合就成了一个假问题，根本不可以这么问，在贝克莱看来，这就把通往怀疑主义的路给堵死了。

值得思考的是贝克莱逻辑的前提：我们只能通过感官感知事物的存在，因此，对于我们来说，事物的存在是与它们被我们感知分不开的。从这个前提能否推出心灵之外无物存在的结论呢？这里实际上包含两个问题：第一，我们的感觉有无外部的原因？我们感知到颜色、形状、温度、气味等各种性质，这些可被感知的性质是否只是我们的感觉？在我们的心灵之外有没有使我们产生这些感觉的某种客体？第二，我们所感知的只是一些性质，在这些性质背后有没有一个不被感知的实体，在现象背后有没有一个"自在之物"？这是两个不同的问题，让我们来逐一讨论。

2. 感觉有无外部原因

心灵只知道自己的感觉和观念，它们是否由外部原因引起，心灵不能直接知道。所以，对于英国经验论哲学家来说，感觉有无外部原因，这始终是一个令人困扰的难题。

在贝克莱之前，洛克倾向于肯定，感觉是由于外部原因作用于感官而在心灵中产生的。他的理由是，白天看到的太阳与夜间想到的太阳，会把手烫伤的真实的火与想象的火，我们不可抗拒地意识到两者的不同。感觉是充分的证据，足以让我们相信，一定有一种外界的原因，它的作用是我们不能抗拒的。

贝克莱断定心灵之外无物存在，实际上就是否定了外部原因的存在。洛克肯定外部原因的存在，他认为这正是导致抽象的物质观念的主要论据。可是，我前面讲过，他也承认感官所获得的观念不同于想象的观念，而且举的也是太阳和火的例子，前者不可能是我们的心灵虚构的，而只能是上帝放到我们的心灵中的。不管他怎样把宇宙万物解释成是存在于上帝心灵中的观念，实质上是迂回地承认，我们凭感官所获得的观念是由我们心灵之外的原因引起的。

英国经验论传统的哲学家都试图把认识严格地限制在感觉所能证明的范围之内，而所谓外部原因既然与感觉相分离，感觉当然不能给予证明。可是，朴素的直觉告诉我们，没有外部原因作用于感官，就不会产生感觉。因此，他们感到左右为难，试图寻找两全其美的解决方式，大抵在不同程度上都承认外部原因的存在，同时又把这看作一种无法证实的假设。

事实上，这个难题也困扰着二十世纪英国哲学家罗素，他一直尝试给出一个令人满意的解决方案，我举出其中的两个。第一个方案叫做最简单假说。他在《哲学问题》一书中谈到，感觉材料的存在即被感知，贝克莱在这一点上是正确的。不过，感觉材料只是我们关于物理客体知识的中介。我们永远不能证明物理客体的存在，但是，简单性原则要求我们采取一种自然的观点，把它的存在作为说明感觉材料的来源的最简单假说。第二个方案叫做逻辑构造。他在《哲学中的科学方法》一书中谈到，我们可以把被知觉的客体只看作一种逻辑构造，它建立在客体对观察者所呈现的各种现象上，这些现象是实在的，而客体只是逻辑构造。

最简单假说也好，逻辑构造也好，都只是理论建构。罗素终究承认，知觉和物理客体的关系是不明确的，不能在确切的意义上说我们知觉到物理客体。但是，我们还是要相信，物理客体在不被知觉的时候仍然是存在的，因为我们虽然无法证明这个信念的真实性，但也没有根据反对它的真实性。

3. 不存在第一性的质

洛克把感官所感知的性质区分为两类，分别名之为第一性的质和第二性的质。第一性的质是物体本身所具有的，例如坚硬、体积、形状、运动等，我们心灵中相应的观念与这些性质相似。第二性的质不是物体本身所具有的，例如颜色、声音、滋味、气味等，它们由第一性的质引起，我们心灵中虽然有这些观念，但是物体本身中并没有与这些观念相似的东西。

这种对于两类性质的区分，实际上源于德谟克利特的原子论哲学。德谟克利特说："热与冷是现象，甜与苦是现象，颜色也是现象；只有原子和虚空真实地存在着。"在十七世纪，哲学家和科学家普遍接受原子论，相信物质由原子构成，原子具有体积、形状、运动等性质，这些性质不依赖于我们的感觉，而颜色、声音、滋味、气味等性质则依赖于我们的感觉，如果没有人去感觉，它们就不存在。洛克只是用明确的语言对这种区分做了重新表述。

贝克莱指出，这种区分毫无道理，所谓两种性质实际上是不可分离的，我们无法想象任何具有第一性的质而不包含第二性的质的东西。他说，你不妨试一下，看能不能设想一个物体，只有体积、形状和运动，而没有颜色和别的可感知的性质。所以，派生的性质是在什么地方存在，原始的性质也一定是在什么地方存在，也就是说，只能是在心灵中存在。

其实，根据贝克莱的原理即可断定，一切性质皆因被感知而存在，都只是我们心灵中的感觉和观念，根本不存在事物本身所固有的所谓第一性的质。

4. 不存在实体

贝克莱之所以要批判第一性的质的观点，是因为它与原子论、物质学说密不可分，而在他看来，原子、物质是最流行的实体观念，一定要予以摧毁。

他分析说：人们假设物质实体的存在，开始的理由是，人们曾认为，一切可感知的性质都是在心灵之外存在的，因此就似乎必须假设一种物质实体，作为这些性质得以存在的基质。后来，人们逐渐相信，颜色、声音等第二性的质在心灵之外并不存在，就把这些性质与物质实体切割，但保留所谓第一性的质，认为它们在心灵之外的存在仍需要物质实体作为基质。现在，我们既然否定了所谓第一性的质在心灵之外的存在，就再没有任何理由来假设物质实体的存在了。物质一词，原是指支撑各种性质的一种基质，既然这种基质并不存在，物质这个词就失去了任何意义，应该废除。

实体一词，如果是指各种可感知性质的集合，贝克莱说可以保留。但是，哲学家们用这个词，是指支撑各种性质的一个东西，而这个东西并不存在，所以在哲学中也应废除。我们平时说话，会给某些性质的集合一个名称，比如我们会说："这个坚硬、方形、有一定体积的东西是骰子。"在这个命题中，哲学家们会认为，"骰子"这个词是表示实体的，而坚硬、方形、体积则是"骰子"的属性，这些属性存在于"骰子"之内。贝克莱说，这种说法是完全不可理解的。一个骰子与它的那些性质是同一个东西，在上面那句话里，我们并不是把坚硬、方形、体积这些性质归于与它们不同而且支撑它们的一个实体，而只不过解释骰子一词的涵义罢了。

贝克莱指出，这个实体观念是怀疑主义的最大一个原因。它使人们认为，每个事物在自身中都具有一种内在的本质，是它的一切可被感知的性质的原因。这种所谓的内在本质既然不能被感知和认识，就无怪乎人们会说自己不能知道事物的本性了。

事实上，在贝克莱之前，洛克已经对实体观念做了很透彻的分析和批判。但是，他的第一性的质的观点的确留下了一个大漏洞，并且是和他否定实体观念相矛盾的。承认物体有其不被我们的认识所影响的固有的性质，就是在一定程度上承认实体的存在。贝克莱把感觉论贯彻到底，堵住了这个大漏洞，应该说是一个贡献。

参考书目

[英]贝克莱:《人类知识原理》, 关文运译, 商务印书馆,
1973

第二十四讲

休谟

你愿意做哲学家，尽管做好了，但是在你的全部哲学思考中，你仍然要做一个人。

——休谟

一　大哲学家兼大好人

1. 好脾气的大哲学家

在英国近代哲学家中，大卫·休谟（David Hume，1711—1776）是最重要的一位。在《哲学史教程》中，文德尔班说他是"英国最深刻的思想家"。在《西方哲学史》中，罗素说他是

大卫·休谟（David Hume，1711—1776）

"哲学家中一个最重要的人物"，并且把近代哲学划分为休谟前和休谟后的哲学。"我心目中最伟大的英国哲学家"（艾耶尔），"最伟大的思想家"（伊丽莎白·拉德克里夫），在当代西方哲学界，诸如此类对他冠以最高级的评价屡见不鲜。

休谟的重要，尤其体现在认识论上，他把经验论

贯彻到底，不给任何形式的独断论留有余地，得出了怀疑论和不可知论的结论，同时也开创了实证研究的风气。他对传统形而上学的批判真正击中了要害，极具摧毁性。他之后的哲学家，都不能回避他所揭示的哲学的困境，在不同程度上试图寻找摆脱困境的出路。康德在《未来形而上学导论》中坦言，是休谟把他从独断论的迷梦中唤醒，并且给了他在思辨哲学领域中的研究一个全新的方向。康德哲学的方向是否正确，人们有不同的看法，可以肯定的是，没有休谟，就不会有康德，也不会有哲学从近代向现代的转折。

休谟是一位大哲学家，同时是一个性情温和的大好人。在去世前不久写的短篇自传中，他如此自述："我的为人，或者宁可说，我过去的为人——因为我现在说到自己时，应该用过去时态，这可以让我鼓起勇气讲真话——和平而能自制，坦白而又和蔼，愉快而善与人亲昵，最不易发生仇恨，而且一切感情都是十分适中的。"在同时代人的印象中，他的确如此，既善良又和蔼可亲。正是凭借这种宽厚的性格，他在一生的沉浮中能够宠辱不惊，随遇而安。

在精神领域，休谟是一个毫不妥协的独立思考者。在基督教仍然占据统治地位的时代，他公开承认自己是一个无神论者。有一次，他去一个虔信上帝的朋友家吃饭，突然从餐桌边站起来，说他不想吃饭，因为有一个敌人在场。朋友感到奇怪，问敌人在哪里，他指着桌上的《圣经》说："就是它，把它拿开。"这个故事不知是否属实，在生活中，他其实是一个好脾气的人。他的哲学思想惊世骇俗，难免遭到非议，他皆不予理睬。他自己说，他的好脾气使他得以摆脱一切文字的争论。不争论，对任何反对者不作答，是他坚持一生的决定。

2. 作为哲学家生前受冷遇

休谟出生于苏格兰爱丁堡的一个律师家庭，十二岁被送入爱丁堡大学上学，当时正常的入学年龄是十四岁。家人希望他从事法律职业，但他深感厌烦，瞒着家人贪读西塞罗和维吉尔的著作。他自己说，他从小就被对文学的热情支配，这种热情是他一生的主要情感，是他的快乐的不尽源泉。当时所理解的文学，泛指人文学科，包括历史和哲学。

三年的大学生活使他十分鄙视教授们，他给朋友写信说，从他们身上学不到任何东西。如同一切天资聪颖的少年，他埋头自学。大学毕业后不久，他已经在酝酿后来在《人性论》中表达的思想。因为情绪兴奋和过度工作所引起的精神紧张，他的健康受到严重损害，有四年时间，他患了抑郁症。于是，他暂时放弃研究，坚持有规律地锻炼身体，并辅之以食物疗法，终于恢复了健康。

二十三岁那年，为了谋生，他离开苏格兰，去布里斯托尔，在一家糖业公司当职员。他之所以离开苏格兰，据说还有一个特殊的原因。一个当地的女仆在教会法庭上对他提出控告，指控他是她的私生子的父亲，不过这个指控没有被法庭认可。他当职员几个月即放弃，然后移居法国的拉弗莱什，决定在乡下隐居，省吃俭用，专心写作《人性论》。他回顾说，在法国的三年，奠定了他一生的志向，并且坚持不懈地执行，这个志向就是："除了在学问中增进我的才能，其余一切皆可鄙弃。"二十六岁，他完成了《人性论》的大部分篇章，于是带着书稿返回伦敦，筹备出版事宜。一年后，该书前两卷出版，第三卷是又过了一年多出版的，皆未署名。

《人性论》是休谟的第一部著作，也是他一生中最主要的哲学著作。这是一个大部头，译成中文近五十万字。这本书文字通俗平和，但观点独特尖锐，年少气盛的他，期待会引起激烈的争论，结果却是无人理睬。他回忆说，这本书从印刷机上产下就成了死婴，甚至连在狂热之徒中激起一丝怨言的荣誉也不曾得到。他当然没有料到，这本书其实特别长寿，在他身后会成为一本永垂史册的经典。当时的他，年仅二十八岁，处女作遭遇一片沉默，这个打击够大的。不过，他告诉我们，他天性快活乐观，不久就从打击中恢复了过来，继续在乡间热烈地从事研读。我们在这部著作的开头可以看到一则通告，他如此写道："我把获得一般读者的嘉许看作自己的辛劳的最大报酬；但不管读者的判断怎样，我都决心把它当作对自己的最好的教益。"由此可见，他写作首先是为了自己弄清问题，读者的沉默无损于他自己的获益，这种心态应该也是他能够承受打击的重要原因。

然而，毕竟不甘心，于是他写了一个小册子，书名为《一本新书的摘要》，副题是《对〈人性论〉一书的主要论点的进一步阐释和说明》，仍是匿名出版，依然无人注意。小册子本身也很快被人们遗忘了，直到两百年后才被重新发现并确认是休谟所写。在后来的岁月里，他不放弃努力，把《人性论》的三卷拆分成三本小书，分别为《人类理解研究》《论情感》和《道德原则研究》，缩减篇幅，文笔更通俗，在他三十七至四十岁时陆续出版，此时他开始在出版物上署真名。他自己认为，《道德原则研究》是他所有著作中写得最好的。在这之前，三十一岁时，他还出版了两卷本的《道德和政治论文集》。这些书的销路稍微好一些，但也好不到哪里去。当时有一个学者的一本哲学书热销全英国，而他的书总是被冷落，面对此情景，这个好脾气的人也不禁发出了不平的感叹。在寂寞之中，有一件事让他的虚荣心得到小小的满足，一个女粉丝因为自己的男友不喜欢他的哲学，就把这个男友甩了。《人类理解研究》终究还是比《人性论》有名，后来把康德从独断论的睡梦中唤醒的就是这本书，据罗素推测，康德好像不知道《人性论》。因为康德的夸赞，休谟的哲学著作才开始获得大众的注意，而这时候他已经年近六十岁了。

在写作的同时，他必须谋生，曾先后担任患精神病的青年贵族安那代尔侯爵的家庭教师、他自己的远亲圣克莱尔将军的秘书和副官。他的愿望是到大学教书，爱丁堡大学伦理学和精神哲学教授、格拉斯哥大学逻辑学教授的席位出现空缺时，他都提出了申请，皆遭拒绝。虽然他的著作销路不好，但他作为无神论者的恶名已经广为人知，舆论和大多数教授对他都不肯容忍。

3. 作为历史学家生前享盛誉

四十一岁时，休谟担任苏格兰律师公会图书馆的管理员，这个职位薪水微薄，但使他有机会利用图书馆的丰富藏书。他拟定了一个计划，要写一部《英国史》。写作持续了许多年，是一部皇皇巨著，共六卷，完成一卷出版一卷，到他五十一岁时出完。他力求客观，毫不顾忌现世的权力和舆论，对此书的成功充满信心。可是，恰恰这种客观的立场惹怒了各派人士，第一卷出版后遭到抵制，只卖出了四十五本。不过，情况很快好转，书开始热销，他自己说，这部著作给他带来的版税竟大大超过了英国此前的最高版税，他不但获得了财务自由，而且成了一个富翁。与此同时，他因为此书而变得遐迩闻名。伏尔泰甚至说，这部著作是迄今为止用任何一种语言写的历史书中最好的一部。在他生前，他不是作为哲学家，而是作为历史学家扬名世界的。

有了钱，生活无忧，休谟决心隐居苏格兰乡下。然而，名声给他带来了从政的机遇。五十二岁时，他被英国驻法国大使聘请为私人秘书，为期四年。在巴黎，他作为大名人出足了风头，出入于上流社会的沙龙，王子们吹捧他，漂亮的女士们崇拜他，哲学家们把他当作座上宾。在哲学家中，孟德斯鸠、狄德罗、达朗贝尔、霍尔巴赫都是他的好朋友。

在巴黎期间，他有过一次艳遇。保法拉侯爵夫人是一个有夫之妇，并且是孔蒂公爵的情人，比休谟小十四岁，两人通信结识。他们的信件表明，她曾在一段时间里爱上了休谟，而休谟对她的爱则更是专一。休谟离开巴黎后，两人再未见过面，其后一直保持通信。休谟对她痴情不改，他去世前不到一星期，孔蒂公爵去世，他去信慰问，信中写道："我自己也看到了死亡正在步步逼近，没有焦虑，没有悔恨，最后一次向你致以崇高的情谊和问候。"这个沉浸于思想的人终生未婚，但他的内心并非没有激情。

五十四岁时，英国驻法大使调任，休谟代理大使职务共两年，显示了杰出的外交才能。五十四岁时，他回到英国，被任命为副国务大臣，两年后卸任，也干得十分出色。此后他回到爱丁堡定居，直至去世。他向往乡镇的宁静生活，在巴黎的热闹中，他曾如此写道："我盼望回归爱丁堡那平凡朴素的乡村俱乐部，以矫正和缓和这些日子来那么多的感官刺激。"现在他如愿以偿了，而且财力相当雄厚，便选择一个地方为自己建了一幢房子。他名大卫，后来这条街被命名为圣大卫街。

休谟可能死于肠道癌症。他弥留之际，那个写《约翰逊传》的促狭鬼包斯威尔来到他身边，想验证一下他能否平静地面对死亡，是否渴望有一个天堂。他回答说，能够在天堂与朋友们重逢，无论这样的念头多么令人愉快，他都没有任何理由相信这种事情会发生。直到临终，他仍坚持无神论。他的年轻朋友亚当·斯密为他写讣告，结尾的话是："在人类天性的弱点所允许的范围内，休谟接近于是一个全智全德的理想的人。"

4. 人性研究是哲学和科学的基础

《人性论》是一部青年之作，出版时休谟二十八岁，年龄相当于今天大部分的研究生。在这部著作中，他的哲学思想已经完全成形，并且做了系统的论述。他以后的哲学著作，只是此书中思想的重述、阐释、延伸和局部的修正。此书包括三卷，分别讨论理智、情感和道德。智、情、德是人的三种主要精神能力，休谟是对这三种能力做系统研究的第一人。不过，他把道德归属于情感而非意志，因此实际上认为人的精神能力可以归结为理智和情感。

休谟认为，人性研究是哲学和科学的基础，可是从来最被忽视，使得哲学和科学的许多重大问题得不到解决。人类的一切学科，包括研究思维规则的数学和逻辑，以宇宙为研究对象的自然哲学和自然宗教，以社会中的人为研究对象的道德学和政治学，无不都是在人类的认识范围之内，都是根据人的官能和精神能力被判断的。一切学科都关系到人性，不管表面上与人性离得多远，总是会通过这样或那样的途径回到人性。因此，"在我们的哲学研究中，我们可以希望借以获得成功的唯一途径，就是抛开一向所采用的那种可厌的迂回曲折的老方法，不再在边界上一会儿攻取一个城堡，一会儿占领一个村落，而是直捣这些学科的首都或心脏，即人性本身。"唯有在人性研究的基础上，才能真正建立起一个全新而完整的科学体系。

那么，如何来研究人性呢？休谟强调，人性研究必须建立在经验和观察上，采用实验推理的方法。《人性论》的完整书名便是《人性论：在精神科学中采用实验推理方法的一个尝试》。人类的知识分为两大门类，一是自然学科，另一是精神学科（即道德学科）。在古希腊，研究自然起始于泰勒斯，研究人的精神起始于苏格拉底，采用的都是玄想的方法，两人相距的时间是一百余年。在近代，培根开始用实验的方法研究自然，洛克开始用实验的方法研究人的精神，两人相距的时间也接近一百年。休谟说，这个比较说明，实验方法应用于精神题材较之应用于自然题材迟了一世纪左右，我们是不必惊奇的。

洛克已经开始把精神学科置于一个新的立足点上，但是，哲学家们仍然普遍地走在老路上，不关心人性即人的精神能力的研究，而研究的方法则是玄想。休谟指出，对理性危害最大、在哲学上造成最多错误的，就是想象的飞跃。精神哲学的状况正和哥白尼以前自然科学的状况相似，古代的人们凭借想象设计了繁复的天体体系，最后却不得不让位于一个简单而自然的体系。现在他要从洛克确定的新立足点继续往前走，用实验推理方法建立起一个简单而自然的人性体系。

休谟立足于经验分析人性。按照他的看法，经验有两类，一是感官印象，二是反省印象。他主要依据感官印象分析理智，这一部分构成他的认识论；主要依据反省印象分析情感，这一部分构成他的心理学。他对道德的分析也是以情感为基础，因此他的道德学实际上是他的心理学的应用。在下面各节中，我将主要根据《人性论》，参照他的其他著作，讲述他的哲学思想，而重点则放在认识论，他在哲学上受到高度重视，主要是因为他在这个领域里的重大突破。

二　把经验论贯彻到底

一般来说，英国人都注重实际，不喜欢形而上学的玄想。英国哲学家大多是经验论者，主张认识仅限于经验，不存在超出经验的知识。英国经验论哲学有三个代表人物，休谟之前是洛克和贝克莱。休谟的特点是，他把经验论贯彻到底了，不给超出经验的知识留一点余地。经验论发展到了这个地步，就到达了它的逻辑终点，成了彻底的怀疑论。

1. 知觉的内容：印象和观念

和洛克一样，休谟也把认识的来源和性质作为自己研究的主要问题，并据此来确定知识的范围和界限。关于认识的来源和性质，他继承洛克的看法，但有一个修正。洛克说，认识的唯一来源是经验，包括感觉和反省，到这里为止，休谟是同意的。洛克接着说，经验在心灵中形成观念，休谟就不同意了，他说首先形成的是印象，然后才是观念。

休谟把心灵中的所有内容称为知觉。他认为，知觉可以分为显然不同的两类，他称之为印象和观念。印象是感觉或者反省在心灵中留下的印迹，印迹留下后不会消失，它会在记忆或想象中复现，那才是观念。观念和印象的区别在于，观念是印象的复本，不是原件，是一个拷贝。比如说，你看见一个人，看见他的容貌和身材，这容貌和身材印在你的心灵中，这叫做印象，以后你再想起这容貌和身材，那才叫做观念。

印象分为两种，即感觉印象和反省印象。感觉印象由外部原因产生，感官受到刺激，产生色、香、味、声、触和冷、热、饥、渴、苦、乐等知觉，皆属此类。这类印象在心灵中留下复本，形成相应的观念，而当心灵反省这些观念尤其苦、乐的观念时，就产生欲望、情感和情绪，包括厌恶、希望、恐惧等，这些新产生的印象叫做反省印象，由它们又形成相应的观念。在休谟的体系中，研究感觉印象及相应观念的是认识论，研究反省印象及相应观念的是心理学。

印象是原件，观念是复本，因此我们可以根据其强烈和活跃程度来分辨二者。印象是强烈和活跃的知觉，此时此刻我们有所见，有所听，有所触，有所欲，有所爱，有所憎。观念则是较不强烈和活跃的知觉。观念又分两类，作为印象的复现，保持相当的强度和活跃度的是记忆，完全失去了强度和活跃度的是想象。

观念来自印象，没有印象就没有观念。我们的全部简单观念在初出现时都是来自简单印象，是简单印象的精确的复现，而复杂观念是由简单观念组成的，因此也可以追溯到简单印象。原初的印象都是强烈的、可感的，不会有歧义。这就为观念提供了一个可判断的标准。每一个观念都是某个以前印象的复本，如果找不到任何相应的印象，我们就可以断定它不是观念。我们习用了一个名词以后，往往以为它附有一种确定的观念，其实不然。要判断一个哲学名词究竟有没有意义，我们只需追问它是由什么印象来的。

总之，认识来源于经验，经验在心灵中产生知觉，知觉包括印象和观念。人的心灵中只有知觉，知觉是我们在认识上的全部所有，人类知识的范围由此界定。这是休谟认识论的基本原理，请记住这个原理，他的其他观点都是从这个原理引申出来的。

2. 质疑：如何区分印象和观念

休谟把知觉区分为印象和观念，指责洛克不做这个区分是不对的。洛克说的观念，是指感觉和反省在心灵上留下的印记，其实相当于休谟说的印象。休谟认为，印象是原件，观念是复本，两者是不同的。可是，真正要区分两者，存在很大的困难，当代英国系统的哲学家对此提出了一些质疑。

第一，如果说观念是印象的复本，观念究竟是如何复制印象的？休谟有时候说，复制是由影像、图像实现的。这也许可以解释颜色、形状等视觉观念是如何复制其原型的，但是，显然不能解释味觉、嗅觉、听觉、触觉的观念是如何复制其原始印象的，也不能解释反省领域的观念与印象之间的复制方式。至于休谟说简单观念是对最初印象的精确复现，罗素指出，这个说法完全不符合心理的事实。

第二，休谟说可以用强度和活跃度来分辨印象和观念，乃至分辨记忆和想象，这并不符合我们的实际感受。许多时候，印象的复现，即休谟所说的观念，会显得更生动，想象会比记忆更栩栩如生。艾耶尔指出，观念只能被解释为一个代表印象的符号，它本身的相对强度和活跃度大小的问题是一个完全不相干的问题。

第三，休谟强调，审查一个观念是否真实，只需看能否追溯到一个印象。可是，由观念追溯印象如何可能？印象只发生在当下，转瞬即逝，我们无法回到以前的印象，因此由观念追溯印象的任何尝试都必然失败。我所能想到的以前印象的任何例证都是观念，我在心中进行的比较必然是一个观念与另一个观念的比较，永远无法证实一个观念是以一个先在的印象为基础的。

休谟的本意是要强调原件的重要性，复本必须用原件来检验，但是，在实际的心理过程中，原件和复本的界限是模糊的、变动的。我们只能这样来理解他所主张的原则：一切认识的终极基础是直接经验。

3. 不存在一般观念

在休谟之前，贝克莱已经论证了不存在抽象观念亦即一般观念，认为一般观念都只是一些附在某一名词上的特殊观念，这个名词给予那些特殊观念以一种比较广泛的意义，使它们在需要时唤起那些和它们相似的其他各个观念来。休谟引述了贝克莱的这个见解，誉之为"近年来学术界中最伟大、最有价值的发现之一"，表示自己要进一步加以论证，使之成为不容争论的定见。

按照休谟的认识论，观念是印象的复本，而印象都是个别的、特殊的，所以印象的复本也一定是个别的、特殊的。由此很容易得出结论：人的心灵中的观念都是特殊观念，不是一般观念，心灵中根本不存在一般观念。

比如说，你心中如果有"人"这个一般观念，你仔细想一下，它会是什么样的，最大的可能是，你只是在想"人"这个词。如果你要想得比"人"这个词多一些，可能会想到男人和女人，人的各种形象，不同的容貌和身材，等等。你无法想出一个没有任何形象的抽象的人。你心中显现的只是你看见过的许多个别的人的印象的复本，是这些复本的粗略的集合，除去了这些复本，你心中的人的观念也就不存在了。

因此，所谓一般观念，只是一个特殊观念附在一个一般名词上，由于习惯的作用，这个名词对其他许多特殊观念就有了一种联系，从而在需要时可以把这些观念唤到想象中来，以适应生活的目的。仅仅因为这个原因，一个特殊观念在其表象作用上就成为了一般的。这里我们要注意，休谟是用习惯的作用解释一般观念的实质的，后面我会讲到，他也是用习惯的作用解释因果关系、道德法则、政治社会等等的实质。他极其重视习惯的作用，在他看来，人类许多现象不是理性规划的，而是习惯造就的，所实现的不是抽象原则，而是效用。

传统形而上学往往断定一般观念是独立存在的，这是建构本体世界的重要途径，柏拉图就是这样建构理念世界的。休谟从根本上否定一般观念的存在，可以说是炸毁了形而上学的一块重要地基。

三 不存在因果关系

在认识论上，休谟最著名的理论是对因果关系进行分析，论证了不存在因果关系。这个理论之所以出名，第一因为是他首创，第二因为后果严重，第三因为至今无人能够驳倒。

在休谟之前，因果关系的存在几乎是一个公理，不论哲学家、科学家还是普通人，对之都深信不疑。哲学家们大多相信，宇宙中存在着一种必然和普遍的秩序，理性能够把握这个秩序，获取具有普遍性和必然性的知识，而因果关系被看作这种知识的典范。一般来说，科学研究也是建立在因果关系的基础之上的，试图通过由果及因的探究，寻找事物的规律。即使在日常生活中，人们也是根据因果关系来推测自己行为的结果，规划自己的行动，否则会寸步难行。因此，否定因果关系，不但对传统形而上学是一个摧毁性的打击，而且似乎动摇了人类知识的根基，可谓惊世骇俗，休谟以此给他之后的哲学家们提出了一个大难题。

1. 经验不能提供因果关系的观念

休谟首先承认，一切关于事实的推理，似乎都是建立在因果关系上面的，凭借这种关系，我们才能够超出我们记忆和感官的证据做推论。如果你问一个人，为什么相信一件不在眼前的事实，比如他的朋友此刻在法国，他就会对你说出一个理由，这个理由又是别的一些事实，诸如他接到了朋友从法国写来的信之类。一个人如果在荒岛上发现了一只钟表，他就会断言曾经有人到过这个荒岛。一切关于事实的推理都是这种性质的，即假设有一种联系存在于眼前的事实和由此推出的事实之间。但是，这种联系具有必然性吗？问题的关键在这里。

所谓因果关系，是指一个事实必然引起另一个事实，两个事实之间有一种由原因产生结果的必然联系。休谟对此进行分析，论证了不存在这种必然联系，因此根本不存在所谓因果关系。

因果关系是关于事实的知识，一切关于事实的知识都来自经验，不能由理性推导出。理性只能判断一个推理是否合乎逻辑，不能判断两个事实之间是否有必然联系。可是，经验同样不能让我们发现这种必然联系。在所谓因果关系的场合，我们看见的是两个不同的事实，以及它们经常相伴或者相继出现，并没有看见它们之间的那种必然联系。比如说，太阳出来，雪融化了，你看见的是太阳晒和雪融化这两个不同的事实，以及这两个事实的先后出现，并没有看见它们之间的因果关系，你凭什么推断太阳晒是雪融化的原因呢？

你也许会搬出显微镜，说通过显微镜可以看见水分子在太阳照射下运动加剧，水分子之间的距离增加，以此来证明太阳晒和雪融化之间有因果关系。但是，休谟会告诉你，你看见的只是太阳晒、水分子的运动、雪融化这三个事实，所以只是在太阳晒和雪融化之间增加了一个水分子运动的事实，仍然没有看见这三个事实之间的因果关系。依此类推，不论你把实验做得多么精细，同样的困难依然存在。总之，你只能看见一个个事实以及它们的相伴或者相继出现，永远不能看见那个叫做因果关系的秘密联系。你看见的只是相关事实的集合，却把这错当作事实之间的联系了。

上面讲的是外部事实之间的关系，我们自身意志与行动之间的关系同样如此。我们以为意志支配行动，两者之间有因果联系，但是，经验并没有让我们发现这种联系。灵魂和肉体之间的关系是最神秘的，我们对之一无所知。因此，无论外部感官还是内部感官，都没有在我们的心灵中产生因果关系的印象，因此也就不能形成因果关系的观念。

休谟指出，我们自以为有因果关系的观念，在很大程度上是受了语言的误导。原因这个词本身就有这个涵义：它是引起别的东西的一种东西。如果给原因改下一个定义，说它是别的东西恒常跟在它后边的一种东西，事情就清楚了。正是这种恒常性构成了所谓必然性的本质，除此以外，我们对必然性再不能有别的观念。

2. 从过去不能推断未来

人们常常从过去的经验推断未来，假设未来会符合过去，这种思维方式实际上是建立在因果关系的信念之基础上的。因为在过去的经验中看见某些事实的恒常集合，就断定未来也会如此，这已经是把恒常性当作必然性了。

休谟责问道，过去的经验只能说明过去，有什么理由把它们扩展到未来，扩展到尚未发生的事实上？你说你过去总是看见这样一个事实跟随着这样一个结果，这是一回事。你说你断定别的一个相似的事实也必定会跟随着一个相似的结果，这是另一回事。从前面这个说法完全不能推出后面这个结论。两个事实经常相伴出现，这种情形重复得再多，也不能说明未来必然如此。我们永远无法证明，我们没有经验过的事例会和我们经验过的事例相一致。

经验告诉我们，的确有一些事物发生了变化，那么，我们凭什么断定别的一切事物就不会发生变化呢？从过去的经验推断未来，这样的命题永远只具有或然性，不具有必然性。即使你天天看见太阳升起，你也不能据此断定明天太阳一定升起。如果有人说，太阳明天升起只是一件可能的事情，人们会觉得他很可笑，但是，从认识论上说，正确的是他，而不是嘲笑他的人们。

我们也许可以反驳休谟说，虽然科学已经预测总有一天地球会毁灭，太阳不再升起，但那将是非常遥远的事情，绝不会发生在明天。我相信休谟会提醒我们说，他谈论的不是明天事实上会发生什么，而是关于明天会发生什么的一切判断具有什么性质。对于未来事实的一切预测都根据过去的经验，一切经验都建立在因果关系的基础之上，因果关系不具有必然性，这就决定了任何科学预测都只是或然性的判断，预测多么准确也不能摆脱这个性质。

休谟设想有人会对他说：我的实践驳倒了你的这种怀疑。然后回答：作为一个实践的人，我完全同意从过去的经验推测未来；但是，作为一个哲学家，我有好奇心，就想追问这个推论的基础，这样做纵然不能增进知识，至少可以明白自己的无知。也就是说，作为哲学家，一定要认真追问认识的根据，而在实践中，哲学家也是人，只能遵照常识生活。

3. 习惯性的联想

人的心灵中没有因果关系的印象，因此也就没有因果关系的观念。可是，我们的确经常在用因果关系进行推理，这个不是观念的因果关系究竟是什么东西？休谟回答说，它是观念的联想。在某些情况下，人会在观念与观念之间发生一种联想，心灵中出现一个观念，会提示另一个也出现。联想的原则有三个，一是相似，二是时间或空间中的接近，三是原因和结果。在前两种情况下，我们会由一个观念联想到与之相似或在时空中接近的观念。第三种情况是由一个观念联想到经常与之相伴或相继的观念，而相信其间有因果关系。

所以，因果关系信念的产生，有其心理上的根源。心灵从外界接受印象，形成观念，心灵只知道这些印象和观念，并不知道外界对象之间的关系。由于某些对象经常相伴或相继，心灵便形成了一种习惯，在相应的观念之间发生联想，看到其中一个出现，就期待另一个也出现，并且相信其间有必然的联系。由此可见，所谓因果关系只是观念与观念之间的一种习惯性联想，根源于一种心理习惯，丝毫不能说明外界对象之间的关系。

休谟认为，凡是根据经验所做的推论，都是习惯的结果，而不是理性的结果。在习惯的支配下，我们做因果关系的判断。也是在习惯的支配下，我们根据过去的经验推断未来。习惯是通过经验养成的，可是，一旦养成，我们会忘记它的来源，误以为是理性固有的能力。

4. 或然性和信念

一切关于事实的推论都依据经验，经验只能提供或然性，不能提供必然性，这是休谟认识论的一个基本原则。但是，他指出，或然性的推论形成了人类的大部分知识，并且是人类一切活动和行为的基础。或然性的推论，包括因果关系的推论，不是严格的知识，一个恰切的名称叫信念。信念自有其力量，常常会以和感官或记忆所呈现的观念的同样方式作用于心灵。

关于什么是信念，休谟曾经这样描述：信念是对任何一个观念的比较强烈而生动的想象，它使这个观念在某种程度上接近于一个当前印象，因此对情感发生与印象相等的影响。这里有一个问题，按照休谟自己的用词，观念是印象的复本，凡是没有印象作为原件的东西都不是观念，因此，只具有或然性的东西例如因果关系就不能称作观念。事实上，他也明确否定心灵中有因果关系的观念。我认为，他这里对信念的描述出现了用词的混乱，观念一词不是在他自己规定的严格涵义上用的，我们可以理解为泛指任何概念和判断。

他接着说，信念不在于观念本身是什么，而在于它们被想象的方式，以及因此给心灵的感觉。要知道信念是什么，最好的办法是把它和虚构做比较，两者给心灵的感觉是明显不同的。它不像虚构那样，可以凭借意志自由地想象，而一定是由心灵所处的特殊情境所唤起，因此对观念的想象显得强烈而生动，并且借助习惯的力量在人心中占据优势，成为支配行为的原则。

作为或然性判断，信念本身也有强度和活跃度的区别。一个与当前印象相关联的信念，比起经过一长串正确的推论得出的信念，会更为强烈而生动。一个酒鬼目睹他的同伴因酗酒而死，这个当前印象比任何劝告更能使他相信节制的必要，而当他逐渐淡忘目睹的情景时，又会故态复萌。

接近关系也会增加信念的强度和活跃度。一个基督教徒或伊斯兰教徒朝拜了圣地，因为圣地与《圣经》或《古兰经》中记述的神奇事件之间的接近关系而产生活泼的想象，会因此成为更加虔诚和热忱的信徒。参观历史遗迹和名人故居，所起的都是相同的作用，使我们更加相信自己并未亲见的从前的事实。

在信念的形成中，有时候不能缺少相似关系。休谟说，人们之所以不能真正相信天国和来世生活，并不是因为宗教的宣传不够有力，根本的原因是来世状态和现世生活没有任何相似关系，远非我们所能理解。

任何信念都是借助习惯的心理作用而形成的，由于因果关系的信念是依靠充分的习惯确立起来的，因此具有最大的明白性和稳固性。

5. 习惯是人生的伟大指导

一切关于事实的认识都是依靠习惯确立的，实际上都是信念，只具有或然性，不具有必然性。这个情况不可改变，因此，休谟说，我们必须满足于习惯这个人性原则，把它当作我们所能认定的一切由经验得来的结论的最后原则。只要人性不变，这个原则就永远会保持其作用，使我们不经由理性而做出各种推论。

不但如此，我们还必须看到，习惯是人生的伟大指导，只有它可以使经验有益于我们。我们依靠习惯确立了因果关系的信念，期待未来发生的事情会与过去相似。如果没有习惯的作用，我们除了直接呈现于记忆和感觉的东西而外，对其他东西就会一无所知；我们就会根本不知道如何使手段适应目的，如何运用我们的自然能力来产生任何结果。如果这样，一切行动都会立刻停止，大部分的思维也会停止。因此，习惯是人类生存必不可缺的条件。

我们不能把生存大事交给理性去处理，因为理性的作用是迟缓的，而且很容易陷入错误。习惯的作用在很大程度上与本能相似，可以独立于理性的费力演绎之外迅速做出推论，而且较少错误。以一种类似于本能的倾向来保障人类生存，这是大自然的智慧。休谟赞美说："自然会永久维持它的权利，最后它总会克服任何抽象的理论。"

在剥夺了因果关系作为严格知识的权利之后，休谟充分肯定了由习惯确立的因果关系的信念对于人类生存的意义。

四 物与我：不可知之域（上）

休谟认为，心灵中只有知觉，知觉包括印象及其复本观念。现在我们要问，心灵之外是否存在着一些叫做物体的东西，感官的印象是因为这些物体的刺激而产生的？休谟的回答是：不知道，也不可能知道。我们接着再问，心灵之内是否存在着一个叫做自我的东西，心灵产生印象和观念的活动是由这个自我进行的？休谟的回答同样是：不知道，也不可能知道。总之，心灵中只有知觉，心灵所知道的也只是知觉，所谓物体和自我都是心灵没有知觉到的，属于不可知之域。先讲外部物体的不可知。

1. 我们无法知道外部世界是否存在

关于外部世界是否存在，洛克认为应该相信感官的证据，承认其存在，贝克莱说存在就是被感知，否认了其存在，但又用上帝担保了其存在。在休谟看来，他之前的这两位经验论者都是不彻底的，在这个问题上，经验没有提供任何答案，说存在或不存在都是独断论。

人们似乎凭借本能就相信，有一个外在的宇宙，它是不依赖于我们的知觉而独立存在的，即使人类毁灭了，不再有任何有情对它有知觉，也丝毫不会影响它继续存在。休谟指出，这个近乎本能的信念，其实也是由推断因果关系的那种心理习惯造成的。我们由感官产生知觉，然后由知觉推断在我们的感官之外存在着一个对象世界，它是知觉的原因。可是，如同在一切因果推论的场合，我们在这里同样感知不到我们的知觉与所谓外在对象之间的联系，因此没有理由做这个推论。

你不妨设想一下，你的心灵中有一个知觉，它有一个外在对象作为它的原因，那么，你该怎样去想那个对象呢？当那个对象呈现在你的心灵中的时候，它又成了一个知觉，而且实际上仍然是原有的那个知觉，所以你并不是在把知觉和对象进行比较，而只是在对原有的这个知觉进行沉思罢了。

所以，我们永远不能证明知觉是由外在对象引起的，更不能证明这个外在对象是和我们的知觉相似的。人的心灵中只有知觉，至于知觉是由什么原因产生的，我们完全无法知道。心灵之外是否存在外在对象，乃至是否存在整个外部世界，这是一个事实的问题，只能由经验来回答，而经验对此是完全沉默的，因此我们也应该保持沉默。

休谟告诫我们说，我们即使放飞想象力一直到宇宙的尽头，实际上仍然是一步也超不出自己的心灵的，除了呈现在心灵中的知觉之外，并不拥有任何别的东西。想象中的那个无边无际的宇宙，也只是心灵中的一个观念罢了。

2. 外物存在之信念的心理分析

人们相信心灵之外物体的存在，这在认识论上没有根据，但在心理上有其缘由，休谟对此进行了分析。

心灵中呈现的东西都只是知觉，而我们通过反省可以知道，知觉是不断生灭的，因此是间断的。一个知觉当它不呈现于心灵之中时，它就不复存在。然而，由于一些先后呈现的知觉之间有相似关系，我们又想象它们是持续存在的。但这和知觉的间断性显然是矛盾的，为了调和这个矛盾，我们就虚构了一个东西，叫做对象，把间断性归属于知觉，把持续性归属于对象。我们对自己解释说，知觉诚然是间断的，但对象是持续存在的。由持续存在又立刻可以推导出独立存在，有一个东西当心灵未感知它时仍持续存在，它当然是一个在心灵之外独立存在的东西，外部物体的存在就这样被设定了。

比如说，我在屋子里看见一个苹果，心灵中产生了对苹果的一个印象。我走出屋子去办事，心灵中的这个印象就消失了。我回到屋子，又看见这个苹果，心灵中又产生了对苹果的一个印象。这两个印象是间断的，但因为其相似性，我便相信这两个印象是由同一个苹果造成的，而这个苹果存在于心灵之外。这里的问题不在于这个苹果是否存在，而在于心灵无法证明它是否存在。休谟说，心灵的唯一对象是知觉，即使这个为了解释持续性而虚构出来的所谓外部对象，心灵也只能把它设想为知觉，我们想象不出心灵还可能有别的设想它的方式。所以，他说，这实质上是虚构了一套新的知觉，其特征是具有知觉本来不具有的持续性。

不难看出，休谟在这里用的是与贝克莱相同的论证，即存在就是被感知，无论我们怎样设想一个外物的存在，它始终是心灵中的一个知觉。不同的是，贝克莱由此推出心灵之外无物存在的结论，而休谟则认为推不出这个结论，只能说有无外物存在是不可知的。

3. 知觉不需要外物作为原因

如果没有外物的存在及其对感官的刺激，心灵中怎么会产生知觉呢？对于这样的疑问，休谟会告诉你，知觉不需要外物作为原因。他反问道，我们凭什么论证来证明，知觉不能由心灵本身的能力，或者由一种无形而不可知的精神暗示，或者由某种我们更难知道的别的原因产生呢？人们都承认，事实上许多知觉不是由任何外物产生的，例如在梦中、发疯时或者患其他某些病症时那样。真正说来，用外物来解释知觉的产生，困难是最大的。哲学家们既然假设心灵和物体是两种完全不同乃至相反的实体，那么，物体怎样会对心灵发生作用，把自身的映像传递到心灵中，这个问题实在是最难解释的。

在休谟之前，笛卡尔怀疑整个外在世界是一个梦，贝克莱论证了心灵之外无物存在，但最后都在自己的结论面前退缩了，皆用上帝来保证宇宙万物的真实存在。休谟对这种做法十分不屑，他说，通过求助于最高神明的真实无妄，来证明我们感官的真实无妄，这只是毫无来由的一个绕弯。我们既已怀疑外在世界的存在，就更找不出证据来证明那个神明的存在了。与前两位哲学家相比，他的确在理论上更自相一致，并且敢于面对所得出的结论。

说到底，我们只知道自己的知觉，无法知道知觉的原因是什么，我们应该安于这种无知。休谟进一步追问道，凡事必定有一个原因吗？原因和结果是相对的名词，当我们把一个东西设定为是一个结果之时，也就设定了原因是它的相关项。但是，这并不证明每一个东西在此之前必定有一个原因，正如我们不能因为每个丈夫必定有一个妻子，因而就说每个男人都结了婚一样。

4. 批判实体概念

否定了外部物体是知觉的原因，否定实体就是顺理成章的事了。洛克和贝克莱对实体概念都做了深刻的批判，在这方面，休谟没有提出新的见解，我只简单提示一下他的主要观点。

第一，人们认为，感官所感知的颜色、声音、滋味、形状等性质是不能独立存在的，需要有一个东西来支撑它们，这个东西是我们的感官感知不到的，它被称作实体。休谟指出，这种由可感知的性质导向不可感知的实体的推论，实际上仍然是推断因果关系的那种习惯发生了作用。我们所感知的只是一些特殊性质，所谓实体概念只是这些特殊性质的观念的集合，我们的心灵中并没有一个实体观念。

第二，洛克把感官所感知的性质分为两类，认为第一性的质是物体本身所具有的，这为实体观念的虚构留下了漏洞。贝克莱已经指出了这一点，休谟延续贝克莱的见解，指出这样区分毫无道理，感官所感知的一切性质都只是心灵中的知觉，并不包含事物的原型或本相。例如被洛克归于第一性的质的体积和形状，我们心灵中的相应观念完全是从视觉和触觉得来的，与洛克所说的第一性的质并无二致。因此，我们拥有的只是知觉，除去了知觉，就什么也不剩下了，实体是一个完全不可理解的概念。

五　物与我：不可知之域（下）

心灵中只有知觉，倘若我们问，知觉的产生是否由于外物的作用，心灵之外是否存在物体，休谟的回答是不可知。倘若我们接着问，心灵中知觉活动的原因是什么，有没有一个自我或者灵魂作为活动的承载者，休谟的回答也是不可知。心灵之外的实体是一个虚构的概念，心灵本身也不是一个实体。

1. 不存在心灵实体

休谟之前的哲学家，几乎都相信心灵是一个实体。休谟指出，哲学家们既然已经开始相信一个论证，便是除去了所有可感知的性质，我们就没有一个外界实体的观念，那么，这个论证同样适用于心灵之内的情形，除去了所有的知觉活动，我们对心灵也不能形成任何观念。因此，不存在心灵实体。

笛卡尔的"我思故我在"，"我思"本身就预设了"我"是一个实体，"我"是"思"的原因。按照休谟的理论，心灵中只有"思"即知觉，没有任何根据在"思"前面加上一个"我"。

贝克莱否认外界实体的存在，但相信心灵实体是存在的。他承认我们无法感知心灵，因此对它不能形成任何观念，不能知道它的本性，但认为我们可以借它所产生的结果知道它是存在的，它是一个能够感知的能动的主体。按照休谟的理论，这无疑又是推断因果关系的那种习惯在作祟。事实上，我们并不知道心灵活动的最终原因是什么，因此没有理由设定心灵实体的存在，当然也就谈不上能否知道它的本性了。

总之，心灵中只有知觉，我们也只知道知觉，妄图解释知觉产生的原因，无论是在心灵外部设定一个物质实体，还是在心灵内部设定一个精神实体，都是毫无意义的。

2. 心灵中没有自我这个印象

我们经常说"我"这个词，若要问自我究竟是什么，休谟告诉我们，我们只知道它是知觉发生的一个场所，可是对自我本身不能形成任何印象。由于观念只是印象的复本，所以，我们也不拥有一个真正的自我观念。

如果有任何印象产生了自我观念，那么，按照假设，这个印象在我们一生的全部过程中应该是始终同一的。我们的知觉在不断变化，而在知觉的所有变化之中，这个能够产生自我观念的印象应该永远保持不变。但是，我们的心灵中根本没有这样一个保持不变的印象，只有接续而来的各种印象，由这些印象不可能形成自我的观念。

休谟讲他自己内省的体验：当我试图反省自我时，我始终捕捉不到一个没有知觉的我自己，只能捕捉到某一些知觉，一些感觉和情感，诸如冷或热，痛苦或快乐，爱或恨，悲伤或喜悦，我所体验到的自我只是这些知觉的组合。当我的知觉在一个时段里失去了的时候，例如在醋睡中，那么在那个时段里我就觉察不到我自己，因而的确可以说我的自我不存在了。当我因为死亡而永远失去了一切知觉，再也不能感觉、观看、思考并且有所爱和恨的时候，我就算是完全被消灭了，而且我想不出还需要什么才能使我的自我彻底不存在。一切知觉的消灭就是自我的消灭，两者完全是一回事。

我们的一切特殊知觉是各各不同、互相分离的，因而是可以分别存在的，不需要任何东西来支撑其存在，我们也想象不出它们会以什么方式属于一个自我。不妨假设心灵降低到了甚至一个牡蛎的生命阶梯以下，假设它只有一个知觉，例如渴或饥的知觉，试着在那种状况下来考察它，除了那个知觉以外，你还能想象出任何东西吗，还能有任何自我的观念吗？如果没有，那么加上其他知觉，也不能给你那个观念。

休谟认为，任何人在做了认真而无偏见的反省之后，都会得出相同的结论，即心灵中找不到一个单纯而同一的自我观念。倘若有人说自己能够找到，休谟说，他不会再和这样的人辩论，所能做的让步只是承认自己和这样的人有本质上的差异，那就各自保留自己的看法吧。

3. 驳人格的同一性

洛克对自我观念做过认真的思考，他的结论是：自我是人格的同一性，而人格的同一性只在于意识。洛克的这个观点大约被许多哲学家接受，休谟不指名地进行了辩驳。

休谟说，心灵中只有知觉，知觉之间不存在同一性，所谓同一性只是一种虚构。人们之所以认为有同一性，原因是混淆了同一性和相关对象的接续这两个不同的概念。我们想象一个不间断、不变化的对象时的心灵活动，和我们反省一些相关对象的接续时的心灵活动，对于感觉来说几乎是相同的，而且在后一种情形下并不比在前一种情形下需要更大的思想努力。对象间的接续关系使得心灵顺利无阻地由一个对象推移到另一个对象，我们因此误以为是在思维一个持续存在的对象，就以同一性概念取代了相关对象的概念。

我们心灵中的知觉都是各个不同的，心灵在这些各别的知觉之间无法知觉到任何实在的联系。只是借助于相似关系、接近关系和因果关系所发生的联想，我们的思维在不同的知觉之间顺利推移，由此产生了所有这些知觉可以联结为一个整体的错觉，于是似乎发现了人格的同一性。可是，事实上，我们并未观察到各个知觉之间的真正的统一，而只是感觉到我们对这些知觉所形成的观念之间有一种结合。

洛克说人格的同一性只在于意识，而意识在很大程度上要依赖于记忆，倘若一个人完全丧失了记忆，人格的同一性就不复存在。休谟指出，记忆的确规定了我们以往一系列知觉的连续性的范围，但是，如果说记忆因此被认为是人格同一性的来源，那么，我们实际上总是把由此得出的人格的同一性扩展到我们的记忆以外，包括了我们完全忘记而只是一般假设为曾经存在过的一切时间、条件和行动。因为我们所记忆的过去行动是多么少，谁能说出他在某年某月某日有过什么思想或行动呢？那么，是否可以说，他现在的自我和那个日子的自我不是同一个人格了呢？由此可见，用记忆解释人格的同一性并不能自圆其说。

照我理解，洛克主张自我是人格的同一性，正是要否定自我是一个实体的传统观点。他说的人格的同一性，指的是一个人对于自己心灵中知觉的连续性的意识，而这种意识的确在很大程度上要依赖于记忆。记忆当然是极其有限的，会有许多空白，许多模糊之处，但是，对于我们意识到自己人格的同一性来说，有限的记忆已经足够了。一个写日记的人，他看某年某月某日记录的他的思想或行动，说他现在的自我和那个日子的自我是同一个人格，我们不会反对他。那么，一个不写日记的人，他说他现在的自我和某年某月某日的自我是同一个人格，我们同样没有理由反对他。回忆总是片段式的，我们由这些片段的回忆意识到自己是同一个自我，并且把这个意识加以扩展，填补片段之间的空白，我认为并无不合理之处。

休谟在论证不存在人格的同一性之时，强调知觉的连续性不是同一性，所反驳的是知觉的同一性。但是，知觉的同一性和人格的同一性是两回事。我通过反省意识到自己心灵中不同时间的知觉具有一种连续性，从而知道不同时间的我是同一个我，这就可以说是人格的同一性了。承认这个意义上的人格的同一性，并没有超出经验论的范围，绝不是形而上学的独断论。即使在休谟认识论的范围内，我们也是可以给它一个位置的，把它看作通过反省得到的一个观念。

4. 自我只是一束知觉

否定了人格的同一性，自我会是一个什么东西呢？休谟说，心灵中只有知觉，它们以不可思议的速度互相接续着，处于永远的流动和运动之中，所谓自我就是这些知觉的集合体，更直接地说，只是一束知觉。

有时候，休谟把心灵比喻为一个舞台，各种知觉在这个舞台上接连不断地相继出现，来回穿行，悄然消逝，混杂于无数的状态和情况之中。在同一时间内，心灵没有单纯性，而在不同时间内，它也没有同一性。他警告说，绝不可因为拿舞台来比喻就发生错误的想法，其实我们看到的只是接续不断的知觉在登台表演，对于这个舞台本身，我们是一点概念也没有的。

休谟表示，他实在感觉不到心灵中知觉之间的任何实在的联系，无法说明在意识中结合前后接续的各个知觉的原则是什么，这方面的困难太大了，不是他的理智所能解决的。他对自己的解答并不满意，但不得不要求一个怀疑主义者的特权。

六　怀疑论：绝路还是出路

休谟的认识论，其特点是把经验论贯彻到底，不给超出经验的知识留一点余地。经验所给予我们的东西，只是知觉，心灵中只有知觉，这是他的第一原理。由这个第一原理，他推出了四个结论：不存在一般观念；不存在因果关系；外部世界的存在不可知；自我的存在不可知。这四个结论如同四颗重磅炸弹，投向了人类迄今为止的知识大厦。因果关系一向被当作知识可靠性的基石，现在被否定了。外部世界的存在和自我的存在是人生可靠性的基石，现在被判定为不可知。经验论发展到了这个地步，就成了彻底的怀疑论。休谟之后的哲学家，似乎只有两个选择，或者是驳倒他的怀疑论，不过这很难，按照罗素的说法，至今还没有人成功；或者是转移阵地，给哲学另外寻找一个方向。

1. 怀疑论的废墟

休谟自己似乎也被他的怀疑论所造成的后果吓着了，举目四望，一片废墟。

对因果关系的否定是他在哲学上的最大发现，但他对这个发现并不感到喜悦，而是感到沮丧，如此描述自己的心情：人的心灵最爱好探究的是每一个现象的原因，并且还要把这个探究推进下去，一直到原初的终极原则。弄清楚因果关系是我们全部研究和思考的目的，因此，当我们知道了这种关系只是存在于我们自身，是因习惯而得来的一种心理倾向，我们该是怎样的失望呢？这个发现不但杜绝了可以得到满意结果的任何希望，而且使得我们没有勇气去进行将来的研究。

他还如此描述自己陷入怀疑论思维的恐慌感觉：对人类理性中重重矛盾和缺陷的强烈观点深深地影响了我，刺激了我的头脑，因此我准备抛弃一切信仰和推理，甚至无法把任何意见看作比其他意见较为可靠或更为可能一些。我在什么地方，我是什么样的人，我由什么原因获得我的存在，四周有什么存在物环绕着我，我被所有这类问题迷惑了，开始想象自己处于最可怜的情况中，四围漆黑一团，我完全被剥夺了运用每一个肢体和每一种官能的能力。

他的怀疑论所激起的声讨的风暴，更加重了他的恐慌感觉，他自述道：我因为我的哲学陷入了孤苦寂寞的境地，举世都联合起来反对我。环顾四周，我只看到愤怒和诟骂，返观内心，我也只看到怀疑和无知。这使我感到惊恐和迷惑，觉得自己是一个怪物，不能融于社会之中，断绝了一切人间来往，成了一个彻底被遗弃的人。我很想混入群众之中，取得掩护和温暖，但是我自惭形秽，没有勇气与人为伍，而实际上也无人愿意与我为伍，每个人都退避远处，惧怕那个袭击我的风暴。

他好像失去追求真理的信心了，质问自己：我自己有无数弱点，还发现了人性所共有的许多弱点，凭什么还能够自信不疑地冒险从事那样一个勇敢的事业呢？在抛弃一切已经确立的意见的同时，我难道能够自信自己是在追随真理吗？即使幸运指导我跟踪真理的足迹前进，我又可以凭什么标准来判别真理呢？

可是，他的怀疑论是根深蒂固的，他自己说，这种怀疑论的惶惑是一种疾患，永远不能根治，不论怎样努力加以驱除，每时每刻都会复发。他说他不知如何是好，只能遵照常人之所为，尽量不去想，只有疏忽和不注意，才能获得宁静。

2. 自然比怀疑论强大

即使在最受怀疑论困扰的时候，休谟始终有一个信念，就是相信自然比怀疑论强大，能够及时抵消怀疑论的力量。他说，不论谁都不会抱住怀疑论不放，自然借着一种不可抗拒的必然性，不但决定我们要呼吸和感觉，而且也决定我们要进行判断，就像我们在醒着的时候不能阻止自己思维，或是在明朗的阳光下不能阻止自己看见周围的对象一样。在《人性论》中，他论证了物体和自我的存在不可知，同时又说，不论读者是否同意他的论证，过了一个小时以后，必定会相信既有外在世界，也有内心世界。我们的自然信念会战胜知性，这是当然之事。

我有一位朋友告诉我，他年轻时读休谟，读得万念俱灰，觉得世界和人生都是虚幻的。我对他说，休谟自己才不这样呢。休谟是一个性格开朗的人，当他发现怀疑论是绝路时，做了一个决定，要把哲学和生活分开，绝不为了哲学而放弃人生的快乐。他照常享受美食，玩牌，和朋友谈笑，经过三四个钟头的娱乐以后，再回过来看自己的思辨，就觉得它们冷酷、牵强、可笑，于是无心继续下去了。他自己说：是自然的倾向把我的哲学忧郁症治好了。

不过，他承认，他的心情仍是矛盾的。一方面，他决心顺从自然的倾向，和常人一样懒散地信奉一般常识，另一方面，哲学探究的愿望并未消除，使他觉得在这样的盲目服从中反而赤裸裸地暴露了他的怀疑主义原则。这种冲突使他对自己充满怒气，以至于想把他的全部书籍和论文都扔进火里。两相比较，他对自己说：为哲学痛苦是傻瓜，无所用心地快乐也是傻瓜，如果一定要做傻瓜，我就做后一种吧。他发现，在哲学家里，只有犬儒学派是一个离奇的例子，因为纯粹哲学的推理陷入了极度怪诞的行为，就像宗教领域里的僧侣那样。"一般说来，宗教中的错误是危险的，哲学中的错误则仅仅是可笑而已。"他才不想让自己犯可笑的错误呢。

上面这些关于怀疑论带来的苦恼以及自我劝告的话，都是写在《人性论》里的。在《人类理解研究》中，他不怎么讲他的怀疑论了，而是更加明确地立足于自然信念反对怀疑论。他把矛头指向古希腊怀疑论学派皮罗主义，如此写道：一个皮罗主义者不能期望他的哲学在人心上会有任何恒常的影响，因为如果有，一切推论、一切行动都会立刻停止，一切人都会处于昏然无知的状态，人生就会毁灭。这样不幸的事件当然不会发生，自然的力量不是原则所能胜过的。最能推翻皮罗主义的是日常生活，借助触动我们情感和感觉的实在物象，一旦和我们天性中更有力的原则相对立，任何极端的怀疑主义立刻会烟消云散。一个皮罗主义者虽可用他深奥的推论使自己或别人陷于暂时的惊讶和纷乱中，可是生活中第一件小事就会驱散他的一切怀疑，使他在行动和思想方面都与普通人处于同一情势之下。当他从他的梦中惊醒时，他一定是第一个和人一起非笑自己的人，并且承认他的一切推论只是一种开心的玩意儿，只足以指示出人类的奇怪状态，即人类不得不推理、信仰和行动，却不能借最精勤的考察使自己明了这些作用的基础。

这些针对皮罗主义的批评，怎么听都觉得是休谟在自我批评，或者说，仍在自我劝解。但这最后一句话泄露了真实的消息，它告诉我们，怀疑论尽管不合人之常情，但所揭示的人类认识的根本缺陷毕竟是真实存在的。

休谟的结论是，混合的生活才是最适宜于人类的。自然告诫我们，不要被人性中任何一种偏向所迷惑，以致不能适合于别的事务和享乐。自然说，你尽可以爱好科学，但必须让你的科学成为人的科学，使它对于行为和社会有直接关系。自然又说，奥妙的思想和深刻的研究，我是禁止的，如不遵守，我将严厉地惩罚你，让它们给你带来沉思的忧郁，把你陷在迷离恍惚的境地，使你受到人们的冷遇。"你愿意做哲学家，尽管做好了，但是在你的全部哲学思考中，你仍然要做一个人。"这是休谟的自勉，决心在哲学家的思考和人的正常生活之间取得平衡。

3. 怀疑是哲学家的责任

有不同的怀疑主义。在休谟之前，笛卡尔曾经提倡怀疑一切，不但怀疑既有的一切意见和理论，而且怀疑自己的感官。他把清楚明白作为真理的标准，强调要找到自明的第一原理，由这个原理出发进行严格的推论，以此来检验既有的意见和感官所获得的经验。休谟指出，所谓自明的原理是不存在的，说通过一个清楚明白的观念而被想象的东西必然包含它的存在的可能性，这种说法极其荒谬，与怀疑主义恰恰是矛盾的。不过，撇开所谓自明的原理不论，他认为，笛卡尔所提倡的怀疑一切是研究哲学的一种必要准备，可以使我们的判断无所偏倚，使我们的心逐渐摆脱由教育或一知半解所学来的一切成见。

笛卡尔的怀疑主义是理性主义的怀疑主义，相信严格的理性不会出错，所怀疑的是感官及其经验。休谟的怀疑主义是经验主义的怀疑主义，相信感官及其经验是认识的唯一来源，所怀疑的是理性超越经验的范围做出的论断。但是，无论哪一种怀疑主义，怀疑都是理性的功能，是理性在进行怀疑。有人据此将怀疑主义一军，他们说，如果怀疑主义的推理能够成立，就证明理性是有力量的，如果不能成立，当然就没有驳倒理性做出的论断。休谟对此回应说，怀疑主义与理性作战的方法，是以子之矛攻子之盾。理性在一开始占据着宝座，以绝对的权威颁布规则，确定原理。因此，它的敌人就被迫藏身于它的保护之下，借着应用合乎理性的论证来说明理性的错误。在较量的过程中，它逐渐削弱了理性的统治权，同时也减弱了自己的力量，两者之间有一种动态的平衡。怀疑的理性和独断的理性属于同一种类，但它们的作用和趋向是不同的。在独断的理性强大时，它有怀疑的理性作为势均力敌的敌人需要对付，怀疑主义的使命即在于此。

怀疑是哲学家的责任。在生活中，哲学家要遵循常识，在哲学思考中，哲学家有责任揭露常识不是真理。休谟说：我如果不知道我是根据什么原则判断真伪、善恶、美丑，我就会觉得不安。做一个哲学家，就理应有这样的心情。那些毫不怀疑的人是与哲学无缘的，他们埋头于人间琐务和日常消遣，其思想很少超出于感官对象，休谟表示无意把这一类人造就成哲学家，他们还是留在他们现在的状况中比较好。

4. 温和的怀疑论

怀疑论在哲学中有其抑制独断论的使命，但极端的怀疑论会毁掉人生，因此，休谟对自己的怀疑论做了一个限定，称之为温和的怀疑论。照我理解，这首先是一种心态，就是不要把怀疑论太当回事。他说："一个地道的怀疑主义者，不但怀疑他的哲学的信念，也怀疑他的哲学的怀疑；不论由于怀疑或信念，他都从来不会摈弃他可能自然享受到的天真的快乐。"人类也许还处在世界的过早时期，难以发现任何可以经得起最后世代人们检验的原则。所以，怀疑也罢，信念也罢，都不必太当真。一个人如果这样轻松愉快地研究哲学，比起那种一根筋的哲学爱好者，他的行为就更符合地道的怀疑主义。

在具体观点上，温和的怀疑论体现在自觉地限制哲学研究的范围和作用，主要包括两点主张。

第一，把哲学研究限制在最适合于人类理性有限能力的对象上，亦即经验的范围内。人的想象力是天然地奔放的，喜欢异乎寻常的东西，会毫无节制地冲向时空上最遥远的部分，回避习以为常的事物。正确的判断力则遵循相反的程序，避免一切好高骛远的研究，注重普通生活，探讨日常实践和经验的对象。它把高超的论题留给诗人和演说家去吹嘘，或者留给僧侣和政治家去折腾。

第二，在经验的范围内，我们既然揭示了因果关系只是习惯性的联想，那么，就应该约束那种探求原因的过度欲望，在依据充分数目的实验建立起一个学说以后，就应该感到满足。我们要把自己的研究限制于对象在我们感官面前所呈现的现象，而不要试图进一步去探究对象的隐秘本性或者它们的作用的奥秘原因。与此同时，因果关系虽然不具有必然性，只具有或然性，但是，既然或然性推理构成了人类大部分知识的基础，我们就要承认它们是指导人类行动的重要依据，不让怀疑论的思考损害我们的自然信念。

休谟说，人一旦知道某种欲望无法得到满足，这种欲望本身就会消失，那么，现在我们看到，我们已经达到了人类理性的最后限度，我们也就可以心安了。有哲学嗜好的人不妨继续他们的研究，他们终将发现，除了哲学思考直接带来的快乐之外，哲学的结论也只是系统化的修正过的日常生活的反省罢了。

归结为一句话，就是：既然知道人类知识仅限于经验，那么就满足于经验吧，不要较劲了。

5. 人类知识的范围

休谟认识论的宗旨，是要考察人类认识的能力，从而确定人类知识的范围。他的结论是，经验在心灵中产生印象和观念，理性对观念之间的关系进行推理，从而形成知识。这样由推理获得的知识可以分为两大类。

第一类知识不涉及事实，理性把观念之间纯粹的关系作为对象，只凭直观或者证明即可确定这个关系。这类知识叫做证明的推理，属于这类知识的是数学。这类知识具有必然性，不过这个必然性只存在于我们借以思考和比较这些观念的知性作用之中，不以外部事实为依据。即使世界上没有三角形，三角形三内角之和等于两直角的命题仍然保持其必然性。

第二类知识是关于事实的推理，主要就是因果关系的推理。人类绝大部分研究都属于这类知识。因果关系的概念是由习惯性的联想形成的，当理性考察被认为有因果关系的那些观念时，却不能发现其间有必然联系，因此这类知识是不能证明的，只是或然的推理。

要区分这两类知识，有一个可靠的方法，就是看一个推理的反面是否可以想象。证明的推理的反面是不可想象的，比如说，我们不能想象三角形三内角之和不等于两直角。关于事实的推理的反面是可以想象的，比如说，苏格拉底是一个哲学家，对于这个推理，我们完全可以想象，苏格拉底不是一个哲学家，甚至古希腊根本没有苏格拉底这个人，这在理性看来丝毫没有荒谬之处。

所以，只有两个东西可以被称作知识，一个是关于观念之间纯粹关系的抽象论证，一个是关于事实的经验论证。休谟说，根据这个原则，我们巡行图书馆时，手里拿起一本书，例如神学的书或经院哲学的书，我们就可以问，其中包含数和量方面的任何抽象论证吗？没有。其中包含关于事实的任何经验论证吗？没有。那么我们就可以把它投进烈火里，因为它所包含的没有别的，只有诡辩和幻想。

当然，事情未必如此绝对，休谟毕竟承认，伦理学和美学也有其存在的理由，不过它们不是理性的对象，而是趣味和情感的对象。他自己还对情感和道德做了认真研究，写了许多文字。艾耶尔说，休谟事实上把人类知识分成了三类，一类是像数学这样的抽象推理的科学，一类是关于事实的经验推理的科学，还有一类是研究超验问题的学问，包括神学、形而上学、伦理学和美学等。他认为，这实际上已经表达了逻辑实证主义的基本主张，把命题分为三类，即分析命题、综合命题和形而上学语句，前两类命题具有认识意义，形而上学语句没有认识意义，只有表达情感的意义。

6. 罗素的分析和评论

罗素是英国系在当代的最卓越的哲学家，他对休谟的看法值得重视。

休谟在哲学上最重要的挑战，是对因果关系的否定，实际上也就是对归纳原理的否定，指出了个别事例重复得再多，也不能从中归纳出一般规律。罗素分析说，休谟的怀疑论完全是以他否定归纳原理为根据的，而假如这个原理不正确，则一切试图从个别观察结果得出普遍规律的科学就都不能成立。休谟证明了从经验本身推论不出归纳原理，因而它必定是一个独立的逻辑原理。科学必须以归纳原理为前提，才能进行经验的推论，而这个前提本身是非经验的，这就严重地违反了纯粹经验主义，因此也就证明了纯粹经验主义不可能是科学的充足基础。这是经验论不可逃避的困境。

罗素说，休谟的怀疑论的结论既难以反驳，也难以接受，成了给哲学家们下的一道战表，但直到现在，来应战的对手都不够格。休谟把经验主义哲学发展到了它的逻辑终局，由于把这种哲学做得自相一致，使它成了难以相信的东西。从某种意义上讲，他代表着一条死胡同，沿着他的方向不可能再往前进。

在休谟之后，西方哲学分为三条路线。一是康德和黑格尔所代表的理性主义，试图重建形而上学。康德虽然感谢休谟把他从独断论的迷梦中唤醒，但他的目标是战胜怀疑论，如此批评休谟："为了保证自己的船只的安全，就把它放到怀疑论的岸边，让它停泊在那里慢慢腐烂。"不过，罗素认为，康德的哲学属于休谟前时代，用休谟的理论就能够驳倒。二是英国的逻辑实证主义，听从了休谟的规劝，把哲学研究限制在逻辑和经验的范围内。三是非理性主义，罗素把卢梭、叔本华、尼采归入此类，说他们不以合理性自居，是休谟的理论驳不倒的哲学家，而十九世纪以来非理性主义的发展正是休谟把理性主义和经验主义都破坏了的当然后果。

七　情感心理学

休谟的《人性论》，第一卷是认识论，研究感觉的印象和观念，第二卷是心理学，研究反省的印象亦即情感。在他之前，霍布斯首先对人的情感和情绪进行了分析，比较起来，休谟的分析更有条理，更自成系统。

1. 情感的种类

按照休谟的理论，感官因外界的刺激产生印象，其中一类印象是快乐和痛苦，快乐由来自外界的有利刺激产生，痛苦由来自外界的有害刺激产生。心灵对快乐和痛苦的感觉印象及相应观念进行反省，由此形成的反省印象就是情感。

情感分为直接情感与间接情感两大种类。

直接情感直接来自对快乐和痛苦的反省，不涉及其他的知觉。直接情感主要有三种。一是欲望和厌恶，心灵出于趋乐避苦的本能，对利有欲望，对害有厌恶。二是喜悦和悲伤，这是在利或害相当确定的情况下产生的情感。三是希望和恐惧，这是在利或害尚不确定的情况下产生的情感。直接情感构成了行为的主要动机。

间接情感也来自对快乐和痛苦的反省，但这个反省必须与其他知觉共同发生作用。间接情感分为两个类别，一是骄傲和自卑，其特点是以自己为对象，二是爱和恨，其特点是以他人为对象。

2. 骄傲和自卑

骄傲和自卑的对象都是自己，其实质是因为自己拥有或缺少某种东西而感觉快乐或痛苦。据休谟分析，引起骄傲或自卑的东西主要有以下几项——

第一，健康。健康使人快乐，疾病使人痛苦，这是明显的事实。不过，人们很少因为健康而骄傲，休谟分析，原因一是健康的人很多，并不为自己所特有，二是对每个人来说，健康和疾病是不断变化的，与自己并无固定的关联。但是，倘若疾病成了常态，没有痊愈的希望，就会成为自卑的理由，这在老年人中十分常见。

第二，美和丑。美的对象令人快乐，丑的对象令人痛苦，这是人们的共同感觉。因此，如果美和丑存在于自己身上，通过反省作用，就会成为骄傲和自卑的理由。

第三，财富。财富意味着获得生活中各种享受和快乐的能力，因此最容易成为骄傲的理由。拥有财富还会赢得他人的羡慕和尊敬，这种次生的快乐强化了财富所带来的原始的快乐，往往成为追求财富的主要动力。爱虚荣的人炫耀自己的房屋、设备、家具、服饰、收藏，公开展示自己为财富而骄傲。守财奴为自己从不使用的财富而骄傲，虽然他实际享受的快乐并不比一无所有的穷人更多。

第四，权力。权力给人以支配他人的快乐，因此成为骄傲的理由。休谟设想，假如我们能够制造出一些十分灵巧的机器人，可以听从我们的意志而行动，那么支配这些机器人也可以给我们带来快乐，但很难让我们感到骄傲。区别在于，权力支配的是活人，使权力者在这些活人面前有一种优越感。

第五，名声。名声成为骄傲的对象，说明他人的意见对于情感会有相当的影响。如果没有他人的意见加以配合，骄傲的其他理由诸如美和财富之类的作用会大打折扣。不过，我们最重视的是我们自己所爱和尊重的人的意见，对于所恨和鄙视的人的意见不会太在乎。同时，我们受到的赞美不可以太离谱，一个人明知自己不具备的品质，即使全世界的人在这一点上赞美他，他也不会感到多大快乐。当然，休谟的这个议论只适合于有起码的自知之明的人。

除了上述这些理由的骄傲之外，有一种骄傲是最应该肯定的，就是对于自己人品、才赋和价值的信心。休谟认为，在这方面具备适度的骄傲是最为有用的，因为唯有对自己有足够的信心，才能形成适合于自己的计划，在人生中积极进取。

在人际交往中，骄傲总是讨人嫌的。快活的人喜欢和快活的人扎堆，放荡的人喜欢和放荡的人鬼混，可是骄傲的人却永远不能忍受骄傲的人。骄傲容易借一种比较作用引起他人的不快，所以我们有必要照顾他人的情绪，保持礼貌。但是，礼貌所要求的谦卑不超出外表，我们没有义务在这方面彻底诚恳。正相反，一种有根据的内心的骄傲，只要掩饰得好，乃是一个尊荣的人的性格的必备因素。

3. 爱和恨

骄傲和自卑的对象是自己，与之相反，爱和恨的对象是他人。在感觉的性质上，爱和骄傲相同，是快乐的情感，恨和自卑相同，是不快的情感。爱总是伴随着使所爱者幸福的欲望，以及反对其受苦的厌恶心理。恨总是伴随着使所恨者受苦的欲望，以及反对其幸福的厌恶心理。

爱和恨所针对的是某一个或某一些具体的他人，如果这两种情感扩展开来，指向与自己并无直接关系的人们，便成为怜悯和恶意。怜悯是对他人苦难的一种关切，因为观察到他人的悲伤而觉得感同身受。恶意是对他人苦难的一种喜悦，因为观察到他人的悲伤而幸灾乐祸。

在对他人的负面情感中，嫉妒是既特殊又普遍的一种，它像一种颠倒过来的怜悯心理。我们总是通过与他人的比较而形成自己幸福或不幸的观念。因为他人的不幸，我们对自己的幸福有一个更为生动的观念，由此产生快乐。因为他人的幸福，我们对自己的不幸有一个更为生动的观念，由此产生痛苦。这后一种情感就是嫉妒。

嫉妒的产生取决于距离。一是所比较的优势方面的差距。一个普通士兵对他的将领不如对军曹或班长那样嫉妒，一个卓越的作家遭不到一般平庸小文人的多大嫉妒，却遭到和他地位相近的作家的嫉妒。倘若优势远远不成比例，就切断了关系，阻碍了比较。二是时间和空间上的距离。一个诗人只和自己同时代和同国家的诗人做比较，不太会嫉妒另一个时代或另一个国家的诗人。

尊敬和鄙视也是爱和恨所派生的情感。他人的良好品质使我们第一产生爱，第二产生谦卑，第三产生尊敬，尊敬是爱和谦卑这两种情感的混合物。同样，他人的恶劣品质使我们第一产生恨，第二产生骄傲，第三产生鄙视，鄙视是恨和骄傲这两种情感的混合物。

在爱与其他情感相混合而产生的复合情感中，两性的爱因为它的强烈和猛烈而格外值得注意，休谟对之做了有趣的分析。在最自然的状态下，性爱是由三种不同情感结合而产生的，这三种情感是：由美貌发生的愉快感觉；肉体上的生殖欲望；浓厚的好感或尊重。根据经验可以发现，三者中不论哪一种先出现，都可能伴随或引发另两种情感。你正在性欲冲动之中，对性欲的对象至少会有暂时的好感，同时也会想象她比平时美丽。你对一个异性的优点产生好感或尊重，也可能会由此进到另两种情感上去。但是，最常见的情形是对美貌的愉快首先发生，随后扩展到好感和性欲。

据休谟分析，三者的关系是这样的：好感和性欲处于两端，对美貌的愉快处于中间。你对一个女人的品德或才华发生好感，这是崇高的情感，而性欲是粗俗的情感，两者之间的距离太远了，不容易结合在一起。你对女人有性欲，但世界上女人太多了，见多了就失去了刺激起性欲的力量，更谈不上因为是女人就让你发生好感。

所以，无论好感还是性欲，单凭自身都难以产生爱。对美貌的愉快恰好处于两者之间，因此最适宜于产生两者。一个美丽的女人，是既容易让你发生美好感想，又容易刺激起你的生理冲动的。

毫无疑问，休谟所持的是男性视角，在今天的女性主义者看来，他会被看作一个十足的"直男癌"。

4. 情感的规则

情感不但有种类的区别，而且有强弱的不同。情感的强弱取决于什么？休谟讲了若干规则，我用三个成语来表达，便是：喜新厌旧，重难轻易，舍远求近。

第一，喜新厌旧。休谟说，在人性中可以观察到一种性质，即凡是时常呈现出来、为我们所长期习惯的事物，在我们看来就失掉了价值，很容易遭到鄙弃和忽视。

第二，重难轻易。我们判断对象时大多根据比较，很少根据其内在的、实际的品质。人所共有而为我们所习见的东西，很少给予我们快乐，虽然它们也许比那些因为稀少而被我们珍视的东西更加宝贵。

第三，舍远求近。在空间和时间上距离我们较近的东西，比起较远的东西更能激起我们的情感。距离会削弱情感，其中，时间方面的距离比空间方面的距离有更大的效果，过去的时间距离比将来的时间距离有更大的效果。在日常生活中，人们主要关心的是和自己离得近的对象，他们只享受现在，而把远隔的对象留给机会和命运去照管。你如果向一个人讲他三十年以后的状况，他将不理睬你。你要是和他谈明天将发生的事情，他就会注意倾听。家里摔破一面镜子，比千百里外一所房子着火更能引起我们的关切。

不过，距离削弱情感的规则会有例外。休谟引用法国作家拉罗什福科的名言："别离会消灭微弱的情感，却增强强烈的情感，正如大风虽能吹灭蜡烛，却会吹旺一堆大火。"情感微弱时，心灵中的观念原本就淡漠，距离的间隔很容易使它消除。情感强烈时，心灵中的观念强烈而生动，使得别离造成的痛苦与日俱增，这种痛苦反而给情感增添了新的猛烈力量。

5. 理性是情感的奴仆

从古希腊开始，西方哲学就崇尚理性，把理性视为人性中最高贵的部分，向外可以认识世界的本质，在人自己身上可以指导行为。休谟对这个传统发起挑战，在认识论中立足于经验，在心理学和伦理学中立足于情感，皆严格限制理性的作用。

关于理性和情感的关系，休谟指出，历来强调的是理性的正确性、永恒性及其神圣的来源，情感的盲目性、变幻性和欺骗性，所谓理性对于情感的优越性已经被渲染得淋漓尽致。有两个极其牢固的观点，一是说人必须遵循理性的命令，二是说理性和情感经常发生斗争。他提出的针锋相对的论点是：第一，理性单独绝不能成为行为的动机，一切行为归根到底是以情感为动机的；第二，在对行为的指导上，理性绝不能反对情感。

人们之所以认为理性可以单独成为行为的动机，并且可以反对情感，一个重要原因是把某些平静的情感误认作理性了。比如说，对生命的爱，趋利避害的本能，这些情感经常处于平静的状态，而当它们起来反对当下的某种猛烈情感时，我们就很容易以为是理性的决定。所以，实际发生的不是理性和情感的斗争，而是不同情感之间的斗争。能够反对或阻挡一种情感冲动的，唯有另一种与之相反的情感冲动。一个心志坚强的人，并不是用理性战胜了情感，而是使一种平静情感取得了对猛烈情感的优势。

那么，在人的行为中，理性的作用是什么？休谟的回答是：理性是、并且也应该是情感的奴仆，除了服务和服从情感之外，再不能有任何其他的职务。情感决定行为的目的，而理性则提供实现这个目的的相关知识。天下雨了，我不想让自己淋湿，理性就告诉我带上一把伞。

理性既然不能支配行为，那么，在研究人的行为的道德领域，它也就丧失了权威。我们即将看到，休谟的伦理学也是建立在情感心理学的基础之上的。

八　道德与情感

休谟讨论道德的著作有两部，一是《人性论》的第三卷《道德学》，另一是《道德原则研究》。在前一部著作中，他依据第二卷所阐述的情感心理学来研究道德，已经确立了他的伦理学的基本原理。后一部著作在这个基础上有很大的扩展，内容丰富得多，文字风格也活泼得多。他自己说，《道德原则研究》是他所有著作中写得最好的。

我分两节来讲休谟的伦理学。这一节讲他在《人性论》中确立的基本原理。主要是两条，即道德的根源是情感，道德的基础是同情，以及《道德原则研究》中与此相关的内容。下一节讲《道德原则研究》中他用经验方法研究道德得出的一系列新见解。

1. 道德的根源是情感

在伦理学中，主流的观点认为，道德的根源是理性，人因为有理性才讲道德，道德就是理性对情感和欲望的支配。休谟对这个观点进行了批驳，论证了道德的根源是情感而不是理性。

道德涉及的是人的行为，人的行为由情感支配，情感决定行为的目的，理性的作用只是为情感服务，这就决定了道德主要是和情感而非理性有关的事情。在《道德原则研究》中，休谟更加浅显生动地讲了人类行为的最终目的取决于情感而非理性的道理。他打比方说，你问一个人为什么要锻炼，他回答说为了健康，你接着问为什么想要健康，他回答说因为疾病使人痛苦，如果你还进一步问为什么憎恶痛苦，那就非常荒唐了。又比如说，你问一个人为什么在乎他的那份工作，他回答说因为想挣钱，你接着问为什么想挣钱，他回答说因为钱是快乐的手段，如果你还进一步问为什么想快乐，他就不可能给出理由了，因为这已经是最终目的。任何行为的目的，追问到最后，只能是趋乐避苦。

道德所关心的是行为的善和恶，而你之所以觉得一个行为是善或者恶，归根到底也是由你内心快乐或者痛苦的情感决定的。在《人性论》中，休谟举例说，对于一个故意杀人的行为，理性会分析造成这个行为的种种原因，但完全看不到它是恶。只有当你反省自己的内心，感觉到心中对这个行为的谴责之情的时候，你才会看到它是恶。善和恶所表达的是基于人性结构对行为发生的赞美或谴责之情，它们是情感的对象，不是理性的对象。在观

370

察一个行为时，你感到快乐，因此产生赞美之情，你感到不快，因此产生谴责之情，善和恶的区别就是建立你所感到的快乐或痛苦之上的。所以，与其说道德是被人判断出来的，不如说是被人感觉到的。一个明显的例子是，在人际交往中，你不必做理性分析，就可以知道此人是否值得结交。任何快乐都比不上和自己所爱所敬的人相处时的愉快，而最大的惩罚莫过于被迫和自己所憎恨或鄙视的人一起生活。

根据休谟的见解，我们可以这样给善和恶下定义：善是行为或品质使旁观者产生快乐的赞许情感的特性，恶是行为或品质使旁观者产生不快的谴责情感的特性。

2. 道德是趣味的问题

要知道道德是什么，最好的办法是把道德感和在许多方面与之有类似之处的美感进行比较。一切自然的美都依赖于各部分的比例、关系和位置，但是如果由此而推断，美感完全在于对关系的知觉，由知性能力产生，那将是荒谬的。欧几里得充分解释了圆的所有性质，对于圆的美则未置一词，理由是不言而喻的。美不是圆的几何学性质，不在圆的线条的任何一个部分之中，而是这个整体的图形在心灵上所产生的一种效果。在几何学和一切科学中，都是知性从已知的因素和关系探究未知的因素和关系，而正是在这一点上，道德感和美感区别于科学，两者都是在一切因素和关系摆在面前之后，心灵从整体感受一种愉快或厌恶、赞许或谴责的新的情感。休谟用一个词概括发动这种新的情感的内在能力，叫做趣味。

人们都承认审美是趣味的问题，休谟的独特是把道德也看作趣味的问题，对此我十分认同。在我们的心灵深处，对美的愉悦，对丑的厌恶，与对善的赞许，对恶的憎恨，是性质相近的情感。语言也显示了这一点，我们会把好的品德称作美德，把坏的行为称作丑行，我们会谈论灵魂的美丽和丑陋。一种卑劣的人格不但激起我们道德上的憎恨，而且破坏我们的美感，使我们感到审美上的厌恶。事实上，在同一个人身上，道德和审美是相通的，高贵者往往爱美向善，卑鄙者往往逐丑作恶。趣味无争论，但趣味的基本倾向确定了一个人心灵品质的优劣。

趣味的力量是巨大的。休谟说，理性只是试图认识对象的实在情形，而趣味则具有创造的能力，它用内在情感的色彩装点对象，在某种意义上就产生了一种新的事物。理性是冷漠的，不能成为行为的动机，而趣味则由于它产生快乐或痛苦，并由此构成幸福或苦难之本质，因而就成为行为的动机，是意欲的第一源泉和动力。我用一句话概括休谟的见解：趣味比理性伟大。

3. 道德的基础是同情

道德是情感的事情，归根到底建立在我们内心所感到的快乐或痛苦之上。不同于一般的快乐和痛苦，道德是社会生活中的现象，我们内心所感到的快乐或痛苦是由人们在社会中的行为引起的。何种行为会引起快乐，何种行为会引起痛苦，人们之间应该有共同的倾向，否则道德就不能存在。休谟说，道德这个概念蕴含着某种为全人类所共通的情感，它使人们对同一行为产生相近的感受，这种共通的情感就叫做同情。

休谟所说的同情，有两个涵义。其一是指人的一种心理能力。

人与人之间，无论心灵的结构，还是身体的结构，都有很大的相似，使得我们能够推己及人，根据自己的内心情感去体会所观察到的别人的情感表现。这个涵义的同情，是道德的心理基础。其二是指人的一种社会性情感。人在社会中生活，对于人类的幸福和社会的利益有共同的关切，因此才会赞许有助于此的德性，谴责有害于此的恶行。这个涵义的同情，实即仁爱和人道，是道德的人性基础。休谟深信仁爱和人道是人天然具有的情感，并且威力巨大，是宣判行为和品质是善或者恶、给它们打上光荣或耻辱印记的最终裁决。这种情感给全人类确立规则，任何人的行为都要根据是否符合这个规则而成为赞美或责难的对象。

按照心理涵义的同情，我们在体会他人的行为在自己内心引起的情感，那么，反过来，我们也要经常反省自己的行为在他人心中会引起什么情感，这种在反省中打量自己的恒常习惯，可以使我们关于正当和不正当的情感永葆活力。按照人性涵义的同情，我们要把自己动摇不定的判断力维系在人类普遍一致的赞许上，唯有这样，才能维护我们在自己内心中的声望。道德情感本身是这种性质的感受，我们之所以重视在他人那里的声望，只是出于关心维护在自己内心中的声望。本性高贵的人对自己身上的人性怀有敬畏之心，这种敬畏是一切德性的最可靠卫士。

在休谟之后，康德也论述了人类共同的道德法则。他是这样表述这个法则的：你要这样行动，使你意志的准则始终能够同时用作普遍立法的原则。他还强调，对于道德法则的敬重是唯一的道德动力。我们可以发现，休谟所说的由人道情感所确立的人类共同规则，与康德的这个思想非常接近。区别在于，康德把共同道德法则的根源归之于纯粹实践理性，是理性所立的抽象法则，休谟则归之于人道情感，是人类共同生活经验的产物。不过，两个人都认为道德感是一种直觉。我相信，这两位哲学家在内心所体验到的是同一种人之为人的尊严之感，只是因为体系的不同，做出了不同的解释罢了。

4. 利己情感和社会性情感

人性中有自爱、自私、利己的情感，休谟对此当然承认，那么，利己情感和社会性情感之间是怎样的关系，这两种情感与道德之间又是怎样的关系呢？他的观点可以归纳为以下四点。

第一，在人类社会早期，社会性情感即已形成，从此在人性中便是和利己情感并存的情感。

利己是生物性本能，休谟说，除非请全能的上帝重新设计人性，就不可能把它改正。不过，可以借着改变它的方向来对它加以控制，而这种改变是稍加反省就必然会发生的。我们不妨假设人类早期处于野蛮状态，人人受利己欲望支配，但是，经验会教导人们，使人们认识到，利己欲望通过约束比通过放纵能够更好地得到满足，个人结成社会比处于孤立无援的状态更容易生存。这无关乎人性善恶的问题，只涉及人类智愚程度的问题，不管人性是善是恶，人类迟早会达成这个认识。当然，这肯定是一个不自觉的过程，然而，我们可以断言，人类绝不可能长期停留在社会以前的野蛮状态，而人类的最初状态就应该被认为是有社会性的。

在人类早期结成社会的过程中，有一种需要发生了积极的作用，这就是两性之间的自然欲望。这种欲望使得一定程度的社会结合成为不可避免的，它把两性结合起来，并通过对子女的共同关切产生一种新的联系，渐次形成一个人数较多的社会。在家庭

374

中，父母对子女有一种自然的爱，照顾每个子女的利益，从而在孩子的心灵中也培养起了社会性情感。

第二，人性中的社会性情感也很强烈，并不比利己情感弱。

在地球上，和其他一切动物相比，人类是合群欲望最热烈的动物。我们尽可以被骄傲、野心、财富欲、情欲、好奇心、复仇欲等情感所推动，但是，如果没有任何人对我们的行为发生感受，这些情感便都毫无力量。完全孤独的状态，是我们所能遭到的最大惩罚。每一种快乐，在离群独享的时候，便会衰落下去，而每一种痛苦也会变得更加残酷而不可忍受。整个自然界纵然都服从于并且服务于一个人，太阳的升降、海潮的涨落听他的命令，大地供给他一切想要的东西，可是你至少得给他一个可以分享的人，否则他就会是一个最可怜的家伙。

休谟指出，一直以来，人性中的自私被渲染得太过火了，有些哲学家热衷于描写人类的自私，简直就像童话里虚构的妖怪一样荒诞不经，远离自然的真相。我们在许多动物中观察到无私的爱，那么通过什么类比规则，我们要否认我们这个高等物种可以有无私的爱呢？慈母对幼仔的爱，能够抗衡最强烈的自爱动机，而且毫不依赖于自爱情感。她辛苦照料病孩而自己失去健康，当孩子夭折而她得免照料之苦时，又因悲痛而憔悴以致死亡，她能指望获得什么利益呢？英国的父亲们通常把家产的绝大部分用在妻儿身上，只留极小一部分供自己享用，难道也要用自私来解释吗？总之，无私的爱是存在的，并且不比自私的情感弱。

第三，利己情感不能是道德的基础。

人性中有利己情感，也有社会性情感，那么，是否可以把两者都看作道德的基础呢？休谟的回答是不可以，因为道德的基础必须是一种具有公共性的情感。问题不在于哪一种情感更强烈，即使一般认为仁爱和人道情感不如利己情感强烈，但它是人人共通的，因此唯有它才能构成任何一个关于谴责或称赞的一般体系之基础。野心人人不同，同一个对象不会满足两个人的野心，而人道人人相同，同一个对象会触动所有人的这种情感。

利己情感和社会性情感说的是不同的语言。当一个人称另一个人为他的敌人、对头、对手、竞争者的时候，他是在说自爱的语言，在表达源于他的特定境况和利益的特殊情感。但是，当他称任何一个人为邪恶、可恶、堕落的时候，他是在说另一种语言，在表达他期望所有听众都将由之而与他发生共鸣的情感。因此，他在这里必须撇开他个人的特定境况和利益，选择一个与他人共通的观点；他必须诉诸人性结构中的某种普遍原则，拨动一根全人类都会与之谐和发声的琴弦。

第四，社会性情感不能归结为利己情感。

有一些极端自私的人，他们奉行这样一条原则：仁爱是一种纯粹的伪善，友谊是一种欺骗，公共精神是一种滑稽，忠实是一种获取信任的圈套；当人们一心追求私利时，就披上这些漂亮的伪装，以解除他人的防备，使他人上当。休谟说这是最堕落的人的原则。他接着指出，另有一条与此多少相似的原则，却是哲学家们坚持的，成为其体系的基础。这条原则是：不存在无私的情感，任何一种情感都源于自私；最真诚的友谊只是自爱的一种变体，自以为在全心全意为人类谋幸福的人，寻求的只是自己精神上的满足；最慷慨的爱国者和最悭吝的守财奴，最勇敢的英雄和最怯弱的懦夫，所关注的同样是自己的幸福。

休谟所说的哲学家，在古代是伊壁鸠鲁，在近代是霍布斯和洛克。这些哲学家都是品德高尚的人，自己过着无可挑剔的生活，却坚持自私论的道德体系。他们其实也承认世界上有真诚的友谊之类美好的感情，但是，休谟说，他们试图通过一种哲学化学把一切情感的元素分解成单一的自爱元素，把每一种情感都解释成自爱或者其变形。这种努力发端于一种对简单性的热爱，而这种热爱便是许多极端虚妄的哲学推理的根源。

我们的心灵中有人道情感，有与他人共同属于人类的感觉，没有人对他人的幸福和苦难是绝对地漠不关心的，他人的幸福和苦难有一种在我们心灵中产生快乐和痛苦的自然趋向，这是人人在自己身上都可以发现的。没有必要把我们的研究推到那样远，去追问人为什么有这种情感，只需知道这是被经验到的人性中的一条原则便足矣。无论过去，还是未来，都不可能发明出一种体系，能够成功地说明人道情感是根源于利己情感，从而把人类心灵中的各种情感都归结为一条单一的原则。

在伦理学领域，英国经验论哲学家都持功利主义立场，主张道德的起源和价值都在于效用，在于促进个人和人类的幸福。休谟在总体上也属于这个系统，他的最大功绩是使功利主义摆脱了利己体系。

九　对道德的经验研究

休谟认为，道德的根源是情感，是一种行为或品质在旁观者心中引起的赞美或谴责之情。在《道德原则研究》中，他采用了一种方法，即依据经验来考察，什么样的行为和品质引起人们的赞美或谴责之情，研究其中的规则。本节讲述他这方面的研究。

1. 伦理学应该建立在事实和观察的基础之上

以往的科学研究，总是首先确立一条一般的抽象原则，然后据之进行各种推论，做出各种论断。休谟指出，这种方法是各个学科中发生各种错误的共同根源。在自然研究中，人们已经开始重视经验的证据，那么，现在是在道德研究中尝试类似改革的时候了，我们应该拒绝一切不是建立在事实和观察基础之上的伦理学体系，不管它多么玄奥或精妙。

在休谟看来，要这样做并非多么困难，人们所使用的语言本身就给了我们明确无误的提示。在每一种语言中，都有一套用作褒义的语词，以及另一套用作贬义的语词，所以我们只需了解语言的习惯用法，就可以收集起和整理出各种受到赞美或谴责的品质的一个清单。然后，推理的唯一目标是发现这两类品质各自共通的因素，找出导致赞美或谴责的普遍规则。这是一个事实的问题，不是一个抽象科学的问题，因此我们可以并且只能通过从特定事例的比较中推演出这个普遍规则。

哲学家们往往热衷于语词之争，为了避免卷入这种无聊的争论，休谟说，他仅限于陈述他所汇集的各种品质，附带地反思了这些品质受到赞美或谴责的原因。他还尽量避免使用德性和恶行这两个术语，因为有些受到赞美的品质是才能而不是德性，有些受到谴责的品质是缺点而不是恶行。

2. 品质受到赞美或谴责的原因

通过对所汇集的品质进行分析，休谟的结论是，一种品质受到赞美无非出于四个原因，一是这种品质对一个人自己有用，二是对他人有用，三是令自己愉快，四是令他人愉快。这四个原因可以每个单独起作用，但更多是和别的原因共同起作用。一种品质对他人有用，往往就既令他人愉快，也令自己愉快。不过，相对来说，某一个原因会占主要地位。

在四个原因中，休谟最强调对他人有用，亦即一种品质的社会效用。仁爱、人道、正义这些社会性的品德，正因为最有助于人类的幸福，因此直接成为我们赞美的对象。柏拉图说："有用的则美，有害的则丑。"普鲁塔克说："有害的事物无一为美。"美和效用不可分离，有用的事物往往也令人愉快。效用及其对立面的观念，显然是大部分赞许或厌恶的源泉。一个心地善良的平民诚然也获得我们的赞许，但是，我们会把更大的赞许给予一个把仁爱情感付诸社会实践的英明的政治家。亚里士多德反对任何极端的品质，主张中庸才是美德，休谟说，这个中庸也是由效用所规定的，因为极端的品质会造成祸害。

3. 仁爱和正义

在社会性的品德中，最重要的是仁爱和正义。这两种品德都以效用为其价值源泉，不过，仁爱同时是一种非常令人愉快的品质。

仁爱或人道指的是一个人作为人类的一员，对于自己的同类怀有同情和关爱的情感。休谟说，要证明仁爱是有价值的，或许是一件多余的事情，这种品德不论出现在哪里，都博得人们最广泛的赞许。在所有的语言中，人们都把友善、善良、人道、仁慈、慷慨、令人感激等语词奉献给具有这种品德的人，把它视为人性所能达到的最高价值。当这种可亲的品德伴随出身、权力和卓越的能力而展现于人类良好的政府或卓越的教育之中时，就几乎要把拥有它的人提升到超越于人性之上的地位，使他们在某种程度上近乎神圣。远大的抱负，大无畏的勇气，坚强的意志，杰出的能力，这些品质只会使一位英雄或政治家遭受公众的疑忌，可是，一旦加上仁爱和人道的因素，疑忌就会消解，公众就会普遍予以赞许和欢呼。相反，在一个没有仁爱品德的人身上，这些品质的确容易蜕变为一种暴烈的凶残。

一个有大气魄的人，同时有仁爱之心，是难能可贵的，而这才是真正的伟大。伯里克利这位雅典最伟大的政治家，当他弥留之际，围在他身边的朋友们开始历数他的赫赫功绩，以表达对他行将辞世的哀痛。他听完了这一切之后喊道："你们尽说些取决于运气的寻常事情，忘记了我最杰出的功绩，就是从来没有一个公民由于我而穿丧服。"

正义或公道指的是遵守为维护公共利益而建立的规则，其中主要的是稳定财产占有的规则、根据同意转移财产的规则以及履行许诺的规则。正义的价值只在于效用。休谟说，公共的效用是正义的唯一起源，社会的利益是正义的唯一基础。正义之所以必要和可行，是基于人类在各个方面的中间状态。物质资源如果极端丰富，人人可以各取所需，正义就无必要；如果极端贫乏，人人为争夺生存资料而战，正义便无可行性。人性如果极端善良，人人都大公无私，正义就无必要；如果极端邪恶，人人都损人利

380

己，正义便无可行性。

正义和平等的关系也是如此。假设有一种也有理性的生物，但和人类处于绝对不平等的地位，对于人类的行为不能做任何抵抗，那么我们或许会待之以人道，但不受正义规则的限制。我们与之的关系不能称为社会，因为社会总是假定了一定程度的平等，而这里却是一方绝对命令，另一方绝对服从，正义的规则在这里完全无用。人类对动物的情形便是如此，虽然休谟认为，许多动物是有理性的，人类应该善待动物，但谈不上正义。在休谟的时代，欧洲人对待印第安人也是绝对不平等的，抛弃了正义乃至人道的一切限制。在许多民族中，女性被剥夺一切权利，两性之间也无正义可言。不过，休谟讽刺说，尽管男性联合起来对女性实行专制，然而女人们通常能够靠迷人的风度和魅力打破这种联盟，和男性分享社会的所有权利和特权。

绝对不平等会使正义归于无用，但是，正义倘若以绝对平等为目的，也会把自己毁掉。休谟指出，平等的热情其实是一种理想化了的嫉妒。绝对平等在根本上是不可行的，如果强制推行，则对社会是极端有害的。财产占有即使一开始是平等的，人们在能力和勤劳上的差异会立即打破这种平等，而假如要抑制这些品德，就会使整个社会沦入最贫困的境地。况且为了监视任何不平等的苗头，惩罚和纠正这些不平等，就必须有最严厉的审查和最严酷的司法，而如此极端的权力必定立即蜕变为专制。

4. 政治秩序不是理性设计的，而是自发生成的

对于个人来说，遵守正义的规则，这是一种道德品质。每个

人来到这个世界时，正义的规则已经存在，他是学会遵守的。政治社会是建立在正义规则的基础上的，因此，正义不但是一个道德范畴，更是一个政治学范畴。由于我不专门讲休谟的政治学思想，就在这里讲一下他在政治学上最重要的建树。

在休谟之前，霍布斯和洛克都用契约论解释政治社会的起源，因而把政治社会的建立看作一种理性的行为。后来卢梭发展了政治学中的这个传统。休谟开创了一个不同的传统，为斯密、伯克等人所继承。他认为，人的行为是由情感而不是理性决定的，因此，人类行为的规则也就不是理性所能够设计的。正义规则的形成，是因为人们经验到违背它所带来的不便，经历了一个漫长而曲折的过程。政府的产生是在这之后，不是通过缔结契约，而是通过服从某个权威比如酋长的权威所得到的明显的好处，从而形成了对权威的习惯上的默认。事实上，如果追溯任何政治权力的开端，我们会发现，几乎都是建立在篡夺和反叛上的，而且其权力在最初阶段是极其可疑而不稳定的，只是长期占有才使其权力趋于巩固。习惯的力量是最大的，时间对人们的心灵发生日积月累的作用，使那个权威显得正当和合理。

那么，休谟是主张强权即正义吗？当然不是，他强调的是，正义不是天赋观念，而是经验的产物，正义规则之实行于政治社会是一个不断试错的过程。政治社会的秩序不是理性设计出来的，而是在经验中自发生成的，是文化进化的产物。在这个过程中，有效的规则得到存续，否则就被淘汰。这个思想是他的经验论在政治学中的贯彻。

我们不禁会想起斯密关于"看不见的手"的著名理论，和休谟的政治秩序自发生成论有异曲同工之妙。斯密是休谟的好朋友，比他小十二岁，休谟还写过若干经济学论文，在某种程度上预示了斯密在《国富论》中所系统阐发的自由贸易理论。去世前几个月，休谟怀着钦佩的心情阅读了刚出版的《国富论》第一卷。

5. 对自己有用和令自己愉快的品质

休谟所分析的品质，有一部分是直接与一个人自己有关的，它们或者对自己有用，或者令自己愉快。事实上，这两者很难划分，对自己有用的品质往往令自己愉快，相反亦然。而且这类品质对他人也会发生相应的效果，所以这样的区分完全是相对的。

直接关系到自己的品质，主要是性格和智性方面的。

在性格方面，心志坚定、有自制力是极有用的品质。人人都追求幸福，但成功者寥寥，一个重要原因是缺乏心灵的力量。有心灵力量的人，能够抵御眼前的舒适或快乐的诱惑，寻求长远的利益和享受。还要有应变的灵活性和能力，休谟说："环境适合于其性情的人是幸运的，但是能够使其性情适合于任何环境的人则是更优秀的。"

评价一个人的价值，性格品质的重要性不亚于通常所认为的道德品质。称一个人为懦夫，并不比称他为恶棍更少损害他的名声。在人们心目中，一个行尸走肉般的饭桶或酒鬼，其可鄙程度并不少于一个自私吝啬的守财奴。

在智性方面，健全的判断力，敏锐的洞察力和辨识力，明智和审慎，在人生中都是极有用的品质，和道德品质一样，会对一个人的行为发生相当大的影响。许多古代哲人认为，愚蠢和智慧与恶行和德性是两两对应的，完善的美德是一种带有人道的智慧。

事实上，人们都很看重别人对其智力的评价，我们可以见到有人津津乐道自己所干的缺德事，却看不见一个人能够忍受别人说他愚蠢。

在对自己有用并且令自己愉快的品质中，有一种叫做哲学的宁静。斯多葛派主张，哲人因为自觉到自己的德性，可以超越于痛苦、悲伤、焦虑、命运的打击以及人生的一切偶然性之上，安居在智慧的圣殿之中，俯视下界那些忙碌追逐权力、财富、名声和各种无谓享受的凡夫俗子。休谟说，这种自负的主张，倘若扩展到极致，就太高大上而不适合于人类的本性了。不过，只要把握好度，这种哲学的宁静就的确能够使我们发现，人的心灵比外部世界伟大。

6. 令他人愉快的品质

对他人和社会有用的品质，主要是仁爱和正义，仁爱同时具有令他人愉快的性质。休谟还列举了一些令他人愉快的品质，这些品质大多表现于人际交往之中，例如真诚、坦率、礼貌、谦逊、正派等。有若干品质，他的论述比较有意思，我讲一下。

一是机趣主要表现于交谈中。你和性情严肃抑郁的人在一起度过了一个傍晚，正感到百无聊赖，一个性情幽默活泼的人来了，谈话顿时活跃起来，气氛顿时欢快起来，人人都变得精神焕发了。机趣这种品质，很自然地赢得人们的普遍好感。有的人很健谈，但缺乏机趣，喜欢讲述冗长的故事，或者夸夸其谈地雄辩，这是最讨人嫌的，在场的人们往往会用恶毒的目光注视这个剥夺自己参与谈话的机会的饶舌者。

二是风度。这是待人接物所表现的一种优雅、轻松、自在、从容。休谟说，他不知道怎么来说清楚，它完全不同于外在的美和漂亮，却能够一下子有力地抓住我们的感情。风度的魅力在异性交往中尤其突出，但在我们对一个人的性格的整体评价中也起很大的作用，构成了个人价值的并非无足轻重的部分。在风度的评价中，我们对两性会有不同的期望，男人的娇柔举止，女人的粗鲁作风，都使我们特别觉得是丑的。

三是尊严。尊严是一个人对自己的价值的一种适当的感觉，一个在自己身上感觉不到什么价值的人，我们也不可能对他有所敬重。有的人对地位高于自己的人卑躬屈膝，对地位低于自己的人傲慢无礼，为了达到自己的目的可以忍受最屈辱的待遇，巴结那些凌辱他的人。这种人的性格中绝对地缺乏尊严，是最不可原谅的，我们恰如其分地称这种性格为卑贱。

7. 道德应该使人幸福

休谟的道德体系，在总体上是功利主义的，看重效用，也是快乐主义的，看重愉快。可以用一个概念来涵盖效用和愉快，就是幸福。我们每个人对自己负有一项义务，就是要让自己幸福，对社会也负有一项义务，就是要谋求人类的幸福，这两项义务具有亲缘性。无论是对自己有用的品质或令自己愉快的品质，还是对他人有用的品质或令他人愉快的品质，我们所给予的赞许之情具有相似的性质，产生于相似的原则，就是对幸福的关切。道德的唯一目的，是使个人和人类获取最大的幸福。

在休谟看来，僧侣式的德性是最违背他的道德原则的。他说，苦行、禁欲、独身、克己、谦卑等行为和品质之所以到处为理智健全的人们所摒弃，就是因为它们无助于任何一种积极的目的，既不提高一个人在俗世的命运，也不使他成为社会中有价值的一员，既不使他获得社交娱乐的资格，也不为他增添自娱的力量。相反，它们的作用是麻痹知性，硬化心肠，蒙蔽想象力，使得性情乖张。所以，应当把它们移到恶行的栏目中。一个性情抑郁、心智迷乱的狂信者，死后或许可以在日历中占据一个地位，活着时几乎不会被任何头脑正常的亲友所接纳。

德性所带来的幸福，不可缺少内心的感受。有的人表面上遵奉诚信的一般规则，却又从一般规则的许多例外中捞取好处，伪装得极好，骗过了所有的人。休谟说，如果认为这样的人幸福，就已经丧失了最重要的德性动机。心灵的内在安宁，对正直的意识，对自己行为的心满意足的省察，是幸福不可或缺的因素。所以，这种人自以为聪明，其实自己是最大的受愚弄者，为了获得鸡毛蒜皮的利益，牺牲了内在性格方面不可估量的享受。

十　怀疑论和自然宗教

休谟生前有一个无神论者的名声，因此被大学拒之门外，不能担任大学教职。其实他是一个怀疑论者，在宗教问题上同样如此，认为人类凭借经验和理性都不能知道神是否存在，这个问题是超出人类认识范围的。他既不相信基督教的上帝，也不赞同当时一批法国哲学家所宣扬的无神论，虽然他在巴黎时与这些人过从甚密。因此，基督教的教士恨他亵渎神明，唯物主义哲学家又嫌他太虔信，他两头受气，在宗教问题上十分孤独。

休谟讨论宗教问题的著作主要有三种，一是《人类理解研究》的第十和十一章，二是《宗教的自然史》，三是《自然宗教对话录》。他自己非常重视《自然宗教对话录》，很早写成，慑于舆论，在若干朋友的劝告下，一直没有出版。在生命的最后日子，他把身后出版此书作为重要遗愿，起先委托好友斯密，《国富论》的这位作者十分犹豫，他便转而委托他的侄子大卫，此书在他死后三年出版。我主要根据该书来讲他关于宗教的思想，但也会涉及其他两种著作中的一些内容。

1. 反驳设计论的论证

《自然宗教对话录》中有三个虚构的角色，围绕上帝的存在及其本质的问题展开讨论。其中，克里安提斯是主张设计论的基督徒，第美亚是有神秘主义倾向的基督徒，斐罗是怀疑论者。一般认为，斐罗最能代表休谟本人的思想。

设计论的论证发端于亚里士多德的第一推动者观念，为阿奎那所明确主张，而到了近代，牛顿是最著名的信奉者。在休谟的时代，自然科学起飞，设计论观点在知识界有巨大影响，因此他反驳这个观点最为用力。

在《自然宗教对话录》中，克里安提斯这样论证上帝的存在：看一看周围这个世界，想一想它的全体与部分，你会发现，世界不过是一台巨大的机器分成无数台小机器，这些小机器又可以再分，直到人类的感官和理性再也无法向前追溯和解释。在整个自然界，手段与目的的这种神奇配合酷似人类的设计。由于结果相似，按照类比规则，可以推断原因也相似，自然的创造者多少类似于人类的心灵，虽然其能力要大得多。

斐罗对此反驳说，把人类和上帝做这样的类比是完全违反类比规则的。我们只能根据经验做类比，看到两种对象经常联结在一起，于是根据习惯，看见其中之一的存在，便推断另一个的存在，这叫做根据经验推断的论证。在现在的情形下，两种对象是完全不相干的，也没有种类上的相似，因此不可以应用这种论证。我们看见一所房子，可以有把握地推断，它有一个建造者，可是宇宙完全不同于一所房子，我们怎么能断定它也有一个建造者？我们根据经验知道船舶和钟表起源于人类的技巧与设计，可是对于宇宙的起源没有任何经验，怎么能推断宇宙的秩序必定也起源于与人类相似的技巧与设计？

人类居住在宇宙的一个极其狭小的角落里，即使在这个小小的星球上，自然的作用方式也是极其复杂多样，我们怎么能想象，它在无限的宇宙中会永远摹抄自己同一的手法？我们把人类的一种被称为理性的能力挑选出来，理性即使在地球这个狭小角落里的作用范围也十分有限，我们有什么理由派定它为万物的根本因？所谓思想只是人脑内的小小跳动，如此渺小而脆弱，我们怎么可以断定全宇宙都是遵照它的范式运作的？

莱布尼茨宣称，上帝创造的这个宇宙是一切可能世界中一个最好的世界。休谟十分鄙夷这个说法，他说，就算是某个神的作品，也实在设计和制作得太差。毋宁说，它是某个幼稚的神的初次习作，后来对自己拙劣的工作感到羞愧，就抛弃了它。或者，它是某个老朽的神的晚期作品，这个神死了之后，它就凭借盲目的冲动乱撞乱碰了。这些形容让我吃惊，这个有乐天性格的哲学家，内心深处也许是一个悲观主义者。

2. 道德的基础是人性而非宗教

在西方社会中，无论教会还是世俗舆论，都强调基督教信仰对于道德的重要性。在休谟之后，康德在其道德体系中把上帝存在和灵魂不死设立为必要的假设，论证了信仰上帝和天国是维护世间道德不可缺少的约束。休谟在这个问题上的论述，既挑战了传统，又仿佛预先批驳了康德的论证。

主张基督教信仰对于维护道德不可缺少，其主要理由是认为，唯有相信上帝存在，主持着终极的正义，一个人因自己的行为不但在现世受到赏罚，更要在来世受到最严重的赏罚，人们才会检点自己的行为。在《人类理解研究》中，休谟对这个理由进行了驳斥。他说，这种关于来世的推论不管正确与否，对人们实际的生活和行为都不会有什么影响。人们是根据自己的生活经验来规范自己的行为的，世界上的任何宗教和哲学都不能使我们超出自然的寻常途径，在我们通过反省日常生活所得到的行为规范以外，再添加一些别的规范。

我理解休谟的意思是，人们在社会生活中形成了社会性情感，这种情感推动人们趋善避恶，追求个人和人类的幸福。道德规范约束人的行为的强制性力量，仅来自这些规范对于社会生活的绝对必要性，而不是宗教。道德的基础是人性，宗教不能成为道德的基础。人们只要有社会性情感，没有宗教也行，反之，有宗教也白搭。

宗教对道德不但无用，而且有害。在《自然宗教对话录》中，克里安提斯说，宗教不管怎么坏，总比没有宗教好。对此斐罗反驳说，历史表明，宗教造成的更多是祸害，人类在从未注意或听说宗教的时代是最幸福的。在宗教统治的时代，人们的道德最低下，以貌似的热诚履行许多宗教仪式，心却是冷的、萎靡的，一种佯装的习惯逐渐养成了，欺诈和虚伪成为主要的原则。我们可以观察到，最高度的宗教热忱和最高度的虚伪绝不互相冲突，而且通常统一在同一个人的性格之中。

3. 怀疑论和神秘主义两极相通吗

在《自然宗教对话录》中，第美亚是神秘主义的代表。他认为，由于人类理解力的缺陷，上帝的性质对于我们是完全不可了解的。人类是有限的、脆弱的、盲目的生物，上帝无限地高于我们，我们只应该在它的庄严存在面前表示谦卑。因此，他也反对克里安提斯所主张的设计论的论证，说把上帝和人的心灵进行类比，把渺小的人类当作全宇宙的模型，这是渎神。

代表休谟的斐罗陈述了他的怀疑论立场。他说，人类理性只适合于处理非常有限的论题，并且通常只能做出一个具有较大或然性的决定。可是，在宇宙的起源和上帝的存在这样的问题上，人们可以提出许多互相矛盾的观点，每一个都可能是对的，也都可能是错的。在这种完全的无知和晦暗之中，人类的理智只应该抱怀疑的态度，不允许做任何假设，做任何假设都是毫无意义的。

面对这两个对手，克里安提斯责问道：你们一个是主张神的性质绝对不可了解的神秘主义者，一个是主张宇宙的最初因绝对不可知的怀疑论者，可是你们到底有什么区别呢？斐罗承认说：在这里，正确的推理与正当的虔敬会合在同一个结论之中，两者都确定了至高存在的神秘而不可了解的性质。他接着说：在学术人士之中，做一个哲学上的怀疑论者是做一个健全的、虔信的基督教徒的第一步和最重要的一步；只有哲学上的怀疑论者配得上神的慈爱，他们由于自然地怀疑自己的能力，对于如此崇高而不寻常的论题一概采取悬而不决的态度。

斐罗的这些议论让研究者感到困惑，如果斐罗的确是休谟的代言人，那么这是否意味着休谟在宗教问题上的转向？我认为并非如此，怀疑论和神秘主义是有根本区别的。神秘主义认为神的性质不可知，但确信神的存在，因此以谦卑的姿态面对神。怀疑论则认为神是否存在也是不可知的，因此面对与神有关的问题皆保持沉默。我揣摩休谟的意思可能是，假设神存在，它最欣赏的一定是怀疑论者的态度。正是在这个意义上，神称许自知一无所知的苏格拉底是全雅典最智慧的人。

4. 再谈怀疑论与日常生活的关系

在《自然宗教对话录》中，通过克里安提斯和斐罗之间的辩论，休谟再次对怀疑论与日常生活的关系进行了思考。

克里安提斯对斐罗说，你的怀疑论是否真像你自命那样地绝对或真诚，我们可以走着瞧，等这里散伙的时候，看你是从门口还是窗口出去，看你是否真的怀疑你的身体具有重量，从窗口跌下时不会受伤，看你是否真的认为我们从日常经验中得出的一切认识都是虚妄的。一个人在兴致骤发的时候，思考了人类理性的种种矛盾和缺陷，可能完全放弃一切信仰和意见，可是他将如何支持这种兴致本身呢？回到了世俗事务之中，这个哲学家就立刻变成俗人了，他不可能把彻底的怀疑论坚持数小时之久。

斐罗承认，无论谁可能把怀疑论的原则推演到何种程度，他仍然和旁人一样，必须生活、行动和交谈，而对于这种情形，他除了说他有这样做的绝对必要性之外，给不出任何别的理由。但是，假如他把他的思考推到更远，超过这种束缚他的必要性，对自然和人生的问题加以哲学的探讨，就他本人来说，是因为这种探讨给了他某种快乐和满足。但是，不止于此，对于每一个人来说，具有一定的怀疑论精神都是好的。每一个人从小到大，在日常生活中或多或少地形成了自己的一种哲学，一些对行为与推理的普遍原则，不过往往是模糊、凌乱而摇摆不定的。那么，怀疑论让我们对这些原则进行审视，力求让它们更加清晰、有条理和稳定。哲学所起的作用，就是让我们在日常生活方面的推理更自觉、更善用方法，它在根本上是有益于日常生活的。

5. 自然宗教

作为彻底的经验论者，休谟坚定地认为，凭借经验和理性都不能得到上帝的观念。那么，对上帝的信仰是如何形成的呢？他对此的研究有两个基本的角度。一是情感心理学，如同道德，宗教在人性中有其根源，对神的信仰是建立在人的感情和冲动的本性上的。另一是习惯的力量，如同道德规则和政治秩序，宗教是人类社会的自然产物，它不是创造的，而是长成的。

在《宗教的自然史》中，休谟分析了宗教在历史上产生和发展的过程。人类最初的宗教是多神教，起源于对生活中苦难的恐惧和排除这些苦难的希望。从这些情感所外化出来的众神不是世界的创造者，与宇宙的起源和结构之类的宇宙论问题毫无关系，只是民众的迷信造就的偶像。一神教由多神教发展而来，大致是通过把天上的秩序类比于尘世的政治秩序而推导出来。一神教远非大众心智所能理解，不必说古代人们愚昧的心智，即使现在，你去问一个信众为何信上帝，他绝不会提及终极因的美好，而会告诉你，某个人死于非命，某地发生灾难，诸如此类，所以他求上帝保佑。无论多神教还是一神教，都是源于人类的软弱和悲惨而产生的情感上的需要，是一种精神的安慰和寄托。

参考书目

[英]休谟:《人性论》，关文运译、郑之骧校，商务印书馆，1980

[英]休谟:《人类理解研究》，关文运译，商务印书馆，1997

[英]休谟:《道德原则研究》，曾晓平译，商务印书馆，2017

[英]休谟:《自然宗教对话录》，陈修斋、曹棉之译，商务印书馆，2017

图书在版编目（CIP）数据

西方哲学史讲义. 中 / 周国平著. -- 深圳 ：深圳
出版社，2023.11（2025.2重印）
ISBN 978-7-5507-3392-3

Ⅰ．①西… Ⅱ．①周… Ⅲ．①西方哲学－哲学史
Ⅳ．①B5

中国国家版本馆CIP数据核字(2023)第190646号

西方哲学史讲义. 中
XIFANG ZHEXUESHI JIANGYI. ZHONG

出 版 人	聂雄前
责任编辑	杨雨荷　韩海彬
责任校对	董治钥
责任技编	郑　欢
装帧设计	董歆昱

出版发行　深圳出版社
地　　址　深圳市彩田南路海天综合大厦（518033）
网　　址　www.htph.com.cn
订购电话　0755-83460239（邮购、团购）
设计制作　果麦文化传媒股份有限公司
印　　刷　河北鹏润印刷有限公司
开　　本　890mm×1280mm　　1/32
印　　张　12.5
字　　数　270千
版　　次　2023年11月第1版
印　　次　2025年2月第3次
定　　价　249.00元（全三册）

西方哲学史讲义

下

周国平 著

深圳出版社

果麦文化　出品

目 录

第 5 卷
思想的启蒙　　　　近代后期　公元十八世纪

i

第 6 卷
个性的呼告　　近代晚期 公元十九世纪

第二十七讲　叔本华

第二十八讲　爱默生

第二十九讲　密尔

第三十讲　尼采

第 5 卷

思想的启蒙

近代后期

公元十八世纪

十八世纪的欧洲，出了两位改变历史的伟大启蒙思想家，就是卢梭和康德。这两人都身材矮小，但精神能量巨大，在不同的领域发动了革命。

　　卢梭生性羞怯，拙于社交，他的思想却把欧洲社会搅得天翻地覆。在一个推崇文明和进步的时代，他旗帜鲜明地反对文明和进步，提倡回到自然，显得惊世骇俗。他的《爱弥儿》生动地阐述了合乎自然的教育以及相关的人生、道德、宗教、性爱应该是什么样的，令人耳目一新。他的《社会契约论》对西方社会的发展发生了重大影响，召唤来了法国大革命，并且为建设一个新世界描绘了蓝图，他因此被称作共和国的宣布人。

　　康德一生足不出哥尼斯堡，他的思想却拓宽了人类精神的各个领域。他的"三大批判"对认识、道德和审美进行系统研究，构成了一个极具思辨性又极具独创性的完整体系。其中，他自己宣称、哲学界也比较公认的是，《纯粹理性批判》在哲学中实现了一个哥白尼式的革命。古典哲学致力于探究世界的真相是什么，近现代哲学把立足点转到了探究意识建构世界的方式是什么，笛卡尔是这个转折的开启者，康德则是完成者。在他之后，西方哲学史翻开了新的一页，进入了现代的语境。他的伦理学高扬人作为精神性存在的尊严，他的美学寻求真和善在美之中的统一，他晚年关于启蒙和人类永久和平的思考，都具有深远的影响。

第二十五讲

卢梭

大自然塑造了我，然后把模子打碎了。

——卢梭

在近代哲学史上，卢梭是一个很特别的哲学家。他没有读过几本哲学书，对在他之前和与他同时代的哲学家们讨论的问题，无论是本体论还是认识论，都完全不感兴趣，也几乎没有发表什么看法。他关注的是自己内心的体验，就此而言，与他的法国前辈蒙田和帕斯卡相近。然而，很少有一本哲学史会讲蒙田和帕斯卡，却没有一本哲学史可以不讲卢梭。他的最后一本著作题为《一个孤独的漫步者的梦思》，这个书名可以代表他的整个思想方式，他在孤独的漫步中梦思，他的梦思揭示了真理，他因此成了一个思想家。他在气质上是一个十足的诗人，这个诗人闯进哲学家们的领地。他实际上不曾写过一本严格意义上的哲学著作，他写的是教育学、政治学和文学的著作，在这三个领域都开创了一个新的方向，而在这新的方向中，人们辨别出了一种新的哲学，就是对个性和自由的张扬。

一　孤独的大名人

让 - 雅克·卢梭（Jean-Jacques Rousseau，1712—1778）的

让-雅克·卢梭（Jean-Jacques Rousseau，1712—1778）

一生，大致可以分为四个阶段。三十岁前，在日内瓦和法国外省，他沦落市井，一事无成，在别人眼里是一个混混。三十到五十岁，在巴黎，他从事创作，三十七岁一举成名，成为欧洲的大名人。五十到五十八岁，他遭到政治迫害，辗转瑞士、英国、法国各地流亡。五十八岁以后，回巴黎，直到六十六岁去世，他离群索居，在孤独中度过晚年。

1. 沦落市井的混混

卢梭诞生于日内瓦一个工匠家庭，祖上三代都是钟表匠。他出生后几天，母亲去世，在父亲去了外地之后，这个少年也离家出去闯荡了，靠打杂和当学徒、仆役为生。

十六岁时，他遇到一个女人，这个遭遇对他关系重大。当时有人建议他入教，让他去法国东南小镇安纳西找一个在教会做志愿者的女人，他去了。见到华伦夫人的那个时刻，他终生难忘。他本来以为，他会见到一个丑老婆子，站在他面前的却是一个二十八岁的美女，后来他在《忏悔录》中如此描绘："风韵十足，一双柔情美丽的大蓝眼睛，光彩闪耀的肤色，动人心魄的胸部轮廓，态度亲切妩媚，目光温柔，嫣然一笑好像一个天使。""我这新入教的年轻信徒立刻被她俘虏了。毫无疑问，用这样的传教士来传教，一定会把人领进教堂的。"

在这之后，为了谋生，他去了都灵、里昂等地，仍给人当仆役、随从。他念念不忘华伦夫人，二十岁时，他回到了她身边，这时她已迁居法国东南省会城市尚贝里。她对这个模样俊俏的流浪青年十分怜爱，收留了他。华伦夫人很早离异，无子女，有一个管家兼她的情人。卢梭称呼她为妈妈，而当她得知有女人在勾引他时，就主动承担了替他破身的任务，让他做了她的第二情人。不久，那个管家病逝，他成了她新的管家和唯一情人。他对华伦夫人的感情始终是矛盾的，总觉得和他唤作妈妈的这个女人上床是乱伦。

华伦夫人关心他的教育，把他送进神学院学习。不到三个月，院长就灰心了，说这个学生很难教育，不肯用功，智力也太差，让他退学了。卢梭自己说，在他的青少年时代，他许多次得到类似的评价，人们断定他没有才华，缺乏思想，知识贫乏，在各方面都很有限，日后能在乡村当一个本堂神父就谢天谢地了。

华伦夫人对他宠爱有加，任他自由自在，想做什么就做什么，什么都不想做也可以。二十五岁时，他有了紧迫感，觉得自己到这个年龄仍一无所知，太不像话，于是刻苦自学了一阵。他从小喜欢普鲁塔克，还读过塔西佗、塞涅卡和维吉尔，现在开始读笛卡尔、洛克等哲学家的著作。不过，总的来说，正如罗曼·罗兰说的，他受的教育是不完全的，和同时代法国的百科全书派哲学家们完全不能相比。

卢梭在华伦夫人身边过了几年舒服日子。二十八岁时，他去了里昂，在一个叫马布里的官员家里当家庭教师，教两个年幼的孩子，结果很悲催，两个孩子完全不听管教，他自己也精疲力竭。他写了一份备忘录给马布里先生，谈他的教育思想，后来在《爱弥儿》中对此系统阐述，使之成为名著。可是，马布里先生对这个备忘录不屑一顾，雇用他满一年之后，没有续订合同。三十岁时，他回到尚贝里，发现他在华伦夫人身边的位置已被别人夺走，她对他的态度变得冷淡。于是，他离开日内瓦，去巴黎闯荡了。

后来，在回顾自己的一生时，卢梭最怀念的是在华伦夫人身边度过的岁月。对这段岁月的回忆构成了他的回忆录《忏悔录》中最美的篇章，也是他的遗作《一个孤独的漫步者的梦思》最后一节的主题，这是他去世前留下的最后的文字，对华伦夫人的怀念成了他的绝笔。华伦夫人待他太好，若不是她收留他并且宠爱他，他为了谋生仍在底层混迹，就会成为一个完全不同的人。他说，在这段静好岁月里，他享受了一种丰盈而纯净的幸福，享受了仿佛一个世纪的生活。这个时期决定了他的一生，在他的心中产生了对宁静和沉思的爱好。他的心趋向于一种最适合他的状态，后来也一直保持了这种状态。他总结说，是华伦夫人塑造了他，他的一生都是她给的。

卢梭是知恩感恩的。华伦夫人诚然待他好，但也只是一个普通的女人，只是两人恰好都在最合适的时间出现在了各自的生活中。她精力充沛，喜欢折腾，先后做过金融投机、办过工厂、开过矿，但都失败了。她后来的情况很悲惨，最后贫病交加而死。

2. 一夜成名的天才

现在，卢梭来到了巴黎，这个大都会聚集了顶级的名流和贵妇，对他充满诱惑。他渴望出名，相信自己有音乐才华，怀里揣着一个小喜剧的手稿、一种新体系的乐谱，想靠它们撞上好运，但未能如愿。到巴黎的第二年，新任法国驻威尼斯大使蒙台居需要一个秘书，选中了他，于是他跟随去了威尼斯。结果他嫌这个大使蠢笨，很看不起，不久两人就吵翻了，大使辞退了他。回巴黎后，他仍然做一些家庭秘书之类的工作，一直这样到三十七岁。他写信给华伦夫人说："我的情况很奇怪，成天无所事事，但自己的时间又无法支配，因为我要寸步不离地陪伴那些无所事事的人。"

三十七岁的一天，这时他已经认识了比他小一岁的哲学家狄德罗，两人成了好友，当时狄德罗因为违反出版法被关在一个监狱里，他去探望。坐马车太贵，他就步行去，路程八公里。天气炎热，他走得满身大汗，便放慢步子，拿出随身带的一份刚出版的《法兰西信使报》，边走边翻阅。他突然瞥见第戎科学院的一则有奖征文的公告，征文题目是《论科学与艺术的复兴是否有助于使风俗日趋纯朴》（以下简称《论科学与艺术》）。后来他描写说，在看到这个题目的一刹那间，他立即像是被一千条光线刺穿，兴奋到了极点，倒在大路旁的一棵树下，神智错乱。醒来时，衣服前襟已被泪水湿透。"从那个时刻起，我住进了另一个世界，我变成了另一个人。"他的确变成了另一个人，心灵的闸门打开了，从此洪流滚滚。他的论文获奖了，出版后反响巨大，用狄德罗的话说是直冲云霄、前所未有。一夜之间，他成了整个欧洲的大名人。

对于第戎科学院提出的问题，他的回答是斩钉截铁的否定，断言科学和艺术败坏风俗，助长奢靡之风的蔓延。全欧洲都知道了他的观点，他要向人们证明他说到做到，从此不戴饰物和扑香粉的假发，不佩宝剑，不用怀表，穿朴素的平常衣服。他还辞去了有薪水的秘书职务，宣布要当一个工人，靠替人抄乐谱挣钱糊口。

他的成功给他带来了更多的机会。三年后，他凭他的音乐作品又大出了一次风头。这是一部题为《乡村巫师》的歌剧，按照罗曼·罗兰的说法，他只不过是一个刚刚及格的作曲家，没有什么创新，训练也很差。剧情倒是符合他的获奖论文中的观点，讲一个牧羊人受一个美妇人引诱，一度上钩，后来回到了他的村姑身边。第一次公演时，国王和蓬巴杜夫人来观看，剧场里赞叹声不绝，女士们流泪，所有人都把目光投向在座的作者。蓬巴杜夫人把剧本拿到宫廷里排演，亲自扮演村姑角色，派人给作者送去酬金。此后，这个剧在剧院里常演不衰。

再过一年，他四十一岁，第戎科学院又举行有奖征文，题目是《论人类不平等的起源》。他提交了论文，但这次没有获奖，可能是因为他抨击了私有制。不过，两次应征写论文，开启了他在政治学上的深入思考。

因为出名，卢梭受公众追捧，被上流社会迎为座上客，但他并不喜欢这种热闹的生活，渴望隐居。包税人的妻子埃皮奈夫人在蒙莫朗西森林旁有一座房子，名为退隐庐，邀请他去居住，正中他下怀。居住期间，他和一个女子闹了一场准恋爱，埃皮奈夫人很生气，他就搬了出来，自己在附近租了一间破旧的屋子住。这时他认识了卢森堡元帅，在他的上流社会朋友中，卢森堡元帅对他最为诚恳和爱护，邀请他住进了同样位于蒙莫朗西森林的一个小庄园。就这样，从四十四岁起，卢梭在幽静的蒙莫朗西森林一共居住了四年多。正是在这几年里，他写出了他的几部最重要的著作，包括《新爱洛依丝》《致达朗贝尔论戏剧的信》《社会契约论》《爱弥儿》等。

《新爱洛依丝》是一部开浪漫主义文学之先河的小说，在他四十六岁时完成，四十八岁时出版。这部小说获得的成功是史无前例的，在他生前和死后不断再版，成了十八世纪最畅销的书。此书出版之初，立即引发轰动，没有钱买书的人就租书看，书店里挤满了站着看书和在旁着急等候的人。女人们尤其入迷，对作者充满好奇，觉得作者太懂女人心。一位王妃准备去参加舞会，拿起这本书，一看就放不下，把舞会丢在了脑后。读者来信如雪片般飞来，纷纷尊作者为导师，说这本书使自己的人生观发生了彻底的变化。当时法国名气最大的文人是伏尔泰，而因为这本小说，卢梭至少和伏尔泰齐名了。在日内瓦的一次盛大节日活动之后，居民们一齐举杯高呼卢梭万岁。

3. 受迫害的流亡者

正当卢梭处在名声的顶峰之时，厄运降临了。起因是一篇谈论基督教的长文，题为《一个萨瓦省神父的信仰自白》，卢梭把它用在了《爱弥儿》第四卷之中。他站在自然神论的立场上，既反对无神论者对上帝和灵魂的否认，也抨击奇迹、启示、耶稣的神性和教会的权威，前者得罪了百科全书派哲学家，后者激怒了教会、政府和公众。《爱弥儿》刚出版，巴黎大主教和高等法院就都下令查禁，警察没收了书店的全部库存，议会在巴黎正义宫的楼梯下举行了公开焚毁此书的仪式。

不止于此，法院还签发了逮捕令。卢森堡元帅得到消息，赶紧派人通知他。他来到元帅府第紧急商量，为了不连累保护他的元帅夫妇，决定逃走。元帅夫妇给他备了马车和车夫。此时五十岁的卢梭，踏上了长达八年的流亡之路。去哪里呢？日内瓦是他的祖国，当时是一个独立的共和国，可在巴黎焚书九天之后，那里的政府也下令查禁和焚毁《爱弥儿》，还搭上了没有引起巴黎方面注意的《社会契约论》，并且决定倘若作者入境，就立即逮捕。后来，在临时安顿下来后，卢梭给日内瓦政府写信，声明永久放弃日内瓦公民的身份，成了一个没有祖国的人。

日内瓦去不了，他在瑞士伯尔尼州的一个小地方暂时栖身，但很快也遭到驱逐。经好心人斡旋，开明的纳沙泰尔总督给了他避难权，纳沙泰尔位于瑞士西部，当时在普鲁士国王的管辖之下。他毕竟是大名人，加上他的装束很奇怪——因为患有严重的泌尿系统疾病，常年披一件亚美尼亚长袍，用以遮挡身上放置的导尿管——因此，他走到哪里，哪里就会出现围观者。他在一个名叫莫蒂埃的村庄里住了三年，但日子过得并不太平，不断有攻击他的书籍、小册子和文章发表，其中日内瓦检察长特农香的《乡村来信》最有分量，他便写《山中来信》予以反击，再次阐述他在宗教和政治问题上的观点。在海牙、伯尔尼和巴黎，《山中来信》被宣布为禁书，并举行焚烧仪式。莫蒂埃的村民仇恨这个不信神的人，看见他就朝他辱骂、啐唾沫、扔石块。一天半夜，他的屋子遭到冰雹般的石头袭击，一块大石头打碎窗玻璃，滚到了他的床边。

莫蒂埃村是不能住了，他在这里会有生命危险。一位朋友安排他转移到圣皮埃尔岛上居住。这个岛在伯尔尼州范围内，全岛只有一座房子，是一个税务所，卢梭就去与税务员一家人做伴。虽然伯尔尼州政府对他下过驱逐令，但这里与世隔绝，他觉得应该没有问题。可是，他的梦想又一次破灭了，州政府再下驱逐令。他给州里的官员写信说："我已走投无路，请求你们能把我关在哪里就关在哪里，让我在监狱里度过余生。"这仍然是梦想，他在圣皮埃尔岛上只住了几个星期。晚年时，他回忆说，一生之中，在这个幽静小岛上独处的生活，最使他感到惬意。

在卢梭的贵族朋友中，除了卢森堡元帅，就数巴芙勒伯爵夫人待他最好。她这时伸出了援助之手。美丽聪慧的巴芙勒夫人是孔迪亲王的情妇，此时英国哲学家休谟在巴黎担任英国驻法大使的秘书，成为了她的第二情人。她建议卢梭去英国，请休谟来安排。卢梭同意了，潜回巴黎，在休谟的陪伴下到了伦敦。卢梭比休谟小一岁，按理说，两人都是青史留名的大哲学家，他们的结交应该留下一段佳话，可是事与愿违，结局坏到不能更坏。

事实上，卢梭这时已经患有受迫害妄想症，而且越来越严重。他和巴黎的哲学家圈子早已闹翻，认定存在一个迫害他的阴谋，而休谟和这个圈子关系密切，因此到伦敦不久，他就怀疑休谟也参与了这个阴谋，而且把他弄到英国来本身就是阴谋的一个组成部分。和休谟相处时，他经常疑神疑鬼、情绪失控，好脾气的休谟终于忍无可忍，也恶言相向，于是两人决裂。休谟后来才意识到，卢梭其实是到了发疯的边缘，不失公正地评论道："他的敏感是我从未见过先例的，这个人好像不仅被剥掉了衣服，而且被剥掉了皮肤，在这种情况下被赶出去和猛烈的狂风暴雨进行搏斗。"

五十五岁时，卢梭离开英国，回到法国，滞留在外地。五十八岁时，他回到巴黎。他没有再发表文章，政府也就没有再找这个贫病垂暮之人的麻烦。在流亡期间，他写了《忏悔录》上下卷，但决定生前不发表。

4. 孤独的漫步者

回到巴黎后，卢梭住进了曾经居住过的市中心一所公寓的第五层。他的住所很简陋，一个小房间是厨房，一个较大的房间兼做客厅、餐厅和工作间。一位到访的亲王感叹说："这间破破烂烂的屋子只能说是一个老鼠窝，哪知里面住着一位天才。"

卢梭仍然靠抄乐谱为生。人们怀着好奇心，借口请他抄乐谱，蜂拥而至。他工作得很认真，对顾客不论地位高低一视同仁，始终按期交活，而且视质量为名誉攸关的大事。他凭他的名气得到的唯一好处，只是报酬略高于别人，但所得报酬也只是刚够维持日常生活而已。根据他的账本记载，他在七年里共抄了一万一千多页乐谱。生命最后一年，他因为健康恶化，停止抄乐谱，生计颇为困难。

他太孤独了，卢森堡元帅早已去世，曾经的朋友们也都已弃他而去。世人不理解他，他就和自己对话，并且把对话写成了三篇文稿。他决定把文稿放到巴黎圣母院的祭坛上，直接送交上帝。可是进了圣母院，唱诗班的铁丝架已经关闭，他无法接近祭坛。在他看来，这意味着上帝也不想听他的肺腑之言了，他因此陷入深深的绝望。

在巴黎的大街上和林荫道上，在杜伊勒利公园里，出现了一个身材矮小的老人。他留意观察过往行人，觉得哪个人面善，就一声不吭走过去，递上几页纸。他是卢梭，写了一封信，并抄了许多份，这封题为《致每个仍然热爱正义和真理的法国人》，信中写道："法国人啊！你们以往是那样的和蔼可亲和待人宽厚，现在却变得这样冷漠！对于一个将其命运交给你们的外国人，一个无人帮助、无人保护的不幸的人，你们竟变得如此无情！"可是，没有一个人肯收下他递来的那几页纸，都匆匆走开。在人们眼中，他是一个疯子。

在孤独中，他的唯一安慰是独自散步。他迷上了植物学，边散步边观察各种植物，打算编一本《实用植物学辞典》，但这个计划没有实现。六十四岁时，他开始写《一个孤独的漫步者的梦思》，这是他的最后一部著作，但因为逝世而中断。这本书的开篇写道："如今，我在世上只是孤零零一个人了。除了我自己，没有兄弟，没有邻人，没有朋友，没有社会。一个最好交谊、最重感情的人，已被完全一致地驱逐出了人类。"

六十六岁时，他移居巴黎附近的爱隆美尔镇。同年七月二日，这个孤独的大名人在这里与世长辞。

5. 卢梭的私生活

卢梭三十三岁时，认识了一户人家的女仆，名叫黛莱丝，比他小九岁，两人开始同居。事实上，黛莱丝后来成了他的终身伴侣，并且在他五十六岁时正式宣布结婚。开始时，他的哲学家朋友们多次试图拆散这一在他们看来十分可笑的结合，这让他很生气。他自己出身低微，而且有牢固的平等观念，并不嫌弃同样出身低微的黛莱丝，这很好理解。但是，他见过太多可爱的贵族女子，并且容易动感情，而他自己也承认，他对黛莱丝从来没有产生过一丁点儿爱的火花，因此这一持续终身的结合似乎令人费解。

平心而论，黛莱丝也不是他的好伴侣。她没有文化，头脑迟钝，他曾经试图教她认字、写字，却收效甚微。她趣味低俗，喜欢和说长道短的人在一起，和他完全没有共同语言，也不愿陪他去户外散步。她还经常出轨，卢梭自己就撞上过，这成了他朋友圈里的笑谈。她把她的母亲和几个亲戚招到家里，卢梭因此有一大家子人要养活。

那么，她究竟好在哪里，能够使得卢梭一辈子不离不弃？卢梭说她心地善良，感情朴实，这也许是事实，不过，仅此好像不足以抵消她诸多严重的缺点。在我看来，还是卢梭自己太善良了，天生同情弱者，而在他眼里，黛莱丝就是一个弱者，需要他保护。同时，他后半生也太孤独了，需要一个相依为命的人，而黛莱丝的确一直和他相依为命。

在《爱弥儿》中，卢梭写道："一个受过教育的男人是不宜娶一个没有受过教育的女人的，他不应该到没有受教育机会的阶层中去选他的妻子。"这显然是在说他自己的教训。他接着写："不过，我倒是十分喜欢朴实和受过粗浅教育的女子，而不喜欢满肚皮学问和很有才华的女子的，因为她会把我的家变成一个由她主持的谈论文学的讲坛。由于她认为她有很高的才情，所以她看不起妇女应尽的天职，硬要把自己变成一个男人。"

他不想娶一个才女，自有他的道理，可是黛莱丝离受过粗浅教育的程度也很远，这肯定是让他感到遗憾的。

在卢梭的私生活中，最引人诟病的是他遗弃孩子。他和黛莱丝先后有过五个孩子，都是一出生就让接生婆送去了育婴堂，从此不再过问。他自己的解释是，一想到在这样一个乱糟糟的家庭里抚养孩子，他就感到害怕。后来这就成了他的一个心病，不断为此忏悔。在《爱弥儿》中，他写道："凡是有深厚爱心的人，如果忽视了养育孩子的神圣职责，我可以向他预言，他将为他的错误流许多辛酸的眼泪，而且永远也不能从哭泣中得到安慰。"他说的是他自己。可怜的卢梭，他不原谅自己。在这件事上，我也不原谅他。

6. 卢梭与伏尔泰

我到过巴黎先贤祠，那里的主厅里只有两具棺椁，分别葬着伏尔泰和卢梭。对于法兰西共和国来说，这两人的地位至高无上，并且不相上下，是并立的两位国父。人们也许想不到，这两人在生前是死敌。

伏尔泰比卢梭年长十八岁，卢梭尚未出道，他已是法国文坛的泰斗。卢梭自述，他是读了伏尔泰的作品才产生文学梦的。《论人类不平等的起源和基础》（以下简称《论不平等》）出版后，他寄了一本给伏尔泰求教，伏尔泰回信说："先生，我收到了你诋毁人类的新作，谢谢。从来没有人像你这样花那么多心思要把我们变成野兽。谁读了你的书，谁就想用四个脚爪爬行。不过，我在六十多年前就改掉了这个习惯，很可惜已经无法恢复了。"也许可以把这看作调侃，不过，此后卢梭每发表新作，他基本上都是用刻薄的语言讽刺。

在卢梭居住巴黎的后期，两人的交恶已经开始。卢梭把自己看作伏尔泰的弟子，但这个导师却欺负他，经常散布辱骂他的言论。他忍无可忍，给伏尔泰写信说："先生，你使我，你的弟子，你的热情的崇拜者，受到了最严重的伤害。我恨你，如果你愿意的话，是作为一个本来配爱你的人那样恨你。在我的心曾经对你洋溢的一切感情中，现在只剩下了不得不有的对你的天才的钦佩和对你的著作的喜爱了。如果说除你的才能外，你没有丝毫让我尊敬的地方，这非我之过。"

到了卢梭流亡的时期，两人的交恶达于顶点。这时伏尔泰已在日内瓦附近购房定居，日内瓦是卢梭的祖国，他有家不能回，而伏尔泰却在那里势力显赫，并且策划反对他的运动。这个大人物还亲自上阵，发表小册子《公民们的看法》，充满人身攻击，把卢梭的隐私公开于世，如此写道："你们知道卢梭是一个什么样的人吗？他打扮成一个江湖艺人的样子，带着他那个可怜的老婆从这个村走到那个村，从这个山爬到那个山，一路乞讨过日子，还把这个女人生的孩子都扔在了弃婴院的门口。"结尾的话尤其恶毒："如果说对一个亵渎宗教的人惩罚尚轻的话，那么对一个卑鄙的煽动暴乱的人必须严惩不贷。"此话从一个启蒙思想家口中说出，令人难以置信。卢梭已经因为宗教问题上的立场遭受迫害了，他竟然还鼓动利用政治问题上的立场置卢梭于死地。我们仿佛看到，这个反对专制政权的斗士是比专制政权更凶恶的迫害者。卢梭太弱势了，无力反击，因此产生了写《忏悔录》的想法，寄希望于后世的人们来还他清白。

事实上，这两个人在世时只见过一面。伏尔泰为什么这么恨卢梭呢？不错，他们的思想很不同，伏尔泰崇尚理性，卢梭崇尚情感，伏尔泰主张君主立宪，卢梭主张共和。可是，"我不同意你的观点，但我誓死捍卫你表达你的观点的权利"，这句漂亮的警句不正是出自伏尔泰之口吗？我认为他是心胸狭隘之人。在很大程度上，他是不能容忍卢梭的名声后来居上。歌德说，伏尔泰代表旧世界的终结，卢梭代表新世界的诞生。是的，上天可以让一个心中充满恨的人来结束旧世界，但必须让一个心中充满爱的人来开创新世界。

伏尔泰和卢梭在同年去世，法国大革命期间，两人的遗骸移葬先贤祠。卢梭棺椁的设计别出心裁，棺椁里伸出一只手臂，我仿佛听见卢梭在叫喊："让我出去！让我离开这个家伙！"

二　特立独行的个性

要理解一位哲学家的思想，就应该对他作为一个人的特性有所了解。不过，就大多数哲学家而言，这并非十分重要，也许更重要的是了解他们的学术历程和思想渊源，因为他们主要是在研究和批判前人思想的过程中形成自己的思想的。卢梭不然，他是天才而不是学者，读书有限，主要凭借内心的直觉和感悟，他的思想和他的个性有着最直接的联系。因此，在讲述了他的生平之后，我要专门来描摹一下他的个性，分析一下这种个性与他的思想之间的关系。

1. 个性独特，做人真实

"大自然塑造了我，然后把模子打碎了。"在《忏悔录》开头部分，卢梭如此骄傲地宣称。他在这本书中还说："我生来就和别人不同，只是年纪越来越大，我才渐渐变成了一个普通人。"事实上，他始终特立独行，这句话只是表明，他多么珍惜老天把他生成的样子，为岁月会把它磨损而感到遗憾。从道理上说，人的天赋虽有不同，但每个人都是一个独一无二的生命个体，都应该珍惜和实现自己作为独特个体的价值。但是，如同卢梭所形容的，许多人只是机器人，从不为自己做主，而是靠弹簧推着走。他指出，一个人如果不成为自己尊敬的对象，是绝不会幸福的。

卢梭身材纤小玲珑，容貌清秀，年轻时像一个女孩。他的性格也像女孩，温柔而羞怯，但他是外柔内刚，内心十分刚强，而这刚强源于他对自己的尊敬。终其一生，他坚持以真实的面目示人。他并不认为自己十全十美，但他喜欢这个不完美的真实的自己。因此，当他写《忏悔录》给自己的一生做总结的时候，就有一种无所畏惧的坦荡和诚实，宣告说："我现在要做一项既无先例、将来也不会有人仿效的艰巨工作。我要把一个人的真实面目赤裸裸地揭露在世人面前。这个人就是我。"

我们看到，在《忏悔录》中，卢梭的确坦陈了人们通常羞于启齿的一些个人隐私，例如少年时的露阴癖和手淫，因为诬陷一个女仆而一直压在良心上的重负，等等。有人说他总体上是在美化自己，可是，我认为诚实和自爱并非互相排斥的，相反是不可分割的，一个人唯有光明磊落地爱自己，才能够诚实地面对自己全部的外在经历和心路历程，既正视其中的阴暗面，又不因之鄙弃自己。所以，卢梭敢于如此向上帝呼告："万能的上帝啊！我的内心完全暴露出来了，和您亲自看到的完全一样，请您把那无数的众生叫到我跟前来！让他们听听我的忏悔，让他们为我的种种堕落而叹息，让他们为我的种种恶行而羞愧。然后，让他们每一个人在您的宝座前面，同样真诚地披露自己的心灵，看看有谁敢于对您说'我比这个人好！'"

2. 感觉敏锐，思想迟钝

卢梭自己经常拿他的感觉之敏锐与思想之迟钝做对比。在他的心智结构中，感性显然大大超过理性。他的感觉之敏锐、情感之细腻和丰富，证据在他的著作中俯拾皆是。至于他的思想之迟钝，也许主要是指记忆力太差。感受力极好的人往往记忆力甚差，这或许是上帝为了保护他的创造力而做出的安排。卢梭说，他曾经努力要克服这个弱点，试图用强记的方法加强记忆力，逼迫自己背诵诗歌。可是，总是今天背了明天就忘，背了一百遍也忘了一百遍，结果一首也没有记住。他喜欢维吉尔的牧歌，不知念了多少遍，仍然是一句也背不出来。让他惊奇的是："我不知道为什么我这种顽强的、不间断的、无结果的努力，居然没有使我变成傻子。"他还说，因为记忆力差，他写作也极其困难，反复涂改，写得非常慢。

然而，卢梭直觉极好，有丰富而深刻的内心体验，他自己知道这一点，并且自觉地以之为寻求真理的向导。他说："我不从高深的哲学原理中推出人生真理，而是从自己内心深处去发现，那是自然用无法抹去的文字写下的。我是一个问自己在做什么、想要什么的人，所有我感觉到好的东西就是好的，所有我感觉到坏的东西就是坏的。"

他劝我们也这样做，抛开书本和理论，抛开习见和舆论，到自己内心去发现人类原初的东西，去研究自己真实的情感，这样来建立生活的原则。

像卢梭这样的人，是不需要老师教的，老师也教不了他什么。他自己说，他从来不能从老师那里学到什么，他的东西都是自学来的。他也不需要读许多书，而他读到的书，他往往凭直觉就可以做出判断，比如说，他讨厌霍布斯，因为那种专制理论直接触犯了他爱自由的天性，于是建立了一种与之相反的政治哲学。

3. 喜好独处，讨厌社交

卢梭不喜欢社交。他自己很清楚，他的性格不适合社交。他说："我这个人的气质，也许是大自然所曾产生的最易激动而又最易羞怯的气质。"他腼腆，羞涩，见到生人就局促不安，人家说一句笑话就手足无措，女人看他一眼就面红耳赤，情绪激动起来又怕惹别人不痛快。

他最怕待在必须说话的社交场合，觉得苦不堪言。"我简直不能理解人们怎么敢在大庭广众中说话，因为在那种场合，每说一句话都要考虑到所有在场的人。"在他无话可说而又非说不可的时候，他就张皇失措，连一句也说不出来。两个人之间的谈话更让他觉得苦恼，因为这需要不断地说话，对方说了，你必须回答，对方不说，你得没话找话，硬找话说，就不可避免会说一些蠢话。"仅仅这种不堪忍受的窘况，就使我讨厌社交生活。"

他讨厌社交不单是因为性格，更是出于价值观。他说，人们长时间待在一起，无所事事，一个劲儿东拉西扯，这是最危险的，最容易惹是生非，钩心斗角，造谣中伤。那帮每星期到一个什么学院去六次，在那里闲聊一通的人，他才不愿意跟他们厮混呢，那毫无意义。"我独处时从来不感到厌烦，闲聊才是我一辈子忍受不了的事情。"

可是，因为出名，他一下子被推入了上流社会的交际圈。他曾经对此心向往之，现在发现是进错了门。在这里，他举止笨拙，说话结巴，处处感到拘束和别扭，在别人眼里也经常成为笑料。为了保持自己的本色，他决定隐退，在惬意的独处中从事写作。

他天性爱好孤独，喜欢独处，自己一个人待着，自由自在，不受约束，想懒散就懒散，想工作就工作。其实他的懒散和工作是浑然不分的。坐在桌前，手里拿着笔，面对着纸张，他写不出任何东西。独自长时间散步，在山石之间，在树林里，似乎什么也不想，却比任何时候都想得多，思想自己就涌现了，写作的思路自己就呈现了。

4. 酷爱自由，人格独立

在名声如日中天的时候，卢梭下定了隐退的决心，并且实行了。后来他在一封信中解释说，他之所以隐退，是因为热爱自由，这种热爱不可压抑。相比于自由，荣誉、幸运、名望皆毫不足道。他还说，对自由的热爱出自他的本性，而且与其说是出自骄傲，不如说是出自懒散。在《忏悔录》中，他写道："我的懒散不是一个游手好闲的人的懒散，而是一个独立不羁的人的懒散。"他真的懒散，觉得写一封信或者做一次访问都是折磨，甚至散步时迷了路也懒得向人问路，对于他来说，和人打交道总归是麻烦事，都会受制于人。

在他的时代，许多作家享受国王的年金，相当于政府特殊津贴。他的《乡村巫师》走红时，有一次觐见国王的机会，而这可以确保他获得年金。可是，他躲了起来，没有去。一个重要原因是他的泌尿系统疾病，尿频，怕觐见时忍不住。至于年金，他是决心不要的，不愿因此失去独立。他有一大家子人要养，到手的年金不要，狄德罗为此和他大吵了一架。后来流亡在英国，休谟也张罗给他申请国王年金，他不想驳休谟面子，勉强同意，但最后还是拒绝了，惹得休谟很生气。

为了保持独立，他不但不要皇家的恩惠，不要富人的资助，而且决心不靠写作谋生，坚持把抄乐谱作为自己的职业。他说："命运使我诞生在这个阶层中，我是工人的儿子，我自己也是工人，我现在干的就是我当学徒时干的活。"他曾经是法国最畅销的作家，他自己说，如果趁这个势头继续写畅销作品，他完全可以靠写作发财，过上豪华的生活。但是，他不屑为此。他在《忏悔录》中写道："我感觉到，为面包而写作，不久就会窒息我的天才，毁灭我的才华。我的才华不在我的笔上，而在我的心里……任何伟大的东西，都不会从一支唯利是图的笔下产生出来。"他认定作家不应该成为一个行业，因为"当一个人只为维持生计而运思的时候，他的思想就难以高尚。为了敢于和能够说出伟大的真理，就绝不能屈从于对成功的追求"。

在很大程度上，是他的这种不合时尚的清高得罪了同时代的作家，使他们联合起来反对他。但是，他说，他已经拥有灵魂中的一种自信，足以鄙视时代的风尚和成见，并且对代表这风尚和成见的人的嘲笑不屑一顾。

5. 感情细腻，内省细致

卢梭是一个感情极细腻的人，细腻的程度几乎无人可及。他又极善于内省，细致考察各种感情的状态、性质和其间的细微差别。在《新爱洛依丝》《爱弥儿》《忏悔录》中，你可以看到，对感情的细致入微的心理描写比比皆是。人们是很少去省察和分析自己的情感的，在他之前的小说也往往只注重情节，因此，一旦读到他对情感心理的描写，不但感到清新，而且感到亲切，觉得是在写自己，也的确借此发现了自己心灵中情感的一些真实情形。《新爱洛依丝》大获成功，在很大程度上有赖于此。

人们总是问什么是爱情，其实爱情是一个太笼统的词，现实中的爱情是千差万别的。男女之间事实上可以有千百种关系，既非登徒子所认为的只是肉体关系，也非书呆子所认为的必须是纯洁的爱情。在女人面前，卢梭的特点是既易感，又羞怯，而羞怯多半源于易感，因为内心情欲骚动，在举止上就羞涩不安了。他的这种性格，恰恰使他得以体会男女之情的多样性，易感使他春心荡漾，羞怯使他行为规矩，两者之间有一种张力，震荡出了丰富的层次。在《忏悔录》中有许多重彩描写他和不同女人的关系的段落，他的情感体验都不同，不是用爱情这个词就可以概括的。

无论用当时还是今天的标准看，卢梭都绝不是一个花花公子。他在晚年说，他一生只有过两次出轨，一次是在和华伦夫人相好时，一次是在和黛莱丝同居时，而事实上他那时候都不在婚姻中。他懂得欣赏女人，从女人那里收获的情感体验比谁都多。

三 回到自然

卢梭思想的一个鲜明特点是反对文明，崇尚自然，就此而言，与中国的道家接近。在西方哲学史上，他是第一个明确这样主张的人，而他又处在推崇文明和进步的启蒙运动时代，因此显得惊世骇俗。他并不像道家那样，有一种本体论作为这个主张的根据，在很大程度上，他是由他的个性与文明的冲突，而对文明进行批判，又由文明的弊端，反推出人类的一个理想的自然状态。《论科学与艺术》是这个主张的第一次表达，而在《论不平等》中做了深入思考和系统论证。在本节中，我主要根据这两部著作来讲他这方面的思想。

1. 科学和艺术败坏风俗

卢梭是凭借获奖论文《论科学与艺术》一鸣惊人的，在我看来，这篇论文写得相当粗糙，感想多于论证，立场大于理由。我归纳了一下，他对文明的批判，比较重要的理由有以下三点。

第一，文明败坏道德。科学和艺术产生于人的闲逸、奢侈和虚荣，反过来又助长了这些坏习气。爱好文学和学术的人，往往贪图安逸，爱出风头。这种爱好使人重才轻德，人人都想成为一个讨人喜欢的人，而不是成为一个好人，人们不再看重对真正的光荣的追求。

第二，文明压抑人的本性和个性。"今天，人们的衣着愈来愈考究，说话愈来愈文雅，致使取悦的艺术有了一定之规。在我们的风尚中流行着一种恶劣而虚伪的一致性，好像人人都是从同一个模子中铸造出来的，处处讲究礼貌，举止循规蹈矩，不能按自己的天性行事，谁也不敢表现真实的自己。"

第三，文明破坏民族的传统风俗。每个民族有自己的传统风俗，它是一个民族的精神，法律和道德借此而作用于人心，一旦失去，就再也无法恢复。学术的发展导致人们藐视自己民族的风俗，其结果是人人各行其是，社会日趋腐败。

以历史为证，卢梭把斯巴达和雅典做了对比。照他的说法，雅典是文明之邦，学术和艺术繁荣，成了演说家和哲学家的家园，修辞和房屋越来越漂亮，到处是艺术大师的雕塑，开了奢侈和腐败的先河。相反，斯巴达是道德之邦，排斥学术和艺术，以幸福的无知和贤明的法律名闻天下，空气里散发着道德的馨香，给我们留下的全是英勇行为的记录。卢梭顺便还提到了中国，说在这个国家，文章写得好就可以当高官，假如学术可以使风俗纯朴，能够鼓舞人的勇气，中国人民早就成为贤明、自由和不可战胜的人民了。

2. 人是怎么变坏的

在《论科学与艺术》中，卢梭只是对文明的坏处发了一通感想，他自己一定也觉得，光这样是不够的。文明败坏风俗，归根到底是败坏了人，因此有必要对人在进入文明前后的状态进行分析，这是他在《论不平等》中做的工作。他试图证明，人生来是善良的，变坏完全是社会制度造成的。

卢梭认为，人的自然本性包含两个方面，这两个方面都是先于理性而存在的。一个方面是自爱心，即关心自己的保存和幸福。

另一个方面是同情心，即在看到任何有感觉的生物尤其是我们的同类遭受痛苦之时，会感到一种天然的憎恶，它实际上是设身处地与受苦者发生共情的一种情感。同情心是一种自然的情感，在人类能运用任何思考以前就存在，在某些动物身上也会显露出一些迹象。同情心是一切社会美德的根源。一个人即使不知道任何道德格言，只要同情心尚未泯灭，在作恶时就会感到内疚。因为有同情心，每个人不但关心保存自己，也关心互相保存。

在自然状态中，人只有这两种天性。进入社会之后，人获得了一些不属于天性的坏的性质，因此变坏了。主要有两种坏的性质。

第一种是贪图享受。自然状态中的人只求自我保存，超出自我保存之上的欲望是社会的产物。在人类早期发展中，由于技术的发明，人们有了较多的闲暇，来为自己安排各种舒适的享受。卢梭说，这是人们于无意中给自己戴上的第一个枷锁，同时也给后代准备下了最初的痛苦根源。因为舒适的享受活动不但会使身体和精神衰弱，而且一旦成为习惯，会使人几乎完全感觉不到乐趣，因此变成了人的真正的需要。于是，得不到这些享受时的痛苦比得到这些享受时的快乐要大得多，有了这些享受不见得幸福，失掉了却会真正感到痛苦。在早期的技术发明中，是冶金术和农业引起了从野蛮到文明的变革。"使人文明起来，同时使人类没落下去的东西，在诗人看来是金和银，在哲学家看来是铁和谷物。"野蛮人与文明人的内心状态和生活方式是截然不同的。野蛮人只喜爱安宁和自由，只想自由自在地过闲散的生活，而社会中的人因为贪图享受，却反而终日勤劳，乃至劳苦到死。由于安乐而萎靡的生活方式，文明人的体质和心灵都退化，力量和勇气同时被消磨殆尽，变得容易生病、胆小、卑躬屈节。野蛮人和文明人之间的差异，比野兽和家畜之间的差异还大得多，因为自然对人和兽虽然一视同仁，但人给自己比给所驯养的动物安排的享受活动要多得多，使得人的退化比家畜的退化更为显著。

第二种是自尊心。卢梭强调，不可把自尊心和自爱心混为一谈，它们的性质和效果都是迥然不同的。自爱心是一种自然的感情，而自尊心是一种在社会中产生的感情。卢梭把自尊心用作贬义词，指一个人重视自己甚于重视任何别人，并且在乎别人是否重视自己。这个涵义的自尊心，立足于把自己和别人进行比较，看谁更受公众关注，其实很大成分是虚荣心。某些天然的差别，例如外貌的美丑、力气的大小、身体的灵巧与否，从前无人攀比，现在成了骄傲或自卑、受羡慕或受轻蔑的原因。卢梭说，这是走向不平等的第一步，也是走向邪恶的第一步，这些新因素所引起的紊乱，终于破坏了人类天真的幸福生活。在自然状态中，由人与人的比较产生的自尊心是不存在的。文明人关心自己在众人之中是否受到尊重，而一个野蛮人却快乐地在森林中过着孤独的生活。野蛮人会为了争夺食物发生暴力行为，但不会因为受到轻蔑而怨恨，受到凌辱而复仇，因为对于尚不知道相互评价这种方式的人来说，轻蔑和凌辱是不存在的。我们所推崇的品质，在自然人那里毫无价值。在没有爱情的地方，美貌有什么用呢？在没有文字的时代，才智有什么用呢？对于不互通交易的人，精明有什么用呢？总之，野蛮人没有权势和名望的概念，只是悠闲地过着自己的生活，而文明人则生活在他人的意见之中，关心世界上所有其余的人对自己的看法，因此终日惶恐不安。

卢梭得出结论说，这一切足以证明，人类的不幸大部分是人类自己造成的，而如果我们能够始终保持自然给我们安排的简朴、单纯、孤独的生活方式，我们几乎能够完全免去这些不幸。野蛮人所处的自然状态是人类的真正青春，后来的一切进步只是在个人完美化方向上的表面的进步，而实际上则将人类引向整体的没落。

3. 人类不平等的起源和基础

人从自然状态进入到社会状态，人性就在变坏，同时人与人之间的关系也在发生变化——从平等变为不平等。从社会制度上说，不平等是人性变坏的根本原因。

卢梭认为，有两种不平等。一种是自然的或生理上的不平等，由年龄、健康、体力以及智力或心灵素质的差别而产生。另一种是社会的或政治上的不平等，由人们的同意而设定，或者至少事实上为人们所认可，人类中某一些人享有不同类型的特权。在自然状态中，存在前一种不平等，不存在后一种不平等。前面已讲到，自然的不平等，例如外貌、体力、智力的差别，一旦被分出尊卑，就向社会的不平等迈出了第一步。但是，社会不平等的真正起源是财产私有制的形成，而在形成之后，也就构成了社会不平等的牢固基础。

私有制是怎么形成的？卢梭写道："谁第一个把一块土地圈起来并想到说'这是我的'，而且找到一些头脑十分简单的人居然相信了他的话，谁就是文明社会的真正奠基者。"接着感叹说，假如当时有人站出来揭露这个人是骗子，把木桩拔掉，会让人类免去多少苦难和罪行啊！事情这么简单吗？当然不是，卢梭立刻承认，这么说是调侃，事实上，私有制的形成经历了极其漫长的渐进的过程，包括生产力的发展、贪图享受习气的产生、自然产生的贫富差别，等等。直到最后，才以约定或默认的方式把财产的私人占有权固定了下来。

不管怎样，私有制的形成是社会不平等的奠基石，启动了不平等的后续进展。卢梭把这个进展划分为三个阶段。第一阶段就是法律和私有财产权的设定，富人和穷人的状态得到认可。第二阶段是政府的建立和官职的设置，强者和弱者的状态得到认可。第三阶段是合法的权力变成专制的权力，主人和奴隶的状态得到认可，不平等达到了顶点。三者之中，财产权是关键，各种不平等最后都会归结到财产上，因为财产最直接有益于个人福利，又最容易转移，可以用来购买其余的不平等。由于财产私有制的建立，不平等变得根深蒂固而且成为合法的了。

综上所述，卢梭揭露了文明的两大弊端，一是导致人性和风俗变坏，二是造成不平等。对于前者，他当然知道，人类不可能退回原始状态，但是应该并且可以让人性和风俗在一定程度上回归纯朴的自然状态，其办法是通过教育来塑造不受不良社会风气污染的新人，这是《爱弥儿》阐述的主题。对于后者，他也知道，私有制难以消灭，但是应该并且可以把社会的不平等限制在正义的范围之内，其办法是对政治制度进行合理的设计和改革，这是《社会契约论》阐述的主题。

四　合乎自然的人生、道德和宗教

卢梭赞美自然状态，并不是要人类回到原始社会，他自己承认，那种状态也许从未存在过，即使存在过，也是回不去了。之所以思考它，是为了正确地把握现在，给我们的人生和社会立一个标准，纠正其对自然的背离。他说："出自造物主之手的东西，都是好的，而一到了人的手里，就全变坏了。"据他推想，人类最初的心灵是纯朴的，心灵中有健康的观念。那么，到哪里去寻找这些观念呢？他说，他一贯的方法，不是从高深的哲学中引申出来，而是在他的内心深处发现，"因为大自然已经用不可磨灭的字迹把它们写在那里了"。他相信他的心灵未被文明污染，仍然保持了造物主创造时的样子。他的这个自信并非完全没有道理。在《爱弥儿》中，他讨论了合乎自然的人生、道德、宗教应该是什么样的，下面我做一个简要的概述。

1. 合乎自然的人生

人的一生，无非是生老病死，这是大自然的安排，我们要顺应这个安排。人生中的一切都是暂时的，都会完结的，不论贵贱贫富，无人能够幸免。明智的人是过一天算一天的，"我唯一关心的是，我今天应该做什么"，尽好每天应尽的天职就可以心安。一个人在什么年龄就应该过什么年龄的生活，千万不要为了不可靠的将来而牺牲现在能够享受的生活，免得还没有过上快乐的生活就死了。生命如此短促，本身没有什么价值，它的价值全凭我们怎么使用它。生活得最有意义的人，是对生活最有感受的人。

对于人生，我们要听从自己内心的想法。大多数人不是这样，他们总是听从他们认为比自己高明的人的看法，把那些人所称道的东西看作好的。事实上，如果每个人都有自己的看法，我们会发现，大多数人所称道的东西就会是好的。

在人生中，痛苦总是多于快乐，因此对幸福只能消极地看待，痛苦少的人就应当算是幸福的。许多痛苦是因为欲望和能力之间差距太大造成的：欲望超过能力，得不到满足，会痛苦；欲望少于能力，一部分能力闲置不用，也会痛苦。人越是接近自然状态，能力和欲望之间的差距就越小，就越容易达到幸福。

不要刻意追求幸福。你不知道幸福在哪里，刻意去追求，越追求离幸福就越远。"当我们不知道应当做什么事情的时候，最聪明的办法是什么事情也不做。"

自然人的幸福是很简单的，由健康、自由和生活的必需条件组成，这是大自然赋予我们的欲望和能力，要把你的生活限制在这个范围内。"紧紧地占据着大自然在万物的秩序中给你安排的位置，没有任何力量能够使你脱离这个位置。"在一切财富中，最可贵的是自由。"我的财富的第一个用场是用来买得闲暇和自由，其次是用来买得健康，如果健康可以用钱买得到的话。"真正自由的人只做自己喜欢做的事情，当然前提是你有自己喜欢做的事情，"我想象不出对什么都不喜欢的人怎么能过幸福的生活"。

在农村，人能够过最接近自然状态的生活。农业是最诚实、最高尚的职业，自给自足的退隐生活使人在自己家里就能够享受到幸福。相反，城市使人类堕落，使人种退化。卢梭嘲笑说："到大都会去看到的都是大人物，而大人物全都是差不多的。"

有两种痛苦，是任何人避免不了的。一种是心灵的痛苦，诸如失恋、亲人亡故之类，卢梭认为，这种痛苦只有时间能够疗愈，并且时间也一定能够疗愈。另一种是身体的病痛，我们应该向动物学习，动物生病时总是静静地忍受的。和蒙田一样，卢梭痛恨医生和医术，他说，应该把医生通通赶走，我们因为医治所遭受的折磨，远多于因为疾病本身所遭受的折磨；医术诚然治好了一些要死的人，却杀害了成千上万本可以保全生命的人。在那个医学落后的时代，我们可以把这理解为对庸医的谴责。不过，卢梭强调的重点是，对疾病和死亡要有一种顺其自然的坚忍态度。"如果你们想找到真正勇敢的人，就请到没有医生的地方去好了，在那里，人们是不知道疾病会带来什么后果的，是很少想到死亡的。人天生是能够不屈不挠地忍受痛苦、无牵无挂地死去的。正是医生开出的药方、哲学家讲述的教条和僧侣宣扬的劝世文，使人自甘堕落，忘记了应该怎样死去。"

2. 合乎自然的道德

在《爱弥儿》中，卢梭把自爱心看作人的主要自然本性。他说，自爱是很好的，符合自然的秩序，每个人的第一个最重要的责任是关心自己的生命。在很大程度上，良好的道德依靠每个人对自己的生活状况的满意。和自爱心相对立的是自私心（在《论不平等》中是自尊心）。自爱心只涉及自己，当真正的需要得到满足时就会感到满意，这样的人在本质上是善良的。自私心则促使我们同他人进行比较，所以人永远不会有满意的时候，这样的人在本质上会成为一个坏人。

把自爱心扩大到爱他人，自爱就变为美德，这种美德在任何一个人的心中都是可以找得到它的根柢的。"由自爱而产生的对他人的爱，是人类的正义的本原。"对他人的爱不限于同情心，卢梭认为，同情心的层次太低，因为在他人的痛苦中，我们所同情的只是我们认为自己也难免要遭遇的那些痛苦，并且含有为自己没有遭遇到而庆幸的成分。唯有普遍地同情整个人类，我们才能把同情心提高到正义的水平，而在一切美德中，正义是最有助于人类的共同福利的。

在《爱弥儿》中，卢梭还提出了良心的概念。他说："在我们的灵魂深处生来就有一种正义和道德的原则，我们在判断自己和他人的行为是好或坏的时候，都以这个原则为依据，我把这个原则称为良心。"和自爱心一样，良心也是天生的，它本质上是情感，不是判断。良心之于灵魂，就像本能之于肉体。如果说欲望是肉体的声音，那么良心就是灵魂的声音。既然它在每个人心中发出声音，那么为什么只有极少的人听见呢？因为它向我们讲的是自然的语言，而我们所经历的一切已经使我们把这种语言完全忘记了。

卢梭实际上提出了两种道德性质的情感作为正义的本原，一个是由自爱扩大的对他人的爱，另一个是天然知善恶的良心。两者好像是彼此独立的，其中良心更为根本，他说良心是人类真正的向导。后来康德提出，人有先天的道德情感，即对于道德法则的敬重，这是唯一的道德动力，而对他人的爱和同情心还不是真正的道德准则，他的这些思想，应该说是受到了卢梭的启发。

道德贵在真实。道德的根源是在人的本性之中，一切出自本性的东西都是朴实无华的。卢梭说，他从未见过哪一个心灵高尚的人把高尚显露于言表，只有心地邪恶和空虚的人才会装模作样。真正的礼貌表现在对人的善意上，只有不怀善意的人才要在外表上强作礼貌的样子。为了让别人和你相处愉快，你用不着矫揉造作，只要为人善良就行了；对于别人的弱点，你用不着说一番假话去敷衍，只要采取宽容的态度就行了。

把道德变成浮夸的东西，是一种现代现象。在今人的墓碑上往往写满一大篇颂辞，而在古人的墓碑上是只谈事迹的。色诺芬在追忆万人大撤退中牺牲的战士时，称赞道："他们死了，但在战争和友爱中没有留下任何的污点。"卢梭感叹说，请想一想，在如此简短的一句赞辞中，作者心中充满了怎样的感情，谁要是看不出它的美，谁就太可怜了！

对于善恶的报应，也应当这样看。做一个有道德的人，是道德本性的满足，这种满足本身就是最好的报偿。为善的快乐就是对善举的奖励，一个人要配得上这个奖励，才能获得这个奖励。至于坏人是否会在死后下地狱，卢梭说："这是我不知道的，我也没有弄清这种无用的问题的好奇心。坏人的结果怎样，同我有什么关系？我对他们的命运是毫不关心的。"真正的报应是在今生，邪恶的心一辈子遭受妒忌、贪婪和野心的折磨，地狱就在这个世界上的坏人的心里。一个人丧失了使灵魂快乐的能力，竟可怜到没有做过一件回忆起来对自己感到满意、觉得没有白活一生的事情，这本身就是最可怕的惩罚。

3. 合乎自然的宗教

在《爱弥儿》的第四卷中，卢梭插入了一篇谈论基督教的长文，题为《一个萨瓦省神父的信仰自白》，他就是因为这篇文章受到迫害的。惹怒教会和政府的主要是以下的观点。

其一，反对把教会、宗教仪式与宗教本身混淆起来。教会无权代表上帝，宗教仪式无关乎心中的敬拜。《爱弥儿》出版后，在给一个主教的信中，卢梭把话说得更尖锐："真正亵渎宗教的，是那些自以为可以在世上代替上帝行使权威的人；天堂的门，他们想开就开，想关就关。"

其二，否定启示。卢梭责问自称听见了上帝启示的人说：我为什么一点也没有听见呢？上帝为什么要委托别人向我传话呢？他亲口对我说，既不多花费他的力气，还可以让我免受别人的欺骗。你能拿出什么证据使我相信，上帝是通过你的嘴，而不是通过他赋予我的理解力向我讲话的？

其三，否定奇迹。关于奇迹有许多传闻，《圣经》中也有记载。卢梭说："《圣经》是人写的，自称看见过奇迹的也是人，人们口口相传，在上帝和我之间怎么有这样多的人呀！奇迹是为了证明教义搞出来的，如果奇迹本身也需要证明的话，那有什么用处呢？"他认为，对奇迹的渲染反而贬低了耶稣，在后来写的《山中来信》中如此说："那些著名的大基督徒是耶稣能行奇迹才信耶稣，而我恰恰是耶稣不行奇迹才信耶稣。"

其四，否定耶稣是上帝的儿子以及圣父、圣子、圣灵三位一体的教义。卢梭说，他对这些说法是一点也不感兴趣的，它们的重要性并不超过我们是否知道哪一天该过复活节，在教堂里是说拉丁语还是说法语，以及诸如此类的问题。重要的是每个人都应当知道，耶稣教导我们要为人公正，彼此相爱，待人善良和仁慈。

卢梭所否定的，是基督教中那些人为的、违背自然的东西，他认为这些东西歪曲了宗教信仰。在他看来，真正的宗教信仰和道德一样，其根源也是在人的本性之中，是为了满足人的情感需要。基督教中最根本的东西，是上帝和灵魂的存在，及其对人生的指导意义。他是相信的。他说："我意识到我的灵魂，我通过我的感情和思想而认识它,我虽然不知道它的本质,但是我知道它是存在的。"灵魂和肉体的性质如此不同,必定有不同的来源,因此不可能随同肉体一起消灭。唯物主义者否定灵魂,是因为听不见内在的声音。自然这本大书打开在我们面前,我们由这本宏伟的著作就学会了崇奉它的作者。抛开教会的权威和民族的成见,单凭情感和理性的指引,我们就会信奉自然宗教,并且仅以此为限。

对于宗教的作用,卢梭给予积极的评价。在人类历史上,宗教的狂热导致了许多残酷的行为,的确十分有害。但是,他认为,尽管如此,宗教不失为一种强烈的热情,它能鼓舞人心,使人蔑视死亡,赋予人巨大的动力,只要好好加以引导,就能产生种种崇高的德行。反之,没有宗教信仰,人的心灵会变得脆弱,陷于卑贱,从长远看对社会更加有害。他甚至说,哲学家们漠不关心的态度、好辩的风气,比宗教的害处更大;哲学给人类造成的好处,没有一样是宗教不能够更好地造成的,而宗教给人类造成的好处,有许多是哲学不能够造成的。卢梭很少称自己是哲学家,他对哲学的攻击,大大地得罪了百科全书派的哲学家。

在卢梭之前,休谟已经主张,道德和宗教的根源是情感而非理性。卢梭只比休谟小一岁,休谟的著作早已出版,在两人那一段不愉快的交往期间,休谟发现,卢梭未曾读过他的任何著作。卢梭是独立形成他的思想的,而且两人的立足点完全不同,休谟立足于经验论,强调的是快乐和痛苦的情感,卢梭则立足于内省,从自己内心发现了良心和灵魂的存在。在宗教问题上,两人都持自然宗教观点,但其间也有重大区别。在休谟看来,宗教根源于恐惧之类的负面情感,其社会作用总体上是坏的。在卢梭看来,宗教情感的实质是在自己内心体会到灵魂的高贵，其社会作用总体上是好的。从根本上看，卢梭是有宗教信仰的，而休谟是一个无神论者，至少是一个怀疑论者。可是，因为无神论的罪名受到惩罚，休谟只是失去了在大学教书的机会，而卢梭却被迫流亡，可见在当时的欧洲，英国比法国开明得多。

五　合乎自然的两性关系

在《爱弥儿》第五卷中，爱弥儿已是一个青年，和苏菲恋爱并结婚了。在讲故事的同时，卢梭比较系统地阐述了他对性、女人、爱情、婚姻的看法，勾画了他心目中合乎自然的两性关系应该有的样子。

1. 两性的互补和合作

男人和女人有同有异，这是大自然的安排。共同之处是都具有人类的特点，相异之处是性。卢梭感叹说，大自然把两个人既做得这样相像，又做得这样不同，真是一个奇迹。我们用不着争论到底是男性优于女性，还是女性优于男性，因为就共同之处来说，两性是相等的，就相异之处来说，是无法比较的。两性按照各自特有的方向奔赴大自然的目的，要是彼此再相像一点的话，反而就不如现在这样完善了。所以，正确的做法是遵循大自然的指导，对两性的不同特征都给予尊重。

大体来说，在身体构造上，男人强壮，女人柔弱，在性表现上，男人积极主动，女人消极被动。女人有动人的魅力，男人有意志和力量。女人应当利用她的魅力，让自己在男人眼里显得可爱，迫使男人发现和运用他的力量。"刺激这种力量的最可靠办法是对他采取抵抗，使他不能不使用他的力量。当自尊心和欲望结合起来的时候，就可以使双方互相在对方的胜利中取得自己的成功。一方是进行进攻，另一方是采取防御，男性显得勇敢，女性显得胆怯，直到最后拿出大自然赋予弱者制服强者的武器——娇媚害羞的样子。"看这些论述，你会以为卢梭是一个情场勇士，实际情况正相反，他在《忏悔录》中自己承认，他在女人面前是极其羞怯而不敢进攻的。接下来有一段话也许比较反映他的真实性格，他说，男人要得到快乐，必须依靠女人的自愿，唯有采取体贴对方的做法，才能满足自己的愿望。"由此可以看出，我们是怎样在不知不觉中由肉欲而达到道德观的，是怎样从粗俗的两性结合中逐渐产生温柔的爱情法则的。"

在心智品质上，女人长于实践理性，心思细致，善于观察和处理实际事务，男人长于理论思维，头脑健全，善于推理和辨明方向。因此，由女人进行观察，由男人进行推理，这样配合就能够获得完整的认识。如果女人也像男人那样穷究原理，男人也像女人那样心思细致，他们就会互不依赖，争执不休，从而使他们的结合不可能继续存在。不过，卢梭承认，对于人心的了解，女人胜过男人，男人对人心有更透彻的研究，女人却更能看出人心内部的活动情景。这让我想起林语堂的名言：男人懂人生哲学，女人却懂人生。

卢梭指出，两性特征的区分只是相对的。"这并不是说男性只能唯一无二地具有男性的品质，女性只能唯一无二地具有女性的品质，这只是说这些品质在每一种性别的人的身上应当有主有次。"

结论是，女人和男人是彼此为了双方的利益而生的，理应紧密合作。两性都同样为共同的目的而贡献其力量，只是贡献的方式不同罢了。不能说哪一性处在支配的地位，每一性都受对方的驱使，女人和男人是互相服从的，都是主人。即使两性同样具有的能力，具有的程度不是相等的，总的来说，两性的能力则是互相补充的。女人以女人的身份做事，就可以占据优势，如果以男人的身份去做，就必然会不如男人。

女人的一生中，和男人相比，为生儿育女付出了更多的精力。卢梭认为，这是女性的自然使命，女人从事于此，不是因为这是一种美德，而是因为其中含有乐趣，倘若没有这种乐趣，人类不久就会消灭的。不应该抱怨这是不公平，因为即使这是一种不平等，这种不平等也绝不是人为的，至少不是由于男人的偏见造成的。

2. 好女人是什么样的

因此，在女子教育的问题上，卢梭的看法是，应该去培养女性本来具备的品质，把她培养成一个好女人，这样对她自己和对男人都更有益。倘若相反，在女子身上去培养男性的品质，试图违反自然把她造就成一个好男人，这显然是在害她。那么，好女人应该具备哪些品质呢？

第一是性格的温柔。温柔是一个女人应当具备的第一个重要的品质。男人的确有许多恶习和缺点，应该得到管束，而女人是用温柔的方式去管束男人的，她是采取关心男人的方式去命令男人做事的，她是采取哭泣的方式去吓唬男人的。除非男人是一个怪物，否则一个女人的温柔性情迟早会使他俯首帖耳，没有哪个男人能够抵抗从一位温柔的妻子口中发出的充满美德和理智的声音。

第二是社会交往中的体贴和风趣。与人交往时，男人的礼貌表现在慷慨，好像处处想为你效劳，女人的礼貌则表现在体贴，好像处处想使你感到欢喜。这种区别绝不是社会的习惯使然，而是自然而然产生的。因此，比较起来，女人的礼貌是更为真挚的，是出于女性的原始本能。在社交场合，男人讲他认为有意义的事情，需要具备知识，女人则讲她觉得有趣味的事情，需要具备风趣。如果没有女人参与，谈话就会太枯燥或者太严肃。

第三是风度的温雅。和姿色相比，温雅的风度是更有生命的，可以历久弥新，始终保持其魅力。卢梭认为，在选择妻子时，容貌求其中等即可。清秀可人的容貌虽然不能引起你的痴迷，但能让你感到赏心悦目。你娶一个花容月貌的女人做妻子，一旦占有了她，不久就会习以为常。可是，她却会给你带来许多危险。除非她是天使，否则你将成为人类中最痛苦的人；即使她是天使，她也会使你时刻都处在敌人的包围之中。

第四是机灵而不矫情。老天让女性长得那么机灵，从而就公平地补偿了她在体力上的不足。凭借这种机灵，她才能保持她的平等地位，在表面上服从而实际上是在管理男人。狡黠是女性的一种自然的禀赋，而一切自然的禀赋就其本身而言都是正当的。女人的矫情分两种。一种是出自天性的矫情，其目的在于掩饰她确有的情感。这种矫情是机灵的一种表现，是可爱的。另一种是刻意的矫情，其目的在于假装她没有的感情。卢梭讨厌的是这种矫情，他说，社交界的女人最擅长此道，成天在表达所谓感情，而实际上除了自己以外，她是谁也不爱的。

第五是善于持家。一个好妻子的光荣在于她的丈夫对她的敬重，她的快乐在于她的一家人的幸福。凡是治理得好的家，也就是女人最有权威的家。卢梭问道，当你走进一个人家的时候，哪种情况会使你对女主人充满敬意？一种是看见家里井井有条，女主人忙于料理家务，周围摆满了孩子的衣服；另一种是看见家里乱七八糟，女主人在梳妆台上作诗，周围是各种书本和五颜六色的小纸片。卢梭真是不喜欢女文人，他撂下一句狠话，要是地球上的男人个个都头脑清醒的话，这样一种满肚皮学问的女子也许一辈子都会是一个处女。

我并不赞同卢梭的偏激之论，在我看来，一个好女人是能够兼顾持家和事业的。卢梭不喜欢女文人，但不反对女子受教育，他在《论科学与艺术》中说，对于人类的幸福来说，女子智力的提高至关重要。人们还没有充分认识到，对统治着人类另一半的这一半施行良好的教育，将给社会带来多大的好处。男人时时想表现出女人所喜欢的样子，因此，如果希望男人们成为有道德的人，就应当使女人们懂得什么是心灵的伟大和高尚。他是从女性对男性感化的角度看问题的，在一个男权社会里大约也只能如此了。

3. 爱情的性质

卢梭说："爱情是空幻的，只有情感才是真实的。"照我理解，这句话的意思是，爱情是主观的，是情感使我们觉得一个对象美，因此爱恋这个对象。也就是说，情人眼里出西施。不过，卢梭又说，即使美是错觉，在对象身上并不存在，这又有什么关系呢，我们不会因此就不爱这个对象了。也就是说，只要你心中的情感是真实的，这个对象是否真是西施就不重要了。

爱情的发生有赖于安闲的生活和心境，激烈的运动会窒息一切温柔的情感。同样在森林和田野，情人和猎人的感受截然不同。情人看见的是清凉的树荫和小灌木林，是幽会之地，听见的是笛声和黄莺的歌声；猎人看见的是野兽藏身之处，是猎场，听见的是号角声和狗吠声。

爱情是否应该专一？卢梭认为应该，不专一会伤害感情。一个敏感的男人，宁可单独一人受所爱女人的恶劣对待，也不愿和别人一起受她的恩爱。所以，一个风骚女人对谁都卖弄风情，就一定会使她的众多情人个个都对她感到厌恶。不过，卢梭反对嫉妒，认为嫉妒心理是由社会造成的，不是源自原始的本能。在大多数风流韵事中，男人对情敌的恨远远超过对情妇的爱，可见其动机是出自虚荣而不是爱情。爱情和虚荣的区别在于，爱情是你真心地专一地爱一个人，因此希望她对你也真心和专一；虚荣是你自己并不真心和专一，却不能容忍她对你不真心和不专一。这么说来，卢梭好像不是一概反对嫉妒，至少不反对出自爱情的嫉妒，只是不把这叫做嫉妒而已。

不管怎么说，爱情是一种使人忧虑不安的感情，而尊重是使人信任的。所以，卢梭认为，好的爱情必须包含尊重，即不是由于一时的迷恋，而是由于所爱者具有你所尊重的品质。

4. 婚姻的价值和维护

卢梭赞美婚姻的价值。从个人来说，好的婚姻是人生的巨大幸福。他说，一对彼此相配的夫妻经得起一切可能发生的灾难的袭击，当他们一块儿过着穷困日子的时候，比一对占有全世界财产的离心离德的夫妻幸福得多。好的婚姻还能够使子女从童年起就领略到恬静的家庭生活的甜蜜，是抵抗坏风气的毒害的良剂。从社会来说，正是通过家庭，自然的影响形成了习俗的联系，对亲人的爱是对国家的爱的本原，我们因为有这小小的家园才依恋巨大的祖国，首先要有好儿子、好丈夫和好父亲，然后才有好公民。

但是，好的婚姻是难的。在长期的婚姻生活中能够保持爱情的甜蜜，在地上就等于进了天堂，卢梭有点儿绝对地说，迄今还没有人做到过这一点。采用占有或控制的办法是不能够束缚一个人的心的。要防止结婚以后爱情渐趋冷淡，只有一个办法，就是在结为夫妇之后继续像两个情人那样过日子。你们要记住，你们两个人仍然都是自由的，你们之间根本就不存在所谓夫妇的权利问题。婚姻的结合诚然要求夫妇双方都忠实，但要求忠实就必然会使一方把对方管束得过严，而强制和爱情是不能融合在一起的，要命令对方爱自己是办不到的。所以，不可以把结子打得太紧，那样结子会断掉的。你越想使婚姻的结合紧密，结果它反而会越不紧密的。我主张亲密有间，反对捆绑式的婚姻，看来卢梭也是如此。当然，不捆绑只是一个前提，在此前提下，还需要双方有共同的愿望来珍惜和维护爱情。卢梭说，除此以外，在大自然中是找不到其他的办法的。

5. 文明造就了爱情及其祸害

在《爱弥儿》中，卢梭对爱情是基本肯定的，而在此前的《论不平等》中却不是这样，我把他在那本书里的观点也讲一下。

他说，在各种情欲中，使男女需要异性的那种情欲是最炽热也是最激烈的。这种可怕的情欲能使人不顾一切危险，冲破一切障碍。当它达到疯狂程度的时候，仿佛足以毁灭人类，而它所负的天然使命本是为了保存人类的。这就有必要对这种男女之爱做一个分析。

据他分析，其中包含两个因素。一是生理因素，就是人人所具有的和异性结合的欲望，这是由自然产生的情感。另一是精神因素，就是要把这种欲望固定在某一个对象上，这是由社会产生的人为的情感。这种情感建立在才德和美丽之类的观念及其比较上面，野蛮人不会有这类观念，也不会做这种比较，所以这种情感对野蛮人来说几乎是不存在的。野蛮人只是服从自然的冲动，对于对象无所选择，任何女人对他说来都是同样合适的。因此，他的心情与其说是狂热的，不如说是愉快的，需要一经满足，欲望便完全消失了。

结论是，仅仅局限于生理需要的野蛮人是幸福的，而爱情则因其狂热和嫉妒给文明人带来了灾难。然而，既然人类已经无法回到自然状态，我们就只好不得已求其次，尽量限制爱情之祸害而享受其快乐了。

六 教育就是生长

《爱弥儿》有一个副题"论教育",可见卢梭是明确把它定位为一本教育学著作的。形式上它像一本小说,有一个虚构的学生,名叫爱弥儿,全书讲述了以第一人称出场的老师如何一步步培养这个学生,从出生到青年时代。卢梭用这个方式完整地阐述了自己的教育思想。

在卢梭之前,洛克著有《教育片论》,卢梭在序言中提到了这部著作,他写道:"在所有一切有益人类的事业中,首要的一件,即教育人的事业,却被人忽视了。我阐述的这个问题,在洛克的著作问世之后,一直没有人谈论过,我非常担心,在我这本书发表以后,它仍然是那个样子。"《教育片论》出版于 1695 年,《爱弥儿》出版于 1762 年,相隔六十多年,时间够久的。不过,我们今天看到,这两部著作已经成为西方近代教育哲学的双璧,影响巨大而深远。人们一般把它们看作两个相反派别的开山之作,在基本理念上,二者确有不同。洛克重理性和纪律,要培养绅士,卢梭重自然本性和自由,要培养懂得生活的人。在《爱弥儿》正文中,卢梭略带讽刺意味地说:"我可没有培养什么绅士的荣幸,在这方面决不学洛克的样子。"然而,两人都是通晓人性的大师,他们的教育思想事实上有诸多相通之处。

在《论科学与艺术》中,卢梭对教育的现状已有所批判。他指出,学校里什么都教,唯独不教如何做人,教出的学生外表很机灵,却没有判断能力,能说在任何地方都用不着的语言,却不会说自己的想法,被训练成了通晓许多无用东西的饱学之士,品行遭到败坏,健康受到损害,思维变得呆滞,实在是得不偿失。

在他看来，教育是文明危害一代代人心灵的主要途径，因此，要拯救人的心灵，就必须从改革教育着手。

1. 自然教育的原理

卢梭主张自然的教育，而自然教育的原理，用一句话概括，便是教育就是生长。由这个原理，他又对教育特别是儿童教育提出了若干重要的一般性看法。我按照自己的理解，归纳出以下要点。

（1）教育就是生长

卢梭说，教育有三种。一是自然的教育，是自然所赋予的感官和能力的内在发展。二是人的教育，是别人所传授的知识。三是事物的教育，是从所接触的事物获得的经验。在一个学生身上，如果这三种教育是一致的，所受的教育就是好的，如果是互相冲突的，所受的教育就是不好的。其中，自然的教育是根本的，三者的一致，就是其他二者要与之适合，知识和经验要顺应内在能力的生长。自然的教育进行得晚而且慢，如果人的教育进行得过早过快，就会打乱自然生长的节奏，使受教育者的身心遭到摧残。

在《明日之学校》中，杜威把卢梭的教育原理概括为教育就是生长，是十分准确的。教育不是把外面的东西例如知识灌输进一个容器，强迫学生接受，而是要让每个人的天性和与生俱来的能力得到健康生长。杜威由此进一步引申说，生长就是目的，在生长之外别无目的。这就是说，不可以给生长设定一个外部的功利目的，比如将来适应社会、谋求职业、做出成就之类，仿佛不朝着这类目的努力，生长就没有了价值似的。用功利目标规范生长，结果必然是压制生长。生长本身就是目的，就是价值，一个天性得到健康生长的人是既优秀又幸福的，实际上对社会也会有更大的贡献。

（2）把孩子当孩子

教育就是生长，而生长是有自然所规定的节奏的。因此，人生各个阶段都有其自身不可取代的价值，没有一个阶段仅仅是另一个阶段的准备。儿童期尤其有其特别的价值。卢梭说："在万物的秩序中，人类有它的地位。在人生的秩序中，童年有它的地位。应该把成人当成人，把孩子当孩子。"

把孩子当孩子，就是要尊重孩子的天性，让孩子有一个快乐的童年。现在的儿童教育是野蛮的，为了不可靠的将来而牺牲现在，为了替孩子准备永远享受不到的所谓幸福，现在就受各种束缚，处在那么可怜的境地。卢梭责问家长们，童年的岁月稍纵即逝，你们自己回忆起来也十分依恋，为什么不让你们的孩子享受那短暂的时光，反而使它充满悲伤和痛苦？在卢梭的时代，儿童死亡率很高，所以他接着警告说，谁知道死神什么时候会夺去你们的孩子，你们不要使他没有尝到生命的快乐就死了，那将后悔莫及。

把孩子当孩子，还要懂得孩子的特点，把孩子作为孩子来培养。现在的教育家们讨论的只是成人应该知道什么，全不问儿童能够学习什么。儿童是有他们特有的看法、想法和感情的，如果把我们的看法、想法和感情强加给他们，那实在是最愚蠢的事情。大自然希望儿童在成人以前要像儿童的样子，如果打乱了这个次序，我们就会造成一些早熟的果实，它们长得既不丰满也不甜美，而且很快就会腐烂。我们急于把孩子教育成大人，不断地骂他、夸他、对他讲道理，结果造就出了一些年纪轻轻的博士和老态龙钟的儿童。

（3）不要爱惜时间，要浪费时间

我们总是听见家长们训斥孩子说，要抓紧时间努力学习，在卢梭的时代想必也有许多这样的家长，所以他说："我是否可以把最重要和最有用的教育原则大胆地提出来呢？这个原则就是不但不要爱惜时间，而且要浪费时间。"他为他的惊世骇俗之论辩护说："误用光阴比虚掷光阴损失更大，教育错了的儿童比未受教育的儿童离智慧更远。"你说你怕孩子虚度了年华，卢梭却问你：什么叫虚度？快乐不算什么吗？整日跑跳玩耍不算什么吗？他一生再也不会这样忙碌了。"快乐的儿童享受了时间而不做时间的奴隶，不懂得时间的价值却最好地利用了时间。"

卢梭说，正是在快乐的玩耍中，孩子锻炼了他的身体、他的器官、他的感觉和他的体力，只要他玩得高兴而不出什么毛病，就让他玩好了。你认为儿童的动作好像没有什么目的，其实是智力发展的积极原因。同时，要尽可能让他的心闲着不用，能闲多久就闲多久。他目前在学习上能否取得进步，是无关紧要的。相反，如果非要他学这个学那个，就会使他感到束缚、愤恨和烦恼，挫伤了内在生长的力量。

人们都把《理想国》看作一本政治学著作，卢梭说：错了，它是有史以来最好的教育学著作。在《理想国》中，柏拉图以斯巴达为样板，描绘了理想的儿童教育方式，卢梭觉得和他自己的主张完全吻合。他说，在这本书中，柏拉图是通过节日、体操、唱歌和娱乐活动来教育孩子的，而当他教他们玩耍的时候，就把其他的东西也一起教给了他们。

（4）不要对孩子讲大道理

在教育孩子时，家长和老师都喜欢对孩子讲大道理。卢梭认为这是最坏的方式，他反复强调，绝对不要对孩子讲一番他们听不懂的话，不要对他们进行任何种类的口头教训。在任何事情上，教育的方式都应该是行动多于口训，让他们从经验中去取得教训。

大人们对孩子讲大道理，卢梭举出了两种情形。一种是为了让孩子赞成他不喜欢的事情，因为经常在不愉快的事情中谈论道理，就只会使他觉得道理是令人讨厌的东西，使他还不能明白道理的心灵从小就对道理表示怀疑。另一种是让孩子去注意与他毫无关系的问题，比如现在好好学习，长大了会得到什么利益，别人会对他多么尊敬，这些话对于根本不考虑未来的这个年龄的人来说，是丝毫没有意义的。事实上，在我们今天，这两种情形也是最为常见的。

对孩子讲他根本听不懂的话，在他的头脑里填塞一些他无法理解的词，不但无用，而且极其有害。他没有接受你讲的道理，却学会了你讲大道理的方式，养成了种种坏习惯，比如凡事爱争辩、喜欢玩弄词眼、自以为高明，等等。

这里涉及卢梭和洛克的一个重大分歧。他说，用理性去教育孩子，这是洛克的一个重要原理，这个原理在今天是最时髦不过了，但并不可靠。他的发现是，再没有比受过许多理性教育的孩子更傻的了。单凭理性，有时候可以约束一个人，但很少能够鼓励人，它不能培养任何伟大的心灵。事事讲一番道理，是心胸狭窄的人的一种癖好。按照自然生长的次序，在人的一切官能中，理性是由其他各种官能综合而成的，因此最难于发展，也发展得最迟。在其他官能尚未发展好的年龄，偏偏要用理性去发展其他官能，无疑是缘木求鱼，把结果当作了手段。

（5）教育的目的是生活和做人

教育就是生长，生长得好不好，最后就看生活得好不好，做人好不好。教育的目的，唯在生活和做人。"生活，这就是我要教他的技能。从我的门下出去，他不是文官，不是武人，不是僧侣，他首先是人。"他懂得怎样做人，无论在什么境况中，不论对谁，他都能尽到做人的本分。一个人能够自己争取幸福，承受苦难，他就是一个受了良好教育的人。"他必须像农民那样劳动，像哲学家那样思想，才不至于像蒙昧人那样无所事事地过日子。教育的最大秘诀是：使身体锻炼和思想锻炼互相调剂。"现在的教育，只教知识，不教如何生活和做人，当这个满腹学问但身心都脆弱的学生投入社会的时候，就暴露了他的愚昧、傲慢和种种恶习，于是大家对人类的苦痛和邪恶感到悲哀。卢梭说："你们搞错了，这个人是照我们奇异的想法培养起来的，自然的人不是这个样子的。"

教育的目的是生活和做人，不是身份、地位和职业。"凡是人所制造的东西，人就能够把它毁掉；只有大自然刻画的特征才是不可磨灭的，然而大自然是从来不制造什么国王、富翁和贵族的。"你培养一个人适应某一种社会地位，就使他对其余的一切地位无法适应了。如果命运同你开玩笑，则你除了使他变成一个很可怜的人以外，是得不到别的结果的。一个贵族已经变成了乞丐，穷愁潦倒之中还在夸他的出身，这岂不可笑之至？相反，如果你培养出来的人能够不靠身份生活，在地位发生变化的时候仍然泰然自若，那么他就从贵族的地位上升到了只有极少数人才能取得的人的地位。

教育是培养人，这就对教育者提出了很高的要求。卢梭说，要担当培养人的工作，你必须先把自己造就成一个人，成为值得学习的榜样。

2. 幼儿的教育

在《爱弥儿》前两卷中，卢梭对幼儿教育有许多精彩的见解，这些见解从一个未曾亲自养育过幼儿的人口中说出，真是令人惊奇。他悟性再好，倘若不经过仔细观察，有些见解是绝对说不出来的。当然，观察的机会总是会有的，他是一个有心人，而他的思考使他足以成为天下父母的导师。

卢梭强调，最初的教育是最重要的，因此父母一定要亲自承担教育的责任。母亲的责任尤其重大，怀胎和哺育孩子的是女人，这是造物主的安排。但父亲也不可置身事外，不可借口贫困、工作繁忙或身份高贵而免除亲自教养孩子的责任。我们在古人的著作中看到，古罗马监察官卡托从儿子还在摇篮里的时候就亲自教养，他是那么仔细，当妻子给孩子洗浴时，他就放下一切事情，到旁边来看着。

关于幼儿的教育，卢梭讲了许多，我归纳出两个原则，一是顺应自然的次序，二是有节制的自由。

（1）顺应自然的次序

我自己的经验告诉我，孩子各种能力的发展，主要的工作是大自然做的，它在孩子的身体里已经安置了这个发展的程序，父母所要做的工作只是加以配合。卢梭的看法也是如此，主张让孩子顺着自然的次序逐步生长。他观察到，在最初的时候，一个幼儿差不多是同时开始学说话、学吃东西和学走路的，这和我的观察相合，年龄大致在一周岁上下。这些能力的发展，是水到渠成的事情，用不着大人刻意去教。比如走路，卢梭说，我们费了许多气力教孩子走路，好像有谁由于保姆的疏忽，到长大了仍不会走路似的，还有比这样教孩子更愚蠢的事吗？他接着讽刺说，有多少人正因为我们教坏了走路的样子，一生走路都走不好。

孩子开始言说，也不是大人刻意教出来的。卢梭说，我们的语言都是人工制品，各民族都不同，然而，有一种人人共同的自然语言，那就是孩子在学说话以前所用的语言。这种语言不是音节清晰的词，而是伴随着一些似乎无意义的词的声调，孩子和保姆之间凭借它们完全可以互相交流和理解。我们因为使用了人工语言，就把这种自然语言完全忘记了。说得太对了，我的孩子一岁上下的时候，我就经常和孩子互相说一些无意义但声调抑扬的话语，交流得快乐极了，每次说完两人都大笑。卢梭还指出，幼儿的语言是有适合于他们年龄的语法的，其造句规则比我们的规则更简约。我的观察可以为此提供许多实例。我写的《宝贝，宝贝》和《叩叩》两本书，分别记录了我的女儿和儿子的童年时光，对幼儿语言的观察和研究是其中的重要篇章，我相信倘若卢梭读到了，一定会喜欢的。

幼儿是好动的，有些大人总是加以训斥和制止，要让孩子乖一点，你们听听卢梭是怎么说的。孩子什么东西都想去摸一摸，什么东西都想去弄一弄，他这样地动个不停，是他日益增强的身体所必需的，并且使他获得十分需要的学习，你绝不要去妨碍他。你只需提防他做他力所不能的事情，注意到不让他有受伤的危险，便应该让他的身体和四肢绝对自由。孩子的活力极其旺盛，正在向外扩张，不管他是在制作什么东西还是在破坏什么东西，都是想要改变事物的现状。如果说他破坏多于制作，原因也不在于顽劣，而是由于制作总是迟缓的，破坏则可以立即见效，更适合于他的活泼的性情，所以你不要大惊小怪。

幼儿在智力发展过程中会有精彩的表现，活泼天真，说话俏皮，妙语连珠。这些现象正是他那个年龄的特点，你可以欣赏，但不要把它们当作特异的表征，以为自己的孩子是神童。在他那个年龄，没有哪一种财产真正是属于他的。在他的头脑中，观念是不连贯和不确定的。有的时候，你发现他思想灵活，宛如一个喷泉，就说他是一个天才。还有的时候，你看见他十分迟钝，好像被浓烟笼罩，就说他是一个傻瓜。这两种说法都不对。他是一个孩子，他是一只幼鹰，时而飞入云霄，过一会儿又要回到它的窠巢。所以，不管他的表现如何，都应该按照他的年龄来看他。

要弄清孩子的真正的禀赋是什么，第一需要等待，第二需要观察。等待，就是不要急于做判断，让特异的征象经过一再地显示和确实证明之后，才对它们采取特殊的方法。让大自然先教导很长的时期之后，你才去接替它的工作，以免在教法上同它相冲突。观察，是幼儿教育中最重要也最困难的本领，卢梭说，他希望有人写一篇论文把观察孩子的方法讲清楚，这个方法是不能不知道的，而现在做父亲的和做老师的连这个方法的基本要点还不知道呢。我要补充说，许多大人甚至压根儿就没有想到要去观察孩子，就自以为很了解孩子了，其实是把一些人云亦云的成见硬套在自己的孩子身上。

（2）有节制的自由

卢梭认为，在儿童教育中，最能取得成效的方法是有节制的自由。自由，就是顺应自然的次序，让自然所产生的需要得到满足，让自然所赋予的能力得到生长，皆不可人为地加以阻碍。节制，就是要限制那些背离自然需要的欲望，并且让孩子学会按照自己的能力来调节自己的欲望。所以，给孩子立规矩是必要的。"应该让孩子具有的唯一的习惯，就是不要染上任何坏习惯。"有节制的自由，重点就是不让孩子染上坏习惯。最要注意防止的坏习惯有三个，就是柔弱、任性、专横，它们是不当教育的产物，并且彼此紧密联系，往往一齐出现在同一个孩子身上。

第一，柔弱。孩子爱哭闹，这不是大自然的作品，而是大人娇惯的结果。一听见孩子哭，你就去抚爱，所以使他更爱哭了。你今天使孩子不哭了，却使他明天哭得更凶。唯一能够纠正或防止这个坏习惯的办法，就是任他怎样哭，你也不去理他。谁也不喜欢做白费气力的事情，孩子同样如此。如果孩子摔倒了，受了一点轻伤，你不要惊惶地急忙走到他的身边，反而应该安详地站在那里，至少也要挨些时候才走过去。伤痛已经发生了，他就必须忍受；你急急忙忙的样子，反而使他更加害怕，更加觉得疼痛。受伤使人感到的主要痛苦，并不是所受的伤，而是恐惧的心情。你表现得镇静，就使他免除了恐惧的痛苦。在他这个年龄，最应该学习的是勇敢和坚强，今天能够忍受小的痛苦，明天才能够忍受大的痛苦。柔弱是很坏的品质，柔弱者卑怯，会做大坏事。

第二，任性。让你的孩子受折磨的最可靠方法是什么？就是他想要什么，你就给他什么，这使得他的欲望无止境地增加。起初，他想要你的手杖，转眼之间，他又想要你的手表，接着，他又想要空中的飞鸟、天上的星星。他看见什么就要什么，除非你是上帝，否则你怎么能满足他的欲望呢？结果，终有一天，你不得不因为力量不足而拒绝，而他从来没有遭到过拒绝，突然碰了这个钉子，会比得不到所要的东西更感到痛苦。孩子想要什么，如果是合理的，就应当马上给他，不要动辄拒绝；如果是不合理的，一经拒绝就不要改变，无论他怎样纠缠，也不可动摇。孩子如果发现纠缠可以达到目的，就会养成纠缠的习惯，变得更加讨人嫌。孩子打坏了家具，你不要忙着买新的，就让他感觉到没有家具的不方便。他打破了他房间的窗子，你就让他昼夜都受风吹，宁可让他感冒，不可让他发疯。绝不要埋怨他给你造成的麻烦，但要让他第一个感觉到这些麻烦。

第三，专横。凡是孩子自己能够做的事，就要让他自己动手做，而不是指使别人替他做。从很小的时候就要这样，他还不会走路，想得到他看见的或别人准备给他的东西，最好是把他抱到他想得到的东西那里，而不要把东西拿过来给他。否则的话，他很快会感觉到，用别人的手去干活，只消动一动嘴就可以移动万物，是多么舒服。一定不能让他养成好命令人的习惯，因为他不是谁的主人，别人也不是他的工具。一旦他把周围的人都看作工具，就会变得专横。长大了他带着这种专横的习性走上社会，就有苦吃了。有那么多无情的障碍在阻挡他，有那么多轻蔑的眼光在藐视他，于是他就变得十分懦弱和畏缩。他以前把自己看得多高贵，现在就把自己看得多卑贱。你为了不让他受大自然给他安排的一点痛苦，结果反而给他制造了大自然本来要他避免的许多灾难。

对于幼儿的教育，洛克主张以纪律为主，卢梭主张有节制的自由，似乎是对立的。可是，对照两人的具体论述，我们会发现，他们的见解其实有许多共同之处。洛克所立的纪律，与卢梭所立的规矩，都是为了不让孩子养成大致相似的一些坏习惯，而洛克同样也认为应该让孩子拥有与其年龄相应的自由。他们强调的重点或许不同，但我倾向于认为，其差异更多是表达上的，而非实质性的。

3. 智力教育

按照自然教育的原理，智力教育就是要让自然所赋予的理性能力得到良好生长。在卢梭的相关论述中，我只讲几个比较有特色的论点。

第一，鼓励好奇心。当理性能力开始觉醒的时候，孩子会表现出强烈的好奇心，自发提出许多问题。这时候，你不要急于满足他的好奇心，而应该看怎样能引起他的好奇心就怎样回答。你可以继续提出一些他能理解的问题，启发他自己去寻找答案。你不要把话讲完，你把话讲完了，孩子就没有兴趣再听你讲了。重要的是，要让他不是由于你的告诉，而是由于他自己的理解而发现那些道理。你一旦在他心中用权威代替了理智，他就不再运用他的理智了，他将为别人的见解所左右。

卢梭强调，好奇心应该是出于自然的。人生来有谋求幸福的欲望，为了满足这种欲望，就会对一切与自己息息相关的事物有一种自然的求知欲，这是好奇心的第一本原。假定有一个科学家带着他的仪器和图书流落到一个孤岛上，不再能回到大陆，那他是不会再去研究什么天体说、引力法则和微积分的，但一定会克制不住要把全岛考察一番。所以，对于儿童的好奇心，也要注意区别是否出于自然。你还要注意孩子发问的动机，有时候，他不是为了求知，而是问你一大堆没头没脑的问题，来找你的麻烦，你就应该马上停止回答。卢梭说："请你记住我的这个忠告，一到孩子能开始运用理智的时候，你就看出了它有头等重要的意义。"

良好的智力教育，不在于教各种学问，而在于培养对爱好学问的兴趣。在有了兴趣之后，就要培养注意力，逐渐养成持久地专注于所感兴趣的东西的习惯。当兴趣充分增长起来的时候，则教以研究学问的方法。

第二，培养判断能力。好的智力品质不在于有许多知识，而在于有好的判断能力。判断能力的好坏，取决于头脑中的观念是否正确和清楚，在比较观念和发现关系方面的能力是强还是弱。卢梭对认识论并无深入的研究，在很大程度上是接受了洛克的看法，强调观念与直接经验的联系，语词与观念是不同的东西，语词如果没有所代表的观念就是毫无意义的。所以，你教给孩子一些语词，如果他毫无相关的直接经验，其实他就什么也没有学到。你给他看地图，教他五大洲的地理，告诉他一些国家、城市、河流的名称，他会认为这一切只存在于一张纸上。

现在的问题就在这里，只是在孩子们的头脑里填塞一些他们无法理解的语词。正是由于教孩子学的第一个词、第一个句子是他根本不明白其涵义的，他就开始丧失判断能力了。因此，要尽量限制孩子用的词汇，不要让他的词汇多于他的观念，不要让他会讲的东西多于他懂得的东西。不要讲究修辞，不要滔滔雄辩，不要咬文嚼字。当他无话可说的时候，硬要叫他练习口才，当他没有什么事情要说服别人的时候，硬要他坐在教室的板凳上感受豪迈语句的力量和巧言服人的妙处，这是多么荒唐。"汉尼拔为了坚定部下越过阿尔卑斯山的决心，是怎样修饰其辞句的，一个小学生不知道这个，又有什么关系呢？相反，你不如教他用什么说法才能说动校长放他一天假，我担保他会很专心听你讲措辞的方法的。"

第三，警惕书本。卢梭读书不多，他承认："我对书是很憎恨的，因为它只能教我们谈论我们实际上是不知道的东西。"所以，他让爱弥儿在乡下成长，远离书本。在十二岁之前，爱弥儿基本上不读书，只有一本书是例外，就是《鲁滨逊漂流记》。卢梭认为，这是一本最精彩的自然教育的课本，教人如何用自然的方式维持生活。

人类的知识分为两个部分，一个部分是人所共有的，另一个部分是学者们特有的，后者与前者相比，就显得太渺小了。而且，在学者那里，知识越多就离真理越远，因为他们在判断上的自负比知识的增长快得多。学生最应该学会的一门艺术，是保持其无知的状态，不去涉猎学者们经营的知识，要从经验中而不是从书本中学习。处在还不能独立思考的年龄，读书少不过是无知，读书多却会接受许多虚假的观念，因而变得愚蠢。读书是孩子们在儿童时期遭遇的灾难，让孩子们摆脱各种功课，绝不要让他们背诵什么课文，这样就消除了使他们最感痛苦的原因。强迫还不喜欢读书的孩子读书，只会使他们产生厌恶的心情，从此觉得读书是一件可怕的事情，走出学校以后就永远不再读书。

4. 道德和情感教育

教育是精神能力的生长，传统上把人的精神能力分为智力、情感和道德，相应的教育就是智育、美育和德育。在卢梭看来，道德的本原是情感，因此，道德教育实质上也是情感教育，德育是一种广义的美育。

最早的情感教育来自父母。"家庭生活的乐趣是抵抗坏风气的毒害的最好良剂。"孩子在一个充满爱和快乐的家庭环境里生长起来，他在品德上往往也会好。如果父母之间感情冷漠，一家人在一起不再使人感到生活的甜蜜，不良的道德就会来填补这个空缺了。

身教胜于言教。所谓身教，绝不是要以完人的形象在孩子面前出现。要打动别人的心灵，你自己的行为就必须合乎人情，所谓完人是既不能感动别人也不能说服别人的。如果你想纠正你的学生的弱点，你就应当把你自己的弱点暴露给他看，就应当让他在你身上也发现他所体验到的斗争，他才会照你的榜样学会克制自己。只有在你成了他的知心人的时候，你才能真正做他的老师。

从言教来说，最重要的是真实和坦诚。切忌装模作样地对孩子们讲一套一本正经的大道理、空道理。卢梭说，现在向孩子们进行的道德教育差不多可以归纳成这样一套对话：老师说，不应该做那件事情；孩子问，为什么不应该做；老师答，因为那样做是很不好的。对于孩子提出的困惑，回答一定要慎重、简短和明确，不可以犹豫不决，不可以长篇大论，不可以转弯抹角。

孩子幼小的心灵里还没有善恶的观念，因此对他们的行为不能轻易做道德评判。最初几年的教育应当纯粹是消极的，它不在于教学生以道德和真理，而在于防止他的心沾染罪恶，防止他的思想产生谬见。不但对于孩子，而且对于一切年龄的人，最重要的道德教育只有一条，就是绝不可以损害别人。如果不以此为前提，教人做好事就是虚伪的和有害的。谁不做一点好事呢？坏人也做好事，他做了一件所谓好事，成百的人就要遭殃，我们的种种灾祸就是从这里产生的。最高尚的道德是消极的，同时也是最难于实践的，因为这种道德不是为了做给人看的。

孩子的撒谎往往是老师造成的。谎言有两种。一种是就过去的经历撒谎，否认所做过的事情，或者硬说做了没有做过的事情。另一种是就将来承担的义务撒谎，许出一些并不打算加以遵守的诺言，表示一种与真实意图相反的意图。你用一些空洞的格言和不合理的清规约束孩子的心灵，他遵守不了，就只好撒谎。是你的错误的教育使他失去了天真和诚实。

一个人在儿童期能够保持天真和诚实，到了青春期，他就会是一个最慷慨和最善良的人，他最爱别人，也最值得别人爱。一般来说，他易于感受到的第一个情感，不是爱情而是友谊。不论同性还是异性，他在友谊中感受到的都是他的同类。人类对他的影响早于性对他的影响，这就在他的心灵中播下了博爱的种子。

情感教育还包括狭义的美育，即审美能力的培养。审美能力的基础是天赋的感受力，而它的培养和形式则取决于一个人所生活的社会环境。审美能力不是一种孤立的能力，它是一个人的内在情感的丰富性的综合表现，因此与年龄和阅历相关。在《爱弥儿》中有一段非常有趣的描写。老师看到美丽的自然景色，心中热情洋溢，想把这种感受传达给幼儿期的爱弥儿，使他受到同样的感动，孩子却无动于衷。卢梭责备老师的想法是愚蠢的，他写道："自然景色的生命，是存在于人的心中的，要理解它，就需要对它有所感受。孩子看到了各种景物，但是他不能看出联系那些景物的关系，他不能理解它们优美的和谐。要能感受所有这些感觉综合起来的印象，就需要有一种他迄今还没有取得的经验，就需要有一些他迄今还没感受过的情感。如果他从来没有在干燥的原野上跑过，如果他的脚没有被灼热的沙砾烫过，如果他从来没有受过太阳照射的岩石所反射的闷人的热气，他怎能领略那美丽的早晨的清新空气呢？花儿的香，叶儿的美，露珠的湿润，在草地上行走的柔软，所有这些怎能使他的感官感到畅快呢？如果他还没有经历过美妙的爱情和享受，鸟儿的歌唱又怎能使他感到陶醉呢？"

说得太对了，我可以提供一个例证。很久以前，我和朋友两家人乘游轮游长江，我的女儿和朋友的儿子都还小，他们嫌甲板上热，总是待在舱里玩。我去唤他们，说风景太美了，我的女儿断然说："美对于我一点也不重要。"我顿时若有所悟。幼儿会被一片草叶、一只昆虫吸引住，可是，对风景的美是视而不见的，如果你让他们欣赏风景，他们会觉得你很无聊。

七　社会契约论

作为一个思想家，卢梭对西方社会发展发生最重大影响的著作是《社会契约论》。在很大程度上，是这本书召唤来了法国大革命。伏尔泰和百科全书派致力于批判旧世界，而他则为建设一个新世界描绘了蓝图，因此被称作共和国的宣布人。

在《忏悔录》中，卢梭自己说，在他的全部写作计划之中，他思考得最久、愿意终生从事而且相信会使他享有盛名的著作，就是《政治制度论》。后来他感到完成这部巨著所需时间太长，就决定把其中可以独立的部分抽出来，写成了《社会契约论》一书，而把其余的部分都烧掉了。该书差不多和《爱弥儿》同时出版。

在此前出版的《论不平等》中，他把重点放在批判文明及其弊端上面，但已经涉及了一个重要问题，就是在文明社会的框架内，一种合乎人性的政治制度应该是什么样的，并且初步提出了社会契约论思想。在《社会契约论》中，他这方面的思想得到了系统的阐述。在该书的开头部分，他说，他要探讨的主题是，在社会秩序之中，能不能有某种既合乎正义又适合于人类实际情况、亦即既合法又可行的政权规则，他将努力把这两个方面结合在一起，以求使正义与功利二者不致有所分歧。这是全书的指导思想，而他相信在社会契约论中找到了答案。

1. 自由是人性的第一原理

"人是生而自由的，却无往不在枷锁之中。"在《社会契约论》中，就数这句话最有名了。卢梭说，这种人所共有的自由是人性的产物，放弃自由就等于放弃人之为人的资格，放弃做人的权利和义务，这样一种放弃是违背人性的。

洛克把人生而赋有的自然权利确定为三项，即生命、自由和财产。卢梭说，财产所有权只是一种协议和人为的制度，因此人人能够随意处分所拥有的财产，比如可以自愿放弃和转让。生命和自由才是真正的自然禀赋，人人无权放弃，因此不能与财产相提并论。一个人放弃了自由，就贬低了自己的存在，放弃了生命，则完全消灭了自己的存在。任何物质财富都不能抵偿这两种东西，所以，无论以什么代价放弃生命和自由，都是违反自然的。(《论不平等》)

不能用人的现实境况来判断人性。亚里士多德说，有些人天生就是做奴隶的，卢梭指出，在奴隶制度下，有些人生下来就是奴隶，这是一个事实，但并非这些人在自然本性上就是不自由的。霍布斯、格老秀斯也犯了同样的错误，凭事实来确定权利，从而把少数人对多数人的统治视为合理合法。按照他们的看法，人类被分成一群群的牛羊，每一群都有自己的首领，首领保护他们是为了要吃掉他们。人民之所以要有首领，是为了保卫自己的自由，而不是为了使自己受奴役。如果首领以保护他们为借口，竟敢强求他们放弃自由，他们应该以讽刺的口吻回答："敌人对我们也不过如此吧！"

无论从哪种意义来考察，奴役权都是不存在的，不但因为它是非法的，而且因为它是荒谬的。奴役制和权利，这两个名词是互相排斥的。规定一方是绝对的权威，另一方是无限的服从，这本身就是一项无效的而且自相矛盾的约定。

的确，在现实中，人们因为久处于奴役的地位，已经忘记了自由的宝贵。自由也和美德一样，你只有亲自享受它，才会感觉到它的价值，一旦丧失，便也丧失了对它的兴趣。所以，不应当根据被奴役的人民的堕落状态，而应当根据一切自由民族为抵抗压迫而做出的惊人事迹，来判断人的天性是倾向奴役还是自由。（《论不平等》）卑鄙的灵魂绝不会相信伟大，下贱的奴隶则讥笑自由。一个人宁愿受奴役，他的行为是不合法的、无效的，因为这样做的人已经丧失了健全的理智。倘若全国人民都这样做，那就是假设举国皆狂了，而疯狂是不能形成权利的。

2. 社会契约：从自然状态到社会状态

霍布斯在《利维坦》中断定，在自然状态中，由于没有一个共同权威使所有的人都畏惧，人们就处于每个人与每个人交战的状态，为了结束这种战争状态，就有必要建立一个拥有绝对权威的国家。针对这个论断，卢梭反驳说，战争不是人与人的一种关系，而是国与国的一种关系。在战争之中，个人与个人不是以人的资格，而是以士兵的资格，作为国家的保卫者，才偶然成为仇敌的。战争的目的是摧毁敌国。一旦敌国士兵放下武器，不再是敌国的保卫者，他们就又成为个人，他们的人身权利就应该得到尊重。在自然状态中，国家尚未存在，所以也就不存在真正意义的战争。

按照卢梭的设想，在自然状态中，人们是分散的个体，每个人都依靠自己的力量维持生存。因此，每个人的敌人不是别的个体，而是不可控制的自然力量。人类曾经到达一种境地，自然状态中不利于人类生存的障碍太大，个人自保已无可能，必须集合起来形成一种力量的总和，才能够克服这种障碍。所以，社会契约的订立，不是为了结束每个人与每个人的交战，而是为了联合起来以对付自然暴力。由于社会契约的订立，人类从自然状态进入了社会状态。

社会契约是各成员之间自愿订立的约定，不是强力的产物。强力是一种物理的力量，不能产生任何合乎道德的权利。"既然任何人对自己的同类都没有任何天然的权威，既然强力不能产生任何权利，于是便只剩下约定才可以成为人间一切合法权威的基础。"镇压一群人与治理一个社会，这两者之间有根本的区别。在前者，我们只看到一个主人和一群奴隶，这只是一种聚集，而不是一种结合；在后者，我们看到的是人民和他们的首领，这才是一个政治共同体。

家庭是最古老而又唯一自然的社会，可以把家庭看作政治共同体的原始模型，首领是父亲的影子，人民是孩子的影子。孩子只是在需要父亲养育的时候，才依附于父亲，一旦这种需要停止，自然的联系也就解体。在这之后，如果他们继续结合在一起，这种结合就只能靠约定来维系。一个人到了有理智从而可以独立生存的年龄，他就成了自己的主人。孩子所能得之于父亲的权利是财产所有权，所得之于自然的权利是生命和自由，父亲可以转让或者剥夺前一种权利，对后一种权利却不能用同样的方式处置，因为它们是大自然的直接赠礼，没有任何人可以剥夺。

3. 公共意志

全体个人经由订立社会契约而结合成了一个政治共同体，这样的共同体，在古希腊叫做城邦，在现代叫做共和国。卢梭说，由于社会契约的订立，自然状态中个人的天然的自由被社会的自由取代，前者仅以个人的力量为其界限，后者则受到公共意志的约束。

在卢梭的社会契约论中，公共意志是一个备受争议的概念。按照他的说法，既然全体个人是自愿订立契约结合为共同体的，那么，契约一经订立，个人就不能再各行其是，而是必须服从这个共同体的意志，他称之为公共意志。他明确地说，就其本质看，社会契约就是每个人都把自己共同置于公共意志的最高指导之下。

那么，这个至高无上的公共意志究竟是一个什么东西呢？

公共意志是相对于个别意志而言的。卢梭说，公共意志着眼于公共的利益，个别意志着眼于个人的利益，如果一群人从个人的利益出发发表意见，所表达的也不是公共意志，而是众人意志，它只是个别意志的总和。唯有每个人都以公民的身份发表意见，彼此之间没有任何勾结，国家之内没有派系的存在，讨论的结果就能够很好地表达公共意志。否则的话，所表达的就只是某一部分人的个别意志。卢梭对损害公共利益的派系立场充满警惕，这是对的，但是，问题在于，一般来说，个人利益与公共利益是不相容的吗？人们结合成共同体，不就是为了保护每个人的个人权利吗？在洛克、休谟等英国哲学家看来，共同体的真正使命是保护个人权利不受侵犯，这本身就是最大的公共利益。卢梭把公共利益和个人利益对立起来，用公共意志否定个别意志，这样就把共同体与个人的关系弄颠倒了。

这里必须弄清一个重大问题，就是公共意志与个人自由的关系。卢梭崇尚自由，把自由看作最重要的自然权利，可是现在他又说，在共同体中，自然状态中个人的自由被社会的自由取代了，这种自由受到公共意志的约束，其实不只是约束，个人是必须绝对服从公共意志的。那么，个人自由何在？他对此的解释是，由于共同体是自愿结合而成的，所以，服从公共意志也就是服从每个人自己，在这个意义上每个人仍然是自由的。这个逻辑是大成问题的，所谓的社会的自由实际上是取消了个人的自由。

公共意志、共同体的意志、人民的意志，这三种说法是同一个意思。卢梭强调，公共意志永远是公正的。在他的心目中，人民是一个理想化的实体，其意志总是指向人民自身的幸福。可是，人民是一个抽象名词，人民由谁来代表？正因为没有谁是人民，因此谁都可以宣称自己代表人民。再者，如果说人民是由全体公民组成的，那么，卢梭自己承认，虽然公共意志永远是正确的，但不能由此推论说，人民的意见永远是正确的，因为人民尽管愿意自己幸福，却并不总是能够看清楚幸福，人民不会被腐蚀，却往往会受欺骗。那么，由谁来裁决人民的意见是否符合公共意志呢？

由于公共意志和人民主权概念本身的抽象性和模糊性，由于其中隐含的对个人自由的否定，卢梭的社会契约论就有可能被引往错误的方向。事实上，从法国大革命到极权主义，许多剥夺自由和践踏人权的暴行是在公共意志和人民主权的名义下发生的。英国政治学家以赛亚·伯林因此宣布，这个自称最热爱自由的人实际上是自由最险恶和最可怕的敌人。这个指责虽然偏激，但卢梭自己是不能辞其咎的。

4. 人民和主权者

在很大程度上，卢梭宣称公共意志至高无上，是为了强调人民的主权者地位，公共意志之所在，就是主权之所在，共和国由人民当家作主。他说，主权是不可转让也不可分割的，因为意志要么是公共意志，要么不是，它要么是人民共同体的意志，要么就只是一部分人的意志。在前一种情形下，这种意志一经宣示就成为一种主权行为，并且构成法律。在后一种情形下，它只是一种个别意志或者一种行政行为。人民和主权者这两个名词是同一意义的相关语，这两个观念结合为"公民"这一名称。

现在的问题是，用怎样的制度安排来保证主权真正属于人民。在西方近代，英国率先实行代议制，即议会民主制，由选举产生的议员作为人民的代表，组成立法机构，通过表决来立法。卢梭对代议制持明确的反对立场，他说，主权在本质上由公共意志构成，而意志是绝不可以代表的，因此议员也就绝不是人民的代表，无权代替人民做出任何决定；凡不是人民亲自批准的法律都是无效的，那根本就不是法律。他讽刺说，英国人民自以为是自由的，他们是大错特错了，他们只在选举议员时是自由的，议员一经选出，他们就是奴隶，他们就等于零了。

如果说代议制不能保证主权属于人民，那么，剩下的选择就只有全体公民大会了。在卢梭看来，古希腊的城邦就是用这种形式。希腊人是没有代表这个观念的，人民不断地在广场上集会，来决定城邦的公共事务。

不论代议制，还是公民大会，实行的都是民主制的原则，即少数服从多数。卢梭对民主制也表示非议，他责问道，少数服从多数这个义务是从何而来的？同意某一个主人的一百个人，何以有权为根本不同意这个主人的另外十个人进行投票？同时，真正的民主制从来就不曾有过，而且永远也不会有，因为我们无法想象人民无休止地开大会来讨论公共事务，而一旦建立起各种机构来处理这些事务，就不再是民主制了。事实上，无论在何种政体下，要求全体一致是不现实的，民主制是不得已而求其次的最好选择。从现实考虑，为了使民主制尽可能既合法又有效，卢梭提出两条准则。一是讨论的事情越是重大，则通过的意见就越应当接近于全体一致。另一是所涉及的事情越是需要迅速解决，则所规定的双方票额之差就越应该缩小。依靠这两者的结合，就能够确定所要求的多数的最好比率。

如果国家的疆域足够大，人口足够多，就不可能采用全体公民大会的形式。所以，卢梭认为，从建立良好的政治制度考虑，小国优于大国。正如大自然对于一个发育良好的人的身躯给定了一个限度，超过这个限度会造成巨人或者侏儒那样，一个体制良好的国家的幅员也有一个界限，太大会难以治理，太小则不容易维持。太大肯定是不好的，人民对于茫茫无际的国土、永远见不到面的首领、陌生的无数同胞，是很难有实在的感情的。

大国的最大不便是人民的主权无法直接实行，而实行代议制则有损人民的主权。卢梭设想，在这种情况下，可以采用一种办法，就是尽量使人口平均分布在领土上，使各地享有同样的富足和权利，不许有首都，把政府轮流地设在每个城市里，各个城市轮流召集全国会议。他还设想，最好的国家结构是邦联制，这是唯一能够把大国和小国的一切优点结合起来的形式。他打算写一本专著来论述这个问题，已经拟好提纲并写了一部分内容，但未成书，手稿在大革命中被毁。

5. 立法权和行政权

国家之中有两种最基本的权力，就是立法权和行政权。人民是主权者，主权的权威体现在立法权，立法权必须掌握在人民手中。政府是主权者的执行人，掌握行政权。

卢梭用各种比喻来说明两者的区别。他说，立法权是国家的心脏，行政权是国家的大脑，大脑指使机体各个部分运动起来；大脑麻痹了，人仍然可以活，一个人可以麻木不仁地活着，但是心脏一旦停止跳动，人立刻就会死。他还说，人的一切行为由两种原因的结合而产生，一种是精神的原因，即决定这种行为的意志，另一种是物理原因，即执行这种行为的力量；政治体同样如此，立法权是意志，行政权是力量，两者的结合使国家得以运作。

主权者所订立的法律，分为三个层级。第一级是根本法，规定全体公民对整个共同体的关系，确保人民既行使主权又服从主权。第二级是民法，规定共同体成员之间的关系，以及成员对共同体的关系，确保每个公民对于其他一切公民都处于完全独立的地位，同时对共同体则处于依附的地位。第三级是刑法，规定个人与法律之间的关系，即个人不服从法律所要受到的惩罚。

最需明确的是这一点：政府不是主权者，只有人民是主权者。人民通过订立契约结合成共同体，拥有立法权。创制政府的行为绝不是一项契约，而只是一项法律。政府无权制定法律，只能执行法律。行政权的受任者绝不是人民的主人，只是人民的官吏，人民可以委任他们，也可以撤换他们。对于这些官吏来说，绝不是什么订约的问题，而只是服从的问题。在承担国家所赋予他们的职务时，他们只不过是在履行自己的公民义务，而不拥有以任何方式来争论条件的权利。

在理论上，人民是国家的主权者，可是，实际上，在主权者和国家之间有一个中间体，就是政府。国家是通过政府来管理人民的，如果政府的权力过大，就损害了人民对于国家的主权地位。因此，为了保障人民的主权地位，必须严格限制政府的行政权力。

在一个完美的立法之下，个人的意志应该丝毫不起作用，政府的团体意志应该只有极次要的作用，人民的公共意志应该永远占据主导地位，并且是其他一切意志的唯一规范。然而，按照自然的次序，政府中每个成员首先是个人，然后是行政官，最后才是公民。因此，公共意志总是最弱的，团体意志占第二位，而个别意志则占第一位。这种级差是与社会秩序所要求的级差直接相反的，使得人民和政府双方永远处在力量的博弈之中。卢梭对博弈的结果表示悲观，因为政府的团体意志和官员的个人意志始终是活跃的，人民的公共意志缺乏一种方式与之抗衡。这是内在于政治体的一个弊病，它从政治体诞生起就无休止地趋向于摧毁政治体，就和衰老与死亡最后会摧毁人的身体一样。

事实上，行政权有一种天然扩大的倾向。政府机构变得越来越庞大，行政官的人数越多，处理公共事务就越慢，政府越是把力量耗费在自己的成员身上，可以用在全体人民身上的力量就越小。一个直观的例子是税收，为了养活庞大的政府机构，人民的赋税负担必然加重。卢梭说，衡量赋税担负，决不能只根据税收的数量，而是要根据税收转回到原纳税人的手里时所必须经历的路程。如果这一流转过程既简捷而又规定得好，那么无论人民纳税是多少，都是无关紧要的，人民总会是富足的，财政状况总会是良好的。反之，无论人民所缴纳的是多么的少，但是，如果连这一点也永不再回到人民手里的话，那么由于不断的缴纳，人民不久就会枯竭，国家也就永远不会富足。

在《论不平等》中，卢梭还指出了官员腐败的必然性。他说，由于法律弱于欲望，只能约束人而不能改变人，所以，总会有官员规避法律，滥用职权，牟取私利。要遏制腐败，不但要靠法律，还有赖于国民的素质。腐败官员常用的手法是安置一群小人，把一部分权力分给他们，他们在贪心引诱之下就甘做奴才了。他们宁愿向下看，而不往上看，同意戴上枷锁，为的是可以把枷锁套在地位更低的人身上。他们既是野心家，又是怯懦者，随时准备着依时运的顺逆，或者去统治人，或者去侍奉人，而这二者对他们说来是没有什么差别的。一国之中，如果这样的人占相当比例并且得势，政府不腐败是不可能的。在一个热爱自由的民族中，这种情况就绝不会发生。

6. 专制和革命

人民是根据契约自愿结合成共同体的，并且始终是共同体的主权者。无论是人民所选出的首领，还是人民所任命的官员，都必须遵守契约以及根据契约所制定的法律。在全部法律中，根本法居于至高的地位。不论首领还是政府，其权力以根本法为唯一依据，拥有为维持根本法所需要的一切职权，但不允许改变根本法。根本法的基本精神是主权属于人民，因此，倘若首领或政府篡夺了主权，从这个时刻起，根本法就被破坏了，社会契约也就被破坏了。于是，每个人在丧失约定的自由的同时，就当然地恢复了为了约定的自由而放弃的个人的天然的自由。首领或政府也就丧失了约定的合法地位，人民没有再服从他们的义务，如果服从也是被迫的，而不是出于义务。就契约的性质而论，它当然不是不可以取消的，当订约的初衷无望实现时，缔约者就有权抛弃它。

看一个政权是否蜕变为专制政权，标准就是看它是否篡夺了主权，把自己凌驾在法律之上。如果这种情形发生，民主制就蜕变为群氓制，贵族制就蜕变为寡头制，君主制就蜕变为暴君制，这三者都是专制。古罗马时期，曾经以十人委员会为常设权力机构，由人民大会选举产生，有规定的任期。克劳狄乌斯当政时，把十人委员会的任期无限延长，不再允许召集人民大会，民选的政府就蜕变成了专制政权。卢梭说，民选的政府一旦大权在手，往往都是用这种简便的方法篡夺主权的。

从理论上讲，首领或者政府篡夺了主权，人民就有权举行集会，罢免篡权者，宣告自己才是主权者。但是，篡权者只要还有力量，是绝不会允许这样做的。那么，人民就只有一个选择，便是革命，用暴力推翻篡权者。在《论不平等》中，卢梭是这样主张的。他说，专制政治是不平等的顶点，在这里一切个人之所以是平等的，正是因为他们都等于零。臣民除了君主的意志以外没有别的法律，君主除了他自己的欲望以外没有别的规则。人民不再有首领，也不再有法律，而只有暴君。祖国的保卫者变成了祖国的敌人，手中永远举着尖刀对准自己同胞的胸膛。既然暴君只靠暴力来维持，就也只有用暴力才能推翻他，以绞杀或废除暴君为结局的起义行动是完全合法的。

但是，在《社会契约论》中，卢梭的调子降低了许多，考虑到实际情况要复杂得多。正因为人民这个概念本身的抽象性，要把全体人民的意志与派系的叫嚣区别开来，把正义的反抗与叛乱的骚动区别开来，不是那么容易的。这就给了篡权者以极大的方便，往往以公共安全为借口，禁止民众集会和发表反对言论，对敢于讲话的人进行惩罚，并且假定那些因恐惧而沉默的人都是其拥护者。利用这种不容打破的沉默，利用这种人为的不正常状态，篡权者往往可以长期以合法的名义保持统治。

出路何在？卢梭好像也感到困惑。他说，据说上帝震怒时便派遣坏国王降世，所以必须忍受，看作是上天的惩罚。他承认这个说法是有启发性的，虽然接着自嘲说，他怀疑把它放在一本政治著作里，是否还不如放在神坛上更合适一些。"我们很明白，当我们有了一个坏政府的时候，我们必须忍受它；但问题应该是，怎样才能找到一个好政府。"

虽然人们后来把大革命的爆发归因于卢梭的学说，但卢梭自己对革命是充满疑惧的，曾经在《忏悔录》中表示，内战会导致人民的自相残杀，他绝不赞成用武力支持自由。在《论不平等》中，他虽然赞成用暴力推翻暴君，但也警告这是一种危险的权利，必然会引起可怕的纷争和无穷的混乱。比较之下，靠宗教忍受人间的苦难也许更好，宗教即便有它的弊端，但它节省下来的人类的血，多于因宗教狂热而流出的血。

7. 制度和人民

社会契约是对政治制度的一种理想的设计，在现实中，一个国家应该建立怎样的具体制度，卢梭认为要取决于本国的国情和人民的性质。他说，正如建筑家在建立一座大厦之前，先要勘测土壤，看它能否承受建筑物的重量一样，明智的创制者也并不从制订良好的法律本身着手，而是事先要考察一下，他为之而立法的人民适宜于接受怎样的法律。适宜一国人民的特殊制度，其本身或许并不是最好的，然而对于这个国家来说则是最好的。

政治自由的实行，是需要人民具备相应的素质的。孟德斯鸠说，"自由并不是任何气候之下的产物，所以也不是任何民族都力所能及的。"马基雅弗利说：一个腐化了的民族即使获得自由，也很难把它保持住。卢梭认为其所言极是，他说，"正像健康人的营养不宜于病人一样，我们也不能把自由民族的法律拿来治理腐化了的人民。人民如果长期习惯于专制统治，政治精力已经衰竭，人人都受着自私的动机所引导，再也不作为公民提出意见，这样的人民就与自由无缘。""只要有人谈到国家大事时说：'这和我有什么相干？'我们可以料定国家就算完了。"倘若国家从上到下都已腐败，革命也就没有回天之力了，反而会使国家分崩离析，使人民落到比专制君主更坏的野心家们手里。到那时候，人民就只盼望有一个主人，而不是一个解放者了。

卢梭的这个断言十分无情，给我们的警示是，政府腐败了，国家还有救，人民整体上腐败了，国家就没救了。当然，政府的品质和人民的品质是互为因果的。我们可以说，有什么样的政府，就有什么样的人民。我们也可以说，有什么样的人民，就有什么样的政府。但是，从根本上说，人民的品质起决定的作用。因此，好的政治家会特别重视国民素质的提高。

在论及根本法、民法、刑法这三种法律时，卢梭说，三种法律之外，还有最重要的一种法律，并不形成文字，却是伟大的立法家最专心致力的方面，这就是人民的风尚、习俗和舆论。其他的法律都只是穹窿顶上的拱梁，唯有慢慢生长的好的风尚才最后构成穹窿顶上的不可动摇的拱心石。好的风尚每天都在获得新的力量，当其他的法律衰老或消亡的时候，它可以复活那些法律或代替那些法律，它可以保持一个民族的创制精神，而且不知不觉地以习惯的力量代替权威的力量，政治体的真正成功全系于此。卢梭所讲的其实就是公民社会的培育，一个高品质的公民社会是政治体的真正基础，是政治体始终保持自我更新的活力的源泉。

参考书目

[法] 卢梭:《爱弥儿》上、下卷,李平沤译,商务印书馆,1986

[法] 卢梭:《忏悔录》第一、二部,黎星、范希衡译,商务印书馆,1986

[法] 卢梭:《社会契约论》,何兆武译,商务印书馆,2003

[法] 卢梭:《论科学与艺术的复兴是否有助于使风俗日趋纯朴》,李平沤译,商务印书馆,2016

[法] 卢梭:《论人类不平等的起源和基础》,李常山译,商务印书馆,1982

第二十六讲

康德

有两样东西，我们愈是经常和持久地加以思索，就愈是使心灵充满日新月异、有加无已的赞叹和敬畏，这就是头上的星空和心中的道德法则。

——康德

哲学界比较公认，康德是西方近代最伟大的哲学家。如果说笛卡尔是近代哲学的开启者，那么，也许可以说，康德是近代哲学的终结者。他给近代哲学打上了一个句号，在他之后，西方哲学史翻开了新的一页，进入了现代的语境。他自己也坚信他的哲学具有划时代意义，在《纯粹理性批判》第二版序言中宣称，他在哲学中完成了一个哥白尼式的革命。关于这个革命及评价，我会在讲述他的哲学思想时加以讨论。我们先来了解一下他的生平和著作的概况。

一 足不出哥尼斯堡的大哲学家

1. 消失了的哥尼斯堡

康德（Immanuel Kant，1724—1804）出生在一个叫哥尼斯堡（Königsberg，意为国王山）的城市，它的历史可以追溯到十三世纪条顿骑士团建立的一个城堡，在这基础上逐步扩大和繁荣，先后被普鲁士公国和东普鲁士定为首都或首府。它曾经是普鲁士最大的城市和港口，商业发达，人口稠密，居民以德国人为主，此外有荷兰人、英国人、波兰人和俄国人。康德在世时，它属于东普鲁士，俄普七年战争期间曾一度并入俄国版图，但为时不久。1871 年，德国统一，它成为德意志帝国的一部分。

伊曼努尔·康德（Immanuel Kant, 1724—1804）

但是，现在你查看欧洲地图，是找不到哥尼斯堡这个城市的。在第二次世界大战末期，苏联红军攻占了这座城市，战争十分残酷，死亡惨重。1945 年，根据波茨坦协定，它被划归苏联。次年，苏联最高苏维埃委员会主席加里宁逝世，为了纪念斯大林的这个亲信，哥尼斯堡更名为加里宁格勒。划归苏联之后，俄国人完全取代了德国人，成为这里的居民。这片土地并不与俄国接壤，它处在波兰和立陶宛之间，现在是俄罗斯的一块飞地。

康德是一个无与伦比的宅男，他生于斯，长于斯，死于斯，一辈子没有离开过哥尼斯堡，而如今，何处觅这位大哲学家的行踪？可是，康德的英名已经永垂史册，加里宁其人又有谁还记得？据说，在经历了第二次世界大战的激烈战火之后，康德的墓是这座城市里奇迹般存留下来的唯一建筑物，墓地的铜碑上铭刻着这位哲人的名言（一说铜碑树立在城堡的墙头）——

"有两样东西，我们愈是经常和持久地加以思索，心中就愈是充满日新月异、有加无已的赞叹和敬畏，这就是头上的星空和心中的道德法则。"

万物变易，世代更替，地球上版图不断重新划分，唯有伟大的精神永存。

2. 贫穷的童年和学生时代

康德出生在一个穷苦人家。父亲是一个马具匠，夫妇俩生了九个孩子，其中五个活了下来。康德有一个姐姐、两个妹妹和一个弟弟。他的姐妹们长大后给人当女仆，他的弟弟后来当了牧师，兼做教师和农夫补贴家用。这个贫苦家庭的灵脉，只集中在他一人身上了。

他的父母信奉虔信派，这是新教中的一个改良派，在德国下层阶级中很有影响力。到了上学的年龄，他被送进虔信派办的一所学校，在那里待了八年。这所学校的全部课程专为净化道德而设置，不教知识，他的教师说："我宁愿拯救一个人的灵魂，而不愿造就一百个学者。"这个教师何尝想到，他的学生中有一人后来会成为一个超级大学者，而且拯救了无数人的灵魂。

康德十六岁进入哥尼斯堡大学，在那里学习了将近七年。因为贫困，他不得不经常中断学业。在上大学期间，他一直给同班同学当家教，靠这份收入维持生活和交学费。二十三岁，没有拿到学位，他就离开了学校，辗转在哥尼斯堡附近的农村，先后在三个人家当家庭教师，持续了大约七年之久。

3. 漫长的教书生涯

康德三十岁回到哥尼斯堡大学，次年提交学位论文，进行答辩，得到了博士学位。再进行一次教师资格的论文答辩，他获得了编外讲师的职位，可以公开讲课，但学校不负担薪金，其收入由学生提供，十分微薄。此时康德三十一岁，他延续了四十一年之久的教书匠生涯就这样开始了。

他是一个勤奋的教师，每周的课时最少有十六小时，最多达二十八小时。他同时教多门课程，包括哲学、数学、物理、地理、自然法、动力学、矿物学等等。之所以如此勤奋，当然和生计有关，可以稍微增加一点收入。与此同时，他还勤奋地写作，发表了不少著作。他讲的课很受学生欢迎，而他三十九岁时发表的《论美感和崇高感》十分畅销，无论作为教师，还是作为哲学家，他都已经颇有名气了。可是，他太老实，不会公关那一套，在学校里混得并不好，是一个长期评不上职称的倒霉蛋。有一阵他似乎灰心了，争取到了哥尼斯堡王家图书馆副馆长的职位，暂时中断了在大学教书，不过时间不久。

事实上，康德当编外讲师长达十五年。在这期间，他不断向当局递交申请，诉说自己的学术专长、经济拮据状况，最后是那一把年纪。他曾两次申请正式的讲师职位，但都未能如愿。学校拟授予他诗歌讲师的职位，负责为学术界庆典和公共节日撰写诗歌，在他看来近于侮辱，他理所当然地拒绝了。他四十六岁时，终于得到任命，被聘为逻辑和形而上学编内正教授。这个大哲学家历尽艰难，总算解决了职称问题。全世界无论中外，许多人年纪轻轻就当上了教授。教授多得数不清，而能够写出传世之作的有几人？可见职称是一个多么无聊的东西。

不管怎样，现在康德可以松一口气了。他不用再讲许多杂课，一周授课九小时，科目与他的研究紧密结合，一般是上学期讲逻辑学和自然地理，下学期讲形而上学和人类学。他在教授的位置上又工作了二十二年，七十二岁时做了最后一次正式讲座，自己感到讲不动了，此后即退休。

4. 富有魅力的教学风格

读康德的艰涩的哲学著作，你很可能以为，他讲课一定也枯燥难懂，其实大不然。当时的许多报道表明，他是一个言谈高手，无论私下交谈，还是公开讲演，都轻松而风趣，非常吸引人。他讲的课极受欢迎，教室里总是挤得满满的。

根据他的自述，他讲课注意两点。第一，让有中等接受能力的学生听得懂。他说："我不是为天才讲课，他们自己会闯出一条路来。我也不是为傻瓜讲课，不值得在他们身上白花气力。我是为那些水平中等并且想得到提高的人讲课的。"第二，他强调，他不是教哲学，而是引导人们进行哲学的思考。

康德身材瘦小，只有 1.57 米，讲课时，讲桌遮挡住了他的身躯，学生只能看见他的头颅和宽阔的前额。桌上摊开他写有札记的纸张，或者他用作教材的别人的教科书，例如迈耶尔的《逻辑学》、鲍姆加登的《形而上学》等，上面也写满了他的札记和批语。他会引用一些关键的材料，并且穿插一些机智的妙语和风趣的笑话来解释某些难懂的段落。教科书常常也是争论的对象，讲课成了紧张的对话。他在听众面前进行自己的思想探索，仿佛他本人刚开始思考这个问题，逐渐地完善先前确立的解释，最后才得出明确的结论。

关于康德讲课的深刻、生动和有趣，他的学生多有记述，我只引用其中一位的证词。赫尔德是德国启蒙运动的领军人物，比康德小二十岁，年轻时入学哥尼斯堡大学，听了康德的全部课程。每门课他都认真做笔记，课后又认真整理，这些笔记都保存下来了。他在晚年时对康德哲学持否定态度，但即使此时，他仍充满感情地回忆年轻时听康德讲课的感受："我常常怀着感激而兴奋的心情，回忆起我年轻时同一位大哲的相处，他对于我来说是一个真正充满人性的老师。他那犹如为思想而生的宽阔前额永驻着开朗欢快的神情，思如泉涌的动人语言从他的唇际溢出。诙谐、警句和即兴的幽默信手拈来，而在人们哄堂大笑时他则能保持严肃，他的讲课同时是一种令人愉快的消遣。"

5. 宅男的起居和社交

用常人的眼光看，康德的生活非常枯燥。他一辈子没有离开过哥尼斯堡，每天遵守严格的作息时间。早晨五点，他起床，头戴睡帽，身穿睡袍，在书桌前工作到七点。七点至九点，他在大学里讲课。九点至下午一点，他在家里换上睡衣，继续工作。接着是午餐时间，他每天只吃一餐，往往有客人陪伴，用餐到三点。餐后，不管天气如何，他必定散步。散步之后，他再工作，晚上十点准时上床。他体弱多病，所以给自己制定严格的生活规则。他能够健康地活到高龄，很可能得益于此。

据海涅说，康德每天散步时，哥尼斯堡的家庭主妇们便守在家门口，根据他路过的时间来校正钟表。这个说法流传甚广，几乎出现在每一本康德的传记中。那个年代是老式钟表，走得不准，所以需要经常校正。如果这是真的，康德就不但必须按照精确的时间散步，而且每天的步速也必须保持不变，这实在太离谱了，海涅的这个说法多半是一种调侃吧。

据说康德对于工作和生活的环境也有整齐的癖好。即使一把剪刀、一把小折刀放的地方和平时不同，或者凳子在房间的位置被挪动过，他都会烦躁不安。他尤其不能忍受噪声，为了躲避噪声而多次迁居。其中，一次是因为住处临河，河上来往货船的嘈杂声妨碍了他的思考；另一次是邻居家公鸡的啼叫搅得他烦躁不已，他想买下这只公鸡，但邻居"丝毫不理解一只公鸡会打扰一个智慧的人"；再一次是新居挨着市立监狱，政府规定囚犯们必须每天高唱圣歌，这种骚扰使得康德如此愤慨，以至于他在《判断力批判》中用一条注解提及此事，说这种聒噪的虔诚会使人变得伪善，并且给别人带来极大的痛苦。六十岁时，康德已经足够富裕，不必再租房住，在市中心一条宁静的小巷购置了一座两层私人住宅，终于彻底摆脱了噪声的痛苦。

康德沉浸于精神的世界，但他绝不是苦行僧。他衣着讲究入时，喜欢美食，有时会在咖啡馆或酒吧消磨时间。他也不是书呆子，喜欢和人交往。每天午餐是他接待客人的时间，他总是提前邀请，所邀请的大多是普通市民而非学者，在一起喝一点红酒，悠闲地聊天。对于他来说，午餐是用来完全放松自己的，他认为单独一个人用餐是很糟糕的，会停止不了思考，使头脑得不到休息。他也乐于到别人家里做客，从不拒绝邀请。他待人友善，谈吐机智，通情达理，所以到处都受到人们的喜爱。

康德终身未婚，开始是因为穷，在大学里也混得不好。当了教授后，他想结婚，先后看中两位女士，但都犹豫良久，最后不了了之。在他漫长的独身生活中，有没有罗曼史？我们现在只看到一则令人颇费猜测的记载。他保存了三十八岁时收到的一封信，其中写道："我不揣冒昧给您这位大哲学家写信，昨天本以为会在我的花园里遇到你，可是我同一位女友找遍了花园却一无所获，我只好坐下来织一条配件的带子，要把它赠给您。恳求您明天午后来我这里，我仿佛听见您说：好，我当然要来。来吧，我们将等待您，我的表将上满弦。"写信人是当地一个美女夏洛蒂，刚满二十三岁，早婚而已经离异。当时有一本流行小说，出自小说家斯泰恩之手，其中一个人物在每个星期日晚上都要给一台大钟上满弦，然后上床和妻子性交。康德喜欢读斯泰恩的小说，文艺女青年夏洛蒂想必更熟悉，那么，"我的表将上满弦"这句话就有十足的暧昧意味了。

据说康德曾经把婚姻定义为两人相互使用性器官的协议，这么说来，婚姻是一件够无聊的事儿，他终于不想签订这个协议就很好理解了。我们还可以把婚姻定义为禁止使用第三者性器官的协议，许多男人是因此不想签订这个协议的，不知道其中是否包括康德。

6. 康德的思想历程和主要著作

康德的思想历程，通常以1770年为界划分为前批判时期和批判时期。

在前批判时期的前期，他关注的是自然科学的哲学问题，在担任编外讲师之前和初期，发表了多篇有关论文，而主要著作是《自然通史和天体理论》（1755）。引发他研究的人是牛顿，这本著作有一个副题:《根据牛顿原理试论整个宇宙的结构及其机械起源》。书出版时，他还没有拿到学位，名义上还是一个大学生。在前批判时期的后期，他发表了《证明上帝存在唯一可能的证据》（1763）、《关于自然神论和道德的原则之明晰性的研究》（1763）、《论美感和崇高感》（1764）等论著，表明他的兴趣投向了宗教、道德、美学等领域。

1770 年，他发表论文《论感性世界和理智世界的形式与原则》，这标志着他进入了批判时期。该文和其后的若干通信表明，他已开始致力于建构自己的批判哲学体系，首先是认识论和形而上学的批判。但是，进展缓慢，经过长达十来年的沉寂，从 1781 年开始，相关成果才陆续问世，"三大批判"逐渐完成。其中，第一批判的相关著作有:《纯粹理性批判》（1781，修订版 1787）和《未来形而上学导论》（1783）。第二批判的相关著作有:《道德形而上学原理》（1785）、《实践理性批判》（1788）、《论理性范围内的宗教》（1793）、《道德形而上学》（1797）。第三批判的著作是《判断力批判》（1790）。在《纯粹理性批判》的某一章中，康德提出人的精神生活的三个问题:我能够认识什么？我应该做什么？我能够期望什么？"三大批判"要回答的就是这三个问题，分别对应人的理智、意志和情感，亦即认识论、伦理学和美学。其中，第一批判阐明认识的性质，第二批判确立实践的法则，第三批判指示了认识和实践相统一的希望之路。

在形成自己体系的过程中，对康德影响最大的是两个人，即休谟和卢梭。休谟把他从独断论的迷梦中唤醒，促使他深入探究认识论和形而上学问题，用他的第一批判完成了哲学中的哥白尼式革命。卢梭指出人性中生来就有道德原则即良心，这个观念深刻地影响了他的第二批判。他把卢梭比作"第二个牛顿"，如果说启发他思考头上的星空的是牛顿，那么启发他思考心中的道德法则的则是卢梭。他真正崇拜的人是卢梭，三十八岁时读到《爱弥儿》和《新爱洛伊丝》，如获至宝，从此他的屋子里便有了一件唯一的装饰品，无论搬家到哪里，墙上总是挂着卢梭的画像。卢梭甚至重塑了他的人格，他自己说："我自以为我有极强烈的求知欲，将给人类带来荣耀，因此鄙视那些知识贫乏的平庸之辈。卢梭纠正了我的偏见，我学会了尊重人。"

欧洲启蒙时期的哲学家之中，卢梭和康德同时也是两位伟大的启蒙思想家。康德晚年出版的著作，包括《永久和平论》（1795）、《学科之争》（1798）、《实用人类学》（1798）、《论教育学》（1802）等，都是重要的启蒙性作品。

7. 天体起源的星云假说

在前批判时期的主要著作《自然通史和天体理论》（或译《宇宙发展史概论》）中，康德提出了天体起源的星云假说。他是提出这个假说的第一人，在讲述他的批判哲学之前，我在这里略作介绍。

"给我物质，我将用它造出一个宇宙来！这就是说，给我物质，我将给你们指出，宇宙是怎样由此形成的。因为如果有了在本质上具有引力的物质，那么大体上就不难找出形成宇宙体系的原因。"书中的这句话提示了全书的中心思想。

牛顿用万有引力解释了天体的协调运动,康德据此推测,在这些天体形成之前,构成它们的物质微粒必定是布满整个空间的。这些物质微粒可以称作原始星云,因引力和斥力的相互作用而旋转,因旋转而逐渐聚集成为各个天体。"宇宙中心"是物质微粒最密集的所在(令人想到"奇点"),从这个中心开始,由近及远,世界不断产生而又不断毁灭,类似一种波的发射。"业已形成的世界只是局限在自然界早已毁坏的废墟和自然界尚未出现的混沌之间。"一切天体,包括我们的太阳系,都必会毁灭,重归于混沌,如此周而复始。

康德在书中还提出了一些有趣的设想,比如其他行星上也有居民,离太阳越远,居民的构成物质就越轻巧精致,精神完善程度就越高,人类在这个序列中只是处于中等地位。

看来康德的这部早期著作并未引起重视,后来,在对他的这部著作不知情的情况下,兰贝特和拉普拉斯提出了相似的星云假说。

二 哲学中的哥白尼式革命

1781 年,《纯粹理性批判》出版。康德在此书的酝酿和构思上花费了近十年时间,知道自己即将发表一个全新的哲学体系,而困难在于如何把它阐释清楚。事实上,这本终于完成的著作仍然有一种晦涩的风格,十分难懂。出版前,他把手稿拿给一个哲学界的朋友看,那个朋友看了一半就送了回来,对他说:"如果全部读完,我非疯了不可。"出版后,反应冷淡,收到书的朋友在复信中谈什么的都有，唯独不谈这本书。后来，为了弥补风格上的缺点，康德于 1783 年出版《未来形而上学导论》，叔本华称赞这本书写得优美而易懂，可以大大减轻研究康德的困难。1787 年，康德出版《纯粹理性批判》的修订版，成为定本。

第一批判研究的是认识论和形而上学，因为题材的艰难和思路的复杂，康德这方面的著作仍然是不易读的。我不能说完全读懂了，但会努力用明白的语言讲述自以为读懂了的主要内容。康德认为他完成了哲学中的哥白尼式革命，指的正是第一批判，我们特别要留意的是其中什么东西构成了他所说的革命，他的前无古人的独创性究竟在哪里。

1. 第一批判要解决什么问题

在康德之前，欧洲近代哲学分成两派，即经验主义和理性主义，主要分歧在于是否存在必然性普遍性的知识，如果存在，它们从何而来。

经验主义以休谟为代表，基本观点是：第一，经验是人的认识的唯一来源；第二，凡是从经验获得的认识，包括因果关系，只具有或然性和特殊性，不具有必然性和普遍性，所以，不存在必然性普遍性的知识；第三，经验只涉及现象，我们永远无法知道现象背后是否存在某种本体，所以，形而上学作为知识是不可能的。

理性主义以莱布尼茨为代表，基本观点是：第一，经验不能提供必然性普遍性的知识，这个观点和经验主义相同；但是，第二，经验不是认识的唯一来源，认识还有别的来源，就是潜藏在心灵即理性中的天赋观念，它们是必然性普遍性知识的真正来源；第三，心灵和世界都来源于上帝，二者之间有一种预定的和谐，使得必然性普遍性知识能够和世界的真相一致，所以形而上学作为知识是可能的。

后面这两个观点，是理性主义和经验主义的分歧之所在。站在经验论的立场看，说心灵中有天赋观念，心灵和世界之间有预定的和谐，都是无法证明的，是独断论。什么叫独断论？证明一个观点有两种方法，一种是用经验证明，就是摆事实，另一种是用逻辑证明，就是讲道理。你提出一个论断，这两种证明都没有，既不摆事实，也不讲道理，就叫做独断论。

康德一开始接受的是莱布尼茨的哲学，他说，是休谟把他从独断论的迷梦中唤醒了过来。不过，他没有完全接受休谟的观点，仍然相信必然性普遍性的知识是存在的，因为在他看来，倘若不存在这种知识，人类的科学和哲学就都失去了可靠的基础。休谟的怀疑论引发了空前的危机，必须寻找一条出路。康德给自己提出的任务是，如何令人信服地而不是武断地解释必然性普遍性知识的来源，正是在这一点上，他提出了一种新思路。

2. 康德的新思路

我先把康德的新思路做一个简要的说明。休谟说，经验不能提供必然性普遍性的知识，康德同意这个观点。莱布尼茨说，存在着必然性普遍性的知识，康德也同意这个观点。他要解决的问题是，这种知识来自哪里？

康德首先确认，按时间先后说，我们的一切知识是从经验开始的。对象刺激感官，唤醒了认识能力，认识才会开始。所以，先于经验我们没有知识。但是，这并不等于说，我们的一切知识都是来自经验的。在我们的知识中，很可能含有并非得自经验的成分，它们是我们的认识能力本身增添进去的，只是因为总是和来自经验的知识混合在一起，就使得我们不容易把二者区别开来。

他是这样推论的：认识是理性对感觉材料进行整理，从而形成经验；既然经验不能提供必然性普遍性的知识，那么，只有一个可能，就是这种知识是理性在整理感觉材料时带到经验中去的。他认为事实正是如此，用他的话说，知性，即通常所说的理性，本身具有某种先天的形式，依靠它们，知性才能够对感觉材料进行整理，使之条理化，从而形成经验。知性的这种先天形式先于一切经验而存在，是经验得以形成的前提。比如因果关系、实体之类的范畴，就属于这种先天形式。凡是由这种先天形式添加到经验中的知识，都具有必然性和普遍性，都是先天知识。

康德说的先天形式究竟是什么东西呢？像因果关系、实体这样的范畴，作为可以用名词表述的概念，对于我们每个人来说，完全是后天的，不是先天的，是我们从社会那里接受过来的。所以，所谓先天形式不是指这种可以用名词表述的概念，而是一种在用名词表述之前就已经存在的无形的东西，而只要你进行认识，虽然你没有意识到，它们仍会自动发生作用。它们与理性主义所说的天赋观念是两回事，天赋观念是有内容的，而先天形式没有内容，是纯形式。知识的内容完全来自经验，只有形式是先于经验的，并且它们不是天赋的，即不是大自然或上帝赋予的，而是在人类认识能力的演进过程中逐渐形成的。照我理解，它们像是意识中某种无形的模具，意识在认识事物时必定带着它们，也必须依靠它们。比如说，一只苹果，你看见它是红色的，无形的实体范畴就会发生作用，让你知道红色是这只苹果的颜色。你咬一口是甜的，无形的因果关系范畴就会发生作用，让你知道你尝到甜味是因为咬了一口苹果。如果没有范畴的这种无形的作用，你就只有孤立的红色和甜味的感觉，不可能形成对苹果的知识。

在知性形式中，因果关系是最为常见的一种。休谟把因果关系解释为一种习惯性的联想，不具有必然性、普遍性，康德指出，这实际上就是否定了因果关系概念，因为这个概念的涵义就是原因和结果之间有必然联系，而问题在于，如果不用因果关系去认识事物，我们就什么也认识不了，不可能形成经验。休谟和康德都认为因果关系是主观的，不属于事物本身，区别在于，休谟认为，它只是通过经验形成的一种粗略的心理习惯，没有它，人就不能生活，而康德则认为，它是意识中的一种先天形式，没有它，人不但不能生活，而且连认识也不可能了。

综上所述，康德解决经验主义和理性主义之争的新思路，大致是把认识的感性内容和知性形式加以区分：一方面，认识的感性内容完全来自经验；另一方面，认识中确实存在必然性普遍性知识，它们在经验中显示，但无关乎经验的感性内容，而是来自知性的先天形式。既然如此，必然性普遍性知识就只是人类意识的主观产物，也无关乎世界的客观真相。

换言之，康德的主要观点有两个。第一，必然性普遍性知识来自意识的先天形式，意识用自身的先天形式建构了一个对象世界。这一点和休谟不同，休谟否认有必然性普遍性知识。第二，必然性普遍性知识不是对世界真相的认识，意识所建构的对象世界只是世界向意识所呈现的样子，不是世界的本来面目。这一点和莱布尼茨不同，莱布尼茨认为必然性普遍性知识和世界的真相一致。

那么，康德的这个思路新在哪里呢？按照传统的看法，对象在意识之外，意识去认识它，就像是把它接纳到自身之中。因此，意识只是一个消极的容器。康德说，真实的情况是，意识具有能动性，是意识为自己建构了对象。意识中有先天的形式，意识本身规定了事物必须按照这个形式向我们呈现。在这个意义上，康德说，是人为自然立法。以前人们认为我们的认识应当与对象相一致，而康德的新发现则是对象应当与我们的认识相一致。意识具有能动作用，理性具有自发建构思维对象的能力，这便是康德认识论中的新东西。

古典哲学致力于探究世界的真相是什么，近现代哲学把立足点转到了探究意识建构世界的方式是什么，这个转折由笛卡尔开了头，康德把它完成了。笛卡尔说我思故我在，康德说，我思还决定了世界存在的方式。康德对于这个新思路十分自豪，而这就是他所自许的哲学中的哥白尼式革命。

3. 先天综合判断何以可能

第一批判所要解决的问题，康德自己表述为：先天综合判断何以可能？我来解释一下它的涵义。

康德认为，一切知识都基于判断，判断可以分为两大类，即分析判断和综合判断，其区别在于主语对谓语的关系。在分析判断中，谓语已蕴含在主语中，对于主语没有增加什么东西，只是把蕴含在主语中的东西解释出来而已，因此也可以称作解释的判断。例如，中国人是人，三角形有三个角，便是分析判断。在综合判断中，谓语不蕴含在主语中，是添加给主语的，扩充了主语原本没有的意思，因此也可以称作扩充的判断。例如，中国人是世界上最勤劳的人，物体是有重量的，便是综合判断。综合判断为知识带来增益，最值得我们注意。

一般来说，综合判断往往是经验判断，因为只有经验才能带来新的知识。但是，有一些综合判断具有必然性普遍性，而必然性普遍性不是经验所能提供的，康德称之为先天综合判断。所谓先天，是指先于经验，不是经验提供的。这种既扩充了知识又具有必然性普遍性的判断，是人类知识所依赖的原则。因此，先天综合判断何以可能，就成了认识论必须解决的头等重要的问题。"哲学需要一门科学来决定一切先天知识的可能性、原则和范围"，而批判哲学的使命即在于此，就是对人的理性能力进行批判的考察，以确定其中的什么东西提供了先天知识。

康德认为，人类知识的三大领域，即数学、自然科学和形而上学，都包含着先天综合判断作为它们的原则。因此，《纯粹理性批判》的主体部分就分为三编，即先验感性论、先验分析论、先验辩证论，分别讨论数学、自然科学和形而上学何以可能。康德把认识能力分为感性（Sinnlichkeit）、知性（Verstand）、理性（Vernunft）三个层级，这三编实际上也对应这三个层级，依次分析每个层级上意识的先天综合作用。下面我按照这个次序来讲他的分析。

4. 先天的感性形式：空间和时间

康德说，我们的知识从意识的两个基本源泉发生，即感性和知性。感性提供直观，知性提供概念，直观和概念是构成一切知识的要素。先讲感性。

人的感官被对象刺激，产生印象和观念，感性就是意识接受这些印象和观念的能力。一切对象只有通过感性才会对主体呈现，感性所直接呈现给主体的东西统称为直观。直观有两种情况。一是经验直观，它包含着感觉，即来自某个对象的感性材料。二是纯直观，它没有与感觉混合，只包含着通过它来直观某个对象的形式。换一种说法，在现象里与感觉相应的东西，可称之为现象的质料；而规定现象中的杂多使之能被安排在一定的关系里的东西，可称之为现象的形式。现象的质料只能后天地被给予，而现象的形式必定先天地存在于意识中。所以，纯直观即是意识中先天的感性形式。

先天的感性形式有两种，即时间和空间。来自对象的感觉材料是混乱的，还不是知觉，唯有被排列在时空的秩序中，才成为知觉。时间和空间不存在于对象中，只存在于意识中，仅属于我们意识的主观结构，离开意识就不复存在。

空间是外直观的先天形式，我们凭借它来直观外部对象。感官所接触的一切外部对象，唯有被表象在空间中，我们才能知觉到。关于空间是先天形式，不属于对象，康德提出两条理由。第一，我们永远不能表象出没有空间，可是我们很能设想空间中没有对象。第二，我们只能表象一个唯一的无限的空间，而对象之间的位置关系却是多样的。由此可见，空间观念不能从外部现象的关系里根据经验获得，正相反，这外部经验本身只是通过我们固有的空间观念才有可能获得。感性是接受对象刺激的能力，空间是这种接受能力发生作用的固定形式，对象借此被直观为在我们之外的关系，从而使得外部直观对我们成为可能。

时间是内直观的先天形式，我们凭借它来直观我们的内部状态。当我们内省自己的心理状态时，我们不能不把它理解为各个观念在时间中的彼此相随。时间只牵涉到我们内部状态里的诸观念的关系，我们不能把时间直观为外部的东西，正如不能把空间直观为内部的东西一样。但是，由于一切观念，不管它们的对象是不是外部的事物，它们都在意识之中，都属于内部状态，因而都受内直观的形式即时间的支配。所以，时间既是内现象的直接条件，也是外现象的间接条件，因此是一切现象的先天条件。时间是现象之可能性的普遍条件，只有在时间这个形式之下，我们才能表象许多东西在同一时间同时地存在，或在不同时间继续地存在。

时间和空间作为感性直观的纯形式，都只有经验的实在性，不具有绝对的实在性。所谓具有经验的实在性，是指它们是我们一切经验的条件。所谓不具有绝对的实在性，是指它们并不在对象中，仅在直观这对象的主体的意识中。只有站在人类的立场，我们才能谈论时间和空间，如果世界上没有具有感性直观能力的人类，这个世界就不再有时间和空间的性质。

但是，时间和空间的观念性并不影响经验知识的确定性。现象永远有两方面，一方面是从对象自身来看的；另一方面是直观这对象的形式，它们虽然不在对象中，却是构成这对象的现象的实在而必然的成分。而且，正因为意识中有时间和空间的先天形式，才使得感性直观层面的先天综合判断成为可能。康德认为，纯数学就是这样的知识，其中几何学与空间相关，数字计算的数学与时间相关，那么，他因此也就回答了纯数学如何可能的问题。

5. 先天的知性形式：范畴

感性是意识被刺激时接受观念的能力，而知性是思维这些观念的能力。意识能够从自身产生概念，并且把对象与概念联系起来进行思考，这种能力就叫做知性。简言之，感性是直观对象的能力，知性是思维对象的能力。这两种能力缺一不可。如果没有感性，对象就不会被给予我们，如果没有知性，我们就不能思维对象。思维无内容是空的，直观无概念是盲的。这两种能力的功用也不能互换。知性不能有所直观，感官不能有所思维。只有当它们联合起来时，才能产生知识。

就像感性的直观分为经验直观和纯直观一样，知性用以思维对象的概念也有经验概念和纯概念的区别。经验概念是后天的，离不开经验，比如牛、羊、房屋等概念只是个别事物的抽象，离开经验就不复存在。纯概念是先天的，只包含一般的思维形式，是知性的先天规则。康德把纯概念称作范畴。"范畴的来源仅只是知性，独立于感性。"知性就是用范畴来对现象进行综合的能力。"知性不是从自然界抽引出它的先天规律，而是向自然界规定这些规律。"所以，人是自然界的立法者。范畴是先天的，但不是天赋的，而是人类在纯粹理性的形成进程中自己创造的。

知性的作用是综合。感性所接受的是直观的多样性的东西，这些东西在对象方面并未联结，是知性把它们联结起来的，这种联结的活动就叫做综合。所以，综合是主体的能动性的活动。在知性的综合活动中，有两个关键的因素。一是把多样性的东西联结起来，用概念把握它们，使之达到观念的统一性。二是把多样性的观念与自我意识联结起来，把它们置于统觉的统一性之下。统觉的统一性又叫做自我意识的先验的统一性，即我意识到自我是同一的，"我思"必定伴随着我的一切观念，我因此才把它们称为我的观念。康德认为，这种统觉的统一性是由知性的综合作用产生的。

知性的纯概念是范畴，范畴是一般的思维形式，知性用它们把感性材料整理成经验，它们是经验中必然性普遍性知识的来源。康德设计了四组范畴，即量的范畴、质的范畴、关系的范畴、样式的范畴，每组包括三个范畴，共十二个。为什么恰好有这么多范畴，他说是不可能再进一步加以解释的，就像先天直观形式只有空间和时间是不可能再进一步加以解释的一样。对于康德的范畴论，我就不展开阐述了，只介绍叔本华的一个看法。叔本华认为，范畴论是康德哲学中最失败的部分，这十二个范畴成了可怕的普洛克路斯忒斯之床，世界上的一切事物，人心中的一切现象，都被强塞到这张床里面。普洛克路斯忒斯是希腊神话中的一个强盗，做了一张铁床，强迫过往旅人躺在上面，用斧头砍去超出铁床的肢体，或者用强力把短的肢体拉到铁床的长度。这就是说，康德的范畴论是十足的削足适履，极其牵强附会。事实上，在举例论证时，他几乎每次举的都是因果关系的例子。叔本华说，这就说明，因果关系是知性真正的并且唯一的形式，他要把其余十一个无用的范畴统统扔出窗户。我基本上赞同叔本华的这个看法。

关于因果关系，康德认为，知性把时间秩序带到现象中去，现象互相规定彼此在时间中的位置，从而产生了因果关系的概念。在知觉一个现象时，我们必然先知觉在前的状态，然后才能进入到知觉继起的状态。例如，看见一只船顺流而下，我必然先知觉这只船在上游的较高位置，然后才能知觉它在下游的较低位置。知觉依次发生的这个次序是规定了的，我只能根据这样的次序来安排知觉，知性因此把这个次序确立为规则。所以，时间是感性与知性综合的中间机制。因果关系是知性的先天形式，不存在于对象中，然而是经验的可能性的条件，因此对于一切经验的对象都是有效的。

康德用先天范畴解释了知性层面的先天综合判断何以可能的问题，而一切自然科学都离不开范畴的运用，他以此也就回答了纯自然科学如何可能的问题。

6. 想象力

在康德的认识论中，有一个重要的角色，叫做想象力。康德极其重视这个角色，但好像没有把它的性质和作用解释得很清楚。所以，上面讲感性和知性时，为了不干扰两者关系的基本脉络，暂时按下不表。现在根据我的理解做一个简单的补充，我的理解有揣摩的成分，未必是对的。

按照康德的解说，想象力是一种直观能力，其特点是能够直观即使不在场的表象。想象力分两种，一种是再生性的，即把一个先前已有的表象带回到心灵中来，另一种是生产性的，即不借助表象创造出一个图型（Schema）。在认识过程中，这两种想象力都发挥了重要作用。

在感性阶段，感官从一个外部对象接受印象，意识凭借内直观形式即时间把它们整理成知觉，但这知觉仍是杂多而非统一的。在知觉中，不同的表象按时间顺序发生，每一单个表象出现又消失，先后都归于不在场的状态。如果只能直观在场的表象，就不可能对一个对象形成认识。因此，这时必须由想象力对杂多的表象进行综合，其方式是再现那些已经不在场的表象，把它们综合为一个完整的表象。在这里，起作用的是再生性的想象力，你也可以称之为记忆力，但记忆力至少是以再生性的想象力为前提的。当你回忆某件事或某个场景时，无非就是把已经不在场的相关表象唤回到当下的意识中。

在知性阶段，生产性的想象力起重要作用。对杂多进行综合所得到的完整的表象，仍未构成对一个对象的知识，这时需要知性用概念来把握它们，才能形成关于对象的知识。知性是如何产生概念的？作为先天形式，概念不是语词，而是图型，生产性的想象力的功能正是创造和构成图型。在人的心灵中，模糊观念占据最大的领域，那里是想象力从事创造的广阔空间。想象力创造图型的过程是无意识的，却为知性产生概念提供了源泉。

在知识的形成中，综合是关键的步骤，而想象力是综合能力的根源。康德说，一般的综合乃是想象力的仅有的结果，没有想象力这种综合功能，我们就不会有任何知识。想象力又是把感性与知性联结起来的不可缺少的中介。康德说，想象力是人类心灵的基本能力之一，感性和知性必须以想象力为媒介才必然地发生关联，这种能力为一切先天知识奠定了基础。

由此看来，在康德的认识论舞台上，想象力的确扮演了至关重要的角色。在感性和知性的双幕剧中，它穿插其间，极其活跃，虽然自己没有作为主角单独演一幕剧，但是，没有它，整场戏是演不了的。康德认识论的特点是张扬意识的能动作用，我觉得这个能动作用也许主要是由想象力承担的。

7. 现象和自在之物

综上所述，我们的经验是由两个东西组成的，一是来自对象的感性材料，另一是来自我们的意识的先天形式，包括作为感性先天形式的时间和空间，以及作为知性先天形式的范畴。从对象方面说，感性材料是我们的感官受对象刺激而产生的印象和观念，并不反映对象的本来面目。对象本身离开了我们的印象和观念是怎样的，这完全在我们的知识范围之外。从主体方面说，意识的先天形式的作用仅限于整理感性材料，形成经验，仍然属于现象范围。我们的经验中有必然性普遍性的知识，但其来源是在我们的意识结构之中，不是在客观世界之中，因此丝毫没有触及现象背后的本体世界。总之，我们所能够认识的只是现象，亦即世界按照人类认识能力的特殊方式所呈现的样子，我们永远不能认识世界的本来面目。所以，形而上学作为知识是不可能的。

康德把人的认识所不能触及的本体世界称作自在之物。贝克莱认为自在之物不存在，休谟认为自在之物是否存在不可知，康德则认为，自在之物必须存在，否则就无法解释我们怎么会有感觉。自在之物是一个极限的概念，给我们的知识划定了一个不可超越的界限。

在康德哲学中，"先验的"（traszendental）和"超验的"

（transzendent）是两个重要的概念。"先验的"即先于经验的，与"先天的"（a priori）意思相近，而"超验的"即超越经验的。康德的批判哲学可以用两句话概括：先验的知识是必须的，超验的知识是不可能的。一方面，他揭示了经验中有先于经验的知识，这才使得必然性普遍性知识成为可能。另一方面，他阐明了这种知识仍然属于现象亦即经验的范围，自在之物始终在经验可能达到的范围之外。这两个方面正是奠定康德批判哲学的整座建筑的两块基石。

虽然现象和自在之物之间隔着一条不可逾越的鸿沟，但是，正如文德尔班所指出的，康德通过先验的分析扩大了现象的范围，使之包括整个人类知识，因此自在之物只不过作为人类知识的边界而存在，好似一个退化的器官。

8. 理性向形而上学的突进

把人的理性能力区分为知性（verstand）和理性（vernunft），是康德的首创。认识有三个阶段。第一个阶段，感性形式时间和空间与感觉结合，形成知觉。第二个阶段，知性形式概念与知觉结合，形成经验。到此为止，我们是在知识的范围之内。但是，我们的理性能力不甘于就此止步，还想对全部知识加以综合，以形成形而上学的知识。发动这个综合的理性能力，是比知性高一等级的，康德称之为理性。理性所追求的是最高的综合，是把世界的全部现象置于思想的最高统一性之下，实际上也就是试图把握世界的整体面目及其本质，形成关于自在之物的知识，而这是不可能的。

知性的作用是形成概念，用概念把知觉综合成经验，其中纯概念即范畴是一般思维规则，使经验中包含了必然性普遍性知识。理性试图更进一步，把知性所提供的知识综合成对世界整体的认识。那么，它用什么来综合呢？说到底也只有概念。康德说，理性是用一般原则进行综合的，他称这种一般原则为理念。可是，理念即使比范畴高级，也仍然是概念，而概念对于超越经验的世界整体是无能为力的。因此，当理性进行这样的综合时，便发现自己力不从心，无论正题还是反题，都可以成立，也都不可以成立，陷入了自相矛盾，康德称之为二律背反。有四个这样的二律背反。其一，正题：世界在时间上有开始，在空间上有界限，在两方面都是有限的；反题：世界在时间上没有开始，在空间上没有界限，在两方面都是无限的。其二，正题：每个实体都是单一而不可分割的；反题：不存在单一而不可分割的实体。其三，正题：有自由，因果律不能决定一切；反题：没有自由，一切皆按照因果律发生。其四，正题：有一个绝对必然的存在，即上帝，作为世界的第一因；反题：没有上帝，世界没有第一因。

康德对这四个二律背反的论证，我就不展开讲了，只举关于时间的二律背反为例。假定世界在时间上没有开始，这意味着已经有无限系列的事物已经过去，但一个系列的无限性是永远不能通过综合来完成的。所以，反题不成立，正题成立。假定世界在时间上有开始，这意味着在此之前不存在任何事物，但无中不能生有。所以，正题不成立，反题成立。

形而上学虽然不可能作为知识而存在，但是，康德说，人类理性并不只受求知欲所推动，更受一种内心的精神需要所推动，因此，探究最高真理的形而上学永远有其存在的必要。"如果没有形而上学的话，就根本不可能有哲学。"（《论教育学》）理性比仅限于现象范围的知性优越得多，在目的上也崇高得多，即使冒种种错误的风险，也不可停止这种迫切的研究。诸如上帝、自由和不朽这样的问题，原本是理性自身提出的，而理性却不能回答，必须消除这种怪事。理性的这种要求在本质上是实践性质的，非如此便不能在世界上安身立命。以往的形而上学是独断论的，现在通过对理性能力的批判，已经澄清形而上学不属于知识的范围，就可以把它作为人类实践所必需的信仰来探究了。"我必须抬举（aufheben）知识，以便给信仰腾出地盘。"（《纯粹理性批判》第二版序）aufheben 这个词用得很巧妙，意思是抬起来挪走。在《实践理性批判》中，康德就论述了作为信仰的形而上学。

小结一下。在认识论领域，康德的批判可以归纳为两点，一是经验中的必然性普遍性知识来自知性，仍属于现象范围，二是现象彼岸的自在之物不可知，以自在之物为对象的形而上学知识是不可能的。这两点构成了他所自许的哲学中的哥白尼式革命。他的这个自我评价，现代哲学界是比较公认的，但也有异议。例如，罗素说，他承认康德非常重要，但不同意一般所认为的是近代哲学家中最伟大的。作为英国经验论系统的哲学家，他最推崇的是休谟，认为用休谟的理论就能够驳倒康德的批判哲学。事实上，康德的知性形式说只是对必然性普遍性知识的来源的一种解释，本身无法证明，坚持经验论立场的哲学家否认有必然性普遍性知识，当然不会接受这种解释。我的看法是，康德和休谟是处在不同的频道上，互相都能驳倒，也都不能驳倒。

三 我们心中的道德法则

康德关心道德问题，绝不亚于关心知识论问题。在完成第一批判之后，他便致力于第二批判，先后出版了《道德形而上学原理》《实践理性批判》《道德形而上学》等著作。按照他的理解，道德就是意志能够自律，让自己向善去恶，那么，这个能力从何而来？他在理性中找到了其根源，认为是因为理性有为意志立法的能力。第一批判限制了理性的知识能力，第二批判则旨在证明和伸张理性的实践能力。他在《实践理性批判》中说，这部批判研究纯粹理性是否以及如何能够是实践的，也就是说，它是如何能够直接决定意志的。柏拉图早已主张，道德是理性对激情和欲望的支配，但那只是一种笼统的说法，康德给自己提出的任务，是要精确地阐明理性的这种实践能力的性质，以及理性决定意志的方式。

本节主要依据《实践理性批判》讲康德的道德论。

1. 严格区分幸福论和道德论

在研究道德时，首要的一步是严格区分幸福论和道德论。康德说，这种区分必须像几何学家从事其工作那样精确，甚至必须挑剔地进行。幸福原则和道德法则是性质完全不同的东西，如果让幸福原则混入德性原理，就会取消一切德性的价值，就好像让数学的功用混入几何学原理，就会取消一切数学的明证性一样。

关键的问题是，幸福原则和道德法则这两者，何者有资格用作决定意志的普遍法则。关于道德法则的性质，后面会详述，这里先简单提示，以划清两者的界限。根本的区别是，道德法则是理性直接为意志立法，不涉及经验，因此普遍适用于一切理性存在者，而幸福原则却以经验为基础，意志的决定受制于感性表象，因此不具备普遍法则的资格。

幸福是一个人对于自己整个人生感到满意的意识，它需要愉悦或不愉悦的表象作为意志的质料，并且受这种表象支配。愉悦的表象有不同来源，比如有感官的愉悦，也有知性的愉悦，可以来自财富和名利，也可以来自阅读和思考，但都同样是以事物刺激起来的表象作为意志的决定根据的。不同的人之间，引起愉悦或不愉悦的缘由很不同，即使同一个人，情况也在不断变化，这样一个充满偶然性的原则，当然不能给一切理性存在者颁行统一的实践规则。

如果把幸福界定为人类的普遍幸福，幸福原则能否用作普遍法则呢？后来英国功利主义学派就是这样主张的，把最大多数人的最大幸福之原则树立为普遍法则。康德仿佛预见到了这种主张，他指出，即使把普遍幸福当作原则，这个原则仍然不能成为决定意志的普遍法则。因为对于什么是普遍幸福，人们的认识依赖于经验的材料，会有各种不同的意见，因此最多可以给出基本符合平均数的规则，不能给出对每个人必然有效的规则。幸福和道德当然不是对立的，幸福（例如身心健康、财富）包含着实现德行的手段，而幸福的缺乏（例如贫穷）则包含着道德堕落的诱因，因此可以把关心普遍幸福看作一种道德责任。但是，这种责任是由道德法则决定的，幸福原则并不因此就能成为决定意志的普遍法则。

幸福原则和道德法则的区别，归根到底源于人的二重性。一方面，作为感性存在者，人受制于自然律，由此产生对幸福的追求。另一方面，作为理性存在者，人有自由意志，由此产生道德的自律。理性对于感性的诉求也有所关心，其方式是不让这种诉求受稍纵即逝的偶然的感受支配，而是根据它们对于整个人生的满足所施加的影响来判断其是否有助于幸福。但是，绝不能把理性仅仅用作满足感性需求的工具，理性有更高的目标，是要使人升华到动物性水准之上，而这个目标就体现在道德法则之中。

围绕幸福和德行的问题，古希腊罗马哲学家分为两派。伊壁鸠鲁派主张，幸福是最高原则，德行作为促进幸福的手段包含在幸福之中。斯多葛派主张，德行是最高原则，幸福作为对自己拥有德行的意识包含在德行之中。事实上，两派都把由德行产生的幸福看得高于一切，区别在于，伊壁鸠鲁派把幸福看作遵循德行的动机，斯多葛派则拒绝这一点，把德行本身树为无上的实践原则，康德对此表示赞同。不过，他认为，幸福和德行在种类上是完全不同的东西，而两派都把聪明才智用在思考两者的同一性上面了，所争论的只是谁包含谁的问题，这就开启了把幸福论和道德论相混淆的漫长历史。

2. 源于实践理性的道德法则

人心中有道德法则，康德把这看作一个事实。卢梭曾经提出，人心中生来有判断善恶的原则，他称之为良心。康德所说的人心中的道德法则，其实就是卢梭所说的良心。康德说，道德法则好像是作为一个我们先天地意识到而又必然确实的事实被给予的，即使我们在经验中找不到任何完全遵守道德法则的实例。换用卢梭的说法，良心在每个人心中发出声音，即使只被极少数人听见。

那么，这个具有先天性质的道德法则从何而来？康德的回答是，来自纯粹实践理性。

纯粹实践理性这个概念，给理性加上了两个定语，一是纯粹，二是实践，这两个定语非常重要，规定了与道德相关的这个理性能力的性质。第一，它是纯粹理性，这是和思辨理性相同的。纯粹理性之所以纯粹，是因为只设立纯形式的规则，在思辨理性是纯形式的知性规则，在实践理性是纯形式的道德法则，皆不涉及经验的内容。第二，它是实践理性，这是和思辨理性不同的。思辨理性即知性是形成概念的能力，用范畴为自然立法，实践理性是实践的能力，用道德法则为意志立法。这两个性质决定了纯粹实践理性所设立的道德法则也有相应的性质。

第一，道德法则是纯形式的法则。道德法则是普遍的法则，适用于一切理性存在者，唯有纯形式的法则才能够有此普适性。理性为意志立法，倘若以意志的对象和意欲的内容为根据，人们欲求的内容是五花八门的，就不可能订立普遍的法则。即使把意志的对象规定为善，人们对善的看法也是受经验制约的，不可能一致。道德法则当然要求人们明辨善恶、向善去恶，但是，首先是理性为意志立法，在此基础上才有善恶的分辨，所以善恶概念是后于道德法则并且通过道德法则被决定的。

第二，道德法则是有实践效力的法则。道德法则是理性为意志立的法，因此一切理性存在者必须遵守，康德称之为绝对命令。当然，人不但是理性存在者，同时也是受生存需要和感性动机刺激的存在者，正因为如此，就更突出了道德法则的绝对命令的品格，绝对命令就是无条件的命令，是人们在任何情境中不可借口条件的限制而不予听从的。

第三，道德法则是自律而非他律。这可以由上述两点得出。自律和他律是康德首创的一对概念，自律是意志只根据理性所立的法则做决定，他律则是意志根据所欲求的对象做决定。换言之，自律是意志把道德法则视为绝对命令自觉地听从，他律则是意志由于外界的压力或诱惑服从一些表面的道德规范。自律和他律区分了人们的行为是否真正具有道德性质。

那么，理性所立的这个纯形式的有实践效力的普遍道德法则究竟是什么呢？康德的表述是：要这样行动，让你的意志的准则始终能够同时用作普遍立法的原则。在具体解释时，他如此说：请你扪心自问，如果你打算做的那个行为，人人也都那样做，比如说，人人都在能谋得好处时允许自己说谎，人人都对他人的疾苦熟视无睹，那么，你会愿意生活在那样一种秩序里吗？不愿意？好，你就不要做那个行为，不要说谎，不要冷酷。我们可以发现，康德隆重推出的这个道德法则，其实就是许多先贤所提倡的金规则，孔子的表述是"己所不欲，勿施于人"。这是一个好的规则，但很难说是纯形式的，因为一个人的欲或不欲必涉及对象，受制于经验。但是，的确很难想出一个比这更接近于纯形式的规则了。我从康德的表述中品出这样一个意味：当你的意志在做决定时，你要仿佛在代表人类理性为人类意志立法，从而使你的每一个决定都具有道德上的严肃性和纯正性。

3. 职责、敬重和人格

道德法则是理性为意志订立的普遍法则，是理性向意志发出的绝对命令，具有强制性，遵守道德法则是人的职责（pflicht,

亦译义务）。之所以具有强制性，是因为人不只是理性存在者，同时也是感性存在者，不可能完全戒除欲望和禀好，总是存在着偏离道德法则的倾向。因此，道德法则的权威必须建立在强制性之上，而不是建立在人们的自愿服从之上。

但是，作为理性存在者，人心中有一种天然的对道德法则的敬重之情，这种敬重之情绝不是由感性层面的禀好所产生的，而是实践理性安放在人心中的。敬重是唯一真正的道德情感，一个人怀着这敬重之情，就会把遵守道德法则视为自己的职责。

怀着这敬重之情，康德对职责唱起了赞歌。在整体枯燥的《实践理性批判》中，有这样一段诗意的抒情（大意）——

职责呵！你是一个多么崇高而伟大的名称。你丝毫不取悦和奉承人，也决不威胁人，而只是树立起一条法则。无论人们是否情愿，如何不经常遵守，这条法则仍自然地深入人心，面对它，一切好恶尽管暗中抵制，也皆哑然失语。你的尊贵的渊源是什么呢？到哪里去寻求你那骄傲地与好恶之情断绝一切亲缘关系的谱系的根源呢？这个根源只能是使人类超越了自己作为感性世界的一部分的那个东西，只能是使人类超越了受自然的机械作用控制的全部感性世界的那个东西，它就是人格。

职责的根源是人格，是人作为精神性存在的尊严。一个人之所以敬重道德法则，把遵守道德法则视为自己的职责，是因为意识到了这个人之为人的尊严。比如说，你做了一件错事，无人知道是你做的，人们追究责任，你撒一个谎就可以安然度过，可是你坦白承认了，为什么？因为撒谎会使你在你自己的眼中受到鄙视。又比如说，你的正直使你身陷极大的不幸，只要你变得圆滑一点，就可以摆脱不幸，可是你不愿意，为什么？因为你把维护人格的尊严看得高于一切，为此甘愿承受任何苦难。人的本能是趋乐避苦，但是，人格的尊严比这个本能更强大，最大的不幸不是遭受苦难，而是一个人发现自己在自己眼中是卑鄙无耻的，不配活下去。这种尊严的意识是防备心灵受低级冲动侵蚀的唯一守望者。

在判断他人的行为时，我们心中对道德法则的敬重也会自动发生作用，即使我们自己并未意识到。一个行为在道德上越是纯粹，我们的心灵就越会被深深打动。英国历史上有一个人，被国王强迫参与诬告一个无辜者，国王开始许以重贿和高位，然后以重刑威胁，这个人始终维持正直的决心，毫不动摇。即使我们在相同处境中做不到像他这样，仍然会对这个人产生极大的崇敬。敬重只施于人，决不施于物。珍宝能唤起喜好，宠物能唤起爱，海洋、火山、猛兽会唤起畏惧，但都不能唤起敬重。丰特奈尔说："我对贵人鞠躬，但我的心并不鞠躬。"康德补充说："面对一个品德端正的平民，我的心鞠躬，因为他的榜样把一条法则立在我的面前，并且用事实证明这个法则是能够实行的。"

一个行为唯有从职责和对职责的敬重出发，才是道德性质的，出于别的动机的都不是。你做好事是因为给别人带来了愉快，自己也感到愉快，这不是道德行为。你严于律己是为了追求个人的完善，这不是道德行为。你胸怀大志，要为社会立功业，为人类谋福利，这不是道德行为。你出于同情心而行善，或者出于对秩序的爱而主持正义，这不是道德行为。所有这些行为都很好，值得赞美，但都不具有道德价值，因为都不是从职责和对职责的敬重出发的，其动机都含有感性的因素，偏离了纯粹的道德法则。

道德必须纯粹，职责高于一切，为义务而尽义务，不能掺杂丝毫个人情感和社会功用的因素，康德道德论的这种过分的严谨性是最受诟病的。他的辩解是，在道德问题上，诉诸个人情感会导致道德狂热，诉诸社会功用会导致道德自负，唯有通过枯燥而严肃的职责观念来调校心灵，才能守住道德的纯正。他指出，在儿童的道德教育上，惯常的方式已经显现恶果，孩子们幻想成为流行道德小说里的主角，充满行善的热情和伟大的抱负，却不屑于遵守最普通的职责。

4. 人是目的

康德对于普遍道德法则还有另一个表述。他在《道德形而上学原理》中如此说："要这样行动，使你永远把由自己和由任何别人所代表的人作为目的来对待，无论何种情况下不可只作为手段来对待。"在《实践理性批判》中如此说："在目的的秩序里，人以及每一个理性存在者是目的本身，决不可被任何人哪怕上帝只用作手段，若非在这种情形下同时是目的本身。"在这个表述中，普遍道德法则很难说是纯形式的，实际上突出了人格的尊严之观念。

在康德的道德论中，其实始终贯穿着人的二重性之区分，即人属于两个不同的世界。在感性世界中，人受制于自然律，所意欲和所能支配的一切都只是满足生存需要的手段。在理性世界中，人有自由意志，能够为自己的意志立法，是道德法则的主体。所谓人是目的，是指这个作为道德法则的主体的人是目的，它是神圣的，是人的尊严之所在，在任何情况下不可亵渎它。

在现实世界里，人在许多情况下不可避免地要被用作手段。

你为生计所迫，从事一个自己不喜欢的职业，这是把你自己用作了谋生的手段。你开一家公司，招员工做各项业务，这是把你的员工用作了经营企业的手段。康德对此并不反对，请注意他的用词，他说的是在任何情况下不可把人只用作手段。这就是说，即使在需要把自己或他人用作手段的情况下，你仍然要尊重自己或他人的人格。如果你为了利益出卖灵魂，你就是把自己只用作手段而完全没有当作目的了。如果你倚仗权势凌辱他人，你就是把他人只用作手段而完全没有当作目的了，而同时你也没有把你自己身上那个作为道德法则的主体的人当作目的，因为正是通过你不把他人当人，彻底暴露了你在自己身上从未体悟到做人的尊严。

所以，人是目的的命题强调的是人格的尊严。这里我要重提康德在《实践理性批判》中的名言："有两样东西，我们愈是经常和持久地加以思索，就愈是使心灵充满日新月异、有加无已的赞叹和敬畏，这就是头上的星空和心中的道德法则。"在这句话之后，他把这两样令人敬畏的东西做了一个比较。头上的星空之所以令人敬畏，是因为它把我在外部感性世界里的联系拓展到了广袤宇宙的无限时空，但同时也就取消了我作为一个动物性造物的重要性，这个造物仅在极短促的时间内被赋予了生命，然后必定把它所由之生成的物质还回行星，只是宇宙中的一颗微粒而已。心中的道德法则之所以令人敬畏，是因为它把我和一个虽然不可见但具有真正无穷性的理性世界连接起来，这种连接不像感性世界里的连接那样是偶然的，而是普遍的和必然的，通过我的人格无限地提升了我作为理性存在者的价值，向我展现了一种独立于感性世界的伟大生命。用一句话概括康德做的比较，便是：头上的星空映照了人的渺小，心中的道德法则证明了人的伟大。

5. 意志自由的公设

在伦理学中，有无意志自由历来是争论的一个焦点。一个明显的道理是，如果没有意志自由，人的行为完全是受因果律支配的，那么，就不能要求人对自己的行为负道德责任。这实际上就是机械论者的看法。一些基督教的神学家例如奥古斯丁则主张，上帝赐予了人自由意志，而自由意志用得好坏，责任在人自己，所以人要对自己的行为负道德责任。康德的解决办法便是人的二重性之区分，人作为感性存在者受因果律支配，作为理性存在者有意志自由。

康德承认，在感性世界里，人的每个行为都受制于因果律，其中包括他过去的全部行为以及由之造成的他的品格，因为这些都已经属于过去的时间，不再受他的支配，却成了决定他现在的行为的原因。如果只有这一个角度，人就无自由可言，会像是被一只外在的手操纵的木偶或自动机。为了拯救自由，只剩下一个方法，就是把因果决定性只赋予作为现象的人，而把自由赋予作为自在之物的同一个存在者。也就是说，必须设定人作为理性存在者是自由的。虽然是一个设定，但是，人能够运用理性为意志立法，所立的法则不是凭借经验设立的，而是独立于一切经验，从而不受因果律支配，这就证明意志是自由的。

对于一个人的行为，可以从两个方面去分析。一方面，我们可以从他出生的家庭、遗传的基因、成长的环境、所受的教育等因素中分析其因果关系。另一方面，他是否用理性决定意志，也是他的行为的重要原因。意志既可以被动地受感性欲求和外在因素的支配，也可以主动地依据理性做出决定，一个人意志自由的程度就取决于两者的比例。所以，意志自由正是对外部因果关系的超越，是作为理性存在者的人对作为感性存在者的人的超越。也许你会问，有的人能够意志自律，有的人不能，原因又何在，岂不也要从感性因素中分析其因果关系吗？康德会告诉你，意志自律是不受任何感性条件制约的，它独立于经验发生作用，因此不能再从经验中去找它的原因。康德异常重视意识的能动性，在道德实践中，这个能动性就体现在意志的自律。

意志自由就是意志遵循道德法则的自由，我们不难在自己身上意识到这个自由。康德举例说，假定有一个人，他迷恋公主的美色，图谋行淫，但一旦如愿，国王会立即绞死他，他便放弃了不轨之想。在这个情境中，这个人的意志是在行淫和活命之间做选择，受制于利害关系，谈不上意志自由。再假定在另一个情境中，国王逼迫他做伪证，以便用堂皇的理由处死所痛恨的一个忠良之人，倘若不服从就立即绞死他。他也许为了活命而服从了，但他心里一定明白，这是一个道德污点，他原本是有做另一种选择的自由的。

人有意志自由，这是我们通过道德法则对心灵的作用而感受到的。但是，我们只感受到这个结果，不知道其原因是什么。自由是一个超验的观念，我们不能从经验中得出这个观念。自由的原因隐藏在本体世界之中，隐藏在作为自在之物的"真我"之中，我们不能认识自在之物，因此也就不知道意志何以能够自由。我们不能在理论上阐明意志自由的原理，但是，如果没有意志自由，我们就无法解释人心中的道德法则，所以，意志自由是一个必不可少的公设。

6. 灵魂不灭和上帝存在的公设

在《实践理性批判》中，康德提出了三个公设，除了意志自由，还有灵魂不灭和上帝存在。所谓公设，和单纯的假设不同，假设只具有或然性，公设却要求一种必然性。但是，公设的这种必然性是无法在理论上证明的，也就是说，不是在对象中认识到了的必然性，而是为了实践的关怀必须做出的认定，其价值是实践性质的。这三个公设都是由道德性原理推导出来的，其中，意志自由是为了解释人心中的道德法则何以可能，灵魂不灭和上帝存在是为了解释至善何以可能。

康德所说的至善有两个涵义。其一，意志完全切合道德法则，在道德上臻于完善。其二，道德和幸福统一，人人都只因德行而配享福。在现实世界里，这两点都不可能做到，无人可称在道德上完善，而道德和幸福往往背离，好人受苦、坏人享乐是常见的情形。所以，至善只是理想，为了实现这个理想，就必须有灵魂不灭和上帝存在的公设。

道德法则是理性为意志所立的法则，意志与道德法则的完全切合是一个神圣境界，这个境界是生活在感性世界里的任何人在任何时刻都不可能达到的。完成这个任务需要有无穷的时间，因此灵魂不灭是一个必要的公设。所谓灵魂不灭，就是同一个理性存在者的人格得以无限延续地存在。康德说，虽然灵魂不灭只是一个无法证明的公设，但是指出唯有在趋于无穷的进步中才能够达到道德上的完善，便会出现两种极端的倾向。一是取消道德法则的神圣性，降低标准，即使一身毛病也自以为已是完人。二是陷入完美主义的狂热，对自己期待过高，成为道德上的偏执狂。

这两者都危害道德实践。相信灵魂不灭，可以使我们此生努力在道德上进步，对自己既严格要求，又不求全责备。

道德和幸福是完全不同的东西，幸福永远不能是道德行为的动机。但是，尽管如此，好人是应该享有幸福的，德行加上幸福才是至善。在感性世界里，幸福和德行的这种一致是不可能的。我们必须设定一个超感性的世界，在那里，一个至高无上的理性存在者支配着世界的秩序，它是神圣的立法者，制定了神圣的道德法则，又是公正的审判者，只根据德行来分配幸福，它就是上帝。所以，上帝存在是一个必要的公设，我们应该根据上帝和来世的存在来指导此世的行为。在《论理性范围内的宗教》中，康德把这个意思讲得很清楚：要这样行动，就好像一定会有来世生活在等待着我们一样，当你开始那种生活的时候，你此世生活结束时的道德状况是不会被忽略不计的。他严格区分道德和幸福，不允许德行掺杂一点儿功利的因素，对于来世幸福的考虑其实也是功利的因素，理应排除，他也表示过必须排除。但是，他终究不忍心剥夺好人得好报的希望，他的好心肠使他在理论上出现了前后不一贯。

总之，有了灵魂不灭和上帝存在这两个公设，道德完善和福德一致这两个涵义上的至善就是可以期待的了。

7. 建立在道德基础上的宗教

基督教神学家主张，上帝存在是超越理性和经验的绝对信仰。康德承认，上帝概念在本源上既不属于思辨理性，也不属于物理学，不可能通过逻辑和经验推导出来。但是，上帝概念并非超越理性的，它是实践理性的信仰，是一个属于道德学的概念。他说："一切想把理性纯粹思辨地应用于神学的企图完全是徒劳的，就理性的内在性质来说也是与此相矛盾的，而把理性的原则应用于自然界则根本不会产生任何神学；因此，如果不把道德法则作为基础，就根本不可能有任何合理的神学。"

康德明确地把宗教建立在道德的基础上，在《论理性范围内的宗教》《实用观点下的人类学》《学科之争》等著作中，他对此做了进一步的阐述。他说一切宗教的实质无非是每个人从内心立即明白的道德。宗教在内容上与道德并无不同，区别仅是形式上的，是用上帝的概念对人的意志施加影响，而其终极目的也只是在道德方面对人加以改善。只要宗教在道德实践上能够起到这个作用，这就足够的了。这个涵义上的宗教只能有唯一的一种，而不是很多种。

因此，神学如果排除了道德的内涵，就不是真正的宗教。人们出于恐惧或者寻求回报的目的信神，这不是宗教，而是迷信。人们相信自己听到了上帝的声音，如果这个声音所传达的并非道德的律令，那么这不是启示，而是幻觉。教会信仰把教规而非道德当作宗教中本质的东西，为此分为不同的宗派，它绝不是纯粹的宗教信仰。对于《圣经》中的说法也应如此理解，比如说，耶稣所体现的是道德完满性的理念，如果把他理解为在一个现实的人身上作为肉身存在着的神性，那么我们不但无法仿效他的榜样，而且会引发一个难题，即如果这种统一竟然是可能的话，上帝为什么不让每个人都同样分享神性呢？

康德所提倡的宗教，实际上是以神学面目出现的道德学。他的这种道德神学受到了许多嘲笑，人们说他把上帝逐出了自然和逻辑领域，然后又从道德的后门放了进来。海涅说，康德在用思辨理性杀死了上帝之后，看见世上受苦的好人丧失了来世享福的希望，一片哭泣声，于是慈悲心大发，就用实践理性这支神奇的魔杖把上帝的尸体复活了。叔本华说，康德就好像在化装舞会上拥着一个美女跳舞，舞伴戴的面具叫道德，舞会结束，摘下面具，原来就是他那个名叫宗教的妻子。罗素说，康德从独断论的睡梦中被唤醒只是暂时的，不久就发明了一种能让自己再入睡的催眠剂。这些讽刺都很尖锐，也都不无道理。但是，康德剥去了宗教的神秘外衣，强调了宗教作为理性信仰的教化作用，这种教化作用难道不正是世界上一切宗教的共同的合理内核吗？

四　美的分析

人的精神能力包括理智、情感、意志三项。康德的第一批判考察理智，论证了知性为自然立法从而形成知识。第二批判考察意志，论证了实践理性为意志立法从而形成道德。第三批判的任务是考察情感，研究美感或者说审美判断是如何形成的，他把这部著作取名为《判断力批判》。

在康德的用语中，判断力指的是一种凭直觉把个别与一般联系起来的能力。判断力分两种。在知识领域里，凭直觉能够把一般规则应用于个别情形，这种能力叫确定的判断力。另一种叫反省的判断力，即凭直觉能够在个别情形中感悟某种一般的东西，康德认为审美能力就属于这种判断力。你说一个对象美，这不只是在说你的感觉，你实际上下了一个判断，你同时是在说某种具有可传达性的普遍情感。第三批判所研究的，就是这种特殊类别的判断力的原理。

康德不是一个有艺术禀赋和修养的人，对音乐和视觉艺术皆无兴趣，他是作为哲学家用思辨的方式研究美学的。在他的体系中，美学有重要地位。认识论研究知识，伦理学研究道德，而在他看来，审美是知识和道德之间的中项，沟通了两者，真和善在美之中会合并且达于统一。

我重点讲康德对美的分析，这是他的美学的核心部分。

1. 美是无利害关系的快感

康德首先确定，审美判断仅连系于主体的快感或不快感，这个快感或不快感，不是指感觉，而是指情感。美作为一种快感，是愉快的情感。感觉是对象在感官上形成的表象，如果我们凭借知性把这个表象连系于客体，获得的是知识；如果我们凭借想象力把这个表象连系于主体，产生的是愉快或不愉快的情感。前者是知识判断，后者是审美判断。离开了对于主体的情感的关系，一个对象就无所谓美或不美。所以，在性质上，美不是事物的客观属性，而是纯粹主观的情感。对于康德来说，美就是美感，美的分析就是美感的分析。

美是一种快感，但并非任何快感都是审美性质的。不同于别的快感，美的特征是不涉及利害关系。所谓利害关系，是指快感在主体方面与欲望有关，在客体方面依赖于对象。据康德分析，涉及利害关系的快感有两类。

一类是快适，这是官能的满足，有官能方面的利害关系。你饿极了，任何食物在你眼里都是美食，你在兵营里待久了，长相平平的女人在你眼里也是美人。这些都不是美感，只是官能上的快适。只有在官能的需要满足后，我们才能看出一个人有无鉴赏力。一种快感如果涉及对象的质料，就不是纯粹的美感。比如说，你步入一个园林，清风扑面，翠色悦目，鸟鸣悦耳，你心情愉快，康德会告诉你，这只是官能上的快适，谈不上美的鉴赏。出于兴趣而偏爱某个对象，因为魅力的刺激而对某个对象心醉神迷，因为感动而为某个对象潸然泪下，这些都属于快适，不是纯粹的审美判断。

另一类是善引起的快感。所谓善是理性对于对象的一个判断，判断其具有满足某种意欲的价值，因此有理性方面的利害关系。按照康德的论述，善这个类别下包括三种情况。一是外在的善，即对象有作为工具满足人的某种欲望的功用，因此引起快感。比如说，森林中一块树木遮蔽的草地，我发现这里是幽会的好场所，因此感到愉快。二是内在的善，即一个对象的完满性，这个对象非常符合它的概念。比如说，一个健壮有力的男人，一个美貌匀称的女子，一个天真活泼的孩子，或者一匹矫健的马，一只灵巧的鹿，或者一座庄严的教堂，一座辉煌的宫殿，凡此种种之所以使人觉得美，是因为具有符合其相应概念的完满性。完满性也是一种利害关系，是就对象自身而言的功用，所引起的美感也是不纯粹的，康德称之为附庸的美。他承认，用这个标准衡量，几乎全部艺术和大部分自然美都属于附庸的美。三是道德的善，道德作为目的本身使人得到满足。在这里，理性为意志规定了一个目的，善是意志的对象，因此，道德的善带有最高的利害关系。

三种不同性质的快感之中，快适适用于无理性的动物，善适用于有理性的生灵，美适用于人类，因为人既有动物性又有理性。

康德无比推崇道德的价值，他的分析不带褒贬之意，而是旨在划清美和善的界限。以往哲学家对美的理解，经验派偏于快适，理性派偏于善，康德纠正了这两种偏向。他力图说明，纯粹的审美快感是完全不涉及利害关系的，美的鉴赏仅是静观的，意志处于无欲的状态，因此对于一个对象的存在是淡漠的。在鉴赏的实践中，他并不要求纯粹，认为不同性质的快感混合是常态，而且会对审美的快感有所增益。

2. 美是无概念的共通感

美是无利害关系的快感，因为不涉及利害关系，这种快感就应该是对他人也适用的，具有可传达性。你说一个对象美，就意味着你设想这个对象在人人心中是美的，会激起与你心中相同的愉快情感。你喜欢一首诗、一个女人、一座建筑，你可以说你喜欢，不会有人和你争论，可是，你下美的判断，就必须考虑别人是否有相同的感受。如果你辩解说，你只是指对于你是美的，这种说法是可笑的。把一个对象称作美，这是在下一个具有普遍性的判断，就仿佛美是这个对象的一个属性。美当然不是对象的客观属性，但必须具有情感传达上的主观的普遍性。说人人有自己特殊的鉴赏力，这就等于说不存在鉴赏力，因为审美判断如果不具有普遍性，就不成其为审美判断，而只是个人喜好。

在这一点上，快适和美完全不同。快适连系于个人的欲求、兴趣和偏爱，不具有也不要求普遍的有效性。善是有理由要求普遍有效性的，但是，和美不同，善是因为一个对象符合相应的概念而引起愉快的情感，有赖于概念，具有客观的普遍有效性，而美则不依赖概念，直接由可传达的情感性产生快感，具有主观的普遍有效性。

美不依赖概念而具有普遍性，这是审美判断的重要特征。美感具有情感的直接性，不借助知识，不通过思考。你觉得一朵花美，不需要知道花是植物的生殖器，即使一个植物学家在欣赏花的美的时候，也一定是忘掉这种知识的。审美判断的根据是主体的情感，而不是客体的概念，凭借概念来判定什么是美的客观的鉴赏法则是不存在的。

在三大批判中，康德都力求在人的意识中寻找普遍性规则或法则的根源，这个根源是先于经验的，只是在经验中显现。知识判断的普遍有效性来自先天的知性形式，道德判断的普遍有效性来自实践理性，那么，审美判断的普遍有效性来自何处？康德的回答是共通感。他说，共通感是一个主观性的原理，这个原理只通过情感而不通过概念，却仍然普遍有效地规定着什么令人愉快、什么令人不愉快。这个说法有同语反复之嫌，似乎只是把审美判断的普遍有效性换了一个说法。按照我的理解，共通感就是对于审美心境的可传达性的意识，在审美上的"人同此心"。康德认为，这是一种先天的能力，植根于人类的集体理性，而在经验中则显示为美的社会性。一个生活在孤岛上的人是不会去装饰自己或他的小茅屋的，只有在社会中，美才有价值，人们才会讲究和追求美。由此也可见，审美判断是以情感的可传达性为前提的。

3. 美是无目的的合目的性形式

到此为止，我们已经知道，美是一种愉快情感，这种愉快情感不涉及利害关系，不依赖概念，具有普遍可传达性。但是，这种愉快情感本身究竟是什么，我们仍不清楚。康德对美的第三个规定是：美是无目的的合目的性形式。这句话才是分析审美快感的实质的，我来解释一下。

审美是无目的的，其实就是无利害关系和无概念。主观的目的即主体的欲求和需要，客观的目的即善的概念所规定的对象的有用性和完满性，这些都要排除掉。但是，审美终究是要鉴赏一个对象的，那么，鉴赏对象的什么呢？康德说，鉴赏的是对象之表象中合目的性的单纯形式。第一，是单纯形式，要把内容排除掉，因为内容必定涉及概念和利害关系。第二，这形式是合目的性的，形式本身会在主体心灵中产生合目的性的效果。这种单纯形式，康德所举的例子有建筑上的纯粹装饰、无标题音乐、纯粹器乐等，他说这些形式本身是无意义的，并不表示什么，不是在一定的概念下的客体。这个艺术上的外行，审美眼光却相当前卫，他说的实际上就是抽象艺术。举的是艺术的例子，讲的是鉴赏的一般道理，纯粹的审美只涉及对象的形式方面。

有必要仔细分析"无目的的合目的性"这个规定，这是关键之所在。面对一个美的对象，我们没有功用的欲求，不受概念的支配，只让它的形式因素作用于我们的感官和心灵，沉醉于诸如色彩、线条、音调等等的对比关系之中。这个时候，我们的诸认识能力就处于既自由又彼此协调的状态，因此感到愉快。诸认识能力的自由和协调，这就是审美的心境，就是审美快感的根源和实质。形式所产生的这个效果，我们不求而得，这便是无目的的合目的性。

这里所说的诸认识能力是指想象力和知性这两种能力，想象力起主要作用，知性则起辅助作用。想象力是审美活动的主体，在一定意义上，可以把审美定义为想象力的自由活动。想象力具有主动性和创造性，因为没有概念的限制，可以自由地综合感性直观，是"可能的直观的任意的诸形式的创造者"。这就是说，对象之表象中的形式并不是对象固有的一个属性，如果说它确是美的，而你确有鉴赏力，关键是你从这个表象中看出什么来。想象力的创造也不是服从联想律的再现，而是自由的原创。所谓想象力的创造，不必是艺术创作，你陶醉于一片风景，浮想联翩，又一无所思，便是想象力在悄悄地创造，你在享受"以静观一个形象而自娱的想象力之自由"。

但是，想象力的自由活动不是胡思乱想，而是有规则的，即符合知性的一般规则。"审美的合目的性是判断力在它的自由中的合规则性。"知性不是用概念为想象力提供规则，这是违背审美的，而是作为制定规则的一般能力发生作用。想象力唱主角，知性唱配角，彼此协调，配合默契。自由中有无形的规则，这规则不是外加的，而仿佛是自发生成的。借用孔子的话，如果想象力的自由达到"从心所欲而不逾矩"的境界，便是审美的境界。"想象力在知性的一般作用下自由地合规则地创造对象的形式，这就是美感。"知性的作用正体现在形式的创造上，没有想象力的自由就没有创造，没有知性的规则作用就创造不出形式。

在认识论中，康德强调想象力在知识形成中的作用。想象力是把杂多的感性知觉综合为完整表象的先天的能力，在这个综合的基础上，知性才能把表象综合为知识。因此，想象力是感性与知性之间不可缺少的中介。在美学中，想象力的这种特殊地位使它获得了特殊的审美功能，一方面超越感性又不离开感性，另一方面趋向概念又无确定的概念，自由地游走于两者之间，使得感性和知性都得到了满足。

4. 美和崇高

在前期著作《论美感和崇高感》中，康德已把美和崇高作为一对不同的愉快情感做了比较。当时所做的比较是描述性的，比如崇高的对象永远是宏大的，美的对象往往是微小的；崇高使人感动和尊敬，美使人迷恋和爱慕；友谊涉及崇高感，性爱涉及美感；娴于辞令是美的，深思的缄默是崇高的，诸如此类。在《判断力批判》中，他对美和崇高做了理论的分析。

康德首先确定，美和崇高都是审美性质的快感，具有此种情感的共同点，包括无利害关系、无概念、普遍有效性、主观合目的性等。根本的差异在于美的对象是形式，而崇高的对象却是无形式的，其余的差异皆由此产生。

所谓无形式，是指对象过于宏大，想象力不能在知性的配合下赋予形式。面对体积巨大的自然对象，例如浩渺大海、万仞高山、苍茫星空，或者威力可怕的自然对象，例如地震和海啸，我们的想象力就会受到阻碍，因此产生痛感。这个时候，如果我们仍然有一种审美的心境，想象力就会放弃与知性的连接，转而去与理性连接，从理性中获取力量。我们依靠理论理性的理念比如绝对、无限来超越巨大的对象，或者依靠实践理性的理念比如上帝、灵魂不灭来战胜可怕的对象，崇高感因之而产生了，痛感转变成了快感。如果说美是想象力的游戏，所带来的快感是直接的，那么，崇高是想象力的严肃活动，所带来的快感是间接的。从心情看，美是静观，对象吸引人，崇高则是震撼，对象既吸引又排斥人。

崇高感同样具有普遍有效性和合目的性，但其来源与美感不同。美感的普遍有效性源自共通感，是"人同此心"；崇高感的普遍有效性源自人类共同的理性能力和道德情感，是"心同此理"。在美中，合目的性来自对象的形式适合于主体想象力的自由与知性能力之间的协调；在崇高中，对象的无形式恰好适合于唤醒主体的理性能力，以弥补想象力的不足，这也是一种合目的性。

总之，美和崇高都是想象力的活动，区别在于，在美中，想象力与知性相联结，以形式为对象；在崇高中，想象力与理性相联结，用理念克服对象的无形式。因此，就自然界的对象而言，美需要对象有合适的形式作为条件，崇高却完全是我们内心的观念，我们把这个观念赋予了对象。

自然物本身无所谓崇高。面对可怕的自然现象，我们感到的是恐惧，不是崇高。崇高作为一种无利害关系的审美情感，以安全为前提。在火山爆发的现场，不论景象多么壮观，无人会有审美的心情。恐惧与崇高的区别，正如同迷信与宗教的区别，恐惧和迷信是对自然力的膜拜，崇高和宗教则是内心力量的觉醒。崇高实质上是人类理性的尊严感和自豪感，我们经由某种暗换把它赋予了自然对象。不是头上的星空崇高，是我们心中的道德法则崇高，我们把心中的这种崇高感投射到了星空。所以，崇高的判断需要文化修养。面对大海，有的人心潮澎湃，有的人毫无所感，原因即在此。星空在头上，多数人视若不见，只有少数人仰望而心生敬畏，原因亦在此。不过，人人都有理性，崇高感在人性中终归是有基础的。作为一种理性尊严的情感，崇高在审美和道德之间架起了一座桥梁。

5. 艺术与天才

康德关于艺术的论述，我认为有三点值得注意。

其一，审美意象。在美的分析中，康德一直说美是形式，而形式是与知性连接的。在论述艺术时，他给美下了一个新的定义：美是审美意象的表现。他说，无论自然美还是艺术美皆如此，区别在于：在艺术美中，这意象须由关于对象的概念引起；在自然美中，无须对象的概念，凭观照即可引起。理念是与理性关联的，没有任何感性表象和知性概念与之相应。所谓审美意象，是用近似的或类比的方式以形象表达理念，以有尽之象表达不尽之意。审美意象纯属想象力的创造，在自然中找不到摹本。作为审美意象的表现，美就不只是形式，而是有精神内容的。

通过审美意象这个概念，不但美感和崇高感，而且审美和道德，都统一在了理性理念的基础之上。康德由此提出一个命题：美是道德的象征。他说，审美判断和道德判断有亲属关系，两者所引起的心情状态是相似的，因此可以用美按照类比的方式来象征道德。爱美之心和向善之心是相通的，对自然美有直接兴趣往往是心地善良的标志。所以，艺术可以承担一个光荣的任务，就是通过陶冶情操来促进道德的进步。

其二，艺术能力的分析。包括四种能力。第一，知性，即理解力，对作品的目的要有一个明确的概念。艺术作品里的合目的性是有意图的，但必须好像没有意图，不露人工痕迹。"艺术只有使人知其为艺术而又貌似自然时才显得美。"第二，想象力，有好的直觉，为概念找到形象显现。第三，精神，即生命力，其作用是把前二者推入自由活动，是一种原动力。这三者的结合便是审美的判断力。第四，表达力，即赋予形式的能力。

其三，艺术必须有独创性。无论模仿自然，还是模仿前人，都只是技巧，不是审美鉴赏力。在《实用观点下的人类学》中，康德还提出了一个很前卫的观点，他说，那些模仿自然的画家与美的艺术无缘，只有观念画家才是美的艺术的大师。

关于天才，康德的著名观点是，天才只表现在艺术创作中，科学中无天才可言。他给天才下的定义是：天才是一个主体在诸认识能力的自由运用中表现出其天赋才能的典范式的独创性。把这个拗口的句子拆开来说，天才有三个特征。第一，独创性，具有创造不能为之提供任何规则的东西的能力。也就是说，天才的作品是前无古人的，不遵循任何既有的规则，他是自己为自己制定规则。在艺术能力中，想象力是创造性的，天才有非凡的想象力，他的独创性集中表现在创造审美意象。第二，典范性，天才为自己制定的规则具有普遍意义，实质上是自然通过天才替艺术制定规则。天才是不可模仿的，他的作品不但前无古人，而且后无来者，是范例而不是模仿对象，其作用在于唤醒另一个天才的独创性。第三，自然性，天才的才赋是大自然给的，他自己也不知道他的作品是怎样产生的，因而也就无法传授给别人。正因为此，他的作品必有缺点，这缺点是为实现其独创性不可避免的，这是天才的特权。

133

在《实用观点下的人类学》中，康德把天才的范围从艺术扩大到了科学，认为科学上具有划时代创造性贡献的人也是天才，例如牛顿。他特别说明，逻辑严密的建构性头脑、巨人式的博学都不能算天才。在任何领域，逻辑和知识都不具有创造功能，独创性皆来自想象力，因此，科学和艺术在此会合，大科学家和大艺术家都是有极好直觉和非凡想象力的天才。

五 实用观点下的人性研究

完成"三大批判"之后，康德闲了下来，晚年仍有所著述，但不是那种构筑体系的大部头了。我从中选讲一些，分为两类，一类关乎人性、人生和教育，另一类关乎启蒙、学术自由和人类前途。本节讲前一类。康德晚年出版《实用观点下的人类学》一书，按照他的解释，人类学是一种系统地把握人类知识的学说，而实用观点则是把知识用于人自身，研究人作为自由行动的生物由自身能够和应该做什么。该书的文风相当松散，像是随笔，并不成体系。本节的内容皆有这个特点，不是理论的演绎，而是实用的思考，所以，我把康德的书名略加改动，作为本节的标题。

1. 论人性和人生

这个小节的内容都来自《实用观点下的人类学》，我把我觉得比较有意思的见解挑出来讲一下。

（1）自我观念、个人主义和多元主义

自我观念使一个人在可能遇到的一切变化中具有意识的统一性，因而保持为同一个人。这把人无限地提升到了地球上一切其他生命之上，区别于无理性的动物，人不但感觉到自身，而且能够对自身的存在进行思考。但是，自我观念又会导致个人主义，在认知上自以为是，在鉴赏上孤芳自赏，在道德上自私自利。小孩从会用第一人称开始就在推行个人主义了。能够与个人主义相对抗的只有多元主义，即这样一种思想方式，作为一个世界公民来观察和对待自己。

（2）快乐、痛苦和无聊

快乐是生命力被提高的情感，痛苦是生命力受阻的情感。痛苦总是先行的，因为生命力的提高是有限度的，一个快乐不可能无止境地延续，或者直接转入另一个快乐。痛苦是生命力的刺激剂，生命力受阻时，我们对它的感觉格外强烈。快乐和痛苦的不断转换是必要的，如无这种转换，人就会无聊。无聊之时，人感到时间本身成为可怕的重负，从这一瞬间过渡到下一瞬间的压力是加速度的，甚至增长到决心用自杀来把它结束。这是对空虚的恐惧，其程度超过对死亡的恐惧。

（3）高尚的享乐主义

康德严格区分幸福和道德，但并不反对人追求幸福。相反，他认为修道士们的禁欲主义和与世隔绝是对道德的歪曲。他主张高尚的享乐主义，如此劝告青年：出于高尚的享乐主义，你要轻视享乐，不是为了放弃享受，而是要在一生中得到不断增长的享受；你不要过早地用肤浅的享乐钝化对快乐的感受性，要把享受控制在你手中，节省你的人生的情致的财富，这会使你更加富有。

高尚的享乐方式同时是一种修养，会使自己享受这种快乐的能力不断增长，例如用科学和艺术来享乐。肤浅的享乐方式却是一种磨损，会使享受的能力不断减弱。使人生持续快乐的最可靠手段是工作，为实现一个伟大抱负而进行按部就班、勇往直前的工作，结果就充实了时间，会使人感觉活得比年龄更长久，工作延长了生命。对于一个热爱工作的人来说，最大的感官享受则是在健康状态下工作之余的休息。

不要把快乐寄托在运气上面。工作得来的钱至少比靠运气赢得的钱给人更持久的快乐，而且即使撇开碰运气所带来的普遍祸害不谈，从这种碰运气所获得的好处中，终归包含着使一个思想深刻的人不得不感到羞愧的东西。运气本身毫无价值，所带来的好处只有在被用来指向某个目的时才有价值，这种价值不是运气能够带来的，只有智慧才能把它创造出来。

（4）畅快心情和不动心

关于伊壁鸠鲁派的快乐原则，康德解释说，其本义是指哲人的永远畅快的心情，他对此表示赞同。应该心情畅快地做那种艰巨而必要的工作，甚至心情畅快地走向死亡，因为倘若心情阴郁地做或者忍受，一切都失去了价值。

关于斯多葛派的不动心原则，康德解释说，这是哲人在道德意义上对幸福的淡泊态度，他也表示赞同。不动心表明灵魂足够坚强，在快乐和痛苦面前保持冷静，不让它们损害心灵的力量。冷静和敏感并不冲突，冷静的人与那种对生活冷淡因而感情迟钝的人有根本的区别。

所以，伊壁鸠鲁派和斯多葛派是可以互补的，人应该生活得既积极又超脱。

（5）个性的内在价值

性格包含三个因素，一是禀赋，二是气质，三是个性。前两项表明可以从一个人身上产生出什么，最后一项表明一个人决心从自身中产生出什么。这就是说，禀赋和气质是天生的，是一个人成长的先天基础，个性是后天的，在很大程度上是一个人自我塑造的。

所谓个性，就是一个人用理性为自己确立做人处世的原则，并且坚定和持久地奉行。具有个性是能够要求一个有理性的人的最低限度，同时又是人的内在价值的最高限度，所以从等级上说比最大的才赋还要高。具有个性的人对己对人都襟怀坦白，真诚是一个人意识到自己具有个性的唯一证明。有怪癖的人不是有个性，只是在模仿有个性。

个性是一种精神品质，每个人必须自己争取具有个性。英格兰国王雅各一世小时候的奶妈请求国王使她的儿子成为绅士，国王回答说："爱莫能助，我虽然可以使他成为伯爵，但他必须自己使自己成为绅士。"在人的一生中，个性的确立往往开始于某种顿悟，某个发生内心转变的时刻，好像是一个人为自己立下某种誓言的庆典，从此进入了某种方式的新生。

（6）精神上的恶心

生理上的恶心，是因为食物的吸收会危及身体，于是我们通过食道的最短路径即呕吐的方式把食物排除掉。

某种思想无益于我们的精神，却作为精神食物被强加于我们，这时我们会有一种想要排除掉它的本能反应，按照类比的方式，我们把这种反应也称作恶心。空洞的口号、不断重复的谎言、一本正经的谬论、千篇一律的笑话，都会引起这种精神上的恶心。

（7）礼仪在道德上的好处

人越文明就越像演员，互相之间领受了和蔼可亲、彬彬有礼、庄重和慷慨的假象。上流社会盛行鞠躬行礼和宫廷式的献殷勤，情人之间交换最热烈的山盟海誓。凡此种种，虽然并不总是真实的，却也不是用来欺骗任何人的，因为每个人都知道应当如何理解它们，没有人会较真。从效果看，世风如此也是极好的事。这些本来只是表示善意和尊重的空洞符号的东西，也许会逐渐导致对这种方式的真实信念。通过扮演这种角色，人们在漫长时期里扮演出来的这种德行的假象，也许会慢慢地唤醒真实的德行。"一切人类交际的美德都是辅币，但有辅币毕竟比完全没有这样的流通手段要好些，并且即使带有相当的保留，它最终转化为纯金是有可能的。"

（8）三种缺点对人类的贡献

懒惰、怯懦和虚伪是三种被普遍谴责的缺点，但是，换一个角度看，没有它们，人类的状况会更加可悲。假如没有懒惰，那个不知疲倦的恶会在世界上造成比现在多得多的危害；假如没有怯懦，战争的渴血会立即使人类同归于尽；假如没有虚伪，整个国家会立即被公开的恶毒推翻。

不管康德说的是正话还是反话，我欣赏他的幽默。

（9）两条有益的规劝

其一："我永远不再相信那欺骗过我一次的人，这是正确而聪明的，因为这人已败坏了自己的原则。但是，由于某一个人欺骗过我，就不相信任何别的人，这就是愤世嫉俗了。"

其二："不要破坏你答应过的许诺，这甚至包括，连那些现在已经破裂的友情的纪念，你仍要尊重，不可亵渎朋友曾经的信任和真诚。"

这两条规劝针对的是人们在人际关系中经常犯的两个错误。

2. 论女人和两性互补

康德的情史是一个谜，倘若谜底揭开，或许是很简单的。但是，这位独身的哲学家却颇喜欢谈论女人和两性问题，在《论美感和崇高感》中，这是主题之一，在《实用观点下的人类学》中，也多有涉及。他主要谈女人，谈男人只是附带的。他自己说，在人类学中，女性的特点比男性的特点更是一门哲学家的学问。我没有看到他对此说出什么充足的理由，我相信理由只因为他是一个有细腻情感和温柔性情的男人，会在女人面前怦然心动，这很好。作为哲学家，他对女性是友好的，不过他的观点未必适合今天女性主义者的胃口。下面我从两本书中挑出若干见解略作介绍。

（1）女性是美丽的性别

大自然安排的两性差异使人生妙趣横生。女性的特点是美，男性的特点是崇高，两者恰成互补。对于男性的崇高，康德只是虚写一笔，对于女性的美则不吝赞美之言。他说，第一个把女性称作美丽的性别的人，也许是想说奉承话，却说了一句最中肯的话。女人的形象是美丽的，神情是温柔而甜蜜的，交往中的风度是意味蕴藉而动人的。女人为小事而开心的样子是多么可爱，女人狡黠的一瞥比最繁难的学术问题更使得男人们不知所措。女人的许多弱点也可以称作美丽的缺点，例如虚荣，在女人身上不但很可以原谅，而且给她们的魅力注入了生气。

康德承认，女人的魅力归根到底出自性的本能这个根源，不过这没有什么不好。大自然在追寻其伟大目标之时，一切的美好都汇聚到了一起，虽然表面看来离那个目标十分遥远，但只是伪装的点缀罢了。在两性之间，性欲的想象装扮出了种种微妙的情感。

（2）女性的两种魅力

女性有两种不同的魅力。一种是外在的魅力，就是容貌的漂亮，包括精致的五官、悦目的肤色、匀称的体态等。对于这种美，所有男人的判断是相当一致的。另一种是内在的魅力，就是在姿态、眼神和仪容的表现中成其为精神性的东西，这是崇高在女性身上表现为美。对于这种美，不同男人的情趣是十分不同的，既由于他们的精神性品质本身是不同的，也由于姿容的表现在每个人的幻念里可能具有不同的意义。

年龄是美的大敌，岁月会摧毁容貌的漂亮。在女性的魅力中，崇高和精神性的美必然会越来越占据主要的地位，具有这种品质的女人永远值得更大的尊敬。

（3）女性的智力特征

在智力品质上，感性是美，适合于女性，理性是崇高，适合于男性。女性的智慧不在于推理能力，而在于感受能力。她的伟大学问是对人的认识，尤其是对男人的认识。深刻的沉思和持久的探索是崇高的，却也是艰苦的，不适合于这个美丽的性别。女人在学问上有伟大的成就，会因为稀罕而成为惊叹的对象，但同时却削弱了女性固有的魅力。一个女人像达西埃夫人那样满脑子都是希腊文，或者像夏德莱伯爵夫人那样从事力学研究，就简直可以因此长出胡须来了。轻松才能优美，女性应该轻松地做事，选择与美感密切相关的领域，而把抽象的思辨和枯燥的学问留给有胡须的性别去做吧。

（4）两性的互补和合作

既然两性的差异是大自然安排的，那么，我们就理应遵循大自然的启示，两性都发扬各自的优点，女性要更加优美化，男性要更加崇高化。相反，男人为了讨人喜欢而模仿女性，女人为了引人尊敬而装出男人的派头，是完全违反大自然的意图的。

在婚姻生活中，两性的互补就好像是形成了一个道德的个体，兼具男人的理智和女人的情趣。在这个结合中，争论哪一方更优越，不但愚蠢，而且确凿无疑地证明了这个结合缺乏双方品性的基础。在一个好的婚姻中，夫妻双方不但发扬自己的性别优点，而且都珍惜对方的性别优点，丈夫要懂得欣赏妻子身上的女性的美，妻子要懂得欣赏丈夫身上的男性的崇高。妻子多半好像是懂得的，康德语带讥讽和不平地说，否则的话，那么多丑男怎么能够娶到美貌的娇妻呢，倘若这个男人身上不是有崇高的优点的话。男人似乎都喜欢美女，但是，康德指出，许多男人并不懂得欣赏女性的美，一旦结了婚，眼中就再没有令人销魂的姿容、含情脉脉的双眸、高贵的仪态等，注重的只是勤俭持家之类的德行。康德称这种男人是人类物种中最勤勉的一部分人，而绝大多数婚姻是由这部分人造成的。谁说康德是一个老夫子，他其实对女性满怀怜惜之心，而对大部分男人评价甚低。

（以上《论美感和崇高感》）

（5）性的起源是一个谜

人类有两种最强烈的自然冲动，就是对生命的爱和对异性的爱，前者是为了保持个体的生存，后者是为了保持物种的生存。这两种自然冲动是人的理性所不能产生的，必定来自更高理性即造物主。造物主为何要安排两性结合这样一种繁殖方式呢？总不能说只是出于恶作剧，要拿地球上的我们玩耍一下吧。性这个东西，人的理性不但不能产生它，而且不能理解它，哪怕只是想要猜测它的起源，就迷失在不知哪一种黑暗之中了。

康德所表达的，应该不是知识上的一种困惑，而是心情上的一种神秘感。

（6）女性对于人类的价值

大自然制造两性差别有着智慧的意图，这个意图不得不借助于人类的愚蠢来实现。在两性之中，大自然对女性尤下功夫，它把女人造成这样是有深意的，是为了实现两个目的。

第一，种的保存。大自然把它最宝贵的信物，即种，托付给女人的身体，通过孕育使人类得以繁衍。当它这样做的时候，仿佛是由于顾虑到种的保存，就把一种对身体伤害的恐惧植入了女人的本性之中。这种软弱性是女人征服男人的武器，给了女性合法地从男子那里要求保护的权利。

第二，由女性引领人类的文明教养。两性之中，男性的优势在于体力和勇气，女性的优势在于能够控制自己的欲望。在未开化的状态中，男性可以凭借体力和勇气占有女性，完全处于优势地位。当女性可以发挥自己的优势，在男性的追求面前控制自己的感情之时，人类便进入了文明的状态。女人当然想要诱惑男人，男人不受诱惑，她并不高兴。她举止端庄，也许是一种旨在引起别人敬重的假象，但是这种掩饰情欲的自我克制，对于在两性之间造成必要的距离，以免一方成为另一方的单纯享乐的工具，却是很有益的假象。在恋爱中，男人必须显得热情，一个男人不听从情人的要求是可耻的；相反，女人必须显得冷淡，一个女人轻易地顺从情人的要求才是可耻的。在人际关系中，女性那种善于

142

交际并合符礼貌的细致感觉，那种说话时的善于辞令和富于表情，也使得她们成为男人的主人，有权要求男人温存有礼地对待自己。

（7）女性的最大爱好

蒲伯说，女性有两大爱好，就是统治和享乐。康德纠正说，这两大爱好可以合并为一个，就是统治。女性所喜欢的享乐，是在公共领域里展示自己的魅力，战胜其他女人，征服整个男性世界。他反复讲他的这个看法，并且把女性和男性如此进行比较：男人追求的只是自己的女人，女人追求的却是一切男人的倾慕；男人在爱的时候嫉妒，女人在没有爱的时候也嫉妒，要和别的女人比谁的崇拜者多；男人的趣味是为了自己，女人把自己造成一个有趣的对象是为了每个男人，等等。因为这个原因，男人对女人的缺点的评价很温和，而女人对女人的缺点的公开评价却很严厉。

康德所指的应该主要是社交场的女子，而他基本上是用批评的眼光看待的，说在一个奢侈的时代，当女人可笑地变得时髦和嫉妒起来时，就会表现出这种特性。不过，他并不认为这是什么大不了的毛病，给男人的建议是："女人要使自己的魅力在一切高雅之士身上起作用，这种欲求是卖弄风情；而装出爱上了所有女人的姿态，则是高雅之士对女人的尊重。"

是的，既然承认女性在社交中有引领教养的作用，就也应该承认女性在社交中有讨人喜欢的权利。不能征服男人的女人，也就不能引领男人。一个征服了一切男人的女人是一个尤物，而一个征服了一切男人但自己只被一个男人征服的女人则是一个天使。

（以上《实用观点下的人类学》）

3. 论教育

康德在哥尼斯堡大学开教育学讲座，晚年委托友人将相关材料整理成篇幅不大的《论教育学》一书。他谈教育也是以人性为基础的，我把主要观点介绍如下。

（1）教育与人性

人是唯一必须受教育的被造物。人性中有达到善所需要的全部自然禀赋，但是，人必须通过自己的努力把这些禀赋从自身中发展出来，教育就是这个努力的过程。教育的目的，是让人性从胚胎状态展开，使人达到其本质规定。

教育是一个社会过程。没有人能够单凭一己之力使受他教育的人达成人的本质规定，能够成就这一点的不是单独的个人，而是人这个类。

由于自然禀赋的发展在人身上不是自行发生的，所以教育是一种艺术。教育艺术的一个重要原理是，不是以人类的当前状况，而是以人类将来可能达到的更佳状况作为标准，普世性地设计教育规划。这个原理是由教育的本质决定的，教育不是要让人适应现实，而是要让人变得更好，让世界变得更好。但是，这个原理的实现有两大障碍。一是父母们通常只关心孩子在世上过得好不好，只是教导孩子适应当前的世界，哪怕它是一个堕落的世界。二是王侯们只关心自己的权力，把臣民仅仅看作达成自己各种意图的工具。二者都不关心教育的真正使命，使得教育不能朝着人性中禀赋发展的完美性和世界的至善这个终极目的前进。

（2）自由与规则

教育中最重大的问题之一是，怎样把服从规则的强制和运用自由的能力结合起来。强制是必需的，但强制绝对不能是奴役。困难在于，如何用强制培养出自由，让儿童习惯于忍受必要的强制，同时学会良好地运用自由。

康德提出三条建议。第一，从孩子小时候开始，只要他没有妨碍别人，比如大喊大闹之类，就给他充分的自由。第二，必须向他表明，只有在他让别人也实现自己的目的时，他才能达到他自己的目的，比如必须按规定完成了学习才能玩耍。第三，必须向他证明，对他施加一定的强制，是为了指导他去运用自己的自由，有朝一日能够不再依赖他人的照料。

（3）儿童教育

教育的最初阶段必须只是否定性的，也就是说，一定不要在自然的安排上再增加什么，而只要不妨碍自然就行了。儿童所受的教育应该与其年龄相称。有的父母为自己的孩子很小就能说会道而感到高兴，但一般说来，这样的孩子后来都不会有什么大出息，一个儿童的聪慧必须是孩子式的聪慧，不能是对成人的模仿。

游戏是孩子的天性，应该让孩子享受游戏的愉快。在劳动中，忙碌本身并不令人愉快，而是为了另外的目的。相反，游戏中的忙碌本身就是令人愉快的，没有其他的外在目的。但是，让孩子把一切都看成游戏是极其有害的，他必须有劳动的时间，学习承受那种不令人愉快的忙碌，培养坚毅的品格。

（4）德育

道德教育的第一要务是确立一种品格，即按照人性的准则来行动的能力。最重要的是唤醒人格内的人性的尊严，这种尊严使人比其他一切受造物都更高贵。

因此，一定不能靠惩罚，道德是极其神圣和崇高的东西，不能把它降格到规训的层次上。人们以为童年是一生中最愉快的时光，事实上那是最艰难的岁月，人总是处在训诫之下，充满对外在惩罚的恐惧，却没有感受到内在尊严的喜悦。从后果看，如果儿童做了坏事就加以惩罚，做了好事就予以奖励，便会使他只是为了逃避惩罚而不做坏事，只是为了得到好处而做好事。那么，他以后只要处于没有这种奖惩的环境中，就会毫不顾忌道德，只关心怎样做对自己有好处。

当孩子说谎时，一定不要惩罚他，而是要让他面对轻蔑，让他知道说谎是可耻的，人们将会不再信任他。除了说谎之外，父母不要轻易对孩子谈羞耻，这样他就会终生牢记羞耻是与说谎联系在一起的；而如果是在一些不大的过错上让孩子不停地感到羞耻，就会使他产生一种此后难以改变的畏缩心态。

要让孩子养成一种基于内在尊严的自知之明和自信，不看重他人的意见，也不以他人为标准来评估自己的价值。把他人作为标准，就会在绝不构成人之价值的方面仰慕他人，这是虚荣，或者为了抬高自己而贬低他人，这是嫉妒。

不能把道德建立在同情心之上，这会使得儿童的心变得软弱，总是被他人的命运所感染。他们心中所应该充满的不是怜悯和忧伤的感情，而是对职责的敬重。很多人在现实中变得心肠硬，正是因为此前曾经富于同情心，却常常觉得自己受了欺骗。

4. 万物的终结

关于死亡，康德谈得不多。在《实用观点下的人类学》中，他只是指出，没有人能在自己身上经验到死亡，而在别人身上看到的临终表现，比如喘息或抽搐之类，那也许是生命的一种机械性反应，由此不能判断死者的真实感觉。死就是不存在，但是，用第一人称宣布主体不存在是一个矛盾，我对于我不存在是不可能有任何思考的。他的规劝是，如果一个人不以男子汉气概把死的思想置于脑后，就一辈子也不会真正快乐。

在晚年另一篇文章《万物的终结》中，他谈了一些有趣的想法。

其一，关于时间和永恒。对于一个临死的人，人们会说，他将从时间进入永恒。如果在此把永恒理解为无限绵延的时间，那么，这便是说他仍在时间之中，从一段时间进到了另一段时间。这种说法是毫无意义的。我们的语言喜欢把最后的日子称为末日。末日仍然属于时间，因为在这个日子还要发生某件事情；而不是属于永恒，因为在永恒中不再有任何事情发生。永恒是一切时间的终结，或者如文章的标题所说，是万物的终结。对于永恒，我们不能形成任何概念，除非是纯然否定的概念。康德承认，这种想法有令人害怕之处，因为它仿佛导向一个深渊的边缘，坠入其中的人不可能再返回。他引哈勒的诗为证："永恒以其强有力的双臂，把他强留在什么也不让留下的那个地方。"

其二，关于现世和来世。各种宗教都把永恒描绘成不同形式的来世。在以往的宗教和哲学中，用来世否定现世是普遍的论调。康德在一条注释中对此进行谴责，列举了四种对我们居留的地球世界的比喻：第一种，一个客栈，每一个在此投宿的人都必须准备马上被一个后继者取代；第二种，一座监狱，是堕落的灵魂受惩罚和净化的场所；第三种，一座疯人院，人们在这里互相折磨；第四种，一个下水道、一间厕所，其他世界的一切污秽和垃圾都被排放到这里。后三种比喻很有侮辱性，表达了对人类道德状况的悲观评价。康德认为，来世只是一个假设，现世中没有任何东西能够把来世的情形告诉我们。但是，我们应该相信人性的向善，在假设有来世的情形下，我们要如此行动，就好像我们在结束生命时的道德状况，连同其在进入另一种生命时的后果，都是不可改变的，以这种心态在现世注重道德修养。

六　启蒙、进步和永久和平

康德是一位伟大的启蒙思想家，曾写有专文阐释启蒙的涵义。在晚年著作《永久和平论》（1795）、《学科之争》（1798）中，他对学术自由、人类进步、永久和平等问题进行了深入的思考。本节介绍他这方面的思想。

1. 什么是启蒙

康德年轻时，德国掀起了启蒙运动，这个运动有赖于两大力量的交集。一是 1740 年登基的弗里德里希大帝厉行的变革，使普鲁士迅速成为军事文化强国。二是由温克尔曼、沃尔夫、莱辛等启蒙思想家对人文主义的大力倡导。在《回答这个问题：什么是启蒙？》（1784）一文中，康德说："这个时代是启蒙的时代，是弗里德里希大帝的世纪。"该文对启蒙的涵义做了阐释，归结为一句话，便是：走出受监护状态，自由运用你自己的理性。

人皆有理性，可是，人们总是处于受监护状态。所谓受监护状态，就是没有他人指导便不能运用自己的理性的状态。当一个人长大成人之后，就理应脱离受监护状态了。可是，为什么有这么大一部分人仍然乐意终生保持这个状态，而另外一小部分人又如此容易自命为他们的监护者？原因是懒惰和怯懦。受监护状态是如此舒适，如果有一本书代替我拥有理性，有一个牧师代替我拥有良知，如此等等，那么我何必自己操劳呢？况且有人监护是多么安全，运用自己的理性做决定会有各种危险，我何必去冒这个险呢？可见处于受监护状态完全是咎由自取，而"启蒙就是人从他的这个咎由自取的受监护状态走出"，"要有勇气运用你自己的理性"。

后来在《实用观点下的人类学》中，康德又重申：人心中最大的革命，就是人从他自己所造成的受监护状态中走出，亦即脱离迄今为止由别人代他思考的状态，不再让人搀扶，而是敢于用自己的双脚在大地上迈步。永恒不变的命令是：第一，自己思考；第二，通过与人交流换位思考；第三，任何时候都和自身一致地思考。

启蒙所需要的无非是理性思考的自由，但是康德说，我听到四面八方都在喊：不要理性思考！军官说：不要理性思考，而要训练！税务官说：不要理性思考，而要纳税！神职人员说：不要理性思考，而要信仰！世界上只有一位君主说：理性思考吧，思考多少、思考什么都行；但是要服从！这位君主就是弗里德里希大帝。康德赞扬说：唯有自己已经启蒙、同时手中握有一支强大军队以保障公共安全的君主，才能够说出这句甚至一个共和国也不敢说出的话。

既要理性思考，又要服从，如何统一？仿佛是在替弗里德里希大帝做解释，康德区分运用理性的两种情况。一种是对理性的公开运用，必须在任何时候都是自由的，因为唯有这种运用才能够实现启蒙，对它的限制则有碍启蒙。所谓对理性的公开运用，是指一个人作为思想者通过著作和公开言论对公众说话。另一种是对理性的私人运用，可以加以限制，因为这种限制无碍启蒙。所谓对理性的私人运用，是指一个人在某个委托给他的公民岗位或者职位上对其理性的运用。比如说，一个被聘用的教士在自己的教区信众面前讲话，这时他是在履行一项外来的委托，作为教士他不是自由的。不过，倘若他以他自己的人格向公众说话，这是在公开运用自己的理性，仍应享有不受限制的自由。总之，一个人作为思想者和公共知识分子有言论自由，作为公民和公职人员则要服从。

在这里，康德把公民自由和精神自由做了一个区分。一个人作为公民必须服从国家，其行动自由是有限制的，作为理性存在者则拥有不受限制的精神自由。他解释说，只要精神自由受到保护，其成果会对人民的素质和政府的原理发生良好的影响，最终就会扩大公民自由的范围。

一个必然产生的疑问是，这两个方面真的分得开吗？康德自己既是政府聘用的教师，又是著作家，他可以做到在讲课时服从政府的旨意，在著作中自由阐述自己的思想吗？《回答这个问题：什么是启蒙？》一文是 1784 年发表的，事实很快给了他一个教训。1786 年，弗里德里希大帝去世，弗里德里希·威廉二世继位，新国王结束了其叔父倡导的开明政治。1793 年，康德出版《论理性范围内的宗教》，不久收到文化大臣韦尔讷代表国王写的信，信中谴责他滥用自己的哲学歪曲和贬低基督教，违背了作为青年导师的义务，责令他检讨错误和保证不再犯，否则将给予令人不快的处置。康德在回信中保证，今后无论在课堂上，还是在著作中，将完全放弃一切有关宗教的公开陈述。他在一张小纸片上写下对自己的安慰："放弃自己内心的信念是卑鄙的，而在目前这种情况下保持沉默却是臣民的义务；你应当说真理，但没有必要在公开场合全部说出。"1797年国王一死，他就给自己解除了这一保证。

2. 学术自由和哲学的使命

事实上，服从政府旨意和自由运用理性是不能两全的，康德已经看明白了这一点。在德国，大学教师由政府任命，属于公职人员，是政府的工具，那么，如何保证大学里的学术自由呢？在《学科之争》中，他试图解决这个问题，提出了一个命题：大学是"自治的学者共同体"。也就是说，应该由学者而不是政府对学者的工作进行判断，因为政府并不具备这种判断能力。

当时的德国大学设三个系，即神学、法学和医学。哲学不是一个独立的系，实际上是附属于神学系的，康德认为这是问题的症结之所在。在一切学科中，唯有哲学是以自由地运用理性为目的本身的，在真理的判断上，它只以理性为根据，不下命令也不接受任何命令。可是，这样一个学科在大学里却最没有地位，当然就不能树立理性的权威了。在现行体制中，神学、法学、医学都被视为高等学科，哲学却被视为低等学科，康德讽刺说，原因在于人的那种天性，即一个能下命令的人，纵然是另一个人的恭顺仆人，也认为自己比一个自由却无人可命令的人优越。人们宣称哲学是神学的婢女，康德问道，即使如此，终归会有这个问题：她是举着火炬走在这位尊贵夫人前面，还是提着她的拖裙跟在后面？

所以，要使大学成为自治的学者共同体，就必须提高哲学的地位，设立独立的哲学系。它必须是自由的，只处于理性而不是政府的立法规范之下，在其学说上独立于政府的命令，只为它所要接受或承认的学说的真理负责。它不把其他学科的学说作为自己的内容，但为了科学的利益把它们作为审视和批判的对象。照我理解，康德所说的这样一个哲学系，实际上是一个由具有哲学思考能力的学者组成的学术委员会，负责评判一切学科的学术问题。事实上，在欧洲的民主化进程中，康德的理想逐步得到了实现，学术的独立和思想的自由已经成为大学的基本理念。

3. 人类的进步和倒退

人类的前途如何，是会进步还是会倒退，这是康德晚年关心的一个大问题。所谓进步或倒退，当然不是指经济，而是指道德，即人类的精神状况。

在《实用观点下的人类学》中，对这个问题的讨论占相当篇幅。康德承认，人类作为一个种族是好是坏，从迄今为止的历史来考察，也许会得出悲观的结论。但是，我们仍然应该对人类自我完善的能力持有信心。作为理性动物，人具有一种自己创造自己的特性，亦即能够根据自己所设立的目的来使自己完善化。这并不意味着人类必然从恶向善进步，但是，我们必须这样期望，才能够努力向这个目标逼近。地球上只有人类具有这种能力，如果人类生命的延续不被大自然的巨变突然中断的话，我们是可以带着道德的确信来期待这个前景的。当然，困难重重，为此不能只靠单个人的努力，人类必须建立地球公民的进步组织，形成世界主义地结合起来的人类的系统，才会有希望。不过，在《论教育学》中，康德又说，单个人的努力也很重要，一切文化都是从个人开始，然后传播开来的。唯有通过那些具有人类完善化理想的个人的努力，人类的本性才可能逐渐接近其目的。

《学科之争》第二篇的副题是《重新提出的问题：人类是否在不断地向着更善进步？》，专门讨论这个问题。预测人类在道德上的前景，无非是三种可能，一是向更恶倒退，二是向更善进步，三是进步和倒退循环，总体上是停滞。康德说，大约多数人会赞同第三种可能。这多数人应该也包括他，因为他接着就用讽刺的笔调写道：忙忙碌碌的愚蠢是我们这个族类的性格；走上善的轨道却不坚守，建设是为了拆除，把西西弗斯的石头推上山是为了让它再滚下来；善和恶通过前进和倒退而相互交替，以至于我们这个族类在地球上的全部活动，必须被视为一出纯粹的闹剧。最后他引一位修道院长的名言说："可怜的有朽者啊，在你们身上，除了反复无常之外，没有任何常驻的东西。"

不过，真是这样的话，我们倒是有了一种眼光：即使人类很长时间里一直在进步，我们也不可盲目乐观，因为无人能担保一个倒退的时代不会恰好在现在来临；反之，即使人类在倒退乃至以加速度堕落，我们也不必沮丧，以为就不会遇到一个转折点，人类能凭借自身的道德禀赋，出于罪恶感而产生强烈的动机，使其行程重新转而向善。总之，物极必反，进步和倒退都是不可能永久延续的。

对于人类下一步会进步还是倒退，我们无法给予确定的回答，其原因是我们没有一个客观的观测点。我们观察行星，从地球上看，行星时而后退，时而停滞，时而前进。但是，倘若从太阳上选取观测点，按照哥白尼的假说，它们就始终在合规则地向前运行。不幸的是，在预言人类自身的自由行动时，我们没有能力把自己置于这样的观测点上，因为只有神拥有这样的观测点，能够同时看清从过去到未来所发生的一切。我们可以命令人应该做什么，但无法预见人将会做什么。人的禀赋中混杂了善与恶，我们并不清楚这种混杂的程度，因此也就不知道从中会产生什么样的结果。

然而，法国大革命给了康德以信心，他写《学科之争》时，革命爆发历时九年，已基本结束。众所周知，法国大革命推翻了专制政权，建立了共和制，发表了以自由、平等、博爱为核心价值的《人权宣言》。康德说，我们在自己的时代目睹了一个富有才智的民族进行的这场革命，它如此充满不幸和暴行，以至于一个思维健全的人绝不会愿意第二次以这样的代价进行这个试验。但是，这个事件必须被视为指示性的历史征兆，证明了人类的道德趋势。革命在全世界进步人士中获得了广泛的同情，这种同情几乎接近于狂热，其实质是对善和正义的充满激情的理想。革命还让我们认识到，唯有在什么样的秩序中，人类才能够期待向着更善进步，这就是共和制的宪政。政治家们说，必须如人们实际所是的样子去看待人们，但是，这个实际所是的样子是专制统治造成的。因此，期望仅仅通过教育来改善人们的道德状况，是不可能成功的。人类进步的希望只能期待于一种自上而下的进程，即选择一种建立在法权原则之上向着更善进步的宪政。总之，法国大革命在道德热情和政治体制两方面都做出了榜样。康德由此断言，即便不具备预知者的头脑，也能够确信人类将向着更善前进，从这个时刻起不再完全倒退。法国大革命之后两百多年的历史证明了康德的预言，在世界的多数地区，共和战胜了专制，自由、平等、人权、法治的观念确立了主导地位。

4. 永久和平

康德在世时，欧洲多次发生战争，包括俄普七年战争，弗里德里希·威廉二世扩张普鲁士领土的战争，奥普等八国联军反对法国大革命的战争。1795年，普法签订巴塞尔和约，普鲁士退出这最后一场战争。不久，康德发表《永久和平论》，引起极其热烈的反响。

这本著作有一个幽默却又警世的开头：一个荷兰旅店老板的招牌上画着一片墓地，上面这个讽刺性标题（即《永久和平论》）是在向谁呼吁呢，是向普通人，还是特别向从未厌倦战争的国家元首们，或者只是向做着这个美梦的哲学家们？其寓意是明显的，永久和平只有两种建立的方式：或者是战争毁灭人类，在人类的巨大墓地上建立；或者是人类消灭战争，通过缔结国际条约建立。

全书模仿外交文件，用条约的形式写成，分为预备条款、正式条款和秘密条款。

预备条款针对人类的现状，对国与国之间的正常关系做了规定，以求防止和减少战争，共六条。第一条，任何和约不得包含可能引起新战争的隐蔽内容。第二条，不得用任何手段侵吞一个独立国家，不论其大小。第三条，逐步地完全废除常备军。康德指出，常备军的存在必然导致军备竞赛和沉重的军费负担，本身就成为侵略战争的原因；而且，受雇于杀人或者被杀，把人当作工具来使用，是违背人权的。第四条，不得为了和别国斗争而发行国债。第五条，不得以武力干涉别国的内政。第六条，国与国交战时，不得采用会使未来和平时建立相互信任成为不可能的敌对行动，例如暗杀、放毒、撕毁条约、煽动叛乱等。这些条款实际上确立了国际法的基本原则，其核心是尊重每个国家的主权和严格限制武力的使用。

正式条款是保障永久和平的制度设计，体现了康德的政治理想，共三条。

第一条，每个国家应当实行共和制的宪政。在共和政体中，是否开战由公民决定，他们必须承受战争的一切苦难，包括自己上战场、提供战争费用、承担巨额债务、战后的艰难重建等，因此做决定时必定极为慎重。相反，在专制政体中，国家元首不受法律约束，凭借自己的意志决定一切，开战便会是他最毫不迟疑的事情，因为他的享受并不因战争而有丝毫损失，他的荣光就在于成千上万的人供他驱策，去为一件与他们毫不相干的事情牺牲自己，而他自己却偏偏可以不去履险。由此可以得出结论，倘若世界各国都建立共和制宪政，不再存在可以任意决定开战的独裁者，永久和平就大有希望。

第二条，国际法权应当建立在自由国家的联盟制之上。交战国之间的和约最多只能结束一场战争，不能使战争状态即始终能找到开战的新借口的状态终结。因此，必须有一种特殊的和平联盟，其目标是永远终结一切战争。这种导向永久和平的联盟制理念是有可行性的，因为如果幸运如此安排，让一个强大而且已受到启蒙的民族能够形成一个共和国，它在本性上必然倾向于永久和平，那么，这个共和国就为其他各国提供了联盟的中心。康德所指的是通过大革命诞生的法兰西共和国。他显然相信，倘若世界上有若干强大的共和制国家，联盟制就会有可靠的基础。他的理想在一个半世纪之后得到了实现，这便是第二次世界大战后成立的联合国。

康德强调，自由国家的联盟不是世界国家，并不拥有国家的权力。在一国之内，人民为了避免战争，可以为自己建立一个立法、行政和司法的最高权力，让它来调停一切争执。但是，在世界范围内，为了避免国与国之间的战争，要建立这样一个最高权力是完全不可设想的。国际法权的理念是以许多独立国家的存在为前提的，因此，取代一个世界共和国的积极理念的，只能是自由国家联盟制的消极理念。各个民族国家的独立主权虽然会导致国与国之间的战争状态，但这也好过世界统一在一个权力之下。后者的危险大得多，政府的规模越大，法律就越是丧失其效力，最终就沦为无政府状态，给独裁制以可乘之机。自然明智地把各民族分开，通过语言和宗教的不同阻止它们融合，这种不同虽然带有相互仇恨的倾向，但在文明的增长中会导向一种和平中的谅解，各个民族的力量在活跃的竞争中保持互相之间的平衡。另一方面，自然也凭借自私的本能把世界各个民族统一起来，这就是商贸精神。这种精神与战争无法共存，金钱的力量会促使各国寻求和平，在互利中获取自己的利益。

第三条，世界公民法权应当被限制在普遍友善的条件上。康德说，由于地球上各民族之间的普遍联系已经达到如此程度，以至于任一地方对法权的侵害都会被所有民族都感觉到，因此，提出世界公民法权这个理念对于达到永久和平是十分必要的。这包括两个方面。一方面，每个人都应该能够访问地球上的任何地方，得到友善的接待，不遭受侵犯和敌视。另一方面，在造访别的国家和民族时，每个人都必须尊重其主权，友善地对待当地人民。在《实用观点下的人类学》中，康德还提出了一个世界公民社会的理念，他说，人类在本性上是一个必须和平共处的群体，因此应该朝着世界公民社会共同前进，这是一个虽然不可达到但应该努力追求的目标。在这样的格局中，每个人既是一国公民，又是世界公民，双重身份的合一无疑会促进世界和平。

康德的永久和平条约以一条所谓秘密条款结束，其内容是：哲学家们关于公共和平的可能性之条件的准则，应当被为战争而武装起来的国家引为忠告。翻译成大白话便是：我跟你们这些当权者说句悄悄话，听哲学家的话不会错。这像是一个玩笑，但不尽然。康德接下来说明理由：柏拉图的哲学王理想纯属扯淡，哲学家对权力不感兴趣，因此不会搞结党拉派、搬弄是非那一套，你们若想听真话，就不要让哲学家这个阶层消失或者沉默。

5. 共和制的宪政

无论人类向更善进步，还是实现永久和平，共和制的宪政都是一个必要条件。根据康德的论述，我讲一下他如此强调的共和制的宪政究竟是什么。

国家的形式可以从两个方面看。一是国家的统治形式，根据执掌国家权力的是一个人、一些人还是全体公民，区分为君主制、贵族制和民主制。二是政府的治理形式，根据政府基于制度使用其权力的方式，区分为共和制和独裁制。两者不可混淆。民主制与共和制是两回事，古希腊的民主制让多数人对少数人做决定，其治理方式实质上是独裁制。相反，在君主制下，君主也可以用共和制的方式进行治理。

共和制的原理是契约论，在依据契约结成的政治体中，每个成员作为人是自由的，作为臣民服从唯一的共同立法，作为公民彼此之间平等。共和制的治理形式有两个最重要的标志。第一是分权和法治，即行政权与立法权分离，政府遵循公民的共同立法治理国家。相反，在独裁制下，权力者恣意地执行自己所立的法，把公共意志当作其私人意志来操控。第二是公开性，这是法治的保证。一切与公民权利相关的行动，如果其准则与公开性是不相容的，那么皆是不正当的。康德说，可以把这个命题称为公共法权的先验形式。因为一个准则如果要达到预定目的就必须保密，一旦公开奉行就会激起所有人的抗拒，这样的准则必定是不义的。要特别警惕那种骗人的公开性，即权力者通过分配官职和待遇收买人民的代表，操纵他们制定自己想要的法律，这种收买制度是最违背公开性的。

康德承认，共和制虽然是唯一完全适合于人的权利的政治制度，却也是最难创立和维持的。许多人断言，这必须是一个天使之国，因为人以其自私的本能不可能拥有如此美好的制度。康德的回答是，不能指望道德性来产生好的国家制度，反倒是要指望好的国家制度来产生一个民族的良好道德教养。一个好的国家制度应该使人们的自私倾向互相制约，结果是好像这些倾向并不存在，这样人也就被迫成为一个好人。他相信共和制能够产生这样的效果。

但是，困难在于如何建立共和制。一个途径是革命，如同法国革命所示范的，用暴力推翻独裁制，建立共和制。康德认为，这需要条件的自然成熟，不可贸然仿效。另一个途径是改革，用和平的手段逐步向共和制演进。在这方面，有点滴的进步也是好的，使得一种公共法权的状态不再是空洞的理念，而是一个可以不断接近的目标。

6. 政治和道德的关系

如果说民众道德的提高有赖于政治制度的改良，那么，政治制度的改良则在很大程度上有赖于治国者的道德意识和政治智慧。那种能够把道德和政治统一起来的政治家，康德称之为道德的政治家，是希望之所在。康德由此对政治和道德的关系做了一番分析。

从原理上说，政治和道德是一致的，政治所依据的公共法权的准则，就是实践理性的道德法则。共和制所要求的法治和公开性，其实质是道德所要求的正义。一种政治越是从法权义务出发追求正义，就越能够达到国家繁荣、人民幸福、永久和平等可期待的目的。道德作为无条件地颁布命令的行动的法则，本身就要求政治家依之行动，借口做不到而不依之行动，显然是荒唐的。

但是，在现实中，政治和道德往往发生冲突。治国者一旦权力在手，就不再顾忌道德，而是玩弄起权术，他们所使用的准则大致有三条。第一，做了再说。一个会招致广泛反对的暴力行动，事先不要声张，抓住有利时机加以实施，成功是最好的辩护士，事后是很容易找到漂亮的理由的。第二，做过就否认。对于自己所犯的罪行要坚决否认，比如置人民于绝望境地因此引起暴乱，就声称是因为人民桀骜不驯，又比如对邻国发动侵略战争，就宣布是因为察觉到了邻国的战争意图。第三，分而治之。国内在自己有权力的下属之间，国际上在不同国家之间，挑拨离间，制造纠纷，然后以公正的面孔把各方摆平。

在国际政治方面，康德还列举了强权国家的三种常用手法。一是决疑论，在拟订公开条约时使用可以随意做出有利于自己的诠释的表述。二是或然论，挖空心思编排别国的邪恶意图，甚至把别国的可能优势当作危害和平的证据。三是小过错论，宣称一个大国吞并一个小国，如果使更大范围的世间受益，就是一件可轻易原谅的小事。

我不得不惊叹，康德这个耽于抽象思维、对权力毫无兴趣的哲学家，竟如此洞明世事，把权力游戏的潜规则看得这么清楚。他接着指出，虽然他揭露了这些潜规则，但强权者在手无寸铁的普通人面前是从来不会感到羞愧的，一个强权者只会在另一个强权者面前感到羞愧，而之所以感到羞愧，不是因为这些潜规则的被揭露，而是因为它们的失灵。

要求权力者讲道德，似乎是缘木求鱼。哲学家说：诚实是最好的政治。权力者发出一阵哄笑。哲学家补充说：诚实好过一切政治。说完这句话，康德转过身去，不再理睬权力者，自言自语道：这个命题无限地胜过一切反驳，是政治绕不过去的条件。

从长远看，哲学家对政治家是会起巨大影响的。正是洛克、卢梭、孟德斯鸠、康德的政治学说，为欧洲和美国的政治文明奠定了思想基础。

参考书目

[德] 康德:《纯粹理性批判》,蓝公武译,商务印书馆,1960

[德] 康德:《实践理性批判》,韩水法译,商务印书馆,1999

[德] 康德:《判断力批判》上卷,宗白华译,商务印书馆,1964

[德] 康德:《论优美感和崇高感》,何兆武译,商务印书馆,2001

[德] 康德:《实用人类学》,邓晓芒译,重庆出版社,1987

[德] 康德:《论教育学》,赵鹏、何兆武译,上海人民出版社,2005

[德] 康德:《康德历史哲学文集》,李秋零译,中国人民大学出版社,2016

第 6 卷

个性的呼告

近代晚期

公元十九世纪

我会讲述这一时期的四位哲学家，其中三位是十九世纪的人，叔本华虽然出生在十八世纪，但是成长和活动年代也是十九世纪。这是西方哲学从近代向现代转折的时期，四人之中，叔本华更多地属于近代，其他三位则具有明显的现代色彩。

　　两位德国哲学家，叔本华和尼采，通常都被视为意志论者，但此意志论非彼意志论。叔本华的意志是世界本质的理论，是本体论的建构，尼采的权力意志理论是立足于价值重估的世界解释。叔本华是一个直言不讳的悲观主义者，我欣赏他对人生充满洞见，用了较多篇幅讲述。尼采的伟大在于敏锐地预见和揭露现代的虚无主义病症，探寻其根源和救治方案，对传统形而上学进行了全面批判。

　　密尔是英国功利主义伦理学和自由主义政治哲学的主要代言人，但他对于人的尊严和内心生活的价值有着真切的理解，给这两者都注入了超越经验论层面的精神气韵。

　　爱默生是美国文化精神的奠基者，他的思想洋溢着新大陆的蓬勃青春气息，但又有一个坚实的哲学核心，汲取和融汇了自柏拉图以来欧洲哲学的精华。他历来也进不了西方哲学的正史，但是，在我看来，他比许多专门的哲学家更像是哲学家。

　　这四位哲学家的学说各异，如果要找一个共同点，我认为是对个性的珍视。叔本华强调悟知性格，爱默生主张每个人应该顺应自己天性的法则，密尔论证个性是人类幸福和社会进步的主要因素之一，尼采呼吁"成为你自己"，表达的是相同的价值立场。他们都看到，社会的趋势是人的群体化和平庸化，而个性所强调的正是个人的独立和优秀。

第二十七讲

叔本华

人生在痛苦和无聊之间像钟摆一样地来回摆动着，事实上痛苦和无聊就是人生的两种最后成分。

——叔本华

在康德之后，哲学在德国呈现兴旺的局面，有三位哲学家自认为、常常也被认为是康德的传人，他们是费希特、谢林和黑格尔。这三人在生前就非常出名，黑格尔甚至被普鲁士政府捧为头牌官方哲学家。在中国，长期以来，最有名的德国哲学家也是黑格尔，因为他被视为马克思在哲学上的主要思想来源。但是，我在这个讲义中不讲这三位哲学家，因为在我看来，康德哲学的基本精神是否定形而上学的，而这三人却分别构建了非常繁复的形而上学体系，学界围绕这些体系已经有大量阐释和讨论，我不必再说什么了。康德证明了凭借理性不能达于世界之本质，在这之后，哲学必须为自己开辟新的方向。德国的另一位哲学家也自认是康德的传人，生前的名声远不如前述三人，但的确走在了开辟新方向的路上，他就是叔本华。叔本华哲学的主题是人生，如果说他也构建了某种形而上学体系，那只是为了给解释人生提供一个理论框架。在文风上，前述三人都极其晦涩，充斥着概念的演绎，而他则明白流畅，率性直言，充满对人生的洞见或怪论，令人耳目一新。

一 愤世嫉俗的另类哲学家

阿图尔·叔本华（Arthur Schopenhauer，1788—1860），出生于德国的但泽，今属波兰，更名为格但斯克。我用三句话来概括他的生平和个性：蔑视女性的直男、孤独的另类哲学家、愤世嫉俗的怪人。

1. 蔑视女性的直男

叔本华的父母性格迥异，感情不好。父亲是一个成功的商人，性格孤僻、阴沉、忧郁，母亲比父亲小二十岁，年轻漂亮，性格活泼、快乐、好交际。叔本华十七岁时，父亲投水自杀。他遗传了父亲的性格，自幼性情孤僻。后来他在书中说，人都是继承父亲的性格和母亲的智力，这是把自己的个例推演成了普遍规律。

阿图尔·叔本华（Arthur Schopenhauer，1788—1860）

他喜欢父亲，不喜欢母亲，久久不能从丧父的悲伤中摆脱出来。

母亲约翰娜是当时颇有名气的作家，有一部长篇小说非常畅销，生前出版的作品集达二十四卷之多。丈夫死后，她搬到魏玛定居，当时魏玛是德国的文学中心，她在那里组织了一个沙龙，歌德、施莱格尔等大文学家都是座上客。叔本华仍住在但泽，照管父亲遗留下来的生意，后来则在哥廷根、柏林、耶拿等地上大学，母子俩很少见面。

叔本华不喜欢母亲，而母亲更受不了他，每当他表示要去魏玛看她，她都劝阻。在通信中，她对他冷嘲热讽，说他是一个怪物，以细述人类的痛苦为乐，对命定的事物却怨天尤人，心情阴郁，脸色难看，无人可以和他相处。她说的是实话，像她这样一个阳光灿烂的女人，摊上一个性格阴郁的丈夫和一个性格同样阴郁的儿子，也算是倒霉。

1813年，叔本华在耶拿大学拿到了博士学位，便去魏玛小住。他的博士论文题为"论充足理由律的四重根"，约翰娜嘲笑说："四只愚蠢的根，像药剂师开的方子。"儿子盯着母亲的脸回敬道："当你的书连扔进垃圾箱也不配的时候，人们还会读我的书。"这是母子俩最后的见面，此后断交多年。约翰娜晚年因投资损失陷于贫困，叔本华伸出援助之手，两人恢复通信。从通信看，母子仍是互相深切关心的。

对于叔本华来说，这次魏玛之行的收获是结识了歌德。歌德正在研究颜色学，据传两人有一个对话。年轻的哲学家说："太阳系是我们的表象，如果我们没有看见光，那么光就不存在。"年迈的大文豪回答说："不，如果光没有照耀到你，那么你就不存在。"又据传，一次晚餐后，叔本华独自站在窗前发呆，惹得餐桌旁的小姐们窃笑，这时歌德说："姑娘们，让这个年轻人在那里发呆吧，有一天他会超过我们大家的。"

叔本华是一个著名的女性蔑视者，对女人有诸多苛评，说她们幼稚、轻佻、琐碎、无远见，永远不会成熟，是介于儿童与成年人之间的中间体，说被性欲迷惑的男人才会称赞这个身材矮小、瘦肩、宽臀、短腿的性别漂亮，如此等等。把女性称作次等性别，逊于第一性的第二性，也是出自他之口。他对女性的贬低，在很大程度上源于他和母亲的恶劣关系。尽管看不起女人，但他并不拒绝云雨之欢，一生中有过多次不热情的恋爱事件，曾经是一个私生女的父亲，不过女婴生下不久就夭折了。

2. 孤独的另类哲学家

叔本华的父亲期望儿子继承自己的事业，成为一个商人，叔本华敬重父亲，曲意顺从。父亲死后，他决定上大学，开始时学医，后来转向哲学，二十五岁获得博士学位。此后五年里，他埋头写一本大书，那便是他一生的主要著作《作为意志和表象的世界》。在他生前，这部著作一共出了三版。

1818 年第一版，他三十岁，出版后无人问津，出版商只好把印出的大部分书当作废纸卖掉了。叔本华在序言里说，他只寄希望于少数人，期待他们不平凡的思维方式也许能够消受这本书。可是，他的这个希望落空了，他安慰自己："如果不是我配不上这个时代，那就是这个时代配不上我。"

1844 年，由于初版早已绝迹，在他坚持下，出版商出了第二版，此时他已五十六岁。面对初版二十六年以来的寂寞命运，他在序言里给自己打气说："只是为了人类，而不是为了这个转瞬即逝的当代，我才坚持以此工作为己任；我相信我的思想总有一天会被另一个思考着的精神所掌握，会和他交谈，给他安慰，我是对这样的人说话，如同类似我的人曾经对我说话，成为了我在这生命的荒野上的安慰一样。"

这一版仍是购者寥寥。1851 年，他六十三岁，完成了一本散文体裁的书，题为《附录与补遗》，作为主要著作的补充。这本书完全抛开了主要著作的体系，汇集了他就人生各方面问题所写的随感，出版后大受欢迎，终于使他晚年成名。1859 年，他七十一岁，《作为意志和表象的世界》出了第三版，正文后面附上《附录与补遗》，此时他已是名人，书的销路自然很好。在这最后一版的序言里，他回想起这本青年之作四十余年的艰难历程，既伤感，又欣慰，用彼特拉克的这句名言安慰自己："谁要是走了一整天，傍晚走到了，就该满足了。"接着写道："我最后毕竟也走到了。在我一生的残年，既看到了自己的影响开始发动，同时又怀着一个希望，就是这影响将合乎流传久远和发迹迟晚成正比这一古老的规律，我已心满意足了。"次年他就离开了人世。

有一个插曲不妨讲一下。《作为意志和表象的世界》初版虽然销路惨淡，但是凭借这部著作，叔本华于 1820 年获得了柏林大学编外讲师的资格，可以给学生开课。当时黑格尔正处于名声的顶峰，也在柏林大学任教，叔本华向黑格尔叫板，把每星期三次、每次一小时的课程安排在黑格尔上课的同一时间。德国大学的学生是可以自由选课的，叔本华失败得很惨，开始时有五人来听课，都不是哲学专业的，后来一个也不剩了。他在柏林大学待了十二年，他的课程列在学校的目录中，但因为几乎无人报名，实际上一直赋闲。不过，他也没有闲着，在柏林期间，他谈了一生中最长久的一次恋爱。女方是柏林歌剧院的一名舞蹈和合唱演员，名叫卡罗琳娜，比他小十四岁。她私生活随便，和不同男人生了两个儿子，但叔本华对她相当认真。1831 年，柏林发生霍乱，他的死对头黑格尔就死于这场瘟疫。为逃避瘟疫，他在当年离开柏林，两年后定居法兰克福。他求卡罗琳娜同去，遭拒绝，尽管如此，他仍在遗嘱中给她留了一大笔钱。

3. 愤世嫉俗的怪人

叔本华在法兰克福居住了二十七年，直到去世。他有一套两居室的住宅，屋里的装饰是一座康德半身雕像、一幅歌德肖像、一尊西藏佛像。关于读书，他说了许多贬薄的话，其实他是好读书的，有一千多卷藏书。

他始终过着离群索居的生活，没有朋友，不与人来往。他的忠实伙伴是一只白色卷毛小狗，取名阿特玛，是梵文音译，意思是世界灵魂。黑格尔哲学的一个主要概念是世界精神，因此有人说这个名字是用来讽刺黑格尔的，但也有人说不是。邻近的孩子们把这只小狗唤作"小叔本华"。每天下午四点半，人们可以准时看到主人带着小狗在法兰克福的街上散步。叔本华蔑视人类，却对动物仁慈，甚至反对为科学而做动物活体解剖。

他脾气火暴，有一件事让他非常心烦。在柏林时，邻居是一个上了年纪的女裁缝，喜欢在走廊上和人大声说话，他多次劝阻无效，有一回终于忍无可忍，把她推下了楼梯。女裁缝手臂轻度伤残，不能再做裁缝，法院判决他按季度付给她终身赔偿。没想到她又活了二十年，当他获悉她的死讯时，他在账本上记下一行拉丁文："老妇死，重负释。"

父亲的遗产十分丰厚，他衣食无忧，爱美食，总是在上等餐馆用餐。他鄙视德国，只进英国餐馆，只看英国报纸。每次开始进餐时，他总是拿出一小块金子放在餐盘旁，令侍者不解的是，进餐完毕他又把它装进了口袋。有人问他为何如此，他答道："只要我听到达官显贵们在餐桌旁讨论比女人、狗、马更严肃的事情，我就立即把这金子投进施舍箱。"

他多疑到了病态的地步。他总是随身带一只杯子，他的嘴唇从不接触别人准备的杯子。他绝不允许理发师替他刮脸。他用希腊文和拉丁文记账，把钱币藏在墨水台下面，把票据藏在旧信封里，给值钱的东西贴上混淆视听的标签。

在法兰克福的最后十年，他成了名人。其实他是很在乎这迟来的名声的，这个素来吝啬的人，此时却花钱请人搜集报纸上刊载的关于他的评论。不过，他仍然以一贯的嘲笑口吻说："我在孤寂中度过了漫长的岁月，现在他们用喇叭和鼓点为我送终了。"

即使年老时，他仍非常健康，相信自己能够活到一百岁。可是，七十二岁时，他患了肺炎。有一天早上，他像往常一样，起床洗完冷水浴，然后独自坐着吃早餐。一个小时后，管家进来，发现他靠在沙发的一角，已经永远地睡着了。按照他的遗嘱，他的财产小部分赠给亲友，大部分捐给一个慈善机构。

二　哲学是光着身子走进来的

在《作为意志和表象的世界》第二版序中，叔本华引用了彼特拉克的一句话："哲学啊，你是贫困地光着身子走进来的。"以此佐证他对哲学之尊严的理解。我也很喜欢这句话，它形象地表达了哲学之尊严的性质。哲学无权无势，裸身素面，只以真理的质朴面貌示人。媚权和牟利，玩弄概念和辞藻，都是伪哲学的行径。叔本华认为，唯有以配得上哲学之尊严的方式从事哲学，才是真哲学。这一节讲他对哲学的观点。

1. 康德促成了哲学上最伟大的革命

现在西方哲学界普遍承认，康德是一个划时代的哲学家。叔本华从事哲学时，康德去世还不久，他是最早明确地认识到康德的伟大之处的一个人。他说，康德促成了哲学上最伟大的革命，结束了延续十四个世纪的经院哲学，在哲学上开启一个全新的纪元。在康德之后，任何一种严肃的哲学都必须从康德把它放下的地方出发，而在他看来，只有他是这样做了。所以他说："不管怎样，我不承认在他和我之间，在哲学上发生过什么新事情，我是直接接续他的。"

康德伟大在哪里？叔本华说，康德哲学在人们精神上所产生的效果，就好比给盲人割治翳障的外科手术。换一种说法，掌握了康德哲学，就会在头脑里产生一个根本的变化，可以称作精神的再生。我们所有人从出生起就生活在一种自然而然的、幼稚的实在论之中，这种实在论在我们的头脑里根深蒂固，使我们把知性所建构的现象世界当作在外界独立存在的实在的世界。这种实在论能教我们做好一切可能的事情，除了研究好哲学。掌握了康德哲学，就可以真正排除掉我们头脑中的这种与生俱来的实在论，一开始会让人经受一种彻底的幻灭，然后就得以用另一种眼光来看一切事物了。

但是，叔本华认为，康德哲学的直接后果是消极的，不是积

176

极的。康德没有建立起一个新的体系，可以让信徒们有所遵循。因此，人们被从实在论的梦中唤醒之后，发现自己无所适从，不知道该往何处去。康德开启了哲学的新方向，本来应该沿着这个新方向朝前走，建立起一种非实在论的新的体系，叔本华相信自己做的是这个工作。可是，康德留下的空白，却也给旧的实在论的复活产生了机会。在康德之后，有三个人无视康德对实在论的摧毁，又以旧的实在论的独断方式构建了形而上学体系，并且自诩继承和超越了康德。叔本华说的是费希特、谢林和黑格尔。

2. 在康德墓上演出滑稽剧的三个人

这三人可以算是叔本华在哲学界的小前辈——费希特比他大二十六岁，黑格尔比他大十八岁，谢林比他大十三岁，都是那个时代德国最出名的哲学家。他上大学时，费希特名声最显赫，甚至超过了康德。他喜欢上哲学，很大程度上是受了费希特的影响。可是，在自己钻研了康德哲学之后，他就看不上费希特了。他称这三人为"康德以后三个著名诡辩家"，讽刺他们在康德墓上演出滑稽剧。他对这三个名人的愤恨不能说完全没有嫉妒的成分，但主要还是出自对他们从事哲学的方式的深深厌恶。这三人各自围绕一个最高概念构建了庞大的体系，费希特是纯粹自我，谢林是绝对同一体，黑格尔是绝对精神。在叔本华看来，他们只是在玩弄概念，故弄玄虚，彻底败坏了康德开创的哲学新思维，把德国哲学弄得乌烟瘴气。

三人之中，他最痛恨的人是黑格尔，在著述中常常直接开骂。他骂黑格尔是精神上的珈利本（莎士比亚戏剧《暴风雨》中一个丑鬼的名字），愚蠢的江湖骗子，国家的走狗。他把黑格尔所建立的庞大体系称作伪哲学，说它不过是对本体论证明的一个古怪的补充。他断言，黑格尔对哲学一无贡献，对哲学以及通过哲学对德国文学所起的影响是瘟疫性的。问题的严重性在于，在官方的倡导下，人们从青年时代起就学习黑格尔哲学，头脑已被黑格尔的胡扯损坏，很难再理解康德，如何还能够教他们追随康德的那种真正深刻的探讨呢？

这里有必要谈一下文体问题。文体和思想有紧密的关系，用叔本华的话说，文体是精神的脸谱。他对康德的文体在总体上评价甚高，说它带有一种精神卓越的标志，其特征可以恰当地称之为辉煌的枯燥性。不过，他对康德的文体又有不满意之处，批评它缺乏古希腊的那种简洁、质朴和率真，会使人想到哥特式的建筑。康德的论述常常是不清晰、不确定的，有时是晦涩的，这部分地可以因为题材的艰难和思想的深刻而加以原谅，但又不尽然。我们读康德的著作时也会发现，他一再重复解释已经解释过许多次的东西，而在新的解释中恰好仍然留下了原来的晦涩之处。叔本华指出，一个人如果十分清楚地知道自己所想要表达的东西，就绝不会这样，而是会一次就明确地、尽其所有地说出他的见解。

康德文风的这种晦涩性起到了一种不好的示范作用。晦涩的东西本来不一定没有意义，但是到了模仿者那里，却成了用晦涩来掩盖无意义的东西了。这正表现了一个思想家的不肖弟子如何成为老师的缺点的放大镜。叔本华认为，费希特和谢林就是这样，而到了黑格尔，这种情况达于顶点。良好的哲学文风就像瑞士的湖泊，以其平静而将幽深和清澈结合起来，正是清澈使幽深自身得到了展示。相反，这些伪哲学家则以其混乱的表达掩盖其空虚，并且还指责读者觉得费解是因为缺乏理解力。黑格尔哲学的实质是要重新扼杀由康德取得的思想自由，使哲学沦为国家的工具。为了遮丑和愚弄读者，他就在上面加了一堆空话、废话、胡话以做掩护，这种胡话只在疯人院里才能听到。令叔本华愤慨的是，没有一个时代像德国近二十年这样，对这种恶劣、无意义、荒唐可笑的东西进行了如此有组织和大规模的吹捧，竟然把黑格尔尊奉成了神。

总之，在叔本华看来，黑格尔等三人在哲学的内涵上倒退到了康德业已摧毁的旧的实在论阶段，在文体上推进了一种玩弄概念、故弄玄虚的风气，其影响极为恶劣。

3. 德国哲学的堕落

叔本华认为，在他的时代，德国哲学的堕落已是普遍状况。一方面，国家拿哲学当作政治工具，另一方面，学者拿哲学当作谋生和营利手段，而这两方面有密切的联系。学者们视哲学为一种职业，与任何其他能养活人的职业毫无不同，他们靠哲学来养活自己和妻子儿女。为了保住这个职业，他们在讲课时努力保证其意图是为国家的目的服务的。学院哲学是真正的严肃哲学的对立面，其中充斥着空洞无物的学术行话，隐藏着讨好政府的卑怯动机。哲学教授们从事哲学，只是为了一片面包，他们为了保住教职，根本不在乎真理，不在乎后代和哲学史会如何看他们。那么，作为审判官，后代和哲学史就理所当然地会把所有这些人的名字勾去，让他们受到被永远遗忘的善待。

名副其实的哲学是真理的纯粹的仆人，因而是人类最高的追求，作为这样一种追求，它并不适合成为一种职业。所以，哲学不应该是大学的一门学科。事实上，爱真理的人也不得不放弃那种成为一个政府的和大学的教授的好运，而成为一个贫穷的住阁楼的哲学家。同时，他的听众将不是那些急功近利的大学生，而是和他一样爱真理的极少数人。

在对德国当代哲学的现状做了这番抨击之后，叔本华如此告白："当代哲学与我的哲学何干？我没有任何理由因为我的同时代人的不关心而丧失勇气，我的哲学属于未来的时代。"

4. 哲学源于对世界的直观把握

在叔本华看来，哲学是什么？他从哲学与科学的区别着手来回答这个问题。科学是从预先假定的已知出发，演绎和证明未知，满足于把一切还原到因果律，找到了某种现象的原因即可止步。哲学不同，它不假定任何已知，对于它来说，一切都是问题。正是科学所假定的、以之为说明的根据的东西，才是哲学所要追问的问题。所以，哲学开始于科学止步之处。

哲学所要解释的是整个世界及其一切现象，而不是个别现象以及它们之间的联系，因此不能建立在证明的基础上。证明只是从已知的命题演绎未知的命题，但是，不可能有这样一个命题，我们可以从这一命题推导出整个世界及其一切现象。这样做仍是陷在因果律的思路之中，而因果律只能说明现象之间的联系，不能说明世界及其全部现象本身。所以，哲学并不试图为整个世界寻找一个原因，它不问世界的来由，不问为何有这个世界，只问这个世界是什么。

叔本华承认，要解释世界是什么，需要使用抽象概念。他给哲学下的定义是"关于整个世界的本质的一个抽象陈述"，"世界在抽象概念中的一个完整的复制，好比明镜中的反映作用似的"。然而，不能因此认为哲学是一门由抽象概念组成的学问，更不能试图通过组合概念在哲学里做出成就，如黑格尔等三人之所为。直观认识是一切认识的源头，概念只是贮存从直观认识那里借来的东西的器具，每一个真实的和基本的概念，甚至每一个名副其实的哲学原理，必定具有某种直觉的观念作为其最内在的核心或根据。因此，从源头上说，哲学就是对世界的一种直观把握。哲学家的眼睛应该永远注视着事物本身，从直观认识之中，从大自然、世事、人生之中，而不是从书本和概念之中，汲取思想的素材。这和艺术和文学中的情况是相同的，大艺术家、大诗人都具有极好的直觉，能够深刻地洞察人的本性，直接触及事物的真谛，哲学家和他们的区别只在于表达的形式不同。所以，就像文学家一样，哲学家也只能是天生的，并且其数量更加稀少。在任何时代，大自然只造就了极少数几个真正的哲学家作为罕见的例外，而且这几个人始终也只被很少数人理解。

　　我这样来理解叔本华上面的论述：哲学中最原初、也是最本质的东西，是对世界的直观把握，这种直观把握本身就是第一性的东西，是不能用任何别的原理来证明的。那么，如何判断这种直观把握的对错呢？叔本华会回答说，不存在对错，只要真正是直观把握，就必定包含真理，哪怕是片面的真理。由于哲学家的气质和直观能力的不同，把握会有角度和深度的区别，气质决定了角度，直观能力决定了深度。同样，从接受者来说，你对世界和人生有无直观的感悟，决定了你是否与哲学有缘，而你的气质则决定了你会喜欢哪一种哲学。

5. 哲学家的特质

根据叔本华的论述，要成为哲学家，必须具备三个特质。

一是关心整体。哲学所要认识的是世界和人生的整体，哲学家必须具备直观把握这个整体的能力。叔本华说，第一流的头脑就应该关心整体，而不是献身于某一专门的知识分支，应该是统帅，而不是士兵长，是乐队指挥，而不是乐器演奏者。

二是关心真理。谁从事哲学，就等于是向真理之旅宣了誓，任何违背真理的考虑都是卑鄙的背叛。在凡是涉及真理的问题上，必须只问理由，不问结果，完全不考虑是否会触犯既有的信念体系。同时，要耐得寂寞，不求当代人的赞同，不求有生之年的成功。"真理，这不幸的东西，在一切时代总是蒙受侮辱。于是它慨然长叹，仰望它的保护神——时间，后者点头示意保证它将来必能得到胜利与荣誉，但是时间以其雄健之翼搏击太空如此缓慢，以至于个人死亡了，胜利何时到来仍未可知。"但是时间以其雄健之翼搏击太空如此缓慢，以至于个人死亡了，胜利何时到来仍未可知。

但是，真理有悠久的生命，严肃的东西总是慢慢地走着自己的路，并到达目的地。叔本华在《作为意志和表象的世界》第一版序中铿锵有力地宣告："人生是短促的，但真理的影响是深远的，它的生命是悠久的。让我们谈真理吧。"

三是关心灵魂。对于自己看不到的成功的一种信念诚然也是力量，但是，真正起作用的力量更是一种身不由己，是不得不思考困扰灵魂的重大问题。"人之所以成为哲学家，只是由于他自求解脱一种疑难。"区别哲学家真伪的界限在于：真正的哲学家，他的疑难是从观察世界和人生产生的；冒牌的哲学家则相反，他的疑难是从一本书中，从一个现成体系中产生的。真正的哲学家从事哲学，是为了事情本身，同时也是为了他自己。人必须是为事情本身而做它，否则不能做好。人也必须是为自己思考和写作的，写出的东西对别人才会有所裨益。"因为人总不会故意欺骗自己，也不会把空壳核桃送给自己。"为了自己，为了事情本身，这才是真正的为了人类，如此做成的事情对于人类才有真正的价值。

三　世界是我的一个梦

从本节开始讲叔本华的哲学思想。叔本华的主要著作是《作为意志和表象的世界》（1818 年一版，1844 年二版，1859 年三版），共四卷，系统地阐述了他的哲学思想。第一卷讲认识论，第二卷讲本体论，第三卷讲美学，第四卷讲伦理学，包括道德论和人生论。此外还有几本著作，其中，《论充足理由律的四重根》（1813）讲认识论，《论自然中的意志》（1836）讲本体论，《伦理学中的两个基本问题》（1841）讲伦理学。我的讲述主要根据《作为意志和表象的世界》，在相关部分会补充其他著作中的论述。

叔本华自己说，他的哲学在理论上有三个渊源，一是康德哲学，二是印度教和佛教典籍，三是柏拉图哲学，我在讲述时会提示有关的渊源。他与康德的关系特别值得注意，他自认为是最懂康德的人，真正继承了康德哲学，但同时又有重大分歧，他的新东西都是由这些分歧发展出来的。

本节讲他的认识论。

1. 认识的共同形式：主体和客体的并立

叔本华认识论的出发点，是客体和主体的并立，他说这是一切认识的共同形式。只要你进行认识，你就是主体，你所认识到的东西就是客体，主体和客体就互相对待而并立了。认识所面对的一切，亦即整个世界，都只是与主体相关联的客体。这个与主体相关联的客体，即是表象。表象是世界对主体所呈现的样子，也就是主体所认识到的东西，所以表象和客体是同一个东西。

无论谁去认识世界，世界总是作为表象呈现给每一个认识主体的。因此，在认识论的层面上，世界即是表象。这个作为表象的世界，就是通常说的现象世界，它只存在于各个认识主体的意识之中。世界上必须有认识主体，才会有这个现象世界，主体是现象世界得以存在的前提条件。如果世界上没有任何具有认识能力的生灵，没有任何主体，亦即世界不是作为任何主体的客体而存在，不呈现为任何表象，那么，整个现象世界就不复存在。

叔本华讲的这个道理，实际上相当于贝克莱所说的存在就是被感知，他也承认贝克莱是明确说出这个道理的第一人。康德也曾经谈及这个道理，在《纯粹理性批判》第一版中写道："如果我把思维着的主体拿走，那么整个形体世界就必然要垮掉，因为它只是在我们主体的感性中的现象，是主体的一种表象。"叔本华引用了这句话，他感到诧异的是，在后来的版本中，这句话不见了，而且康德没有从这个近在手边的认识，即不存在没有主体的客体，来确定主体和客体的并立是认识的共同形式。康德提出了一个在他看来很古怪的概念，叫做统觉的综合统一性，他分析说，综观康德的有关说法，它就好比我们所有一切表象这个球体里的无广延的中心，球体的半径都汇集于这一中心。这实际上就是他叫做认识主体的东西，亦即作为一切表象的对应物的东西。可是，这么一个简单的道理，康德把它说得太复杂了，而且没有说清楚。

表象是意识上最初的事实，而表象即是客体在主体的意识中的呈现，有表象即有客体和主体的并立。叔本华强调，从这个观点出发，是他的哲学与以往一切哲学的根本区别。

2. 割裂客体和主体导致独断论和怀疑论

以往的哲学，共同的错误是割裂客体和主体，而原因都是把因果律用于客体和主体的关系，认为两者之间有因果关系。客体和主体的并立是认识的前提条件，两者之间不可能有原因与结果的关系。因果律只对客体有效，只是客体相互之间关系的一种形式，不能用它来解释客体和主体的关系。把因果律的作用推广到主体和客体之间，才导致关于外在世界的实在性的愚蠢争论。

在这个争论中，独断论和怀疑论相互对峙，而独断论又有实在论和唯心论的相互对峙。实在论首先设定了一个无主体的客体，然后从这个无主体的客体引出主体。在实在论看来，客体是因，客体在主体中产生的表象是果。这就把本来是一个东西的客体和表象拆开了，假定了一个不依赖于主体的自在的客体，但那是一个完全不可想象的东西。与之相反，唯心论首先设定了一个无客体的主体，然后从这个无客体的主体引出客体。在唯心论看来，主体是因，整个外部世界作为客体是果。叔本华举费希特为例，在康德那里，主体只是赋予客体以形式，而在费希特这里，客体的全部内容都是先验地从主体引伸出来的。

康德正确地论证了因果律是主体用来形成表象的先天形式，但是，叔本华认为，他也未能避免把因果律用于主体和客体的关系的错误，用它来推论表象必定有一个外因，现象背后有一个不可知的自在之物，给实在论留下了一个尾巴。

怀疑论反对独断论，然而是在割裂客体和主体这个同一错误的前提下反对的。按照怀疑论的说法，我们在表象中只能看到结果，决不能认识原因，只知道客体的作用，而客体本身和它的作用也许根本没有相似之处。这是叔本华的论述，根据我的理解，休谟的怀疑论是更彻底的，在休谟看来，我们只知道表象，至于表象是由什么原因产生的，甚至是否有一个产生它的原因，我们是完全无法知道的。因此，对于休谟来说，主体是自我封闭的，表象之外是否有客体是不可知的。当然，叔本华可以说，这正是犯了把客体和表象看作两回事的错误。

叔本华得出结论说，应该教导争论的双方：第一，客体和表象是一个东西；第二，客体的存在就是它的作用，在主体的表象之外要求一个不同于其作用的客体的实际存在，是完全没有意义的，也是自相矛盾的。

3. 客体的形式：时间、空间和因果律

主体和客体的并立是认识的前提条件，而当主体认识客体之时，决不是如同一面镜子那样，把客体映照在自己的意识中，恰

恰相反，是把自己意识中既有的先天形式投射出去，赋予客体以形式。客体是在时间、空间和因果律的形式中对主体呈现的，这些形式是主体赋予的，不是客体本身具有的。如果意识不是遵循这些形式去认识世界，所得到的就只是混乱的感觉，不能形成表象，也就不成其为认识。

叔本华的这个观点来自康德。康德论证了我们对世界的认识必定遵循某些先天形式，其中，感性的先天形式是时间和空间，知性的先天形式是范畴。没有这些先天形式，我们不可能认识任何东西。由于这些先天形式，我们所认识的就只是世界对我们呈现的现象，而世界的本来面目即所谓自在之物永远不可能被我们认识。叔本华承续了康德的先天形式理论，但做了若干重要的修正。主要的修正为，第一，范畴论臃肿而无用，十二个范畴中只保留因果性这对范畴，我在康德那一讲已述。第二，在直观表象中，感性形式和知性形式是共同发生作用的，不可分离，直观本身就已是理智的。第三，不能由表象推论自在之物，这是犯了把因果律用于主体和客体的关系的错误，已如前述。

因果律是最普遍的形式，专门涉及变化，因果关系被看作变化的决定者。在自然界中，它有三种形式，一是在无机物界，作为最严格的意义上的原因，二是在植物界，作为刺激，三是在动物界，作为动机。因果律所涉及的变化，是状态在时间中的出现与消失，前一个状态被称作原因，后一个状态被称作结果，后一个状态被认为是从前一个状态发生的。叔本华强调，因果关系是状态之间的关系，不是单个因素之间的关系。当一种状态为造成一个新的状态的其他一切条件都已具备而只缺一个条件时，这一个最终来临的条件往往被看作原因，但实际上只是作为原因的整体状态中的一个因素而已。叔本华的这个说法，接近于佛学的因缘说，佛学把业已具备的其他一切因素称作因，把最终来临的这一个条件称作缘，因缘和合而生起。

在哲学史上，休谟是最早追问因果律的根据的哲学家。他的结论是，因果关系只是基于经验的习惯性联想。叔本华认为，休谟的结论是错误的，经验中两个事件重复的连续出现，这未必会使人认定其间有因果关系。一个最有力的证据是，白天和黑夜的彼此相随，是一切连续中最古老也最不可能有例外的，却从未使任何人认定它们之间有因果关系。休谟的功绩是提出了问题，成为康德深入研究的动力和起点，康德给出了正确的结论，论证了因果律是知性先天形式，不是经验使得我们产生因果关系的观念，恰恰相反，是我们意识中先天的因果关系范式使得经验有了可能。

遵循时间、空间和因果律的形式，我们所认识的客体都必定处在相互的关系之中，都只有相对的存在。凭借继起和位置的关系、原因和结果的关系，一切客体都互为规定，表象是客体在相互关系之中对我们的呈现。

4. 直观是理智的

在对康德理论所做的修正中，叔本华最看重、最花力气论证的是这个道理：直观不仅是感性的，而且是理智的。

康德指出，时间和空间不是外部世界所固有的，而是感性的先天形式。叔本华盛赞这个学说是伟大的发现，无人能够怀疑其真理性。但是，康德把认识过程分作两步，第一步是感觉，感性印象在时间和空间的形式中呈现，他称之为直观或表象；第二步是知性用范畴来思考感性材料，形成经验，这才是认识了一个对象。在第一步上，直观或表象还只是单纯的感觉，不成其为认识。叔本华认为，康德把感性和知性分离开来，是把两者的关系搞错了，在实际的认识过程中，两者是一起发生作用的。

时间是先后的继起，空间是位置的并列，如果这两个形式各自独立，就什么事情也不会发生，什么东西也不会被我们认识。唯有空间中同一位置上情况的继起，或同一时间不同位置上情况的差异，才会让我们有所认识，而这两者都是受因果律支配的。所以，因果律是最关键的，是它使时间和空间相互关联，从而有其实质和过程。因果律和时间的结合，使我们对状态的变化有所认识。因果律和空间的结合，使我们产生了外部世界的观念，是把它认作我们的感觉的原因。

康德的错误在于把直观等同于单纯的感觉，认为其中没有知性的作用。事实上，直观或表象绝不是单纯的感觉，如果知性没有运用因果律的形式于感觉上面，就不可能有直观或表象。对因果律的直接意识是先于一切经验的，它作为条件必定要进入直观，在直观中已经有知性的活动了。在直观时，我们是直接把感觉印象纳入因果律的形式的，不需要经过思考，不存在分两步走的情况。是心灵在看，心灵在听，否则我们会盲而聋。以视觉为例，如果没有知性的参与，不是一开始就有因果律在起作用，视觉所提供的就只是视网膜上一些杂乱的印记，恰如一个画家的调色板溅上了各种颜色。许多天生的盲人从来没有视觉的经验，对空间关系却有正确的表象，靠的就是对因果关系的把握。

总之，直观不仅是感性的，而且是理智的，直观中已有知性的作用。

5. 两类不同的表象：直观和理性

叔本华把表象分为两类。一类叫直观表象，就是前面所讲的意识上最初的事实，感性和知性一起获得的对世界的直接经验。另一类叫抽象表象，就是概念，而形成概念的能力叫做理性。概念是用一种完全不同的材料对直观表象的摹写和复制，可以称之为表象的表象，因此也可以看作表象的一个类别。这两类表象，分别对应人的两种认识能力，即直观能力和理性能力。

理性能力是人与动物的区别之所在。动物没有理性能力，因此没有抽象表象，只有直观表象，其行为受直接动机支配。人的行为也受动机支配，但因为有抽象表象，其动机不是直接由当下环境决定的。理性的工具是语言，理性把语言用作概念的符号。因为有概念和语言，人就有了思考的能力。因为有思考能力，人就对环境获得了相对的自由，能够回忆过去，展望未来，接受信息和观念，进行判断和推理，因此人的行为的动机往往是在各种复杂因素的影响下形成的。于是，人类的生活变得如此丰富，同时也——叔本华讽刺说——如此矫揉造作和如此可怕。

概念和直观表象虽然有根本的区别，但它的来源和基础只是直观表象，如果没有这种关系，它就什么也不是。它是为接收、固定、联系我们从直观认识中得到的东西服务的，最大的价值是使保存和传达成为可能。世界是在直观认识中呈现在我们面前的，直观认识是我们一切认识的真正核心和永不枯竭的源泉。抽象认识对直观认识的关系，就好比影子对实物的关系，实物有极丰富的多样性，影子却只以一个模糊的轮廓来反映这多样性，直观认识永远是概念可望而不可即的极限。

理性自身不产生内容，它的内容全部来自直观。抽象之所以为抽象，就在于抽掉了细致的规定，而实际上最要紧的正是这些被抽掉的东西。在抽象思维中，我们上升得越高，所舍弃的也就越多，因而剩下的要被思维的东西也就越少。最高的亦即最一般的概念，是最为空洞和贫乏的，最后就成了纯粹的外壳，比如存在和本质之类的概念。

直观是一切真理的源泉，也是一切科学的基础。直观好比光源，其他一切只是反光。科学的一切证明必须还原到一个原始的依据，它在直观上是自明的，是不能再证明的。"与其说证明是为那些要学习的人而设的，毋宁说更是为那些要争论的人而设的。这些人固执地否认那些有直接根据的见解。"

直观是自足的，常常是可靠的，因为它并不发表意见，而只是提供事物本身。随同抽象的认识，才在理论上出现了怀疑和谬误，在实践上出现了顾虑和懊悔。错误抽象观念对民族精神和国家政治的支配，其后果往往是灾难性的。"在直观表象中，假象可以在当下的瞬间歪曲事实；在抽象的表象中，谬误可以支配几十个世纪，可以把它坚实如铁的枷锁套上整个的民族，可以窒息人类最高贵的冲动；而由于它的奴隶们，被它蒙蔽的人们，甚至还可给那些蒙蔽不了的人戴上有形的镣铐。"

在艺术中，直观的价值尤为显著。概念只能指导艺术中的技术部分，那是属于学术领域的。概念如同镶嵌画中的碎片，不可能达到油画效果，概念用于艺术是出不了好作品的。真正的艺术品，因为纯粹由直观产生，有永久的生命力，不会被任何时代推翻。

甚至在人的举止风度上，概念也只有消极的用处。彬彬有礼是概念的产物，但概念造就不了风度翩翩、雍容华贵、情意缠绵。一切虚情假意都是思考的产物，人们很容易感觉到其虚假，伪装总是会被看穿而失效的。

在生活紧急关头的决断也是靠直觉而非理性。行为有自己的走法，多半不是按抽象的教条，而是按没有说出来的规范。这些规范是每个人根据自己的直观表象形成的，贯穿于人整个一生的行为之中。

叔本华教导说，人要相信自己的直观，在各种场合要直接诉诸自己的直观做判断。用理性取代直观，凡事从概念出发，拘于一般的规则和规范，这就叫迂腐。

6. 批判所谓绝对理性

理性只是形成概念的能力，其唯一的来源和基础是直观表象。但是，在康德之后，德国哲学界产生了一种风气，大谈所谓绝对理性。据说这是一种超感觉的能力，凭借这种能力，可以直接领悟超感觉之物，直接把握世界的本质和终极原因，从绝对中推演出整个宇宙。叔本华设问："绝对是从哪里来的？"回答："多么愚蠢的问题！难道我没有告诉你它是绝对吗？它必须存在，否则一切都将不存在！"这个虚拟的回答其实说出了实质：绝对理性是直接为形而上学设计出来的一种子虚乌有的神奇能力。

叔本华说，近五十年来，德国的伪哲学正是在这种完全虚构的绝对理性基础上建立起来的。各种各样的哲学教授组成了一支合唱队，齐声高唱他们自己也绝对不懂的空洞混乱的曲调。当然，领唱人就是那个十恶不赦的黑格尔。可是，他不但不受谴责，反而大受拥戴，于是仿效者蜂起，使得唱绝对精神的哲学高调成为德国特有的现象。

如果要追问这种现象的根源，康德是脱不了干系的。在理性这个问题上，康德的影响有两个方面。一方面，通常所说的理性，即形成概念和范畴的能力，他称之为知性，限制了它发生作用的界限，只能认识现象，不能达于本体即自在之物。另一方面，为了给道德法则寻找一个超验的来源，他又假设了一个实践理性，它本身具有超验的性质，所发布的绝对命令即是普遍道德法则。叔本华指出，这个实践理性就是一种与绝对有关的能力，绝对理性的虚构便第一次问世了。有了这个绝对理性，尽管康德对理性做了深刻的批判，伪哲学家们终于松了一口气，觉得自己十分安全了。

如果要进一步追溯实践理性假设的起源，叔本华说，可以追溯到灵魂学说。从柏拉图到笛卡尔，都主张灵魂和肉体是两种完全异类的实体，灵魂具有高级能力，完全独立活动，不需要躯体合作。在康德的实践理性的假设中，实际上隐藏着这个灵魂学说。

7. 摩耶之幕

十九世纪初，古印度梵文典籍传入欧洲，叔本华是从梵文学者的翻译和研究中了解这些典籍的。其中，主要的是古印度教经典《吠陀》及其核心《奥义书》，以及一些佛教典籍。他感到惊喜，给予极高评价，称之为人类最高智慧的成果，是这个世纪得到的最大礼物，相信其影响的深刻将不亚于十五世纪希腊文艺的复兴，会使欧洲的思想发生一个根本的变化。他本人尤其获益甚巨，如此宣称："我从一页古印度典籍上所得到的收获，胜过康德之后欧洲哲学家们的十卷皇皇巨著。"他对古印度思想既感到一拍即合，也从中汲取了资源。最令他激赏的是两点，一是认识论上的反本质主义，二是人生论上的禁欲主义。这里先讲前者。

由《奥义书》发展而来的吠檀多哲学的基本原理，按照叔本华所引用的英国东方语文学家威廉·琼斯的概括，是主张物质没有独立于心的知觉以外的本质，存在和可知觉性是可以互相换用的术语。叔本华认为，这与他所主张的世界是表象毫无二致。古印度哲学把我们所认识的世界称作摩耶，摩耶是幻象、欺骗的意思，摩耶之幕蒙蔽着凡人的眼睛，使我们看见这样一个世界，既不能说它存在，也不能说它不存在，因为它就像梦一样。叔本华引述了这些字句，说其涵义正是他所讲的在因果律支配下的作为表象的世界。康德关于世界只是我们主观构建的现象的学说在欧洲掀起了轩然大波，倘若在佛教流行的国度，它只会被简单地看作一种启蒙学说。

8. 人生是一个大梦

古印度哲学用梦比喻人对世界的全部认识。其实，在欧洲的文献中，也有许多类似的说法。例如，柏拉图经常说，人们只在梦中生活，唯有哲人挣扎着要醒来。宾达尔的诗句："人生是一个影子（所做）的梦。"索福克勒斯的诗句："我看见我们活着的人，都不过是幻形和飘忽的阴影。"莎士比亚的诗句："我们是这样的材料，犹如构成梦的材料一样，而我们渺小的一生，睡一觉就完结了。"叔本华引证了这些片段，问道，那么，在梦和真实之间，

194

在幻象和实在客体之间，是否有一个可靠的区分标准呢？

有一种解答是，梦比真实的直观较少生动性和明晰性。叔本华说，这种说法根本就不值得考虑，因为还没有人把这两者并列地比较过，可以比较的只是对梦的记忆和当前的现实。康德的解答是，表象相互之间按因果律而有的联系，把人生和梦境区别开来。叔本华反驳说，梦中各个情景之间同样也是按因果律相互联系着的，只是在醒和梦之间，或者各个不同的梦之间，这个联系才中断。

在做了这一番讨论后，叔本华提出自己的看法：人生和梦之间有紧密的亲属联系。他用一个比喻来说明这个道理：人生和梦是同一本书的书页，依次连贯阅读叫做现实生活；不经意地随便翻阅，这里翻一页，那里翻一页，无次序也不连贯，有的以前读过，有的不曾读过，这样阅读就叫做梦；无论人生还是梦，总是在读同一本书。最后他说，如果你采取一个超然的立场，作为一个旁观者来看人生和梦，就会看到两者并无实质的区别。结论是，诗人们说得对：人生是一场大梦。

在认识论层面上，世界只是表象。在每一个人的意识中，世界都是作为表象呈现的。表象是没有实质的，如同梦一样，在这个意义上，每一个人都可以说：世界是我的一个梦。

四　世界是我的意志

世界是表象，这是叔本华在认识论层面上得出的结论。但是，他认为不能停留于此，我们还必须在本体论层面上追问世界是什么，即世界的本质是什么。这一部分我就讲他的本体论。

1. 在不同于表象的东西中寻求世界的本质

叔本华说，康德的最大功绩是划清了现象和自在之物的界限。在康德之前，英国经验论者已经指出，我们的感觉器官所获得的认识只属于现象，康德进一步指出，我们的大脑功能亦即知性所获得的认识也只属于现象，皆无关乎自在之物。从柏拉图开始，哲学家们一直在主张现象和本质的根本区别，只是到了康德，才在认识论层面上把这个根本区别真正说清楚了，使之成为被证明了的无可争辩的真理。就此而言，柏拉图对康德的关系，相当于早就主张地球围绕太阳运动的毕达哥拉斯学派对哥白尼的关系。

康德证明了我们的全部认识无关乎自在之物，彻底摧毁了实在论信念。可是，外在世界实在性的问题，如果在其核心没有某种正确的含义作为根源，何以会这样长期纠缠着哲学家们呢？叔本华说，这种含义是有的，就是这样一个问题：这个直观的世界，除了是我的表象外，还是什么呢？人是形而上学的动物，决不肯满足于世界只是现象，一定要弄明白在变幻的现象背后有无一个不变的本质，在幻象背后有无一个真实的世界，否则不会感到踏实。

那么，应该怎样寻求这个本质呢？既然我们的全部认识无关乎自在之物，因此，就必须超越认识的领域，在主体和客体之外，在不同于表象的东西中去寻求。叔本华相信自己找到了这个东西，那就是我们的身体。

在认识的领域，作为主体，我们用因果律去认识作为客体的外部世界，所得到的是表象。我们的身体存在于外部世界之中，如果我们把这个身体也作为一个客体来认识，那么所得到的就仍然只是身体的一个表象。我们会看到，这个身体是受因果律支配的，比如，父母的成孕使它出生，风寒和病菌会使它生病，疾病和衰老会使它死亡，如此等等。总之，它只是外界因果链条中小小的一环。但是，对于我们每个人来说，身体还可以以另一种方式存在。让我们摒弃一切认识，集中注意力于自己的身体，就会感觉到它的种种欲望，意识到它的本质就是欲望，用哲学的词汇表述，就是意志。所以，对身体的直接感受告诉我们，意志是作为现象的我们的身体的本质。

2. 意志是自在之物

我们是直接意识到意志与身体的同一性的。每个人不必借助任何别的认识，就直接知道自己是这个身体，感受到这个身体的欲望，感受到它的痛苦和快乐。意志和表象是截然不同的东西，痛苦和快乐不是表象，而是意志的直接感受。身体里进行的一切，都是意志发动的，而且不受认识指导，直接发生作用。所以，我的身体和我的意志是同一个东西，身体的本质是意志，这是"最高意义上的哲学真理"。

知道了身体的本质是意志，我们就有了一把钥匙，用来探求世界的本质。虽然外部世界只是作为表象向我们呈现的，我们无法像感受自己的身体那样直接感受其本质，但是，我们可以按照与身体的类似性进行判断。很显然，叔本华用的是类比方法，由身体的本质类推世界的本质。他为用这个方法做了一番辩解。据他说，我们是否把从自己身上体会到的真理推广到外部世界，关系到是否承认外部世界的真实性。一个人把除自己以外的一切现象都当作幻象，这种理论上的唯我论是驳不倒的，不过我们也无须反驳，倒不如用一个疗程来对付它，因为它只配出现在疯人院里。在我看来，这个辩解疑似人身攻击，并未说出用类比法的理论根据，是很不哲学的。

不管怎样，叔本华坚决用了类比法，并且得出了结论：一切客体都是现象，唯有意志是自在之物，它是一切个别事物的、也是世界整体的最内在的本质。既然这个结论是我们从自己的身体推导出来的，因此，我们每个人都能够并且必须说："世界是我的意志。"

意志这个概念，一般含有动机乃至理性指导的意思，叔本华解释说，他把这个概念的涵义扩大了，用来指从无机物到人的任何形式的内在冲动。他不用力这个概念，因为他认为，自然界中的力只是意志的一个种类，而且力的概念是根据因果律得出的，属于表象而非本质。

叔本华引述了圣奥古斯丁的一段话，说明万物都有类似于意志的向上的冲动。我也觉得这段话很精彩，显示了圣奥古斯丁的非凡思考能力，大意是说：如果我们是动物，就会爱肉体的生命，追求幸福；如果我们是树木，虽然没有意识，仍会追求生产丰富的果实；如果我们是石头、流水、风、火焰，虽然没有感觉和生命，仍会因为自己的重量而追求下降或上升，物体之被重量驱使，正如心之被欲望驱使一样。

综上所述，我们每个人和世界有两重关系。一方面，我是意志，世界的内在本质就在这意志之中。另一方面，我是认识的主体，世界是我的表象。在这两重观点之下，每个人都是一个小宇宙，大宇宙的两个方面皆备于我。世界和我一样，彻头彻尾是意志，又彻头彻尾是表象，此外再没有剩下什么了。大千世界中，一切生灵对世界都有所表象，以此为意志举起了一面反映它的镜子。随着生灵等级的提高，反映的明晰和完整程度也提高，而在人身上达到了最高程度。

以上是叔本华所建立的本体论的基本轮廓，我们来讨论一下。近代以来，哲学家们认识到，之所以不能对世界的本质下论断，是因为世界只能作为现象在意识中显现。这个论点是不可反驳的，因为它的正确性包含在一个同义反复中：凡在意识中显现的就是现象而非本质。叔本华以意志为世界的本质，有两个步骤，每一步骤都是可质疑的。第一步，由身体对欲望的直接感受得出身体的本质是意志。他强调对欲望的直接感受不是表象，这也许缩小了表象的外延。他说的表象，相当于洛克说的观念。洛克把观念分为两类，即感觉和反省，而在反省的观念中，有一类与意志力有关，即欲望、苦乐等。我们无法设想，欲望、苦乐等不呈现在意识中就会被感受到，而只要呈现在意识中，它们就是表象，不过是另一类表象罢了。第二步，用类比法，即由身体推及万物和世界，我已指出叔本华的辩解并不成功。叔本华的本体论完全是为他的人生论服务的，所以，我们也许就不必太在意它在理论上能否成立了。

3. 自然界中的意志

在《自然界中的意志》中，对于意志之为自在之物，叔本华做了更直观的论证。其基本逻辑是，在自然界中，意志是生物体的一切功能，包括认识功能，形成的根源。在我看来，这个逻辑的实质就是因果律，而按照他的划界，是不允许把因果律用于本体论领域的。不过，我们看到，他的这个方式的论证有很强的说服力。

叔本华说，他设定了三个层级。第一是意志，它是完全原初的东西，是自在之物。第二是具有各种器官的躯体，它是意志在外部世界中的客体化。第三是认识，包括理智，它只是躯体的功能之一，如同其它器官一样，完全是服务于各种动物在外部世界的生存的。三者之中，意志并非如同人们所设想的那样是认识的，从而是生命的一个偶然事件。相反，认识是生命的偶然事件，生命是物质的偶然事件，而物质只是意志现象的可知觉性。

有一则印度神话，讲述了在一次诸神聚会上，绝世美女云水仙子绕着诸神款步轻行，走了一圈又一圈。这时湿婆神怀着强烈的渴望，要在她处于不同位置上的时候都能看见她，因此在东南西北四个方向上又生出四张脸来，成了一身五脸的形象。在同样的场合，以同样的方式，因陀罗神也是全身生出了无数的眼睛。叔本华说，这就说明，任何器官的产生都是由意志造成的。

叔本华还引述了法国博物学家拉马克的理论。拉马克最早提出进化论，指出每一种动物的形态，尤其是其特有的器官，在该物种起源时并不存在，只是为了适应其所处的外部环境，通过意志不断重复的努力，经过漫长时间中的积累和世代繁殖中的继承，才得以形成。由此可见，动物本身的意志是决定其身体结构的最初因素。叔本华说，可惜拉马克是一个法国人，而法国的形而上学太落后了，因此未能把他的理论贯彻到底。否则，他应该设想一种原初的动物，既没有形状也没有器官，然后根据环境条件把自身变为从小昆虫直到大象的无数动物形态，而这原初的动物就是生命意志。

认识作为一种功能，也是由意志造成的：在无生命物体，体现为对各种原因的感受性；在植物，体现为对刺激的感受性；在动物和人，作为动机的中介者起作用。严格地说，这一切只是在程度上有所不同而已。作为对外部印象的感受性，动物意识的范围大小和清晰程度是与其需求成正比的，在进化系列中由低级向高级发展。最后到达人类，也是与人的需求相适合，理性才作为大脑的一种功能产生。一方面，人体没有天然的武器和厚实的毛皮，肌肉力量相对虚弱，另一方面，人类种族繁殖缓慢，幼年期较长，个体的有效存活格外重要。这两方面都要求人类有较高的理智能力。但是，理性终归是第二位的、从属的，只是用来为意志服务的。人的本质不是灵魂，而是意志。所谓灵魂，是一个合成的东西，是意志和理性的结合，而意志是它的基本因素。

理性能力本来是意志的产物，可是，因为有了理性，人就用知识包裹自己，用伪装的本领掩饰自己，以至于其真正的本质只是偶然地得以显露。因此，在生命意志的表露上，植物最坦率，动物其次，人是最虚伪的。因为有了理性，人还愚蠢地认为，世界在其意识中所呈现的表象，即一种纯粹的大脑现象，竟然是世界的本质，而且是独立于大脑而存在的。这正是一切独断主义的本体论赖以建立的基础。

4. 意志是盲目的挣扎

世界的本质是意志，作为自在之物，意志是在因果律的范围之外的。你不能问意志本身为什么存在，欲求什么，这样问是混淆了自在之物和现象。我们只能给现象指出一个根据或理由，不能给意志本身指出一个根据或理由。世上任何一个东西，它的根本的存在都没有原因，只有它之所以恰好存在于此时此地的原因。每个人的具体行为都有原因或动机，比如，你结婚是因为遇到了意中人，是为了传宗接代，如此等等，可是，如果问你何以根本要欲求或何以根本要存在，你就答不上来了，你会觉得这种问题文不对题。每一个别行为都有一个目的，但整体的欲求即意志本身却没有目的。

在对意志的性质做了这一番分析之后，叔本华得出结论：作为世界之本质的意志，它本身没有任何根据和理由，没有任何目的，只是不能遏止的盲目的冲动。挣扎是它的唯一本质，但没有一个已达到的目标可以终止这种挣扎，因此挣扎是没有止境的。叔本华的悲观主义的人生哲学，就用这样一种令人沮丧的形而上学打下了基础。

五　人生在痛苦和无聊之间摆动

西方哲学的基本倾向是乐观主义的，相信人类凭借理性或者经验能够获取幸福。叔本华是第一个大唱反调的哲学家，主张一种彻底悲观主义的人生哲学，从根本上否定幸福。他的本体论是为这种悲观哲学服务的，是为了赋予它一种形而上学的面貌。表面上他是从他的本体论推演出他的人生论，其实他是为他的人生论设计了他的本体论。不过，我认为这无可指责，真正说来，任何一种形而上学都是在为某种人生哲学建立理论根据，解释宇宙是为了解释人生，区别只在明显还是隐蔽、直截了当还是迂回曲折罢了。

1. 意志和个体生命

世界的本质是意志，意志本身是无目的的挣扎，这是叔本华在本体论上的说法。可是，当他把这个观点用在人生论上的时候，他却说意志是对生命的欲求，生命是这欲求在表象上的体现，因此意志就是生命意志，两者是一回事，只是名词加上同义的定语罢了。这么说来，意志又是有一个目的的，这个目的就是对生命的欲求。不过，叔本华会说，对生命的欲求是一种盲目的挣扎，说不上是一个目的。

无论如何，意志作为本质，总是要体现为现象，这个现象就是生命。生命的序列，从最低级的微生物到最高级的人类，都是意志借以体现自身的现象。生命总是以个体的形态存在，个体只是现象，服从因果律，是有生有死的。但是，生死不能触及作为自在之物的意志。在印度神话中，死神僖华在戴上骷髅项链的同时，还戴上棱迦项链这一生殖的象征。在古希腊罗马的棺椁上，雕饰着舞蹈、狩猎、新婚、醇酒妇人等宴乐情景，而古希腊罗马人在祭神的聚会上集体宣淫，表演长着羊足的森林神与母羊性交的场面。所有这些都是以最强调的方式指出，在被哀悼的个体死亡中，生命意志是不死的，整个自然界不因个体的死亡而有所损失。大自然关心的不是个体而是族类，对于它，个体没有真实性，也没有价值。不过，认识到大自然的生命是不死的，而自己就是这大自然，人就可以对个体的死感到安慰。很显然，叔本华在这里所表达的思想，对于尼采创立酒神哲学是一个启示。

动物在生存时是没有毁灭的恐惧的，因为它就是自然，唯有人在他抽象的概念中怀着自己必死的忧虑。不过，好在这种忧虑经常是沉寂着的，只在个别的瞬间由于某种起因而活跃起来。在大自然的强大气势面前，反省思维的能为是微小的。人和动物一样，有一种内在的意识，意识到自己与自然为一，由此产生的安全感是常态。

然而，作为认识的主体，个体又总是把它之外的整个世界，从而把其他一切个体，都当作它的表象而意识的。因此，当个体的意识消灭时，这世界就随同消灭，换句话说，这世界存在或不存在对于个体是一回事了。所以，尽管它在无边无际的世界里十分渺小，小到近于零，它仍然要把自己当作世界的中心，把自己的生存放在首位，把自己的死视为世界末日。这种心理就是利己主义，这种利己主义是每一个体本质上的东西，也正由于这种利己主义，意志的内在矛盾达于可怕的公开表现。死和痛苦是不同的坏事，人之所以怕死不是怕痛苦，而是怕个体的毁灭。

2. 生命在本质上是痛苦

生命是意志在现象界的显现，既然意志是无目的无止境的挣扎，那么，生命在本质上就是痛苦。痛苦不是从外面加于生命的，而是生命根底里的东西。生命的级别越高，痛苦就越显著和强烈。植物没有感觉，因此不会感到痛。低等动物只有微弱的痛感，到了脊椎动物，有完备的神经系统，感觉能力和痛感就以较高的程度出现。智力越发达，意识越清晰，痛苦就按比例增加，在人身上达于最高程度。在人类中，也是智力越高，认识越明确，就越痛苦，因此天才是最痛苦的。

在人身上，意志体现为欲望，欲望意味着欠缺，得不到满足是痛苦，而一旦得到满足，欲望消除了，新的欲望还没有产生，没有了欲求的对象，人就会感到无聊。在痛苦和无聊的转换中，所谓幸福只存在于欲望得到满足的极短暂的时间里。欠缺是任何享受的先行条件，所以，幸福在本质上是消极的，欠缺和痛苦才是积极的东西。

由于常驻的幸福是不可能的，所以不能是艺术的题材。戏剧描写主人公历尽困难和危险达到目标，一旦达到了目标，就得赶快让幕布落下，全剧收场。因为在那之后，除了指出主人公在那个实现了的目标中并没有找到幸福，只是空折腾一场，就再没有什么可演的了。但丁的《神曲》写炼狱里的痛苦，可以从我们的现实世界中获取大量素材，但是，写天堂里的极乐就找不到一点儿素材了，所以只好写些圣者的教训之类的东西。事实上，在我们把痛苦认作地狱之后，给天堂留下的除了无聊就别无其他了。

3. 人生在痛苦和无聊之间摆动

根据以上所述，叔本华给人生描绘了一幅悲惨的图景。欲望是人的本质，这注定了人生是无止境的挣扎，完全可以和不能解除的口渴相比拟。欲望不满足就痛苦，满足了则无聊，所以"人生在痛苦和无聊之间像钟摆一样地来回摆动着"，事实上痛苦和无聊就是人生的两种最后成分。

对于一切有生之物来说，忙碌的活动原是在为生存而挣扎。可是，一旦生存已经稳固，这生存本身就会成为不堪忍受的重负，不知道要拿这生存怎么办了。因此，人们就又为摆脱生存这重负而挣扎，要使生存不被感觉，也就是要消灭时间，逃避空虚和无聊。于是我们看到，几乎所有无困乏之忧的人在丢掉一切其他包袱之后，现在却以他们自己为包袱了，如果能够成功地消磨掉一个小时，也就是从本想尽可能延长的生命中扣除掉一部分，就反而要算作收获了。困乏是平民大众的日常灾难，而空虚无聊则是上层社会的日常灾难。在市民生活中，工作日代表困乏，而周末则代表空虚无聊。

空虚无聊绝非一种可以轻视的灾难，牢狱就是把空虚无聊用作可怕的惩罚工具的，它甚至会导致自杀。空虚无聊会在人脸上刻画出真正的绝望，并且使得像人这样并不怎么互爱的生物居然那么急切地互相追求，从而成为人们热爱社交的主要动力。与困乏和饥饿一样，空虚无聊也会驱使人们闹事，因此，单是从政治的角度考虑，就有必要安排各种公共娱乐设施，面包和马戏都是大众的必需品，缺一不可。绝大多数人是无能享受纯粹的智力生活的，在闲暇中也需要刺激来提高自己的兴致，于是我们看到，他们在游览名胜时喜欢刻写自己的名字，而扑克牌的发明和广为流传也证明了人们空虚无聊的情形有多么严重。

4. 人生在总体上是悲剧

如果说人生的过程由痛苦和无聊组成，那么人生的结局就是不可避免的死亡。生命本身是满布暗礁和漩涡的海洋，每个人都小心翼翼、千方百计地要躲开这些暗礁和旋涡，尽管他知道自己即使历尽艰苦绕了过去，也是由此一步一步接近那最后的、整个的、不可避免的、不可挽救的船沉海底，但仍然只好朝这结果驶去。对他来说，艰苦航行的这个最后目的地比他躲开的所有暗礁还要凶险。

我们的诞生就已经把我们放在死亡的掌心中了，死亡不过是在吞噬自己的捕获品之前，如猫戏鼠一般逗着它玩耍一会儿罢了。我们以巨大的热情想方设法竭力延长我们的生命，越长越好，就好比吹肥皂泡，尽管明知一定会破灭，仍然要尽可能吹大一些。

每一个体的一生只是一个短暂的梦，犹如一幅飘忽的画像，被意志以游戏的笔墨画在它那无尽的画幅上，画在空间和时间上，让画像停留只是短促得近于零的片刻，然后又抹去，以便为新的画像空出位置来。可是，每一个这样短暂的梦、这样飘忽的画像，却必须用痛苦和无聊来偿还，最后用令人害怕的死亡来偿还。人生有细思极恐的一面，原因就在此。看到一具尸体，我们会突然严肃起来，原因也在此。

任何个别人的生活，在总体上是悲剧，在细节上却又有喜剧的性质。命运好像是在我们一生的痛苦之上还要加以嘲笑似的，我们的生命已必然含有悲剧的一切创痛，可是我们同时还不能以悲剧人物的尊严自许，而不得不在生活的广泛细节中不可避免地成为委琐的喜剧角色。不过，我们不必埋怨，因为是意志自己拿自己的本钱在演出这一伟大的悲剧和喜剧，而它又是自己的观众。

总之，人生在总体上是悲剧，我们必须正视。叔本华愤怒地谴责说，乐观主义如果不是弱智者的空话，便是丧德者对人类痛苦的恶毒讽刺。

六　审美的慰藉

世界的本质是意志，意志在人身上的体现是欲望，而欲望导致的是痛苦，出路何在？叔本华设计的出路，分为权宜的和究竟的两种。权宜的出路，是让认识摆脱欲望的支配，这又有审美和道德两种不同的方式。究竟的出路，是彻底禁欲，灭绝生命意志。本部分讲审美的方式，相关内容主要见于《作为意志和表象的世界》第三卷。

1. 审美状态：纯粹主体和理念

认识的共同形式是主体和客体的并立。在通常情况下，主体是个体的人，受欲望支配，在时间、空间和因果律的形式中把握客体，所获得的是个别事物的表象。在审美状态中，认识仍是主体和客体并立的关系，但发生了一个重大的变化，主体摆脱了欲望的支配，成为认识的纯粹主体，于是不再在时间、空间和因果律的形式中，而是在单纯的直观中把握客体，所获得的就不再是个别事物的表象，而是纯粹的表象，叔本华称之为理念。

要认识理念，必须挣脱欲望的支配，摆脱对意志的一切关系，认识不再为意志服务，因此人不再是个体的人，而是成为纯粹的认识主体。这个时候，他只是沉浸于对眼前对象的静观之中，所认识的对象因此摆脱了对其他事物的一切关系，不再是个别事物，而是作为理念呈现。事实上，对事物之间关系的认识归根到底是出于我们的功利欲求，因此，主体摆脱了欲望的支配，认识也就摆脱了知性形式的支配，这基本上是同时发生的。

在叔本华的美学中，理念是一个重要概念，他说是从柏拉图那里引来的，指意志的客体化的各个固定级别。意志是自在之物，个别事物是意志在时间、空间和因果律的形式之中的客体化，理念处于中间位置。由于摆脱了时间、空间和因果律的形式，它一方面是意志的直接的完美的客体化，另一方面是事物摆脱了相互关系之后的本然的样子，是事物的原型。

以上是叔本华美学理论的基本架构，有必要讨论一下。在这个架构中，理念是最重要的一个概念，可是叔本华对这个概念的使用是大成问题的。在柏拉图的哲学中，理念是个别事物的原型，叔本华取用了这个涵义。但是，在柏拉图那里，理念本身就是自在之物，与意志是没有丝毫关系的，而叔本华因为以意志为自在之物，就硬把理念和意志拉扯在了一起，把理念说成意志的直接的完美的客体化。与此同时，他又说主体必须摆脱对意志的关系才能够认识理念，这显然是自相矛盾的。要认识意志的完美的客体化，就必须摆脱对意志的关系，这个逻辑实在说不通。其实他想表达的是一个简单的道理，就是必须摆脱欲望，从而摆脱与对象的利害关系，才有美的欣赏。事实上，康德把美感定义为无利害关系的快感，已经把这个道理说得简洁又明白了。叔本华的困难在于，既把意志当作世界的本质，又要否定意志，于是硬插进来理念这个概念，试图用它来解决这个矛盾，但我认为并不成功。

2. 物我两忘之境

叔本华的美学有一个明确的意图，就是要寻找一种方式，可以让人暂时摆脱意志的挣扎之痛苦，而审美就是这样一种方式。审美状态的关键，是主体摆脱欲望的支配，不用功利的眼光看事物，因此看到的就不是功利关系中的事物，而是事物本然的样子，从而产生美感。

在审美状态中，人不再是一个有一己之欲望的个体，外物也不再是与一己之欲望有利害关系的事物，物我双方都摆脱了功利，处于彼此和谐的关系之中。叔本华说，从意志的驱使下解放了出来，人就忘记了作为个体的这个我，沉浸于对象之中，自失于对象之中，无痛苦，无时间，获得了心灵的愉悦和宁静。他说的这种状态，接近于中国道家说的物我两忘的境界。个体的差别消失了，人就只是作为世界之眼而存在，这只观赏的眼是属于一个有权势的国王，还是属于一个被折磨的乞丐，就完全是同一回事了。这个时候，人是从狱室中还是从王宫中观看日落，就没有什么区别了。

有一个现象可以说明，美感缘于摆脱与意志的关系。我们突然回忆起过去的某个情景，当时它是与我们的意志有关，并且给我们带来痛苦的，可是，隔开遥远的时间，它与意志的关系已经淡漠，我们就会觉得它很美，仿佛像一个失去的乐园在我们面前飘过。然而，任何纯粹被观赏的对象，只要对我们的意志又发生了关系，在一种利害关系中进入我们的意识，这魔术就完了，我们又回到了受知性形式所支配的认识。

3. 优美感和壮美感

有两种不同的美感，即优美感和壮美感。两者都是不带意志的对理念的认识，区别在于，在优美感，是摆脱了对象对欲望的满足关系，在壮美感，是超脱了对象对意志的敌对关系。

壮美感的产生，是基于这个对比：一方面，我们作为个体、作为意志现象是微不足道的；另一方面，我们意识到自己是认识的纯粹主体。力学的壮美，例如巨大的重量，数学的壮美，例如巨大的体积，都使我们感觉到自己的渺小，而作为认识的纯粹主体，我们解除了对象给我们造成的压力，感觉到了对象的壮美。《奥义书》说："万物的总和是我，在我之外无物存在。"叔本华认为，壮美感就是这种超然于自己个体之上、物我一体的感觉。

个体进入一个寂寞荒凉的环境，这个环境对于个体的意志不提供任何可以欲求的对象，于是个体就只剩下一件事可做，那就是纯粹观赏。谁要是不能作这种观赏，就会陷入意志无所事事的空虚，从而感到痛苦和无聊。就此而言，这样的环境是对于一个人的智慧及其价值的检验，可以测出他在精神上的丰富或贫乏，忍受或爱好寂寞的能力达到了什么程度。

壮美的真正对立面不是优美，而是媚美。优美和壮美都是摆脱了对意志的关系，使一个有利于或不利于意志的对象成为纯粹观赏的客体。相反，媚美却是使对象直接迎合意志，刺激和满足欲望，从而把鉴赏者从领略美所必需的纯粹观赏中拖出来，不再是认识的纯粹主体，而是成为一个有欲求的主体。叔本华认为，在绘画和雕刻中，裸体人像便是典型的媚美。我相信，大多数美术史家都不会赞同他的这个论断，裸体人像可以是优美的，也可以是媚美的，作品由此分出了优劣。

4. 艺术的对象是理念

既然审美是纯粹主体对理念的认识，那么艺术的目标就是传达这个认识，复制由纯粹观审而掌握的理念。艺术的唯一对象是理念，根据所要表达的理念是意志客体化的哪一级别，艺术也有不同的级别，最高级的是表达人的理念的艺术。由于所用材料的不同，艺术又可分为造型艺术、文学、音乐等。

人的理念是意志在认识最高级别上的最完美的客体化。在表达人的时候，有族类特征和个体特征的区别。族类特征就是人的理念，个体特征是个人性格，困难在于如何将两者同时在同一个体中完善地表达出来。关键在于，不能把性格表现为偶然的、专属于这一个体的东西，而要表现为人的理念恰好在这一个体中特别突出的方面，这样的性格刻画才有助于显出人的理念。

一个行为的意义分为外在意义和内在意义，两者完全不同，可以单独出现，也可以合并出现。外在意义是行为及其结果在现实世界中的重要性，由因果律决定，在历史上有其地位。在艺术上有地位的只是内在意义，它是对人的理念的深刻体会。历史上极为重大的行为，在内在意义上可能是平庸的。相反，日常生活中平凡的一幕，如果人性在其中揭示无遗，就具有很大的内在意义。另外，外在意义不同，内在意义仍可能相同。例如大臣们在

212

地图上争夺土地，与农民们在小酒馆里赌博争吵，在内在意义上并无不同，正如下棋用的棋子是黄金做的还是木头做的，都同样只是博弈。

理念和概念是完全不同的东西。概念是抽象的，是凭借理性的抽象作用从多中得出的一，可以称之为事后的统一性，而理念始终是直观的，是纯粹主体直接从多中看出的一，可以称之为事前的统一性。概念好比一个无生命的容器，除了原先放进去的东西，就再不能拿出什么来。理念则好比一个生长着的、有繁殖力的有机体，它所产生的都是原先没有装进去的东西。叔本华说，柏拉图在这一点上也发生了混淆。我们从他所做的这个比较，的确可以看出他和柏拉图的分歧点。柏拉图说理念是事物的原型，这是他同意的，也正是他心目中理念之涵义。可是，在他看来，事物的原型不是概念，而恰恰是概念所不能达到的，是必须靠直观去把握的。

对理念的认识，既不能靠概念，也不能靠经验。它至少部分地是先验的，但不同于知性的先天形式，完全是另一类型的先验认识。这种先验性源于艺术家自己就是大自然本身，就是把自己客体化的那个世界意志。同类只能被同类所认识，精神只能被精神所认识。单从经验出发，根本不可能认识美。有人说，希腊人体美的典型是搜集经验中各个美的肢体拼接而成的，莎士比亚的人物典型也是从他自己的生活经验中观察并加以复制而成的，这完全是无稽之谈。艺术家在创作时必有某种先验地意识到的东西，只是比较模糊，因此需要经验作为一种蓝本，把这个东西引出来，使之变得清晰。

5. 天才的本质是非凡的直观能力

　　康德把天才用作一个专属于艺术领域的名称，叔本华的用法比较广泛一些，但同样认为，在艺术创作上，天才是最不可缺少的。天才的特质，在意志方面，与世界意志亦即大自然有最深刻的连接，因此对大自然所要表现出的东西有一种预感；在表象方面，又最能摆脱一己欲望和知性形式的支配，成为认识的纯粹主体，达到最完美的客观性。两者的结合，使得天才具有非凡的直观能力，成为"明亮的世界之眼"。天才在个别事物中认识到理念，就好像大自然的一句话还只说出一半，他就已经体会了，并且把自然结结巴巴未说清的话爽朗地说了出来。形式的美，在大自然尝试过千百次而失败之后，艺术家把它雕刻在坚硬的大理石上，然后放到大自然的面前，好像如此喊道："这就是你本来想要说的！"

　　理念不是概念，它是原初的东西，只能从大自然中汲取，从生活本身获得。天才虽然受前辈及其作品的教育和熏陶，但是，起决定作用的是他的直观能力，直接使他怀胎结果的是生活和世界本身。天才如同有机的、有消化和吸收作用的、能生产的身体，富有独创性。真正的杰作植根于自然，所以和自然一样不朽，保有其原始的感染力。它们不属于任何时代，而是属于整个人类。与此相反，一切模仿者在艺术中都是从概念出发的。他们在真正的杰作上记住什么是使人爱好和感动的，弄明白了之后，就把范本的本质装入概念中来理解，然后进行模仿。可是，概念绝不能把内在的生命赋予一个作品。那些追随时代精神的伪艺术家同样如此，因为时代精神只是各个时代蒙昧大众给予高声喝彩的一些

214

流行概念，植根于这些概念的时髦作品必不能长久，不到几年就成了明日黄花。

普通人不能持续地进行审美的静观，他之观察事物，一是只关心事物与自己的意志亦即欲求的关系，二是只在事物中寻找概念，以便把该事物置于概念之下，然后对该事物不再感兴趣了。"因此，他会对于一切事物，对于艺术品，对于美的自然风景，以及生活的每一幕中本来随处都有意味的情景，都走马看花似的浏览一下匆促了事。他可不流连忘返，他只找生活上的门路，最多也不过是找一些有朝一日可能成为他的生活的门路的东西，也就是找最广义的地形记录。对于生活本身是怎么回事的观察，他是不花什么时间的。"由此可见："一个人的认识能力，在普通人是照亮他生活道路的提灯；在天才人物，却是普照世界的太阳。"

由于上述原因，大多数人永远与天才的作品隔着一条鸿沟。许多人把公认的杰作当作权威，只是为了不暴露自己的低能而已。每个世纪都只是少数几个有判断力的人为杰作加冕，这些少数人的意见逐渐积累，构成了权威。所以，如果要取得后世的景仰，那么除了牺牲当代人的赞许外，别无他法。

6. 音乐和悲剧

叔本华对艺术的各个种类都有论述，其中最值得注意的是关于音乐和悲剧的见解。

关于音乐，他提出一个重要论点：音乐是唯一直接表达世界的内在本质的艺术。其他一切艺术的对象是理念，意志在其中借助于理念得以客体化。但是，音乐不然，它不借助于理念，它是意志的直接客体化。音乐不是理念的写照，而是意志自身的写照。因此，音乐的效果比其他艺术要强烈和深刻得多，其他艺术所说的只是阴影，而音乐所说的却是本质。

据叔本华引证，柏拉图已经把音乐解释为"曲调的变化模仿着心灵的动态"，亚里士多德也说过"节奏和音调虽然只是声音，却和心灵状态相似"。音乐本身是没有形象的，它直接表现人的心灵状态，真正的音乐所表现的是与世界意志息息相通的心灵状态。世界作为意志和表象，其他艺术必须借助于表象，音乐直接表现意志，表现自在之物，是一种形而上的艺术。

这就使得音乐和哲学有了内在的一致。哲学是在最普遍的概念中表述出世界的本质，因此，如果能够成功地把音乐所表现的东西在概念中复述，那就会是真正的哲学。莱布尼茨说，音乐是一种"下意识的、本人不知道自己在计数的算术练习"。叔本华认为这把音乐说低了，他套用莱布尼茨的这句话，戏谑地纠正为："音乐是人们在形而上学中不自觉的练习，在练习中本人不知道自己是在搞哲学。"

叔本华的这个论点，对音乐家瓦格纳和哲学家尼采有重大影响。他还指出，音乐只表现心灵世界，但是，当想象力被音乐激起，试图用一个类似的例子来体现音乐所表现的那个心灵世界之时，就产生了歌曲和歌剧。他的这个见解，启发了尼采关于悲剧起源于音乐的学说。

在西方美学和艺术理论中，悲剧历来被公认为文艺的最高峰，叔本华也作如是观。他用他的理论来解释，在除了音乐的其他一切艺术中，意志借助于理念而得到客体化，其客体化的完美程度由低到高呈现不同的级别，最高的级别就是悲剧。

悲剧总是把人类巨大的不幸表演给我们看的，悲剧中用以导致不幸的途径有三个类型。其一，某个剧中人的异乎寻常的恶毒，他的邪恶获胜，导致不幸。其二，受盲目的命运支配，偶然性和过失导致不幸。其三，剧中人在道德上是无辜的，既不邪恶，也没有发生可怕的过失，只因为彼此的位置不同，由这种关系所规定，彼此不可挽救地给对方制造灾祸，却不能说单是哪一方不对。叔本华说，这第三种悲剧是最深刻的，因为它不是把不幸当作一个例外，而是当作从人的行为和性格中产生的东西，亦即几乎是人的本质上必然产生的东西，因此不幸也就和我们接近到了可怕的程度。

悲剧所表演的不幸，暗示着宇宙和人生的本来性质，这就是意志和它自己的矛盾斗争。在悲剧中，这种斗争达到了顶点，使我们在可怕的规模和明确性中看到意志和它自身的分裂，看到同一意志各个现象之间的自相残杀。我们因此看穿了现象的形式即个体化原理，"摩耶之幕"不再能够蒙蔽我们的眼睛，从而对世界的本质有了完整的认识，也就是说，认识到了世界意志的盲目和无意义。"这个作为意志的清静剂而起作用的认识就带来了清心寡欲，并且还不仅是带来了生命的放弃，直至带来了整个生命意志的放弃。""悲剧的真正意义是一种深刻的认识，认识到（悲剧）主角所赎的不是他个人特有的罪，而是原罪，亦即生存本身之罪。"

叔本华对悲剧的解释，落脚在悲剧所产生的看破红尘、清静和放弃意志的效果。他的整个体系是否定生命意志的，因此他给予悲剧高度的评价。后来尼采对此予以反驳，对悲剧效果提出了相反的解释。

七 道德的救赎

叔本华的伦理学思想，见之于《作为意志和表象的世界》第四卷，以及1841年出版的《伦理学中的两个基本问题》。后者由两篇论文组成，第一篇《论意志自由》是1839年挪威皇家科学院有奖征文的获奖论文；第二篇《论道德的基础》是次年响应丹麦皇家科学院有奖征文而写的。前一篇刚得了奖，他信心满满，在寄论文的附信中宣布，他将把两篇获奖论文合成一本书出版。可是，虽然只有他一人投稿，却没有获奖，理由之一是说近代好几位杰出哲学家被不得体地提到。他的确在征文中骂了黑格尔和费希特、谢林，作为一篇送去评奖的论文，这当然犯了大忌。但他毫不自省，在《伦理学中的两个基本问题》序言中对三人更加痛骂，还捎上了丹麦皇家科学院。

在丹麦皇家科学院眼中，被不得体地提到的杰出哲学家可能也包括康德。在《论道德的基础》这篇论文中，超过三分之一的篇幅是对康德伦理学的批判。叔本华最尊敬的哲学家是康德，但是，他对康德伦理学几乎是全盘否定的。他的批判很直率，常常也很毒辣，清晰地阐述了他和康德的分歧，实际上也揭示了近代两种对立的道德观的分歧，值得认真对待。我就从他对康德伦理学的批判讲起。

1. 对康德伦理学的批判

（1）康德的伦理学建立在虚构概念的基础上

康德伦理学中有三个重要概念，即道德法则、绝对命令、实践理性，这三个概念有密切联系甚至是重合的，道德法则就是实践理性下达的绝对命令。叔本华说，在半个多世纪里，伦理学一直舒适地躺在康德为它布置的软垫上，这块软垫的名称叫实践理性的绝对命令，一个不太夸张且传播较广的名称叫道德法则，现在是传讯它到法庭接受彻底审查的时候了。他要向人们证明，这些概念是毫无根据的虚构，而康德的整个道德体系正是建立在这些虚构概念的基础上的。

康德伦理学的出发点是找出我们行为应当遵守的纯粹的道德法则，纵然事实上这种遵守从未发生过，叔本华说，这个出发点就已经错了。他责问道，谁告诉你，存在着这个所谓应当的法则，你有什么理由假设一种应当发生但事实上从未发生的情况，并且把它表述为绝对命令强加给我们？"

在认识论中，康德严格区分纯粹的先天知识和经验的后天知识，取得了成功。于是，他力图把这个方法也用于伦理学中，要找出我们行为的先天的道德法则，它是在我们所有经验以前就给予我们的，是理性为意志立的法则，是一个绝对的应当。然而，知识理论和道德实践有根本的区别。第一，时间、空间、因果性等先天形式是形成经验的条件，因此经验必定与之相一致；相反，所谓的先天道德法则却是经验每一步都会嘲笑的东西，康德自己承认，人们在实践中是否真正有一次遵循它，是可疑的。第二，关于感性和知性的先天形式之形成，康德有很充分的说明；可是，关于如何从纯粹先天领域中发展出人类行为的法则，纯粹理性如何凭借自身就能够是实践的，康德自己承认，这是人类理性永远无法说明的，为此付出的一切努力都是徒劳的。由此可见，康德自己承认，纯粹道德法则这个东西，既不能在理论上说明它是何以可能的，也不能在经验上证明它是实在的。尽管如此，他仍宣称它是实践理性的绝对命令，叔本华说，把这一切放在一起来看，我们不能不怀疑康德是在嘲弄他的读者们。

康德所谓的实践理性，其实就是理性，即抽象思维的能力，在前面加上定语实践，是强调理性有实践能力，即理性所立的法对一切理性存在者皆有效。叔本华指出，在这里，康德为了说明道德法则对人类普遍有效，虚构了一个所谓理性存在者的属，其本质是由理性构成的，而把人作为一个种归于这个属。而且，即使理性是人类的属性，理性和道德之间并无必然的联系。理性不过是思考的能力，一个有理性的行为，是一个经过了审慎思考的行为，它与一个有道德的行为，即一个公正、善良、高尚的行为，完全是两回事。理性和邪恶可以合作得很好，那种重大的、影响极坏的恶行，没有两者的合作就根本不可能得逞。总之，在理性中是找不到道德的根源的。

（2）康德的伦理学是迂腐而不切实际的

叔本华认为，康德的伦理学不但在理论上没有根据，而且在实践中是没有效用的。道德的激励必须是经验的，而所谓绝对命令既没有实在的内容，又没有经验的来源，在任何情况下都是绝不能激励人的。康德主张，行为只是遵循抽象法则而实现，不带有任何情感的倾向，乃是行为具有道德价值的条件，这种主张只会促成道德上的迂腐。我们不妨设想这样一个人，他被一个鬼怪附身，它只用绝对命令说话，并且与他的愿望和爱好相对抗，自称是他的行为的永久控制者；在这个形象中，我们看不到任何对人性和我们内在生活的真实描绘，看到的只是一个被神学道德观念操纵的木偶。

在康德的伦理学中，义务（职责）是一个重要概念，指出于对法则的敬畏的一个行为之必然性。在康德看来，义务概念本身就是履行义务的根据，它自身就意味着具有强制力。尽管他承认，完全出于纯粹义务决定的行为，我们举不出任何确实的范例来，但他依然强调，义务是使一个行为具有道德价值的唯一理由。一个善行，如果不是单纯地为了义务和当作义务去做，而是因为喜欢去做，便没有真正的道德价值。相反，一个人即使心中没有同情心，对别人的痛苦漠不关心，只是出于义务而施惠于人，其性格在道德上便具有价值。叔本华说，这种断言是完全违反真实的道德情操的。

康德想象建立一个被称作目的王国的道德乌托邦，居住在那里的全是标准的理性存者，他们对任何实际事物都没有愿望和兴趣，人人都只意愿着一件事，就是能够永远按照纯粹的道德法则而意愿。叔本华引用古罗马诗人尤维纳利斯的诗句评论道："不写讽刺诗不行了。"

（3）康德的伦理学是化了妆的神学

叔本华认为，正是康德摧毁了直到他那个时代认为不可动摇的思辨神学的基础，但他的伦理学体系本身是建立在种种隐蔽的神学假设上的，实际上是化了妆的神学。最明显的神学假设，一是绝对命令，二是至善。

所谓绝对命令，仅仅在神学的道德观念中才有其效用，在这之外是没有任何意义的。绝对命令的真正下达者不是说不清道不明的实践理性，而是上帝，所谓实践理性其实是上帝的化身。

康德严格区分幸福论和道德论，把一切幸福论从道德学中清除出去，这是一个伟大的贡献。但是，在至善学说中，他又在德行与幸福之间保留了一种神秘联系，所谓至善就是德行与幸福的合一，即在天国由上帝赐予德行以幸福的报酬。这实质上仍是一种其源头为幸福的道德，幸福论已被康德视为一个擅入者郑重其事地从他的体系前门推出去了，然后又让它以至善的名义从后门爬了进来。

所以，康德的真正目标是道德神学。他像一个魔术师在变戏法，准备让我们大吃一惊，最后变出了一个东西，其实是他事先藏在那里的。他要把神学建立在道德学的基础上，表面上是从道德学推演出神学，实际上神学作为第一原则已经事先藏在那里，最后作为结论把它变了出来。在这样颠倒了次序以后，他自己也迷糊了，以为真的变出了一个新东西。换一个比喻，康德好像这样一个人，他在舞会上整晚拥着一个戴面具的美女跳舞，戴的面具叫道德，舞伴最后摘下面具，原来就是他那个名叫宗教的妻子。

（4）康德的普遍道德法则之剖析

以上是叔本华对康德的伦理学的一般基础的批判，对于康德根据一般基础所提出的普遍道德法则，他也进行了剖析。最主要的一条法则是：要这样行动，让你的意志的准则始终能够同时用作普遍立法的原则。叔本华说，这条法则的实质内容只不过是它的普遍有效性而已。我的意志（意愿）的准则应该是可以成为所有人的行为指南的，在这里，关键是要确定，我能意愿什么，不意愿什么，而为此我还需要另一个标准，这个标准只能是在我的利己主义之中。事实上，在具体解释时，叔本华形容说，康德不顾自己的堂皇的先天建筑，利己主义正坐在审判官席上，手持天平。他引证了康德的一些陈述，例如：我绝不能意愿有一项说谎的普遍法则，或者一项允许不信守诺言的普遍法则，因为那样人

222

们就不再相信我；如果人人都对他人的疾苦熟视无睹，你会愿意生活在那样一种秩序里吗；如果你宣布不愿意帮助别人是一条定则，那么所有人拒绝帮助你便是合理的，等等。由此可见，康德的普遍道德法则完全是建立在预先假定的互换利益上的，因此只能以利己主义来解释。这个法则也不像康德所声称的是无条件的绝对命令，它是有条件的，建立在这样一个假设之上：我做什么，人们也就会对我做什么。

叔本华还指出，这个法则其实就是对著名的金规则的一种模糊而伪装的表达，即：你不愿意别人如何待你，你也不要如何待人。孔子的经典表述是：己所不欲，勿施于人。人人都不愿意的是别人不帮助自己，甚至损害自己，所以，这个法则其实又是对一个命题的绕圈子的说法，这个命题是：不要损害人，要尽力帮助人。叔本华说这个命题是他设计的，并自诩它是一切道德体系一致要求人们应有行为的最简洁的定义。

（5）伦理学中的基本分歧

叔本华说，必须清楚地把伦理学的原则和理论基础加以区别，伦理学的原则讲的是德行之所是，伦理学的理论基础讲的是德行之所以然。关于德行之所是，所有伦理学的看法是一致的，尽管会给它穿上不同的服装，这就是他自认为做了最简洁表述的这个命题：不要损害人，要尽力帮助人。但是，关于德行之所以然，伦理学中存在着重大的分歧。

我本人认为，如何说明德行之所以然，即如何说明道德的根源、基础和本质，取决于对人性的认识。大致来说，人性中有三个部分，即理性、情感和意志，意志是行为的直接动因，而意志应该或者事实上由什么决定，是理性还是情感，由于对这个问题的不同回答，形成了伦理学中的基本分歧。理性主义认为，道德的基础是理性，道德就是意志及行为遵从理性的决定。这是柏拉图和康德的观点。经验主义认为，道德的基础是情感，人与人之间对于痛苦和快乐有共通的情感，道德就是意志及行为受这种同情的情感支配。这是休谟的观点。叔本华所采用的也是经验主义的观点，他明确说，经验的方法是找到道德的基础的唯一方法，而他找到的这个基础就是同情。不过，我下面会讲到，他对同情的解释是和休谟大不同的。

在我看来，寻找道德的基础的这两个途径并非非此即彼、不可并存。人性中既有理性，也有同情的情感，两者都对道德做了贡献。康德的道德学只承认理性，否认出自同情的行为具有道德价值，这种极端立场是片面的，叔本华有理由加以嘲笑。但是，叔本华走到了另一个极端，同样是片面的。对理性的推崇蕴含着一种信念，即人是万物之灵，道德上的自律源于对人之为人的尊严的意识。康德明确地表达了这个信念，叔本华对此抨击说，自从康德提出人之为人的尊严这个概念，它就成了所有头脑空空的道德学家的陈词滥调。他显然十分讨厌这个概念，不允许它在伦理学中有立足之地。然而，伦理学是不能缺少这个概念的。不管人们如何揭露无限宇宙中人类理性的渺小，如何证明人是万物之灵命题的不能成立，都不能摧毁这个概念在我们心灵中的存在，它是一个内在的信念，支撑正直的人为了做人的尊严可以承受任何苦难，乃至牺牲生命。道德上最高尚的行为只用同情心是解释不了的，它们必定有更高的根源。

2. 道德的基础：同情

（1）道德的基础是同情

叔本华说，同情是人类意识的一个不可否认的事实，是人类意识的本质部分，不依概念、宗教、教育为转移。它是原初的和直觉的，存在于人性自身，因此在每个民族和时代都会显现。没有同情心的人被称为没有人性，可见同情和人性常常被当作同义词。同情是道德行为的最纯粹的源头和最确实的保证，只有发自同情的行为才有真正的道德价值。

叔本华引证了世界不同民族的古训，说明以同情为道德的基础是有根据的。其中，提到中国儒家的五常即五种基本德行，在仁、义、礼、智、信之中，仁就是同情，居于首位。他显然没有意识到，居于第二位的义，其涵义就是他所讨厌的人之为人的尊严这个概念。中国儒家把仁和义并列为道德的基础，是相当全面的。

在欧洲近代哲学家中，他没有引证休谟，而是盛赞卢梭是近代最伟大的道德家，声称他的观点从卢梭那里得到了权威的支持。他说，卢梭是一个能猜透人心的人，不是从书本而是从生活中学到智慧的，自然只给了他一人能够谈论道德问题而不令人生厌的天赋。这番赞扬十分中肯。不过，关于道德的基础，卢梭有不同的说法，除了同情心，还有自爱心和良心，人们对他的伦理思想可以做出不同的解释。叔本华引用了《爱弥儿》中的一段话："事实上，如果我们不从自己的意识中出去，变得与活着的受苦者结合为一体，通过离开自己的存在而进入他的存在，我们怎么能被感动而生怜悯之情呢？"这段话非常契合叔本华自己对同情的理解。在休谟的著作中是找不到这样的表述的，作为彻底的经验论者，休谟对同情只有心理学的解释，而叔本华虽然认为只能用经验的方法寻找道德的基础，但他实在不能算是一个经验论者，而是一个本体论的构建者，他要给同情一个形而上学的解释。

（2）同情之形而上学的解释

在《作为意志和表象的世界》第四卷中，叔本华是从他的本体论推导出他的伦理学的。按照他的本体论，意志是世界的本质，世间万物包括一切生命形态只是意志的现象。在生命的延续中，一代复一代，无数个体产生又消灭，个体的这种众多性和差异也不过是现象，实际存在着的只有一个实体即意志。因此，只要破除个体化原理的束缚，我们就可以从其他一切生命个体中认出与自己相同的本质，《吠陀》对此有最好的表达，便是："这就是你！"叔本华认为，同情的根源就是存在于人性深处的这种高尚的认识，它使人打破自我和非我的界限，直接在另一个人之中认出自己。这种高尚的认识是一切真正的亦即无私的德行的泉源，体现在一切善行之中。谁要是能够以清晰的认识和坚定的信念，指着所接触到的每一个生命，尤其是每一个受苦的生命，对自己说出"这就是你"这一公式，那么，他就一定是一个具有一切美德的崇高的人。相反，恶人是绝不会有这种众生一体的意识的，在他的自我和他人之间隔着一道鸿沟。

我们要记住，叔本华以意志为世界的本质，但他对意志是否定的，人生的目标是要从意志的支配下解脱出来。解脱的途径分为权宜的和究竟的两种。用一种形象的说法，世界意志是大我，个体意志是小我，权宜的途径是要消除小我，究竟的途径是要把整个大我灭绝掉。审美和道德都属于权宜的途径，如果说审美是通过无功利无欲望的鉴赏暂时忘记小我，那么道德则是通过众生一体的意识把小我融入大我。在消除小我的道路上，道德比审美前进了一步，审美只是一种慰藉，而道德则是一种救赎。

（3）根源于同情的德行：正义和仁爱

叔本华给德行下的定义是：不要损害人，要尽力帮助人。用伦理学的术语说，不损害人就是正义，尽力帮助人就是仁爱，这是两种基本的德行，而两者都根源于同情。

正义是不损害他人，而损害他人则是非义。用意志学说分析，个体都是意志的客体化，一个人在肯定自己的意志时不侵入他人意志之肯定的范围，就是正义，若有侵入之行为，就是非义。一种行为，只要不是侵害他人，就不是非义。例如见死不救，当然是无人性的，但不是非义。不过，谁要是冷酷到这种程度，则可断定他在不受限制的情况下任何非义的事都干得出来。一个人自觉遵循正义，不损害他人，就表明他在一定程度上看穿了个体化原理，在他人之现象中发现了存在于自己身上的同一个意志。只要不是十足的恶人，一个人行了非义会感到不安，是因为模糊感觉到意志是一体，对受侵害者行非义是意志在自食其肉，人们把这种模糊的感受叫做良心的责备。所以，良心实质上是意志的自我认识。

正义是在较低程度上看穿个体化原理，仁爱则是在较高程度上看穿这个原理，体悟到在自己和他人乃至动物身上存在着同一个生命意志，因此产生心意上真正的善和对他人的无私的爱。这种爱如果达到完善的程度，就会把他人和自己完全等同起来，对他人的不幸和痛苦感同身受，并且诚心诚意给予救助。

叔本华认为，一般来说，在这两种基本德行中，正义多是男性的美德，仁爱多是女性的美德。男性推理能力较强，易于理解正义所要求坚守的一般规则。女性有敏锐的直觉，易于受感动而产生仁爱的心情。在夸奖了女性之后，叔本华不忘贬低她们，说因为不遵守正义的规则，不公正、虚伪、说谎是女人常有的恶习。

（4）不道德的根源：利己主义和恶毒

叔本华说，人类行为有三个基本源头：一是利己主义，意欲自己的福利；二是恶毒，意欲他人的灾祸；三是同情，意欲他人的福利。同情是道德行为的根源，已如上述，现在我们来看一看不道德行为的两个根源。

叔本华把利己主义形容为高踞于世界之上的一个庞大怪物，他说，如果允许每个人在自己的毁灭和其余人类的毁灭之间做选择的话，那么就不用他来说出多数人的决定是什么了。每个人都是把自己当作世界的中心，立足于自己看世界的。发生这种现象的根本原因是意识的主观性，每个人都是直接地意识到自己，间接地意识到他人的。整个外部世界只是作为主体的心理图像向他呈现，他的自我就自然地成了中心，而他十分清楚地意识到，这个自我必定因死亡而消失，对于他来说，这就等于整个世界的毁灭。这便是利己主义基于生存意志而形成和发展的基础，这种利己主义像一条鸿沟把人和人隔离开来。

在叔本华看来，人们的行为多半是以利己主义为动机的，包括表面上好的行为，比如，为了获得荣誉、尊敬或同情而做好事，为了对自己有用而遵守规则，为了避免下地狱而信上帝，为了个人的完善而修身，等等。这些行为的真正动机都是利己主义，所以毫无道德价值。

用意志学说分析，利己主义的问题是：第一，过分肯定自己的生命意志，远远超出了应有的程度；第二，局限于个体化原理，死守着由此原理所确定的自己和他人之间的区别。

不道德行为的另一个根源是恶毒。利己主义也可能导致作恶，给别人造成损害和痛苦，但损人是手段，不是目的。恶毒却是把作恶当作目的本身，恶毒的人即使不利己也要损人，通过给别人造成痛苦获得快乐，因此构成一种更严重的道德恶劣行为。利己主义只是不道德，而恶毒却是反道德。如果说利己主义是兽性更多，那么，恶毒是魔鬼性更多。两者的区别可以用嫉妒和幸灾乐祸的区别说明，人出于利己主义会嫉妒别人的幸福，而恶毒则会使人对别人的不幸幸灾乐祸。

恶毒又可以进而演变为残忍。怀恶意的快乐是理论上的残忍，它只要有机会必定会付诸实践，而残忍不过是付诸实践的怀恶意的快乐。没有什么比残忍更能引起我们的道德感的厌恶了，它正是同情的直接对立物，我们能够原谅所有其他过错，但不能原谅残忍。据叔本华分析，一个人之所以会变得残忍，是因为有过分强烈的意志冲动，无物可以满足，经历到的一切满足都只是假象，不能使意志冲动得到宁静，于是产生可怕的荒凉空虚之感，感到无可救药的痛苦，便试图用亲手制造别人的痛苦来缓解自己的这种痛苦。叔本华的这个分析，我们只能姑妄听之，因为在我看来，任何哲学理论都是无力解释嗜血魔鬼的人格逻辑的。

（5）论动物权利

同情是在其他生命个体中认出作为世界之本体的同一个意志，因此这种情感是指向一切众生的，包括动物。叔本华形容说，同情的道德认识到，内在于一切有生命之物的永恒实在，它带着深邃的意义，从一切能看到太阳的眼睛里，向外闪闪发光。在近代哲学家中，他是最坚决地为动物权利辩护的，他的出发点接近于佛教的悲悯众生。

在欧洲传统的伦理学体系中，是没有动物的地位的。据称动物是没有权利的，人对动物不承担任何义务，无论做什么在道德上都无关紧要。叔本华说，这种观点绝不可原谅，是一种令人厌恶的粗暴，反映了西方的野蛮状态，其来源是犹太教，在基督教中得到了延续。

近代哲学家中，蒙田和休谟都曾经为动物权利辩护。蒙田指出，动物比人类所认为的聪明得多，人应该向动物学习。休谟指出，动物也有理性和情感，人类应该善待动物。一般来说，理性主义哲学家往往贬低动物，断定动物没有理性，人与动物之间隔着一条鸿沟，是本质上不同的存在物，笛卡尔和斯宾诺莎都持这种主张。斯宾诺莎甚至说，人类可以为了自己的利益任意对待动物，是保存它们还是消灭它们，完全以人类的需要为准。

叔本华对理性主义者的观点进行了反驳。根据他的意志学说，人与动物在内在的本质上并无区别，两者的本质都是生命意志。理性主义断言动物没有任何自我意识，不能够区别它们自己与外在世界，要回答这种可笑的假设，只需指出一切动物乃至最低级的动物固有的无限利己主义就够了，这就充分证明它们是完全意识到它们的自我与外在世界是对立的。区别仅在于次要的东西，在于知觉能力和智力的程度。人类诚然有被称为理性的抽象认识能力，但这种优越性可归因于肉体的一个单独部分——大脑的发育程度，并非本质的差异。

康德也反对虐待动物，理由是这会使人的同情心变得麻木，而在人与人的关系中，同情在道德上是一种有用的自然倾向。叔本华愤怒地批评说，只是为了训练对人的同情才怜悯动物，这种原则令人作呕。在他看来，之所以要善待动物，是因为动物和我们一样是生命意志的现象，这种同情必须是立足于动物自身的。英国首先为保护动物立法，他对此赞赏不已，认为这表明欧洲人越来越清醒地意识到动物也有权利，而那种主张动物只是为人类利益而存在的一种东西的观念正在逐渐被克服和放弃。

八　人是变不了的

叔本华伦理学中有一个突出的内容，是论证人的性格不可改变。他所说的性格，是指一个人的秉性，贯穿于一个人整个人生的欲求、行为乃至品德中的根本倾向。这个内容很特别，所提出的问题值得探讨，我专门讲一下。

1. 悟知性格和验知性格

这方面的思考，叔本华自己说，是以康德提出的悟知性格（intelligible character）和验知性格（empirical character）这一对概念为根据的。康德在论述自由和必然的关系时提出这一对概念，悟知性格指本体界的人，是自由的，验知性格指现象界的人，服从因果必然性。他本人似乎并不看重这一对概念，没有太展开论述。叔本华对康德的伦理学几乎全盘否定，却对这一对概念情有独钟，认为阐明两者的区别是康德的伟大功绩。他实际上是用自己的意志学说来解释这一对概念的，而与康德最不同的是，他着重用它们来分析个人的性格。

按照意志学说，意志是自在之物，个体生命皆是意志的现象。但是，叔本华说，作为自在之物的意志存在于不同个体身上时，是有专门的、个别的特性的，这种特性构成了某一特定个体的悟知性格。悟知性格的特点，一是个体的，人人都不同；二是天赋的，一出生就已确定；三是不变的，每个人一生始终是同一种性格。所以，悟知性格其实就是一个人的真正的性格，一个人的秉性。然而，它是隐蔽的，我们只能通过经验去认识它，不但对他人是如此，对自己也是如此。这个通过经验认识到的性格叫做验知性格。

叔本华把悟知性格定义为一个人的意志的特性，有他的理由。所谓意志的特性，就是一个人在根本上欲求什么，一个人的秉性正是由这种根本欲求规定的。你根本上想要什么，你就是一个什么样的人。这种根本欲求是贯穿一生的，它在不同情况下的具体体现则构成了验知性格。悟知性格是一个人的本质，而验知性格是这个本质在时间和空间中、在因果律的世界中所呈现的现象。悟知性格是原型和内在基础，而验知性格是摹本和外在表现。

叔本华认为，用意志学说分析个人性格，关于性格的一些似乎费解的事实就得到了解释。其一，变化只存在于现象世界，意志作为自在之物是超越于时间、空间和因果律的，因此，一个人的悟知性格即真正的本性是不可改变的。其二，意志本身是无目的的冲动，没有根据或理由，因此，倘若问一个人为何是这样一种性格，这个问题是无法回答的。每个人能够为自己的个别行动提出理由，但是如果问他何以根本要欲求或何以根本要存在，就没有人能够回答了，而且谁都会觉得这样提问是荒唐的。其三，意志作为自在之物不能成为认识的客体，因此，人很难有自知之明。人的行为是悟知性格对于环境的反应，由于并不认识自己的悟知性格，所以在尚未处于某个特定环境中时，无人知道自己到时候会如何行动。

2. 性格和动机

我们现在只在悟知性格的意义上用性格这个词，指一个人的真正本性和根本欲求。人的行为由两个因素决定，一是性格，二是环境。环境提供的是动机，即引起行为的刺激，而性格则决定了对动机发生何种反应。由于性格不同，对相同的动机会发生不同的反应。每个人因为他特定的性格，会对某些种类的动机比较敏感，发生强烈的反应，而对另一些种类的动机则予以忽略。这正像在化学中，一个元素只对某些元素发生反应，而对其他元素不发生反应一样。无论在什么情况下，一个人只会被合乎自己天性的事吸引，比如，一个本性功利的人会抓住机会谋取一官半职，一个像陶渊明这样本性散淡的人却厌烦为五斗米折腰，宁愿弃官务农。

一个人在根本上所欲求的，亦即他最内在的本质所指向的目标，绝不是外界因素能够改变的。外来动机只能改变寻求一贯目标的途径，绝不能改变目标本身，只会改变意志的表现方式，绝不会改变意志本身。正如塞涅卡所说："意欲是教不会的。"

动物对环境的刺激直接发生反应，人不同，环境的刺激是以认识为媒介起作用的，这个被认识到的刺激就叫做动机。但是，认识能力只是意志的工具，各个动机作用的强弱归根到底取决于意志，即一个人的根本欲求，是根本欲求在权衡各个动机，寻找实现自身目标的途径。人有时会对自己的行为感到懊悔，懊悔的产生绝不是由于意志已有所改变，那是不可能的，而是由于认识有了变化，所懊悔的不是欲求本身，而是在实现其目标的途径上出了错。

3. 人是变不了的

根据以上所述，可以得出一个结论：人是变不了的。一个人的意志特性是他的真正的自我，是他的本质的真正核心，决定了他根本上想要什么，因此也决定了他是一个什么样的人。人不能决定要做这样一个人，要做那样一个人，不能变成一个不同于自己的另一个人。他既已是他，便永无改易。

可是，由于意志本身是没有根据的，一个人之所以生而成为这样一个人是没有理由可解释的，因为这个原因，每个人都误以为自己是自由的，仿佛能在任何瞬间开始另一种生活，成为另一个人。然而，通过经验，他又惊异地发现自己并不自由，不管如何筹划，自己的生活并无大的改变，必须始终扮演一个不情愿的角色，并且把这个角色演到剧终。

每一个人的本性是不可改变的，变化的只是本性的表现方式。不变的本性规定了一个人的人生过程的本质方面和内在意义，环境和动机则规定了它的非本质方面和外在形象，也就是人生过程中那些具体的经历和行为。判断一个人的人生有无价值，起决定作用的不是他的外在经历，而是他的内在本质，即他的悟知性格。

4. 理论不能指导行为

既然人是变不了的，那么，想用理论和教导来改变人就是徒劳的。叔本华说，人本质上是实践的动物，不是理论的动物，所以理论不能指导人的行为，改变人的气质。伦理学并非如人们所说是实践哲学，一切哲学都是理论的，伦理学同样如此，是以纯观察的态度研究道德现象，而不是写道德格言和戒律。全部伦理学不曾培养出一个有美德的人，就像全部美学不曾培养出一个诗人一样。德性和天才一样，都不是教得会的。概念对于德性和艺术都是不生发的。想用言辞和说教让一个人抛弃性格上的缺点，乃至改变固有的德性，这种想法如同想通过外物的作用让铅变成黄金，想通过精心栽培让橡树结出杏一样，纯属妄想。

赋予行为以道德意义的是居心，美德之为美德是因为居心的善，而抽象的教条只能影响外表的行动，不能影响居心。错误的教条无损于美德，正确的也难以促进。人们常常引教条作为自己做好事的根据，这分两种情况。一种的确是把这教条作为动机的，因此所做的只是表面行为。另一种本来就是好人，做了好事却不懂得如何解释，于是在接受了一种教条之后，便把这教条作为虚构的理由，来向自己的理性交代。由于居心是深藏不露的，所以这两种情况很难区分。居心的善源自一种直接的直观认识，这种认识不是抽象的，无法用语言表达，必须由各人自己领悟。

抽象的道德教育不但无用，而且有害。把正直和德行描绘为世人一般遵循的原则，而经验教给青年们的却是另一回事，他们发现自己受了骗，就会在道德上变得更坏。宁可告诉他们，在这世界上美德是少见的，坏人很多，但你应该成为好人，这样他们至少有所警惕，不会因为无知而付出沉重的代价。

叔本华还反对由国家推行道德教育，他特别攻击某些德国哲学家，说他们企图把国家歪曲成促进道德和陶冶教化的机构，其阴险目的是要废除个人自由和个性发展，使人"成为一个像在庞大中国的政教机器中的轮子"。

5. 认识你本来之所是，做好你自己

人是变不了的，但人并不因此就无可作为。每个人应该逐步认识自己本来之所是，最大限度完整地认识自己的个性，使之成为自觉的行为方式。验知性格提供了自我认识的材料，通过自己的所作所为，我们对自己的悟知性格会有所体验，知道自己是什么样的人，根本上想要什么，因此也就知道自己能做什么和不能做什么。

一个人必须知道自己想要什么。在旧说，人是要他所认识的；叔本华纠正说，人是认识他所要的。真正知道自己想要什么，放弃一切不相干的欲求，我们才能严肃地追求某一确定的目标，不管它是享受、荣誉、财富、科学、艺术或美德，从而干出一番事情。

要明白自己的长处和短处，扬长避短，以此为准绳来确定自己的目标。对于自己特别突出的自然禀赋，要努力加以培养和使用，只向这些禀赋有用武之地的领域发展。对于不适合自己禀赋的事情，则要坚决克制自己不去尝试。对力不能及之事知足而不强求，我们就可以摆脱一切痛苦中最尖锐的痛苦，即自己对自己的不满，这种痛苦是不认识自己的个性和由此导致的不自量力的

必然后果。

人不可违背自己的天性。违背自己天性的作为，即使结果不算太失败，付出万般艰辛终于取得了一些成就，也是不能给人以享受的，因为"除了使用和感到自己的力量之外，根本没有什么真正的享受"。

6. 人的善恶也是天生的

叔本华所说的不可改变的悟知性格，是指每个人意志的特性，即根本的欲求。大致地说，人的精神属性有智力、情感、意志三者。我们可以认为，意志的特性对于智力和情感都会发生影响。影响于智力，使智力朝根本欲求的方向使用和发展，这就是兴趣。影响于情感，根本欲求使人喜欢或厌恶某些人和事、某种生活方式，这就是性情。我们的确看到，在很大程度上，人的兴趣和性情是由天赋决定的。性格的基本成分，除了兴趣和性情，还有品德。现在我们要问，意志的特性本身是否有善恶之别，换言之，人的品德的好坏是否也是由天赋决定并且不可改变的？叔本华的回答是肯定的。

人类行为有三个基本根源，即利己主义、恶毒和同情。叔本华说，在每个人的天性中，这三者是以不同的比例组合的，由此产生了性格的道德差异。这种差异与生俱来，根深蒂固，而且差异之大达到令人吃惊的程度。恶人生来就恶毒，就像蛇生来就有毒牙和毒腺一样，而且不会改变。你永远不能通过教育使一个恶人成为好人，使一个硬心肠的人变得有同情心。你可以让一个自私的人明白，假若他放弃某些小利将获益更多，可以让一个恶毒的人知道，他将因损人而更害己，但是永远不可能让一个人摒弃本性中的利己主义和恶毒本身。教育和经验都改变不了一个人的意志奋力以求的目标，只能改变他对达到目标的手段的选择。

在我看来，叔本华似乎把人的本性的善恶绝对化了。其实，按照他的理论，在每个人的天性中，利己主义、恶毒、同情三者是以不同的比例组合的，那么，应该是既有利己主义和恶毒占据极大乃至全部比例的极端自私之人和大恶之人，或者同情占据极大乃至全部比例的大善之人，也有三者比例适中的中品之人。大恶和大善之人的确是不易改变的，但中品之人却应该有改变的相当空间，教育主要是对这类人发生作用的，而这类人占大多数。董仲舒提出的性三品，说的就是这个意思。不过，叔本华也许会反驳说，中品之人也是不可改变的，他永远是中品之人。当然，这样说也没有错。

7. 不存在意志自由

人的行为由性格和动机这两个因素决定，叔本华认为，每个人的性格是既定的，动机受因果律支配，因此其行为遵循严格的必然性。如果不是因为性格是难以探知的，动机常常是曲折而隐蔽的，人的每一个行为就都是可以预知乃至测算出来的。

在动机的作用下，性格做出反应，要采取某个意志动作。当意志动作尚在酝酿的时候，它叫愿望，如果成熟了，就叫决心。但是，直到行为发生之前，它仍是可以变化的。这就产生了一个假象，人们误以为，在任何既定的场合，不同的意志动作都是可能的。不同的愿望在自我意识面前此起彼伏，似乎每一个愿望都可以成为意志动作，问题只在选择哪一个，人们把这叫做意志自由。自我意识如此说：我能够做我想要的；如果我想要这个，我能够做这个；如果我想要那个，我也能够做那个。实际上这是把愿望和想要混为一谈了。在既定的场合，一个人能够愿望不同的乃至相反的东西，但真正想要的东西只能有一个，是由他的既定性格和在此场合占优势的动机决定的。

一个人同时可以有各种不同的愿望，把这说成意志自由，叔本华用一个生动的比方说明其荒谬。假定有这样一个人，他下班后对自己说："现在我可以散步，可以去俱乐部，可以去访友，可以登上塔楼看日落，甚至我可以永远去流浪。这一切都取决于我，我有充分的自由。当然，我也可以不做这一切，而是立刻回家，回到太太身边。"这就好比水如此说："我可以掀起巨浪（是的，在海洋起风暴时），可以泡沫飞溅地往下冲（是的，在瀑布中），可以像光线一样射进空气（是的，在喷水池中），甚至我可以沸腾和消失（是的，在加热时）。当然，我也可以不做这一切，而是留在水池中。"由此可以说明，如同水的形态的变化一样，人的行为的动机也是完全服从因果律的。在意志做出决定之前，各种不同的愿望只是一些幻想的图像，所谓意志自由其实是由于对自我意识的错误解释而产生的迷茫。

人有思考能力，不像动物那样，受直观的、当下的直接刺激的强制，因此的确是相对地自由的。但是，这种自由只是使动机作用的方式发生了变化，而动机作用的必然性并未丝毫减少。思考能力只是大大延长了因果链条的长度，把概念和思想作为中间环节加了进去，使得动机的作用变得曲折而隐蔽。事实上，因为思考能力，各种动机在意识面前交锋，人的整个身心成了动机相互冲突的战场，因此备受痛苦。没有一个动机具有绝对的力量，而总是可能被一个相反的动机所平衡，而最强的动机终于获胜并规定了意志动作，这个结果是以严格的必然性出现的。

8. 人仍然要承担道德责任

关于意志自由的争论直接关系到道德责任问题，一个简单的逻辑是，如果不存在意志自由，就没有理由要人为自己的行为承担道德责任。但是，叔本华不这么看。他说，什么地方有过错，什么地方就必须有责任。人的行为归根到底是由性格决定的，我们要一个人为自己的行为承担责任，实际上是要他为自己的性格承担责任，或者说，是要他的性格为他的行为承担责任。性格决定了一个人是怎样的人，所以也就是要每个人为自己是这样一个人承担责任。事实上，行为在我们心中激起的情感，诸如感激和憎恨、敬重和蔑视，并不是针对一时的行为的，而是针对行为者即一种恒定的性格的。而在所有的语言中，形容道德的词，诸如高尚和卑鄙、善良和邪恶，也更多的是对人格而非单一行为的评价。

虽然人的具体行为是由动机促发的，而且动机的作用有严格的必然性，但是，没有人想到因此要把责任归罪于动机。因为谁都知道，客观地考虑，在任何既定的环境中，完全可以发生一个不同的甚至相反的行为，而这取决于人格。面对一个弱者，好人会同情并且给予帮助，恶人会欺凌。行为显示了一个人的人格，而行为者必须为之负责的就是这个人格。

我们也许可以问，如果说悟知性格是天赋的，一个人对于自己是什么样的人完全不能支配，他如何能够对自己是一个这样的人负责呢？看来叔本华也觉得这是一个难题，他说，在解释人和人之间在道德本性上的差异时，无论把原因归结为外部环境还是先天赋予，的确都不能要人自己承担责任。许多伟大人物努力想找到一条从这个迷宫中走出来的路径，但都失败了，所以他承认，要撇开人的意志的自我存在而设想其道德责任，是超出他的把握能力的。意思似乎是说，他只能探究到人的意志特性这一步，本性难移是一个事实，虽然无法探知其原因，人仍然必须为自己的本性承担责任。是的，恶人为什么这么恶是超出我们的理解能力的，尽管如此，我们仍然认为恶人必须为自己的恶的本性承担责任，恶人必须得恶报。

九　带领万物解脱

叔本华的哲学，实质上只是人生哲学。他的认识论和本体论，是为人生论提供理论根据的。他对人生的看法，归纳为一句话便是：人生是苦难而且毫无意义。那么，我们怎么办？他的美学和伦理学提出了权宜的办法，就是从审美得到暂时的慰藉，从道德得到有限的救赎。接下来讲他提出的究竟的办法，就是彻底禁欲，灭绝生命意志，带领万物解脱。

1. 跳出个体化原理看世界和人生

作为个体，我们每个人都生活在特定的时间和空间之中，我们的认识都受到个体化原理的束缚，看不到世界和人生的真相。这就好比一个水手，眼睛只盯着自己驾驶的一叶扁舟，看不到四周一望无际的汹涌怒海。无边的世界充满痛苦，可是，人人都把自己眼前的苦乐看得最重要也最实在，想尽办法趋乐避苦。我们在一块小小的地基上经营幸福、耍弄聪明，为免除了别的个体所遭遇的痛苦而沾沾自喜，却不知这地基下面早已全部被挖空。

唯有跳出个体化原理，我们才能看清世界和人生的真相。这个时候，一个人会意识到他就是整体的生命意志本身，感觉到世界上的一切痛苦也都是他的痛苦，而把他自己的痛苦只看作整个痛苦的一个特例。这就是同情的美德。再进一步，认识到痛苦的根源是意志的内在矛盾及其本质上的虚无性，这个时候，一个人就从美德过渡到禁欲，从肯定一切现象中的意志转向否定意志了。多数人是因为自己遭受了巨大痛苦，这痛苦把意志压服了，然后才出现意志的自我否定；只有少数人是基于纯粹的认识，自觉地否定生命意志，这才是值得敬重的。

如果把人生比作灼热的红炭筑成的圆形轨道，上面有几处阴凉的地方，那么被拘于幻觉的人就会以这几处阴凉为安慰而坚持在这轨道上跑。但是，摆脱了个体化原理的人会看到自己同时在轨道的一切点上，因此毅然跳出这轨道。他的意志掉过头来，否定它自己了。意志之否定是人生所能够达到的最高境界。

2. 生命意志之否定

西班牙诗人迦尔德隆在《人生一梦》中写道："因为一个人最大的罪过，就是，他已经出生了。"个体生命是意志的现象，意志本身只是盲目的冲动，这决定了它所表出的现象皆无意义，一切个体都毫无价值。人原本就不该出生，出生是罪，因此必须为这罪受罚。永恒的公道在运行，而跳出个体化原理来看，罪和罚的承担者都是意志，是意志在犯罪，不该表出为个体生命，是意志在受罚，必须遭到否定。

生命意志之否定是基督教和印度智慧的最内在精神。基督教的核心是两大教义，即原罪和解脱。原罪是生命意志之肯定，以亚当为象征，因为偷吃禁果而知道了性的羞耻，这原罪显然就是性欲的满足。人类的每一个体都分有了这原罪，为此必须遭到痛苦和死亡的惩罚。解脱是生命意志之否定，以耶稣为象征，作为人化的上帝，用自己的受难为人类赎罪。人类的每一个体也都分有了这牺牲，因为这牺牲而从痛苦和死亡中得救。叔本华认为，这两大教义性质相反，原罪之说是从犹太教继承来的，解脱之说才是基督教专有的原理。

在印度的智慧中，生命意志之否定的表述更为丰富而生动，远非基督教和西方世界能及。无论印度教还是佛教，都有轮回说，而人生的最高目标都是不再入轮回，《吠陀》称之为"再不进入现象的存在"，佛教称之为涅槃。

也许有人会说，要否定生命意志，最直接最干脆的方式不就是自杀吗？叔本华告诉你，正相反，再没有比自杀更远离生命意志之否定的了，它恰恰是强烈肯定意志的一种现象。自杀者太执着于生命，只是因为不能忍受生命中的痛苦，就用放弃生命来结束痛苦，所放弃的不是生命意志，而只是意志的个别现象。在这个场合，意志正是以取消其个别现象来肯定自己，因为此外再无别的法子来肯定自己了。所以，几乎一切伦理学，不管是哲学上的或宗教上的，都是反对和谴责自杀行为的。

3. 无欲是人生的最后目的

在个体身上，意志是作为欲望存在的，因此，真正放弃生命意志，唯一的方式是戒除欲望，借此从尘世得到解脱。无欲是人生的最后目的，是一切美德和神圣性的最内在本质。这表现为自愿的禁欲、苦行、散尽财产以及用故意造成的贫困来压制意志。作为有生命的肉体，作为具体的意志现象，欲求的根子仍在，为了让它枯萎，就强制自己不去做所欲求的事，偏去做相反的事，目的只是用以抑制意志。

与此同时，一个人既然自己已否定显现在自己身上的意志，那么，当别人有否定他的意志的行为时，当然不会反对。别人对他行不义，损害他，侮辱他，折磨他，他都欣然接受。他以无限的耐心和柔顺来承受这些痛苦，把它们当作考验和证实自己不再肯定意志的机会。

事实上，我们看到，在不同宗教中，关于禁欲的训诫是相似的，圣者们禁欲的行迹也是相似的。无论是基督教，还是印度教和佛教，都主张布施和散财，都要求远离和戒除俗世的物质享受。佛教的戒律尤其严格，禁止僧人有私人住所和任何财物，甚至禁止经常在同一棵树下栖息，以免对这棵树产生亲近之感。时代和民族如此不同，却有如此高度的一致之处，这必定表明了人类天性中某个本质的、由于其卓越所以不常见的方面。

不同宗教在理论上的教条是大不相同的，而在实践上的信念却如此相似，对此只能有一个解释，便是理论的教条是依据抽象

244

认识制定的，而实践的信念则出自一种内在的、直接的直观认识。这又一次证明了直观认识和抽象认识之间的巨大区别。一切圣者和禁欲主义者都用行动显示了他们的内在认识的一致性，却各按他们的理性所接受的教条说着极不相同的语言，各有一套理由来解释他们的行为。但是，这并不影响事情本身的性质。一个圣者可以有满脑子最荒唐的迷信，或者相反，也可以是一个哲学家，两者的效果完全一样，唯有他的行动才显示他是圣者。

无欲是人生的最后目的，因此，达到无欲的境界是人生的最高成就。"世界上所能出现的最伟大、最重要、最有意义的现象不是征服世界的人而是超脱世界的人。"叔本华想象一个这样的人，经过艰苦的斗争，终于把捆绑于人世间的欲求的千百条绳索通通都割断，再没有什么能使他激动了。他的意志已经永远平静，甚至已经寂灭，只剩下最后一点闪烁的微光维持着这躯壳并且将和这躯壳同归于尽。他只成了反映这世界的一面镜子，微笑着静观这世间的幻影。叔本华叹道，这个人是多么幸福啊。我不得不说，叔本华的这个想象是根据他的体系推导出来的，也就是说，只是他的抽象认识，而不是他内在的直观认识，因此在他的生平行为中是找不到印证的。

4. 戒除性欲是关键

在人的欲望中，性欲是尤其要戒除的。性冲动的强烈，生殖行为导致的生命在个体死亡之后的延续，都告诉我们，性欲是生命意志的最坚决的肯定。因此，要否定生命意志，戒淫是关键的一步。

人有两极，即生殖器和大脑。生殖器是盲目的欲望冲动，比身体任何别的器官更加只服从意志而完全不服从认识，因此可以说是意志的聚焦点。大脑是纯粹的认识主体，是作为表象的世界的聚焦点。与人的这两极相对应，太阳有两个功能，一方面是热的源泉，而热是较高级别的意志现象即生命的条件，另一方面是光的源泉，而光是最完美的直观认识即审美的条件。因此，热之于生命意志，就相当于光之于认识。在人身上，生殖器是热，使生命成为可能，大脑是光，使认识成为可能。

很巧妙的说法。但是，我同意尼采的观点，性是审美的重要源泉，而叔本华由于把审美定义为无欲望的纯粹认识，就得出了相反的结论。让我们设想一下，如果人只有大脑，没有生殖器，会怎么样呢？没有生殖器的希腊人还会为了绝世美女海伦打仗，还会诞生流传千古的荷马史诗吗？没有旺盛的情欲，还会有拉斐尔的画和歌德的诗吗？总之，姑且假定人类能无性繁殖，倘若那样，人类还会有艺术乃至文化吗？在人类的文化创造中，性是不可或缺的角色，它的贡献绝不亚于大脑。

5. 带领万物解脱

在叔本华看来，自愿戒除性欲意义重大。如果这个戒律得到普及，人类就会灭绝，而我们可以假定，随同最高的意志现象即人类消灭，较低级的意志现象包括动物界也会消灭，如同较暗的光线会随同充分的光线消逝而消逝一样。这就是人类带领万物解脱。我不认为有理由做这样的假定，因为即使人类全体因为自愿戒除性欲而灭绝了，动物绝不会聪明到或者愚蠢到这个地步，也都仿效人类自我灭绝。

对于人类带领万物解脱，叔本华还有一个比较哲学的解释。世界的本质是意志，世界的一切现象都是意志的客体化，它们是作为表象对认识的主体呈现的。由于人类对意志的自愿否定和放弃，世界上没有人类了，亦即不存在认识的主体了，那么，客体也就不存在了。随着主体和客体的不存在，意志的整个现象世界也就不存在了。于是，没有意志，没有表象，没有世界，剩下的只是一个无。这个无，我们只要还是生命意志，就不能认识它，用佛经里的话说，它是"一切知的彼岸"。如果这个无就是人类带领万物解脱所达到的境界，那么所谓万物解脱就只是指万物不再进入人的认识，不再是意志的现象，而原因很简单，因为人类不存在了。

叔本华所设计的彻底解脱之道，即人类全体自愿戒除性欲，是一个绝不可能也不应该实行的反面乌托邦。他的体系的根本矛盾在于，以意志为世界的本质，却要否定意志，以欲望为人的本质，却要否定欲望。那些以理性为人的本质的哲学家，反倒是对欲望持宽容的立场，只要求用理性支配欲望，绝不要求戒除欲望。欲望就是人性，要消灭欲望，唯一的办法是消灭人类。叔本华的论述实际上遵循的是这个简单的逻辑。

十　人生的智慧

以上主要根据《作为意志和表象的世界》讲述了叔本华的哲学体系。在这部主要著作之外，他还有一部大部头的著作《附录与补遗》。鉴于主要著作遭冷遇，他改变写作方式，把这本书定位为写给世人的哲学，面向普通读者，要写得既有趣又易懂，并且预期它会畅销。他的预期没有落空，这本书出版后即成畅销书，他也因此成了名人。此书的汉译见于《叔本华论说文集》《人生的智慧》等译著。《人生的智慧》是原著第一卷的收尾之作，集中谈人生哲学，风格鲜明，在当时最受欢迎。接下来我就以之为题，讲述叔本华在体系之外的通俗哲学，仅选取我觉得比较有意思的若干论题。

1. 尘世间的幸福

按照叔本华的体系，人生无幸福可言。面对普通人时，他没有放弃这个观点，宣称对于幸福论这个题目，他的哲学已经明确无误地给出了否定的答案。但是，现在他必须做折中的处理，放弃形而上的视角，从平常和实用的角度出发，并且保留着与此角度相关的谬误，来谈论尘世间可以获得的幸福是什么。

有三个因素决定凡人命运的差别。其一，你之所是，即在最广泛意义上属于人的个性的东西，包括健康、力量、外貌、气质，也包括精神禀赋即道德品格和智力。其二，你之所有，即一个人所拥有的身外之物，包括财产和其他占有物。其三，人们如何看你，即你在别人眼中所呈现的样子，体现为名誉、地位和名声。三者之中，第一项是大自然所确定的，与后两项比较，对于幸福的影响最为关键。尤其精神禀赋，是不可予夺的内在素质，持久不变，在任何情况下都发挥着作用，其价值可以说是绝对的。财产、地位、名声之类，非自己可以支配，谁都可能得到和失去，只具有相对的好处。

人自身拥有的优势，例如伟大的头脑和心灵，与外在的优势诸如地位、出身、财富相比，就好像真正的国王比之于戏剧舞台上假扮的国王一样。在生活中，和在戏台上一样，我们必须把演员与他扮演的角色区别开，亦即把人本身与他的地位、名声区别开。人因为外在的境遇扮演不同的角色，而经常的情形是最坏的演员扮演国王，最好的演员扮演乞丐。

不过，也是用舞台打比方，叔本华告诉我们，在戏台上，演员们扮演不同的角色，仆人、士兵或者王侯、将相，这个区别只是表面的，他们其实都是可怜的戏子。同样，在现实生活中，人们因为地位、名声、财富的差别而被赋予了不同的角色，但是，人生的真正性质并无区别，人人都是充满了痛苦和烦恼的可怜虫。

人生价值的问题分两个层面。叔本华的看法可以归纳为：在形而上的层面，人生在本质上是痛苦和虚无，无幸福可言；在形而下的层面，限于尘世间的范围内，幸福与否的决定因素是一个人的精神禀赋。

2. 精神禀赋决定生活品质

在尘世间的范围内看幸福，叔本华其实与多数哲学家所见略同，把精神快乐看作幸福的主要成分，只是根据他的性格理论，他强调享受这种快乐的能力是由天赋决定的。他说，精神上的快乐是最高级、最丰富多彩、持续最长久的快乐，能否领略这种快乐主要取决于一个人与生俱来的精神能力，精神能力的范围决定性地限定了领略高级快乐的能力。精神禀赋卓越的人，自己身上有高级快乐的源泉，因此过着内涵丰富、兴致勃勃的生活。他们被有价值的事物吸引，观察大自然和人间事物，各个时代和地方的天才人物创造的伟大作品也是为他们而存在的，因为只有他们真正理解和享受它们。和其他人相比，他们享有的存在程度至少高出十倍，因而就等于多活了至少十次。

命运是残酷的，人类是可悲的。生活在这样一个世界里，一个人拥有内在的丰富，就好比在冬夜的漫天冰雪中拥有一间明亮温暖的圣诞小屋。卓越的精神能力、丰富的个性、深刻的思想，这种禀赋本身就是一个人在这地球上能够得到的最大幸运，因而对外在的运气就不会有太多的要求了。

世界因心灵不同而不同。就算处在同样的环境中，人们也是生活在不同的世界上。每个人都是按照其头脑和精神的限度来看世界的，自己心灵中没有的东西，世界上再多也是看不见的，由此决定了他的世界是贫乏、无趣、浅薄的，抑或是丰富、有趣、充满意义的。在一个心灵丰富的人看来是饶有趣味的事情，对于一个头脑平庸的人来说，只不过是平凡世界里的乏味一幕而已。在目光呆滞的眼睛里，再美丽的风景也黯淡无光，就像用焦点模糊的劣质相机拍出的照片一样。同样道理，每个人只能根据自己的精神去理解他人，精神平庸之辈无法理解精神卓越的人，他们的人际交往也必定是平庸的。

总之，人的内在拥有对于人的幸福是最关键的。正是由于内在的贫乏，那些再也用不着与生活的匮乏作斗争的人，他们中的大多数仍是感到不快乐的，情形与还在生活的困苦中挣扎的人并无二致。奥维德的《变形记》中有一句诗："动物弯曲着腰，面对着大地。"原意是描绘动物的，但就其所包含的比喻和精神上的含义而言，这一诗句却也不幸地适用于人类的绝大多数。由于精神的贫乏，人们一辈子面向黄土背朝天，看不见精神的天空。王尔德在相近的意义上说，我们都生活在阴沟里，但我们中的少数人抬头仰望星空。

3. 独处和交往

在大自然的级别中，一个人所处的位置越高，就越孤独，这是必然的。精神卓越的人的特点是喜欢独处，不喜与人交往。身体的独处和精神的孤独相一致，这是有益的。自身拥有的越多，别人能够给予他的就越少。只有独处的时候，他才可以完全成为自己。他是自己的主人，是自己的时间和力量的主宰，每天早晨可以如此说："今天是属于我的。"因此无比踏实。

大自然在人与人之间的精神品质上定下了巨大差别，而社会对这种根本的差别视而不见，相反用社会地位和等级所造成的人为的差别取而代之。每个人都像商品一样被贴上地位、权力、财产等标签，并且受到商品式的对待。一个人越是优秀，就越不能忍受世俗常规的这种安排，越希望退出世俗人群的圈子。功利而空虚的人们热衷于社会交往，在他们对别人的要求中，最不重要的就是一个人所具有的精神内涵。社交场上熙熙攘攘，但是，一百个傻瓜聚在一起，也产生不了一个聪明的人。优秀者知道自己的价值，犯不着去凑热闹，做出无谓的牺牲。

总之，一个人喜欢独处还是交往，是和他自身具备的价值成比例的。在这个世界上，你要么选择独处，要么选择庸俗，除此别无选择。

关于社会交往，叔本华讲过一个著名的寓言。在寒冷的冬日，一群豪猪挤在一起互相取暖，它们很快被彼此的硬刺刺痛，于是被迫分开，寒冷又把它们驱赶到一起，接着又发生同样的事；最后，经过反复，它们终于找到了恰好能够彼此容忍的合适距离。同样，互相取暖的共同需要把人类驱赶到一起，癖性的冲突又使他们互相排斥，最终找到的合适距离就是礼貌之类的社交规则。叔本华说，一个自身蕴藏热量的人是不需要靠人群取暖的，宁愿待在远离人群的地方，这样既不会刺痛别人也不会被别人刺痛。

叔本华特别告诫青年，首要学习的一课是承受孤独，如果在早年就能够适应独处，并且喜欢独处，就不啻是获得了一个金矿。他说，一个年轻人如果很早就洞明世事，擅长与人应接，进入人际关系时驾轻就熟，那么，从智力和道德的角度看，这是一个糟糕的迹象，预示此人属于平庸之辈。相反，一个年轻人如果在人际关系中显得笨拙、诧异、不安，反而预示他具备高贵的素质。一个人热衷于外在的活动，是因为没有内在的生活，对于沉浸于内在生活的人来说，外在的活动常常就成了一种骚扰和负担。

叔本华承认，年轻人是难以长时间忍受孤独的生活的，他建议他们养成这样的习惯：把部分的孤独带进人群中去，学会在人群中保持一定程度的孤独。其方法是，不要随时随地说出自己的想法，对别人不要有太高的期待，对别人说的话也不要太当真，而应锻炼出一种淡漠又宽容的态度。这样，虽然处在众人之中，但并不完全成为众人的一分子。也就是说，在交往中仍要存有一种独处的心态，与众人保持一种心理距离。

叔本华谈自己的体会，他说："我年轻的时候，房门敲响，我高兴地想，幸福就要来了；在往后的岁月，房门敲响，我却惊恐地想，不幸终于来了。"他总结说，出类拔萃的人物，在青年期，感觉自己被众人抛弃；年长以后，却感觉自己逃离了众人。前者并不舒服，因为对人生还缺乏了解；后者令人愉快，因为对人生已经有了认识。于是，人生的后半部分，犹如一个乐段的后半部分，比起前半部分减少了奋斗和追求，但包含了更多的安宁和平和。

4. 闲暇和无聊

"一个内在丰富的人对于外在世界确实别无他求，除了这一否定特性的礼物——闲暇。他需要闲暇去培养和发展自己的精神才能，享受自己的内在财富。"对于优秀者来说，闲暇和独处其实是一回事，闲暇就是独处的时光，他喜欢独处，自然就珍惜闲暇，最厌烦时间被俗人琐事占据。

闲暇之于每个人的价值，是和这个人自身的价值对等的。闲暇带来的是充实还是无聊，取决于一个人的内在是丰富还是贫乏。叔本华曾经把人生描述为在痛苦和无聊之间摇摆，但是在论及人的精神禀赋时，他确信优秀者是可以跳出这个摇摆的。"人的精神思想财富越优越和显著，那么留给无聊的空间就越小。"

人的内在空虚是无聊的真正根源。一个人无能过内在的精神生活，其后果就是内在的空虚，这种空虚烙在脸上，表现为麻木的表情。因为空虚，就忍受不了闲暇，被无聊折磨。为了对抗无聊，就必须不断寻求外部刺激，试图借此让自己迟钝的精神活动起来。于是，对外部世界发生的各种事情，乃至最微不足道的事情，表现出一刻不停的、强烈的关注。于是，紧抓住贫乏单调的消遣不放，还有同样性质的社交谈话，以及许多靠门站着的和从窗口往外张望的人。于是，追求五花八门的娱乐和奢侈，无所不用其极，舞会、看戏、玩牌、赌博、饮酒、旅行、马匹等等。可是，这一切都不足以赶走无聊，因为缺少了精神的能力和需求，精神的快乐是不可能的。

5. 人品和才智

评价一个人，人品和才智哪个重要？这是人们常常争论的一个问题。叔本华依据他的哲学，说人品属于意志，是本质，智力属于现象，只是意志的工具，所以人品重要。他还告诉我们，事实上，人们也是普遍地更看重人品的，卓越的思想素质只能获得人们的赞叹，优秀的道德品质才能获得人们的爱戴。如果说一个人心地很好但头脑不行，你会觉得称赞多于责备；说一个人头脑了得但心肠不好，情况则相反。每个人都会笑谈自己少儿时的愚蠢想法和行为，但是，对于自己少儿时的不良品性和恶劣行径，人人都讳莫如深。做了一件坏事，通常为自己开脱的说辞是强调用心是好的，但考虑不周到，把心的缺陷说成是脑的过失。一切宗教也都许诺美德可以在另一个世界得到奖赏，聪明才智却是没有这个奖赏的。

不过，尽管如此，叔本华认为，在同一个人身上，人品和才智之间是有一种内在联系的。一个圣徒，不论智力多么低下，仍会表现出天才的锋芒和锐气。一个天才，不论性格上有什么弱点，仍会表现出某种高贵的天性。像培根这样，结合最出色的思想能力和极度的道德败坏于一身，毕竟是例外。如同天赋与圣洁同出一源，愚蠢的人通常是邪恶之徒。最可怕的情形莫过于在同一个人身上，邪恶的灵魂与弱智的头脑并存，道德上和智力上的缺陷联手作祟，这样的人一旦掌握大权，普天下的人就都要遭殃了。

6. 骄傲和谦虚

"虚荣和骄傲之间的差别在于：骄傲是确信自己拥有某一方面的突出价值，虚荣则是尽力让别人确信自己拥有某一方面的突出价值。在大多数的情况下，伴随着虚荣的还有这样一个隐藏着的希望：通过唤起别人的确信，能够使自己真的拥有这一份确信。因此，骄傲是发自内在的、直接的自我敬重；而虚荣则是从外在因而是间接地努力试图获得这一自我敬重。因此，虚荣使人健谈，骄傲却让人沉默。"骄傲者知道自己的价值，虚荣者则看重别人对自己的评价。骄傲要有本钱，不是谁想骄傲就能骄傲得起来的，许多人顶多只能装扮成一副骄傲的样子。

骄傲的另一面是鄙视。真正的鄙视是确信某人毫无价值，这种鄙视深藏不露，可以与体谅和容忍并存。谁要是把鄙视表现出来，就已经流露出了有所尊重的痕迹。

谦虚是伪装的卑躬屈膝，是优秀者在这个充满嫉妒的世界里请求平庸者原谅的手段。一个人倘若乏善可陈，因此不自高自大，这不是谦虚，而只是诚实。叔本华并不赞成优秀者谦虚，他劝告说：面对大多数人的恬不知耻和傲慢无知，你要把自己的优点记在心上，因为你如果善意地忽略自己的优点，一视同仁地看待自己和他人，他人就会明目张胆地把你认定为就是这个样子。贺拉斯有言："你必须强迫自己接受应有的骄傲。"谦虚是美德——这句话是蠢人的一项聪明的发明，目的是把所有人拉到同一个水平线上。

叔本华对民族自豪感进行了尖锐的批评，称之为最廉价的骄傲。"沾染上民族自豪感的人暴露出这一事实：这个人缺乏能够引以自豪的个人素质，否则就不至于抓住那种和无数人共有的东西引以自豪了。"他在这世上没有一样自己能为之感到骄傲的东西，于是就只剩下为自己所属的民族骄傲了。"由此他获得了补偿，所以充满感激之情，准备不惜以牙齿和指甲去捍卫自己民族所特有的一切缺点和愚蠢。"相反，具有优秀个人素质的人会更加清晰地看到自己民族的缺点，因为这些缺点时刻就在自己的眼前。一个人的独特个性远优于民族性，理应受到多一千倍的重视。在各个民族，大众的狭隘和卑劣都以某种形式表现出来，这就是所谓国民性。每个民族都嘲笑别的民族，他们的嘲笑都是对的。

7. 论观相术

人们往往奉行以貌取人的原则，叔本华说，这个原则是对的，相貌揭示了人的整个性格特征。由于人脸不断地重复表达其思想和欲望的动作，天长日久，这些动作必然会在脸上刻下痕迹，形成表现内心的图画，从中可以窥知一个人的才智和品德。

我们的确看到，愚蠢者往往面容呆滞，邪恶者即使装得道貌岸然，仍掩饰不住狰狞之相。但是，在一般情况下，相貌特征并不如此极端，观相就不容易了。叔本华告诉我们，为了使观相客观，必须和被观察者没有任何联系，如若可能，尽量不要交谈，因为交谈会在相互之间产生主观感受，干扰客观的观察。应当特别留心第一印象，它是纯客观的，提供了破译他人性格特征的必备素材。如果你重视这个被观察的对象，最好把你的第一印象写下来，因为以后的交往和熟悉会使你忘记这第一印象，使得你无法印证你的观相是否正确。

8. 论阅读和思考

叔本华主张阅读要有节制，不要读太多的书。阅读时，我们的头脑实际上成了别人思想活动的场所，自己的思想活动则被免除了一大部分。手不释卷之所以使人觉得轻松，原因在此，但长此以往，会使人逐渐丧失思维能力。这就像总是骑马的人，有朝一日自己就不会走路了。埋头于书本而置其他一切不顾，甚至比连续性的体力劳动更加麻痹心智，体力劳动至少还可以让人边劳动边思想。

诱发一个人思想的刺激物和心境，主要来自现实世界而非书本世界。呈现于眼前的现实生活是思想的自然起因，比任何别的东西都更能激发思考着的精神。不在现实生活中思考而只是读书，就好像逃离大自然而只在博物馆里看植物的标本。自己思考是第一位的，一个人应当只在自己的思考发生停滞的时候读书，作为休息，也借以使自己的精神获得思考的材料。

叔本华最看不起学者，他说，思想家是直接深入自然之书的人，而所谓学者是在书本里做学问的人。他们书读得越多，人就变得越蠢。令人吃惊的是，学者如此博览群书，思想却如此贫乏。他们的精神世界犹如一个小国，由于没有自己的货币，流通的都是外国货币。

阅读不但要有节制，而且要精选。许多人只读大家都在读的极其平庸的畅销书，对于不同时代不同国家的名著却只是听说一些书名，难道还有比这样的读者更悲惨的吗？平庸的书是精神的毒药，会毁灭人的心智。一定要严格地把时间用来阅读那些站在人类巅峰的伟大人物的著作。

每一位大师都会带出许多解释者，叔本华告诫我们，一定要绕开这些解释者，直接向大师学习。谁向往哲学，就必须亲自到原著那肃穆的圣地去找永垂不朽的大师。绝不要根据第二手的转述，平庸的转述者受限于自己时代的意见和个人的见解，其转述必定走样。然而，人们仍然固执地宁愿看第二手的转述，这只好用物以类聚来解释，即使是伟大哲人所说的话，他们也宁愿从自己的同类人物那里去听取。

和读经典相比，独立思考仍然是第一位的。独立思考的人首先形成自己的看法，只是过后，当权威证实了这些看法，并使他更加自信时，他才知道权威的存在。相反，死读书的人却只是收集权威的观点，把它们凑在一起冒充自己的看法。歌德诗曰："我们必须流下热汗，才能真正拥有父辈留下的遗产。"叔本华如此诠释其含义：先贤发现的某个真理，我们自己必须经过努力独立地把它发现，它才真正属于我们。如果首先是在书里读到，然后经过思考而接受，对于我们的价值就要大打折扣。换一种说法，由独立思考而获得的真理就像天然的四肢，而单靠读书学来的真理就像假肢。

叔本华说，经典作品对于读者的价值，取决于读者与作品之间的亲缘关系，亲缘关系所具有的情感是一切欢乐和愉悦的源泉。

看到这个说法，我心有戚戚，因为我也一直认为，在书籍世界里，灵魂与灵魂之间存在着超越时空的亲缘关系，若干最能让你共鸣的作家就是你的灵魂亲人，而阅读的最大快乐就来自这种亲缘关系的感应。

9. 论性爱

在自己的高级体系中，叔本华是要禁绝性欲的，而在通俗的哲学中，他却批评说，性爱在人们生活中扮演如此重要的角色，迄今为止竟然几乎完全被哲学家们忽视，实在太不应该了。柏拉图算得是关注这个问题了，但大多只涉及希腊人对男孩的爱恋。斯宾诺莎给爱情下过一个定义："爱情是伴随着一个具有外在原因的表象而产生的兴奋和愉快。"这个定义之所以值得一提，只因为它极其幼稚，足以博取我们一乐。在这个几乎是空白的领域，叔本华决定提出自己的解释。

他的解释其实仍是意志学说的推演。性爱的本质是生命意志，是种属的繁衍。在一对男女充满渴望的相互爱慕之中，是一个新个体的生命意欲在燃烧。大自然为了达到自己的目的，就让男女个体产生错觉，在此错觉下，他们把对种属有好处的事情当成了属于自己的好事，从而为种属尽力。大自然归根到底只把个体视为一种手段，只有种属才是它的目的。

在性爱中，就本性而言，男人倾向于多变，而女人倾向于专一。这也是大自然的目的所使然，它的目的就是要尽量繁衍种属。一个男人在一年中可以让许多女人受孕，一个女人在一年中却只能生育一次。所以，婚姻上的忠实对于男人来说是人为的，对于女人则是自然的。

根据这个理由，叔本华主张一夫多妻制。他说，事实上，欧洲在路德宗教改革运动之前，亚洲直到他的时代，纳妾都是被允许的，甚至成为一种制度，得到法律的认可，而且无人认为是耻辱。在欧洲，即使废除了一夫多妻制之后，一夫多妻仍然是到处存在的事实，唯一的问题是如何对它加以控制。最好的办法是允许一个男人供养多个女人，甚至让它成为男人义不容辞的责任，接下来叔本华说得越来越刺耳了："这将会使女人作为男人的附属品而降至她真正的自然的地位；而夫人——这个欧洲文明和条顿基督教愚蠢的怪物——也将会从这个世界消失不见，剩下的只是女人，但不再是不幸的女人，欧洲现在到处都是这种女人。"

在未发表的笔记中，叔本华还提出了四人组合婚姻的设想。两性生殖能力的高峰期是不同的，因此对异性具有吸引力的最佳年龄段也是不同的。大致来说，女性是在十八至二十八岁的青年期，男性是在三十岁之后的中年期。在一夫一妻制之下，如果夫妻年龄相当，那么年轻的妻子在性能力和对异性的吸引力最强的时候只有一个男人，显然是得不到满足的。尤其是女性生殖力的持续时间仅为男性的一半，而在这较短的时间里被赋予了比男性更强的性能力作为补偿，一夫一妻制对于女性就更为不利。而到了她年华老去不再具有性吸引力的年龄，丈夫就会感到强烈的不满足。因此，男人在婚姻的前半段头戴绿帽，在婚姻的后半段则是嫖客。由此可见，一夫一妻制对于两性都不适合。针对这种情况，叔本华设计了四人组合婚姻。开始时，一个年轻女子与两个年轻男子组成家庭，女子过了最佳年龄，两个男子就再娶一个年轻女子，组成四人家庭。他认为，这种方式能够最好地安放男女的性能力与生殖力，让四个人都生活得幸福。他一定自己也觉得他的设计太离奇，所以没有写进他的公开著作中。平心而论，如果只从性的角度看，这个设计有合理之处，但是婚姻是一种社会制度，有太多复杂的因素，就注定了它是一个乌托邦。

参考书目

[德] 叔本华:《作为意志和表象的世界》，石冲白译，杨一之校，商务印书馆，1982

[德] 叔本华:《伦理学的两个基本问题》，任立、孟庆时译，商务印书馆，1996

[德] 叔本华:《人生的智慧》，韦启昌译，上海人民出版社，2005

[德] 叔本华:《叔本华思想随笔》，韦启昌译，上海人民出版社，2004

[德] 叔本华:《叔本华论说文集》，范进、柯锦华、秦典华、孟庆时译，商务印书馆，1999

第二十八讲

爱默生

我喜欢人，不喜欢人们。

——爱默生

在西方哲学史中讲爱默生，就如同讲蒙田一样，也是不合常规的。他同样不是作为哲学家闻名于世和留名青史的，而是被公认为一个演说家和作家。但是，读他的论著，你会被贯穿其中的思想的力量震撼，并且感受到他的思想有一个坚实的哲学核心。林肯称他为"美国的孔子"、"美国文明之父"。他的确是美国文化精神的奠基者。他以一个新大陆居民的眼光，汲取和融会了自柏拉图以来西方哲学某一部分的精华，又灌注新世界蓬勃的朝气，倡导一种既源远流长又焕然一新的人生哲学。他最喜欢的作家是蒙田，他读《随笔集》，觉得这本书好像是他自己写的，是他前世写的。在某种意义上，我们的确可以把他看作蒙田在新大陆的转世，在所有不以哲学家的身份传世的作家中，这两个人是最有哲学家品格的，而且比许多专门的哲学家更是哲学家。所以，我要讲一讲爱默生。

一 大地上的思想者

1. 从牧师到演说家

拉夫尔·沃尔多·爱默生（Ralph Waldo Emerson，1803—1882）生于美国马萨诸塞州的波士顿，在离波士顿不远的康科德小镇去世。他家先代，包括他的父亲，都是牧师。他十四岁入读哈佛大学，十八岁毕业。当时的哈佛规模很小，一半是年轻人进行普通学习的学校，一半是高层次研究的中心，不足二百五十名学生。大学毕业后，他也当了牧师。

当牧师时，他的布道和演讲已小有名气，三十岁以后，他成了一个职业演说家。他非常勤奋，奔波于美国各个州，四十多年里共举办一千五百场左右公开演讲，经常是每年七八十场。其间他到欧洲游历一年，在英国也做了六十七场演讲。他喜欢演讲，面对听众便兴奋不已，说对他而言，他们代表着全人类，他因此感觉到一种伟大的情感在召唤，要充分地、准确地、彻底地表达自己的思想。

不过，做演讲是很辛苦的，开始时他自己安排日程，就格外辛苦。有一次，

拉夫尔·沃尔多·爱默生（Ralph Waldo Emerson，1803—1882）

他深夜抵达演讲地点，那里没有旅店，他不知该在何处栖身，车夫挨家挨户地敲门，说车上有一个人明天要演讲，好不容易才给他找到了住处。后来他就请专门机构替他安排日程，预订住宿。他的名气越来越大，沿途各地的朋友越来越多，但他为了在演讲前能够独处，获得所需要的宁静，宁愿住旅馆。

他总是边演讲边思考，听众注视着他的脸庞，看着他思考的神情，便深受鼓舞。他的演讲常常是成功的、轰动的。但是，也有冷场的时候，听众毫无反应，使他觉得他们仿佛一直在无声地抗议。1838 年某日，他应邀回到哈佛大学，在神学院为毕业典礼致辞。在演讲中，他说耶稣是一个人，并不是神，此番言论在当时被视为大逆不道，他因此被谴责为无神论者，毒害了青年的思想。此后近三十年，哈佛没有再邀请他，直到 1867 年禁令解除，他应邀在哈佛的大学生联谊会发表演讲，并被校方授予名誉法学博士学位，任命为监管委员会督学。

到了老年，随着健康衰退，他越来越力不从心了，演讲时常为遗忘所苦。在生命的最后几年，他放弃了公开演讲，在平静中度过晚年。

在爱默生时代的美国，公众场合的演讲是发表作品的主要方式。这使人想起古罗马。爱默生一生以演讲为主业，演讲是他的生活的主要部分，也是他的收入的主要来源。作为一个文人，他算得上富裕，在康科德小镇购房，在瓦尔登湖边置地，竟一度雇了七个佣工。

2. 日记和著作

爱默生在演讲前会写讲稿，在演讲后会对讲稿进行加工，他的一大部分作品就是这样产生的。当他在美国辽阔的大地上做巡回演讲时，有许多独处的时刻，也有许多与听众激情相对的时刻，这些想必都会给他思想的灵感。但是，在他的全部创作中，有一个人们看不到的东西占据了极其重要的位置，那就是他大量的日记和笔记。

从上哈佛开始，他就养成了写日记的习惯，随时记下自己的见闻、印象、思绪、梦境，终生坚持。他还养成了读书记笔记的习惯，摘录或写自己的评论。他非常认真地做这两件事，分别精心地装订成册，共计二百六十三册，并编写索引。他给自己建立了一个思想库房，称之为储蓄银行，说他因此变得富有；"片段对我更有价值，因为相应的片段在这里等待着，将由于补充而成为整数。""等待着"——非常贴切，这也是我的感觉，那些有价值的片段会互相勾连，变得完整。事实上，他的确是从库房里选取材料，制作半成品，就是他的口头演讲，再制作成品，就是他正式出版的演说词和讲演录的定稿，以及专门撰写的文字作品。他的日记生前没有出版，身后非常有名。读他的日记，你仿佛能听到他的思想破土而出的欢快的声音。

除了演说词和讲演录之外，爱默生的代表作有《论自然》《代表人物》《英国人的性格》《生活的准则》以及《随笔集》第一、二集。他还是一个诗人，出版有《诗集》《五月节及其他诗》等。

《代表人物》中有一篇谈蒙田，说蒙田是所有作家中最坦白、最诚实的，他不知道还有什么书比《随笔集》更少斧凿痕，它不过是把日常谈话的语言转移到一本书上罢了，它们有生命，有血管，砍掉其中词语，它们会流血。说得非常好。他如此爱蒙田，就也用《随笔集》来命名自己最用心的作品，仿佛真的要让蒙田在自己身上转世似的。他的文风与蒙田有相像之处，既朴素又精致，好像是在同人们日常谈话，却不自觉地说出了一连串格言。也有不同之处，他常常用一种先知式的口吻，让你觉得他说出的真理仿佛得自神启，不容置疑。不要忘记，他曾经是一个牧师。蒙田是面对自己说话，他的风格却是在面对公众的演讲中形成的。蒙田是一个怀疑主义者，而他自称是一个超验主义者，不管是不是，作为新大陆的发言人，他是不可能做怀疑主义者的。

3. 超验主义

十九世纪三十年代中期，爱默生和若干志趣相投的文人举办定期聚会，讨论哲学和文学问题，这个小团体被命名为超验主义俱乐部。小团体存在的时间不长，约五年。此后爱默生创办季刊《日晷》，继续宣传超验主义。他常常也把自己的思想称作超验主义。但是，这只是使用了一个哲学标签，超验主义在美国并没有形成一个明确的哲学流派。

爱默生自己说，超验主义（transcendentalism）这个名称来自康德的术语。其实，这个术语的汉译应该是先验主义。在康德哲学中，"先验"和"超验"两个概念有严格区别，"先验"指先于经验，"超验"指超越经验，而康德认为，经验中必定有先验的知识即知性的纯形式，但不可能有对自在之物的超验的知识。至少在认识论领域内，康德主张的是先验主义，对超验主义是否定的。爱默生好像是把两者混为一谈了，这不足为奇，由于康德文风的晦涩，哲学学者对两个术语的涵义也是争论不休的。他主张人的心灵与宇宙的精神实体是相通的，因此能够超越经验凭借直觉直接认识真理，这显然属于超验主义。所以，把他的主张汉译为超验主义，倒也符合事实。

爱默生信奉超验主义，这与起源于英国而十九世纪在美国颇有影响的贵格会有密切关系，这个基督教教派主张人人有内在的灵光，借此可以直接和上帝沟通。通过阅读，他从广泛的来源汲取思想养料，来充实这个基本主张。首先是他最推崇的柏拉图，其次是新柏拉图主义、斯多葛主义、古印度的吠檀多哲学，最后是康德之后的德国唯心主义哲学，例如谢林的同一性哲学，以及他同时代的英国浪漫主义诗歌，他旅英时结识了其主将柯勒律治和华兹华斯。就主张心灵与宇宙精神本体相通而言，这些流派都具有超验主义的特征。我们不必在乎名称，在我看来，爱默生的功绩不在于主张超验主义，而在于他的充满激情的思考，他以此为独立于欧洲母体的美国精神和文化之形成揭开了序幕。

4. 梭罗

爱默生最好的朋友是梭罗（Henry David Thoreau，1817—1862）。梭罗比他小十四岁，却早他二十年去世，只活了四十五岁。梭罗也毕业于哈佛，曾任职土地勘测员，后来专事写作，也做演讲，是超验主义阵营里的重要一员，协助爱默生编辑《日晷》并为之撰稿。他生前名气不大，经济上比较贫困，有些时候就吃住在爱默生家里，同时干一些管理家务和花园的活。在爱默生的瓦尔登湖畔地产上，他盖了一座小木屋，在那里隐居两年，后来写成他最著名的书《瓦尔登湖》，被视为自然随笔的创始之作。他的政论《论公民不服从》也是一篇名作，论证公民有拒绝遵守某些不合理的法律的权利。

梭罗把爱默生看作自己的导师，这师生两人有共同的理想，却有截然不同的性格。梭罗像是一个极端的清教徒，素食，不饮酒，独身且没有风流韵事。他不参加晚宴，不接受富裕朋友的旅游邀请，拒绝应酬，对平常话题的交谈嗤之以鼻。他有道德上的洁癖，自制力极强，不能容忍通常的人性弱点，抨击起来言辞尖刻。他鄙视公共生活，从不去教堂，从不参加选举，曾因拒绝纳税入狱。所有这些，使他在自己周围筑起了一座高墙，让人们无法接近。

爱默生在日记里沮丧地写道："一个分不清冰淇淋和白菜的味道、连白酒或啤酒都没尝过一口的人，你还指望和他有什么共同之处呢？""他和我是不同类型的人，我宁肯抓一根榆树枝，也不愿意去挽梭罗的手臂。"这后一句话，爱默生后来在公开发表的纪念文章里改写为："我爱他，但是我无法喜欢他；我绝不会想去挽他的手臂，正如我绝不会想去挽一根榆树枝一样。"并且爱默生说这是出自梭罗的一个朋友之口。这也没有错，因为他就是梭罗的一个朋友。

和两人都认识的诗人惠特曼评论说，爱默生是一个有教养且质朴率真的人，天生是一个民主思想者；梭罗的失误在于瞧不起普通人，鄙视人类大众。

但是，爱默生仍然是最懂梭罗的人。他欣赏梭罗的机智，经常在笔记中记录梭罗的言行。梭罗去世后，他撰写《梭罗》一文，情感真挚，言辞坦率，写得栩栩如生。从爱默生讲述的细节中，我们可以看到梭罗其实有很好玩的一面。餐桌上有人问他爱吃哪一样菜，他回答："离我最近的一碗。"他总是参照自己家乡的位置来谈论世界各地的事情，有一次说出了这样谈论的理由："你脚下踏着的这点泥土，你如果不觉得它比世界上任何别的泥土更甜润，我看你这人是没救了。"爱默生注意到梭罗的奇特文风，经常用相反的词形容事物，比如说冰雪是闷热的，荒野像罗马和巴黎，冬季的山林有一种家庭气氛。他称赞梭罗"没有致富的才能，然而知道怎样能够贫穷而绝对不污秽或粗鄙"。但是，他终究感到遗憾："我想他的理想太严格了，它甚至干涉他的行动，使他不能够在人间得到足够的友情，这是不健康的。"

这两人各有各的伟大，但代表生机勃勃的美国精神的是爱默生，不是梭罗。

5. 爱和死亡

爱默生一生经历过两次最令他悲痛的死亡，离去的是他的最爱，一个年轻的生命和一个年幼的生命。

二十四岁时，他遇见十六岁的美丽少女爱伦，彼此相爱。爱伦身患肺结核，但他们仍在两年后结婚，婚后仅一年，爱伦在平静中离世。爱默生在日记中写道："我的天使今晨升天，我在世上孤身一人，有一种异样的愉快之感……"五天后，他在日记中请求上帝让他和爱伦团圆，但接着写道："有逝去而永不回来的灵魂，这一无情的事实所产生的悲痛，我知道，会慢慢淡漠。我几乎害怕如此。我将以平静的外表重新来到朋友当中，人家又会逗我笑乐，我又将在小小的希望和小小的恐惧面前躬腰曲背，把墓园忘掉。"

读爱默生日记时，我被这些话震撼，它们印证了我自己以前写的一段话："亲骨肉——以及一切诚挚相爱的人们——生离死别，阴阳隔绝，一方面是无比悲痛，因为永无重聚的希望，另一方面这悲痛却似乎不可避免地会被琐碎的日常生活冲淡，而事实上只是被掩盖了而已，因为其实质没有发生一丝一毫的改变。这正是生命中的无奈。苦难之子啊，不必为此自责。巨大的悲剧与日常生活中琐屑的悲欢不在同一个层面上，所以前者才不会阻挡后者。"

日记记载，一个多月后，爱默生打开了爱伦的棺木。他没有解释为何这么做。他当然渴望再见爱伦，但他当然也知道，棺木里的尸体已经不是爱伦。这个行为像是对他自己的一个挑战，他要求自己不惧怕面对任何残酷的真相。

爱伦去世三年后，爱默生与比自己大一岁的粉丝莉迪亚相爱并结婚，两人生有四个孩子。他最喜欢沃尔多，这个小男孩俊秀可爱，是他的忠实伙伴，总在他的书房里静静地玩耍。沃尔多五岁时死于猩红热。爱默生在日记里写道："他像一只小鸟那样停止了他的无邪的呼吸。悲哀使我们再度成为孩子——摧毁一切智力的差异。最明智的人也麻木了。"

这是爱默生一生中最巨大的悲痛，他为夭折的儿子写了许多首诗。可是，与此同时，他又一再谈论这种灾难的无意义。他在一封信中写道："我完全不明白这种力量，它使我失去了人世间最漂亮的一个孩子。除了悲痛，我从这个事实中什么也没有悟到，它对我毫无意义，我只能遗忘和转移精力。"他在一篇文章中写道:"这个灾难并没有把我改变。有的东西我以为是我自身的一个组成部分,失去它就会把我撕裂,……可是它离开了我,却没有留下疤痕。我真正感到悲痛的是,悲痛竟然没有给我任何教益,丝毫不能让我彻悟真正的自然。"人们喜欢美化苦难,宣称苦难能够给人带来智慧和觉悟。爱默生是诚实的,也是勇敢的,他承认并且正视苦难的无意义。

"最好的石墓,最大的地下墓室,底比斯、开罗、金字塔,对我来说依然是墓。我喜欢花园和育儿室。它们给我有创造性、有生命力、富有预言感的人造的词语。"这是爱默生日记中的一段话。是的,他热爱生命,痛恨死亡。是的,他喜欢育儿室,育儿室给他灵感,使他写出了最美妙的句子,例如:"一个睡眠的孩子给我的印象是他是一个在非常遥远的国家里旅行的人。""婴儿期是永生的救世主,为了诱使堕落的人类重返天国,它不断地重新来到人类的怀抱。"是的,真正能开启哲思灵感的,不是伟人陵墓的肃穆,而是育儿室的喧哗。

6. 思想的独立宣言

美国十八世纪建国,直接进入资本主义,在政治上实行三权分立,在经济上实行自由贸易。到十九世纪后期,其经济实力已逐渐超过英国,成为世界上最大经济体。当时的美国作家包括梭罗都反对商业,只有爱默生一人唱反调,赞扬商业精神。他指出,贸易培养了美国,历史学家将会看到它是自由的本原。资本家们为自己的利益开发全球财富,同时也唤起了千百万人的干劲,最终人民也将变得富裕。财富是思想的产物,这种思想游戏将导致高级的智力劳动大量地消灭笨重的体力劳动。与这种在不自觉之中造福于国家和民族的行为相比，任何别的领域的伟人所带来的恩泽又算得了什么？

当然，爱默生明白，商业有其弊端，而一个民族的思想高度是不能靠商业提升的。他致力于给这个被商业精神鼓舞起来的民族注入崇高的思想，让欧洲哲学传统在美国大地上生根结果。他教导美国人民，既要善于分享人类共同的心灵，又要勇于保持每个人自己独立的个性。他在一篇题为《美国学者》的讲演中阐述了这些思想，后来这篇讲演被称为"思想的独立宣言"。事实上，这些思想贯穿在他的全部著作中。他说："在世界史上的每个时代，总有一个领袖民族，这个民族气度宽宏，它的优秀公民愿意支持普遍的公理和人道，而且不怕被舆论指责为狂妄。"他有一种信心，相信当时能够担当这个领袖责任的国家是美利坚合众国。

二　存在着一个共同的心灵

人的心灵与宇宙精神相通，人能够凭借内心觉知直接认识宇宙真理，这是一个古老的信念。柏拉图的理念说，孟子的尽心知性知天说，王阳明的致良知说，都是这个信念的表达。爱默生的超验主义表达的也是这个信念，作为一个诗人气质的思想者，他的表达具体而生动，具有一种情感的力量，你会感到，他不是在阐释一种抽象的理论，而是在讲述一个他亲身感受到的事实。

1. 存在着一个共同的心灵

"对所有的个人来说，存在着一个共同的心灵。每一个人都是一个入口，通向这同一个心灵，以及它的各个方面。"《随笔集》第一篇《论历史》中的这句话，概括了爱默生的超验主义的核心思想。他告诉我们，这个共同的心灵不在我们之中，而是我们在这个共同的心灵之中。每个人依照自己精神生活的程度，可以感知这个共同心灵的存在或不存在。它超越那些分享它的人，又远离那些不能分享它的人。我们发现真理和正义，是因为它的光辉通过了我们。因为同属于它，柏拉图思考过的，我们也可以思考；圣徒感受到的，我们也可以感受。因为同属于它，耶稣的德性可以是我的德性，莎士比亚的才智可以是我的才智，一切精神伟人的财富可以是我的财富。

但是，爱默生说，如果要追问这个共同心灵的来源，一切哲学就都成问题了。人是一股源头不明的溪流，我们不知道自己从何处来，但不能不相信有一种更高的力量，我们只不过是它流经的渠道。它使用我们，而不为任何力量所使用。"我们遭受和创造的只是有限，无限却含笑静卧着。"也许可以把这个更高的力量称作上帝、造物主、宇宙精神等等，但这无非是表明，我们相信人类的精神生活有一个神圣的来源。

爱默生所说的共同的心灵，我愿意把它理解为超越于时间和空间、超越于时代和民族的人类精神生活的伟大传统，是这个传统的拟人化和象征性的表达。在不同的场合，他把每一个个体的人，包括每一个天才人物，形容为进入这个心灵的一个入口，这个心灵运转的一个通道。共同的心灵是源，个人的精神生活是流，

274

这样的定位既坚定了我们的信心，使我们相信，个人的精神生活绝非无本之木，而是扎根于人类精神传统的深邃土壤中的，同时也打消了我们的自负，让我们明白，个人多么优秀也绝非真理的创始人，而只是真理的见证人。

2. 人只是灵魂的器官

人有认知活动，即感觉和思维。人还有比认知更高级的精神活动，比如对真善美的追求。感觉的器官是眼、鼻、耳、舌、身，思维的器官是大脑，精神追求的器官是什么呢？或许可以称之为灵魂，但这只是比喻，因为在人身上压根儿找不到一个叫做灵魂的器官。那么，灵魂究竟是什么？

爱默生给出了一个很好的说法：灵魂不是人的一个器官，相反，是灵魂在激励和锻炼人的所有器官，人只是灵魂的器官。照我理解，这个把人当作器官来使用的灵魂，不是个体性的东西，而就是共同的心灵。

人只是灵魂的器官——要理解这个说法，你必须跳出自己的身体，摆脱时间和空间的限制，忘记时代和民族的归属，置身于人类亘古以来的精神生活传统之中。于是你会看到，人类历史上那些伟大的精神导师、哲学家、诗人，仿佛受同一股力量驱动，始终在孜孜不倦地寻找宇宙和生命的基本真理。接着你会感到，他们之间的个人区别并不重要，其中每一位仿佛都属于一个共同的灵魂，是被这个灵魂选中了做它称职的器官，来发现和传达宇宙和生命的基本真理。

即使是普通人，我们在某些时候也可感应到这个共同灵魂的存在。每当你心中充满妙思颖悟的时候，便是被这个灵魂选中了，你作为它的器官进入了活泼的状态。在这个时候，如同爱默生所说，人这个果停止了，上帝这个因开始了，光明来到了你的心中。在这光明的照耀下，你身上的一切器官都充满活力，感觉更敏锐了，思维更犀利了，而更重要的，你会像亲眼所见那样，看到了先贤们看到的相同的基本真理。

我们追求真善美，可是倘若天地间没有人类，人类没有灵魂，就无所谓真善美。灵魂是真善美的共同源头。灵魂之光照亮你的智能，你就看到了真。灵魂之光照亮你的意志，你就看到了善。灵魂之光照亮你的情感，你就看到了美。或者，用爱默生的表述："当灵魂通过人的智能呼吸时，那就是天才；当灵魂通过人的意志呼吸时，那就是美德；当灵魂通过人的情感流动时，那就是爱。"

3. 直觉是基本的智慧

存在着一个共同的心灵，这个心灵把人作为它的器官使用，因此，人对真理的悟知具有一种自发性。爱默生说，我们把这种基本的智慧叫做直觉，尔后的教导则都是传授。

一切深刻的认识都是从直觉开始的。如同植物先有根后发芽最后才结果一样，你最初有一种直觉，然后有一种见解，最后才有一种知识，这是一个自然的过程。所以，要把直觉信任到底，尽管你提不出任何理由。催促它也没有用。只有把它信任到底，它就会成熟为真理，你也一定会知道你相信的理由。你用一种自然方式聚集起来的东西，一经展示，就会使人惊喜交集。

每个人的心灵中都积累了一些使心灵受到触动的经历、见闻、印象、思绪，虽然自己对之并不了解，但是，在某个时刻，激情突然照亮了他们黑暗的房间，这些东西就给他阐明了重要的法则。可惜的是，人们往往非常马虎地对待自己的亲历亲见以及由此形成的印象，而是受现成的观念支配，以先入为主开始，以一成不变告终。

我一直主张直觉优先，在爱默生这里也找到了印证。据我所知，大哲学家都是理性直觉极好之人，大艺术家都是感性直觉极好之人，大宗教家都是神秘直觉极好之人，其直觉所见构成了他们全部创造的基础和核心。直觉是基本的智慧，没有这个智慧，就成不了大师。普通人也是如此，人有根器利钝之别，其实就是直觉好坏之别。

直觉，心灵未作推理而已有正确的判断，未作思考已悟知真理，这种能力从何而来？爱默生的解释是：这是心灵本身具备的能力。心灵是一个通道，真理已经存在，你不主动做任何事情，而只是让它的光辉通过，你的心灵中便会有直觉显现。

4. 思考是一种虔诚的接受

灵魂和知性不同。知性总是在辛苦地工作，它忙于比较、推理、证明、辩论，灵魂不然，它从不推理，也绝不证明，它只是接收，它是一种视觉。灵魂不是推导出真理，而是看见真理。换一种说法，爱默生说，思考是一种虔诚的接受。你对一个问题苦思苦想，为之废寝忘食，结果还不如你自发的一瞥所起的作用大。思想的真实会被意志过于激烈的指导所败坏，就像会被太大的忽视所损害一样。我们不能决定自己愿意想什么，只能敞开心智，尽可能从事实中清除障碍，让灵魂看见真理。倘若我们用力太猛，企图更正和发明，反而就看不见真理了。

我的体会也是如此。一个人最好的思想不是硬想出来的，而是自己闪现出来的。然而，它不是没来由的，因为某种触动，它在你的无意识中早已开始了一个酝酿的过程，只是你不知道罢了。然后，也许你在散步，在读书，在与人交谈，在准备上床睡觉，甚至在忙碌中，它在你脑中闪现了。在这个时候，你要留心。你不可忽视它，那样它会一闪而过，从此消失，或者不知什么时候才会再次闪现。你也不可太干扰它，硬把它制作成一个产品，那样会使它面目全非，往往是用一些现成的观念和语言取代了它，而这意味着它消失得更加彻底。在这个时候，最重要的是你要看清它到底是什么，因为事实上，它的闪现让你心中一动，你才会注意到它的，这说明它必有特别之处，你要把这个特别之处找出来。如果一时看不清，说明时机未到，你不要着急，可以把它放在那里，记录下它的轮廓，它自己会逐渐清晰起来的。

5. 天才是宗教性的

存在着一个共同的心灵，智慧在于对这个心灵的分享，而能够最充分地分享这个心灵的人就是天才。爱默生说，天才是宗教性的。那种源自万物之根源的力量流入智能，便造就了所谓的天才。当我们看见这种力量所托身的人时，我们便明白了各种程度的伟大。天才之所以成功，是因为他们与思想进程并行不悖，这种思想进程在他们身上发现了一个畅通无阻的渠道；他们只不过是各种奇迹的看得见的导体，可是奇迹看上去好像倒成了他们的功绩。

换一个说法，天才直接来自自然，是超感觉地区的博物学家或地理学家，并绘制这些地区的地图。他们中每个人都通过秘密的近似与自然的某一领域发生关联，是这一领域的代理人和解说人。每个伟人都代表了人类共有天性中某一方面才能的完美与成熟，因此只是我们的典范和代表。"莎士比亚除了对我们中间的莎士比亚们说话，还能对谁说呢？"

由于同属于共同的心灵，于是就有了时代相距很远的智者之间的完美的信息交流。一个人把他的意旨深藏在他的著作中，时间长河中心灵相似的人就会发现它。所以，柏拉图著作中的秘密瞒不过康德，蒙田著作中的秘密瞒不过爱默生。

相反，在不计其数的学者和作者中间，我们并没有感觉到任何神圣的存在。他们缺少分享共同心灵的智慧，只是凭技艺写作，写出的东西毫无灵气，理所当然地遭到爱默生的蔑视。

6. 论借用和剽窃

天才的伟大力量不在于独创，而在于吸收，在于让精神的光辉畅通无阻地穿越自己的心灵。所有的独创都是相对的，每一位思想家都是回顾性的。

爱默生以若干天才为例，对所谓剽窃现象做了有趣的讨论。莎士比亚处处借鉴，大量利用他之前的剧作家的作品，几乎不能说有哪一部剧纯粹是他的创作。他看重那一大堆旧剧废料，从中可以随意做任何的实验。在那个尚无出版业和读书风气的文盲时代，他把任何地方放射出的光都吸收进他的领域里。他不在乎他的思想从何而来、是否独创，只要受到观众欢迎就行。他还就近取材，别人说了许多蠢话，也说了一些聪明话，但自己并不知道，他知道真正的宝石的光彩，不管在哪里发现，就都把它放在显赫的位置上。乔叟用这样的借口来剽窃，说他所取走的东西在他发现它的地方一文不值，在他把它留下的地方则身价百倍。歌德承认自己的成就来自对他人的材料的广泛而率直的再利用，声称如果借用被视为对创造能力的贬低的话，他便会一事无成。艾略特说，成熟的艺术家偷窃，不成熟的艺术家模仿。印度的一位作家宣称，在一定的水平上不可能存在盗用，因为我们只能吸取那些已经属于我们的东西。这些例子和说法使爱默生大受鼓舞，因为他也是这样写作的。他得出结论：思想是能够接受它的那个人的财产，也是能够适当安置它的那个人的财产。因此，一个人一旦显示过他有独创的才能，他就有资格从别人的作品那里任意剽窃，实际上这已经成为文学上的一种规矩了。

所谓剽窃是一个现代问题，是出版业兴旺之后的一个知识产权概念。当今那种为了名利，为了评职称、邀虚名、赚稿酬而剽窃的行为当然是卑劣的。爱默生谈论的是一个人的思想、艺术、作品如何形成的过程。没有人能够孤立地产生自己的思想和创作自己的作品，你必须以你的方式加入人类精神生活传统之中，前人和他人的成果会对你发生影响，这是一个整合的过程，反映在作品上，其中必有自觉或不自觉地借用和所谓剽窃的成分。说到底，凡是你真正消化了的东西，不管来自何处，也都是属于你的。

7. 心灵何以相通

共同心灵的存在，也解释了人们的心灵何以相通。爱默生说，一个作家发掘他自己心灵里的秘密，同时也就洞察了一切心灵里的秘密，在这个范围内了解了一切人。一个诗人在孤独中记录下他自发产生的思绪，就连拥挤的城市里的人也感到它们是真实的，可以应用在自己身上。一个演说家起初怀疑他的坦率的自白也许不适宜于陌生的听众，结果惊奇地发现，他的越是隐秘的个人感受，就越容易引起共鸣，具有普遍的真实意义，听众的良知会感觉到：这是我的心声，这就是我自己。

的确如此。在基本的层面上，人性是相同的，人心是相通的。所以，一个作者或演讲者越是能够诚实地面对自己，深入地发掘自己内心的真情实感，就越能够引起广泛的共鸣。夸张的观念、华丽的辞藻、刻意制造的噱头，这一切不是从自己心里出来的东西，也到达不了读者和听众的心，至多只能产生一时的效果，而且只是在低层次的人群中间，很快就会烟消云散。

8. 心灵的完善至高无上

存在着一个共同的心灵，对于每个人来说，能否分享它，分享到什么程度，则取决于自己心灵的品质。所以，爱默生说，唯有你自己心灵的完善是至高无上的。你的心灵是一座圣殿，世上的一切，包括所有的人和物，以及国家、教会等，都不过是这座圣殿之外的幻影罢了。文化就是心灵的成长，从而具备从外界来发现已存在于心灵内部的东西的能力。

最宝贵的东西是一个活跃的、畅行无阻的心灵。事实并不重要，重要的是这事实给你的心灵的印象或影响。我们进餐、修整花园、同妻子商量家务，这些事情没有留下任何印象，在下一周就被忘得一干二净；然而，在孤独之中，你心智清朗，某些似乎被遗忘的印象突然浮现，使你若有所悟，那便是你进入一个新世界时的状态。

我讲一讲我的理解。从个人心灵史的角度看，一个事实，如果没有给你的心灵造成任何印象，对你的心灵发生任何影响，那么它对于你就等于不存在。外界事实对于你的意义，是促进你的心灵向深刻和丰富的方向生长。这给了我们一个标准，便是在世上不断发生的万千事实中，只注意或者主要地注意和你的心灵真切相关的那些事实。由此可见，如果你沉湎在每日潮水般的网络信息中，你就彻底地荒废了你的心灵成长。

阅读、旅行、处世、交往，其价值皆在于激活我们的心灵，使我们的直觉更敏锐，感悟更深刻，在内心建立起一个丰富而有条理的精神系统。否则，一切都只是和心灵无关的外部事件。事实上，天才、圣徒、伟人与普通人的区别就在于此。然而，心灵是每个人都拥有的，所以，问题在于你是否让它经常处于活跃的状态。从今以后，看书、看人、看世界的时候，请你同时把目光也转向你的内心，看你内心发生的感触、体悟、思绪，最好还要及时把它们记录下来，如此养成习惯，你不成为一个好作家才怪呢。其实成不成为作家无所谓，你会发现你有了一个饱满的灵魂，这才是主要的收获。

心灵的收获本身就是价值，就是目的。爱默生说，他不再向沉思、向真理要求一种明显的或者实际的效果，他认为有此要求是一种变节。

三 大自然是你的天赋资产

爱默生的著作中有许多对大自然的描写和思考。新大陆的广袤土地散发着原始的自然气息，他倾诉的是一个自然之子的质朴心声。作为哲人，他感悟的是大自然对心灵的巨大影响。作为诗人，他的描绘优美而充满激情。这三者融合，使他关于大自然的文字极具感染力。

1. 大自然是你的天赋资产

"今天早晨我目睹的迷人风景，至少是由二三十个农场组成的。米勒家拥有这一块田地，洛克家拥有那一块，而曼宁的地产在矮树林的另一端。但是他们中间的任何一家都无法拥有整个风景。……这风景是农场主财产中最好的部分，然而他们的地契却没有提及这一款。"田地、果园、森林、河渠等等，在它们的占有者眼里是财产，由这些景物和天空、云彩、旭日或夕阳组合而成的风景是最宝贵的财产，却不在他们眼里，也不属于他们。一个人要看见和拥有这宗最宝贵的财产，他必须是诗人，始终保持孩童般的纯真，与天空和土地的交流是他每日不可或缺的食粮。

一个只关心财产的人是看不见风景的。今天仍是如此。如果你有钱，你当然可以在乡村买地建别墅，甚至把远方的古树移植到自己的花园里，把每个房间塞满古董。可是，如果你只是一个名利之徒，这一切归根结底不过是钱罢了，只是身价的张扬和虚荣的满足。一个以整个大自然为自己的领地的人，不会关心自己能够拥有值多少钱的房地产。

爱默生说，整个自然界是每个人的天赋资产，只要你想要，它们都是你的。可是，大多数人宁愿自行剥夺自己的这宗资产，放弃自己的王国，钻进一个角落里。对于现代人来说，这是多么有力的提醒。我们也许不得不每天上班，但是要记住，职场只是一个小角落，自然的疆界无比辽阔，那是你的资产、你的王国，始终等着你去享用和巡游。一个心中装着自然的人，即使客观上不能经常亲近自然，他对生命的感悟也是更加深刻的。

2. 大自然是人类心灵的传记

爱默生关心的是大自然与人类心灵的联系。"大自然之于人类心灵的影响，具有首位的重要性。"一方面，人类心灵是在大自然的怀抱中孕育和生长的。你走进牛津古老高大的建筑群和英格兰的大教堂，不会不感到是森林征服了建筑师的心灵。另一方面，一个人感应大自然的程度，取决于他的心灵的品质。你的眼光必须像大自然本身一样广阔，才能体味到创造的感情。

爱默生善于发现和感受大自然的美。"一条河流就是一条画廊，它每个月都要隆重推出一个画展。"类似这样优美的句子从他笔下自然流泻出来，让你眼睛一亮。美不是孤立的，眼睛看见花朵、贝壳、彩虹、繁星，得到的只是视觉印象，是心灵把它们感受为美，从而揭示了大自然要求和谐与欢乐的内在意图。

占星术让人发生兴趣，是因为它把人和宇宙系统联系在了一起。不管占星术是怎样轻率，某些占卜者是怎样骗人，那种暗示却是真实而又神圣的。"灵魂供认了它与大千世界的联系；气候、世纪、邻近的和遥远的万物都属于它的传记。"大自然是人类心灵的传记，认识大自然也就是人类在自我认识。

3. 做大自然的学生

技艺是人类施加在自然上面的东西，并不能改变自然的本质。人类的操作加在一起是微不足道的，不过是做了一点切削和拼接而已。自然比人类的技艺伟大，相比于自然对人类施加的巨大影响，人类的这些举动不可能改变总体结果。古往今来，对错误的最高批评家，对必然出现的事物的唯一预言家，就是大自然。

科学有伟大的使命，不限于技艺。"科学的动机原本是要把人朝着四面八方延展，拥抱大自然，直到他的双手能够触摸到星辰，他的两眼能够透视地球，他的两耳能够领悟野兽和鸟儿的语言以及风的含义，直到他能与世间万象心心相印，天空和大地都能与他交谈。"但是，现在科学走入了歧途，使人变得狭窄。小男孩凝视着海滩上的贝壳和草原中的花朵，虽然叫不出它们的名称，却比那个以精通术语而自豪的家伙目光更敏锐。

天下万物都是为了学生而存在的，真正的学者是大自然的学生。因为他们直接师事大自然，所以有独创性；因为他们同出一个师门，所以不论具体学说有怎样的差异，基本的真理却是一致的。

4. 人是一种活动的植物

"人是一种活动的植物，就像树木一样，要从空气中接收大部分营养。在家里待得太久，人就会憔悴。"人是一种活动的植物——我喜欢这个比喻，它让人牢记自己与空气、阳光、土地之间的紧密联系。

"一年长得足够完成在它的时间之内要做的一切。花开花落，果实成熟；每种动物都心满意足；但人却不是，遗憾于许多事未做。"说得对，我说一说我的体会。春华秋实，万物都遵循自然的节奏生长，我们的祖先也是如此。但是，现代人却相反，总是急急忙忙怕耽误了什么，总是遗憾有许多事情来不及做。其实，仔细想一想，有什么事情是非做不可的呢，尤其是非马上做不可的呢？人被超出自然之上的欲望支配，这是一切焦虑、不安、烦恼的根源。把自己想象成一株植物，体会最适合生命的节奏，这样你就进入和禅修、打坐、内观相似的状态了，这样你也就不用靠禅修、打坐、内观来强迫自己安宁了。

"我窗前的玫瑰花不和别的玫瑰花比较；它满足于自己的现状，今天它与上帝同在，对它来说，不存在时间。只要它存在，每时每刻它都是尽善尽美的。没等叶蕾绽开，它的整个生命就已经活动了；在盛开的花朵里不见其多；在无叶的根子中也未见其少。它的天性得到了满足，它也满足了大自然。然而人有延宕，有记忆，他不在现在生活，而是眼睛向后，哀悼过去，要不就是对眼前的财富不予理会，却踮起脚尖展望未来。如果他不跟大自然一起超越时间，生活在现在，他就不会快乐，不会坚强。"是的，把自己想象成一株植物，让生命处在最简单、因而也是最合乎自然的状态，不瞻前顾后，活在每一个当下，这多么好。

5. 大自然是最好的解毒剂

随着城市兴起，人类越来越居住在人工的环境里，爱默生认为这对人的身心产生了极有害的影响，而大自然是最好的解毒剂。

他如此描绘从居室走入静夜的感受："从你温暖的、有尖角的、回响着种种声音的屋子里出来，走进凉飕飕的壮丽的当下的夜晚，一轮满月高悬云霄，奇妙的诗情给你留下深刻的印象，瞬息之间你把一切人的关系，妻子、母亲、孩子，都留在身后，只和原始的东西——水、空气、光、碳、岩石——共同生活。我成为一个润湿清凉的元素，获得一种奇异空灵的认同和生存。我为了种子而播种太阳和月亮。"

类似的感悟还有许多。在大自然中，我们恢复了本来面目，与物质情同手足，精神热恋着它的故乡。在这里，历史、教会、国家都不会被添加到神圣的天空和永恒的岁月上，绚丽的晚霞和闪烁的星斗使我们知道了都市和宫殿的丑陋。在森林的大门口，老于世故的人也感到震惊，不得不放弃城市里的关于伟大与渺小、聪明与愚蠢的估价。到山里来的好处是可以摆脱一贯的生活方式的奴役，在适当的距离内审视城市，重新思考生活。如此等等。

我对这些论述的概括是：人是自然之子，但是，城市里的人很难想起自己的这个根本来历。唯有置身在大自然之中，自然之子的心情才会油然而生。森林、海洋、高原、晚霞、星空让我们产生神圣的情操，检验和校正我们的价值观，使我们发现平时所留恋的都市、商店、职场、居室的渺小。从大自然回来，我们又过起了平时的日子，然而会有一种超脱的心情，就像一个自然之子暂时游历在人间，看淡一切争逐和得失。

爱默生还说："社会似乎是有害的。我认为对抗这种邪恶的影响，大自然是解毒剂。人从吵吵嚷嚷的商店、办公室出来，看到天空与树林，又成为人。"我们也许可以这么理解：商店象征物欲，办公室象征复杂的人际关系，这是社会对人心的两大毒害。在大自然中，天空浩渺，树林寂静，奢侈炫富和尔虞我诈都失去了意义，你会发现它们多么可笑，你会为自己曾经如此感到羞愧。可是，人们仍然迷失在商店里，困守在办公室里，所以，爱默生接着感叹说："看天空和树林的人是多么少！"

6. 大自然被贬

"大自然被贬，这就好像一个人看着海洋，却只能记得鱼的价格。"今日尤为严重，人们看着田野，却只能记得开发房地产；看着名山，却只能记得发展旅游业；看着大川，却只能记得建水电站；看着丘陵，却只能记得挖矿。一言以蔽之，大自然被贬为了功用和金钱。

"我们把各式各样的玩偶、小鼓、小马塞满了孩子们的双手和育儿室，却使他们的眼睛离开了大自然朴实的面貌和令人惬意的实物，如太阳、月亮、动物、流水、岩石，而这些才应当是他们的玩具。"今天的孩子连玩偶、小鼓、小马也不玩了，他们玩手机和电游。与大自然隔绝，这是今天儿童教育中的严重问题，我们必将为此付出重大的代价。

"人类堕落了，自然则屹立着，检验着人类有没有神圣的情操。"爱默生如此警告。

288

7. 大自然是上帝的互联网

这是我读爱默生时写的一则随感。

计算机和无线传播的技术正在以不可阻挡之势改变人类的生活。今天，人人随身携带手机，随时通过互联网获取和转发海量的信息，也发送自己对一切事情的主张和每一分钟的心情。互联网占据了人们生活的主要空间，回想起没有互联网的时代，它虽然距今不久，却仿佛已是遥远的古代了。

我突然想，上帝也有它的互联网，就是大自然。可是，自从人类的互联网兴旺发达，人们就很少去上上帝的互联网了。

大自然是上帝的互联网，上帝一直在通过它向人类传递丰富的信息。我们的祖先中心智敏锐的人物，是善于接收这些信息的。俄耳甫斯、琐罗亚斯德、释迦牟尼、摩西、耶稣、穆罕默德……接收到了信息，人类于是有了宗教。泰勒斯、苏格拉底、柏拉图、老子、孔子……接收到了信息，人类于是有了哲学。荷马、莎士比亚、萨迪、李白、苏东坡接收到了信息，人类于是有了文学。

天生万物，人是万物之灵。然而，人的灵魂不是孤立的存在，它只是大自然的灵气的凝聚，它必须和万物保持天然的联系，那凝聚的灵气才不会飘散和枯竭。不在高原上、大海边、森林里住几个月，我们不会懂得什么是神圣。不曾独自一人在空旷处仰望星空，我们会误以为哲学只是晦涩的学术。因为看不见壮丽的山川和辽阔的草原，我们就在富人的散发着铜臭的庭院里寻找美。

你今天上网了吗？这是一个庸俗的问题。我问的是，你有多久没上上帝的互联网了？如果你只是沉湎于人类的互联网，就永远接收不到一切信息中最重要的信息。在人类的互联网上，你是在用眼睛、耳朵、食指、无聊的好奇心和偷窥欲上网，接收到的是过眼烟云的新闻、八卦和凡人琐事。在大自然中，你的灵魂苏醒了，和天地万物交谈，你的头脑成了一个哲学家，你的心灵成了一个诗人，你的灵魂中充溢着造物主的感情。

爱默生说，科学的动机原本是要拓展人类生活的空间，现在却走上了相反的方向。他以博物学家为例：博物学家把蛇类和蜥蜴装进了他的瓶子，而科学也如此对待他，把他装进了一只瓶子。互联网是一个好东西，极大地提高了信息传播的覆盖面和效率，然而，倘若我们用人类的互联网排挤掉上帝的互联网，其结果就是我们都被装进了一只瓶子——也就是说，被装进了一只手机。请想一想，不论手机里传播着多少信息，和大自然相比，它不是一只小小的瓶子又是什么呢？

四　我拥抱平凡的事物

共同心灵的伟大真理通过各种方式对人说话，既体现在天才的作品中，大自然的美与和谐中，也体现在平凡事物和日常生活中。爱默生认为，真正的智慧是拥抱平凡的事物，置身于平凡岁月的认真的经历中，在平凡中发现奇妙，在个别中体悟普遍。

1. 我拥抱平凡的事物

"我不寻求伟大、遥远、浪漫的事物，我拥抱平凡的事物，我探究我熟悉的卑微之物，我坐在它们脚下。"爱默生如是说。我写下我的感想：

日常生活是平凡的。平凡没有什么不好，它使人生变得实在，它使人保持正常的生命感觉，它防止浪漫主义歪曲我们的感官，防止虚无主义侵蚀我们的心灵。

我喜欢读书和写作，但是我不能每日每时面对一本书或一台电脑。养育婴儿，和孩子玩耍，和家人一起吃晚饭，在菜市场上讨价还价，穿着旧衣服在街上走，挤公交车去赴约会……这一切对于我都十分必要。

见到一个大人物，他谈他的宏图和伟大业绩，我听不进去，觉得他离我无限遥远，觉得他和我属于不同的物种。突然他说起了孩子，说起了当年没考上大学，说起了昨天夜里做的一个梦，于是一切距离都消失了。

爱默生不但伟大，而且健康。相反，一个伟人如果舍弃平凡的事物，他多少是病态的，如果鄙夷平凡的事物，我就要对他的伟大产生疑问了。

2. 平凡生活中好东西俯拾即是

爱默生谈到他的一个朋友，期待着宇宙中的一切，每当在现实中发现不完美时，便大失所望。我猜他说的这个完美主义者是梭罗。他说他自己相反，不期待什么，对给予的一切充满谢意，接受各种不同倾向发出的噪声，甚至认为酒鬼和惹是生非之徒对他也有好处，能给周围的画面提供真实感。他说，我们不应该拖延，不应该推诿，也不应该期待，只需在我们所在的地方充分享受，接受现实的环境和同伴；不论与谁交往，也不管他们有怎样的毛病，都把他们看成神秘的使者，相信宇宙通过他们传达了某种信息。这是一种随遇而安的生活态度，不挑挑拣拣，见了好东西就拿，不刨根问底，我们的好东西就会堆积如山。"巨大的财富不是通过分析得到的，一切好东西俯拾即是。"

普遍寓于个别，伟大寓于平凡。一滴水是一个小海洋，一个人关联整个自然界。你认识到平凡事物的价值，就会有丰饶的新发现。你会惊喜地发现身边的事物与遥远的事物同样美丽神奇，眼前的现实解释了古老的传说。

3. 平凡生活是限制也是依托

"研究书本是病态的；园子、家庭、妻子、母亲、儿子、兄弟是一种香膏。茶余饭后的闲谈和育儿室里的游戏有益健康。我们一定要穿旧鞋，有姑姨和堂表兄弟姊妹。""人必须有谷仓、柴房；必须上市场、上铁匠铺；必须闲逛、睡觉；必须不如人而又愚蠢。""我必须有孩子，我必须有经历，我必须有社会地位和历史，不然，我的思想和言论就会缺少实体和基础。"这些话表达的是同样的意思，我概括为一句话：平凡生活是限制也是依托。

"普遍的东西只有当它寓于个别之中时，才会吸引我们。谁注意过那废弃了的可能性的深渊？海洋到处都一样，但只有当人把它同海岸与船只一起观看时才会显出个性。谁会去评价由经纬线环绕着的那一小片大西洋？用花岗岩礁石去限制它，再让它冲击智者居住的海岸，那样它就充满了表现力。人们最感兴趣的地方是陆地和海水相接之处。"非常好，下面是我的诠释——

没有海岸和礁石的限制，大海就不成为风景，而只是雷同的水域。没有星辰和云朵的点缀，天空就不成为风景，而只是死寂的苍穹。哲学家们思考人生的真理，可是倘若他们真的离群索居，不食人间烟火，看不见人间万象，就只能是一无所思。即使是柏拉图，也不能直接看见理念。抽象的思想需要具体的触媒，神圣的信仰需要世俗的契机。你寻求生活的意义，可是倘若你鄙弃现实的生活，你的寻求就是缘木求鱼，不会有任何结果。每个人必然要受所处环境和自身经历的限制，而那限制我们的，同时也成为我们的依托，只要认真对待，我们就能借之领悟比环境和经历广阔得多的真理。

4.智慧让人在平凡中发现奇妙

爱默生主张拥抱平凡事物，请不要把他的这个主张和知足常乐扯在一起。人可以无所欲求，但不可无所用心。他说："真正的智慧能让人在平凡事物中发现奇妙。"可见拥抱平凡事物是需要智慧的。按照我的理解，这个智慧有两个成分。一是平常心，善待平凡事物，而野心勃勃的人是一定会藐视和错过平凡事物的。二是慧心，心灵宽广而丰富，如此才能接受而又不停留于平凡事物，一切素材都可以引发妙思和颖悟。"常识像天才一般稀罕，它是天才的基础。"建立在常识的基础上的天才，就是真正的智慧。

所以，关键是心灵的品质。对于心灵品质不同的人，平凡生活呈现的面目也不同。一个心灵贫乏狭隘的人，他在平凡生活里不可能发现什么好东西，平凡只是平庸罢了。相由心生，这是铁的规律。

一般只能寓于个别，舍弃个别也就是舍弃了一般。永恒只能寓于当下，轻慢当下也就是轻慢了永恒。然而，你必须心中有大全，才能够在个别中看到一般，在当下中看到永恒。所以，人人都是普通人，人人又都应当是某种程度上的哲人。

5. 置身于平凡岁月的认真的经历中

人们讲述自己的经历时往往专挑那些富有诗意的事情，诸如罗马之行呀，欣赏壮丽的风景呀，结识名人和明星呀，竭力给自己的生活添上一种浪漫色彩。但是，诚实的灵魂却是朴素的，没有丝毫的玫瑰色，没有显赫的朋友，没有冒险的经历，不需要被人赞美，需要的只是——"置身于平凡岁月的认真的经历中"，它因此能够从任何平凡经历中吸收神圣的光明。

有一个人崇拜爱默生，看到他爱好写作，便以为他的经历必定超凡拔俗。爱默生说，他却看到这个人的经历与他的不分高下，如果给了他，他同样可以写出好东西。所以，重要的不是经历奇特还是平凡，而是对经历有没有认真的态度。岁月多么平凡，每一个日子都要认真地过。你在平凡岁月中有多少认真的经历，你的人生也就有多少不平凡的意义。

6. 你生活中的每一个日子都是神祇

爱默生告诉我们，"今天"就像一个伪装的国王，路过每个人的岁月。在人们眼中，他十分卑贱而又其貌不扬。可是，所有美好、伟大、幸福的事件都是由这平淡的"今天"组成的。让我们摘下这个路过的国王的面具，认清和抓住它带给你的神圣机遇。你要把你生命中的每一个日子都视为神祇，每一位神祇都会根据你的接受能力为你带来相应的礼物。

是的，对"今天"要有恭敬之心，你怠慢它，它会对你无情，虚度一个个"今天"的结果就是虚度整个人生。不要让这个情景出现：你的万神殿里一片萧条，众神为你虚度的无数个日子扼腕叹息。

爱默生还说，生活在幻想中的人像醉汉一样，不能做成任何一件事。平息这场幻想的暴风雨的唯一办法，就是关注此时此刻。再不要让幻想把你搞得神魂颠倒，好好忙你自己的事情去，把时光填满，不为懊悔或赞同留一丝空隙，这就是幸福。在人生的旅途上，每一步都认真地走，都能发现旅行的目的，这就是最大限度地享受美好时光。

是的，人们总是认为，生活在别处和未来，此处和当下的生活似乎不是生活。你今天在这个地方过日子，仿佛是一件不得已的事情，是为了有朝一日远走高飞，进入一个理想的环境，过上真正的生活。想象力是一个好东西，使生活的不同可能性向你敞开。可是，对想象力也必须加以限制，不同的可能性应该为现实性鼓劲，而不是使它贬值。

"一个人如果在某一天里沉静地抱着伟大的目标工作着，这一天就是为纪念他而设的。"说得真好。

一天紧张而有效的工作结束了，身体有些疲惫，心中无比充实，这时耳畔响起了一个声音：这一天是为纪念你而设的。我相信这个声音来自上帝。上帝创造了时日，也创造了你。这一天，你的工作体现了上帝创造你的意图，也体现了上帝创造时日的意图，上帝就把时日奖赏给你。我对自己说：我无法阻挡岁月流逝，但我一定要让我的生命中有许多个为纪念我而设的日子。

五　保持你的独立的个性

爱默生认为有一个共同的心灵，但并不因此否认个性的存在和价值。他称个性是共同心灵在个人身上体现的形式，由于每个人天性的不同，体现的形式也就不同。这个不同是个人独特性之所在，具有非凡的价值。每个人都应该顺应自己天性的法则，保持独立的个性，自爱自尊，自知自信，自立自强。在《爱默森文选》译者序中，张爱玲把他的这个思想称作健康的个人主义。后来尼采在相近的意义上提倡健康的自私，尼采欣赏的近代思想家为数甚少，爱默生是其中之一。

1. 遵循天性的法则

爱默生说："在我看来，除了我的天性的法则之外，再没有什么神圣的法则。"凡符合天性的东西就是好的，凡违背天性的东西就是坏。"能够让我回到自己的事物总是最美好的。"他所说的天性，接近于叔本华所说的悟知性格，指一个人根本上的意愿。意愿决定了一个人是什么样的人，也决定了世界如何向他呈现。"一个人之所以是这样的人，依赖的是意愿，而不是知识和理解。什么样的人看见的就是什么样的事情。""宇宙间万物按每个人的主要喜爱向他重新安排自己。"如同叔本华，爱默生也认为天性是不可改变、不可阻挡的，一个人天性中的东西一定会从他身上生长出来。

天性是一项选择原则，选择适合于它的东西，摒弃不适合于它的东西。人与事物是双向选择的。你会注意对你有吸引力的东西，属于你的东西也会受到你的吸引。好比谁敲我的门，我就去迎接谁，尽管有成千上万的人从我门口经过，我都不予理会。我们终将获得我们所寻求的，我们所逃避的也在逃避我们。

深藏在你记忆中的事件、话语、人物，如果用普通的标准衡量，在你记忆中的重要性与它们表面的意义是完全不相称的。你说不出所以然，其实是因为它们和你的天性有一种关系，是天性导致记忆的选择性。

天性决定了一个人喜好和擅长什么。每个人所做的事情都与他自己相称，事情是他的肉体和心灵的孩子。灵魂的向导和命运的向导是同一的，人生的最大幸运是被他的护灵引向真正属于他的事物。船只的航程千曲百折，从远处看就成了一条直线，人生的航程也是如此。遵循你的天性，听从你的心声，你的行动会把你自己解释明白的。

因此，认识自己是怎样的人，到底意愿什么，这至关重要。如果你说，认识自己的目的是行动，这当然也对，但行动的目的又是认识自己。认识自己不是手段，而是终极目的，是从一生的行动中得到的主要收获。我们生活中值得纪念的日子并不存在于结婚生子、选择职业之类看得见的事实里，而是存在于某些自我觉知的默想里，我们因此修正了自己的整个生活方式。这种修正是一种恒定的力量，作为一种倾向贯穿此后的全部岁月，就好像你的灵魂与事物的性质做了履行每一个合同的保证。

2. 才能就是感召

天性决定一个人才能的类型和性质，而才能就是感召。世上有一个领域最适合你，那是一个对你全面开放的方向。就像河里的一条船，你要抗抵各种阻力，一旦进入属于你的航道，阻力消除，你就将一帆风顺地驶向辽阔的大海。

不仅军事、政治、文学中有天才，贸易中也有。一个人必须天生是从事贸易的料，否则是学不会的。为什么这个人做生意运气这么好，没有什么道理好讲，道理就在这个人身上，他的天性把从事贸易最需要的诚信和机敏结合在了一起。

适合自己才能的事情是容易做的，而且能够做好，做得与众不同。坚持你自己，千万不要模仿。"每个人干得最出色的事，只有他的造物主才能教给他。除非他把它表现出来，否则，它究竟是什么，谁也不知道，也不可能知道。"能教莎士比亚、富兰克林、华盛顿、培根、牛顿的老师在哪里呢？

才能是唯一的感召，每个人都应该受这感召去成就卓越，为自己获得一个征服世界的机会。此时一个人有他的最高权利，可以提取属于他的精神财富的东西，无人能阻止他拿那么多。利益、地位、野心、机会等等都不是感召，成大事者不会受它们的诱惑。

你要凭借你的才能到世界上去争取属于你的那一份成功，但是，你要记住，争取成功只是让自己优秀的途径，在这过程中获得的真正的战利品是知识、品德、能力。不要把利益看得稳如磐石，财产像夏天的树叶一样来去匆匆，就把它们当作你的创造力的短暂象征，撒在空中，随风飘散吧。

一个人的长处和短处是相辅相成的，才能的另一面是弱点，而弱点可以使人发现和善用自己的才能。伏尔泰说："错误也有它自身的优点。"莎士比亚说："最优秀的人由他的缺陷铸就。"一个人应当感激他的缺点，对他的长处则要心存畏怯。一项出类拔萃的才能会汲取他过多的力量，使他残废，而一种缺陷却会在另一边为他带来收益。比如说，他有一种气质上的缺陷使他不合群，那倒好，他就不得不自找乐趣，反而养成了自助的习惯，就像那受伤的牡蛎，用珍珠修补了自己的贝壳。

3. 坦然做你自己

人要有基本的自信，坦然做自己。不要在乎别人如何评价自己，不要用别人的眼光看自己、要求自己。永远蔑视外表，你就永远可以把事情做对。决不要用虚伪的谦逊贬损你的真正的人格，歪曲自然分配给你的存在形式。

贫乏的心灵觉得自己什么都不是，因此需要一种外在的标志，比如某种饮食和服装、某个团体和职务、某些引人注目的夸张举动，以证明它有点儿来头。但是，"富有的心灵躺在阳光下睡大觉，它就是大自然。思想就是行动。"

爱默生说，他爱戴希腊英雄伊巴密浓达，然而他不想当伊巴密浓达。你要是说伊巴密浓达有行动，他却坐着不动，这话决不会使他惶恐不安。他认为有必要时，行动是好的，但坐着不动也不坏。

开会的时候，别人滔滔不绝，你一言未发，对于种种热门话题都不置一词。于是，人们充满好奇，把你的意见当作一种保留的智慧来期待。"完全不是这么回事；你的沉默做出了响亮的回答。

你没有什么神谕好讲。"

现在你有什么想法，就用斩钉截铁的语言说出来，明天再把明天的想法用斩钉截铁的语言说出来，尽管它可能与你今天说的相矛盾。渺小的心灵才刻意讲究前后一贯，如果强求一成不变，伟大的灵魂就一事无成。

面孔绝不撒谎。一个人光明磊落地讲真话时，他的眼光就像天空那样明澈。如果他言不由衷，口出谎言，目光就显得浑浊。

一个直觉良好又善于思考的人，他看事物的观点有一种内在的统一性。要坚持自己这样形成的观点。爱默生在日记中反省说："我所犯的一切错误来自放弃我自己的观点，试图用另一个人的观点看事物。"

不但要有自己的观点，而且要用自己的方式说话。"假如人面对一切特殊的东西能避免使用非己的语言、非己的姿态，愿意用自己个人的方式说心里最主要的话，那么人人都会是有趣的。"第一心里要有自己真正想说的属于自己的话，第二要用自己的方式说。人们之所以人云亦云，多半是因为缺第一项。但是，语言的同化力量也不可低估，用无个性的方式说话久了，个性就会逐渐磨灭。一个人有无独立的个性，一定会在语言中表现出来。一个时代充斥空话、套话、大话，则无可辩驳地证明了这是一个压制个性的时代。

4. 人的伟大在于自立自足

人在社会中生活，个人与社会的关系应该是怎样的？爱默生认为，从社会这方面说，"社会只是在它对我不构成侵害的情况下才是一个好社会，而当它便于人们离群独处时，就是最好的。"衡量社会好坏的标准是看它是否尊重个人和个性。从个人这方面说，"一个人如果尽了自己的职责，又无求于社会，他就拥有一种社会没法不感觉到的力量。"既尽了职责，不欠社会什么，又无求于社会，社会不能把他怎样，这样的人是自立自足的，而"人的神圣和伟大就在于自立自足"。

人当自助，不可依附于社会。"自助的人永远受神和人的欢迎。"你要自己在生命的土壤中扎根。你要在人生的大海上抛下自己的锚。一个人如果凭借一些感情的葛藤依附于社会，哪怕是依附于其中最好最伟大的部分，平静时也许看不出他缺乏根基，船下无锚，一旦起了风浪，社会发生大的变动，他的稳固就立即动摇了。他惊慌失措，以为周围的混乱就是全宇宙的混乱，他遭遇了灭顶之灾。"然而事实是：他早已是一只随波漂流的破船，后来起的这一阵风不过向他自己暴露出了他的真相。"

自立自足的人既不随波逐流，也并不避世隐居。在世俗中，按世人的观点生活是容易的。在独处中，按自己的想法生活也不难。伟人之所以是伟人，就在于他生活在人群中而又能完好地保持自己独立的个性。关键是在内心与时代、社会保持距离，时代是永恒历史的假面舞会，一个人如果能看穿这个世界的虚饰外表，他就能拥有世界。

与真正的伟人相处是舒畅的，他们说话坦诚，因为他们足够富有，不必佯装不知为知，不必隐瞒自己的困惑，用不着显得是与他本来面目不同的人。

个性的独立不依赖于物质条件，但物质条件有利于个性的独立。爱默生感叹说，如果他有钱，得到的主要好处是态度和交谈用不着看人脸色了，这是他非常想做但很少做到的。这也是我的体会。钱是好东西，有钱的最大好处是可以使你在钱面前获得自由，包括在一切涉及钱的事情面前，而在这个俗世间，涉及钱的事情何其多也。

5. 寄语青年

青年是天生的改革者。他是地球上新到达的客人，不停地从各方得到警告，说这样那样东西都已属于某某人，而他应当离去。于是，他不得不说："既然我出生在地球上了，那么我的那一份呢？请指出我的树林来，我可以在那里伐木；指出我的田地来，我可以在那里耕种；指出我的宅基地来，我可以在那里建造小屋。"

然而，习俗阻止改革。例如婚姻，一个青年匆促之中结了婚，后来明白了生活的道理，若问他对婚姻的看法，他会回答："如果这个问题容许争论，我有许多话好说，可是现在我有老婆孩子，一切对我来说已成定论。"又例如宗教，在一个民族的野蛮时代，形成或输入了某种宗教，国家就朝那个方向发展，谨慎的人便会说，为什么要跟命运作对呢？在这座石山中间找一个宗教时代已经凿出的壁龛，把你自己安顿下来，总比试图干一些移山之类的力所不及的荒唐而又危险的事情强。

你每天会听到各种劝世之言，人们劝你讲究实际，嘲笑真理和美。如果你说，既然大家都这样，你也这样吧，让那些浪漫的期待等到一个更合适的时候吧，那么，在这个时候，你作为人已经死掉了，真理和美的蓓蕾又一次毁灭了，就像它们已在千千万万的人里面死掉了一样。

不，青年是天生的改革者，如果上帝已召唤你们中间任何人去探寻真理和美，你们要勇敢、坚定、忠实。在自然界，每时每刻都是新的，过去总是被吞没，只有来者才是神圣的。除了生命，变迁，奋发的精神，没有什么可靠的东西。请记住自然对我们的永恒的告诫："世界是新的，尚未被碰过。不要相信过去。我今天给你们的宇宙是一个处女。"

6. 论友谊和人际交往

"我喜欢人，不喜欢人们。"这是爱默生日记里的一句话。人是单数，人们是复数。个人是简单的，聚集成群就变得复杂。一切美好的关系都只发生在个人与个人之间。

友谊缘于天性的接近。只有我在自己前进的道路上相逢的灵魂才能做我的朋友，我们相互都不拒绝，各自的灵魂里重复着相近的经验。除了天性，我们什么都不能爱。美貌、才华、成就，能为聚会增光，但未必产生友谊。心灵的交流有某种骗人的色彩，边界是看不见的，但永不相交。一个天性接近的兄弟或姊妹来了，我们立刻觉得亲密而轻松，仿佛那就是我们自己血管里的血。

在人际交往中，情趣必不可少。道德品质主宰着世界，然而在短距离之内，感觉却称王。首要的是诚挚，诚挚远胜过奉承。坦率地跟男男女女打交道，从而强迫达成最大的诚挚，这是你所能表示的最高敬意。然后是分寸感，它源自一种优雅的自尊和良好的教养，赋予交往以美。但是，爱默生最强调的是敬重。"我希望每一把椅子都成为御座，上面坐着一位国王。我喜欢庄严的倾向胜过太密切的友谊。让我们互相之间不要过于熟悉。在万物之

303

中，我倒想有一座不受侵犯的一个人的孤岛。让我们像诸神一样分位而坐，在环绕着奥林帕斯山的山峰上遥遥相望，侃侃而谈，不需要丝毫感情色彩来侵扰这种圣洁。"情侣之间也应当维护彼此的陌生感，如果过分亲昵，一切都会滑入庸俗的境地。

社交让人看的往往不是它的脸和眼，而是它的侧身和后背。在多数场合，我们是和不相宜的人共处，试图维持一种真诚的关系是妄想。那么，该怎么办呢？爱默生说："经验所教给我们的并不比我们最初所具有的自我保护的本能更实用。那就是：不要把你自己同他们的任何举止联系或混合在一起，就让他们的疯狂毫不受到反对地消耗光；你就是你，我就是我。"有时候，全世界似乎都在密谋用夸大了的琐事纠缠你，一起涌来敲你的门。请保持你原来的状态，千万别出门卷进它们的纠纷。不通过你的行动，谁也接近不了你。不要违心，不要心软，不要满足无聊人们的期望，制止这种假殷勤和假慈悲吧。

爱默生参加了老校友的一次聚会，他在日记中写下感想："我发现，事隔二十年之后的再次相聚，既令我感动，也令我失落：感动于除一人未婚外，大家都当了父亲；失落于彼此之间除了聊往事的话题，除了外表发生的变化之外，大家仍无缘于真正的精神性交流。貌似热闹的氛围布满了迷惘和类似自欺的躲闪，回避实质性话题，不真实，成了涂抹在这次聚会画面上的底色。我仍坐在当年的老位子上，觉得自己与其说是一个老校友，不如说是过去的一个旁观者。"啊，多么熟悉的场景，多么真实的感觉，多么准确的叙述。

7. 个人特色胜过群体特色

每个人都有独特的天性，让这个天性得到良好生长，每个人都会闪放个性的光华。可是，我们看到的事实绝非如此。"历史上的人、今日世界上的人，是虫豸，是鱼卵，他们被称为'群众'或'羊群'。在一个世纪里，在一千年里，只有一两个'人'，那就是说，只有一两个近似每一个人的合格状态的人。"爱默生这是极而言之，意思是只有极少数人能够让自己的天性达到成熟状态，形成为真正的个性。人们崇拜这极少数人，一个英雄或诗人，却意识不到自己原本也可以做到这一点的。我发现一切心地善良的伟人面对平庸都会有这种感叹：你们为什么是这样的？你们本来可以不是这样的！这是真正的怒其不争：人怎么可以无所谓地打发自己只有一次的人生？

"一个人生在世上，如果不成为一个单位——不被人当作一个特征看待——不产生每一个人天生应当结出的特殊的果实，而被人笼统地看待，成千论万地，以我们所属的政党或地域来计算，以地理上的区别来预测我们的意见，称我们为北方或南方——这岂不是最大的耻辱？"是的，最大的耻辱不是被某个群体排斥，相反，恰恰是只被视为某个群体的一员，成为群体的工具，而不复是独立的个人。张爱玲称爱默生的主张为健康的个人主义，我想亦可称为民主的贵族主义，即主张每个人的心灵和人生都可以是高贵的。

美国人是有政治热情的，人们热衷于结成党派，扩大队伍，举行集会，挥舞旗帜，喧声震天。大学里也是如此。爱默生对此很看不惯，他讽刺说，在大学里挥舞旗帜，就是把消防队的喧闹的沉闷带到了一个文雅的圈子里。在他看来，独立的个人比党派强大，依赖党派和人数恰恰证明了虚弱。"一个人唯有摆脱一切外援，独立于天地之间，才能见出他的强大，而他的旗帜下每增加一名新兵，他就变得虚弱一点。"

一个人出生在什么国家和地方，纯属偶然，我们万万不可坚持这种偶然的路线。"个人特色总是胜过民族特色。在形而上学里，没有一堵把希腊、英国或西班牙区分开来的墙。"伟大的个人都是世界性的人物。大自然总在注视着我们的愚蠢行动，所谓民族自豪感就是其中显著的一例。

8. 现代人的异化和退步

和同时代少数几个思想家一样，爱默生也是揭露现代社会中异化现象的先觉者。异化的直接原因是劳动分工。为了当一个磨针工人、造扣环工人或者掌握别的什么专长，不断重复同一种手工，便把人变成了侏儒，剥夺了人的智慧和多方面的力量。各行各业皆如此。农夫变成了箩筐和大车，商人变成了金钱，牧师变成了仪式，律师变成了法典，机械师变成了机器，水手变成了船上的一根绳子。"社会正是这样一种状态：每一个人都像是从躯体上锯下来的一段肢体，昂然地走来走去，许多怪物——一个好手指，一个颈项，一个胃，一个肘弯，但从来不是一个完整的人。"然而，最好的政治经济应该是关心和培养人。

社会从来没有前进。它在一个方面的进步往往同时是另一个方面的退步。文明使我们获得了新技艺，却失去了旧本能。文明人造出了马车，却失去了双足的使用和肌肉的力量。他有一块高级的日内瓦表，却丧失了依据太阳定时的本领。他有一份格林尼治天文年鉴，但街上行走的人却认不得天上的星星。十九世纪的科学、艺术、宗教和哲学一起发挥作用，教育出的人物并不比两千多年前普鲁塔克笔下的英雄们更伟大。古代的哲学家都是独树一帜的创始人，没有留下类别，现在的哲学家却要按类别来区分。我们由于讲究文雅反而丧失了活力，由于信奉一种扎根于机构和形式中的宗教而丧失了某种粗犷的气质。每一个斯多葛派哲学家都是一个十足的斯多葛哲人，可是，在基督教世界里，真正的基督徒又在哪里呢？

爱默生并非怀旧之人，他关心的是人的状况，批评的是现代性对人性的完整和个性的独特的损害。

9. 批评旅游之风

无个性者必逃避自我，不安于独处，爱默生形容说，"他的天才没有得到规劝留在家里，使自己与内心的海洋交流，而是走到户外从别人的缸里讨一杯水"。于是，旅游之风盛行。人们迷信旅游，以为可以在异国他乡找到生活的乐趣，殊不知"生活的乐趣有赖于享受生活的那个人而非场所"。苏格拉底、塞涅卡早就嘲笑过这样的旅游者，爱默生说得更透彻，口气更严厉。如今境外游已成为普遍的度假方式，我们不妨听一听他的劝诫。

"灵魂绝不是一个旅游者。"这个断语下得干脆。智者总是足不出户，即使有必要或义务出门旅行，他好像仍然待在家里，还用他的面部表情使人意识到他是在传播智慧和美德，像一位君王访问一个个城市和人物，而不像一个商贩或仆从。这使我想起现在的一句流行的话："让灵魂跟上脚步。"每当听人用这句话自夸或自勉，我就对此人灵魂的品质有了一个鉴定。灵魂富足的人必定气定神闲，何至于让高贵的灵魂像一个仆从那样追赶愚蠢而匆忙的脚步呢？

"旅游是傻瓜的天堂。"这个断语也下得干脆。只有无足轻重的人才频频外出旅行，你怎么会没有什么工作让你留在家里呢？一个人在家里不能完成自己的职责，去旅行必定也不能，那只是为了在一个更大的人群里掩饰自己的渺小。你首先得喜欢家居，你在别处所能找到的美和价值只不过是你随身带去的美和价值。你梦想着去那不勒斯丢掉你的无聊，于是打点好衣箱，拥抱过朋友，登船航海，最后在那不勒斯醒来，发现身旁还是那个严峻的事实，那个你要逃避的同一个无聊的自我。

10. 批判乌合之众

无个性者聚集在一起，便是乌合之众。爱默生毫不掩饰他对庸众的厌恶，他说庸众有两副面孔，一副是颂扬的蠢脸，另一副是狂暴的怒容，这两副面孔皆无深沉的原因，只是随风向的变化和报纸的操纵而转换。庸众是最容易被煽动的，而最经常的煽动口实是爱国主义。"当整个国家都在用最高嗓门狂吼爱国主义的时候，我却愿意探讨它的手干不干净，心纯不纯洁。"真是一针见血：它的手不干净，心不纯洁。这是一块试金石，能迅速检验出一个人的社会责任心的真伪。爱默生说，他发现那些最严肃、对国家最有用的公民是最不容易被煽动的，虽然他们可以准时去投票。

在一国的政治生活中，最可怕的是社会底层的愚昧势力被煽动起来。暴民是一群自愿丧失理性、把人性贬为兽性的人，它的性格和行为都是疯狂的。它会鞭挞正义，凌迟公理，使用的办法是谁具有上述品质，它就放火烧谁的房子，污辱谁的人身。

民众是蒙昧的，需要的是教育而不是恭维。爱默生因此对民主的投票制颇有非议。在古埃及，预言家的一票相当于一百人所投的票。拿破仑一人抵得上百万大军。我们只应该尊重那些凭着荣誉和良心发言的个人所投上的一票。

11. 批评慈善活动

爱默生也因此对美国盛行的慈善活动十分反感。所有这些名目繁多的廉价慈善活动，千重万叠的救济团体，开办愚人学校的教育，建造徒劳无益的教堂，都没有什么用场。"慈善行为所遇到的最糟处境是：需要你去保护的生命并不值得保护。"他发牢骚说：不要给我讲什么我有义务改变所有穷人的处境，他们是我的穷人吗？我告诉你，你这愚蠢的慈善家，我舍不得把分文送给那些不属于我、又不包括我的人。虽然我不无羞愧地承认，我有时候也不得不破费一块钱，可那是一块缺德的钱，不久以后，我会有勇气不给的。

慈善活动往往以道德标榜，所谓善举就如同一种赎罪。爱默生说："我不想赎罪，只想生活。我生活是为了生活本身，不是为了观瞻。我倒宁愿它格调低一些，方能真实。我不同意在我拥有固有权利的地方再购买特权，不需要为了使我自己安心或使我的同伴安心而要人家给予保证。一个人的善良必须要有点锋芒，否则就等于零。爱应当造成欢乐，然而我们的仁慈是不愉快的。人们把美德描绘成一场斗争，因为参加慈善活动便摆出一副不可一世的神气，这本身就使我们的道德本性遭到了败坏。"

六　创造性的阅读和写作

一方面，存在着一个共同的心灵，它是人人可以进入和分享的，另一方面，每个人必须以适合自己个性的方式进入和分享它。在爱默生看来，共同心灵和个性的这种联结是文化的基础。他所提倡的创造性的阅读和写作，正是这种联结的一种具体的体现。

1. 警惕书本

爱默生当然是一个爱读书的人。他如此描述阅读的快乐："一踏进图书馆，打开一本求之若渴的书，从这一刻起，我们便不再是城里的居民了，不再是债权人和债务人了，不再是有忧愁的人了。这是何等的逍遥自在，这是多么独特的权利。"他甚至说："我是一个天生的读者，只是在缺乏天生的作家的时代才是作家，否则我是绝不会写作的。"尽管如此，在更多的时候，他告诫我们要警惕书本。

开卷有益，也可能有害。书籍用得对是最好的东西，用得不对是最坏的东西之一。"我宁愿从来没有看见过一本书，而不愿意被它的吸力扭曲过来，把我完全拉到我的轨道外面，使我成为一颗卫星，而不是一个宇宙。"阅读是为了让心智活跃起来，活跃的心智能够看见真理。人人有一个自我，对的阅读使自我丰富和完整，不对的阅读使人失去自我。

过去的天才可以成为自己天宇上的繁星，也可以成为压抑自己的偶像。爱默生俏皮地写道："温顺的青年人在图书馆里长大，他们相信他们的责任是应当接受西塞罗、洛克、培根的意见；他们忘了西塞罗、洛克、培根写这些书的时候，也不过是图书馆里的青年人。"多么亲切的提醒。对经典作家也不要迷信，把你想象成年轻时的西塞罗、洛克、培根吧，坚持在阅读时独立思考。今天你是图书馆里的年轻人，明天你的著作也许就会被将来的年轻人阅读。

和阅读书本相比，你自己对世界的直接观察和亲身感悟总是最基础、最首要的。"当一个人能够直接阅读上帝的时候，那时间太宝贵了，不能够浪费在别人阅读后的抄本上。"如果你把时间都花费在阅读抄本上，从不直接阅读上帝，你就是一个无可救药的书呆子。

2. 阅读是发现自己

爱默生提倡的创造性阅读，其涵义可以用他的一句话概括：把自己的生活视为正文，把书籍当作注解。这是一种主动的态度，阅读他人的作品是为了更好地理解自己。

每个伟大的天才都只是我的星空中的一颗星星，我的园林里的一棵树木。不管他多么伟大，我并不归属于他。相反，他归属于我，我和他打交道是为了发现我自己的东西。听别人发言是为了使自己能够说话。书籍中与我有关的只是那些已经在我心中存在的东西，阅读既是为了反驳也是为了确认。

这也是我的看法。前提是你心中确已存在了一些东西。你必须已经有正文，才能把书籍当作注解。你用心生活，在生活中有你的体验和思考，书籍所能起的最好作用，就是把沉睡的体验唤醒，把零星的思考连贯，让心灵中精神的种子萌芽、生长、壮大。有效的阅读是你的心灵储备与书籍之间的互动，互动越活跃，效果就越显著，如此使自己的心灵储备越来越丰富和优质，形成良性循环。

阅读和写作是互相促进的。爱默生在日记中写道："创造你自己的《圣经》。选择，搜集词句，它们在你的阅读中像莎士比亚、塞涅卡、摩西、约翰、保罗刮来的凯旋的风暴。"他说的是他做读书摘录时的欢快感觉，从书籍中刮来的思想风暴催生了他的创造欲望。他还写道："如果你的心灵由于一项预期担负的工作而紧缩，那么不论读什么书，书页都会因多方面对你的启迪而闪光。"这多方面的启迪其实未必是所读的书本身给予的，而是预期的写作使你进入了一种到处发现启迪的状态。所以，"有创造性的阅读，也就有创造性的写作。"

3. 阅读是进入整体

所有的好书都表达了共同心灵的某一个方面，都引导我们进入整体。所有的好书也都具有现代感，仿佛是今天才写的。"当柏拉图的一个思想成为我的一个思想时，当点燃品达灵魂的真理也点燃了我的灵魂时，时间就不复存在了。"作为一个人，我可以要求并占有无论何处展示出来的真善美的东西，每一位哲学家和诗

312

人都像是我的代理人，而我的智慧可以证明他们就是我自己，他们为我做了有一天我自己也能做的事。

应当学会发现和观察从内部闪过你的心灵的微光，不要因为这是你自己的思想就把它丢弃了。在天才的作品中，你会认出你丢弃了的思想，它们带着某种疏远的威严回到了你的身边。

阅读要着眼于整体。"事情干得漂亮，我觉得仿佛就是我干的；事情干得差劲，我对它毫不介意。我在使用书籍时忠于整体胜于忠于部分。"对于一个事情的见解，即使是智者所发表的，也会包含一些有关他们心境的信息，不要认为这种见解就是智者与这个事情之间的永久关系。阅读需要变换目标，多么喜爱的作家，为之献身也会令人厌倦。欣赏绘画也是如此，把一幅画看久了，你就必须离开它。孩子问："妈妈，昨天你给我讲这个故事时我非常喜欢它，为什么今天就不那么喜欢了？"爱默生如此回答："孩子，因为你是诞生给整体的，而这个故事却只是一个细节。"

4. 怎样读经典

在一篇讲演中，爱默生提出他读书的三条原则：一是不读出版还不到一年的书；二是非经典不读；三是非自己喜欢的书不读。

那么，应该怎样读经典呢？

第一，只读自己喜欢的经典。上面第三条已表明，即使是经典，非自己喜欢的也不读。

第二，要轻松地读。他谈自己的感受："在家里把人读得昏昏欲睡的经典作品，在乡村客栈里，或者在商船的船尾横木上，读起来别有一番风味。"在家里是做学问的读法，在旅途是当作闲书读。

第三，高屋建瓴地读。"以一种超越书本知识的智慧去读书本，把所有现存的人类才智的成果仅仅视为一个可以为我修改和废弃的时代。"也就是说，一切都可以质疑。

第四，对每个经典作家只选读其著作的一小部分。关于这个说法，我要摘录原文，并且做一点评论。

"我们都知道一个预言者洞烛未来的一刹那是短暂的，在悠长的岁月里难得遇见这样的时机；因此记录他灵感的文字可能只占了他的著作的一小部分。有鉴别力的人读柏拉图和莎士比亚的时候，只读那最少的一部分，只限于真正明哲之言，而把其余的都扬弃了，好像它们不是柏拉图和莎士比亚的传世的著作。"

伟大经典中的精华只占少数，这可以有三解。第一，独创性的核心思想只占少数，其余是诠释和引申。第二，能够历久弥新在今天仍然活着的思想只占少数，其余有可能已经陈旧。第三，对于每个读者来说，能够和你的心灵契合的思想只占少数，其余会感到隔膜。

然而，问题在于，一个读者如何去确定他应该读的那一小部分呢？爱默生自己是大量阅读才产生这样的感想的，而事实上，唯有通过大量阅读你所喜爱的某个作家，你才能从这个作家的著作中找出真正契合你的那少数宝藏。所以，我宁可认为爱默生只是在发表他自己的一种感想，而不是在提出一种关于阅读的建议。

5. 表达欲犹如性欲

爱默生说，表达欲犹如性欲，也是人的一种本能。"如同一切生物都受到诱惑去繁殖后代一样，思想也必须以语言的形式显示出来。""行为本身就是快乐，是不可抑制的。"

说一说我的理解。人是有精神本能的，如同性本能一样，这个本能也寻求着释放的机会和对象。阅读、沉思、谈话、旅行，你突然心醉神迷，醉迷于一段文字、一个思想、一种心情、一片风景，就像醉迷于一个异性，其快乐不亚于求欢做爱，而结果便是受孕——某个灵感在你的心里结胎了。在这之后会有一个孕育的过程，一开始也许是无意识的，接着你渐渐地感觉到了胎动。你像一个孕妇那样胃口大增，吸取精神的营养，这些营养滋养着那个灵感，胎儿在成长。它终于丰满到必须离开母腹了，而写作就是分娩。

男欢女爱，生儿育女，这是大自然为人类物种的繁衍设计的一套程序。宇宙精神为人类心灵的传承也设计了一套程序，其中一个重要环节便是文学艺术的创作。每一代人中间都有一些健康活泼的心灵，当它们在精神世界里漫游时，心情酷似怀春，欢爱乃寻常事，而一旦有了收获，表达便是不可抑制的行为了。

当然，这里说的表达，是心灵真正经历了孕育之后的行为。有的人似乎也有强烈的表达欲，废话连篇，令人厌烦，这样的表达欲不可比作性欲，恰当的类比是排泄欲。

在古希腊，哲学家们在聪慧的美少年中物色弟子，传授思想，其间的关系充满同性恋的情调，常常还有同性恋的行为。这是表达欲与性欲相似的一个真实事例。

6. 为自己写作就是为人类写作

"谁为自己写作，谁就是为永恒的读者大众写作。"不去理会时代和公众舆论，只为自己心灵的需要而写作，你就会写得真诚，你的作品就能走进那些不认识的朋友的心灵，并且长久流传。真诚是一种力量，没有力量影响你自己的实践的论点，必定也影响不了读者的实践。天才的特征是无比真诚，他把浮夸的东西留给了新手，自己却直接指向单纯和真实，让我们看到他心灵中显示的古老永恒的事实。

既然是为自己写作，为什么还要发表呢？爱默生在日记里写道："发表自己的思想的好处是把与你志趣相投的人吸引过来，同时又把你器重的人推荐给别人。"吸引过来不是要他们围着我不走，爱默生又写道："我没有把人拉到我身边来的愿望，而是要使他们回到自己。我乐于把他们从我身边赶跑。假如他们找上门来，我能做什么呢？他们会打扰我，成为我的负担。我没有一个门徒，这是我引以自豪的。"

为自己写作的人，不会在乎别人的评论。"一切伟大人物在写作时都是骄傲的，他们不屑于解释。""我不记得我的批评者。我把他们忘掉——我通过我走的每一步远离他们。"

7. 灵感使孤独无处不在

天才的洞察力来自摒弃过于主动的理解活动，给予灵感最大的特权。光线穿过空间，它是看不见的，只有它照到一个物体上时，才能看见。灵感犹如光线，如果主体不能把它描绘出来，它会消失。描绘需要才能，有的人有丰富的灵感，因为缺乏才能，所有的灵感都消失了。

灵感使孤独无处不在。孤独不是封闭在一个地方，而是内心的独立。生活在城市里的诗人依然是隐居者，灵感袭来的一瞬间，他们眼中的人群立刻暗淡无光。他们的目光盯在地平线上，忘记了旁边的人，抛弃了个人的联系，独自面对心灵。

一个人如果觉得自己强烈地被诗、艺术、沉思的生活吸引，使他不能兼顾世俗事务，他就应该早做打算，尊重宇宙内抵偿的法则，养成一种艰苦贫困的生活习惯，从经济的负担里替自己赎出身来。他的特权是这样稀有而庄严，他就应当不吝于付出一笔重税。让别人去经营世俗事务，享受豪宅，大宴宾客，收藏艺术品，他应当觉得天才就是一种款待，能够创造艺术品的人不必收藏艺术品。他必须像拥抱新娘一样拥抱孤寂，独自承受他的快乐和忧郁。在自愿的孤独之中，各种才能会在他的身上形成，就像森林里的树木和田野里的花朵那样生长得美丽而茂盛。

8. 思想的力量

在《随笔集》第一集中，爱默生写了一段话，尼采在《作为教育家的叔本华》中引用了这段话，用来讥笑哲学教授们把哲学弄成了一种可笑的东西，而哲学本来应该是一种可怕的东西。根据尼采的德语引文，我把这段话翻译如下——

"当伟大的上帝让一个思想家来到我们的星球上时，你们要小心。那时候，万物都有危险了。这就好像一座大城市爆发了火灾，没有人知道到底什么东西还是安全的，火灾将在何处结束。科学中的一切都不要想逃脱一夜之间被颠覆的下场，任何学术名望都不再有效，包括所谓永恒的名声；迄今为止对于人们宝贵的和有价值的一切东西，现在只被看作出现在其精神视野中的一些观念，就像一棵树结出果实一样，是这些观念造就了现有的事物秩序。顷刻之间，一种新的文化水准迫使整个人类追求系统发生了彻底变革。"

爱默生不愧是一位深刻的思想家，他深知思想的力量，是观念造就了秩序，而观念的变革必定会导致秩序的变革。写作和阅读绝不是茶余饭后的闲事，世界上诞生一本伟大的书，人们阅读一本伟大的书，人们的观念会发生巨变，世界会发生巨变。

参考书目

[美]爱默生：《爱默森文选》，范道伦编选，张爱玲译，三联书店，1986

[美]爱默生：《爱默生集》（上、下），[美]吉欧·波尔泰编，赵一凡等译，三联书店，1993

[美]爱默生：《爱默生日记精华》，[美]勃里斯·佩里编，倪庆饩译，东方出版社，2008

第二十九讲

密尔

做一个不满足的人，胜过做一只满足的猪；做一个不满足的苏格拉底，胜过做一个满足的傻瓜。

——密尔

在十九世纪的英国哲学家中，我要专门讲一讲约翰·斯图尔特·密尔（John Stuart Mill，1806—1873）。他前期著有大部头的《逻辑学体系》（1843）和《政治经济学原理》（1848），但我把重点放在他后期写的小册子《论自由》（1859）、《论代议制政府》（1860）、《功利主义》（1861）上面。这些著作表明，他是一个受过康德哲学精神洗礼的英国哲学家，对于人的尊严和内心生活的价值有着真切的理解。作为英国功利主义伦理学和自由主义政治哲学的主要代言人，他给这两者都注入了超越经验论层面的精神气韵，极大地提高了同时代人的精神境界。

一　从神童到哲学家

1. 早期教育的范例

密尔是一个神童，准确地说，是早期教育的一个范例。他的父亲詹姆斯·密尔是苏格兰著名的哲学家、经济学家，非常认真地在自己儿子身上实施早期教育的计划。密尔三岁开始学希腊文，八岁开始学拉丁文。父亲给他开书单，注重语言艺术和思想内涵俱佳的希腊文和拉丁文书籍。到十三岁时，他已遍读圣贤书，学识超过博士研究生。他在《自传》中说，由于父亲的教育，他开始的时间要比同代人早二十五年。他不认为自己天资超常，在他看来，他的经历证明，人在幼年时期能够很好地接受的东西远比一般想象的多得多，而通常的儿童教育方法实在是在浪费时间。

约翰·斯图尔特·密尔
（John Stuart Mill, 1806—1873）

可以想象，一个孩子，必须大量地学习和阅读，不可能是完全自愿的。密尔承认，为了这样做，严格的纪律和适当的惩罚是必不可少的手段。现代教育强调要让孩子学习得尽可能轻松和有趣，他对此表示异议，认为这样培养出的人将没有能力做自己不喜欢做的事情。畏惧虽然不应该是教育的主要因素，却是一个必要因素，能够使儿童养成专心用功的习惯。

教育家们都主张纪律在儿童教育中的必要性，区别在程度的不同。我们无法判断，对于密尔的成才，严格的早期教育究竟起了多大的作用。我不相信起的是决定性作用，如果没有这么严格的早期教育，他后来就不会成为一个大哲学家。有一点是可以肯定的，对于他青年时期发生的精神危机，这种教育方式却是脱不了干系的。

2. 精神危机

在《自传》中，密尔讲述了他从二十岁开始经历的一场精神危机。

密尔的童年生活必定是十分单调的。他的生活中没有游戏，只有书籍，没有玩伴，只有父亲和父亲的朋友。他的父亲有两个最亲密的朋友，就是边沁和李嘉图，三人组成了一个哲学激进主义学派，亦称功利主义学派，经常聚谈。他和父亲共用一个书房，他的早期教育自然也包括了这三位大学者的耳提面命。十五岁时，在父亲的指点下，他读了介绍边沁思想的《立法论》，立刻成为功利主义哲学的信徒。与此同时，他觉得自己对生活有了真正的目标，就是要做一个世界的改造者，并且把实现这个目标看作个人幸福之所在。

可是，五年之后，巨大的困惑终于来到，他说他如梦初醒，发现他给自己设定的目标突然失去了吸引力，即使实现也不会使他感到幸福，他的生活所寄托的整个基础崩溃了，生活对于他似乎成了一片空虚。在痛苦之中，他开始读诗。他读了拜伦的全部诗作，发现所表达的正是一个已经厌倦一切的人的悲哀，这与他的心境别无二致，因此完全不能治他的心病。他从华兹华斯的诗中找到了治他心病的良药，那种蕴藉的感情和宁静的沉思给了他熏陶。他还读了大量不同的书籍，包括柯勒律治、孔德、圣西门、托克维尔等人的。在很大程度上，这场精神危机是一次心理断奶，他要从父辈的强大影响下挣脱出来，寻找自己的道路，形成自己的思想。

3. 泰勒女士

按照密尔的自述，在他的一生中，对他影响最大的人，早年是他的父亲，成熟时期是泰勒女士（Harriet Taylor Mill，1807—1858）。两人相识于 1830 年，当时他二十四岁，她二十三岁，已结婚，夫家和密尔家是旧交。他们长达二十年的友谊具有纯净的精神恋爱的性质，而由于泰勒的丈夫病故，两人终于在 1851 年结婚，七年后泰勒患肺充血去世。

密尔对泰勒的评价极高，他在《自传》中说："她那无与伦比的价值使她的友谊许多年来成为我的幸福和进步的最大源泉"，她的友谊"是我一生的荣誉和主要幸福，也是我为人类进步所奋斗的或希望今后实现的大部分事业的力量源泉"。无论婚前还是婚后，两人经常在一起讨论，在思想上互相激荡。泰勒是早期女性主义者，政治上倾向社会主义，从密尔后来的著作《女性的屈从地位》（1869）和《论社会主义》（1876）中可以看到，她的见解对密尔有明显的影响。

泰勒在多大程度上参与了密尔的写作，这是一个有争议的问题。密尔自己说，长久以来，泰勒一直是他在思想、感情和写作方面的伙伴，而结婚则使她成了他的整个生活的伴侣。尤其《论自由》这本名著，按照密尔的说法，是两人的合著，其中有很大一部分是泰勒执笔的。两人在一起对全部书稿字斟句酌，反复修改，原打算在 1858 年冬季定稿，因为泰勒突然去世而未能如愿。作为对泰勒的纪念，他决定不再做任何改动或补充，把这本书按照泰勒去世前的样子予以出版。他表示，虽然未做最后的修改和润色，由于两人已经做了精细的努力，其文体水平远远超过他过去和以后的任何作品。"至于从思想内容来说，很难指明哪一部分或哪一种见解比其余的更属于她所有。此书表达的整个思想方式显然完全是她的，但是我彻底受到此种思想方式的浸染，因而我们两人自然而然产生同样的思想方式。"他相信，这本书会比他的其余作品传世更久，因为两人的心力在书中融合，而书中所阐发的真理，即关于个性多样性和个性自由之价值的思想，在现代社会的变革中将会越来越具有重要意义。

在密尔的心目中，《论自由》不啻是他和泰勒的爱情结晶。在泰勒去世前的两三年里，两人把全部精力放在这本书上，想必有许多惊喜的互相激发和共鸣。我们无法判断，密尔把这本书主要归功于泰勒，在多大程度上是客观的描述，抑或更多是主观情感的抒发。不过，可以肯定，倘若没有爱情的激励和泰勒的参与，这本书在风格上不大会如此完美。

4. 东印度公司公务员

和多数近代英国哲学家一样，密尔不是大学教授，不靠哲学谋生。他的职业是公务员，一个高级白领，十七岁进不列颠东印度公司，一直到五十二岁公司解散为止，共三十五年。最后两年的职位是印度通信稽核，这是东印度公司国内部仅次于秘书的职位，负责监督除陆军、海军和财政以外的全部与印度政府的通信事宜。所以，不妨说，哲学和写作是他的业余爱好，但同时又是他真正传世的事业。

密尔晚年曾经担任一届国会议员，任内为政治改革做出很大的贡献，包括为工人阶级争取集会的权利，为妇女争取选举权，等等。

二 你愿意做一只满足的猪吗

密尔从小受功利主义学派的熏陶，后来成了这个学派的新一代掌门人。边沁创立的功利主义，主张快乐主义的幸福观和伦理学，密尔继承了其基本观点，但又做了重大修正，在《功利主义》一书中，他提出了一种升级版的功利主义。

1. 幸福就是快乐

密尔重申了功利主义的基本观点。第一，幸福是人生的唯一目的，而幸福就是快乐，因此，人生的目的就是尽可能多地享有快乐和免除痛苦。第二，只有幸福是作为目的而值得想望的，一切别的东西只是作为达到这个目的的手段才是值得想望的。幸福本身就是好东西，对此无须证明，而任何别的东西，你必须说明它具有让人获得幸福的功用，才证明它是一个好东西。"医术有助于健康，所以被证明是好东西，但我们如何证明健康是好东西呢？音乐使人快乐，所以被证明是好东西，但我们如何证明快乐是好东西呢？"第三，最大幸福原则也是道德的基础，判断行为的对错，根据是它在多大程度上增进幸福或造成不幸。正因为把一切当作趋乐避苦的手段，把功用立为标准，该学派便以功利主义命名。

密尔告诉我们，所谓幸福并不是指一种狂欢的生活。令人满意的生活有两个要素，即宁静和兴奋，其中任何一个要素都能够增进幸福。处于特别宁静的状态，少许快乐便可以让人感到满足；处于非常兴奋的状态，人便能够承受很大的痛苦。这两者还天然是联盟，它们互相激发，互为准备，而宁静和兴奋的转换则更加有效地增进了幸福。

幸福不是想入非非，去追求得不到的东西。"整个生活的基础在于，期望于生活的不多于生活中能得到的。"这个世界上有足够多的东西，可以让人发生兴趣，可以供人享受，还可以让人加以改进。在这样的世界上，每一个具备正常智力和道德水平的人，都能够过上一种痛苦少而快乐多、积极主动而非消极被动的生活，这样一种生活是配称为幸福的。密尔补充说：除非人们被恶劣的法律或者他人的意志剥夺了自由，不能运用各种幸福的源泉。

2. 快乐有质量的区别

密尔对边沁版的功利主义做了重大修正，最主要的是强调快乐有质量的区别。

边沁讲快乐和痛苦，只讲数量，并且设计了一种所谓幸福计算法。他说，看一个行为是不是可取，能不能让人幸福，有一个计算公式，就是用这个行为所产生的快乐的总量，减去它所产生的痛苦的总量，看结果是大还是小。那么，数量怎么计算呢？他列出了一些指标，例如强度、持久性、确定性、时间和空间上的远近等。快乐没有高低之分，两个行为，如果计算的结果相等，它们就是一样好的。比如，诗人写了一首好诗，快乐得很，男孩玩了一局图钉游戏，或者在今天是玩了一局手机游戏，也快乐得很，他们的快乐就一样好。

边沁的这个所谓幸福计算法，其实是没法落实的，他的用意是强调快乐没有品质的区别。对老师的这个观点，密尔提出了反对。他说，功利主义著作家通常都承认，精神的快乐比肉体的快乐好，理由是精神的快乐更加强烈、持久、可靠、省钱等，但这些只是它的外在优点或者说附带好处，而不是它所具有的内在本性。我们可以采取更高的立场，即考虑快乐的质而不仅仅是量，承认快乐有质量的区别，这与功利原则是完全相容的。精神的快乐之所以好，是因为它的品质，它给人的享受是完全不同的，肉体的快乐不论在数量上怎么增加，也给不了你这样的享受。

这么说有什么根据呢？密尔说，根据就是，凡是品尝过两种不同快乐的人，至少其中的绝大多数人，他们得出的结论是相同的，他们都认为，精神的快乐是更有价值、更值得追求的。如果他们都偏好精神的快乐，我们就有理由认为，这种快乐在质量上是占优先的，相对而言快乐的数量就变得不那么重要了。你可能会问，这些人说了就算吗，有没有一个客观的标准？密尔会告诉你，精神的快乐和肉体的快乐，这两种快乐在种类上完全不同，你没有办法在数量上进行比较。比如说，我问你，你要吃几块红烧肉，得到的快乐和听一次音乐会的快乐相等，你怎么回答？所以，唯一的办法是让兼有两种体验的人发表意见，他们的共同感受就是标准。当然，密尔实际上不会去做这个调查，也没法做，他讲的其实是他自己的感受，以及和他志同道合的朋友们的感受。

总之，密尔断言，对两种快乐同等熟悉并且能够同等欣赏和享受的人，都显著地偏好那种能够运用他们的高级官能的生存方式。极少有人会因为可以尽量地享受禽兽的快乐而同意变成低等动物；凡聪明人都不会愿意变成傻瓜，不会为了最大程度地满足和傻瓜共有的欲望而舍弃自己拥有但傻瓜不拥有的东西；凡有良心和感情的人，即使看见流氓比他们更满意于自己的命运，也不愿意变得自私卑鄙。

3. 幸福和满足是两回事

确认了快乐有质量的区别，密尔进而指出，幸福和满足是两个很不同的观念，如果否认快乐有质量的区别，就会把两者混为一谈。

一个人只有低层次的欲望，他是容易满足的，可是他从来没有品尝过高品质的快乐，你能说他是幸福的吗？相反，一个精神愿望强烈的人，他是不容易满足的，不会觉得低层次欲望的满足就是幸福，你能说他比那种容易满足的人不幸福吗？所以，满足和幸福是性质不同的两个东西，不可以混淆。在做了这一番分析之后，密尔说了一句名言，他是这样说的："做一个不满足的人胜于做一只满足的猪；做不满足的苏格拉底胜于做一个满足的傻瓜。"他接着说，猪和傻瓜的看法可能会不同，那是因为他们只知道一个方面，而苏格拉底一类的人兼知两个方面。兼知两个方面是重要的。凡是兼知两个方面的人，都愿意做不满足的苏格拉底，决不愿意做满足的猪和傻瓜。

与低等的存在物相比，具有高级官能的存在物需要更多的东西才能使自己幸福，对苦难的感受也会更加深切。但是，尽管有这些不利之处，他也绝不会希望沉沦到一种自己感觉是低级的生存中去。事实上，一个有高层次的精神追求的人，他在享受高品质快乐的同时，会经受低层次的人所不知道的痛苦。但是，你让他因为这个痛苦而放弃精神追求，他是决不肯的。一个人受过教育，有了知识，忧患就开始了，会想许多问题，比如人生有没有意义？社会为什么这么不公平？他们很痛苦。可是，在受过教育的人里面，没有谁会因为这种痛苦，就愿意回到没有受教育的状态去。密尔说，在这样的选择中，真正起作用的是一种尊严感，这种尊严感与一个人所拥有的高级官能成某种比例。在自尊心很强的人身上，这种尊严感构成了其幸福的一个不可或缺的部分，凡是有损这种尊严感的事物都不可能成为其欲求的对象。

只知道低层次一个方面，其实是很可悲的。如果问一个人"你愿意做一只满足的猪吗？"，他一定觉得受了侮辱。可是，在现实生活中，的确有一些人，他们陷在低层次的生活里面出不来，从来没有品尝过高品质的快乐，因此就以为低品质的快乐是人世间最大的快乐，甚至是唯一的快乐。

按道理说，人性是一样的，每个人身上都有潜在的高级精神能力，都可以享受高品质的快乐。但是，密尔说，人的这种高级精神能力是一棵脆弱的植物，它需要培育，否则很容易枯死。这个培育，可以从两个方面讲。一个方面，你自己要培育它，你要清楚你是有这个宝贵的能力的，你要用它，让它生长和壮大。你总不用它，它就萎缩了，你就和猪、傻瓜差不多了。另一个方面，社会要培育它，要给每个人运用精神能力提供机会。没有谁是刻意要选择成为猪和傻瓜的，实在是因为他身处的环境，他谋生的职业，使他没有机会运用精神能力，这种能力就萎缩了。

归结为一句话，每个人身上都藏着一个不满足的苏格拉底，关键是要把这个苏格拉底唤醒。

4. 功利主义与道德

功利主义的伦理学，以功利即最大幸福原则为道德的基础。密尔解释说：既然幸福是人类行为的唯一目的，那么，促进幸福便是判定一切人类行为的检验标准；由此可以得出，促进幸福必定也是道德的标准，因为部分总是包含在全体之内的。美德原本不是欲求的目标，但由于它有利于产生快乐和抵御痛苦，作为手段是一种善，结果本身也成了被欲求的对象，而且被欲求的程度还极其强烈。

欲望是一种被动的感受状态，意志是一种主动现象，但意志最初是从欲望中产生出来的。因此，对于道德意志薄弱的人，为了植入或唤醒其道德意志，唯一的办法是诉诸他的趋乐避苦的欲望，让他觉得行善是快乐的，作恶是痛苦的，从而使他的意志逐步向善。等到他向善的意志根深蒂固之后，起作用时就不会再想到快乐和痛苦。意志是欲望的孩子，脱离了父母的管教之后，只受习惯的管教。

以功利为道德义务的根据，人们对此非议说，功利是一个不确定的标准，对它的解释因人而异，唯有正义是确定的、可靠的标准。密尔反驳说，事实上，在什么是正义的问题上，同样存在许多意见分歧和争论。从功利主义的角度看，正义代表的是若干最重要的社会功利，其功用是保护每个人免受他人伤害。例如，正义要求人们诚实和守信，把说谎和背信视为极不道德的行为，因为说谎严重地削弱了人们言论的可信性，不守承诺完全辜负了别人的期望，皆破坏了人与人之间的信任，而这种信任却是人类幸福的主要支柱。

康德依据实践理性提出了一个普遍道德法则：要这样行动，让你的意志的准则始终能够同时用作普遍立法的原则。密尔赞美道："康德是卓越的，其思想体系将长期成为哲学思想史上的里程碑之一。"但是，他指出，在论证这个普遍道德法则时，康德向人们说明的仅仅是，倘若不道德的行为规则被普遍接纳，其后果是没有人会选择去承受的。也就是说，普遍道德法则其实就是有益于人类共同利益的行为规则。这实际上是把功利当作论据，这样论证显然违背了康德自己的体系。密尔的言外之意是，功利主义是多么有说服力，连康德也不自觉地采用了。

在近代英国，快乐主义经历了两种不同的形式，早期是霍布斯所代表的利己主义，后期是边沁所创立、密尔所改良的功利主义。快乐主义立足于人的趋乐避苦本能，这个本能存在于个体的人身上，因此在逻辑上必然推导出利己主义。功利主义实际上放弃了利己主义，要求在关心自己幸福的同时，也关心他人的幸福和人类共同的幸福，争取最大多数人的最大幸福，其根据就不能只是趋乐避苦的本能了。休谟提出社会性情感是道德的基础，我们看到，密尔实际上采纳了这个观点。他说，个人是一种社会存在，在情感和目标上与同胞们和谐一致是每个人的自然需求，这种社会感情是一种强有力的天然情感，它是道德的稳固基础。

5. 密尔思想中的矛盾

密尔的思想有两个主要来源，一是边沁所倡导的功利主义，另一是康德哲学，这两个来源是不相容的，使他的思想中存在着显著的矛盾。对于他来说，功利主义这个理论框架太狭窄了，容不下他博大而高远的精神。他强调精神的快乐具有更高的质量，以及我后面要讲述的，他在《论自由》中强调个性价值是幸福的要素，其来源是康德的人的尊严的观念，已经完全超出了功利主义的立场。他的思想中的这种矛盾，后来经常遭到英国传统的哲学家们的诟病。

我设想，密尔如果不是詹姆斯·密尔的儿子，不是从小在功利主义学派的氛围中成长，以他的气质，他的哲学很可能会是另一种面貌。功利主义是他的起点，同时也成了他的限制，他的思想是在突破这个限制中发展的。在晚年写的《自传》中，他告诉我们，他的思想发生过两个重大变化。其一，虽然他仍相信快乐是生活的目的，但是，一个人只有不把快乐当作直接目的时，才能真正快乐。做自己喜欢的事，不论是为人类谋进步的事业，从事艺术或学问，或者做其他工作，不把它们当作手段，而是当作目的本身，这样的人才是快乐的。把快乐当作主要目的，而不是把它看作附带得到的东西，是禁不起仔细考查的。"如果你仔细盘问自己快乐不快乐，你就会觉得不再快乐。唯一的办法是不把快乐当作生活目标，而是把快乐以外的目的作为生活的目标。抛开你的自我意识，你的追根究底，你的自我盘问，这个信念现在成为我的处世哲学的基础。"很显然，在这段自白中，生活的意义实际上取代快乐成为了生活的目的。其二，关于幸福的条件，不再把外部条件的安排和知识教育看作唯一的重要因素，而是更看重个人的内心修养、情感的培养和各种能力之间的平衡。这就是说，在精神快乐的层面，他纠正了偏于知性的倾向，认识到了人性的丰满对于幸福的重要性。

三　个人自由和开明社会

始自洛克的英国自由主义哲学为现代法治社会奠定了理论基础。在法治社会中，个人自由是核心价值，社会对于个人的根本责任是保护个人自由。在论证这个道理时，英国传统强调的是个人利益的合理性，以及保护个人利益所达成的有利于全社会的结果。同时，它亦承认民主政治是法治秩序的制度保证。密尔也不例外，但和这个传统中其他哲学家不同的是，相对于个人利益，他更强调个性价值，相对于民主政治，他更强调开明社会。在《论自由》中，当他为个人自由辩护时，着重批判的是社会的不宽容。我本人认为，从公民修养和公民对法治建设负有的责任之角度看，他的见解尤其值得重视，他的这部著作至今仍是一本公民必读的启蒙读本。

1. 个人自由的原则和界限

一百二十年前，严复翻译《论自由》，汉译的书名是《群己权界论》，这有一定的道理。密尔自己说，他这本书的主题是公民自由或称社会自由，即"社会所能合法施用于个人的权力的性质和限度"。也就是说，要在个人自由和社会权力之间划界。他的着重点不是政治自由，而是社会自由，政治自由强调的是法律对个人自由的保护，社会自由强调的是社会对个人自由的宽容。在他看来，近代以来的思想界，对前者已有共识，后者却遭到了忽视。社会的好恶往往成为决定行为准则的主要因素，人们探讨社会对何种行为应当赞许或应当嫌恶，而不去究问社会的好恶对于个人是否应当成为准则。

　　个人当然必须对社会负责，遵守一定的规则，这个规则构成了社会可以对个人强制的范围。主要是两个方面，一是个人的行为不得损害他人的利益，二是个人必须承担属于他的对社会的一份责任。在这两个方面，个人做了不当做的事，或者不做当做的事，都会贻患于他人，社会就有权力施以强制。社会对个人的行为进行干涉，唯一的目的只是要防阻这种行为对他人和社会的危害，只有在此种情形下，强制才是正当的。

　　因此，除去上述情形，个人的行为只要不影响他人，个人就拥有完全的自由，社会无权干涉。"在仅涉及本人的那个部分，他的独立性在权利上则是绝对的。对于本人自己，对于他自己的身和心，个人乃是最高主权者。"密尔特别说明，所谓影响他人，是指直接的影响，即事实上对他人的利益造成了损害。一个人的不涉及他人的行为和性格也可能让他人感到不舒服，但这绝不构成对他进行强制的理由，他因此而应承受的唯一后果，只是他人观感不佳的评定以及与此评定相连的不便。

　　"唯一实称其名的自由，乃是按照我们自己的道路去追求我们自己的好处的自由，只要我们不试图剥夺他人的这种自由，不试图阻碍他们取得这种自由的努力。"在不损害他人的前提下，每个人都有权按照自己中意的方式生活，任何他人无权对他说，为了他的好处，他不可以这样生活。他人若为着自己的好处而认为有必要时，可以对他忠告、指教、劝说以至于远而避之，这些就是社会要对他的行为表示不喜或非难时所仅能采取的正当步骤。所谓为了他的好处，不论是物质上的或是精神上的好处，都不能成为强迫他的理由。一个人因为不听劝告而会犯的任何错误，都远不及听从这种强迫所犯的罪恶更为严重。

2. 思想自由和讨论自由

在社会不应干涉的个人自由中，思想自由和讨论自由是重要的一项，《论自由》第二章是专门谈这个问题的。密尔指出，思想自由和讨论自由之所以必要，理由有二。第一，我们永远不能确信自己的意见是正确的，力图压制的意见是错误的。第二，即使我们的意见是正确的，力图压制的意见是错误的，压制它仍然是一个罪恶。

压制不同的意见，往往是立足于一个民族的信仰或一个时代的主流意见，而信仰和主流意见皆有较大发生错误的可能性。一个人选取何种信仰，多半取决于偶然的机遇，使这个人在伦敦成为一个牧师的原因，也会使他在北京成为一个僧人或者孔教徒。时代同样会犯错误，错误意见在一个时代占据主流，这种情形屡见不鲜。

讨论的自由是真理得以产生和存在的必要条件，所以，压制不同意见是对整个人类的掠夺。"假定一个意见的正确性，其前提是有反对和批驳它的完全自由，而非不许批驳它。"人类判断的可靠性完全依赖于能够纠错，纠正的手段是经验和讨论。一个意见即使正确，如果没有讨论的自由，也只是死的教条。如果没有针对反对意见的精神活动过程，一个意见就无权称作知识。在创始人及直传弟子那里，每一种宗教信条都是充满着意义和生命力的，因为处在与其他信条的争论中，后来成为普遍意见，或占据一个固定地盘，争论停止了，就失去了与人类内心生活的联系。

对于提高人民素质来说，思想自由和讨论自由更是必不可少。"在精神奴役的一般气氛之中，曾经有过而且也会再有伟大的个人思想家，可是在那种气氛中，从来没有而且也永不会有一种智力活跃的人民。""对异端思想的恐惧，凡原则皆不容争论的默契，对占据人心的最大问题的讨论业已结束的共识——只要所谓争论是避开了重大而足以燃起热情的题目，人民的心灵就永不会从基础上被搅动起来。"

尤论是以人民的名义，还是以政府的名义，压制不同意见的权力都是不合法的。"假定全体人类都执有一种意见，而仅有一个人执有相反的意见，在此种情形下，人类无权要这个人沉默，正如这个人假如有权力，也无权要人类沉默。"在重大问题上，尤其要保护弱势意见，不仅予以宽容，而且予以鼓励和赞助，因为它代表着被忽略了的利益。

3. 个性价值和个性自由发展

社会不应干涉的个人自由，密尔强调的另一项是个人趣味和志趣的自由，个人生活方式和行为方式的自由，质言之，个人发展其个性的自由，《论自由》第三章是专门谈这个问题的。英国以往的自由主义偏重自由的功用价值，密尔第一个肯定了自由的伦理价值，批评以往思想家们对于个性自由发展这个目的本身漠不关心，看不到个人自动性的内在价值。他指出，无论对于个人，还是对于人类，个性都是幸福的本质因素之一，社会必须予以尊重。

从个人来说，每个人都是一个独特的生命存在，容许他按照自己的方式生活，发展自己的天生特点和能力，这是他作为人的尊严之所在，也是他的人生幸福的实质因素。一个人必须按照自己的脚形来挑选一双合脚的鞋子，难道说人们彼此之间在气质上和精神上构造的相同会比在脚形上的相同还多些，给他一个合适的生活会比给他一双合脚的鞋子还容易些吗？对于一个人的幸福，本人是关切最深的人，他人的关切总是部分的和间接的。"一个人只要保有一些说得过去的数量的常识和经验，他自己规划其存在的方式总是最好的，不是因为这方式本身算最好，而是因为这是他自己的方式。"进而言之，容许每个人按照自己的方式生活，乃是造就有责任感的人的真正条件，因为这要求他对自己负责，使用他的一切能力。听凭他人代替自己选择生活方式的人，虽然也可能被引上某种好的道路，但是他丢失了作为一个自觉的人的价值。"真正重要之点不仅在于人们做了什么，还在于做了这事的是什么样的人。在人的工作当中，在人类正当地使用其生命以求其完善化和美化的工作当中，居于第一重要地位的无疑是人本身。"

从社会来说，个性发展不但使每个人对于自己更有价值，也使他对于他人更有价值，个体中有更多的生命，群体中也就有更多的生命。社会进步的唯一可靠而永久的源泉是自由，有了自由，有多少个人就可能有多少独立的进步中心。一切好东西都是从一些个人开始的，个人的首创性是推动社会进步的有力因素，而这种首创性唯有在鼓励个性自由发展的开明社会环境中才能够发挥。作为相反的例子，密尔提到了他那个时代的中国，说那时的中国的教训就在于个性消灭导致了历史停滞。总之，"人类若彼此容忍，各照自己所认为好的样子去生活，比强迫每人都照其余的人们都认为好的样子去生活，所获是要较多的"。凡在不以自己的个性而以他人的传统或习俗为行为准则的地方，那里就缺少人类幸福的主要因素之一，这个因素同时也是社会进步的一个主要因素。

4. 个性泯灭的危险

构建开明社会，根本上要靠公民的觉悟和素质。现实的情况是，人们往往对自己的个性价值也毫不尊重，就更不会懂得尊重他人的个性价值了。即使在仅仅涉及自己的事情上，他们也不问自己真正想要什么，什么合于我的性格和气质，什么能让我身上最好的能力和品质得到生长，相反问的是什么合于我的地位，和我地位相同尤其地位比我高的人在要什么、做什么，自己也就要什么、做什么。他们还不是在合乎习俗的事与合乎自己意向的事之间做比较，舍后者而取前者，而根本是除了合乎习俗的事之外便别无意向。甚至在娱乐的事情上，他们首先想到的也是从众合时。"趣味上的独特性、行为上的怪僻性，是和犯罪一样要竭力避免的。这样下去，由于他们不许随循其本性，结果就没有本性可以随循。"

于是，平庸就成了现代社会占上风的势力，个人消失在人群中了，在私人生活的道德关系和社会关系中、在公众事务中，都是公众意见统治着世界。密尔富有前瞻性地指出，传媒极大地强化了这个趋势，公众既由传媒代表又受传媒支配，"他们的思考乃是由一些和他们自己很相像的人代他们做的，那些人借一时的刺激，以报纸为工具，向他们发言或者以他们的名义发言。"密尔是在一个半世纪前写这本书的，可是我们会觉得他是在说今天。其实，当年的传媒也只是不多的几份报纸罢了，和我们这个网络时代完全没有可比性，而他见微知著，已经敏锐地察觉到了传媒对于公众心灵的巨大消极影响。

公众意见的统治正在促成人类普遍同化。从前，人们生活在不同的世界里。现在，人们在很大程度上生活在相同的世界里，读、听、看相同的东西，去相同的地方，希望和恐惧指向相同的对象，拥有相同的权利和手段。同化尚未完成，必须及早抵抗，到完成之后就无药可救了。"人类在有过一段时间不习惯于看到歧异以后，很快就会变成连想也不能想到歧异了。"怪僻性的数量总是和一个社会中所含天才禀赋、精神力量和道德勇气的数量成正比的，凡性格力量丰足的时代和地方，怪僻性也就丰足。今天敢于独行怪僻的人如此之少，这正是这个时代主要的危险标志。在这样的一个时代，一个人哪怕只是不屑于苟同公众意见，拒绝向习俗屈膝，这本身就是一个贡献。

5. 防止多数的暴政

这就要说到民主政治的局限性了。民主只是手段，个人自由才是目的。如果把民主理解为少数服从多数，便可能造成多数人侵犯少数人自由的情形。这就是密尔所警告的"多数的暴政"。他指出，这种社会暴政比政治专制更可怕，因为它无微不至，奴役到灵魂本身，社会把得势的观念当作准则强加于持不同意见的人，迫使一切人按其模型来剪裁自己，阻止了不同个性的形成和发展。

在只涉及个人行为的问题上，把多数的意见强加于少数，是毫无道理的。在这类事情上，公众对他们所非难的对象的利益往往持一种完全漠不关心的态度，只考虑自己欢喜还是不欢喜。许多人把自己不喜欢的任何行为都看作对自己的一种冒犯，并因此认之为罪大恶极。他们还常常对之进行道德审判，必欲把道德警察的界限扩展到最无疑义的个人合法自由领域而不肯罢休。

要防止多数的暴政，就必须对民主的范围有所限制。对于坚持非主流见解和生活方式的少数人，只要其行为不损害他人利益，社会不可以多数的名义予以压制乃至迫害。这实质上无非是把法律对个人自由的保护贯彻到思想、言论、生活方式的领域罢了。无论是政府，还是公众，对少数人的压制都是不合法的。当然，在这方面，法律的作用是有限的，因为法律管不了舆论的不宽容。所以，真正要形成舆论宽容的开明社会，仍要靠公民素质的提高。

6. 小政府大社会

《论自由》共五章，第一、四章谈基本原则，即社会对个人的权力的界限，第二、三章谈个人自由的两个重要方面，分别是思想和言论自由及个性发展的自由，第五章谈原则的应用，着重谈的是政府和社会的关系，可以用"小政府、大社会"来概括。

政治体制是更大的社会范围的一个部分，决定其发挥作用的方式的是社会。在一个开明而富有活力的社会中，政府只掌握有限的必要事务，公民凭借主动性和丰富经验能够承担大部分社会事务。密尔举美国为例，假如没有政府来管理，美国人的任何一个团体都能够即时组成政府，以足够的智慧、秩序和果断来处理任何公共事务。"凡自由人民都应该是这样，而凡能够这样的人民必定是有自由的，这样的人民永不会因有什么人或者什么团体能够抓住并控制住中央管理机构就让自己为他们所奴役。"

密尔以美国为榜样，是受了托克维尔《论美国的民主》一书的启发。他在《自传》中谈到，通过对美国和法国经验所作的分析，托克维尔得出一个结论，即最重要的是，凡能安全地由人民管理的社会集体事业，尽可能多地让人民自己去管理，政府行政机关不要干预。此种由市民参加的实际政治活动，不但是锻炼人民的社会感情和实际管理才能的最有效办法，人民具备这种感情和才能，对良好政治来说是必不可少的，而且是克服民主政治某些特有弱点的具体办法，也是保护民主政治不堕落为专制政治的必要手段。

相反，如果政府掌握全部社会事务，为此把人才集中在一个庞大的官僚机构中，结果必是进入这个机构并步步高升就成了人们进取的唯一目标。既然凡事必须由官僚机构来办，那么凡为官僚机构所反对的事就没有一件能办得通。官僚机构自身越是完善，它从社会各等级中为自己吸收并训练最能干的人员越是成功，它对包括它的成员在内的一切人的束缚也就越完整和牢固。"管治者自己也成为他们的组织和纪律的奴隶，正不亚于被管治者之成为管治者的奴隶。中国的一个大官和一个最卑下的农夫一样，同是一种专制政体的工具和仆役。"

密尔由此提出一个"妥当的实践原则"：一方面是符合效率原则的最大限度的权力分散，另一方面是最大限度的信息集中并散布出去。也就是说，政府要小而精，同时要做好让全社会知悉信息的工作。政府的一切工作都是为了帮助和鼓舞个人的努力与发展，绝不可以用自己的活动去代替个人和团体的活动。"国家的价值，从长远看来，归根结蒂还在组成它的全体个人的价值。"一个国家无论为了什么目的，哪怕是有益的目的，而使国民成为它手中容易制驭的工具，阻碍全体个人智力的扩展和素质的提高，"那么，它终将看到，小的人不能做出大的事；它还将看到，它不惜牺牲一切而求得的机器的完善，由于它为求机器较易使用而宁愿撤去了机器的基本动力，结果将使它一无所用。"

四　政治制度和国民素质

在《论自由》出版两年后，密尔又出版《代议制政府》，论述政府形式亦即政治制度问题。此书最值得关注的内容，是对于政治制度和国民素质之关系的讨论，这始终是困扰中国近现代思想界的一个难解的问题，密尔的见解可供我们参考。

1. 政治制度在多大程度上是一个选择问题

在此书开头部分，密尔首先提出一个问题，即政府形式在多大程度上是可以选择的。对于这个问题，历来有两种观点。一种观点认为，政府形式是一种自然产物，它不是做成的，而是长成的。一个国家的根本政治制度是从该国人民的特性和生活中生长起来的有机产物，是人民的习惯、本能和无意识的需要的产物，绝不能靠预先的设计来建立。我们大体上必须按照它的现实情况予以接受，所能做的只是熟悉其自然特性并且适应它。因此，对于政府形式不存在选择的问题。这实际上是休谟的观点，后来哈耶克对之大加赞赏。另一种观点则认为，如同机器一样，政府形式是人工的产物，可以被看作一件发明创造的事情，因此完全是可以选择的。

这两种观点都比较极端，密尔的立场是中间偏于后者。有人断言，在实质性方面，一国的政府形式是由这个国家社会力量的分布决定的，其中最强大的力量将取得统治的权力。针对这种主张，密尔反驳说，不能静止地看社会力量的分布，积极的即实际上发挥作用的力量往往只占全部现存力量的很小部分，现存力量的大部分能否在政治上发挥作用取决于意志。政治机器最初是由人制成的，其后它也不是自行运转，还须由人去操作，需要人们的积极参加。所以，政治制度的起源和继续存在均有赖于人的意志。

密尔所强调的，一是社会全部力量对于政治的潜在作用，二是潜在作用能否转变为现实作用，取决于相应社会力量的意志。按照我的理解，国民组成了社会全部力量，而国民素质则决定了国民的意志在政治上的积极程度。因此，全部问题在于，如何使国民素质和政治制度之间有良好的互动，一方面要承认国民素质限制了政治制度的选择，另一方面又要通过政治制度的设计推动国民素质的提高。

2. 国民素质限制了政治制度的选择

一国之内，政治制度的建立或引进，在国民方面必须考虑三个条件：一是国民乐意接受，或至少不是不乐意到对其设置不可逾越的障碍；二是愿意并能够做使它持续下去所必要的事情；三是愿意并能够做使它能实现其目的而需要他们做的事情。在这三个条件所规定的界限内，政治制度和政府形式是一个选择问题，应该选择对于这个国家来说最好的制度。

这三个条件都关系到国民素质，表明国民素质限制了政治制度的选择。在国民尚不具备相应素质的情形下，自由民主的政治制度是不适合的。比如说，国民懒惰、怯懦、不关心国家、缺乏公共精神，容易被阴谋诡计欺骗，甘心屈服于甚至狂热地崇拜强权人物，他们和自由政府就是不相称的。如果国民普遍只关心个人的私利，不考虑自己在总体利益中的那一份，任何政府管理都搞不好。如果国民的道德状况坏到证人普遍说谎、法官普遍受贿的地步，程序规则在保证审判目的上又有什么效用呢？当大多数选民对选举自己的政府不关心，不把选举权用于公共的理由，而是为金钱而出卖选票，或者按照控制着自己的人的意图投票，选举制度就毫无价值，并且可能成为阴谋的单纯工具。

总之，好政府所依靠的第一要素是组成社会的人的品质，如果人的品质低劣，好政府是不可能的。

3. 好的政治制度推动国民素质的提高

但是，以上所述并不意味着政治家是无可作为的。这就要考虑意志的作用了。在《自传》中，密尔谈到自己曾经有的一个困惑。按照哲学上必然性的理论，环境形成个性，人是受环境支配的无能为力的奴隶，这个理论像梦魇似的压在他的身上，使他情绪沮丧。经过苦心思考，他找到了破解的路径。必然性这个词作为运用于人类行为的因果论的名词，引起了错误的联想，导致宿命论，必须抛弃。虽然人的个性是环境的产物，但人的意志对环境的形成也能起重大作用，从而也成为形成个性的一种力量。

把这个认识应用到政治上，政治家的责任是用自己的意志去影响社会环境和政治制度，从而影响人民的素质。在前述三个条件所规定的界限内，推动人民接受好的制度，是实际努力所能追求的最合理的目标之一。人民容易去做他们已经习惯的事情，但人民也应该学会做对他们说来是新的更好的事情。一国人民也许对好的制度缺乏准备，但为他们点燃一种希望是这种准备的一个必要部分。舆论本身是一种巨大的社会力量，只要能够形成一种普遍信念，即认为某种政府形式值得选择，就是集合社会力量朝着它迈进的重要的一步。

当然，一国人民做新事情和适应新情况的能力之大小，是这个问题的重要因素。人类事务的一切改进都是不满足的人努力的结果，而且积极的人学会忍耐比消极的人变得有活力要容易得多。撇开哲人式的知足不说，大部分表面上的知足是出于懒惰和懦弱，无论对自己的素质和真正的幸福，还是对国家的现状和前途，都不求改进。这种知足的人恰恰是最容易嫉妒他人的，自己不提高，却对他人和别国的成就充满恶意的评论。在一个停止进步的民族，嫉妒往往成为民族性格的一种特征。那么，这样的民族该怎样克服惰性，改革制度，实现政治和社会的进步呢？密尔没有给我们答案，这个答案只能由相关民族中真正有抱负、有识见的政治家们自己去寻找了。

4. 专制政治对国民素质的败坏

密尔承认，对于未开化的民族，专制政治是一个必要的选择，有助于把这些民族提高到一定的文明程度。但是，在达到这种程度以后，由于缺乏精神自由和个性，它们就永远停止下来了。从根本上说，专制政治不是好的制度。长期以来，英国人普遍认为，假如保证有一个好的君主，专制政体就是最好的政府形式，密尔说这是关于什么是好政府的最有害的误解。专制政治的最大危害，就在于败坏了人民的精神素质。

一个人握有绝对的权力，管理着人民的全部事务，人民就必然是消极被动的。整个民族以及组成民族的每个人，对自己的命运没有任何发言权，一切都由一个人的意志为他们做决定，违反这个意志就是法律上的犯罪。在这种制度下，人的思想和活动能力就不可能得到发展。人们或许被允许思考纯理论的问题，但不可以涉及政治。对智力活动的唯一充分的诱因，是智力活动的结果有被实际采用的希望，因此，人们普遍地不思考，而少数有智力上强烈兴趣的好学之人也只能是以学术自娱罢了。

专制政治对人民的败坏不只是在智力方面，也在道德方面。凡是人们的行动范围受到人为限制的地方，他们的感情也就相应地变得狭隘和不健全。感情的食粮是行动，甚至家庭的感情也有赖于互相自愿的照顾。一个人既然不能为他的国家做任何事情，他也就不关心他的国家。一切事听命于政府，就好像听命于上天，人们就对一切事毫不关心，而倘若其结果不合己意，便只好当作上天的惩罚加以接受。宗教也不再是一件社会关心的事，而缩小为个人和上帝之间的私事，涉及的只是个人的拯救问题，这种形式的宗教和最狭隘的利己主义是完全适合的，不能使信仰者在感情上和其同类一致起来。整个民族的才智和感情让位给物质的利益，当有了物质利益之后，让位给私生活的娱乐和装饰。历史证明，这意味着一个曾经达到某种文明的民族的衰落时代已经到来。

总之，专制政治导致国民消极被动，不思考，不活动，不上进，而国民的消极被动又成为专制政治得以延续的条件，形成了恶性循环。密尔的结论是：好的专制政治完全是一种虚假的理想。

5. 代议制政府的优越性和适用条件

与专制政治相反的是民主政治，最充分的民主政治是全体人民参加的政府，容许所有的人在国家主权中都占有一份。但是，在面积和人口超过一个小市镇的社会里，除了公共事务的某些极次要的部分之外，所有的人亲自参加公共事务是不可能的。密尔由此得出结论说，理想上最好的政府形式是代议制政府。"代议制政体就是，全体人民或一大部分人民通过由他们定期选出的代表行使最后的控制权。"在实行代议制政体的国家中，人民选出的代表组成议会，议会行使立法权和监督、控制行政机构的权力，而行政机构则管理具体的国家事务。

除此之外，议会还有一项重要职能，它既是国民的诉苦委员会，又是国民表达意见的大会。在这个舞台上，不仅国民的一般意见，而且每一部分国民的意见，以及尽可能做到国民中每个杰出个人的意见，都能够充分表达出来并要求讨论。在这里，国家中每个人都可以指望有人把他想要说的话说出来，和他自己说得一样好，或者比他自己说得更好。每种意见都是当着反对者的面说的，必须经受争论的考验。人们经常讥笑议会是纯粹清谈和空谈的场所，密尔反驳说，当谈论的问题关系到国家巨大公共利益的时候，他不知道议会怎样能比在谈论中工作得更好。

区别政治制度的好坏，能否促进国民素质的提高是一个重要标准，密尔强调，代议制政体就是提高国民素质的好的手段。代议制政府既是对公共事务的一套有组织的安排，又是对人们精神起作用的巨大力量。它把社会中现有的智力和道德的积极因素调动起来，直接对政治施加影响，有效地促进了社会普遍的精神上的进步。

但是，采用代议制政府是需要相应的社会条件的。如果国民的素质太差，极端地消极被动，随时准备屈服于暴虐，就不具备履行代议制政体中属于他们的职责的意志和能力。同样的弱点也会存在于选出的人身上，于是，全国代表制所产生的唯一结果就是，除了真正进行统治的少数人以外，多了一个由公众供养的议会。

我们又在同一个地方遇到了阻碍。国民素质和政治制度互相制约，互为条件。密尔又只好承认，在国民尚未成熟的情形下，一个原则上专制但在实践上有限的中央权力，是帮助人民学会文明的必要手段。还有一种方式，就是由文明民族的外国人组成政府，这种方式虽然有它不可避免的害处，但有利于本土民族迅速扫清进步上的障碍。归根到底，一个民族必须学会文明，才能名副其实地采用文明的政治制度。

参考书目

［英］密尔:《功利主义》，徐大建译，商务印书馆，2019

［英］密尔:《论自由》，程崇华译，商务印书馆，1959

［英］密尔:《代议制政府》，汪瑄译，商务印书馆，1982

［英］密尔:《约翰·穆勒自传》，吴良健、吴衡康译，商务印书馆，1987

第三十讲

尼采

对于我们的人生，我们必须自己向自己负起责任，充当这个人生的真正舵手，不让它等同于一个盲目的偶然。

——尼采

在西方哲学家中，我对尼采下的功夫是最多的，翻译了他的十来本著作，出版过两本研究专著，即《尼采：在世纪的转折点上》（1986）和《尼采与形而上学》（1990）。在本讲义中，我只能提示若干主要观点，感兴趣的读者可以去读我的这些译著和专著。

尼采是一个站在转折点上的哲学家，这个转折点不仅是指世纪之交，而且是指西方哲学由近代向现代的转折。西方哲学的这个转折，康德是开启，叔本华是过渡，尼采是完成。康德的批判哲学论证了形而上学作为科学之不可能，在这之后，哲学还能做什么？尼采的回答是，形而上学是立足于一定的价值立场对世界的解释，问题在于欧洲形而上学两千多年来的价值立场是否定生命的，导致了虚无主义，所以必须重估一切价值，在此基础上提出对世界的新解释。这正是尼采在哲学上所做的主要工作。

我读尼采著作，最深刻的印象是他对两个东西的强调，一是强健的生命本能，二是高级的文化创造。这两个方面是不可分割的，因为生命本能是文化创造的原动力。在人生这棵树上，生命本能是根，精神文化是果实，有茁壮的根，才有饱满的果实。无论人类整体，还是个人，尼采最看重的是生命的力度和精神的高度。他之厌恶现代文明，是因为现代文明使根萎缩，使果实干瘪，本能和精神双重退化，人变得衰弱而平庸了。我相信尼采是属于青年的。青年的特点，正在于生命的强健和灵魂的向上，因此，不论时代如何变迁，尼采的作品总是仍然特别能够鼓舞青年——以及保持青年之特点的人们——的热情。

雅斯贝尔斯说，尼采给西方哲学带来了战栗。什么叫战栗？就是你的心被一种全新的、强有力的思想击中了，你感到兴奋、紧张、喘不过气来。读尼采的作品，你会有这样的感觉。尼采的出现，使整个西方思想受到前所未有的刺激。他像一匹黑马，闯进了哲学领域，把思想殿堂搅得天翻地覆。他之后的哲学家们，一直在为恢复旧的秩序或者建立新的秩序忙个不停呢！

一　新世纪的早生儿

1. 生平和著作

弗里德里希·威廉·尼采（Friedrich Wilhelm Nietzsche，1844—1900）出生在德国东部一个叫洛肯的小村庄。他的一生可以分为四段。第一段，二十四岁前，童年和上学，大学先后上的是波恩大学和莱比锡大学，专业是古典语文学。第二段，二十五到三十四岁，在瑞士巴塞尔大学当古典语文学教授。在这个时期，他开始从事写作，主要著作有《悲剧的诞生》（1872）、《不合时宜的考察》（1873—1876）、《人性的，太人性的》（1878）。第三段，三十五到四十四岁，在欧洲各地过漂泊的生活，这是他写作的高峰期，主要著作有《朝霞》（1881）、《快乐的科学》（1882）、

弗里德里希·威廉·尼采（Friedrich Wilhelm Nietzsche，1844—1900）

《查拉图斯特拉如是说》（1883—1885）、《善恶的彼岸》（1886）、《道德的谱系》（1887）、《偶像的黄昏》（1888）、《瓦格纳事件》（1888）。第四段，四十五岁时疯了，活到五十六岁，在魏玛去世。

他还有大量文稿生前没有出版，被称为"遗稿"。德文版《尼采全集》共十五卷，第一卷很大篇幅是早期遗稿，第七至十三卷都是遗稿，第十四卷是编辑说明，生前出版的著作占三分之一略多。严肃的思想家都是这样写作的，他为自己写了大量的笔记和未完成稿，发表出来的只是其中一小部分。

尼采的文风值得一提。他最讨厌刻意思考，制造思想。思想是制造不出来的。他的习惯是在旷野，在寂静的山谷，在海滨，用他的话说，在脚下的路也好像在深思的地方思考，这时候思想就会像清风一样迎面扑来。因此，他的大部分作品是格言体，如他所说，格言是"永恒"的形式，是永恒之真理在灵光一闪中的呈现。他对自己的写作非常自负，如此宣称："我的虚荣心是用十句话说出别人用一本书说出的东西——说出别人用一本书没有说出的东西。""用十句话说出别人用一本书说出的东西"，这是凝练；"说出别人用一本书没有说出的东西"，这是独特。他有理由自负。凝练和独特正是他作品的最大特色。

353

尼采说，一个哲学家首先必须是一个真实的人，而不是一架思维机器。他自己就是一个真实的人，他的思想和他的人生体验有密切的关系。关于他的生平，我上面只是做了一个提示，下面具体说一说他的一些重要经历，这些经历体现了他的鲜明个性和他的思想形成的内在动机。

2. 忧郁的小诗人

尼采是一个敏感、忧郁的人，从小就悲观。敏感是天性，忧郁、悲观就和他的经历有关系了。他五岁丧父，父亲是一个牧师，据说，父亲死后不久，他做了一个梦，梦见在哀乐声中，父亲的坟墓打开了，父亲穿着牧师衣服从坟墓里走出来，到教堂的讲坛上抱回一个男孩，然后坟墓又合上了。做这个梦之后几天，他的弟弟真的死了，家里只剩下了他和母亲、妹妹。亲人接连的死亡，使这个天性敏感的孩子过早地领略了人生的阴暗面，形成了忧郁内向的性格。后来他自己回忆说："在我早年的生涯里，我已经见过许多悲痛和苦难，所以完全不像别的孩子那样天真烂漫、无忧无虑。从童年起，我就寻求孤独，喜欢躲在无人打扰的地方。"

从十岁开始，尼采喜欢上了写诗。在德国文学史上，他的诗也很有地位，是海涅之后、里尔克和黑塞之前写得最好的。我翻译过一本《尼采诗集》，收了 296 首诗，其中 17 首是少年诗作。他的少年诗作，主题是父亲的坟墓、晚祷的钟声、生命的无常、幸福的虚幻。其中一首这样写道："树叶从树上飘零，终被秋风扫走。生命和它的美梦，终成灰土尘垢。"另一首这样写道："当钟声悠悠回响，我不禁悄悄思忖，我们全体都滚滚，奔向永恒的故

354

乡。"总之，在童年时代，他的心灵里就扎下了悲观的根子。既然终有一死，生命有什么意义？这个问题折磨着少年尼采。

3. 叔本华的铁粉

上大学时，发生了一件事，更加重了尼采的悲观。这件事与读书有关。有的书影响了人一辈子，尼采读到叔本华的著作《作为意志和表象的世界》，就属于这种情况。他是二十一岁时读到这本书的，当时他正读大学二年级，在莱比锡一家旧书店里发现了这本书。叔本华刚去世五年，看来名气还不大，这个思想活跃的大学生在此之前竟然不知道这部经典之作的存在。他买书向来很谨慎，这次却鬼使神差似的立即买下了，拿回去一口气读完，兴奋得几天几夜睡不着觉。后来他回忆说，他觉得这本书好像是专门为他写的，给了他一面镜子，在这面镜子里，他看到了世界和人生的真相。

叔本华是一个旗帜鲜明的悲观主义者，公开主张人生毫无意义。尼采本来就悲观，现在面对叔本华描绘的惨淡人生图画，他的悲观得到了印证，心灵受到巨大的震撼。但是，和叔本华不同的是，他热爱生命，不甘心悲观，要对抗悲观。他想，我还这么年轻，如果人生毫无意义，我怎么活下去啊，我一定要给人生找到一种意义。让我们记住这一点：尼采悲观而又不甘心悲观，他后来在哲学上的努力，就是要寻找一种对抗悲观的路径，为本无意义的人生创造一种意义。

4. 鄙视学院生活的青年教授

尼采个性的另一个特点是真诚，人生态度极为认真，绝不肯糊里糊涂地活，要为自己寻求一种有意义的人生。

他在莱比锡大学学的是古典语文学，成绩优异，用他的导师李契尔的话说，他是莱比锡青年语文学界的偶像。大学刚毕业，在李契尔的推荐下，他就破格当上了瑞士巴塞尔大学的古典语文学教授。在推荐信中，李契尔称赞他说："三十九年来，我目睹了这么多的新秀，却不曾看到一个年轻人像尼采这样，如此年纪轻轻就如此成熟。我预言，只要上天赐他长寿，他将在德国古典语文学界名列前茅。"尼采倒也不负所望，走马上任，发表题为《荷马和古典语文学》的就职演说，文质并茂，让新同事们刮目相看。根据他已经发表的论文和大学教授资格，莱比锡大学免试授予了他博士学位。这个时候的尼采，年方二十四，几乎得到了学院生涯中值得争取的一切，在人们心目中，他是一个才华横溢、前途无量的青年学者。他在巴塞尔成了一个明星人物，上流社会的家庭纷纷邀请他做客，风光得很。

可是，尼采是一个命中注定不能过平稳学者生活的人，他从心底里鄙视学院生活。一个朋友写信祝贺他当上了教授，他回信说："有什么好祝贺的，不过是多了一个教书匠而已。"在他眼里，多数同事充满市侩气，满足于过安稳的日子，同时又热衷于名利之争和无聊的社交，他受不了这种氛围。同时，他自己的志向也不在古典语文学，不愿意把生命浪费在钻故纸堆上。后来他回顾说："我把古典语文学当作我的使命，荒唐地为积满灰尘的学术破烂丢掉了许多宝贵的东西，这是多么草率，我为我的这种愚蠢的谦虚感到羞愧。"

5. 处女作《悲剧的诞生》的出版及其后果

当然，尼采是不会被他的专业限制住的。事实上，当上教授之后，他一直在酝酿一本书，要解决的正是苦苦折磨他的那个问题，就是如何对抗悲观，为人生寻找一种意义。三年后，这本书出版了，就是《悲剧的诞生》这本处女作，而这本书一下子毁了他的学术前途。古典语文学相当于我们的训诂学，按照学术规范，一个古典语文学者的工作是对古希腊罗马文献进行学术性的考订和诠释。可是，学术规范岂是为尼采这样的人准备的。这本书的内容，我后边再讲。简单地说，尼采相信他在古希腊找到了人生意义问题的答案，在书中对希腊精神发表了一番惊世骇俗的新论。

书出版后，学术界被激怒了，在一段时间里保持死一样的沉默，同行们一致认为他不务正业，搞的不是学术，是歪门邪道。恩师李契尔一向把他看作最得意的弟子，现在也气得说不出话，而在一封信里哀叹"这真是一个可悲的事件"，并且表示："最使我气愤的是他对哺育他的亲生母亲的不敬，这个母亲就是古典语文学。"

书出版三个月后，沉默终于被打破。一个过去在尼采面前毕恭毕敬的年轻学者维拉莫维茨出版小册子，用激烈的语气抨击尼采不配做学者，劝他离开大学的讲台。他的理由与李契尔如出一辙，就是尼采"亵渎"了古典语文学这个"母亲"。虽然当时维拉莫维茨只是一个小人物，但他以捍卫学术的名义发出这个攻击，代表了整个古典语文学界的共同立场，有足够的杀伤力。一个直接的结果是，尼采虽然暂时没有离开讲台，但学生们却离开了他的教室，在随后的那个学年中，他只剩下了两个学生，并且都是外系的旁听生。在这之后，他实际上成了一个闲人，加上身体很差，患有严重的神经衰弱，在三十四岁的时候提出了辞职，从此告别学院生涯，开始了在欧洲各地的漂泊生活。

6. 孤独的漂泊者

从巴塞尔大学辞职之后，尼采在欧洲各地度过了十年漂泊生活。他体弱多病，既怕热又怕冷，所以，冬天他是个南漂，去意大利、法国和德国南方一带，夏天是个北漂，去瑞士和德国北方一带。他靠微薄的退休金生活，每到一个地方，只能租一间简陋的农屋，在酒精灯上煮一点简单的食物充饥，没有家室，没有友伴，一连几个月见不到一个可以说说话的熟人。

瑞士境内有一个名叫希尔斯·马利亚的小镇，我去过那里，那是尼采度过了八个夏天的地方。他住过的那栋农家二层小楼，现在被命名为"尼采故居"了，实际上尼采只是租了其中一个六平方米左右的小房间，房间里摆一张单人床、一张小桌子，就满满当当的了。我看见游客们在购买各种以尼采的名义出售的纪念品，当时心里就想，所谓纪念掩盖了多少事实真相啊。当年在这座房子里，尼采只是一个贫穷的寄宿者，双眼半瞎，一身是病，就着昏暗的煤油灯写那些没有一个出版商肯接受的著作。他从这里向世界发出过绝望的呼喊，可是无人应答。现在人们从世界各地来这里参观他的故居，来纪念他。真的是纪念吗？希尔斯·马利亚是阿尔卑斯山麓的一个滑雪胜地，对于绝大多数游客来说，所谓尼采故居不过是一个景点，所谓参观不过是一个旅游节目罢了。

尼采不是一个生性孤僻的人。他自己说："我的境遇与我的生存方式之间的矛盾在于，作为一个哲学家，我必须摆脱职业、女人、孩子、祖国、信仰等等而获得自由，然而，只要我还是一个幸运地活着的生物，而不是一架纯粹的分析机器，我又感到缺乏这一切。"在难以忍受的孤独中，他一次次发出绝望的悲叹。我摘录当年他书信里的几段话："我期待一个人，我寻找一个人，我找到的始终是我自己，而我不再期待我自己了！""现在再没有人爱我了，我如何还能爱这生命！""如今我孤单极了，不可思议地孤单，成年累月没有振奋人心的事，没有一丝人间气息，没有一丁点儿爱。""在那种突然疯狂的时刻，寂寞的人想要拥抱随便哪个人！"

后来他真的这样做了。有一天早晨，当时他在意大利的都灵，走到街上，看见一个马车夫在用鞭子抽打马，他大叫一声扑上去，抱着马的脖子痛哭，然后昏过去了。醒来以后，他的神智再也没有清醒过，一直到死。病历记载，这个病人喜欢拥抱街上的任何一个行人。孤独使他疯狂，他终于在疯狂中摆脱了孤独。

7. 尼采和女人

说起尼采的孤独，有必要讲一下他和女人的关系。他一生没有结婚。哲学家里独身的很多，但不等于不近女色，比如笛卡尔有一个私生女，叔本华逛妓院。对于尼采不结婚，有一种解释是说他蔑视女人，证据是那句名言："你去女人那里吗？不要忘记带鞭子！"我认为这是一种误读。

这句话出自《查拉图斯特拉如是说》中《老妇与少妇》这一章，但不是代表尼采观点的查拉图斯特拉说的，而是一个老太婆说的。这个老太婆请查拉图斯特拉谈谈女人，查拉图斯特拉就说了一番话，我觉得其中有两句话表明尼采挺懂女人的。第一句："女人身上的一切是一个谜，谜底是怀孕；男人对于女人是一个手段，目的是孩子。"这是说女人最强烈的天性是母性。第二句："当女人爱时，男人应当畏惧，因为这时她牺牲了一切，其他一切事物对她都没有了价值。"这是说女人爱得认真。那么，男人为什么想要女人呢？查拉图斯特拉说："真正的男人想要两样东西——危险和游戏，所以他想要女人，当作最危险的玩具。"这句话表达了尼采自己的感受：男人的天性是战士和孩子，作为战士，他要冒险，作为孩子，他要游戏，那么，和女人恋爱就是最危险的游戏。

查拉图斯特拉说完这些话之后，那个老太婆说，我告诉你一个秘密吧，这个秘密就是："你去女人那里吗？不要忘记带鞭子！"这句话是一个老妇针对少妇说的，所以，在我看来，它多少包含了老妇对少妇的嫉妒。

罗素曾经嘲笑说，尼采到女人那里去，十个女人有九个会让他放下鞭子。在这一点上，他算是说对了。我看过一张照片，是尼采和一男一女摆拍的，他和那个男子用绳子拉着一辆马车，那个女子站在车上，举起一根鞭子，做出要抽打这两个男人的样子。这张照片说出了真相，尼采到女人那里去，拿鞭子的是女人而不是他。

尼采其实是想要恋爱和结婚的，年轻的时候，有过两三次单相思和求婚，都没有成功。然后，他三十八岁的时候，真正堕入了情网，狂热地爱上了照片上的那个女子。这个女子名叫莎乐美，是俄国人，比尼采小十七岁，当时芳龄二十一。莎乐美可了不得，漂亮，有灵性，不过也挺能折腾，一生中至少迷倒了三个天才。少女时代，她是尼采的梦中情人。年届中年，她做了比她小十四岁的大诗人里尔克的情妇和老师。知天命之年，她成为比她年长五岁的精神分析大师弗洛伊德的得意门生。当时她是尼采的铁粉，非常欣赏也非常懂尼采，后来她这样描述对尼采的第一眼印象：孤独，内向，风度优雅，具有一种近于女性的温柔。尼采患精神病之后，她还出版了研究尼采的专著，批判人们对尼采的误解，指出尼采的作品源自一种最深刻的内在经历，只有明白这一点，才能理解他的哲学。

上面说的照片里的另一个男子名叫雷埃，摆拍这张照片的那段时间，这两男一女结伴在意大利旅行了五个月。尼采爱上了莎乐美，可是，用他的传记作者的话说，他有一种致命的羞怯，不好意思向莎乐美表白，就请雷埃转达。没想到的是，雷埃也爱上了莎乐美，于是两份求爱申请同时递到了莎乐美面前，但是都被拒绝了。后来，尼采的妹妹又插上了一杠子，她对哥哥有强烈的控制欲，就在尼采和莎乐美之间挑拨离间，结果两人彻底断绝了往来。

这是尼采一辈子的伤心事。后来他始终爱着莎乐美，曾经表示，在他死后，希望人们用他的一个音乐作品来纪念他，这是一支管弦乐合唱曲，题为《赞美生活》。他写了这么多伟大的哲学著作，为什么偏要指定用这部业余水平的音乐作品来纪念他呢？原来是因为，这支合唱曲是尼采作曲，莎乐美作词。你看尼采有多痴情。

8. 新世纪的早生儿

尼采的孤独，不但在于作为一个人，他得不到人间的爱和温暖，更在于作为一个思想家，他得不到同时代人的理解。在他的全部著作中，只有《悲剧的诞生》这本书，靠了瓦格纳的推荐，是出版商出版的，六年半卖出了六百多册，在他的书里是卖得最好的。他后来的著作，包括《查拉图斯特拉如是说》这本奇书，基本上都是自费出版，没有人购买，只好印几本送朋友。

但是，尼采对自己著作的价值充满了自信。他把自己称作新世纪的早生儿。新世纪，就是二十世纪，他相信他是属于二十世纪的，可是生得太早了，他在十九世纪后半叶写书，所以无人理解。他说："我的时代还没有到来，有的人死后方生。"他预言："总有一天我会如愿以偿。这将是很远的一天，我不能亲眼看到了。那时候人们会打开我的书，我会有读者。我应该为他们写作。"历史证明了他的预言。

一个伟大的哲学家是一个伟大的提问者，他提出的问题有三个特点。第一，是对世界和人生的根本性追问，既属于人类，是人类永恒的问题，又完全属于他自己，是他灵魂中的问题。第二，也是他的时代精神生活中的重大问题，因此他的提问会对时代产生巨大影响。第三，他的提问和寻求答案的方式改变了哲学史上的旧思路，启示了新思路，使他在哲学史上具有重要地位。

尼采就是这样一个伟大的提问者。他提出和试图解决的主要问题是：第一，怎样给本无意义的人生创造一种意义？第二，时代的病症——虚无主义——的根源和救治方案是什么？第三，西方哲学是怎样走上传统形而上学的歧途的，怎样从这个歧途走出来，今后向何处去？

尼采称自己是新世纪的早生儿，他的确是的。二十世纪欧洲出现的精神危机，包括信仰的失落、文化的平庸化、个性的泯灭、物质主义的泛滥，等等，他都敏锐地预感到了，并将之概括为虚无主义，成为他思考的聚焦点。罗素公开表示很不喜欢尼采，却也承认他关于未来的预言已证实比自由主义者或社会主义者的预言要接近正确，"假如他的思想只是一种疾病的症候，这疾病在现代世界里一定流行得很"。历来对尼采毁誉参半，不论是毁是誉，无人能否认他的思想的超前性和所提出的问题的重要性。

二　生命的梦和醉

《悲剧的诞生》是尼采第一部正式出版的著作，是他一生哲学写作的起点。现在我来讲这本书的主要思想。

1. 关于《悲剧的诞生》

前面我讲到，尼采出版这本处女作的后果是灾难性的，他等于被开除出了学术界。德国古典语文学界一致认为，这不是一本学术著作。在这一点上，他们说对了，它的确不是，古典语文学是做古典文献的注释和考证的，而这本书和这完全不搭界。天下学术界都一个德性，你即使写了一本伟大的书，他们仍然要用所谓学术规范的尺子来量一量，如果不符合，就说这本书毫无价值。

那么，它是一本美学著作吗？由于这本书的主题是希腊艺术，人们通常是这样看的。但是，这样看也太表面了。这本书的内容，实际上有两个层面。它的表层，是关于希腊艺术的美学讨论，要解决一个美学难题：希腊悲剧艺术的起源和本质是什么？关于这个问题，以前有许多不同说法，尼采认为这些解释都是错的，提出了自己的新解释。它的深层，是关于生命意义的哲学思考，要解决一个人生难题：人生本质上是悲剧，那么，应该怎样来肯定这个悲剧性的人生，赋予它以积极的意义呢？这后一个层面，构成了前一个层面的动机和谜底。所以，在这本书里，尼采是在借艺术谈人生，借希腊悲剧艺术谈人生悲剧，它表面上是一本美学著作，实质上是一本哲学著作。

作为一个哲学家，尼采当时主要关注两个问题，一是生命意义的解释，二是现代文化的批判。在《悲剧的诞生》中，这两个问题贯穿全书，前者体现为由酒神现象而理解希腊艺术进而提出为世界和人生作审美辩护的艺术形而上学这一条线索，后者体现为对苏格拉底科学乐观主义的批判这一条线索。当然，这两个问题之间有着内在的联系。根本的问题只有一个，就是如何为本无意义的世界和人生创造出一种最有说服力的意义来。尼采的结论是，由酒神现象和希腊艺术所启示的那种悲剧世界观为我们树立了这一创造的楷模，而希腊悲剧灭亡于苏格拉底主义则表明理性主义世界观是与这一创造背道而驰的。

综观尼采后来的全部思想发展，我们可以看到，他早期所关注的这两个主要问题始终占据着中心位置，演化出了他的所有最重要的哲学观点。一方面，从热情肯定生命意志的酒神哲学中发展出了权力意志理论。另一方面，对苏格拉底主义的批判扩展和深化成了对两千年来以柏拉图的世界二分模式为范型的欧洲整个传统形而上学的批判，对基督教道德的批判，以及对一切价值的重估。尼采自己说："《悲剧的诞生》是我的第一个一切价值的重估：我借此又回到了我的愿望和我的能力由之生长的土地上。"我们确实应该把他的这第一部著作看作他一生的主要哲学思想的诞生地，从中来发现能够帮助我们正确解读他的后期哲学的密码。

下面讲这本书的时候，我会撇开美学上的细节，重点讲尼采的人生思考。

2. 二元艺术冲动：日神和酒神

在《悲剧的诞生》中，日神和酒神是一对核心概念，尼采把它们当作两种不同艺术冲动的象征，用来解释艺术，也解释人生。

先讲日神。在希腊神话中，日神阿波罗是一个最正宗的神，它是希腊的开国之神，日神崇拜是希腊最正宗的信仰。希腊宗教的主要圣地是德尔斐，那里的神庙里供奉的就是阿波罗，神巫以阿波罗的名义宣说神谕，解答疑难。日神祭也是希腊最正宗的宗教活动，在这一天，手持月桂枝的少女们载歌载舞，秩序井然，向神殿翩翩移动，场面优美而典雅。

阿波罗是太阳神，光明之神，在太阳普照下，万物显得美丽。尼采就用日神来象征美，用他的话说，是象征"美的外观的幻觉"。这里要注意，对于美，尼采用了两个词，一个是外观，一个是幻觉。首先，美是外观，外观就是看上去的样子，不是本来的面目。一个美女，你觉得她美，可是深入进去看，看她的五脏六腑，她就不美了。一切事物都是这样，美只是外观，事物本身无所谓美不美。人生也是这样，你停留在人生的表面，才会觉得人生很美好，深入去看，人生是很可怕的。其次，美不但是外观，而且是幻觉，你觉得一个美女看上去很美，这只是你的幻觉，是你的力比多在起作用。所以，准确地说，日神象征的是一种美化事物和人生的冲动，一种停留在现象、不去看本质，停留在人生表面、不去看真相的冲动。有一种常见的解释：日神代表理性，酒神代表非理性。这是误解，日神也是非理性的冲动。

接着讲酒神。在希腊神话里，酒神狄俄尼索斯是一个草根神，登不得大雅之堂的。尼采用酒神象征另一种艺术冲动，根据的不是正统的奥林匹斯神话，而是民间关于酒神节的传说。在古代社会，普遍存在一种类似于狂欢节的民间节日，在这个日子，人们拥上田野和街头，狂饮烂醉，放纵性欲，打破一切日常的规矩，获得一种解放的快感。按照传说，酒神节就是这样的节日，从亚洲的色雷斯传入希腊，一度在全希腊泛滥。

尼采很重视酒神节的传说，他从中发现了希腊人的另一面，在他看来是更重要的一面。他认为，酒神现象说明，希腊人不只是一个迷恋于美的外观的日神民族，他们天性中还隐藏着另一种更强烈的冲动，就是要打破外观的幻觉，破除日常生活的一切界限，摆脱小我的束缚，回归众生一体的原始状态，回归自然之母的怀抱。他用酒神来象征这种情绪放纵的冲动，在酒神状态中，人的小我好像解体了，和宇宙的大我合为一体了，这是一种否定现象回归宇宙本体的冲动。

3. 二元冲动和世界二分模式

日神和酒神作为两种基本的艺术冲动，表现在不同的层次上，尼采大致是从三个层次来分析的。

在世界的层次上，酒神与世界的本质相关，日神则与现象相关。事实上，在尼采的二元冲动说背后，是有现象和本质的世界二分模式作为框架的，后来他对此做了自我批判，说这个框架完全是多余的。他的这个框架直接来自叔本华的哲学。叔本华认为，世界的本质是意志，那是一种盲目的生命冲动，而世界一旦进入认识，便对主体呈现为现象，他称之为表象。由于受个体化原理的支配，我们执迷于现象，生出差别心和种种痛苦来。我们应该摆脱个体化原理的束缚，认清意志原是一体，进而认清意志的无意义，自觉地否定生命意志。这是叔本华的世界解释的梗概。在尼采的世界解释中，酒神代表世界意志本身的冲动，在个体身上表现为摆脱个体化原理回归世界意志的冲动，日神则代表世界意志显现为现象的冲动，在个体身上表现为在个体化原理支配下执着于现象包括一己生命的冲动。在二元冲动中，酒神具有本源性，日神由它派生，其关系正相当于作为意志的世界与作为表象的世界之间的关系。

不过，当尼采按照酒神和日神的精神阐发来自叔本华的世界解释时，他做了一个根本性的改造。他和叔本华的最大区别在于，叔本华虽然认为意志是世界的本质，但对之持完全否定的立场，尼采却把立场转到肯定世界意志上来了。因此，在两人之间，同一个世界解释模式却包含着相反的世界评价。在叔本华，是从古印度悲观主义哲学出发，意志和表象都是要被否定的。在尼采，则是从神化生命的希腊精神出发，既用日神肯定了表象，又用酒神肯定了意志。

从上述世界解释看，二元冲动是人的本性中的东西，是大自然放在人性里的。大自然要产生个体生命，要你活，所以必须有日神冲动，让你借外观的幻觉自我肯定，停留在美好人生的表面。大自然要毁灭个体生命，要你死，所以必须有酒神冲动，让你借情绪的放纵自我否定，获得复归世界本体的体验。

4. 日常生活层次上的二元冲动：梦和醉

其次，在日常生活的层次上，梦是日神状态，醉是酒神状态，梦和醉证明了人人都有二元冲动。

梦，是日常生活中的日神现象。人人都做梦，做梦的时候，人人都是艺术家，会有奇妙的幻觉，有天马行空的想象力。人为什么做梦？因为人生有太多的忧愁，做梦可以让你忘记忧愁，美化人生。有时候，你知道自己是在做梦，但是这个梦做得太快乐了，你就会自我暗示，对自己说，把这个梦做下去吧。尼采说，这说明做梦出自人的最内在的需要，是人固有的艺术冲动。而且，说到底，人本身也只是大自然的一个现象，一个梦，飘忽而来，飘忽而去，没有什么实质的。所以，你要肯定人生，就必须沉浸在人生这个大梦中，享受它的美好和快乐。

醉，是日常生活中的酒神现象。醉有种种形式，最常见的，一是醉酒，二是做爱。喝醉酒的时候，你会成为一个悲剧艺术家，看破人生，说出平时说不出来的深刻的话。性癫狂更是典型的醉的状态，所谓欲仙欲死，就是让小我解体的欲望，不但男女合为一体，而且好像和大自然也合为一体，回到了某种原始的状态。人都很看重自己的小我，如果把小我否定掉，会是最大的痛苦。但是，小我又是人生一切痛苦的根源，因为是小我，才会经历生老病死之苦，才会计较人世间的利害得失。所以，尼采说，小我的解体，实际上是解除了痛苦的最大根源，你因此又会感到一种极乐。在酒神状态中，人体验到的就是痛苦和极乐交织的感觉。

总之，人活在世界上，不能没有梦和醉，梦使人迷恋生，醉使人不在乎死。

5. 艺术创作层次上的二元冲动和悲剧世界观

最后，在艺术创作的层次上，造型艺术和史诗是日神艺术，表现美的外观，音乐是酒神艺术，抒发情绪，悲剧和抒情诗求诸日神的形式，但在本质上也是酒神艺术，通过形象或语言抒发情绪。

在美学层面上，《悲剧的诞生》的重点是要阐明悲剧的本质，为此须解决两个难题，一是悲剧的起源，二是悲剧快感的实质。关于悲剧的起源，尼采的看法是，悲剧是从音乐精神中诞生的，希腊悲剧起源于酒神颂音乐。这方面的内容，我不展开讲了。关于悲剧快感的实质，尼采提出一种解释，并由此提升出一种哲学，他名之为悲剧世界观或酒神精神，我讲一下。

悲剧所表演的是不幸和灾祸，为何还能使我们产生欣赏的快乐？这一直是美学史上的一个难题。尼采认为，自亚里士多德以来，人们都陷在非审美领域内寻找答案，诸如怜悯和恐惧的宣泄、世界道德秩序的胜利等，从未提出过一种真正审美的解释。尼采自己提出的解释，概括地说，便是悲剧的审美快感来自一种"形而上的慰藉"。我们可以分三个层次来理解他所说的意思。第一，悲剧中的人物形象无论多么光辉生动，仍然只是现象。悲剧把个体的毁灭表演给我们看，以此引导我们离开现象而回归世界本质，获得一种与世界意志合为一体的神秘陶醉。因此，悲剧快感实质上是酒神冲动的满足。第二，与叔本华之断定生命意志的虚幻性相反，尼采强调世界意志的"永恒生命"性质。因此，与世界意志合为一体也就是与宇宙永恒生命合为一体，成为这永恒生命本身，所感受到的是世界意志"不可遏止的生存欲望和生存快乐"。正是在这个意义上，尼采说："每部真正的悲剧都用一种形而上的慰藉来解脱我们：不管现象如何变化，事物基础之中的生命仍是坚不可摧和充满欢乐的。"第三，为了使"形而上的慰藉"成其为审美解释，尼采进一步把悲剧所显示给我们的那个永恒生命世界艺术化，用审美的眼光来看本无意的世界永恒生成变化的过程，赋予它一种审美的意义。我们不妨把世界看作一位"酒神的宇宙艺术家"或"世界原始艺术家"，站在他的立场上来看待他不断创造又毁灭个体生命的过程，把这看作他"借以自娱的一种审美游戏"，这样就能体会到一种真正的审美快乐了。

在这个对悲剧快感的重新解释中，包含了对世界本质的重新解释，尼采把它提升出来，名之为悲剧世界观。其基本内涵是，在世界意志的永恒创造过程中，个体的毁灭和痛苦乃是必有的部分，因此必须予以肯定。后来在《偶像的黄昏》中，他把这种世界观称作酒神精神，如此概括其涵义："肯定生命，哪怕是在它最异样最艰难的问题上；生命意志在其最高类型的牺牲中，为自身的不可穷竭而欢欣鼓舞。"

悲剧世界观是对世界的一种新的解释，新就新在重新解释了叔本华哲学中的那个作为意志的世界。在叔本华那里，世界意志是徒劳扎挣的盲目力量，在尼采这里变成了生生不息的创造力量。事实上，他们用意志这个概念所喻指的仍是同一个东西，即宇宙间那个永恒的生成变化过程，那个不断产生又不断毁灭个体生命的过程。真正改变了的是对这个过程的评价，是看这个过程的眼光和立场。因为产生了又毁灭掉，叔本华就视为生命意志虚幻的证据。因为毁灭了又不断重新产生出来，尼采就视为生命意志充沛的证据。

6. 艺术拯救人生

在《悲剧的诞生》中，尼采提出了一个"艺术形而上学"的概念。艺术形而上学可以用两个互相关联的命题来表述。第一，"艺术是生命的最高使命和生命本来的形而上活动。"第二，"只有作为一种审美现象，人生和世界才显得是有充足理由的。"其中，第二个命题实际上隐含着一个前提，便是人生和世界是有缺陷的、不圆满的，就其本身而言是没有充足理由的，而且从任何别的方面都不能为之辩护。因此，审美的辩护成了唯一可取的选择。第一个命题中的"最高使命"和"形而上活动"，就是指要为世界和人生做根本的辩护，为之提供充足理由。这个命题强调，艺术能够承担这一使命，因为生命原本就是把艺术作为自己的形而上活动产生出来的。

由此可见，艺术形而上学的提出，乃是基于人生和世界缺乏形而上意义的事实。叔本华认为，世界是盲目的意志，人生是这意志的现象，二者均无意义，他得出了否定世界和人生的结论。尼采也承认世界和人生本无意义，但他认为，我们可以也只能通过艺术赋予它们一种审美的意义，藉此来肯定世界和人生。

尼采认为，对于人生本质上的虚无性的认识，很容易使人们走向两个极端。一是禁欲和厌世，像印度佛教那样。另一是极端世俗化，政治冲动横行，或沉湎于官能享乐，如帝国时期罗马人之所为。"处在印度和罗马之间，受到两者的诱惑而不得不做出抉择，希腊人居然在一种古典的纯粹中发明了第三种方式"，这就是用艺术，尤其是悲剧艺术的伟大力量激发全民族的生机。"艺术拯救他们，生命则通过艺术拯救他们而自救。"这是人类历史上独一无二的榜样。

所以，日神和酒神是作为人生的两位救主登上尼采的美学舞台的。从艺术形而上学的角度来看，二元冲动理论真正要解决的就不只是艺术问题，更是人生问题。日神精神沉湎于外观的幻觉，反对追究本体，酒神精神却要破除外观的幻觉，与本体沟通融合。前者迷恋瞬时，后者向往永恒。前者用美的面纱遮盖人生的悲剧面目，后者揭开面纱，直视人生悲剧。前者教人不放弃人生的欢乐，后者教人不回避人生的痛苦。前者执着人生，后者超脱人生。日神精神的潜台词是：就算人生是一个梦，我们也要有滋有味地做这个梦，不要失掉了梦的情致和乐趣。酒神精神的潜台词是：就算人生是一幕悲剧，我们也要有声有色地演这幕悲剧，不要失掉了悲剧的壮丽和快慰。二者综合起来，便是尼采所提倡的审美人生态度。

后来尼采写过一段话："对生命的信任已经丧失，生命本身变成了问题，但不要以为一个人因此就必定变成一个忧郁者。对生命的爱仍然是可能的，只不过是用另一种方式爱，就像爱一个使我们生疑的女人。"（《快乐的科学》）这个比喻很生动。人生是一个不贞的女人，她勾引我们，戏弄我们，迟早会抛弃我们，可是没有办法，她太可爱了，我们仍然不得不爱她。"用另一种方式爱"，什么方式？就是艺术的方式。你迷恋她的美，这是梦，你和她颠倒鸳鸯，这是醉，梦吧，醉吧，管她是不是忠实。人要活下去，是离不开梦和醉的。

7. 艺术比真理更有价值

世界本无意义，唯有艺术能拯救人生，在十九世纪八十年代后期遗稿中，尼采把他早期提出的这个观点解说得更加明白。

"只有一个世界，这个世界虚伪，残酷，矛盾，有诱惑力，无意义，这样一个世界是真实的世界。为了战胜这样的现实和这样的'真理'，也就是说，为了生存，我们需要谎言。为了生存而需要谎言，这本身是人生的一个可怕又可疑的特征。"世界无意义是"真理"，为了战胜这个残酷的"真理"，我们需要谎言，借助艺术相信生命。

这里涉及一个问题，即艺术与真理的关系问题。许多哲学家都曾讨论艺术与真理的关系问题，不过，我们要注意，尼采所说的真理和一切站在传统形而上学立场上的哲学家所说的真理是有完全不同的含义的。柏拉图最早提出艺术与真理相对立的论点，立足点恰与尼采相反。柏拉图认为，理念世界是真实的世界，现实世界不过是它的影子和模仿，艺术又是影子的影子，模仿的模仿。所以，相对于真理而言，艺术最无价值。他所说的真理是指理念世界。尼采彻底否认了理念世界的存在，在他看来，只存在一个世界，虽然他沿用叔本华的术语称之为世界意志，但实际上指的就是那个永恒生成变化的宇宙过程，这个过程本身是绝对无意义的，因为并无一个不变的精神性实体作为它的意义源泉。他所说的真理就是对这个过程的认识，不过这个过程其实是永远不可能成为我们认识的对象的，因此，确切地说，是对这个过程以及属于这个过程的我们的人生之无意义性的某种令人惊恐的意识。在这种意识的支配下，我们当然是无法生活的，于是需要艺术的拯救。

尼采正是从这个角度解释《悲剧的诞生》中的艺术形而上学的。他说，在这本书里，悲观主义是被看作真理的。但是，真理并非被看作最高的价值标准，求幻想、求欺骗的意志被看得比求真理的意志更深刻，更本原，更形而上学。因此，这本书教导了某种比悲观主义更有力、比真理更神圣的东西，这就是"艺术比真理更有价值"之认识。

归根到底，生命是根本的尺度，尼采是用这个尺度来衡量艺术的价值，并且赋予它形而上学的意义的。

8. 对科学主义世界观的批判

尼采在《悲剧的诞生》中宣布："我们今日称作文化、教育、文明的一切，总有一天要被带到公正的法官酒神面前。"事实上，在此书中，这位法官已经在判案了，尼采已经开始他一生所致力的现代文化批判了。当时批判的矛头指向一种以理性至上、知识万能为基本信念的世界观，他称之为"科学乐观主义"、"科学精神"、"理论世界观"等，认为这样一种世界观是导致现代文化危机的重要根源。他把苏格拉底当作靶子，认定这个当年在雅典街头用概念辩证法同人们辩论的哲学家是始作俑者。

按照尼采的论述，苏格拉底开启了一种新的世界观，其特点是对理性、逻辑、知识的迷信，相信凭借理性的力量，一方面可以穷究世界的真相和万物的本性，另一方面可以指导和造福人生。

自文艺复兴以来，这种科学主义世界观支配了欧洲，造成严重的恶果。一方面，求知欲泛滥，建立起了高得吓人的知识金字塔，一切教育方法都以具备最高知识能力为目的，把任何其他生活方式打入了冷宫。另一方面，用概念指导人生，使现代人的生存具有一种抽象性质，浮在人生的表面，灵魂空虚，欲望膨胀，到处蔓延一种可怕的世俗倾向。

尼采把科学主义世界观的源头追溯到苏格拉底，这是否有道理，尚可讨论。不过，我们看到，直到今天，他所描述的现代人的生存状态和文化状态仍是基本的事实。

三　站在生命之画面前

尼采以《悲剧的诞生》开始了他的哲学著述活动，所遭遇的是学术界的沉默和愤怒。在这种情况下，他需要寻找一个榜样来勉励自己，便写作了《作为教育家的叔本华》一书。写这本书时，尼采三十岁，他把叔本华当作范例，阐述了他自己对哲学与人生、与时代的关系的思考。在他的著作中，只有这本书是系统地论述这个主题的，而且文章写得极好，既充满青年的激情，又贯穿成熟的思考，行文流畅，即使到了今天，仍然应该是每一个关心生命意义的青年——以及心灵依然年轻的非青年——的必读书。我就根据这本书来讲尼采的哲学观。

1. 一个青年哲学家的自勉

尼采原计划写一系列反思现代文化的论文，放在《不合时宜的考察》这个总题目之下，仅完成了四篇，本书是第三篇。标题中的"教育家"，是从根本的涵义上说的，指的是传道解惑之人，即人生的教导者、人生导师。在尼采的青年时代，叔本华就起了这样的作用。

叔本华对尼采的影响有两个方面。一方面，加重了他的悲观，促使他寻找对抗悲观的路径。另一方面，在德国近代，叔本华是尼采之前的第一位另类哲学家，打破了德国思辨哲学的沉闷气氛，以真诚的态度和明快的风格探究人生问题，而结果也是受到孤立，生前基本默默无闻。因为前一个方面，尼采把叔本华当作对手，一辈子在和悲观主义做斗争。因为后一个方面，尼采把叔本华当作榜样，坚定了走所选定的哲学之路的信心。

在本书中，尼采从后一个角度回顾了当年刚读到叔本华著作时的感受："当我幻想自己能找到一个真正的哲学家做老师时，我简直是异想天开，我想象他能够使我超越时代的不足，教我在思想上和生活中回归简单和诚实，也就是不合时宜。正是在这样的困苦、需要和渴求中，我结识了叔本华。"在这里，尼采明确承认叔本华是他终于找到的哲学家导师。事实上，尼采走上真诚探究人生意义的哲学之路，叔本华的确是引路人。

本书虽然以叔本华为范例，但实际上更多的是尼采的自勉。

376

一切有效的阅读不只是接受，更是自我发现，是阅读者既有的内在经历的被唤醒和继续生长。尼采对叔本华的阅读就是这样。从本书的内容看，谈得多的确实不是叔本华的教诲，而是尼采自己所倡导的有为青年的自我教育。在叔本华的著作里，你还真找不到对这个话题的如此热情、饱满、有力的论述。说到底，一切有效的教育都是自我教育，只有当你的灵魂足以成为你自己的导师之时，你才是真正走在自己的路上了。

2. 成为你自己

要弄清哲学的使命是什么，首先要弄清人生的使命是什么。每个人的自我都是独一无二、不可重复的，每个人都理应在唯一的一次人生中实现这个自我的价值。谈论人生的意义，这应该是一个基本出发点。尼采也是这样看的，他一再说："每个人都是一个一次性的奇迹"，"每个人只要严格地贯彻他的唯一性，他就是美而可观的，就像大自然的每个作品一样新奇而绝对不会使人厌倦"，"每个人在自身中都载负着一种具有创造力的独特性，以作为他的生存的核心"。因此，珍惜这个独特的自我，把它实现出来，是每个人的人生使命。

可是，我们看到的事实是，人们都在逃避自我，宁愿受环境、舆论、习俗、职业、身份等等的支配，作为他人眼中的角色活着。人只能活一次，自我这么宝贵，人们为什么要把它像亏心事一样地隐瞒着，装作和别人一个模样，都戴着面具生活呢？尼采从分析这个现象入手，他认为主要是两个原因。第一个原因是怯懦，随大流是最安全的，独特却要遭受舆论的压力、庸人的妒恨和失败的风险。第二个原因是懒惰，随大流是最省力的，独特却要付出艰苦的努力。在这两个原因中，懒惰是更主要的，是初始的原因，正是大多数人的懒惰造成了普遍的平庸，使得少数特立独行之人生活在人言可畏的环境里，而这就使得怯懦好像有了理由。

人的天赋有高低，不论天赋高低，只要能够意识到自我的独特性，勇于承担起对它的责任，每个人都可以活得不平庸。人不妨平凡，但不可平庸。然而，由于懒惰和怯懦，大多数人宁可随大流、混日子，结果成了平庸之辈。你问他们为何而活着，他们全都会不假思索、自以为是地回答道：为了成为一个好市民，或者学者，或者官员。尼采刻薄地讽刺道："然而他们是一种绝无成为另一种东西之能力的东西"；接着遗憾地问道："他们为什么是这样的呢？唉，为什么不是更好呢？"

这样作为一个空壳活着，人们真的安心吗？其实不是。现代人生活的典型特征是匆忙和热闹，恰恰暴露了内在的焦虑和空虚。匆忙是为了掩盖焦虑，热闹是为了掩盖空虚，但欲盖弥彰。人们憎恨安静，害怕独处，无休止地用事务和交际来麻痹自己，因为一旦安静独处，耳边就会响起一个声音，搅得人心烦意乱。可是，那个声音恰恰是我们应该认真倾听的，它叮咛我们："成为你自己！你现在所做、所想、所追求的一切，都不是你自己。"这是我们的良知在呼唤，我们为什么不听从它，从虚假的生活中挣脱出来，做回真实的自己呢？

那么，怎样才能成为自己呢？首先要有一种觉悟，就是对你自己的人生负责。这个责任只能由你自己来负，任何别人都代替不了。这个责任是你在世上最根本的责任，任何别的责任都要用它来衡量。"对于我们的人生，我们必须自己向自己负起责任，充

378

当这个人生的真正舵手，不让它等同于一个盲目的偶然。"那些妨碍我们成为自己的东西，比如习俗、舆论、职业、国家，我们之所以看重它们，是因为看不开。第一个看不开，是患得患失，受制于尘世的利益。可是，人终有一死，何必这么在乎？"我们对待我们的生存应当敢做敢当，勇于冒险，尤其是因为，无论情况是最坏还是最好，我们反正会失去它。为什么要执著于这一块土地，这一种职业，为什么要顺从邻人的意见呢？"第二个看不开，是眼光狭隘，受制于身处的环境。"恪守几百里外人们便不再当一回事的观点，这未免太小城镇气了。"你跳出来看，就会知道，地理的分界、民族的交战、宗教的倡导，这一切都别有原因，都不是你自己，你降生于这个地方、这个民族、这个宗教传统纯属偶然，为何要让这些对你来说偶然的东西决定你的人生呢？

可是，究竟什么才是一个人真正的自我呢？按照尼采的论述，有两个层面。第一个层面是你的最好的禀赋。你对此不可能有直接的认识，但可以从自己的经验中寻找相关的证据，比如你的友谊和敌对，阅读和笔录，记忆和遗忘，尤其是爱和珍惜。"年轻的心灵在回顾生活时不妨自问：迄今为止你真正爱过什么，什么东西曾使得你的灵魂振奋，什么东西占据过它同时又赐福予它？你不妨给自己列举这一系列受珍爱的对象，而通过其特性和顺序，它们也许就向你显示了一种法则，你的真正自我的基本法则。"

第二个层面，你身上还有一个"更高的自我"，那是你真正的本质，它超越于你的小我，不妨说是宇宙大我在你身上的存在。为了找到它，单靠自己的力量做不到，我们必须被举起，哲学家、艺术家和圣徒便是那举起我们的力量。青年之所以需要人生导师，原因在此。

3. 站在生命之画面前

尼采说，自然本身没有意义，也没有给它的最高产物人类的生存指明一个意义，"这是它的大苦恼"，而"它之所以产生哲学家和艺术家，是想借此使人类的生存变得有意义，这无疑是出自它自我拯救的冲动"。在哲学家、艺术家、圣徒身上，"从不跳跃的自然完成了它唯一的一次跳跃，并且是一次快乐的跳跃，因为它第一回感到自己到达了目的地"，即实现了"对于存在的伟大解释"。自然产生他们的用意，乃是为了它的自我认识、自我完成、自我神化这样一个"形而上的目标"。

在尼采的这些把自然拟人化的表述中，所表达的当然是人的感受。自然对意义是冷漠的，但人不能忍受自己在一个无意义的宇宙中度过无意义的生命。不过，既然人是自然的产物，我们也就可以把人的追求看作自然本身的要求的一种间接表达。

哲学家、艺术家、圣徒集中体现了人类的形而上追求，我们在广义上可以把他们都看作哲学家，因为他们只是在用不同的方式做哲学要做的事情，即阐释人生的意义。

自然产生哲学家的用意是要阐释人的生存之意义，哲学家应当不辜负自然的重托，负起这个使命。尼采发现，在他的时代中，只有叔本华是负起了这个使命的。他说，叔本华的伟大之处是"站在整幅生命之画面前，解释它的完整的意义"。每种伟大的哲学都应该这样做，可是，大多数哲学家，尼采称他们为"冒牌哲学家"，他们在做什么呢？他们在仔细地研究人生之画是画在什么样的画布上的，用的颜料是什么，这些颜料的化学成分是什么，等等。总之，都在研究枝节问题。如果说哲学是一座大楼，他们走进去以后，立刻就陷在某个犄角旮旯里，在那个地方苦苦思索，发表博学的意见，并且为之争论不休，而对大楼的整体状况却毫无了解的兴趣。

4. 哲学家首先是真实的人

哲学家要负起解释人生意义的使命，自己首先必须是一个真实的人。在本书中，尼采把学者当作对立面，再三强调这个论点。他指出："一个学者决不可能成为一个哲学家；哲学家不仅是一个大思想家，而且也是一个真实的人，可是一个真实的人何尝脱胎于一个学者呢？"真实的人，即是对世界和人生有丰富深刻的体验的活生生的人，他因此仿佛成了"整个世界的原型和缩本"，能够"从自己身上获取大多数教导"。他具备两个相辅相成的特点，既有独特的眼光，能"初次地看事物"，也有独特的个性，自己是一个"被初次看见的事物"。相反，学者"让概念、意见、掌故、书本横插在自己和事物之间"，总是借助别人的意见来看自己和事物，因此在自己身上和事物上面都只看见别人的意见。

写作本书时，尼采自己已经做了六年学者。以前做学生，现在做教授，他从老师和同事身上对学者有近距离的观察。这个有着一颗哲学家灵魂的学者以解剖学者为乐，在本书中列举了学者的十三个特征，我把它们归纳为以下四条。

第一，学者天性扭曲，长年生活在书斋沉重的天花板下，过早盲目地为科学献身，因此以一个驼背为其特征。他们在占有了一门学问之后，就被这门学问占有了，在一个小角落里畸形地生长，成为了他的专业的牺牲品。

第二，学者性格冷漠，没有爱和热情。他们的本性在好恶两方面都平庸而且乏味，感情贫乏而枯燥，这使他们适合于从事活体解剖。

第三，学者资质平庸，没有创造性。他们自视甚卑，所以显得谦虚，即使被圈在一个可怜的角落里，也丝毫不感到是牺牲和浪费。在被推上某一条路之后，他们就在这条路上作惯性运动，非常勤奋，因此往往十分多产。但是，他们靠别人的思想过日子，没有自己的思想，在本质上又是不孕的。

第四，学者心灵龌龊，在谋生动机的支配下，仅仅为有利可图的真理效劳。他们还喜欢占地盘，选择经费多、出国机会多、容易快速见效的项目。"如今，当老师的只要善于开辟一块地盘，让庸才们在它上面也能做出一点成绩，他就准会一举成名，求学者立刻蜂拥而至。"一方面是师生之间互相利用，另一方面是提防同行，所有同行之间都满怀嫉妒，互相监视。总之，大学成了十足的名利场。

这个一百三十多年前巴塞尔大学的教授，这个真实的人，他莫非是在说今天我们的大学？

四　在自己身上战胜时代

在《作为教育家的叔本华》中，尼采讲哲学的使命，一方面强调哲学要贴近人生，阐释人生之画的完整意义，另一方面强调哲学要与时代、政治保持距离，批判和战胜时代的弊病。这一节讲后一方面。

1. 哲学和时代的关系

人们常说，哲学是时代精神的集中体现。这种说法歪曲了哲学与时代的关系。所谓时代精神，是指一个时代占主导地位的价值观，如果这种价值观是错误的，哲学也要为它立言、替它辩护、成为它的集中体现吗？如果是这样，要哲学有什么用！哲学的使命是寻求生命整体的意义，所要坚守的是超越于个别时代的某些永恒的精神价值。所以，恰恰相反，哲学应该站得比时代精神高，立足于永恒，对时代精神进行审视和批判。

尼采就是这样看的。他说，一切伟大思想家的真正使命，是做事物尺度的立法者。作为哲学家，你必须比时代站得更高，眼界更宽，给时代确立一种正确的价值观。那么，从何处寻找为时代立法的参照呢？一个重要途径是对不同时代进行比较，看哪个时代人们生活得真正有意义，人性达到了优秀的水准。尼采说，要给整个人类的命运下一个正确的判断，你就不能光看眼前的时代，也不应该只是计算平均的命运，而应该着眼于个人或整个民族可能获得的最高命运。在尼采看来，古希腊是伟大的参照，证明了人性和生命价值所能达到的高度。

2. 在自己身上战胜时代

对于自己所处的时代，尼采的评价甚低，痛恨这个时代人性的猥琐、精神的堕落、生命意义的失落。他问道：面对今天时代人性所遭受的危险，谁将为了由无数世代苦心积累的这神圣不可侵犯的珍宝，而奉献出卫士的忠诚呢？当所有人在自己身上只感觉到私欲的蠕动和卑劣的焦虑，就这样从人的形象堕落之时，谁将负着人的形象上升呢？回答当然是，这个守护人性的责任义不容辞地落在了哲学家的肩上。

但是，哲学家要履行这个职责时，会遭遇极大的困难。哲学家也是人，虽然心系永恒，却仍然不得不生活在某一个具体的时代，和这个时代有千丝万缕的联系。尼采说：哲学家也必须在外部世界里生活，身处各种人际关系之中，受到家庭、社区、教育、祖国、偶然性等等的纠缠，别人看见的都是这些外在的东西。因此，当他们一心追求真理的时候，误解之网包围着他们。

比误解更严重的是，作为时代的一员，哲学家也会感染时代的疾病。尼采自己就是这样，他坦然承认，他的时代患了虚无主义的疾病，这个疾病在他身上同样存在，他也在为人生意义的缺失而痛苦。和普通人不同的是，哲学家对时代的疾病有更强烈更敏锐的感受，因而更痛苦。那么，这是不是说明，哲学家和时代有更亲密的联系，他是时代的嫡子呢？尼采说，表面上看好像是这样，可是，实际上，在时代身上，哲学家反对的是那种阻碍他成其伟大的东西，他的矛头所指是那种虽然在他身上却并不真正属于他的东西，因此，所谓时代之子显出了原形，原来哲学家只是时代的养子。时代的养子——这才是哲学家与时代的真实关系。哲学家仿佛是直接由天地精神所生，只是偶然地寄养在这个时代罢了。时代是他的养母，他反对这个养母的坏品性，反对这个养母在他身上造成的坏品性，是为了捍卫源自天地精神的他的纯洁的天性，也就是捍卫天地精神本身。在这个意义上，尼采说，哲学家是要"在自己身上战胜时代"。于是，即使在一个糟糕的时代，他仍会百折不挠地为实现生命所能达到的最高价值而战斗。

3. 哲学和政治的关系

哲学家生活在某个时代之中，同时也不可避免地生活在某个国家之中。哲学与政治、国家的关系是怎样的？尼采的基本观点是，哲学和政治是两回事，哲学家必须坚守完全不受国家支配的独立立场。

哲学着眼于永恒，要解决的是人生意义问题，政治着眼于一时一地，要解决的是国家利益以及社会各阶层之间利益关系的问题，两者的目标和任务是完全不同的。因此，一方面，不可以试图用政治的方式来取消或解决本来属于哲学的问题。"任何一种相信靠政治事件可以排除甚至解决存在问题的哲学，都是开玩笑的和要猴戏的哲学。"在尼采看来，当时十分走红的黑格尔哲学，"宣称国家是人类的最高目的"，就是这样的哲学。

另一方面，哲学家也不可以过于关注和参与政治事务。"一个有哲学激情的人，不会再有余暇留给政治的狂热，他将明智地拒绝每天读报，更不必说替一个政党效劳了：尽管不排除在祖国面临危急的时刻，他会坚守在他的岗位上。"后面这句话，尼采自己用行动做了证明，在普法战争期间，他自愿上战场担任战地护士。

哲学家可以关心政治，但要用哲学的方式来关心，作为对人类最基本价值的坚守和思考，哲学对政治发生的影响虽然是间接的，却是根本性的。具体的政治问题应该让政治家去操心。一个国家治理得越好，为政治操心的人就越少。相反，"任何一个国家，如果还要除政治家之外的其他人来为政治操心，就一定治理得很糟，它活该毁在这么多政客手中。"

4. 取消国家对哲学的庇护

哲学虽然和政治是两回事，但是国家往往试图控制哲学。近代以来，国家控制哲学的基本方式是养活一批学院哲学家，让一定数量的人能够把哲学当作谋生手段。尼采说，这实际上是国家给自己养了一批"哲学奴仆"。

尼采非常瞧不起学院哲学家。一方面，由于这些人没有哲学的慧根，因此只能把哲学当作学术来搞。另一方面，和具体学科的学者相比，他们又缺乏科学训练，搞学术也不行。总之，这些哲学教员既体会不到哲学思考的乐趣，又不具备学术研究的能力，因此，即使在学院里，也是一群找不到自己位置的可怜虫。从学生方面来看，他们对这样的哲学课也毫无兴趣，学习只是为了对付考试，为此备受折磨，其效果只是使他们彻底讨厌和蔑视哲学。当然，事实上，这样的教育与哲学毫无关系，却因此把哲学弄成了一种可笑的东西。

通过这样的分析，尼采得出结论：权力和职业是败坏哲学的两大因素。他由此提出了一个大胆的建议：把哲学从大学里驱逐出去！他写道："我认为这是文化的要求：取消国家和大学对哲学的庇护，从根本上废除国家和大学所不能胜任的甄别真伪哲学的任务。让哲学家们自发地生长，不给他们以任何获取公职的希望，不再用薪金鼓励他们，甚至更进一步，迫害他们，歧视他们——这样一来，你们就会看到一种奇异的景象！他们会作鸟兽散，转瞬间万物皆空，鸟雀俱飞，因为要摆脱坏哲学家是很容易的，只消不再优待他们就可以了。比起以国家的名义公开庇护任何一种哲学来，这无论如何是一个更好的方式。"

尼采一再强调，对哲学毫不关心，听之任之，视同可有可无，这对哲学是更有益的。哲学从国家那里所能得到的最好待遇，是一种冷淡的态度和中立的立场。取消由国家扶植的哲学界，这是使哲学世界纯洁化的最有效办法。恰恰因为这样一个哲学界的存在，哲学世界才变得浑浊不清。在哲学民族古希腊人那里，哪里有什么哲学界，只有一个个独立的哲学巨人和他们的弟子。

尼采提出的这个设想也许太理想主义了，不会被任何现代国家接受。促使他这样想的一个重要原因是对大学堕落的愤慨，他期待有一天在大学之外产生一个更高的法庭，将对堕落的大学精神进行监视和审判，在他看来，哲学被大学驱逐之后，清除了权力的干预和职业的顾虑，就会成为这样一个法庭。当然，哲学始终没有被大学驱逐，尼采的期待似乎落空了。不过，即使如此，这样的法庭事实上是存在的。我相信，在任何时代、任何国家，始终存在着真诚寻求生命意义的灵魂，它们组成了审判无论大学里还是整个社会上精神堕落的无形的法庭。

五　上帝死了

上一节讲到，尼采说哲学家要在自己身上战胜时代，那么，他是怎样看他的时代的，要战胜的是时代的什么东西？这一节就讲他对时代的分析和批判。时代的病症，他用一个词概括，叫做虚无主义。在一定意义上可以说，尼采哲学的主题就是虚无主义问题，他后期的哲学尤其致力于探究虚无主义形成的根源，并试图寻找解决的途径。

1. 虚无主义的到来

在尼采十九世纪八十年代的遗稿中，虚无主义是出现频率极高的一个词。尼采用先知的口吻宣告："我讲的是最近二百年的历史。我描述那正在来临且已不可避免的事情：虚无主义的到来。""虚无主义站在门前，我们的一切客人中这个最不祥的客人来自何方？"这就是说，欧洲正在迎来一个时代，这个时代可以命名为"虚无主义"，它将延续两百年之久。他说这个话，是在十九世纪八十年代，要到二十一世纪八十年代才满两百年，所以我们今天还处在他预言的时段之内。

他给虚无主义下的定义是："什么是虚无主义？就是最高价值丧失价值。缺乏目标；缺乏对'为何'的答案。"所谓最高价值，是指一向被信奉为最神圣、最重要、最不可怀疑的东西，亦即历来形而上学所设置的赋予生存以终极的根据、目的、意义的世界本体，从柏拉图的理念到基督教的上帝均属此列。它们之丧失价值，使得生存失去了根据、目的、意义。随着最高价值丧失价值，附着于其上的一切也丧失了价值。这实际上就是信仰危机。

2. 上帝死了

最高价值之丧失价值，集中体现在基督教信仰的解体。长期以来，"上帝"观念始终是西方人的精神支柱，它凝聚了一切最高价值，向人许诺不朽、至善和宇宙秩序。有了上帝，终有一死的个体生命从灵魂不死中找到了安慰，动物性的人从上帝的神性中发现了自己的道德极境，孤独的个人从和谐的世界秩序和宗教的

388

博爱中感受到了精神的充实。基督教诚然贬低了人的尘世价值，却在幻想中赋予了人以某种永恒价值。上帝的灵光使人显得渺小，但同时也给人生罩上了一圈神圣的光环。近代以降，一方面是哲学家们对神学的批判，另一方面是自然科学对上帝创世说的否定，使得基督教信仰处于解体之中。人们往往只是维持着信仰的外表，内心未必真的相信上帝了。尼采敏锐地看出，基督教信仰的崩溃乃是形而上学史上一切最高价值的总崩溃的标志，是形而上学基础本身的崩溃，于是喊出了那句耸人听闻的话："上帝死了！"

海德格尔说，尼采用虚无主义命名他最先认清的并仍将支配欧洲的一个历史运动，而"上帝死了"则是他用以概括这个运动的一个基本命题。

"上帝死了"导致了两个方面的严重后果。一方面，生命失去了永恒性，灵魂不死的希望落了空，死成了无可挽救的死。尼采说："我们因此以一种可怕的方式面临了叔本华的问题：生存究竟有一种意义吗？"另一方面，生命也失去了神圣性，道德因之失去了基础。欧洲人的道德是建立在信仰上帝的基础上的，从积极的方面说，是生命具有神圣性的尊严感激励着道德；从消极的方面说，是死后灵魂受审判的前景支撑着道德，而上帝之死使两者都没有了依据。

总之，对欧洲人来说，"上帝死了"是一个最严重的事件，剥夺了生命的永恒性和神圣性，使得人的肉体和灵魂似乎都丧失了根本价值。尼采宣告说："一个时代正在来临，我们要为我们当了两千年之久的基督徒付出代价了：我们正在失去那使我们得以生存的重心——一个时期内我们不知何去何从。"他形容说，这就好像地球脱离了行星轨道，不再有一个可以围绕着旋转的太阳，陷入了无边的黑暗之中。

3. 虚无主义的征兆

按照尼采的说法，在他的时代，虚无主义还只是正在到来，或者说，还只是站在门前，但是，他说，这个前景已经在用成百种征兆说话。时代的机体已经种下了虚无主义的病灶，发作还有一个过程，但种种症状说明这个病已经存在。根据尼采在不同著作中的描述，这样的征兆大致可以归纳为三个方面。

第一是信仰上的无所谓态度。尼采讽刺说："在我看来，今天没有什么比真正的虚伪更为罕见了。虚伪属于有强大信仰的时代，在那个时代，人们甚至在被迫接受另一种信仰时，也不放弃从前的信仰。今天人们轻松地放弃它；或者更常见的是，再添上第二种信仰，而在每个场合他们都依然是诚实的。"一个真正有信仰的人，如果权力机构强迫他接受占统治地位的信仰，他可能表面上会接受，但内心仍坚持自己的信仰。尼采把这种做法称作"真正的虚伪"，就是口和心不一致，口头上顺从，内心中坚持。现代人却是轻松地接受和放弃，因为心中没有任何真正的信仰，信什么就无所谓了，而且口和心是一致的，不会有任何良心不安。这种无所谓的态度尤其证明了现代人没有信仰。所以，尼采又说："左右逢源而毫无罪恶感，撒谎而心安理得，是典型的现代特征。"

第二是生活方式上的匆忙。正因为没有信仰，现代人就把全部注意力放在外部世界，陷入一种没头脑的匆忙。尼采对现代人的匆忙深恶痛疾，他说："那种匆忙，那种令人喘不过气来的分秒必争，那种不等成熟就想采摘一切果实的急躁，那种你追我赶的竞争，它在人们脸上刻下了深沟。"现代人就像脸上烙着三个 M 字母印记的奴隶，这三个 M，是三个德语单词的第一个字母。第一个单词是 Moment，意思是当下；第二个单词是 Meinung，意思是舆论；第三个单词是 Mode，意思是时尚。现代人是当下、舆论、时尚这三样东西的奴隶。尼采还说，现代生活就像一道急流，人们拿着表思考，吃饭时看着报纸，行色匆匆地穿过闹市；人们不再沉思，也害怕沉思，羞于宁静，一旦静下来几乎要起良心的责备，觉得这样不对头。在这个时代，勤劳，也就是拼命地挣钱和花钱，成了唯一的美德。正是这种愚蠢地自鸣得意的勤劳，又比任何别的东西更加使人变得没有信仰。

第三是文化上的平庸。我用今天的语言概括为三个特征。

第一个特征，包装文化。尼采说，现代人内在贫乏，彼此厌倦得要命，所以要不惜一切代价把自己弄得有趣一些，于是浑身上下撒满了文化的作料，这样就可以把自己当作诱人的美食端上餐桌了。匆忙使现代人斯文扫地，所以需要用一种骗人的优雅来掩盖自己，于是穿上礼服，假模假式地开派对，所谓教养只是意味着让自己和互相之间对日常的贪婪、自私和卑劣都视而不见。现代人缺乏创造力，所以需要搜集从前文化的许多碎片来装饰自己，整个现代文化就像是"一件披在冻馁裸体上的褴褛彩衣"。

第二个特征，快餐文化。尼采当然没有用这个词，他用了一个词叫新闻主义，指全部文化都向传媒看齐，都成了新闻传播。新闻业有两大特点。第一是当下性，着眼于信息的快和新，因此尼采把记者称作"为当下服务的仆役"。第二是业余性，话题无所不包，但都浅尝辄止，因此尼采把新闻界称作一个寄居在各学科之间的"起黏合作用的中介阶层"。在新闻业的影响下，文化也变得越来越追求当下性和通俗性。尼采说，报刊支配社会，记者取代天才，成了时代的导师。其实，在尼采的时代，传媒不过是数量有限的报刊而已，哪里能和今天这个互联网时代比。你不能不承认，尼采的认识是无比超前的。

第三个特征，娱乐文化。尼采说，现代人由于匆忙的劳作，导致神经疲惫，精神空虚，需要到艺术中去寻求刺激和麻醉。为现代人提供官能上、精神上的刺激剂和麻醉剂，就成了现代艺术的主要使命。他讨厌浪漫主义，认为浪漫主义艺术家喜欢制造激情，便是迎合了现代人的这种需要。他还讨厌剧场，认为剧场是为大众准备的，在剧场里，人不再是个人，而成了大众和畜群，"剧场迷信"表明了人们的精神空虚和无个性，他甚至恶毒地称剧场是"趣味上的公共厕所"。

我们可以看到，尼采当年所诊断的时代疾病，今天仍然存在，而且有所加重，表现得更加明显。所以，我们的确仍然处在他所预言的以虚无主义为特征的时代。

4. 彻底的虚无主义

虚无主义正在到来，旧的信仰已经破灭，新的信仰还无法建立，在这个时候，我们应该怎么办？尼采认为，在信仰问题上，我们首先必须真诚，第一要认真，不马虎，不是抱一种不在乎的态度，第二要诚实，不造作，没有信仰不冒充有信仰，也不急于人为地制造一种虚假的信仰。从这种真诚的态度出发，他主张一种彻底的虚无主义。

所谓彻底的虚无主义，就是把虚无主义推至极端，这是一种置之死地而后生的战略。虚无主义是最高价值丧失价值，没有了信仰，彻底的虚无主义就是确认不存在最高价值，所谓最高价值本来就是人为设置的，任何信仰都是没有终极根据的，都无权充当信仰。用一个简短的公式来表达，就是："一切皆虚妄！一切皆允许！"前一句话是说，既有的信仰不足为信，后一句话是说，人因此在信仰问题上获得了完全的自由，可以什么也不信，也可以自己来建立一种信仰。

那么，在旧的信仰已经失去，新的信仰尚未建立之时，你就要敢于正视这个事实，承担起无信仰的后果。你要做一个真诚的人，不靠任何宗教的或形而上学的安慰生活。"真诚的人——我如此称呼在无神的沙漠上跋涉和虔敬之心破碎的人。"尼采自己就持这样的态度，在这个意义上，他称自己是"欧洲第一个彻底的虚无主义者"。一个对人生意义极为认真的人，在苦苦求索之后，发现人生并无意义，于是勇敢地承担起这个无意义，这正证明了人的伟大。

但是，彻底的虚无主义只是一个过渡，尼采并不认为可以停留于此，他的目标是战胜虚无主义，在重估一切价值的基础上建立新的信仰。

六　一切价值的重估

对于时代所患的虚无主义疾病，尼采努力探究病因和治疗的途径。他的看法包括三个要点：第一，欧洲形而上学是虚无主义产生的根源；第二，形而上学只是从一定的价值立场出发对世界的解释，错误发生在这个价值立场上；第三，所以，必须转换立场，立足于生命重估一切价值，建立起对世界的新的解释，这是克服虚无主义的必由之路。

1. 形而上学是虚无主义产生的根源

在西方哲学史上，柏拉图是建立完备的形而上学体系的第一人。柏拉图的体系可以概括为世界的二分模式。柏拉图说，有两个世界，一个是理念世界，由抽象的理念组成，它是真正存在的世界；另一个是我们生活在其中的现象世界，它只是理念世界的影子，实质上并不真正存在。柏拉图还说，在理念世界里，善是最高理念，我们的灵魂来自理念世界，还要回到理念世界，皈依善的理念。

尼采探寻虚无主义产生的根源，就找到了柏拉图这里。从柏拉图开始，世界的二分模式在西方哲学中占据了统治地位，哲学家们把世界分为两个世界，一个是抽象的本体世界，宣布它是真正的世界，具有最高的道德价值，另一个是我们生活在其中的现象世界，宣布它是虚假的世界，在道德上不具备价值。柏拉图以后的一切形而上学，实质上都是柏拉图主义，形形色色的真正的世界都只是理念世界的改头换面。

柏拉图主义又是基督教的直接准备，最高理念"善"摇身一变，就成为了基督教的精神化的唯一神。尼采说，基督教无非是用民众懂得的语言普及抽象的理念论，可以称之为"民众的柏拉图主义"。在基督教中，理念人格化为上帝，理念世界具象化为死后才能进入的彼岸和天国，形而上学以神学的面目出现，使得蕴藏在其实质中的否定现实生命世界的虚无主义发展至极端,"上帝死了"是其必然的结果。

回过头看,世界的二分模式本身已包含了虚无主义的必然性。所谓真正的世界,是通过与现实世界相对立而虚构出来的,虚构的方法是把现实世界所不具备的一切特征,比如完美、至善、统一、不变等,都归属于它。然后,又用这个虚构出来的世界审判我们的现实世界,用不存在的彼岸生活贬低和否定我们的现实人生。既然我们生活在其中的这个世界是唯一真实的世界,那么,用一个虚构出来的世界贬低和否定这个唯一真实的世界,这本身就是埋下了虚无主义的根子。

2. 形而上学只是价值设置

为了摧毁世界二分模式的旧形而上学体系,尼采指出,一切形而上学都不是客观地揭示世界本质的科学体系,而是价值体系,是从一定价值立场出发对世界的解释,其核心是最高价值的设置。形而上学所确认的终极实在,无非是最高价值的载体;所构造的所谓真正的世界,也无非是"自在地有价值的"世界的别名。

仔细分析起来,形而上学的虚构是建立在两个等式的基础上的。第一个等式:道德 = 价值。虚构真正的世界的出发点,归根到底是对现实世界所做的否定的道德判断。形而上学家的逻辑是:这个世界是有条件的、充满矛盾的、变化着的,所以是没有价值的;那么,必定存在着一个绝对的、无矛盾的、不变的世界,那个世界才是有价值的。"在这里,形而上学家对现实的怨恨是原动力。"第二个等式:价值 = 实在。既然这个世界是没有价值的,它就是一个虚假的世界，而那个有价值的世界才是真正的世界。在价值度与实在度之间有一种联系，因而最高价值也就具有最高的实在性，仅仅由于对价值和实在的这种混淆，各种哲学体系才得以冒充为形而上学。

总之，首先在道德上对现实世界做否定的判断，宣布为无价值，然后用理性建构一个自在地有价值的世界，宣布为真正的世界，这是以往一切形而上学虚构的实际步骤。在形而上学的虚构中，道德和理性是两个关键角色，道德提供动机，理性提供手段，所谓真正的世界是用理性建构的道德秩序。

3. 价值重估和重建形而上学

既然形而上学的实质是价值设置，那么这里正蕴含着重建形而上学的可能性。海德格尔说："价值重估首次把存在思考为价值，形而上学藉之而成为价值思考。"(《尼采》第 2 卷）此话点明了价值重估与重建形而上学之间的关系。传统形而上学只是一种特定的价值设置，它的崩溃是这种价值设置的崩溃，不是世界本身的崩溃。相反，现在可以自觉地把形而上学作为一种价值设置，或者如海德格尔所说，一种价值思考，立足于不同的价值立场加以重建了。传统形而上学立足于一个虚构的最高价值，否定现实世界，否定生命，现在我们可以把立场转换过来，立足于现实世界，立足于生命，给世界一种不同的解释。

尼采就是这样做的，他提出一切价值的重估，就是要把形而上学还原为价值设置，得以摧毁旧的价值设置，建立新的价值设置，实际上也就建立了一种新的形而上学。不过，与旧形而上学根本不同的是，他非常明确地把这样建立的理论看作对世界的一种解释，因此完全不是本体论意义上的形而上学了。

4. 权力意志：对世界的新的解释

我们就应该这样来理解尼采的权力意志理论。对于这个理论有种种误解，例如把权力意志看作一个政治概念，说尼采主张强权政治，对此我就懒得去澄清了。我想从世界解释和价值立场两个方面简略地阐述这个理论的基本涵义。

从世界解释来说，尼采用权力意志说明世界的本质，是为了给世界和人生一种积极的解释。尼采早期曾沿用叔本华的生命意志概念说明世界的本质，但他一开始就和叔本华对生命意志的性质有相反的理解。在叔本华看来，生命意志是一种盲目挣扎的消极力量。在尼采看来，却是一种生生不息的创造力量，他用酒神狄俄尼索斯的名字来象征这种力量。正是为了同叔本华彻底划清界限，他后期便发展出了权力意志这个概念。从酒神精神到权力意志，强调世界意志永不枯竭的涵义是一脉相承的。

尼采认为，叔本华的生命意志说之所以必须否弃，是因为它既误解了生命的性质，又误解了意志的性质。在前一方面，生命是一种"必须不断自我超越的东西"，它不能满足于自身，而必须为自己设置一个高于自身的目的。"凡不存在者，便不能意欲；但已经生存者，又岂会意欲生存！只是凡有生命之处，便必有意志；但不是求生命的意志，而是求权力的意志。"在后一方面，意志本身就是权力，权力即支配力，支配力是使意志成其为意志的东西，具有自我支配力的意志才是意志，丧失自我支配力的意志就不再是意志了，它只是一个空洞的愿望。总之，权力意志概念既是对世界的本质的说明，也是对生命和意志的本质的说明。在叔本华那里，生命仅是自保，意志仅是欲望。尼采则认为，生命的本质是自我超越，意志的本质是自我支配，而权力意志概念恰好同时表明了两者的本质。

从价值立场来说，权力意志是价值的源泉和评价的标准。如果一个人有充沛的生命力，能够为生命设置一个高于生命的目标，他的意志能够自我支配，能够创造自己的价值标准，发明自己的道德，那么他就是一个权力意志意义上的强者，反之则是弱者。

由此可见，权力意志实际上是指有力度的生命，因为有力度，所以能够为生命创造意义。虚无主义的要害在于，传统形而上学所建立的最高价值丧失了价值；而人们又无能为自己创造新的价值。权力意志理论的提出，正是为了解决这种两难困境，给克服虚无主义指出一个方向。

尼采自己对此是相当自觉的。他曾计划写一本书，视为自己一生的主要著作，所拟的标题是《权力意志——重估一切价值的尝试》。他解释说，这个标题是一个公式，它表达了关于原则和任务的一个相反运动，一个在某种前景下将取代彻底虚无主义的运动。彻底的虚无主义只是一个过渡，而为了在此基础上朝前走，他做了这个尝试，就是以权力意志为原则来实施重估一切价值的任务。

七 超于善恶之外

在传统形而上学的价值设置中，道德起了关键的作用。以往一切道德的基本立场是否定生命，敌视生命，而传统形而上学也正是站在这个立场上，否定我们生活于其中的现实世界，虚构出一个毫无生命体征的抽象的本体世界。一切形而上学奉为最高价值的那个东西，不论叫做理念世界、绝对存在还是上帝，其实都是道德的化身。从现实情况看，道德也是价值颠倒的重灾区，两千年来，无论东方西方，以道德名义对生命进行的审判遍布一切时代和国家。因此，在一切价值的重估中，道德的重估是重中之重。

1. 忠实于大地

在人类生活中，最碰不得的是道德，其无形的权威至高无上，重估道德实在是在打一场硬仗。尼采的策略是，首先来一个釜底抽薪，指出道德在大自然中是完全没有根据的。宇宙是永恒变化的过程，无善恶可言。万物的生长，人类的生存，都属于这个过程，也无善恶可言。这有点像老子的说法："天地不仁，以万物为刍狗。"尼采的表达更有诗意，他说："万物都以永恒之泉水受洗，超于善恶之外；善恶不过是浮云。"我们把自己置身于宇宙永恒变化的过程之中，用大自然的眼光看人类的生存，这样就能看清楚善恶判决的没有道理，从而超于善恶之外，从道德的重压下解放出来，获得精神的自由。

不过，这只是第一步。以往的道德，立足于对宇宙过程的错误解释，用虚构的本体否定现实的人生，用彼岸否定此岸，用上帝否定生命。超于善恶之外的第二步，就是要摆脱以往的一切道德判断，立足于生命，建立起一种肯定现实人生的新道德。这种新道德，尼采用一句话概括，叫做忠实于大地。人类祖祖辈辈生活在大地上，大地是我们的家，是我们的一切。道德是为人类在大地上的生存服务的，它的使命不是要把种种清规戒律强加于人生，而是要让人类在大地上的生存蓬勃向上，让生命有充沛的意义。

传统道德有三个重要主张，一是禁欲，二是无私，三是同情。尼采从批判这三个东西着手，来建立新的道德。

2. 批判禁欲，确立生命的无罪

要让人类在大地上的生存蓬勃向上，首要的一条，就是要卸除把生命看作罪恶的沉重的良心负担。想要制造成一种普遍的罪恶感，还有什么比把生命本能宣布为罪恶更有效的办法呢？无论西方东方，传统道德都否定欲望，提倡禁欲。所以，尼采说，我们要把历来道德家们泼在生命上的污水都洗刷掉，确立生命的无罪，还生命一个清白，"赤条条站在太阳面前"。

在生命本能中，性本能又被看作最不干净、最见不得人的罪恶。尼采说，性欲的满足，自己快乐同时又使人快乐，实在是自然界中不可多见的好意安排。美国舞蹈家邓肯是尼采的铁粉，她说得更直接："你有一个身体，它天生要遭受许多痛苦，包括疾病等等，既然如此，只要有机会，为什么不可以从你这个身体上汲取最大的快乐呢？"可是，无论东西方，传统道德都把性看作洪水猛兽，严加压制，多少男女在道德枷锁下苦苦挣扎，甚至成了道德祭坛上的牺牲品。这只是一个典型事例，说明传统道德多么仇恨生命的欢乐，生命原是一股快乐的源泉，却在源头上就被道德的侮蔑弄脏了。

尼采并不主张人欲横流，他经常无情地批评纵欲。但是，他说，问题在于怎样使欲望升华，可是传统道德从来不问这个问题，它的策略是阉割，从根柢上摧残欲望，而这就意味着从根柢上摧残生命。

3. 批判"无私"，提倡健康的自私

在对待生命的态度上，传统道德仇恨生命的欢乐，提倡禁欲。在对待自我的态度上，传统道德反对"自私"，提倡所谓"无私"。针对这后一方面，尼采为"自私"正名，提倡一种健康的自私。

尼采区分两种自私，一种是健康的自私，另一种是病态的自私。健康的自私首先是反对病态的自私的。健康的自私，源于生命的丰盛和灵魂的强大，尼采说，它接纳万物于自己，再让它们从自己流出，作为爱的赠礼。相反，病态的自私源于生命的贫乏和灵魂的卑弱，典型表现就是唯利是图，只想着偷窃和占有，无耻地追逐世俗利益。

健康的自私更是反对所谓"无私"说教的。历来"无私"的说教，往往用博爱否定自爱，用利他否定利己，用公共性抹杀个性。尼采强调，人必须自爱自尊自强，他说："人必须学会以一种完好无损的健康的爱来爱自己，这样他才能够耐心自守，不至于

神不守舍。"高贵的标志是，一个人不怕面对自己，从自己不期待任何羞耻的事，像鸟儿一样无忧无虑地飞翔。健康的自私，尤其体现在追求个人的独特和优秀。人生在世，就是要奋发有为，活得高贵、伟大、有气度。怎样算奋发有为？尼采用比喻的方式说，就是："最好的东西都属于我，不给我，我就自己夺取——最精美的食物，最纯净的天空，最刚强的思想，最美丽的女人！"总之，一切都要最好的，在一切方面成为最优秀者，最强者。

相反，一个人不爱自己，甚至厌烦自己，一旦独处就感到无聊，这样的人怎么会有价值？根源在于精神上的空虚和贫乏，所以就逃避自己，试图在琐碎的日常生活和劳作中忘掉这个无趣的自我。尼采说，对这种人倒不妨告诉他：你觉得自己是一个这么讨厌的对象吗？那就多为别人想，少为你自己想吧，你这样做倒是对了。一个不爱自己的人，不会是一个可爱的人，别人不可能真正爱他，他也不可能真正爱别人。能够给人以生命欢乐的人，一定是自己充满了生命欢乐的人。自爱者才能爱人，富裕者才能馈赠。这种怨恨自己的人，往往还会在别人身上寻求报复，使别人成为他的怨恨的牺牲品。他带着怨恨到别人那里去，就算他是去行善的，他的怨恨也会在他的每一件善行里表现出来，给别人以损伤。受惠于一个怨恨自己的人，还有比这更叫人不舒服的事情吗？

4. 批判同情，主张强者的道德

尼采的道德学说，一个重要内容是主人道德和奴隶道德的区分。实际上，主人道德就是健康的自私，奴隶道德就是病态的自私和丧失个性的所谓"无私"。主人道德是强者的道德,主张人要有健康的本能、坚强的意志、独特的自我、进取的精神。奴隶道德是弱者的道德,表现为本能的衰退、意志的懦弱、无个性、守旧。

在批判奴隶道德时,尼采着重批判了同情的道德,这种批判很能代表他的道德观。无论在中国还是西方,都有哲学家认为同情是道德的基础和重要的道德品质,我本人也是赞同这个观点的。同情,就是孟子说的恻隐之心,看见别人在受苦,你会觉得难受,想要去帮助他。这是人之常情,尼采为什么要反对呢?这里要注意,尼采反对同情,到底反对的是什么。

尼采看一种道德,基本出发点是看它是强者的品质,还是弱者的品质,它的效果是使人自强,还是使人变得软弱。那么,在他看来,同情是弱者的品质,起到的是使人变得软弱的效果。一个坚强的人,他在遭受痛苦的时候,能够自己忍受,不向人诉说,不寻求同情。他懂得痛苦的价值,不愿意让别人的同情解除他的痛苦的个人性,使他的痛苦变得平庸。同时,出于对别人的痛苦的尊重,他也不轻易流露对别人的同情。所以,尼采看重的是人在痛苦中的尊严。你遭受痛苦的时候,你要自尊,别人遭受痛苦的时候,你要尊重别人。实际上,道德在人性中有两个基础,一个是同情,另一个是做人的尊严。尼采看重的是尊严,同情如果损害了尊严,就是不道德的。

事实上,人们在表达同情的时候,往往明目张胆地暴露了对别人的不尊重。你遭遇到了痛苦,正想自己安静一会儿,你的门敲响了,那班同情者络绎不断地到来,把你连同你的痛苦淹没在了同情的吵闹声之中。尼采讽刺说:"他们陶醉于自己的同情,拿你的痛苦当消遣，度过了一个美好的下午。"我们不要说尼采太刻薄，把别人的痛苦当作茶余饭后的谈资，热心地议论着，啧啧地叹息着，这样的人还少吗？小市民最喜欢做两件事，一个是"同情"别人的痛苦，一个是嫉妒别人的快乐。尼采说，这实在是同一种德性的两面。在同情的背后，还往往隐藏着一种不真诚。那些爱表同情的人，内心深处是在寻求一种作为施恩者的满足。最明显的证据是，如果他们的同情遭到拒绝，他们就会感到失望，甚至觉得受了侮辱，由同情而变为愤怒。

所以，尼采不是反对向痛苦者伸出帮助之手，但是，帮助必须真诚，而最大的帮助是唤起痛苦者的自尊自强之心。

八　透视主义

如果把哲学划分为本体论、认识论、人生论三大块，那么，尼采哲学的聚焦点是人生论，旨在解决人生意义缺失之问题。这是他自己的问题，也是整个时代的问题。为了探究时代的虚无主义疾患的根源和疗救之途径，他进入了本体论领域，对欧洲传统形而上学进行了全面批判。他是最早做这个全面批判的人，而且完全是以哲学的方式做的。在传统形而上学的构建中，道德和理性起了关键作用，由此他对两者都进行了批判性研究，分别进入了伦理学和认识论领域。在西方哲学中，认识论是重头戏，特别能考验一个哲学家的哲学能力。尼采经受住了这个考验，证明了自己不只是一位关心人生问题的诗性哲人，更是一位对西方哲学核心问题有着透彻思考并且开辟了新路径的严格意义上的大哲学家。

对于我的这个评价，罗素肯定会坚决反对，他明确说，尼采在本体论和认识论领域没有创造任何新的理论，只是一个文艺性的哲学家，其贡献主要在伦理学和历史批评方面。相反，海德格尔高度评价尼采的哲学贡献，称之为西方最后一位伟大的形而上学家。针对德国哲学界否认尼采是一个严格的思想家的流行见解，他强调，尽管尼采不属于只思考抽象事物的哲学家之列，但是"尼采的思想是在哲学古老的主导问题即'什么是存在'的广阔范围内进行的"。尼采在本体论和认识论方面的思想大量见之于遗稿中，我怀疑罗素基本上没有看这些遗稿，而海德格尔却是对它们做了深入研究的。

本节讲尼采的认识论，主要讲两个方面。一个方面是破，破除对理性的迷信。另一个方面是立，尼采建立了自己的认识论，就是透视主义。

1. 破除人类中心论的幻想

自古以来，人类有一种幻想，相信自己是宇宙的中心，所以人的认识能够把握世界的真相。这样一种幻想，叫做人类中心论。形而上学就是建立在人类中心论的基础上的。在近代，这种幻想遭到了来自两个方面的打击。一方面，科学已经证明，人类根本不是宇宙的中心，人类在宇宙中的存在，在时间上只是一瞬间，在空间上只是一个小角落。另一方面，近代哲学家们纷纷揭示，人的认识无法摆脱人类特性的限制，因此不可能得出对世界真相的纯客观认识。

尼采的认识论，就从破除人类中心论的幻想开始。他反复说明一个道理：人的认识是一种人类现象，和宇宙真理无关。他有一段话，生动地讽刺了人类中心论，大意是说：在宇宙的无数个太阳系里，某个偏僻角落里曾经有过一个星球，住在上面的聪明的动物发明了认识。这是宇宙史上最傲慢的一个瞬间，但也只是一个瞬间而已。大自然仅仅呼吸几口气的工夫，这个星球就僵硬了，而聪明的动物就只好灭绝了。人类的理性原本极其可怜，它的使命只是引导人类度过短暂的生存，只有它的拥有者才这样满怀激情地看待它，好像世界之轴在它之中转动似的。如果我们能通蚊子的性情，就会知道，连蚊子也是怀着这种激情在空气中飘游，觉得自己是世界的飞舞着的中心。哲学家的自以为是，就和这些蚊子差不多。

为了破除人类中心论的幻想，尼采指出两点：第一，人类只是宇宙中的偶然产物，又因为偶然的生存条件形成了一种认识方式，这样的人类无权把自己的任何一种认识宣布为宇宙真理。第二，完全可以设想，在人类之外可能存在着其他生灵，甚至是更高级的生灵，用我们现在的话说，就是外星人，而外星人肯定拥有和我们完全不同的认识方式。总之，人类的认识方式只是一定种类动物的一种特异反应，和真理无关。

2. 形而上学用逻辑虚构本体

尼采批判形而上学有两个角度。一个是价值论角度，揭露形而上学是错误的价值设置，这是第六节讲的内容。还有一个是认识论角度，揭露形而上学是理性的虚构，这是这一节讲的内容。

人的理性能力，就是逻辑思维的能力。尼采指出，形而上学构建一个抽象的本体，用的主要手段是逻辑。所谓逻辑，是思维要遵守的一些规则。其中，在形而上学的虚构中，起主要作用的是两个规则，即同一律和因果律。同一律是指，概念要有确定的涵义，这个涵义要保持自我同一，否则思维会陷入混乱。这本来是形式逻辑对思维条理性的一个规定，可是哲学家们把它套在世界身上，要到世界背后去找一个保持自我同一的实体。因果律是指，在因和果之间存在必然的联系，有因必有果，有果必有因。在尼采之前，休谟已经指出，因果联系只是一种习惯性的联想，并不具有必然性。可是，哲学家们又把它套在世界身上，要到世界背后去找一个作为万物根源的终极原因。凡是充当本体的东西，比如理念、上帝、自在之物等等，都具有这两个特性，第一具有最抽象的同一性，是所谓实体，第二具有最初始的原因性，是所谓第一因。

3. 逻辑是人类的种族习惯

形而上学用逻辑构建世界本体，错在哪里呢？错就错在逻辑只是一种人类现象，与世界的本来面目没有丝毫关系。逻辑是怎么产生的？尼采分析说，世界变化无常，如果不把它整理出一个条理来，面对一片混乱，人是无法生存的。怎样整理出一个条理？只有一个办法，就是做简化处理。比如说，现实中不存在自我同一的不变的事物，可是，为了便于计算和使用，我们必须用一个概念来固定某个事物，忽略它发生的变化，把它看作同一个事物，这就是同一律。又比如说，事物的关系错综复杂，其中大部分是我们不知道的，可是，出于安全感的需要，我们就从关系之网中挑出某个小小的片段，忽略其余一切未知的关系，用一物来解释另一物何以产生的原因，这就是因果律。

这种情况尤其发生在人类早期。人在艰难的自然环境里，在涉及食物、天敌等生死攸关的场合，为了生存，必须当机立断，迅速做出判断和决定，于是形成了对事物做简化处理的牢固习惯。由于这种习惯有实际的效用，就逐渐获得了规范的意义，变成了逻辑规则。所以，逻辑只是人类早期形成的种族习惯。

逻辑对于人类是有用的，形而上学的迷误在于把逻辑绝对化，用它虚构了一个本体世界，并且用这个虚构的世界否定我们的现实世界。这样一来，逻辑就从有用的东西变成了最大的祸害。

4. 语言造就逻辑

逻辑的形成，除了因为生存的需要之外，还有一个重要的原因，就是语言。这是尼采的一个很超前的见解，认为语言造就了逻辑。语言也是在人类早期形成的，与逻辑的形成同步。语言是思维的工具，但不仅仅是思维的工具，它在很大程度上还决定了思维的方式。德国人思维严密，和德语语法结构严密有直接的关系。中国人思维模糊，也和汉语语法结构不严密有直接的关系。不过，在尼采看来，语法结构严密未必是一个优点，印欧语系正是因为语法结构严密导致了过于看重逻辑，导致了形而上学。

语言造就逻辑，一个显著的例子是，语法上的主谓结构造就了逻辑上的因果范畴。一个句子，有主语，有谓语。一般来说，主语是名词，表示行为的主体，谓语是动词，表示行为。在主谓结构中，行为作为结果从属于主语，主语成了行为发生的原因。比如，"电光闪亮了"（"闪电了"）这个句子，"电光"是主语，

"闪亮"是谓语，"电光"成了"闪亮"的原因。事实上，"电光"与"闪亮"本不可分，发生的只是闪电这个事件。世上存在的只是事件、作用、行为，可是，主谓结构诱导我们给任何事件寻找一个原因，给任何作用寻找一个作用者，给任何行为寻找一个行为者。把这个逻辑套到世界头上，就要给宇宙永恒变化的过程寻找一个主语，寻找一个变化的发动者，这个主语找到了，就是理念、上帝、实体、自在之物等等，于是形而上学诞生了。所以，尼采说，形而上学实际上是对主语的信仰。

关于语言在形而上学的形成中所起的作用，尼采有大量论述，我不多讲了。他在这方面的见解非常超前，是他最早明确地把语言问题作为一个重大哲学问题提了出来。二十世纪下半叶，西方兴起了语言哲学，各派哲学家都试图从语言中寻找形而上学产生的根源和解决的方法，尼采是这个潮流的先驱者。

5. 透视主义

上面讲的是尼采在认识论上破的方面，下面讲立的方面。尼采的认识论，用他自己的一个术语来概括，叫做透视主义（Perspectivism）。绘画中有透视原理，站在不同的位置写生，你看到的景物的远近比例和样子是不同的。尼采用透视这个概念来说明认识的性质，包括三个要点：第一，一切认识都是透视，都必须从一定的视角出发；第二，从不同的视角出发，事物会呈现不同的面目；第三，事物不存在一个所谓的本来面目，因为这意味着摆脱一切视角看事物，而这是不可能的。

看一个事物是这样，看整个世界也是这样。从不同的视角看，世界会呈现不同的面目，在所有这些不同面目的背后，世界有没有一个本来面目呢？尼采会让你好好想一想，所谓世界的本来面目是什么意思，无非是指摆脱了一切透视关系，不从任何一个视角出发，这样所看到的世界的样子。可是，这样一种摆脱了一切视角的认识是完全无法想象的。康德说，这样一个本来面目的世界是存在的，但是我们不可能认识它，所以他把它称作自在之物。尼采指出，我们之所以不可能认识它，是因为只要试图去认识它，就必须有一定的视角，而这样一来，它又成为现象而不是所谓自在之物了。

所以，根本不存在一种不可知的世界本质，世界仅仅存在于透视中，问世界在透视之外是什么样的，就等于要在认识之外去认识世界，这是荒谬的。形而上学所虚构的世界本体，实际上就是指世界在摆脱了一切透视关系之后的样子。尼采从透视主义的认识论出发，论证了现象是世界存在的唯一方式，进一步剥夺了形而上学虚构的权利。

6. 认识即解释

根据透视主义，一切认识都是解释，而不是对所谓事实的澄清。尼采说，不存在事实，只存在解释。也就是说，不存在非解释性质的"自在的认识"和摆脱一切解释的"自在的事实"。什么是解释？就是"置入意义"，亦即置入价值。"人最终在事物中找出的东西，无非是他自己塞入其中的东西——找出，就叫科学，塞入，就叫艺术、宗教、爱、骄傲。"换一种说法：找出，就叫认识，塞入，就叫解释，认识到的东西无非是解释进去的东西。

410

解释是必须的，出于生存的需要。通过解释赋予事物以意义，生存才不会变得荒谬。"随便哪个解释总比没有解释好。"归根到底，生命、权力意志是解释的原动力。

透视和解释具有多元性。既然认识是透视，那么，从不同的视角出发，就会有不同的透视。既然事物的意义唯有通过解释才能确定，那么，对同一事物就可以有不同的解释。所以，不存在唯一正确的解释。所以，世界具有无限可解释性。

宇宙间可能存在许多与人类完全不同的生灵，具有完全不同的认知形式，它们对世界的解释必然与人类完全不同，人类的解释只是诸多可能性中的一种。就人类而言，人身上有许多情绪冲动，每个情绪冲动都有其透视角度，因此，即使对于人来说，世界也是无限可解释的。这里涉及尼采对认识主体的看法，他认为，不存在所谓纯粹的认识主体，真实的认识主体是由许多情绪冲动组成的多元体，是"情绪冲动的竞争以及某一情绪冲动对于本能的支配"，是各个冲动此消彼长的流动的过程。每一个情绪冲动都是一个力的中心，都是透视的主体，都试图把自己的透视作为标准强加于其他一切冲动，而占支配地位的冲动将决定对事物做出何种解释。不过，冲动之间的力量对比是变化的，因此解释也是变化的。

7. 关系世界

形而上学家所主张的那个超越一切透视眼光的本体世界是不存在的，那么，能否按照透视主义理论对世界整体做一个"客观"描述呢？尼采不排除其可能性，不过，在他看来，所谓"客观"

并不是超越一切透视，相反是综合了一切透视，是一切透视的总和，他把这样得出的总和称作"关系世界"。

他解释说，要回答"这是什么"这个问题，"客观"答案乃是一切生灵对它的"主观"答案（即"这对于我是什么"）的总和。而要回答"这对于我是什么"的问题，又牵涉到每个生灵对一切事物的关系和透视。所以，对一个事物的"客观"描述牵涉到一切生灵对它的关系，而其中每个生灵对它的关系又牵涉到这一生灵对一切事物的关系。结果，触一发而动全身，对一物的"客观"描述牵涉到一切生灵对一切事物的关系。

世界上有无数生灵，无数透视中心，无数个点，从每个点出发，世界的面目都是不同的，都可以得到一个透视世界，它是这个点对其余一切点的关系之总和。在每个点上，这个总和是不同的。所有这些总和的总和，即一切点对一切点、一切事物对一切事物、一切主体对一切主体（都是一个意思）的关系的总和，才是世界的"客观"面目。

不难看出，尼采的"关系世界"同莱布尼茨的"单子世界"有某种相似之处。在莱布尼茨那里，世界由数量无限多的单子组成，每个单子都是一个具有能动性的中心，它对一切事物的关系使它成为一面以自己的方式反映宇宙的活镜子。有无数面这样的活镜子，因而有无限多的不同的宇宙。与尼采的区别在于，莱布尼茨把这些不同的宇宙看作唯一宇宙依据每个单子的不同观点而产生的种种景观。也就是说，在无数透视世界（不同的宇宙）背后有一个"真正的世界"（唯一宇宙）。这一点正是尼采所竭力反对的。在尼采看来，根本不能把各个透视世界看作某个"真正的世界"的显现，因为在一切透视世界背后并不存在这样一个"真

412

正的世界"，正像在一切事物对一切事物的关系背后并不存在一个无关系的世界一样。因此，莱布尼茨的单子论仍属于传统的形而上学，尼采的"关系世界"论则是对传统形而上学的彻底否定。

参考书目

[德]尼采:《悲剧的诞生》，周国平译，北京十月文艺出版社，2019

[德]尼采:《我的哲学之师叔本华》(即《作为教育家的叔本华》)，周国平译，北京十月文艺出版社，2019

[德]尼采:《偶像的黄昏:或怎样用锤子从事哲学思考》，周国平译，北京十月文艺出版社，2019

周国平:《尼采:在世纪的转折点上》，北京十月文艺出版社，2019

周国平:《尼采与形而上学》，北京十月文艺出版社，2019

全书完

西方哲学史讲义

作者 _ 周国平

产品经理 _ 陈佳敏　　装帧设计 _ 董歆昱　　产品总监 _ 熊悦妍　　特邀校对 _ 唐心怡 戴谆霖

技术编辑 _ 顾逸飞　　执行印制 _ 梁拥军　　出品人 _ 王誉

营销团队 _ 毛婷　魏洋　郭敏

果麦
www.guomai.cn

以 微 小 的 力 量 推 动 文 明

图书在版编目（CIP）数据

西方哲学史讲义. 下 / 周国平著. -- 深圳：深圳
出版社，2023.11（2025.2重印）
ISBN 978-7-5507-3392-3

Ⅰ. ①西… Ⅱ. ①周… Ⅲ. ①西方哲学－哲学史
Ⅳ. ①B5

中国国家版本馆CIP数据核字(2023)第190677号

西方哲学史讲义. 下
XIFANG ZHEXUESHI JIANGYI. XIA

出 版 人　聂雄前
责任编辑　靳红慧　韩海彬
责任校对　王　博
责任技编　郑　欢
装帧设计　董歆昱

出版发行　深圳出版社
地　　址　深圳市彩田南路海天综合大厦（518033）
网　　址　www.htph.com.cn
订购电话　0755-83460239（邮购、团购）
设计制作　果麦文化传媒股份有限公司
印　　刷　河北鹏润印刷有限公司
开　　本　890mm×1280mm　1/32
印　　张　13.25
字　　数　301千
版　　次　2023年11月第1版
印　　次　2025年2月第3次
定　　价　249.00元（全三册）

法律顾问：苑景会律师 502039234@qq.com